Hauswirtschaft.

von
Laura Bögel
Ricarda Gumprich
Daniela Katz-Raible
Gisela Machunsky
Sonia Magalhaes
Bianca Schuster

Registrieren Sie sich auf
www.ht-digital.de und
geben Sie dort den Code
zur Freischaltung ein:

VHT-6KRG-6872-ZPLV

Dr. Felix Büchner · Handwerk und Technik · Hamburg

GELEITWORT

Hauswirtschaft – die mit dieser Ausbildung verbundenen Tätigkeiten bedeuten für uns alle die „Lebensnot wendende", also lebensnotwendige Voraussetzung zu unserer Alltagsgestaltung – ohne die Hauswirtschaft können wir nicht leben! Und dennoch erfolgt die Wertschätzung und Wahrnehmung individuell und gesellschaftlich oftmals erst, wenn sie nicht geleistet wird.

Mit dem vorliegenden Fachbuch ist es gelungen, die gesellschaftlich so relevanten Tätigkeiten der Hauswirtschaft mit den aktuellen Anforderungen unserer Zeit zu verbinden.

Für die Bewältigung und Gestaltung dieser gesellschaftlichen Veränderungen in den unterschiedlichen Settings wie z. B. Kindertagesstätten, Pflegeeinrichtungen oder Privathaushalte ist eine professionelle hauswirtschaftliche Versorgung, Betreuung und Bildung die wesentliche Voraussetzung. Die anstehenden und zukünftigen Veränderungen betreffen dabei insbesondere den Umgang mit Nachhaltigkeit und Digitalisierung. Genau diese Aspekte sind in dem vorliegenden Fachbuch durchgängig berücksichtigt worden, indem alle Inhalte aus dem aktuellen Rahmenlehrplan mit betrieblichem Handlungsbezug und mithilfe anschaulicher Lernsituationen vermittelt werden. Damit bietet dieses Fachbuch allen Nutzer*innen eine wertvolle Grundlage.

Ich möchte hiermit ebenso allen Menschen gratulieren, die sich mit diesem Fachbuch in der Hand auf den Weg gemacht haben, die Ausbildung der Hauswirtschaft zu erlernen oder sie zu vermitteln. Sie leisten damit einen wesentlichen Beitrag zur professionellen Alltagsversorgung von Menschen, die auf Sie angewiesen sind–viel Erfolg dabei!

Prof. Dr. Christine Küster

(Hochschule Fulda, Professur für Sozioökologie des Privaten Haushalts)

ISBN 978-3-582-44230-7 Best.-Nr. 4230

Verlag Dr. Felix Büchner GmbH & Co. KG – Verlag Handwerk und Technik GmbH,
Lademannbogen 135, 22339 Hamburg; Postfach 63 05 00, 22331 Hamburg – 2024
E-Mail: info@handwerk-technik.de – Internet: www.handwerk-technik.de
Satz und Layout: PER MEDIEN & MARKETING GmbH, 38102 Braunschweig

Umschlagmotiv: iStockphoto, Berlin: Bild 2 (PeopleImages); Shutterstock Images LLC, New York, USA: Bild 1 (DGLimages), Bild 3 (fizkes)
Druck: aprinta druck GmbH, 86650 Wemding

Das neue Fachbuch *Hauswirtschaft.* (gesprochen *Hauswirtschaft Punkt*) liegt vor Ihnen. Verfasst wurde es aus einem Mix von Autorinnen verschiedener Altersstufen, die alle an Berufsschulen unterrichten und über entsprechende Erfahrungen mit Auszubildenden und Betrieben verfügen.

Das Werk *Hauswirtschaft.* vermittelt notwendige Kompetenzen für das professionelle hauswirtschaftliche Handeln im Rahmen der hauswirtschaftlichen Erstausbildung. Die wandelnden Anforderungen der Hauswirtschaft, die sich z. B. durch den Umgang mit zukunftsorientierten Technologien und dem adäquaten Handeln in fachsprachlichen Situationen äußern, werden ebenso auf den *Punkt* gebracht wie die Befähigung zur Übernahme sozialer, ökonomischer, ökologischer und individueller Verantwortung für die Gestaltung der Arbeitswelt.

Die Inhalte sind spiralcurricular aufgebaut – erkenntlich durch ein Farbleitsystem:

2 **8** **12**

Die Kapitelnummer entspricht der Lernfeldnummer des Ausbildungsrahmenplans der dreijährigen dualen Ausbildung. Bereits auf den Kapiteleinstiegsseiten ist zu erkennen, welche Kapitel zueinander gehören. So sind die Lernfelder 2, 8 und 12 deutlich allesamt der Verpflegung zugeordnet und greifen ineinander.

Dorothea Simpfendörfer, Dr. Eva Höll-Stüber und Frauke Wessels haben einige ihrer im Hause Handwerk und Technik veröffentlichten Texte für die weitere Bearbeitung zur Verfügung gestellt. Vielen Dank dafür!

Sie finden Lernsituationen als Einstieg in jedes Kapitel sowie Advance Organizer für den Überblick über die Lernziele.

Weiterhin:

Theorieregeln:
Dies bitte besonders merken.

FÜR DIE PRAXIS

Praxistipps helfen.

Definitionen *Kurze Beschreibung einzelner Begriffe. Definitionen und Begriffe können parallel mithilfe der App gelernt werden.*

BEISPIELE: *Einzelfälle werden vorgestellt*

AUFGABEN

in verschiedenen Niveaustufen sind Aufgaben an vielen Stellen eingestreut und geben Möglichkeiten zu Reproduktion, Transfer und bereiten auf die Prüfung vor.

weiterführende Links: zeigen Sachverhalte anschaulich auf den angegebenen Internetseiten.

Jedes Lernfeld enthält am Kapitelende inhaltlich besondere Seiten: komplexe Aufgaben zur Prüfungsvorbereitung, Englisch, Digitales, Fachmathematik und das Nachhaltige Handeln. Damit wird auf das Berufsleben vorbereitet und der Blick für nachhaltige Entscheidungen geschärft.

Schreiben Sie uns gern Ihr Feedback an
info@handwerk-technik.de

Zum Schluss noch ein Zitat der Handwerkskammer: Für uns ist Nachhaltigkeit kein Trend, sondern Teil unserer beruflichen Identität in der Hauswirtschaft.

In diesem Sinne: Frohes Schaffen in der Hauswirtschaft!

Autorinnen und Verlag Juli 2024

INHALTSVERZEICHNIS

1

Beruf und Betrieb präsentieren

Lernsituation

Sie starten mit einer Ausbildung in der Hauswirtschaft. Die ersten Wochen der Ausbildung haben Sie ausschließlich in Ihrem Ausbildungsbetrieb – der Jugendherberge in Ihrer Stadt – verbracht. Jetzt sind Sie gespannt auf die Berufsschule und die Klasse mit den Auszubildenden, die ebenfalls mit der Ausbildung begonnen haben.

In der ersten Stunde wird eine Kennenlernrunde durchgeführt. Dabei sind die Klassenlehrerin Frau Weber, sie hat Ökotrophologie studiert und Herr Dakar, der fachpraktischer Lehrer ist. Er hat zu Beginn seiner Erwerbstätigkeit eine Ausbildung zum Hauswirtschafter sowie die Ausbildereignungsprüfung absolviert. In der Klasse sind 14 Auszubildende aus sehr unterschiedlichen hauswirtschaftlichen Betrieben. Sie staunen nicht schlecht! Hauswirtschaftliche Berufsausbildung findet in der Jugendherberge, in Altenpflegeeinrichtungen, im landwirtschaftlichen Betrieb, in Einrichtungen für Menschen mit Behinderungen und in Tagungshäusern statt.

Am Nachmittag werden Sie in verschiedene Räume geführt: einen PC-Raum, einen Textilraum, eine Großküche sowie eine Kojenküche, in der mehrere haushaltsübliche Küchen eingebaut sind. Sie fragen sich, ob Sie wirklich in all diesen Räumen Unterricht haben werden. Welche Tätigkeiten umfasst die Ausbildung in der Hauswirtschaft? Was macht diesen Beruf so besonders?

1

1.1 Hauswirtschaft als Beruf

1.1.1 Das Berufsbild

Tätigkeitsfelder in der Hauswirtschaft

Hauswirtschafterinnen und Hauswirtschafter sind vielseitig qualifiziert und arbeiten in einem Dienstleistungsberuf der vielseitiger nicht sein könnte.

- Sie sind für Menschen tätig.
- Sie arbeiten im Team mit anderen Menschen zusammen.
- Sie gehen schonend mit sich und der Umwelt um.
- Sie sind kreativ tätig.
- Sie sind Planungstalente.
- Sie nutzen Technik sinnvoll.
- Sie sind viel in Bewegung.
- Sie entscheiden und handeln selbständig.

Hauswirtschaft hilft, die Lebensqualität von Menschen zu verbessern und setzt sich für nachhaltiges Handeln im Alltag ein. Sie stärkt Gesundheit und Wohlbefinden, verbreitet Lebensfreude und Fröhlichkeit.

Bei der Versorgung und Betreuung von Menschen gehen Hauswirtschafterinnen und Hauswirtschafter wertschätzend mit den zu versorgenden Menschen in unterschiedlichen Altersgruppen und Lebenssituationen um. Sie respektieren die verschiedenen kulturellen Hintergründe. Teamarbeit ist dabei genauso wichtig wie die Kooperation mit den angrenzenden Berufsbereichen.

Hauswirtschafterinnen und Hauswirtschafter organisieren Arbeitsabläufe, verpflegen unterschiedliche Personengruppen, sorgen für die Haus- und Wäschepflege sowie die Gestaltung des Wohnumfeldes und der Räume. Sie können professionell Geräte bedienen und planen den Einkauf und die Beschaffung von Gütern des täglichen Bedarfs.

Die Anforderungen an hauswirtschaftliche Fachkräfte sind umfangreich und verlangen ein hohes Maß an fachlichem Können, Einsatzbereitschaft, Flexibilität und Sicherheit im Umgang mit Menschen. Auf dem Arbeitsmarkt sind sie gefragte Arbeitskräfte, die unter Berücksichtigung von Ökologie, Ökonomie, Arbeitssicherheit und Hygiene hauswirtschaftliche Versorgungs- und Betreuungsleistungen professionell und kundenorientiert erbringen können.

1.1.2 Hauswirtschaftliche Betriebe und deren Leitbild

Interessante Arbeitsplätze bieten die unterschiedlichsten hauswirtschaftlichen Betriebe und hauswirtschaftliche Abteilungen in Unternehmen. Zunehmend sind es neue Wohn- und Betreuungsformen, die Arbeitsplatzperspektiven bieten. Auch die Entscheidung, sich selbstständig zu machen, ist eine Möglichkeit, nach der Ausbildung sein Geld zu verdienen.

Doch vor allem arbeiten Hauswirtschafterinnen und Hauswirtschafter in

- Wohn- und Versorgungseinrichtungen für Kinder, Jugendliche, Senioren oder andere Personengruppen
- Schulen- und Kindertagesstätten
- Tagungshäuser, Freizeit- und Bildungseinrichtungen
- Hotels, Beherbergungsbetriebe und gastronomische Einrichtungen
- Krankenhäuser, Kliniken und Kureinrichtungen
- Hauswirtschaftliche Dienstleistungsunternehmen
- Ambulante Pflegedienste
- Geschäfts- und Familienhaushalte
- Haushalte landwirtschaftlicher Unternehmen
- Catering-Betriebe
- Dienstleistungszentren

www.jugendherberge.de/jobportal/angebote   www.consulting-home-garden.de

Hier stecken Stellenanzeigen hinter

Für die Jobsuche eignet sich weiterhin das portal von www.arbeitsagentur.de/jobsuche.

Hauswirtschaftliche Betriebe sind Einzelbetriebe oder eingebunden in größere Unternehmen oder Institutionen. Um zu verstehen, wie ein Betrieb oder ein Unternehmen organisiert ist und mit welchen angrenzenden Bereichen die Hauswirtschaft zusammenarbeitet, lohnt sich der Blick auf das Organigramm des Betriebes bzw. des Unternehmens.

Das Organigramm zeigt in Form eines Diagramms, den Aufbau, die Struktur und die Zuständigkeiten innerhalb eines Unternehmens.

Organigramme nutzen zur Visualisierung standardisierte Symbole wie Kästchen, Kreise, Pfeile und Linien.

Sie geben Auskunft darüber

- wer für wen und für was verantwortlich ist
- wer wem eine Anweisung geben darf
- welche Kommunikationswege eingehalten werden müssen

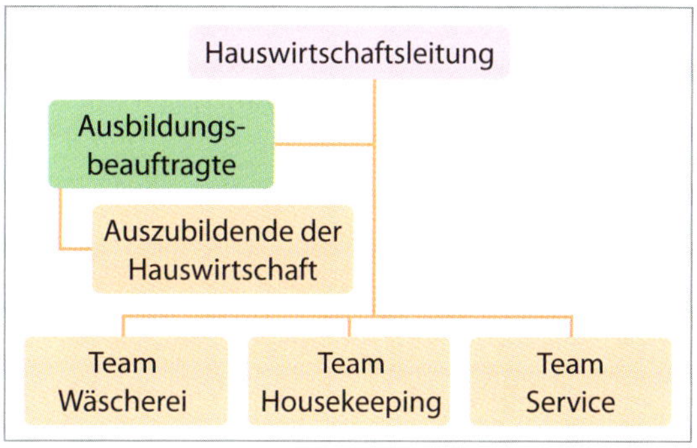

Beispiel eines Organigramms

Eine weitere Möglichkeit, sich über einen hauswirtschaftlichen Betrieb zu informieren, sind Kenntnisse über das **Leitbild** des Betriebes oder Unternehmens. Dieses Leitbild ist die schriftliche Erklärung über das Selbstverständnis und die Grundprinzipien. Es beantwortet die Frage, wie und wofür gearbeitet wird. Ein Leitbild formuliert ein Idealbild, das als Orientierungshilfe für alle Tätigkeiten zugrunde liegt. Mit dem Leitbild präsentiert das Unternehmen der Öffentlichkeit, welchen Zweck es verfolgt und welche Normen und Werte dabei eingehalten werden.

Leitbild des DJH Landesverbandes Hannover e.V.

1. Mutig – tolerant – lebenswert – unsere Jugendherbergen

Wir bieten Erlebnisse, die euer Leben reicher machen. Für alle, die in aufgelockerter Atmosphäre Menschen aus aller Welt respektvoll begegnen und offen aufeinander zugehen wollen.

Bei uns kommt ihr nicht unter, sondern an.

2. Wir sind Jugendherberge – unvergesslich und einzigartig

Wir machen Gemeinschaft erlebbar: Ihr entdeckt Neues und lernt Andere kennen.

Ihr finden, was ihr sucht: Eine Atmosphäre aus Toleranz, Lernen und Erholung.

Hier fühlt ihr euch wohl.

3. Wir sind Teil der Gesellschaft

Als gemeinnütziger Verein sind wir eine starke Gemeinschaft im Deutschen Jugendherbergswerk.

Die Individualität unserer Jugendherbergen, die durch Gebäude, Standort, Umfeld und das jeweilige Profil geprägt wird, schafft ein breites Angebot für viele Interessenten.

Das Erreichen wirtschaftlicher Ziele im Rahmen der Gemeinnützigkeit ermöglicht kontinuierliche Investitionen in unsere Jugendherbergen und die Verbesserung unserer Leistungen.

4. Gemeinschaft nach innen

Wir begegnen einander mit Respekt und Freundlichkeit.

Unsere Mitarbeiter*innen unterstützen uns bei der Pflege und Förderung unseres Images.

Eure Loyalität zum Verein und seinen Zielen bildet die Grundlage für die Zusammenarbeit. Ihr wirkt bei der Erarbeitung und Umsetzung unserer Ziele mit.

Wir übernehmen Verantwortung, pflegen einen professionellen Umgang mit den Gästen, sind kritikfähig und qualifizieren uns ständig weiter.

5. Der Blick nach vorn

Wir sind ein zuverlässiger und kompetenter Dienstleiser für unsere Gäste und Kooperationspartner*innen.

Zukunftsorientiertes, innovatives und professionelles Arbeiten bestimmt die Qualität unserer Leistungen.

Wir leisten einen bewussten Beitrag zum Schutz der Umwelt und setzen neue Ideen für euch um.

https://www.jugendherberge.de/lvb-hannover/ueber-uns/leitbild/

1

1.2 Der Weg zur beruflichen Professionalität

1.2.1 Die duale Ausbildung

Das duale System der Berufsausbildung	
beschreibt die Organisation und Zuständigkeiten der Berufsausbildung in Deutschland. Eine Ausbildung findet an zwei Lernorten statt:	
In der Berufsschule:	**Im Betrieb:**
• Vermittlung der theoretischen Ausbildungsinhalte • Erweiterung der Allgemeinbildung	• Vermittlung der praktischen Ausbildungsinhalte • Einführung in die Arbeitswelt
Die rechtlichen Grundlagen der Lernorte sind	
• das Berufsbildungsgesetz • das Landesschulgesetz • die Lehrpläne	• das Berufsbildungsgesetz • die Handwerksordnung • die Ausbildungsordnung
Abschluss der Ausbildung: • praktische und theoretische Prüfung durch die zuständige Stelle • Ausbildungszeugnis des Ausbildungsbetriebes • Abschlusszeugnis der Berufsschule	

Das duale System der Berufsausbildung

Die Ausbildung in der Hauswirtschaft erfolgt in der Regel im Rahmen einer dualen Ausbildung. Die Ausbildung findet an zwei Lernorten statt. Auszubildende arbeiten im Ausbildungsbetrieb (Lernort) und besuchen an einzelnen Tagen der Woche oder im Rahmen von Blockunterricht die Berufsschule (Lernort). An beiden Lernorten werden die notwendigen Ausbildungsinhalte vermittelt, die für den Ausbildungsberuf von Bedeutung sind. Das System der dualen Berufsausbildung gibt es fast nur in Deutschland.

Zuständige Stellen

In Deutschland werden die Ausbildungen von verschiedenen Kammern bzw. sogenannten zuständigen Stellen organisiert und kontrolliert. Für die duale Ausbildung in der Hauswirtschaft können die zuständigen Stellen die Industrie- und Handwerkskammer (IHK) oder die Landwirtschaftskammer (LWK) sein. Diese zuständigen Stellen prüfen die Ausbildungsverträge, kontrollieren die Einhaltung der rechtlichen Vorgaben aus dem Berufsbildungsgesetz, organisieren die Prüfungen, entscheiden über Verlängerungen oder Verkürzungen von Ausbildungszeiten und sind Ansprechpartner bei Problemen in der Ausbildung. Außerdem stellen die zuständigen Stellen am Ende der Ausbildung den Gesellenbrief aus.

1.2.2 Sonderformen der Ausbildung

Nicht nur im Rahmen einer dualen Ausbildung gelingt es, einen Abschluss im Ausbildungsberuf Hauswirtschaft zu erlangen. Es gibt in einigen Bundesländern auch die Möglichkeit, der **vollschulischen Ausbildung**.

Verbundausbildungen berücksichtigen die Situation, dass Ausbildungsbetriebe aufgrund von Spezialisierungen oder Auslagerung einzelner Betriebszweige nicht alle Ausbildungsinhalte vermitteln können. In einem Ausbildungsverbund schließen sich verschiedene Betriebe zusammen, um die Berufsausbildung gemeinsam zu planen und arbeitsteilig durchzuführen.

Wenn es die persönliche Situation nicht zulässt, eine Berufsausbildung in Vollzeit zu absolvieren, ist die **Berufsausbildung in Teilzeit** mit geringerer täglicher oder wöchentlicher Ausbildungszeit im Betrieb eine Alternative. Insgesamt verlängert sich die Ausbildungszeit entsprechend. Die Anwesenheit in der Berufsschule verändert sich nicht.

Nach §45 Berufsbildungsgesetz (BBiG) können Personen in besonderen Fällen zur Abschlussprüfung (**Externenprüfung**) in einem Ausbildungsberuf zugelassen werden, wenn sie nachweisen, dass sie „mindestens das Eineinhalbfache der Zeit, die als Ausbildungszeit vorgeschrieben ist, in dem Beruf tätig gewesen sind, in dem die Prüfung abgelegt werden soll". Für die Hauswirtschaft kann dies im Rahmen eines Arbeitsverhältnisses in einem hauswirtschaftlichen Betrieb oder im eigenen Familienhaushalt erfolgt sein. In einem mehrmonatigen Kurs bereiten sich die Interessierten berufsbegleitend auf die Abschlussprüfung vor.

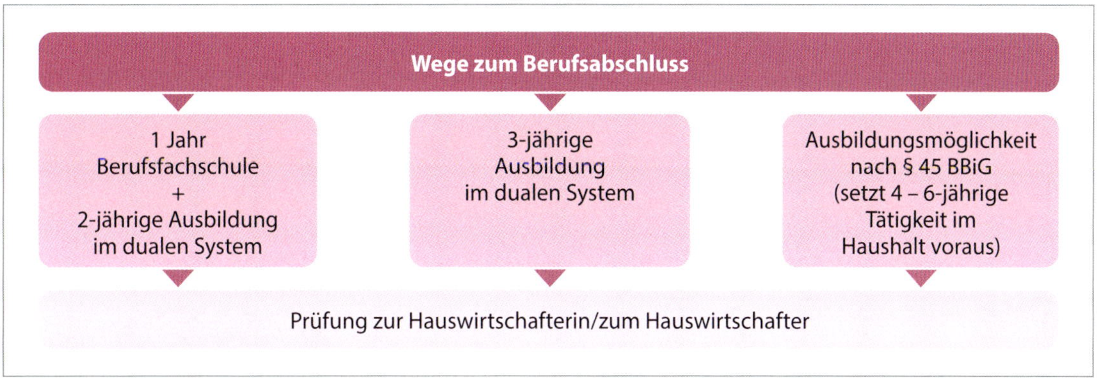

Wege zum Berufsabschluss

1.2.3 Lernorte in der dualen Ausbildung

1. Ausbildungsjahr:

1 Beruf und Betrieb präsentieren
2 Verpflegung zubereiten und anbieten
3 Wohn- und Funktionsbereiche reinigen und pflegen
4 Personen wahrnehmen und beobachten
5 Güter beschaffen, lagern und bereitstellen

2. Ausbildungsjahr:

6 Personen und Gruppen unterstützen und betreuen
7 Textilien einsetzen, reinigen und pflegen
8 Verpflegung von Personengruppen planen
9 Räume und Wohnumfeld gestalten
10 Produkte und Dienstleistungen anbieten

3. Ausbildungsjahr:

11 Personen in besonderen Lebenssituationen aktivieren, fördern und betreuen
12 Verpflegung als Dienstleistung zu besonderen Anlässen planen und anbieten
13 Produkte und Dienstleistungen vermarkten
14 Bei der Personaleinsatzplanung mitwirken und Personen anleiten

Lernfelder in den drei Ausbildungsjahren

Lernort Berufsschule

Im Berufsschulunterricht stehen verschiedenen Lernfelder im Vordergrund, die sich an beruflichen Aufgabenstellungen orientieren. Lernfelder sind so formuliert, dass sie eine typische berufliche Aufgabe beschreiben, zum Beispiel „Lernfeld 4: Personen wahrnehmen und beobachten". Jedes Lernfeld ist einem Ausbildungsjahr zugeordnet und hat einen klar festgelegten zeitlichen Umfang, in dem die Inhalte des Lernfeldes in der Berufsschule vermittelt werden. Für die hauswirtschaftliche Ausbildung wurden 14 Lernfelder formuliert. Sie bauen zum Teil inhaltlich aufeinander auf, beginnen mit den Grundlagen, ehe sie sich immer mehr miteinander vernetzen und die Realität des Berufsalltags widerspiegeln. Dieses Buch nutzt als Kapitel die einzelnen Lernfelder des Ausbildungsberufes. Anhand der farblichen Gestaltung lassen sich die zusammenhängenden Inhalte wieder finden.

Lernort Ausbildungsbetrieb

Der Ausbildungsbetrieb vermittelt während der Ausbildung die praktischen Inhalte in den verschiedenen Tätigkeitsfeldern und unterstützt Auszubildende dabei, sich in die Arbeitswelt zu integrieren. Der **Ausbildungsrahmenplan** gibt Auskunft darüber, welche Ausbildungsinhalte in welchem zeitlichen Umfang und wann in der Ausbildung vom Ausbildungsbetrieb vermittelt werden. Er ist verbindlicher Bestandteil des Ausbildungsvertrags und wird jedem Auszubildenden zu Beginn der Ausbildung ausgehändigt. In einem sorgfältig geführtem Ausbildungsnachweis/Berichtsheft ist nachvollziehbar, ob die Vorgaben des Ausbildungsrahmenplanes eingehalten wurden.

1

Betrieblicher Ausbildungsrahmenplan für die Berufsausbildung zum Hauswirtschafter/zur Hauswirtschafterin						
Nr.	**Fertigkeiten/Kenntnisse**	**Ausbildungsjahr**				**Anmerkungen** (Inhalte, Lernort, Sonstiges)
		1.	2. bis ZP	2. nach ZP	3.	
1.1	Speisenvorbereitung – Grundsätze der vollwertigen Ernährung berücksichtigen	×				

Betrieblicher Ausbildungsrahmenplan (Ausschnitt)

Der Ausbildungsrahmenplan und die Lernfelder des Berufsschulunterrichts sind inhaltlich und zeitlich aufeinander abgestimmt.

1. bis 18. Monat

Abschnitt A: schwerpunktübergreifende berufsprofilgebende Fertigkeiten, Kenntnisse und Fähigkeiten

	Teil des Ausbildungsberufsbildes mit zeitlichen Richtwerten in Wochen	**Zu vermittelnde Fertigkeiten, Kenntnisse und Fähigkeiten/ Ausbildungsinhalte**	**Betrieb**
Ausbildungsinhalte 1. bis 18. Monat	Hauswirtschaftliche Betreuungsbedarfe personen-, zielgruppen- und situationsorientiert ermitteln (§ 4 Absatz 2 Nummer 1) **4 Wochen**	a) Bedeutung von hauswirtschaftlichen Betreuungsleistungen für die Lebensqualität, insbesondere zur selbstbestimmten Lebensführung und gesellschaftlichen Teilhabe, erläutern	
		b) individuelle Bedürfnisse und Gewohnheiten sowie Interessen und Erwartungen, auch unter Bezugnahme auf kulturelle Identitäten, ermitteln	
	Hauswirtschaftliche Betreuungsleistungen erbringen (§ 4 Absatz 2 Nummer 2) **10 Wochen**	a) hauswirtschaftliche Betreuungsmaßnahmen anbieten, mit Kunden und Kundinnen abstimmen und durchführen	
		b) hauswirtschaftliche Versorgungsmaßnahmen zur Aktivierung und Motivation zu betreuender Personen einsetzen	
		c) Wertschätzung, Respekt und Vertrauen als Grundlage des Handelns berücksichtigen	
		d) Kommunikationstechniken personen-, zielgruppen- und situationsorientiert anwenden	
		e) berufsbezogene Regelungen bei der Durchführung von Betreuungsmaßnahmen berücksichtigen	

Auszug aus dem betrieblichen Ausbildungsplan Hauswirtschafter/ -in

FÜR DIE PRAXIS

Auch die Externenprüfung lässt eine Vorbereitung anhand der Lernfelder zu. Alle geforderten und zu erlernenden Module sind enthalten.

BEISPIEL für Module der Teilqualifizierung (TQ) Hauswirtschafter/-in/ bzw. Externenprüfung:

- *Reinigung und Pflege von Wohn- und Funktionsbereichen*
- *Alltägliche Versorgungsleistungen*
- *Alltägliche Betreuungsleistungen*
- *Personengruppenorientierte Versorgungsleistungen*
- *Hauswirtschaftliche Leistungen für Personen in besonderen Lebensumständen*
- *Marketing für hauswirtschaftliche Produkte und Dienstleistungen*

1.2.4 Prüfungen während der Ausbildung

Ausbildungsordnungen legen in Deutschland die bundeseinheitlichen Standards für eine Ausbildung im Rahmen der dualen Berufsausbildung fest. Die Ausbildungsordnung regelt die Berufsbezeichnung, die Ausbildungsdauer, die Ausbildungsinhalte und die Prüfungsanforderungen. Gesetzliche Grundlage für die Ausbildungsordnung bildet das Berufsbildungsgesetz (BBiG).

Struktur der Ausbildung

Die hauswirtschaftliche Ausbildung zählt zu den dreijährigen Ausbildungsberufen, die zwar ohne eine Spezialisierung in verschiedene Fachrichtungen erfolgt, bei der allerdings eine berufsprofilgebende Entscheidung im Rahmen der Abschlussprüfung getroffen wird.

Alle Ausbildungsinhalte bauen zeitlich und sachlich aufeinander auf und enden mit einem bundesweit gültigen Ausbildungsabschluss. Dazu sind zwei Prüfungen maßgeblich: Zwischenprüfung und Abschlussprüfung.

Zwischenprüfung

Im Rahmen der Zwischenprüfung werden in einer 90-minütigen schriftlichen Arbeit Kenntnisse zu den Lernfeldern, die bis zur Hälfte der Ausbildungszeit absolviert worden sind, erfragt. Die praktische Prüfungsleistung umfasst zwei Arbeitsproben, die insgesamt 120 Minuten dauern und ein situatives Fachgespräch zur jeweiligen Arbeitsprobe einschließen. Inhaltlich sollen die Auszubildenden zeigen, dass sie hauswirtschaftliche Versorgungs- und Betreuungsmaßnahmen durchführen und dabei die fachlichen Hintergründe aufzeigen und die Vorgehensweise bei der Durchführung begründen können.

Dies zeigt sich, in dem die Auszubildenden jederzeit bezogen auf die Prüfungsaufgabe

- Maßnahmen der Nachhaltigkeit und Wirtschaftlichkeit beherrschen
- Maßnahmen zur Hygiene und Qualitätssicherung umsetzen können
- Sicherheit und Gesundheitsschutz bei der Arbeit berücksichtigen
- in der Lage sind, Geräte und Maschinen auszuwählen, einzusetzen und zu reinigen
- Arbeitsabläufe strukturieren und Maßnahmen der Arbeitsorganisation ergreifen können

Mit der Zwischenprüfung bietet sich für die Auszubildenden die Gelegenheit, den aktuellen Wissensstand zu zeigen und eine Rückmeldung über die eigenen Fertigkeiten und Fähigkeiten zu bekommen. Die Prüfungssituation wird erlebt und die Vorbereitung auf eine Prüfung trainiert. Die Noten der Zwischenprüfung finden keine Berücksichtigung in der Berechnung der Abschlussnote, allerdings ist die Teilnahme an der Zwischenprüfung Zulassungsvoraussetzung für diese.

Abschlussprüfung

Im Rahmen der Abschlussprüfung wird jeweils eine Klausur in den drei Themenbereichen „Verpflegung", „Textilien, Räume und Wohnumfeld" sowie „Wirtschafts- und Sozialkunde" geschrieben.

Verpflegung

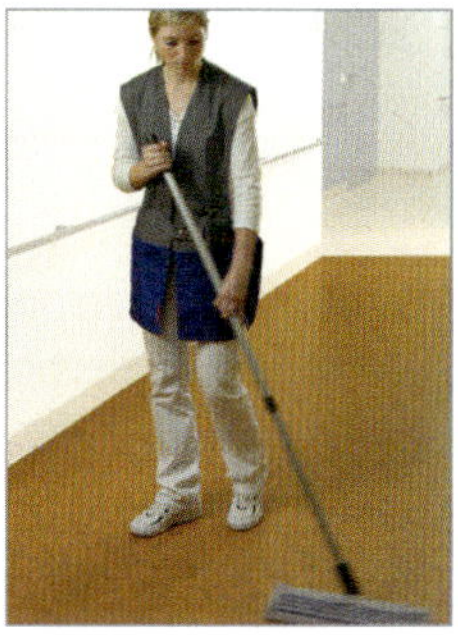

Reinigung von Räumen

Textilien, Räume und Wohnumfeld

Wirtschafts- und Sozialkunde

Inhalt	Zeitlicher Umfang	Form	Anteil an Abschlussnote
Hauswirtschaftliche Versorgungs- und Betreuungsaufgaben durchführen	Arbeitsprobe 1: 60 Minuten (inkl. Fachgespräch)	praktisch	/
Hauswirtschaftliche Versorgungs- und Betreuungsaufgaben durchführen	Arbeitsprobe 2: 60 Minuten (inkl. Fachgespräch)	praktisch	/
Lernfeld 1–7	90 Minuten	schriftlich	/

Zwischenprüfung

1

Inhalt	Zeitlicher Umfang	Form	Anteil an Abschlussnote
Hauswirtschaftliche Versorgungs- und Betreuungsaufgaben durchführen	Planung: 120 Minuten Durchführung: 180 Minuten	praktisch	30 % der Note
Hauswirtschaftliche Produkte und Dienstleistungen erstellen und vermarkten	Betrieblicher Auftrag: Planung, Durchführung, Dokumentation 24 Stunden Präsentation 10 Minuten Fachgespräch max. 20 Min.	praktisch	30 % der Note
Verpflegung personen- und zielgruppenorientiert planen	120 Minuten	schriftlich	15 % der Note
Textilien, Räume, Wohnumfeld beurteilen, reinigen und planen	120 Minuten	schriftlich	15 % der Note
Wirtschafts- und Sozialkunde	60 Minuten	schriftlich	10 % der Note

Abschlussprüfung

Zur praktischen Abschlussprüfung erfolgt dann eine Arbeitsaufgabe mit einem Fachgespräch, das sich auf die Arbeitsaufgabe bezieht. Der zweite Teil der Abschlussprüfung besteht in einem Arbeitsauftrag, der eigenständig im Ausbildungsbetrieb durchgeführt wird und den es im Rahmen der Abschlussprüfung zu präsentieren gilt. Auch hier gibt es ein Fachgespräch, welches sich inhaltlich auf den Arbeitsauftrag bezieht.

Schwerpunkt „personenbetreuende Dienstleistungen"

Dieser betriebliche Auftrag stammt aus einem der folgenden drei Schwerpunkte:

- personenbetreuende Dienstleistungen
- serviceorientierte Dienstleistungen
- ländlich-agrarische Dienstleistungen

Schwerpunkt „serviceorientierte Dienstleistungen"

Beim Schwerpunkt „personenbetreuende Dienstleistungen" steht die Arbeit **mit** der/den zu betreuenden Person/Personen im Vordergrund. Bei „serviceorientierten Dienstleistungen" wird **für** die Kunden, Klienten, zu betreuenden Personen gearbeitet. „Ländlich-agrarische Dienstleistungen" stellen die Vermarktung hofeigener Produkte und Betreuungsangebote in den Vordergrund, die die landwirtschaftliche Tradition und das landwirtschaftliche Umfeld berücksichtigen.

Schwerpunkt „ländlich-agraische Dienstleistungen"

Dazu wird eine Arbeitsaufgabe formuliert, praktisch umgesetzt und im Anschluss dokumentiert. Diese Dokumentation wird der zuständigen Stelle online zugestellt und im Rahmen der Prüfung mündlich in einem zeitlichen Rahmen vom zehn Minuten vorgestellt. Im Anschluss findet ein 20-minütiges Fachgespräch zur Arbeitsaufgabe statt.

Mit der abgeschlossenen Berufsausbildung erreichen Hauswirtschafterinnen und Hauswirtschafter die Stufe 4 des Deutschen Qualifikationsrahmen für lebenslanges Lernen (DQR). Der DQR beinhaltet bundesweit alle Qualifikationen aus den Bereichen Schule, berufliche Bildung, Hochschule und Weiterbildung. Wesentlich ist nicht die Dauer einer Ausbildung, sondern es zählen die erworbenen Kompetenzen. Dargestellt wird dieser Rahmen in Form von acht Niveaustufen, aufsteigend von eins bis acht.

Niveaustufe DQR 4 bedeutet, dass Hauswirtschafterinnen und Hauswirtschafter

- selbstständig arbeiten und Erfahrungen transferieren können
- Eigenverantwortung stetig steigern
- betriebliche Vorgaben, Standards und qualitätssichernde Maßnahmen „leben"
- über aktuelle Entwicklungen und Trends informiert sind
- eigene Handlungen durchdenken und reflektieren können
- die Position als Dienstleisterinnen und Dienstleister leben
- die Arbeit kontinuierlich verbessern
- persönliche, soziale und methodische Fähigkeiten nutzen

1.2.5 Möglichkeiten der Fort- und Weiterbildung

Nach der abgeschlossenen Ausbildung bieten sich für Hauswirtschafterinnen und Hauswirtschafter verschiedene Fort- und Weiterbildungsmöglichkeiten, wie die Übersicht unten zeigt.

Hauswirtschaftliche Verbände vertreten die gesellschaftlichen, wirtschaftlichen und sozialen Interessen aller hauswirtschaftlich Tätigen, die eine Mitgliedschaft in dem jeweiligen Verband haben. Verbände können regional oder bundesweit organisiert sein. Sie ermöglichen, sich mit anderen auszutauschen und unterstützen sich gegenseitig.

AUFGABE

1. Informieren Sie sich über hauswirtschaftliche Berufsverbände.
   a) Erstellen Sie eine Liste mit zwei hauswirtschaftlichen Berufsverbänden, die bundesweit aktiv sind und zwei hauswirtschaftlichen Berufsverbänden, die in Ihrem Bundesland aktiv sind!
   b) Wofür setzen sich die ausgewählten Berufsverbände ein?
   c) Wie hoch sind die Mitgliedsbeiträge?

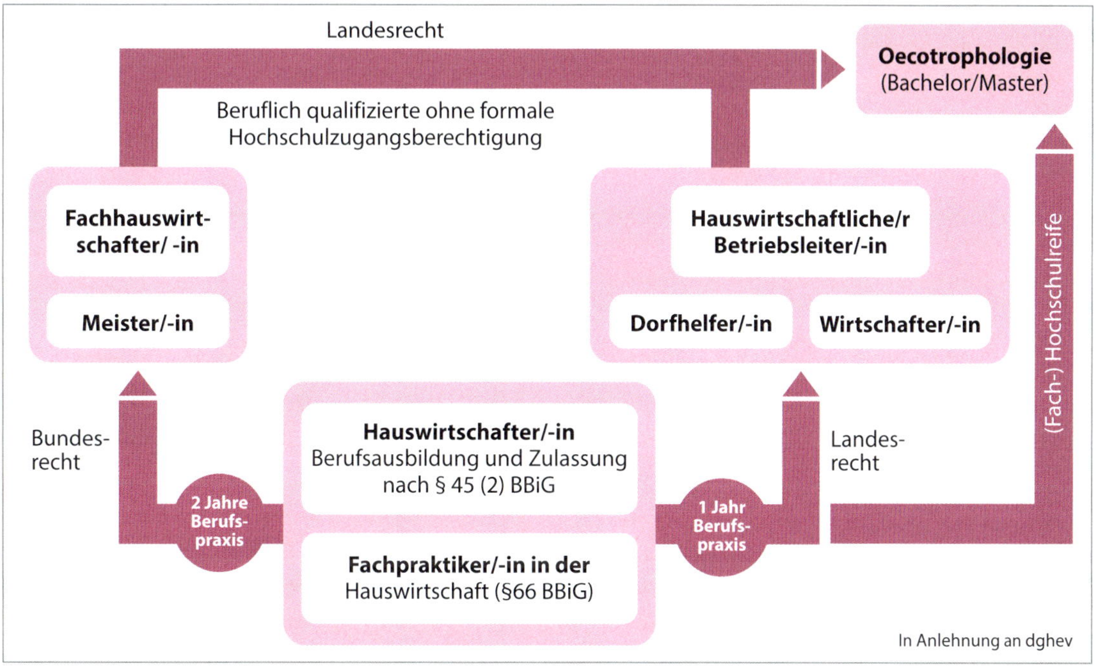

Übersicht über die Aus-, Fort- und Weiterbildung in der Hauswirtschaft

1.3 Grundlagen hauswirtschaftlicher Professionalität

1.3.1 Nachhaltigkeit

Fachkompetentes haushälterisches Handeln ist nachhaltiges Handeln. Für die Hauswirtschaft ist Nachhaltigkeit kein Trend, sondern Teil der beruflichen Identität.

Nachhaltigkeit beschreibt das Prinzip, dass nicht mehr verbraucht werden darf als jeweils nachwachsen, sich regenerieren, künftig wieder bereitgestellt werden kann. Nachhaltigkeit umfasst viele Bereiche: Umweltschutz, Klimaschutz, soziale Gerechtigkeit, ein fairer Umgang miteinander und die Notwendigkeit, wirtschaftlich sinnvoll zu handeln. Damit dies möglich ist, werden drei Schwerpunkte gesetzt, die es im Rahmen der Nachhaltigkeit gleichermaßen zu berücksichtigen gilt.

Ökologische Nachhaltigkeit bedeutet, ein bewusster Umgang mit den Ressourcen unserer Erde. Zu den Ressourcen gehören zum Beispiel Wasser, Luft, Boden, die biologische Vielfalt.

Im Rahmen der **sozialen Nachhaltigkeit** wird das menschliche Miteinander vor Ort und über nationale Grenzen hinweg betrachtet. Wichtig ist auch der Umgang des Menschen mit anderen Lebewesen.

Ökonomische Nachhaltigkeit bedeutet, dass die wirtschaftliche Existenz des hauswirtschaftlichen Betriebes und damit der Lebensunterhalt aller Beteiligten langfristig gesichert ist und Investitionen zum Erhalt des Betriebes möglich sind.

Auszubildende in der Hauswirtschaft können von Anfang an im Berufsalltag nachhaltig handeln zum Beispiel durch

- die Einhaltung der vorgegebenen Dosierung von Reinigungs-, Desinfektions- und Waschmitteln
- einen bewussten Verbrauch mit Wasser bei der Reinigung und in der Speisezubereitung
- die sparsame Verwendung von Verpackungsmaterial
- das Trennen von Müll
- die konsequente Nutzung von Restwärme beim Kochen und Backen
- der Anwendung des Stoßlüftens
- den freundlichen Umgang mit Personen am Arbeitsplatz

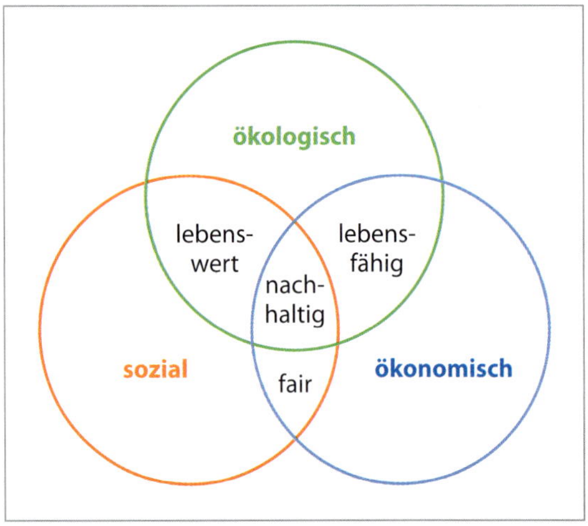

Dimensionen der Nachhaltigkeit

Entscheidet sich der Ausbildungsbetrieb für mehr Nachhaltigkeit, so könnte dies erfolgen durch

- ➜ den Einkauf von Lebensmitteln in der Region
- ➜ dem Angebot von veganen und vegetarischen Speisen
- ➜ der Verwendung von umweltfreundlichen Reinigungsmitteln
- ➜ dem Verzicht von Einmalverpackungen
- ➜ die Einführung von familienfreundlichen Arbeitsbedingungen

Beurteilung von Nachhaltigkeit

Bei der Beurteilung der Nachhaltigkeit helfen verschiedene Messmethoden, Modelle und Standards.

Der „Ökologische Fußabdruck" ist ebenso wie der „CO_2-Fußabdruck" ein Indikator für Nachhaltigkeit. Je niedriger die Zahl, desto nachhaltiger – ein einfaches Beurteilungskriterium, dessen Ermittlung allerdings aufwendig ist.

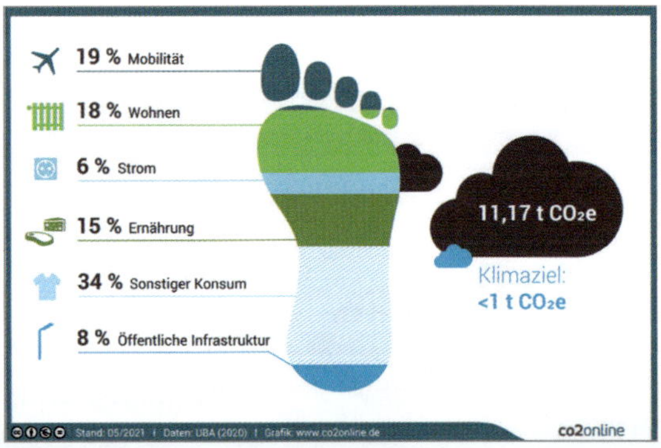

CO_2-Fußabdruck pro Kopf in Deutschland

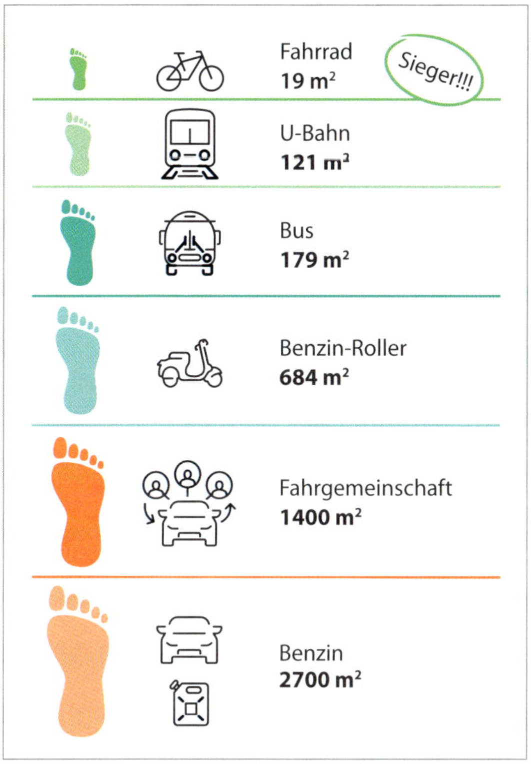

Fußabdruckflächen

> *Mit dem **„Ökologischen Fußabdruck"** wird gemessen, wieviel Fläche auf der Erde gebraucht wird, um all das herzustellen und zu entsorgen, was ein Produkt, ein Mensch oder ein Staat für die eigene Existenz benötigt. Dieser Fußabdruck wird in Hektar gemessen und häufig in m² angegeben (1 Hektar = 10 000 m²).*

Der „CO_2-Fußabdruck" ermittelt die CO_2-Bilanz einer Person, einer Familie, eines Unternehmens. Dieser Fußabdruck sagt aus, wie viel CO_2 in einer bestimmten Zeit verursacht wird. Je höher der CO_2-Fußabdruck, desto größer die Notwendigkeit, konkrete Maßnahmen zu ergreifen, um die CO_2-Bilanz zu verringern.

FÜR DIE PRAXIS

Das Umweltbundesamt stellt online einen „CO_2-Rechner" zur Verfügung, mit dem die eigene CO_2-Bilanz ermittelt werden kann.

Weitere Informationen unter:
www.uba.co2-rechner.de

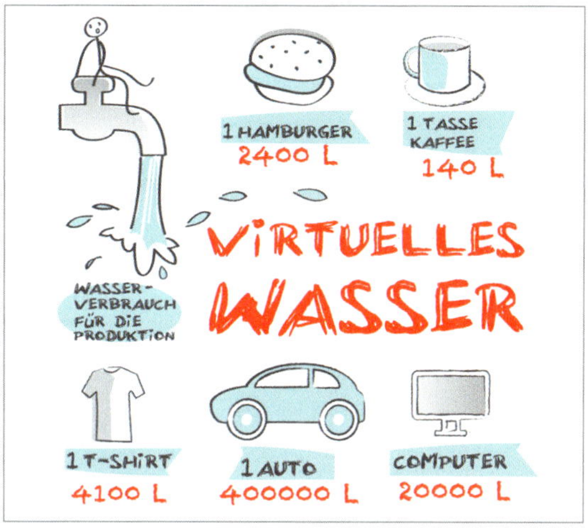

Virtuelles Wasser

Virtuelles Wasser beschreibt die Menge an Wasser, die bei der Herstellung verschiedener Produkte verwendet werden. Die Wassermenge beinhaltet z. B. den vorhandenen Niederschlag in der Landwirtschaft und die künstliche Bewässerung der Felder wie auch das Trinkwasser für Tiere. Dazu zählt der Wasserverbrauch, der bei der Herstellung anfällt, z. B. für Reinigungsprozesse oder den Antrieb von Maschinen. Ein Produkt mit niedrigem Wasserverbrauch sollte einem Produkt mit hohem Wasserverbrauch vorgezogen werden.

Unterstützung bei der Auswahl nachhaltiger Produkte bieten außerdem Siegel, Label und Prüfzeichen s. S. 205 f. Siegel und Prüfzeichen haben eine lange Tradition in Deutschland und wurden im Rahmen des Verbraucherschutzes der Sozialen Marktwirtschaft eingeführt. Es gibt sie unter anderem für Lebensmittel, Kleidung, elektrische Geräte, Online-Shops, Spielzeug und Kosmetika. Beispiel: Der grüne Knopf ist ein staatliches Siegel für nachhaltige Textilien. Das Besondere: es prüft systematisch, ob das gesamte Unternehmen Verantwortung für die Einhaltung von Menschenrechten und Umweltstandards in ihren textilen Lieferketten übernimmt. Zusätzlich muss durch anerkannte Siegel nachgewiesen werden, dass das Produkt nachhaltig hergestellt wurde. Unabhängige Prüfstellen kontrollieren die Einhaltung der Kriterien.

FAIRTRADE

GRÜNER KNOPF
SOZIAL. ÖKOLOGISCH. STAATLICH.
UNABHÄNGIG ZERTIFIZIERT.
© BMZ

Beispiele für Siegel, die für soziale Lebens- und Arbeitsbedingungen und nachhaltig hergestellte Textilien vergeben werden

1

Dilemma bei der Umsetzung von Nachhaltigkeit

Beschließt zum Beispiel ein hauswirtschaftlicher Betrieb die Verwendung von Bio-Gemüse eines Anbieters aus dem näheren Umkreis, so ist dies positiv für alle drei Nachhaltigkeitsdimensionen, denn

- es wird Gemüse verwendet, bei dessen Erzeugung auf umweltschonenden Anbau geachtet wurde
- dieses Gemüse hat keine langen Transportwege
- es wird die Arbeit des lokalen Landwirts gewertschätzt
- es werden Arbeitsplätze in der näheren Umgebung gehalten/finanziert
- die Verwendung des Bio-Gemüses kann für Werbeaussagen herangezogen werden.

Es ist nicht immer möglich, dass alle drei Nachhaltigkeitsdimensionen gleichermaßen berücksichtigt werden können.

BEISPIEL: *Ist der Blick auf die soziale und die ökonomische Nachhaltigkeitsdimension gerichtet, so ist ein gutes Beispiel für diese Kombination das Mehrgenerationenhaus/Ausbildungsfiliale/Mehrwert-Café.*

Die drei Dimensionen können sich gegenseitig verstärken, aber auch dafür sorgen, dass es nicht möglich ist, die Ideen umzusetzen. So hilft es wenig, alles zu tun, damit möglichst viele verschiedene soziale und ökologische Vorschläge umgesetzt werden, der hauswirtschaftliche Betrieb dadurch allerdings in seiner wirtschaftlichen Existenz gefährdet ist.

1.3.2 Ökonomisch handeln

Fachkompetentes haushälterisches Handeln ist kostenbewusstes Handeln. Hauswirtschaftliche Betriebe und private Haushalte nehmen Geld ein und geben es wieder aus, damit alle bedarfsgerecht versorgt werden. Es stehen Arbeitskräfte zur Verfügung, die mit ihren Zeiteinsätzen dafür sorgen, dass alle notwendigen Aufgaben innerhalb des hauswirtschaftlichen Betriebes oder des privaten Haushaltes erledigt werden. Dies ist Grundlage der arbeitsteiligen Wirtschaft.

Jedes wirtschaftliche Handeln kann dem ökonomischen Prinzip folgen. Hier unterscheiden sich zwei Varianten:

Minimalprinzip	Maximalprinzip
eine vorgegebene Investition soll mit einem möglichst geringen Einsatz erreicht werden	mit dem vorgegebenen Einsatz soll eine möglichst große Menge hergestellt werden
Beispiel: Kauf eines preiswerten Geräts	Beispiel: Für 1.000,– € soll ein möglichst hochwertiges Gerät eingekauft werden
Beispiel: Reinigung eines Hotelzimmers	Beispiel: zwei Mitarbeitende 8 Stunden im Housekeeping einsetzen
Beispiel: Einkauf der Zutaten einer Pizza Margarita	Beispiel: 20,– € für das gemeinsame Pizza-Essen
Beim Minimalprinzip ist vorgegeben, welche Anschaffung zu tätigen ist bzw. welche Arbeitsaufgabe erledigt werden soll. Wirtschaftlich handeln heißt in diesem Fall, um das Ziel zu erreichen, soll möglichst wenig Geld ausgeben bzw. Arbeitszeit verwendet werden.	Beim Maximalprinzip ist vorgegeben, wie viel Geld oder wie viel Arbeitskraft zur Verfügung stehen. Wirtschaftlich handeln heißt in diesem Fall, mit dem Geld bzw. der Arbeitszeit soll möglichst viel angeschafft bzw. erledigt werden.
Das Ziel ist bekannt, die Mittel sind unbekannt.	Die Mittel sind bekannt, Ziel ist unbekannt.
Sparprinzip	Haushaltsprinzip

Beide Prinzipien schließen einander aus und können nicht gleichzeitig angewandt werden.

Kritik gibt es am ökonomischen Prinzip im Allgemeinen, auch wenn dieses Prinzip eine der wichtigsten ökonomischen Theorien darstellt.

Diese Kritik bezieht sich auf die grundsätzliche Voraussetzung, alle würden rational handeln. Das ist kaum möglich, da Menschen keine vollkommen rationalen Wesen sind. Sie beziehen in ihre Handlungen immer Emotionen oder Vorlieben ein. Doch: Je weniger finanzielle Mittel oder Zeitinputs zur Verfügung stehen, umso mehr besteht die Notwendigkeit, kostenbewusst zu handeln.

Kostenbewusst handeln bedeutet,

- die zur Verfügung stehenden Mittel zu kennen
- preiswert einzukaufen
- sorgfältig zu arbeiten
- qualitativ gute Arbeit zu leisten
- Alternativen miteinander zu vergleichen

Konsumpyramide

Die Konsumpyramide gibt Anregungen wie hinsichtlich der Beschaffung von Gebrauchsgütern nachhaltig gehandelt werden kann. Statt jeden Bedarf mit einem Neukauf zu befriedigen, werden schrittweise Alternativen aufgezeigt, mit welchen auf ressourcenschonende Weise ein Gebrauchsgut beschafft werden kann. Etwas neu zu kaufen, wird dadurch ggf. sogar überflüssig.

BEISPIEL: Bevor ein neues Gerät zum Dörren von Obst und Gemüse angeschafft wird, sollte geprüft werden, ob dieses Gerät nicht bei einem Ausbildungsbetrieb in der näheren Umgebung ausgeliehen werden kann.
Außerdem könnte geprüft werden, ob mit dem bereits vorhandenen Gerätbestand, z. B. dem Konvektomaten oder Backofen Apfelringe hergestellt werden könnten.

AUFGABE

1. Im Herbst sollen im Ausbildungsbetrieb Apfelringe gedörrt werden.
   a) Diskutieren Sie, ob es notwendig ist, ein neues Dörrgerät anzuschaffen.
   b) Erläutern Sie, welche ressourcenschonenden Alternativen sich anbieten.
   c) Nutzen Sie dazu die Anregungen der Konsumpyramide!

1.3.3 Digitalisierung

Digitalisierung ist im beruflichen Alltag selbstverständlich und allgegenwärtig. Im Rahmen der Digitalisierung werden Informationen codiert, damit ein Computer diese Daten verarbeiten und als Ergebnisse wiederum zur Verfügung stellen kann. Zur Ein- und Ausgabe werden Geräte (Hardware) genutzt. Für die Verarbeitung stehen Computer-Programme (Software) zur Verfügung.

Ferngesteuerte Reinigungsgeräte, die Verbindung eines Küchengerätes mit einer Cloud oder die Vernetzung von verschiedenen Geräten untereinander, gechipten Textilien und selbstfahrenden Geräten sind nur einige Beispiele, die zukünftig eine immer größere Rolle in hauswirtschaftlichen Betrieben spielen. Diese digitalen Anwendungen werden von hauswirtschaftlichem Fachpersonal bedient.

Smarthome

1

Das Smarthome ist die Umsetzung der Digitalisierung in Privathaushalten. Smarthome bedeutet, dass Geräte in einem Haus oder einem Haushalt untereinander in Verbindung stehen und fernsteuerbar sind. Fernsteuerbar können smarte Lampen und Lichtschalter, Rollläden, Waschmaschinen und Wäschetrockner, Staubsauger, Küchengeräte, Heizungen und viele weitere Geräte sein.

Im Rahmen der dreijährigen Ausbildung unterstützt die Digitalisierung ebenfalls verschiedene Prozesse. So erwarten die Industrie- und Handelskammern und die Landwirtschaftskammern als zuständige Stellen für die Ausbildung das Berichtsheft in digitaler Form. Anmeldungen zu Prüfungen erfolgen online und auch die Prüfungsergebnisse werden individuell digital abgerufen. In der Berufsschule finden Unterrichtseinheiten online statt, Vorträge werden durch Präsentationssoftware unterstützt und die Suche nach Informationen im Internet, das Nutzen von Apps und Branchensoftware sind gängiger Teil des Berufsschulalltags. Auch dieses Buch lässt sich als eBook lesen.

Digitale Kompetenzen ermöglichen es, sich in einer zunehmend digital vernetzten Gesellschaft zurecht zu finden, in ihr zu lernen, zu arbeiten und am digitalen (Arbeits-)Alltag teilzunehmen. Dies schließt mehr als reine Computeranwendungs-Kenntnisse ein und umfasst eine breite Palette von Verhaltensweisen, Strategien und Identitäten, die in einem digitalen Umfeld wichtig sind.

Digitale Kompetenzen lassen sich in folgende 5 Gruppen gliedern:

Kompetenzbereich „**Suchen, Verarbeiten und Aufbewahren**" beinhaltet, die Formulierung von Informationsbedürfnissen, das Abrufen digitaler Daten und Inhalte, die Beurteilung der Relevanz einer Internet-Quelle und ihres Inhalts sowie das Speichern, Verwalten und Organisieren von Daten und Inhalten.

***BEISPIEL:** Durch Internet-Recherchen wird Wissen in Form von Dateien zusammengetragen, das zum Beispiel für einen Vortrag genutzt werden soll. Thema könnte die Ausbildung in der Hauswirtschaft sein. Dazu finden sich im Internet Erklärvideos, Texte und Bilder. Diese Ergebnisse der Internet-Recherche werden dazu sinnvoll in sogenannten Ordnern gespeichert, um sie dann für den Vortrag über die Ausbildung in der Hauswirtschaft zu nutzen.*

Zum Kompetenzbereich „**Kommunizieren und Kooperieren**" zählt, mithilfe von digitalen Technologien zu kommunizieren und zusammenzuarbeiten sowie sich dabei der kulturellen und generationellen Verschiedenheit bewusst zu sein. Dieses Feld beinhaltet darüber hinaus, durch öffentliche und private digitale Dienste an der Gesellschaft teilzuhaben sowie die eigene Identität und den eigenen Ruf im digitalen Raum zu organisieren und zu gestalten. Bei der Nutzung gilt es, Grundregeln für eine gute Inter- und Intranet-Kommunikation zu beachten, die unter dem Begriff „Netikette" zusammengefasst werden.

Digitale Kompetenzen

FÜR DIE PRAXIS

Auf Höflichkeit und Etikette sollte bei geschäftlichen E-Mails nicht verzichtet werden. Persönlichkeitsrechte sind zu beachten. Eine vernünftige Anrede, Bitte und Danke sowie freundliche Grüße zum Abschluss sind wichtig. Ein Text sollte auf Tippfehler und Rechtschreibung vor dem Versenden überprüft werden.

Werden online dargebotene Informationen und Inhalte in den bestehenden Wissensbestand integriert und gleichzeitig Hard- und Software bedient und sinnvoll genutzt, so sind dies Teile des Kompetenzbereichs „**Produzieren und Präsentieren**". Fremdes Bildmaterial ist urheberrechtlich geschützt. Nutzen darf es die Person, von der es erstellt wurde. Wird es von anderen verwendet, so geht dies nur mit der entsprechenden Zustimmung.

BEISPIEL: *Für Präsentationen, die nicht allgemein verfügbar sind, sondern nur einer begrenzten Personengruppe zur Verfügung gestellt werden, können Bilder und kurze Textpassagen auch ohne den Erwerb der Rechte genutzt werden. Zum Beispiel für eine Präsentation in der Berufsschule, die nicht online gestellt wird. Sinnvoller ist es, lizenzfreie Bilder (RF-rights free Lizenzen), die kostenfrei sind, zu nutzen.*

Die Datensicherheit und darüber hinaus der Schutz der eigenen Gesundheit und die Umweltauswirkungen sind unter dem Kompetenzbereich „**Schützen und sicher agieren**" zusammengefasst. Unter dem Begriff „Datensicherheit" versteht sich generell der Schutz aller Daten. Dabei kann es sich um Daten mit Personenbezug (z.B. Adresse, Bankdaten, Gesundheitsdaten) oder um Daten, die keinen Personenbezug haben (z.B. Nährstoffdaten, Betriebsdaten) handeln. Wichtig ist es, Datenverlusten vorzubeugen, ganz gleich, welche Ursache zu diesem Datenverlust geführt hat. Die Datenschutzgrundverordnung (DS-GVO) verpflichtet per Gesetz, private und öffentliche Datenverarbeiter verantwortungsvoll mit personenbezogenen Daten umzugehen und angemessene Sicherheit zu gewährleisten.

Der Kompetenzbereich „**Problemlösen und Handeln**" verlangt die Fähigkeit, Probleme identifizieren zu können, die in digitalen Umgebungen bestehen. Wie lassen sich diese Aufgaben mittels Digitalisierung lösen? Was ist zu beachten? Wie lassen sich digitale Werkzeuge bedarfsgerecht und zukunftsweisend einsetzen?

AUFGABEN

2. Erstellen Sie einen Leitfaden für eine gute digitale Kommunikation im Internet/sozialen Netzwerken.
   a) Führen Sie dazu verschiedene Regeln auf, die bei der Nutzung von sozialen Medien von Privatpersonen zu beachten sind.
   b) Formulieren Sie außerdem verschiedene Regeln, die bei der Teilnahme von Videokonferenzen zu beachten sind.

3. Für die Erstellung einer Präsentation benötigen Sie ein Bild eines hauswirtschaftlichen Arbeitsbereiches.
   a) Prüfen Sie das Angebot verschiedener Bilddatenbanken.
   b) Speichern Sie ein lizenzfreies Foto.

4. Unter dem Begriff „Datensicherheit" ist der Schutz von digitalen Daten zusammengefasst.
   a) Erläutern Sie, wodurch digitale Daten verloren gehen können.
   b) Erstellen Sie einen Maßnahmenplan wie Sie Ihre persönlichen Daten in sozialen Medien vor Missbrauch schützen können.

1

Beispiele digitalen Arbeitens in den einzelnen Lernfeldern

Lernfeld	Titel	Beispiele
Lernfeld 1	**Beruf und Betrieb präsentieren**	Den Betrieb am Tag der offenen Tür mit einer Präsentationssoftware vorstellen
Lernfeld 14	**Personen anleiten**	Digitale Checkliste zur Einarbeitung einer Person an einem neu angeschafften Gerät
Lernfeld 2	**Verpflegung zubereiten und anbieten**	Nährwertberechnungen Rezeptdatenbanken
Lernfeld 3	**Wohn- und Funktionsbereiche reinigen und pflegen**	Smarthome Saug- und Wischroboter
Lernfeld 4	**Personen wahrnehmen und beobachten**	Sprachassistenten Hausnotrufsysteme
Lernfeld 5	**Güter beschaffen, lagern und bereitstellen**	Online-Einkauf Qualitätskontrolle
Lernfeld 6	**Personen und Personengruppen unterstützen und betreuen**	Dokumentation von Betreuungsleistungen
Lernfeld 7	**Textilien einsetzen, reinigen und pflegen**	RFID-Tag im Etikett von Textilien
Lernfeld 8	**Verpflegung von Personengruppen planen**	Apps für die Kost bestimmter ernährungsbedingter Krankheiten
Lernfeld 9	**Räume und Wohnumfeld einrichten und gestalten**	Einrichtungshilfe eines Möbelhauses Smarthome: Raumklima
Lernfeld 10	**Produkte und Dienstleistung anbieten**	Kassensysteme Kalkulationsprogramme Etiketten erstellen
Lernfeld 11	**Personen aktivieren, fördern und betreuen**	Erfassungsbögen und Checklisten für Aktivierungsmaßnahmen
Lernfeld 12	**Verpflegung als Dienstleistung zu besonderen Anlässen planen und anbieten**	Erstellung Wochenspeiseplan Menükarten
Lernfeld 13	**Produkte und Dienstleistungen vermarkten**	Kundenkartei Preisermittlung

Schnelle und zuverlässige Abläufe, Kostenersparnis, gute Übersicht und gezielte Planung sind Argumente für eine Digitalisierung. In hauswirtschaftlichen Betrieben und im Privathaushalt kann durch digitale Prozesse Zeit für andere Aufgaben gewonnen werden.

Allerdings sind Fachkräfte der Hauswirtschaft gefordert, die Digitalisierung in ihre Arbeitsprozesse zu integrieren und zu leben. Dafür ist eine ausreichende Einarbeitungszeit ebenso wichtig wie der permanent notwendige Fortbildungsbedarf. Es bestehen Abhängigkeiten von den technischen Voraussetzungen (stabiles WLAN, Kompatibilität) und der fortwährenden Veränderung und Weiterentwicklung der Geräte: Updates müssen beachtet werden, Geräte sind störanfällig.

1.3.4 Die eigene Gesundheit erhalten

Die wohl bekannteste Definition von Gesundheit wurde durch die Weltgesundheitsorganisation (WHO) beschrieben: „Gesundheit ist ein Zustand vollkommenen körperlichen, geistigen und sozialen Wohlbefindens und nicht allein das Fehlen von Krankheit und Gebrechen." Im beruflichen Alltag ist es wichtig, auf die eigene Gesundheit zu achten und Unfallgefahren zu kennen (s. a. S. 430).

Typische Unfallgefahren in der Hauswirtschaft

Stürze:

- verspritztes Fett
- herabgefallene Abfälle
- verschüttete Flüssigkeiten
- Hindernisse im Laufbereich
- herunterhängende Kabel

Schnittverletzungen:
- falsche Handhabung
- Messer im Spülwasser
- stumpfe Messer
- beschädigtes Geschirr
- Restehalter nicht verwendet

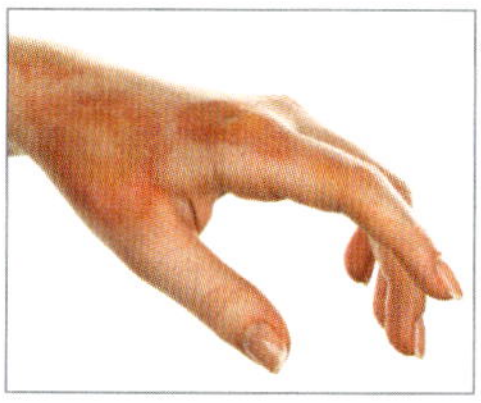

Verbrennungen:
- Fett überhitzt
- keine Topflappen benutzt
- direkter Kontakt mit einem Bügeleisen

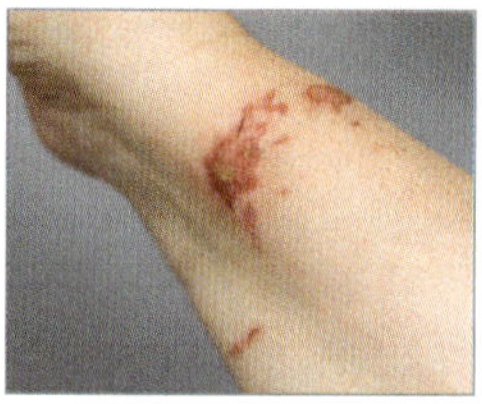

Verätzungen:
- Reinigungsmittel zusammen gemixt
- Sicherheitsdatenblatt nicht beachtet

Vergiftungen:
- Reinigungsmittel unsachgemäß benutzt
- Lebensmittel mit Schimmelbefall gegessen

Verbrühungen:
- Kochwasser unsachgemäß weggekippt
- über das Kochwasser gegriffen (falsche Kochplatte verwendet)

Diese Piktogramme helfen, Unfälle zu vermeiden. Anhand der Form und der farblichen Ausgestaltung ist klar vorgegeben, um welche Gruppe von Sicherheits- oder Gefahrenzeichen es sich handelt.

- Sind sie **rund,** handelt es sich um Ver- und Gebotszeichen.
- Sind sie **quadratisch**, handelt es sich um Rettungs- und Brandschutzzeichen.
- Sind sie **dreieckig**, handelt es sich um Warnzeichen.
- Sind sie **rot**, handelt es sich um Verbots- und Brandschutzzeichen.
- Sind sie **blau**, handelt es sich um Gebotszeichen.
- Sind sie **gelb**, handelt es sich um Warnzeichen.
- Sind sie **grün**, handelt es sich um Rettungszeichen.

Weitere Informationen unter:
Web-Based Training (dguv.de)

Häufiges Händewaschen, Desinfizieren der Hände, das Tragen von flüssigkeitsdichten Handschuhen und Kontakt zu hautbelastenden Stoffen wie z. B. Reinigungsmitteln am Arbeitsplatz kann es zum Auftreten von Rötungen, Juckreiz sowie rissiger Haut an den Händen kommen. Diese Hautveränderungen werden Handekzem genannt. Dabei ist die Hautbarriere gestört und Allergene können beim direkten Hautkontakt in die Haut eindringen. Dies kann in einigen Fällen sogar zur Entwicklung einer Allergie führen.

Kennzeichnung von Gefahrenquellen

Rauchen verboten

Mobilphone verboten

Trinken verboten

Gehörschutz tragen

Handschuhe tragen

Schutzbrille tragen

Feuerlöscher

Löschdecke

Löschschlauch

Erste Hilfe

Notruftelefon

Sammelstelle

giftig

ätzend

gesundheitsschädlich

1

Die Haut bleibt durch die richtige Anwendung von Hygienemaßnahmen, einen konsequenten Hautschutz und durch regelmäßige Pflege belastbar.

AUFGABE

5. Suchen Sie im Internet nach Informationen und Tipps zu den Themen:
   - Die richtige Arbeitshaltung
   - Das richtige Eincremen der Hände
   - Das richtige Desinfizieren der Hände

1.3.5 Hygiene – die Gesundheit anderer im Auge behalten

Hygiene-Maßnahmen sind in der Hauswirtschaft allgegenwärtig. Durch die Einhaltung verschiedenster hygienischer Maßnahmen wird die Verbreitung von Keimen vermieden und das Wohlbehalten aller Menschen in den hauswirtschaftlichen Betrieben erhalten. Gut ausgebildetes hauswirtschaftliches Personal hat die geltenden Hygienevorschriften verinnerlicht und praktiziert sie.

Hygiene bedeutet,
- Lebensmittel richtig zu lagern und zu verarbeiten
- Körper und Kleidung sauber zu halten
- Räume und Gegenstände hygienisch zu reinigen
- mit Schmutzwäsche sachgemäß umzugehen

Das „Gesetz zur Verhütung und Bekämpfung von Infektionskrankheiten beim Menschen“, kurz **Infektionsschutzgesetz** genannt, schreibt insbesondere Maßnahmen für Betreuungseinrichtungen wie Wohngruppen, Heime, Tagesstätten vor. Es gilt ebenfalls für alle Personen, die professionell Lebensmittel verarbeiten oder verkaufen. Das sogenannte „EU-Hygiene-Paket“ regelt die Anforderungen an die Hygiene in lebensmittelverarbeitenden Betrieben europaweit.

Die drei wichtigsten Verordnungen sind dabei
- die Verordnung (EG) Nr. 852/2004 über Lebensmittelhygiene
- die Verordnung (EG) Nr. 853/2004 über Hygieneverschriften tierischen Ursprungs
- die Verordnung (EG) Nr. 854/2004 mit besonderen Verfahrensvorschriften für die amtliche Überwachung zum menschlichen Verzehr bestimmter Erzeugnisse tierischen Ursprungs.

Zu Beginn der Ausbildung ist die Erstbelehrung durch das Gesundheitsamt nach §43 Abs. 1 Infektionsschutzgesetz notwendig. Während dieser Belehrung wird vermittelt, wie Hygienesicherung mittels Eigenverantwortung und Eigenkontrolle gewährleistet werden kann. Im Anschluss folgt eine weitere Belehrung durch den Ausbildungsbetrieb, die die Besonderheiten des Betriebes hervorhebt. Der Betrieb ist verpflichtet, in regelmäßigen Abständen Folgebelehrungen durchzuführen. Alle Belehrungen müssen schriftlich dokumentiert werden.

Von der Schülerin/dem Schüler/dem Azubi nach der Belehrung durch das Gesundheitsamt auszufüllen:

Ich erkläre hiermit, dass ich gemäß § 43 Abs.1 Nr. 2 IfSG mündlich und schriftlich aufgeklärt wurde und dass bei mir keine Tatsachen für ein Tätigkeitsverbot bekannt sind.

Ort und Datum — Name d. Schülerin/Schülers/Auszubildenden

Erstbelehrung (Auszug)

Personalhygiene persönliche Hygiene

- Einhaltung einer guten Körperhygiene,
- Tragen sauberer Arbeitskleidung,
- korrektes Verhalten bei Krankheit

Betriebshygiene Arbeitsplatzhygiene

- Ordnung am Arbeitsplatz,
- Reinigung aller Arbeitsmittel, Geräte und Flächen,
- Umsetzung baulicher Vorschriften

Lebensmittelhygiene, Produkthygiene

- alle hygienischen Maßnahmen bei Anlieferung, Lagerung, Verarbeitung und Zubereitung von Lebensmitteln.

Sicherung der Hygiene

Die europäische Lebensmittelhygiene-Verordnung schreibt für alle Lebensmittel verarbeitenden Betriebe ein sogenanntes **HACCP-Konzept** vor. HACCP bedeutet Gefahrenanalyse und kritische Kontrollpunkte (**H**azard **A**nalysis and **C**ritical **C**ontrol **P**oints , s. S. 36). Die Küche eines hauswirtschaftlichen Betriebes muss in einem Kontrollkonzept nachweisen können, dass sie auf dem gesamten Weg von der Warenanlieferung bis zum servierten Gericht und darüber hinaus alles getan hat, um die Gefahren einer Lebensmittelinfektion auszuschließen. Dazu werden die betriebsinternen Produktionsprozesse systematisch nach Gefahren für die hygienische Lebensmittelqualität untersucht. Zur Dokumentation der betrieblichen Kontrolle sind vor allem Checklisten (z. B. Temperaturprotokolle) entwickelt worden, die nachvollziehen lassen, dass die Vorgaben (z. B. Mindesttemperatur) eingehalten werden.

AUFGABEN

6. Recherchieren Sie alle wichtigen Punkte zum „EU-Hygiene-Paket".

7. Erläutern Sie die Inhalte einer Erstbelehrung. Vergleichen Sie diese mit Ihrer eigenen.

1.3.6 Methode des selbstständigen beruflichen Handels

Berufliche Handlungen verlaufen nach dem Modell der vollständigen Handlung. Dieses Modell stellt für alle Berufe eine hilfreiche Struktur dar, um eine Arbeitsaufgabe selbständig zu planen, durchzuführen und zu kontrollieren. Die Arbeitsaufgabe wird in sechs Arbeitsphasen gegliedert, die der Reihe nach ablaufen.

Um eine Arbeitsaufgabe qualifiziert und professionell durchzuführen, sind folgende Phasen zu durchlaufen: Zu Beginn des Modells der vollständigen Handlung findet die gedankliche Auseinandersetzung mit der Beschaffung von Informationen statt. Dann erfolgt die schriftliche Festlegung der Vorgehensweise und die Erstellung eines sinnvollen Arbeitsablaufplanes. Als Umsetzung des Plans wird die Arbeitsaufgabe praktisch durchgeführt. Das Modell endet mit der abschließenden Bewertung der geleisteten Arbeit durch die Auszubildende/den Auszubildenden.

Modell der vollständigen Handlung

Bei Veränderungen werden einzelne Phasen wiederholt.

Im Ausbildungsberuf Hauswirtschaft ist das selbstständige Planen, Durchführen und Beurteilen ein übergeordnetes Ausbildungsziel. Es findet sich in betrieblichen Aufträgen wieder. Auch ist es in der Abschlussprüfung mit der Umsetzung eines eigenen betrieblichen Auftrags Kernkompetenz, die es unter Beweis zu stellen gilt.

1.4 Arbeitsergebnisse präsentieren

Die Möglichkeiten, andere professionell mit Informationen zu versorgen oder über Arbeitsergebnisse zu informieren, sind sehr vielfältig. Je nach Anlass bietet es sich an, ein Handout, einen Flyer, ein Plakat, ein Videoclip zu erstellen oder eine Präsentationssoftware zu nutzen. Auch im Rahmen der Abschlussprüfung ist diese Kompetenz gefordert, denn das Ergebnis des betrieblichen Auftrags ist während der Abschlussprüfung angemessen zu präsentieren.

Zu Beginn einer Präsentation geht es darum, Ideen und Inhalte zu sammeln. Dies kann in Form eines Brainstormings erfolgen oder sich durch inhaltliche Vorgaben in der Aufgabenstellung ergeben. Im nächsten Schritt wird ein Spannungsbogen entwickelt, der vor dem Hintergrund der Zielgruppe dafür sorgen wird, dass die Adressaten aufmerksam zuhören. Dieser Spannungsbogen entspricht der Gliederung eines Referats, dem roten Faden eines Vortrags oder den Unterpunkten bei der Erstellung eines Handouts, Flyers oder Plakats.

Eine gute Präsentation beginnt mit der Nennung des Themas und – wenn es passt – einer kurzen Vorstellung der eigenen Person. Sie endet mit einem zusammenfassenden Schlusswort, einem Ausblick und dem Dank für das aufmerksame Zuhören.

1.4.1 Umgang mit Präsentations-Software

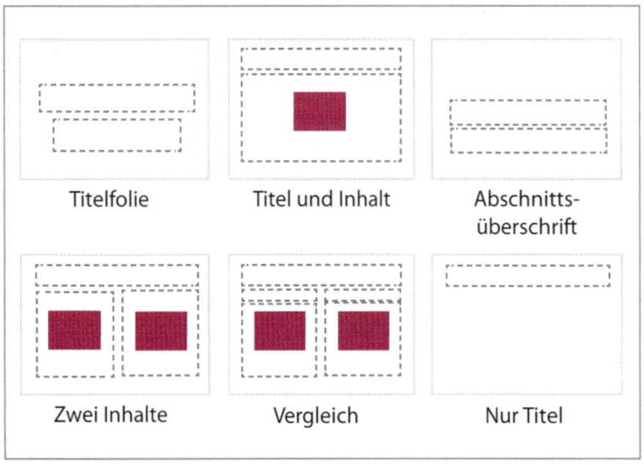

Gestaltungsvorlagen

Digitale Medien unterstützen die Darstellung von fachlichen Inhalten für unterschiedliche Zielgruppen. Häufig wird PowerPoint als Präsentations-Software verwendet. Eine Reihe von Regeln wirken sich dabei positiv auf das Ergebnis aus:

Farbwahl und -gestaltung:
- ➜ Die Hintergrundfarben sollten angenehm wirken.
- ➜ Wünschenswert ist ein farblicher Bezug zum Thema.
- ➜ Es sollten nicht mehr als drei Farben verwendet werden.
- ➜ Hintergrundfarbe und Schriftfarbe sollten einen akzeptablen Kontrast haben.
- ➜ Die Farbgestaltung innerhalb der Präsentation bleibt einheitlich.

Layout:
- ➜ Eine Folie enthält vier bis maximal sechs Zeilen.
- ➜ Stichwörter sind besser als lange Sätze.
- ➜ Es werden nicht mehr als drei Schriftgrößen verwendet.
- ➜ Das Layout innerhalb der Präsentation bleibt einheitlich.

Schriftgröße und Schriftart:
- ➜ Schriftarten mit schlichtem Schriftbild sind zu bevorzugen, z.B. Arial, Verdana.
- ➜ Schriftgröße für den Titel etwa 40 Punkte.
- ➜ Schriftgröße für den Inhalt zwischen 20 und 30 Punkten.
- ➜ Nur eine Schriftart für alle Folien verwenden.

Animationen, Grafiken, Effekte, Folienübergänge:
- ➜ Maximal drei Bilder pro Seite.
- ➜ Animationen und Effekte sparsam und schlicht einsetzen.
- ➜ Folienübergänge dezent und einheitlich auswählen.
- ➜ Auf Einheitlichkeit achten.

Corporate Design:
- ➜ Wenn es ein Corporate Design für das Unternehmen, die Hauswirtschaft im Betrieb oder der Schule gibt, kann dieses verwendet werden.
- ➜ Das Logo findet sich im oberen Bereich der Folie wieder.
- ➜ Die Farbgestaltung orientiert sich an den Firmenfarben.

1.4.2 Weitere Präsentationstechniken

Ein **Handout** entspricht dem DIN-A-4 Format. Inhalte werden als Text abgedruckt und ermöglichen den Zuhörenden, sich auf den Vortrag zu konzentrieren ohne eigene Notizen zu machen. Es wird an alle Anwesenden ausgeteilt. Es enthält das Thema der Präsentation, das Datum des Vortrags, den Namen des Erstellenden und alle wesentlichen Punkte, die kurz und verständlich zusammengefasst sind.

Ein **Flyer** ist eine gefaltete oder gedrittelte DIN-A-4 Seite, die entweder im Hoch- oder Querformat beschriftet oder bebildert wird. Neben den Elementen des Handouts wird bei einem Flyer sehr viel mehr auf eine originelle Gestaltung geachtet. Bilder und Farben werden genutzt, um so die Neugierde zu wecken. Flyer liegen häufig zur freien Verfügung aus und sind nicht zwingend Teil eines Vortrags oder einer Präsentation.

Ein **Plakat** ist großflächig und kombiniert Text und Bildinhalte in übersichtlicher Form. Es informiert, lädt ein oder wirbt für eine Veranstaltung, ein Produkt oder ein Angebot. Plakate sind übersichtlich und klar aufgebaut, so dass Betrachtende die Botschaft schnell erfassen können.

Zum Erstellen eines **Videoclips** werden ein Aufnahmegerät und eine Bearbeitungssoftware benötigt. Das aufgenommene Bildmaterial wird hochgeladen und bearbeitet. Beim Bearbeiten wird dieses Bildmaterial zugeschnitten und gekürzt. Dann werden zusätzliche Inhalte wie Sound, Musik, Übergänge, Texte, Untertitel und Animationen eingebaut. Es folgt die Kontrolle, ob die Übergänge zwischen Bild, Text, Animation und Musik gelungen sind, ehe der Videoclip gespeichert wird.

Ein **Podcast** ist eine Audiodatei im Internet, die Inhalte zu einem Thema erörtert. Bei dem Begriff Podcast handelt es sich um ein Kunstwort, das sich aus „POD" für „play on demand" und cast, abgekürzt vom Begriff „broadcast" (Rundfunk) zusammensetzt. Häufig ähnelt der Podcast einem Interview oder auch einem kurzen Hörspiel.

1.4.3 Urheberrecht

Wenn fremdes Material für die Präsentation verwendet wird, muss grundsätzlich der Urheber kontaktiert werden. Der Urheber muss zustimmen und er hat Anspruch auf eine angemessene Vergütung. Das Urheberrecht gilt automatisch und muss nicht angemeldet werden. Es ist bis zu 70 Jahre nach dem Tod des Urhebers gültig.

Urheberrecht

Ganz gleich, welches Präsentationsprodukt erstellt wurde, die Beantwortung folgender Fragen kann für ein gutes Präsentationsergebnis sorgen:

- Ist die Titelzeile aussagekräftig?
- Setzt sich die Titelzeile durch eine größere Schrift vom anderen Text ab?
- Finden sich alle Inhalte wieder?
- Passen Farbe und Inhalt zusammen?
- Sind alle Urheber genannt?
- Sind alle Tippfehler korrigiert?
- Sind Hilfslinien entfernt worden?
- Auch für Bilder, die über Suchmaschinen zu finden sind, gilt das Urheberrecht.

Weitere Informationen zu Bildrechten s. S. 505, 509.

Recherche		
Ausbildungs-betrieb	Hauswirt-schaft im Betrieb	Hauswirt-schaftliche Ausbildung im Betrieb
Darstellung mithilfe einer Präsentations-software		

Sie werden beauftragt, am Tag der offenen Tür Ihren Ausbildungsbetrieb vorzustellen. Dafür bereiten Sie eine Präsentation vor.
Diese Präsentation startet mit allgemeinen Informationen über den Betrieb, dessen Leitbild und dem Organigramm des Betriebes. Danach werden die Arbeitsbereiche der Hauswirtschaft im Ausbildungsbetrieb vorgestellt. Außerdem berichten Sie darüber, wie die hauswirtschaftliche Ausbildung organisiert ist.

••• Aufgabe 1

Informieren Sie sich im Internet über den Ausbildungsbetrieb.

••• Aufgabe 2

Nutzen Sie dafür mehrere Informationsquellen und fragen Sie direkt nach! Erstellen Sie eine Liste nach dem Muster oben rechts dieser Seite.

Name des Betriebes	
Kontaktperson	
Adresse und Telefonnummer	
E-Mail	
Homepage	
Flyer	
Leitbild	
Organigramm	

Beschreiben Sie die zu versorgenden Personen im Ausbildungsbetrieb!

Anzahl	
Alter	
Dauer des Aufenthalts	
Handicaps	

Erstellen Sie eine Liste der einzelnen Dienstleistungen und Produkte, die der Betrieb anbietet.

••• Aufgabe 3

Informieren Sie über die hauswirtschaftliche Ausbildung in Ihrem Ausbildungsbetrieb. Werden mehrere Jugendliche ausgebildet? Wie verteilen sich die Auszubildenden über die Ausbildungsjahre? Wer ist zuständig für die Ausbildung im Betrieb? In welchen Arbeitsbereichen werden Sie als Auszubildende eingesetzt? Wie sieht ein typischer Arbeitstag im 1. Ausbildungsjahr aus? Welche zuständige Stelle betreut Ihre Ausbildung? Wer unterstützt Sie bei den Vorbereitungen für die Zwischen- und Abschlussprüfung? Wo gehen Sie zur Berufsschule? Welche Lernfelder werden im 1. Ausbildungsjahr unterrichtet?

••• Aufgabe 4

Wählen Sie eine geeignete Präsentationssoftware.
Erstellen Sie mit den gesammelten Informationen eine Präsentation über Ihren Ausbildungsbetrieb und motivieren junge Menschen für eine Ausbildung in der Hauswirtschaft.

Hello! – Good Bye!

Hier sind einige Personen, die sich glücklich schätzen, in der Hauswirtschaft zu arbeiten.

Good morning!
My name is Bianca.

Good afternoon!
Welcome to the youth hostel!

Hi, I'm David.

Aufgabe 1

Lesen Sie sich die Begrüßungen durch. Welche davon passt zu Ihnen?

Ways to say „Hello!"

- Good morning!
- Good afternoon!
- Good evening!
- Hello!
- Hi!

Introducing yourself!

- My name is …….!
  What's your name?
- Hi. I'm …….!
  What's your name?

Ways to say „Good bye!"

- Good bye!
- Have a good day!
- Bye!
- See you!
- Take care!

Aufgabe 2

Stellen Sie sich gegenseitig auf Englisch vor. Nutzen Sie die Vorschläge aus der Tabelle für die Dialoge.

„Guten Tag" und „Auf Wiedersehen"!

Begrüßung von Mitarbeitenden

Begrüßung in der Schule

Begrüßung von Gästen

Verabschiedung von Gästen

Verabschiedung in der Schule

Aufgabe 3

Lesen Sie die folgenden Dialoge und ordnen Sie die Dialoge einem Foto zu!

1. Good afternoon! I'm David from the youth hostel! Welcome to our hostel!
2. See you next week. Bye, bye.
   Take care.
3. Hello. How do you do? Fine, thank you!
4. Good morning! What's going on?
   Let's start the day.
5. Did you enjoy your stay with us?
   How would you like to pay?
   Thank you. Hope to see you again soon.

Digitales für eine Ausbildung in der Hauswirtschaft

In der Berufsschulklasse diskutieren Sie, in welchem Ausmaß die Digitalisierung in hauswirtschaftlichen Betrieben Ihre Ausbildung beeinflusst. Zum Teil sind die Möglichkeiten der virtuellen Realität noch im Forschungs- und Anfangsstadium, zum Teil werden sie bereits praktisch eingesetzt und begleiten Ihren Ausbildungsalltag. Bedienung aus der Ferne mit dem Smartphone, das Auslesen von Daten mithilfe einer Schnittstelle und die Überwachung von Füllständen durch Sensoren sind keine Zukunftsmusik mehr. Ferngesteuerte Reinigungs- und Desinfektionsroboter, die Verbindung eines Küchengerätes mit einer Cloud, gechipte Textilien und selbstfahrende Geräte sind nur einige Beispiele. Was davon erleben Sie in ihrem Ausbildungsbetrieb?

Lernen unterwegs mit einer App oder zuhause im Web – auch das ermöglicht die Digitalisierung. Lern-Apps helfen Fachkompetenz zu erwerben und Lerninhalte zu trainieren. Andere Apps im hauswirtschaftlichen Bereich dienen der Informationsbeschaffung und unterstützen beim Erwerb von Fachwissen.

LernBOX HT Hauswirtschaft

App ist die Abkürzung von Applikation (engl.: application) und heißt Anwendung bzw. Programm. Anwendungssoftware, die auf mobilen Endgeräten (z.B. dem Smartphone) installiert wird, wird gewöhnlich als App bezeichnet. Gestartet wird eine App über ein grafisches Symbol auf dem Smartphone oder Tablet.

Aufgabe 1

Gehen Sie auf die Suche nach Apps zu Themen, die für Ihre Ausbildung von Bedeutung sind!

Aufgabe 2

Erkunden Sie Lern- und Informations-Apps für die Hauswirtschaft: LernBOX Hauswirtschaft, Saisonkalender vom BZfE, Was esse ich (Ernährungspyramide) vom BfLE, Beste Reste vom BMEL, Label-online, Codecheck!

Aufgabe 3

Diskutieren Sie die Eignung dieser Apps im hauswirtschaftlichen Berufsalltag.

a) Nennen Sie die Vor- und Nachteile.
b) Ziehen Sie ein Fazit.

Aufgabe 4

Erstellen Sie mit mehreren Personen ein Podcast für eine Ausbildungsoffensive, für Werbung oder für die homepage Ihres Ausbildungsbetriebs.

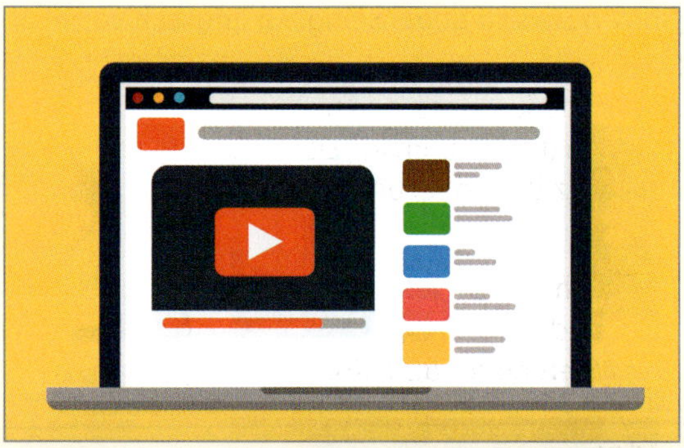

Grundrechenarten

Addieren	Subtrahieren
Als Addition wird das Zusammenzählen von Zahlen bezeichnet.	Als Subtraktion wird das Abziehen von Zahlen bezeichnet.

Wichtig beim schriftlichen Addieren und Subtrahieren ist, die Zahlen richtig untereinander zu schreiben.
Eine Orientierung ist dabei das Komma.

Rechenweg: Die Zahlenreihe wird von unten nach oben gerechnet.	**Rechenweg:** Die Zahl, von der abgezogen wird, steht ganz oben, die anderen darunter.

Welche Zahlen werden unterschieden?

Ganze Zahlen:	13
Dezimal-Zahlen:	1,3
Bruchzahlen:	$\frac{1}{3}$
Zahlen mit einer Einheit:	13 ml, 13,00 €

In der Praxis haben Zahlen unterschiedliche Einheiten.
Unterschieden werden Mengen (z. B. Stück (St.), Kilogramm (kg), Gramm (g), Liter (l), Milliliter (ml) und Beträge (z. B. Euro (€) und Cent (ct).

Je nach Einheit ergeben sich die Stellen hinter dem Komma.
2 Stellen hinter dem Komma: Euro
3 Stellen hinter dem Komma: Kilogramm, Liter

Aufgabe 1

Schreiben Sie die Zahlen richtig untereinander auf ein Extrablatt und berechnen Sie!

a) 125 kg + 62,5 kg + 0,75 kg + 11,25 kg =
b) 750 g + 1250 g + 2000 g + 125 g =
c) 44,50 € + 1,25 € + 10,75 € + 20 € =
d) 10,15 € + 1,85 € + 5 € + 3,00 € =
e) 125 kg – 62,5 kg – 0,75 kg – 11,25 kg =
f) 2000 g – 750 g – 1250 g – 125 g =
g) 44,50 € – 1,25 € – 10,75 € – 20 € =
h) 10,15 € – 1,85 € – 5 € – 3,00 € =

Aufgabe 2

Berechnen Sie jeweils die wöchentliche Arbeitszeit der folgenden Pläne!

Tägliche Arbeitszeit (Woche in den Schulferien)	
Montag	8 Stunden
Dienstag	8,5 Stunden
Mittwoch	8 Stunden
Donnerstag	8 Stunden
Freitag	8,5 Stunden

Tägliche Arbeitszeit (Woche mit Berufsschultagen)	
Montag	8 Stunden
Dienstag	8 Stunden
Mittwoch	7,5 Stunden
Donnerstag	7,5 Stunden
Freitag	8 Stunden

Aufgabe 3

Im Ausbildungsvertrag ist eine 39-Stunden Woche vereinbart.
Berechnen Sie für beide Wochen die Überstunden.

1

Jugendherbergen sind seit ihrer Entstehung im Deutschen Jugendherbergsverband organisiert. Dieser Verband hat eine Nachhaltigkeitserklärung entwickelt, die für alle Mitgliedsbetriebe des Jugendherbergs-verbandes verbindlich sind.

Nachhaltige DJH

Aufgabe 1

Recherchieren Sie im Internet die Inhalte der Nachhaltigkeitserklärung des „Deutschen Jugendherbergswerkes“!

Aufgabe 2

Ergänzen Sie in der untenstehenden Tabelle zu jeder Dimension zwei Aspekte, die in der Nachhaltigkeitserklärung des „Deutschen Jugendherbergswerkes“ aufgeführt sind.

In welchem Umfang kann die Hauswirtschaft in der Jugendherberge ganz konkret Einfluss auf die Umsetzung der Nachhaltigkeitsziele nehmen. Nennen Sie zu jeder der drei Dimensionen mindestens eine weitere konkrete Tätigkeit.

Aufgabe 3

Nennen Sie praktische Beispiele aus Ihrem Ausbildungsbetrieb, die dazu beitragen, dass auch zukünftige Generationen eine lebenswerte Welt erleben können.

Aufgabe 4

Überlegen und diskutieren Sie, welche Betriebe, die Sie kennen, eine "Nachhaltigkeitserklärung" haben könnten. Recherchieren Sie dazu.

Aufgabe 5

Es gibt viele praktische Ansätze, um Nachhaltigkeit im Alltag von Jugendeinrichtungen zu integrieren. Dazu gehören nachhaltige Ernährung, Müllvermeidung, nachhaltiger Materialeinkauf und kreative Recycling-Projekte.
Führen Sie weitere Beispiele an.

Ökologische Aspekte	Soziales	Ökonomische Aspekte
• Nutzung von grüner Energie • Bio-Zertifizierung (30 % der Lebensmittel aus der Region, 20 % Bio-Lebensmittel) • … • …	• Angebote für alle Altersgruppen • Toleranz und Wertschätzung der Mitarbeitenden und Gäste • … • …	• Gutes Preis-/Leistungsverhältnis • Bevorzugung regionaler Firmen • … • …

Verpflegung zubereiten und anbieten

Lernsituation

Im landwirtschaftlichen Ausbildungsbetrieb und Mehrgenerationenhaushalt der Familie Meyer wohnen Lena 38, Michael 39, Ben 9 und Emma 5 Jahre alt. Außerdem die Großeltern Heidi (67) und Werner (70). Lena ist ausgebildete Hauswirtschaftsmeisterin. Seit der Hofübergabe von Heidi und Werner an ihren Sohn Michael wird an Veränderungen gedacht wie z. B. Abokistenvertrieb, Hofladen oder Hofcafe und Permakultur.

Lena hat die Haushaltsführung und Versorgung der Familie und Hofgemeinschaft übernommen. Eine gesunde und ausgewogene Ernährung mit regionalen und saisonalen Lebensmitteln stehen für sie an oberster Stelle. Ihr Ziel ist es, den Fleischkonsum der Hofgemeinschaft zu reduzieren und mit schmackhaften Alternativen zu überzeugen.

Während Ihrer Ausbildung absolvieren Sie ein vierwöchiges Praktikum in diesem Betrieb und unterstützen Lena unter anderem bei der Zubereitung der Speisen.

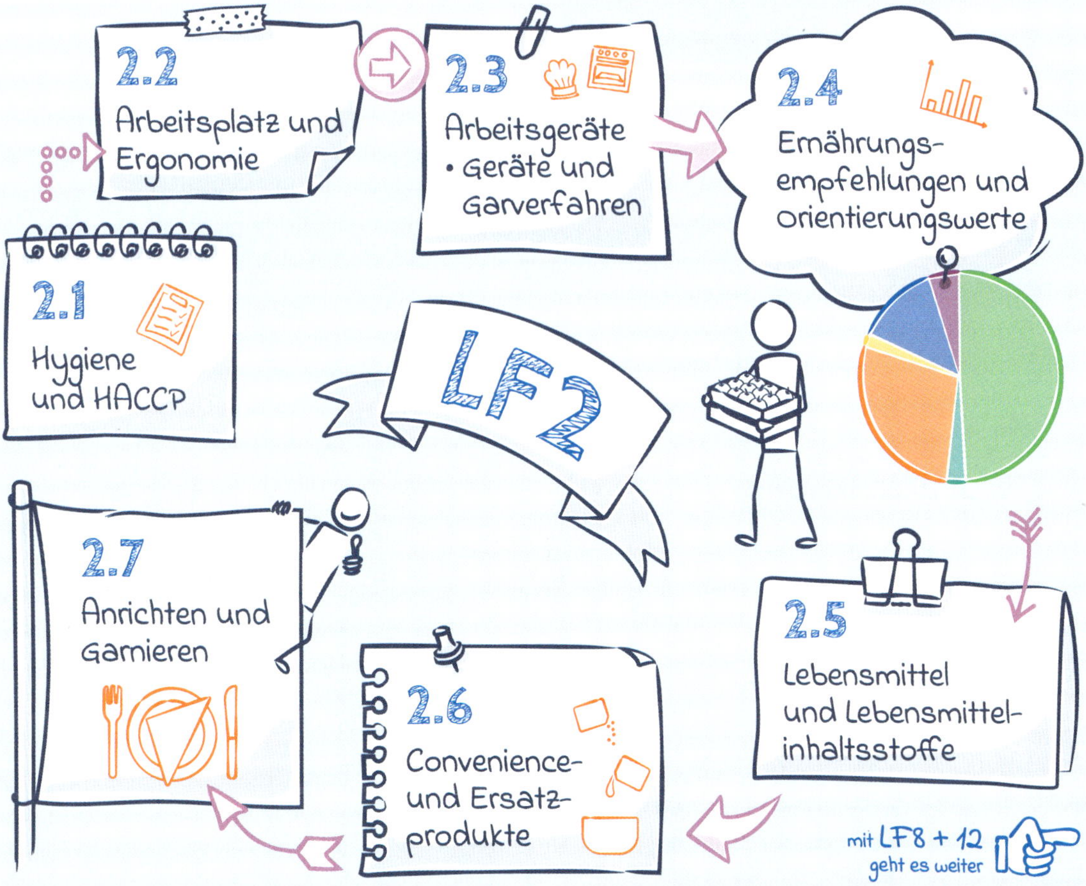

2

8

12

2.1 Hygiene

Gemäß Lebensmittel-, Bedarfsgegenstände- und Futtermittelgesetzbuch (LFGB) sowie Infektionsschutzgesetz sind alle geforderten Hygienemaßnahmen in Betrieben, die Speisen herstellen und anbieten, sowie Lebensmittelunternehmen umzusetzen. Dazu zählen Maßnahmen der Personal-, der Produkt- und der Betriebshygiene. Die drei Hygienebereiche bilden den Grundstein einer guten Hygienepraxis (GHP) und sind die Voraussetzung zur Einführung und Umsetzung eines betrieblichen **HACCP**-Konzepts.

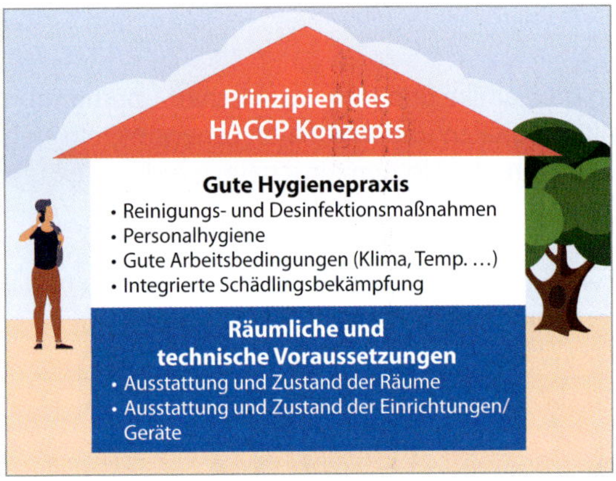

Haus der Hygiene

Die Leitlinie für eine gute Hygienepraxis in sozialen Einrichtungen umfasst alle Anforderungen der Lebensmittelhygiene für Verpflegungsangebote, die in sozialen Einrichtungen erforderlich sind. Sie enthält zudem hygienische Anforderungen, die nach dem Lebensmittelrecht gelten, wenn mit Anleitung einer hauswirtschaftlichen Fachkraft zusammen gekocht wird.

2.1.1 HACCP-Konzept

Lebensmittel müssen auf allen Stufen der Lebensmittelkette so produziert werden, dass sie die Gesundheit und das Wohlbefinden der Verbraucher nicht negativ beeinflussen. HACCP greift dort ein, wo die Gesundheit des Menschen gefährdet sein kann: bei Produktion, Behandlung, Verarbeitung, Transport, Lagerung und Verkauf oder Ausgabe von Lebensmitteln. Auch bei anderen hauswirtschaftlichen Tätigkeiten, wie der Hausreinigung und Textilpflege, dient HACCP der Sicherheit und dem Wohlbefinden der Menschen.

Nach dem HACCP-Konzept werden die kritischen Punkte im Umgang mit Lebensmitteln erfasst, die untersucht und kontrolliert werden müssen.

Bedeutung von HACCP

H	Hazard	Gefährdung, Gefahr, Risiko für die Gesundheit
A	Analysis	Analyse, Untersuchung der Gefährdung
C	Critical	kritisch/ entscheidend für die Beherrschung
C	Control	Kontrolle, Überwachung und Lenkung der Bedingungen
P	Points	Punkte/Schritte im Verfahren

Das HACCP-Konzept ist ein Eigenkontrollsystem. Damit können Hygienevorschriften überwacht und angepasst und damit auch gelenkt werden.

Risiken werden so bewertet, Gefahren durch ein angemessenes System verhindert und auf ein Mindestmaß reduziert.

Das Konzept dient der Qualitätssicherung.

- Die Ware wird auf Verschmutzungen, Schädlingsbefall, Schimmelbefall und Fremdkörper geprüft.
- Die Transportfahrzeuge sollten stichprobenweise auf Verschmutzungen kontrolliert werden.
- Die Lebensmittelverpackungen sind auf Beschädigungen zu prüfen.
- Das Mindesthaltbarkeitsdatum (MHD) bzw. das Verbrauchsdatum (s. S. 327) müssen überprüft werden. Waren, deren Verbrauchsdatum überschritten ist, dürfen nicht mehr verwendet werden und sind zurückzuweisen. Es wird empfohlen, Waren mit überschrittenem MHD nicht anzunehmen, da die Verantwortung für die Verkehrsfähigkeit mit Ende des MHDs vom Hersteller des Produktes auf den Inverkehrbringer, also in diesem Fall den Verantwortlichen der Mensaküche, übergeht.

Die sieben Stufen der Lebensmittelsicherheit im HACCP am Beispiel Rührei auf dem Frühstücksbüfett:

Stufen	Erläuterung	Beispiel
Gefahrenanalyse im Produktionsablauf durchführen	Erfassung aller Prozessstufen vom Ausgangsprodukt bis zum Verzehr Überprüft wird der gesamte Arbeitsablauf, die Kontrollpunkte (abgekürzt CP) werden benannt.	Gefahr durch Kontamination mit/durch Salmonellen an den Eiern. Gesundheitsrisiko: Erkrankung durch nicht abgetötete Salmonellen am Rührei. Lenkungspunkte: Kühltemperatur, Garzeit, Gartemperatur, Reinigungs- und Desinfektionsplan der Arbeitsgeräte.
Kritische Kontrollpunkte (CCP) bestimmen	Kritische Kontrollpunkte werden als entscheidende Gefahrenpunkte festgelegt und müssen ständig kontrolliert werden. Ein CCP liegt vor, wenn in keinem anderen weiteren Arbeitsschritt die Gefahr reduziert bzw. beseitigt werden kann. Von welcher Prozessstufe geht eine besondere Gefährdung aus? Eine ständige Kontrolle und Lenkung der CCPs ist erforderlich	Kritische Lenkungspunkte: Besteht eine Gesundheitsgefährdung für den Tischgast? Erhitzen im Gargerät, da die Salmonellen in keinem der späteren Arbeitsschritte mehr abgetötet werden können.
Grenzwerte festlegen	Gar- und Ausgabetemperaturen, maximale Warmhaltezeiten definieren. Zum Beispiel Richtwerte gemäß Norm DIN 10508:2019-03 – Lebensmittelhygiene – Temperaturen für Lebensmittel: • Tiefgefrorene Lebensmittel: ≤ –18 °C • Zu kühlende und leicht verderbliche Lebensmittel: ≤ 7 °C • Heiß zu haltende, verzehrfertige Speisen: ≥ 65 °C	Grenzwert: Kerntemperatur im Rührei erreicht für mindestens 2 Minuten 72 °C. Rührei warm halten bei über 65 °C. Warmhaltezeit von max. einer Stunde nicht überschreiten.
Überwachung der kritischen Kontrollpunkte	Die Kontrolle der kritischen Lenkungspunkte sollte möglichst kontinuierlich stattfinden, so dass der Betriebsablauf automatisch angepasst werden kann. Auch eine periodische Überwachung ist generell möglich, jedoch muss die Frequenz so hoch sein, dass eine lückenlose Überwachung garantiert ist. Die Kontrolle findet in der Regel eigenverantwortlich statt. Festgelegt wird: • was kontrolliert wird • wo kontrolliert wird • wo und in welcher Form die Ergebnisse der Kontrollen dokumentiert werden	Kontrollsystem: Temperaturmessung mit einem Einstichthermometer beim Garen im Gargerät sowie Kontrolle der Zeit mittels einer Uhr durch die verantwortliche Person oder automatische Überwachung durch eingebauten Temperaturfühler im Gargerät.
Korrekturmaßnahmen bei Überschreitung der Grenzwerte festlegen	Werden Grenzwerte nicht eingehalten, sind vom Verantwortlichen Korrekturmaßnahmen zu ergreifen. Diese sind im Vorfeld schriftlich festzulegen. • Überprüfung des Kontrollsystems: Werden wirklich alle Schwachstellen überprüft? • Kommen neue kritische Kontrollpunkte hinzu?	Korrekturmaßnahmen bei Abweichung: • Temperatur und/ oder Garzeit erhöhen, bis Grenzwert erreicht ist • ggf. Gartemperatur erhöhen, Garzeit verlängern
Regelmäßig die Maßnahmen kontrollieren und Fehler korrigieren	Das kann z. B. durch Audits, regelmäßige Stichproben oder durch Inspektionen der Geräte und Räumlichkeiten geschehen. Es sollte von einem unabhängigen Mitarbeitenden durchgeführt werden.	Temperaturmessungen vornehmen • monatliche Überprüfung des Thermometers • Grenzwerte abgleichen • Überprüfung der Kontrollpläne
Dokumentation	Die Überprüfung der CCPs sowie die Anweisungen für den Produktionsablauf werden schriftlich festgehalten. Die Art und Weise der Dokumentation ist nicht gesetzlich vorgegeben. Im Internet sind zahlreiche Checklisten, Vordrucke und Formblätter zu finden. Sie können aber auch individuell vom jeweiligen Betrieb erstellt werden.	Dokumentation: Aufzeichnung der Messergebnisse bis zur Ausgabe z. B. Q-Kiss (**K**eep **i**t **s**mile and **s**afe)

Jeder Betrieb muss anhand eines individuell auf ihn abgestimmten, internen Hygienekonzepts nach HACCP in Verbindung mit einer guten Hygienepraxis dafür sorgen, dass die Lebensmittelsicherheit gewährleistet ist. Verpflichtend ist, das Kontrollsystem regelmäßig zu dokumentieren. Die Aufzeichnungen sind zwei Jahre aufzubewahren. Rechtsvorschriften und die Lebensmittelüberwachung kontrollieren, dass in Lebensmittel verarbeitenden Betrieben lebensmittelrechtliche Bestimmungen zum Schutz des Verbrauchers eingehalten werden.

Für das angebotene Rührei stellen sich folgende Fragen:

- Sind die Eier frisch?
- Erfolgt das Aufschlagen der Eier fachgerecht?
- Ist die Gartemperatur ausreichend?
- Ist die Garzeit ausreichend? Gegebenenfalls länger garen.
- Wurden die Reinigungs- und Desinfektionspläne der Arbeitsflächen und -geräte beachtet?
- Ist das Händewaschen nach dem Aufschlagen der Eier vorzuschreiben?
- Mindesthaltbarkeitsdatum beachtet?
- 10 Tage vor Ablauf des Mindesthaltbarkeitsdatums sollten Eier gekühlt gelagert werden. Ist das geschehen?

2.1.2 Personalhygiene

Personen, die Lebensmittel verarbeiten, müssen frei von ansteckenden Krankheiten sein. **Mikroben** können sich auf der Haut, insbesondere in feuchtem Milieu, z.B. im Schweiß, rasch vermehren. Die häufigsten Vertreter sind Bakterien, Viren und Pilze. Keimüberträger sind meistens die Hände. In den lebensmittelverarbeitenden Betrieben sind daher gesonderte Handwaschbecken vorgeschrieben. Seifenspender mit Flüssigseife und Einmalhandtücher aus Papier verhindern wirksam eine Keimübertragung.

FÜR DIE PRAXIS

Gründliches Händewaschen dauert ca. 30 Sekunden. In dieser halben Minute kann zweimal „Happy Birthday" gesungen werden- erst dann ist der Vorgang abgeschlossen.

1. Hände anfeuchten, Seife entnehmen

2. Hände einseifen, Handflächen einreiben

3. Finger und Zwischenräume waschen

4. Handflächen mit den Fingernägeln einreiben

5. Handrücken mit den Fingernägeln einreiben, Daumen nicht vergessen!

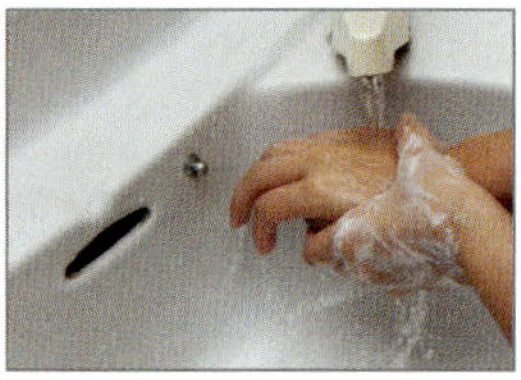

6. Gründlich abwaschen und Hände mit Einmalhandtüchern gründlich abtrocknen oder Hände maschinell trocknen

Gründliches Händewaschen

Professionell gekleidetes und gepflegtes Personal repräsentiert den Hygieneanspruch ihres Betriebes und gewährleistet die Einhaltung der Hygienestandards.

Wichtige Grundsätze der Personalhygiene:

- Sich regelmäßig ärztlich untersuchen lassen.
- Saubere und zweckmäßige Kleidung und Kopfbedeckung in der Grundfarbe weiß, saubere trittsichere Schuhe sowie bei Bedarf Schutzkleidung. Die textile Arbeitskleidung sollte aus kochfestem Material sein und täglich gewechselt werden.
- Längere Haare zusammenbinden.
- Fingerringe, Uhren oder Armschmuck vor der Arbeit ablegen.
- Regelmäßige Körper-, Haar-und Handpflege durchführen.
- Fingernägel kurz und sauber halten, nicht lackieren.
- Wunden an Händen und Armen mit wasserundurchlässigem Verband versehen, Fingerlinge über dem Verband tragen oder Einmalhandschuhe verwenden.

- Sorgfältige Reinigung der Hände und Unterarme vor Arbeitsbeginn, nach jeder Pause und jedem Toilettenbesuch sowie nach Arbeitsplatzwechsel.
- Sorgfältiges Händewaschen bevor und nachdem mit rohen Eiern, Geflügel oder Fisch gearbeitet wird.
- Beim Husten, Niesen und Naseputzen sich von den Lebensmitteln abwenden, in die Armbeuge niesen.
- Direkten Handkontakt mit den fertigen Speisen vermeiden.
- Private Bekleidung nicht auf den Arbeitsflächen und immer getrennt von der Arbeitskleidung ablegen.

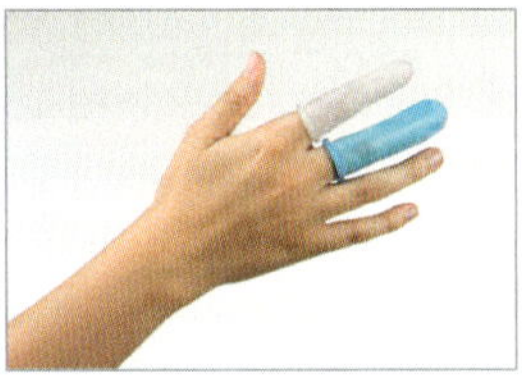

Hygiene beachten:
In die Armbeuge niesen — *Fingerling verwenden*

2.1.3 Betriebshygiene

Betriebshygiene ist Arbeitsplatzhygiene. Zu ihr gehören die Hygiene der Räume, der Ausstattung und Arbeitsmittel sowie die Hygiene innerhalb der einzelnen Arbeitsabläufe.

- Die Betriebsräume müssen genügend hoch, ausreichend hell, trocken sowie be- und entlüftbar sein.
- Küchen, Lager-, Wirtschafts- und Kühlräume sauber halten. Die Trennung von reinen und unreinen Bereichen beachten.
- Lebensmittellager (Trockenlager, Obst- und Gemüselager, Kühllager für Fleisch, für Milchprodukte) trennen.
- Arbeitsmittel für Reinigung und Desinfektion in einem separaten Raum aufbewahren.
- Reine Arbeitsgänge (z.B. Portionierung von Desserts) und unreine Arbeitsgänge (z.B. Waschen von frischem Obst und Gemüse) trennen. Separate Arbeitsflächen vorsehen.
- Die Betriebsräume dürfen keinen direkten Zugang zu den Toiletten oder Waschräumen haben. Sanitäre Einrichtungen mit einer festgelegten Ausstattung müssen vorhanden sein.

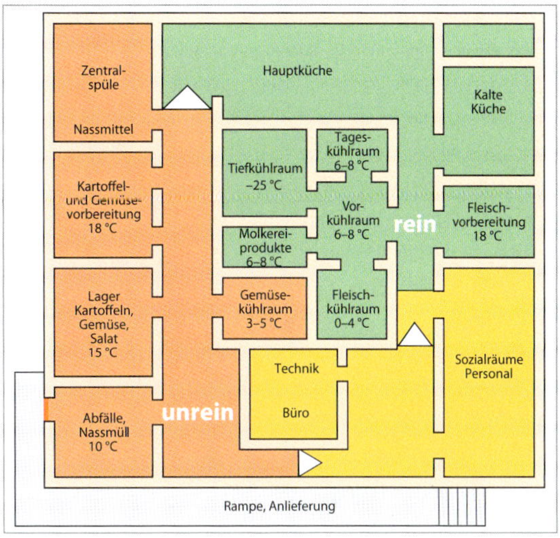

Getrennte (rein und unrein) Lagerung bis zur Verarbeitung

- Erstellung und Umsetzung eines Reinigungs- und Desinfektionsplans müssen gewährleistet werden.
- Beim Einsatz von Desinfektionsmitteln ist die Dosierung genau einzuhalten (s.S. 123).
- Regelmäßige Schädlingsbekämpfung durchführen.
- Abfälle fachgerecht trennen (s.S. 158) und die Abfallsammelbehälter täglich leeren.
- An jährlich wiederkehrenden Hygieneschulungen teilnehmen.
- Bei der Ausstattung auf glatte Oberflächen achten und korrosionsbeständiges Material, z.B. Edelstahl, bevorzugen.
- Alle Geräte und Arbeitsflächen nach dem Einsatz gründlich reinigen, im Bedarfsfall desinfizieren.

Farbsystem für Schneidebretter

Zur Vorbereitung von Geflügel, Gemüse und Salate (rein und unrein) müssen getrennte Arbeitsplätze zur Verfügung stehen. Alternativ kann auch eine Zwischenreinigung nach der Verarbeitung der einzelnen Lebensmittel erfolgen. Die Verwendung von unterschiedlich farbigen Schneidebretter für verschiedene Einsatzbereiche erleichtert das hygienische Arbeiten.

- **Grün** = Gemüse und Salat
- **Rot** = Fleisch und Wurst
- **Gelb** = Geflügel
- **Blau** = Fisch
- **Weiß** = Käse
- **Braun** = Brot

2.1.4 Produkthygiene

Produkthygiene ist Lebensmittelhygiene- sie schützt Lebensmittel und fertig gestellte Speisen vor Verschmutzung und Verunreinigung durch Tiere und Mikroorganismen. Voraussetzung hierfür sind entsprechende Hygienemaßnahmen bereits beim Einkauf und bei der Lagerung von Lebensmitteln.

Wichtige Grundsätze der Produkthygiene:

- durchgängige Einhaltung der gesetzlich vorgeschriebenen Kühltemperatur der Lebensmittel, von der Herstellung über den Transport bis hin zur Lagerung (**Kühlkette**). Kühlschrankthermometer zur Überprüfung verwenden.
- Lebensmittel beim Einkauf oder Wareneingang auf ihre einwandfreie Beschaffenheit überprüfen. Dies sind: eine intakte Verpackung, frisches Aussehen und einwandfreier Geruch. Erst danach weiterverarbeiten.
- Bei tiefgefrorenem Fleisch, Wild und Geflügel vor dem Auftauen die Verpackung entfernen und entsorgen.
- Die Auftauflüssigkeit von Fleisch, besonders von Geflügel, sofort entsorgen. Alle Arbeitsgeräte, die damit in Berührung gekommen sind, sofort gründlich reinigen. (Salmonellengefahr!)
- Tiefgefrorene Speisen und Lebensmittel im Kühlraum oder Kühlschrank abgedeckt langsam auftauen lassen.
- Um die Qualität zu erhalten, müssen die Lebensmittel in Bezug auf Temperatur, Luftfeuchtigkeit, Lagerdauer, **Trennung in rein und unrein**, richtig gelagert werden.

BEISPIEL *für rein: vorbereitete geschälte Kartoffeln*
BEISPIEL *für unrein: ungeschälte Kartoffeln*

- Zubereitete fertige Speisen nicht zusammen mit rohen oder noch ungereinigten Lebensmitteln lagern.
- Gegarte Speisen (auch Reste) zügig abkühlen.
- Speisen abgedeckt und kühl aufbewahren.
- Verzehrfertige Lebensmittel nicht mit den Händen berühren und in hygienisch geeigneten Speiseausgaben anbieten.
- Werden Speisen erhitzt, muss die Temperatur im Inneren 80 °C betragen, ein Speisenthermometer einsetzen.
- Die Temperatur bei der Speisenausgabe muss bei mindestens 60 °C liegen.
- Speisen nicht länger als drei Stunden warmhalten.
- Nur saubere Geräte verwenden, um eine Keimübertragung zu vermeiden.
- Rohe und gegarte Lebensmittel nicht mit denselben Geräten bearbeiten, ohne diese zwischendurch gründlich zu reinigen.

Salmonellen sind Darmbakterien, die vorwiegend bei Geflügel und Eiern sowie Hackfleisch vorkommen und eine Lebensmittelvergiftung verursachen können. Das beste Wachstum zeigt sich bei 20 - 40 °C. Bei Temperaturen über 70 °C werden sie abgetötet. Salmonellen werden durch infizierte Lebensmittel, erkrankte Personen, Küchengeräte oder Handtücher übertragen.

Zur Vermeidung von Salmonellenerkrankungen sind diese Hygienebestimmungen einzuhalten:

- Die Auftauflüssigkeit von Fleisch und besonders Geflügel auffangen und direkt entsorgen. Alle benutzen Arbeitsgeräte sofort gründlich heiß abwaschen.

Hygienisches Auftauen von Geflügelfleisch

- Speisen nicht mit rohen Eiern herstellen- keinen Eischnee in rohen Speisen (z. B. Cremespeisen) verwenden.
- Warme Eierspeisen wie Rührei, Omelett sofort verzehren- bis max. zwei Stunden nach der Herstellung.
- Nur frische Eier verwenden.
- Eierschalen dürfen nicht mit den Speisen in Berührung kommen.

AUFGABEN

1. Auf dem Hof der Familie Meyer gibt es regelmäßig Frikadellen. Stellen Sie mithilfe der sieben Stufen im HACCP Konzept die kritischen Punkte bei der Herstellung der Frikadellen dar.

2. Die Familie hat am kommenden Wochenende zum Tag des offenen Hofes eingeladen. Dazu soll es ein großes Kuchenbüfett geben. Ben (9 Jahre) möchte gern beim Kuchenbacken helfen. Welche Tätigkeiten, bezogen auf die Personalhygiene, führen Sie gemeinsam mit Ben vor Beginn der Backaktion durch. Zählen Sie fünf Aspekte auf und begründen Sie diese.

3. Gemeinsam mit Lena haben Sie den Wocheneinkauf getätigt. In der Einkaufsapp befanden sich unter anderem folgende Lebensmittel: Kopfsalat, Eier, Hackfleisch, Fischstäbchen, Quark, Vanilleeis. Beschreiben Sie, wie Sie die Kühlkette der Lebensmittel vom Supermarkt bis nach Hause, einhalten können.

4. Auf dem Hof der Familie Meyer wird für Juni ein Tag der offenen Tür mit Grillfest geplant. Dafür möchte Lena einen Kartoffelsalat mit industriell hergestellter Mayonnaise machen. Beurteilen Sie Lenas Wahl.
   a) Nennen Sie drei Alternativen.
   b) Begründen Sie Ihre Auswahl.

5. Erläutern Sie die einzelnen Aspekte der Personal-, Betriebs- und Produkthygiene mit einer/m Partner/-in in einem Podcast.

2.2 Arbeitsplatzgestaltung und Ergonomie

Die richtige Arbeitsplatzgestaltung ist Voraussetzung für

- den durchdachten Einsatz von Zeit und Energie
- die Anpassung der Arbeit an den Menschen (Ergonomie)

Ziele sind ein zügiges Arbeiten ohne sich kreuzende Bewegungen, die langfristige Erhaltung der Gesundheit und die Verminderung von Arbeitsunfällen.

Der **Greifraum** spielt bei der Gestaltung des Arbeitsplatzes eine wichtige Rolle.

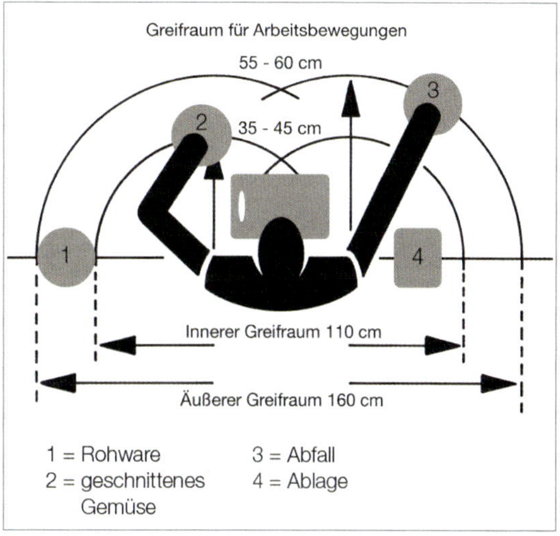

innerer und äußerer Greifraum

Im inneren Greifraum ist alles angeordnet, was mit angewinkelten Unterarmen erreicht werden kann. Materialien, welche zuerst benötigt werden bzw. welche bearbeitet werden oder häufig genutzt werden, gehören dazu.

Im äußeren Greifraum liegt alles, was mit ausgestreckten Armen erreicht wird. Dinge, die selten benutzt oder erst später gebraucht werden, sind hier anzuordnen.

Durch einen richtig eingerichteten Arbeitsplatz werden Bewegungslängen eingespart. Die Übersichtlichkeit am Arbeitsplatz verhindert Verzögerungen durch Suchen.

Körperhaltungen im Stehen

Die richtige **Arbeitshöhe** bewirkt, dass alle häufig genutzten Arbeitsgeräte so platziert werden können, dass sie ohne Bücken oder Drehungen erreicht werden.

Auch die Bedienung von Maschinen sollte ohne Bücken möglich sein.

Variabel einstellbare Arbeitsflächen und **Sitzhöhen** sind gut an die arbeitende Person anzupassen.

Ergonomisches Arbeiten vermindert ein rasches Ermüden und sichert langfristig die Erhaltung der Gesundheit. So ist bei der Körperhaltung im Sitzen, Stehen und Heben auf einen geraden Rücken zu achten.

Ergonomisch sinnvolle Maße:

- ➜ Arbeitshöhe so einstellen, dass Winkel zwischen Ober- und Unterarm 90 Grad und mehr beträgt.
- ➜ Durchschnittliche Höhe zum Arbeiten im Stehen: 85 bis 90 cm.
- ➜ Durchschnittliche Höhe zum Arbeiten im Sitzen: 65 bis 70 cm.
- ➜ Durchschnittlicher Sehabstand zum Arbeitsgegenstand: 25 bis 40 cm.

Körperhaltungen im Sitzen

Langes, statisches Stehen belastet die Wirbelsäule und kann diese auf Dauer schädigen. Zur Entlastung und Abwechslung der Körperhaltung können einige Arbeiten, wie z.B. das Schälen und Schneiden von Lebensmitteln, im Sitzen durchgeführt werden. Sinnvoll ist hier der Einsatz von Stehhilfen, Transportwagen sowie Servierwagen und Tragevorrichtungen.

Stehhilfe und Transportwagen

FÜR DIE PRAXIS

- Ein Wechsel zwischen sitzender und stehender Körperhaltung gewährleistet eine bessere Durchblutung.
- Die Bandscheiben werden geschont, wenn während des Anhebens von schwereren Lasten keine Drehungen vorgenommen werden.
- In Schränken und Schubladen ermöglichen Ordnungseinrichtungen ein griffbereites Aufbewahren.
- Lasten beidseitig verteilen oder zu zweit tragen.

Auch die Tagesleistungskurve beeinträchtigt die Leistungsfähigkeit des Menschen. Im Laufe des Morgens steigert sich die Leistungsbereitschaft. Ausreichende Ruhepausen einplanen.

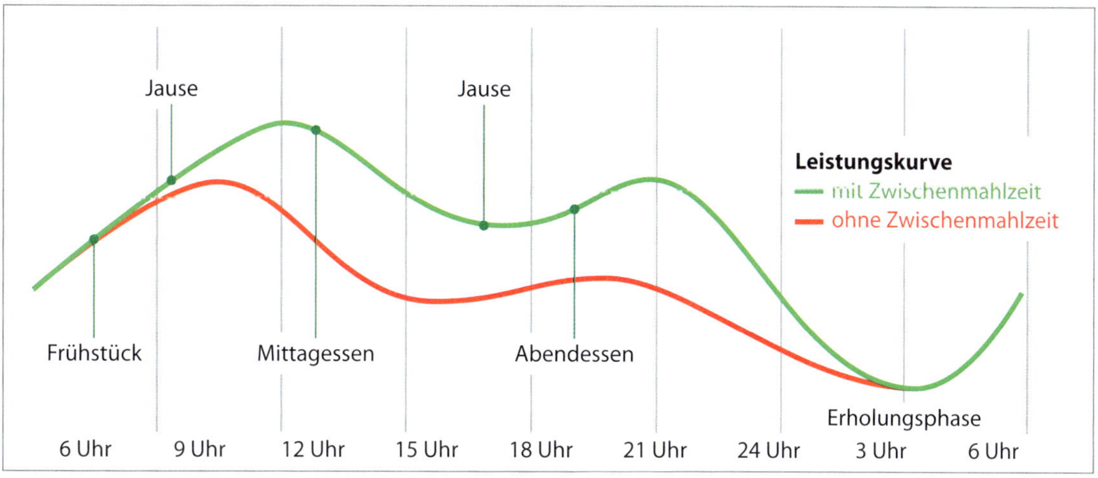

Tagesleistungskurve

Die **Beleuchtung** am Arbeitsplatz sollte möglichst so gestaltet sein, dass er von Tageslicht ausgeleuchtet wird.

Ist dies nicht möglich, sind die künstlichen Lichtquellen so anzubringen, dass sie möglichst wenig Schatten auf die Arbeitsfläche werfen (s. S. 353). Vorteilhaft ist Licht von vorne oder von der Seite unter Beachtung von rechts- und linkshändigen Personen.

FÜR DIE PRAXIS

Das Licht darf nicht blenden.
Einzelne Arbeitsplatzbeleuchtungen können die allgemeine Raumbeleuchtung ergänzen.
Nennbeleuchtungsstärke für Arbeitsplätze (Maßeinheit Lux):
- für Küchen: mindestens 500 Lux
- auf Treppen: mindestens 100 Lux
- am Schreibtisch: etwa 900 Lux

Die benötigte Beleuchtungsstärke erhöht sich mit zunehmendem Alter der Arbeitsperson.

Lärm sind unerwünschte und gegebenenfalls auch schädigende sowie störende Geräusche, die die Leistungsfähigkeit des Menschen beeinträchtigen können.

Zur Einschränkung der Lärmbelästigung trägt bei:
- Bei der Anschaffung der Geräte auf niedrige dB(A)-Werte achten.
- Maschinen möglichst nacheinander und nicht zeitgleich laufen lassen.
- Räume mit schallschluckenden Auskleidungen versehen.
- Im Lärmbereich ab 80 dB(A) sind Schutzmaßnahmen zu treffen.

Zum **Raumklima** gehören Lufttemperatur, Luftfeuchtigkeit und Luftbewegung, aber auch Gerüche. Bei körperlicher Arbeit wird eine Raumtemperatur zwischen 18 und 20 Grad Celsius empfohlen, die Luftfeuchtigkeit sollte bei 40 – 50 % liegen.

Um schlechte Gerüche abzuführen, ist ein regelmäßiger Wechsel der Luft notwendig. Dies kann durch regelmäßiges Lüften oder über die Installation von Belüftungsanlagen geschehen.

AUFGABEN

6. Auf dem Hof der Familie Meyer steht die Kartoffelernte an, es werden viele Helfende eingesetzt. Sie haben den Auftrag, vegetarische Brötchen für die Zwischenverpflegung herzustellen. Skizzieren Sie den entsprechenden Arbeitsplatz und richten den inneren und den äußeren Greifraum ein.

7. Informieren Sie sich über wirkungsvolle Bewegungsübungen zum Ausgleich der Belastungen von unterschiedlichen Körperhaltungen.

2.3 Arbeitsgeräte und Hilfsmittel auswählen und Lebensmittel verarbeiten

Bei der Vor- und Zubereitung sollten geeignete Arbeitsmittel und -geräte sowie Arbeitsverfahren zum Einsatz kommen. Dabei werden die ökologischen Aspekte einer nachhaltigen Produktion berücksichtigt und die Arbeit wird zeitsparend und wirtschaftlich gestaltet.

Vor Beginn der Zubereitung ist der Arbeitsplatz vollständig einzurichten und alle Arbeitsmittel bereitzustellen. Sind alle Zutaten exakt abgewogen, gewährleistet dies einen zügigen Ablauf und kurze Standzeiten.

Bei der Auswahl und Ausstattung mit Geräten werden die folgenden Kriterien berücksichtigt:

- Bauliche und technische Ausstattung in den Funktionsräumen (z. B. Wasser-, Gas-, Elektroinstallation, Stellflächen, etc.)
- Ökologische Faktoren (z. B. Energie- und Wasserverbrauch sowie Größe und Volumen von Elektrogeräten, Materialien, Umweltbelastung, Einsatzbereiche / tatsächlicher Nutzen)
- Ergonomische Aspekte (z. B. einfach Bedienung, Arbeitssicherheit, sicherer und fester Stand, leichte Reinigung und Pflege)
- Wirtschaftlichkeit (z. B. Preis-Leistungsvergleich, Betriebskosten)

2.3.1 Hilfsmittel zum Wiegen und Messen

Hilfsmittel zum Wiegen und Messen werden benötigt, um die Zutaten für ein Gericht in den richtigen Mengen einzusetzen und um Preise zu kalkulieren. Für Flüssigkeiten wird ein Litermaß verwendet, für trockene Lebensmittel wie Mehl, Zucker und Reis ein Messbecher. Zusätzlich lässt sich das Gewicht von Lebensmitteln durch verschiedene Waagen (analog oder digital) ermitteln.

Sind es Angaben in Löffeln, so lässt sich mit diesen Richtwerten (am Beispiel Zucker) messen:

- 1 EL (Esslöffel) = ca. 15 g gestrichen / ca. 25 g gehäuft
- 1 EL = ca. 10–15 ml
- 1 TL (Teelöffel) = ca. 5 g gestrichen
- 1 TL = ca. 5 ml

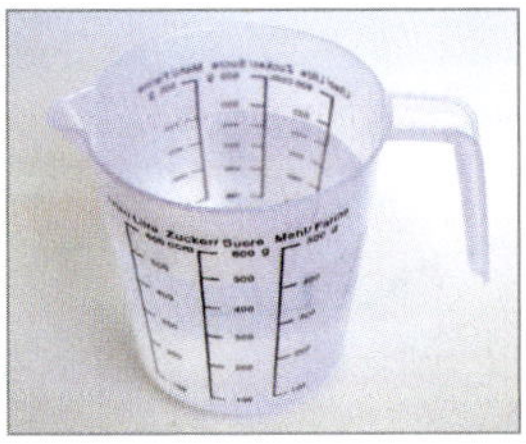

Messbecher

Waage

Bevor rohe oder bereits bearbeitete Lebensmittel gegessen oder weiterverarbeitet werden können, werden diese durch verschiedene Arbeitstechniken bearbeitet und zum Teil gegart. Damit kann die Bekömmlichkeit und Qualität der Speisen gesteigert werden. Die Arbeitstechniken unterteilen sich in Vorbereitungstechniken, Zerkleinerungstechniken und Mischen. Mithilfe dieser Techniken werden die Lebensmittel in einen küchenfertigen oder garfertigen Zustand gebracht.

2.3.2 Vorbereitungstechniken

Die Vorbereitungstechniken sorgen dafür, dass wasserlösliche und unerwünschte Fremdbestandteile z. B. Schmutz, sowie unverdauliche und wertlose Nahrungsbestandteile z. B. Kerne, welke Blätter, Stängel entfernt werden. Ebenfalls sorgen die Techniken dafür, dass die Konsistenz und der Geschmack der Lebensmittel vorteilhaft beeinflusst und sie für die jeweilige Verwendung in bestimmte Formen gebracht werden.

FÜR DIE PRAXIS

Die in Lebensmitteln enthaltenen Nährstoffe sind empfindlich gegenüber Licht, Wasser, Sauerstoff und Wärme. Damit diese wertvollen Inhaltsstoffe möglichst erhalten bleiben, sind folgende Punkte grundsätzlich zu beachten:

- So kurz wie möglich waschen und was Wasser auffangen und z. B. zum Pflanzen gießen auffangen.
- Erst nach dem Waschen und kurz vor dem Garen zerkleinern.
- Möglichst kurz garen und dabei die richtige Gartemperatur wählen.
- Entstandene Garflüssigkeit mitverwenden.
- Lange Warmhaltezeiten vermeiden.

Vorbereitungstechniken

Vorbereitungs-technik	Vorgang/ Erläuterung	Anwendungs-beispiele
Waschen 	Lebensmittel möglichst ungeschält und im Ganzen, kurz unter fließendem kaltem Wasser waschen. Dadurch werden wasserlösliche Verschmutzungen entfernt.	z. B. Tomaten, Paprikaschoten, Salat
Putzen 	Ungenießbare oder schlecht verdauliche Bestandteile werden von den Lebensmitteln entfernt.	z. B. grüne Stellen und kurze Triebe an Kartoffeln, Steine und Kerne aus Obst, Strunk und holzige Stellen bei Gemüse und Obst
Schälen 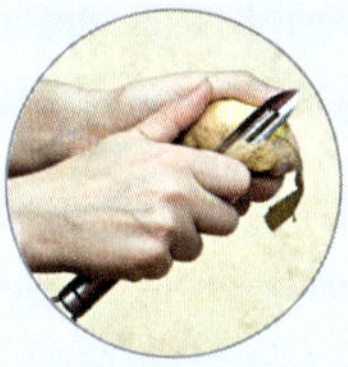	Unverdauliche oder schwer verdauliche Bestandteile z. B. dicke und harte Schalen werden von den Lebensmitteln entfernt mithilfe eines Sparschälers entfernt.	z. B. Zwiebel, Kartoffeln, Karotten, Sellerie, Ananas
Wässern 	Unerwünschte oder geschmacksbeeinträchtigende wasserlösliche Stoffe (z. B. Bitterstoffe) herauslösen.	z. B. Salzhering, Radicchio, Bohnen
Quellen / einweichen 	Getrocknete Lebensmittel werden für einen bestimmten Zeitraum in Wasser eingelegt. Die Inhaltsstoffe wie Eiweiß und Stärke quellen auf, dadurch wird die Garzeit verkürzt und das Lebensmittel leichter verdaulich.	z. B. getrocknete Erbsen, Linsen und Bohnen
Blanchieren 	Rohe Lebensmittel werden kurz in siedendem Wasser, heißem Wasserdampf oder feuchter Heißluft erhitzt und anschließend abgekühlt. Farbe, Geschmack, Vitamine und Mineralstoffe bleiben erhalten.	z. B. Brokkoli, Spinat, Blumenkohl, Mangold, Fenchel

Vorbereitungstechnik	Vorgang/ Erläuterung	Anwendungsbeispiele
Marinieren 	Gereinigte, rohe und teils zerkleinerte Lebensmittel werden zur Verbesserung des Geschmacks, Erhaltung einer hellen Farbe und/ oder zur Verbesserung der Konsistenz in säure- und gewürzhaltige Flüssigkeiten eingelegt.	z. B., Fleisch, Fisch, Tofu und Grillgemüse wie Zucchini, Aubergine und Pilze
Plattieren 	Beim Plattieren werden Fleischstücke mit einem Plattiereisen flachgeklopft. Dadurch wird die Fleischstruktur bzw. die Fleischfasern zerquetscht, dies macht das Fleisch zarter.	z. B. bei Schnitzel, Rouladen, Steaks und Koteletts

2.3.3 Zerkleinerungstechniken

Die vorbereiteten Lebensmittel werden je nach Verwendungszweck mit den entsprechenden Arbeitsgeräten weiter zerkleinert. Die Verdaulichkeit wird dadurch erleichtert. Schneidwerkzeuge werden je nach Verwendungszweck ausgewählt.

Messer unterscheiden sich in Form und Beschaffenheit des Messergriffs und der Messerklinge.

Messerarten	Anwendungsbeispiele
Gemüse-Officemesser 	7 bis 12 cm mit gerader Klinge zum Schälen und Schneiden von Gemüse und Obst
Kochmesser/ Küchenmesser 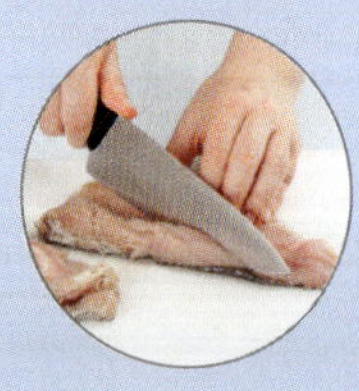	16 bis 26 cm lange und breite Klinge zum Schneiden von Fleisch, Gemüse und Obst

Messerarten	Anwendungsbeispiele
Brotmesser 	Wellenschliffmesser zum Schneiden von Brot
Tranchiermesser 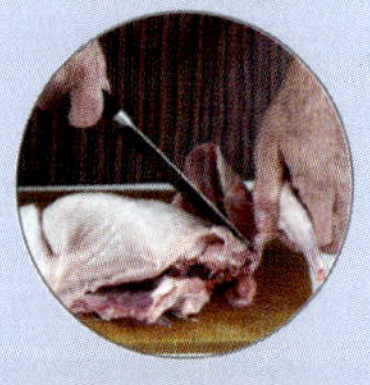	25 bis 36 cm lange schmale Klinge zum Schneiden von Fleisch und Wurst
Buntmesser 	10 cm lange leicht gewellte Klinge zum Schneiden von Garnierungen und für Formschnitte, Butter, Möhren

Der Messerschnitt kann manuell (per Hand) oder maschinell durchgeführt werden. Hierfür stehen je nach Verwendungszweck die unterschiedlichen Messerarten zur Verfügung. Maschinell geschnitten werden kann u. a. mit dem Fleischwolf oder dem entsprechenden Aufsatz für die Küchenmaschine.

Je nach Schneidgut wird der Tunnelgriff oder der Krallengriff angewendet. Beim Tunnelgriff formt die Hand einen Tunnel, geschnitten wird in der Tunnelmitte. Beim Krallengriff immer einen Abstand zwischen Finger und Klinge wahren. Die Finger beim Krallengriff nicht ausstrecken.

Krallengriff

Tunnelgriff

Nachdem die Lebensmittel durch die Vorbereitungstechniken bearbeitet wurden, können sie roh oder gegart zerkleinert werden. Hier unterscheidet man nach der Schneideart und wählt die Arbeitsgeräte entsprechend aus.

FÜR DIE PRAXIS

Zur Sicherheit beim Schneiden und Zerkleinern ein ausreichend großes Schneidebrett benutzen. Ein feuchtes ausgebreitetes Tuch unter dem Schneidbrett verhindert das Wegrutschen.

Unfälle mit Schneidegeräten gilt es zu vermeiden, daher sollten folgende Grundregeln im Umgang mit Messern beachtet werden:

- Beim Schneiden die Messerklinge vom Körper wegrichten.
- Nach herunterfallenden Messern nicht greifen.
- Messer und andere Schneidegeräte nicht im Wasser liegen lassen.
- Nach dem Gebrauch oder bei nicht benutzten, das gereinigte Messer an seinen Platz legen / aufräumen.

Mithilfe verschiedener Geräte lassen sich Lebensmittel weiter fein zerkleinern und die Verdaulichkeit wird erleichtert.

Die wichtigsten Arbeitsmittel und Verarbeitungstechniken

Verarbeitungstechnik	Erläuterung / Anwendungsbeispiele
Würfeln 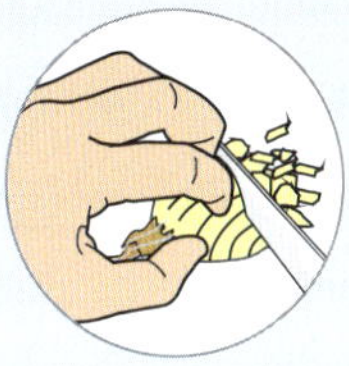	In gleichgroße Würfel schneiden • Suppengemüse wie Sellerie und Möhren, • Paprika oder • verschiedenes Obst zur Herstellung von Obstsalat.
Julienne 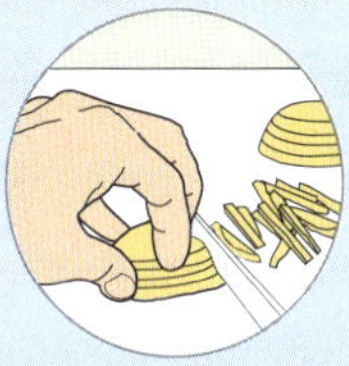	In feine Streifen schneiden • Gemüse für Suppen oder • Salate wie Sellerie, Möhren und Paprika
Schnitzeln 	Lebensmitteln werden grob zerkleinert • Rot- und Weißkohl, • Möhren, • Äpfel
Formschnitt z. B. Wellen oder Waffelstruktur 	Lebensmittel erhalten eine dekorative Schnittkante • Butter, • Gurken, • Möhren, • Kartoffeln
Formschnitt Spiralen 	Gemüse in Spaghetti- oder Spiralform bringen • Zucchini, • Möhren

Verarbeitungstechnik	Erläuterung / Anwendungsbeispiele
Raspeln 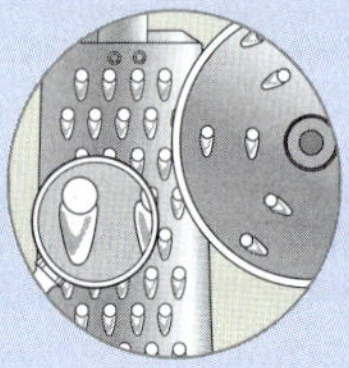	Lebensmittel auf einer grob gelochten Fläche in feine streifenartige Stücke zerkleinern • Käse, • Möhren, • Mandeln, Nüsse, • Schokolade, • Obst
Reiben 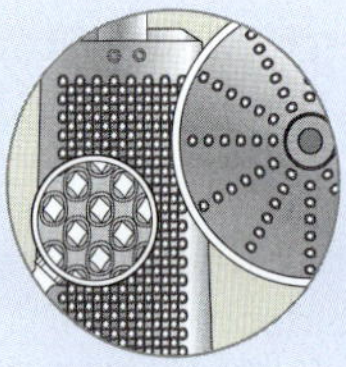	Zerreiben in sehr feine Stücke • Muskat, • Käse, • Nüsse
Hobeln 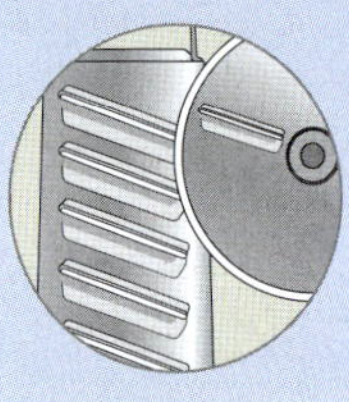	Lebensmittel in sehr dünne Scheiben und Streifen schneiden • Gurken, • Kartoffeln, • Weißkohl
Hacken   *Messer und Wiegemesser* 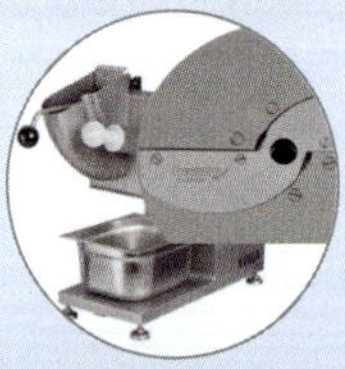 *Küchenmaschine mit Messereinsatz*	Lebensmittel ungleichmäßig zerkleinern • Kräuter, • Nüsse, • Trockenfrüchte

Verarbeitungstechnik	Erläuterung / Anwendungsbeispiele
Mahlen   *Mahlwerk und Mörser*	Zerkleinerung in pulverartige feinste Teilchen • Gewürze, • Getreide, • Kaffee, • Nüsse
Stampfen  *Kartoffelpresse*	Stärkehaltige Lebensmittel Püree verarbeiten • Kartoffeln, • Süßkartoffeln, • Erbsen
Pürieren  *Pürierstab*	Rohe oder gegarte Lebensmittel zu einem Brei zerdrücken • Apfelmus, • Babybrei oder Breie für Personen mit Schluckstörung
Passieren  *Flotte Lotte*	Unerwünschte feste Bestandteile werden von der Speise durch das Durchdrücken durch ein Sieb getrennt • Hagebuttenmark, • Himbeer- und Johannisbeermus, • Tomatenmark
Verzieren/Garnieren  *Spritzbeutel*	Sahne oder Creme mit verschiedenen Formen auf Speisen und Gebäck tupfen • Herstellung von Herzoginkartoffeln, • Garnierung von Desserts und Torten

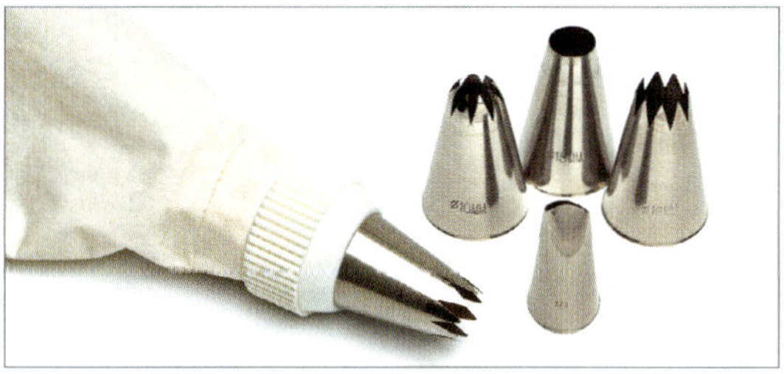

Spritzbeutel mit verschiedenen Tüllen

Beispielrezepte:
Stampfen – Reiben – Spiralen:
Süßkartoffelstampf, vegane Pizza, Zucchininudeln

2.3.4 Mischtechniken

Bei der Speisenherstellung werden die vorbereiteten Lebensmittel nach Angabe im Rezept gemischt.

Mischtechnik und Anwendungsbeispiel	Vorgang / Erläuterung
Mischen z. B. von Salaten	Gleichmäßiges Verteilen fester Bestandteile
Mengen/ Rühren z. B. Kräuterquark, Hackfleischmasse, Massen	Verarbeiten der Rezeptbestandteile zu homogener Masse
Kneten von Teigen	Gründliches Mischen und Bearbeiten der Zutaten zur Teigbildung (Klebereiweiß des Mehls quillt und bildet elastisches / stabiles Teiggerüst)
Schlagen z. B. von Eischnee, Schlagsahne, Biskuitmasse	Luft wird mit dem Schneebesen unter zähe Flüssigkeiten geschlagen.
Mixen z. B. von Smoothies, Milchshakes	Gleichzeitiges zerkleinern und mischen
Emulgieren z. B. von Salatdressings, Buttercreme, Mayonnaise	Fettreiche und wässrige Lebensmittel werden durch Schlagen zu einer stabilen Mischung. Emulgatoren (s. S. 92) stabilisieren die Emulsion.

Durch die Mischtechniken Rühren und Kneten entstehen Teige und Massen. Sie unterscheiden sich in ihrer Konsistenz. Teige sind eine knetbare Masse. Massen dagegen sind ein Vorprodukt, das hauptsächlich Fett, Eier und Zucker enthält, und dadurch fließend, streichfähig oder schaumig, aber nicht knetbar ist.

Teige und Massen

Teige

Mürbeteig ist erkennbar durch einen hohen Fettanteil.

Mengenverhältnis der Zutaten:
3 Teile Mehl, 2 Teile Fett, 1 Teil Zucker

FÜR DIE PRAXIS

Alle Zutaten kalt und zügig verarbeiten. Vor der Weiterverarbeitung den Teig nochmals verpackt kühlen.
Ein Blindbacken des Teiges empfiehlt sich, wenn feuchte Füllungen aus Obst oder Gemüse verwendet werden.
Den Teig mehrmals mit einer Gabel einstechen, damit dieser beim Backen flach bleibt.

Beispielrezept:
Mürbeteig – Quiche Lorraine

Hefeteig ist unverwechselbar am Teiglockerungsmittel zu erkennen.

Je nachdem ob es ein süßer oder salziger Hefeteig ist, ist der Anteil von Zucker und Salz entsprechend höher.

Beispielrezept:
Hefeteig – Kräuterfaltenbrot (Zupfbrot)

Quark-Ölteig ist erkennbar an seinem hohen Anteil von Quark und Öl im Teig (daher auch die Namensgebung).

Je nachdem, ob es ein süßer oder salziger Quark-Öl-Teig ist, ist der Anteil von Zucker und Salz entsprechend höher.

FÜR DIE PRAXIS

Dieser Teig lässt sich auch als Hefeteigersatz verwenden.

Beispielrezept:
Quark-Öl-Teig – Nussschnecken

Backformen, welche beschichtet sind, erleichtern das Ablösen des Gebäcks nach dem Backen. Andere werden mit Backpapier ausgelegt oder eingefettet.

Durch Zugabe von Teiglockerungsmitteln (biologisch oder chemisch) oder durch mechanische **Teiglockerung** soll das Gebäck an Volumen zunehmen und wird schmackhafter und leichter verdaulich. Bei Broten entsteht eine schnittfeste und bestreichbare Krume.

Es werden drei verschiedene Verfahren zur Teiglockerung unterschieden:
- die Biologische Lockerung, welche durch Zugabe von Backhefe oder Sauerteig gelingt
- die Chemische Teiglockerung durch Zugabe von Backpulver, Hirschhornsalz oder Pottasche
- bei der mechanischen Teiglockerung werden die Luftblasen direkt bei der Teigherstellung, durch Kneten oder Schlagen, eingearbeitet. Diese Luftblasen dehnen sich durch die Erwärmung beim Backen aus und lockern so den Teig. Wasser entwickelt beim Backen Wasserdampf, welcher ebenfalls den Teig aufgehen lässt.

Bei der biologischen und chemischen Teiglockerung bilden sich im Teig viele kleine Gasbläschen. Diese füllen sich beim Backen mit Luft, dehnen sich aus und lassen so den Teig aufgehen.

Eine **Garprobe** zeigt, ob das Gebäck fertig gebacken ist. Ein sauberer Holzspieß wird in die Mitte des Gebäckes gestochen. Erst wenn beim Herausziehen des Holzspießes keine Masse mehr kleben bleibt, ist das Gebäck fertig gebacken.

Garprobe

Massen

Alle Zutaten einer **Rührmasse** werden durch das Verrühren miteinander verbunden. Dies kann in einem einstufigen Herstellungsverfahren- der All-in-Methode geschehen. Mindestens vier Minuten lang muss gerührt werden, damit sich der Zucker vollständig auflöst und genügend Luft eingearbeitet wird.

FÜR DIE PRAXIS

Das Backpulver mit dem Mehl mischen und als letzte Zutat zugeben, es reagiert bereits mit der Flüssigkeit. Damit dieses nicht die Wirkung verliert, muss der Teig zügig verarbeitet und dann gebacken werden.

Beispielrezept:
Rührmasse – Apfelkuchen

Biskuitmasse ist erkennbar an dem hohen Anteil an Eiern und keinem Fett.

FÜR DIE PRAXIS

Backblech oder -form nicht einfetten, denn das Fett verhindert das Aufgehen des Gebäckes.
Während der Backzeit die Backofentür nicht öffnen, um ein Zusammenfallen des Teiges zu vermeiden.

Biskuitplatten, welche später gerollt werden sollen, zum Abkühlen auf ein frisches Geschirrtuch stürzen und das Backpapier vorsichtig abziehen. Den Teig vorsichtig aufrollen und bis zum Füllen eingerollt abkühlen lassen.

FÜR DIE PRAXIS

Das Geschirrtuch mit etwas Zucker bestreuen, dann löst sich der Biskuitteig später leichter.
Wird das Backpapier mit etwas Wasser angefeuchtet, löst es sich leichter vom Gebäck.

Biskuitrolle

Beispielrezepte:
Biskuitmasse – Ananasroulade
Brandmasse – Käseknusperchen

Zur Herstellung von **Brandmasse** wird die Masse zunächst in einem Topf abgebrannt und anschließend gebacken (daher der Name).

FÜR DIE PRAXIS

- Backblech oder -form nicht einfetten, denn das Fett verhindert das Aufgehen des Gebäckes.
- Während der Backzeit die Backofentür nicht öffnen, um ein Zusammenfallen des Teiges zu vermeiden.
- Das Gebäck ist fertig gebacken, wenn es von außen goldbraun ist und sich beim Anklopfen hohl anhört.
- Das Gebäck ist geschmacksneutral und kann süß oder salzig gefüllt werden.

AUFGABEN

1. Erstellen Sie für ein Gebäck Ihrer Wahl einen Arbeitsablaufplan mit Zeit- und Materialplanung. Markieren Sie die Vor- und Zubereitungstechniken farblich.

2. Formulieren Sie sechs Regeln, bezogen auf Techniken, Teig/Masse, Triebmittel und Garprobe für ein optimales Arbeitsergebnis.

3. Stellen Sie Ihr Gebäck nach Ihrem Arbeitsplan her. Beurteilen Sie Ihr Ergebnis in Bezug auf Aussehen und Geschmack. Gab es Abweichungen vom Arbeitsplan? Fall ja, benennen und begründen Sie diese. Machen Sie hierfür je einen Vorschlag für Veränderungen (Verbesserungen).

4. Recherchieren Sie Backzutaten für veganes Gebäck. Erstellen Sie eine Austauschtabelle.

2.3.5 Elektrische Kleingeräte

Elektrische Kleingeräte helfen beim Einsparen von Arbeitskraft und -zeit. Die Anschaffung von separaten Kleingeräten wie Eierkocher, Sandwicheisen usw. sollte jedoch anhand der Häufigkeit des Einsatzes entschieden werden. Geräte wie Smoothie-Maker, Shake-Mixer oder Multizerkleinerer können Zubehör einer Küchenmaschine sein. Im Großhaushalt lohnt sich eine elektrische Universalküchenmaschine, die mit verschiedenen Zubehörteilen ergänzt werden kann. Diese Kombigeräte erledigen viele Zubereitungstechniken wie rühren, mischen, kneten, schlagen und teilweise mahlen und schnitzeln.

Digital gesteuerte Kombinationsgeräte vereinen zusätzlich weitere Vor- und Zubereitungstechniken wie wiegen oder garen. Zum Teil können erprobte Rezepturen in einer App ausgewählt und auf dem Display des Kombigerätes angezeigt werden. Sie leiten einen Schritt für Schritt durch die Zubereitung. Die Anwendung eignet sich nur für kleine Haushalte.

Elektrische Kombigeräte mit WLAN-Funktion und Rezepte-App

FÜR DIE PRAXIS

Es empfehlen sich zum Schmoren und Dünsten flache Töpfe

zum Kochen hohe Töpfe

zum Braten/Kurzbraten Pfannen und Bräter

zur Herstellung von Gerichten, bei denen viel gerührt werden muss, Stielkasserollen

2.3.6 Koch- und Backgeschirr

Zweckmäßige Formen von Koch- und Backgeschirren ermöglichen die sachgerechte Durchführung der Garverfahren (s. S. 61 f.). Bei der Auswahl von Koch- und Backgeschirr sind das Material mit dem Zweck und dem Herd in Einklang zu bringen. Grundsätzlich sollte für jede Speise das schonendste Garverfahren gewählt werden. Dies wird durch die richtige Auswahl des Kochgeschirrs ermöglicht.

Kriterien zur Auswahl und zum Einsatz von Kochgeschirr:

- Kochtöpfe mit Sandwich- oder Kompensboden verfügen über eine hohe Wärmeleitfähigkeit und den idealen Kontakt zu Kochplatten. Sie bestehen aus einer Aluminium- oder Kupferschicht zwischen zwei Edelstahlschichten. Diese Konstruktion sorgt für eine optimale Wärmespeicherung und -verteilung.
- Für Gasherde empfehlen sich dünne, für Glaskeramikkochzonen dicke Stahlböden.
- Induktionskochzonen benötigen nicht magnetisierendes Kochgeschirr.
- Topf- und Pfannendurchmesser sollten auf den Kochplattendurchmesser abgestimmt sein, dies spart Energie und Zeit.
- Ein gut schießender nach innen liegender Deckel verkürzt die Garzeit und schont dadurch die Nährstoffe
- Topf- und Pfannengröße entsprechend der zu garenden Lebensmittelmenge auswählen.
- Hitzebeständige Topfgriffe verringern das Risiko des Verbrennens, sie sollten gut greifbar sein.
- Ein nach außen abgerundeter Schüttrand ermöglicht tropffreies und sicheres Ausgießen.

Backformen gibt es aus Weißblech, schwarz lackiertes Blech, Schwarzblech, Aluminium, Keramik, kunststoffbeschichtet, Silikon oder aus wärmebeständigem Glas. Nur schwarzlackiertes Blech, Keramik und Glas sind säurefest (Wichtig bei Obstkuchen). Formen mit Antihaftbeschichtung und Silkonformen lassen das Backgut leicht aus der Form nehmen. Eingefettet wird mit einem Backpinsel.

2.3.7 Herde und Gargeräte

Elektroherde

Sie sind mit drei oder vier Kochstellen ausgestattet, die unbeheizte Kochmulde verhindert einen Wärmestau. Die Kochstellen haben einen genormten Durchmesser 14,5 cm, 18 cm, 22 cm) und unterscheiden sich in Leistung und Einstellmöglichkeiten. Die Kochstellen sind entweder als Kochplatte oder als Kochfelder gefertigt. Man unterscheidet:

- Normalkochstellen
- Blitzkochstellen
- Automatikkochstellen

Normalkochstellen können über eine Stufenschaltung mit sechs Leistungsstufen 3 – 2 – 1 – 0 (7-Takt = 6 + 0-Stellung) verfügen. Diese entsprechen dem Wärmebedarf der verschiedenen Gartechniken und können dem Kochgut angepasst werden. Nach dem Anbraten und Ankochen auf höchster Einstellung (Stufe 3) muss zum Fortkochen auf eine geringere Leistung umgeschaltet werden.

Bei einer stufenlos geschalteten N-Kochstelle sorgt ein Energieregler dafür sorgt, dass die Kochstelle in Intervallen heizt. Über die Schaltereinstellung wird das Verhältnis zwischen Heizintervallen und Pausen gesteuert. Niedrige Temperaturen/Ziffern bewirken relativ lange Pausen, hohe Temperaturen dagegen relativ lange Einschaltzeiten. Das Zurückschalten erfolgt ebenfalls von Hand.

Blitzkochstellen haben bei der höchsten Einstellung 500 W mehr Leistung als die Normalkochstellen. Durch die hohe Leistung (2000 W) heizen sie besonders schnell auf und ermöglichen ein schnelleres Ankochen und damit Zeitersparnis bei der Nahrungszubereitung. Sie sind mit einem roten Punkt gekennzeichnet.

Stufenlos regelbare Blitzkochstellen

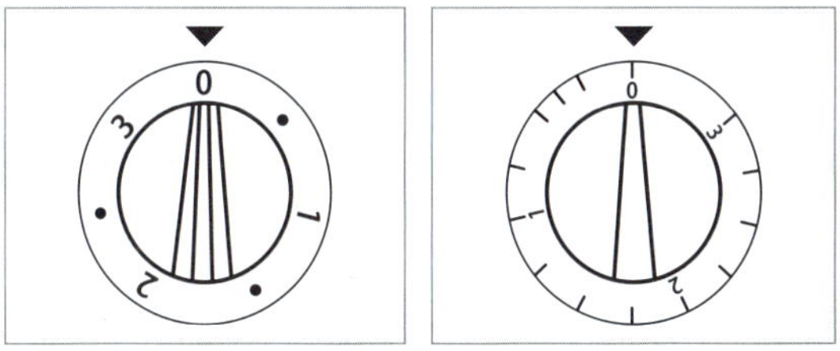

Schalterkennzeichnung mit Stufenschaltung oder stufenlos

Automatikkochstellen schalten automatisch von der Ankochstufe auf die Fortkochstufe um. Die temperaturabhängig geregelte Automatikkochplatte hat in der Mitte einen Temperaturfühler, der die Temperatur am Topfboden oder in der Kochstelle erfasst und über einen Thermostaten regelt. Der Schalter kann stufenlos von 1 bis 12 oder von 1 bis 9 für die verschiedenen Anwendungsbereiche eingestellt werden. Die Zeitautomatik kann durch einen speziellen Schalterknebel in Gang gesetzt werden. Es lässt sich damit zeit- und energiesparend kochen. Die Leistung entspricht der der Blitzkochstelle.

Die Automatikkochstelle bietet folgende Vorteile:

- Die Temperatur wird stufenlos reguliert.
- Das Umschalten entfällt.
- Sie erfordert wenig Aufsicht.
- Zusätzlich kann eine Zeitschaltuhr in Gang gesetzt werden.

Normal- und Blitzkochstelle-Einstellung für Schalterskala:

0…3	0…9	
0	0	Ausquellen, Ausgaren
•	1–2	Warmhalten, Fortkochen
1	3–4	Fortkochen, Gardünsten, Schmoren, Dämpfen
•	5	schwaches Braten
2	4–5	Andünsten, Creme abschlagen
•	6	Braten, Frittieren
	6–8	langsames Ankochen
3	9	Ankochen, Anbraten von Schmorbraten, Andünsten großer Mengen

Automatikkochstelle-Einstellung für Schalterskala:

0…9	0…12	
1–2	1–2	Warmhalten
1–3	1–3	Aufwärmen
3–4	3–5	Creme abschlagen, Quellen
4–7	4–7	Kochen, Dünsten, Schmoren, Dämpfen
5–7	9–10	Braten, Andünsten großer Mengen
8–9	10–11	Anbraten von Schmorgerichten, Frittieren
9	12	Erhitzen großer Mengen

kleine Mengen – niedrige Einstellung
große Mengen – höhere Einstellung

Neben den Kochplatten gibt es drei Arten von Kochfeldern: Glaskeramikkochfeld, Induktionskochfeld und Halogenkochfeld.

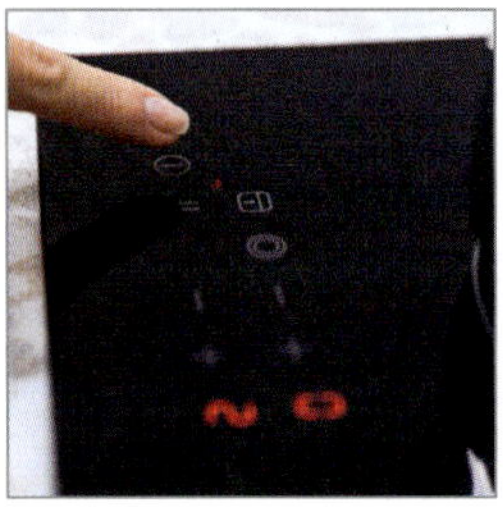

Glaskeramik- und Hallogenkochfeld

Das **Glaskeramikkochfeld** besteht aus einer Glaskeramikkochplatte, deren

Kochfelder von unten durch Strahlungsheizkörper direkt beheizt werden.

Zweikreis-Kochzonen, Warmhaltezone und Restwärmeanzeige sind Zusatzeinrichtungen.

- Vorteile des Glaskeramikkochfelds:
- verträgt extreme Temperaturunterschiede
- stoßfest, kratzfest, chemisch, beständig
- als Abstellfläche verwendbar, pflegeleicht

Das **Induktionskochfeld** verfügt über Magnetspulen unter den Kochzonen. Es heizt mit einem Wirkungsgrad von 95 % schnell auf und reagiert sehr schnell auf die Schaltereinstellungen.

FÜR DIE PRAXIS

Geschirr mit einem ferromagnetischen Boden aus Edelstahl, Gusseisen oder emaillierten Stahl verwenden.

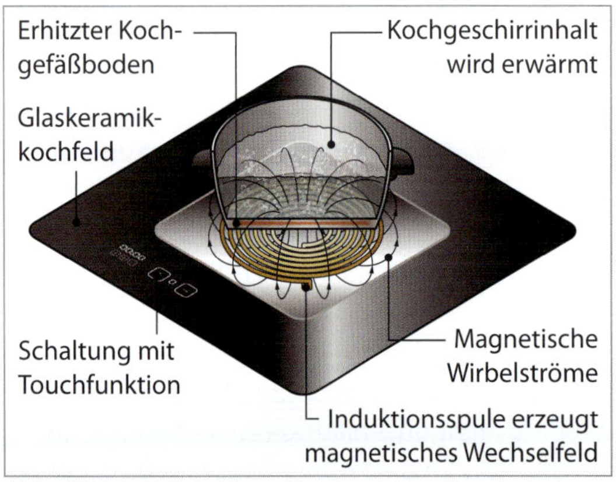

Induktionskochen

Vorteile des Induktionskochfeldes:

- heizt schnell auf
- schaltet sich automatisch ab, wenn kein Geschirr mehr auf dem Herd steht
- Verbrennungsgefahr ist gering
- weniger Einbrennen, wenn es überkocht
- Energiezufuhr kann genau dosiert werden
- Ankochzeiten sind kurz, die Zubereitung damit nährstoffschonender

Im **Halogenkochfeld** werden durch eine Heizspirale, die in einem mit Halogen (Gasgemisch) gefüllten Glasrohr eingebettet ist, Wärmestrahlen mit hoher Frequenz und kleiner Wellenlänge (kurzwellige Infrarotstrahlen) erzeugt. Diese wird mit Strahlungshitze kombiniert und heizt die Glaskeramik bis auf 200 °C auf und erwärmt das Kochgeschirr. Durch die kurze Aufheizzeit und genaue Temperaturregulierung wird ein zeit- und energiesparendes Garen ermöglicht.

FÜR DIE PRAXIS

Die Kombination ermöglicht Halogenbeheizung für den Ankochvorgang und normale Beheizung zum Fortkochen.

Regeln für energiesparendes Garen:

1. **richtiges Gargeschirr wählen**
2. **keine/wenig Flüssigkeit zugeben**
3. **richtige Gartemperatur wählen**
4. **kurze Garzeit wählen**
5. **rechtzeitig zurückschalten**
6. **garen im geschlossenen Topf**
7. **Nachwärme gezielt nutzen**
8. **warmhalten vermeiden**

Backöfen

Im Backofen können zusätzlich zum Kochfeld Lebensmittel gebacken, geschmort, gebraten und gegrillt werden. Nach der Art der Beheizung und der Wärmeübertragung werden zwei Arten unterschieden: Backofen mit Ober- und Unterhitze und Heißluftbackofen (Umluftbackofen).

Durch Heizspiralen, welche oben und unten im Backofen verbaut sind, wird die Wärmeübertragung überwiegend durch Strahlung an das Gargut abgegeben (Ober- und Unterhitze).

Umluftbacköfen haben an der Rückwand eine Radialventilator, um den kreisförmig ein Rohrheizkörper gebaut ist. Der Ventilator verteilt die Wärme gleichmäßig im Innenraum. Dadurch kann auf mehreren Einschubebenen gebacken und gebraten werden.

Grillen im Backofen wird duch Infrarotheizkörper und einem Drehspieß erzeugt. Ein Wenden des Grillguts entfällt bei kombinierter Ausstattung mit Umluftgrillen.

Die Warmeübertragung erfolgt durch Strahlung und natürliche Konvektion.

Einschubhöhe beachten!

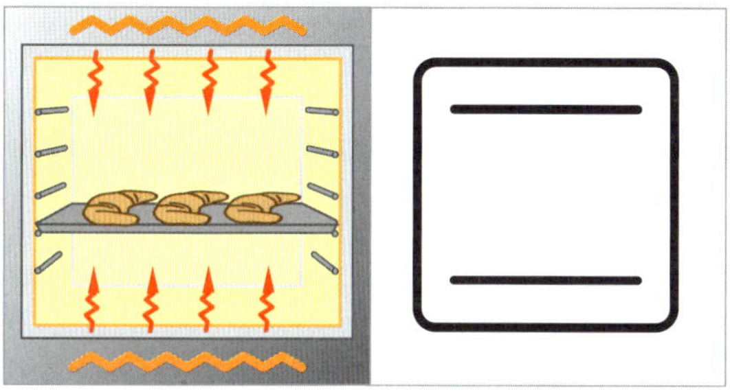

Backofen mit Ober- und Unterhitze

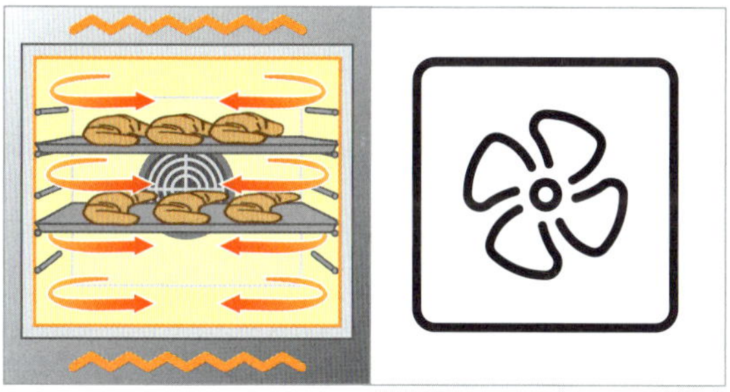

Heißluft -/Umluftbackofen

Die Warmeübertragung erfolgt durch erzwungene Konvektion: NiedrigereTemperaturen einstellen, jede Einschubhöhe ist möglich!

Gleichzeitiges Backen auf mehreren Ebenen führt zur Einsparung von Energie.

Umluftgrillen

Grillheizung und Ventilator sind gleichzeitig oder wechselweise geschaltet, ein gleichmäßiges Grillen erfolgt. Ein Wenden des Grillgutes kann entfallen.

Mögliche Zusatzausstattungen

Backöfen können mit Selbstreinigungssystemen ausgestattet sein. Beim **pyrolytischen Selbstreinigungsverfahren** werden die anhaftenden Verschmutzungen durch hohe Temperaturen bei ca. 500 °C zersetzt. Der Ascherückstand wird nach dem Abkühlen mit einem feuchten Tuch entfernt. Die Reinigung dauert 1,5 bis 3 Stunden und benötigt 6,8 kWh (höhere Stromkosten).

Backöfen mit **katalytischer Selbstreinigung** besitzen Innenwände aus Spezialemaille. Sie enthalten Katalysatoren (= Stoffe, die einen chemischen Prozess herbeiführen, ohne dabei verändert zu werden), die Fett- und Eiweißverschmutzungen ab 200 °C oxidativ zersetzen. Großflächige Fettverschmutzungen, Zucker oder Säure (durch auslaufenden Obstkuchen) werden nicht entfernt. Die poröse und wenig widerstandsfähige Spezialemaille darf nicht mit Reinigungsmitteln behandelt werden. Die Platten nutzen sich mit der Zeit ab und müssen erneuert werden.

Bei der **Bratautomatik** ist nur die Einstellung nach Fleischart, Gewicht und gewünschtem Endzustand erforderlich – die Temperaturregelung erfolgt selbsttätig. Jedes Programm beginnt mit 250 °C zum Anbraten, dann wird mit niedrigeren Temperaturen weitergegart. Die **Zeitschaltautomatik** lässt sich für den Backofen und für Automatikkochstellen verwenden.

Kochcomputer bieten viele Backofenprogramme an, von Fisch- und Fleischgerichten bis zu Backwaren. Zur Ausstattung gehören: ein Glaskeramikkochfeld, ein Elektrobrat- und -backofen und ein elektronisches Steuerelement.

2

Über Drucktasten können Kocheinstellung, Backofentemperatur sowie Ein- und Ausschaltzeiten gewählt werden. Die Garzeiten der verschiedenen Speisen werden aufeinander abgestimmt und Temperaturabläufe so gesteuert, dass ein Braten wirklich knusprig wird. Die vorgegebenen Rezepte sind dabei genau einzuhalten.

In einer smarten Küche sind nicht nur die Geräte mit einer App steuerbar, sondern auch das Kochen an sich wird durch innovative Technik immer einfacher und perfekter.

Gasherde

Gaswärme steht sofort nach dem Zünden zur Verfügung. Die Wärmeabgabe lässt sich stufenlos regulieren, Energieverluste durch Vor- oder Nachheizen entfallen. Gaskoch- und -backgeräte lassen sich nach Aufgabenbereich und Bauart wie die Elektroherde einteilen. Es besteht auch die Möglichkeit der Kombination von Gaskochmulde und Elektrobackofen. Sollen Gasherde oder andere Gasgeräte betrieben werden, müssen unbedingt die Lüftungsvorschriften beachtet werden.

Aufbau und Arbeitsweise

Die Kochmulde ist meist mit vier Kochbrennern verschiedener Nennwärmeleistung ausgerüstet:

- 1 Gar-, Spar-, Hilfsbrenner (1,05 kW) – Garen ohne Anbrenngefahr
- 2 Normalbrenner (1,75 kW)
- 1 Starkbrenner (2,75 kW) – schnelles Erhitzen großer Mengen

Der Kochbrenner besteht aus Düse, Mischrohr und Brennerkopf. Beim Bedienen des Einstellknebels (Gashahn) strömt das Gas in das Mischrohr, wo es die Luft ansaugt. Das brennfähige Gas-Luft-Gemisch wird zum Brennerkopf geführt, tritt an den Öffnungen des Brennerdeckels aus, wird entzündet und verbrennt. Der für die Verbrennung des Gases noch erforderliche Sauerstoff wird der umgebenden Luft entnommen. Um eine gute Luft- und Abgasbewegung zu erzielen, hat die Kochmulde einen Rippenrost (aus Chrom-Nickel-Stahl).

FÜR DIE PRAXIS

Zur optimalen Wärmenutzung sollte der Topfdurchmesser so bemessen sein, dass die Flammen nicht über den Topfboden hinausschlagen.

Selbstreinigende Brennerdeckel besitzen einen Spezialüberzug aus einer Aluminiumlegierung, die sich während der Inbetriebnahme auf 500 °C bis 600 °C erhitzt. Hierbei werden an dem Brennerdeckel anhaftende Speisereste pyrolytisch verbrannt.

Der Gasherd kann auch mit einem Glaskeramikkochfeld ausgestattet sein, das durch thermostatisch geregelte Infrarotbrenner beheizt wird. Der Gas-Glühplattenherd hat eine Kochfläche aus Spezialstahl, die mit Ankoch- und Fortkochflächen ausgerüstet ist. Mithilfe einer eingebauten Zündvorrichtung erfolgt die Zündung etwa 3 bis 5 Sekunden nach dem Öffnen des Gashahnes. Bei Herden mit Schnellstartautomatik entfällt die Wartezeit. Viele Gasherde sind mit einer Piezozündung ausgestattet. Ohne diese Zündvorrichtung muss die Brennerflamme von Hand gezündet werden.

Alle Gasherde besitzen eine Zündsicherung, die das Ausströmen von unverbranntem Gas beim Erlöschen der Gasflamme verhindert.

FÜR DIE PRAXIS

Hinweise zum Garen auf dem Gasherd:

- Ankochen – bei großer Flamme, Fortkochen – bei kleiner Flamme.
- Flammenspitzen sollen Topfboden berühren.
- Breite Töpfe mit gut schließendem Deckel verwenden.

Kriterien für die Auswahl des Herdes:

1. Abmessung – besonders wichtig bei Einbau- und Unterbaugeräten. Unterbaugeräte werden unter die Arbeitsplatte geschoben, die Tür bleibt sichtbar. Einbaugeräte lassen sich in einen Küchenschrank einbauen und werden mit einer Küchenmöbelfront verkleidet.
2. Ausstattung – z. B. benötigte Sonderplattenform (oval), Kochzonen (Glaskeramikkochfeld), Anzahl der Automatikkochstellen, Warmhaltezone, Beheizungsart des Backofens, Anordnung des Schaltfeldes, Stromverbrauch, Reinigungshilfe, Zeitschaltautomatik, Kindersicherung
3. Produktinformation beachten!

8

12

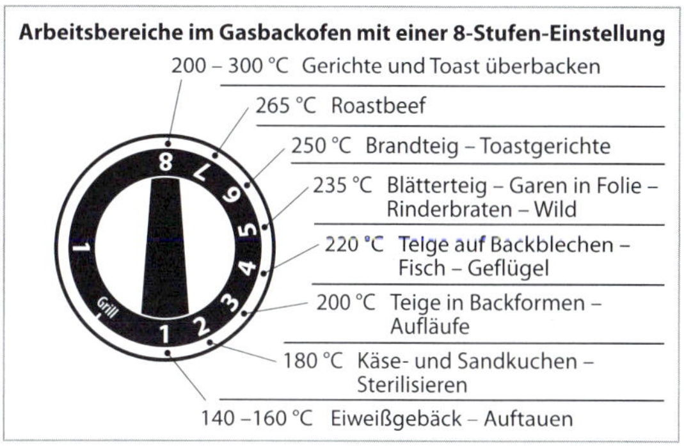

Einstellung am Gasherd

Geräte zum Dampfgaren

Heißluftdämpfer sind Gargeräte, die ein zeitsparendes und nährstoffschonendes Garen und Regenerieren von vielen Portionen ermöglichen. Sie kombinieren Dampfgaren und Umluftgaren bei hoher Wärmeübertragung und verkürzten Gar- und Auftauzeiten. Die Nährstoff- und Vitaminverluste im Gargut sind gering.

Heißluftdämpfer verfügen in der Regel über folgende Betriebsarten:

Heißluft: Backen, Braten, Grillen, Gratinieren bei ca. 100 °C bis 250 °C beziehungsweise 300 °C

Dampf: Dämpfen, Dünsten, Garziehen, Kochen, Blanchieren und Pochieren, Regenerieren von Platten- und Tellergerichten bei etwa 100 °C

Kombinieren von Heißluft und Dampf: Dämpfen und anschließendes Gratinieren von Gemüse, Anbraten und Garziehen von Fleisch, Schmoren, Überbacken, Warmhalten und Regenerieren von Teller- und Plattengerichten (Garzeit bis zu 50 % verkürzt) bei 100 °C bis 250 °C

Bei paralleler Verwendung können Fleischstücke gebraten und Kartoffeln, Klöße oder Gemüse gegart werden. Als Kochgeschirr dienen Gastronormbehälter.

Backöfen mit Dampferzeuger werden für den Privathaushalt angeboten. Das Wasser für einen Garprozess wird von Hand eingefüllt, sodass kein gesonderter Wasseranschluss notwendig ist.

FÜR DIE PRAXIS

Bei Backöfen mit Dampferzeuger ist die Backofentür nicht verriegelt! Bei vorzeitigem Öffnen der Backofentür entweicht heißer Dampf, der zu Verbrühungen führt: ➜ Kinder müssen ferngehalten werden!

Dampfgaren mit Überdruck wird im Dampfdrucktopf, in der Dampfdruckpfanne oder im Dampfgarer angewendet. Sie werden aus Edelstahl, emailliertem Stahl oder eloxiertem Aluminium hergestellt und verfügen über extra starke Topf- bzw. Geräteböden.

Die Ausstattung mit speziellen Einsätzen ermöglicht das gleichzeitige Garen verschiedener Lebensmittel.

Konvektomat/Heißluftdämpfer mit Gastronormbehältern

Dampfdruckkochtopf
1 Kochsignal/Ventil 2 Schieber zur Druckentlastung
3 Stielgriffe, die zum kompletten Verschließen des Topfes übereinander stehen müssen

Dampfgarer in der Großküche sind mit Anschlüssen für Wasserzu- und -ablauf versehen und haben eine Leistung von 5 kW. Die Backofentür ist sicher verriegelt, während mit Dampf und Druck gearbeitet wird. Bei Überdruck (1 bar) wird eine Zeitersparnis von bis zu 50 % erreicht.

Das Dampfgaren eignet sich für die folgenden Garprozesse:

- Dünsten von frischem oder gefrorenem Gemüse
- Garen von Kartoffeln, Nudeln oder Reis
- Blanchieren von Gemüse
- Garen von Fleisch, z. B. Kasseler
- Dünsten von Fisch

Dampfgarer/Konvektomat/Kombidämpfer

Ein Kombidämpfer ist ein Gargerät, das sowohl mit trockener Hitze als auch mit Dampf arbeitet. Intelligente Geräte passen die Garpfade entsprechend dem Gargut, der Größe, dem Zustand und dem Wunschergebnis automatisch an. Dank einer WiFi-Schnittstelle stehen zum Beispiel bei einem iCombi Pro-Gerät Software-Updates, Rezeptdatenbank und digitale Verbrauchsanzeige zur Verfügung. Das Display kann individuell angepasst werden, so dass Speisen als Bild oder Icon erscheinen. Das bringt Flexibilität, Speisenvielfalt und -qualität sowie ein hohes Maß an Wirtschaftlichkeit.

Funktionsvielfalt

Kippbratpfannen und Kochkessel

Kippbratpfannen werden in der Großküche für Kurzgebratenes, panierte Fleischgerichte, Pfannengerichte und Bratkartoffeln eingesetzt. Die Heizrohre im Pfannenboden gewährleisten eine schnelle und gleichmäßige Wärmeverteilung. Der Kippmechanismus und ein Ausgießer ermöglichen ein rasches, problemloses Entleeren der Pfanne.

Kippkochkessel werden elektrisch oder mit Niederdruckdampf (0,5 bar) beheizt und werden in Großküchen zur Herstellung von Suppen, Soßen, Gulasch und Eintopfgerichten (300 l Fassungsvermögen) eingesetzt – aber die Betriebskosten sind relativ hoch. Der Garprozess dauert lange und ist daher nicht so nährstoffschonend wie im Dampfgarer.

FÜR DIE PRAXIS

Alle Geräte mit Kippmechanismus müssen vorsichtig gehandhabt werden, damit keine Verletzungen durch Einklemmen entstehen. Um Unfälle durch Ausrutschen zu vermeiden, muss vor jedem Gerät ein Bodenlauf mit Gitterrost vorhanden sein.

Kippbratpfanne

Multifunktionale Kochgeräte mit Kontakthitze

Immer häufiger werden in der Großküche Geräte eingesetzt, die mit Kontakthitze arbeiten, aber sowohl zum Kochen, Braten, Frittieren als auch Druckgaren eingesetzt werden können. Solche Kombigeräte können Kipper, Kessel und Druckgargerät ersetzen. Leistungsstarke Heizelemente erhitzen den Tiegelboden schnell, so dass lange Aufheizzeiten nicht notwendig sind. Dank intelligenter Funktionen brennen sensible Speisen nicht an. Kalte Tiegelränder, Höhenverstellung und ein integrierter Wasserein- und -ablauf minimieren die Unfallgefahr.

Frittierbecken

Im Frittierbecken (8 bis 40 Liter Inhalt) wird das Fett durch Heizschlangen, die 6 bis 8 cm über dem Boden angebracht sind, erhitzt. Das Frittiergut wird in einem Korb in das Becken getaucht. Die Temperatur wird mit einem Thermostat geregelt. Da das heiße Fett aufsteigt, bildet sich unter den Heizkörpern eine Kaltzone, in der herabsinkende Speiseteilchen nicht verbrennen. Die Backrückstände sammeln sich in einer Klärzone, sodass das Frittierfett mehrmals verwendet werden kann. Das verbrauchte Fett wird über einen Ablaufhahn abgelassen.

Nach dem Ausbauen oder Hochklappen der Heizschlangen kann der Bodensatz entfernt und das Becken gereinigt werden.

Großfritteusen garantieren ein punktgenaues Garen von sehr großen Mengen Frittiergut. Das Frittierfett muss regelmäßig gewechselt werden, da Backrückstände den Fettverderb fördern. Das Fett fängt an zu rauchen und die Backtemperatur sinkt, wodurch die frittierten Lebensmittel zu viel Fett aufnehmen.

FÜR DIE PRAXIS

Um das Fett längere Zeit verwenden zu können, kann es nach dem Gebrauch mithilfe von Fettfiltern und Filterhilfsmitteln von Backrückständen, Fettabbauprodukten und Metallresten gereinigt werden.

Reinigungsfreundliche Frittierbecken

Mikrowellengeräte

Ein Mikrowellengargerät eignet sich zum Auftauen und Erwärmen von Lebensmitteln und Speisen in kleinen Portionen Für das Garen großer Mengen ist es ungeeignet. Es wird bei der Zubereitung kleiner Gerichte in der Essensausgabe von Kantinen oder Cafeterien eingesetzt. Auch in Verteilerküchen, wie z. B. auf den Stationen von Krankenhäusern oder Altenpflegeeinrichtungen, können im Mikrowellengerät Speisen oder Getränke schnell erhitzt werden.

Mikrowellengeräte sind mit verschiedenen Leistungsstufen ausgestattet:

- niedrige Stufen (etwa 90–180 Watt) eignen sich zum Auftauen
- mittlere Stufen (300–400 Watt) zum Fortkochen oder Erwärmen von Tellergerichten
- höhere Stufen (etwa 500–700 Watt) zum Garen

Arten und Größen

Neben den kompakten Einzelgeräten (Sologeräte) werden Einbau- und Kombinationsgeräte bzw. Einbaubacköfen mit integrierter Mikrowelle angeboten.

Bei einer durchschnittlichen Ausgangsleistung (Wärmeleistung im Garraum) von 500 bis 1000 W beträgt die Eingangsleistung (Netzanschluss) 1200 bis 2000 W, da ca. 50 % der Energie im Netzteil und im Magnetron in Verlustwärme umgewandelt werden (Belüftung). Bei Backöfen mit integrierter Mikrowelle kann die Eingangsleistung bis 6,5 kW betragen, ein Wechsel- oder Drehstromanschluss ist deshalb erforderlich.

Funktionsweise

Im Magnetron werden Mikrowellen erzeugt und über die Antenne (Koppelstift) ausgesandt. In dem Garraum sorgt ein Wellenleiter für die gleichmäßige Verteilung der Mikrowellen. Einige Geräte besitzen statt des Wellenleiters einen Drehteller, auf dem das Gargut während des Betriebes langsam rotiert.

Da der Garprozess vom Inneren des Garguts aus erfolgt, bleibt die Oberflächentemperatur so niedrig, dass keine Bräunung eintritt. Die meisten Geräte besitzen mehrere Einstellstufen mit unterschiedlichen Leistungen: Auftauen – Erhitzen – Kochen.

Bei der Geräteauswahl beachten:

- Mikrowellengeräte ermöglichen zwar alle Arten der Nahrungszubereitung, sie sind aber immer nur als Ergänzung zu Kochstelle und Backofen zu sehen.
- Außenbemessungen und Nutzinhalt (in Liter Garraum) müssen in einem vernünftigen Verhältnis zueinanderstehen.
- Überlegungen über Standort und Anbringung sind bei der Auswahl erforderlich.

Nach Standort und Anbringung werden verschiedene Modelle, z. B. Tischgeräte (für Arbeitsplatte), Kompaktgeräte (zum Aufhängen unter einen Oberschrank), Einbaugeräte sowie Kombigeräte (im Backofen integriert), angeboten.

Grillgeräte

Grillgeräte werden zum Grillen, Überbacken, Gratinieren oder Backen eingesetzt. Dünsten in Aluminiumfolie sollte aus Gründen der Nachhaltigkeit vermieden werden.

Nach der Art der Wärmeübertragung unterscheidet man:

- Strahlungsgrill (Rohr- oder Quarzheizkörper)
- Kontaktgrill (beschichtete Heizplatten)

Beim **Strahlungsgrill** werden die in der Oberseite des Innenraumes eingebauten Heizkörper (korrosionsbeständiges Stahlrohr oder Quarzheizstangen) auf etwa 750 °C bis 850 °C aufgeheizt und strahlen im Infrarotbereich.

Beim **Kontaktgrill** sind die Heizkörper sind in zwei Kontaktplatten (aus Aluminium oder Gusseisen mit/ohne Kunststoffbeschichtung) eingebaut, die Wärme wird durch Wärmeleitung auf das Grillgut übertragen. Flache Grilladen, wie z. B. Steaks, Toasts, werden zwischen den beheizten Flächen, die im Abstand verstellbar sein können, von beiden Seiten gleichmäßig gegart. Ein Wenden des Grillgutes entfällt.

Grillautomaten/Salamandergrill verfügen über ein Durchlaufsystem und werden in Großküchen neben den konventionellen Geräten eingesetzt. In der Gastronomie kommt häufig der Salamandergrill zum Einsatz, in dem das Grillgut auf höhenverstellbaren Rosten der Strahlungshitze von oben (durch elektrische Heizelemente oder Gasflammen) ausgesetzt wird.

Salamandergrill

FÜR DIE PRAXIS

Hinweise zum Grillen:

1. Strahlungsheizkörper 3 bis 5 Minuten hellrot glühend vorheizen!
2. Beim Grillen im Backofen die Tür in Grillstellung geöffnet lassen, damit kein Hitzestau entsteht.
3. Das Grillgut gewürzt, aber ungesalzen und trocken in den direkten Strahlenbereich bringen.
4. Die Grillade beim Wenden nicht anstechen, sondern Grillzange benutzen.
5. Flaches Grillgut höher, hohes Grillgut tiefer setzen!

2.3.8 Garverfahren

Durch das **Garen** von Lebensmitteln werden diese mithilfe von Wärme verzehrfertig gemacht. Dieses Prinzip nimmt Einfluss auf die Struktur der Zutaten und stellt die Grundlage zur Zubereitung aller möglichen Gerichte dar. So quellen und gerinnen Eiweiße und Stärke verkleistert, was wiederum zu einer Vergrößerung der Oberflächen führt. Auf diese vergrößerten Oberflächen können bei der späteren Verdauung Enzyme schneller einwirken, wodurch die Nährstoffe von uns leichter verdaut werden. Bei der Zubereitung von Fleisch, Gemüse und auch Obst wird dieser Effekt zudem durch die Lockerung der Faserstruktur begünstigt.

Lebensmittel verzehrfertig machen

Erwünschte Veränderungen durch das Garen
- Bessere Verdaulichkeit und Bekömmlichkeit durch Konsistenzveränderungen
- Höherer Genusswert durch Bildung von Farb- und Aromastoffen
- Reduzierung von Krankheitserregern
- Verlängerung der Haltbarkeit Zerstörung oder Inaktivierung von schädlichen Inhaltsstoffen

Unerwünschte Veränderungen durch das Garen
- Verlust von Vitaminen, sekundären Pflanzenstoffen u.a. essenzielle (lebensnotwendige) Inhaltsstoffen
- Aromaverluste

Regeln für ein nährstoffschonendes Garen:

FÜR DIE PRAXIS

- Gemüse und Obst möglichst im eigenen Saft mit wenig Wasser und Salz garen. Hierfür eigenen sich vor allem die feuchten Garverfahren.
- Garzeiten möglichst kurzhalten, damit Aussehen, Geschmack und Nährstoffe erhalten bleiben. Gemüse sowie Obst sollen noch bissfest sein.
- Fett nicht zu heiß erhitzen, damit die Lebensmittel darin nicht verbrennen.
- Garwasser mitverwenden z.B. für die Zubereitung von Soßen oder Suppen, denn es ist reich an Nähr- und Geschmacksstoffen.
- Warmhalten von Speisen nur in Ausnahmefällen und so kurz wie möglich, damit die Bakterienvermehrung und der Nährstoffverlust möglichst gering bleiben. Besser ist es, Speisen nach der Zubereitung abzukühlen, bei geringer Temperatur zu lagern und kurz vor dem Verzehr wieder zu regenerieren.

Feuchte Garverfahren

Blanchieren bei 98 °C bis 100 °C: Kurzer Garprozess in siedendem Wasser, welcher durch das Abschrecken mit kaltem (Eis-) Wasser abgebrochen wird.

Beispielrezept:
Gemüse blanchieren

Kochen bei 98 °C bis 100 °C: Garen in viel siedender Flüssigkeit mit Deckel.

Beispielrezept:
Kochen – Spätzleteig

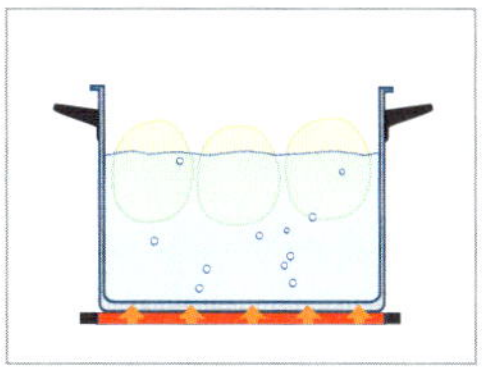

Garziehen bei 75 °C bis 95 °C: Langsames Garen in viel, nicht siedender Flüssigkeit = Schonung der Konsistenz/Lebensmittelstruktur.

Beispielrezept:
Garziehen – Serviettenknödel

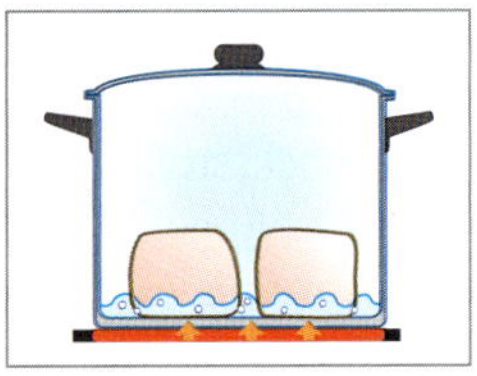

Dünsten bei 98 °C bis 100 °C: Garen im eigenen Saft ohne Bräunung/geringe Flüssigkeits-, evtl. Fettzugabe in abgedecktem Gefäß = Nährstoff- und aromaschonendes Garen.

Beispielrezept:
Dünsten – Kompott

Glasieren bei 100 °C bis 120 °C: Dem Kochgut eine glänzende Oberfläche geben. Dazu mit Zucker (Honig/Sirup) bestreuen und unter ständigem Schwingen und Begießen mit der sirupartigen Flüssigkeit glasieren.

Beispielrezept:
Möhren glasieren

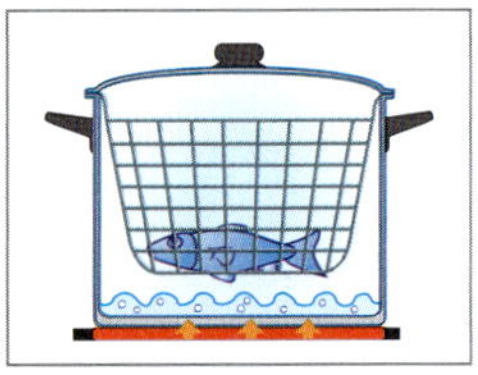

Dämpfen bei 98 °C bis 100 °C: Sanftes Garen in strömenden Wasserdampf.

Beispielrezept:
Dämpfen – Germknödel

Druckgaren bei 105 °C bis 120 °C: Garzeit verringert sich um zwei Drittel, nur geringe Aroma- und Nährstoffverluste (5 bis 10 %).

Beispielrezept:
Druckgaren – Chili sin carne

Garen in Folie: Garen im eigenen Saft, bei Verwendung von Bratfolie mit Bräunung. Eigengeschmack und Inhaltsstoffe des Gargutes bleibt bestmöglich erhalten.

Beispielrezept:
Garen in Folie – grüner Spargel

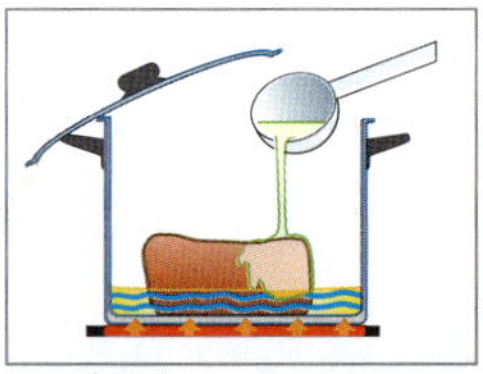

Schmoren bei 160 °C bis 200 °C anschließend bei 98 °C bis 100 °C :Gargut in heißem Fett bräunen, danach mit wenig Flüssigkeit bei verminderter Temperatur fertig garen = intensive Bräunung und Gewinnung eines gehaltvollen Fonds zur Soßenherstellung.

Beispielrezept:
Schmoren – Rinderrouladen

Slow Cooking (Niedrigtemperaturgaren/Schongaren) bei 70 °C bis max. 90 °C: Gargut wird bei niedriger Temperatur über einen langen Zeitraum (drei bis zwölf Stunden) schonend gegart.

Beispielrezept:
Slow Cooking – Mozarella- Chicken

Trockene Garverfahren

Braten (Kurz- oder Langzeitbraten) bis zu 220 °C: Bräunen und Garen in wenig Fett. Sehr energiereich, da Gargut das Bratfett aufnimmt. Vorsicht vor Acrylamidbildung! Nur mit hocherhitzbaren Fetten anwenden.

> ***Beispielrezept:***
> Braten – Kartoffelpuffer

Backen (Gratinieren) bei 150 °C bis 250 °C:Garen und Bräunen in Heißluft mit Wärmestrahlung (Oberhitze) und Wärmeleitung (Unterhitze). Vorsicht vor Acrylamidbildung!

Grillen bei 250 °C bis 300 °C: Garen und Bräunen von Nahrungsmitteln durch Strahlungs- oder Kontakthitze. Vorsicht vor Acrylamidbildung!

> ***Beispielrezept:***
> Grillen – Gemüse-Grill-Pfännchen

Frittieren bei 160 °C bis 180 °C: Garen und Bräunen von Nahrungsmitteln schwimmend in heißem Fett (Fett muss wasserfrei sein – wasserreiche Lebensmittel abtrocknen). Sehr energiereich, da Gargut das Frittierfett aufnimmt. Vorsicht vor Acrylamidbildung!

> ***Beispielrezept:***
> Mikrowellengaren –
> gebrannte Mandeln

Mikrowellengaren bei etwa 100 °C: Schnelles gleichmäßiges Garen durch elektromagnetische Wellen. Die Wärme entsteht im Inneren des Garguts – es gart von innen nach außen.

> Beim trockenen Garen kann durch die trockene, hohe und lange Hitzeeinwirkung die Bildung von **Acrylamid** begünstigt sein.

Acrylamid bildet sich, wenn kohlenhydratreiche Lebensmittel stark erhitzt werden. Besonders erhöhte Werte finden sich in gerösteten und frittierten Kartoffelprodukten sowie in Gebäck.

Durch den Verzehr von acrylamidhaltigen Lebensmitteln kann das Risiko, an Krebs zu erkranken, erhöht sein.

FÜR DIE PRAXIS

Die trockene Garzubereitung ist gut geeignet für Fleischgerichte aller Art, da hierbei Röstaromen entstehen.

AUFGABEN

5. Sie sind für die Zubereitung des Mittagessens für die Familie Meyer verantwortlich.
   a) Wählen Sie ein Gericht aus. Erstellen Sie für die Zubereitung einen Arbeitsablaufplan inkl. Spalte mit Material-/Geräteeinsatz. Markieren Sie die Vor- und Zubereitungstechniken farblich und erstellen Sie eine Legende.
   b) Begründen Sie die ausgewählten Geräte und Garverfahren für Ihr Gericht.

6. Recherchieren Sie zu jedem Garmachungsverfahren zwei weitere Rezepte. Erstellen Sie damit eine Rezeptdatei.

Arbeitsablaufplan		
Thema:		
Zeit	Arbeitsschritte:	Material:

2.3.9 Kühl- und Gefriergeräte

Kühl- und Gefriergeräte werden zur Lagerung von leicht verderblichen Lebensmitteln oder zur Vorratshaltung benötigt. Die Hersteller bieten Kühlschränke als Stand- und Tischgeräte, Unterbau- und Einbaugeräte sowie Kühl- und Gefrierkombinationen an. Empfohlen werden 120 Liter für einen Einpersonenhaushalt und 60 Liter pro Person im Mehrpersonenhaushalt.

Durch die Luftzirkulation im Kühlschrank ergeben sich Temperaturzonen von 0 °C bis 10 °C. Unmittelbar unter dem Verdampfer liegt die kälteste Zone. Die kalte, schwere Luft fällt auf die darunterliegenden Lebensmittel herunter, erwärmt sich dabei und steigt wieder hoch zum Verdampfer. Die Luftzirkulation wird durch die Beschaffenheit der Stellflächen und der Füllmenge des Kühlraumes beeinflusst.

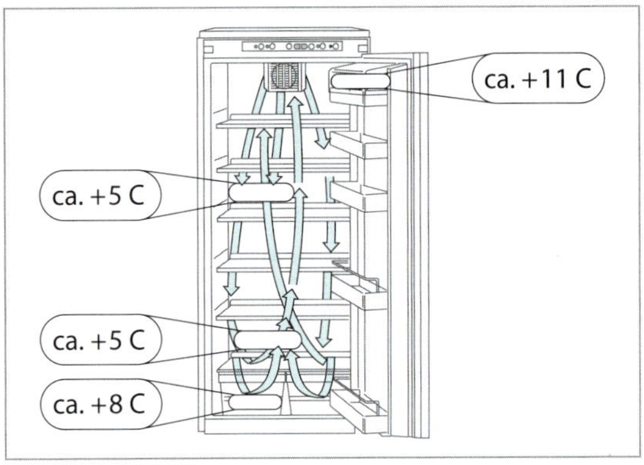

Kühlschrank mit dynamischer Luftzirkulation

Das Einfrieren und die Gefrierlagerung erfolgt in Gefriertruhen oder Gefrierschränken bei Temperaturen von mindestens –18 °C.

Zum Einfrieren geeignet

Gefriertruhen werden von oben gefüllt, die Lebensmittel werden in Körbe eingeordnet. In Gefrierschränken lassen sich die Lebensmittel hingegen übersichtlich und schnell zugänglich ordnen. Sie benötigen weniger Stellfläche. Gefriergeräte dienen der mittel- und langfristigen Haltbarmachung und Lagerung von Lebensmitteln. Die Qualität der tiefgekühlten Lebensmittel ist dabei von der Vorbereitung der Rohware sowie von Verpackung, Einfrier- und Lagertemperatur abhängig.

Die Lagerdauer von Tiefkühlkost im Gefriergerät ist begrenzt. Bei einer längeren Lagerzeit kommt es zu Qualitätsverlusten der Lebensmittel, die sich in Geschmack, Aussehen und Nährwertverlusten äußern können.

Bei der Kaufentscheidung können Energielabel helfen (s. S. 206).

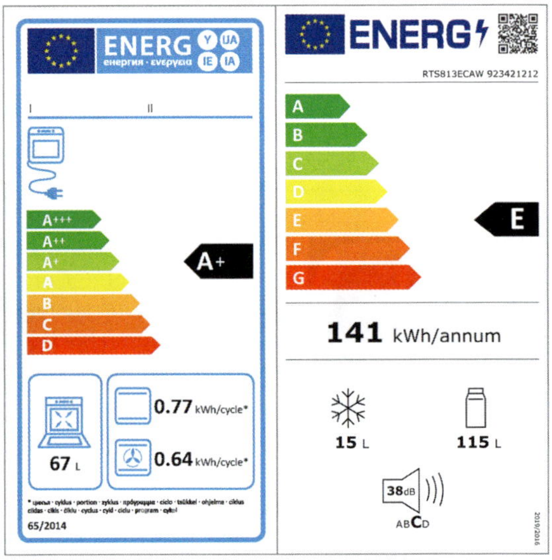

Energielabel Backofen und Gefrierschrank

Viele Großhaushalte verfügen über Kühlräume (s. S. 212).

AUFGABEN

7. Auf dem Hof der Familie Meyer gibt es im September eine üppige Gemüseernte. Vieles wird eingekocht und eingefroren.
   a) Vergleichen Sie den Energieverbrauch für die Lagerung von Kürbis (eingekocht und eingefroren) bei einem Zeitraum von 6 Monaten.
   b) Für welche Lagerungsart würden Sie sich entscheiden? Begründen Sie Ihre Wahl.

8. Auf dem nächsten Hoffest soll es „Give aways" (s. S. 498) und Kostproben aus der eigenen Küche geben. Erproben Sie ein Rezept „Mikrowellengaren – Gebrannte Mandeln", ob es dafür geeignet ist.

2.4 Ernährungsempfehlungen und Orientierungswerte

Wir essen, um satt zu werden. Gleichzeitig soll der Körper gesund erhalten werden. Das Wissen um die unterschiedliche Inhaltsstoffe und Nährstoffe hilft, Ernährungsempfehlungen für sich selbst und für zu verpflegende Menschen einzuschätzen und umzusetzen. Für eine vollwertige Ernährung finden Verbraucherinnen und Verbraucher praktische Handlungstipps in den Regeln und Orientierungswerten der DGE sowie mit dem Ernährungskreis. Mit deren Umsetzung soll eine bedarfsgerechte Ernährung erreicht, ernährungsbedingten Krankheiten vorgebeugt und ein nachhaltiger Ernährungsstil gefördert werden.

Die DGE-Empfehlungen lauten:

- Am besten Wasser trinken
- Gemüse und Obst – viel und bunt
- Hülsenfrüchte und Nüsse regelmäßig essen
- Vollkorn ist die beste Wahl
- Pflanzliche Öle bevorzugen
- Milch und Milchprodukte jeden Tag
- Fisch jede Woche
- Fleisch und Wurst- weniger ist mehr
- Süßes, Salziges und Fettiges – besser stehen lassen
- Mahlzeiten genießen
- In Bewegung bleiben und auf das Gewicht achten

Die DGE-Empfehlungen beziehen sich auf ein Optimierungsmodell, das neben gesunder Ernährung auch Aspekte wie Nachhaltigkeit, Umweltbelastung und die in Deutschland üblichen Verzehrgewohnheiten berücksichtigt.

AUFGABEN

1. Recherchieren Sie auf der Website der DGE www.dge.de, was hinter diesen Empfehlungen steckt.
2. Listen Sie die Informationen zur Nachhaltigkeit bei den einzelnen DGE-Empfehlungen auf.
3. Recherchieren Sie und erläutern Sie diese Regeln in der Klasse in leichter Sprache.

Für eine bedarfsgerechte Verpflegung von Personengruppen sind Kenntnisse zum Ernährungskreis sowie zur Vollwerternährung (s. S. 474) und zur vollwertigen Ernährung relevant.

Der DGE-Ernährungskreis

DGE-Ernährungskreis® Copyright: Deutsche Gesellschaft für Ernährung e. V., Bonn

Der DGE-Ernährungskreis zeigt auf einen Blick wie eine gesunde und ökologisch nachhaltige Ernährung aussieht. Er ist damit eine Art Wegweiser mit Beispielen für eine optimale Lebensmittelauswahl. Die Größe der Lebensmittelgruppe veranschaulicht dabei den Anteil an der Ernährung. Je größer eine Lebensmittelgruppe ist, desto mehr kann daraus gegessen werden. Empfehlenswert ist es, innerhalb der Gruppen die Vielfalt an Lebensmitteln zu nutzen und abwechslungsreich zu essen.

Eine gesunde und umweltschonende Ernährung ist zu mehr als ¾ pflanzlich und knapp ¼ tierisch.

Die größte Lebensmittelgruppe sind die Getränke in der Mitte des Kreises. Als nächstes bilden pflanzliche Lebensmittel wie Obst, Gemüse, Hülsenfrüchte, Nüsse, Samen, Getreide und Kartoffeln sowie Öle den größten Teil des Kreises. Tierische Lebensmittel wie Milch und Milchprodukte, Fisch, Fleisch und Ei ergänzen die Auswahl. Wird die Zusammenstellung an einem Tag nicht erreicht? Nicht schlimm, wichtig ist die Wochenbilanz. Ausreichend Bewegung ist wichtig für Gesundheit und Wohlbefinden.

- Getränke stehen als größte Lebensmittelgruppe mit einer täglichen Trinkmenge von rund 1,5 Litern im Zentrum des DGE-Ernährungskreises
- Pflanzliche Lebensmittel wie Obst und Gemüse, Hülsenfrüchte und Nüsse und Getreide, Getreideprodukte und Kartoffeln liefern Kohlenhydrate, Eiweiß, Vitamine, Mineralstoffe, Ballaststoffe und sekundäre Pflanzenstoffe. Sie sind die Basis einer gesunden Lebensmittelauswahl.
- Bei der Gruppe Öle und Fette ist vor allem die Qualität entscheidend. Pflanzliche Öle liefern wertvolle ungesättigte Fettsäuren und Vitamin E.
- Tierische Lebensmittel aus der Gruppe Milch und Milchprodukte sowie der Gruppe Fleisch, Wurst, Fisch und Eier ergänzen in kleinen Portionen den Speiseplan.

Die angegebenen Lebensmittelmengen sind als **Orientierungswerte** für die Lebensmittelauswahl zu verstehen. Sie beruhen auf einem mathematischen Optimierungsmodell. Dieses Modell berücksichtigt neben den Referenzwerten für die Nährstoffzufuhr auch Gesundheits- und Umweltaspekte sowie die üblichen Ernährungsgewohnheiten in Deutschland. Demzufolge zeigen die Orientierungswerte, wie eine gesunde und ökologisch nachhaltige Lebensmittelauswahl aussehen kann. Wie der Name sagt, dienen diese Werte zur Orientierung für eine optimale Lebensmittelauswahl. Sie sind nicht dazu da, aufs Gramm genau erreicht zu werden. Es bleibt Spielraum für individuelle Anpassungen. Auch sind sie nicht geeignet, mit tatsächlichen Verzehrdaten verglichen zu werden, um die Lebensmittelauswahl von Bevölkerungsgruppen oder des Einzelnen zu bewerten.

Variationen sind möglich- eine vegetarische Ernährung ist eingeschlossen, ebenso wie die Verwendung pflanzlicher Milchalternativen.

Orientierungswerte für gesunde Erwachsene (zwischen 18 und 65 Jahren) mit einem Energiebedarf von ca. 2000 kcal pro Tag, die sowohl pflanzliche als auch tierische Lebensmittel essen (Mischkost).

Lebensmittelgruppe	Portionen in g	Bezeichnung	Portionen	Zeitbezug
Obst und Gemüse	110	Portion	5	täglich
Säfte	200	Glas	1	wöchentlich
Hülsenfrüchte	125	Portion (frisch[1])	1	wöchentlich
Nüsse und Samen	25	Portion	1	täglich
Kartoffeln	250	Portion	1	wöchentlich
Getreide, Brot, Nudeln[2] davon mind. 1/3 Vollkorn	60	Portion	5	täglich
Pflanzliche Öle	10	Esslöffel	1	täglich
Butter und Margarine	10	Esslöffel	1	täglich
Milch und Milchprodukte[3]	250	Portion	2	täglich
Fisch[4]	120	Portion	1 bis 2	wöchentlich
Fleisch (Rind, Schwein, Geflügel)[4]	120	Portion	1 bis 2	wöchentlich
Wurst	30	Scheibe	2	wöchentlich
Eier	60	Stück	1	Wöchentlich[5]

1 Für die Umrechnung von getrockneten Hülsenfrüchten in frische, beispielsweise aus der Dose, den Faktor 1,8 verwenden

2 Eine Scheibe Brot bzw. eine Portion Getreideflocken entspricht 60 g, eine Portion Nudeln oder Reis wiegen ungekocht 120 g

3 250 g Milch beziehen sich auf den Verzehr von Milch im Glas. Eine Portion entspricht beispielsweise entweder 1 Glas Milch (250 g), einer Scheibe Käse (30 g) oder einem Joghurt (150 g)

4 Die Berechnungen für Mischkost berücksichtigen sowohl Fleisch als auch Fisch. Die Angabe 1 bis 2 Portionen bei Fisch und Fleisch bezieht jeweils die andere Gruppe mit ein: Wer 2 Portionen Fisch pro Woche isst, kann noch 1 Portion Fleisch essen bzw. wer 1 Portion Fisch isst, 2 Portionen Fleisch

5 Zusätzlich hinzu kommen Lebensmittel, die verarbeitete Eier enthalten, z. B. Nudeln oder Kuchen

FÜR DIE PRAXIS

- Wenn Sie mehr oder weniger Energie pro Tag verbrauchen, passen Sie die Lebensmittelmenge entsprechend an. Wichtig ist das Verhältnis der Lebensmittelgruppen zueinander.
- Möglichst drei Portionen gegartes Gemüse/ Rohkost und zwei Portionen Obst täglich verzehren.
- Bei Fleisch und Fisch wird jeweils die andere Gruppe mit einbezogen. Insgesamt sind wöchentlich drei Portionen empfohlen. Werden zwei Portionen Fisch pro Woche verzehrt, kann noch eine Portion Fleisch gegessen werden und umgekehrt.
- Bei einer vegetarischen Ernährung können statt Fleisch und Wurst mehr Vollkornprodukte, Hülsenfrüchte, grünes Blattgemüse sowie Nüsse und Ölsaaten ausgewählt werden.
- Zusätzlich wird eine tägliche Trinkmenge von 1, 5 Litern empfohlen.

AUFGABEN

4. Recherchieren Sie Informationen zur Ernährungspyramide des Bundeszentrums für ernährung (BZfE). Beschreiben Sie den Inhalt und die Bedeutung der Farben der Bausteine (s. S. 260).

Weitere Informationen unter: www.BZfE

Vollwertige Ernährung

Eine vollwertige Ernährung umfasst eine ausgewogene Ernährung, die alle notwendigen Nährstoffe in ausreichender Menge, im richtigen Verhältnis und in der richtigen Form enthält. Sie erhält Gesundheit und Wohlbefinden.

Die wichtigsten Punkte einer vollwertigen Ernährung:

- Ausgewogene Ernährung
- Pflanzliche Nahrungsmittel bevorzugen
- Täglich Obst und Gemüse
- Wenig Zucker und wenig Salz
- Schonende Zubereitung der Lebensmittel
- Getreideprodukte und Milchprodukte täglich
- Maßvoller Fleisch- und Fischkonsum

Vollwerternährung

Die Empfehlungen für eine Vollwerternährung berücksichtigen zusätzlich folgende einzelne Verarbeitungsgrade, sogenannte **Wertstufen:**

Rohe unbehandelte Lebensmittel (ca. die Hälfte der tägl. Nahrung) - lediglich geschält, zerkleinert, gekeimt oder fermentiert

BEISPIEL: *frisches Obst und Rohkost*

Erhitzte Lebensmittel (ca. die Hälfte der tägl. Nahrung) – gegart

BEISPIEL: *Vollkornbrot, erhitztes Gemüse*

Verarbeitete Lebensmittel (nicht täglich verzehren) - hoch erhitzt, wertgebende Bestandteile entfernt oder Zusatzstoffe zugesetzt

BEISPIEL: *Auszugsmehle, Gemüsekonserven*

Isolierte Lebensmittelsubstanzen - Produkte, die einen hohen Gehalt an isolierten Lebensmittel-Inhaltsstoffen und Zusatzstoffen aufweisen

BEISPIEL: *isolierte Zucker, Schmelzkäse*

Rohe, unerhitzte Lebensmittel sollten die Hälfte Nahrung ausmachen. Lebensmittel mit einem hohen Verarbeitungsgrad sind am wenigsten zu verzehren.

In Einrichtungen und Tagungshäusern sollte es Angebote für Flexitarier, Vegetarier und Veganer (s. S. 472 ff.) geben, die die Richtlinien einer vollwertigen Ernährung einschließen.

Weitere Informationen zu Ernährungsformen s. S. 473 f. sowie zur nachhaltigen und klimafreundlichen Ernährung s. S. 472 f.

AUFGABE

5. Wagen Sie einen Blick in die Zukunft: Wie sieht die Vollwerternährung für Ihre Altersstufe aus? Erstellen Sie ein Plakat dazu mit einem Wochenplan, der auch die DGE-Empfehlungen berücksichtigt.

2.5 Lebensmittel und Lebensmittelinhaltsstoffe

Lebensmittel beinhalten Nährstoffe, die der Körper braucht, um gesund und leistungsfähig zu sein. Die Nährstoffe liefern Energie für alle Körperfunktionen wie Verdauung und Atmung usw. Ebenso dienen sie als Baustoffe für Wachstum und um neue Zellen aufzubauen, s. S. 96.

Manche Nährstoffe sind lebensnotwendig und müssen mit der Nahrung aufgenommen werden. Es sind essenzielle Nährstoffe (z. B. einige Aminosäuren), die der Körper nicht selbst bilden kann.

Aus den Nährstoffen Kohlenhydrate einschließlich der Ballaststoffe, Eiweiß, Fett gewinnt der Körper diese Energie (1 kcal = 4,184 kJ):

- Pro 1 g Kohlenhydrate 17 kJ bzw. 4 kcal
- Pro 1 g Eiweiß 17 kJ bzw. 4 kcal
- Pro 1 g Fett 37 kJ bzw. 9 kcal
- Pro 1 g Alkohol 29 kJ bzw. 7 kcal

2.5.1 Wasser und Getränke

Wasser

Der menschliche Körper besteht zu mehr als der Hälfte aus Wasser. Dieses hat vielfältige und wichtige Aufgaben:

- Bestandteil aller Zellen und Körperflüssigkeiten
- Transport- und Lösungsmittel für Nährstoffe (z. B. im Blut zu den Organen) und Stoffwechselprodukte (z. B. Ausscheidungen über die Nieren)
- Aufrechterhaltung einer gleichbleibenden Körpertemperatur
- Quellung der Nahrungsbestandteile in unserem Darm

Wasser ist lebensnotwendig

Eine regelmäßige Flüssigkeitszufuhr ist unverzichtbar, da der Körper ständig Flüssigkeit ausscheidet. Dies geschieht zum einen über die Nieren und den Darm, aber auch über die Haut und beim Atmen über die Lunge.

Für Erwachsene und Jugendliche gilt ein Richtwert für die Zufuhr von 30 bis 40 ml Wasser pro kg Körpergewicht, das sind meistens 2 bis 3 Liter.

Unser Flüssigkeitsbedarf ist erhöht, wenn wir körperlich schwer arbeiten, Sport treiben, es sehr heiß ist oder bei Fieber, Durchfall sowie Erbrechen.

Etwa ⅓ der benötigten Wassermenge nehmen wir über die feste Nahrung auf, ⅔ über Getränke. Perfekte Durstlöscher sind Mineral- und Trinkwasser, ungesüßte Tees und Saftschorlen (3 Teile Wasser auf 1 Teil Saft). Der Wassergehalt der meisten Lebensmittel wird oft unterschätzt. Selbst Brot liefert dem Körper wertvolle Flüssigkeit.

BEISPIELE: *Ruccola 91 %, Brot 39 %*

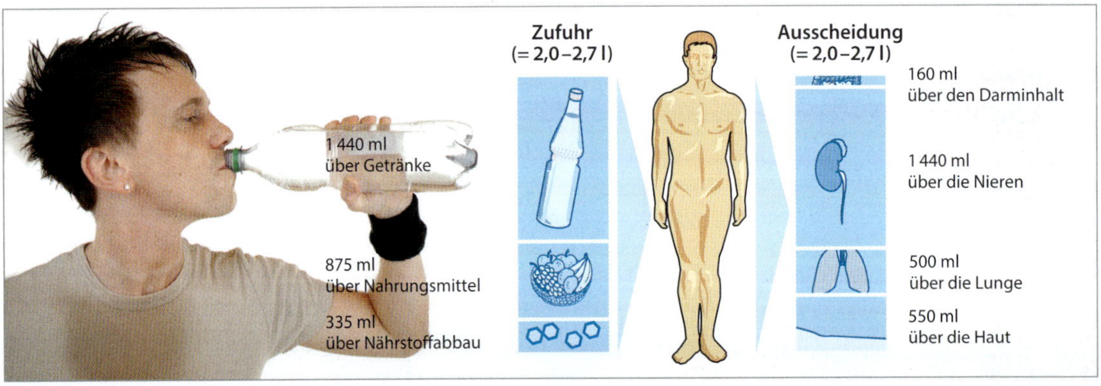

Wasserbilanz eines Menschen

Ohne Wasser kann der Mensch nur zwei bis vier Tage überleben, auf feste Nahrung kann er rund 30 Tage verzichten!

AUFGABE

1. Erstellen Sie eine Liste der zehn wasserhaltigsten Lebensmittel (ohne Getränke), die Sie pro Tag verzehren. Recherchieren Sie den jeweiligen Wassergehalt mithilfe einer Nährwerttabelle.

Ein Wassermangel kann bereits nach wenigen Tagen zu schweren gesundheitlichen Folgen in Form einer Dehydration führen. Vorzeichen eines Flüssigkeitsmangels machen sich bemerkbar durch Kopfschmerzen, Müdigkeit und Konzentrationsschwäche, Verstopfung und bei älteren Menschen Verwirrtheit.

Alkoholfreie Getränke

Getränke unterscheiden sich in ihrer Zusammensetzung und Wirkung, so ist Mineral- und Trinkwasser (s. S. 322) kalorienfrei und erfrischend. Pure Fruchtsäfte sind aufgrund ihres Zuckergehaltes nicht als Durstlöscher geeignet, außerdem fördern sie die Vorliebe für Süßes und können Karies verursachen. Kaffee und Tee besitzen eine anregende Wirkung. Früchte- und Kräutertees sowie mit Aromen versetzte Wasser können gut zur Flüssigkeitsaufnahme beitragen, ohne viel Energie zu liefern. Milch und Milchmischgetränke sind flüssige Lebensmittel und haben einen hohen Eiweiß- und Calciumgehalt.

Getränkeübersicht

Fruchtsaft	100 % Fruchtgehalt, reiner Saft oder Saftkonzentrat, ohne Farb- und Konservierungsstoffe, aufgrund des hohen Fruchtzuckeranteils sehr energiereich, daher am besten als Saftschorle (2 Teile Wasser, 1 Teil Saft) trinken.
Fruchtnektar	25 bis 50 % Fruchtgehalt, Mischung aus Fruchtsaft oder -mark mit Wasser und Zucker (max. 20 %).
Fruchtsaftgetränk	6 bis 30 % Fruchtgehalt, Mischung aus Fruchtsaft und Wasser mit Fruchtaromen, Zucker oder Süßstoffen.
Fruchtsaftschorle	Bis zu 50 % Fruchtgehalt, Fruchtsaftfertigmischungen mit Wasser und Zusätzen von natürlichen Aromen und Zucker. Aufgrund des Zuckerzusatzes mitunter höherer Energiegehalt als Säfte, daher lieber selbst mischen.
Gemüsesaft	100 % Fruchtgehalt aus Gemüse, manchmal mit Speisesalz, Essig, Kräutern, Zucker und Gewürzen abgerundet, sie können als Ergänzung in der Ernährung eingesetzt werden, sollten aber wie Smoothies besser selbst zubereitet werden.
Smoothies	Auch Ganzfruchtgetränke mit mind. 50 % Fruchtanteil, gemischt mit Fruchtsaft, manchmal gemischt mit Gemüse, Kräutern oder Milcherzeugnissen, können Farbstoffe enthalten. Sie sind eher eine Portion Obst als ein Getränk.
Limonade	3 bis 15 % Fruchtgehalt, werden aus Wasser, Zucker, Fruchtsäuren, Fruchtsaft oder -konzentrat hergestellt, können Farbstoffe enthalten.
Brause	Kein Fruchtanteil, kohlensäurehaltige Getränke mit Zucker und künstlich hergestellten Zusätzen wie Farb- und Aromastoffen, bei Lightprodukten ist der Zucker durch einen Zuckerersatzstoff ersetzt.
Cola-Getränke	Kein Fruchtanteil, kohlensäurehaltige Getränke mit Zucker und künstlich hergestellten Zusätzen wie Farb- und Aromastoffen, enthalten zwischen 65 bis 250 mg Koffein pro Liter, bei Lightprodukten ist der Zucker durch einen Zuckerersatzstoff ersetzt.
Isotonische Getränke	Kein Fruchtgehalt, aus Wasser, Zucker oder einem Zuckerersatzstoff, Geschmacksstoffen und Zusatz von Vitaminen und Mineralstoffen.

2
8
12

Tonic Water	Ist eine Limonade, welche zusätzlich Chinin (Zusatzstoff) enthält und dadurch bitter schmeckt.
Energydrinks	Vollständig künstlich hergestellte Getränke aus Wasser, Zucker oder Zuckerersatzstoffen, synthetischen Aroma- und Farbstoffen und reichlich Koffein.
Infused water	Auf Wasserbasis mit natürlichen Aromen aus Früchten oder Gemüse wie Zitrone oder Gurke angereichert

Getränkeauswahl

Aufgussgetränke

Als Aufgussgetränke werden alle Getränke bezeichnet, deren Bestandteile sich in heißer Flüssigkeit (Wasser, Milch) auflösen und mitgetrunken werden.

Aufgussgetränke

Tee und teeähnliche Erzeugnisse	Schwarzer, grüner Tee und weißer Tee • Blätter des Teestrauchs (echter Tee)	Bestandteile sind Tein (=Koffein) und Gerbstoffe, dabei wirkt kurz gebrühter Tee anregend und länger gezogener Tee beruhigend
	Kräuter- und Früchtetee • Teeähnlich aus getrockneten Pflanzen, Pflanzenteilen und Früchten	enthalten natürliche Aroma- und Duftstoffe sowie Vitamine und Mineralstoffe und können eine gesundheitsfördernde Wirkung haben
Kaffee	Röstkaffee • Vorbehandelte und pulverisierte Samenkapseln des Kaffeebaums	enthält 40 mg Koffein pro 100 g, es werden aber auch entkoffeinierter (unter 0,1 % Koffein) und reizstoffarmer Kaffee (Entfernung der Gerbstoffe) angeboten. Daraus hergestellte Getränke: • Café Crème • Mokka • Milchkaffee / Café au lait
	Espresso • Ebenfalls Samenkapseln des Kaffeebaums nur kräftiger geröstet, feiner gemahlen und unter Druck gebrüht	enthält 212 mg Koffein pro 100 g. Daraus hergestellte Getränke: • Lungo • Café Americano • Cappuccino • Flat White • Latte Macchiato • Espresso Macchiato
	Instantkaffee • Wird aus einem konzentrierten Kaffeeaufguss durch Hitze- oder Gefriertrocknung hergestellt	Löst sich in heißem Wasser ohne Rückstände sofort auf

Kaffee-ersatz-produkte	Kaffeemalz Wird durch Rösten aus stärke- und zuckerhaltigen Pflanzen gewonnen z. B. gekeimte Gerste	Enthält kein Koffein, ist milder und süßer als echter Kaffee
Kakao / Schokolade	Werden aus den Samenkernen der Kakaofrucht hergestellt Diese werden getrocknet, geröstet und zu Kakaomasse vermahlen, nach dem Pressen entsteht Kakaobutter (Fett) und Kakaopulver (entölter Kakao)	Trinkschokolade wird entweder mit Wasser oder Milch zubereitet, aus geriebener Blockschokolade / Kuvertüre, Schokoladenpulver oder Schokoladen-Instantpulver angeboten. Letzteres ist sehr zuckerhaltig.

AUFGABEN

2. Erarbeiten Sie einen Getränkeplan für Michael, welcher darstellt wie dieser seinen Tagesbedarf an Flüssigkeiten decken kann.

3. Zählen Sie fünf Informationen auf, welche Ihnen das Etikett einer Mineralwasserflasche liefert. Schauen Sie sich dazu ein Video auf Youtube an: *Wasserwissen: Das Mineralwasser Etikett.*

4. Familie Meyer trinkt gerne Mineralwasser. Worauf sollte die Familie beim Einkauf in Bezug auf die Nachhaltigkeit achten? Nennen Sie zwei Aspekte.

2.5.2 Kohlenhydrate

Kohlenhydrate sind mengenmäßig der wichtigste Energielieferant für den Körper. 55 % der Gesamtenergiezufuhr sollten laut DGE Kohlenhydrate sein. Sie bestehen aus Kohlenstoff, Wasserstoff sowie Sauerstoff und entstehen bei der Fotosynthese in Pflanzen. Aus dem aufgenommenen Kohlendioxid und Sonnenlicht werden mithilfe des Blattgrüns Chlorophyll Kohlenhydrate und Sauerstoff gebildet.

Kohlenhydrate sind wichtig:
- für Körperfunktionen wie Atmung, Herzschlag und Aufrechterhaltung einer konstanten Körpertemperatur
- für Stoffwechselvorgänge wie die Regulation von Proteinen und Fetten und des Blutzuckerspiegels
- als Treibstoff für Muskulatur, Nervenzellen und Gehirn
- als Energielieferant **(17 kJ bzw. 4 kcal pro 1 g Kohlenhydrate)**

Auch im menschlichen Körper können Kohlenhydrate in kleinen Mengen gebildet und in Form von Glykogen (Vielfachzucker, Speicherzucker) hauptsächlich in der Leber und der Muskulatur gespeichert werden.

Kohlenhydrate werden, je nach Anzahl der Zuckermoleküle in drei Hauptgruppen unterteilt. Es können ein, zwei oder mehrere Zuckermoleküle sein.

Glucose

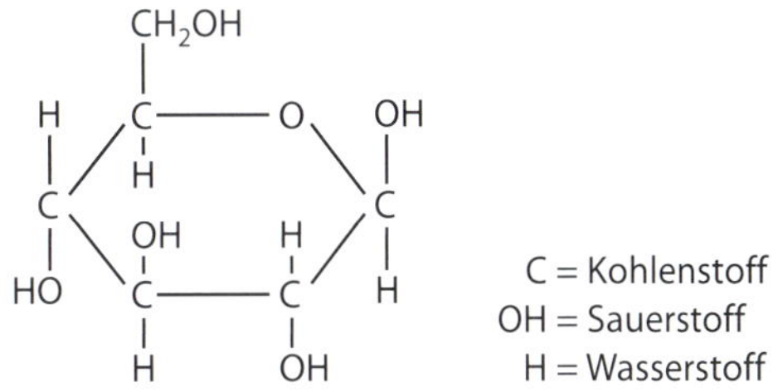

Einfachzucker Glucose

Bezeichnung und Vorkommen von Einfach-, Zweifach- und Vielfachzucker

Gruppe	Zuckermoleküle	Bezeichnung	Vorkommen
Einfachzucker		Traubenzucker (Glucose)	Haushalts- und Traubenzucker, Limonaden, Süßigkeiten, Honig, Obst und Obstsäfte
		Fruchtzucker (Fructose)	Obst, Honig
		Schleimzucker (Galactose)	Bestandteil des Milchzuckers
Doppel- oder Zweifachzucker		Rüben- oder Rohrzucker (Saccharose) = Traubenzucker + Fruchtzucker	Haushaltzucker aus Zuckerrübe oder Zuckerrohr, Süßigkeiten, Limonaden, Sirup
		Malzzucker (Maltose) = Traubenzucker + Traubenzucker	Bier, keimendes Getreide
		Milchzucker (Lactose) = Traubenzucker + Schleimzucker	Milch und Milcherzeugnisse
Vielfachzucker	 sind eine Verknüpfung von vielen Einfachzuckern	Stärke	Getreide, Hülsenfrüchte, Kartoffeln
		Tierische Stärke (Glykogen)	Leber, Muskeln
		Cellulose	Zellwände der Pflanzen, Pflanzenfasern wie Baumwolle und Flachs
		Pektin	Obst, besonders in der Schale und Kernen

Kohlenhydratreiche Lebensmittel, welche einen hohen Anteil an Mehrfachzuckern und Ballaststoffen besitzen, sind in der Ernährung zu bevorzugen. Dazu gehören hauptsächlich Vollkornprodukte (z. B. Vollkornbrot, Getreideflocken, Naturreis, Vollkornnudeln) sowie Gemüse, Obst, Hülsenfrüchte und Kartoffeln. Sie bilden die Grundlage für eine nachhaltige und vollwertige Ernährung, wirken sich positiv auf Verdauung und die Gesamtenergiebilanz aus und bieten viele weitere gesundheitliche Vorteile:

- hoher Gehalt an Vitaminen, Mineralstoffen und sekundären Pflanzenstoffen
- geringer Fettgehalt
- hoher Sättigungswert durch den hohen Ballaststoffgehalt
- Senkung des Risikos für ernährungsbedingte Erkrankungen (z. B. Adipositas, Diabetes mellitus Typ 2, Bluthochdruck, Darmkrebs)

Bei einer zu geringen Aufnahme an Kohlenhydraten fehlt dem Gehirn die Energie, um richtig zu denken und es kann zu Kopfschmerzen, Schwindel, Konzentrationsschwierigkeiten und Benommenheit kommen.

Zucker

Lebensmittel mit einem hohen Zuckergehalt

Ernährungsphysiologisch ist Zucker als schneller Energielieferant wichtig. Vor allem für unsere Muskeln und das Gehirn ist die Verwertung von Energie in Form von Glucose von großer Bedeutung. Allerdings sollten Süßwaren, Kuchen oder mit Zucker gesüßte Getränke bewusst und nur in Maßen verzehrt werden. Ein hoher Konsum von Einfach- oder Zweifachzuckern wirkt sich negativ auf unsere Gesundheit aus, wie z. B.

- Zucker liefert dem Körper weder Vitamine noch Mineralstoffe
- Blutzuckerspiegel steigt schnell an und ab, es kommt zu einem Leistungsabfall, welcher mit Müdigkeit und Konzentrationsproblemen einhergeht
- Anstieg des Körpergewichts bei langfristigem hohem Verzehr von Zucker
- höheres Kariesrisiko durch den hohen Zuckergehalt

Maximal 10 % der täglichen Energiezufuhr sollten aus Einfach- und Zweifachzucker bezogen werden. Durch den geringen Sättigungswert tritt schnell erneut ein Hungergefühl auf. Zucker ist in vielen Nahrungsmitteln als Geschmacksverstärker und Konservierungsmittel enthalten. Er befindet sich oft auch in Nahrungsmitteln, von denen man dies auf den ersten Blick kaum vermutet, wie beispielsweise in sauren Gurken, Saucen und Fertiggerichten.

***BEISPIELE** für Zucker auf der Zutatenliste: Agavendicksaft, Dextrose, Fructose, Glucose, Honig, Invertzuckersirup, Kokosblütenzucker, Maltose, Maltodextrin, Maissirup, Melasse, Raffinose, Süßmolkenpulver, Zuckerrübensirup*
Ebenso zuckerhaltig sind Zutaten wie Apfelmark und andere Obstkonzentrate

Ballaststoffe

> ***Ballaststoffe** sind besondere komplexe Kohlenhydrate. Es sind die unverdaulichen Bestandteile pflanzlicher Nahrungsmittel, die im Dickdarm nur teilweise verdaut werden können. Sie gehören zu den Vielfachzuckern.*

Einteilung der Ballaststoffe

- Wasserlöslich
  - → Pektin in Gemüse und Obstschalen
  - → Alginsäure in Algen
  - → Inulin in Salat, z. B. Chicoree
  - → Raffinose in Hülsenfrüchten
- wasserunlöslich
  - → Cellulose in Getreide, Obst, Gemüse
  - → Lignin in Obstkernen, Gemüse, Getreide
  - → Hemicellulose in Getreide, Hülsenfrüchte, Kleie
  - → Chitin in Krustentieren, Pilzen

Aufgaben und Vorzüge der Ballaststoffe im Köper:

- Bindung von Wasser
- aufquellen im Magen-Darm-Trakt, verzögerte Entleerung im Magen
- Verbesserung Aufrechterhaltung der Darmtätigkeit (Peristaltik)
- Verlängerung des Sättigungsgefühls
- verzögerter Abbau von Kohlenhydraten und dadurch ein langsamerer Anstieg des Blutzuckerspiegels
- positive Wirkung auf den Fettstoffwechsel
- Vorbeugung von Zivilisationskrankheiten wie Diabetes mellitus Typ 2, Gallensteine und Übergewicht
- Energielieferant (**8 kJ bzw. 2 kcal pro 1 g Ballaststoffe**)

FÜR DIE PRAXIS

Wird auf eine ballaststoffreiche Ernährung umgestellt, kann es zunächst zu einer vermehrten Bildung von Gasen im Magen-Darm-Trakt kommen, welche Blähungen und Darmwinde hervorrufen. Dies lässt mit der Gewöhnung an eine ballaststoffreiche Nahrung meist nach.

Ballaststoffgehalt in Portionsgrößen verschiedener Lebensmittel

Lebensmittel	Ballaststoffgehalt
Leinsamen (1 EL ca. 10 g)	3,9 g
Linsen als Beilage (50 bis 70 g)	8,5 g bis 11,9 g
Roggenvollkornbrot (1 Scheibe 55 g)	4,5 g
Apfel (1 Apfel ca. 150 g)	3,0 g
Banane (1 Banane ca. 150 g)	2,7 g
Vollkornnudeln (200 g)	10,2 g
½ Paprika (100 g)	3,6 g
Mandeln (40 g)	4,5 g

2

Tierische Lebensmittel wie Fleisch, Fisch, Wurst, Milchprodukte und Eier enthalten keine Ballaststoffe.
Pro Tag sollten mindestens 30 g Ballaststoffe aufgenommen werden.

FÜR DIE PRAXIS

So kann eine optimale ballaststoffreiche Ernährung gelingen:
- täglich Vollkornprodukte wie Vollkornbrot, Naturreis, Vollkornnudeln oder Getreideflocken einplanen
- täglich mindestens 5 Portionen Gemüse und Obst essen
- wöchentlich Kartoffeln und Hülsenfrüchte auf den Speiseplan setzen

Ein Ballaststoffmangel kann unterschiedliche Anzeichen hervorrufen:
- unregelmäßige Verdauung
- Magen-Darm-Probleme
- häufiger Heißhunger
- erhöhte Cholesterinwerte

Küchentechnische Eigenschaften der Kohlenhydrate:
- Die verschiedenen Zucker können süßen, unterscheiden sich jedoch in ihrer Süßkraft. So hat Fruchtzucker eine höhere Süßkraft als Rohr- oder Rübenzucker.
- Haushaltszucker schmilzt und bräunt. Beim trockenen Erhitzen karamellisiert er unter Braunfärbung, die Süßkraft nimmt ab. Wird Karamell weiter erhitzt, bildet sich bitterschmeckendes Zuckercouleur. Dieses kann zum Färben von Backwaren und zur Herstellung von Soßen verwendet werden.
- Einfach- und Doppelzucker sind wasserlöslich. Die Löslichkeit von Zucker wird bei der Herstellung von Glasuren für Gebäcke und Desserts genutzt. Stärke löst sich nicht in Wasser.
- Zucker wirkt Wasser anziehend. Größere Zuckermengen entziehen den Bakterien auf den Lebensmitteln das zum Leben erforderliche Wasser und wirken dadurch bei der Herstellung von Marmeladen, Gelees und Obstsäften konservierend.
- Zucker wird durch Hefepilze vergoren, kann also im Hefeteig zu Ethylalkohol und Kohlenstoffdioxid (Teiglockerung) vergären. Bei der alkoholischen Gärung in Wein und Bier wird Zucker durch Hefen zu Ethylalkohol abgebaut. In Sauermilcherzeugnissen und Sauerkraut wird aus Zucker durch Milchsäurebakterien Milchsäure gebildet.
- Stärke ist ein wichtiges Bindemittel. In kaltem Wasser angerührt und anschließend erhitzt oder in die kochende Flüssigkeit gegeben, quillt die Stärke zunächst unter Wasseraufnahme, durch die Erwärmung verkleistert sie schließlich. Diese Eigenschaft wird für die Herstellung von Soßen, Suppen und Cremes genutzt.
- Pektine binden Wasser und gelieren. Die Gelbildung wird bei der Herstellung von Gelees, Konfitüren, Cremes und Süßspeisen genutzt.

Kohlenhydratreiche Lebensmittel

Getreide und Getreideprodukte

Getreide und Getreideprodukte sind weltweit die wichtigste Nahrungsquelle. Sie decken die Hälfte des Energie- und Eiweißbedarfs der gesamten Weltbevölkerung und enthalten fast alle wichtigen Nährstoffe, die der Mensch zum Leben braucht. Die Getreidekörner werden als ganze Körner oder zu Mehl, Schrot oder Grieß vermahlen verwendet. Aus dem Korn lassen sich Getreideflocken, Graupen oder Grützen herstellen. Das Mehl wird zu Brot, Kuchen oder Nudeln weiterverarbeitet.

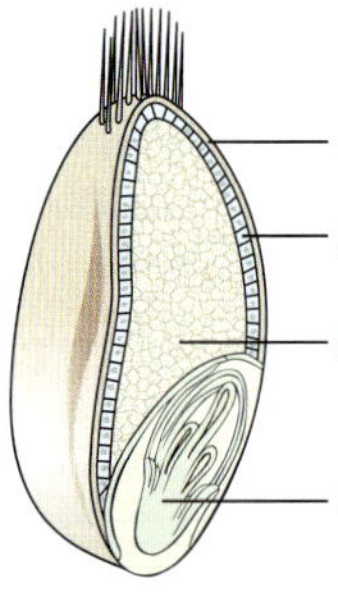

Wichtige Inhaltsstoffe des Getreidekorns

Alle Getreidekörner sind ähnlich aufgebaut. Sie bestehen aus einem stärkereichen Mehlkörper, der umgeben ist von vitamin-, mineral- und ballaststoffreichen Randschichten sowie dem innenliegenden Keimling. Je dunkler das Mehl ist, desto mehr Randschichtenanteile enthält es und umso mehr Ballaststoffe, Mineralien und Vitamine. Ein helles Mehl enthält hauptsächlich Bestandteile des kohlenhydrat- und eiweißreichen Mehlkörpers.

Getreideprodukte und deren Verwendung		
Getreideprodukt	**Verarbeitung**	**Herkunft und Verwendung**
Ganzes Korn	Ohne Spelzen und gereinigt	Hafer, Hirse, Gerste, Reis, Roggen, Weizen, Dinkel (Grünkern) • Getreide- und Reisgerichte
Graupen	Korn rund geschliffen, Frucht- und Samenschale sowie Keimling entfernt	Gerste und Weizen • Einlage für Suppen und Eintöpfe
Flocken	Gewalzte Getreidekörner, Frucht- und Samenschalte wurde entfernt	Hafer, Mais, Gerste, Reis, Roggen, Weizen, Buchweizen • Säuglingsernährung, • Müslis und Getreidebreie
Grütze	Fein zerhackte Getreidekörner, Frucht- und Samenschale sowie Keimling wurden entfernt	Gerste, Hafer, Roggen, Weizen, Buchweizen • Suppen, • Breie und • Bratlinge
Grieß	Körnig gemahlene Getreidekörner, bei Vollkorngrieß das ganze Korn bei allen anderen nur der Mehlkörper	Hauptsächlich aus Weizen, Dinkel, Gerste und Mais • Weichweizengrieß – für Breie, – Pudding und – Suppen • Hartweizengrieß – für Beilagen, eine Besonderheit daraus ist Couscous
Stärke	Wird aus Getreide und Pflanzenknollen gewonnen, dazu wird es vermahlen und die Stärke ausgewaschen, gereinigt und getrocknet	Weizen, Mais, Reis, Kartoffeln • Binden von Suppen und Soßen
Getreide-/ Pflanzendrink	Schrot oder Mehl mit Wasser versetzt, evtl. aufgekocht und fermentiert	Hafer, Reis, Soja, Mandeln, Kokos • Milchersatzprodukte
Brot und Backwaren	Weizen-, Dinkel- und / oder Roggenmehl oder -schrot, Wasser, Teiglockerungsmittel (Hefe, Sauerteig), Salz	• Frühstück und Abendessen, • Beilagen zu Suppen und Salate
Teigwaren / Nudeln / Spätzle	Weizenmehl, -grieß oder Dinkelmehl, Wasser und ggf. Eier	• Als Hauptgericht mit Soßen, • Aufläufe, • Beilagen oder Einlage für Suppen und Eintöpfe

2

Reis

Küchentechnische Eigenschaften von Reis:

- Langkornreis kocht körnig, Rundkornreis dagegen breiiger und weicher.
- Auf einen Teil Reis werden für Langkornreis zwei Teile Flüssigkeit und für Rundkornreis 4 Teile Flüssigkeit benötigt.
- Rundkornreis benötigt eine längere Kochzeit. Auch Naturreis muss länger kochen als geschälter weißer Reis.

BEISPIELE:

- ***Milchreis*** *wird aus stärkehaltigem Rundkornreis (auch Vollkorn möglich) hergestellt.*
- ***Risottoreis*** *kann viel Flüssigkeit binden. Er ist oft innen noch bissfest, während er außen schon verklebt.*
- ***Sushireis*** *besteht aus stärkereichen Lang- und Mittelkornsorten für asiatische Köstlichkeiten.*

Kartoffeln und Kartoffelerzeugnisse

Auf der ganzen Welt gibt es über 5000 Kartoffelsorten. Als Nahrungsmittel ist die Kartoffel seit dem 18. Jahrhundert bekannt und weltweit ein wichtiges Grundnahrungsmittel. Die Kartoffel ist preiswert, besteht zu knapp 80 % aus Wasser und enthält wertvolle Inhaltsstoffe wie Stärke, hochwertige Proteine, Vitamine und Mineralstoffe. Grundsätzlich ist die Kartoffel fettarm, leicht verdaulich und sättigend.

Kartoffelvielfalt

Es gibt frühe und späte Kartoffelsorten, diese werden nach der Kocheigenschaft und dem Kochtyp unterschieden. Verantwortlich für die Kocheigenschaften sind der Feuchtigkeits- und Stärkegehalt der Kartoffeln. Dieser gibt an, welche Gerichte sich aus den Kartoffeln herstellen lassen.

FÜR DIE PRAXIS

Regeln für die Zubereitung und Lagerung von Kartoffeln:

- Mit Schale gekochte Kartoffeln enthalten mehr Vitamine und Mineralstoffe
- Kartoffeln, wenn nötig, erst kurz vor dem Garen schälen, um Vitamin- und Mineralstoffverluste möglichst gering zu halten
- grüne Stellen oder Keime großzügig ausschneiden, sie enthalten gesundheitsschädigendes Solanin
- nährstoffschonende Garmethode wählen, z.B. Dämpfen, und anschließend nicht lange warmhalten
- Kartoffeln kühl lagern, jedoch nicht unter 4 °C, dann werden sie süß
- Luftig, trocken und lichtgeschützt lagern, um Fäulnis, Keimung und Solaninbildung zu vermeiden

Süßkartoffeln sind sehr beliebt, sie stammen ursprünglich aus den tropischen Gebieten Südamerikas, werden umfangreich in China angebaut. Inzwischen erfolgt der etwas aufwendigere Anbau auch in Deutschland, womit lange Transportwege vermieden werden können. Süßkartoffeln enthalten im Vergleich zur herkömmlichen Kartoffel mehr Zucker, Calcium, Vitamin A, B2 und E sowie Beta-Carotin.

Die aus Kartoffeln industriell hergestellten Produkte sind durch die Verarbeitung oft energie-, fett- und salzreich z.B. Pommes frites, Chips, Sticks und geformte Snacks.

8

12

Einteilung der Kartoffeln

Kocheigenschaft	Küchentechnische Eigenschaften (gegart)	Beispielgerichte
Festkochend	fest, feinkörnig feucht, gut zu schneiden, geringer Stärkegehalt	Kartoffelsalat, Bratkartoffeln, Pellkartoffeln
Vorwiegend festkochend	außen fest und innen feinkörig und feucht	Salz- und Pellkartoffeln, Reibekuchen, Pommes
Mehlig kochend	locker zerfallend, grobkörnig, trocken, höchster Stärkegehalt	Püree, Klöße, Kroketten, Eintöpfe und Suppen

Kartoffelerzeugnisse aus dem Supermarkt

	Verarbeitungsgrad		
	Küchenfertig	**Garfertig**	**Verzehrfertig**
Trockenprodukte	Kartoffelflocken für Püree, Kartoffelbratlinge	Kartoffelklöße im Kochbeutel	Knabbererzeugnisse wie Chips und Sticks
Kühlprodukte	Salz- und Bratkartoffeln	Pell- und Salzkartoffeln, Kartoffelteig, Schupfnudeln, Gnocchi	Kartoffelsalate, Kartoffelbratlinge, Kartoffelpuffer
Tiefgekühlte Produkte	Würfelkartoffeln	Vorfrittierte Pommes, Kroketten, Kartoffelpuffer	Kartoffelgratin oder -auflauf

FÜR DIE PRAXIS

Auch aus Süßkartoffeln hält der Markt Produkte wie Tiefkühlpommes oder Reibekuchen als Fertigerzeugnisse bereit.

AUFGABEN

5. Als Alternative zu Zucker wird Ihnen Kokosblütenzucker empfohlen. Recherchieren Sie die Vor- und Nachteile.

6. Nennen Sie sechs kohlenhydratreiche Lebensmittel, welche wöchentlich auf dem Speiseplan stehen sollten. Markieren Sie davon vier Lebensmittel farblich, welche über 5 g Ballaststoffgehalt pro 100 g Lebensmittel aufweisen.

7. Fassen Sie die Aufgaben der Ballaststoffe zusammen. Beurteilen Sie dabei den gesundheitlichen Nutzen für unseren Körper.

8. Recherchieren Sie zu versteckten Zuckern in Lebensmitteln und entwerfen Sie eine Mind-Map dazu.

9. Supermarkt Rally: Erkunden Sie in einer kleinen Gruppe einen Supermarkt. Dokumentieren Sie alle gefundenen Kartoffelerzeugnisse und ordnen Sie diese dem jeweiligen Verarbeitungsgrad zu. (siehe Tabelle bei den Kartoffelerzeugnissen) Präsentieren Sie Ihr Ergebnis in der Klasse.

2.5.3 Eiweiße (Protein)

Eiweiße – auch Proteine genannt – bestehen aus Aminosäuren, die durch chemische Bindungen Ketten bilden. Sie sind lebenswichtig für den Aufbau und die Funktion des menschlichen Organismus. Eiweiße werden zum Aufbau von Körperzellen (z.B. in Muskeln, Haut, Nerven) und körpereigenen Eiweißstoffen (z.B. Blut, Enzyme, Immunproteine) benötigt. 15 bis 20 % des menschlichen Körpers bestehen aus Eiweiß.

Als Bausteine der Eiweiße dienen 20 verschiedene Aminosäuren. Aminosäuren bestehen wie die Kohlenhydrate und Fette aus Kohlenstoff, Wasserstoff und Sauerstoff. Zusätzlich enthalten sie noch Stickstoff, einige Schwefel und Phosphor.

Die meisten Aminosäuren kann der menschliche Organismus selbst bilden, bei acht Aminosäuren ist er dazu nicht in der Lage. Sie werden unentbehrliche Aminosäuren genannt und müssen ausreichend mit der Nahrung zugeführt werden. Fehlen diese acht Aminosäuren in der Nahrung, kann nicht ausreichend körpereigenes Eiweiß aufgebaut werden. Zu unterscheiden sind pflanzliche und tierische Eiweiße- je nachdem, ob sie in tierischen oder pflanzlichen Zellen vorkommen.

Enzyme *sind besondere Eiweiße, die vom Körper selbst hergestellt werden können. Bestimmte Reaktionen werden durch Enzyme ermöglicht und beschleunigt. Dabei bewirkt jedes einzelne Enzym nur eine einzelne bestimmte Reaktion. Deshalb werden Enzyme auch Biokatalysatoren genannt.*

Nach ihrem Aufbau unterscheidet man einfache und zusammengesetzte Eiweiße.

- Einfache Eiweiße bestehen aus verknüpften Aminosäureketten. Sind die Aminosäureketten knäuelartig verschlungen, bilden sie kugelförmige (globuläre) Eiweiße (z. B. Blut, Milch, Ei). Werden mehrere Spiralen zu faserartigen Strängen verbunden, entstehen faserförmige Eiweiße, sog. Gerüsteiweiße (z. B. Knorpel, Sehnen, Kleber, Gelatine), vgl. Abb.
- Zusammengesetzte Eiweiße enthalten neben den Aminosäuren noch andere Bestandteile«, z. B. das Hämoglobin, einen Eisenanteil.

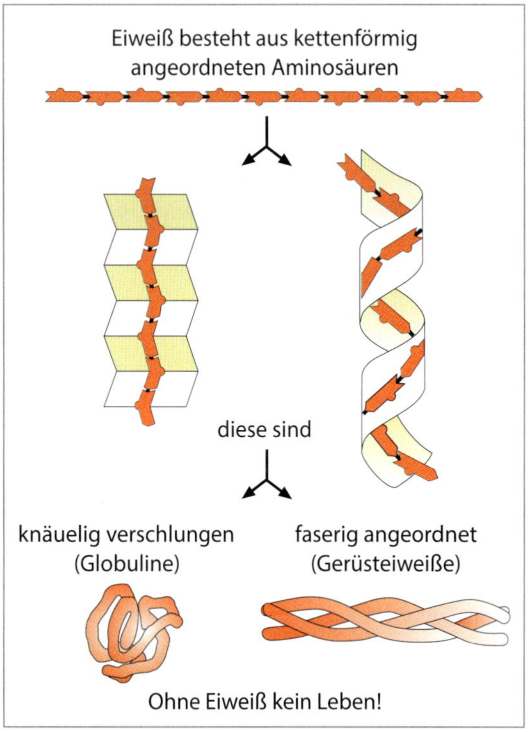

Aufbau und Struktur von Aminosäuren

Die empfohlene Eiweißmenge richtet sich nach dem Lebensalter und liegt zwischen 0,8 und 1,0 g pro kg Körpergewicht am Tag (s. S. 329).

Folgende Funktionen haben Eiweiße für den Körper:

- Baustoff für Zellen und Gewebe (z. B. Muskeln, Organe und Blut)
- Aufbau von Haut, Haaren, Nägeln und Nerven
- Baustoff für Enzyme für Verdauung und Stoffwechsel
- Baustoff für Hormone für Wachstum und Entwicklung
- Baustoff für Antikörper des körpereigenen Immunsystems
- Transportsubstanz im Blut und für Nährstoffe (z. B. fettlösliche Vitamine, Eisen)
- Blutgerinnung/ Wundheilung
- Energielieferant (**17 kJ bzw. 4 kcal pro 1 g Eiweiß**)

Der Körper ist auf eine regelmäßige und ausreichende Zufuhr von Eiweiß durch die Nahrung angewiesen, um selbst körpereigenes Eiweiß zu bilden. Dabei ist nicht nur die Menge entscheidend, sondern auch die Qualität und damit die Verwertbarkeit des Proteins im Körper. Die Qualität ist abhängig davon, wie hoch der Anteil lebensnotwendiger (essenzieller) Aminosäuren in einem Lebensmittel ist. Von den 20 verschiedenen Aminosäuren sind neun essenziell und müssen mit der Nahrung aufgenommen werden.

> *Die biologische Wertigkeit gibt an, wie viel Gramm Körpereiweiß aus 100 g Nahrungsmitteleiweiß im Körper aufgebaut werden kann.*

***BEISPIELE** für die biologische Wertigkeit einzelner Nahrungsmittel:*
Vollei 100, Soja 84, Kartoffel 76, Rindfleisch 84, Vollmilch 82, Mais, 74, Linsen 60

Durch die Kombination verschiedener Aminosäuren in den Nahrungsmitteln einer Mahlzeit lässt sich die biologische Wertigkeit erhöhen. Dies wird **Ergänzungswert von Eiweiß** genannt.

***BEISPIEL:** Günstige Kombinationen sind z. B.*
Getreide und Milchprodukte = Müsli;
Kartoffeln und Eier = Bauernfrühstück;
Hülsenfrüchte und Getreide = Linsensuppe mit Brot;
Vollkornbrot mit pflanzlichem Aufstrich aus Hülsenfrüchten

Besonders vegan lebende Menschen sollten über Kenntnisse zu Eiweißkombinationen verfügen, um eine ausreichende Eiweißversorgung zu erreichen.

Küchentechnische Eigenschaften von Eiweiß:

- Eiweiß dient zur Lockerung, z. B. Eischnee in Biskuitmasse
- Klebereiweiß im Weizen führt zum Quellen, Wasser kann aufgenommen werden. Dies ist z. B. wichtig für die Teigstruktur.
- Eiweiß kann binden und beim Erwärmen andicken.

- Eiweiße können durch das enthaltene Kollagen gelieren.

Eiweißreiche Lebensmittel

Eiweißreiche Lebensmittel

Lebensmittel mit einem hohen Gehalt an pflanzlichen Eiweißen enthalten zusätzlich viele Mikronährstoffe wie Vitamine, Mineralien, Ballaststoffe und Spurenelemente. Gegenüber tierischen Eiweißen weisen sie einen deutlich geringeren Fett- und Kalorienanteil auf und sind zudem cholesterinfrei.

Tierische Lebensmittel wie Milch und Milchprodukte, Fleisch, Wurst, Fisch und Eier enthalten ebenso viele Proteine. Sie besitzen eine hohe Proteinqualität, da sie dem körpereigenen Eiweiß am ähnlichsten sind. Jedoch kann ein hoher Konsum von tierischem Eiweiß aus Fleisch-, Wurst oder Käsesorten und Eigelb, bei entsprechender Veranlagung, zu ernährungsbedingten Krankheiten wie Fettstoffwechselstörungen oder Gicht führen.

Eiweißgehalt von pflanzlichen und tierischen Lebensmitteln

Pflanzliche Lebensmittel	Eiweißgehalt in g pro 100 g
Sojabohnen	36 g
Linsen, rot	27 g
Kichererbsen	20 g
Haferflocken	13 g

Tierische Lebensmittel	Eiweißgehalt in g pro 100 g
Vollmilch	3,4 g
Lachs	20 g
Mageres Rindfleisch	25 g
Quark	13 g

Hülsenfrüchte

Bohnen, Erbsen, Linsen und Erdnüsse zählen zu den Hülsenfrüchten. Es sind die reifen, getrockneten Samen von Fruchtgemüsen. Sie sind die eiweißreichsten pflanzlichen Lebensmittel. Bei der Sojabohne liegt der Eiweißgehalt bei 35 % (grüne Sojabohnen, die sogenannte Edamame). Hülsenfrüchte liefern sehr viele unverdauliche Ballaststoffe, verschiedene Mineralstoffe und Vitamine. Ihr Kohlenhydratanteil liegt etwa bei 10 %. Im Gegensatz zu Gemüse haben sie auch einen gewissen Fettanteil.

Vielfalt der Hülsenfrüchte

Ergänzungswert von Eiweiß

	Milchprodukte	Eier	Brot, Getreide	Mais	Kartoffeln	Hülsenfrüchte
Milchprodukte						
Eier	x					
Brot, Getreide	xx	x				
Mais	xx	x	x			
Kartoffeln	xx	xx	x	x		
Hülsenfrüchte	xxx	xx	xx	xx	x	
Nüsse, Samen	xx	x	xx	x	x	xx

2
8
12

Die Menge des Sojaanbaus hat sich seit 1960 verzehnfacht und ist einer der Hauptgründe für die Abholzung des Regenwaldes. Die EU importiert jährlich mehr als 30 Millionen Tonnen an Soja. Die Hülsenfrucht wird auch „Fleisch des Feldes" genannt. Nur 2,1 % des globalen Sojas werden zu Tofu und 2,1 % zu Sojamilch verarbeitet. Ganze 77 % des weltweiten Sojas verfüttern wir an Tiere. Im Vergleich zur Sojaanbaufläche wird achtmal mehr Regenwald vernichtet, um Weideland für Rinder zu erhalten.

Küchentechnische Eigenschaften von Hülsenfrüchten:

- Getrocknete und ungeschälte Hülsenfrüchte verlesen, waschen und in stehendem Wasser ca. 12 Stunden einweichen (1 Teil Hülsenfrüchte mit 3 Teilen Wasser). Samen, welche an der Oberfläche schwimmen, aussortieren
- Das vitamin- und nährstoffreiche Einweichwasser später beim Kochen mitverwenden
- Geschälte Hülsenfrüchte und Linsen müssen nicht eingeweicht werden, die Garzeit ist im Vergleich kürzer als bei ungeschälten
- Säurehaltige Zutaten sowie Salz erschweren das Weichwerden von Hülsenfrüchten, tragen aber zur besseren Verdaulichkeit bei, daher erst nach der Garzeit zugeben

Milch und Milchprodukte

Milch ist ein flüssiges Nahrungsmittel und zählt nicht zu den Getränken. Sie enthält trotz des hohen Wasseranteils viele Nährstoffe.

Bearbeitung von Milch: Frische Milch wird zunächst gereinigt, in Magermilch und Rahm (der fette Sahneanteil in Milch) getrennt und anschließend wieder in unterschiedlichen Fettmengenanteilen zusammengeführt:

- Vollmilch (zwischen 3,5 bis 4,2 % Fettgehalt)
- Fettarme Milch (1,5 bis 1,8 % Fettgehalt)
- Magermilch (max. 0,5 % Fettgehalt)

Die Milch mit den unterschiedlichen Fettmengenanteilen wird erhitzt, um krankheiterregende Keime abzutöten, dies wirkt sich auf die Lagerbedingungen und -dauer aus. Jede dieser Milchsorten wird homogenisiert, dadurch verteilt sich der Rahm gleichmäßig in der Milch und schwimmt nicht als dicke Schicht oben auf.

Rahm und Magermilch, welche nicht als Konsummilch verwendet werden, dienen der Herstellung verschiedener Milchprodukte wie Butter, Sahne und Joghurt. Ausgangsprodukt ist Kuhmilch. Unterschieden werden die erzeugten Milchprodukte aufgrund ihrer Inhaltsstoffe oder dem Herstellungsverfahren.

Milch und Milchprodukte

BEISPIELE:

- *Milchprodukte zum Löffeln sind Joghurt, Dickmilch, Quark, Skyr.*
- *Milchprodukte zum Trinken sind Buttermilch, Kefir, Lassi, Ayran, Skyrdrink, Molke.*

Milchersatzprodukte s. S. 98

Milchsorten	Wärmebehandlung	Lagerdauer
Frischmilch	Gereinigt und sehr kurz auf 75 °C erwärmt (Pasteurisiert).	Bei 8 °C nur wenige Tage
ESL-Milch Gekennzeichnet mit den Worten „länger haltbar" oder „länger frisch"	Kurze Zeit auf 85 °C bis 125 °C erhitzt oder durch Mikrofilter entkeimt und anschließend pasteurisiert.	Bei 8 °C, ungeöffnet ca. 20 Tage
H-Milch	Wenige Sekunden auf bis zu 150 °C erhitzt, Produkt ist keimfrei.	Ungekühlt und ungeöffnet zwischen drei und sechs Monate

Fleisch, Wurst und Fisch

Fleisch enthält Eisen und Thiamin sowie Eiweiß, welches weniger hochwertig das Eiweiß von Milch und Eiern ist. Aufgrund des Bindegewebes und des Eiweiß- und Fettgehaltes ist der Sättigungswert hoch. Fleisch kann in geringen Mengen wertvoller Nährstofflieferant sein, ein hoher Konsum trägt bei entsprechender Veranlagung zu ernährungsbedingten Krankheiten bei.

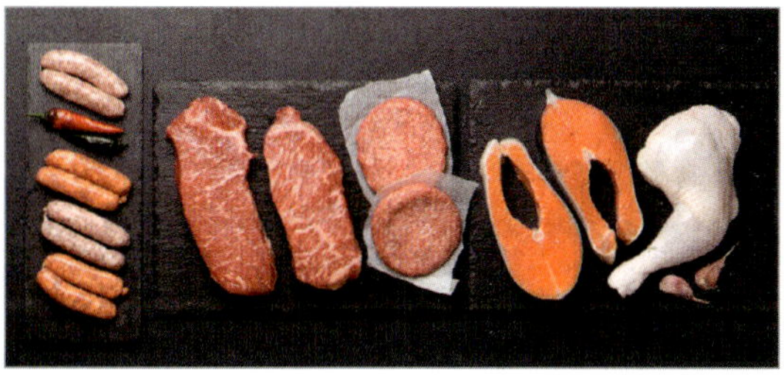

Fleisch, Wurst und Fisch

Für die Fleischerzeugung wird im Durchschnitt siebenmal so viel Energie benötigt wie für die Erzeugung pflanzlicher Lebensmittel. Das bedeutet, dass nur ein Siebtel der aufgenommenen Energie durch Nahrung vom Tier in von Menschen essbares Fleisch umgewandelt wird.

Küchentechnische Eigenschaften von Fleisch:

- bei Bedarf trocken tupfen
- Fleisch immer quer zur Faser schneiden, das Fleisch wird beim Garen zarter
- Kurzbratstücke vor dem Braten etwas klopfen, dass macht das Fleisch zarter
- Bratstücke sehr heiß von allen Seiten anbraten, dadurch bleibt das Fleisch saftiger
- Panierte Fleischstücke sofort braten, sonst weicht die Panade durch und fällt beim Braten wieder ab

Zu den Fleischerzeugnissen gehören:

- Schinken: Schwarzwälder Schinken, Lachsschinken, Kochschinken
- Kochwürste: Leberwurst 25 bis 45 % Fett, Rotwurst 40 bis 45 % Fett, Sülzwurst 5 bis 20 % Fett
- Dauerwürste / Rohwürste: Schnittfest (Cervelatwurst, Plockwurst, Salami), Streichfähig (Teewurst, Mettwurst) 35 bis 45 % Fettgehalt, bei der Mettwurst 70 % Fett!
- Brühwürste: Jagdwurst, Mortadella 20 bis 35 % Fett, Bierschinken 15 bis 35 % Fett, Bockwurst, Wiener Würstchen 20 bis 35 % Fett, Bratwurst 20 bis 40 % Fett

Fisch ist ein wertvolles Lebensmittel. Beim Einkauf sollte auf Siegel wie „aus nachhaltiger Fischerei" geachtet werden, um Überfischung zu minimieren oder kritische Aquakulturen zu meiden. Doch trotz nachhaltigem Einkauf lautet die Devise: „Weniger Fisch ist mehr". Die DGE empfiehlt ein bis zwei Portionen Fisch pro Woche, davon 70 g fettreichen Seefisch wie Lachs, Makrele oder Hering.

Fisch wird nach seiner Herkunft in Salz- und Süßwasserfische sowie nach seinem Fettgehalt in Mager- und Fettfische unterschieden.

Fisch ist leicht verdaulich, liefert hochwertige Proteine, ist reich an mehrfach ungesättigten Fettsäuren (Omega-3-Fettsäuren) und enthält kaum Kohlenhydrate. Vor allem Seefisch liefert wertvolle Mengen an Jod und Selen für den menschlichen Körper. Fischerzeugnisse hingegen enthalten reichlich Kohlenhydrate, Fett und Salz. Zudem ist hier der Vitamin- und Mineralstoffgehalt gemindert.

Küchentechnische Eigenschaften von Fisch:

- Fisch nach der „Drei-S-Regel" vorbereiten, sprich Säubern, Säuern und Salzen
- Geeignete Garmethoden sind Dünsten, Braten und Grillen. Garziehen in heißer Flüssigkeit ist möglich, hier allerdings die mit Nährstoffen angereicherte Garflüssigkeit weiterverwenden
- Lässt sich die Rückenflosse herauslösen, ist der Fisch (im Ganzen zubereitet) gar
- Tiefgekühlte Fischstücke wie Fischstäbchen unaufgetaut braten, so behalten sie ihre Form
- Fisch vor dem Panieren gut trocknen, panierte Fischstücke sofort braten, sonst weicht die Panade durch und fällt beim Braten wieder ab

Zu den Fischerzeugnissen gehören:

- Frischfisch im Ganzen oder Teile wie Filets
- Tiefgefrorener Fisch und Fischprodukte (Fischstäbchen)
- Räucherfisch (Salz- und Fettgehalt können sehr hoch sein)
- Salzfisch z. B. Salzhering (sehr salzhaltig und nicht für Kinderernährung geeignet)
- Sauerkonserven z. B. Rollmops (mit Säuren, Salz und Gewürzen gegart und haltbargemacht, teilw. sind Konservierungsstoffe zugesetzt)
- Fischdauerkonserven z. B. Ölsardinen, Hering in Tomatensoße (sind ungekühlt über Jahre haltbar)

2

Eier

Das Eigelb von Hühnereiern enthält hochwertiges Eiweiß, Mineralstoffe wie Eisen und Kalzium sowie Vitamine. Ebenfalls reichlich enthalten sind Fett und Cholesterin, welche sich negativ auf unseren Körper (Arterienverkalkungen und Folgeerkrankungen) auswirken könnten.

FÜR DIE PRAXIS

Verarbeitung von Eiern in der Küche:

- Eier niemals waschen, das zerstört ihren Selbstschutz und kann zu Kreuzkontaminationen führen.
- Lagerung im Kühlschrank empfohlen.
- Eier einzeln in einem separaten Gefäß aufschlagen, das Ei könnte schlecht sein.
- Rohe Eier können krankmachende Erreger in sich tragen, daher Eierspeisen immer durcherhitzen.
- Eigelb und Eiklar trennen, das Eiklar in einem fettfreien Gefäß zu Eischnee schlagen. Wurde nicht sauber getrennt, lässt es sich nicht steif schlagen. Eischnee sofort verwenden, er wird sonst wieder flüssig.
- Eier machen Teige locker und leicht, sie helfen bei der Bindung und geben dem Gebäck Stabilität.
- Eigelb verleiht Backwerk eine goldgelbe Farbe, Backwaren vor dem Backen damit bestreichen.
- Eiweiß klärt trübe Brühen, es bindet schwebende Teilchen und setzt sich als Schaum an der Oberfläche ab.
- Eier können Fette emulgieren (s. S. 49), das Verbinden von Flüssigkeit und Fett. Diese Eigenschaft wird bei der Herstellung von Mayonnaise, Sahnecreme und Buttercreme genutzt.

2.5.4 Fette und Öle

Fette und Öle können verschieden eingeteilt werden. Nach der Form unterscheiden sich flüssige und feste Fette. Flüssige Fette werden Öle genannt. Weiterhin gibt es feste und streichfähige Fette. Sie sind entweder pflanzlich oder tierischen Ursprungs.

Aufgaben im Körper:

- Geschmacks- und Aromaträger
- Energiespeicher in Leber, Muskeln und Haut
- Baustoff für Zellen und zur Bildung von Hormonen
- Polster und Stütze z. B. an den Nieren, den Augäpfeln und an den Fußsohlen
- Stoffwechselsteuerung zur Regulierung von Blutdruck und Herzrhythmus
- Kälteisolation, der Verlust von Körperwärme wird durch eine Isolierschicht unter der Haut verringert
- Sättigung
- Schutz der Zellen
- Löslichkeit bestimmter Vitamine, die Vitamine A, D, E und K kann der Körper nur mithilfe von Fett verwerten
- Energielieferant (**37 kJ bzw. 9 kcal pro 1 g Fett**)

Die DGE empfiehlt eine **Fettzufuhr von 30 % der Gesamtenergie pro Tag.**

Einfache Fette (Lipide) kommen sowohl in pflanzlichen als auch in tierischen Lebensmitteln vor. Sie bestehen aus Glycerin und verschiedenen Fettsäuren.

Verbindet sich ein Molekül Glycerin mit drei Molekülen Fettsäure, so entsteht unter Abspaltung von Wasser ein Molekül Fett.

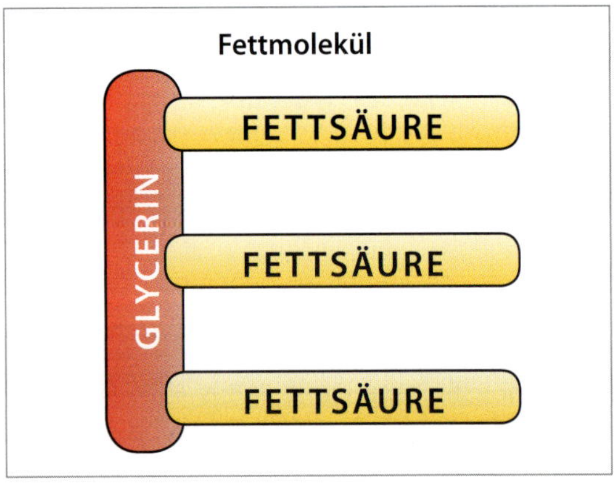

Fettmolekül

Die verschiedenen Speisefette unterscheiden sich nach der Art der enthaltenen Fettsäuren in ihrer Beschaffenheit und ernährungsphysiologischen Bedeutung.

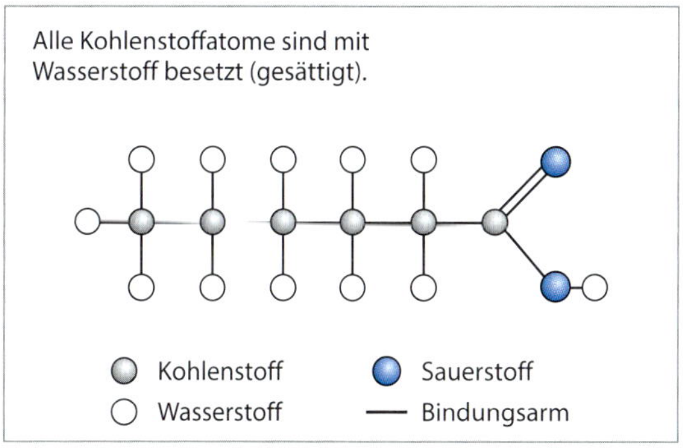

Schema einer gesättigten Fettsäure

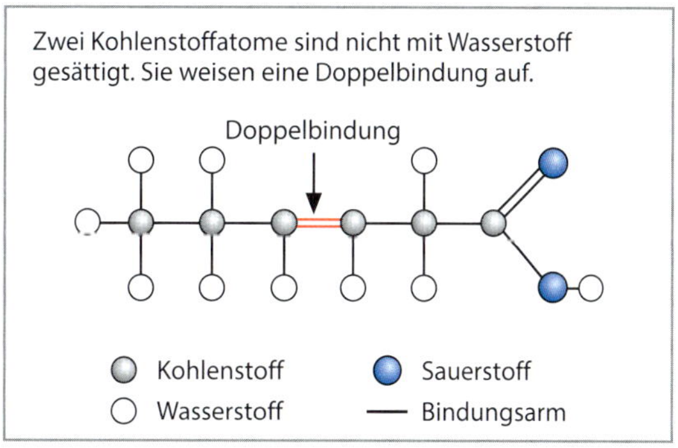

Schema einer einfach ungesättigten Fettsäure

Gesättigte Fettsäuren enthalten nur Einfachbindungen, d. h.: Alle Kohlenstoffatome sind mit Wasserstoff abgesättigt. Sie schmelzen bei Temperaturen von 55 bis 70 °C und sind bei Zimmertemperatur fest (z. B. in Butter, Palmkernfett, Schmalz).

Ungesättigte Fettsäuren weisen eine oder mehrere Doppelbindungen auf, d. h. zwei oder mehr Kohlenstoffatome sind nicht vollständig mit Wasserstoff abgesättigt. Sie schmelzen bei Temperaturen zwischen 5 und 11 °C und sind bei Raumtemperatur flüssig (z. B. in Sonnenblumenöl).

Einfach ungesättigte Fettsäuren besitzen nur eine Doppelbindung. Bei mehreren Doppelbindungen spricht man von **mehrfach ungesättigten Fettsäuren.** Der Körper kann sie nicht selbst aufbauen. Sie sind **essenziell** (lebensnotwendig) und müssen mit der Nahrung aufgenommen werden.

Linolsäure und Linolensäure sind essenzielle Fettsäuren, die für den Zellaufbau und die Bildung von Gewebshormonen gebraucht werden.

Pflanzliche Fette, wie z. B. Sonnenblumen- oder Weizenkeimöl, haben einen hohen Gehalt an essenziellen Fettsäuren. Tierische Fette enthalten überwiegend gesättigte Fettsäuren.

Ungesättigte Fettsäuren sind sehr reaktionsfähig. Fette mit einem hohen Anteil ungesättigter Fettsäuren werden unter Sauerstoff- und Lichteinwirkung schnell ranzig. Der Zusatz von Vitamin E verhindert das Ranzig werden von Speisefetten und Speiseölen.

Nach ihrer Kettenlange unterscheidet man:

- kurzkettige Fettsäuren: 3 bis 6 Kohlenstoffatome
- mittelkettige Fettsäuren: 7 bis 13 Kohlenstoffatome
- langkettige Fettsäuren: 14 bis 20 Kohlenstoffatome

BEISPIEL:

Omega-3-Fettsäuren wirken sich gesundheitsfördernd auf das Immunsystem und auf das Herz-Kreislaufsystem aus. Vorkommen z. B. in Leinöl, Walnussöl, Rapsöl oder fettreichen Salzwasserfischen wie Lachs.

Der Name ist durch die Struktur entstanden: Omega beschreibt den letzten Buchstaben im Alphabet. Die Kohlenstoffatome werden vom letzten in der Kette durchnummeriert. Die letzte Doppelbindung liegt am 3. C-Atom.

Eine bekannte Omega-3-Fettsäure ist die Linolensäure.

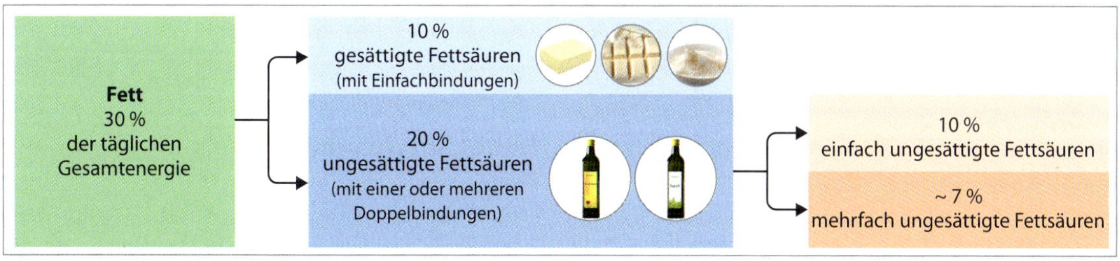

Zusammensetzungsempfehlung für Fette in unserer Nahrung

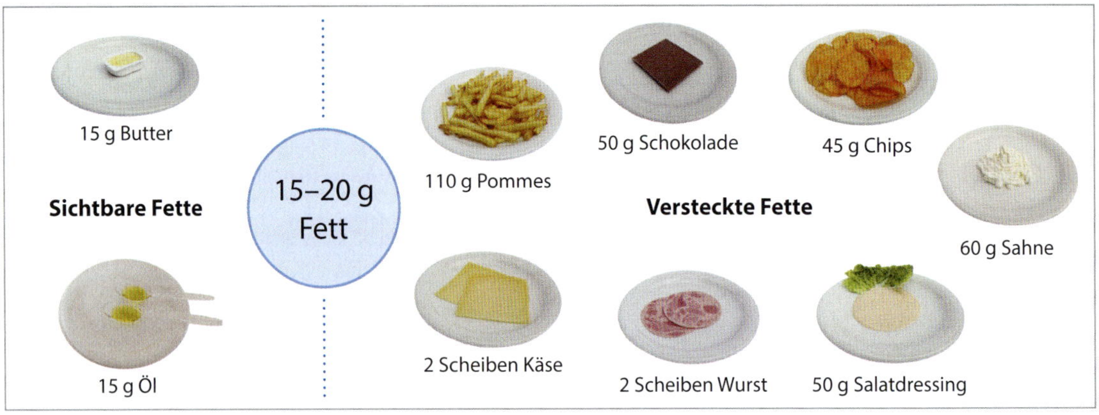

Vor allem durch versteckte Fette wird der Bedarf von Fett um mehr als das Doppelte überschritten

Einteilung der Fette und Öle nach ihrer Herkunft und küchentechnischer Verwendung

	Pflanzliche Fette			**Tierische Fette**		
Fette und Öle	Pflanzenöle	Pflanzenfette	Pflanzenöle teilweise gehärtet	Schlachttierfette	Seetieröle	Milchfett
Konsistenz	flüssig	fest	weich	fest	flüssig	weich
Produkte	Samenöle (Rapsöl, Sonnenblumenöl) Fruchtöle (Nussöl) Nussöle (Erdnussöl) Keimöle (Weizenkeimöl)	Kokosfett Palmfett	Margarine	Gänseschmalz Schweineschmalz Rindertalg	Tran (Robben) Lebertran (Leber von Dorsch, Heilbutt und Schellfisch)	Butter
Erhitzbarkeit	~ 200 °C	> 200 °C	~150 °C	> 200 °C	~ 200 °C	~150 °C
Verwendung	Salatsoßen, Dips, zum Braten und Dünsten	Braten, Schmoren, Frittieren	Dünsten, Backen, Brotaufstrich	Braten, Schmoren, Frittieren	Nahrungsergänzungsmittel in Kapseln	Dünsten, Backen, Brotaufstrich

> Fette sind wichtig, da viele Geschmacksstoffe fettlöslich sind. Ebenso ist die Aufnahme von fettlöslichen Vitaminen (s. S. 86) nur durch den Zusatz von Fetten möglich.

Fette können durch den Zusatz eines Emulgators emulgiert werden (s. S. 49), d. h., Wasser und Fett werden dauerhaft miteinander vermischt. Ist Wasser in Fett fein verteilt, spricht man von einer Wasser-in-Öl-Emulsion (z. B. Butter, Margarine). In Sahne und Milch ist Fett in Wasser verteilt, diese Mischung stellt eine Öl-in- Wasser-Emulsion dar. Eiweiß und Lecithin sind natürliche Emulgatoren und werden als solche bei der Herstellung von Mayonnaise und Rührmassen eingesetzt.

Fettreiche Lebensmittel

Zu den fettreichen tierischen Lebensmitteln zählen Milch- (Butter, Mascarpone, Käse), Fleisch- und Fischprodukte (Schweinesteak, Hackfleisch, Lachs und Hering).

Fettreiche pflanzliche Lebensmittel sind z. B. Avocado mit 25 % Fett im Fruchtfleisch sowie Nüsse und Samen.

Nüsse zählen zum Schalenobst. Mit Ausnahme der Kokosnuss enthalten sie reichlich ungesättigte Fettsäuren. Sie sind auch Lieferanten für hochwertiges Eiweiß und daher aus einer pflanzenbetonten Ernährung nicht wegzudenken.

Problematisch ist, dass überwiegend gesättigte Fettsäuren aus tierischen Lebensmitteln über die Nahrung aufgenommen werden. Aber auch Palm- und Kokosfett ist in vielen Produkten enthalten- oft als versteckte Fette in Fertigprodukten. Werden zu viele von den langkettigen gesättigten Fettsäuren über die Nahrung aufgenommen, kann dies zu einer Erhöhung des Cholesterinwertes im Blut beitragen und Krankheiten begünstigen.

Vor allem Lebensmittel, welche gehärtete Fette enthalten, z. B. frittierte Speisen oder andere Snacks, enthalten oft Transfettsäuren (ebenfalls ungesättigte Fettsäuren). Besonders in Fertiggerichten, Fettgebäcken und Fast-Food-Produkten sind diese Transfettsäuren zu finden. Hier deuten Hinweise wie „pflanzliches Fett gehärtet" oder „teilweise gehärtet" lediglich auf Transfettsäuren hin. Diese Fettsäuren erhöhen ebenfalls den LDL-Cholesterinwert und senken den guten HDL-Cholesterinwert im Blut. Daher sollten sie nur selten verzehrt werden. Ungesättigte Fettsäuren können den Gesamt- aber auch den LDL-Cholesterinwert im Blut senken. Ebenso verbessern Omega-3-Fettsäuren die Fließeigenschaften des Blutes und beugen Ablagerungen in Blutgefäßen vor. Daher ist es wichtig, Fettsäuren richtig zu kombinieren und die allgemeine Fettzufuhr zu reduzieren.

FÜR DIE PRAXIS

Drei Regeln helfen, eine ausgewogene Fettsäurenkombination zu erreichen:

1. Pflanzliche Fette und Öle: aufgrund ihrer ungesättigten Fettsäuren bevorzugen (Ausnahme: Kokosfett).
2. Tierische Fette: aufgrund ihrer vielen gesättigten Fettsäuren vermeiden (Ausnahme: fetter Fisch).
3. Grundsätzlich gilt: je flüssiger ein Fett bei Raumtemperatur ist, desto höher ist der Anteil an ungesättigten Fettsäuren.

AUFGABEN

10. Erstellen Sie einen Steckbrief zu Palmöl bzw. Palmfett (gehärtet) mithilfe dieser Informationen: Palmöl benötigt verhältnismäßig wenig Anbaufläche und ist preiswert. Es steckt in Keksen, Lippenstift und zahlreichen Fertiggerichten. Für die Kleinbäuerinnen und -bauern in den produzierenden Ländern ist Palmöl eine wichtige Einkommensquelle. Doch für die Plantagen werden oft Regenwälder abgeholzt und in Monokulturen verwandelt. Unbedenklicher ist Palmöl aus zertifiziertem nachhaltigem Anbau, dies tun z. B. alle Mitglieder des Forums Nachhaltiges Palmöl (FONAP). Diskutieren Sie in der Gruppe den Einsatz von Palmöl.

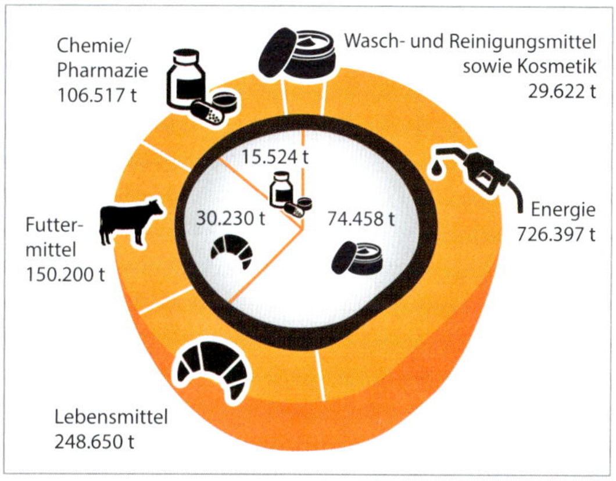

Verwendung von Palmöl (außen) und Palmkernöl (innen) in Deutschland (Stand 2019).

11. Benennen Sie die Fettsäuren, die helfen, den Cholesterinwert im Blut zu senken.

12. Listen Sie fünf Lebensmittel auf, die reich an ungesättigten Fettsäuren (bevorzugt Omega-3-Fettsäuren und Omega-6-Fettsäuren) sind.

13. Beurteilen Sie, wie sich ein Mangel an essenziellen Fettsäuren im Körper äußert.

14. Emma hat Geburtstag und wünscht sich Kartoffelsalat mit Karottensalat und selbstgemachten Pommes sowie einen Marmorkuchen. Wählen Sie je zwei geeignete Fette aus und begründen Sie, warum sich diese Fette für die Zubereitung eignen.

2

2.5.5 Vitamine und Mineralstoffe

Vitamine

Der Begriff Vitamin setzt sich aus den Silben „Vita" für Leben und „Amin" für organische Stickstoffverbindung zusammen. Da die meisten Vitamine vom Körper nicht selbst hergestellt werden können, müssen sie bestmöglich täglich mit der Nahrung aufgenommen werden. Insgesamt sind 13 Vitamine bekannt, welche nach ihrer Löslichkeit in fett- und wasserlöslich eingeteilt werden.

FÜR DIE PRAXIS

Die fettlöslichen Vitamine lassen sich mit dem Wort EDeKA gut merken.

Vitamine sind Teamplayer, keines arbeitet für sich allein. Besonders gut ergänzen sich die einzelnen Vitamine der Gruppe der B-Vitamine. Sie werden auch als „Nervenvitamine" bezeichnet.

Der Vitaminbedarf ist von Mensch zu Mensch unterschiedlich. Daher gibt es nur Zufuhrempfehlungen (s. S. 330). Der Konsum von Tabak, Alkohol und Fast Food sowie Stress und die Einnahme der Anti-Babypille kann die Vitaminaufnahme beeinträchtigen.

Farbenfrohe Mischung

Fettlösliche Vitamine

Fettlösliche Vitamine	Aufgaben im Körper	Quelle
Vit. E	Schutz der Zellen	Rapsöl, Sonnenblumenöl, Haselnüsse, Mandeln
Vit. D	Knochenstabilität	Lachs, Eigelb, Hering
Vit. K	Blutgerinnung, Knochenstoffwechsel	Grüne Gemüse, Fisch, Fleisch
Vit. A*	Zellaufbau, Sehvermögen	Grüne Gemüse, Möhren, Kürbis

** Die Vorstufe von Vit. A, das Provitamin A kommt in Ei, Milch und Leber vor.*

8

Wasserlösliche Vitamine

Wasserlösliche Vitamine	Aufgaben im Körper	Quelle
Vit. B_1 Thiamin	Funktion des Nervensystems, Energiestoffwechsel	Hülsenfrüchte, Haferflocken, Vollkornprodukte
Vit. B_2 Riboflavin	Energiestoffwechsel	Fisch, Fleisch, Eier, Käse, Innereien
Vit. B_3 Niacinamid	Energiestoffwechsel, unterstützt Konzentration und Nervensystem	Hülsenfrüchte, Fisch, Fleisch
Vit. B_5 Pantothensäure	Kohlenhydrat-, Fett- und Eiweißstoffwechsel, unterstützt in Stresssituationen	Hülsenfrüchte, Nüsse, Vollkornprodukte, Eier
Vit. B_6 Pyridoxin	Eiweißstoffwechsel, Schutz von Nervenverbindungen	Nüsse, Vollkornerzeugnisse, Fleisch, Fisch
Vit. B_7 Biotin	Stoffwechsel, Fettabbau	Haferflocken, Eigelb, Nüsse, Innereien
Vit. B_9 Folsäure	Zellstoffwechsel	Grüne Gemüse, Vollkornerzeugnisse, Ei
Vit. B_{12} Cobalamin	Bildung von Blutzellen, Zellteilung, Funktion des Nervensystems	Ei, Milch, Fisch, Meeresfrüchte, Fleisch
Vit. C Ascorbinsäure	Schutz vor Infektionen und der Zellen	Gemüse, Obst, Kartoffeln

12

Spurenelemente

Spurenelemente (weniger als 50 mg/kg Körpergewicht)	Aufgaben im Körper	Quelle
Jod	Aufbau des Schilddrüsenhormons	Seefisch, Milch, Jodsalz
Eisen	Sauerstofftransport im Blut	Grüne Gemüse, Fleisch, Ei
Florid	Härtung des Zahnschmelzes	Flouridiertes Trinkwasser, Speisesalz, schwarzer Tee
Zink	Insulinbildung, Enzymbestandteil	Rindfleisch, Getreide, Erbsen

Mengenelemente

Mengenelemente (mehr als 50 mg/kg Körpergewicht)	Aufgaben im Körper	Quelle
Calcium	Knochenaufbau, Zahnaufbau, Blutgerinnung, Muskelerregung	Milch, Milchprodukte, Vollkornprodukte, grüne Gemüse
Kalium	Erregbarkeit von Nerven und Muskeln, Regelung des osmotischen Drucks	Vollkornprodukte, Gemüse, Obst, Fisch, Fleisch
Natrium	Fleisch, Fisch, Käse, Wurst, Fertiggerichte	Regelung des osmotischen Drucks/ Wasserhaushalts
Phosphor	Knochen- und Zahnaufbau, Energiegewinnung	Milch, Fleisch, Fisch, Kartoffeln, Ei
Magnesium	Erregbarkeit von Muskeln/ Nerven	grüne Gemüsesorten
Chlorid	Fleisch, Fisch, Käse, Wurst, Fertiggerichte	Regelung des osmotischen Drucks/ Wasserhaushalts

Mineralstoffe

Um einen reibungslosen Ablauf vieler Stoffwechselprozesse in unserem Körper zu ermöglichen, sind Mineralstoffe unverzichtbar. Es handelt sich wie bei den Vitaminen um anorganische Verbindungen, die bei der Vor- und Zubereitung der Speisen verlorengehen können. Sie sind Bau- und Wirkstoffe und liefern keine Energie. Je nachdem, in welcher Menge die Mineralstoffe in unserem Körper vorkommen, unterteilen sie sich in Spuren- und Mengenelemente (s. S. 330).

Vitamin- und mineralstoffreiche Lebensmittel

Obst und Gemüse

Obst und Gemüse bilden in unserer Lebensmittelauswahl die Grundlage für eine ausreichende Versorgung mit Vitaminen, Mineralstoffen, Ballaststoffen und sekundären Pflanzenstoffen. Der Kohlenhydratgehalt ist dabei sehr unterschiedlich. Getrocknete Früchte, Erbsen und Mais sowie aus Obst und Gemüse hergestellte Produkte wie Konfitüren, Fruchtsäfte und Konserven enthalten einen hohen Kohlenhydratanteil. Der in Obst enthaltene Traubenzucker kann schnell vom Körper aufgenommen und in Energie umgewandelt werden, daher eignet es sich gut als Zwischenmahlzeit.

AUFGABEN

15. Recherchieren und beschreiben Sie, unter welchen Bedingungen der Körper selbst Vitamin D bilden kann.

16. Beschreiben Sie, was eine schonende und nicht schonende Zubereitungsart im Hinblick auf Vitamine und Mineralstoffe bedeutet.

Obst- und Gemüseerzeugnisse und ihre Verarbeitungsgrade

Obst- und Gemüseerzeugnisse	Verarbeitungsgrade
Säfte, Saftkonzentrate, Smoothies 	Unverdünnte Säfte einer oder mehrerer Obst- und / oder Gemüsesorten, teilweise gewürzt und mit zusätzlichen Aroma- und Konservierungsstoffen.
Konserven 	Obst und Gemüse wird entsprechend vorbereitet (gewaschen, geputzt, zerkleinert), mit Flüssigkeit aufgegossen und zur Haltbarmachung hoch erhitzt. Konserven enthalten zusätzlich oft viel Zucker, Salz, Säuren und verschiedene Gewürze.
Tiefkühlobst und -gemüse 	Die Qualität kommt der von frischer Ware am nächsten, wenn es erntefrisch und nur geputzt, geschält und ggf. blanchiert eingefroren bzw. schockgefrostet wurde. Lagerdauer wird im Vergleich zum Frischeprodukt verlängert.
Trockenobst und -gemüse 	Obst und Gemüse wird gewaschen, geputzt und im zerkleinerten Zustand getrocknet (Wasser entzogen). Ggf. muss dieses Wasser eine gewisse Zeit vor dem Verzehr wieder zugefügt werden (Gemüse quillt wieder auf). Vitamine und Mineralstoffe bleiben erhalten, bei Obst ist der Zuckergehalt sehr hoch. Teilweise sind Konservierungsstoffe zum Farberhalt zugesetzt.
Marmeladen, Konfitüren, Chutneys, Mus, Brotaufstriche 	Bei allen Produkten ist auf den zusätzlichen Zucker-, Salz- und Fettgehalt zu achten. Zudem enthalten sie oft Farb- und Konservierungsmittel.
Fertigsalate und Salatmischungen 	Obst und Gemüse wird gewaschen, geputzt und zerkleinert verpackt. In einigen Fällen sind Soßen mit Zucker, Salz und Fett, sowie Aroma- und Konservierungsstoffe beigemischt. Vitamine und Mineralstoffe gehen schnell verloren.

Obst und Gemüse:
- sind sehr wasserreich und tragen so zur Flüssigkeitsversorgung bei (s. S. 68)
- liefern viele wichtige Vitamine und Mineralstoffe, je abwechslungsreicher unsere Auswahl, desto mehr verschiedene Vitamine und Mineralstoffe erhält unser Körper (s. S. 330)
- liefern wie alle pflanzlichen Lebensmittel, Ballaststoffe in Form von Cellulose und Pektin und fördert so eine gesunde Verdauung (s. S. 77)
- enthalten reichlich sekundäre Pflanzenstoffe und Aromastoffe, diese wirken appetitanregend, bringen Farbe in unser Essen, unterstützen unseren Darm und schützen uns vor Krankheiten (s. S. 90)

Verwendung und Verarbeitung von Obst und Gemüse:
- kurz, kühl und dunkel lagern.
- Obst und Gemüse kurz und gründlich unter fließendem Wasser waschen. Waschen in stehendem Wasser vermeiden, Ausnahmen sind Gemüsesorten/Salate mit einem hohen Anteil an Bitterstoffen wie z. B. Endiviensalat oder empfindliches Obst und Gemüse.
- Obst nicht zuckern, um das volle Aroma zu schmecken. Es ist bereits viel natürlicher Zucker enthalten.
- Obst und Gemüse nach Saison und möglichst frisch verwenden.
- Beim Garen eine möglichst nährstoffschonende Art mit wenig Wasser wählen. Entstandenes Kochwasser nach dem Garen weiterverwenden, es enthält viele Nährstoffe.

Weitere Informationen zum Saisonverlauf von Obst und Gemüse unter: *www.BZfE.de*

AUFGABEN

17. Wählen Sie ein Obst- oder Gemüseerzeugnis aus und stellen es selbst her. Vergleichen und erläutern Sie die Unterschiede beim Zucker- und Fettgehalt sowie die der Zusatzstoffe im selbst und im industriell hergestellten Produkt.

18. Nehmen Sie zu folgender Aussage Stellung: „Iss bunt und du bleibst gesund!"

FÜR DIE PRAXIS

Es sollten täglich vermehrt gute Lieferanten für Antioxidantien auf dem Speiseplan stehen. Dies sind Lebensmittel, welche reich an Vitamin C, β-Carotin (Vorstufe von Vitamin A), Vitamin E sowie den Spurenelemente Selen, Zink, Kupfer und Mangan sind.

2.5.6 Sekundäre Pflanzenstoffe

Unter dem Begriff sekundäre Pflanzenstoffe werden Substanzen zusammengefasst, welche ausschließlich durch Pflanzen hergestellt werden. Sie bewirken Farben und Aromen in den Lebensmitteln. Es sind etwa 100 000 verschiedene sekundäre Pflanzenstoffe bekannt. Mit einer abwechslungsreichen Ernährung nehmen wir täglich rund 1,5 g davon auf.

***BEISPIELE** für sekundäre Pflanzenstoffe: Carotinoide (orangefarben in Karotten, Aprikosen, Kürbis), Sulfide (in Knoblauch, Schnittlauch, Kohlgemüse), Glucosinolate (grün in Kresse, Kohl, Brokkoli), Flavonoide (in Äpfel, Birnen, Trauben, Pflaumen, Tee, Kakao), Phytosterine in fettreichen Pflanzenteilen von Sojabohnen und Sonnenblumenkernen, Saponine in Hülsenfrüchten, Polyphenole in den Randschichten von pflanzlichen Produkten (möglichst aus Freilandanbau und reif geerntet).*

Neben bestimmten Vitaminen (wie Vitamin B2, Vitamin C und Vitamin E) und Mineralstoffen (wie z. B. Selen, Zink) gehören sekundäre Pflanzenstoffe zu den **Antioxidantien** in Lebensmitteln. Antioxidantien fangen freie Radikale im Körper ab und neutralisieren sie. So verhindern sie Oxidationsprozesse im Körper.

AUFGABEN

19. a) Recherchieren Sie, welche Wirkungen sekundäre Pflanzeninhaltsstoffe in unserem Körper haben können.
b) Erarbeiten Sie eine Übersicht über Vorkommen und Wirkungen von Pflanzeninhaltsstoffen.

20. Informieren Sie sich über „Oxidativen Stress" und erarbeiten Sie einen Vortrag. Halten Sie ihn in der Gruppe.

Werden Lebensmittel frisch und wenig verarbeitet verzehrt, lassen sich möglichst viele sekundäre Pflanzenstoffe aufnehmen. Sie wirken:

- Cholesterinspiegel senkend
- Entzündungshemmend und als Zellschutz
- Blutdruckregulierend
- Antimikrobiell und wachstumshemmend gegen Bakterien
- Immunsystem stimulierend
- Verdauungsfördernd

Kriterien für die Auswahl:

- regionales Obst und Gemüse bevorzugen
- Lebensmittel saisonal auswählen
- Freilandanbau bevorzugen
- vielfältig mischen
- reif ernten

Damit Obst und Gemüse ihre gesundheitsfördernde Wirkung im Körper entfalten können, ist eine schonende Verarbeitung notwendig.

Manche sekundäre Pflanzenstoffe, z.B. Solanin, haben »roh verzehrt« gesundheitsschädigende Wirkungen. Die entsprechenden Gemüsesorten, z.B. Bohnen und Kartoffeln, dürfen nicht in rohem Zustand verzehrt werden. Solanin wird durch Erhitzen zerstört.

2.5.7 Zusatzstoffe

Zusatzstoffe werden den Lebensmitteln zur Beeinflussung ihrer Beschaffenheit oder zur Erzielung bestimmter Eigenschaften oder Wirkungen zugesetzt. Es sind keine natürlichen Roh- oder Inhaltsstoffe. Sie sind kennzeichnungspflichtig. Ihre Verwendung ist im Lebensmittelrecht festgelegt.

Zusatzstoffe haben bei der Herstellung und Verarbeitung von Lebensmitteln verschiedene Aufgaben:

- Verlängerung der Haltbarkeit, z.B. Konservierungsstoffe, Antioxidantien
- Verbesserung des Geschmacks, z.B. Geschmacksverstärker, Aromastoffe
- Verbesserung des Aussehens, z.B. Farbstoffe, Bleichmittel, Klärhilfsmittel
- Verbesserung der Beschaffenheit, z.B. Geliermittel, Dickungsmittel
- Erhöhung des Nährwertes, z.B. Vitamine, Mineralstoffe

Ohne Konservierungsstoffe würden viele Lebensmittel frühzeitig verderben. Süßspeisen, Cremes, Soßen und Suppen könnten ohne den Einsatz von Dickungsmitteln nicht hergestellt werden. Light-Getränke erhalten durch Süßstoffe ihre „Süße ohne Kalorien".

Der Einsatz der Zusatzstoffe wird hinsichtlich der erlaubten Menge, die einem Lebensmittel zugesetzt werden darf, und der Anwendungsbereiche streng geregelt.

Eine Zulassung erfolgt nur dann, wenn die Verwendung des Zusatzstoffes

- technologisch notwendig ist,
- nicht zur Täuschung des Verbrauchers führt,
- gesundheitlich unbedenklich ist.

Die Lebensmittelinformations-Verordnung regelt die Angaben auf der Zutatenliste (s. S. 208).

Die Zutatenliste führt alle Zutaten und Zusatzstoffe eines Lebensmittels in mengenmäßig absteigender Reihenfolge auf. Die Zusatzstoffe müssen mit der Gruppenbezeichnung (wenn vorhanden), gefolgt von der Einzelbezeichnung oder der E-Nummer (z.B. Antioxidationsmittel, Sorbinsäure) aufgeführt werden.

Die Zusatzstoffe werden durch E-Nummern gekennzeichnet, die in der Europäischen Union vereinheitlicht sind. In der EU sind Höchstmengen für die Zugabe festgelegt.

Farbstoffe

In den Lebensmitteln kommt es während der Lagerung durch die Einwirkung von Licht, Sauerstoff und Wärme zu unerwünschten Farbveränderungen. Zur Erhaltung eines appetitlichen Aussehens werden bestimmte Lebensmittel mit Farbstoffen gefärbt.

Nach ihrer Herkunft werden die Farbstoffe unterschieden in:

- natürliche Farbstoffe, die in der Natur vorkommen,
- naturidentische Farbstoffe, die künstlich hergestellt werden und den natürlichen
- Farbstoffen entsprechen,
- synthetische Farbstoffe, die in der Natur nicht vorkommen,
- anorganische Farbstoffe, die aus Mineralien oder Metallen gewonnen werden.

Ziel der Verwendung von Farbstoffen ist:

- eine gleichmäßige Farbgebung, z. B. bei Gemüse- und Obstkonserven,
- eine intensivere Färbung, z. B. bei Konfitüre, Bonbons, Cremespeisen,
- eine Wiederherstellung der Farbe, die durch Lagerung und Verarbeitung verblasst ist, z. B. bei Gemüse- oder Obstkonserven,
- eine Färbung von farblosen Produkten, z. B. Margarine, Pudding, Käse.

BEISPIEL: ***Die Nummern E 100 bis E 180 kennzeichnen Farbstoffe. Nach der Lebensmittelzusatzstoff-Durchführungsverordnung – LMZDV sind u. a. die Farbstoffe Vitamin B2 (E 101), Beta-Carotin (E160) und Betanin (E 162) für alle Lebensmittel zugelassen.***

Von den heute verwendeten Farbstoffen gehören die meisten zu den Vitaminen, Provitaminen oder natürlichen Farbstoffen wie Chlorophyll, Carotinoide und Rote-Bete-Farbstoff. Sie sind gesundheitlich unbedenklich und müssen nur dann auf der Packung deklariert werden, wenn durch den Zusatz eine bessere Lebensmittelqualität vorgetäuscht werden kann (z. B. ein höherer Eigehalt bei Nudeln, denen Vitamin B2 (E 101) zugesetzt wird – sie müssen den Hinweis »eingefärbt« tragen).

Die Farbstoffe müssen auf der Zutatenliste aufgeführt werden.

Synthetische Lebensmittelfarbstoffe werden vor der Zulassung untersucht, sodass keine Gesundheitsgefahr für den Verbraucher besteht. Viele Menschen reagieren heute auf synthetische Farbstoffe mit allergischen Reaktionen.

Konservierungsstoffe

Konservierungsstoffe hemmen die Mikroorganismen in ihrem Wachstum oder töten sie sogar ab. Die Haltbarkeit wird dadurch verlängert.

Oberflächenbehandlungsstoffe dürfen nur auf der Oberfläche von Lebensmitteln aufgebracht werden, z. B. bei Zitrusfrüchten und Bananen, um Schimmelbildung zu verhindern. Sie müssen mit der Bezeichnung des verwendeten Konservierungsstoffes kenntlich gemacht werden „konserviert mit“ oder „mit Konservierungsstoffen“.

BEISPIELE:

- ***Diphenyl (E 230), Orthophenylphenol (E 231) sind zur Behandlung von Zitrusfrüchten und ihren Schalen zur Herstellung von Orangeat und Zitronat zugelassen.***
- ***Thiabendazol (E 233) ist nur für die Schalenoberfläche zugelassen. Es darf nicht mitverzehrt werden!***

FÜR DIE PRAXIS

Schalen behandelter Zitrusfrüchte dürfen auch nach dem Waschen nicht verzehrt werden!

Konservierungsstoffe, die dem Lebensmittel zugesetzt und verzehrt werden, sind z. B.:

- Sorbinsäure, Sorbate (z. B. in Feinkostwaren und Margarine)
- Benzoesäure, Benzoate (z. B. in Gemuse-, Obstkonserven, Marinaden)
- PHB-Ester (in Fischkonserven)
- Schweflige Säure (Sulfit, E 220) (z. B. Trockenobst, Wein)
- Natriumnitrit (E 250) (Wurst, Schinken, Fleischwaren)

FÜR DIE PRAXIS

Nitrit bildet insbesondere unter Hitzeeinwirkung zusammen mit Eiweißbaustoffen krebsauslösende Nitrosamine, z. B. beim Überbacken von Salami oder gekochtem Schinken mit Käse (Pizza oder Toast-Hawaii). Der Käse sollte also erst kurz vor Ablauf der Garzeit darübergegeben werden.

Bei der Lebensmittelkennzeichnung stehen die Nummern E 200 bis E 330 für Konservierungsstoffe. Da kein Konservierungsstoff gleichermaßen gegen alle Mikroorganismen wirkt, werden in der Lebensmittelverarbeitung oft mehrere Konservierungsstoffe gleichzeitig zugesetzt.

FÜR DIE PRAXIS

Allergiker oder allergiegefährdete Personen sollten Konservierungsstoffe wie Benzoesaure oder PHB-Ester meiden.

2

8

12

Antioxidantien

Auch Sauerstoffeinwirkung kann zu einem Verderb von Lebensmitteln führen.

Antioxidantien binden den Sauerstoff der Luft und erhalten die Lebensmittelqualität. Ohne Antioxidantien kommt es zu hohen Verlusten der Vitamine A und C, Speisefette werden schneller ranzig und die lebensmitteleigenen Farbstoffe in Obst und Gemüse werden abgebaut.

***BEISPIELE:** Antioxidantien werden z. B. Margarine, Ölen, Wurst, Käse, Fruchtsaftgetränken und Obst- und Gemüsekonserven zugesetzt.*

Man unterscheidet u. a.:
- natürliche Antioxidantien, z. B.:
  - ➜ Vitamin C (Ascorbinsäure), E 300
  - ➜ Vitamin E (Tocopherol), E 306 bis 309
  - ➜ Milchsaure, E 270
  - ➜ Citronensäure, E 330

Sie haben keine negativen Auswirkungen auf die Gesundheit, da sie natürliche Bestandteile von Lebensmitteln sind und im Körper abgebaut werden können.
- synthetische (künstliche) Antioxidantien, z. B.
  - ➜ Gallate, E 310 bis 312

Sie können allergische Reaktionen auslösen und sollten gemieden werden.

Emulgatoren

Emulgatoren sind Stoffe, die Wasser und Fetttröpfchen stabil miteinander vermischen. Dabei taucht der wasserfreundliche Teil des Emulgators in die Wasserphase ein. Das fettfreundliche Ende taucht in die Ölphase ein. Emulgatoren werden im menschlichen Körper wie Fettsäuren abgebaut – sie sind gesundheitlich unbedenklich.

Es gibt natürliche Emulgatoren, z. B. Lecithin aus dem Eidotter. Die meisten Emulgatoren sind synthetische Emulgatoren.

Die wichtigsten Emulgatoren sind:
- Lecithin, E 322
- Mono- und Diglyceride von Speisefetten, E 470a, E 471

***BEISPIELE** für den Einsatz der Emulgatoren in der Lebensmittelverarbeitung:*
- *Margarine: stabile Verteilung von Wasser und Fettphase*
- *Wurstwaren: verhindert Fettabscheidung während der Lagerung*
- *Schokolade: gleichmäßige Verteilung der Kakaobutter in der Schokoladenmasse – keine Fettreifbildung*
- *Backwaren: bessere Porung, lockere Krumenstruktur, das vorzeitige Weichwerden der Kruste wird verhindert*
- *Desserts / Salatdressings: cremige Beschaffenheit bleibt erhalten*

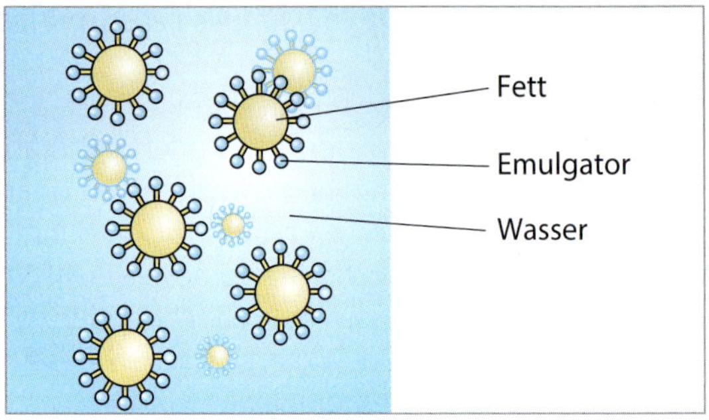

Wirkung eines Emulgators

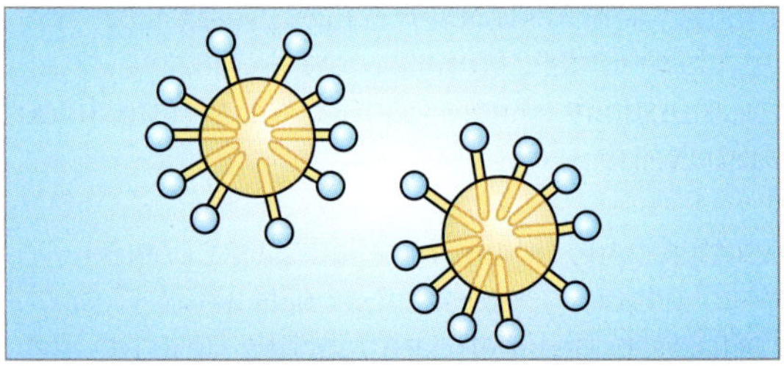
Öl-in-Wasser-Emulsion (Milch)

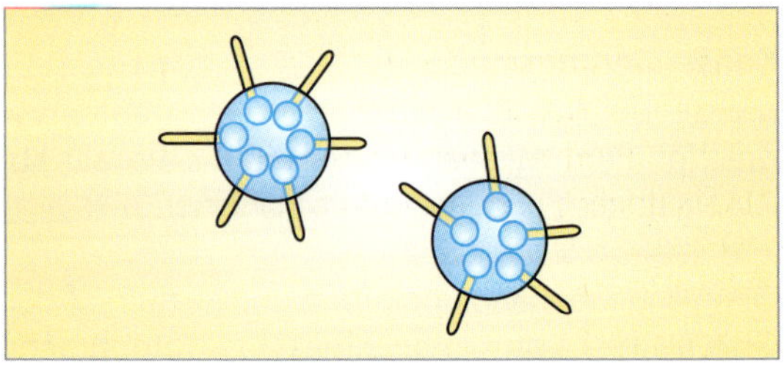
Wasser-in-Öl-Emulsion (Butter)

Beispielrezept:
Emulsion – Salatdressing

Süßstoffe und Zuckeraustauschstoffe

Süßstoffe sind natürliche oder synthetische Verbindungen. Sie liefern keine Energie und werden z.B. in der Ernährung von Übergewichtigen und Diabetikern eingesetzt. Mit Süßstoff hergestellte Lebensmittel wirken sich nicht negativ auf die Zahngesundheit aus.

Süßstoffe können den Appetit auf Süßes fördern. Zudem haben sie eine erheblich höhere Süßkraft als der Haushaltszucker.

Süßstoffe	Süßkraft in Relation zu Saccharose (= 1)
Acesulfam E 950	200-fache
Aspartam E 951	200-fache
Cyclamat E 952	35- bis 45-fache
Saccharin E 954	450- bis 550-fache
Stevioglycosid E 960	300-fache
Neotam	7000- bis 13000-fach
Thaumatin	2000- bis 3000-facht

Der Süßstoff Aspartam (und damit gesüßte Lebensmittel) enthält die Aminosaure Phenylalanin und darf von Personen mit Phenylketonurie nicht verzehrt werden. Produkte, die Aspartam enthalten, müssen mit einem Warnhinweis versehen sein: „enthält Phenylalanin".

Saccharin hat mit zunehmender Konzentration einen unangenehmen bitteren Nachgeschmack. Der Handel bietet daher Gemische aus Cyclamat und Saccharin im Verhältnis 10 :1 an.

Der Süßstoff Stevioglycosid wird aus dem Kraut der sudamerikanischen Stevia-Pflanze gewonnen und ist unter der Nummer „E 960" gelistet. Es ist ein natürliches Produkt, was nach Süßholz schmeckt, keine Kalorien besitzt und nur in kleinen Mengen zum Süßen benötigt wird.

Neotam wird auch als Geschmacksverstärker eingesetzt.

Thaumatin liefert 4 kcal/g, ist also ist nicht völlig kalorienfrei.

Lebensmittel, die Süßstoffe enthalten, müssen z.B. den Hinweis „mit Süßstoff gesüßt" tragen. Der Name des verwendeten Süßstoffs muss in der Zutatenliste aufgeführt sein.

Um die erlaubte Tagesdosis (ETD; englisch acceptable daily intake, ADI) nicht zu überschreiten, verwenden die Hersteller oft Süßstoffmischungen (z.B. Saccharin und Cyclamat) – diese haben eine höhere Süßkraft.

> *Der **ADI-Wert** beschreibt die Menge eines Lebensmittelzusatzstoffs, eines Pestizids oder eines Medikaments, die bei lebenslanger täglicher Einnahme als medizinisch unbedenklich betrachtet wird. Die Angabe des Werts erfolgt in Milligramm bzw. Mikrogramm pro Kilogramm Körpergewicht und Tag.*

FÜR DIE PRAXIS

Bei Kindern kann der ADI-Wert von 7 mg/kg Körpergewicht beim Trinken von mit Cyclamat gesüßten Erfrischungsgetränken leicht überschritten werden.

Zuckeraustauschstoffe werden aus Einfachzuckern (z.B. Sorbit aus Glucose) gewonnen. Hierzu gehören u.a. Fructose, Sorbit, Mannit und Xylit. Sie besitzen einen ähnlichen Energiewert wie die Kohlenhydrate (8 bis 17 kJ/g), können jedoch im Unterschied zu den Zuckern ohne das Hormon Insulin verstoffwechselt werden.

Zuckeraustauschstoffe werden bei der Herstellung von Diabetikererzeugnissen verwendet. Da manche Zuckeraustauschstoffe bei gleicher Energiemenge eine geringere Süßkraft als Haushaltszucker liefern, sind sie für energiereduzierte Lebensmittel ungeeignet.

***BEISPIELE:** Verwendung der Zuckeraustauschstoffe:*
- *Sorbit in Marmelade und Gebäck, Konfekt*
- *Fructose in Diabetikerkonfitüren, -gebäck, -schokolade*
- *Mannit in Eiscreme, Süßigkeiten*
- *Xylit in Kaugummi*

Zuckeraustauschstoffe werden im Dünndarm nur langsam resorbiert und führen bei übermäßigem Verzehr häufig zu Durchfällen. Lebensmittel, die Zuckeraustauschstoffe enthalten, müssen entsprechend gekennzeichnet werden.

2

8

12

Zuckeraustauschstoff	Süßkraft in Relation zu Saccharose (=1)
Sorbit E 420	0,6-fach
Xylit E967	1,0
Mannit E421	0,5-fach
Fructose	1,2-fach

Dickungsmittel

Dickungsmittel binden Wasser – die Produkte quellen auf und bilden Gele. Dickungsmittel verringern durch die Wasseraufnahme die Energiedichte (Kilokalorien je 100 Gramm Lebensmittel) und werden daher bei der Produktion von kalorienreduzierten Lebensmitteln eingesetzt. Viele Lebensmittelrohstoffe enthalten natürliche Dickungs- und Gelierstoffe, z. B. Beerenfrüchte und Apfel das Pektin (Herstellung von Konfitüre).

***BEISPIELE** für natürliche Dickungsmittel:*
Agar-Agar (E 406), Alginate (E 400 bis 405), Obstpektine (E 440), Johannisbrotkernmehl (E 410), Guarkernmehl (E 412), Carrageen (E 407), Gelatine

Bei modifizierter Stärke handelt es sich um ein chemisch verändertes natürliches Verdickungsmittel.

Chemische Lockerungsmittel

Chemische Lockerungsmittel werden vor allem bei der Herstellung von Backwaren eingesetzt. Sie entwickeln während des Backens Gase, z. B. Kohlenstoffdioxid und Wasserdampf, die sich mit zunehmender Erwärmung ausdehnen und zu einer Lockerung des Gebäcks fuhren – das Gebäckvolumen vergrößert sich.

Pottasche setzt Kohlenstoffdioxid nur bei Säureeinwirkung frei; sie wird in fein gesäuerten Lebkuchenteigen verwendet und gibt dem Gebäck einen laugigen Geschmack.

Hirschhornsalz bildet beim Erhitzen Kohlenstoffdioxid, Ammoniak und Wasserdampf. Da Ammoniak in feuchten Gebäcken gesundheitsschädlichen Salmiakgeist bildet, darf Hirschhornsalz nur in flachen Trockengebacken verwendet werden.

Backpulver enthalt neben Natron auch Phosphat und andere saure Salze, die bei Hitzeeinwirkung aus dem Natron das Kohlenstoffdioxid freisetzen.

Natron wird zur Lockerung in leicht sauren Teigen eingesetzt. Die Säure setzt das Kohlenstoffdioxid aus dem Natron frei.

Beispielrezept:
Backen mit Natron – Rüblikuchen

Chemische Lockerungsmittel müssen genau dosiert werden!
- Zu niedrige Zugabe führt zu wenig gelockerten, dichten Gebäcken,
- zu hohe Zugabe führt zu breitlaufenden, aufgetriebenen Gebäcken.

FÜR DIE PRAXIS

Für eine phosphatverminderte Ernährung für Kinder mit hyperkinetischem Syndrom („Zappelphilipp") sind Rührmassen mit Backpulver ungeeignet. Der Handel bietet jedoch auch Weinsteinbackpulver ohne Phosphat an.

Aromastoffe und Geschmacksverstärker

> ***Aromastoffe** sind konzentrierte Zubereitungen, die den Lebensmitteln einen besonderen Geruch und Geschmack verleihen. Sie sind zum direkten Verzehr nicht geeignet.*

Aromastoffe werden in drei Gruppen unterschieden:
- Natürliche Aromastoffe werden aus natürlichen pflanzlichen oder tierischen Rohstoffen gewonnen, z. B. Vanille.
- Naturidentische Aromastoffe werden synthetisch hergestellt und sind chemisch gleich aufgebaut wie die natürlichen Aromastoffe.
- Künstliche Aromastoffe werden chemisch hergestellt und konnten in natürlichen Rohstoffen bisher noch nicht nachgewiesen werden.

Geschmackspapillen auf der Zunge nehmen fünf Geschmacksrichtungen wahr: salzig, sauer, süß, bitter und umami (umami = wohlschmeckend, würzig).

Umami kennzeichnet den Geschmack nach Glutamat.

Geschmacksverstärker *verstärken den Geschmack und/oder den Geruch eines Lebensmittels bzw. mindern Geschmacksfehler.*

Als Geschmacksverstärker werden u. a. verwendet:
- Glutaminsäure E 620
- Natriumglutamat E 621
- Natriuminosinat E 631

Glutaminsäure ist unter dem Namen Glutamat bekannt und gibt vielen Fertiggerichten, Tütensuppen oder Fischkonserven das gewünschte Geschmacksprofil -ob süß, salzig, sauer oder bitter.

Empfindliche Menschen reagieren schon auf 1 bis 2 g Glutamat mit allergischen Reaktionen.

Glutamat muss auf Lebensmittelverpackungen als „Geschmacksverstärker" gekennzeichnet sein. Die Nummern E 620 bis E 640 kennzeichnen die Geschmacksverstärker.

Natürlich vorkommende Schadstoffe

In pflanzlichen Lebensmitteln können Schadstoffe enthalten sein, die durch die Zubereitung unschädlich gemacht werden können. Dabei handelt es sich nicht um Zutaten, die in der Zutatenliste aufgeführt sind. Diese sind von Natur aus enthalten:

BEISPIELE:
- *Blausäure in Aprikosenkernen und bitteren Mandeln: Verzehr vermeiden*
- *Phasin in rohen Bohnen: wird durch das Kochen zerstört*
- *Solanin in grünen Kartoffeln und Tomaten- großzügig wegschneiden*
- *Oxalsäure in Mangold, Rote Bete und Rhabarber: Erhitzen und die Kombination mit calciumreichen Lebensmitteln verringern die Aufnahmemenge*

AUFGABEN

21. Erarbeiten Sie eine Liste mit Schadstoffen in oder durch Lebensmittel. Geben Sie Möglichkeiten zur Vermeidung an.

22. Informieren Sie sich über Zusatzstoffe in Lebensmittel und erarbeiten Sie ein Referat dazu.

2.5.8 Wasserverbrauch und CO_2-Ausstoß bei der Lebensmittelproduktion

Die Produktion von Lebensmitteln verbraucht Wasser beim Anbau der Pflanzen oder Futtermittel, bei der Aufzucht der Tiere und auch zur Verarbeitung der Rohstoffe und Herstellung der Verpackung.

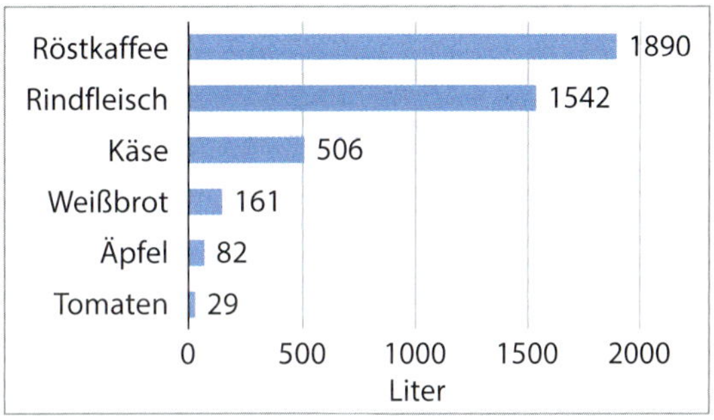

Wasserverbrauch in Liter pro 100 g erzeugte Lebensmittel

Weitere Informationen unter:
www.waterfootprint.org

Ebenso wird für die Produktion von Lebensmitteln Kohlendioxid (CO_2) ausgeschüttet, welches zu den Treibhausgasen zählt. Unsere Ernährung ist für ⅓ der weltweiten Treibhausgasemissionen verantwortlich.

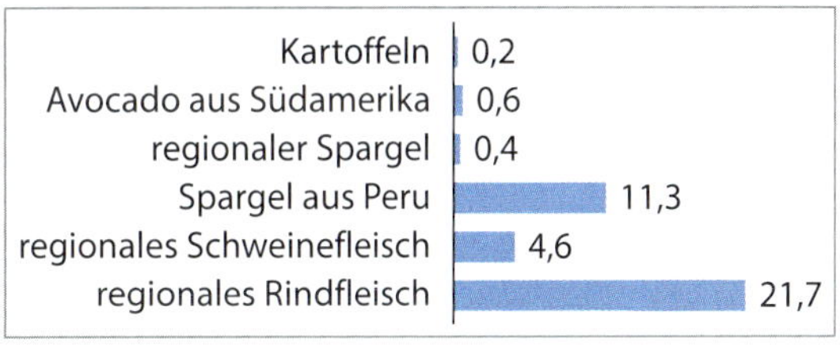

CO_2-Ausstoß in kg pro 1 kg produziertes Lebensmittel

Zudem fallen 6 % der Treibhausgase für Verpackung und Transport an.

Aus der Sicht der Klimaschonung ist es entscheidend, was wir essen und woher es kommt.

AUFGABE

23. Stellen Sie einen Maßnahmenkatalog zusammen, wie Sie durch Ihr eigenes Verhalten im Bereich Ernährung Ihren CO_2-Verbrauch reduzieren können.

2.5.9 Einteilung der Nahrungsinhaltsstoffe

Nährstoffe

Nährstoffe können unterschieden werden in energieliefernde und nicht energieliefernde Nährstoffe. Energie wird benötigt, um Arbeit zu verrichten. Körperfunktionen werden damit aufrechterhalten und körperliche und geistige Tätigkeiten können ausgeführt werden. Auch Gehirn, Stoffwechsel und Nerven benötigen Energie, ebenso der Erhalt der notwendigen Körpertemperatur. In der Nahrung befinden sich Inhaltsstoffe, die diese Energie liefern und somit im Körper verwertet werden können. Durch diesen Prozess wird Energie frei und dem Körper zur Verfügung gestellt.

Energieliefernde Nährstoffe

Kohlenhydrate	Fette	Eiweiße
Energielieferant	Energielieferant, Energiereserve, Schutz der Organe	Baustoff

Nichtenergieliefernde Nährstoffe

Vitamine	Mineralstoffe	Wasser
Wirk- und Reglerstoffe	Wirk- und Reglerstoffe, Baustoffe	Transportmittel, Baustoff, Lösungsmittel, Wärmeregulator

Weitere Nahrungsinhaltsstoffe:

Ballaststoffe: Sie fördern die Verdauung und tragen zur Darmgesundheit bei.
Geruchs- und Geschmacksstoffe: Sie regen den Appetit an.
Sekundäre Pflanzeninhaltsstoffe: Sie senken den Cholesterinspiegel und Blutdruck, regulieren verschiedene Körpervorgänge, können entzündungshemmend sein und regen das Immunsystem an.
Genussstoffe: Sie wirken anregend auf das zentrale Nervensystem (z. B. Koffein, Tein, Alkohol).
Zusatzstoffe: Sie erfüllen bestimmte technologische Aufgaben (z. B. Stabilisatoren, Farbstoffe, Konservierungsmittel).
Schadstoffe: Sie können sich schädigend auf den Körper auswirken und Erkrankungen auslösen (z. B. Schwermetalle, Mikroorganismen).

2.6 Convenience- und Ersatzprodukte

Convenience-Produkte

Wörtlich übersetzt heißt Convenience-Food „bequeme Lebensmittel". Convenience-Produkte sind vorverarbeitete Lebensmittel, die in großer Auswahl als Halbfertig- und Fertigprodukte angeboten werden. Sie ersparen zeit- und personalaufwendige Vor- und Zubereitungsarten und erleichtern die Lagerung und Vorratshaltung. Zunächst sichtbar sind diese Vor- und Nachteile.

Vorteile:

- Zeitersparnis: Durch minimale Vorbereitung und einfache Zubereitung in der Mikrowelle, auf dem Herd oder im Backofen.
- Vielfältiges Angebot: Es gibt eine breite Auswahl an Fertiggerichten.
- Lange Haltbarkeit: Vorratshaltung ist möglich.
- Anpassbarkeit: Man kann sie an den individuellen Bedarf anpassen.

Nachteile:

- Zahlreiche Zusatzstoffe sind enthalten, die für gleichbleibenden Geschmack, Konsistenz und lange Haltbarkeit sorgen.
- Vitaminverlust: Ein hoher Verarbeitungsgrad kann zu Vitaminverlusten führen.
- Verpackungsmüll: Convenience-Produkte erzeugen viel Verpackungsmüll.

Die weiteren Vor- und Nachteile auf S. 99 helfen, in den unterschiedlichen Situationen eine bewusste Wahl zu treffen.

Convenience-Produkte werden nach fünf Stufen eingeteilt.

Küchenfertig: Küchenfertige Lebensmittel wie geputztes Gemüse oder zerlegtes Fleisch. Es muss noch portioniert und gewürzt werden.

Garfertig: Garfertige Lebensmittel können ohne weitere Vorbereitung gegart werden. Dazu gehören Teigwaren, Tiefkühlgemüse und paniertes, gewürztes Fleisch.

Aufbereitfertig: Durch Mischen mit weiteren Lebensmitteln sind aufbereitfertige Lebensmittel wie Puddingpulver, Fix-Salatsoßen oder Instantsoßen schnell einsetzbar.

Regenerierfertig: Fertiggerichte und einzelne Menü-Komponenten, die nur aufgewärmt (regeneriert) werden müssen und dadurch verzehrfertig werden.

Verzehr- und tischfertig: Speisen, die direkt auf den Tisch kommen und und verzehrfertig sind wie Fertigsalate, Salatsoßen, Obstkonserven, Smoothies.

Convenience-Produkte

Inzwischen bietet der Markt auch Beinahe-fertig-Gerichte, auch Curated Food genannt, an. Es handelt sich dabei um fertig zusammengestellte Kochpakete, die in eigenen Geschäften ausgesucht oder geliefert werden können. Einzelne Zutaten werden in exakt abgewogener Menge geliefert, das macht die Angebote teuer.

Ersatzprodukte

Die Produktvielfalt sowie die Nachfrage nach Ersatzprodukten für tierische Lebensmittel sind in den vergangenen Jahren stark gestiegen. Eine veränderte Ernährungsweise, Ernährungstrends, aber auch Nahrungsmittelunverträglichkeiten können die Ursache sein. Die Produktvielfalt im Bereich der vegetarischen und veganen Ersatzprodukten wuchs in den letzten Jahren rasant an.

Die Ersatzprodukte sind den herkömmlichen tierischen Produkten in Aussehen, Textur sowie Geschmack angeglichen. So haben Verbrauchende bei der Wahl von pflanzlichen Ersatzprodukten nicht das Gefühl, dass sie auf tierische Lebensmittel verzichten müssen. Die Zutatenliste zeigt die eingesetzten Bestandteile dieser Alternativprodukte.

Milchersatz

Pflanzliche Milchersatzprodukte sind wässrige Extrakte von Hülsenfrüchten, (Pseudo-) Getreiden oder Ölsamen/ Nüssen und häufig fermentiert. Sie sind in ihrem Erscheinungsbild der Kuhmilch ähnlich, geschmacklich weichen sie jedoch ab. Diese Produkte werden nicht Milch genannt, sondern Pflanzendrinks.

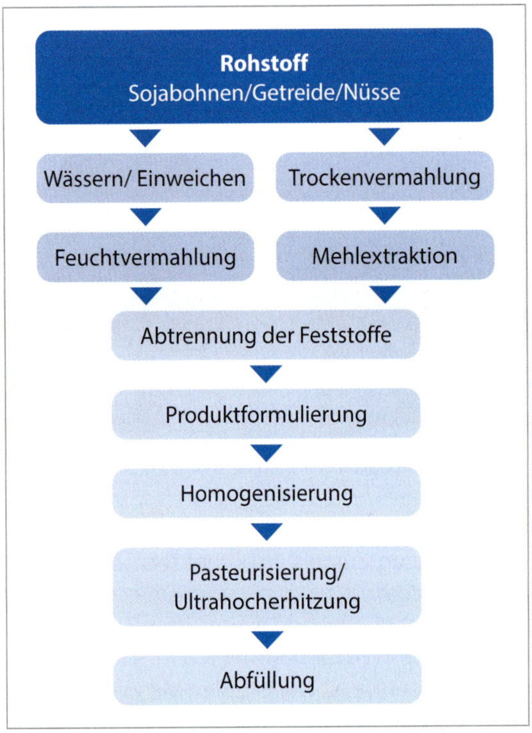

Herstellung pflanzlicher Ersatzprodukte (Beispiel)

Auf dieser Basis werden auch milchfreie Alternativen zu Joghurt angeboten. Verwendung finden hier Soja, Mandel, Hafer, Kokos, Cashews, Lupinen, Erbsen.

***BEISPIELE** für Pflanzendrinks:*
Sojadrink, Mandeldrink, Haferdrink, Reisdrink, Nussdrinks, Kokosdrink, Hanfdrink, Lupinendrink, Erbsendrink

Die Nährwertgehalte variieren je nach Sorte deutlich und unterscheiden sich auch von denen der Kuhmilch.

Fleisch- und Käseersatz

Zur Herstellung pflanzlicher Alternativen werden eine oder mehrere Proteinquellen und/oder pflanzliche Fette verwendet. Beim Fleischersatz spielen Soja, Erbsen und Weizen wegen ihrer Proteinqualität eine wichtige Rolle. Ergänzt werden diese mit weiteren Zutaten wie Pflanzenöl, Stärke, Gemüse, Verdickungsmitteln, Stabilisatoren, Emulgatoren und Gewürze. Beim veganen Käseersatz kommen meist Kokos- und Nussöle oder Weizenprotein zum Einsatz.

Ernährungsphysiologisch können pflanzliche Fleisch- und Käsealternativen im Vergleich zu herkömmlichen tierischen Produkten durchaus mithalten. Proteinqualität und -gehalt sind nahezu identisch. Bezogen auf Energie-, Gesamtfettgehalt, Anteil gesättigter Fettsäuren sowie Cholesterin sind Ersatzprodukte positiver einzuordnen als das Original. Verbesserungsbedarf gibt es jedoch in den Rezepturen. Meist enthalten sie mehr Salz, Zusatzstoffe und Aromen als tierische Erzeugnisse. Auch die Wahl der eingesetzten pflanzlichen Öle zur Herstellung von Produktalternativen könnte besser sein. Häufig wird Sonnenblumenöl anstelle des ernährungsphysiologisch günstigeren und meist regionalen Rapsöls verwendet. Daher ist es ratsam, Ersatzprodukte individuell und mit kritischem Blick auf die gekennzeichneten Nährwerte und Zutatenlisten zu prüfen.

Fertigungsstufen von Convenience-Produkten

Fertigungsstufen	Verarbeitungsgrad	Beispiele
Küchenfertige Lebensmittel	Vorbereitungsarbeiten sind abgeschlossen, Zutaten müssen fertig zubereitet und gegart werden	Tiefkühlgemüse, Backmischungen, geputzte Blattsalate, ausgenommenes Geflügel / Fisch
Garfertige Lebensmittel	Vor- und Zubereitungsarbeiten sind durchgeführt, sie müssen noch gegart werden	Gewürzte / panierte Fleischstücke, Teigwaren, Trockensuppen, vorfrittierte Pommes, Kartoffelklöße im Kochbeutel
Verzehrfertige Lebensmittel	Sie können nach dem Auspacken sofort verzehrt werden	Obstkonserven, Dessert, Puddings, Fertigmenüs, Chips

Vorteile der Convenience-Produkte	Nachteile der Convenience-Produkte
Einsparung von Zeit / Arbeitskraft / Energie bei der Vor- und Zubereitung	Höherer Preis als frische Ware
Niedrigere Wareneinsatzkosten	Höherer Gehalt an Zusatzstoffen
Leichtere Vorratshaltung	Einbußen in Aroma und Geschmack
Ein von der Jahreszeit unabhängiges Nahrungsmittelangebot	Weniger Variationsmöglichkeiten
Kürzere Garzeiten	Niedrigerer Vitamin- und Nährstoffgehalt als bei frischen Lebensmitteln
Vereinfachung schwieriger Herstellungsprozesse	Niedrigere Nährstoffdichte
Konsequente Hygiene- und Laborkontrollen in allen Prozessstufen	Vorgegebene Geschmacksrichtung
	Hoher Energieverbrauch durch Lagerung
	Lange Transportwege bis zum Endverbraucher
	Aufwendige und umweltbelastende Verpackungen (Kunststoff, Aluminium, Papier

Vegane Käsealternativen dürfen nicht als Käse bezeichnet werden.

Positiv an einer vegetarischen und veganen Ernährung, auch mit Ersatzprodukten ist, dass sie zur Verringerung von klimaschädlichen Emissionen, dem Wasserverbrauch und zur Schonung von Ressourcen beitragen kann. Im Sinne des größtmöglichen ökologischen Nutzens sind unverarbeitete, pflanzliche Lebensmittel jedoch den Alternativen vorzuziehen.

BEISPIELE: *Jackfruit, Lupinen und Produkte daraus, Produkte aus Soja, Seitan (aus dem Klebereiweiß des Weizens)*

AUFGABEN

1. Für Milchprodukte gibt es eine Vielzahl von milchfreien Alternativprodukten. Vergleichen Sie die Nährwerte von Sojajoghurt und Lupinenjoghurt mit Fruchtzusatz mit denen eines herkömmlichen Fruchtjoghurts.

2. Informieren Sie sich über sogenannten Analogkäse. Was steckt dahinter? Vergleichen Sie Analogkäse mit veganen Käsealternativen.

3. Recherchieren Sie zu den Produkten Jackfruit und Seitan.
   a) Erstellen Sie jeweils einen Steckbrief mit Nährstoffgehalt.
   b) Geben Sie Anwendungsbeispiele.

Vegane Produkte (Fleischersatz): Seitan, Jackfruit, Lupinen

2
8
12

2.7 Anrichten und Garnieren

Für den Genuss der Speisen ist nicht ausschließlich die fachlich richtige Zubereitung wichtig. Ein ansprechend gedeckter Tisch (s. S. 339, 477) bietet den Rahmen, der zu einem genussvollen und geselligen Essen einlädt.

Je nach Mahlzeit und Anlass werden verschiedene Gedecke vorbereitet, z. B.

Frühstücksgedeck: Hier besteht das Grundgedeck aus Mittelteller, Untertasse und Kaffeetasse, Messer, Kaffeelöffel und Serviette.

Frühstückgedeck

Mittagsgedeck und Abendgedeck: Hier besteht das Grundgedeck aus großem Teller, Messer, Gabel, Esslöffel, Dessertlöffel und Serviette

Einfaches Gedeck

Kaffeegedeck: besteht aus Mittelteller, Tasse mit Untertasse, Kaffeelöffel, Kuchengabel, Serviette, Zuckerdose und Milchkännchen.

Kaffeegedeck

Für festliche und besondere Anlässe werden diese Gedecke erweitert (s. S. 341, 477)

Tischgeschirr, Besteck- und Gläserauswahl s. S. 341

In Einrichtungen und Tagungshäusern sind Servietten bereit zu halten. Auf eingedeckten Tischen gehören gefaltete Servietten zur Tischdekoration (s. S. 478).

Werden die Speisen appetitlich und farbenfroh angerichtet, steigert dies die Lust und Freude am Essen.

Ob im Betriebsrestaurant, der Mensa, im Speiseraum einer Senioreneinrichtung und bei einer festlichen Veranstaltung in einem Tagungshaus, überall spielen das Anrichten und Garnieren eine Rolle. „Das Auge isst mit"!

Zum **Anrichten** gehört das Einfüllen und Verteilen von fertig zubereiteten Speisen auf Tellern und Anrichtegeschirr wie Platten und Schüsseln.

Speisen auf einem Büfett werden vielfach auf Platten angeboten (s. S. 466 ff.).

FÜR DIE PRAXIS

Tipps zum Anrichten:
- Den Tellerrand freihalten, damit beim Servieren kein Daumen in die Speise geraten kann.
- Speisen nicht in Soße ertränken, ein dezenter Soßenspiegel ist dekorativ und sieht appetitlich aus. Immer sollte auf eine gute farbliche Abstimmung geachtet werden.
- Werden die Speisen auf Platten und in Schüsseln serviert, so ist das Geschirr vorzuwärmen.
- Schüsseln nur dreiviertel voll füllen und den Rand sauber halten.
- Auch eine turmähnliche Anordnung der Speisen auf dem Teller ist denkbar, ebenso die Zusammenstellung der Speisen in einer Bowl (Schale) o. Ä. (s. S. 472).

Angerichtete Speisen

Fertig angerichtete Speisen werden durch das **Garnieren** verziert und optisch aufgewertet. Die Garnierung muss geschmacklich und farblich zur Speise passen und essbar sein.

Dabei werden die Lebensmittel verwendet, welche auch in der Speise selbst vorkommen.

Die Garnierung darf die Speisen nicht überladen. Sie kann als Rand- oder als Mittelgarnierung sowie als seitliche Garnierung erfolgen.

Ein Spritzbeutel kann beim Garnieren oft hilfreich sein (s. S. 49).

Weitere Informationen zum Umgang mit dem Spritzbeutel: www.youtube.de

Die Wahl der Speisen ist meist von Gewohnheiten geprägt. So wird bei dem großen Speisenangebot, unbewusst oft zur ungesünderen Variante gegriffen. Food Nudging (s. S. 333) kann den Essensteilnehmenden dabei helfen, sich für das gesündere Gericht zu entscheiden. Je attraktiver das Angebot gegenüber einem anderen ist, zum Beispiel in Bezug auf die Optik, Kosten, Zugänglichkeit und vielem mehr, desto leichter fällt die Wahl. Durch die schmackhafte Präsentation des Menüs können hauswirtschaftliche Fachkräfte entscheidend zu einer gesundheitsfördernden Ernährung und zu höherer Nachhaltigkeit beitragen.

AUFGABEN

4. Nennen Sie zu den drei Speisen, die auf dem Hof der Familie Meyer regelmäßig auf den Tisch kommen, jeweils eine passende Garnitur:
- Frikadellen mit Kartoffelsalat
- Lachsfilet mit Reis und Gurkensalat
- Obstsalat

5. Recherchieren Sie typische und traditionelle Garnierungen wie z. B. Trauben zur Käseplatte und führen diese in einer Liste auf.

6. Skizzieren Sie die Anordnung der Speisenkomponenten eines Gerichtes Ihrer Wahl mit Garnitur.

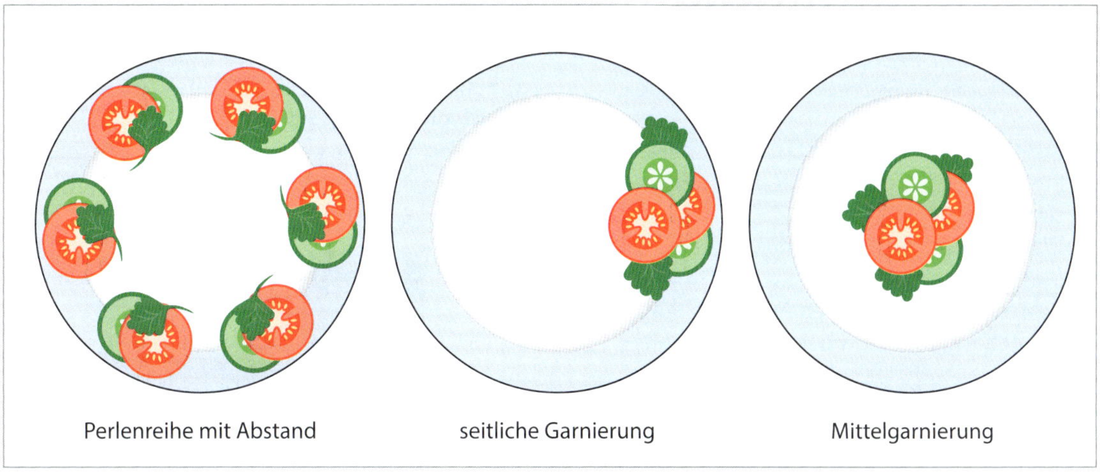

Rand-, seitliche und Mittelgarnierungen

Während Ihrer Ausbildung sind Sie im landwirtschaftlichen Ausbildungsbetrieb und Mehrgenerationenhaushalt der Familie Meyer. Die Familie möchte die selbsterzeugten Produkte zukünftig im Hofladen anbieten. Fam. Meyer ist es wichtig, dass die Hühner möglichst viel Auslauf haben und sich bewegen können. Daher haben sie einen mobilen Hühnerwagen gekauft. Die Eier sollen zukünftig im Hofladen in einem Eierautomat verkauft werden. Zusätzlich verarbeitet Lena die Eier zu verschiedenen Produkten, welche ebenfalls im Hofladen verkauft werden sollen.

Lena ist es wichtig, dass die Eier gut vermarktet werden. Ebenso die von ihr hergestellten Produkte.

Das Herstellen und Verpacken der Produkte nimmt viel Zeit in Anspruch. Den anspruchsvollen Kunden bietet Lena immer wieder neue Rezeptideen. „Alles rund um's Ei!" ist zu ihrem Verkaufsmotto geworden.

Aufgabe 1

Recherchieren Sie Rezepturen, in denen Eier verwendet werden.

a) Erstellen Sie daraus eine Liste der Speisen und Produkte, welche für den Verkauf geeignet sind.
b) Wählen Sie ein Rezept daraus und stellen Sie dies her.
c) Schreiben Sie dazu einen Arbeitsablaufplan mit Zeitangaben und benötigten Arbeitsmitteln.
d) Beschreiben Sie, wie Sie mit nachhaltigem Handeln für Ihr Produkt werben können.

Aufgabe 2

Bunte Eier sind vor allem bei den Kindern beliebt, daher färbt Lena einige Eier für den Verkauf.

a) Informieren Sie sich über drei verschiedene Eierfärbemethoden (-mittel).
b) Stellen Sie jeweils den Aufwand, das Ergebnis, die höchstmögliche Anzahl der Eier und den Preis gegenüber. Vergleichen Sie.
c) Welche Eierfarbe/ Färbemittel würden Sie Lena empfehlen? Begründen Sie Ihre Antwort mit drei Argumenten.
d) Stellen Sie dar, wie Sie die Kinder Ben und Emma mit einbeziehen können. Präsentieren Sie dies innerhalb von zehn Minuten im Klassenteam.

Aufgabe 3

Der Verkauf der Eier sowie derer Produkte soll von Ihnen verantwortlich auf Social Media beworben werden. Listen Sie mögliche Werbemaßnahmen auf. Nutzen Sie dazu z. B. ein kostenfreies Onlineportal wie Canva zum Erstellen von quadratischen Werbebildern und Texten, welche sich zum Swipen auf Social Media eignen.

a) Erstellen Sie zu Ihrem Vorgehen einen entsprechenden Ablaufplan.
b) Stellen Sie Lena zwei erstellte Werbeanzeigen vor.

Food names

Lebensmittel-gruppe	Deutsch	Englisch
Pflanzliche Lebensmittel **Vegetable products**	Kartoffel	**potato**
	Kürbis	**pumpkin**
	Lauch	**leek**
	Spinat	**spinach**
	Sellerie	**celery**
	Zwiebel	**onion**
	Knoblauch	**garlic**
	Kräuter	**herbs**
	Birne	**pear**
	Erdbeere	**strawberry**
	Ananas	**pineapple**
	Blaubeere	**blueberry**
	Pfirsich	**peach**
	Pflaume	**plum**
	Getreide	**grain**
	Mehl	**flour**
	Vollkorn	**wohle grain**
	Weizen	**wheat**
	Hafer	**oats**
	Dinkel	**spelt**
	Reis	**rice**
	Nudeln	**noodles**
	Hülsenfrüchte	**pulses**
	Linsen	**lentil**
	Kichererbsen	**chickpeas**
	Bohnen	**bean**
	Erbsen	**peas**
	Sojabohnen	**soybeans**
Tierische Lebensmittel **animal products**	Fleisch	**meat**
	Fisch	**fish**
	Rindfleisch	**beef**
	Schweinefleisch	**pork**
	Geflügelfleisch	**poultry**
	Huhn / Hähnchen	**chicken**
	Wurst	**sausage**
	Lachs	**salmon**
	Forelle	**trout**
	Krebse	**crabs**
Garstufen Fleisch	blutig	**rare**
	Halb durch	**medium**
	durch	**well done**

Lebensmittel-gruppe	Deutsch	Englisch
Milchprodukte **Dairy product**	Milch	**milk**
	Sahne	**cream**
	Käse	**cheese**
	Quark	**quark**
	Joghurt	**yogurt**
	Butter	**butter**
	Lactose	**lactose**
	Ei	**egg**
Nüsse, Samen und Öle **Nuts, seeds, oil**	Rapsöl	**rapeseed oil**
	Sonnenblumenöl	**sunflower oil**
	Olivenöl	**olive oil**
	Sesam	**sesame**
	Walnuss	**walnut**
	Erdnuss	**peanut**
	Haselnuss	**hazelnut**
	Mandel	**almond**
Weiteres **Some more**	Unverträglichkeit	**intolerance**
	Allergie	**allergy**
	täglich	**daily**

DGE Nutrition Circle is a graphical model for the visualisation of qantitive dietary guidelines and is intended for healthy adults. Food selection according to the DGE Nutrition Circle is a reliable basis for the implementation of a wholesome diet.

DGE-Ernährungskreis® Copyright: Deutsche Gesellschaft für Ernährung e. V., Bonn

The area of the DGE Nutrition Circle is diveded into food groups. By this segmentation, the circle illustrates the relative quantities of the following different food groups which are required for a wholesome diet:

1. Water and drinks
2. Vegetables, salad and fruits
3. Pulses and nuts
4. Cereals, cereal products, potatoes
5. Oils and fats
6. Milk and diary products
7. Meat, sausages, fish and eggs

2

8

12

Lebensmittel aus dem 3D-Drucker

Was sich wie ein Märchen anhört, wird nun zur Wirklichkeit. Lebensmittel lassen sich als 3D-Drucke herstellen.

Der 3D-Lebensmitteldruck ist ein faszinierendes Verfahren, bei dem verschiedene Inhaltsstoffe anhand eines CAD-Designs präzise positioniert und kombiniert werden. Es entstehen vielfältige Texturen, Strukturen und komplexe Lebensmittelzusammensetzungen- und das in der gewünschten Form.

Ermöglicht werden immer komplexere und originellere Formen sowie innovative Rezepte. Zudem lassen sie sich auch an spezielle Ernährungsweisen anpassen.

Stellen Sie sich vor, Sie betreten ein Restaurant mit einer modernen, futuristischen Inneneinrichtung. Die digitale Speisekarte am Tisch zeigt Ihnen die Gerichte in einer Bildergalerie. Mit einem Klick erhalten Sie weitere Details über die verwendeten Zutaten. Das könnte so aussehen:

BEISPIELE:

- ***Vorspeise:*** *Kleine Teigwürfel in geometrischer Perfektion, aus deren Mitte zierliche Pflänzchen und Pilze sprießen.*
- ***Hauptgericht:*** *Traditionelle Pasta in Form wunderschöner Rosenblüten mit einer klassischen Tomatensoße.*
- ***Dessert:*** *Eine Miniaturnachbildung des Kolosseums von Rom aus Schokolade.*

Die Idee für die Rosenblüten-Pasta könnten Sie sogar selbst haben: Sie finden im Internet ein digitales 3D-Modell und schicken es per E-Mail an das Restaurant. So kommt es zu einer gelungenen Überraschung für die Begleitperson.

Ist der 3D-Drucker für Lebensmittel ein Gerät, welches wir zukünftig in Küchen und hauswirtschaftlichen Betrieben vorfinden werden?

Auch der Einsatz des 3D-Drucks bei der Wiederverwendung von Lebensmittelabfällen wird zunehmend interessanter und geht damit in die Kreislaufwirtschaft im gastronomischen Bereich ein.

Aufgabe 1

Diskutieren Sie in der Klasse die Möglichkeiten des 3D-Druckens in der Küche zur Nahrungszubereitung.

Aufgabe 2

Recherchieren und sammeln Sie Informationen zum Thema: *„Gut ernährt im Alter: Essen aus dem 3D-Drucker“* zur Versorgung älterer Menschen.

Aufgabe 3

Übertragen Sie Ihre Erkenntnisse daraus auf das Essen für Kinder.

a) Erstellen Sie eine Liste mit Vor- und Nachteilen.

b) Diskutieren Sie die diese in der Klasse.

Aufgabe 4

Informieren Sie sich über weitere Projekte, welche Lebensmittelabfälle weiterverarbeiten. Diskutieren Sie dies im Klassenteam.

Aufgabe 5

Einen Osterhasen in der typischen „L-Form“ mit dem 3D-Drucker herzustellen, ist inzwischen kein Hexenwerk mehr. Was sagt das Urheberrecht dazu?

Aufgabe 6

Sehen Sie sich das Video über das „Steak Fake“ an und diskutieren Sie in der Klasse darüber. Weitere Informationen unter „Fleisch aus dem 3D-Drucker“. *https://www.youtube.com*

Rechnen mit Gewichten

1 t (Tonne) = 1000 kg
1 kg = 1000 g
0,1 kg = 100 g

Aufgabe 1

Wandeln Sie von kg in g um:

kg	g
$\frac{1}{2}$ kg =	
$\frac{1}{8}$ kg =	
2,5 kg =	

Wandeln Sie von g in kg um:

kg	g
=	2345 g
=	375 g
=	250 g

Aufgabe 2

Berechnen Sie: 1 TL entspricht 5 g Zucker.
Wie viele TL Zucker werden benötigt, wenn für ein Rezept 25 g Zucker hinzugefügt werden?

Aufgabe 3

Recherchieren Sie:

a) Welche Lebensmittel für Ihren Betrieb können in einer Gebindegröße von 250 g gekauft werden?
b) Welche unterschiedlichen Gebindegrößen gibt es bei Essiggurken (Vergleich Gewicht und Abtropfgewicht)?

Aufgabe 4

In einem Kinderhort soll es für 80 Kinder Kartoffelpuffer nach folgendem Rezept geben:

a) Erstellen Sie eine Einkaufsliste mit der benötigten Menge für alle Kinder.
b) Erkunden Sie im Supermarkt die Lebensmittelpreise der aufgeführten Zutaten und notieren diese.
c) Berechnen Sie die Lebensmittelkosten pro Kind.

Kartoffelpuffer

4 Portionen

1 Zwiebel	vorbereiten und in kleine Würfel schneiden
1000 g Kartoffeln	schälen, waschen und reiben
2 Eier	mit
1 TL Salz	und der Zwiebel verrühren
125 ml Öl	in einer breiten Pfanne für jede Pfannenfüllung 2 EL davon erhitzen, pro Puffer 1 gehäuften EL Teig hineingeben, flach drücken und von jeder Seite goldbraun braten.

Aufgabe 5

Als Pausenangebot in einer Grundschule soll es Bananenbrot geben.

a) Geben Sie an, wie oft Sie das Rezept für 90 Kinder benötigen.
b) Erstellen Sie eine Einkaufsliste.
c) Recherchieren Sie die Preise der Zutaten auf einer Bestellseite mit Bestelloption
d) Wie hoch sind die Kosten für ein Stück Bananenbrot?

Bananenbrot

15 Stücke

3	Bananen sehr reife
1	kleiner Apfel
2	Eier
50 g	Haselnüsse
200 g	Mehl, z. B. Dinkelvollkornmehl
50 g	Haferflocken
1/2	Pck. Backpulver

Die Bananen schälen, den Apfel entkernen, beides pürieren und mit Eiern vermischen. Nüsse grob zerkleinern und hinzufügen. In einer zweiten Schüssel die trockenen Zutaten vermischen. Anschließend den Bananenbrei unter die trockenen Zutaten mischen. Den Teig in eine gefettete Kastenform füllen und für 45 Minuten im vorgeheizten Backofen bei 180 °C backen.

Aufgabe 6

Übertragen Sie die Skala eines Litermaßes in Ihr Heft und markieren Sie diese Maße:

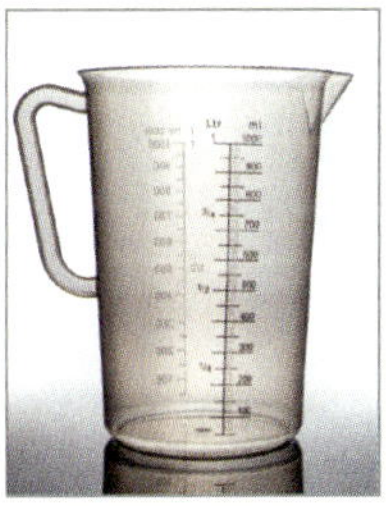

a) $\frac{3}{4}$ l b) $\frac{3}{8}$ l c) $\frac{2}{4}$ l
d) $\frac{2}{8}$ l e) $\frac{4}{4}$ l f) $\frac{4}{8}$ l

2

8

12

Nachhaltig einkaufen

In ihrem landwirtschaftlichen Ausbildungsbetrieb und Mehrgenerationenhaushalt der Familie Meyer möchte Lena ihrer Familie gerne eine Milchalternative anbieten. Dafür hat sie zunächst drei Produkte in die engere Wahl genommen, diese würde sie bei Ihrem wöchentlichen Einkauf ohne Mehraufwand (Umwege) einkaufen können. Bei der Produktrecherche unterstützen Sie Lena und stellen ihr die Ergebnisse vor.

Milchersatzprodukte werden immer beliebter

Pflanzendrinks als Milchersatz liegen voll im Trend, die Verbraucher in Deutschland können mittlerweile aus einer Vielzahl von Milchalter**nativen aus**wählen. Zugleich sinkt der Verbrauch konventioneller Kuhmilch.

Die zunehmende Vielfalt im Supermarktregal hat einen einfachen Grund: Pflanzliche Milch wird immer beliebter. So hat sich der Absatz von Milchersatzprodukten im deutschen Lebensmitteleinzelhandel zwischen 2018 und 2020 verdoppelt. Gleichzeitig sinkt der Verbrauch konventioneller Kuhmilch seit Jahren – von 54 Litern pro Kopf im Jahr 2000 auf knapp 48 Liter im Jahr 2021. Damit erreicht der Pro-Kopf-Verbrauch von Trinkmilch in Deutschland den niedrigsten Wert seit 1991.

Hafermilch macht inzwischen 56 Prozent des Gesamtumsatzes an Milchersatzprodukten aus – damit konnte die Hafermilch ihren Marktanteil im Vergleich zu 2020 um 10 Prozentpunkte ausbauen.

BIO Haferdrink Konzentrat	BIO Haferdrink Pulver	BIO Haferdrink gebrauchsfertig
500 ml für 1,35 € (ergibt 1,5 L Drink)	300 g für 4,99 € (ergibt 3,5 L Drink)	1 L für 0,95 €

··· Aufgabe 1

Vergleichen Sie drei Haferdrinks. Ermitteln Sie dazu den Herstellungsort, die Haferquelle, die Zusatzstoffe, den Energiewert, Preis pro 100 ml, Haltbarkeit, Verpackung, zusätzliche Labels.

··· Aufgabe 2

Erstellen Sie nach dem unten stehenden Muster eine Liste der von Lena zu bedenkenden Aspekten beim Einkauf von Haferdrinks. Sortieren Sie diese Aspekte nach den drei Dimensionen der Nachhaltigkeit.

··· Aufgabe 3

Sie haben nun zu den drei Dimensionen der Nachhaltigkeit im Bezug auf den Einkauf von Haferdrinks recherchiert. Wie decken sich die Ergebnisse mit den von Lena ausgewählten Produkten? Würden Sie Lena zu einem anderen / weiteren Produkte raten? Begründen Sie Ihre Antwort mit fünf Argumenten.

··· Aufgabe 4

Wo kann Lena im landwirtschaftlichen Ausbildungsbetrieb und Mehrgenerationenhaushalt im Bereich Ernährung außerdem noch nachhaltig handeln? Nennen Sie zu jeder der drei Dimensionen der Nachhaltigkeit mindestens zwei konkrete Bereiche oder Tätigkeiten, bei denen die Hauswirtschaftsleitung auf Nachhaltigkeit achten kann.

··· Aufgabe 6

Beschreiben Sie konkrete Maßnahmen für Ihren Ausbildungsbetrieb, mit denen Sie in Bezug auf die Speisenplanung noch nachhaltiger handeln können.

Ökologische Aspekte	Ökonomische Aspekte	Soziales (inkl. Gesundheit)
…	…	…

Wohn- und Funktionsbereiche reinigen und pflegen

3

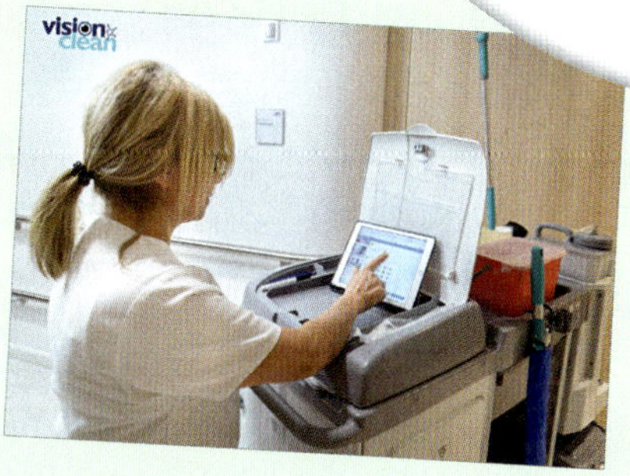

Lernsituation

Sara hat vor kurzem ihre Ausbildung zur Hauswirtschafterin im Krankenhaus Sankt Maria begonnen. Voller Aufregung und Vorfreude meldet sie sich bei Frau Mira, welche für die Koordination der Reinigungsarbeiten im Krankenhaus zuständig ist, informiert Sara darüber, dass sie die nächsten zwei Wochen auf der Station für innere Medizin eingesetzt sein wird. Hierfür ist es wichtig, dass Sara die Bedeutung von Reinigung, Desinfektion und Pflege kennt und sich deren jeweiligem Ziel stets bewusst ist. Frau Mira erklärt ihr, dass für ein optimales Ergebnis die unterschiedlichen Arten und Verfahren genauso bedeutsam sind wie die eingesetzten Arbeitsmittel.

Der Kollege Edvin wird Sara die Reinigungs- und Pflegeeigenschaften der zu behandelnden Materialien erläutern und sie über die Arbeitsorganisation sowie die Reinigungspläne auf der Station informieren. Außerdem wird Edvin ihr zeigen, wie die Dokumentation und Kontrolle durchgeführter Arbeiten erfolgt und Abfälle fachgerecht entsorgt werden.

3

9

3.1 Grundlagen der Reinigung, Desinfektion und Pflege

Reinigungs-, Desinfektions- und Pflegearbeiten sind auf den ersten Blick etwas Alltägliches und somit selbstverständlich. Dahinter verbirgt sich jedoch ein hohes Maß an Professionalität. Weiterhin wird Verpackungsmüll erzeugt und die Arbeitenden sowie die Umwelt mit Chemikalien belastet. Auch Kontaktpersonen, die nicht an der Reinigung beteiligt sind, können durch Dämpfe belastet werden. Der fachgerechte Einsatz mit der richtigen Dosierung der Mittel erfordert ein hohes Maß an Professionalität. Im Sinne der Nachhaltigkeit ist es wichtig, Ressourcen sparsam einzusetzen und Schmutzflotten sowie Abfälle umweltgerecht zu entsorgen.

Ziel der **Reinigung** ist es, sichtbaren Schmutz zu entfernen und so das Aussehen von Oberflächen, Gegenständen oder Räumen zu verbessern. Das wirkt sich positiv auf das Wohlbefinden aus. Außerdem verhindert es, dass sich im Schmutz befindliche Krankheitserreger vermehren können.

Die **Desinfektion** hat zum Ziel, Krankheitserreger abzutöten und so die Ausbreitung von Infektionskrankheiten (=ansteckende Krankheiten) zu verhindern. Davon profitieren vor allem Personen mit einem schwachen Immunsystem, also Säuglinge, Kleinkinder, chronische kranke Menschen und Senioren.

Ziel der **Pflege** ist es, Oberflächen und Gegenstände vor äußeren Einflüssen zu schützen. Das verlängert ihre Lebensdauer und spart Geld, da eine Neuanschaffung herausgezögert wird. Darüber hinaus verbessert es das Aussehen und verlangsamt eine erneute Verschmutzung, sodass seltener gereinigt werden muss.

- Ziel der Reinigung: Schmutz entfernen
- Ziel der Desinfektion: Krankheitserreger abtöten
- Ziel der Pflege: Optik verbessern und Materialien schützen

FÜR DIE PRAXIS

Durch Pflegemaßnahmen lässt sich die Lebensdauer von Gegenständen und Oberflächen erhöhen. Neuanschaffungen können dadurch hinausgezögert werden.

Reinigung, Desinfektion und Pflege werden als Dienstleistung in Einrichtungen erbracht, um
- Ordnung (wieder-)herzustellen
- Sauberkeit in Wohn- und Funktionsräumen sowie Hygiene zu sichern
- den Wert von Materialien und Einrichtungsgegenständen zu erhalten

3.1.1 Schmutz

Schmutzarten

Mit Schmutz sind alle Substanzen gemeint, die an einem bestimmten Ort nicht erwünscht sind.

Es gibt zwei Arten von Schmutz:
- Lose aufliegender Schmutz
- Haftender Schmutz

Diese lassen sich weiter nach Größe und Entfernbarkeit einteilen.

Die Schmutzarten und ihre Einteilungen

Schmutzart	Einteilung in	Schmutzbeispiele
Lose aufliegender Schmutz	Feinschmutz	Haare, Staub, Schuppen, Flusen
	Grobschmutz	Laub, Glasscherben, Sand, Papierknäuel
Haftender Schmutz	wasserlöslich	Speisereste, Fingerabdruck, Saft, Kaffeefleck
	wasserunlöslich	Kaugummi, Kleber, Harz, Lack
	oberflächenverändernd	Kalk, Rost, Patina, Grünspan

Verschmutzungsgrade

Verschmutzte Oberflächen und Gegenstände sehen unschön aus. Zum Glück sind viele Verschmutzungen schnell und ohne Aufwand zu entfernen. Bei einer stärkeren Verschmutzung kann jedoch die Reinigung sehr aufwendig und zeitintensiv sein. Insgesamt sind drei verschiedene Verschmutzungsgrade zu unterscheiden.

- **Leichter Verschmutzungsgrad**: Zu diesem Verschmutzungsgrad gehört lose aufliegender Feinschmutz, wie zum Beispiel Haare oder Staub. Leichte Verschmutzungen können schnell mit dem Staubsauger, Besen oder Wischgerät und ein wenig Wasser entfernt werden.
- **Mittlerer Verschmutzungsgrad**: Lose aufliegender Grobschmutz und wasserlöslicher Schmutz führen zu einem mittleren Grad der Verschmutzung. Dieser ist in der Regel optisch auffälliger, aber gut zu entfernen. Der lose aufliegende Grobschmutz wird mit einem Staubsauger oder Besen beseitigt. Wasserlöslicher Schmutz wird mit Wasser und einem Wischtuch, Schwamm oder Feuchtwischgerät entfernt. Manchmal kommt auch Reinigungsmittel zum Einsatz.
- **Starker Verschmutzungsgrad**: Dieser Verschmutzungsgrad beschreibt schwer entfernbaren, hartnäckigen Schmutz, der wasserunlöslich oder oberflächenverändernd ist. Zur Entfernung von wasserunlöslichem Schmutz müssen spezielle Lösungsmittel, wie zum Beispiel Aceton, eingesetzt werden. Oberflächenverändernder Schmutz kann hingegen nur mechanisch entfernt werden. Hierfür kommen Stahldrahtschrubber, Stahlbürsten oder Poliermittel zum Einsatz. Das ist zeit- und arbeitsintensiv und kann zu Schäden am Gegenstand oder an der Oberfläche führen.

Je höher der Verschmutzungsgrad, desto aufwendiger sind die Reinigungsarbeiten!

FÜR DIE PRAXIS

Je nach Grad der Verschmutzung müssen unterschiedliche Reinigungsmethoden genutzt werden.

3.1.2 Reinigungsfaktoren

Der Chemiker Herbert Sinner stellte fest, dass vier Faktoren für den Erfolg der Reinigung verantwortlich sind. Diese Faktoren sind: **Temperatur, Zeit, Mechanik** und **Chemie**. Die vier Faktoren sind miteinander verbunden und beeinflussen sich gegenseitig. Wird der Anteil eines Faktors verändert, verändern sich auch die Größen der drei anderen Faktoren.

Wird der Anteil eines Faktors verändert, verändern sich auch die Größen der drei anderen Faktoren. In der Summe bleiben die Faktoren gleich.

Temperatur: Die Temperatur des Wassers hat Auswirkungen auf die Effektivität der Schmutzentfernung beim Spülen, Dampfreinigen oder Wäschewaschen. Je höher die Temperatur, desto weniger Zeit, Mechanik und Chemie werden für die Reinigung benötigt.

Zeit: Der Spruch „Zeit ist Geld!" gilt auch bei der Reinigung. Die meisten Kosten fallen für die Entlohnung der Reinigungskräfte an. Unternehmen versuchen daher die Einsatzzeiten der Reinigungskräfte so gering wie möglich zu halten. Durch den Einsatz von Maschinen verliert der Faktor Zeit mehr und mehr an Bedeutung.

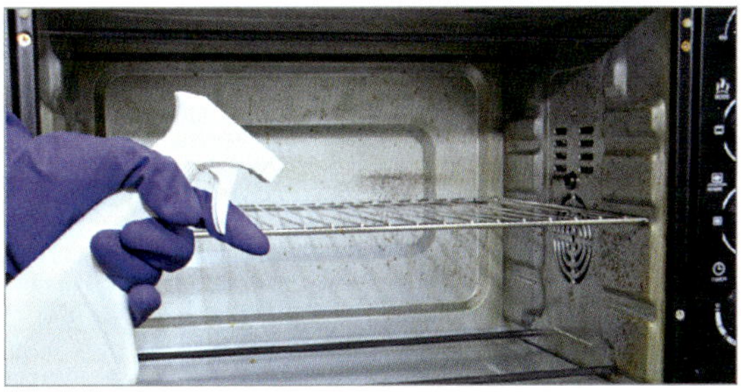

Ein stark verschmutzter Konvektomat erfordert Spezialreiniger

Mechanik: Durch Krafteinsatz von Hand oder leistungsstarke Maschinen lassen sich gute Reinigungsergebnisse erzielen. Stärkere Mechanik kann die aufzuwendende Zeit verringern.

Chemie: Der Einsatz von Reinigungs-, Pflege- und Desinfektionsmitteln stellt einen sehr wichtigen Anteil am Reinigungsprozess dar. Er ist von den Inhaltsstoffen und der Konzentration der eingesetzten Mittel abhängig. Aus Gründen des Umwelt- und Gesundheitsschutzes sollte der Chemieanteil allerdings immer so gering wie möglich sein.

Der Sinner'sche Kreis spielt auch in der Textilpflege eine große Rolle (s. S. 295 f.).

Die vier Reinigungsfaktoren im Vergleich: Fußbodenreinigung mit Fransenmopp gegenüber dem Einsatz einer Scheibenmaschine

3.1.3 Reinigungsarten

Je nach zeitlichem Abstand und Intensität der Reinigung werden drei Reinigungsarten unterschieden: die Sichtreinigung, die Unterhaltsreinigung und die Grundreinigung.

> Reinigungsarbeiten unterscheiden sich in ihrer Intensität und in ihrer Häufigkeit.

Sichtreinigung

Die Sichtreinigung wird durchgeführt, um sichtbaren Schmutz zu entfernen. Sie pflegt und verhindert, dass sich krankmachende Keime im Schmutz vermehren können. Oberflächen oder Gegenstände sehen durch die Sichtreinigung zudem besser aus. In der Regel wird die Sichtreinigung täglich durchgeführt und nimmt nur wenig Zeit in Anspruch. Typische Arbeiten der Sichtreinigung sind:

- Lüften
- Abfallbehälter leeren
- benutztes Geschirr wegräumen oder säubern
- Gardinen und Bettzeug richten

> **Ziel der Sichtreinigung:** sichtbaren Schmutz entfernen, um eine saubere Optik zu erhalten.

BEISPIEL: Griffspuren beseitigen und herumliegende Gegenstände im Patientenzimmer einer Reha-Einrichtung aufheben.

Unterhaltsreinigung

Die Unterhaltsreinigung ist eine sorgfältige Reinigung, die sich am Nutzungs- und Verschmutzungsgrad der Oberflächen und Gegenstände orientiert. Das bedeutet, dass oft genutzte und stärker verschmutzte Flächen häufiger und gründlicher gereinigt werden. Neben der Hygiene geht es dabei um den Werterhalt der Oberflächen und Gegenstände. Die anfallenden Arbeiten werden in einem gleichbleibenden Zeitabstand wiederholt, z. B. jeden Montag oder Freitag. Zur Unterhaltsreinigung zählen zum Beispiel folgende Aufgaben:

- Staub entfernen
- Fußboden wischen oder saugen
- Möbel (Schränke, Stühle und Tische) feucht abwischen
- Lichtschalter, Telefone, Tastaturen und Türgriffe feucht abwischen

Ziel der Unterhaltsreinigung: regelmäßige Reinigung entsprechend dem Nutzungsgrad, um die Grundreinigung möglichst lange hinauszuzögern.

BEISPIEL: Wöchentliche Reinigung des Sanitärbereichs einer Wohngemeinschaft für Menschen mit Behinderungen.

Grundreinigung

Die Grundreinigung ist die intensivste Art der Reinigung. Hierbei werden auch schwer zugängliche Stellen gründlich gereinigt und Materialien zum Werterhalt gepflegt. Dabei kommen oft spezielle Maschinen sowie Reinigungs- und Pflegemittel zum Einsatz. Das ist zeit- und kostenintensiv. Daher wird die Grundreinigung nur selten, etwa ein bis zwei Mal pro Jahr, durchgeführt. Typische Aufgaben der Grundreinigung sind:

- Schränke ausräumen und von innen und außen feucht abwischen
- Gardinen abhängen und waschen
- Fenster, Heizkörper und Lampen reinigen
- Textilen Fußbodenbelag sprühextrahieren

Ziel der Grundreinigung: Intensive, gründliche Reinigung.

BEISPIEL: Zimmerreinigung nach einem Bewohnerwechsel in einem Seniorenheim.

3.1.4 Reinigungsverfahren

Je nach Wassermenge und Flächenausrichtung wird zwischen Trocken-, Feucht- und Nassreinigungsverfahren sowie horizontalem und vertikalem Reinigungsverfahren unterschieden.

Das **Trockenreinigungsverfahren** eignet sich zum Entfernen von lose aufliegendem Schmutz. Grobschmutz, zum Beispiel Sand oder Laub, wird mit einem Besen zusammengekehrt.

Zur Entfernung von Feinschmutz kommt der Staubsauger zum Einsatz. Bei dem Trockenreinigungsverfahren wird kein Wasser und kein Reinigungsmittel benötigt. Das schont die Umwelt und Arbeiten können schnell erledigt werden.

Staubsaugen führt allerdings dazu, dass Staub aufgewirbelt wird und zurück auf die gereinigten Flächen oder Gegenstände fällt. Das belastet die Schleimhäute der Reinigungskraft und erfordert eine erneute Reinigung nach kurzer Zeit.

***Trockenreinigungsverfahren:** lose aufliegender Schmutz wird entfernt, dabei wird kein Wasser verwendet*

FÜR DIE PRAXIS

Das Trockenreinigungsverfahren eignet sich nicht, um große Flächen von Staub zu befreien.

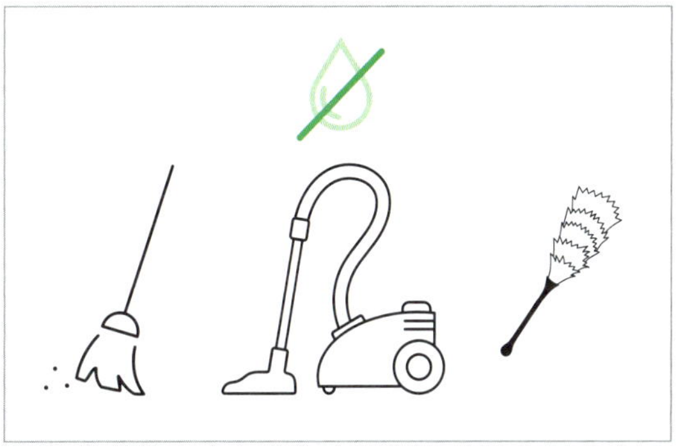

Trockenreinigungsverfahren

Das **Feuchtreinigungsverfahren** eignet sich zur Reinigung leicht verschmutzter, glatter Oberflächen. Bei dem Verfahren kommen meist Wischtücher, Feuchtwischgeräte oder Breitwischgeräte sowie etwas Wasser zum Einsatz. Das ist effektiv, da es Staub bindet. Auf Reinigungsmittel kann oftmals verzichtet werden. Das macht das Verfahren umweltschonend. Wichtig ist, dass die verwendeten Tücher und Geräte nur „nebelfeucht" sind.

Das wird erreicht, indem:
- das Wasser oder die Reinigungsflotte mit einer Sprühflasche aufgetragen wird,
- nach dem Eintauchen in den Eimer das Wischtuch oder der Bezug sehr kräftig ausgepresst wird,
- das Wischtuch oder der Bezug nach dem maschinellen Waschen geschleudert wird.

***Feuchtreinigungsverfahren:** leichte Verschmutzungen werden entfernt, dabei wird nur wenig Wasser verwendet*

FÜR DIE PRAXIS

Egal ob Wischtuch oder Breitwischgerät, die Reinigungsgeräte dürfen nur „nebelfeucht" sein.

Reinigungsflotte: *Gemisch aus Wasser und Reinigungsmittel, welches nach der vorgegebenen Dosierung der jeweiligen Verschmutzung entspricht*

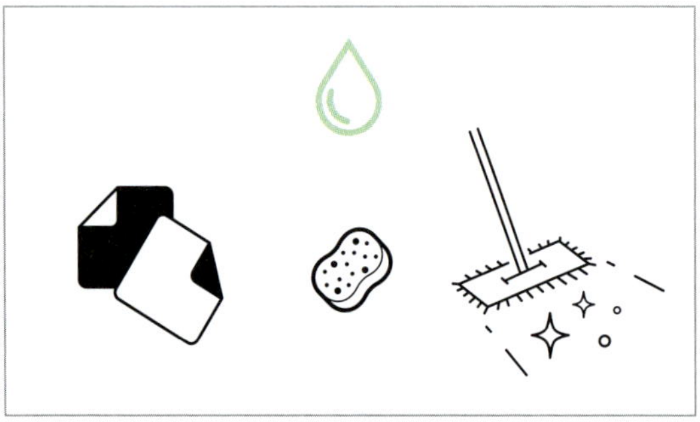

Feuchtreinigungsverfahren: „nebelfeuchte" Reinigung

Das **Nassreinigungsverfahren** eignet sich für wasserbeständige Fußböden, die stark verschmutzt sind oder fest haftenden Schmutz aufweisen. Genutzt werden der Nasswischmopp oder der Fransenmopp. Außerdem kommt eine große Menge Wasser zum Einsatz und die Verwendung von Reinigungsmittel ist üblich.

Nassreinigungsverfahren: *starke Verschmutzungen und fest haftender Schmutz werden entfernt, dabei wird viel Wasser verwendet*

FÜR DIE PRAXIS

Das Nassreinigungsverfahren ist nur für wasserbeständige Fußböden geeignet.

Nassreinigungsverfahren für starke Verschmutzungen

Nach dem **horizontalen Reinigungsverfahren** werden Flächen gereinigt, die im Raum waagerecht verlaufen.

BEISPIEL: *Dazu gehören zum Beispiel Tische, Fensterbänke, Arbeitsflächen, Sitzflächen, Regale und Schrankoberflächen.*

FÜR DIE PRAXIS

Immer von oben nach unten arbeiten!
Beispiel: Erst Schankoberflächen und Regale reinigen, danach Fensterbänke und Tische. Der Fußboden wird immer zum Schluss gereinigt.

Reinigung im Raum

Nach dem **vertikalen Reinigungsverfahren** werden den Flächen gereinigt, die im Raum senkrecht verlaufen.

BEISPIEL: *Dazu gehören zum Beispiel Türen, Fenster, Bildschirme sowie die Fronten von Schränken und Flachheizkörpern.*

Die Reinigung der senkrechten Flächen erfolgt immer von oben nach unten. Sie startet immer am höchsten Punkt im Raum.

Reinigungsverfahren und Bewegungsabläufe

Reinigungsverfahren	Trockenreinigungsverfahren	Feuchtreinigungsverfahren	Nassreinigungsverfahren
Wassermenge			
entfernt	Lose aufliegenden Schmutz (= leichter Verschmutzungsgrad)	Lose aufliegenden und leicht anhaftenden Schmutz (= mittlerer Verschmutzungsgrad)	hartnäckigen, fest haftenden Schmutz (= starker Verschmutzungsgrad)
Schmutzbeispiele	Haare, Staub, Laubblätter	Staub, Teeflecken, Krümel	Eingetrocknete Essensreste, Streusalz, Lackrückstände
Arbeitsgeräte/ -maschinen	Besen, Allzwecktuch, Staubsauger, Kehrsaugmaschine, teddy-Handschuh, Trockenmopp/ Staubbindemopp	Wischtuch, Schwamm, Feuchtwischgerät, Breitwischgerät	Nasswischmopp, Fransenmopp, Nasssauger, Scheuersaugmaschine, Hochdruckreiniger, Sprühextraktionsgerät
Bewegungsabläufe	Kehren  Saugen bestellter Flächen: Inselsaugen 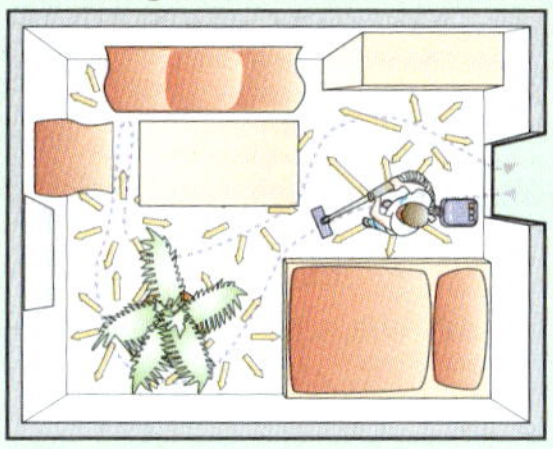 Saugen unbestellter Flächen: Zickzack 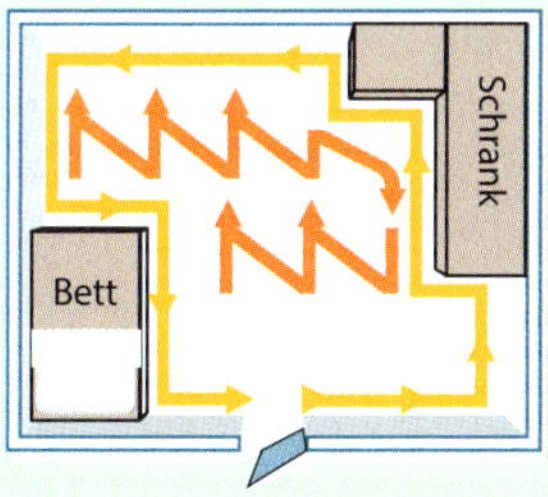 Kehrsaugen: bahnenweise 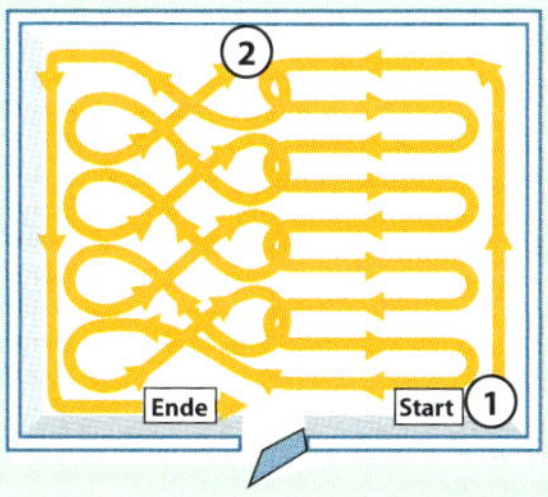	Wischen kleiner Flächen mit Feuchtwischgerät 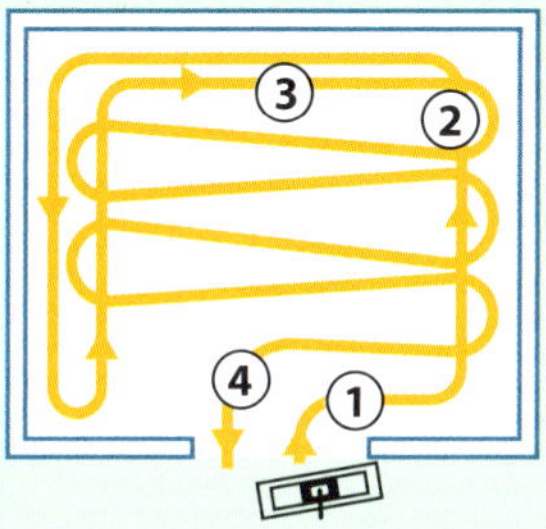 Nebelfeucht- und Feuchtwischen großer Flächen mit Breitwischgerät: Einteilung in Abschnitte 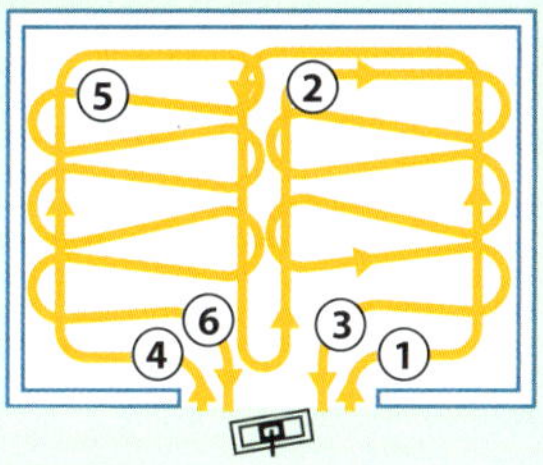	Nasswischen kleiner Flächen mit Nasswisch- oder Fransenmopp: 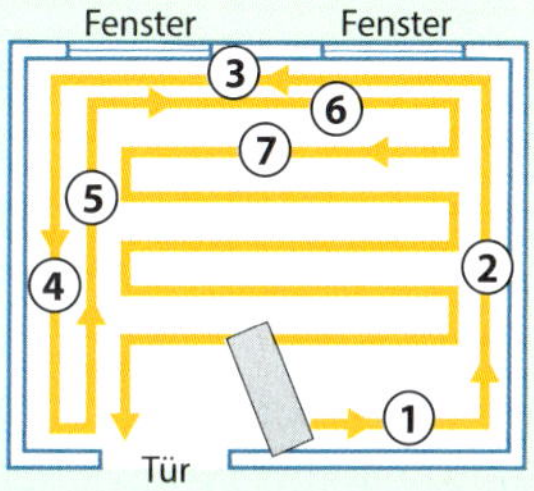 Nasswischen großer Flächen mit Nasswisch- oder Fransenmopp: Shampoonieren und Sprühextrahieren  Bewegungsablauf mit der Scheibenmaschine 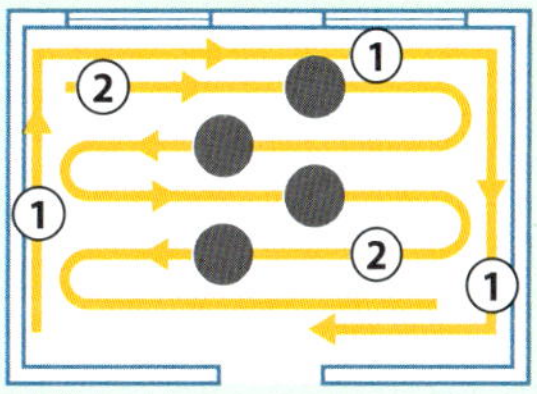 Pads oder Bürsten der Scheibenmaschine Bahnen überlappen sich

Reinigungsverfahren	Trockenreinigungsverfahren	Feuchtreinigungsverfahren	Nassreinigungsverfahren
Vorteile	• Schnell, ohne großen Aufwand, umweltschonend • Vorwärtsreinigung ist möglich, dadurch werden Sturzgefahren minimiert • Ergonomischer (geringeres Gewicht und geringer Widerstand bei der Bewegungsausübung)	• geringer Wasserverbrauch • kein oder wenig Reinigungsmittel nötig	• Hygienisch, wenn nicht zu feucht gewischt wird und die Reinigungslösung exakt dosiert wurde • Staub wird durch das Wasser gebunden
Nachteile	• Staub wirbelt auf und belastet die Schleimhäute • Zeitabstand zwischen zwei Reinigungen verkürzt sich	• Entfernt nur losen und leicht anhaftenden Schmutz • Arbeitsgeräte dürfen nur nebelfeucht sein, da anderenfalls Materialien beschädigt werden können	• Hoher Wasserverbrauch • sehr zeitaufwendig • Einsatz von Reinigungsmittel belastet die Umwelt • nur für wasserbeständige Oberflächen geeignet • anstrengender für die Reinigungskräfte (Gewicht und Widerstand bei Bewegung)

3.1.5 Desinfektionsverfahren

Eine Desinfektion bewirkt, dass Krankheitserreger abgetötet und Menschen so vor ansteckenden Krankheiten geschützt werden. In der Regel ist die Reinigung von Gegenständen und Oberflächen ausreichend und eine Desinfektion nicht nötig.

In Senioreneinrichtungen und Krankenhäusern sind jedoch Desinfektionsarbeiten unerlässlich. Grundsätzlich ist eine Händedesinfektion vorgesehen. Bei Tätigkeiten mit erhöhten hygienischen Anforderungen kommt eine Flächendesinfektion hinzu.

Eine exakte Dosierung und das genaue Einhalten der Einwirkzeit sind wichtige Voraussetzungen für ein gutes Ergebnis (s. S. 123).

Je nach Krankheitserreger (Bakterien, Viren oder Pilzsporen) und zu desinfizierendem Gut (Gegenstand, Oberfläche, Hände oder Haut) ist das passende Desinfektionsverfahren auszuwählen.

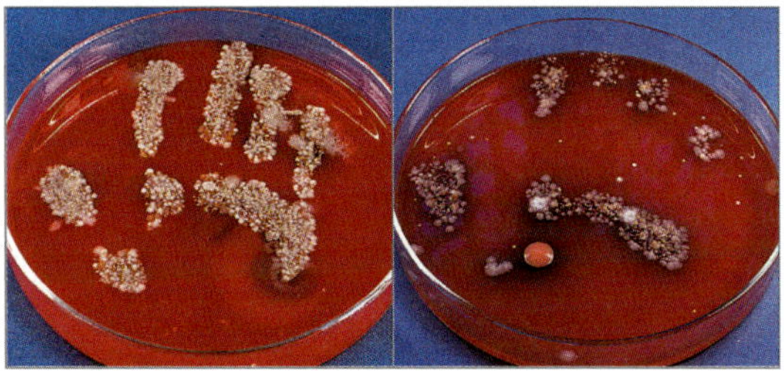

Deutlich erkennbar: Anzahl der Krankheitserreger auf einer nicht desinfizierten und einer desinfizierten Hand

Bei den **physikalischen Desinfektionsverfahren** werden Krankheitserreger zum Beispiel durch Hitze abgetötet. Außerdem können Filter verwendet werden, um krankmachende Keime aus der Luft oder dem Wasser zu entfernen. Die physikalischen Desinfektionsverfahren sind im Allgemeinen umweltverträglicher und in ihrer Anwendung wirksamer und sicherer. Wann immer es möglich ist, sollten sie bevorzugt eingesetzt werden.

Bei den **chemischen Desinfektionsverfahren** werden die Krankheitserreger mithilfe chemisch wirkender Substanzen abgetötet. Chemische Desinfektionsverfahren haben den Nachteil, dass sie die Umwelt schädigen, wenn sie unnötig und unkontrolliert eingesetzt werden. Denn sie töten nicht nur Krankheitserreger, sondern belasten auch Wasser und Böden. Chemische Verfahren sollten daher nur genutzt werden, wenn physikalische Desinfektionsverfahren nicht anwendbar sind.

Die Höhe der Temperatur bzw. Konzentration und die Dauer der Anwendung bestimmen das Desinfektionsergebnis.

FÜR DIE PRAXIS

Die Gesundheit geht vor: niemals zu wenig Desinfektionsmittel verwenden oder die Einwirkzeit verkürzen!
An die Umwelt denken: Desinfektionsmittel nicht überdosieren!

AUFGABEN

1. Erläutern Sie den Sinner'schen Kreis.
   a) Nennen Sie die vier Reinigungsfaktoren im Sinner'schen Kreis.
   b) Beschreiben Sie, welcher Faktor sich durch die Entwicklung gut wirksamer Reinigungsmittel in den letzten Jahrzehnten verändert hat. Vergleichen Sie die jeweiligen Anteile der einzelnen Faktoren. Erläutern Sie die Unterschiede.
2. Amira absolviert ein zweiwöchiges Praktikum in Ihrem Betrieb.
   a) Beschreiben Sie ihr die Ziele von Reinigung, Desinfektion und Pflege in jeweils einem Satz.
   b) Erklären Sie Amira die Begriffe Sichtreinigung, Unterhaltsreinigung und Grundreinigung jeweils anhand eines Beispiels.
3. Erläutern Sie die Einsatzbereiche des Trocken-, Feucht- und Nassreinigungsverfahrens in Ihrem Betrieb.

3.2 Arbeitsmittel zur Reinigung, Desinfektion und Pflege

Zu den Arbeitsmitteln gehören Reinigungs-, Desinfektions- und Pflegemittel sowie Reinigungsgeräte und Maschinen. Die richtige Auswahl beeinflusst maßgeblich das Reinigungsergebnis und wirkt sich positiv auf die Kosten aus.

3.2.1. Reinigungs-, Desinfektions- und Pflegemittel

Reinigungs-, Desinfektions- und Pflegemittel bestehen aus zahlreichen Inhaltsstoffen. Auskunft darüber gibt die Liste der Inhaltsstoffe auf der Verpackung. Fachkräfte der Hauswirtschaft sollten die gängigsten Inhaltsstoffe und deren Aufgaben kennen. Nur dann können sie wissen, für welchen Einsatzbereich das Produkt geeignet ist.

Wasser als zentraler Inhaltsstoff

Wasser spielt bei allen Reinigungs-, Desinfektions- und Pflegearbeiten eine große Rolle. Ohne Wasser geht nichts. Es ist daher wichtiger Bestandteil von fast allen Reinigungs-, Desinfektions- und Pflegemitteln.

- Wasser lässt Schmutz aufquellen und dadurch leichter von der zu reinigenden Fläche lösen.
- Wasser hält gelösten Schmutz in der Schwebe, verhindert also die Wiederanhaftung des Schmutzes.
- Wasser ist Träger der Inhaltsstoffe in Reinigungs-, Desinfektions- und Pflegemitteln.
- Wasser ist Reaktionspartner von chemischen Wirkstoffen (ohne Wasser könnten sie ihre Aufgabe nicht erfüllen).
- Wasser ermöglicht die genaue Dosierung von Reinigungs- und Desinfektionsmitteln.

Wasser ist ein wertvoller Bestandteil aller Reinigungs-, Desinfektions- und Pflegemittel.

Reinigungsmittel

Die Hersteller von Reinigungsmitteln bieten eine sehr breite Produktpalette an. Die Auswahl sollte immer unter Berücksichtigung des jeweiligen Einsatzbereiches erfolgen.

Inhaltsstoffe von Reinigungsmitteln

Neben Wasser bestehen Reinigungsmittel aus vielen weiteren Inhaltsstoffen.

Tenside sind die waschaktiven Substanzen und daher in fast allen Reinigungsmitteln enthalten. Es gibt natürliche Tenside (= Seifen) und synthetische Tenside (= Syndets). Heutzutage werden fast ausschließlich synthetisch hergestellte Tenside verwendet. Tenside besitzen grenzflächenaktive Eigenschaften. Das bedeutet, dass sie die Oberflächenspannung von Wasser herabsetzen. Das ermöglicht eine bessere Benetzung der zu reinigenden Fläche und Verschmutzungen können leichter abgehoben werden. Tenside sind chemische Verbindungen mit einem wasserliebenden (= hydrophilen) und einem wasserabstoßenden (= hydrophoben) Teil. Der wasserabstoßende Teil heftet sich an Schmutz- oder Fettpartikel, löst sie und bindet sie an sich. Durch den wasserliebenden Teil wird der gelöste Schmutz in Schwebe gehalten und kann sich nicht erneut anheften.

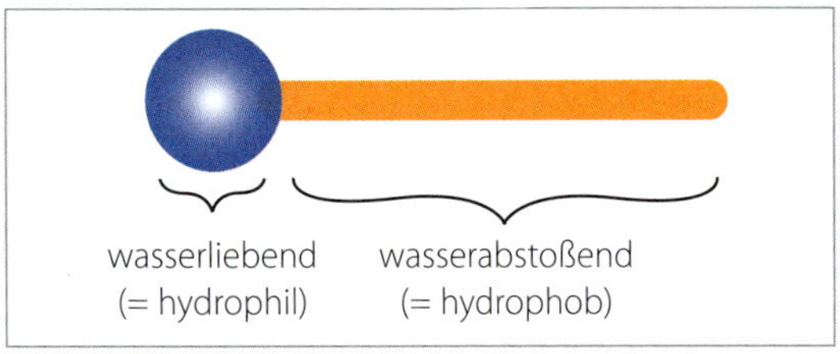

Aufbau eines Tensidmoleküls

Wirkungsweise der Tenside

Säuren werden eingesetzt, um Kalk, Urinstein, Rost oder Zementschleier zu entfernen. Reinigungsmittel, die nur leichte Verschmutzungen entfernen sollen, enthalten zum Beispiel Essig- oder Zitronensäure. Diese Säuren sind zwar schwach, aber dafür materialschonend, biologisch abbaubar und gut für die Umwelt. Reinigungsmittel zur Entfernung starker Verschmutzungen können zum Beispiel Salz- und Schwefelsäure enthalten, die beide die Umwelt stark belasten. Darüber hinaus können sie Oberflächen beschädigen sowie Haut und Schleimhäute reizen.

Alkalien werden auch als Laugen oder Basen bezeichnet. Es ist der Sammelbegriff für basische Salze. Ihre Aufgabe ist es, Fette, Öle, Lacke und eiweißhaltigen Schmutz zu entfernen. Reinigungsmittel auf Basis starker Laugen wirken ätzend. Sie können Oberflächen beschädigen, vor allem Fußböden aus Linoleum und lackierte Oberflächen. Auch der Hautkontakt sollte vermieden werden. Kalk lässt sich mit Alkalien nicht lösen.

Organische Lösungsmittel werden eingesetzt, um wasserunlösliche Verschmutzungen zu entfernen. Dazu zählen Fett- und Ölflecken oder Verschmutzungen durch Filzstifte, Wachse und Klebstoffe. Organische Lösungsmittel können wasserlöslich oder wasserunlöslich sein. Zu den wasserlöslichen Lösungsmitteln gehören zum Beispiel Alkohole wie Methanol und Ethanol. Ihre Reinigungswirkung ist schwach, aber sie können vollständig abgebaut werden und sind daher umweltschonend. Zu den wasserunlöslichen Lösungsmitteln zählen Terpentin und Benzin. Sie haben eine bessere Reinigungswirkung, belasten jedoch die Umwelt stärker und gefährden die Gesundheit.

Enthärter/Komplexbildner sind chemische Substanzen, die im Wasser vorkommende Ionen an sich binden. Ungebundene, freie Ionen würden das Wasser härter machen und die Reinigungswirkung der Tenside verringern. Enthärter werden also eingesetzt, um die Wasserhärte zu senken und ein optimales Reinigungsergebnis zu erzielen. Sie verhindern Kalkflecken und schwer lösliche Rückstände, die beim Kontakt mit Seife auf den gereinigten Flächen entstehen würden.

weiches Wasser nach Tensidzugabe: schäumt — *hartes Wasser nach Tensidzugabe: wenig Schaum* — *hartes Wasser mit Enthärter nach Tensidzugabe: schäumt*

Enthärter macht das Wasser weich und ermöglicht beste Reinigungsergebnisse.

Bleichmittel entfernen Flecken, indem sie die Farbpigmente in den Flecken zerstören. Außerdem wirken sie desinfizierend. In der Liste der Inhaltsstoffe werden Bleichmittel oftmals als Oxidationsmittel bezeichnet. Sie können zu Hautverätzungen und Materialschäden führen und belasten die Umwelt. Der Einsatz bleichmittelhaltiger Reinigungsmittel sollte daher gut überlegt sein.

Enzyme sind Eiweißstoffe, die Kohlenhydrate, Eiweiße, Fette und Naturfarbstoffe abbauen können. Auf den Verpackungen der Reinigungsmittel werden sie als Proteasen, Amylasen, Cellulasen oder Lipasen bezeichnet. Enzyme kommen überall in der Natur vor und stellen somit keine Belastung für die Umwelt dar.

Abrasivstoffe sind feine Schleifkörper aus wasserunlöslichen Mineralmehlen. Sie lösen Verschmutzungen auf mechanischem Weg, das heißt durch Scheuern oder Polieren. Abrasivstoffe sind zwar umweltfreundlich, sind jedoch nicht für alle Oberflächen geeignet. Sie können zu Kratzern führen.

FÜR DIE PRAXIS

Oberflächen immer an einer unauffälligen Stelle auf ihre Beschaffenheit überprüfen.

Unbedingt die Gefahrenkennzeichnung auf Reinigungsmitteln beachten (s. S. 126).

Reinigungsmittel und ihre Einsatzbereiche

Allzweckreiniger, auch Neutral- oder Universalreiniger genannt, kann zum Reinigen wasserbeständiger Materialien eingesetzt werden. Er gilt als Wunderwaffe gegen sämtliche Verschmutzungen, denn die enthaltenen Tenside und Lösemittel entfernen problemlos hartnäckige und wasserunlösliche Verschmutzungen. Komplexbildner sorgen dafür, dass keine Kalkflecken auf den frisch gereinigten Oberflächen entstehen.

FÜR DIE PRAXIS

Allzweckreiniger reinigt Kunststoff, Glas, Keramik, versiegeltes Holz oder Lackiertes.

Alkoholreiniger wird zur Reinigung wasserbeständiger, glänzender Oberflächen, wie zum Beispiel Fensterscheiben und Spiegel, benutzt. Er enthält vor allem Tenside und Alkohol. Die Tenside lösen fetthaltige Verschmutzungen, der Alkohol sorgt für eine schnelle und streifenfreie Trocknung. Unschöne Schlieren werden dadurch verhindert.

FÜR DIE PRAXIS

Alkoholreiniger ist für glänzenden Oberflächen geeignet, darf aber nur in kaltes Wasser gegeben werden.

Schmierseife wird zur Reinigung offenporiger Steinfußbodenbeläge und empfindlichen Keramiken genutzt. Sie enthält natürliche Tenside (= Seifen) und ist stark alkalisch. Nach dem Trocknen hinterlässt Schmierseife einen leichten Pflegefilm, der schmutzabweisend und matt glänzend ist. Mit Hilfe von Maschinen kann der Pflegefilm auf Hochglanz poliert werden.

FÜR DIE PRAXIS

Schmierseife nicht zur Reinigung von Linoleum und Gummibelägen verwenden. Achtung: Beim Einsatz von Schmierseife immer Schutzhandschuhe tragen.

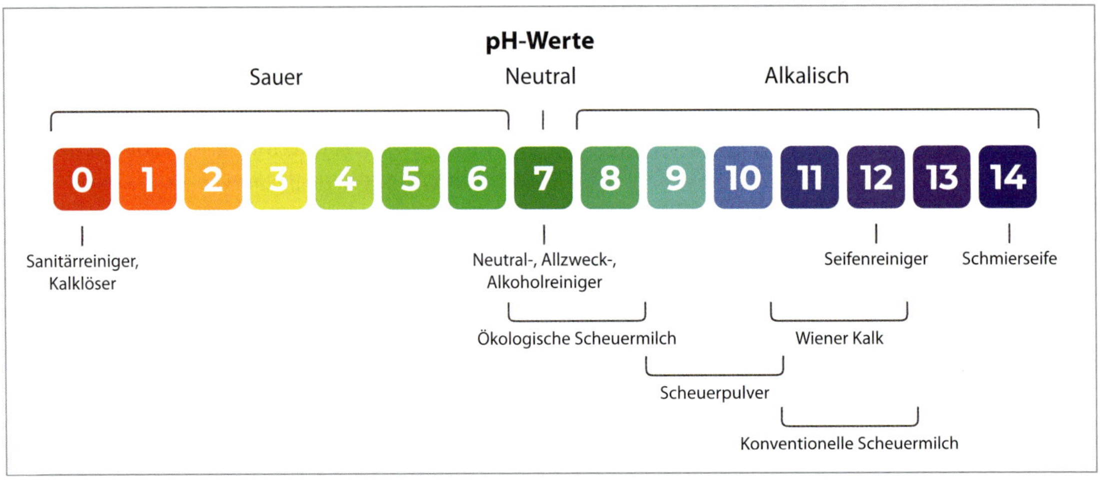

pH-Werte der jeweiligen Reinigungsmittel

*Der **pH-Wert** ist ein Maß für den Säure- oder Basencharakter einer wässrigen Lösung. Je höher die Konzentration der Wasserstoffionen (H^+) in einer Lösung ist, desto niedriger ist demnach der pH-Wert.*

Seifenreiniger ist eine Mischung aus Allzweckreiniger und Schmierseife. Er besitzt eine bessere Reinigungswirkung als Schmierseife, kann aber nur auf ausgewählten Fußbodenbelägen eingesetzt werden.

FÜR DIE PRAXIS

Seifenreiniger kann zur Reinigung von Fußbodenbelägen aus Naturstein und Marmor genutzt werden.

Scheuermittel gibt es in flüssiger und fester Form. Es wird zum Entfernen hartnäckiger Verschmutzungen in der Küche und im Sanitärbereich eingesetzt. Flüssiges Scheuermittel (= Scheuermilch) enthält Tenside und ein sehr fein gemahlenes Marmormehl. Das Mehl sorgt für eine reibende Wirkung, welche die Oberflächen von Schmutz befreit. Festes Scheuermittel (= Scheuerpulver) enthält Tenside, Quarzmehle und manchmal auch Bleichmittel. Die Quarzmehle haben eine scheuernde Wirkung. Daher darf Scheuerpulver nicht zur Reinigung von Sanitärbecken, Armaturen und lackierten oder glänzenden Oberflächen benutzt werden.

Scheuerpulver wird üblicherweise zur Reinigung stark verschmutzter Küchenoberflächen, Fußböden, Badfliesen (Fußboden- und Wandfliesen) oder Grillrosten verwendet.

Vor dem Einsatz von Scheuermittel sollte das Material an einer unauffälligen Stelle auf seine Kratzbeständigkeit überprüft werden.

Wiener Kalk ist ein Calcium-Magnesium-Carbonat, das zu einem sehr feinen, weißen Pulver gemahlen wurde. Er gehört zu den mineralischen Scheuerpulvern ohne Zusatzstoffe wie Tenside, Reinigungsmittel, Duft- oder Konservierungsstoffe. Er gehört damit zu den besonders gesundheits- und umweltfreundlichen Reinigungsmitteln.

***BEISPIEL:** Wiener Kalk beweist seine glanzvolle Leistung als Poliermittel zum Beispiel bei Materialien wie Edelstahl, Silber, Messing, Glas und Keramik. Oberflächen werden am Schluss der Behandlung mit einem weichen Tuch glänzend „gewienert".*

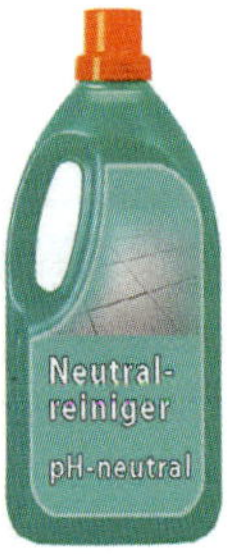

Oft ist neben den Inhaltsstoffen auch der pH-Wert auf der Verpackung von Reinigungsmitteln zu finden.

Der pH-Wert gibt an, ob und in welcher Stärke eine Säure oder Lauge in dem Reinigungsmittel vorhanden ist.

Viele Herstellerfirmen veröffentlichen ihr Nachhaltigkeitskonzept auf ihrer homepage. Dort werden Informationen zum Herstellungsprozess und Transport, zur Anwendung und Verpackung sowie zur Abfallbeseitigung geliefert. Bei der Auswahl von Reinigungsmitteln sind neben den biologisch abbaubaren Inhaltsstoffen alle Elemente der Lieferkette zu betrachten.

Spezialreiniger und ihre Einsatzbereiche

Metallreiniger entfernt zuverlässig fetthaltige Verschmutzungen wie zum Beispiel Fette, Öle, Klebestoffreste oder Ruß. Neben Tensiden und Polierkörpern (= feine Schleifkörper) enthält Metallreiniger weitere Pflegekomponenten. Häufig sind dies Silikone, um Edelstahl kratzfrei zu reinigen oder andere Komponenten, die einen speziellen Anlaufschutz bieten.

Glasreiniger ermöglicht einen streifenfreien Glanz auf Glas- und Spiegelflächen. Einige Glasreiniger sind sofort einsatzbereit und können unverdünnt genutzt werden. Andere müssen vor dem Gebrauch mit kaltem Wasser verdünnt werden.

FÜR DIE PRAXIS

Glasreiniger enthält Alkohol und darf daher nur in kaltes Wasser gegeben werden.

Konzentrate verringern den Verpackungsmüll.

Sanitärreiniger eignet sich besonders, um hartnäckige Kalk- und Rostablagerungen sowie Urinstein zu entfernen. Der Sanitärreiniger darf nur zur Reinigung von Keramikteilen eingesetzt werden. Ein Kontakt mit Armaturen und Marmor ist zu vermeiden, denn die enthaltenen Säuren beschädigen das Material. Auch Haut und Schleimhäute können durch die Säuren gereizt werden.

FÜR DIE PRAXIS

Sanitärreiniger niemals auf Armaturen verwenden. Hautkontakt vermeiden und Gefahrenhinweise beachten.

Rohr- und Abflussreiniger wird eingesetzt, um Rohrverstopfungen durch Haare, Fettklumpen und Kalkablagerungen aufzulösen. Er enthält neben Tensiden und Bleichmitteln eine hohe Konzentration an Natrium- und Kaliumhydroxid. Diese bauen die Verstopfung ab, machen aber den Reiniger sehr aggressiv, gesundheits- sowie umweltschädlich. Die ätzende Wirkung und die Wärmeentwicklung bei der Anwendung können zudem Rohrleitungen und Gummidichtungen schädigen.

FÜR DIE PRAXIS

Bei der Verwendung von Rohr- und Abflussreiniger sind die Sicherheitshinweise des Herstellers und die Gefahrensymbole strikt zu beachten! Hautkontakt und das Einatmen seiner Dämpfe sind zu vermeiden.

Jeder Einsatz von Reinigungsmitteln ist sorgfältig zu überlegen. Ihr Einsatz ist gut zu planen, um nicht zu viele Reinigungsmittelreste und Schmutzflotten ins Abwasser geben zu müssen.

AUFGABE

1. Erstellen Sie eine tabellarische Übersicht zu den Reinigungsmitteln in Ihrem Betrieb. Halten Sie darin die wichtigsten Inhaltsstoffe sowie entsprechende Einsatzbereiche fest.

3

9

Desinfektionsmittel

Desinfektionsmittel sind chemisch wirkende Substanzen, die Krankheitserreger inaktivieren oder abtöten, sodass diese Menschen und Tiere nicht mehr infizieren (=anstecken) können. Um den gesetzlichen Hygienestandards zu entsprechen, sind Desinfektionsmittel zu nutzen, die von unabhängigen Prüfinstituten auf ihre Wirkung hin überprüft wurden. Listen mit entsprechenden Produkten werden regelmäßig, etwa vom Robert-Koch-Institut (RKI) oder dem Verband für angewandte Hygiene e.V. (VAH), veröffentlicht.

Weiterführende Informationen unter *www.rki.de*:

Inhaltsstoffe von Desinfektionsmitteln

Alkohole werden eingesetzt, um Bakterien und Pilze abzutöten. Außerdem wirken sie gegen Influenza-, Corona-, Herpes- und Rötelnviren. Noro- oder Adenoviren, können nicht durch Alkohol abgetötet werden. Zu den in Desinfektionsmitteln eingesetzten Alkoholen gehören Ethanol, n-Propanol und Isopropanol. Alkohole sind zur Desinfektion sehr beliebt, da sie bei äußerlicher Anwendung gesundheitlich unbedenklich sind, schnell wirken und die Umwelt nicht belasten. Beim Umgang mit ihnen ist jedoch Vorsicht geboten, da sie leicht entflammbar sind.

Aldehyde töten Bakterien, Pilze und Viren ab und wirken teils auch gegen Sporen. Sie werden vor allem zur Desinfektion medizinischer Instrumente und Arbeitsflächen eingesetzt. In Desinfektionsmitteln kommen insbesondere die Aldehyde Formaldehyd und Glutaraldehyd vor. Die Verwendung aldehydhaltiger Desinfektionsmittel stellt ein erhöhtes Gesundheitsrisiko für den Anwender dar. Selbst eine geringe Aldehydkonzentration kann Kopfschmerzen, brennende Augen, Husten oder Halsentzündungen hervorrufen. Der beißende Geruch reizt außerdem die Nasenschleimhäute.

Sauerstoffabspalter wirken gegen sämtliche Bakterien, Pilze, Viren und Sporen. Sie werden genutzt, um medizinische Instrumente, Flächen sowie Haut und Hände zu desinfizieren. In Desinfektionsmitteln finden sich vor allem die Sauerstoffabspalter Peressigsäure und Wasserstoffperoxid. Da Peressigsäure in hoher Konzentration explosiv ist, darf sie nur niedrig konzentriert verwendet werden.

Desinfektionsmittel und ihre Einsatzbereiche

Der Handel bietet Desinfektionsmittel für viele verschiedene Einsatzbereiche an.

Die Desinfektionsmittel können alle auf Basis von Alkohol, Aldehyden oder Sauerstoffabspalter sein. Aufgrund der Gesundheits- und Umweltverträglichkeit ist Alkohol aber der am häufigsten genutzte Inhaltsstoff zur Desinfektion. Sauerstoffabspalter werden seltener und dann vor allem im medizinischen Bereich (Krankenhaus, Pflegeheim) genutzt.

Vor dem Einsatz von Desinfektionsmittel genau prüfen, ob dieser notwendig ist.

Flüssiges Desinfektionsmittel ist hochkonzentriert und dient vor allem der Reduktion von Krankheitserregern auf Oberflächen und Gegenständen. Damit es seine Wirkung richtig entfalten kann, muss es exakt dosiert sein und entsprechend der vorgegebenen Zeit einwirken.

Desinfektionsspray wird vorrangig zur Desinfektion von Polstern, Decken, Betten oder Kissen genutzt. Zur Desinfektion von Oberflächen oder Händen kann es ebenfalls eingesetzt werden.

Desinfektionsreiniger ermöglicht die gleichzeitige Reinigung und Desinfektion von leicht verschmutzten Oberflächen und Gegenständen. Es handelt sich um ein kombiniertes Produkt, bei dem ein Desinfektionswirkstoff mit einer reinigungsaktiven Substanz vermischt ist. So kann in nur einem Arbeitsschritt gereinigt und desinfiziert werden. Das spart Zeit.

Desinfektionswischmittel eignet sich ausschließlich für den Einsatz auf leicht verschmutzten Fußböden. Es reinigt, desinfiziert und pflegt den Fußboden in nur einem Arbeitsschritt und spart somit erheblich an Zeit ein.

Die Dosierung sowie die Dauer der Anwendung bestimmen das Desinfektionsergebnis.

FÜR DIE PRAXIS

Damit Fußböden nicht durch Desinfektion auslaugen, sind die vom Hersteller empfohlenen Wischpflegeprodukte zu verwenden.

Pflegemittel

Pflegemittel schützen Oberflächen gegen Wiederverschmutzung, verbessern die Gebrauchseigenschaften, verlängern die Haltbarkeit und verleihen ein schönes Aussehen. Ein Pflegemittel, das auf einen Fußboden aufgebracht wurde, schützt zum Beispiel den Belag, da im Alltagsgebrauch lediglich die Pflegemittelschicht beschädigt wird.

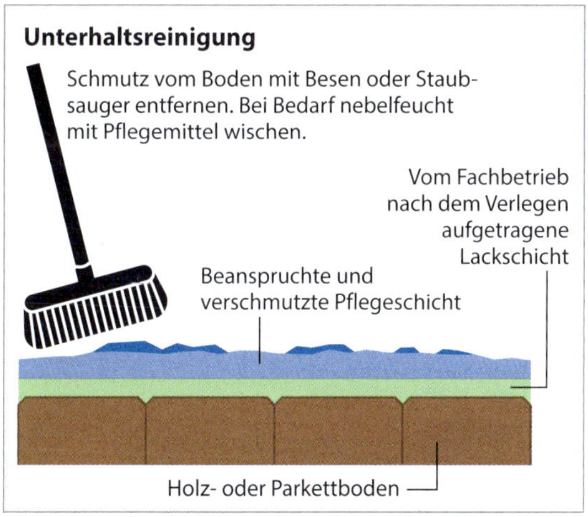

Pflegeschicht/Opferschicht auf dem Fußbodenbelag

Das Pflegemittel bildet einen Schutzfilm auf Oberflächen. Dieser wird als „Opferschicht" bezeichnet.

Hersteller bieten eine Vielzahl unterschiedlicher Pflegemittel an. Diese unterscheiden sich in ihrer Konsistenz und den Inhaltsstoffen.

FÜR DIE PRAXIS

Die Auswahl der Pflegemittel sollte immer anhand der zu pflegenden Materialien erfolgen.

Inhaltsstoffe von Pflegemitteln

Öle und Fette werden eingesetzt, um einen Schutzfilm auf der Oberfläche von Werkstoffen zu bilden. Dieser entstandene Film ist schmutz- und wasserabweisend. Öle und Fette werden vor allem bei Holzpflegemitteln eingesetzt, da diese die natürlichen Holzmaserungen besonders intensiv zur Geltung bringen.

Wachse verleihen Oberflächen und Gegenständen einen schönen Glanz. Außerdem schützen sie Materialien vor Feuchtigkeit, Kratzern und Schmutz. Wachse können flüssig oder fest in ihrer Konsistenz sein. Je nach Herkunft wird zwischen natürlichen und synthetischen Wachsen unterschieden. Natürliche Wachse sind zum Beispiel Wachse aus Pflanzen oder Bienenwachs. Ein synthetisches Wachs ist das Silikonwachs. Wachs ist häufig Bestandteil von Pflegemitteln für Möbel, Holzdecken und Holzfußböden.

Polymere sind Kunststoffe, die einen Schutzfilm auf den behandelten Oberflächen und Gegenständen, wie etwa Bodenbelägen, hinterlassen. Dieser macht die Oberflächen glatter und erleichtert die Reinigung. Polymere können wasserlöslich oder wasserunlöslich sein. Da sie umweltbelastend und nach dem Auftragen nur schwer entfernbar sind, sollten Pflegemittel mit Polymeren selten verwendet werden.

BEISPIEL: Die Opferschicht (s. o.) besteht aus einer Polymerdispersion, also Kunststoff und ist dementsprechend nicht biologisch abbaubar. Sie wird mit den Jahren abgetragen und so zu Mikroplastik.

Kunstharze werden vor allem eingesetzt, um die Materialien widerstandsfähiger gegenüber mechanischen Belastungen zu machen. Bodenbeläge, die durch Begehen und Stühlerücken stark beansprucht sind, werden so weniger verkratzt. Zudem beugen Kunstharze Flecken vor und weisen Wasser ab. Melamin ist das am meisten eingesetzte Kunstharz in Pflegemitteln.

FÜR DIE PRAXIS

Pflegemittel mit Kunstharzen eignen sich gut für den Eingangsbereich eines Tagungshauses.

Pflegemittel und ihre Einsatzbereiche

Wachse werden in flüssiger, pastöser oder fester Form angeboten. Je nach Inhaltstoff sind sie lösemittelhaltig oder lösemittelfrei. Zudem können sie natürlich, halbsynthetisch oder synthetisch sein. Natürliche Wachse werden aus Pflanzen wie der Carnaubapalme gewonnen oder stammen von Tieren (zum Beispiel Bienenwachs). Wachse sind sehr arbeits- und zeitintensiv, denn sie glänzen nicht von selbst, sondern müssen aufpoliert werden. Außerdem sind Wachsbeschichtungen wenig strapazierfähig und regelmäßig zu erneuern.

FÜR DIE PRAXIS

Feste Wachse müssen vor der Verwendung durch Wärme verflüssigt werden.

frisch gewachster Holztisch vor dem Aufpolieren

Wachslösungen bestehen aus Wachs und verschiedenen Lösemitteln. Die Lösemittel machen etwa 70 bis 80 % des Pflegemittels aus und verdunsten nach dem Auftragen. Zurück bleibt ein dünner Pflegefilm, der nach dem Trocknen aufpoliert werden kann. Wachslösungen können auch in feine Haarrisse im Holz eindringen. Wachslösungen eignen sich zur Pflege von Holz-, Linoleum-, Kork- und bestimmten Steinböden. Für PVC-Böden sind Wachslösungen nicht geeignet.

Wachslösungen sind aufgrund der enthaltenen Lösemittel umweltbelastend und nicht für alle Oberflächen geeignet.

FÜR DIE PRAXIS

Bei der Verwendung von Wachslösungen sollte auf eine ausreichende Belüftung und auf die Sicherheitshinweise des Herstellers geachtet werden.

Wachsemulsionen sind flüssige Pflegemittel aus Wachsen, Tensiden und Wasser. Die enthaltenen Tenside wirken emulgierend. Sie ermöglichen, dass Wasser und Wachse miteinander vermischt werden können. Wachsemulsionen können zur Pflege auf alle wasserbeständigen Oberflächen aufgetragen und aufpoliert werden. Dabei gilt: Je höher der Wachsanteil, desto besser lässt sich der Pflegefilm aufpolieren. Es führt jedoch auch zu einem erhöhten Unfallrisiko, da die Flächen glatter sind.

FÜR DIE PRAXIS

Wachsemulsionen sind aufgrund ihrer Umwelt- und Gesundheitsverträglichkeit gegenüber Wachslösungen zu bevorzugen.

Selbstglanzdispersionen werden zur Einpflege neuer Fußbodenbeläge oder Erneuerung bestehender Pflegefilme verwendet. Die enthaltenen Kunstharze schützen Fußbodenbeläge vor mechanischen Beanspruchungen, die sich durch Begehen oder Verschieben von Stühlen und Tischen ergeben. Unbeschädigte Pflegefilme halten den Fußboden glatt und erleichtern deren Reinigung. Selbstglanzdispersionen werden mit unterschiedlich hohen Kunststoffanteilen angeboten. Je höher der Anteil, desto besser ist die Trittsicherheit. Es erschwert jedoch die Aufpolierung des Pflegefilms und seine spätere Entfernung.

Selbstglanzdispersionen pflegen stark beanspruchte Bodenbeläge

Selbstglanzdispersionen schaffen dauerhaft eine geschlossene, trittsichere Fußbodenoberfläche. Da sie jedoch Kunstharze enthalten, entsteht beim Aufpolieren und Entfernen umweltschädliches Mikroplastik.

Polituren werden für viele verschiedene Materialien, wie Holz, Metalle oder Lacke angeboten. Je nachdem, für welches Material die Politur entwickelt wurde, enthält sie in unterschiedlichen Mengen Öle, Wachse, Lösemittel und feine Schleifmittel. Polituren kommen zum Einsatz, wenn Kratzer in Oberflächen auszugleichen oder Farben aufzufrischen sind. Wie alle Pflegemittel erzeugen auch Polituren einen Schutzfilm gegen Staub und Schmutz. Einige Polituren enthalten zusätzlich Tenside. Das verstärkt den Reinigungseffekt.

FÜR DIE PRAXIS

Das Angebot an Polituren ist vielfältig. Die Auswahl sollte stets anhand des zu pflegenden Materials erfolgen.

Fachgerechte Pflege erfolgt durch die materialschonende Reinigung oder durch das Auftragen von Pflegemitteln.

Alternative Mittel zur Reinigung

Nicht immer muss Chemie zum Einsatz kommen. Viele „Hausmittel", also Substanzen, die im Haushalt vorhanden sind, können genutzt werden. Zur professionellen Reinigung dürfen sie nicht eingesetzt werden.

Weitere Informationen unter *www.waschtipps.de* oder unter *www.oekotest.de*

Dosierung

Reinigungs- und Desinfektionsmittel sind in der Regel nur hochkonzentriert erhältlich. Sie sind vor dem Gebrauch mit Wasser zu verdünnen, um passgenaue Reinigungsflotten (s. S. 112) herzustellen. Auf den Verpackungen finden sich entsprechende Dosieranleitungen, die genau einzuhalten sind. Nur so können die Reinigungs- und Desinfektionsarbeiten ökonomisch und ökologisch sinnvoll durchgeführt werden.

Etikett mit Dosieranleitung eines Neutralreinigers

Dosiersysteme ermöglichen eine einfache und sichere Dosierung der Reinigungs- und Desinfektionsmittel. Sie werden meist von deren Herstellern angeboten. Einige Dosiersysteme sind fehleranfällig, da sie von den Kenntnissen der Reinigungskraft und deren Einstellung zu Reinheit und Hygiene abhängig sind. Sind die Dosiersysteme automatisiert, sind sie weniger fehleranfällig. Sie geben stets eine festgelegte Menge an Reinigungs- und Desinfektionsmittel aus, sodass sich jedes Mal die gleiche Konzentration ergibt.

Weitere Informationen gibt es beim *Forum Waschen*, beim *Staatsministerium Bayern* oder beim *Nabu*

Dosiersysteme mit ihren Vor- und Nachteilen

Dosiersystem	Vorteile	Nachteile
Schraubkappe 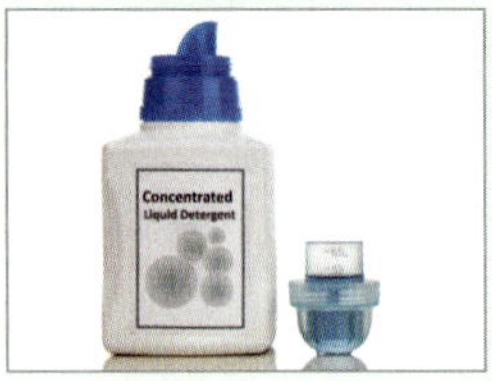	• wird direkt mitgeliefert • die benötigte Menge kann leicht abgemessen werden	• beim Abmessen können leicht Ungenauigkeiten entstehen • Markierung oft schwer erkennbar • Hautkontakt möglich
Messbecher 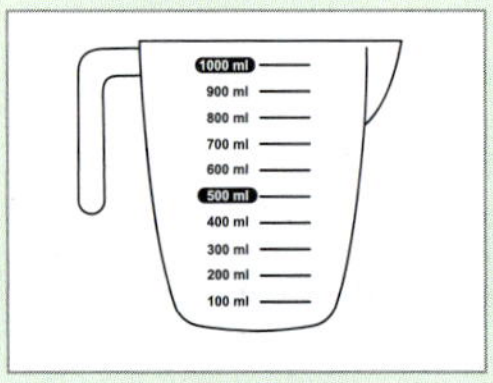	• preisgünstig • die benötigte Menge kann leicht abgemessen werden, wenn der Messbecher auf einer ebenen Unterlage steht	• beim Abmessen können leicht Ungenauigkeiten entstehen • Hautkontakt möglich
Portionsbeutel/Tab 	• muss nicht abgemessen werden, da es bereits fertig vorportioniert ist • kann durch Vorportionierung direkt in das Wasser gegeben werden	• es fällt viel Verpackungsmüll an • die Dosiermenge ist auf eine bestimmte Wassermenge festgelegt • teurer im Einkauf
Dosierpumpe 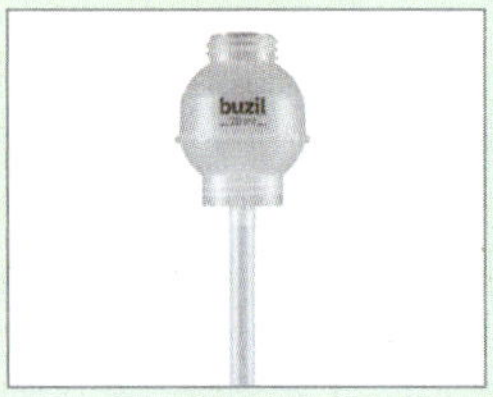	• kann direkt auf den Kanister geschraubt und benutzt werden • immer gleiche Portionsmenge • kein Hautkontakt	• Dosierung ist oft ungenau • das Pumpsystem kann verstopfen • der Pumpkopf kann nachtropfen
Sprühflasche 	• preiswert • leichte Handhabung • Ideal zur Desinfektion von Oberflächen	• Sprühnebel kann eingeatmet werden • das Pumpsystem kann verstopfen • Sprühkopf kann verkeimen
Flasche/Kanister mit Dosiervorrichtung 	• leichte Handhabung • wiederverwendbar • kein Hautkontakt	• teurer im Einkauf • Dosiermenge ist fest an Wassermenge gebunden

Um **gebrauchsfertige Lösungen** herzustellen, werden hochkonzentrierte Reinigungs- und Desinfektionsmittel nach den Vorgaben verdünnt. Dabei sind einige Regeln zu beachten. Sie dienen dem Selbstschutz und verhindern Schäden an Oberflächen und Werkstoffen.

- Unfallverhütungsvorschriften auf der Verpackung beachten.
- Persönliche Schutzausrüstung (z. B. Gummihandschuhe und Schutzbrille) tragen.
- Erst das Wasser vorbereiten, dann das Reinigungs- oder Desinfektionsmittel hineingeben.
- Dämpfe, die bei der Verwendung von heißem Wasser entstehen, nicht einatmen.
- Desinfektionsmittel und alkoholhaltige Mittel nur in kaltes Wasser geben (nicht über 20 °C Wassertemperatur).

Eine fehlerhafte Dosierung kann negative Folgen haben.

Die **Unterdosierung** von Reinigungs- und Desinfektionsmittel hat zur Folge, dass:

- Schmutz nicht vollständig gelöst wird, sodass Oberflächen und Gegenstände ungepflegt aussehen,
- zusätzlich Reinigungsarbeiten anfallen, die Zeit und Geld kosten,
- Werkstoffe älter wirken, sodass sie an Wert verlieren,
- das Risiko für Krankheiten steigt, da Krankheitserreger nicht vollständig entfernt werden.

Die **Überdosierung** von Reinigungs- und Desinfektionsmitteln birgt das Risiko, dass:

- das Reinigungspersonal einer höheren gesundheitlichen Belastung ausgesetzt ist: Es können vermehrt Hautallergien auftreten,
- die Entstehung gefährlicher Dämpfe begünstigt wird,
- der erhöhte Verbrauch von Reinigungs- und Desinfektionsmitteln zu höheren Kosten führt,
- Materialschäden und ein frühzeitiger Wertverlust durch zu hohe Konzentrationen entstehen können,
- Schlieren und Streifen auf Oberflächen und Werkstoffen begünstigt werden,
- Schlieren entstehen, die zu klebrigem Boden führen und die Trittsicherheit beeinträchtigen,
- Wasser und Böden unnötig stark belastet werden.

Dosieranlage

Gefahrstoffkennzeichnung

Nicht nur die Inhaltsstoffe von Reinigungs-, Desinfektions- und Pflegemitteln müssen auf der Verpackung angegeben sein, sondern auch mögliche Gefahren. Das dient dem Gesundheits- und dem Umweltschutz. Der Gesetzgeber hat zur Sicherheit aller hierfür die Gefahrstoffverordnung erlassen. Sie regelt das Inverkehrbringen, die Lagerung, den Umgang und die Entsorgung von gefährlichen Stoffen.

Gefahrensymbole warnen vor Umwelt- und Gesundheitsschädigungen.

Aufgrund ihrer Inhaltsstoffe unterliegen die meisten Reinigungs-, Desinfektions- und Pflegemittel der Kennzeichnungspflicht. Ihre Hersteller sind also gesetzlich dazu verpflichtet, entsprechende Gefahrensymbole und Gefahrenbezeichnungen auf der Verpackung anzugeben. Reinigungs-, Desinfektions- und Pflegemittel sollten daher stets in der Originalverpackung aufbewahrt werden. Die Gefahrenstoffe werden nach dem internationalen System zur Einstufung und Kennzeichnung von Chemikalien (kurz: GHS) gekennzeichnet. Ihre Piktogramme fallen durch die einheitliche Aufmachung (rot umrahmte Rauten, weißer Grund und schwarze Symbole) schnell auf und sind leicht verständlich.

FÜR DIE PRAXIS

Gefahrensymbole fallen sofort auf: rot umrahmte Raute, weißer Grund und schwarzes Symbol.

Die häufigsten Gefahrensymbole auf Reinigungs-, Desinfektions- und Pflegemitteln sind: brandfördernd, reizend, umweltgefährdend, ätzend, giftig, explosionsgefährlich, leicht entzündlich, gesundheitsschädlich oder unter Druck stehende Gase

Sie sind schwarz in einem weißen Feld mit roten Quadraten als Umrandung, die auf der Spitze stehen.

Weiterführende Informationen unter:
www.verbraucherzentrale/gefahrensymbole.de

Gefahrensymbole auf Reinigungs-, Desinfektions- und Pflegemitteln

Zusätzliche Gefahrenhinweise („Verursacht Hautreizungen") und Sicherheitshinweise („Darf nicht in Kinderhände gelangen") auf der Packung sind zu beachten.

BEISPIELE:

- ***Desinfektionsmittel:** giftig/sehr giftig*
- ***Lösemittel in Spezialreiniger:** gesundheitsschädlich*
- ***Phosphorsäure in Sanitärgrundreiniger:** ätzend*
- ***Fleckenentfernungsmittel/Spezialreiniger:** Leicht-/hochentzündlich*
- ***Fassadenreiniger, Mittel mit speziellen Tensiden:** umweltgefährdend*

Da Kinder und Menschen mit Beeinträchtigungen die Piktogramme nicht immer richtig deuten können, sind Reinigungs-, Desinfektions- und Pflegemittel für sie unzugänglich aufzubewahren. Ein abschließbarer Schrank oder hoch angebrachte Regale ermöglichen eine sichere Lagerung.

FÜR DIE PRAXIS

Verschluckte Mittel können zu Vergiftungen und Verätzungen führen.

AUFGABEN

2. Erarbeiten Sie eine Tabelle nach dem Muster zu den Desinfektionsmitteln nach Form, Einsatzgebieten und besonderen Eigenschaften.

Desinfektionsmittel	Form	Einsatzgebiet	besondere Eigenschaften

3. Listen Sie die einzelnen Arten von Pflegemitteln auf und ordnen Sie diesen jeweils passende Einsatzgebiete zu.

4. Informieren Sie sich über die Telefonnummer der Giftnotrufzentrale und speichern diese im dienstlichen Telefon ab.

3.2.2 Reinigungsgeräte und Reinigungsmaschinen

Zur Schmutzentfernung braucht es nicht nur Reinigungsmittel, sondern auch passende Reinigungsgeräte oder Maschinen. Ihre Auswahl ist von dem jeweiligen Einsatzbereich und dem Verschmutzungsgrad abhängig. Zudem spielen Wirtschaftlichkeit und Ergonomie eine bedeutsame Rolle.

Reinigungsgeräte, Maschinenaufsätze oder Eimer werden in verschiedenen Farben oder mit farbiger Kennzeichnung (z. B. der Eimerhenkel) angeboten. Die richtige Farbauswahl hilft, den hygienisch gewünschten Zustand von Oberflächen und Gegenständen zu erreichen. Durch die Farben können zum Beispiel Tücher, Schwämme, Eimer und Wischbezüge den verschiedenen Einsatzbereichen zugeordnet werden.

Das beugt einer Verschleppung von Krankheitserregern vor. In der Praxis bewährt sich die Nutzung des **Vier-Farben-Systems.**

- **Rot** steht für die Grundreinigung der Toilette, des Urinals und der umgebenden Fliesen.
- **Gelb** wird für den Sanitärbereich, also für Fliesen, Armaturen, Ablagen, Waschbecken, Dusche und Badewanne genutzt.
- **Blau** steht für Einrichtungsgegenstände, wie Schreibtische, Schränke, Stühle, Tische, Regale, Spiegel, Heizkörper und Türen.
- **Grün** umfasst besondere Bereiche, wie den OP-Bereich, Patientenbetten und die Küche.

Vier-Farben-System

FÜR DIE PRAXIS

Liegen Wischbezüge nicht in unterschiedlichen Farben vor, hilft farbiges Klebeband am Stiel des Gerätes, dieses sicher einem bestimmten Einsatzgebiet zuzuordnen.

Reinigungsgeräte

Reinigungsgeräte sind handgeführte „Werkzeuge" zur Reinigung. Sie sind kostengünstig, flexibel einsetzbar und ideal für die Reinigung kleiner Flächen. Sie müssen zudem nicht gewartet werden und erreichen auch schwer zugängliche Stellen. Die am häufigsten genutzten Geräte sind:

Tücher sind in verschiedenen Materialien, wie Baumwolle oder Viskose erhältlich. Generell sollten sie fusselfrei, bei hohen Temperaturen waschbar, lange haltbar und gut griffig sein. Zur Auswahl stehen Allzweck-, Faser- und Mikrofasertücher.

- **Allzwecktücher** (= Vliestücher) werden in unterschiedlichen Stärken (= Dicken) hergestellt. Sie können zum Abspülen, Putzen, Staubwischen oder als Poliertuch verwendet werden.
- **Fasertücher** sind aufgrund ihres Faseraufbaus besonders materialschonend und nehmen gleichzeitig viel Schmutz auf, vor allem fetthaltige Verschmutzungen. Sie werden in verschiedenen Faserstärken und als Einsätze oder Überzüge für verschiedene Reinigungsgeräte angeboten.
- **Mikrofasertücher** sind aus ganz besonders winzigen Fasern. Sie eignen sich zur Reinigung von glatten Flächen. Da sie Feuchtigkeit gut binden, ist in der Regel kein Nachtrocknen erforderlich.

FÜR DIE PRAXIS

In Pflegeheimen werden für jedes Bewohnerzimmer jeweils frische Tücher zur Infektionsvermeidung genutzt. Besonders wichtig ist dies bei der Reinigung der Toiletten (Wechseltuchmethode).

Schwämme werden als Reinigungs- und Padschwämme verwendet. Sie müssen ausreichend groß, drei bis vier Zentimeter dick sein und Griffmulden für die Finger haben. Schwämme sind aus strapazierfähigem Synthetik- oder Viskosematerial hergestellt und dienen der Reinigung wasserbeständiger Materialien. Über eine besonders hohe Saugfähigkeit verfügen Viskoseschwämme. Einige Schwämme haben zusätzlich eine Scheuerseite. Diese gibt es in unterschiedlichen Härtegraden, die farblich unterschieden werden. So kann die Scheuerseite aus einem weißen, kratzfreien Pad oder einem dunklen, stark reibenden Pad bestehen.

FÜR DIE PRAXIS

Schwämme mit Scheuerseite können empfindliche Materialien zerkratzen! Sie enthalten kleinstes Gesteinsmehl, das zum Beispiel die Verchromung von Armaturen aufraut und sie dadurch matt erscheinen lässt.

Fenstereinwascher gibt es in unterschiedlichen Größen und teilweise mit drehbarem Gelenk. Sie bestehen aus einem Kunststoff- oder Metallgriff und einem abnehmbaren Bezug aus Mikrofasern, Baumwolle oder Mischfasern. Dieser nimmt Wasser auf und gibt es gleichmäßig an die Fensterscheibe ab. Außerdem bindet er Schmutz an sich.

Fenster-einwascher

Besen eignen sich zum Entfernen von grobem, lose aufliegendem Schmutz. Es gibt sie in unterschiedlichen Breiten, Borstenmaterialien und Befestigungsarten. Die Borsten können aus natürlichem (pflanzlich oder tierisch) oder künstlichem Material sein. Sie sind an einem Querholz oder Kunststoff befestigt. Daran ist ein Stiel aus Holz, Leichtmetall oder Kunststoff angebracht. Da Kehren viel Staub aufwirbelt, sollten Besen nur eingesetzt werden, wenn der Gebrauch eines Staubsaugers ungeeignet ist. Handbesen und Kehrschaufel kommen beim Aufnehmen von zusammengekehrtem Schmutz zum Einsatz.

Feuchtwischgeräte werden zum Entfernen von lose aufliegendem Feinschmutz verwendet. Sie werden mit Vlies oder Bezügen angeboten.

Feuchtwischgeräte können feucht oder nass verwendet werden. Es gibt sie mit Vlies oder Bezügen.

- **Feuchtwischgeräte mit Vlies** machen den größten Anteil aus. Diese Geräte besitzen am Stielende eine Kunststoffsohle. Über diese werden feuchte Tücher, Vliese oder Gaze zum Wischen gezogen. Ein Klemmverschluss, Klett oder das Push and Pull Prinzip sorgen dabei für einen optimalen Halt. Nach dem Gebrauch können die Tücher, Vliese oder Gaze gewaschen oder entsorgt werden.
- **Feuchtwischgeräte mit Bezug** bestehen aus einem Stiel, an dessen Ende sich ein Kunststoffrahmen oder eine klappbare Kunststoffsohle befindet. Über diesen wird ein Bezug schleuderfeucht aufgezogen oder nebelfeucht besprüht. Nach dem Gebrauch kann der Bezug gewaschen und wiederverwendet werden. Feuchtwischgeräte mit Bezug sehen dem Breitwischgerät sehr ähnlich. Ihre Wischbreite ist jedoch geringer/schmäler und die Wischbezüge besitzen keine oder nur sehr kurze Fransen, sodass sie nur sehr wenig Wasser aufnehmen können.

Feuchtwischgerät mit Vlies- hier mit Push und Pull Halterung für das Tuch

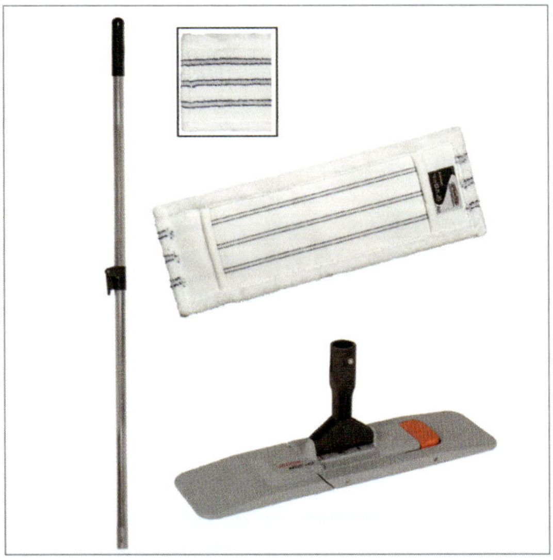

Feuchtwischgerät mit Bezug und klappbarer Kunststoffsohle

FÜR DIE PRAXIS

Feuchtwischgeräte entfernen lose aufliegenden Schmutz, ohne Staub aufzuwirbeln. Bei wenig Staub und einer sehr kleinen Fläche kann das Feuchtwischgerät auch trocken genutzt werden.

Breitwischgeräte sehen den Feuchtwischgeräten sehr ähnlich. Die Fransen oder Schlingen der Bezüge können jedoch mehr Feuchtigkeit aufnehmen. Dadurch kann mehr Reinigungsflotte auf dem Fußboden verteilen werden.
Der Halter für den Wischbezug ist bei Breitwischgeräten durch ein Kugelgelenk mit dem Stiel gekoppelt. Dadurch lässt sich der Stiel nach vorne und hinten, aber auch nach rechts und links bewegen. Das schont den Rücken, denn es verhindert eine Verdrehung der Wirbelsäule.. Der Stiel sollte individuell höhenverstellbar sein und zur besseren Beweglichkeit ein Kugelgelenk an der Halterung haben. Ein Sicherheitsgriff am Stielende erleichtert das Führen des Gerätes.

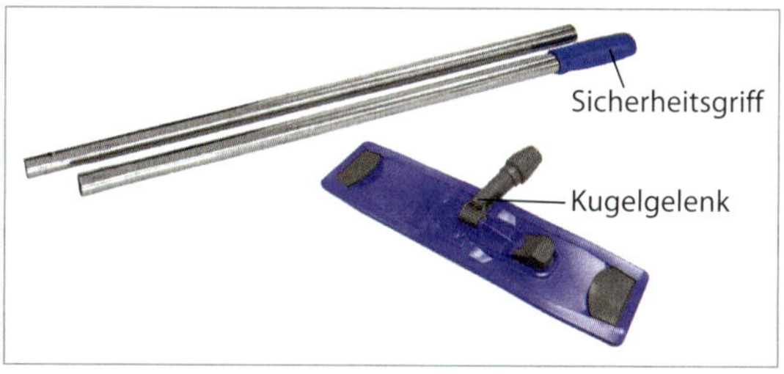

Breitwischgerät mit Kugelgelenk und Sicherheitsgriff

Richtige Stillänge

Ergonomisch arbeiten mit dem Breitwischgerät:
Mit einem Breitwischgerät, dessen Stiel längenverstellbar ist, kann aufrecht stehend gewischt werden.

Der Stiel sollte dabei so lang sein, dass er vom Boden etwa bis zum Kinn reicht. Das ermöglicht ein rückenschonendes Arbeiten.

FÜR DIE PRAXIS

Werden waagerechte Flächen über dem Kopf gereinigt, wird eine Hand in der Stielmitte gehalten, die andere an das Stielende gedrückt.

Fransenmopps bestehen aus 25 bis 45 cm langen Fransen, die am Mopphalter befestigt sind. Die Fransen sind besonders saugfähig. Zu jedem Fransenmopp gehört ein Fahreimer und eine Presse. Flächen, die mit einem Fransenmopp gereinigt werden, benötigen genügend Zeit zum Trocknen.

Abzieher, auch Fensterwischer genannt, bestehen aus einem Plastik- oder Metallgriff und einer Wischerschiene mit Abziehgummi. Das Gummi ermöglicht eine streifenfreie Reinigung von Fenstern.

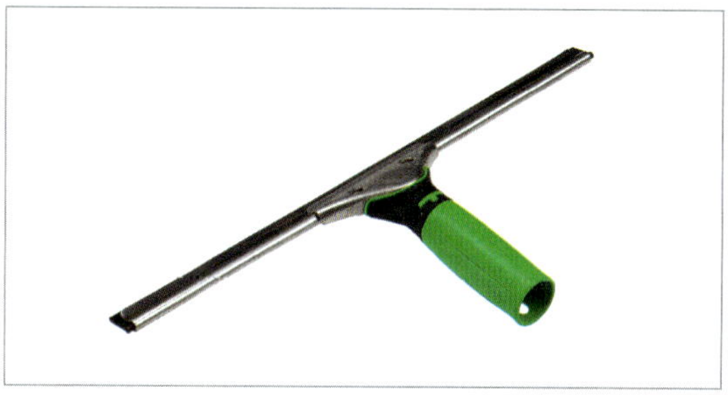

Abzieher zur Fensterreinigung

Reinigungsmaschinen

Reinigungsmaschinen werden elektrisch betrieben, das heißt sie benötigen Strom oder besitzen einen Akku. Zu den am meisten verwendeten Reinigungsmaschinen gehören:

Staubsauger entfernen trockenen, nicht zu groben, lose aufliegenden Schmutz. Je nach Saugkraft lassen sich fast alle Materialien und Raumausstattungen wie Böden, Möbel, Gardinen und Lampenschirme, damit entstauben. Der Staubsauger funktioniert, indem Unterdruck durch ein elektrisch betriebenes Gebläse mit Flügelrädern erzeugt wird. Der Unterdruck saugt die mit Staub beladene Luft an. Der Staub wird durch die Saugdüsen aufgenommen und in den Sammelbehälter geleitet. Dieser ist regelmäßig zu leeren oder auszutauschen. Manche Staubsauger haben spezielle Mikrofilter, die besonders viel Staub zurückhalten. Sie müssen ebenfalls regelmäßig gewechselt werden.

FÜR DIE PRAXIS

Staubsaugerrohr entsprechend der Körpergröße einstellen.
Staub gesaugt wird mit geradem Rücken und in leichter Schrittstellung. Das ist ergonomisch sinnvoll und erleichtert die Arbeit.

Ergonomisch positive und negative Haltung beim Staubsaugen

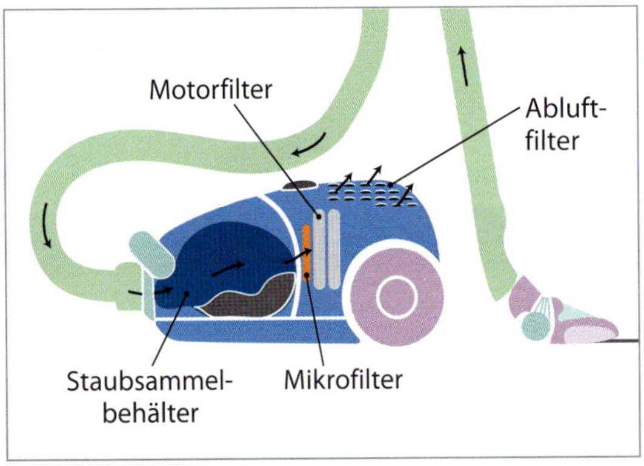

Funktionsprinzip eines Staubsaugers

Kehrsaugmaschinen eignen sich zur Reinigung harter Fußböden im Innen- und Außenbereich. Durch rotierende Bürsten wird der Schmutz zusammengekehrt und anschließend mithilfe eines integrierten Staubsaugers aufgesaugt. Je nach Größe der zu reinigenden Fläche kommen Handkehrmaschinen, Aufsitzkehrmaschinen und selbstfahrende Kehrmaschinen zum Einsatz.

FÜR DIE PRAXIS

Kehrsaugmaschinen sind ideal zur Reinigung von Holz- und Betonböden, Fliesen oder Asphalt.

Nasssauger werden zum Aufsaugen von Flüssigkeiten genutzt, zum Beispiel um Reinigungsflotte nach der Fußbodengrundreinigung aufzusaugen. Der Sauger funktioniert genau wie ein Trockensauger, er hat jedoch einen Sammelbehälter aus Kunststoff oder Edelstahl. Darin wird die Flüssigkeit gesammelt.

FÜR DIE PRAXIS

Der Sammelbehälter des Nasssaugers ist nach jeder Benutzung zu leeren und zu reinigen.

Hochdruckreiniger säubern stark verschmutzte, wasserbeständige Materialien, wie Fußbodenbeläge mit Ablaufmöglichkeit, strahlwassergeschützte Geräte in Großküchen sowie im Außenbereich. Die Maschine presst mit starkem Druck Wasser durch Düsen, um den fest haftenden Schmutz zu lösen und abzuspülen. Das Wasser kann heiß oder kalt sein und reinigende oder desinfizierende Zusätze enthalten. Hochdruckreiniger sind mobil oder fest installiert und benötigen immer einen Wasseranschluss.

FÜR DIE PRAXIS

Hochdruckreiniger sollten nur von geschultem Personal und mit entsprechender Schutzkleidung benutzt werden.

Sprühextraktionsgeräte kommen zum Einsatz, um haftenden Schmutz, Flecken oder alte, eingetrocknete Verschmutzungen auf textilen Böden oder Polstermöbeln zu entfernen. Die Geräte besitzen einen Frisch- und einen Abwassertank. Über Düsen wird die Reinigungsflotte aus dem Frischwassertank auf die textile Fläche gesprüht. Anschließend wird der gelöste Schmutz mit Hilfe einer Absaugdüse aufgesaugt und in den Abwassertank geleitet.

FÜR DIE PRAXIS

Das Gerät ist so langsam zu führen, dass der gelöste Schmutz vollständig aufgenommen werden kann.

Scheibenmaschinen kommen beim Cleanern, Shampoonieren, Nassscheuern, Bohnern und Polieren zum Einsatz. Die Maschinen gibt es als Ein-, Zwei-, Dreischeiben- und Highspeed-Maschinen, an deren Unterseite drehbare Bürsten oder Pads befestigt sind. Ihre Auswahl ist vom Reinigungsverfahren und der Kratzempfindlichkeit der Böden abhängig. Die Drehgeschwindigkeit der Scheiben ist regulierbar und die Drehrichtung einstellbar. Einscheibenmaschinen bewegen sich von selbst, immer in die Laufrichtung der rotierenden Bürsten (Bewegungsablauf s. S. 113). Zwei- und Dreischeibenmaschinen sind von der Reinigungskraft zu bewegen und bearbeiten die Flächen mit gegenrotierenden Bewegungen. Highspeed-Maschinen vibrieren aufgrund der hohen Drehgeschwindigkeit ihrer Bürsten stark. Sie sind daher mit beiden Händen zu führen.

FÜR DIE PRAXIS

Helle Pads haben eine polierende Wirkung, dunkle Pads bewirken einen starken Abrieb.

Alle Reinigungsmaschinen sollten regelmäßig gereinigt und gewartet werden. Neue Reinigungskräfte sind vor dem ersten Maschineneinsatz entsprechend zu schulen.

AUFGABEN

5. Informieren Sie sich über die in Ihrem Ausbildungsbetrieb eingesetzten Arbeitsgeräte und -maschinen. Erstellen Sie daraus eine Übersichtstabelle und geben Sie die jeweiligen Einsatzbereiche an.

6. Erstellen Sie eine Betriebsanweisung mithilfe von virtuellen Assistenten wie z. B. Chat-GPT, um neue Mitarbeitende im Umgang mit einem neuen Gerät einzuarbeiten.

3.2.3 Weitere Arbeitsmittel zur Reinigung

Eimer und Wannen werden als Behälter für die Reinigungsflotte benutzt. Sie sind in der Regel aus Kunststoff und haben unterschiedliche Fassungsvermögen. Zur Reinigung nicht textiler Fußböden werden größere Eimer oder Wannen benutzt. Diese stehen auf einem Fahrgestell, um sie hin- und her rollen zu können.

FÜR DIE PRAXIS

Fahrbare Eimer schonen den Rücken. Sie müssen nicht getragen werden und sind daher ergonomisch sinnvoll. Das gilt insbesondere bei Eimern mit großem Fassungsvermögen.

Pressen übernehmen das Auswringen der Wischbezüge. Sie werden exakt passend zu den Eimern und Wannen angeboten.

Wischwagen, auch Fahreimer genannt, bestehen meist aus zwei Eimern mit roter und blauer farbiger Kennzeichnung sowie einer Presse.

Kehrsaugmaschine

Nasssauger

Hochdruckreiniger

Sprühextraktionsgerät

Scheibenmaschine

Geräte zur Reinigung nicht textiler Fußbodenbeläge

3

Die Reinigungsflotte wird in den blauen Eimer gegeben, der rote Eimer fängt die Schmutzflotte auf. Mithilfe der Presse wird der nasse Wischbezug ausgedrückt. Sie befindet sich über dem Eimer mit roter Kennzeichnung, sodass das herausgedrückte Wasser der Schmutzflotte zugefügt wird.

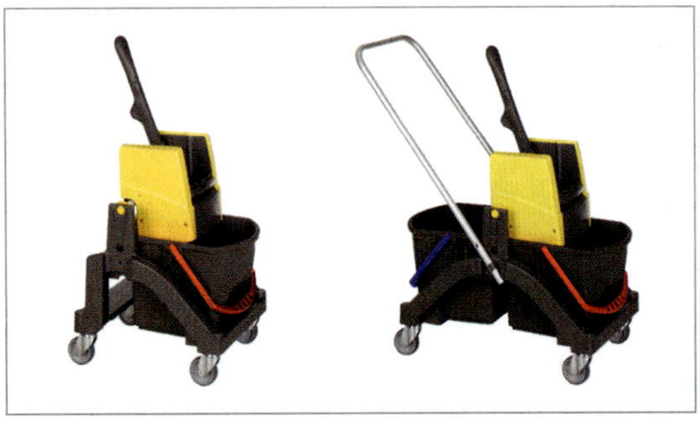

Wischwagen mit einem Eimer, Wischwagen mit zwei Eimern (= Doppelfahreimer)

FÜR DIE PRAXIS

Das getrennte Eimersystem ermöglicht eine gründliche Bodenreinigung.

Systemwagen bestehen aus dem Fahrgestell, mehreren Eimern, Pressen, Ablagen sowie Befestigungsvorrichtungen u.a. für Abfallsäcke. Sie können so bestückt werden, dass sie alle Arbeitsgeräte und Utensilien, zum Beispiel Reinigungsmittel, für die Reinigung eines bestimmten Bereiches enthalten. Hersteller bieten Systemwagen daher nach dem Baukastenprinzip an, die individuell zusammengestellt werden können. Das hat den Vorteil, dass alle benötigten Materialien sofort griffbereit sind und unnötige Wege entfallen.

FÜR DIE PRAXIS

Systemwagen für den Sanitärbereich sollten zusätzlich mit Toilettenpapier und Papierhandtücher bestückt sein.

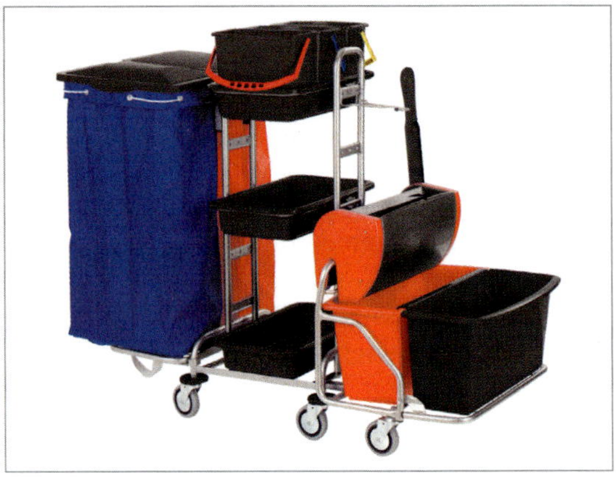

Systemwagen mit Arbeitsmittel zur Reinigung, Desinfektion und Pflege

AUFGABEN

7. Erstellen Sie eine Tabelle mit den Inhaltstoffen von Reinigungsmitteln und deren Aufgaben. Orientieren Sie sich dabei an folgendem Schema:

Inhaltsstoff	Aufgabe(n)
Tenside	setzen die Oberflächenspannung des Wassers herab, lösen Schmutz- und Fettpartikel von Oberflächen ab, halten Schmutz- und Fettpartikel in der Schwebe
...	...

8. Ihre Aufgabe ist es, das Badezimmer und zwei Bewohnerzimmer in einer Wohngruppe für Menschen mit Behinderungen zu reinigen.
   a) Erstellen Sie eine Tabelle mit typischen Oberflächen und Einrichtungsgegenständen, die im Badezimmer gereinigt werden müssen.
   b) Geben Sie für jede Oberfläche bzw. jeden Einrichtungsgegenstand im Badezimmer das geeignete Reinigungsmittel an.
   c) Informieren Sie sich in Ihrem Ausbildungsbetrieb über die Geräte und Maschinen zur Reinigung, die dort zum Einsatz kommen. Beschreiben Sie jeweils deren Einsatzmöglichkeiten.

9. Erklären Sie der Praktikantin Amira in Ihrem Betrieb die Bedeutung des Vier-Farben-Systems.

3.3 Reinigung und Pflege verschiedener Materialien

Egal ob Einrichtungsgegenstand oder Fenster, für ein optimales Reinigungs- und Pflegeergebnis ist die fachgerechte Auswahl der Arbeitsmittel von wesentlicher Bedeutung. Dies ist jedoch nur möglich, wenn die in der Hauswirtschaft tätige Person gute Kenntnisse über die einzelnen Werkstoffe besitzt.

3.3.1 Glas

Glas besteht aus einem Gemisch verschiedener Rohmaterialien (wie zum Beispiel Quarzsand, Soda und Kalk), die zu einer Masse verschmolzen werden. In heißem Zustand ist Glas formbar. Je nach Zusammensetzung der Rohmaterialien entstehen verschiedene Glasarten.

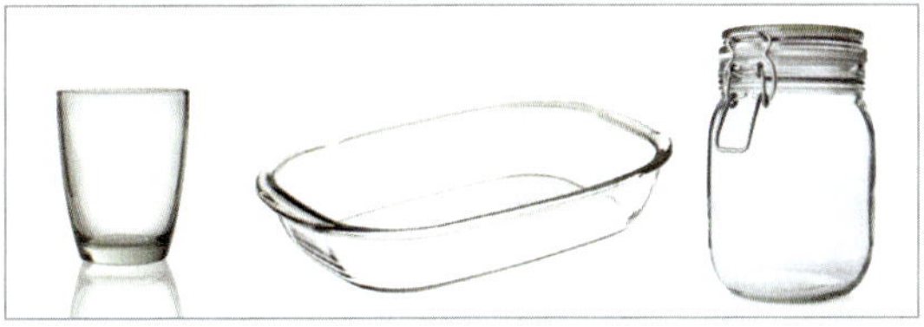

Glas im Haushalt

Im Haushalt häufig verwendete **Glasarten** sind:

- **Kristallglas** ist ein schweres farbloses Glas, das sehr viel Licht bricht, sodass besondere Farb-Effekte entstehen. Daher ist Kristallglas sehr dekorativ und wird vor allem für die Herstellung von Gläsern, Vasen, Schalen und Karaffen verwendet.
- **Bleikristallglas** ist ein schweres farbloses Glas, welches häufig eingefärbt und glatt oder geschliffen zur Herstellung hochwertiger Gebrauchsgegenstände benutzt wird. Aus ihm werden besondere Trinkgläser für Wein und Sekt, Karaffen, Kerzenleuchter, Schalen oder Kuchenplatten angefertigt.
- **Spezialglas** entsteht durch die Zugabe verschiedener Metalloxide. So entsteht Glas, das in besonderem Maße hitze-, säure- oder temperaturbeständig ist. Die Spezialgläser eignen sich für Laborbehältnisse, Thermometer und Leuchtmittel.
- **Glaskeramik** ist Glas, das bei der Herstellung besonders behandelt wird, sodass es beim Abkühlen zwar erstarrt, aber nicht kristallisiert. Dadurch erhält es eine Keramik ähnliche Struktur und ist bei starken Temperaturschwankungen bruchsicher. Glaskeramik wird daher zur Herstellung von Auflaufformen, Induktions- und Glaskeramikkochfeldern (Ceran) verwendet.

Alle Glasarten sind gegenüber Säuren und Laugen unempfindlich und wasserbeständig. Gegenüber scheuernden Reinigungsmitteln sind sie jedoch empfindlich und können verkratzen. Für eine streifenfreie Reinigung von Glasoberflächen empfiehlt sich der Einsatz von Glas- oder Alkoholreiniger. Die meisten Trinkgläser sind spülmaschinengeeignet und mit einem entsprechenden Symbol gekennzeichnet.

FÜR DIE PRAXIS

Da Glas sehr kratzempfindlich ist, sollte es nicht mit Scheuermitteln gereinigt werden. Gläser aus Kristall- und Bleikristall sind nicht spülmaschinengeeignet und von Hand zu spülen.

Diese Symbole zeigen, was in der Spülmaschine gereinigt werden kann: spülmaschinengeeignet aus Erfahrung und spülmaschinenfest nach DIN-Norm
Die Zahl gibt die Anzahl der möglichen Spülgänge an, bevor der Gegenstand geschädigt werden kann.

3.3.2 Keramik

Keramik ist der Sammelbegriff für aus Ton gebrannte Erzeugnisse. Je nach Tonzusammensetzung, Brandtemperatur und Anzahl der Brände entstehen unterschiedliche Werkstoffe:

- **Porzellan** ist eine Keramik mit glatter Oberfläche, welche nicht stoß- und bruchfest ist. Es wird zur Herstellung von Essgeschirr, Schalen, Vasen und Dekorationsgegenständen genutzt.
- **Steinzeug** ist sehr empfindlich gegenüber Druck und Stoß. Waschbecken, Badewannen, Fliesen, Einmachtöpfe und Dekorationsgegenstände sind häufig aus Steinzeug hergestellt.

- **Steingut** ist dickwandiger als Porzellan und empfindlich gegenüber Temperaturschwankungen. Aus ihm werden oft einfaches Ess- und Trinkgeschirr, Vasen und Sanitärkeramiken hergestellt.
- **Töpferware** ist stoß- und bruchempfindlich sowie wasserdurchlässig. Aus Töpferware produzierte Objekte sind vor allem Römer-, Blumen- und Blumenübertöpfe.

Keramiken werden mit tensidhaltigen Reinigungsmitteln, Scheuermilch und Pads mit schwachem Abrieb gereinigt. Auf der Unterseite finden sich meist Hinweise zur maschinellen Reinigung.

FÜR DIE PRAXIS

Die Reinigungshinweise auf Keramiken sind unbedingt zu beachten.

3.3.3 Holz

Holz kommt im Haushalt in verschiedenen Bearbeitungsformen vor. Es wird unterschieden zwischen:

- **Massivholz** ist Holz, das in seinem natürlich gewachsenen Gefüge verwendet wird.
- **Furnierholz** besteht aus dünnen Holzblättern, die auf Trägerplatten aufgebracht werden und die Sichtfläche der Möbel bilden.

Unbehandelte Holzoberflächen sind besonders empfindlich gegenüber Feuchtigkeit.

Feuchtigkeitsflecken auf unbehandeltem Holz

Zum Schutz vor Beschädigungen wie Kratzer, Wasserflecken, Verziehen oder starke Verschmutzungen werden fast alle Holzoberflächen behandelt.

Wichtige **Oberflächenbehandlungen** bei Holz sind:

- **Lackieren** schafft einen glatten Überzug auf dem Holz, welcher die Holzporen ausfüllt.
- **Mattieren** füllt die Holzporen nicht ganz aus, führt aber zu einer mattglänzenden Oberfläche.
- **Imprägnierlasieren** ist das Auftragen von Kunstharzlösungen, zum Beispiel auf Außentüren und Fensterrahmen.
- **Ölen und Wachsen** schafft eine dünne Schutzschicht, wobei die Maserung sichtbar bleibt.
- **Überziehen mit Folien** ist das Aufschweißen von PVC-Folien mit verschiedenen Farben oder Maserungsmustern.

Diese Oberflächenbehandlungen führen zu verschiedenen Reinigungs- und Pflegeeigenschaften.

Reinigungs- und Pflegeeigenschaften je nach Oberflächenbeschaffenheit des Holzes

Oberflächenbeschaffenheit des Holzes	Reinigungs- und Pflegevorgang
Geschlossene Oberfläche	
• lackiert, versiegelt oder lasiert	→ feucht abwischen
• mit Kunststoff überzogen	→ feucht oder nass abwischen
Offene Oberfläche	
• gebeizt, poliert oder mattiert	→ trocken entstauben und mit Möbelpflegemittel bearbeiten
• gewachst	→ trocken entstauben, mit Bienenwachs oder Spezialmittel einreiben
Rohholz	→ mit scheuernden Reinigungsmitteln säubern, gut abspülen und anschießend trocknen lassen

Versiegelte und geölte Holzoberflächen sind pflegeleicht, aber trotzdem feuchteempfindlich.

Versiegeln und Ölen erleichtert die Pflege des Holzes, denn sie machen die Holzoberflächen pflegeleichter. Geölte Holzoberflächen sind kurzfristig unempfindlich gegenüber Feuchtigkeit, versiegelte Oberflächen hingegen auch längerfristig.

3.3.4 Kunststoff

Kunststoff hat eine glatte Oberfläche und ein hohes Isolationsvermögen, ist leicht, bruchsicher und widerstandsfähig gegen Säuren. Essgeschirr, Schneidebretter, Vorratsdosen und vieles mehr wird aus Kunststoff hergestellt.

Entsprechend seiner chemischen Struktur lassen sich Kunststoffe einteilen in:

- **Thermoplaste** sind hart oder weich, sehr hitzeempfindlich und nicht spülmaschinengeeignet. Durch das heiße Wasser würden sie sich verformen. Zu den Thermoplasten gehören Polyethylen (PE), Polyethylenterephthalat (PET) und Polyvinylchlorid (PVC). Eimer, Joghurtbecher, Bodenbeläge, Duschvorhänge sowie Trink- und Essgeschirr werden daraus hergestellt.
- **Duroplaste** sind hart und werden zur Herstellung von Steckdosen, Gehäusen für Elektrogeräte, Tabletts und Möbeloberflächen genutzt. Sie sind unempfindlich gegenüber haushaltsüblichen Säuren und Laugen sowie hohen Temperaturen. Melamin, Duropal und Resopal sind die bekanntesten Duroplaste.
- **Elastomere** sind weich, elastisch und nur schwach laugen- und säurebeständig. Sie können ohne Hitze durch Druck oder Zug verformt werden und nehmen ohne Belastung wieder ihre Ursprungsform an. Elastomere sind aus Naturkautschuk oder künstlichen Kautschuk. Sie werden oft zur Herstellung von Matratzen, Schwämmen, Dichtungen oder Fußbodenbelägen genutzt.

Alle Kunststoffe sind empfindlich gegenüber Lösemitteln, starken mechanischen Beanspruchungen und Temperaturen über 90 °C. Zur Reinigung können Handspülmittel, Allzweckreiniger, Alkoholreiniger oder Spezialmittel, die eine statische Aufladung verzögern, genutzt werden. Polierende und scheuernde Reinigungsmittel sind nicht geeignet. Farbflecke lassen sich nicht mehr entfernen.

Kunststoff wird immer öfter wiederverwertet.

BEISPIEL: Zahlreiche Gegenstände, wie Vorratsdosen, Trinkflaschen, Eimer oder die Verpackungen von Reinigungsmittel werden aus recyceltem Kunststoff herstellt.

3.3.5 Metall

Metalle sind undurchsichtige, glänzende Werkstoffe, verformbar und mehr oder weniger stark wärmeleitend. Im Haushalt finden sich viele verschiedene Metallarten. Die wichtigsten sind:

- **Edelstahl** ist unempfindlich gegenüber Säuren und Laugen, stoßfest, geruchs- und geschmacksneutral, aber nur eingeschränkt korrosionsbeständig. Edelstahl hat eine glatte Oberfläche und lange Lebensdauer. Er wird für Messerklingen, Kochgeschirr, Gastro-Norm-Behälter, Bestecke und Servierwagen verwendet. Als Reinigungsmittel eignen sich Edelstahlreiniger, Scheuermilch oder Wiener Kalk (s. S. 118). Für die Mechanik sollten Pads mit schwachem Abrieb oder Schwämme mit Spezialvlies eingesetzt werden. Stahlwolle darf aufgrund der Kratzempfindlichkeit nicht verwendet werden. Maschinelles Spülen ist möglich.
- **Gusseisen** ist rau und spröde, empfindlich gegenüber starken Temperaturunterschieden, bruchempfindlich und nicht korrosionsbeständig. Es leitet sehr gut Wärme, weshalb es zur Herstellung von Pfannen, Brätern, Kochplatten und Kippbratpfannen beliebt ist. Gusseisen lässt sich mit Scheuerpulver und feiner Stahlwolle reinigen.

FÜR DIE PRAXIS

Zur Pflege können gusseiserne Pfannen nach der Reinigung mit etwas geschmacksneutralem (Speise-)Öl und Kochplatten mit Plattenfett eingerieben werden.

- **Aluminium** ist leicht, verformbar und empfindlich gegenüber Säuren und Laugen. Aufgrund seiner guten Wärmeleitung werden aus ihm Backbleche, Backformen und Kochgeschirr hergestellt. Auch die Gehäuse von Haushaltsgeräten können aus Aluminium sein. Sie sind meist mit einer speziellen Schutzschicht (Eloxal) überzogen.

FÜR DIE PRAXIS

Aluminium darf nicht maschinell und auch nicht mit Stahlwolle oder Scheuermilch gereinigt werden.

- **Weißblech** leitet hervorragend Wärme, ist leicht und vielseitig einsetzbar. Es wird zur Herstellung von Getränke- und Konservendosen sowie Backblechen und - formen verwendet. Weißblech sollte mit etwas Spülmittel von Hand gereinigt werden.

FÜR DIE PRAXIS

Backformen aus Weißblech sind vor der Nutzung stets gut einzufetten und zu mehlieren.

- **Schwarzblech** besteht hauptsächlich aus Stahl und ist daher hitzebeständig und ein guter Wärmeleiter. Beim Kontakt mit spitzen Gegenständen, wie zum Beispiel Messern oder Gabeln, kann es leicht verkratzen. Backformen, die aufgrund der guten und gleichmäßigen Wärmeverteilung oft aus Schwarzblech herstellt werden, sollten dementsprechend nur mit Kunststoffbesteck in Kontakt kommen. Ihre Reinigung sollte ausschließlich von Hand erfolgen.

FÜR DIE PRAXIS

Wird dabei ein Schwamm verwendet, darf dessen Scheuerseite nicht verwendet werden.

- **Kupfer** leitet Wärme, ist weich und rötlich schimmernd. Hochwertiges Kochgeschirr und Dekorationsobjekte werden daraus hergestellt. In Kontakt mit Säuren entsteht giftiger Grünspan. Beim Kontakt mit Luft bildet es eine dünne Oxidationsschicht, die Patina. Kopfgeschirr aus Kupfer hat daher eine Beschichtung, sodass sich Speisen und Kupfer nicht berühren. Für die Reinigung eignen sich Kupferreinigungsmittel.
- **Messing** entsteht durch die Verschmelzung von Kupfer und Zink. Es ist matt glänzend und Ausgangsmaterial für versilbertes Besteck oder Dekorationsgegenstände. Die Reinigung darf nicht mit starken, abrasiven Mitteln erfolgen. Es empfiehlt sich die Verwendung von Universalmetallreinigern oder Spezialputzmitteln für Messing.

Gegenstände aus Metall

- **Bronze** ist ein robustes Gemisch aus Kupfer und Zinn. Es wirkt leicht glänzend und ist gold- bis rotbraun. Im Haushalt findet sich Bronze meist in Form von Dekorationsgegenständen, die abgestaubt oder per Hand gespült werden können.
- **Silber** ist sehr weich, kratzempfindlich und oft als Legierung (= Verschmelzung) mit Kupfer erhältlich. Es wird zur Produktion von Essbestecken, Serviergeschirr, Dekorationsobjekten und Schmuck verwendet. Silber oxidiert beim Kontakt mit Schwefelverbindungen (etwa eihaltigen Lebensmitteln oder Luft) und läuft an. Zum Reinigen empfiehlt sich ein Silberputzmittel oder Silberputztuch. Die darin enthaltenen Substanzen verzögern ein erneutes Anlaufen. Zudem belasten sie die Umwelt nur gering und greifen das Silber nicht so stark an.

Zum Reinigen der Metalle reicht das Spülen per Hand. Starke Verschmutzungen können besonders schonend mit Edelstahlreiniger entfernt werden. Kochgeschirr aus Edelstahl kann außerdem maschinell gespült werden. Im Handel sind für alle Metallarten spezielle Reiniger erhältlich. Bei ihrer Benutzung sind stets die Herstellerhinweise zu beachten!

FÜR DIE PRAXIS

Stark verschmutzte Metallgegenstände in tensidhaltiger Reinigungsflotte einweichen.

3.3.6 Leder

Leder wird aus Tierhäuten gewonnen und zur Herstellung von Sitzmöbelbezügen, Oberbekleidung, Schuhen und Taschen genutzt. Je nach Oberflächenbeschaffenheit sind drei Arten zu unterscheiden und die Reinigung entsprechend anzupassen:

- **Glattleder** ist abzubürsten oder feucht abzuwischen. Auf trockenem Glattleder kann hauchdünn und gleichmäßig Pflegemittel aufgetragen werden. Auch Imprägnieren ist möglich.
- **Rauleder** mit einer Gummibürste entstauben und glänzende Stellen mit Schmirgelpapier aufrauen werden. Es kann mit Spezialpflegemitteln aufgefrischt oder imprägniert werden.

Ledermöbel

- **Kunststoffbeschichtetes Leder** ist feucht mit tensidhaltiger Reinigungsflotte abzuwischen. Eine Behandlung mit Spezialcreme wird von Zeit und Zeit empfohlen.

AUFGABEN

1. Erstellen Sie eine Tabelle zu vier Materialien Ihrer Wahl und deren Reinigung. Halten Sie darin zur Reinigung typische Mittel, Geräte und Maschinen sowie wichtige Hinweise fest.

Material	Reinigungsmittel	Reinigungsgeräte	Reinigungsmaschinen	Hinweis(e) zur Materialreinigung

...

2. Planen Sie die Reinigung und Pflege eines Sofas mit Glattlederbezug sowie die eines gewachsten Massivholztisches. Formulieren Sie eine Schritt-für-Schritt-Anleitung.

3.4 Objektspezifische Reinigung

3.4.1 Allgemeiner Ablauf der Reinigung, Desinfektion und Pflege von Wohn- und Funktionsbereichen

In Räumen und Gebäuden kann je nach Nutzung zwischen Wohn- und Funktionsbereichen unterschieden werden. Wohnbereiche bezeichnet Räume oder darin befindliche Flächen, die für das Wohnen und Erholen genutzt werden. Es sind somit Orte, an denen Menschen ihre Freizeit verbringen, sich erholen oder mit anderen Menschen in Kontakt treten. Zu den Wohnbereichen zählen Wohn-, Ess-, Arbeits-, Kinder- und Bewohnerzimmer in Alten- und Behinderteneinrichtungen sowie Zimmer in Jugendherbergen oder Tagungsstätten.

Funktionsbereiche hingegen sind Räume oder darin befindliche Flächen, die für funktionale Zwecke genutzt werden. Funktionsbereiche umfassen z. B. Küchen, Lagerräume, Arbeitsräume, Sanitärräume, Hauswirtschaftsräume zur Textilpflege oder Büros der Küchenleitung.

Allen Bereichen liegt ein einheitliches Arbeitsablaufschema zugrunde:

Vorbereiten:
- Arbeitsmittel bereitstellen (zum Beispiel Wischtuch, Eimer mit Wasser, Reinigungsmittel mit Dosiervorrichtung)
- bewegliches Mobiliar, wie etwa Stühle oder Mülleimer, wenn möglich zur Seite stellen
- Reinigungsflotte nach exakter Dosierung herstellen

Durchführen:
- zu reinigende oder zu desinfizierende Flächen in Abschnitte einteilen
- Fläche fachgerecht reinigen und/oder desinfizieren, nach Bedarf Pflegemittel auftragen
- Arbeitsergebnis kontrollieren und gegebenenfalls nachbessern

Nachbereiten:
- Mobiliar zurückstellen
- Arbeitsmittel reinigen und zurückstellen

Für ein zufriedenstellendes Ergebnis sind die Abläufe immer gut strukturiert durchzuführen.

Reinigungsgrundsätze

Trockene Reinigungsarbeiten, wie Abstauben und Kehren, werden **vor** den nassen Arbeiten durchgeführt. Sonst verkleben lose aufliegende Schmutzteile und sind schwerer zu entfernen.

Von trocken zu nass arbeiten!

Wann immer es möglich ist, sollte von oben nach unten gearbeitet werden (= vertikales Reinigungsverfahren s. S. 112). Wird zuerst der Fußboden und danach die Oberseite des Schrankes gereinigt, kann der Boden erneut verschmutzen.

Von oben nach unten arbeiten!

Gestartet wird am höchsten Punkt im Raum

Die Arbeiten beginnen immer mit den Innenflächen- bzw. Innenräumen. Anschließend folgen die Arbeiten an den Außenflächen. Das verhindert, dass sichtbare Flächen, zum Beispiel Schranktüren oder das Gehäuse einer Mikrowelle, durch spätere Arbeiten im Inneren erneut verschmutzt werden. Vor allem Fingerabdrücke werden so im sichtbaren Bereich verhindert.

Von innen nach außen arbeiten!

Damit ein Raum so gründlich wie nur möglich gereinigt werden kann, werden zunächst alle beweglichen Teile gereinigt. Dazu gehören kleine Möbelstücke wie Tische und Stühle, Dekorationsgegenstände wie Vasen und Skulpturen oder auch die Vorhänge an den Fenstern. Bewegliche Teile stehen in der Regel auf unbeweglichen Teilen (wie Schränken oder Fußböden). Durch eine spätere Reinigung würde der Schmutz von den beweglichen Teilen nach unten auf die bereits gereinigten, unbeweglichen Teile fallen.

Zuerst alle beweglichen Teile reinigen und zur Seite stellen. Danach alle unbeweglichen Teile reinigen.

Die Reinigung von Fußböden ist grundsatzlich zum Ausgang des Raumes hin zu planen. Systematisch wird in der hintersten Ecke des Zimmers gestartet und über die Raummitte hin zur Tür gereinigt. Das verhindert, dass bereits gereinigte Fußbodenbereiche erneut betreten werden.

Bewegung im Raum

Von hinten nach vorne arbeiten!

3.4.2 Bodenbeläge reinigen

Saubere Fußböden lassen einen Raum gepflegt aussehen und vermitteln Wohlbefinden. Zur fachgerechten Reinigung sind Materialkenntnisse und die Unterscheidung in textile und nicht textile Bodenbeläge erforderlich.

Textile Bodenbeläge reinigen

Textile Bodenbeläge umfassen Teppichböden aus Nadelvlies, Velours und Bouclé. Ihre Reinigung kann trocken, feucht oder nass erfolgen. Je nach Verschmutzungsart ist das passende Reinigungsverfahren und Arbeitsmittel zu wählen.

Staubsaugen eignet sich zum Entfernen von Staub und Haaren. Da in Räumen mit textilen Bodenbelägen oft Tische, Stühle oder Schränke stehen, bietet sich das „Inselsaugen" an. Dabei wird von einem Standort aus sternförmig gesaugt. Die Standorte sind so zu wählen, dass die gesamte Fläche lückenlos gesaugt wird. Unbestellte Flächen werden in zickzack-förmigen Bahnen gesaugt (s. S. 113).

FÜR DIE PRAXIS

Die Düsen des Saugers langsam und ohne Druck über die Fläche führen.

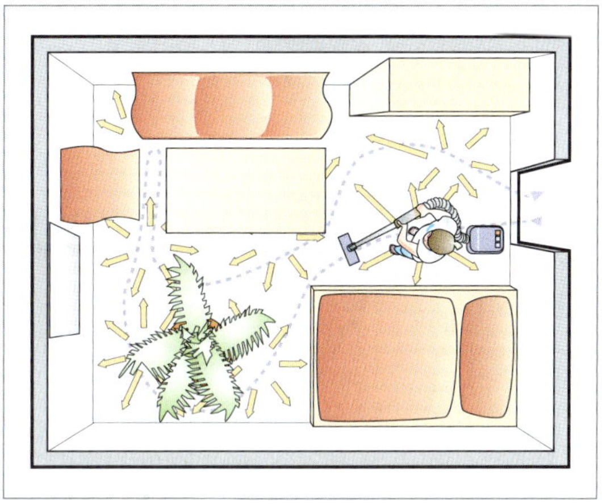

Flächen saugen (Inselsaugen)

Shampoonieren entfernt fest haftende Verschmutzungen mit Hilfe von flüssigem Shampoo oder Teppichreinigungspulver. Das Reinigungsmittel wird mit einer Shampoonier- oder Scheibenmaschine bahnenweise aufgetragen und einmassiert. Nach der vom Hersteller vorgegebenen Einwirkzeit werden die Shampooreste mit dem Schmutz abgesaugt. Beim Einsatz von flüssigem Shampoo kann zum Aufsaugen auch ein Sprühextraktionsgerät genutzt werden.

FÜR DIE PRAXIS

Um ein schnelles Wiederverschmutzen vorzubeugen, sind alle Reinigungsmittelreste sorgfältig zu entfernen.

Sprühextraktion eignet sich zur Entfernung anhaftender Verschmutzungen. Reinigungsmittel wird mithilfe eines Sprühextraktionsgerätes bahnenweise auf den Bodenbelag oder auf Polster aufgesprüht. Der dadurch gelöste Schmutz sowie das Reinigungsmittel werden anschließend aufgesaugt und in einem Tank gesammelt. Nach dem Trocknen werden Fußbodenbelag oder Polster aufgebürstet.

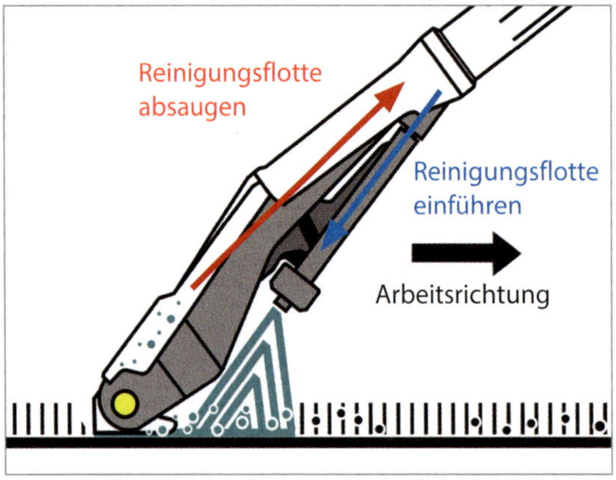

Arbeitsweise des Sprühextraktionsgerätes

FÜR DIE PRAXIS

Textile Bodenbeläge, die imprägniert sind, dürfen nur mit tensidfreiem Reinigungsmittel oder klarem Wasser behandelt werden.

Tenside können die Imprägnierung beeinträchtigen und die Wiederverschmutzung beschleunigen.

Nicht textile Bodenbeläge reinigen

Nicht textile Bodenbeläge sind sehr vielfältig in ihren Reinigungseigenschaften. Kenntnisse über das zu reinigende Material sind daher vor der Reinigung zwingend notwendig.

Das Reinigungsverfahren für nicht textile Bodenbeläge richtet sich nach dem Material.

Kehren entfernt aufliegenden Schmutz mithilfe eines Besens. Die Staubaufwirbelung hierbei ist sehr groß, da kein Wasser verwendet wird. Der Staub fällt auf die Einrichtungsgegenstände zurück und belastet die Schleimhäute der Reinigungskraft.

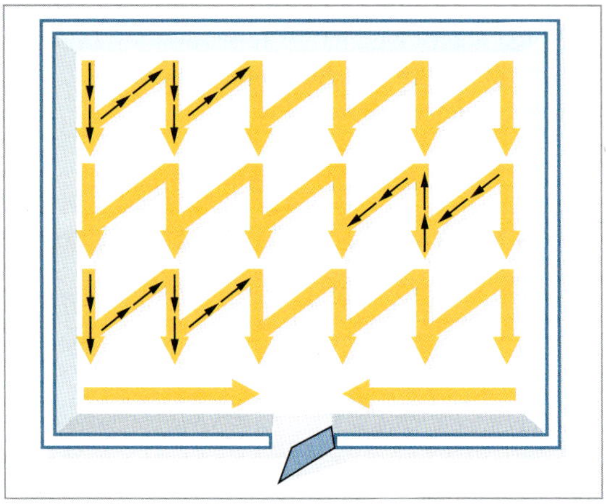

Bewegungsablauf beim Kehren

Nebelfeuchtwischen und Feuchtwischen reinigt glatte, gering verschmutzte Oberflächen, ohne Staub aufzuwirbeln. Für kleine Flächen eignet sich das Feuchtwischgerät, für große Flächen sollte ein Breitwischgerät verwendet werden (s. S. 129).

FÜR DIE PRAXIS

Die Breite der Wischbezüge sollte nicht über 50 cm liegen, da ein hohes Gewicht des feuchten Bezugs die Schultern der Mitarbeitenden belastet.

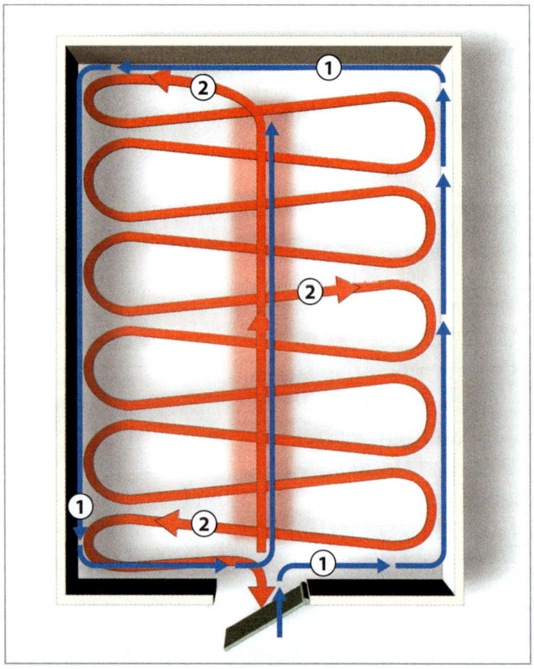

Wischbewegungen auf kleinen Flächen

Nicht textile Bodenbeläge und deren Reinigungseigenschaften

Material	Reinigungseigenschaften
PVC	
Kunststoffbelag	➜ pflegeleicht, nicht empfindlich gegenüber Wasser, Säuren und Laugen, empfindlich gegenüber wasserlöslichen und wasserunlöslichen Lösemittel keine Pflegemittel nötig
Laminat	
Pressspanplatte, deren Oberfläche mit Kunstharz überzogen wurde	➜ pflegeleicht, aber empfindlich gegenüber Wasser, keine Pflegemittel nötig
Linoleum	
Mischung aus Kork- und Holzmehl sowie Füll- und Farbstoffen	➜ unempfindlich gegenüber wasserlöslichen und wasserunlöslichen Lösemitteln, empfindlich gegenüber Alkalien sowie starkem Abrieb
Korkboden	
Mischung aus Korkstückchen und Naturharz	
• Versiegelter Kork	➜ pflegeleicht, unempfindlich gegenüber wasserlöslichen und wasserunlöslichen Lösemittel und Wasser
• Unversiegelter Kork	➜ pflegeleicht, unempfindlich gegenüber wasserlöslichen und wasserunlöslichen Lösemittel, empfindlich gegenüber Wasser
Holzboden	
Massivholzbretter mit oder ohne Oberflächenbehandlung	Alle Holzoberflächen sind unempfindlich gegenüber wasserlöslichen und wasserunlöslichen Lösemitteln
• Versiegeltes Holz	➜ pflegeleicht, empfindlich gegenüber Wasser
• Unversiegeltes Holz	➜ sehr empfindlich gegenüber Wasser
• Geöltes Holz	➜ pflegeleicht, empfindlich gegenüber Wasser
Parkett	
Hartholz	Empfindlich gegenüber Wasser, unempfindlich gegenüber wasserlöslichen und wasserunlöslichen Lösemitteln
Dielen	
Weichholz	Empfindlich gegenüber Wasser und Scheuermittel, unempfindlich gegenüber wasserlöslichen und wasserunlöslichen Lösemitteln
Steinboden	
aus Natursteinen geschnitten, kann matt oder poliert sein	wasserbeständig, je nach Steinart empfindlich gegenüber Säuren, Laugen und starkem Abrieb
Fliesenboden	
Dünne strapazierfähige Platten	
• Keramikfliesen	➜ pflegeleicht, unempfindlich gegenüber Feuchtigkeit, Säuren, Alkalien und Abrieb
• Zementfliesen	➜ empfindlich gegenüber Feuchtigkeit, Säuren, Alkalien und Abrieb
• Steinfliesen – unglasiert	➜ empfindlich gegenüber Feuchtigkeit, Säuren und Alkalien
– glasiert	➜ unempfindlich gegenüber Feuchtigkeit, Säuren und Alkalien

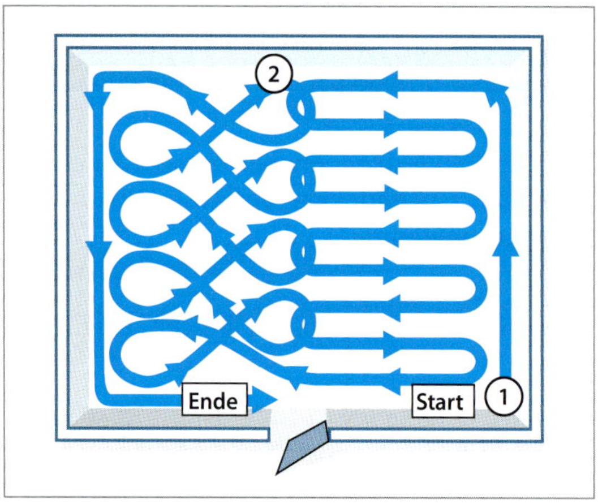

Wischen großer breiter Flächen – in Abschnitte eingeteilt

FÜR DIE PRAXIS

Das Wischgerät während des Arbeitens nicht vom Boden abheben. Sonst kann Schmutz zurück auf die gereinigte Fläche fallen.

Cleanern eignet sich zur Zwischenreinigung glatter Fußbodenbeläge. Hierbei wird Cleanermittel auf abgenutzte Pflegefilmstellen und hartnäckige Flecken dünn aufgesprüht und maschinell mit geeigneten Padscheiben poliert. Der Fußbodenbelag erhält dadurch wieder einen einheitlichen Glanz und gleichzeitig einen Oberflächenschutz.

Handsprühkännchen

FÜR DIE PRAXIS

Zur Reinigung kleinerer Flächen wird das Cleanermittel mit einem Handsprühkännchen aufgetragen.

Nassscheuern entfernt Pflegefilmreste und Verkrustungen auf glatten, wasserbeständigen Fußböden. Die Reinigungsflotte wird mit einer Scheibenmaschine auf den Bodenbelag aufgebracht. Durch die starke mechanische Bearbeitung lösen sich die Verkrustungen. Die Schmutzflotte wird anschließend mit einem Nasssauger aufgesaugt.

FÜR DIE PRAXIS

Scheibenmaschinen (s. S. 131) kommen nicht bis in die Ecken. Hier können Handpads eingesetzt werden!

Nasswischen reinigt wasserbeständige Fußbodenbeläge mit einem hohen Verschmutzungsgrad oder mit fest haftenden Verschmutzungen. Je nachdem, ob der Bodenbelag in einem oder zwei Durchgängen gereinigt wird, ist das einstufige oder zweistufige Nasswischverfahren zu unterscheiden.

- **Einstufiges Verfahren** bedeutet, dass die Reinigung in nur einem Durchgang erfolgt. Dabei wird ein durch Pressung entwässerter Wischbezug oder Fransenmopp zum Auftragen der Reinigungsflotte genutzt. Nach dem Reinigungsvorgang bleibt ein Flüssigkeitsfilm auf dem Boden zurück, welcher mit der Zeit abtrocknet.
- **Zweistufiges Verfahren** beschreibt die Reinigung in zwei Durchgängen. Im ersten Durchgang wird so viel Reinigungsflotte auf den Bodenbelag aufgebracht, dass haftende Verschmutzungen aufgeweicht und abgelöst werden. Im zweiten Durchgang wird die Schmutzflüssigkeit wieder mit dem Wischbezug oder Fransenmopp aufgenommen. Für die Durchführung des zweistufigen Verfahrens werden zwei Eimer (rot und blau) sowie eine Presse genutzt. Der rote Eimer wird mit klarem Wasser befüllt und die Presse darüber positioniert. In den blauen Eimer wird die Reinigungsflotte gegeben. Der Wischbezug oder Fransenmopp wird im blauen Eimer mit Reinigungsflotte eingetaucht und über dem roten Eimer ausgepresst. Der Bezug oder Mopp wird nach dem Wischen mehrmals in das klare Wasser des roten Eimers eingetaucht, ausgespült und ausgepresst. Ein zweiter Wischvorgang ohne Reinigungsflotte folgt.

Der Reinigungseffekt ist beim zweistufigen Verfahren deutlich besser.

Reinigungssystemwagen

Betriebliche oder räumliche Voraussetzungen erfordern manchmal den Einsatz von Schrubber und Fußbodentuch zum Nasswischen. Dazu wird das Fußbodentuch in einen Eimer mit Reinigungsflotte getaucht, ausgewrungen und um den Schrubber gelegt. Die zu reinigende Fläche wird in kleinere Abschnitte eingeteilt und in durchgängigen Bewegungen (s. S. 113) gewischt. Nach jedem Abschnitt wird das Putztuch in der Reinigungsflotte ausgewaschen und ausgewrungen.

Das Warnschild informiert über den rutschigen Fußboden

AUFGABEN

1. Informieren Sie sich über die in Ihrem Ausbildungsbetrieb angewandten Reinigungsverfahren.

2. Erstellen Sie eine tabellarische Übersicht zu den Bodenbelägen in Ihrem Betrieb und tragen Sie darin alle Reinigungsverfahren ein, die für den jeweiligen Bodenbelag geeignet sind.

3.4.3 Fenster reinigen

Die Reinigung von Fenstern erfordert noch immer sehr viel Handarbeit. Trotz technischer Fortschritte gibt es nur wenige Möglichkeiten, Reinigungskräfte bei der Fensterreinigung maschinell zu unterstützen. Daher ist der Zeitbedarf recht hoch. Er hängt vor allem davon ab, ob das komplette Fenster oder nur die Scheibe gereinigt wird. Aus Zeit- und Kostengründen wird die Scheibe häufig und das ganze Fenster nur selten gereinigt.

Standardablauf einer Fensterreinigung

Vorbereiten:

- Arbeitsmittel bereitstellen (Alkohol- oder Fensterreiniger für die Scheibenreinigung, Allzweckreiniger für Fensterrahmen und Fensterbank, zwei Eimer, Einwascher, Abzieher, Trockentuch, Fensterleder)
- Fensterbank freiräumen

Durchführen:

- Fensterrahmen innen und außen mit Reinigungsflotte aus Allzweckreiniger reinigen und trocknen
- Einwascher in Alkohol- oder Fensterreinigungsflotte tauchen und Innenscheibe in schlangenförmigen Bewegungen reinigen
- Wasser mit dem Abzieher reihenweise von oben nach unten abziehen – Wasser regelmäßig mit dem Fensterleder von der Gummilippe entfernen
- abziehen (die senkrechten Bahnen sollen sich dabei überlappen)
- Scheibenrand und Ecken mit dem in Keilform gefalteten Trockentuch trocknen

FÜR DIE PRAXIS

Zur Reinigung der Fensterscheiben kann auch ein elektrischer Fensterreiniger mit Absaugfunktion eingesetzt werden.

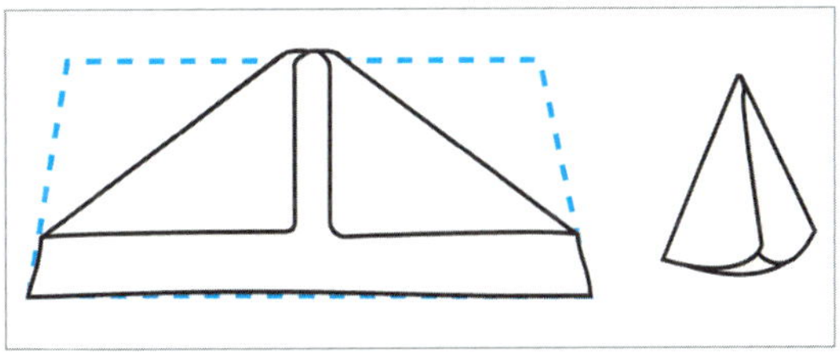

Trockentuch in Keilform falten

Fenstersauger

- Reinigungsergebnis kontrollieren, gegebenenfalls nachbessern
- Außenscheibe nach dem gleichen Prinzip reinigen
- Fensterbank innen und außen reinigen und trockenreiben

Nachbereiten:
- Dekorationsgegenstände auf Fensterbank gereinigt zurückstellen
- Arbeitsmittel reinigen und wegräumen

FÜR DIE PRAXIS

Fensterrahmen können aus Kunststoff, Holz oder Metall sein. Fensterbänke sind üblicherweise aus Kunststoff, Stein, Metall oder Holz. Das jeweilige Material ist bei der Reinigung zu beachten.

Schlangenförmige Führung des Einwaschers

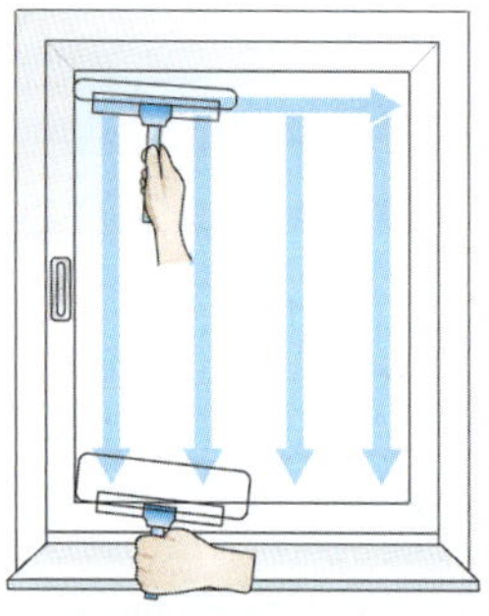
Abziehen der Glasfläche

Der Zeitbedarf bei der Fensterreinigung ist außerdem abhängig von:
- der Fensterkonstruktion der Fenster (Fenster können zum Beispiel klein-, großflächig oder mehrflügelig sein),
- der Oberflächenbeschaffenheit der Scheiben (Scheiben können glatt oder strukturiert sein).

FÜR DIE PRAXIS

Der Abzieher funktioniert nur auf glatten Glasflächen. Bei strukturiertem Glas ist ein saugfähiges Tuch zu verwenden.
Bei kalten Außentemperaturen sollte etwas Spiritus in die Reinigungsflotte gegeben werden, damit das Wasser schnell verdunstet und keine Schlieren entstehen.

3.4.4 Türen reinigen

Türen bestehen häufig aus mehreren Materialien, zum Beispiel aus oberflächenbehandeltem Holz, Glas und Metall. Die Reinigungsverfahren und -mittel sind entsprechend den jeweiligen Pflegeeigenschaften auszuwählen.

Standardreinigung von Türen
Vorbereiten:
- Arbeitsmittel bereitstellen (Allzweckreiniger, Desinfektionslösung, Schwammtuch, Trockentuch, Eimer, trittsichere Leiter, gegebenenfalls Glasreiniger, Einwascher, Abzieher und Fensterleder)
- Tür öffnen

Durchführen:
- Türrahmen und Türzarge mit dem in Reinigungsflotte getränkten Schwammtuch feucht von oben nach unten abwischen und trockenreiben ① + ② (in Abb. S. 145)
- Je nach Material
  - → Türblatt mit glatter Oberfläche in schlangenförmigen Bewegungen von oben nach unten reinigen, mit klarem Wasser nachreinigen und trocknen ③
  - → Türblatt aus Holz nebelfeucht senkrecht zur Faserrichtung abwischen
  - → Türblatt aus Glas mit Einwascher und Abzieher reinigen (Ablauf ähnlich zur Fensterreinigung)
  - → Türgriff mit Schwammtuch reinigen, eventuell desinfizieren ④

- Reinigungsergebnis kontrollieren und gegebenenfalls nachbessern

Nachbereiten:
- Arbeitsmittel reinigen und wegräumen

FÜR DIE PRAXIS

Bei der Reinigung von Türen ist deren Material und Oberfläche zu beachten.

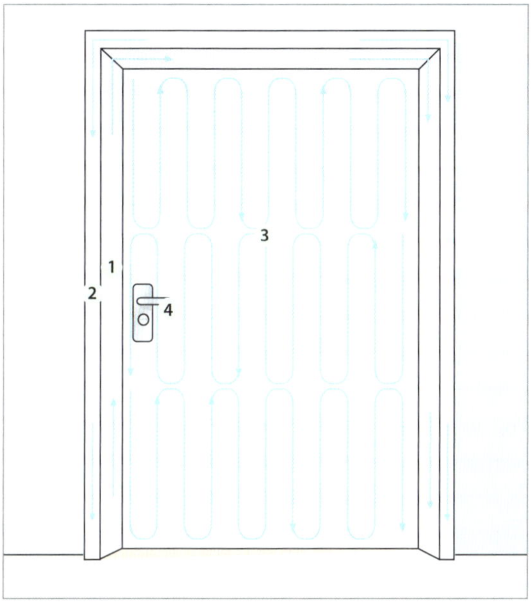

Ablaufschema Türreinigung

3.4.5 Wohnraum reinigen

Wohnräume sowie Bewohner- und Patientenzimmer werden täglich genutzt und sind daher regelmäßig zu reinigen und zu pflegen.

Reinigungsablauf für Wohnräume/Bewohnerzimmer

Vorbereiten:
- Arbeitsmittel entsprechend den zu reinigenden Oberflächen und Gegenständen bereitstellen (zum Beispiel Neutral- und Alkoholreiniger, Eimer, Mikrofasertuch, Staubsauger und Feuchtwischgerät)

Durchführen:
- Lüften
- Herumliegende Gegenstände ordnen und aufräumen
- Abfall entsorgen und den Abfallbehälter mit einem neuen Beutel bestücken
- Eventuell Zimmerpflanzen oder Schnittblumen gießen und auf Schädlinge sowie vertrocknete oder verstaubte Blätter kontrollieren
- Betten machen
- Einrichtungsgegenstände reinigen

FÜR DIE PRAXIS

Zu den Einrichtungsgegenständen gehören auch Bilder, Lampen und Dekorationen. Für die meisten Objekte ist ein trockenes oder feuchtes Entstauben ausreichend. Dazu eignen sich Staubtücher mit antistatischer Ausrüstung, Mikrofasertücher, feinhaarige Pinsel oder Spezialdüsen zum Absaugen. Geräte wie Fernseher, Laptop oder PC weisen oft Griffspuren an den Bedienungselementen auf. Diese lassen sich mit Alkohol- oder Spezialreinigern entfernen.

Reinigungsmittel immer entsprechend dem zu reinigenden Material auswählen.

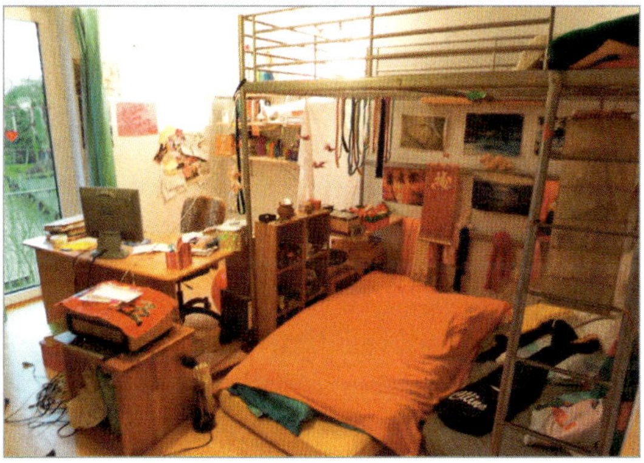

Wohnraum vor der Reinigung

Wohnraum nach der Reinigung

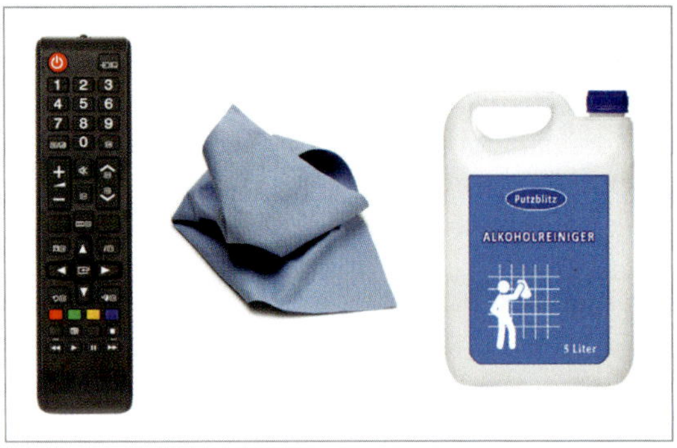

Alkoholreiniger entfernt unschöne Griffspuren

- Türen feucht abwischen (s. S. 145)
- Türklinken und Fenstergriffe feucht abwischen, gegebenenfalls desinfizieren
- Fußboden entsprechend dem Fußbodenbelag und Verschmutzungsgrad reinigen
- Reinigungsergebnis kontrollieren und gegebenenfalls nachbessern

Nachbereiten:
- Fenster schließen und gegebenenfalls Gardinen zurechtrücken
- Arbeitsmittel reinigen und wegräumen.

3.4.6 Sanitärbereich reinigen

Sanitärbereiche, wie etwa Toiletten, Duschen und Bäder, erfordern eine regelmäßige und gründliche Reinigung. Nur so wird ein hygienisch einwandfreier Zustand erreicht, der Krankheitserreger und die daraus entstehenden Krankheiten „im Keim erstickt". Es empfiehlt sich, täglich oder jeden zweiten Tag eine Unterhaltsreinigung durchzuführen.

Reinigungsablauf für Sanitärräume
Vorbereiten:
- Arbeitsmittel bereitstellen (zum Beispiel Allzweckreiniger und Sanitärreiniger, roter Eimer, roter Schwamm und rotes Reinigungstuch, gelber Eimer, gelber Schwamm und gelbes Reinigungstuch, Poliertuch, Duschabzieher, Fransenmopp mit Fahreimer und Presse, Nachlegeartikel wie zum Beispiel Toilettenpapier oder Hygienebeutel)

Durchführen:
- Toilettenspülung zur Vorreinigung betätigen
- Toilette mit Reinigungsmittel vorbehandeln, einwirken lassen
- Abfalleimer leeren und mit neuem Müllbeutel bestücken
- Spiegel, Wandfliesen in Sichthöhe, Ablagen, Handtuchhalter und Türgriff feucht reinigen
- Waschbecken säubern
- Duschwanne mit Duschabtrennung oder Badewanne reinigen
- Toilettensitz, Wandfliesen im Spritzbereich, Toilettenpapierhalter, Haltegriffe feucht abwischen
- Toilettenbecken innen und außen reinigen, gegebenenfalls desinfizieren
- Fußboden nass reinigen
- Reinigungsergebnis kontrollieren und gegebenenfalls nachbessern

Nachbereiten:
- Arbeitsmittel reinigen und wegräumen.

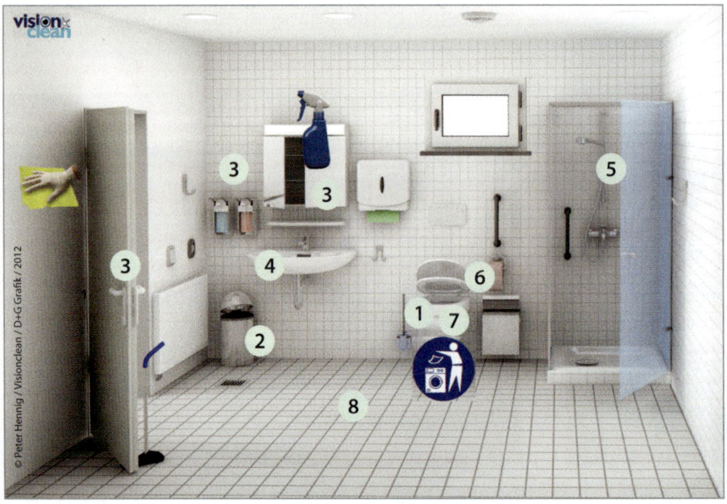

Reinigung des Sanitärbereichs

In regelmäßigen Abständen sind weitere Reinigungsarbeiten im Rahmen der Grundreinigung im Sanitärbereich durchzuführen. Dazu zählt die Reinigung schwer zugänglicher Stellen, wie beispielsweise die Anschlussstelle unter dem Waschbecken, Siebe oder Perlatoren (Strahlregler). Auch das Abwaschen der Wandfliesen, der Trennwände und des Inneren des Spiegelschranks gehören dazu.

Perlator

FÜR DIE PRAXIS

Ein Perlator sorgt für einen gleichmäßigen Wasserstrahl: wird dabei Luft untergemischt, wird Wasser eingespart.

Das Farbsystem der Reinigungstücher (s. S. 127) ist einzuhalten! Dies verhindert die Verteilung der Keime im Sanitärbereich.

FÜR DIE PRAXIS

Sanitärreiniger exakt dosieren (s. S. 124), um die Schleimhautreizung gering zu halten. Räume gut lüften.

3.4.7 Großküche reinigen

Zur Herstellung hygienisch einwandfreier Speisen müssen die Küche sowie alle dazugehörigen Räume und Geräte sorgfältig gereinigt und gegebenenfalls desinfiziert werden. Arbeitsflächen und Fußböden sind täglich zu reinigen und desinfizieren. Die Reinigung der Geräte erfolgt entsprechend der Nutzung, also nach jedem Einsatz.

Standardreinigung einer Großküche

Vorbereiten:
- Arbeitsmittel bereitstellen (etwa Allzweckreiniger, Scheuermilch, Edelstahlreiniger, Schwammtuch, Padschwamm, Eimer, Trockentuch, Fransenmopp mit Fahreimer und Presse, Hochdruckreiniger)

Durchführen:
- Herumliegende Gegenstände entsprechend ihrem Material (s. S. 133 ff.) reinigen und wegräumen
- Benutzte Küchengeräte gemäß den Herstellerangaben reinigen und pflegen
- gegebenenfalls Wände mit Hochdruckreiniger reinigen
- Ober- und Arbeitsflächen reinigen, eventuell desinfizieren
- Fußboden nass reinigen und desinfizieren
- Reinigungsergebnis kontrollieren und gegebenenfalls nachbessern

Nachbereiten:
- Arbeitsmittel reinigen und wegräumen

Reinigung einer Großküche

Küchengeräte reinigen

Küchengeräte sind aus hygienischen Gründen und zur Erhaltung der Einsatzfähigkeit regelmäßig zu reinigen und zu warten. Die Reinigung sollte so materialschonend wie möglich entsprechend den Fachkenntnissen durchgeführt werden.

Backofen

Der Backofen hat einen Innenraum aus Emaille, Edelstahl oder beschichtetem Metall. Die Tür ist aus Glas und die Bedienelemente bestehen meist aus Kunststoff.

Reinigung des Backofens

Vorbereiten:
- Arbeitsmittel bereitstellen (z. B. Allzweckreiniger, Scheuermilch, Eimer, Schwamm, Wisch- und Poliertuch)
- Licht im Ofen anschalten
- Herausnehmbare Teile wie Bleche und Roste aus dem Backofen nehmen
- Verkrustungen im Backofen vorbehandeln (einweichen lassen)

Durchführen:
- Bleche und Roste reinigen und trocknen
- Innenraum mit Neutralreiniger und Tuch auswischen, bei stärkeren Verschmutzungen Schwamm und Scheuermittel nutzen (Achtung: spezielle Backofenreiniger nur verwenden, wenn der Schmutz nicht anders entfernt werden kann! Anleitung genau beachten!)
- Innenraum mit klarem Wasser auswaschen und mit dem Poliertuch trocknen
- Glastür von innen und außen reinigen, nachspülen und trocknen
- Bedienelemente reinigen und trocknen
- Reinigungsergebnis kontrollieren, gegebenenfalls nachbessern

Nachbereiten:
- Bleche und Roste wieder einräumen und Licht im Ofen ausschalten
- Arbeitsmittel reinigen und wegräumen

Moderne Backöfen sind häufig mit einem Selbstreinigungsprogramm, der Katalyse oder Pyrolyse, ausgestattet. Das erleichtert die Innenreinigung.

Backöfen mit **Katalyse** haben eine spezielle Emaille- oder Keramikschicht mit Metalloxiden im Ofeninneren. Diese zersetzen durch Sauerstoff und Wärme (200 °C) Fette. Der anfallende Schmutz kann anschließend mit einem feuchten Tuch leicht entfernt werden. Die Katalyse wird je nach Verschmutzung nach jedem Gebrauch eingesetzt und dauert 10–15 Minuten.

FÜR DIE PRAXIS

Die katalytische Reinigung wirkt nur gegen Fette! Karamellisierter Zucker führt hingegen zu Rückständen.

Backöfen mit **Pyrolyse** verbrennen Verschmutzungen bei 500 °C zu Asche. Dazu muss zunächst alles Zubehör entfernt und der Innenraum nach dem Abkühlen mit lauwarmer Spülmittellösung gereinigt werden. Die Pyrolyse findet drei – bis fünfmal pro Jahr statt und dauert bis zu vier Stunden.

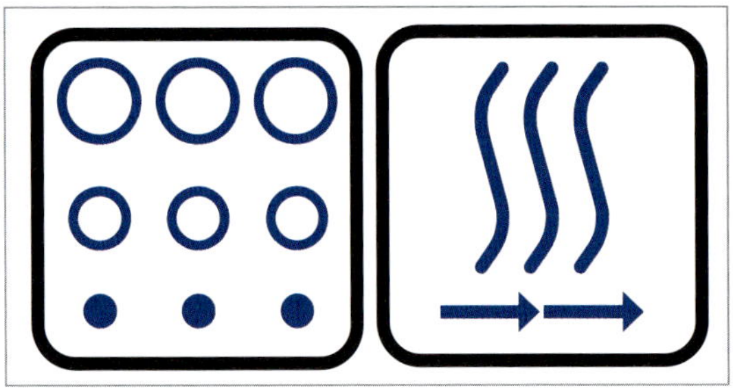

Selbstreinigungsprogramm beim Backofen (Pyrolyse) — *Warmhaltefunktion*

FÜR DIE PRAXIS

Bei Backöfen ohne Selbstreinigungsprogramm kann alternativ die Warmhaltefunktion werden: dafür ein Schälchen Wasser mit in den Backofen stellen und so selbst ein Reinigungsprogramm erzeugen.

Herd

Bei normalen Verschmutzungen genügen Allzweckreiniger und Scheuermilch. Bei hartnäckigen Verschmutzungen sind stärkere Reinigungsmittel nötig. Die Auswahl richtet sich grundsätzlich nach den Materialien des Herdes. Er kann aus Gusseisen (Kochplatte), Glaskeramik (Ceranfeld), Emaille oder Edelstahl (Kochmulden) bestehen. Das Herdgehäuse besteht meist aus Emaille oder Edelstahl, an den Bedienelementen ist meist Kunststoff verbaut.

Reinigung des Herdes/Kochfelds

Vorbereiten:
- Arbeitsmittel bereitstellen (je nach Material und Verschmutzungsgrad z. B. Allzweckreiniger, Scheuermilch, Edelstahlreiniger, Schwammtuch, Trockentuch, Schwamm)

Durchführen:
- Kochmulde oder Kochfeld entsprechend dem Material reinigen, nachspülen und trocknen
- Bedienelemente reinigen, nachspülen und trocknen
- Reinigungsergebnis kontrollieren, gegebenenfalls nachbessern

Nachbereiten:
- Arbeitsmittel reinigen und wegräumen

Kochfelder aus Gusseisen und Glaskeramik

FÜR DIE PRAXIS

- Stark verschmutzte Kochfelder, Kochplatten und Kochmulden mit Spülmittel einweichen.
- Bei Kochmulden aus Emaille niemals die abrasive Schwammseite benutzen. Es könnten Kratzer entstehen.
- Das Ceranfeld lässt sich leicht mit einem Glasschaber von Eingebranntem befreien.

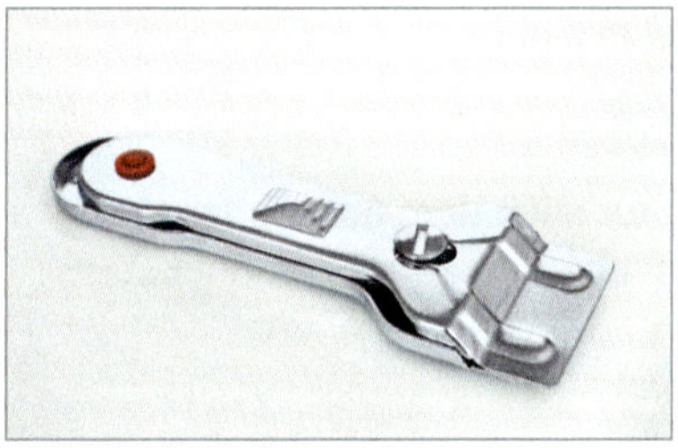

Glasschaber

Konvektomat (Kombidämpfer)

Die meisten Konvektomaten verfügen über ein Selbstreinigungsprogramm für den Innenraum. Dies ist ebenfalls mit dem entsprechenden Icon versehen (s. o.).

Reinigung des Konvektomaten

Vorbereiten:

- Arbeitsmittel bereitstellen (Allzweck-, Edelstahl- und Glasreiniger, Klarspüler, Spülmittel, Padschwamm, Schwammtuch, Eimer, Trockentuch)

Durchführen:

- Bewegliche Teile wie Fettfilter, Bleche und Roste aus dem Innenraum herausnehmen und reinigen
- Reinigungsmittel und Klarspüler gemäß den Herstellervorgaben in den Konvektomaten einfüllen
- Reinigungsstufe entsprechend dem Verschmutzungsgrad auswählen und Programm starten
- Nach Programmende die Tür von innen und außen mit Glasreiniger reinigen und trockenreiben
- Gehäuse mit Allzweck- oder Edelstahlreiniger reinigen und trocken
- Dichtungen mit Allzweckreiniger reinigen, mit klarem Wasser nachspülen und trocknen lassen
- Reinigungsergebnis kontrollieren und gegebenenfalls nachbessern

Nachbereiten:

- Zubehör einräumen
- Arbeitsmittel reinigen und wegräumen

Mikrowellengerät

Mikrowellengeräte können die Gerüche der darin erwärmten Speisen annehmen und bei unsachgemäßer Behandlung stark verschmutzen. Die regelmäßige Reinigung erfolgt wie beim Konvectomaten (s. oben).

FÜR DIE PRAXIS

Das Abdecken der Speisen mit einem speziellen Deckel verhindert die Verschmutzung des Innenraums.

Dunstabzugshaube

Dunstabzugshauben können abluft- oder umluftbetrieben sein (s. u.). Die abluftbetriebene Haube leitet die Luft durch einen Fettfilter und über einen Abluftkanal ins Freie. Die umluftbetriebene Haube leitet die Luft zusätzlich durch einen Geruchsfilter aus Aktivkohle. Dieser bindet die Gerüche an sich, bevor die Luft wieder in den Raum abgegeben wird. Fettfilter und Geruchsfilter sind entsprechend zu reinigen.

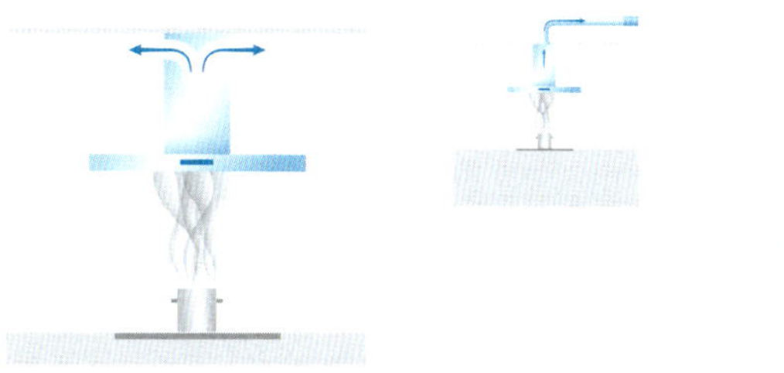

Quelle: WESCO AG, Schweiz

Funktionsweise der abluftbetriebenen Haube | *Funktionsweise der umluftbetriebenen Haube*

Reinigung der Dunstabzugshaube

Vorbereiten:

- Arbeitsmittel bereitstellen (Allzweckreiniger, Spülmittel, Edelstahlpflegemittel, Schwammtuch, Trockentuch, Schwamm, Eimer)
- Fettfilter herausnehmen

Durchführen:

- Fettfilter aus Edelstahl in der Spülmaschine, Filter aus Aluminium von Hand mit Spülmittel reinigen
- Gehäuse innen und außen mit einer Lösung aus Allzweckreiniger oder Spülmittel reinigen, mit klarem Wasser nachspülen und trockenreiben
- Edelstahlflächen mit Edelstahlpflegemittel nachbehandeln
- Arbeitsergebnis kontrollieren, gegebenenfalls nachbessern

Nachbereiten:

- Vollständig getrockneten Fettfilter wieder einhängen
- Arbeitsmittel reinigen und wegräumen

FÜR DIE PRAXIS

- **Der Geruchsfilter von umluftbetriebenen Hauben ist drei bis vier Mal jährlich zu wechseln. Eine Kontrollleuchte informiert über den entsprechenden Zeitpunkt.**
- **In Großküchen werden nur abluftbetriebene Dunstabzugshauben aus Edelstahl eingesetzt.**
- **Zur Vorbeugung von Fettbränden sollte der Abluftkanal regelmäßig von einer Fachfirma gewartet werden.**

Kühl- und Tiefkühlgeräte

Kühl- und Tiefkühlgeräte müssen regelmäßig gereinigt werden. Normal verschmutzte Kühlschränke sollten mindestens einmal im Monat gereinigt werden, Tiefkühlgeräte mindestens einmal jährlich. Sobald eine dickere Reifschicht entstanden ist, sollte das Gerät abgetaut werden. Sinnvollerweise wird dies mit einer Reinigung verbunden werden.

Reinigung von Kühl- und Tiefkühlgeräten

Vorbereiten:

- Arbeitsmittel bereitstellen (zum Beispiel Allzweckreiniger, Eimer, Schwamm, Tuch, Schaber, Kühlakkus zur Aufbewahrung)
- Gerät ausschalten
- Lebensmittel ausräumen, kontrollieren und kühl lagern, Verdorbenes fachgerecht entsorgen

Durchführen:

- Innenausstattung wie Schubladen und Glasböden herausnehmen und reinigen
- Innenraum reinigen, mit klarem Wasser nachspülen und trocknen
- Tür und Dichtungen reinigen, nachspülen und trocknen
- Ablaufrinne/Tauwasserrinne überprüfen und ggf. reinigen
- Abtauwasser mit Handtüchern oder alten Tüchern aufnehmen
- Außenseite des Gerätes reinigen und Lüftungsgitter mit einem Staubsauger entstauben
- Reinigungsergebnis kontrollieren, gegebenenfalls nachbessern
- Innenausstattung wieder in das Gerät einräumen

Nachbereiten:

- Lebensmittel einräumen
- Tür schließen, Gerät anschalten und „Super"-Taste drücken
- Arbeitsmittel reinigen und wegräumen

FÜR DIE PRAXIS

Die Temperatur nach dem Anschalten des Gerätes nach einer gewissen Zeit überprüfen.

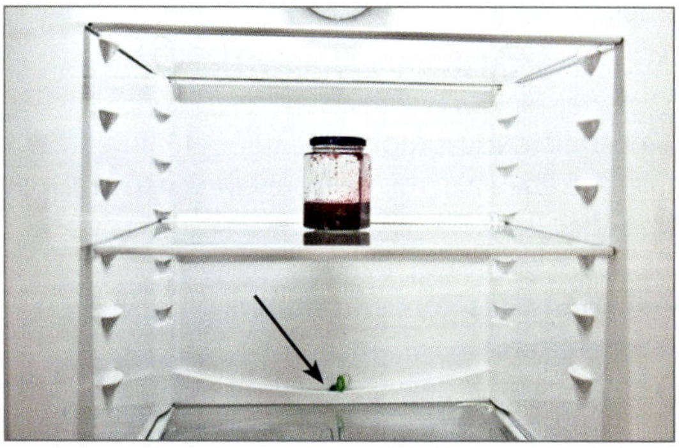

Tauwasserrinne im Kühlschrank

Fritteuse

In fast allen Großküchen finden sich Elektro- oder Gasfritteusen mit Einzel- oder Doppelbecken. Wie oft eine Reinigung notwendig, hängt von der Nutzungshäufigkeit und den darin frittierten Lebensmitteln ab.

FÜR DIE PRAXIS

Werden tierische Produkte frittiert, muss die Fritteuse häufiger gereinigt und das Fett gewechselt werden.

Reinigung von Fritteusen

Vorbereiten:

- Arbeitsmittel bereitstellen (Spülmittel, Edelstahlreiniger, Spülbürste, Küchenpapier, wärmeisolierte Handschuhe mit Unterarmschutz, Eimer, Trockentuch, spezieller Entsorgungseimer für Fett)
- falls mit warmem Fett hantiert wird, Handschuhe anziehen
- Fett über den Ablaufschlauch in den dafür vorgesehenen Entsorgungseimer ablassen
- Frittierkörbe, Heizstäbe und Frittierbecken gegebenenfalls abkühlen lassen

Durchführen:

- Frittierkörbe entnehmen und separat von Hand oder in der Spülmaschine reinigen
- Fettreste mit dem Küchenpapier vom Boden und den Wänden des Frittierbeckens entfernen
- Wasser und etwas Spülmittel bis zur Fettmarkierung in die Fritteuse füllen (Deckel schließen!)
- Fritteuse für 10 Minuten anschalten, danach kurz abkühlen lassen
- Wasser ablassen, mit klarem Wasser nachspülen, eventuelle Rückstände mit Spülbürste entfernen
- Fritteuseninneres trocknen lassen oder trockenreiben
- Deckel von innen und außen reinigen und trocken
- Gehäuse mit Edelstahlreiniger reinigen
- Arbeitsergebnis kontrollieren, gegebenenfalls nachbessern

Nachbereiten:

- Arbeitsmittel reinigen und wegräumen

FÜR DIE PRAXIS

Flüssige Öle werden in kaltem Zustand abgelassen, feste Fette bei einer Temperatur von etwa 80 °C.

Reinigung von Geschirr

Geschirr kann mit der Hand oder maschinell gereinigt werden.

Geschirrspülen von Hand

Das Spülen von Hand empfiehlt sich bei empfindlichen, nicht spülmaschinengeeigneten Gegenständen oder starken Verschmutzungen. In Großküchen finden sich dazu entweder Doppel-Spülbecken oder Spülbecken mit Restebecken.

Spülen von Hand in einem Doppel-Spülbecken

Vorbereiten:

- Arbeitsmittel vorbereiten (ein Becken mit Spülflotte und ein Becken mit Nachspülwasser, Spülbürste, kratzfreier Vliesschwamm, Abtropfständer, fusselfreie Geschirrtücher)

FÜR DIE PRAXIS

Da die Spülflotte zum Geschirrspülen von Hand oft unsachgemäß mittels Schussmethode hergestellt wird, ist sie meist überdosiert. Unbedingt auf das richtige Verhältnis von Wasser und Spülmittel achten.

- Geschirr entsprechend der Spülreihenfolge (Gläser, Geschirr, Besteck) auf der rechten Abstellfläche anordnen

Durchführen:

- schmutziges Geschirr vorreinigen, dazu Speisereste und Verkrustungen einweichen
- Geschirr spülen, nachspülen und zum Abtropfen in den Abtropfständer auf der linken Abstellfäche einordnen, Gläser und Bestecke abtrocken
- Arbeitsergebnis kontrollieren, gegebenenfalls nachbessern
- trockenes Geschirr auf seinen Platz zurückräumen
- Spülbecken, Abstellfläche und Arbeitsmittel reinigen

Nachbereiten:

- Geschirrtücher zum Trocknen aufhängen
- Arbeitsmittel wegräumen

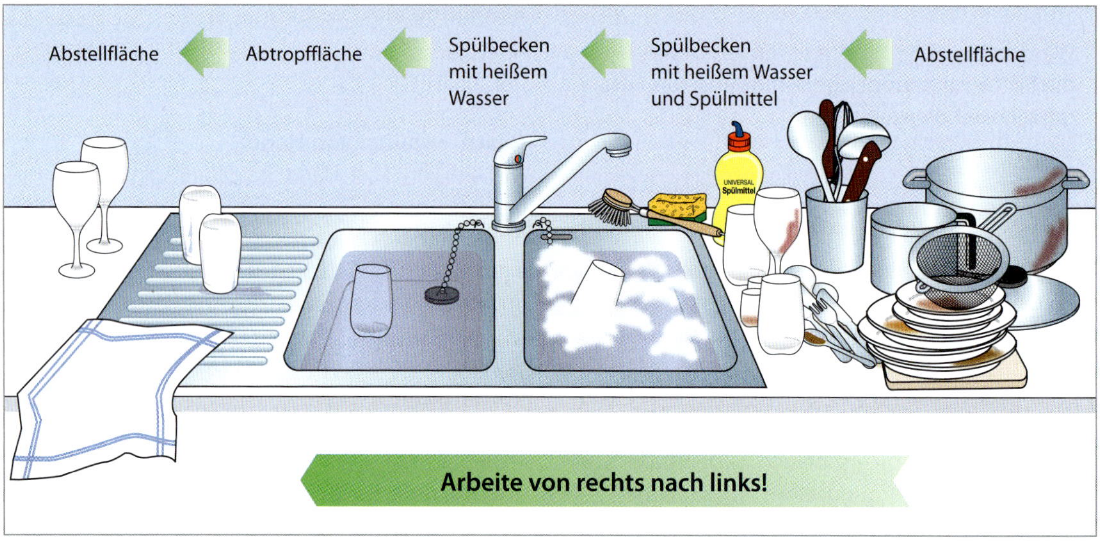

Arbeitsweise beim Geschirrspülen von Hand

FÜR DIE PRAXIS

Zum Geschirrspülen von Hand sollte die Wassertemperatur so heiß wie möglich sein! Das Tragen von Gummihandschuhen beugt Verbrühungen vor.

Geschirrspülen mit der Geschirrspülmaschine

Je nach Betriebsgröße und Menge des verschmutzten Geschirrs kommen folgende Maschinen zum Einsatz:

- **Haushaltsgeschirrspülmaschinen** werden von vorne bestückt und haben zwei herausziehbare Geschirrkörbe. In den oberen Korb werden Tassen, Gläser, Kunststoffgeschirr und kleine Teller eingeräumt. In den unteren Korb gehören große Teller, Kannen und Schüsseln. Auch das Besteck findet hier im Besteckkorb Platz. (Einige Maschinen haben eine zusätzliche Besteckschublade.)
- **Gewerbliche Geschirrspülmaschinen** können wie Haushaltsmaschinen von vorne bestückt werden oder als Bandautomaten das Geschirr über ein Förderband zu den Spülstationen transportieren. Darüber hinaus gibt es Durchschubmaschinen (= Haubenspülmaschinen). Bei diesen wird das Geschirr in Körbe gestellt und eine Haube mit integriertem Spülarm darüber positioniert.

Haubenspülmaschine

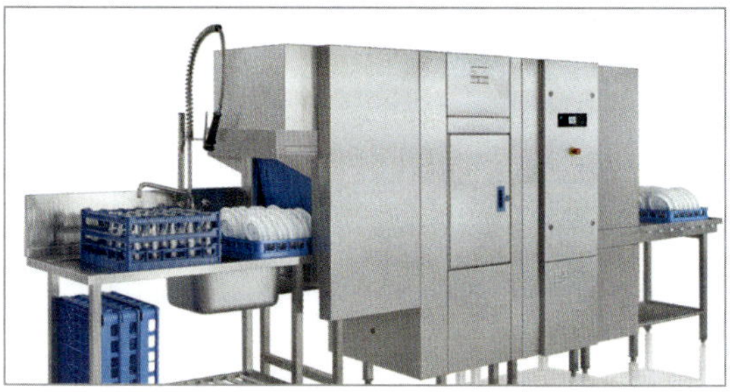

Durchschubautomat

FÜR DIE PRAXIS

Gewerbliche Maschinen reinigen das Spülgut innerhalb kürzester Zeit.

Reinigung des Geschirrs mit einer Geschirrspülmaschine

Vorbereiten:

- schmutziges Geschirr vorreinigen, dazu Speisereste entfernen und Verkrustungen einweichen

Durchführen:
- Geschirr und Besteck in die entsprechenden Körbe einräumen
- Korb in die Maschine schieben bzw. Abdeckhaube herunterziehen
- Spülmaschinenreiniger einfüllen und Maschine anschalten
- Klarspüleranzeige kontrollieren, gegebenenfalls nachfüllen
- Tür schließen, eventuell Wasserhahn aufdrehen
- Spülprogramm auswählen und starten
- nach Programmende die Maschine ausschalten und den Wasserhahn zudrehen
- Tür öffnen und das Geschirr trocknen lassen
- Geschirr zunächst aus dem unteren Korb entnehmen, danach das Geschirr aus dem oberen Korb entnehmen, gegebenenfalls mit einem Geschirrtuch nachtrocknen
- Reinigungsergebnis kontrollieren, eventuell nachbessern

Nachbereiten:
- trockenes Geschirr einräumen
- Ggf. Geschirrtücher zum Trocknen aufhängen

FÜR DIE PRAXIS

Zur Vorbeugung von Flugoxidationen Edelstahl- und Silberbesteck nicht in denselben Besteckkorb stellen.

AUFGABEN

3. Erstellen Sie für Ihren Ausbildungsbetrieb ein Informationsplakat mit den wichtigen Reinigungsgrundsätzen. Berücksichtigen Sie dabei typische Oberflächen und Einrichtungsgegenstände Ihres Betriebes.

4. Erstellen Sie einen Arbeitsablaufplan zur Kühlschrankreinigung. Formulieren Sie eine Schritt-für-Schritt-Anleitung, anhand derer Sie eine/n Praktikanten/in anleiten können.

5. Planen Sie die Reinigung eines Funktionsbereiches in Ihrem Ausbildungsbetrieb. Berücksichtigen Sie dabei Fenster, Türen und Fußbodenbeläge.

3.5 Arbeitsorganisation zur Einhaltung betrieblicher Standards

Bei der Reinigung spielen neben der Qualität und den Kundenwünschen auch wirtschaftliche Faktoren eine wichtige Rolle. Hygiene und Sauberkeit müssen in einem angemessenen Verhältnis zu den Kosten für Reinigungsmittel, Geräte, Maschinen und dem Personal stehen. Das gilt gleichermaßen für extern und intern vergebene Reinigungsarbeiten. Daher ist vor der Auftrags- bzw. Arbeitsvergabe ein detaillierter Maßnahmenkatalog zu erstellen. Hierzu wie folgt vorgehen:

1. Leistungsbeschreibung erstellen
2. Leistungsverzeichnis erstellen
3. Qualitätssichernde Maßnahmen, wie die Dokumentation und Kontrolle aller Arbeiten, festlegen

3.5.1 Leistungsbeschreibung

In der Leistungsbeschreibung werden alle Rahmenbedingungen zu den Reinigungs-, Desinfektions- und Pflegearbeiten festgelegt. Sollen Reinigungsarbeiten vergeben werden, so dient die genaue Beschreibung als Grundlage für eine Ausschreibung. Daraufhin erfolgt die spätere Auftrags- bzw. Arbeitsvergabe.

Eine detaillierte Beschreibung ermöglicht es, die Aufgaben miteinander vergleichbar zu machen.

Eine Leistungsbeschreibung umfasst folgende Angaben:
- Art des Betriebes (zum Beispiel Pflegeheim, Krankenhaus oder Schule)
- Art der zu reinigenden Räume (zum Beispiel Sanitärbereich, Speisesaal oder Bewohnerzimmer)
- Auflistung aller zu reinigenden Teile (zum Beispiel welche beweglichen und unbeweglichen Einrichtungsgegenstände und Oberflächen zu reinigen sind)
- Art der benötigten Reinigung (zum Beispiel Unterhalts- oder Grundreinigung)
- die gewünschten Reinigungsverfahren mit einer genauen Beschreibung (soll zum Beispiel gesaugt oder nass gewischt werden)

- der zeitliche Abstand der Arbeiten (beispielsweise täglich, fünf Mal pro Woche oder einmal im Monat)
- Angaben zu den gewünschten Reinigungsmaschinen (soll der Staubsauger etwa einen Feinstaubfilter haben oder besonders leise sein)
- Auflistung der zu verwendenden Desinfektionsmittel (entsprechend den Listen des Robert-Koch-Institutes oder dem Verbund angewandter Hygiene e.V.), inklusive der dazugehörigen Einsatzbereiche (zum Beispiel Arbeitsflächen in der Großküche oder Sanitärbereich)

3

9

3.5.2 Leistungsverzeichnis

Für das Leistungsverzeichnis wird das gesamte Gebäude in kleinere Raumgruppen unterteilt. Diese Unterteilung ist betriebsabhängig. In Krankenhäusern werden beispielsweise die Kategorien Patientenzimmer, Flure, Küchen und Sanitärbereiche gebildet. Für jede Raumgruppe werden der zeitliche Abstand, das jeweilige Reinigungsverfahren und das genaue Raummaß samt Einrichtungsgegenständen aufgelistet. Die Auflistung kann tätigkeits- oder ergebnisorientiert erfolgen.

Tätigkeitsorientierte Leistungsverzeichnisse *geben genau vor, wann was zu reinigen ist. Dabei wird nicht berücksichtigt, ob die zu reinigende Oberfläche oder der Gegenstand überhaupt schmutzig ist.*

Ergebnisorientierte Leistungsverzeichnisse *geben vor, welchen Reinigungszustand ein Raum oder Gegenstand zu einem bestimmten Zeitpunkt haben soll.*

Bei der ergebnisorientierten Leistung/Reinigung entscheidet die Reinigungskraft, ob der Bereich aus Sicht der Kunden, Besucher oder Patienten sichtbar ist oder nicht. Zwar müssen alle Bereiche regelmäßig gereinigt werden, jedoch kann die Reinigung nicht sichtbarer Bereiche seltener erfolgen.

***BEISPIEL:** Beim ergebnisorientierten Leistungsverzeichnis werden sichtbare Flächen wie eine Glasscheibe auf Augenhöhe, oft gereinigt, eine nicht sichtbare Fläche wie etwa die Oberseite eines Hochschrankes dagegen seltener.*

Egal ob tätigkeits- oder ergebnisorientiert, eine klare Struktur bei der Auflistung ist von hoher Bedeutung. Denn das Leistungsverzeichnis konkretisiert die in der Leistungsbeschreibung festgelegten Rahmenbedingungen, indem es die durchzuführenden Arbeiten je Raumgruppe zusammenfasst.

So informiert das Leistungsverzeichnis bei einer internen Durchführung die Mitarbeitenden über die anfallenden Arbeiten in den einzelnen Räumen bzw. Raumgruppen. Bei einer externen Vergabe ist das Leistungsverzeichnis Basis der vertraglich festgelegten Arbeiten und deren Abrechnung.

Bei der Erstellung der Leistungsverzeichnisse hat jeder Betrieb sein eigenes System. Die angefertigten Leistungsverzeichnisse entsprechen oft den späteren Reinigungsplänen.

Informationen zu Kennzahlen in der Reinigung s. S. 160

Auszug aus einem tätigkeitsbezogenen Leistungsverzeichnis

Bewohnerzimmer Inventar/Einrichtung	1x täglich	3x pro Woche	1x pro Woche	2x pro Monat	1x pro Monat
Bett machen	x				
Bett beziehen			x		
Tür- und Schrankgriffe desinfizieren	x				
Einrichtungsgegenstände abstauben			x		
Schrank von innen und außen reinigen					x
Fußboden feucht reinigen			x		
Fenster reinigen				x	

3.5.3 Reinigungsplan

Der Reinigungsplan enthält in übersichtlicher Form alle wichtigen Informationen zur Reinigung der jeweiligen Einheit, zum Beispiel eines Raums oder einer ganzen Etage. Zu den Angaben gehören unter anderem die Häufigkeit oder Uhrzeiten, zu der bestimmte Arbeiten durchzuführen sind. Manchmal werden auch die zu verwendenden Reinigungsmittel, -geräte und –maschinen oder besondere Hinweise aufgelistet.

Bei der Erstellung eines Reinigungsplans werden die Leistungsverzeichnisse sowie die betrieblichen Gegebenheiten berücksichtigt.

BEISPIEL: In den meisten Betrieben sind die Reinigungspläne als Aushang in den entsprechenden Arbeitsbereichen zu finden.

3.5.4 Dokumentation und Kontrolle

Um eine hohe Arbeitsqualität zu erreichen und den Kundenwünschen zu entsprechen, werden oft Checklisten geführt. Insbesondere in sensiblen Bereichen, wie etwa der Küche oder dem Sanitärbereich, sind diese gut sichtbar ausgehängt. Nach jeder vollbrachten Arbeit dokumentiert die Reinigungskraft die von ihr durchgeführten Arbeiten. Meist werden Datum und Uhrzeit eingetragen und mit einer Unterschrift bestätigt. Das ermöglicht eine spätere Kontrolle und führt zu besseren Arbeitsergebnissen.

BEISPIEL: Kontrollliste von der Besuchertoilette eines Krankenhauses

Datum	*Uhrzeit*	*Hinweis/ Beanstandung*	*Unterschrift*
01.07.2023	*10.00 h*	*keine*	*Müller*
01.07.2023	*14.00 h*		

AUFGABE

1. Beschreiben Sie die Notwendigkeit eines Leistungsverzeichnisses für die interne und die externe Arbeitsvergabe.

3.6 Arbeitsteilung bei Reinigungsarbeiten

Je größer der Betrieb, desto mehr Reinigungsarbeiten fallen an. Oft sind daher mehrere Reinigungskräfte im Einsatz und die anfallenden Arbeiten unter ihnen aufgeteilt. Bei der Verteilung sind vor allem betriebliche Bedingungen zu berücksichtigen. Je nach Organisation der Arbeitsteilung wird zwischen dem Reviersystem, dem Kolonnensystem und dem gemischten System unterschieden.

3.6.1 Reviersystem

Beim Reviersystem erledigt eine Reinigungskraft alle anfallenden Tätigkeiten in einem festgelegten Bereich allein. Das Reviersystem wird häufig in kleineren Betrieben angewandt.

BEISPIEL: Eine Person ist für die Fußboden-, Fenster- und Sanitärreinigung, das Abstauben und auch das Lüften in einem Bewohnerzimmer zuständig.

FÜR DIE PRAXIS

Wer beim Reinigen alle Aufgaben in einem bestimmten Bereich erledigt, arbeitet nach dem Reviersystem.

Vor- und Nachteile des Reviersystems

Vorteile	Nachteile
• Abwechslungsreiche Tätigkeiten • Hohe Eigenverantwortung für das Revier • Bewohner oder Patienten haben einen festen Ansprechpartner • Keine einseitige Körperbelastung • Reinigungsergebnis kann besser kontrolliert werden	• Betrieb muss für jedes Revier komplette Reinigungsausstattung kaufen • Keine Spezialisierung und somit keine Leistungssteigerung der Reinigungskraft • Jeder muss alles können • Personalausfall (z. B. durch Krankheit oder Urlaub) nur schwer kompensierbar

3.6.2 Kolonnensystem

Beim Kolonnensystem erledigen mehrere Reinigungskräfte die Säuberung eines großen Bereiches. Dabei hat jede Reinigungskraft nur eine bestimmte, spezialisierte Aufgabe.

BEISPIEL: Person A reinigt nur die Fenster, Person B staubt ab und Person C reinigt die Türen.

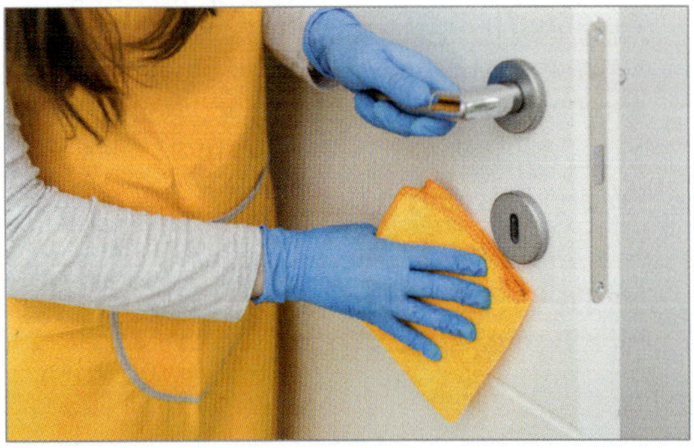

Kolonnensystem

Wer beim Reinigen immer nur eine einzige Aufgabe erledigt, arbeitet nach dem Kolonnensystem.

Vor- und Nachteile des Kolonnensystems

Vorteile	Nachteile
• die Spezialisierung der Reinigungskraft kann die Arbeitsleistung steigern • eine Reinigungskraft muss nicht alles können • teure Geräte und Maschinen müssen nur einmal angeschafft werden • Personalausfall kann gut kompensiert werden	• Gleichbleibende, eintönige (= ermüdende) Tätigkeit • einseitige Körperbelastung • Bewohner und Patienten haben keinen festen Ansprechpartner • Viele wechselnde Reinigungskräfte können zu Unruhe führen

Auszug aus den Einsatzplan eines Bürogebäudes

Tätigkeit	Name
Fußboden feucht wischen	Tina M.
Oberflächen abstauben	Max M.
Mülleimer leeren und mit neuen Müllbeuteln bestücken	Ahmad D.
Tür- und Schrankgriffe desinfizieren	Erza Ö.

3.6.3 Gemischtes System

Das gemischte System kombiniert das Revier- und Kolonnensystem miteinander. Es wird in großen Betrieben angewandt und nutzt die Vorteile beider Systeme.

In Krankenhäusern und Pflegeheimen ist das gemischte System sehr beliebt. Öffentliche Bereiche werden mittels Kolonnensystem gereinigt, private Bereiche hingegen mit dem Reviersystem.

BEISPIEL: Eine Reinigungskraft säubert alle Bodenbeläge in den Flurbereichen mit einer Maschine, eine andere Reinigungskraft führt hingegen eine komplette Reinigung eines Bewohnerzimmers durch.

Vor- und Nachteile des gemischten Systems

Vorteile	Nachteile
• Vorteile des Revier- und des Kolonnensystems können bestmöglich kombiniert werden • Kostengünstiger als das Reviersystem • Höhere Flächenleistung pro Arbeitsstunde gegenüber dem reinen Reviersystem	• Spezialisierung der Reinigungskräfte kann nicht überall genutzt werden

AUFGABEN

1. Nennen Sie jeweils vier Räume oder Gebäude, die mithilfe des Revier- bzw. des Kolonnensystems gereinigt werden sollten.

2. „Das Kolonnensystem ist nicht für die Reinigung von Bewohner- und Patientenzimmern geeignet." Begründen Sie die Aussage.

3. Nennen Sie typische Angaben, die in den Reinigungsplänen Ihres Ausbildungsbetriebes festgehalten sind.

4. Planen Sie für die Raumgruppe „Eingangshalle" ein tätigkeitsbezogenes Leistungsverzeichnis.

3.7 Abfälle

Nachhaltiges Handeln bedeutet, mit den Ressourcen der Erde sorgsam umzugehen. Viele Abfälle sind Roh- oder Wertstoffe, die wieder in den Stoffkreislauf eingespeist und weiterverwendet werden können. Der Umgang mit Abfall ist nicht nur dem Zufall oder besonders umweltbewussten Menschen zu überlassen. Das Ziel zahlreicher Gesetze ist der Schutz von Wasser, Luft und Erde vor den schädlichen Einflüssen der Abfälle. Das schützt auch unsere Gesundheit.

3.7.1 Abfallarten

Abfall ist sehr vielfältig und kann grundsätzlich einer der folgenden Abfallarten zugeordnet werden:

Hausmüll hat den größten Abfallanteil. Dazu gehört u.a. Glas, Papier, Metalle, Kunststoffe und organische Stoffe. Die Trennung erfolgt entsprechend den jeweiligen Verwertungseigenschaften.

Sperrmüll umfasst alle Gegenstände, die nicht fest mit dem Haus verbunden sind und aufgrund ihrer Größe in keine Abfalltonne oder keinen Müllsack passen. Ein Beispiel sind defekte Möbelstücke.

Sondermüll bezeichnet Chemikalien und Gebrauchsgüter, die besonders zu entsorgen sind, da sie Wasser und Böden gefährden können. Sie sind meist mit einem Gefahrensymbol (s. S. 126) gekennzeichnet. In den Sondermüll gehören u.a. Batterien, Elektrogeräte sowie Farbreste.

AUFGABE

1. Recherchieren Sie in Ihrer Umgebung Batteriesammelstellen, Abgabemöglichkeiten von leeren Druckerkartuschen sowie Sammelstellen für diverse Leuchtmittel (z. B. Neonröhren oder Energiesparlampen).

Krankenhausspezifischer Abfall, wie Spritzen oder mit Sekret behaftete Einmalwindeln, ist hinsichtlich seines Infektionsrisikos zu unterscheiden (A, B, C) und den Vorschriften entsprechend zu behandeln.

- A = hausmüllähnliche Abfälle ohne Infektionsgefahr
- B = Abfälle, die innerhalb des Hauses Maßnahmen zur Infektionsverhütung erfordern
- C = Abfälle, die innerhalb des Hauses besondere Maßnahmen zur Infektionsverhütung erfordern

3.7.2 Nicht recycelbare Abfälle

Alle Abfälle, die nicht recycelt werden können, gehören in den **Restmüll**. Das sind beispielsweise benutzte Hygieneprodukte, volle Staubsaugerbeutel oder Katzenstreu. Abfälle, die in dieser Tonne landen, werden in Müllverbrennungsanlagen verbrannt.

3.7.3 Recycelbare Abfälle

Viele Abfälle des Hausmülls können recycelt und somit wiederverwertet werden. Dazu müssen die Abfälle sortenweise getrennt und eingesammelt werden. Im Allgemeinen wird nach den folgenden Gruppen sortiert:

Wertstoffe, wie beispielsweise aus Kunststoff oder Metall hergestellte Verpackungen

Altpapier, wie etwa aus Pappe hergestellte Verpackungen (= Kartonagen), Zeitungen und Papier

Altglas, getrennt nach den Farben Weißglas, Braunglas und Grünglas

FÜR DIE PRAXIS

Recycelbare Abfälle immer richtig trennen: Verpackung/ Papier/ Glas/ Kompost

1991 entstand für die Wiederverwertung von Verpackungen aus Kunststoff oder Leichtmetall das „Duale System Deutschland DSD". Es organisiert das Sammeln und Sortieren von Verpackungen, um diese dem Stoffkreislauf zuzuführen oder sachgerecht zu entsorgen. Verpackungen, die über das Duale System entsorgt werden können, sind mit dem „Grünen Punkt" gekennzeichnet. Soweit wie es technisch möglich ist, werden solche Verpackungen wiederverwertet.

Das Verpackungsgesetz verpflichtet Hersteller und Vertreiber, die Verkaufspackungen erstmals in Verkehr bringen (z. B. Molkerei), sich an einem „dualen System" zur Sammlung und Verwertung von gebrauchten Verpackungen zu beteiligen (z. B. dem System Der Grüne Punkt – Duales System Deutschland GmbH).

Abfälle für die Restmülltonne | *für die gelbe Tonne/ den gelben Sack* | *für die Altpapiersammlung* | *Altglascontainer*

Trennung nach Wertstoffen

Biomüll aus der Hausreinigung wie verwelkte Schnittblumen, Kaffeesatz oder Reste und Schalen pflanzlicher Lebensmittel gehören zu den kompostierbaren Abfällen, die locker aufgeschichtet ein natürliches Recycling absolvieren. Mikroorganismen und andere Lebewesen sorgen dafür, dass sich wertvoller Humus bildet. Kompostierbare Abfälle werden über den Kompost oder die Biotonne entsorgt.In Biogasanlagen kann durch Verbrennung Wärme und Energie daraus entstehen.

FÜR DIE PRAXIS

Pflanzliche Speisereste, die zuvor gekocht wurden, nicht zum Kompost geben, da sie Ungeziefer anziehen.

pflanzliche Abfälle für die Biotonne oder den Kompost

3.7.4 Abfallvermeidung

Abfälle zu trennen ist gut, Abfälle zu vermeiden ist besser. Im Hinblick auf den Umweltschutz sollten alle Haushalte, wann immer es möglich ist, Abfälle vermeiden oder die Abfallmenge reduzieren. Denn nicht entstandener Müll muss keiner Wiederverwertung zugeführt werden. Durch ein umweltbewusstes Verhalten können alle einen großen Beitrag zur Vermeidung von Abfällen leisten. Leicht umsetzbare Maßnahmen sind zum Beispiel:

- Einwegmaterialien (Einweggeschirr, Kaffee-to-go-Becher, …) vermeiden
- Einwegverpackungen meiden
- Mehrwegsysteme wie wieder befüllbare Flaschen und Kanister für Reinigungsmittel benutzen
- Reinigungsmittel als Konzentrat kaufen
- Tissueartikel (Toilettenpapier, Papiertaschentücher, Papierhandtücher, …) sparsam verbrauchen

3.7.5 Speisereste in Großhaushalten

In Großhaushalten kommt es zu größeren Mengen an Speiseresten, Altöl oder Frittierfett und Stärke.

Speisereste von fertigen Speisen, die zu gut für die Tonne sind, können an Tafeln gespendet oder zur zeitnahen Verwertung in neuen Gerichten kühl gelagert werden. Obst- und Gemüsereste können außerdem zur Tierfütterung genutzt werden. Tierische Speisereste (wie Fleischreste oder Knochen) müssen von gesetzlich genehmigten Spezialfirmen entsorgt werden. Über den Hausmüll dürfen nur Speisereste entsorgt werden, wie sie bei einem Vier-Personen-Haushalt anfallen. Größere Mengen sind kostenpflichtig abholen zu lassen.

Altöl und Frittierfette sind separat zu sammeln und über entsprechende Firmen zu entsorgen. Nur geringe Fettmengen, wie sie beim Vier-Personen-Haushalt vorkommen, dürfen im Hausmüll entsorgt werden. Fetthaltiges Wasser darf nicht ins Abwasser gegeben werden. Es kann zu verstopften Rohren führen. Fettabscheider an den Ausgüssen helfen, Fette vom Wasser zu trennen.

Viel **Stärke** führt ebenfalls zu Rohrverstopfungen. Beim Aufkommen von viel Stärke, etwa beim maschinellen Kartoffelschälen, ist daher ein Stärkescheider zu verwenden.

Stärkescheider

AUFGABEN

2. Erstellen Sie eine Liste mit Abfällen, die in Ihrem Betrieb innerhalb einer Woche anfallen. Planen Sie anschließend deren fachgerechte Entsorgung.
3. „Mülltrennung bringt nichts, denn alle Abfälle werden in der Müllverbrennungsanlage verbrannt." Nehmen Sie Stellung zu dieser Aussage.

3

9

3.8 Kennzahlen in der Hausreinigung

Leistungskennzahlen helfen; den Umfang einer Arbeitsaufgabe einzuschätzen und für Ausschreibungen zu kalkulieren. Sie gehören zu den Rahmenbedingungen zu Reinigungs-, Desinfektions- und Pflegearbeiten und gehen mit in die Leistungsverzeichnisse (s. S. 154) ein.

*Eine **Leistungskennzahl**/Kennzahl gibt an, wie viele Quadratmeter pro Stunde (m^2/h) mit dem jeweiligen Reinigungsverfahren gereinigt werden können.*

Die unten aufgeführten Angaben beruhen auf Erfahrungswerten aus der Praxis und können variieren.

Sie sind abhängig von
- dem Ausbildungsstand (fachliche Qualifikation) der Reinigungskraft,
- dem baulichen Zustand bzw. architektonischen Gegebenheiten,
- der Größe und dem Überstellungsgrad des Raumes,
- dem Verschmutzungsgrad,
- den zur Verfügung stehenden Arbeitsmitteln
- und vielem mehr.

Selbst bei gleichen Flächen /Räumen kann es, je nach Verschmutzungsgrad, zu größeren Unterschieden kommen.

BEISPIEL: ***Der Flur einer Alteneinrichtung ist unbestellt, ca. 100 m^2 groß und wird zweimal wöchentlich mit dem Feuchtwischgerät mit 30 cm Breite feucht gewischt. Dafür sind zweimal ca. 15 Minuten = 30 Minuten wöchentlich einzuplanen.***

In diese aufgeführten Zeiten sind keine Rüst- und Wegezeiten eingerechnet. Zu den Rüstzeiten zählen das „Aufrüsten" (Vorbereiten) der Geräte und auch das Abrüsten sowie die Zeit für das Umkleiden der Arbeitsperson.

Auch die unterschiedlichen Räumlichkeiten können Grundlage für Kennzahlen/Richtwerte sein. So werden von einer Reinigungskraft diese Leistungen in einer Stunde erwartet:
Küchen oder Sanitärräume: 50–60 m^2
Bewohnerzimmer: ca. 90 m^2
Büros: ca. 100 m^2
Flure: bis zu 200 m^2

Grundsätzlich können mehr m^2 pro Stunde gereinigt werden, wenn der Verschmutzungsgrad kleiner ist.
Und: Je mehr Wasser zur Reinigung benötigt wird, desto weniger m^2 können pro Stunde gereinigt werden.

Diese Richtwerte sind eine Teilgrundlage für die Kalkulation für eine Auftragsvergabe. Damit lassen sich die Personalkosten für Reinigungspläne darstellen.

Leistungskennzahlen für die Fußbodenreinigung

Kehren:	200–400 m^2/h (üblicherweise unbestellte Fläche)	
Saugen:	bestellte Flächen	180–220 m^2/h (Haushaltssauger); 200–300 m^2/h (Gewerbesauger)
	unbestellte Flächen	250–300 m^2/h (Haushaltssauger); 250–350 m^2/h (Gewerbesauger)
Kehrsaugen:	1000–4000m^2/h (je nach Arbeitsbreite der Kehrsaugmaschine)	
Feuchtwischen:	bestellte Flächen	200–400 m^2/h (Arbeitsbreite zwischen 30–45 cm) → Feuchtwischgerät
		300–600 m^2/h (Arbeitsbreite zwischen 45–75 cm) → Breitwischgerät
	unbestellte Flächen	400–500 m^2/h (Arbeitsbreite zwischen 30–45 cm) → Feuchtwischgerät
		400–800 m^2/h (Arbeitsbreite zwischen 45–75 cm) → Breitwischgerät
Nasswischen:	bestellte Flächen	50– 80 m^2/h (manuell mit Schrubber)
		120–250 m^2/h (Fransenmopp)
	unbestellte Flächen	80–150 m^2/h (manuell mit Schrubber)
		140–300 m^2/h (Fransenmopp)
		50– 80 m^2/h (Arbeitsbreite bis 45 cm)
Shampoonieren:	30–50 m^2/h (Arbeitsbreite bis 35 cm)	
Sprühextrahieren:	20–60 m^2/h (je nach Modell)	

Aufgabe 1

Sie machen Ihre Ausbildung in einem Wohnheim für Menschen mit Behinderungen. Ihr Ausbilder bittet Sie, nächste Woche die Reinigung des Speisesaales sowie der Küche zu übernehmen. Erfassen Sie tabellarisch typische Aufgaben, die bei der täglichen Reinigung

a) eines Speisesaales anfallen können,
b) einer Großküche anfallen können.

Aufgabe 2

Der Speiseraum ist mit lasierten Holztischen, Kunststoffstühlen , einem Ledersofa und mit Edelstahlservierwagen ausgestattet. Erstellen Sie ein Informationsblatt zu deren fachgerechter Reinigung und Pflege.

Aufgabe 3

Fragen Sie in Ihrem Ausbildungsbetrieb, worauf dort bei der Möbelreinigung besonders Wert gelegt wird. Vergleichen Sie Ihre Ergebnisse im Unterricht und leiten Sie daraus wichtige Hinweise ab, die Sie in das Informationsblatt aufnehmen.

Aufgabe 4

Erstellen Sie eine Liste mit den zu reinigenden Fußbodenbelägen und deren Reinigungseigenschaften in folgenden Räumen:

a) Wohnzimmer im Privathaushalt
b) Tagungsraum
c) Bewohnerzimmer auf einer Pflegestation
d) Schlafbereich einer Krippe

Aufgabe 5

Erläutern Sie zwei Verfahren der Unterhaltsreinigung zur Reinigung der Fußböden in Gästezimmern.

Aufgabe 6

Beim Nasswischen wird zwischen dem einstufigen und dem zweistufigen Verfahren unterschieden.

a) Stellen Sie die beiden Nasswischverfahren in einer Tabelle einander gegenüber.
b) Markieren Sie Übereinstimmungen in Grün und Unterschiede in Gelb.

Aufgabe 7

Beschreiben Sie die verschiedenen Verfahren zur Reinigung von Fußbodenbelägen, die in Ihrem Ausbildungsbetrieb zur Anwendung kommen.

Aufgabe 8

Sammeln Sie Informationen über zwei Fußbodenbeläge (z. B. Linoleum und Laminat). Gehen Sie dabei auf folgende Aspekte ein:

a) Herstellungsprozess
b) Produktpalette
c) Preise
d) Nutzen Sie zur Informationsbeschaffung das Internet oder den Fachhandel.

Aufgabe 9

Sie sind in einem Pflegeheim für die Reinigung der Bewohnerzimmer zuständig. Heute sollen Sie den Raum für einen Bewohnerwechsel reinigen.

a) Nennen Sie die Art der Reinigung, welche beim Bewohnerwechsel durchzuführen ist.
b) Erstellen Sie eine Liste mit den zu reinigenden Oberflächen und Gegenständen.
c) Listen Sie alle zu desinfizierenden Oberflächen und Gegenstände auf.

Aufgabe 10

Erläutern Sie, weshalb die Fensterreinigung sehr aufwendig und zeitintensiv ist.

Aufgabe 11

Beurteilen Sie die Verwendung von Rohr- und Abflussreiniger bei jeder Toilettenreinigung.

Cloth and Co.

Cleaning, disinfection and maintenance are essential in housekeeping to maintain cleanliness and a hygienic living environment. Regular cleaning activities, such as sweeping, mopping and dusting, help remove dirt and dust. Disinfection prevents the build-up of germs and maintains a healthy and sanitary environment. Proper maintenance of surfaces and objects improves their appearance, extends their lifespan and reduces costs.

Good to know:

	bucket		vacuum cleaner		to vacuum
	cloth		wiper		to wipe
	cleaning supplies		broom		to sweep
	care product		trash can		to polish

Aufgabe 1

Form a sentence with each word or verb.
For example: Buckets are available in different sizes and colours.

Aufgabe 2

Write down ten items that you clean regularly at work. For example: chair, table, mirror, …

Aufgabe 3

Complete each sentence by choosing the correct preposition from the options given.

- The mops is (in/on/by) the bucket.
- Please wipe the dust (off/on/over) the wardrobe.
- The vacuum cleaner is (under/in/between) the closet.
- Use a soft cloth to polish (over/up/across) the wooden table.
- Please remove the dirt (to/for/from) the walls.

Aufgabe 4

Develop a checklist for the proper cleaning and maintenance of electric equipment, such as telephones or computers. (Tip: If necessary, use a dictionary for help.) For example:

- Turn off power (unplug it from the electrical outlet to ensure safe handling)
- Clean the telephone externalyl with a dry microfiber cloth
- Remove stubborn stains or fingerprints by using a lightly dampened cloth
- Remove dirt and crumbs between the keys by using a soft brush
- Clean the screen with a special screen cleaning cloth or a lightly dampened microfiber cloth
- Check for firmware updates or special maintenance requirements
- If the landline telephone requires a battery, recharge as necessary
- After cleaning, plug the telephone back into the power source and check the functions

Der digitale Systemwagen

Die Digitalisierung hält Einzug in vielen Bereichen der Hauswirtschaft: So dient der digitale Systemwagen nicht nur dem bloßen Transport der Arbeitsmittel, sondern bietet auch viele hilfreiche Technologien. Diese unterstützen die Reinigungskräfte, indem sie Arbeitsaufläufe optimieren, Ressourcen bedacht einsetzen und darüber hinaus die Qualität der Reinigung verbessern. Anfallende Arbeiten können somit effizienter erledigt werden. Vorteilhaft ist dies vor allem für die Reinigung und Pflege großer Gebäudekomplexe.

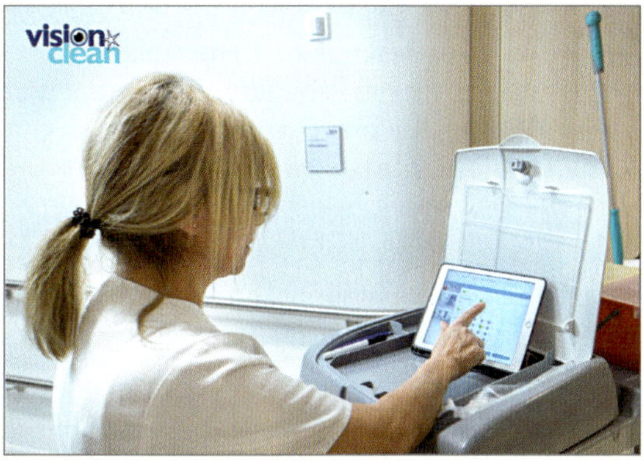

Digitaler Systemwagen

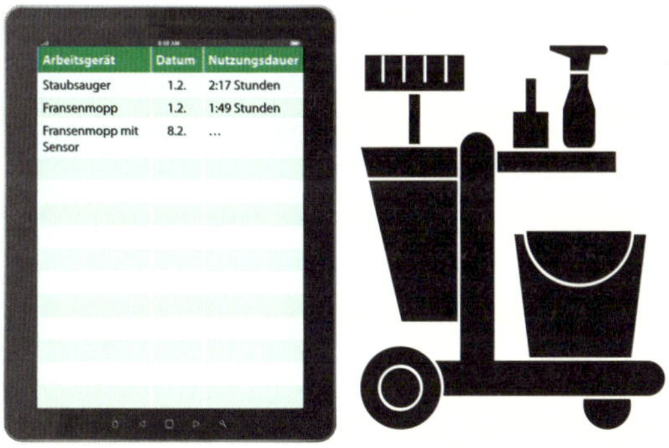

Datensammlung des digitalen Systemwagens oder Fransenmopp mit Sensor

Am auffälligsten ist, dass der digitale Systemwagen mit einem Tablet ausgestattet ist. Dieses verweist, genau wie ein klassischer Reinigungsplan, auf die Reihenfolge und den exakten Ablauf der Reinigung für jeden Raum- und Funktionsbereich. Bilder und Symbole zeigen an, welche Oberflächen und Gegenstände täglich, wöchentlich oder nur bei Bedarf gereinigt werden müssen, welches Reinigungs- oder Pflegemittel dabei zum Einsatz kommt und wie es korrekt dosiert wird. Die visuelle Darstellung ist leicht verständlich und hilft dabei, sprachliche Barrieren zu überbrücken. Sie unterstützt darüber hinaus neue Kolleginnen und Kollegen während der Einarbeitungsphase. Denn mit Hilfe von kurzen Videoclips oder detailliert bebilderten Anleitungen können Neulinge schnell und unkompliziert an die von ihnen durchzuführenden Arbeiten herangeführt werden.

Alle abgeschlossenen Reinigungsarbeiten werden am Tablet bestätigt, sodass jederzeit erkennbar ist, welche Arbeiten bereits erledigt und welche Arbeiten noch durchzuführen sind. Das ist insbesondere beim Schichtwechsel oder dem spontanen Ausfall einer Mitarbeiterin oder eines Mitarbeiters von großem Vorteil.

Über das Tablet können Vorgesetzte ihrem Personal zudem kurzfristig neue Aufgaben zuweisen, Änderungen im Reinigungsplan mitteilen oder Prioritäten in der Arbeitsabfolge festlegen. Mitarbeiterinnen und Mitarbeiter wiederum haben über das Tablet die Möglichkeit, Verbrauchsmaterialien bei Bedarf sofort nachzubestellen. Das spart Wege und Zeit.

Neben dem Tablet ist der digitale Systemwagen mit integrierten Sensoren ausgestattet. Diese überwachen permanent verschiedene Umgebungsparameter, wie zum Beispiel die Luftqualität, die Luftfeuchtigkeit oder die Raumtemperatur. Sie werden bei der Ermittlung der Reinigungsbedarfe umgehend berücksichtigt und führen gegebenenfalls zu modifizierten Arbeitsabläufen. Dank der Sensoren kann sich der digitale Systemwagen darüber hinaus im Raum orientieren. Das ermöglicht ihm, in Verbindung mit digitalen Karten beziehungsweise der GPS-Technologie, optimale Reinigungswege zu planen und so Zeit und Ressourcen einzusparen.

Aufgabe

Listen Sie die im Text aufgeführten Vorteile digitaler Systemwagen stichwortartig auf. Möglicherweise können Sie die Liste durch Onlinerecherche mit weiteren Vorteilen ergänzen.

Dreisatz

	100	% Prozent	≙ entsprechen	Gesamtmenge
: 100			Geteilt durch 100	
	1*	%	≙	X
· X			mit x malnehmen	
	x · X	%	≙	Preisnachlass = Rabatt

* hier steht immer „1"

Aufgabe 1

Zum Tag der Hauswirtschaft findet eine Rabattaktion statt. Statt 195,99 € kostet ein Systemwagen dann 182,34 Euro. Berechnen Sie die Preisersparnis gegenüber dem normalen Anschaffungspreis in Euro und in Prozent.

Internet Normalpreis:	195,99 €
Angebot:	– 182,34 €
	13,65 €

Mischungs- und Verteilungsrechnen

Aufgabe 2

Zur Küchenreinigung gibt der Fabrikant für die Herstellung einer Desinfektionslösung eine zweiprozentige Mischung an. Berechnen Sie, wie viel Desinfektionsmittel und Wasser gemischt werden müssen, um insgesamt fünf Liter Desinfektionslösung herzustellen.

Aufgabe 3

Auf der Verpackung eines Allzweckreinigers ist angegeben, dass zur Entfernung leichter Verschmutzungen 75 Milliliter Reinigungsmittel zu zehn Liter Wasser hinzugeführt werden. Ermitteln Sie, wie viel Prozent Allzweckreiniger die fertig gemischte Reinigungsflotte enthält.

Aufgabe 4

Zur Reinigung eines PVC-Bodens sind zehn Liter Reinigungsflotte vorzubereiten und in den Tank einer Einscheibenmaschine zu füllen. Der Hersteller gibt an, dass das Reinigungsmittel vor dem Gebrauch noch mit Leitungswasser verdünnt werden muss. Das Mischverhältnis von Reinigungsmittel und Wasser soll 1:4 betragen. Berechnen Sie die benötigte Menge Grundreinigungsmittel und Wasser, um die geforderten zehn Liter Reinigungsflotte zu erhalten.

Aufgabe 5

Elsa möchte eine Reinigungslösung im Mischverhältnis 1:4 (gelesen „1 zu 4") herstellen. Geben Sie an, wie viel Reinigungskonzentrat und wie viel Wasser Elsa braucht, um 14 Liter Reinigungslösung zu erhalten

Ein Mischverhältnis von 1:4 bedeutet: Auf einen Teil Reinigungskonzentrat kommen vier Teile Wasser.

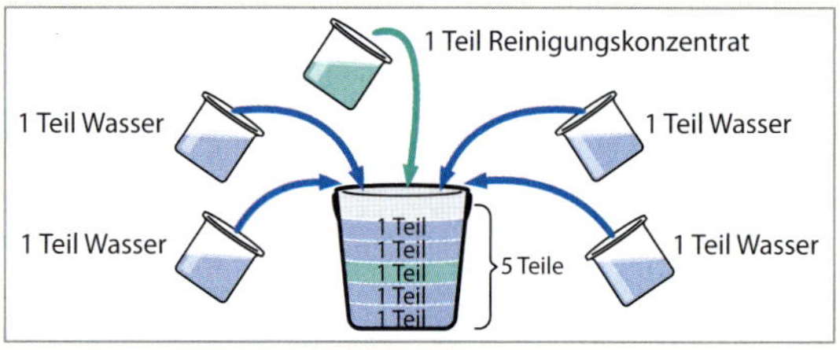

Rechnerisch wird die Frage so beantwortet:

Ein Mischverhältnis von 1 : 4 bedeutet, dass insgesamt mit 5 Teilen gerechnet wird (1 + 4 = 5).

- 14 Liter : 5 = 2,8 Liter
- 1 Teil entspricht 2,8 Liter (Reinigungskonzentrat)
- 4 Teile entsprechen 4 · 2,8 Liter = 11,2 Liter (Wasser)

Erst muss die Gesamtmenge durch die Gesamtzahl der Teile dividiert werden. Dann ist das Ergebnis mit den jeweiligen Anteilen des Mischungsverhältnisses zu multiplizieren.

Desinfizieren

Sandras Ausbildungsbetrieb, das Krankenhaus Sankt Maria, möchte sich mehr für Nachhaltigkeit einsetzen. Die Koordinatorin für Reinigungsarbeiten im Krankenhaus, Frau Mira, bittet daher Sandra, sich über die Nachhaltigkeit chemischer und physikalischer Desinfektionsverfahren zu informieren.

Aufgabe 1

Lesen Sie den folgenden Text aufmerksam durch.

Chemisches Desinfektionsverfahren

Bei der chemischen Desinfektion werden Erreger durch biozide Wirkstoffe inaktiviert. Je nach Einsatzgebiet eignen sich unterschiedliche Wirkstoffe zur Desinfektion.

Nachteile der chemischen Desinfektion:

- Einige chemische Wirkstoffgruppen haben **Wirkungslücken**.
- Manche Organismen sind einzelnen Wirkstoffen gegenüber resistent oder es kann zur **Adaptation** kommen. (Krankheitserreger entwickeln die Fähigkeit, sich an das Desinfektionsmittel anzupassen, sodass sodass diese nicht mehr wirken.)
- Manche Wirkstoffe können durch andere Substanzen **gestört** oder **inaktiviert** werden, z.B. [...] Chlor durch Proteine (**Eiweißfehler**).
- Gleichzeitig eingesetzte Desinfektionsmittel können sich überlagern und ihre **Wirkung verlieren**.
- Das Desinfektionsmittel kann selbst **verkeimt** sein und zum Infektionsauslöser werden.
- Chemisch desinfizierte Instrumente müssen nach Desinfektion mit Wasser gespült werden – hier besteht **Rekontaminationsgefahr**, d.h., dass es wieder zu einer Infektion kommen kann.
- Chemische Desinfektionsmittel sind oft gefährlich (hochentzündlich, ätzend, gesundheitsschädlich, reizend, allergisierend) und deshalb ein **Gesundheitsrisiko** für Alle.
- Generell ist die chemische Desinfektion mit relativ **hohen Materialkosten** und z.T. mit **Korrosionsrisiken** verbunden. Sie erzeugt Abfälle und z.T. Luft- und Abwasserbelastungen. [...]

Weitere Informationen unter:
www.chemische-Desinfektion

Physikalisches Desinfektionsverfahren

Bei der physikalischen Desinfektion werden Mikroorganismen durch Hitze (trockene Hitze oder Dampf) oder Strahlung (z.B. UV-Licht, γ-Strahlung) abgetötet. In der Praxis wird vor allem die thermische Desinfektion durch Hitze eingesetzt. [...]

Vorteile der thermischen Desinfektion:

- **Dokumentation** des Prozesses (wichtig für eine Validierung)
- **keine** Wirkungslücken
- **Arbeitssicherheit** und **Personalschutz**
- höhere **Umweltverträglichkeit**.

Nachteile der thermischen Desinfektion:

- **hohe Anschaffungskosten** für die Desinfektionsgeräte sowie die Thermolabilität mancher Materialien
- **hohe Energiekosten** ([...] zur Reduktion von Krankheitserregern müssen Desinfektionsgeräte mindestens 10 Minuten eine Temperatur von 80 °C halten. Für die hitzestabilen Hepatitis-B-Viren sind sogar Temperaturen von 90 °C nötig (Haltezeit 5 min).

Autoklave für physikalische Desinfektion

3

3

Aufgabe 2

Vervollständigen Sie die Tabellen mit den zu bedenkenden Aspekten beim Einsatz chemischer und physikalischer Desinfektionsverfahren. Nutzen Sie hierzu die Informationen aus dem Text.
Sortieren Sie dabei die Aspekte nach den drei Dimensionen der Nachhaltigkeit (Ökologie, Ökonomie und Soziales).

Aufgabe 3

Sandra fragt sich, wie im Krankenhaus Sankt Maria hinsichtlich Reinigung und Desinfektion außerdem noch nachhaltiger gehandelt werden könnte. Nennen Sie zu jeder Nachhaltigkeitsdimension mindestens zwei konkrete Bereiche oder Tätigkeiten.

Aufgabe 4

Beschreiben Sie konkrete Maßnahmen für Ihren Ausbildungsbetrieb, mit deren Hilfe Sie in Bezug auf Reinigung und Desinfektion nachhaltiger handeln könnten.

9

chemische Desinfektionsverfahren		
Ökologische Aspekte	Ökonomische Aspekte	Soziales (inkl. Gesundheit)
• Verpackungen erzeugen Abfälle • Desinfektionsmittel belasten die Luft • … • … • …	• Desinfektionsmittel wirken ätzend, sodass Materialien beansprucht und regelmäßig ausgetauscht werden müssen (→ Folgekosten) • Keine Anschaffung von speziellen Desinfektionsgeräten nötig • … • … • …	• Verkeimte Desinfektionsmittel können zum Infektionsauslöser werden • Desinfektionsmittel reizen Haut und Schleimhäute • … • … • …

physikalische Desinfektionsverfahren		
Ökologische Aspekte	Ökonomische Aspekte	Soziales (inkl. Gesundheit)
• Kein Verpackungsabfall durch verbrauchte Desinfektionsmittel • Luft wird nicht durch biozide Wirkstoffe belastet • … • … • …	• Keine Wirkungslücken, d. h. optimale Desinfektionswirkung (-> Qualitätskriterium) • Hohe Anschaffungskosten für Desinfektionsgeräte • … • … • …	• Optimaler Gesundheitsschutz für Patienten, da Wirkungslücken ausgeschlossen sind • Kein allergenes Potenzial (gut für Patienten und Personal) • … • … • …

Personen wahrnehmen und beobachten

Lernsituation

Seit fünf Jahren sind Sie für den mobilen Hauswirtschafts- und Pflegedienst „Hilfe auf Rädern" tätig, der private Haushalte unterstützt. Frau Natalie Lehmberger benötigt Hilfe in ihrem Mehrgenerationenhaushalt, wo neben ihrem Ehemann Simon und den Kindern Lilly (2) und Noah (7) auch ihre 76-jährige Mutter Heidrun und der 78-jährige Vater Frank leben. Noah hat mehrere Behinderungen, ist auf den Rollstuhl angewiesen und muss regelmäßig zu Therapieterminen begleitet werden. Jetzt plant Natalie die Rückkehr ins Berufsleben nach ihrer Elternzeit und benötigt Unterstützung bei der Versorgung und Betreuung ihrer Mutter und Kinder.

Heidrun brach sich vor zwei Jahren bei einem Sturz die Hüfte. Vor dem Unfall hat sie die Familie im Haushalt und bei der Kinderbetreuung unterstützt. Seit dem Sturz aber fällt es ihr schwer, lange zu stehen oder zu gehen. Bei Lilly steht die Eingewöhnung in der Kindertagesstätte an. Noah ist bereits eingeschult und in einer speziellen Gruppe für Hortkinder.

Für eine optimale Hilfe planen Sie ein Gespräch mit den Lehmbergers. Die Auszubildende Layla begleitet Sie, um zu lernen, wie man auf die Bedürfnisse der Kundschaft eingeht und ein Gespräch gestaltet. Sie wissen, welche Kommunikationsregeln beachtet werden müssen, damit ein Gespräch erfolgreich ist. Sie erklären Layla vor dem Gespräch die Notwendigkeit, die Wahrnehmung und Beobachtung zu schulen.

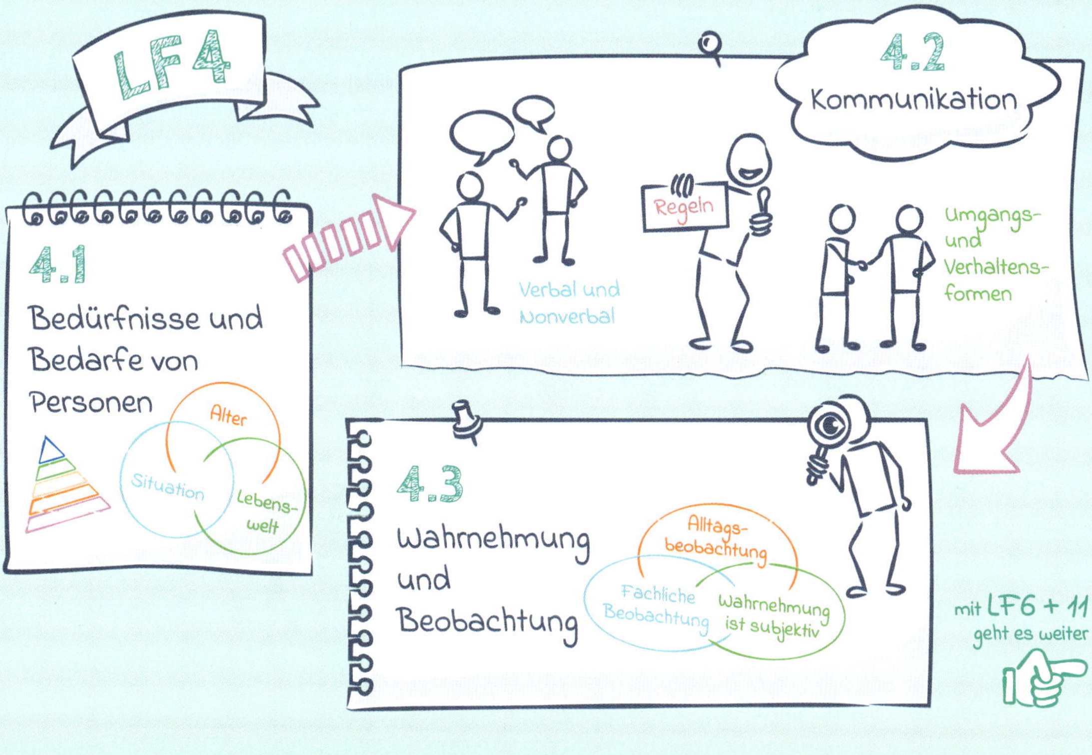

4

6

11

4.1 Bedürfnisse und Bedarfe von Personen

In der Wirtschaftslehre stellen „Bedürfnis" und „Bedarf" zwei verschiedene Konzepte dar. Ein Bedürfnis entsteht aus einem empfundenen Mangel. Der Mangel an Flüssigkeit führt zum Bedürfnis, etwas zu trinken. Geht dieses Bedürfnis jedoch in einen konkreten Wunsch über und ist finanzierbar, so wird von einem Bedarf gesprochen.

BEISPIEL: Das Bedürfnis zu trinken führt zum Bedarf eines Getränks.

Die **Bedürfnispyramide von Maslow** ist das bekannteste Modell, anhand dessen die Bedürfnisse von Menschen sortiert und erklärt werden. Er benennt fünf Arten von Bedürfnissen, die nach ihrer Dringlichkeit angeordnet sind. Zunächst werden die grundlegenden Bedürfnisse an der Basis der Pyramide befriedigt, bevor die höherliegenden Bedürfnisse erfüllt werden können (s. Abbildung unten). Laut dem Maslowschen Modell strebt der Mensch erst dann nach Selbstverwirklichung, wenn die ersten vier Bedürfnisstufen erfüllt sind. Es handelt sich bei der höchsten Stufe um das Bedürfnis des Menschen, seine eigenen Fähigkeiten zu entwickeln und zum Ausdruck zu bringen.

Dieses Modell kann allerdings nicht die Komplexität der menschlichen Bedürfnisse abbilden. Es ist jedoch ein hilfreiches Werkzeug, um das menschliche Verhalten verständlich zu machen.

BEISPIEL: Heutzutage lässt sich beobachten, dass junge Menschen früher nach Selbstverwirklichung streben.

Bedürfnisse sind Merkmale, die Menschen eigen sind. Genau das macht es schwierig, sie in einem Modell zu verallgemeinern.

Bedürfnisse entwickeln sich in dem Umfeld, in dem die Person aufwächst und Kontakte pflegt, sowie in der Kultur, in der sie lebt (Lebenswelt). Sie sind aber auch immer mit den Lebensumständen und Ressourcen der Person verbunden (Persönliche Situation). Zudem verändern sich Bedürfnisse im Laufe des Lebens (Alter).

Aus diesen Faktoren ergibt sich für jeden Menschen ein individuelles Muster an Bedürfnissen und Bedarfen, welches bei der Erbringung von hauswirtschaftlichen Betreuungsleistungen zu berücksichtigen ist.

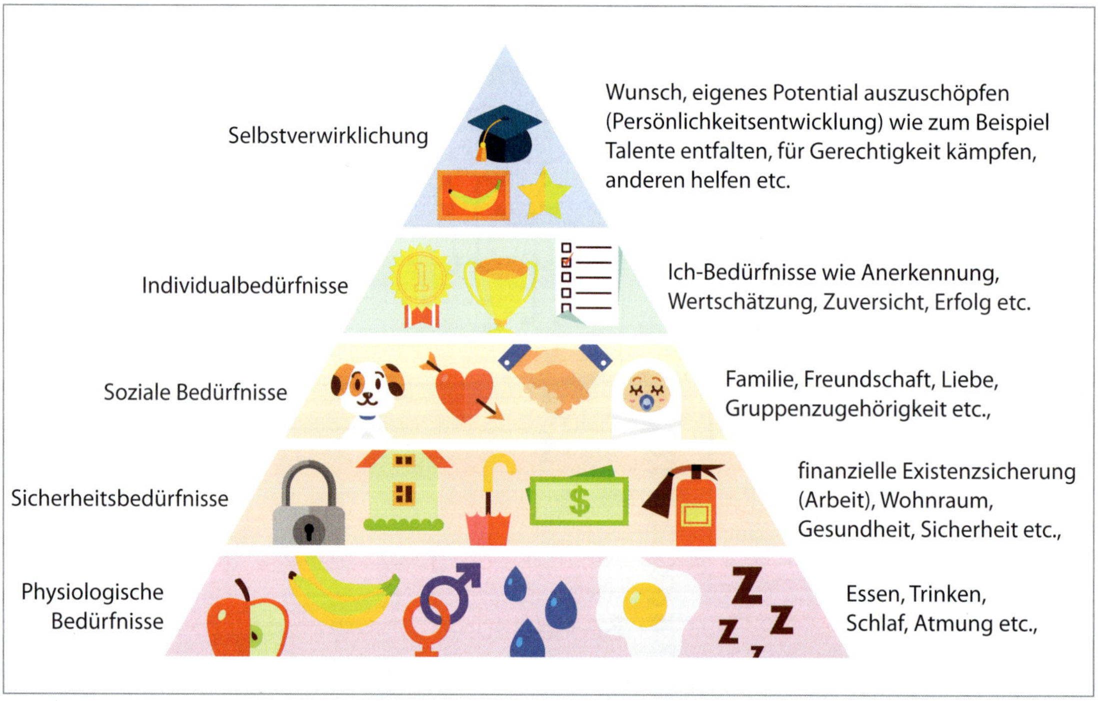

Bedürfnispyramide nach Maslow

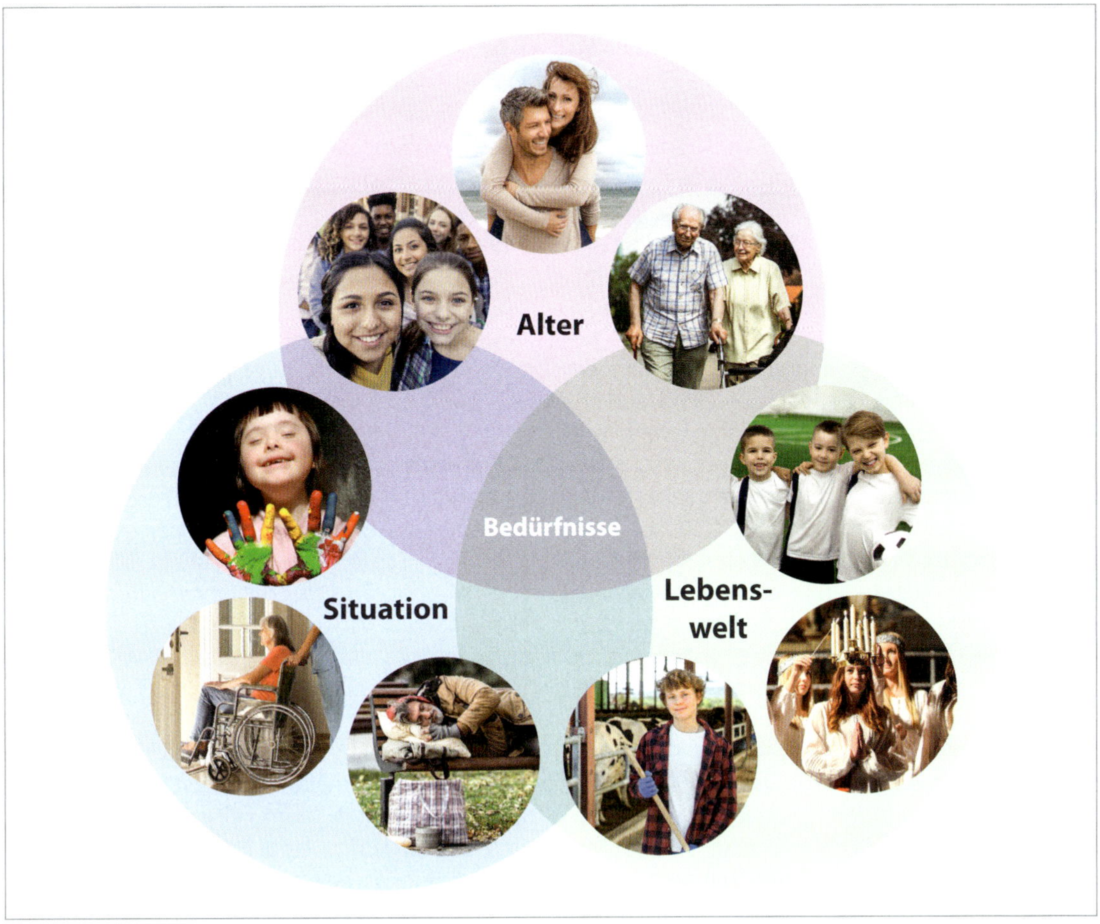

Bedürfnisse in Abhängigkeit von Alter, Situation und Lebenswelt

4

4.1.1 Alter

Säuglinge, Kleinkinder und Schulkinder

Zu den grundlegenden Bedürfnissen des **Säuglings** zählen neben Schlaf, Nahrung, Wärme und fürsorgliche Pflege auch emotionale Bindungen. Säuglinge sind vollständig von ihren Bezugspersonen abhängig und verwenden das Schreien als Mittel zur Kommunikation von Bedürfnissen wie Hunger, Durst, Schmerzen oder Unwohlsein. Sie gehen eine dauerhafte Bindung mit den Personen ein, die sich um sie kümmern. In den meisten Fällen handelt es sich dabei um die Eltern, aber auch Verwandte oder hauswirtschaftliche Betreuungspersonen können diese Rolle einnehmen und dem Baby Schutz und Geborgenheit bieten. Ab dem 7. Lebensmonat zeigt sich bei vielen Babys eine Phase des „Fremdelns", weshalb die Betreuung idealerweise durch eine kleine, verlässliche Gruppe von Personen erfolgt.

Bedürfnisse in Abhängigkeit von Alter

Kleinkinder sind Kinder zwischen dem ersten und sechsten Lebensjahr. Sie erweitern ihren Lebensraum durch Kindertagesstätten und Kindergärten. Dort erlernen sie den Umgang mit anderen Menschen, werden selbstständiger und bilden erste Freundschaften. Die Betreuungspersonen beaufsichtigen das starke Bewegungsbedürfnis, fördern spielerisch ihre Sprachentwicklung und binden sie in Alltagstätigkeiten ein. Zudem legen sie den Grundstein für eine gesunde Ernährung (s. S. 332 f.).

Mit dem Start der Schule im siebten Lebensjahr erweitern Kinder ihren Erfahrungsbereich deutlich. **Schulkinder** lernen wichtige Fähigkeiten wie Lesen, Schreiben und Rechnen. Sie verbessern ihre Fähigkeit, mit anderen zu interagieren, sei es in der Schulklasse oder in einem Sportclub. Jetzt haben sie einen festen Tagesplan mit vielen Regeln. Bei diesen Herausforderungen müssen Kinder zunehmend eigenständiger werden. Es ist wichtig, dass Erwachsene sie unterstützen. Unterstützung ist auch nötig bei den Anforderungen der Schule, zum Beispiel beim Ordnen der Schulmaterialien, dem Überprüfen der Hausaufgaben und dem gemeinsamen Lernen. Zudem müssen Kinder regelmäßig Zeit mit anderen Kindern verbringen können, wie etwa beim Sport, beim Musiklernen oder anderen Freizeitaktivitäten mit ihrer Peergroup. Für die Selbständigkeit des Kindes ist es wichtig, dass es bei Entscheidungen mitreden kann. Erwachsene sollten die Wünsche der Kinder berücksichtigen.

> ***Peergroup*** *ist ist eine soziale Gruppe von Menschen ähnlichen Alters, die oft durch Freundschaften miteinander verbunden sind. Sie dient als Bezugsgruppe und kann als Vorbild für Verhalten und Einstellungen dienen. Mitglieder können sich gegenseitig beeinflussen und voneinander lernen.*

Jugendliche und junge Erwachsene

Laut der deutschen Gesetzgebung beginnt die **Jugendphase** mit 14 Jahren und endet mit der Volljährigkeit am 18. Geburtstag. Die Jugendforschung bevorzugt den Begriff „Adoleszenz" und unterscheidet die Phasen der frühen (11–14 Jahre), der mittleren (15–17 Jahre) und der späten Adoleszenz (18–21 Jahre). Ein Jugendlicher ist und fühlt nicht mehr wie ein Kind (frühe Adoleszenz), befindet sich in einer Phase der Identitätsfindung und Orientierung (mittlere Adoleszenz) und wird schließlich erwachsen (späte Adoleszenz). In diesen Lebensabschnitt fällt die Pubertät, der Schulabschluss, die erste große Liebe sowie der Beginn einer Berufsausbildung oder des Studiums. Zu den besonderen Bedürfnissen gehören der Wunsch nach Gemeinschaft mit Gleichaltrigen (Freundesclique) sowie der Wunsch nach Privatsphäre und Unabhängigkeit. In diesem Lebensabschnitt entstehen möglicherweise Essstörungen, schulische Probleme, Mobbing, Computerspielsucht oder die übermäßige Nutzung von sozialen Medien. Eine angemessene Reaktion seitens der Betreuungsperson bietet dem Jugendlichen Hilfestellung (s. S. 246).

> ***Pubertät*** *bezeichnet den Zeitabschnitt, in dem Jugendliche sich im entwicklungsphysiologischen Verlauf zur Geschlechtsreife und deren Stadium befinden. Die Veränderungen des Körpers und der Hormone in dieser Zeit führen oftmals zu emotionalen Verwirrungen und dazu, dass Jugendliche sehr mit sich selbst und ihren Bedürfnissen und Gefühlen beschäftigt sind.*

Der Übergang von der Lebensphase Jugend in das Erwachsenenalter wird meist durch die finanzielle Unabhängigkeit in Form einer Erwerbstätigkeit und der Gründung einer Familie markiert. Heutzutage verläuft dieser Übergang jedoch nur für einen Teil der **jungen Erwachsenen** typisch. Die sogenannte Postadoleszenz (21 bis in manchen Fällen 39 Jahre) beschreibt die Orientierungsphase vieler junger Erwachsener, die aufgrund längerer Ausbildungszeiten noch bei den Eltern wohnen oder von ihnen finanziell unterstützt werden. Insgesamt wird die Tendenz zur Individualisierung der Lebensformen in dieser Altersgruppe besonders deutlich: Wohngemeinschaften mit Freunden, Alleinleben, Partnerschaften mit oder ohne Kinder werden gelebt. Auch das Muster einer verlängerten Jugend (selbständiges Leben ohne Verantwortung für eigene Familie) wird heutzutage sichtbar.

Erwachsene und ältere Menschen

In einer ergänzenden Darstellung zu den fünf Bedürfnissen nach Maslow (s. S. 171) lässt sich erkennen, dass immer alle Bedürfnisse zur gleichen Zeit vorhanden sein können und sich lediglich in ihrer Stärke (Intensität) unterscheiden. In dieser Vorstellung erreichen die Sicherheitsbedürfnisse im **Erwachsenenalter** ihren Höhepunkt: Typisch ist der Wunsch nach einem möglichst sicheren und gutbezahlten Arbeitsplatz sowie der Wunsch,

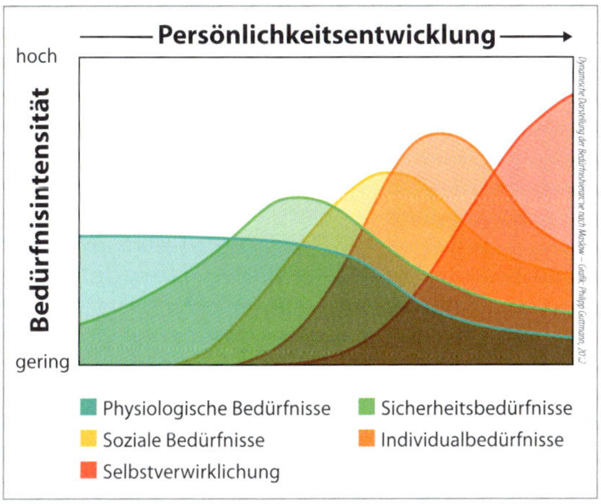

Dynamische Darstellung der Bedürfnisse nach Maslow

ein Haus oder eine Wohnung zu kaufen. Auch die sozialen Bedürfnisse erreichen mit Partnerschaften und der Gründung einer eigenen Familie ihren Höhepunkt. Ich-Bedürfnisse, wie zum Beispiel die Wertschätzung für die Erziehung der Kinder oder der Erfolg im Beruf, spielen eine große Rolle. Selbstverwirklichung hat Maslow als den Wunsch verstanden, das eigene Potential auszuschöpfen und das Gefühl zu haben, das zu tun, wofür man bestimmt ist. Dieser Wunsch ist typischerweise ab dem hohen Erwachsenenalter ausgeprägter. Im Rahmen der hauswirtschaftlichen Arbeit entsteht in dieser Altersgruppe oft ein Bedarf an hauswirtschaftlichen Versorgungsdienstleistungen (zum Beispiel die Vergabe der Hausreinigung). Aber auch hauswirtschaftliche Betreuungsdienstleistungen (zum Beispiel bei der Betreuung der Kinder) können eine Rolle spielen.

Ältere Menschen können einen erhöhten und besonderen Betreuungsbedarf haben (s. S. 229). Von der WHO wird das Lebensabschnitt Alter in diese fünf Gruppen unterteilt:

- Übergang ins Alter: 60- bis 65-Jährige
- Junge Alte: 60- bis 74-Jährige
- Betagte und Hochbetagte: 75- bis 89-Jährige
- Höchstbetagte: 90- bis 99-Jährige
- Langlebige: 100-Jährige und älter

Das biologische Alter ist nur eines von vielen Anhaltspunkten dafür, wie die Bedürfnisse und Bedarfe von älteren Menschen beurteilt werden können. Besonders der gesundheitliche Zustand spielt unabhängig vom Alter eine große Rolle bei der Ermittlung des Bedarfs an hauswirtschaftlichen Versorgungs- und Betreuungsleistungen. Je fitter ein älterer Mensch ist und je größer der Grad der Selbstständigkeit ist, umso größer sind die Möglichkeiten einer selbstbestimmten Lebensführung. Beim Übergang ins Alter und im jungen Alter sind ältere Menschen oftmals noch sehr fit und genießen die neu gewonnene Freizeit. Sie haben mehr Zeit für Familie und Freunde (soziale Bedürfnisse), verfügen über eigenen Wohnraum und finanzielle Reserven (Sicherheitsbedürfnisse) und erfüllen lang gehegte Lebenstraume (Selbstverwirklichung). Mit fortschreitendem Lebensalter steigt das Risiko für altersbedingte Erkrankungen, welche die körperlichen oder die geistigen Fähigkeiten einschränken. Der Bedarf an Unterstützung bei den Aufgaben des alltäglichen Lebens wächst.

4.1.2. Persönliche Situation und Lebensumstände

Bedürfnisse in Abhängigkeit von der persönlichen Situation und den Lebensumständen

Die persönliche Situation und die Lebensumstände, in denen sich jemand vorübergehend oder dauerhaft befindet, haben einen entscheidenden Einfluss auf die Bedürfnisse und Bedarfe von Menschen. Eine seelische oder geistige Behinderung, Krankheit, Arbeitslosigkeit, Trennung vom Partner, Armut oder Flucht sind Beispiele für solche Situationen und Lebensumstände.

4

6

11

Menschen mit Behinderungen, Krankheiten und Hilfsbedürftigkeit

Menschen mit Behinderungen, ob körperlich, seelisch oder geistig, sind in ihrem täglichen Leben oder ihrer gesellschaftlichen Teilnahme beeinträchtigt. Diese Beeinträchtigungen können angeboren sein oder später durch Unfall oder Krankheit entstehen. Abhängig von der Art der Behinderung kommen zu den allgemeinen Bedürfnissen spezielle hinzu.

BEISPIEL: Ein Mensch mit einer geistigen oder schweren Behinderung braucht oft umfangreiche Unterstützung im Alltag. Jemand mit einer Hörschädigung, Lern- oder Sprachbehinderung kann jedoch meist den Alltag ohne fremde Hilfe bewältigen (s. S. 440).

Bei einer Krankheit handelt es sich um eine Störung der physischen oder psychischen Funktionen, welche die Leistungsfähigkeit und das Wohlbefinden der Person beeinflussen.

- Krankheiten werden unter anderem unterschieden nach
- der Ursache (z. B. Erbkrankheiten oder Autoimmunerkrankungen)
- dem betroffenen Organ (z. B. Herz oder Lunge)
- dem zeitlichen Verlauf (akute und chronische Erkrankungen)
- nach dem Behandlungserfolg (heilbar und nicht heilbar)

Aus einer Krankheit oder einer Behinderung kann eine kurzfristige **Hilfsbedürftigkeit** (zum Beispiel bei einer Grippe) oder eine längerfristige **Pflegebedürftigkeit** (zum Beispiel bei fortgeschrittener Demenz) entstehen.

Erwerbslosigkeit, Erwerbsunfähigkeit, Armut, Flucht

Erwerbslosigkeit und **Erwerbsunfähigkeit** führen dazu, dass weniger Geld zur Verfügung steht. Das hat Auswirkungen auf das Leben des Menschen: Der Verlust der Arbeit bringt die Unsicherheit mit sich, wichtige Bedürfnisse nicht mehr befriedigen zu können. Es entsteht die Sorge, dass der Lebensunterhalt nicht mehr gewährleistet sein wird. Zu befürchten ist, dass die Miete oder Hausrate nicht mehr bezahlt werden kann (Sicherheitsbedürfnisse) oder das Geld nicht genügt, um bis zum Monatsende Lebensmittel einzukaufen (physiologische Bedürfnisse). Zudem kann sich der Verlust der Arbeit negativ auf die Psyche auswirken (Ich-Bedürfnisse) und dazu führen, dass sich die Person isoliert (soziale Bedürfnisse).

Auch Alleinerziehende haben ein großes **Armutsrisiko**: Aufgrund der Kinderbetreuung kann oftmals nur in Teilzeit gearbeitet werden, und es steht weniger Geld zur Verfügung.

Geflüchtete Menschen kämpfen oft mit Erwerbslosigkeit und Erwerbsunfähigkeit aufgrund von Sprachbarrieren und fehlenden Qualifikationen. Sie haben ebenfalls mit der Unsicherheit zu kämpfen, grundlegende Bedürfnisse nicht erfüllen zu können und sind zusätzlich mit den Herausforderungen der Integration konfrontiert.

4.1.3 Lebenswelt

Bedürfnisse in Abhängigkeit von der Lebenswelt

Die Lebenswelt beschreibt das Umfeld von Personen: Damit können Orte gemeint sein wie zum Beispiel der Kindergarten oder der Arbeitsplatz, aber auch Menschen, denen man im Alltag begegnet, wie Familie, Freunde oder Nachbarn. Der Begriff „Lebenswelt" bezieht vielschichtig zudem alles mit ein, was einen Einfluss auf das Leben des Einzelnen hat. Dies ist z. B. die Kultur, in der die Person aufwächst, der religiöse Glaube oder die Werte, an denen sich die Person orientiert.

Das **persönliche Umfeld** formt die Bedürfnisse und Bedarfe von Menschen. Dabei haben insbesondere Familie und Freunde einen großen Einfluss. Im engeren sozialen Umfeld befinden sich häufig Personen, die ähnliche Interessen haben und deshalb oftmals ähnliche Bedürfnisse. Auch der Wohnort beschreibt die Bedürfnisse von Menschen.

BEISPIEL: Besteht das Bedürfnis nach mehr Nähe zur Natur, so wird ein Wohnort auf dem Land gewählt. Dafür werden oftmals längere Wege in Kauf genommen, um Besorgungen zu erledigen.

Die Bedürfnispyramide nach Maslow ergibt sich aus dem Blickwinkel der westlichen Welt und ist nicht ohne Weiteres auf andere **Kulturkreise** übertragbar. Die Individualbedürfnisse (Bedürfnisse des Einzelnen) stehen darin eine Stufe über den sozialen Bedürfnissen. In vielen asiatischen, afrikanischen und südamerikanischen Ländern hat die Gemeinschaft einen höheren Stellenwert, wohingegen in westlichen Gesellschaften eher Individualismus angestrebt wird. Aber auch die **Religion** hat einen entscheidenden Einfluss auf die Bedürfnisse der Menschen.

BEISPIEL: Je nach Glauben oder Weltanschauung ihrer Religion haben Menschen unterschiedliche Essgewohnheiten, einen unterschiedlichen Umgang mit dem Tod oder andere Ansichten in Bezug auf Familie und Geschlechterrollen.

Jeder Mensch hat eigene **Werte**, die er für sich selbst als wichtig und erstrebenswert definiert hat. Zu diesen Werten können unter anderem Ehrlichkeit, Nächstenliebe, Zuverlässigkeit, Gerechtigkeit, aber auch Macht oder Erfolg gehören. Die Wertvorstellungen einer Person definieren seinen Charakter und seinen **Lebensstil**, also die Art und Weise, wie der Mensch sein Leben praktisch gestaltet. Je nachdem, worauf die Person besonders viel Wert legt, entstehen bestimmte Bedürfnisse und Bedarfe.

BEISPIEL: Jemand, dem die Umwelt wichtig ist, wird Plastikverpackungen vermeiden, und jemand, der nach Erfolg im Beruf strebt, wird vermutlich viele Überstunden in Kauf nehmen.

Beim Lebensstil handelt es sich also um individuelle Lebensmuster mit spezifischen Bedürfnissen und Bedarfen.

AUFGABEN

1. Zeichnen Sie eine Pyramide mit fünf Stufen und tragen Sie die fünf Arten von Bedürfnissen nach Maslow ein.
   Nennen Sie Ihre eigenen Bedürfnisse in Bezug auf jede Stufe der Pyramide.
2. Schauen Sie sich die Liste Ihrer Bedürfnisse genauer an.
   Markieren Sie, auf was Sie verzichten könnten.
3. Wagen Sie den Blick in die Zukunft: Inwiefern könnten sich Ihre Bedürfnisse und Bedarfe der nächsten fünf Jahre verändern?

4.2 Kommunikation

Die Kommunikation ist ein wichtiger Faktor bei der Arbeit mit sehr unterschiedlichen Personen oder Personengruppen: Sie dient nicht nur der Verständigung im Rahmen von Informationen, Anweisungen oder Erklärungen, sondern stärkt auch die zwischenmenschlichen Beziehungen. Durch Gespräche und Körpersprache sind Menschen in der Lage, ihrem Gegenüber Gedanken, Gefühle und Wünsche mitzuteilen, und sie somit an ihrem Leben teilhaben zu lassen. Eine gelingende Kommunikation spielt bei der Erbringung von hauswirtschaftlichen Betreuungsleistungen eine Schlüsselrolle, denn die Personen stehen immer im Mittelpunkt der Tätigkeiten.

4.2.1 Mit Menschen kommunizieren

Kommunikationsmodelle versuchen zu erklären, wann Kommunikation gelingt. Sie können aber auch zeigen, warum Kommunikation manchmal nicht erfolgreich ist oder zu Missverständnissen führt. Mit einem einfachen Grundmodell lässt sich der Vorgang veranschaulichen: Von einem „Sender" werden Botschaften auf der verbalen, nonverbalen und paraverbalen Ebene an einen „Empfänger" gesendet, der die Nachricht empfängt. In der Regel ist Kommunikation ein wechselseitiger Prozess, das heißt, dass der „Empfänger" eine Antwort aussendet. Ein Gespräch wird also als Prozess verstanden, bei dem Sender und Empfänger ständig ihre Rollen wechseln und es zu einem fließenden Austausch kommt: der Sender wird zum Empfänger und der Empfänger wird zum Sender.

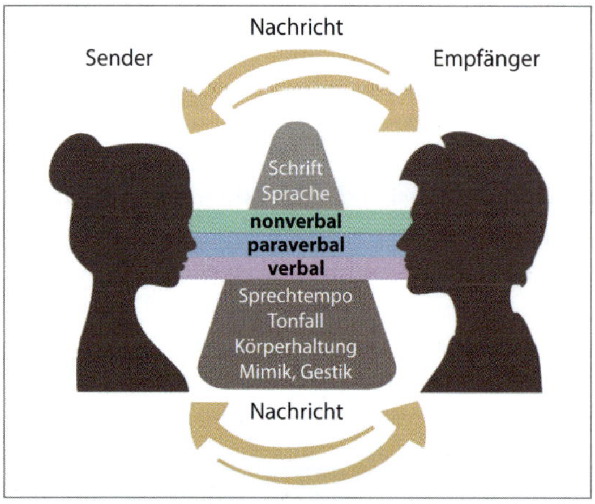

Das Sender-Empfänger-Modell

Verbale Kommunikation: *Kommunikation zwischen Menschen mithilfe der Sprache. Sie erfolgt unter anderem über das gesprochene oder geschriebene Wort und über die Gebärdensprache.*

Nonverbale Kommunikation: *beschreibt alle Formen der Kommunikation, die sich nicht auf Sprache stützen, und umfasst Mimik, Gestik, Blickkontakt und Körperhaltung.*

Paraverbale Kommunikation: *Beschreibt wie etwas gesagt wird, und umfasst Lautstärke, Tonlage, Stimmfärbung, Akzent sowie Sprechgeschwindigkeit.*

Laut der Eisbergtheorie wird nur etwa ein Drittel unserer Kommunikation davon bestimmt, was wir im Gespräch aussagen (verbale Kommunikation). Den weitaus größeren Teil drücken wir nonverbal oder paraverbal aus, was zudem meistens unbewusst geschieht. Der Einfluss nonverbaler Kommunikation wird oft unterschätzt.

BEISPIEL: ***Frau Saleh arbeitet als Hauswirtschafterin in einem Seniorenheim. Zu ihren Aufgaben gehört das Auffüllen der Getränkestationen auf den Fluren. Wenn sie etwas Zeit hat, bringt sie den Bewohnern, die schlecht zu Fuß sind, gerne ein warmes Getränk aufs Zimmer. Heute geht sie zu Herrn Schmidt, lächelt ihn an und fragt mit sanfter, ruhiger Stimme: „Möchten Sie eine Tasse Tee?" An einem anderen Tag ist Frau Saleh in Eile. Sie stürzt an Herrn Schmidt vorbei, der schon vor einer Stunde um eine Tasse Tee gebeten hat. Sie brüllt im Vorbeirennen mit lauter und gereizter Stimme: „Möchten Sie eine Tasse Tee?"***

Die Wörter (verbale Kommunikation) sind in beiden Fällen gleich. Auf der nonverbalen und paraverbalen Ebene sendet Frau Saleh jedoch zwei unterschiedliche Nachrichten: Beim ersten Mal sendet Frau Saleh die Nachricht, dass sie Herrn Schmidt gerne etwas Gutes tun möchte und ihm deshalb eine Tasse Tee bringt. Beim zweiten Mal lautet die Nachricht jedoch, dass sie genervt ist und keine Zeit hat, ihm den Tee zu bringen.

Anhand des Beispiels wird deutlich, weshalb die nonverbale und paraverbale Kommunikation eine sehr große Rolle spielen. Ist die Kommunikation nicht kongruent und entspricht nicht den inneren Überzeugungen des Senders, neigt der Empfänger zu Verunsicherung und Misstrauen und zieht sich zurück. Das könnte bedeuten, dass Herr Schmidt möglicherweise die Tasse Tee ablehnt, weil er der nonverbalen und paraverbalen Information größere Bedeutung beimisst.

> ***Kongruente Information:*** *Auf der sprachlichen als auch auf der para- und nonverbalen Ebene werden gleichlautende Informationen gesendet. Klaffen diese jedoch deutlich auseinander, verlassen sich Gesprächspartner eher auf die Körpersprache als auf das gesprochene Wort.*

Nonverbale Kommunikation

»Man kann nicht nicht kommunizieren!«, sagte der Kommunikationswissenschaftler Watzlawick. Damit wird zum Ausdruck gebracht, dass auch eine Information entsendet wird, wenn

- der Gesprächspartner sich wegdreht,
- eine Frage ignoriert wird oder
- ein Blickkontakt vermieden wird.

BEISPIEL: ***Die Nachricht des Senders an den Empfänger kann heißen: „Ich will nicht mit dir reden!"***

Der Sender kommuniziert dabei nicht verbal, sondern ausschließlich mit seiner Körpersprache.

Körpersprache

Über Körpersprache können Menschen indirekt kommunizieren. Es wird das zum Ausdruck gebracht, was den Gefühlen entspricht. Selbst wenn eine Person versucht, bestimmte Gefühle zu verbergen, werden sie oft durch die Körpersprache sichtbar. Der Körper reagiert meist spontan und kann sich nicht so verstellen, wie das durch Worte möglich ist. Menschen drücken sich im Wesentlichen über folgende Körpersignale aus:

Mimik: Auch wenn wir es nicht bemerken, unser Gesicht offenbart, was wir empfinden. Durch winzige Muskelbewegungen kann es Tausende verschiedener Ausdrücke bilden. Sieben Grundgefühle sind zu unterscheiden: Glück, Trauer, Angst, Ekel oder Abscheu, Überraschung, Wut und Verachtung. An den Gesichtszügen lassen sich Emotionen ablesen: Bei Freude gehen die Mundwinkel und Wangen nach oben, und es bilden sich Lachfältchen um die Augen.

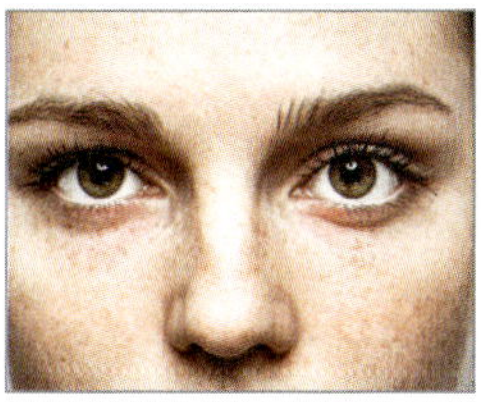

Blickkontakt: Es heißt: „Ein Blick sagt mehr als tausend Worte". Häufige Blickzuwendungen werden von uns als Aufmerksamkeit und Zuneigung gedeutet. Dagegen wird ein nicht erwiderter, ausweichender oder leerer Blick oft als Gleichgültigkeit, Desinteresse oder Scheu gedeutet. „Tiefe" Blicke sind zwischen bekannten Menschen ein Zeichen von Vertrautheit. Blickt uns jedoch ein Fremder lange und intensiv an, ist das für uns eher unangenehm.

Gestik: Wenn wir sprechen, bewegen wir vor allem unsere Arme, Hände und Kopf. Eine Gestik ist aber auch in der Lage, ganz ohne Worte eine Mitteilung zu übermitteln. Gesten sind kulturspezifisch, das heißt, dass bestimmte Signale in einer anderen Kultur andere Bedeutungen haben können. Der zu einem Ring geformte Daumen und Zeigefinger bedeutet für uns „Okay", in Belgien, Frankreich und Tunesien dagegen bedeutet die Geste „Null", und in Japan steht das Zeichen für „Geld".

Körperhaltung: Die Körperhaltung gegenüber einer anderen Person lässt Rückschlüsse auf die Einstellung zu diesem Menschen zu. Ein zugewandter Körper signalisiert Offenheit und Sympathie, wohingegen das Wegdrehen während des Gespräches Ablehnung signalisiert. Auch die Art und Weise wie wir sitzen, laufen oder unsere Arme halten lässt Rückschlüsse auf den Gemütszustand zu. Ein gebeugter Gang mit gesenktem Kopf wird als Zeichen von Unsicherheit und Ängstlichkeit interpretiert.

4

Gesamterscheinungsbild: Das Erscheinungsbild setzt sich aus dem Aussehen, der Kleidung und dem Verhalten einer Person zusammen. „Kleider machen Leute", lautet ein bekanntes Zitat. Mit der Kleidung kann der Mensch unter anderem Gruppenzugehörigkeit signalisieren, Trauer zum Ausdruck bringen oder zeigen, dass er sich auf ein Vorstellungsgespräch vorbereitet hat. Aber auch das Verhalten (z. B. Umgangsformen) und das Aussehen (z. B. gepflegte Hände) senden Signale aus.

Paraverbale Kommunikation: Die paraverbale Kommunikation ist ein Teilbereich der nonverbalen Kommunikation und beschreibt die Art und Weise, wie Menschen etwas sagen. Wie die Kommunikation beim Gegenüber ankommt, hängt von mehreren Merkmalen ab:

- spricht jemand laut oder leise, hoch oder tief
- hat jemand eine monotone oder eher singende Sprechweise
- spricht jemand schnell oder langsam

Insbesondere Dialekte können hierbei eine große Auswirkung haben.

Öffentliche Distanz
- Bewegung und Gespräche im öffentlichen Raum wie zum Beispiel öffentliche Reden oder Einkaufen in der Stadt
- Je größer die Entfernung ist, umso schwieriger ist es, persönlichen Kontakt herzustellen, der ist aber in der Regel nicht erwünscht.

Gesellschaftliche Distanz
- Gespräche zwischen Menschen, die sich (nicht) gut kennen
- Eher unpersönliche Gespräche zum Beispiel mit Verkäufern oder Beratern. Abstand oft kürzer, deshalb schafft eine Barriere (z. B. ein Tisch) Entspannung.

Persönliche Distanz
- Raum für Menschen, die man kennt oder denen man vertraut
- Je mehr man jemanden mag, umso näher lässt man die Person an sich heran.

Intime Distanz
- Raum für Partner, Familie, Geschwister und gute Freunde
- Insbesondere die 15-cm-Zonenblase ist sehr privat: wenn jemand unerwünscht in den kreis eintritt, ist das unangenehm und verletzend. Der Mensch fühlt sich hilflos und wird die Berührung in der Regel abweisen.

Die vier Distanzzonen

Distanzzonen: Räumliche Körpersprache

Normalerweise hängt es von der Art der Beziehung zueinander ab, wie nahe einzelne Menschen einen anderen an sich heranlassen. Im Arbeitsalltag ist das Distanzbedürfnis anderer Personen zu respektieren. Nur so wird sichergestellt, dass sich der Gesprächspartner wohl fühlt. Der Wissenschaftler Edward Hall entwickelte die Theorie, dass im Wesentlichen vier Distanzzonen unterschieden werden. Diese sind jedoch kulturell geprägt: In Japan und in China zum Beispiel wird das Händeschütteln als unhöflich und übergriffig bewertet. Dort findet die Begrüßung traditionell mit einer Verbeugung statt. Auch wenn durch die Globalisierung die kulturellen Unterschiede zunehmend einem Wandel unterliegen, sollte man sich bewusst sein, dass die folgenden vier Distanzzonen unserem Verständnis von Nähe und Distanz entsprechen.

Bei der Erbringung von hauswirtschaftlichen Versorgungsleistungen ist der räumliche Abstand zwischen den Menschen häufig größer. Demgegenüber erfordern hauswirtschaftliche Betreuungsleistungen oftmals einen engeren Kontakt: Bei der Pflege von Personen und insbesondere bei der Unterstützung der Körperpflege (s. S. 421) wird die Grenze der intimen Distanzzone leicht überschritten.

Verbale Kommunikation

Vier Seiten einer Nachricht

Um Gespräche zu optimieren und für alle Beteiligten zu einem positiven Ausgang zu führen, ist es hilfreich, die Kommunikationsabläufe zu betrachten. Modelle helfen zu verstehen, warum Gesagtes manchmal ganz anders verstanden wird als es gemeint war. Nach dem Kommunikationspsychologen Schulz von Thun hat jede verbale Kommunikation vier verschiedene Seiten. So lassen sich mit jeder Nachricht vier unterschiedliche Botschaften senden. Der Empfänger wiederum kann jede Nachricht mit vier Ohren empfangen und auswählen, auf welche Botschaft er reagieren will (s. u.). Auf Seiten des Senders wird der „Schnabel" des Sachinhalts, des Appells, der Beziehung und der Selbstoffenbarung unterschieden. Diesen vier „Schnäbeln" auf Seiten des Senders stehen vier „Ohren" auf Seiten des Empfängers gegenüber, mit denen das Gegenüber das Gesagte aufnehmen kann: „Sachohr", „Appellohr", „Beziehungsohr" und „Selbstoffenbarungsohr".

BEISPIEL: *Herr Lange arbeitet als Hauswirtschafter in einem Jugendheim und soll heute eine kleine Gruppe zu einer Aktivität motivieren. Yusuf ist in der Vergangenheit oft dadurch aufgefallen, dass er sich absondert und nicht an den gemeinsamen Aktivitäten teilnehmen möchte. Herr Lange hat ein Spiel vorbereitet und spricht Yusuf mit den Worten an:* ***„Möchtest du mit uns spielen?".***

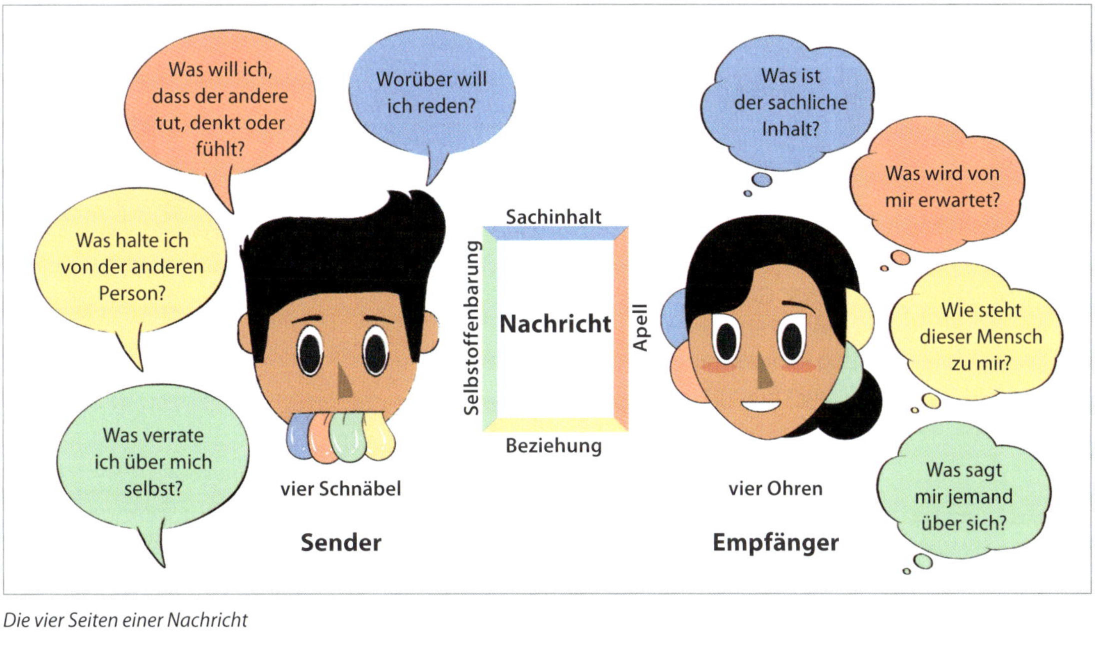

Die vier Seiten einer Nachricht

Diese einfache Frage hat vier „Schnäbel" und vier „Ohren":

<table>
<tr><td>Möchte er mit uns spielen?</td><td rowspan="4">„Möchtest du mit uns spielen?"</td><td>Möchte ich mitspielen?</td></tr>
<tr><td>Komm her und spiel mit.</td><td>Er will, dass ich mitspiele.</td></tr>
<tr><td>Immer muss ich hier das Gleiche tun!</td><td>Er hat doch selbst keine Lust zu spielen.</td></tr>
<tr><td>Wir müssen ständig auf Jens warten!</td><td>Er mag mich nicht und ist von mir genervt.</td></tr>
</table>

Missverständnisse und Konflikte entstehen immer dann, wenn Nachrichten nicht so verstanden werden, wie sie gemeint waren. Dies passiert, wenn mit einem anderen Ohr gehört wird als dem, mit dem die Botschaft gesendet wurde. Schulz von Thun behauptet zudem, dass bei einigen Menschen ein bestimmtes Ohr im Vergleich zu anderen öfter benutzt wird. Er sagt, dass im Laufe der Zeit ein Ohr besonders groß geworden ist und ein anderes Ohr vielleicht besonders klein. Das bedeutet, dass Menschen dazu neigen, Aussagen von anderen mit einem bestimmten Ohr aufzunehmen. Manche Menschen versuchen immer die Sachinformationen herauszuhören, wohingegen andere mit dem Beziehungsohr hören und versuchen herauszufinden, wie das Gegenüber zu einem steht.

AUFGABEN

1. Auf den Bildern sehen Sie die Mimik der sieben Grundgefühle nach Ekman.
   a) Recherchieren Sie diese im Internet und benennen Sie sie.
   b) Ordnen Sie den Bildern das passende Grundgefühl zu.
   c) Begründen Sie Ihre Zuordnung, indem Sie für jeden mimischen Ausdruck drei Merkmale nennen.

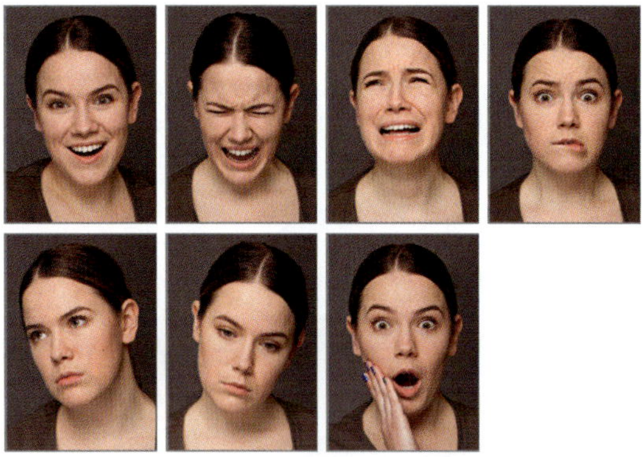

2. Beschreiben Sie die Mimik, Gestik und Körperhaltung der beiden Personen auf dem Bild. Welche Beziehung könnten sie zueinander haben? Woran erkennen Sie das?

3. Überlegen Sie sich zu dem Bild eine kurze Geschichte aus dem hauswirtschaftlichen Berufsalltag. Worüber könnten sich die zwei Damen unterhalten?

4. Schauen Sie sich den folgenden Videobeitrag an und beantworten Sie im Anschluss die Fragen. Video: Wie nah ist zu nah? *https://www.youtube.com/watch?v=wEALzPr7hBo*
   a) Bewerten Sie die Reaktionen der Menschen in dem Video, wenn die Reporterin und der Reporter Ihnen zu nahekommen.
   b) Beschreiben Sie die Reaktionen, wenn ihnen ein Fremder zu nahekommt. Wie fühlen Sie sich in einem vollen Aufzug oder in einer vollen Straßenbahn?

4.2.2 Die wichtigsten Kommunikationsregeln

Wertschätzende Haltung

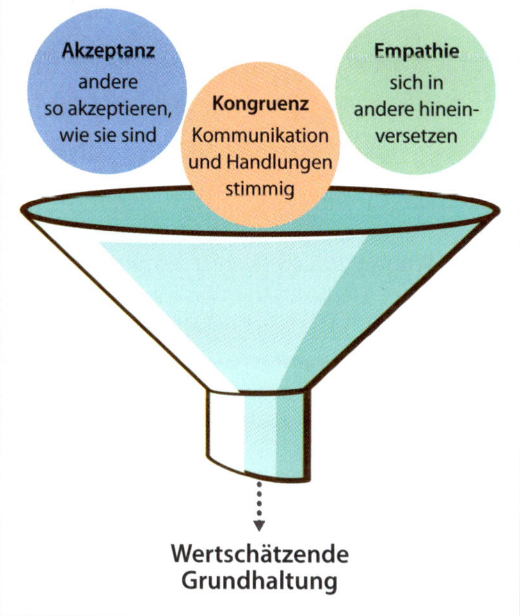

Wertschätzende Haltung nach Carl Rogers

Eine wertschätzende und positive Grundhaltung ist die Basisvoraussetzung für eine gute Kommunikation. Diese Haltung macht hellhöriger für die Probleme, Wünsche und Bedürfnisse der Menschen, mit denen hauswirtschaftliche Fachkräfte im beruflichen Alltag zu tun haben. Bei der Erbringung von Betreuungsleistungen haben sie oftmals mit Menschen zu tun, die hilfsbedürftig sind. **Empathie** (einfühlendes Verstehen) bedeutet, dass sie sich so weit in die andere Person hineinversetzen können, dass es ihnen möglich wird, sich ein besseres Bild über dessen Bedürfnisse zu machen. Eine wertschätzende Haltung wird zudem durch **Kongruenz** gefördert: Das bedeutet, dass Auftreten, Kommunikation und Handlungen einer Person stimmig und echt sein müssen. Es setzt aber auch die **Akzeptanz** des Gegenübers mit all seinen Wesensmerkmalen voraus: sein Erscheinungsbild, seine Sprache, seine ethnische und soziale Herkunft, all seine Stärken und Schwächen.

Aktives Zuhören

Gutes Zuhören ist aktives Zuhören.

Gutes Zuhören	Schlechtes Zuhören
• Körpersprache verwenden/Augenkontakt	• Kein Augenkontakt
• Zugewand und offen nicht abgelenkt sein	• Die Augen schwirren uninteressiert im Raum
• Entspannte Körperhaltung	• Räuspern oder summen,
• geduldig schweigen	• gähnen
• Ansprechbar und erreichbar sein,	• unterbrechen
• Volle Aufmerksamkeit	• seufzen
	• Auf die Uhr schauen

Es ist nicht damit getan, sein Gegenüber zu akzeptieren und sich auf ihn einzustellen. Es kommt zudem darauf an, ihn diese positive und wertschätzende Grundhaltung spüren zu lassen. Eine zentrale Rolle spielt hierbei das aktive Zuhören (gutes Zuhören) während des Gesprächs (vgl. Abb.). Jeder kennt aus eigener Erfahrung, dass es verschiedene Formen des Zuhörens gibt: angefangen von einem flüchtigen Hinhören bis hin zu einem hoch konzentrierten Prozess. Ebenso hat jeder unterschiedliche Erfahrungen damit, wie sich die Art und Weise wie jemand einem zuhört auf das eigene Wohlbefinden auswirkt.

Beim aktiven Zuhören geht es einerseits darum, dem Gegenüber die **volle Aufmerksamkeit** zu schenken und sich ganz auf das Gespräch einzulassen: „**Im Moment bist nur Du wichtig**!". Dass gerade eine Konzentration auf das Gegenüber stattfindet, zeigt sich auch körpersprachlich durch eine dem Gesprächspartner zugewandte Körperhaltung, Blickkontakt und parasprachliche Elemente wie „Hmm" oder „Aha". Aktives Zuhören hat viele Vorteile: Es fördert die vertrauensvolle Beziehung und das Gefühl der Verbundenheit wächst. Hilfreiche Techniken beim aktiven Zuhören sind das Paraphrasieren und der Einsatz gezielter Fragen.

4

6

11

Paraphrasieren

Gehört bedeutet nicht immer verstanden: Paraphrasieren bedeutet, dass das Gehörte nochmal in eigenen Worten wiedergegeben wird und nachfragt wird, ob es richtig verstanden wurde. So können Missverständnisse umgehend ausgeräumt werden.

FÜR DIE PRAXIS

Folgende Formulierungen helfen beim Paraphrasieren:

- Ihnen ist wichtig, dass ...
- Sie glauben also, dass ...
- Verstehe ich Sie richtig, dass ...
- Wenn ich Sie richtig verstanden habe, dann …

Paraphrasieren

Fragen stellen

Die fragende Person hat das Gegenüber und dessen Befinden immer im Blick, denn zu viele oder unangemessene Fragen rufen Unmut hervor. Es ist zu vermeiden mehrere Fragen gleichzeitig zu stellen oder die Fragen durch zu lange Ausführungen anzureichern. Fragen können auch etwas Aufdringliches haben, weshalb die Art der Fragestellung wichtig ist.

Offene Fragen basieren auf Fragewörtern (wie, wer, was, etc.) und ermöglichen ausführliche Antworten. Sie sind ideal, um Gespräche zu beginnen. **Geschlossene Fragen** erlauben meist nur „Ja" oder „Nein" als Antwort und bieten wenig Freiraum. Sie sind zur schnellen Einholung von Informationen nützlich. Bei emotionalen Gesprächen sind sie jedoch unpassend, da sie Druck erzeugen können. **Alternativfragen**, die mindestens zwei Optionen vorschlagen, sind hilfreich, wenn Entscheidungen getroffen werden müssen und es klar ist, dass keine weiteren Optionen bestehen. Sie können auch bei der Entscheidungshilfe nützlich sein. **Suggestivfragen** hingegen enthalten bereits die erwartete Antwort.

Offene Fragen	
• Wann soll ich das Baby füttern und wickeln? • Wer unterstützt Sie im Alltag? • Wie kann ich Ihnen helfen?	• W-Fragen sind oft offene Fragen • erlauben ausführliche Antwort • laden zum Gespräch ein
Geschlossene Fragen	
• Finden Sie diese Lösung gut? • Haben Sie heute Lust etwas zu unternehmen? • Schmeckt Ihnen das Essen?	• oft nur „ja" oder „nein" als Antwort • lassen weniger Spielraum • gut wenn gezielte Antwort erforderlich
Alternativfragen	
• Möchten Sie Kaffee oder Tee? • Möchten Sie zuerst die Wäsche waschen oder die Blumen gießen?	• schränkt andere Möglichkeiten aus • kann bei der Entscheidungsfindung helfen
Suggestivfragen	
• Sie wollen doch nicht jetzt schon frühstücken? • Meinen Sie nicht, dass Sie besser mit ihm sprechen sollten als über ihn zu sprechen?	• beeinflussend, sollten vermieden werden • enthalten indirekt erwartete Antwort • haben bedrängenden Charakter

Fragetechniken

Spiegeln

Es ist ein allgemeines Phänomen: Wenn ein Baby gefüttert wird, öffnen viele unwillkürlich den eigenen Mund. Gähnt jemand im Raum, könnte auch eine andere Person bald gähnen. Das spiegelt eine natürliche und oft unbewusste Reaktion wider: Menschen „**spiegeln**" intuitiv die Sprache, Stimme, Mimik, Gestik, Körperhaltung und Blicke anderer. Bei der Wahrnehmung von Emotionen entsteht oft die gleiche Gefühlsregung bei den Betrachtenden. Ist eine Person traurig, passt sich die eigene Gefühlslage oft an. Dieses Spiegeln zeigt Mitgefühl und echtes Interesse. Spiegelung kann auch verbal erfolgen, indem der Zuhörende zum Ausdruck bringt, was er im Gespräch verstanden hat. Starke Gefühle wie Zorn oder Wut können so erleichtert werden, indem der anderen Person signalisiert wird, dass der Ärger verstanden wurde.

BEISPIEL: „Da kann ich aber verstehen, dass Sie sich ärgern!".

Ich-Botschaften

Das Senden von Ich-Botschaften bedeutet, über eigene Gefühle, Stimmungen und Wünsche zu sprechen. Sie verdeutlichen die Position des Sprechenden. Dadurch helfen sie, Konflikte zu klären oder zu verhindern. Selbst wenn keine Konflikte bestehen, ist es wichtig, klare Ich-Botschaften zu senden und eigene Gefühle zu teilen. Im Gegensatz dazu führen Du-Botschaften können oft zu Urteilen über das Verhalten anderer. Sie können wie Verhaltensanweisungen oder Vorwürfe wirken und Konflikte verursachen. Du-Botschaften sogar abwertend oder verurteilend wirken.

Frau Steinmeier ist mit der Dienstplanung ihrer Kollegin unzufrieden.

„Du bist einfach rücksichtslos! Ich ziehe immer den Kürzeren!"	„Ich bin enttäuscht, dass du mich wieder am Sonntag eingeteilt hast"

Sie betreuen einen Jugendlichen, der sich oft über das Essen beschwert.

„Du bist nie zufrieden, deine Wünsche kann keiner erfüllen."	„Ich gebe mir Mühe, deine Wünsche zu erfüllen."

Sie betreuen ein Kleinkind, dessen Mutter sie immer korrigiert.

„Ihnen ist auch gar nichts recht, egal wie ich es mache!"	„Ich sehe, dass Sie mit dem Ergebnis nicht zufrieden sind. Können sie mir genau erklären, wie sie es gerne hätten?"

Ihre Arbeitskollegin arbeitet langsam, und schaut ständig auf das Handy.

„Das Handy darf man während der Arbeit nicht benutzen, du solltest doch die Fenster putzen!"	„Ich denke, du solltest während der Arbeit das Handy weglegen sonst kommst du mit der Zeit nicht hin."

Das Senden von Ich-Botschaften

4.2.3 Umgangs- und Verhaltensformen (im Berufsalltag)

Umgangs- und Verhaltensformen beschreiben die Interaktion und das Verhalten gegenüber anderen Menschen im (beruflichen) Alltag. Hier sind angemessenes Verhalten und gute Kommunikation wichtig. Beispiele für positiv bewertete Verhaltensformen umfassen Höflichkeit, Pünktlichkeit, Aufmerksamkeit, Zuverlässigkeit und angemessenes Benehmen beim Essen. Diese Verhaltensweisen sind kulturell geprägt und können in anderen Ländern anders bewertet werden. Zudem ändern sich Umgangsformen über die Zeit. Während Zuverlässigkeit und Pünktlichkeit immer geschätzt werden, hat das Händeschütteln zur Begrüßung an Bedeutung verloren. Die strenge Sitzordnung bei Tischgesellschaften ist mittlerweile häufig lockerer und weniger formal. Das Essen mit den Händen, einst als unhöflich betrachtet, ist nun bei bestimmten Speisen wie Pizza und Sandwiches weitgehend akzeptiert.

Kontaktaufnahme und Verabschiedung

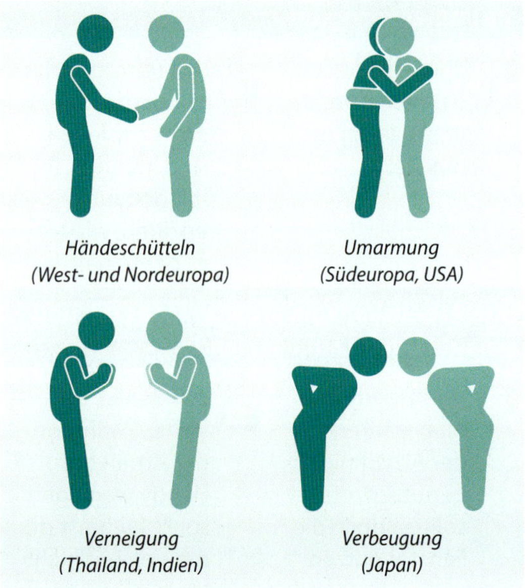

Gängige Begrüßungsformen

Im Berufsleben treffen Menschen gewöhnlich in einem Bereich persönlicher oder gesellschaftlicher Distanz aufeinander. Berührungen wie eine Umarmung unter Freunden sind hier nicht angemessen. Stattdessen war es bis zur Zeit von Corona üblich, in unserer Kultur die Hand zur Begrüßung zu reichen (vgl. Abb.). Mit **Blickkontakt** und einem **freundlichen Lächeln** wird nonverbal signalisiert, dass die andere Person willkommen ist.

Wichtig ist, das Verhalten der anderen Person zu beobachten und zu sehen, ob sie einen **Handschlag** zur Begrüßung anbietet.

> Bei der verbalen Begrüßung grüßt zuerst die Person, die den Raum betritt.

In der **Anrede** werden in unserer Kultur Erwachsene normalerweise gesiezt. Das schafft eine angemessene Distanz und zeigt Respekt und Wertschätzung. Das „Du" wird verwendet, wenn es vom Gegenüber angeboten wird. Mitarbeitende entscheiden dies für sich selbst. Die zu versorgenden und zu betreuenden Menschen werden dagegen mit „Sie" und dem Nachnamen angesprochen. Beim **Abschied** gelten dieselben Regeln: Blickkontakt herstellen, lächeln und sich verabschieden. Es ist gängig, sich zu bedanken und dem Gegenüber einen schönen Tag zu wünschen.

In neuerer Zeit gewinnt das „Du" in der Anrede auch im Berufsleben mehr an Bedeutung.

Gesprächsführung und Small Talk

Es gibt einen Unterschied zwischen Alltagsgesprächen und Gesprächen im beruflichen Zusammenhang. Auch der Anlass und die Art des Gesprächs können variieren. Eine hauswirtschaftliche Fachkraft muss in der Lage sein, Beziehungen zu knüpfen und aufrechtzuerhalten, Konflikte zu lösen (s. S. 258). Sie sollte in der Lage sein, die zu versorgenden und zu betreuenden Menschen und die Mitarbeitenden bei Bedarf zu informieren, zu beraten, anzuleiten, zu motivieren oder zu trösten.

BEISPIELE:

- ***Absprachen treffen*** *(Uhrzeiten der Mahlzeiten, Dienstplan)*
- ***Menschen beraten*** *(barrierefreie Wohnung gestalten)*
- ***Menschen anleiten*** *(Ernährungserziehung beim Kind)*
- ***Menschen motivieren*** *(eine Senioren- oder Jugendgruppe zum Spiel animieren)*

In diesen Gesprächen achten alle Beteiligten auf die Einhaltung der Kommunikationsregeln und einen respektvollen Umgang. Befehle, Warnungen, Drohungen, Vorwürfe oder Bewertungen finden keinen Platz.

Eine sachliche Gesprächsführung und der respektvolle Umgang im Miteinander bilden die Basis für eine vertrauensvolle Zusammenarbeit und eine gute Atmosphäre.

Als Gesprächseinstieg eignen sich leichte und alltägliche Themen wie das Wetter oder Hobbys. Diese Art von Unterhaltung wird auch Small Talk („kleines Gespräch) genannt. Es hilft dabei, Vertrauen aufzubauen und Spannungen abzubauen. Schwierige Themen bleiben bewusst unerwähnt. Small talk kann die Grundlage für weitere Gespräche bilden.

Wahrung der Privatsphäre

Die Privatsphäre eines Menschen umfasst den häuslichen und familiären Kreis oder andere der Öffentlichkeit nicht zugängliche Bereiche. Hauswirtschaftliche Fachkräfte arbeiten in diesem privaten Bereich und beachten besondere Verhaltensformen.

Bevor ein Raum betreten wird, **ist deutlich anzuklopfen**. Erst auf ein Signal, dass das Hereinkommen gestattet, ist die Tür zu öffnen. Sollte es sich um einen Menschen handeln, der kein Signal geben kann, wird in der Regel drei bis vier Sekunden gewartet, bevor das Zimmer betreten wird. In Tagungshäusern oder Hotels ist es üblich, dass die Gäste entsprechende Schilder an den Türknauf hängen, die signalisieren, ob das Hereinkommen erwünscht ist.

Die Unterstützung bei der Körperpflege oder der Mobilisation einer pflegebedürftigen Person (s. S. 421) erfordert eine **Berührung** des Menschen, die zuvor klar und deutlich kommuniziert wird. Zudem wird die Person vor den Blicken anderer geschützt: Alle Türen und Fenster werden geschlossen. Die Vorhänge werden zugezogen. Grundvoraussetzung für den Aufbau von Vertrauen ist der **verantwortungsvolle Umgang mit persönlichen Informationen,** z. B. dem Gesundheitszustand oder der persönlichen Situation der betreuten Person. Die Privat- und Intimsphäre muss stets gewahrt bleiben.

Umgang mit dem Mobiltelefon (während der Arbeitszeiten)

Handy benutzen in Anwesenheit anderer ist unhöflich.

Private Handynutzung einschränken

In einigen Betrieben gibt es firmeninterne Richtlinien, die die private Benutzung des Mobiltelefons während der Arbeitszeit beschränken oder verbieten. Ohne solche Regelungen liegt die Entscheidung, wie auf eine Nachricht oder einen Anruf reagiert wird, im Ermessen des Einzelnen. Die richtige Nutzung des Handys hängt in erster Linie von der Gegenwart anderer Menschen, der Lautstärke, dem Grund und der Dauer des Anrufs oder des Nachrichtenschreibens ab. Hier sind einige Verhaltensrichtlinien für den Umgang mit dem Handy:

- **Lautstärke anpassen und Handy beiseite legen**: Sind andere Personen anwesend, ist es grundsätzlich angebracht das Mobiltelefon auf lautlos zu stellen und beiseitezulegen. Nur wenn ein wichtiger Anruf erwartet wird, kann eine Ausnahme gemacht werden.
- **Wichtige Anrufe ankündigen:** Falls während der Arbeitszeit ein wichtiger Anruf oder eine wichtige Nachricht erwartet wird, ist es ratsam, die anwesenden Personen darüber zu informieren. Diese zeigen dann Verständnis, wenn das Telefonat außerhalb des Raums angenommen wird.
- **Menschen haben Vorrang:** Die Tendenz, dem Mobiltelefon mehr Aufmerksamkeit zu schenken als den anwesenden Personen, kann bei ihnen das Gefühl erwecken, dass sie weniger wichtig sind. Das kann als mangelnde Wertschätzung oder Respektlosigkeit interpretiert werden. Wenn jemand spricht, zeigt der Blick auf das Handy fehlende Aufmerksamkeit. Die Person hört nicht aktiv zu (s. S. 179).

AUFGABEN

5. Analysieren Sie die Du-Botschaften und formulieren Sie klare und verständliche Ich-Botschaften.
   a) Eine Kollegin sagt zu einem Kollegen: „Du hast gestern schon wieder vergessen, die Mülleimer zu entleeren.
   Heute Morgen habe ich wegen dir Ärger bekommen. Man kann sich nicht auf dich verlassen!"
   b) Natalie Lehmberger sagt zur Auszubildenden Layla: „Sie haben Noah nicht richtig gewickelt! Die Windel ist ausgelaufen und hat die neue Matratze beschmutzt. Sie müssen bei der Arbeit besser aufpassen!"

6. Das mobile Pflege- und Hauswirtschaftsunternehmen „Hilfe auf Rädern" stellt ein Diensthandy zur Verfügung. Gestalten Sie eine übersichtliche Checkliste für den Umgang mit privaten und Diensthandys, die Sie den neuen Auszubildenden aushändigen können.

4.3 Wahrnehmung und Beobachtung

Wahrnehmung ist subjektiv, denn das Gehirn formt seine eigene Realität. Bei der Betreuung von Menschen ist dieses Bewusstsein unerlässlich. Informationen über andere sammeln, Verhalten beobachten, Beurteilen und Dokumentieren sind wichtige Fähigkeiten in Betreuungsleistungen. Dabei erfordert das ein ständiges Nachdenken über den subjektiven Charakter der Wahrnehmung. Der erste Eindruck kann irreführend und die Interpretation einer Beobachtung kann fehlerhaft sein.

> ***Subjektivität*** *oder* ***subjektiv*** *bedeutet, dass die Wahrnehmung von persönlichen Erfahrungen und Gefühlen geprägt ist. Jeder Mensch hat seine eigene Perspektive und seine eigenen Interpretationen von dem, was um ihn herum geschieht.*
> ***Objektivität*** *oder* ***objektiv*** *bedeutet, dass etwas unabhängig von persönlichen Meinungen als Fakt betrachtet wird, der durch Beweise belegt ist.*

4.3.1 Wahrnehmung

Selektivität und Subjektivität

> ***Selektivität*** *(Auswahl) bedeutet, dass das Gehirn nur ausgewählte Informationen aufnimmt und verarbeitet. Nicht alles, was die Sinne erfassen, wird gespeichert. Das Gehirn wählt aus, was es für wichtig hält und ignoriert den Rest.*

Wahrnehmung bezeichnet die Verarbeitung von Sinneseindrücken: Riechen, Sehen, Hören, Schmecken und Fühlen. Dieser Prozess durchläuft die Phasen Aufnahme, Auswahl (Selektivität), Verarbeitung und Interpretation. Auch Rezeptoren in Muskeln, Gelenken und inneren Organen empfangen Reize und senden sie an das Gehirn. Rund 90 % aller Informationen erreichen das Gehirn über das Auge oder über das Ohr.

Das Gehirn sortiert und filtert wichtige einströmenden Reize heraus. Unwichtige blendet es aus, da die Aufnahmekapazität des Gehirns begrenzt ist. Nur ein kleiner Teil dessen, was ständig auf uns einströmt, wird tatsächlich bewusst wahrgenommen. Die Auswahl unterscheidet sich von Person zu Person: Es ist kein objektives Abbild der Realität.

Wahrnehmung ist das, was jeder Einzelne als „wahr" akzeptiert.

Viele haben Schwierigkeiten, das zu glauben, da sie ihre Wahrnehmung mit der Realität selbst gleichsetzen. Folgende Beispiele verdeutlichen die **Subjektivität der Wahrnehmung**:

BEISPIEL A): Die Auszubildende Layla arbeitet als Hauswirtschafterin bei den Lehmbergers und betreut regelmäßig Noah und Lilly. Bei einem Spaziergang mit ihrer Freundin nach Feierabend im Park wird sie auf ein schreiendes Kind aufmerksam. Ihre Freundin reagiert verwundert, denn sie hat nichts gehört. Layla reagiert aufgrund ihrer Arbeit sensibler auf hohe Kindertöne. Sie ist es gewohnt, im beruflichen Alltag auf die Kinder aufzupassen, während sie andere Tätigkeiten erledigt. Die individuelle Lebensgeschichte und frühere Erfahrungen beeinflussen unsere Wahrnehmung stark.

BEISPIEL B): Im Seniorenstift „Gutleben" ist heute Tag der offenen Tür. Viele nutzen die Gelegenheit, um die Einrichtung kennenzulernen. Das Hauswirtschaftsteam kümmert sich an diesem Tag um das Wohlergehen der Gäste. Dabei sind sie über die verschiedenen Eindrücke der Gäste erstaunt: man könnte fast meinen, dass sie verschiedene Einrichtungen besucht hätten. Während einige begeistert vom wunderschönen Gebäude und den gut ausgestatteten Gruppenräumen schwärmten, fanden andere das Personal und das Essen besonders ansprechend. Je nach eigenen Interessen nimmt jeder Mensch in erster Linie die Dinge in seinem Umfeld wahr, die ihn persönlich interessieren. Wer zum Beispiel viel Wert auf gutes Essen legt, wird verstärkt darauf achten.

Beeinflussung der Wahrnehmung

Die Verarbeitung von Sinneseindrücken im Gehirn umfasst verschiedene Vorgänge, die die Wahrnehmung beeinflussen. Das hat direkte Auswirkungen auf die Interpretation des Wahrgenommenen und die daraus resultierende Reaktion. Ein wesentlicher Einflussfaktor auf die Wahrnehmung ist der **emotionale Zustand**.

> Gefühle wie Wut, Depression, Freude und Sorgen prägen die Wahrnehmung stark. Aber auch Stress und Zeitmangel führen dazu, dass die Person die Umgebung anders wahrnimmt.

Eine hauswirtschaftliche Fachkraft kann gut ausgeruht und fröhlich oder müde und gereizt sein. Abhängig davon wird sie Menschen oder Situationen bei der Arbeit unterschiedlich wahrnehmen und darauf reagieren. Bei guter Laune werden Lösungen oftmals schneller gefunden. Zu den weiteren Einflussfaktoren gehören unter anderem:

Die Welt aus Sicht der Kinder

Alter: Kinder nehmen die Welt anders wahr als Erwachsene (vgl. Abb.). Bis etwa elf Jahren sehen Kinder die Welt in ihrem eigenen Licht. Sie nehmen die Eltern zum Beispiel als unfehlbar und allwissend wahr.

Bedürfnisse: Die Aufmerksamkeit wird auf das entsprechende Bedürfnis gelenkt. Je stärker das Bedürfnis ist, desto mehr rücken andere Wahrnehmungen in den Hintergrund.

Interessen: Interessen und Vorlieben greifen in die Wahrnehmung lenkend ein. Was nicht interessiert erhält nur wenig Aufmerksamkeit.

Biografie und Lebenserfahrung: Die eigene Wahrnehmung und deren Interpretation beruht auf Erfahrungen aus der Vergangenheit. Kommen neue Erfahrungen hinzu, ändert sich die Wahrnehmung.

Einstellungen und Vorurteile: Bei Vorurteilen besteht die Tendenz, gezielt nach Hinweisen zu suchen, die diese bestätigen. Wenn Informationen auftauchen, die dem Vorurteil widersprechen, werden sie oft schnell als Ausnahme abgetan.

Gewöhnung: Bei wiederholter Wahrnehmung eines Reizes stumpfen die Sinne ab. Solche Reize werden weniger oder sogar überhaupt nicht mehr wahrgenommen.

BEISPIELE:
- *das Gefühl der Kleidung auf der Haut, das nach einer Weile nicht mehr gespürt wird*
- *der Duft von Parfüm, der mit der Zeit nicht mehr wahrgenommen wird*
- *beunruhigende Nachrichten, an die sich das Gehirn gewöhnt und ihnen nach einiger Zeit weniger Aufmerksamkeit schenkt*

Auffälligkeit: Objekte, Menschen oder Situationen, die besonders auffällig sind, ziehen die Aufmerksamkeit auf sich. Ein rotes Licht inmitten von grünen Lichtern, eine unerwartete Nachricht oder eine unpassend gekleidete Person „springen ins Auge".

Wahrnehmungstäuschungen und -störungen

Als **Wahrnehmungstäuschungen** werden Wahrnehmungen bezeichnet, die von der real vorhandenen Wirklichkeit abweichen. Die wahrnehmende Person empfindet diese jedoch als real.

Eine Wahrnehmungstäuschung kann in allen Sinnesbereichen erfolgen:

- Wahrnehmung der Zeit (zum Beispiel: die Zeit scheint manchmal nicht zu vergehen)
- Wahrnehmung der Bewegung

BEISPIEL: der eigene stehende Zug scheint sich zu bewegen, obwohl sich der Zug auf dem Nachbar-Gleis bewegt

- Wahrnehmung der Temperatur

BEISPIEL: *im Winter scheinen die kalten Finger zu brennen*

- optische Wahrnehmung

BEISPIELE:
Im Gehirn kommt es zu einer visuellen Falschverarbeitung und die Kreise scheinen sich zu drehen.

Die „Dancing Dots“ scheinen zu tanzen. Wenn man sich auf einen konzentriert, sieht man, dass es weiß ist.

Eine **Wahrnehmungsstörung** liegt vor, wenn die Aufnahme oder die Verarbeitung der Sinneseindrücke im Gehirn nicht richtig vonstatten geht. Die Gründe können vielfältig sein: Sie können unter anderem auf organische Leiden zurückgeführt werden (zum Beispiel Blindheit oder Fehlsichtigkeit im höheren Alter). Sie können auch aufgrund bestimmter Erkrankungen vorhanden sein, welche die Wahrnehmung beeinflussen (zum Beispiel Schizophrenie) oder durch die Einnahme von Drogen oder Alkohol entstehen. Bemerkenswert ist der Umstand, dass das Gehirn in der Lage ist, bestimmte Sinne zu entfalten, wenn andere betroffen sind. Hirnzellen im Sehzentrum von blinden Menschen verkümmern nicht, sondern verarbeiten Höreindrücke. Das menschliche Gehirn gleicht das fehlende Sehvermögen durch seine enorme Anpassungsfähigkeit wieder aus. Dies führt dazu, dass blinde Menschen deutlich besser hören als sehende Menschen.

Wahrnehmungs- und Beurteilungsfehler

1. Primär-Effekt: Wenige Informationen wie Erscheinungsbild, Körperbau oder Mimik genügen, um ein Bild von einer unbekannten Person zu formen. Das erste Urteil prägt den weiteren Beziehungsverlauf und das Verhalten gegenüber der Person.

Der erste Eindruck hinterlässt bleibende Spuren

2. Selbsterfüllende Prophezeiung: Einmal gefällte Urteile suchen nach Bestätigung und blenden widersprechende Fakten aus. Wer zum Beispiel glaubt, nicht respektiert zu werden, stößt im Alltag auf viele scheinbar bestätigende Situationen. Er übersieht die Momente, in denen Respekt gezeigt wird.

3. Halo-Effekt (Heiligenschein-Effekt): Ein anfangs überwiegend positives Bild einer Person oder Sache passt sich nur langsam oder gar nicht der Realität an. Durch die kognitive Verzerrung lässt eine hervorstechende Eigenschaft negative Aspekte verblassen.

4. Ähnlichkeits-Effekt: Wer beurteilt, nutzt meist sich selbst als Maßstab. Eine unbewusste Sympathie entsteht bei Begegnungen mit ähnlichen Personen (z. B. gleiche Hobbies, ähnliche Stärken usw.), was zu einer positiveren Beurteilung führt.

5. Kontrast-Effekt: Das Urteil wird stark verändert, wenn im Gegenüber Gegensätze zu einem selbst wahrgenommen werden. Dadurch wird die Person entweder aufgewertet oder abgewertet und die Objektivität geht verloren.

6. Logischer Fehler: Oft wird von einem Wenn-Dann-Schema ausgegangen, das eine Eigenschaft automatisch mit einer anderen verbindet. Dieses Denken führt zu Vorurteilen, wie „Ein starker Junge ist auch sportlich“ oder „Ein fauler Mensch ist oft auch dick und träge“.

Hauswirtschaftliche Fachkräfte dürfen Menschen nicht vorschnell bewerten. Dafür ist es notwendig, dass die eigene Wahrnehmung überprüft, reflektiert und bei Bedarf korrigiert wird. Es kann helfen, die Perspektive des Gegenübers einzunehmen.

Selbst- und Fremdwahrnehmung

Der Mensch, der man ist, und der Mensch, als der man wahrgenommen wird, können voneinander abweichen. Selbstbild und Fremdbild stimmen niemals vollständig überein, auch wenn das den meisten nicht bewusst ist. Dieser Unterschied kann zu Reibungen, Konflikten oder Missverständnissen im privaten oder beruflichen Umfeld führen.

Selbstwahrnehmung: *beschreibt die Wahrnehmung der eigenen Person.*
Fremdwahrnehmung: *beschreibt die Wahrnehmung einer Person durch Andere.*

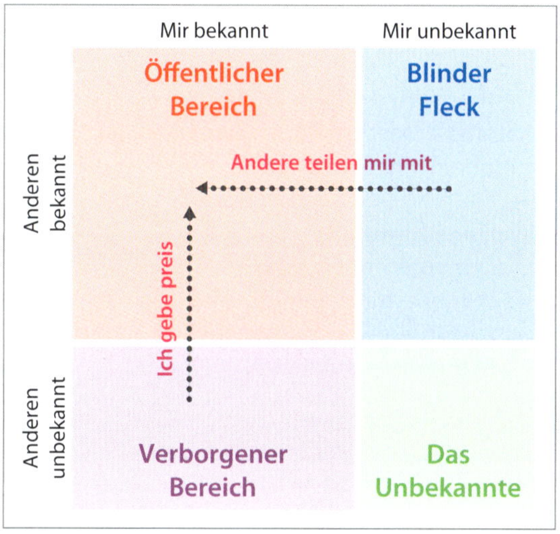

Das Johari-Fenster

Joseph Luft und Harry Ingham entwickelten 1955 als Modell ein Fenster bewusster und unbewusster Persönlichkeits- und Verhaltensmerkmale zwischen einem Selbst und anderen oder einer Gruppe.

Es kann helfen, sich der Unterschiede zwischen der Selbst- und Fremdwahrnehmung bewusst zu werden (vgl. Abb.). Das Johari-Fenster unterscheidet vier Bereiche. Der öffentliche Bereich umfasst alle Informationen, die sowohl dem Einzelnen bewusst als auch den anderen Personen bekannt sind. Der verborgene (geheime) Bereich hingegen enthält alle Informationen, die nur einem selbst bekannt sind. Der unbekannte Bereich kann zum Beispiel verborgene Talente oder unbewusste Erinnerungen umfassen, die weder einem selbst noch einer anderen Person bekannt sind. Der blinde Fleck ist besonders spannend: Hierbei handelt es sich um alles, was andere an einem Individuum wahrnehmen, was der Person selbst aber nicht bewusst ist. Diese Wahrnehmungen tragen zum Fremdbild bei und sind ein entscheidender Grund dafür, weshalb es oftmals nicht mit dem Selbstbild übereinstimmt.

Die Zusammenarbeit oder das Zusammenleben von Menschen gelingt meist umso besser, je mehr sie übereinander wissen. Das bedeutet, dass der öffentliche Bereich (Informationen sind allen Beteiligten bekannt) im Vergleich zu den anderen Bereichen größer sein muss. Dabei sind zwei Punkte zu beachten: Erstens reduziert sich der geheime Bereich, wenn relevante Informationen mit anderen geteilt werden. Dies ermöglicht es den umgebenden Personen, Rücksicht zu nehmen und entsprechend zu reagieren. Zweitens sollte stets Bereitschaft bestehen, wertschätzendes Feedback von anderen anzunehmen (s. S. 533).

Erhält jemand ein Feedback, das nicht mit dem eigenen Selbstbild übereinstimmt, sollte dieses Selbstbild überprüft werden.

BEISPIELE für blinde Flecken:

- *Zwischenmenschliche Fähigkeiten: Eine hauswirtschaftliche Fachkraft könnte glauben, sie sei sehr gut darin, mit anderen in einem Haushalt oder in einem Team zu kommunizieren und zu arbeiten. Andere könnten jedoch beobachten, dass die Person sehr dominant ist und nicht genug Raum für andere Meinungen und Ideen lässt, was die Zusammenarbeit behindern könnte. Das wäre ein möglicher blinder Fleck.*
- *Organisation und Planung: Eine hauswirtschaftliche Fachkraft könnte denken, sie organisiert ihre Aufgaben und Zeit sehr effizient. Andere könnten jedoch feststellen, dass sie regelmäßig Dinge vergisst, oder dass ihre „Effizienz" tatsächlich dazu führt, dass sie wichtige Details übergeht oder bestimmte Aufgaben vernachlässigt. Auch das wäre ein potentieller blinder Fleck.*

4.3.2 Beobachtung

Beobachten ist eine berufliche Handlung im Bereich der Betreuungsarbeit. Betreuungspersonen haben oftmals eine besondere Nähe und Einblick in das Alltagsleben von Menschen. Sie sind durch gezielte Beobachtungen in der Lage, Bedürfnisse und Unterstützungsbedarfe zu erkennen, Risiken zu vermeiden und Gefahren abzuwenden. In der Regel werden die aus den fachlichen Beobachtungen gewonnenen Informationen an andere Fachkräfte (z. B. ärztliches Personal, Pflegefachkraft usw.) weitergeleitet, die dann entsprechende Maßnahmen ergreifen können.

Beobachtungskompetenz

Alltagsbeobachtung und fachliche Beobachtung

Eine Beobachtung ist im Gegensatz zur Wahrnehmung ein bewusster und zielgerichteter Vorgang, bei dem die Aufmerksamkeit auf bestimmte Aspekte gerichtet wird.

BEISPIEL: ***Felix sitzt im Zug auf dem Weg zur Arbeit. Als der Zug am Bahnhof anhält, hört er einen lauten Knall. Er schaut nach links, und sieht, dass nebenan ein rotes Auto gegen ein parkendes Auto gefahren ist. Er beobachtet, wie der Mann aussteigt, den Schaden begutachtet und zum Telefon greift.***

Im ersten Teil des Beispiels wird die Wahrnehmung von Felix beschrieben: Er vernimmt ein lautes Geräusch. Das geschieht unbewusst und ohne Absicht. Beim zweiten Teil handelt es sich jedoch um eine Beobachtung: Felix blickt bewusst und mit Absicht in die Richtung des Autounfalls und beobachtet das Verhalten des Mannes. Dies ist eine Alltagsbeobachtung, bei der Felix zwar bewusst und mit Absicht etwas beobachtet, aber es geschieht zufällig und verfolgt kein bestimmtes Ziel.

*Eine **Alltagsbeobachtung** entsteht, wenn die zunächst unbeabsichtigte und ungeplante Wahrnehmung in untersuchendes Betrachten übergeht.*

Die Situation wird als Ganzes betrachtet und verfolgt oftmals kein bestimmtes Ziel. Sie wird deshalb auch unsystematische Beobachtung genannt.

*Bei der **fachlichen Beobachtung** handelt es sich um eine geplante Beobachtung. Sie verfolgt ein bestimmtes, vorher definiertes Ziel.*

In der Regel geht der fachlichen Beobachtung eine Alltagsbeobachtung voraus: Vorher wurde etwas Auffälliges beobachtet, was dazu führt, dass eine fachliche Beobachtung durchgeführt wird. Damit soll herausgefunden werden, ob es sich dabei um etwas handelt, das weiterer Maßnahmen bedarf.

Eine fachliche Beobachtung ist eine systematische und planmäßige Form der Wahrnehmung mit dem Ziel, neue Erkenntnisse zu gewinnen und Entscheidungen zu treffen. Es wird nur ein spezieller Bereich beobachtet, da die menschliche Aufnahmekapazität beschränkt ist. Dabei verläuft sie immer in vier Schritten:

1) **Planung und Vorbereitung,**
2) **Durchführung,**
3) **Dokumentation und**
4) **Weiterleitung der Informationen an zuständige Fachkräfte, die bei Bedarf Maßnahmen einleiten.**

Folgende Gegenüberstellung verdeutlicht die Unterschiede zwischen der Alltagsbeobachtung (unsystematische Beobachtung) und der fachlichen Beobachtung (systematische Beobachtung):

Alltagsbeobachtung	Fachliche Beobachtung
Ist zufällig und unsystematisch	Ist geplant und systematisch
Ist ungenau, Situation wird als Ganzes betrachtet	Ist genau, nur einen Teilbereich wird beobachtet
Subjektiv: Ist von der Stimmung der beobachtenden Person abhängig	Objektiv: Kriterien liegen vor, Wahrnehmungsfehler werden verringert
Wird nicht dokumentiert	Wird schriftlich festgehalten
Ist nicht überprüfbar	Ist überprüfbar
Ergebnis: zufällig und ungenau	Ergebnis: schriftlich belegt und sachlich begründet

Alltagsbeobachtung und fachliche Beobachtung

Beobachtungen in der hauswirtschaftlichen Arbeit

Im Rahmen der hauswirtschaftlichen Betreuungsarbeit haben die Alltagsbeobachtungen eine übergeordnete Rolle. Mögliche Fragestellungen zu den einzelnen Faktoren:

- **Wohnverhältnisse**: Wie lebt der Mensch? Ist die Wohnung ordentlich und sauber?
- **Erscheinungsbild**: Ist der Mensch gepflegt und trägt saubere Kleidung?
- **Soziale Beziehungen**: Lebt der Mensch zurückgezogen oder beteiligt er sich am sozialen Leben?
- **Beweglichkeit**: Kann sich der Mensch uneingeschränkt bewegen oder liegen Einschränkungen vor?
- **Verhalten**: Gibt es Verhaltensauffälligkeiten? (z.B. Aggressivität, Apathie, Vergesslichkeit)

Finden die Beobachtungen über einen längeren Zeitraum statt, können Veränderungen zwischen dem Vergangenen und dem Gegenwärtigen erfasst werden. Die schriftliche Dokumentation dieser Beobachtungen macht sie zu Alltagsbeobachtungen. Sie sind wichtig, um den Menschen als Ganzes wahrnehmen zu können und sollten nicht fehlen. Seinen Bedürfnissen entsprechend kann die Person daraufhin angemessen betreut werden.

Zusätzliche Informationen können durch Angehörige, andere Mitarbeitende oder die betreffende Person selbst erlangt werden. Mit Kenntnis der Lebensgeschichte (Biografie) der betreffenden Person (s. S. 402 f.) gelingt eine bessere Einfühlung in ihre Bedürfnisse. Dies wird besonders relevant bei Personen, die sich nicht oder nicht mehr verbal äußern können oder eine andere Sprache sprechen.

Ein typischer Anwendungsbereich für fachliche Beobachtungen ist der pflegerische Bereich. Hierbei steht die Beurteilung im Fokus, ob die zu betreuende Person einen gesunden Eindruck macht oder ob Auffälligkeiten vorliegen, die weiterer Klärung bedürfen. Eine fachliche Beobachtung ist notwendig. Denn es handelt sich um einen sensiblen Bereich, der im Extremfall über Leben und Tod entscheidet.

Hauswirtschaftliche Fachkräfte sind in Ausnahmefällen mit solchen lebensbedrohlichen Situationen konfrontiert, da sie eng mit weiteren Berufsgruppen zusammenarbeiten (z.B. Pflegefachkräfte oder weiteres medizinisches Personal), die dafür speziell geschult sind und die Beobachtung übernehmen. In Bereichen wie der häuslichen Betreuung und Krankenpflege, wo diese enge Zusammenarbeit nicht immer gegeben ist, ist ein wachsames Auge von großer Bedeutung, um bei Bedarf rechtzeitig medizinisches Personal mit einzuziehen.

Folgende Teilbereiche könnten dabei Teil einer fachlichen Beobachtung sein (s. S. 423):

- **Ess- und Trinkverhalten**: Isst und trinkt der Mensch genug?
- **Blutzuckerspiegel**: Sind die gemessenen Werte im Normbereich?
- **Blutkreislauf**: Zeigen Puls und Blutdruck Normalwerte auf?
- **Körpertemperatur**: Wie entwickelt sich das Fieber im Krankheitsfall?
- **Haut**: Ist die Haut verfärbt? Gibt es Wunden oder Ekzeme? Wenn ja, wie verläuft der Heilungsprozess?

Die fachliche Beobachtung hat im beruflichen Alltag eine große Bedeutung.

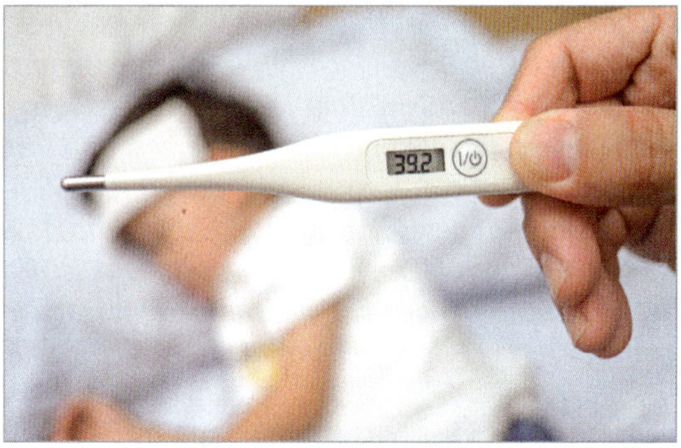

Fieber muss bei Kindern kritisch beobachtet werden

BEISPIEL A): *Layla arbeitet als Hauswirtschafterin bei den Lehmbergers. Ihr fällt das stark gerötete Gesicht von Lilly auf, die gerade draußen mit ihrem Bruder Noah spielt. Sie fragt sich, woher die rote Gesichtshaut kommt: Ist es Aufregung, Sonnenbrand oder Fieber? Ihre Haut fühlt sich warm und feucht an und sie klagt über Durst. Layla beschließt, die Körpertemperatur zu messen. Die Messung ergibt eine erhöhte Körpertemperatur von 38,6 °C. Sie ist besorgt, weil ihr bewusst ist, dass Fieber bei kleinen Kindern gefährlich sein* *kann. Im Laufe des Tages misst sie nochmal nach und stellt steigendes Fieber fest. Abends wirkt Lilly krank und hat zudem einen Hautausschlag bekommen. Die letzte Messung ergibt eine Körpertemperatur von 39,2 °C. Sie weiß, dass das ein kritischer Wert ist. Ihr ist bekannt, dass sie am nächsten Tag mit Lilly die Kinderärztin aufsuchen muss, sofern das Fieber bis dahin nicht sinkt.*

Ein geringes Durstgefühl kann zu einem Flüssigkeitsmangel führen

BEISPIEL B): Jessica arbeitet als Hauswirtschafterin bei dem mobilen Hauswirtschafts- und Pflegedienst „Hilfe auf Rädern". Frau Melnik hatte eine Hüftoperation und benötigt Hilfe bei den Alltagsverrichtungen. Jessica unterstützt Frau Melnik regelmäßig. Sie hat die Befürchtung, dass Frau Melnik zu wenig trinkt. Die Getränke, die sie für sie vorbereitet, stehen am nächsten Tag fast unberührt auf dem Tisch. Zudem klagt Frau Melnik gelegentlich über Schwindel und Kopfschmerzen und ihre Haut wirkt trocken. Jessica weiß, dass ältere Menschen ein geringeres Durstgefühl haben und dass dies zu Folgeproblemen führen kann. Das ist für Jessica Grund genug, ein Trinkprotokoll anzufertigen, das sie der Pflegefachkraft übergeben möchte.

Hilfsmittel und Beobachtungskriterien

Eine fachliche Beobachtung findet geplant und vorbereitet statt. Die folgenden vier Fragen werden vorher beantwortet:

1. **Wer wird beobachtet?** (z. B. Frau Melnik)
2. **Was wird beobachtet?** (z. B. getrunkene Menge)
3. **Welche Instrumente und Hilfsmittel werden benötigt**? (z. B. Trinkprotokoll, Trinkbecher mit ml-Angabe)
4. **Wie und an wen wird die Dokumentation weitergegeben?** (z. B. an zuständige Pflegefachkraft)

Je nach Beobachtung werden erforderliche **Hilfsmittel** vor der Durchführung besorgt (s. S. 423 f.):

- Messung des Blutzuckerspiegels: zum Beispiel Teststreifen und Blutzuckermessgerät
- Messung des Blutdrucks: zum Beispiel Blutdruckmessgerät
- Messung der Körpertemperatur: zum Beispiel ein Fieberthermometer

Eine vorbereitende Planung zur Dokumentation der Beobachtungen ist wesentlich und kann eine entsprechende Protokollerstellung erfordern. Häufig sind bereits standardisierte Dokumentationsmaterialien verfügbar, die das Eintragen der ermittelten Werte erleichtern. Messskalen bieten zudem die Möglichkeit, gemessene Werte zu vergleichen und eine erste Beurteilung vorzunehmen. Damit lässt sich entscheiden, ob oder wann eine Benachrichtigung des medizinischen Personals erforderlich ist.

Beim Fieberabfall (Körpertemperatur sinkt) fängt der Mensch an zu schwitzen

Die **Beobachtungskriterien** sind davon abhängig, um welche fachliche Beobachtung es sich handelt. Bei Fieber zum Beispiel gibt es folgende Beobachtungskriterien:

- Gemessene Körpertemperatur
- Blässe bzw. Rötung der Haut
- Zittern, Gänsehaut, Schüttelfrost, Schwitzen
- Durstgefühl und verminderte Urinausscheidung

Das bedeutet, dass zusätzlich zur Körpertemperatur und dessen Verlauf im Krankheitsfall auch weitere damit zusammenhängende Aspekte beobachtet werden.

Beobachtungsformen

Beobachtungsformen sind:
- Teilnehmende und nicht-teilnehmende Beobachtung
- Offene und verdeckte Beobachtung

Bei der **teilnehmenden Beobachtung** ist die zu betreuende Person am Geschehen beteiligt. Dies ist bei der nicht-teilnehmenden Beobachtung nicht der Fall. Bei der fachlichen Beobachtung im Rahmen der Krankenpflege handelt es sich um teilnehmende Beobachtungen, denn die hauswirtschaftliche Fachkraft wird aktiv Unterstützung leisten.

***BEISPIEL:** Layla misst das Fieber von Lilly und legt die Hand auf die Stirn, um den Hautzustand zu fühlen.*

Die **nicht-teilnehmende Beobachtung** findet hingegen statt, wenn zum Beispiel ein Kind und das Verhalten beim Spielen beobachtet wird, ohne dass selbst mitgespielt wird.

Bei der **offenen Beobachtung** weiß die Person, dass sie beobachtet wird. Bei der **verdeckten Beobachtung** ist der Person dagegen nicht bekannt, dass sie beobachtet wird. Der Nachteil einer offenen Beobachtung ist, dass es zu unnatürlichem Verhalten führen kann.

***BEISPIEL:** Frau Melnik weiß, dass Jessica die Trinkmenge protokolliert, und trinkt deshalb mehr als üblich.*

Bei der verdeckten Beobachtung gibt es diesen Effekt zwar nicht, dennoch muss sehr vorsichtig vorgegangen werden. Es erfordert viel Fingerspitzengefühl bei dem anschließenden Gespräch. Menschen können sich bevormundet fühlen, wenn sie erfahren, dass sie ohne ihr Einverständnis beobachtet wurden.

***BEISPIEL:** In diesem speziellen Fall von Frau Melnik wird die Pflegefachkraft das Gespräch übernehmen, die bei Bedarf Maßnahmen anordnet.*

Beobachtungsfehler

Beobachtungen und Wahrnehmungen können sowohl durch **physische Faktoren** wie Müdigkeit oder Unwohlsein als auch durch **psychische Faktoren** wie Stress oder Kummer verzerrt werden. Diese Verzerrungen können besonders herausfordernd sein, wenn das Verhalten oder die Stimmung von Menschen eingeschätzt wird. Emotionale Neigungen, wie Sympathie oder Antipathie, können die Urteilsbildung beeinflussen. Deshalb sollte eine professionelle, sachliche und unvoreingenommene Interpretation angestrebt werden.

In diesem Zusammenhang wird davon gesprochen, dass die Beobachtungen sowie deren Beurteilung stets **gültig** und **zuverlässig** sind. Gültigkeit gewährleistet, dass Messungen oder Beobachtungen korrekt durchgeführt werden und glaubwürdige Ergebnisse liefern. Zuverlässigkeit bedeutet, dass wiederholte Messungen oder Beobachtungen (zum Beispiel durch andere Fachkräfte) zu ähnlichen Ergebnissen führen. Darüber hinaus können Beobachtungsfehler durch mangelnde Kenntnisse der Handhabung der Instrumente oder durch technische Probleme wie defekte Geräte oder leere Batterien entstehen.

		(fast) nichts gegessen	ca. 1/4	ca. die Hälfte	ca. 3/4	(fast) alles gegessen
Datum:	Frühstück				X	
	Mittagessen			X		
	Abendessen		X			
Bemerkungen	***Zwischenmahlzeit 1:*** *½ Becher Fruchtjoghurt, 1 Stück Kuchen,* ***Zwischenmahlzeit 2:*** *Rohkostteller mit Frischkäse-Dip nicht gegessen*					

Tellerprotokoll, exemplarische Darstellung für einen Tag

AUFGABE

7. Fachliche Beobachtungen müssen schriftlich festgehalten werden. Sie dürfen jedoch nicht wertend sein. Begründen Sie, welche der folgenden Beobachtungen nicht in dieser Form notiert werden dürfen. Machen Sie einen Vorschlag wie die Beobachtungen in abgeänderter Form verschriftlicht werden können.
   - Herr Koval ist heute sehr gereizt.
   - Der rechte Fuß von Frau Müller ist leicht geschwollen.
   - Herr Abadi verhielt sich seiner Mitbewohnerin gegenüber heute leider sehr aggressiv.
   - Toni Petrenko hat heute ständig das Personal gerufen und herumkommandiert.
   - Der Blutzucker von 110 mg/dl bei Frau Demir ist heute im Normbereich.

Beispiele für fachliche Beobachtungen

Ernährungsprotokoll

Ein Ernährungsprotokoll erfasst die Energie- und Nährstoffzufuhr. Bei Verdacht auf Mangelernährung führt eine Dokumentation der Essensmenge über mehrere Tage (circa 3 bis 5) zu einem genauen Bild der Ernährungssituation. Am einfachsten ist die Dokumentation mit einem **Tellerprotokoll**, das die aufgenommene Menge in Viertelportionen grob abschätzt (vgl. Abb.). Dies eignet sich besonders überall dort, wo es feste Portionsgrößen gibt.

Bei einer qualitativen Mangelernährung genügt das Erfassen der verzehrten Mengen jedoch nicht. Hier sind detaillierte Informationen über die einzelnen Lebensmittel erforderlich, um die Nährstoffzufuhr zu berechnen. Bei Bedarf setzen Ernährungsfachkräfte detaillierte Ernährungsprotokolle ein, in denen alle Lebensmittel mit genauer Angabe der Menge notiert werden. Das ist zum Beispiel in lebensbedrohlichen Fällen notwendig.

In der Regel arbeiten hauswirtschaftliche Fachkräfte mit Mitarbeitenden anderer Berufe wie Pflegekräften oder Diätassistenten zusammen, die für die Beobachtung des Essverhaltens zuständig sind. Insbesondere im Rahmen der häuslichen Versorgung und Betreuung ist es wichtig, eine Mangelernährung frühzeitig zu erkennen. Bei Bestätigung des Risikos erfolgt die Kontaktaufnahme mit dem medizinischen Personal zur Klärung der Ursachen und zur Einleitung geeigneter Maßnahmen.

Trinkprotokoll

Wenn bei einer Person Anzeichen eines Flüssigkeitsmangels auftreten oder eine zu geringe Trinkmenge vermutet wird (s. S. 68), wird eine genaue Beobachtung und Protokollierung des Trinkverhaltens notwendig. Ein Trinkprotokoll wird über sieben Tage geführt, Uhrzeiten, Getränke und Mengen werden protokolliert. Bei drohender Dehydratation wird das medizinische Personal informiert.

Trinkprotokoll						
Name: *B. Mustermann*		Grund für Protokoll: *Verstopfung, Verdacht auf geringe Trinkmenge*		Geplante Trinkmenge: *ca. 1250–1650 ml / Tag (ohne Flüssigkeit aus Nahrung)*		
Flüssigkeit getrunken (Eintrag in ml)						
	Menge	**Art**	**Menge**	**Art**	**Menge**	**Art**
	Montag		**Dienstag**		**Mittwoch**	
Frühstück	*200 ml*	*Kaffee*				
Vormittag	*30 ml*	*Orangensaft*				
Mittagessen	*150 ml*	*Apfelschorle*				
Nachmittag	*150 ml* *100 ml*	*Kaffee* *Limonade*				
Abendessen	*300 ml*	*Wasser*				
Spät	*150 ml*	*Kräutertee*				
Summe	1080 ml					

Beispiel für ein Trinkprotokoll

Sobald die Trinkmenge über mehrere Tage **weniger als ein Liter pro Tag** beträgt, sind Maßnahmen zu ergreifen. Andere Gründe für eine genaue Beobachtung des Trinkverhaltens können anhaltender Durchfall, Erbrechen, Nierenerkrankungen oder Diabetes mellitus sein.

Zusätzlich wird über Lebensmittel eine bestimmte Wassermenge aufgenommen. Besonders wasserhaltige Nahrungsmittel sind Suppen, Eintöpfe, Obst und Gemüse. Je ausgeprägter die Dehydratation, desto wichtiger wird die genaue Dokumentation der aufgenommenen Flüssigkeitsmenge, einschließlich des Wassergehalts in der Nahrung.

Maßnahmen ergreifen, sobald Trinkmenge über mehrere Tage durchschnittlich weniger als 1 l/ Tag beträgt.

Dokumentation von fachlichen Beobachtungen

Verschiedene Personen und Berufsgruppen sind an der Versorgung und Betreuung von Menschen beteiligt, insbesondere bei pflegebedürftigen Menschen. Alle Beteiligten kennen die Aktivitäten der anderen und wissen, welche besonderen Maßnahmen erforderlich sind (s. S. 322). Stationäre und ambulante Pflegedienste unterliegen einer **Pflegedokumentationspflicht**, die sowohl als **Kommunikations- und Planungshilfsmittel** dient als auch einen Schutz durch schriftliche **Nachweisbarkeit** bietet.

Hauswirtschaftliche Fachkräfte können Pflegefachkräfte unterstützen und mit ihnen zusammenarbeiten. Notwendig ist dafür, sich mit den Anforderungen an die Dokumentation von fachlichen Beobachtungen vertraut zu machen.

Die Dokumentation muss für alle Beteiligten **verständlich** sein. Sie sollte gut lesbar, vollständig, am Betreuungsplan (s. S. 318) orientiert und ohne Interpretationen formuliert sein. Folgende Inhalte und **Datenschutzbestimmungen** sind verpflichtend:

- Rückverfolgbarkeit der Eintragungen (Datum und Handzeichen)
- Verwendung von Kugelschreibern (keine Filz- oder Bleistifte verwenden)
- Korrekturen müssen ursprünglichen Eintrag lesbar lassen (durchstreichen, keine Korrekturflüssigkeit)
- Vergessene Einträge nachholen und mit Datum als Nachtrag kennzeichnen
- Sichere Aufbewahrung der Dokumentation (entweder bei der Person oder beim Pflegedienst)
- Einsichtsrecht für die zu pflegende Person, ohne Möglichkeit der Änderung
- Zugriffsbeschränkung, ohne (rechtlichen) Grund darf niemand Einsicht nehmen
- 10-jährige Aufbewahrungsdauer durch den Pflegedienst

Erfolgt die Dokumentation im Pflegedienst digital, so wird der Informationsaustausch beschleunigt und mehrere berechtigte Personen haben gleichzeitigen Zugriff. Eine Zeitersparnis ist möglich, da Software-Programme standardisierte Hilfestellungen beinhalten. Die Anforderungen an die Nachweisbarkeit, Aufbewahrungsfrist und Einsichtsberechtigung bleiben erhalten. Bei den digitalen Formen der Dokumentation muss beachtet werden, dass die Informationen verschlüsselt werden und an einem sicheren Ort aufzubewahren sind.

Möglichkeiten der Dokumentation:
- tabellarische Erfassung
- Ankreuzen von vorformulierten Aussagen
- schriftliches Protokoll
- Bilder/Fotos
- Film/Video

AUFGABEN

8. Nennen Sie Beispiele für fachliche Beobachtungen in den unterschiedlichen Lebensphasen einer Person: Säuglingsalter, Kindheit, Jugendalter, Erwachsenenalter und Alter. Denken Sie dabei sowohl an Situationen, in denen vorbeugend gehandelt wird, als auch an Situationen, in denen auf ein Problem reagiert werden muss.

9. Erklären Sie, warum genaues Hinsehen und Dokumentieren in jeder Situation wichtig ist und wie es dabei helfen kann, die Person besser zu versorgen und zu betreuen.

Layla wird in einem Gespräch die Lehmbergers aus der Situation Seite 167 kennenlernen. Vorher wurde sie über die Notwendigkeit von ausführlicher Wahrnehmung und Beobachtung geschult.

Aufgabe 1

In Vorbereitung auf das Gespräch bei den Lehmbergers erklären Sie der Auszubildenden Layla, welche Bedürfnisse und Bedarfe an hauswirtschaftlichen Dienstleistungen Menschen in den verschiedenen Lebensphasen haben. Sie fertigen mit ihr eine Übersicht in Form einer eigenen Zeitleiste/ Lebenslinie an, damit zukünftige Auszubildende eine Hilfestellung an die Hand bekommen. Übertragen und vervollständigen Sie die Grafik.

Aufgabe 2

Sie möchten herausfinden, welche Gewohnheiten die Lehmbergers haben. Erstellen Sie für den Besuch einen Fragenkatalog.

Aufgabe 3

Erstellen Sie eine Checkliste mit Beobachtungskriterien, anhand derer das Auftreten, die nonverbale und verbale Kommunikation, die Gesprächsführung und die Umgangsformen im Rahmen eines Erstgespräches beobachtet, beurteilt und reflektiert werden können.

Aufgabe 4

Sie arbeiten nun bereits seit einer Woche bei Familie Lehmberger. Heute geht es Frau Heidrun Lehmberger nicht besonders gut. Nachdem Sie ihr das Frühstück ans Bett gebracht hatten und sie einen Teil davon gegessen hat, bittet Frau Lehmberger Sie darum, ihr beim Aufstehen aus dem Bett zu helfen. Als Sie ihr dabei helfen, sagt sie: „Der Pfleger im Krankenhaus hat das aber immer anders gemacht."

a) Erläutern Sie, welche vier Botschaften in dieser Aussage stecken können.

b) Beschreiben Sie, wie sie reagieren würden und begründen Sie ihre Vorgehensweise.

Aufgabe 5

Führen Sie eine fachliche Beobachtung durch.

a) Wählen Sie eine Person aus und simulieren Sie die Durchführung einer fachlichen Beobachtung. Beantworten Sie zunächst folgende Fragen:
- Wen wollen Sie beobachten? (Person aus Ihrem privaten oder aus Ihrem beruflichen Umfeld)
- Was wollen Sie beobachten? (zum Beispiel Ernährung, Trinkmenge, Verhalten etc.)
- Welche Instrumente und Hilfsmittel benötigen Sie, und wie wollen Sie es dokumentieren?

b) Führen Sie die fachliche Beobachtung durch und dokumentieren Sie die Beobachtungsergebnisse.

c) Bewerten Sie im Anschluss die Ergebnisse und erläutern Sie, inwiefern die gewählte Methode in Bezug auf Ihr Beobachtungsziel sinnvoll war.

LEBENSPHASEN	Säuglinge	Kleinkinder	Schulkinder	Jugendliche und Junge Erwachsene	Erwachsene	Senioren	Hochbetagte
LEBENSEREIGNISSE	Geburt	Eingewöhnung Kita	Einschulung	Auszug Elternhaus	erstes Kind	Renteneintritt	Tod
BEDÜRFNISSE UND BEDARF AN HAUSWIRTSCHAFTLICHEN LEISTUNGEN	Grundbedürfnisse		Hilfe Hausaufgaben				

In den unterschiedlichen Lebensphasen (grün) gibt es typischerweise bestimmte Lebensereignisse (blau). Vervollständigen Sie die Tabelle, indem Sie weitere Lebensereignisse hinzufügen. Überlegen Sie im Anschluss, welche Bedürfnisse und Bedarfe an hauswirtschaftlichen Dienstleistungen (orange) in diesen Lebensphasen bestehen können.

Making Small Talk

Small talk refers to light conversation and it is an important aspect of socialising. The subject of small talk may be unimportant or light, but the purpose is important. The three main reasons why people make small talk are:

- to be friendly, usually when you first see someone on a specific day
- to make a situation feel more comfortable and fill uncomfortable silence
- to begin a conversation which then leads into a more serious topic

There are subjects that are suitable for small talk, and other subjects that you should avoid.

Dos	Don'ts
• weather	• politics
• current events	• religion
• sports	• finances
• food	• pregnancy
• family	• weight
• pets	• problems
• hobbies	
• holidays	
• work	

Ways to begin small talk

- Nice day, isn't it? → Ein schöner Tag, stimmt's?
- Long time no see. → Lange nicht gesehen.
- How is it going? → Wie geht's es Ihnen?
- How are the kids? → Wie geht es den Kindern?
- Did you watch the game last night? → Haben Sie gestern das Spiel gesehen?
- Have you been waiting long? → Haben Sie lange gewartet?
- Any big plans for the weekend? → Gibt es große Pläne für das Wochenende?

Talking about the weather

- The sun is shining. → Die Sonne scheint.
- It's sunny and very hot. → Es ist sonnig und sehr heiß.
- It is a beautiful day. → Es ist ein schöner Tag.

- It's really cloudy. → Der Himmel ist stark bewölkt.
- It's supposed to rain today. → Heute soll es regnen.
- It's quite cool. → Es ist etwas kühl.

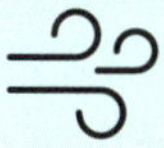

- It's so windy. → Es ist so windig.
- The cold wind is blowing. → Es weht ein kalter Wind.
- It is very uncomfortable outside. → Draußen ist es sehr ungemütlich.

- It's raining hard. → Es regnet stark.
- That is a lot of rain! → Das ist eine Menge Regen!
- You should better take an umbrella. → Du solltest einen Regenschirm mitnehmen.

- It's going to snow. → Es wird schneien.
- It's snowing. → Es schneit gerade.

Practise asking and answering these questions with a partner.

Dialogue 1:

A: Nice day, ______________________?
B: Sure, ______________________.
A: Let's hope the ______________ stays like this.
B: Yes. I hear it's going to be ______________ all the weekend.
A: Any ______________ for the weekend?
B: Yes. I ______________________.

Dialogue 2:

A: It is very uncomfortable outside, ______________?
B: That's true, the cold wind is ______________.
A: I hear it is also supposed ______________ today.
B: Yes. You should better take ______________.
A: Urghhh! I wanted to do some gardening ______________________, but now I can't.
B: I am sorry, do you want to ______________ instead?

Sprachassistenz

Sprachassistenz als Alltagshilfe

Mit dem Älterwerden, durch Krankheit oder Behinderung ändern sich die täglichen Routinen. Einfache Aufgaben, wie das Erreichen von Heizungsreglern oder Lichtschaltern können zu Herausforderungen werden. Für ältere oder pflegebedürftige Menschen und Menschen mit Behinderungen kann eine intelligente Hausautomation (Smart Home) eine wertvolle Unterstützung sein, Geräte wie Amazon Echo, Google Home, Siri und weitere Sprachassistenten sind für Menschen mit eingeschränkter Mobilität sehr nützlich, denn sie ermöglichen durch einfache Sprachbefehle die Steuerung von Haustechnik und Alltagsgegenständen. Darüber hinaus bieten Sprachassistenzsysteme aber auch weitere Vorteile, wenn es um die Erleichterung der Kommunikation und des Alltags an sich geht.

Erleichterte Kommunikation

Hilfe für blinde und sehbehinderte Menschen: Sprachassistenten erleichtern blinden und sehbehinderten Personen den Zugang zu Informationen. Sie können Nachrichten vorlesen, über Wetter und Termine informieren und sogar beim Online-Einkauf helfen, was die Unabhängigkeit und Informationszugänglichkeit erhöht.

Unterstützung für gehörlose und schwerhörige Menschen: Moderne Sprachsysteme können in Verbindung mit visuellen Anzeigen oder vibrierenden Signalen gehörlosen oder schwerhörigen Menschen helfen. Sie können beispielsweise gesprochene Worte in Text umwandeln oder wichtige akustische Signale visuell anzeigen.

Verbesserte soziale Interaktion und Kommunikation: Sprachassistenzsysteme erleichtern die Kommunikation, indem sie das Tätigen von Telefonanrufen, das Versenden von Nachrichten und das Abfragen von Informationen vereinfachen. Das ist besonders nützlich für Menschen mit motorischen Einschränkungen.

Zusätzliche Vorteile

Erinnerungsfunktion: Diese Systeme können Erinnerungen an Medikamenteneinnahme, Termine und alltägliche Aufgaben setzen. Sie sind hilfreich für Personen mit Gedächtnisproblemen oder bei beginnender Demenz.

Zugang zu Unterhaltung und Bildung: Sprachassistenten ermöglichen den Zugriff auf Nachrichten, Musik, Hörbücher und vieles mehr, was das Leben insbesondere für Menschen, die viel Zeit zuhause verbringen, bereichern kann.

Kommunikationsapps

Digitale Werkzeuge sind wichtig, um die Kommunikation von Menschen mit Behinderungen zu erleichtern. Je nachdem, welche Einschränkung die Person hat, können Hilfsmittel die Kommunikation erleichtern oder gar erst möglich machen (s. S. 440). Es gibt verschiedene Apps für das Handy oder dem Tablet, die die Kommunikation unterstützen. Die Entwicklung neuer Apps schreitet stetig fort, weshalb sich die Recherche nach geeigneten Apps lohnt. Einige Beispiele für nützliche Apps sind:

Sprachsynthesizer und spezielle Kommunikationsapps: Diese konvertieren Text in hörbare Sprache oder stellen grafische Schnittstellen bereit, durch die Meinungen und Ideen artikuliert werden können.

Für Menschen, die gar nicht sprechen können, gibt es Apps, die ihre Gedanken und Bedürfnisse durch die Auswahl von Symbolen und Bildern ausdrücken und es in gesprochene Sprache umwandeln.

Für Menschen mit motorischen Einschränkungen ermöglicht die Integration von Augensteuerungstechnologien sogar die Kommunikation allein durch Augenbewegungen.

Durchschnittsrechnungen

$$\frac{\text{Menge Tag 1} + \text{Menge Tag 2} + \text{Menge Tag 3} + \text{Menge Tag 4}}{\text{Anzahl der Tage}} = \frac{\text{Menge Tag 1–4}}{\text{Anzahl der Tage}}$$

= Durchschnittsmenge pro Tag

Aufgabe 1

Aufgrund des Verdachts einer zu geringen Trinkmenge haben Sie ein Trinkprotokoll für Frau Lehmberger angefertigt. Am Ende der Woche haben Sie die folgenden Trinkmengen dokumentiert (siehe Tabelle).

a) Berechnen Sie, wieviel Frau Lehmberger an den einzelnen Wochentagen getrunken hat.

b) Berechnen Sie anschließend die durchschnittlich getrunkene Menge, und entscheiden Sie, ob Sie Ihre Dokumentationen an den Arzt weiterleiten sollten.

Maßnahmen ergreifen, sobald Trinkmenge über mehrere Tage durchschnittlich weniger als 1 l / Tag beträgt.

Aufgabe 2

Sie haben beobachtet, dass sich Herr Frank Lehmberger eher ungesund ernährt. Gemüse lässt er meistens auf dem Teller liegen, und er isst am liebsten Fast Food.

Beispiel:

Frühstück:	60 g Toast, 20 g Nougatcreme, 250 ml Milch (3,5 % Fett)
Vormittagssnack:	2 Brötchen, 40 g Leberwurst, 300 ml Cola
Mittags:	Pizza mit Schinken und Käse
Nachmittagssnack:	1 Stück Sahnetorte
Abends:	1 Bratwurst, 100 g Pommes, 300 ml Cola, $\frac{1}{2}$ Tafel Schokolade

a) Berechnen Sie mithilfe einer Nährwerttabelle die aufgenommene Energie in kcal und kJ.

b) Ermitteln Sie die Differenz, wenn die Empfehlung bei 2 000 kcal/Tag liegt.

Aufgabe 3

Die Familie Lehmberger hat ein Budget von 350 € pro Woche für Lebensmittel eingeplant. Davon sollen ca. 40 % auf das Mittagessen entfallen. Berechnen Sie:

a) Wieviel Budget die Familie in einer Woche für das Kochen der Mittagsmahlzeiten hat.

b) Wieviel Budget sie täglich pro Kopf (6 Personen) für das Mittagessen zur Verfügung haben.

Aufgabe 4

Ihr Arbeitgeber zahlt Ihnen für die Fahrten mit dem eigenen PKW eine Kilometerpauschale von 0,30 € pro gefahrenen Kilometer. Die einfache Strecke zwischen Ihrer Wohnung und der Wohnung von Familie Lehmberger beträgt 12 km. Berechnen Sie die wöchentliche Kilometerpauschale bei fünf Arbeitstagen und die monatliche Kilometerpauschale bei 21 Arbeitstagen.

Trinkprotokoll

Name: *Heidrun Lehmberger* — Grund für Protokoll: *Verdacht auf geringe Trinkmenge* — Trinkmenge: *ca. 1 250 – 1650 ml / Tag (ohne Flüssigkeit aus Nahrung)*

Flüssigkeit getrunken (Eintrag in ml)

	Montag	Dienstag	Mittwoch	Donnerstag	Freitag	Samstag	Sonntag
Frühstück	*200 ml*	*150 ml*	*250 ml*	*350 ml*	*200 ml*	*125 ml*	*150 ml*
Vormittag	*30 ml*	*200 ml*	*300 ml*	*250 ml*	*300 ml*	*375 ml*	*250 ml*
Mittagessen	*150 ml*	*100 ml*	*200 ml*	*250 ml*	*350 ml*	*250 ml*	*350 ml*
Nachmittag	*250 ml*	*300 ml*	*200 ml*	*350 ml*	*250 ml*	*350 ml*	*300 ml*
Abendessen	*300 ml*	*250 ml*	*300 ml*	*250 ml*	*150 ml*	*250 ml*	*400 ml*
Spät	*150 ml*	*200 ml*	*100 ml*	*200 ml*	*175 ml*	*200 ml*	*200 ml*
Summe							
Durchschnitt:							

4

6

11

Nachhaltige Arbeitsbedingungen in Care-Berufen

Sie sind weiterhin für den mobilen Hauswirtschafts- und Pflegedienst „Hilfe auf Rädern" tätig. Ihr Arbeitgeber hat beschlossen, sich stärker auf nachhaltige und familienfreundliche Arbeitsbedingungen zu konzentrieren, um sowohl das Wohlbefinden der Kunden als auch das der Mitarbeiter und Mitarbeiterinnen zu verbessern. Sie und Ihre Auszubildende Layla erhalten den Auftrag, ein Konzept für nachhaltige Arbeitsbedingungen zu entwickeln.

Revolution im Pflegesektor: Das Hauswirtschafts- und Pflegedienst „Herzenssache" setzt neue Standards

22. Februar 2024, Mete Barbosa

In einem beispiellosen Schritt hat der mobile Hauswirtschafts- und Pflegedienst „Herzenssache" Maßstäbe für nachhaltige Arbeitsbedingungen gesetzt. Durch die Einführung flexibler Arbeitszeiten und einer fairen Entlohnung hat sich die Zufriedenheit der Mitarbeitenden deutlich verbessert. Zudem wurden Schulungen durchgeführt, um das Bewusstsein für eine gesunde Arbeitsumgebung zu schärfen. Diese innovativen Ansätze haben zu einer verbesserten Qualität der Dienstleistungen geführt und zeigen, wie ein menschenzentrierter Ansatz in der Betreuungsarbeit Früchte tragen kann.

Durchbruch in der Gleichberechtigung: Hauswirtschafts- und Pflegedienst „Daheim" erhöht Löhne

10. Juli 2024, Melissa Wagner

Der lokale Hauswirtschafts- und Pflegedienst „Daheim" hat einen entscheidenden Schritt in Richtung Gleichberechtigung gemacht, indem er die Löhne für typischerweise von Frauen ausgeübte Care-Arbeit angehoben hat. Die Maßnahme stellt nicht nur eine finanzielle Verbesserung dar, sondern betont die Wichtigkeit und den Wert dieser Berufe in unserer Gesellschaft.

Innovatives Konzept für Gesundheit am Arbeitsplatz: Wellness-Programme

13. Oktober 2023, Ilayda Özcan

Ein fortschrittlicher Arbeitgeber hat vor kurzem ein umfassendes Wellness-Programm für seine Mitarbeitenden eingeführt, um deren Gesundheit und Wohlbefinden zu fördern. Das Programm umfasst regelmäßige Gesundheitschecks, Workshops zu ergonomischen Arbeitsweisen und Zugang zu psychologischer Beratung. Diese Initiative zielt darauf ab, die physische und mentale Gesundheit der Mitarbeitenden zu stärken und damit die Qualität der Betreuungsarbeit zu verbessern.

··· Aufgabe 1

Erstellen Sie nach Recherche eine Liste der ökonomischen und sozialen Aspekte für nachhaltige Arbeitsbedingungen bei „Hilfe auf Rädern".

··· Aufgabe 2

Verwenden Sie die Liste, um Strategien für die Verbesserung der Arbeitsbedingungen in dem Betrieb zu entwickeln. Identifizieren Sie Bereiche, in denen ‚Hilfe auf Rädern' in Bezug auf ökonomische und soziale Nachhaltigkeit handeln kann. Nennen Sie zu jedem Aspekt mindestens zwei konkrete Maßnahmen.

··· Aufgabe 3

Beschreiben Sie konkrete Maßnahmen für Ihren Ausbildungsbetrieb, mit denen Sie die ökonomischen und sozialen Aspekte der Nachhaltigkeit verbessern. Überlegen Sie, wie man die Arbeitsbedingungen und Mitarbeiterzufriedenheit optimieren kann.

Ökonomische Aspekte	Soziales (inkl. Gesundheit)
Faire Entlohnung	Familienfreundliche Arbeitszeiten
…	…

Güter beschaffen, lagern und bereitstellen

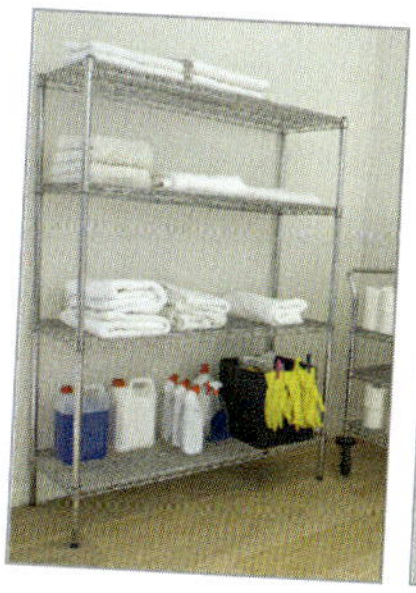

Lernsituation

Das Tagungshaus „Sturmwind" auf der Insel Spiekeroog erfreut sich großer Nachfrage. Besonders Familien mit kleinen Kindern und Gruppen verbringen hier gerne mehrere Tage. Das Tagungshaus bietet seinen Gästen Vollverpflegung und sorgt für eine Wohlfühlatmosphäre, die viele Gäste zu Stammgästen werden lässt.

Um unabhängig von der täglichen Lieferung von Getränken und Lebensmitteln zu sein, wird eine umfangreiche Lagerhaltung betrieben. Diese umfasst nicht nur Lebensmittel und Getränke, sondern auch Non-Food-Waren, die bevorratet werden.

Zum Ende des 1. Ausbildungsjahres arbeiten die Auszubildenden der Hauswirtschaft für vier Wochen ausschließlich in der Vorratshaltung. Dabei übernehmen sie alle Arbeiten im Vorratslager und bei der Verwaltung der Vorräte. Bei der wöchentlichen Kontrolle des Trockenlagers offenbart sich ein Schädlingsbefall. Was ist zu tun?

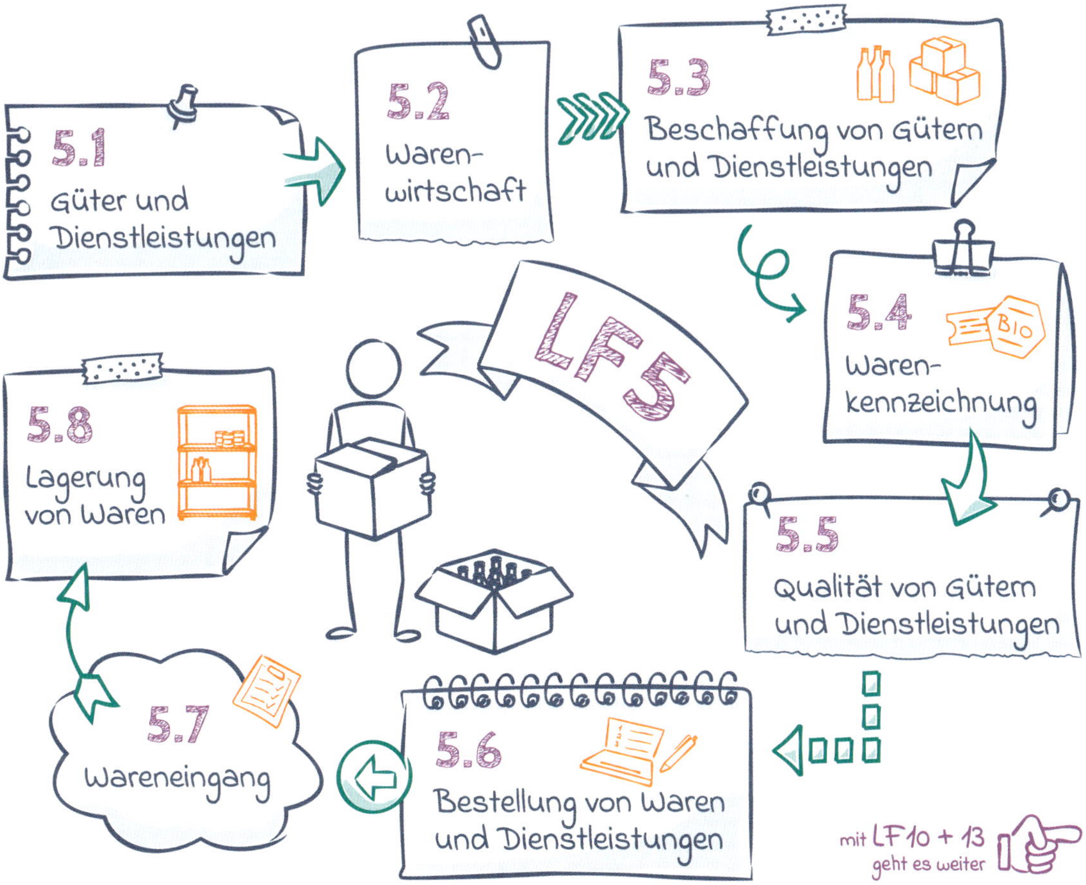

5.1 Güter und Dienstleistungen

Jeder hauswirtschaftliche Betrieb beschafft in regelmäßigen Abständen Güter und Dienstleistungen, die für die Umsetzung und Ausführung der Betreuungs-, Versorgungs- und Vermarktungsaufgaben notwendig sind. Güter werden nicht nur beschafft und direkt verwendet. Sie werden auch genutzt, um weitere Güter und Dienstleistungen herzustellen.

> ***Güter*** *sind jene Mittel, die notwendig sind, um Menschen mit Speisen und Getränken, sauberen und hygienischen Räumen sowie mit gepflegter Wäsche zu versorgen. Güter werden auch als Waren bezeichnet.*

Können Güter nach der Nutzung nicht noch einmal verwendet werden, gehören sie in die Gruppe der Verbrauchsgüter. Dies sind zum Beispiel Lebens- und Reinigungsmittel, Hygieneartikel und Energie. Werden sie mehrfach genutzt, sind es Gebrauchsgüter.

BEISPIEL: *Geräte, wie etwa Staubsauger, Backöfen oder Waschmaschinen, zählen zu den Gebrauchsgütern.*

Güter	
Verbrauchsgüter	**Gebrauchsgüter**
• Nahrungsmittel • Reinigungsmittel • Hygieneartikel • Energie	• Kombidämpfer • Reinigungsautomat • Badezimmer-Einrichtung • Tischdecke

> *Eine* ***Dienstleistung*** *ist eine berufliche Tätigkeit, bei der keine Güter produziert, sondern bei der anderen ein Dienst erwiesen wird.*

Dienstleistungen werden unterteilt in personenbezogene Dienstleistung und sachbezogene Dienstleistungen. Bei den personenbezogenen Dienstleistungen steht eine Person im Mittelpunkt. Von sachbezogenen Dienstleistungen wird bei Instandhaltungs- oder Verwaltungsarbeiten gesprochen.

personenbezogene Dienstleistungen

Dienstleistungen	
Personenbezogene Dienstleistungen	**Sachbezogene Dienstleistungen**
• Kinderbetreuung • Pflegeleistung • Ambulante Unterstützung	• Einkauf von Lebensmitteln • Entsorgung von Müll • Zubereitung einer Speise

5
10
13

Kriterien zum nachhaltigen Wirtschaften

Ökonomie	Ökologie	Soziales
• Lagerkapazitäten beachten • Angebote vergleichen • Rabatte aushandeln • Preisvergleiche vornehmen	• sich für Produkte mit Umweltzeichen entscheiden • Produkte mit geringem Anfahrtsweg bevorzugen • Nachfüllsysteme bevorzugen • Mehrwegverpackungen bevorzugen	• faire Handelswege • Unterstützung von sozialen Projekten • gute Arbeitsbedingungen für Mitarbeitende

Ihren Ursprung finden die Güter und Dienstleistungen in den nahezu unbegrenzten Bedürfnissen von Menschen (s. S. 168). Güter und Dienstleistungen dienen dazu, diese Bedürfnisse von Menschen zu befriedigen. Doch kaum jemand ist in der Lage, sich alle Wünsche zu erfüllen. Dies gilt auch für hauswirtschaftliche Betriebe. Eine Begrenzung finden die Bedürfnisse in den zur Verfügung stehenden Mitteln. Diese Mittel sind Zeit, Geld und Gebrauchsgüter.

Wie die zur Verfügung stehenden Mittel eingesetzt werden, ist von den Vorstellungen und Leitbildern des Betriebes abhängig. Vor allem nachhaltiges Wirtschaften setzt voraus, dass nicht nur nach wirtschaftlichen Grundsätzen, sondern auch nach ökologischen und sozialen Grundsätzen entschieden wird.

Bei der **Auswahl geeigneter Waren** sind die Kriterien zum nachhaltigen Wirtschaften zu beachten.

Ökonomie, Ökologie und Soziales werden gleichberechtigt bedacht.

AUFGABEN

1. Erstellen Sie eine Einkaufsliste, in der jeweils zehn Verbrauchsgüter und zehn Gebrauchsgüter notiert sind.

2. Führen Sie ein Brainstorming zum Thema „Dienstleistungen – angeboten von der Hauswirtschaft" – durch.

5.2 Warenwirtschaft

Wichtig ist, dass Güter zu jedem Zeitpunkt in ausreichendem Maße zur Verfügung stehen. Versorgungsengpässe dürfen nicht entstehen. Ständig werden Güter beschafft, gelagert und verwendet. Um zu wissen, was beschafft werden muss, wird der Bedarf und der Bestand an hauswirtschaftlichen Gütern geprüft.

Werden Güter auf Vorrat beschafft und gelagert, ändert sich die Begrifflichkeit und es wird von Waren gesprochen.

> *Ein **Warenbestandssystem** gibt Auskunft über die vorhandenen Waren in den verschiedenen Lagerräumen.*

In der Regel verwenden die hauswirtschaftlichen Betriebe dafür eine Software, die computergestützt Auskunft über den Lagerbestand gibt. Auch Lagerkennzahlen werden mithilfe dieser Software ermittelt.

Über jede eingelagerte Ware müssen u. a. folgende Informationen verfügbar sein:

1. genaue Warenbezeichnung
2. Lieferant
3. Lagerkennzahlen: der Höchstbestand einer Ware im Lager sowie der Mindestbestand und daraus folgend, bei welchem Bestand bestellt werden muss
4. Datum der Lieferung mit Mengenangaben
5. Datum der Ausgaben mit Mengenangaben und anfordernden Abteilungen/Stationen/Wohngruppen etc.

6. Aktueller Bestand nach Entnahme, diese Angaben müssen in Beziehung zu den Lagerkennzahlen gesetzt werden, um festzustellen, ob die Ware nachbestellt werden muss
7. Warenwert (Einzelpreis mit und ohne Mehrwertsteuer, Wert der vorhandenen Menge)

Dazu werden in dem Warenbestandssystem Stamm- und Bewegungsdaten erfasst.

Warenbestandssystem

Stammdaten	Bewegungsdaten
• Artikelbezeichnungen • Lieferanten • Lagerkennzahlen – Mindestbestand – Meldebestand – Beschaffungszeit • Abteilungen im Betrieb	• Lieferscheine – Mengenangaben – Anlieferungstermin – Abgabe • Bestellungen • Angebote • Preise • Skonto • Rabatt

Stammdaten werden einmalig angelegt, in größeren Abständen kontrolliert und bei Bedarf ergänzt.

Bewegungsdaten werden bei jeder Veränderung erfasst. Dies kann täglich, wöchentlich oder monatlich sein. Die Warenzugänge und Warenabgänge werden direkt eingegeben.

Lagerkennzahlen

Durch die Berechnung von Lagerkennzahlen wird vermieden, dass es zu Engpässen zum Beispiel in der Küche, im Reinigungsbereich oder im Service kommt. Außerdem sagen die Kennzahlen etwas über die (nachhaltige) Wirtschaftlichkeit des hauswirtschaftlichen Betriebes aus. Dazu werden folgende Bestände unterschieden:

*Der **Meldebestand** gibt an, wann neue Ware zu bestellen ist. Daher wird der Meldebestand auch Bestellbestand genannt. Er ergibt sich aus dem Mindestbestand und der Lieferzeit für die benötigte Ware.*

Zudem ist der Meldebestand abhängig von der Verpackungseinheit.

BEISPIEL:
Berechnung Meldebestand:
Verbrauch pro Tag · Lieferzeit in Tagen
+ Mindestbestand

Beispiel:
Verbrauch pro Tag: 3 Gläser Konfitüre
Lieferzeit in Tagen: 4

Mindestbestand: 120 Gläser

Berechnung:
(3 Gläser · 4 Tage) + 15 Gläser = 27 Gläser

Sind nur noch 27 Gläser Konfitüre im Warenlager vorhanden, ist der Meldebestand erreicht und eine Bestellung muss erfolgen.

Der Höchstbestand einer Ware ist von den Lagermöglichkeiten abhängig. Bei Kühl- und Tiefkühlware sind die Lagerkapazitäten durch die Größe der Kühlräume vorgegeben. Hier kann es vorteilhaft sein, öfter kleine Menge zu bestellen. So lassen sich auch Lebensmittelverschwendungen durch das Überschreiten von Mindesthaltbarkeitsdaten oder den Verderb von Lebensmitteln vermeiden (s. S. 327). Dies ist im doppelten Sinne nachhaltig und wirtschaftlich. Oftmals müssen Lebensmittel wegen Überschreitung des Mindesthaltbarkeitsdatums entsorgt werden.

Mindestbestand und Höchstbestand legen die hauswirtschaftlichen Betriebe aufgrund ihrer Erfahrung fest. Der Lagerbestand wird durch Zählen, Wiegen und Messen ermittelt. Der Meldebestand wird berechnet.

Lagerbestand	Höchstbestand	Mindestbestand	Meldebestand
Aktuelle Menge im Lager	Menge, die nicht überschritten werden darf	Menge, die nicht unterschritten werden darf	Menge, bei der eine Bestellung erfolgen muss

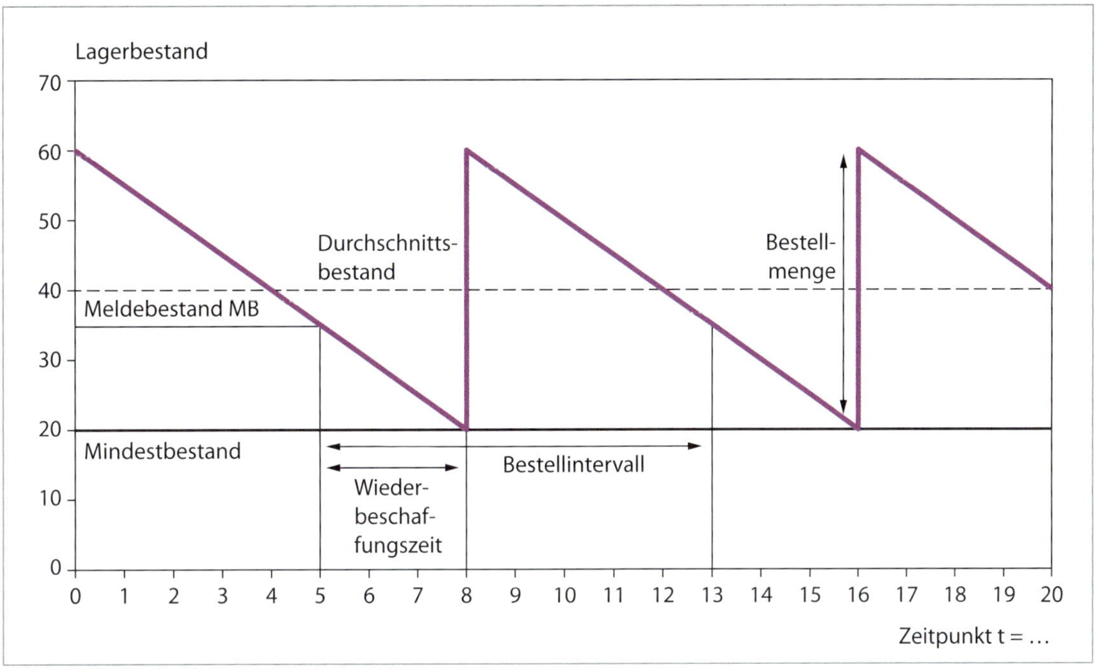

Lagerbestand und Bestellungen

Ein Meldebestand ist immer größer als der Mindestbestand.

Inventur

Der Warenbestand in den Lagerräumen wird darüber hinaus im Rahmen einer in regelmäßigen Abständen stattfindenden Inventur ermittelt.

> ***Inventur*** *ist die Warenbestandserfassung nach Mengen und Wert.*

Bei einer Inventur werden alle Gebinde, z.B. Konservendosen, Reinigungsmittelflaschen, Bettwäsche gezählt. Flüssigkeiten in geöffneten Behältern werden abgemessen. Angebrochene Verpackungen werden gewogen.

Für die Inventur wird ein Termin festgelegt und die Aufgaben innerhalb des Teams verteilt. Bestenfalls zählt und wiegt eine Person. Eine weitere Person trägt die ermittelten Mengen in die Liste ein. Sinnvoll ist es, für die Inventur abteilungsfremde Personen einzusetzen. Dies sorgt dafür, dass das Augenmerk auf die Erfassung der Bestände gerichtet ist und zügig gearbeitet wird.

Der Wert der Lagerbestände ermittelt sich durch die Multiplikation der Mengen mit den Einkaufspreisen.

BEISPIEL:

Im Warenlager befinden sich am 31.12.23:
10 Liter Reinigungsmittel · 7,80 € = 78,00 €
12 Frotteehandtücher · 12,90 € = 154,80 €
…

Die Stichtagsinventur ist gesetzlich vorgegeben. Diese Bestandsaufnahme erfolgt in der Regel in der letzten Woche des Jahres oder in der ersten Woche des Folgejahres. Eine Inventur muss auch immer beim Verkauf oder bei der Auflösung eines hauswirtschaftlichen Betriebes erfolgen.

Neben der Stichtagsinventur ist auch eine fortlaufende Inventur möglich. Dies ist sinnvoll, wenn Warenbewegungen im einem speziellen EDV-System kontinuierlich erfasst werden, so dass jederzeit auf die Bestandsmengen zugegriffen werden kann. Voraussetzung ist, dass alle Warenzugänge und Warenabgänge sorgfältig erfasst wurden.

5.3 Beschaffung von Gütern und Dienstleistungen

Das Beschaffen von Gütern und Dienstleistungen stellt hauswirtschaftliche Betriebe vor planerische Aufgaben, die professionelles Handeln erfordern. Nachhaltig beschaffen heißt, die zur Verfügung stehenden (finanziellen) Mittel kennen, mit ihnen die notwendigen Versorgungs- und Betreuungsaufgaben erfüllen und dabei ökologische und soziale Aspekte berücksichtigen.

Einkaufsquellen/Einkaufsorte

Zwar stehen generell viele unterschiedliche Einkaufsquellen zur Verfügung. Doch der persönliche Gang in den Supermarkt oder ins Fachgeschäft sind bei der Beschaffung der Güter für hauswirtschaftliche Betriebe eher die Ausnahme.

Geordert wird inzwischen fast ausschließlich online. Großverbrauchermärkte, Großhändler und Direktvermarkter und auch Geschäfte des Einzelhandels nehmen die Bestellungen per App oder Email entgegen. Virtuelle, globale Märkte im Internet bieten eine Vielzahl von Möglichkeiten, Angebote zu ermitteln und zu vergleichen. Online-Shopping wird durch Suchhilfen und Einkaufsführer unterstützt.

Großverbrauchermärkte haben ein breites Sortiment an Nahrungs- und Genussmitteln und an Ge- und Verbrauchsgütern des kurz- und mittelfristigen Bedarfs, die überwiegend in großen Gebinden für Betriebe des Nahrungs- und Gastgewerbes angeboten werden.

Der **Großhändler** liefert ebenfalls Nahrungs- und Genussmittel in größeren Mengen. Er ist spezialisiert auf einzelne Lebensmittelgruppen wie Fisch, Fleisch, Obst und Gemüse. Zum Teil werden Preise für die Güter täglich neu ausgehandelt.

Direktvermarkter wählen die direkte Ansprache zum Kunden, häufig produzieren sie die angebotenen Güter selbst. Sie sind somit Erzeuger und Vermarkter in einem.

Abokisten stehen häufig im Angebot für Privatverbraucher, wenige auch für Großhaushalte. Darin befinden sich Obst und Gemüse aus regionalem oft 100 % kontrolliert-biologischem Anbau. Die Lieferung erfolgt direkt. Nicht immer kann der Inhalt vorher festgelegt werden, wodurch die Nutzung eher für den Privathaushalt vorgesehen ist.

	Vorteile	Nachteile
Großverbrauchermarkt	• umfangreiches Angebot • vielfältige Auswahl an nachhaltigen/umweltfreundlichen Produkten • Anlieferung der bestellten Produkte • Einhaltung der Kühlkette • Online-Bestellung rund um die Uhr möglich • Rücknahme der Transport-Verpackungen	• Verkauf nur an gelistete Kunden • vorgegebene Liefertermine
Großhändler	• online Bestellung rund um die Uhr möglich • kompetente Beratung in Bezug auf die Produktgruppe • Anlieferung der bestellten Produkte • Rücknahme der Transport-Verpackungen	• nur bestimmte Produktgruppen, z. B. Obst und Gemüse, Fisch, Fleisch, Brot und Backwaren
Direktvermarkter/Erzeuger	• Unterstützung der regionalen Erzeuger • preisgünstigere Angebote • kein Zwischenhandel • kurze Lieferwege	• Abhängigkeit vom Erntezeitpunkt • höhere Zeitaufwand, um alle Güter für den hauswirtschaftlichen Betrieb zu beschaffen

5.4 Warenkennzeichnung

Eine wichtige Informations- und Entscheidungshilfe für die Auswahl von Waren und Dienstleistungen ist deren Kennzeichnung. Die verschiedenen Warenkennzeichnungen wurden eingeführt, damit beim Einkauf eine Entscheidung für oder gegen ein Produkt aufgrund von soliden Informationen stattfinden kann. Ein Teil der Kennzeichnungen erfolgt freiwillig, ein anderer ist gesetzlich vorgegeben.

Warenkennzeichen werden
- vom Herstellenden/Produzierenden/Vermarktenden aufgrund eigener Prüfung bereitgestellt
- von staatlichen Institutionen oder unabhängigen Institutionen vergeben
- von Arbeitsgemeinschaften oder Mitgliedsverbänden verliehen.

Die Aussagekraft ist abhängig von den Prüfkriterien und der Unabhängigkeit der jeweiligen Organisation, die das Warenkennzeichen vergibt. Folgende Warenkennzeichen und Logos erleichtern die Kaufentscheidungen, wenn es darum geht, nachhaltig zu handeln.

Umweltzeichen/Nachhaltigkeitszeichen

Umwelt- und Nachhaltigkeitszeichen dienen dem Zweck, auf die Umweltverträglichkeit/Nachhaltigkeit eines Produktes hinzuweisen. Zum Teil ist diese Kennzeichnung gesetzlich vorgegeben und muss auf den Produkten zu sehen sein, zum weitaus größeren Teil sind Nachhaltigkeitszeichen allerdings freiwillig. Wird ein Zeichen genutzt, müssen jedoch alle Vorgaben des Zeicheninhabers eingehalten werden. Dazu können gehören:

1. Gewinnung von Rohstoffen (z. B. Baumwollanbau ohne Pestizideinsatz)
2. Produktion (z. B. Wasser und Energie sparende Produktionsweisen)
3. Transport (z. B. kurze Transportwege bei Produkten aus der Region)
4. Verpackung (z. B. Nachfüllpackungen)
5. Entsorgung (z. B. Recyclingfähigkeit, Kompostierbarkeit)

Die Euro-Blume wird an Produkte vergeben, die im Vergleich zu Konkurrenzprodukten über Umweltschutzvorteile verfügen. Diese Umweltstandards müssen während des gesamten Lebenszyklus des Produktes erfüllt werden – also von der Rohstoffgewinnung, über den Vertrieb bis hin zur Entsorgung. Je nach Produkt werden unterschiedliche Prüfkriterien zugrunde gelegt. Der „Blaue Engel" ist die deutsche Vorgängerversion der Euro-Blume. *www.eu-ecolabel.de*

Für Lebensmittel und einige andere Produkte, wie z. B. Teppiche und Blumen gibt es Labels, die garantieren, dass diese Produkte fair gehandelt wurden. Fairer Handel ist eine Form von Unterstützung, welche die wirtschaftliche und soziale Stellung von Kleinbauern in Erzeugerländern verbessern möchte.
www.fairtrade-deutschland.de

Fairer Handel ist die Grundidee, auf die dieses Label hinweist. GEPA setzt sich dafür ein, dass Produzierende im Süden nachhaltig unterstützt, Konsumierende aufgeklärt und Welthandelsstrukturen verbessert werden.
www.gepa.de

Produkte mit diesem Label werden ebenso wie GEPA gekennzeichnete Produkte von einer (Online-) Handelsgesellschaft vermarktet, die nachhaltig Lebensmittel, Kleidung, Dekorations- und Einrichtungsgegenstände sowie Kosmetika vermarktet.
www.el-puente.de

Das EU-Bio-Logo ist laut *https://www.bmel.de* seit 2010 verpflichtend für vorverpackte, ökologisch erzeugte Produkte aus der EU.
Mit diesem EU-Bio-Logo dürfen alle Produkte gekennzeichnet werden, die nach den Kriterien der EU-Öko-Verordnung hergestellt und kontrolliert wurden.

Bio-Anbauverbände
Bioland, Demeter, Naturland, Gäa e.V.

Diese Anbauverbände garantieren die Einhaltung noch strengerer Vorgaben als das EU-Bio-Logo. Die jährliche verpflichtende Kontrolle der Einhaltung der Verbandsrichtlinien wird durch unabhängige Kontrollstellen durchgeführt.

So steht z. B. Bioland für regionale und verantwortungsvolle Bio-Landwirtschaft. Die Richtlinien fördern Artenvielfalt und Tierwohl, sparen Ressourcen und schützen die Umwelt. Mit Bioland-Produkten bekommt man wertvolle Lebensmittel aus heimischer Erzeugung in erstklassiger Bio-Qualität.

Die Kennzeichnung „Ohne Gentechnik" bedeutet, dass die so gekennzeichneten Produkte keine Zutaten oder Zusatzstoffe aus gentechnisch veränderten Pflanzen enthalten. Bei tierischen Lebensmitteln bedeutet die Kennzeichnung, dass keine gentechnisch veränderten Futterpflanzen zum Einsatz gekommen sind. www.ohnegentechnik.org

Dieses Label des Deutschen Tierschutzbundes erhalten tierische Produkte, die nach den strengen Anforderungen hinsichtlich der Haltung, des Transports, der Schlachtung und der Verarbeitung produziert wurden. www.tierschutzlabel.info

Das Regionalfenster ist eine freiwillige zusätzliche Kennzeichnung, die die Herkunftsregion und den Anteil regionaler Rohstoffe am Gesamtprodukt eindeutig benennt. www.bmel.de

Eigenmarken Lebensmittelhandel
Alnatura/Rewe Bio
Die Eigenmarken des Lebensmittelhandwerks entsprechen mindestens den Anforderungen der EU-Öko-Verordnung. Die Handelsmarken legen zudem Kriterien fest, die jährlich überprüft werden.

Das MSC-Label (Marine Stewandship Council) kennzeichnet Fische und Meeresfrüchte aus umweltgerechter Fischerei. www.msc.org/de

Organic Cotton (Bio-Baumwolle) ist ein Label für Baumwolle, die entsprechend den Richtlinien des ökologischen Landbaus produziert wurde. Die Baumwollpflanzen sind nicht gentechnisch verändert und wurden ohne den Einsatz von Chemikalien, Pestiziden und Dünger angepflanzt. Dieses Label bezieht sich auf die Züchtung und den Anbau von Baumwolle.

Seit August 2023 gibt es die Tierhaltungskennzeichnung für Fleisch mit diesen fünf Haltungsformen: „Stall", „Stall+Platz", „Frischluftstall", „Auslauf/Weide" und „Bio". Das Gesetz regelt zunächst die Kennzeichnung von frischem Schweinefleisch und soll zügig auf unter anderem andere Tierarten, weitere Bereiche in der Verwertungskette etwa in der Gastronomie und Verarbeitungsprodukte ausgeweitet werden.

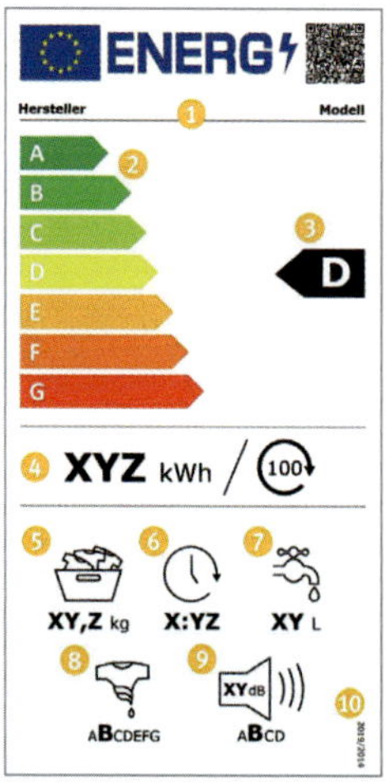

Für Haushaltsgeräte wie Kühl- und Gefrierschränke sowie Waschmaschinen gibt es eine gesetzlich vorgegebene Umwelt-/Nachhaltigkeitskennzeichnung in Form eines EU-Energielabels. Weitere Informationen und Beispiele dazu s. S. 98, 291.

EU-Energielabel

Gesetzliche Warenkennzeichen zum Schutz vor gesundheitlichen Gefahren	Gesetzliche Warenkennzeichen zum Schutz vor Täuschung
• Gefahrenstoffverordnung • Detergenzienverordnung • Allergen-Kennzeichnung	• Eichgesetz • Lebensmittelinformations-Verordnung EU-Vermarktungsnormen • Preisangabenverordnung • Fertigpackungsverordnung • Textilkennzeichnungsverordnung

Weitere gesetzlich vorgegebene Warenkennzeichen dienen dem Schutz vor gesundheitlichen Gefahren, dem Schutz vor Täuschung und ermöglichen eine fachkompetente Kaufentscheidung.

Nach der Lebensmittelinformations-Verordnung müssen auf verpackten Lebensmitteln bestimmte Angaben stehen. Sie müssen an einer gut sichtbaren Stelle deutlich und unverdeckt lesbar sein:

- Bezeichnung des Lebensmittels
- Zutatenverzeichnis inklusive Allergene
- Mindesthaltbarkeitsdatum oder Verbrauchsdatum
- Nettofüllmenge
- Hersteller, Firmenname
- Preisangabe
- Nährwerte („Big 7")
- Herkunftsland

Für Fleisch- und Fischerzeugnisse sind weitere Angaben verpflichtend. Wurden die Erzeugnisse durch Einfrieren haltbar gemacht, so ist die Angabe **„Eingefroren am …"** unverzichtbar. Informationen zu den Herkunftsländern bestimmter Lebensmittelgruppen sind ebenfalls gesetzlich vorgeschrieben. Je nachdem, ob verpackt oder unverpackt, stehen auf dem Etikett oder an der Ladentheke das Ursprungsland oder eine Kombination verschiedener Länder, weil es sich bei dem Produkt um eine Mischung verschiedener Rohstoffe handelt (z. B. aus EU-Ländern, aus Nicht-EU-Ländern) oder ein Schlachttier in einem EU-Land geboren und in einem anderen gemästet und/oder geschlachtet wurde. Ebenfalls verpflichtend sind Angaben zu **Lebensmittel-Imitaten**.

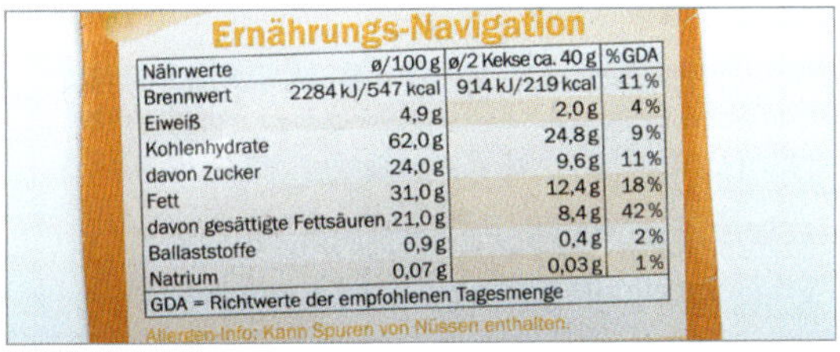

Big 7

Nutriscore

Nicht gesetzlich vorgegeben, aber eine mögliche Entscheidungshilfe bei der Auswahl von Lebensmitteln ist der Nutri-Score (s. a. S. 323). Der Nutri-Score ist eine farbige Kennzeichnung auf der Vorderseite eines verarbeiteten Lebensmittels. Er sagt aus, ob das angebotene Lebensmittel in seiner Produktgruppe zu einer ausgewogenen Ernährung beitragen kann. Ähnlich der Ampel bedeutet die Farbe „Grün" kombiniert mit dem Buchstaben „A" eine gute Wahl, die Farbe „Rot" kombiniert mit dem Buchstaben „E" eine ungünstige Wahl. Somit ist der Nutri-Score eine Ergänzung zu den gesetzlich vorgeschriebenen Angaben „Zutatenliste" und „Nährwerttabelle".

AUFGABEN

1. Recherchieren/Suchen Sie nach einem Erklär-Video zum Nutri-Score!
   Erstellen Sie in Partnerarbeit eine Präsentation zum Thema „Nutri-Score" und informieren Sie sich auch auf S. 323!
   Erklären Sie dieses Bewertungssystem für Lebensmittel!

2. Stellen Sie die drei Qualitätskriterien zusammen, die bei der Entscheidung für ein Lebensmittel, ein Gebrauchsgut und eine Dienstleistung Ihrer Wahl ausschlaggebend sind. Begründen Sie Ihre Auswahl.

Zutatenverzeichnis inklusive Allergene: nennt in absteigender Reihenfolge der zugefügten Menge alle Zutaten außer Wasser; manche nur als zusammengesetzten Bestandteil, z. B. „Fruchtzubereitung"; besonders typische oder beworbene Zutaten mit Prozentangabe; Allergene verdeutlicht durch eine hervorgehobene Schriftart oder -größe

Mindesthaltbarkeitsdatum (MHD) gibt an, bis wann die typischen und wertgebenden Eigenschaften des Produkts erhalten bleiben. Dies aber nur bei ungeöffneter Packung und unter den angegebenen Lagerbedingungen, z. B. "gekühlt". Ein Verbrauchsdatum ersetzt das MHD bei leicht verderblichen Lebensmitteln wie Frischfleisch.

Losnummer/Chargennummer: kann bei Rückrufaktionen durch den Hersteller wichtig sein

Hersteller, Firmenname, Verpacker mit Adresse: wichtig bei Reklamationen, wenn der Händler nicht weiterhilft

Nettofüllmenge: Wie viel Ware enthält die Packung?

Bezeichnung des Lebensmittels: Was ist drin? Fantasienamen sind genau zu erklären.

Preis: auf oder neben dem Produkt, zusätzlich als Preis pro Kilogramm, pro Liter usw., damit verschiedene Verpackungsgrößen vergleichbar sind.

Kennzeichnungspflichtige Elemente auf einer Verpackung

5.5 Qualität von Gütern und Dienstleistungen

Unter ***Qualität*** *wird im Allgemeinen die Gesamtheit der charakteristischen Eigenschaften einer Sache verstanden.*

Für Güter und Dienstleistungen gibt es unterschiedliche Qualitätskriterien. Sie können zum einen objektivierbare, also messbare Eigenschaften sein (Preis, Nährstoffgehalt, Inhaltsstoffe). Zum anderen enthalten Qualitätskriterien immer auch einen subjektiven Anteil (Geschmack, Geruch). Die Warenkennzeichnung ermöglicht die Zuordnung von Qualitätskriterien bezüglich der Nachhaltigkeit.

Weitere Werte wie der soziale Wert, der ökologische Wert, der soziokulturelle Wert sowie der emotionale Wert können in die Bewertung mit einbezogen werden (s. S. 324 f.).

Qualitätskriterien für Dienstleistungen sind fachliche Kompetenz, Zuverlässigkeit und Freundlichkeit. Werden vereinbarte Termine eingehalten? Findet eine kompetente Beratung statt? Im Internet geben Bewertungsportale Auskunft über die Qualität der Dienstleistungen. Auch Warentests unterstützen bei der Entscheidungsfindung. Die Hotelklassifizierung des deutschen Hotel- und Gaststättenverbandes liefert ebenso wie das DLG-Gütesiegel „Urlaub auf dem Bauernhof" Hinweise auf die Qualität von Ferienunterkünften.

AUFGABEN

1. **Führen Sie fünf Qualitätskriterien bei der Auswahl für ein Lebensmittel auf, die für Sie wichtig sind. Begründen Sie Ihre Auswahl!**

2. **Stellen Sie jeweils fünf Kriterien zusammen, die bei der Entscheidung für ein Gebrauchsgut oder für eine Dienstleistung Ihrer Wahl entscheidend sind. Begründen Sie!!**

Qualitätskriterien für Lebensmittel

Genusswert	Eignungswert	Gesundheitswert	Ökologischer Wert
• Farbe • Geruch • Geschmack • Konsistenz	• Preis • Verarbeitungswert • Lagerfähigkeit • Transportfähigkeit • Zubereitungszeit	• Nährstoffe • Essentielle Stoffe • Energiegehalt • Verdaulichkeit • Verträglichkeit • Hygiene • Toxikologische Unbedenklichkeit • Allergene	• Erzeugung • Verarbeitung • Verpackung • Transport • Energieaufwand • Nachhaltigkeit

5.6 Bestellung von Waren und Dienstleistungen

Jeder Kaufentscheidung geht eine gute Information und Planung voraus.

Im Vorfeld gilt es zu prüfen,
- ob der Zeitpunkt zur Beschaffung der gewünschten Ware oder Dienstleistung sinnvoll ist,
- ob die (Neu-)Anschaffung wirklich notwendig ist oder
- ob es preisgünstige Ersatzgüter gibt.

Kaufvertrag – Anfrage und Angebot

Ist die Entscheidung für eine Ware oder eine Dienstleistung getroffen, beginnt der Bestellvorgang. In großen Betrieben ist der Einkauf zentral geregelt. Die einzelnen Abteilungen leiten ihre Bestelllisten nur weiter und die Zentrale entscheidet darüber, bei welchem Lieferanten welche Ware bestellt wird. In der Regel werden die Listen der benötigten Waren in jeder Abteilung per Computer in eine Warenanforderungsdatei eingegeben. Im Einkauf werden die Daten automatisch gesammelt, ausgewertet und es erfolgt die Bestellung beim günstigsten Anbieter. In kleineren Betrieben bestellt die Hauswirtschaft direkt bei Lieferanten alle Lebensmittel, Getränke und alle Ver- und Gebrauchsgüter für den Service und die Reinigung. Die Bestellung größerer Gebrauchsgüter wie beispielsweise Großgeräte wird von der Geschäftsleitung vorgenommen.

Anfragen dienen dem Zweck, eine Einkaufsquelle zu ermitteln, die zu günstigen Bedingungen (Preis, Lieferzeit, Zahlungsbedingungen) benötigte Waren fristgerecht bereitzustellen. Dazu lohnt sich ggf. die Führung einer Lieferantendatei, die folgende Informationen enthält:
1. Name, Anschrift, Telefon, E-Mail
2. Warensortiment
3. Lieferbedingungen
4. Zahlungsbedingungen
5. Rabatte, Skonti
6. Ansprechpartner

Eine Anfrage dient ausschließlich der Information und der Anbahnung eines Geschäfts. Sie ist rechtlich unverbindlich. Angebote sind dagegen rechtlich bindende Willenserklärungen, denen häufig eine Anfrage vorausgegangen ist. Ein Angebot gilt als erster Schritt zu einem Vertragsabschluss. Angebote sollten immer den Vergleich mit anderen Anbietenden ermöglichen und daher folgende Informationen enthalten:
1. Name, Anschrift, Telefon, E-Mail
2. Beschaffenheit, Art und Güte der Ware
3. Mögliche Preisnachlässe (Rabatt, Skonto)
4. Verpackung
5. Lieferbedingungen und Lieferzeit
6. Zahlungsbedingungen
7. Angaben über Erfüllungsort und Gerichtsstand

Arten der Bestellung

Schriftliche Bestellung	Mündliche Bestellung
• Email	• telefonisch
• Fax	• per Handschlag

Verbindliche Bestellungen erfolgen schriftlich oder mündlich und sind bindend für beide Vertragspartner.

Mit der Bestellung verpflichtet sich der Verkäufer,
- **die Ware mängelfrei zu liefern,**
- **die Ware rechtzeitig zu liefern,**
- **den Kaufpreis anzunehmen.**

Mit der Bestellung verpflichtet sich der Käufer,
- **die Waren anzunehmen,**
- **sofort die Qualität bei Lieferung zu prüfen,**
- **den Kaufpreis fristgerecht zu zahlen.**

Die Zusendung unbestellter Ware führt nicht zum Abschluss eines Kaufvertrages und damit besteht auch keine Zahlungsverpflichtung. Der Empfänger unbestellter Ware ist auch nicht verpflichtet, die Ware zurückzusenden, er muss sie lediglich aufbewahren. Der Absender kann die Ware wieder abholen oder abholen lassen.

Werden Dienstleistungen bestellt und in Anspruch genommen, so kommt der Vertrag durch schlüssiges Handeln, z.B. das Einsteigen in ein Taxi oder das Unterschreiben eines Vertrags zustande. Denkbar ist auch die mündliche Zustimmung. Je umfangreicher, kostenintensiver und langfristiger die Dienstleistung geordert wird, desto sinnvoller ist ein schriftlicher Vertrag. Inhaltlich gelten die gleichen Vorgaben wie bei Kaufverträgen von Gütern.

Die Ausführung von haushaltsnahen Dienstleistungen durch einen ambulanten Pflegedienst wird durch einen Vertrag geregelt.

***BEISPIELE** für haushaltsnahe Dienstleistungen durch einen ambulanten Pflegedienst:*
- *Hausreinigung*
- *Wäschepflege*
- *Einkauf*
- *Bereitstellung von Mahlzeiten*
- *Gartenpflege*

Der schriftliche Vertrag zu Inanspruchnahme von Dienstleistungen muss Kündigungsfristen beinhalten. Verträge zu haushaltsnahen Dienstleistungen werden in der Regel unbefristet abgeschlossen. Dennoch bietet es sich an, dass der schriftliche Vertrag eine Kündigungsfrist beinhaltet. So können sich beide Vertragsseiten im Vorfeld schon darüber einigen, welche Fristen einzuhalten sind. Das gibt Planungssicherheit und schafft Vertrauen.

Im schriftlichen Vertrag sind die haushaltsnahen Tätigkeiten (Leistungen), deren Umfang und die Häufigkeiten klar zu formulieren.

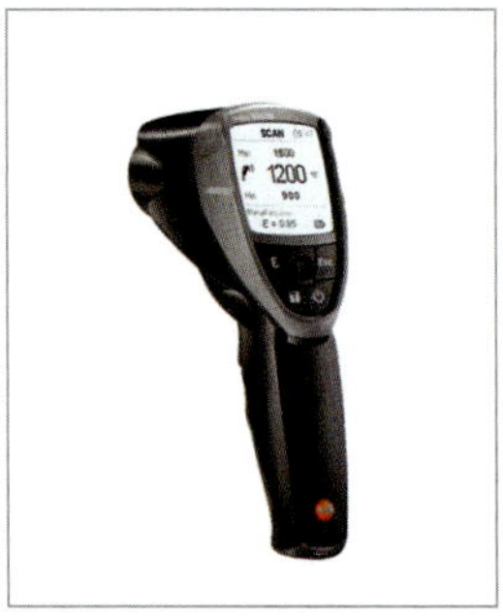

Temperaturfahrtenmesser

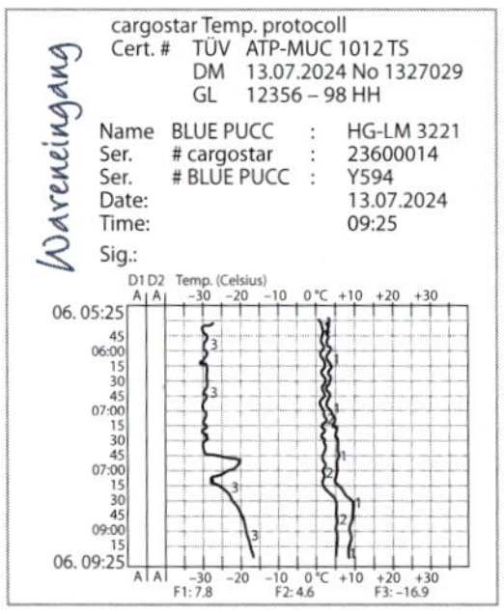

Kontrollschein

5.7 Wareneingang

Wareneingangskontrolle

Mit der Ware erhalten hauswirtschaftliche Betriebe einen Lieferschein, der eine quantitative und eine qualitative Kontrolle erfordert.

Ablauf der Warenannahme
1. Prüfung der Übereinstimmung von gelieferter und bestellter Ware (Menge, Gewicht, Qualität)
2. Prüfung der Beschaffenheit der Ware (Verpackung tadellos und ohne Beschädigungen, Mindesthaltbarkeits- oder Verbrauchsdatum nach Liefertermin, Liefertemperatur laut Vorgaben, hygiensche Standards eingehalten, Geruch und Aussehen frisch)
3. Sortierung in die entsprechenden Lagerräume (Trockenlager, Kühllager, Getränkelager usw.)
4. Eintrag in Wareneingangsdatei, Lagerdatei, Lagerfachkarte
5. Überprüfung Lieferscheindaten mit der Rechnung (Preis, MwSt, Rabatt, Skonto, Zahlungsart, Gesamtbetrag)

Ware wird in der Regel in Anwesenheit des Lieferanten angenommen. So können offene Mängel sofort gerügt und vom Lieferanten quittiert werden. Wichtige Geräte bei der Warenannahme sind Thermometer, Waage und geeignete Transportmittel, um die Waren in die Lagerräume zu transportieren.

Viele Lieferfahrzeuge sind inzwischen mit einem Temperatur-Fahrtenschreiber ausgerüstet. Der Kontrollausdruck wird mit dem Lieferschein ausgehändigt und ermöglicht den lückenlosen Nachweis der Kühlkette. Beim Wareneingang von Lebensmitteln wird ein Protokoll erstellt, das den Anforderungen der Eigenkontrolle des HACCP-Systems entspricht.

Quantitative Kontrolle	Qualitative Kontrolle
• Stimmt die gelieferte Menge mit der bestellten Menge überein? • Sind Brutto- und Nettogewicht auf der Verpackung wie bestellt?	• Aussehen und Farbe • Sauberkeit • Frische und Geruch • Mindesthaltbarkeit • Verpackung • Temperatur • Schädlingsbefall

5.8 Lagerung der Waren

Mit der Lieferung von Gütern werden diese zu Waren. Bei der Lagerung von Waren wird zwischen „Food" (alle Lebensmittel) und „Non Food" (alle Nicht-Lebensmittel) unterschieden.

Food	Non Food
• Frische Lebensmittel • Fertigerzeugnisse • Getränke • Getreideprodukte • Kaffee, Tee	• Reinigungsmittel, Hygieneartikel • Porzellan, Gläser, Besteck • Textilien • Dekorationsmaterial • Büromaterial • Abfälle/Wertstoffe

Eine weitere Unterscheidung entsteht, wenn die Lagertemperatur zur Einteilung herangezogen wird.

Lager	Temperatur
Trockenlager	+8 – +20 °C
Kühllager	+2 – +10 °C
Tiefkühllager	-18 °C

Lagerräume müssen grundsätzlich so beschaffen sein, dass für die eingelagerten Waren eine optimale Lagerung gewährleistet ist.

Mobile Messgeräte oder auch Festinstallationen an der Wand von Kühl- und Tiefkühlräumen bieten durch die direkte Verbindung zur EDV-Einrichtung die Möglichkeit der lückenlosen Kontrolle und Dokumentation.

Neben der Temperatur ist die Luftfeuchte ein wichtiger Faktor bei der Lagerung. Um die vorgeschriebenen Luftfeuchtigkeitswerte einzuhalten, werden in modernen Kühlräumen für Obst und Gemüse automatische Befeuchtungseinrichtungen eingebaut. Zu hohe Luftfeuchtigkeit kann zu unerwünschten mikrobiologischen und/oder enzymatischen Veränderungen führen. Ist die Luftfeuchtigkeit zu niedrig, kommt es zu Qualitätsverlusten durch Austrocknung. Die richtige Einstellung der Luftfeuchtigkeit verhindert mikrobiellen Verderb von empfindlichen Lebensmitteln.

Trockenlager

Im Trockenlager lagern verpackte Lebensmittel mit langer Haltbarkeit bei Temperaturen zwischen 8 und 20 °C. Das Lager sollte kühl, dunkel, trocken und belüftet sein. Im privaten Haushalt ist dies ein Vorratsschrank, ein Vorratsraum oder ein Keller. In hauswirtschaftlichen Betrieben sind es Lagerräume.

Die Einrichtung eines Lagers besteht aus Regalen. Die Regale sind leicht zu reinigen und stehen mit Abstand im Raum. Es bleibt genug Platz für die Transportwagen. Lebensmittel stehen nicht auf dem Boden. So kann der Raum einfach sauber gehalten werden.

Neben dem Trockenlager für Lebensmittel verfügen größere hauswirtschaftliche Betriebe über Trockenlager für Reinigungsmittel und Reinigungsgeräte oder Wäsche.

In diesem Lager befinden sich:
- spezielle Reinigungs- und Desinfektionsmittel
- Pflegemittel zur Erhaltung der Oberflächenversiegelung
- eine umfangreiche Palette von Reinigungstüchern und -schwämmen in der entsprechenden Farbkennung
- Pads verschiedener Materialien und Strukturen für unterschiedliche Verschmutzungsgrade und Oberflächenempfindlichkeiten für die jeweiligen Reinigungsmaschine

Außerdem müssen im Lagerbereich vorhanden sein:
- sichere Stellflächen in ausreichendem Maße für unterschiedliche Reinigungsgeräte und -maschinen
- Behälter zum getrennten Sammeln der zu entsorgenden oder zu reinigenden Tücher, Schwämme und Pads
- Unmissverständlich gekennzeichnete Regale und Ordnungssysteme für eine übersichtliche Lagerung.

Je nach Schwerpunkt des hauswirtschaftlichen Betriebes werden unterschiedliche Textilien in größeren Mengen bevorratet. Textillager müssen besonders trocken und sicher vor tierischen Schädlingen sein. Dichtverschließbare Türe, welche breit genug für Wäschewagen sind, sind ebenso wichtig wie Lüftungseinrichtungen mit feinem Gitter oder Filter.

Trockenlager – nonfood und food

Offene Lagereinrichtungen empfehlen sich nur für sehr häufig benötigte Textilien. Diese Textilien befinden sich nur kurz im Lager und sind nicht anfällig für Schädlingsbefall. Bei diesen Textilien, wie z.B. Geschirrtücher, Arbeitskleidung; aktuelle Tischwäsche oder Bewohnerbekleidung, die nur bis zur Verteilung in die Zimmer zwischengelagert werden, ist der schnelle Zugriff und die Übersichtlichkeit vorrangig.

Generell müssen alle Schränke von außen gut und mehrsprachig gekennzeichnet sein, um unnötiges Öffnen und langes Suchen zu vermeiden.

Kühllager

Lebensmittel, die frisch verbraucht werden, lagern im Kühllager. Je größer der hauswirtschaftliche Betrieb, desto mehr Einzellager mit unterschiedlichen Temperaturbereichen werden bereitgehalten. Auch die Luftfeuchtigkeit in den Einzellagern variiert. Kühlschränke liefern innerhalb des Gerätes die verschiedenen Temperaturbereiche, in denen die verschiedenen Lebensmittel optimal gelagert werden können.

Vor- und Nachteile müssen von jedem Betrieb individuell abgewogen werden. Die Menge der gelagerten Waren muss so ausreichend bemessen sein, dass alle Abteilungen störungsfrei funktionieren können. Nicht zu viel und nicht zu wenig – ist die Maxime bei der Warenwirtschaft.

Neben den Kühlräumen gibt es spezielle, häufig auch im Hotel- und Gastronomiebereich verwendete Kühlgeräte:

Kühlung für Gastronormbleche und -behälter, in denen bereits vorbereitete Mahlzeitenkomponenten gelagert werden, z.B. für personell eng besetzte Schichten oder am Wochenende. Die Bleche/Lochbleche können direkt in den genormten Combi-Dämpfer eingeschoben bzw. die Behälter zum Aufwärmen in ein Wasserbad eingeschoben werden.

Getränkekühlschränke mit unterschiedlichen Temperaturzonen, u.a. für die Temperierung verschiedener Weine und Spirituosen.

Kühltheken zur kurzfristigen Lagerung zum Verkauf bestimmter Waren.

Kühllager Obst und Gemüse

Tiefkühllager

In Tiefkühllagern herrschen Temperaturen unter -18 °C. Sie sind geeignet zur langfristigeren Lagerung von Lebensmitteln. Je nach Lebensmittel variiert die Lagerdauer. Ist das Tiefkühllager begehbar, dient dies der Übersichtlichkeit. Tiefgefrorene Lebensmittel sind dann in Regalen eingeräumt und können bequem entnommen werden.

Kühllager für	Temperatur	Relative Luftfeuchte	Lagergut
Gemüse	+6 bis +8 °C	80 bis 90 %	Gemüse, insbesondere Salate
Fleisch	+2 °C	85 bis 90 %	Fleisch- und Wurstwaren
Fisch	+2 °C	85 bis 95 %	Frischfisch (in Eis)
Milch und Milchprodukte	+2 bis +4 °C	75 bis 80 %	Milch, Butter, Käse
Getränke	+8 bis +10 °C		Limonaden, Säfte, Mineralwasser

5
10
13

Für große Tiefkühllager gilt, dass sie mit Schutzbekleidung betreten werden sollten. Wichtig sind u.a. die Schutzhandschuhe, die vor Erfrierungen an den Händen schützen.

Arbeitssicherheit in Lagerräumen

Die Lebensmittelhygiene-Verordnung schreibt bauliche Maßnahmen und die Ausstattung von Lagerräumen vor. Sie legt fest, wie Betriebsstätten beschaffen sein müssen, damit eine gute Lebensmittelhygienepraxis zum Schutz der Lebensmittel gegen „nachteilige Beeinflussung" gewährleistet ist. Die Hygieneverordnung schreibt vor, dass Reinigung und Desinfektion jederzeit möglich sind, die vorgegebenen Temperaturen eingehalten und genügend Be- und Entlüftungsmöglichkeiten vorhanden sind.

Die Arbeitsstättenverordnung (ArbStättV) beinhaltet Regelungen zum Schutz der Beschäftigten in Arbeitsstätten sowie deren Sicherheit. Die in ihr festgeschriebenen Regeln dienen der Verhütung von Arbeitsunfällen und der Vermeidung von Berufskrankheiten. Diese Verordnung gibt Auskunft über Vorgaben hinsichtlich der Beleuchtung und des Fußbodens.

In Lagerräumen sind folgende Punkte besonders zu beachten:

1. Beleuchtung: Beleuchtungsstärke, Notbeleuchtung, selbstleuchtende Lichtschalter in der Nähe von Türen
2. Fußböden: stoßfest, fäulnisresistent, wasserundurchlässig, rutschfest und ohne Risse, leicht zu reinigen
3. Wände: leicht zu reinigen, hell und ohne Hohlräume, Fugen wasserdicht
4. Türen und Tore: für Fußgänger leicht zu öffnen, glatte und abwaschbare Oberfläche, ggf. mit Fenstergitter, ohne Schwellen
5. Fenster: dürfen im geöffneten Zustand die nötige Breite der Verkehrswege nicht einengen, Fenster und Oberlichter müssen mit Einrichtungen gegen direkte Sonneneinstrahlung versehen sein
6. Gänge: breit genug, damit Leitern und arbeitserleichternde Geräte zum Einsatz kommen können.

Arbeiten im Warenlager

Um Übersichtlichkeit zu gewährleisten und Verluste zu vermeiden, gilt bei der Einlagerung neuer Ware First in – first out.

> ***First in – first out*** *(FIFO)bedeutet, dass neue Waren hinten eingeordnet werden, damit die älteren, „zuerst eingelagerten" als Erstes verbraucht werden.*

Gleiches verlangt auch das sogenannte LIFO-Prinzip. Die zuerst gelieferte Ware („Last in") verlässt als erstes („First out") das Lager.

Lagernde Waren werden in regelmäßigen Abständen auf ihren Zustand und ihre Haltbarkeit kontrolliert. Nicht einwandfreie oder verdorbene Waren werden aussortiert. Gleichzeitig wird die Einhaltung der Lagerbedingungen wie Temperatur und Luftfeuchtigkeit geprüft und dokumentiert.

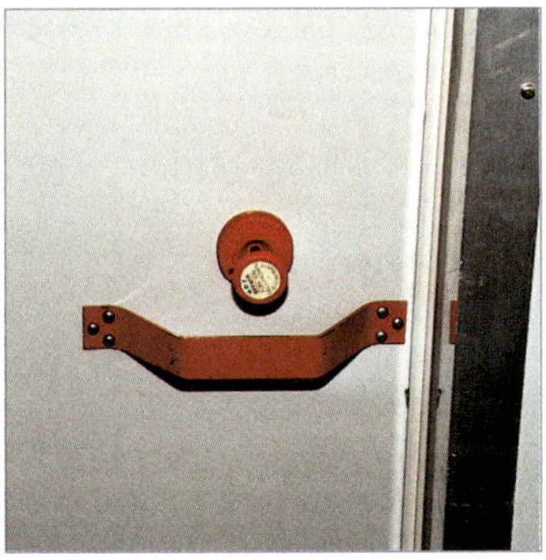

Türentriegelung innen für alle Lagerräume, auch für Kühl- und Tierkühllager. Dieser Notöffner kann an eine zentrale Funküberwachung angeschlossen werden

Alarmknopf in Bodennähe: besonders wichtig und unter Umständen lebensrettend bei Stürzen im Gefrierlager

Messgeräte für Kühl- und Tiefkühlräume bieten die direkte Verbindung zur EDV-gestützten Kontrolle und Dokumentation der Lagertemperatur

5

10

13

Lebensmittel in den Kühlhäusern werden täglich gesichtet. Sie müssen in sauberen Behältern und abgedeckt aufbewahrt werden. Das Lebensmitteltrockenlager wird nicht täglich, sondern etwa einmal wöchentlich bzw. nach Bedarf kontrolliert.

Geachtet wird auf:
- angetrocknete Verunreinigungen
- Angetrocknete und verdorbene Stellen
- Farbveränderungen
- Beschädigungen an der Verpackung
- ausreichendes Haltbarkeitsdatum
- Gefrierbrand
- Rost an Konserven
- Dosen mit Bombagen
- Gläser mit offenen Deckeln
- Vakuumverpackungen ohne Vakuum
- Schimmelbildung auf den Lebensmitteln oder an der Verpackung

Gefrierbrand

Im HACCP sind Kühl- und Tiefkühltemperaturen sogenannte Kontrollpunkt (CP's = Critical Points), die genauestens überwacht und eingehalten werden müssen (s. S. 27, 36). Anhand von Listen werden die ermittelten Temperaturen dokumentiert und sind jederzeit nachweisbar. Die Temperaturvorgaben sind zum Teil gesetzlich festgelegt oder vom Hersteller der Speisen oder Speisekomponenten vorgeschlagen. Lagerverluste, die durch Reifung, Austrocknung oder Verderb entstehen, werden als „Schwund" bezeichnet. Ursachen für Schwund können darüber hinaus Überalterung und Diebstahl sein.

Warenausgabe

Nach der Warenannahme und der angemessenen Lagerung wird die Ware aus dem Lager an die Abteilungen abgeben, die die Ware anfordern. Die Verteilung der Ware ist so zu organisieren, dass sie zügig erfolgt und die Abgänge in der Lagerdatei verzeichnet werden. Auch bei der Warenausgabe müssen alle Vorschriften zum hygienischen Umgang mit Lebensmitteln und die Temperaturvorschriften beachtet werden.

Folgende Regeln gelten:
- TK-Ware und gekühlte Lebensmittel zügig ausgeben
- Kühlkette bei TK-Produkten einhalten
- saubere Transportmittel nutzen
- Ware sicher stapeln
- für schwere Waren Hilfe zum Tragen und Transportieren holen
- Ggf. Erhalt der Ware auf dem Anforderungsschein quittieren lassen
- Verluste sofort verbuchen

BEISPIEL: *Warenfluss am Beispiel Reinigungsmittel:*
1. *Bestellung von 10 Litern Reinigungsmittel beim Großhändler*
2. *Lieferung des Reinigungsmittels*
3. *Eintragung in der Wareneingangsdatei unter Zugänge*
4. *Warenanforderungsschein des Housekeepings*
5. *5 Liter Reinigungsmittel unter Abgänge verbuchen*
6. *Warenausgabe ans Housekeeping gegen Empfangsbestätigung*
7. *Housekeeping nutzt das Reinigungsmittel*

AUFGABEN

1. Listen Sie jeweils 10 frische Lebensmittel und Rohstoffe sowie 10 Fertigerzeugnisse auf, die in Ihrem Ausbildungsbetrieb gelagert werden.
2. Beschreiben Sie den Ablauf der Warenannahme in Ihrem Ausbildungsbetrieb.
3. Erklären Sie, warum Warenlagerbestände nicht zu klein werden dürfen.
4. Erstellen Sie einen Monatsarbeitsplan mit den Tätigkeiten, die im Warenlager durchgeführt werden.
5. Begründen Sie, warum Lagerhaltung auch Nachteile hat.

5.9 Verluste im Warenlager

5.9.1 Verluste durch Schädlingsbefall

Zu den Schädlingen gehören Insekten wie Getreide- und Dörrobstmotten, Ameisen, Essigfliegen, Schaben und Silberfischchen, Mehl- und Getreideplattkäfer sowie Nagetiere (Mäuse und Ratten). Sie verunreinigen Nahrungsmittel durch Kot und verschleppen Keime. Schädlingsbefall ist an Fraßschäden, Spinnweben, Kotspuren, umherfliegenden Motten und Fliegen oder toten Insekten zu erkennen.

Schädlinge, Lebensgewohnheiten und Bekämpfung

Aussehen	Schädling	Vorkommen und Schadwirkung	Bekämpfung
	Maus • Hausmaus • Feldmaus • Waldmaus	Sie leben das ganze Jahr in Gebäuden, können Fraßschäden anrichten und Krankheiten übertragen.	• Köderstationen • mechanische Mausefallen
	Ratte • Hausratte • Wanderratte	Vermehren sich stark in Kanalsystemen, Abfalldeponien und auf offenen Komposthaufen. Ratten können Flöhe, Fadenwürmer, Bakterien und Krankheiten übertragen.	• Köderstationen • Mülltonnen gut verschließen • Essensreste nicht in den Abfluss geben • Kammerjäger beauftragen
	Schaben • Deutsche Schabe • Orientalische Schabe • Amerikanische Schabe	Sie kommen weltweit und überall vor. Schaben übertragen Viren, Bakterien, Pilze und Würmer.	• Köderdosen, Giftspray • Kammerjäger beauftragen
	Ameisen • heimische Ameise • Pharaoameise	Sie befinden sich in und an Gebäuden. Übertragen Salmonellen, Staphylokokken, etc.	• Köderdosen
	Fliegen • Stubenfliege • Fleischfliege • Schmeißfliege	Halten sich an Lebensmitteln, Kot und Kadaver auf, legen Eier und übertragen Krankheiten.	• Fliegengitter • Köderdosen
	Wespen • Deutsche Wespe • Gemeine Wespe	Sie sind lästig und gefährlich für allergische Menschen.	• Umsiedlung durch Fachpersonal

Aussehen	Schädling	Vorkommen und Schadwirkung	Bekämpfung
	Käfer • Kornkäfer • Mehlkäfer • Speisebohnenkäfer	Bevorzugen pflanzliche Lebensmittel, verursachen Fraßschäden, machen LM durch ihre Ausscheidungen ungenießbar.	• geschlossene Gefäße • Kammerjäger beauftragen
	Lebensmittelmotten • Mehlmotte • Dörrobstmotte • Getreidemotte	Sie verursachen Larvenfraßschäden in den Vorräten, Gespinste mit Puppen und hinterlassen Ausscheidungsprodukte, die ggf. gesundheitsschädlich sind.	• Pheromonfallen • geschlossene Gefäße verwenden • Kammerjäger beauftragen
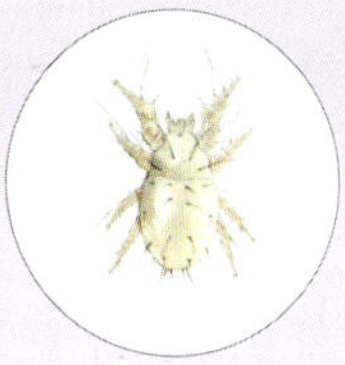	Milben • Mehlmilbe	Kommen in Mehl/Mehlstaub vor, verursachen asthmatische Reaktionen, Haut- und Darmerkrankungen.	• Professionelle Hilfe oder Beratung

FÜR DIE PRAXIS

Alle Vorräte sollen in festverschließbaren Behältern lagern. Idealerweise sind diese durchsichtig, damit Schädlingsspuren leicht zu erkennen sind.

Schädlinge bevorzugen feuchte Räume. Sie können gut in Ritzen und Ecken leben. Stehende Luft und Feuchtigkeit begünstigt das Wachstum von Schimmelpilzen. Lagerräume sollten daher trocken, kühl und gut zu belüften sein.

Eine regelmäßige Kontrolle auf Schädlinge ist unerlässlich. Wird ein Befall festgestellt, muss die gesamte Ware untersucht und aussortiert werden. Um eine weitere Verbreitung der Schädlinge zu verhindern, helfen elektrische Insektenfänger oder Köderdosen. Insektengifte dürfen im Lebensmittelbereich nicht eingesetzt werden. Gegen Motten helfen Klebstreifen mit einem Lockstoff. Das Auslegen von Gift ist einem professionellen Schädlingsbekämpfungsdienst vorbehalten.

Um einen Schädlingsbefall zu vermeiden ist es wichtig,

- dass Kellerfenster und Kellertüren geschlossen werden,
- dass Kellerfenster ggf. mit einem Gitternetz versehen sind,
- dass Müllbehälter verschließbar sind,
- dass Lebensmittel und Speisereste vorschriftmäßig entsorgt werden,
- dass Trockenprodukte in fest verschlossenen Behältern aufbewahrt werden.

Angebrochene Gebinde so schnell wie möglich verbrauchen.

AUFGABEN

1. Erstellen Sie zu einem der genannten Schädlinge einen Steckbrief, der Auskunft über das Aussehen, die bevorzugten Lebensmittel, den erkennbaren Merkmalen des Befalls und der Bekämpfung des Schädlings gibt.
2. Recherchieren Sie Informationen zu örtlichen Schädlingsbekämpfern!

5.9.2 Lebensmittelverderb durch Mikroorganismen

Während der Lagerung können Mikroorganismen dafür sorgen, dass Lebensmittel verderben und nicht mehr verwendet werden können.

Mikroorganismen sind Kleinstlebewesen (Bakterien, Hefen, Pilze, Viren). Sie kommen überall vor: in der Luft, im Wasser, in der Erde, auf Pflanzen und im menschlichen Körper. Insbesondere durch Sporen verteilen sich Mikroorganismen flächendeckend und überleben lange Zeiträume.

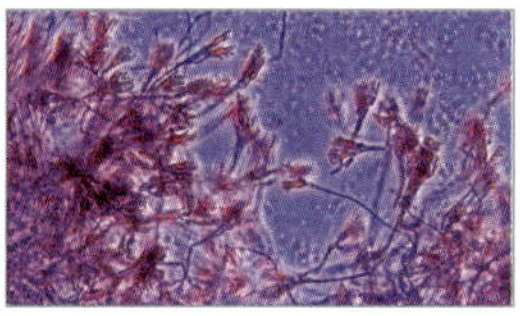
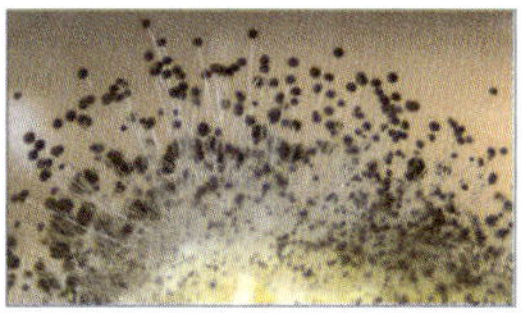

Schimmelpilze – Schimmelpilze mit Sporen

Mikroorganismen mögen
- Temperaturen zwischen +20 und +40 °C
- genügend Feuchtigkeit bzw. verfügbares Wasser im Lebensmittel
- Sauerstoff
- einen neutralen pH-Wert (s. S. 118)
- Nährstoffe (Eiweiß, Kohlenhydrate, Fett)

Lebensmittelverderb kann durch Farbveränderungen, Fehlgerüche, Veränderungen der Konsistenz und Schleimbildung erkannt werden.

Lebensmittelverderb

Schimmelpilze siedeln sich auf eiweißhaltigen Lebensmitteln (z. B. Fleisch, Fisch, Eier, Käse) und auf kohlenhydratreichen Lebensmitteln an. Verschimmelte Lebensmittel müssen sofort entsorgt werden, denn sie bilden Giftstoffe mit teilweise krebserregenden Wirkungen und können Nervenerkrankungen auslösen.

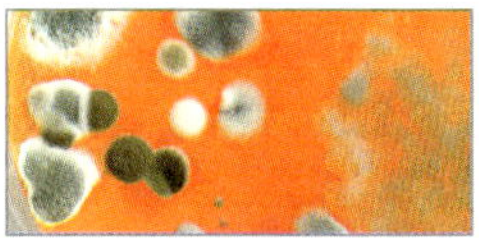

Durch Hefen können Fruchtsäfte, Kompotte, Konfitüren vergären und unangenehm schmecken.

Bakterien verursachen das Ranzigwerden von Fetten in Nüssen, Schokolade, Butter und Öl. Dies ist optisch durch Farbveränderungen und geschmack lich erkennbar.

Fäulnisbakterien befallen Obst, Gemüse und Kartoffeln. Die Gewebestruktur und der Geruch des Lebensmittels verändern sich.

Milchsäurebakterien sorgen dafür, dass Milch und Milchprodukte sowie auch Wurstwaren ihren Geschmack und zum Teil ihre Konsistenz verändern.

Verdorbene Lebensmittel dürfen auf keinen Fall weiterverarbeitet oder zum Verzehr angeboten werden. Sie müssen sofort entsorgt werden. Verdorbene Lebensmittel sind die Ursache für Lebensmittelvergiftungen.

Lebensmittelvergiftungen	
Bei Lebensmittelinfektionen haften Mikroorganismen auf den Lebensmitteln. Durch deren Verzehr gelangen die Mikroorganismen in den menschlichen Körper, vermehren sich dort und bilden Giftstoffe. Beispiel: Salmonelle	Bei Lebensmittelintoxikationen haben Mikroorganismen ihre Giftstoffe in einem Lebensmittel gebildet. Diese Giftstoffe werden mit der Nahrung in den Körper transportiert. Beispiel: Clostridium Botulinum

Vorbeugende Maßnahmen zur Vermeidung des Lebensmittelverderbs:
- Kontrolle der Waren auf Haltbarkeit
- First in, First out
- regelmäßige Überprüfung der Warenbestände durch Sicht- und Geruchskontrollen
- Kontrolle der Temperaturen und Luftfeuchte in den Lagerräumen
- Lebensmittel abgedeckt aufbewahren
- Einhaltung der Personal-, Produkt- und Betriebshygiene

Aufgabe 1

Im Haus Sturmeck möchte die Hauswirtschaft neue Arbeitskleidung beschaffen. Für die Arbeit in der Küche werden einfarbige, helle Kasacks bevorzugt. Dunklere Kasacks sind es für die übrigen Tätigkeiten. Sie werden gebeten, Angebote für je 50 helle und 50 dunkle Kasacks in den Größen M, L und XL einzuholen. Formulieren Sie ein entsprechendes Schreiben. Welche Nachhaltigkeitssiegel sollten aus Ihrer Sicht zur Entscheidungsfindung herangezogen werden?

Aufgabe 2

Regelmäßig werden Inventuren im Haus Sturmeck durchgeführt. Erläutern Sie den Begriff „Inventur". Sie sollen die Inventur im Lebensmittellager durchführen. Nennen Sie Möglichkeiten, wie die Bestände im Lebensmittellager ermittelt werden können. Bereiten Sie eine Tabelle vor, in der die gelagerten Lebensmittel erfasst werden können.

Aufgabe 3

Lagerhaltung ist ein Kostenfaktor. Nennen Sie verschiedene Kosten, die für den Unterhalt eines Kühllagers anfallen. Andererseits achtet das Haus sehr auf Nachhaltigkeit.
Finden Sie Argumente, die aus Nachhaltigkeitsgründen für die Lagerhaltung sprechen.

Aufgabe 4

Die Leitung der Hauswirtschaft vermutet, dass sich zum Herbst Nager in den Trockenvorräten eingenistet haben. Finden Sie Auffälligkeiten, die auf Nager in den Vorratsräumen hinweisen. Nennen Sie Maßnahmen, die Sie zur Beseitigung des aktuellen Schädlingsbefalls ergreifen. Erarbeiten Sie Möglichkeiten, die dem Befall von Nagern vorbeugen.

Aufgabe 5

Recherchieren Sie im Internet zum Thema „Notvorrat". Erarbeiten Sie gemeinsam eine Checkliste, die geordnet nach den Lebensmittelgruppen Empfehlungen eines Notvorrats enthält.

Aufgabe 6

Erklären Sie den Unterschied zwischen Lebensmittelinfektion und Lebensmittelintoxikation.

Aufgabe 7

Stellen Sie verschiedene Hygiene-Regeln zusammen, die eine Lebensmittelvergiftung verhindern. Bedenken Sie dabei Maßnahmen der Personalhygiene, Lebensmittelhygiene und Betriebshygiene.

Shopping!

Supermarket

- fruits
- meat
- bus ticket
- vegetables
- medication
- sweets

Restaurant

- fish and chips
- cup of coffee
- fuel
- apple juice
- washing powder
- vegetarian burger

Farmers Shop

- potatoes
- noodles
- stamps
- eggs
- working shoes
- recipes

Aufgabe 1

Erläutern Sie auf englisch, welche der genannten Produkte in den genannten Geschäften gekauft werden können.

„I can ask for something in a shop!"

In Kaufhäusern und Geschäften wird häufig etwas gesucht. Es kann helfen, Mitarbeitende zu fragen.

You:	Good morning! Excuse me, where can I get vegetables?
Shop Assistent:	There is a food departement in the ground floor.
You:	Thank you!
Shop Assistent:	You are welcome!

Aufgabe 2

Sprechen Sie kurze Dialoge, in denen eine Person nach einer Ware fragt und eine andere Person Auskunft gibt.

Weitere Sätze zum Thema Einkaufen:

Haben Sie …?	Do you have any ….?
Ich hätte gerne …	I'd like some …, please.
Wo ist die Kasse?	Where is the cash desk?
Das ist alles!	That's all.

Aufgabe 3

Formulieren Sie in kleinen Teams Dialoge und spielen Sie diese Dialoge der Klasse vor.

5
10
13

Sie sind für den Einkauf verschiedener Güter für Ihren Betrieb zuständig. Bei Ihrer Recherche stoßen Sie auf QR-Codes, Scanner, etc.

Durch die Digitalisierung kann so Auskunft über einzelne Produktegegeben werden.

Das Etikett auf einer Verpackung informiert über vieles. Bei verarbeiteten Lebensmitteln gibt es auf jeden Fall Auskunft über die Zutaten, mögliche Allergene, die durchschnittlichen Nährwerte, das Mindest- bzw. Verbrauchsdatum, die Menge und den Hersteller. Neben diesen gesetzlichen Vorgaben finden sich freiwillige Informationen, Tipps, Anregungen und Bilder, die zum Kauf anregen sollen.

Der Preis ist meist digital in Form eines EAN-Codes hinterlegt.

EAN-Code

Alle Waren aus Ländern der Europäischen Union haben eine EAN-Nummer (European Article Number), die weltweit einmalig vergeben wird. Dieser Strichcode wird auch Barcode genannt und wurde eingeführt, damit an Supermarktkassen schneller kassiert werden kann. Ein sogenannter Barcode-Scanner ermöglicht dies.

QR-Code

Noch umfangreicher als auf dem Etikett und dem EAN-Code können Informationen in Form eines QR-Codes bereitgestellt werden. „QR" steht hierbei für „Quick Response".

Der QR-Code trägt die Informationen in sich und ist unkompliziert mithilfe eines Smartphones oder Tabletts zu nutzen.

Aufgabe 1

Recherchieren Sie QR-Codes auf Lebensmittelverpackungen und testen Sie diese.

Aufgabe 2

Diskutieren Sie die Eignung dieser QR-Codes im hauswirtschaftlichen Berufsalltag, in dem Sie Vor- und Nachteile nennen. Ziehen Sie ein Fazit daraus.

Aufgabe 3

Erstellen Sie einen eigenen QR-Code mit einem Link, der zu einem Erklärvideo Ihrer Wahl zum Thema „Nutri-Score" führt.

Aufgabe 4

Überlegen Sie gemeinsam in der Klasse, wie der EAN-Code oder ein QR-Code für ein Warenwirtschaftssystem genutzt werden kann. Erstellen Sie eine Liste der Möglichkeiten.

Aufgabe 5

Diskutieren Sie, welche weiteren Informationen hilfreich sein könnten. Was wünschen Sie sich diesbezüglich für die Zukunft?

5
10
13

Dreisatz / Prozentrechnung / Rabatt und Skonto

*Beim **Prozentrechnen** wird der Anteil von einer Gesamtmenge errechnet. Das Wort „Prozent" kommt aus dem Lateinischen und heißt „von Hundert".*

Prozentrechnung wird mithilfe des Dreisatzes durchgeführt.

100	% Prozent	≙ entsprechen	Gesamtmenge
: 100		Geteilt durch 100	
1*	%	≙	X
· X		mit x malnehmen	
x · X	%	≙	Preisnachlass = Rabatt

* hier steht immer „1"

Aufgabe 1

Eine Waschmaschine kostet 1.000,- €.
Bei Barzahlung reduziert sich der Preis für die Waschmaschine um 5 %. Berechnen Sie den Preis bei Barzahlung.

%	€
100	
1	

Aufgabe 2

Berechnen Sie folgende Preisnachlässe:

a) 2 % von 800,– €
b) 4 % von 800,– €
c) 3,5 % von 800,– €
d) 10 % von 800,- €

Aufgabe 3

Auf der Rechnung des Gemüselieferanten über 526,– € steht, dass bei Zahlung innerhalb von 10 Tagen ein Preisnachlass von 2 % gewährt wird (Skonto).
Berechnen Sie, wie viel Euro bei einer Zahlung innerhalb von 10 Tagen gespart wird.

Aufgabe 4

Das Tagungshaus beschafft neue Bettwäsche für die Gästezimmer. Eine Garnitur Bettwäsche kostet 36,– €. Werden 100 Garnituren Bettwäsche bestellt, gewährt der Anbieter einen Preisnachlass von 25 % (Mengenrabatt).
Berechnen Sie, wie viel Euro bei der Bestellung von 100 Garnituren Bettwäsche gespart werden.

Aufgabe 5

Die Übernachtung im Einzelzimmer ohne Frühstück kostet für eine Person 44,– €. Als Auszubildende erhalten Sie für die Übernachtung einen Personalrabatt in Höhe von 25 %.
Vergleichen Sie diesen Preis mit dem Angebot eines Hostels, in dem die Übernachtung (inkl. Frühstück) für eine Person 36,– € kostet.
Welche Unterkunft werden Sie auswählen?
Begründen Sie Ihre Entscheidung!

Aufgabe 6

Auf einem Angebotsplakat steht „Kunden erhalten 18 % Messe-Rabatt und 2 % Skonto". Ihre Begleitung folgert „Dann sparen wir ja insgesamt 20 %".
Stimmt das? Begründen Sie! Ist die tatsächliche Ersparnis höher oder geringer als 23 %?

***Rabatt** ist ein Preisnachlass, der meist in % (Prozent) ausgewiesen wird.*

Wird der Rabatt gewährt, weil eine größere Menge gekauft wird, handelt es sich um Mengenrabatt. Stammkunden oder Messebesucher bekommen einen Sonderrabatt. Personalrabatt erhalten Mitarbeitende des Betriebes.

***Skonto** ist ein Preisnachlass, der bei der Bezahlung der Ware innerhalb einer bestimmten Frist gewährt wird. Auch Skonto wird in Prozent (%) ausgewiesen.*

Rabatt wird zunächst berechnet und vom Preis abgezogen. Im nächsten Rechenschritt wird Skonto berechnet und von Rechnungsbetrag abgezogen.

Lebensmittel lagern und bereitstellen

Wer wirft wie viele Lebensmittel weg? Betrachten Sie die Abbildung.

Im Schnitt wirft jeder Bundesbürger pro Jahr rund 78 Kilogramm Lebensmittel weg. (Quelle: Statistisches Bundesamt, 2022) Im Rahmen der Außer-Haus-Verpflegung sind es fast 2 Millionen Tonnen, die in die Tonne wandern. Hinzu kommen die Lebensmittel, die bereits in der Landwirtschaft (Primärproduktion), der Verarbeitung oder vom Handel entsorgt werden. Die Lebensmittel werden sozusagen für die Mülltonne hergestellt, verursachen aber trotzdem Umweltbelastungen wie andere Lebensmittel auch, z. B. Klimagase, Gewässer- und Bodenbelastungen, Energieverbrauch. Knapp die Hälfte der Lebensmittelabfälle wäre vermeidbar gewesen. Das hätte die Umwelt geschont und den Geldbeutel. Und angesichts von Hunger und Unterernährung hat Lebensmittelverschwendung nicht nur ökologische und ökonomische Folgen, sondern ist auch ein soziales Problem.

Die nebenstehende Grafik zeigt, warum die Lebensmittel weggeworfen werden.

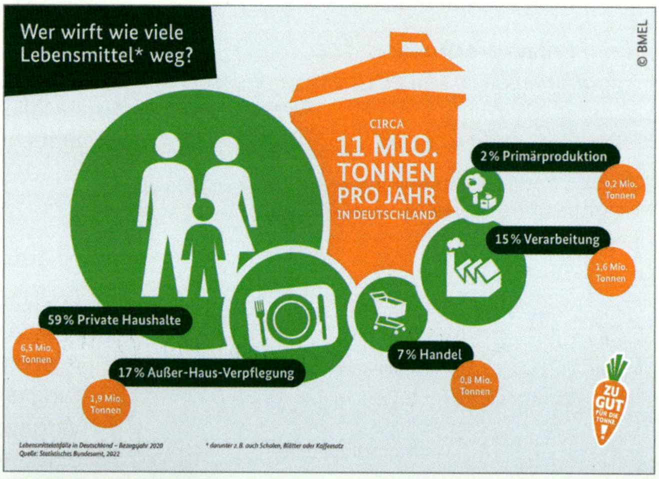

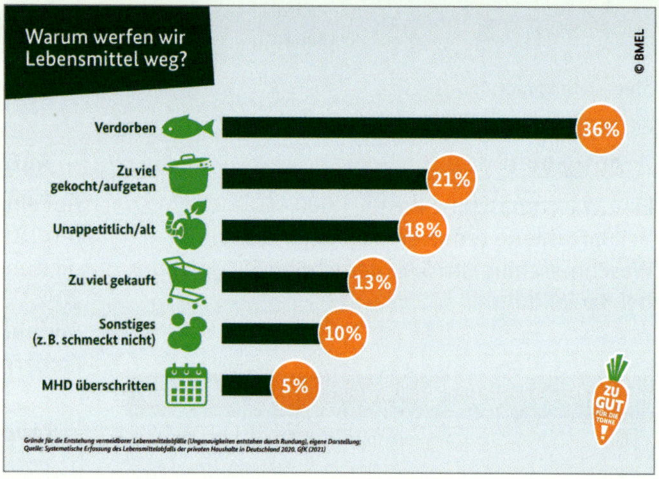

••• Aufgabe 1

Recherchieren Sie im Internet nach Aktionen, die dazu anregen, etwas gegen Lebensmittelverschwendung zu unternehmen.

••• Aufgabe 2

Finden Sie Argumente, die aufzeigen, dass ein Vorgehen gegen Lebensmittelverschwendung die drei Aspekte der Nachhaltigkeit aufgreift. Nutzen Sie die unten stehende Tabelle mit den drei Dimensionen der Nachhaltigkeit.

••• Aufgabe 3

Stellen Sie Maßnahmen zusammen, die bei der Beschaffung und Lagerung von Lebensmitteln der Lebensmittelverschwendung in der Außer-Haus-Verpflegung entgegenwirken.

••• Aufgabe 4

Beschreiben Sie konkrete Maßnahmen für Ihren Ausbildungsbetrieb, mit denen Sie in Bezug auf Vermeidung von Lebensmittelabfällen noch nachhaltiger handeln können.

Ökologische Aspekte	Ökonomische Aspekte	Soziale Aspekte
…	…	…

Personen und Gruppen unterstützen und betreuen

Lernsituation

In der integrativen Kindertagesstätte „Häschennest", die auch einen Hort für Schulkinder umfasst, werden 85 Kinder mit und ohne Förderbedarf betreut. Ein Team aus Erzieherinnen und Erzieher, hauswirtschaftlichen Fachkräften sowie Heilpädagoginnen und Heilpädagogen arbeitet zusammen, um ein förderliches Umfeld für die Entwicklung aller Kinder zu schaffen. Die Kita bietet ein breites Spektrum an Herausforderungen und Lernmöglichkeiten für die Kinder sowie für alle Fachkräfte, die dort täglich arbeiten.

Nora El Amrani (4 Jahre) ist Autistin und benötigt klare Strukturen und eine ruhige Umgebung, um Überreizung zu vermeiden. Ihre Begeisterung für Wasseraktivitäten hilft ihr, sich zu entspannen und interaktiv mit ihrer Umgebung zu verbinden.

Jonas Becker (8 Jahre) wurde mit Down-Syndrom geboren und zeigt großes Interesse an rhythmischen Aktivitäten. Jonas benötigt Unterstützung bei der Feinmotorik und der Sprachentwicklung. Durch angeleitete Musikstunden kann er seine sprachlichen Fähigkeiten und sein Rhythmusgefühl spielerisch verbessern.

Vanessa Bauer (6 Jahre), ohne diagnostizierten Förderbedarf, ist sehr einfühlsam und zeigt ein natürliches Interesse daran, anderen Kindern zu helfen. Sie nimmt oft die Rolle einer Lehrerin ein, indem sie jüngere Kinder beim Lernen unterstützt, was zum Gemeinschaftsgefühl beiträgt.

Sara Ali (5 Jahre) lebt in einer Familie mit Migrationshintergrund. Sie spricht zu Hause eine andere Sprache und arbeitet daran, ihre Deutschkenntnisse zu verbessern. Sara zeigt ein großes Interesse an Büchern und Geschichten, was als Brücke dient, ihre Sprachfähigkeiten zu erweitern.

6.1 Arbeitsumfeld: Haushalts-, Wohn- und Betreuungsformen

Die Verantwortlichkeiten einer hauswirtschaftlichen Fachkraft können sich je nach Arbeitsumgebung unterscheiden (s. S. 408). Es gibt deutliche Unterschiede zwischen privaten und institutionellen Haushalten.

Ein **privater Haushalt** setzt sich aus einer oder mehreren Personen zusammen, die gemeinsam leben und ihren Haushalt führen. Das bedeutet, sie teilen in der Regel Wohnkosten und weitere anfallende Kosten. Das betrifft Einzelpersonen, die allein leben, ebenso wie Familien, Paare und Wohngemeinschaften. Die Verantwortung für die Haushaltsführung wie Reinigung, Kochen und Wäschepflege liegen meist bei den Haushaltsmitgliedern selbst, können jedoch auch an hauswirtschaftliche Fachkräfte übertragen werden.

Institutionelle Haushalte sind Einrichtungen, die ähnlich wie ein Haushalt funktionieren, sich aber von privaten Haushalten dadurch unterscheiden, dass sie nicht auf familiären oder persönlichen Beziehungen basieren. Dazu gehören Schulen, Kindergärten, Krankenhäuser und Pflegeheime, in denen Menschen gemeinsam betreut werden. Dienstleistungen wie Betreuung, Verpflegung und Reinigung sind institutionalisiert und werden von hauswirtschaftlichen Fachkräften oder anderem Personal des Hauses durchgeführt. Oftmals können die Bewohner dieser Einrichtungen aufgrund von Alter, Gesundheit oder anderen Gründen diese Aufgaben nicht selbst erledigen, weshalb die Betreuung innerhalb der Einrichtung organisiert wird.

Der zentrale Unterschied zwischen privaten und institutionellen Haushalten liegt darin, wer die Haushaltsführung übernimmt und wie sie organisiert ist. In privaten Haushalten liegt diese Verantwortung meist bei den Haushaltsmitgliedern oder angestellten Fachkräften, während in institutionellen Haushalten oft ein Team aus verschiedenen Fachleuten zuständig ist (s. S. 227). Die Rolle der hauswirtschaftlichen Fachkräfte ist in der Regel stärker standardisiert, mit klaren Aufgaben und Verantwortlichkeiten (s. S. 409). Sie müssen sich an bestimmte Standards und Abläufe halten.

In beiden Haushaltstypen geht die Rolle der hauswirtschaftlichen Fachkraft über die reine Versorgung hinaus und beinhaltet auch eine bedeutende soziale Komponente. Ihre Arbeit trägt maßgeblich zum Wohlbefinden und zur Lebensqualität der betreuten Personen bei.

6.1.1 Betreuung in privaten Haushalten

Private Haushalte können in verschiedene Formen eingeteilt werden, je nachdem, wie viele Personen in dem Haushalt leben und in welchem Verwandtschaftsverhältnis die Personen zueinanderstehen. Jede dieser Formen hat spezifische Bedürfnisse, was beispielsweise die Organisation des Alltags, die Aufteilung der Haushaltsaufgaben oder die Finanzierung der Wohn- und Lebenskosten angeht. Haushalte basieren in der Regel auf einer Lebensform: Das bedeutet, dass entweder das Alleinleben oder das Zusammenleben mit dem Partner oder der Partnerin oder auch mit Kindern oder Eltern üblich ist. Das Zusammenleben in Wohngemeinschaften mit Personen über die Kernfamilie hinaus bildet die Ausnahme. Die Versorgung und Betreuung von Menschen in der eigenen Häuslichkeit erfolgen typischerweise **ambulant**. Nur in seltenen Fällen wohnt die hauswirtschaftliche Fachkraft im privaten Haushalt.

Singlehaushalte

Singlehaushalt

Singlehaushalte nehmen in Deutschland einen immer größeren Stellenwert ein. Laut statistischem Bundesamt stieg die Anzahl der Singlehaushalte in den letzten Jahren stetig an und machte 2022 etwa 41 % aller privaten Haushalte aus. Zum Vergleich: 1950 lag der Anteil bei nur knapp 19 %.

In einem Singlehaushalt lebt eine Person allein und ist somit für alle anfallenden Haushaltsaufgaben wie Reinigung, Einkauf oder Finanzen selbst verantwortlich. Häufig gehen mit dem Leben in einem Singlehaushalt bestimmte Freiheiten einher, wie die Unabhängigkeit in der Gestaltung des Alltags. Hauswirtschaftliche Versorgungs- und Betreuungsleistungen können für Singlehaushalte eine wichtige Unterstützung darstellen, insbesondere wenn die Person aufgrund von Alter, Krankheit oder Behinderung (s. S. 438 ff.) nicht in der Lage ist, alle Aufgaben selbst zu erledigen. Aber auch bei beruflich stark eingespannten Personen kann ein Bedarf bestehen.

FÜR DIE PRAXIS

In der Praxis gilt:

- Isolation vorbeugen: Singlehaushalte können von sozialen Kontakten profitieren. Ein kleiner Plausch oder das Anbieten von Aktivitäten kann für Abwechslung sorgen.
- Notfallplanung: Hauswirtschaftliche Fachkräfte sollten einen Plan für Notfälle erstellen, z. B. wer im Falle eines Krankenhausaufenthalts benachrichtigt werden sollte.

Mehrgenerationenhaushalte

Mehrgenerationenhaushalt

Unter einem Mehrgenerationenhaushalt wird ein Haushalt verstanden, in dem mindestens zwei Generationen leben. In Deutschland sind vor allem die Zweigenerationenhaushalte verbreitet, die klassischerweise aus Eltern und ihren Kindern bestehen. Dass drei Generationen – Großeltern, Eltern und Kinder – gemeinsam unter einem Dach leben, wird in Deutschland immer seltener. 1976 lebten noch in rund 3 % aller Mehr-Personen-Haushalte mindestens drei Generationen unter einem Dach. 2022 betrug dieser Anteil nur noch 1 %. In Mehrgenerationenhaushalten spielt die gegenseitige Unterstützung eine zentrale Rolle. Die älteren Generationen können Kinderbetreuungsaufgaben übernehmen, während die jüngeren Generationen bei körperlich anstrengenden Aufgaben helfen oder die Pflege eines Angehörigen übernehmen.

Die Organisation des Alltags in einem Mehrgenerationenhaushalt kann eine Herausforderung sein, da die Bedürfnisse aller Generationen berücksichtigt werden müssen. Hauswirtschaftliche Fachkräfte können eine wichtige Rolle spielen, indem sie bei der Organisation des Haushalts helfen. Sie können auch bei der Pflege älterer Familienmitglieder unterstützen und so zur Entlastung beitragen.

FÜR DIE PRAXIS

Hier bewähren sich diese Angebote:

- Kommunikation: Ein regelmäßiger Austausch mit allen Generationen kann dabei helfen, die individuellen Bedürfnisse und Wünsche besser zu verstehen.
- Aktivitäten: Hauswirtschaftliche Fachkräfte können dabei helfen, generationsübergreifende Aktivitäten (z. B. Feste) zu organisieren, die den Zusammenhalt im Haushalt stärken.

Paare ohne Kinder

Paar ohne Kinder

In Deutschland gibt es eine wachsende Anzahl von Paaren, die sich bewusst für ein Leben ohne Kinder entscheiden. Das umfasst sowohl verheiratete als auch nichteheliche Partnerschaften. Dazu kommen Menschen mit ungewollter Kinderlosigkeit. Laut Statistischem Bundesamt lebten im Jahr 2019 rund 8,3 Millionen Paare ohne Kinder im Haushalt. Dabei handelt es sich nicht nur um jüngere Paare, sondern auch um Paare mittleren Alters und ältere Paare, deren Kinder bereits aus dem Haushalt ausgezogen sind.

Paare ohne Kinder haben oft andere Bedürfnisse und Prioritäten als Familien mit Kindern. Sie können flexibler in ihrer Zeitgestaltung sein. Sie legen oftmals Wert auf eine hohe Lebensqualität und einen individuellen Lebensstil. Im Rahmen der hauswirtschaftlichen Arbeit steht bei jüngeren Paaren in der Regel die Haushaltsführung im Vordergrund. Auch bei älteren, aber noch gesunden und mobilen Paaren wird die Unterstützung bei der Haushaltsführung geschätzt. Obwohl sie noch fit sind, kann die präventive Beratung zur Wohnraumanpassung für das höhere Alter wichtig sein (s. S. 435, 443 f.). Bei älteren Paaren, die nicht mehr ganz so fit sind, können zusätzlich zur Unterstützung bei der Haushaltsführung andere Betreuungsaufgaben wie zum Beispiel die Unterstützung bei der Grundpflege (s. S. 410) eine Rolle spielen. Hier kann eine hauswirtschaftliche Fachkraft helfen, die Selbstständigkeit so lange wie möglich zu erhalten und gleichzeitig die Lebensqualität zu verbessern.

FÜR DIE PRAXIS

Da diese Gruppe oft großen Wert auf Lebensqualität legt, können Vorschläge für gesunde Ernährung und Wohnraumgestaltung angeboten werden.

Alleinerziehende

Alleinerziehende

Im Jahre 2022 lebten 18 % der etwa 13 Millionen Kinder unter 18 Jahren mit nur einem Elternteil in einem Haushalt, wobei in neun von zehn Fällen die Mutter der alleinerziehende Elternteil war.

Forschungsergebnisse deuten darauf hin, dass dem Alleinerziehen häufig andere Familienstrukturen vorausgehen oder auf diese Phase neue Familienformen folgen, wie zum Beispiel Patchworkfamilien.

Für Alleinerziehende, die wenig oder keine Unterstützung vom anderen Elternteil erhalten, ist es besonders anspruchsvoll, Beruf und Familienleben miteinander in Einklang zu bringen. Das ist mit einem hohen Organisationsaufwand und teilweise erheblichem Stress verbunden. Besonders problematisch kann die finanzielle Situation sein, da Alleinerziehende überdurchschnittlich häufig von Armut betroffen sind. Im Jahre 2022 waren etwa 34 % aller Haushalte von Alleinerziehenden mit minderjährigen Kindern auf finanzielle Hilfen gemäß dem Zweiten Sozialgesetzbuch (SGB II) angewiesen.

In dieser Situation können hauswirtschaftliche Fachkräfte eine wichtige Unterstützung bieten. Sie können nicht nur bei alltäglichen Aufgaben im Haushalt helfen, sondern auch bei der Organisation des Familienalltags oder bei der Kinderbetreuung unterstützen. Ihre professionelle Unterstützung kann dazu beitragen, den Alltag von Alleinerziehenden zu erleichtern und ihre Lebensqualität zu verbessern.

FÜR DIE PRAXIS

- **Flexible Zeiten anbieten: Aufgrund der Herausforderungen von berufstätigen Alleinerziehenden, ist es wichtig, flexible Arbeitszeiten – insbesondere in den Morgen- und Abendstunden – anzubieten.**
- **Haushaltsbudget beachten: Da Alleinerziehende oft vor finanziellen Herausforderungen stehen, kann eine hauswirtschaftliche Fachkraft Spartipps geben (z. B. Spartipps beim Lebensmitteleinkauf, Erstellung von Speiseplänen, um Lebensmittelabfälle zu minimieren).**

Haushaltsformen ohne Verwandtschaftsverhältnis

Wohngemeinschaft

Wohngemeinschaften, auch bekannt als WG's, sind eine Form des Zusammenlebens, die in Deutschland weit verbreitet ist. Die Besonderheit der Wohngemeinschaft liegt in ihrer Diversität und Flexibilität. Sie kann aus Menschen verschiedener Altersgruppen, kultureller Hintergründe und Lebensphasen bestehen. Eine WG bietet den Vorteil der Kostenteilung und die Möglichkeit, soziale Kontakte zu knüpfen und Gemeinschaft zu erleben. Auf der anderen Seite erfordert sie Fähigkeiten in Bezug auf Kommunikation, Kompromissbereitschaft und Konfliktmanagement (s. S. 255).

Ambulant betreute Wohngemeinschaften sind ein innovatives Modell der Pflege und Betreuung, die es Menschen mit Hilfebedürftigkeit ermöglichen, trotz Einschränkungen ein selbstbestimmtes Leben zu führen. In solchen Wohngemeinschaften leben mehrere Personen, die aufgrund von Alter, Krankheit oder Behinderung Hilfe benötigen, zusammen in einer Wohnung oder einem Haus. Die Betreuung und Versorgung erfolgen durch externe Fachkräfte, wie beispielsweise hauswirtschaftliche Fachkräfte und Pflegepersonal, die regelmäßig die WG besuchen, um ihre Dienstleistungen zu erbringen.

Auch **Mehrgenerationenhäuser** gewinnen in Deutschland zunehmend an Bedeutung. Dabei gibt es sowohl Mehrgenerationenhäuser im privaten Besitz als auch solche, die durch öffentliche Mittel finanziert werden. Hierbei leben mehrere Generationen zusammen, die jedoch nicht zwangsläufig miteinander verwandt sind. Im Vordergrund steht die gegenseitige Unterstützung: Ältere Bewohner bieten zum Beispiel Unterstützung in Form von Betreuungsdiensten, während jüngere Bewohner Aufgaben wie Einkaufen oder Gartenpflege übernehmen. Sie ist ein potentielles Modell für zukünftige Wohnkonzepte, indem sie soziale Bindungen stärkt und generationsübergreifende Unterstützung ermöglicht.

Die hauswirtschaftliche Fachkraft muss unterschiedliche Bedürfnisse, Gewohnheiten und Vorlieben in Bezug auf Ernährung, Sauberkeit und Alltagsgestaltung koordinieren. Sie kann helfen, effiziente Abläufe zu organisieren, die auf den Bedürfnissen aller Beteiligten basieren. Dabei kann sie auch ihre Kenntnisse in den Bereichen Ernährung, Reinigung und Raumgestaltung einbringen, um das Zusammenleben in der Gemeinschaft so angenehm wie möglich zu gestalten.

FÜR DIE PRAXIS

Hier kann unterstützt werden:

- Konflikte managen: Da Wohngemeinschaften oft Personen mit unterschiedlichen Gewohnheiten zusammenbringen, kann es hilfreich sein, bei der Lösung von Konflikten zu vermitteln (s. S. 255).
- Planung einhalten: Hauswirtschaftliche Fachkräfte können dabei unterstützen Reinigungspläne oder Einkaufslisten zu erstellen, die für alle im Haushalt funktionieren.
- Kulturelle Sensibilität beachten: In multikulturellen WGs ist es wichtig, die unterschiedlichen Gewohnheiten der Bewohner zu verstehen und zu respektieren.

6.1.2 Institutionelle Betreuungsformen

Drei wesentliche Personengruppen spielen bei der hauswirtschaftlichen Betreuung eine große Rolle: Kinder und Jugendliche, ältere Menschen sowie Menschen mit Behinderungen. Jede dieser Personengruppen hat einzigartige Bedürfnisse und Anforderungen an die Betreuung und Versorgung. Die Aufgaben einer hauswirtschaftlichen Fachkraft in diesen Betreuungsformen ist vielfältig und unterscheidet sich je nach institutionellem Rahmen und Zielgruppe.

Die Zusammenarbeit mit anderen Fachkräften, wie Pflegefachkräfte oder sozialpädagogischem Personal, ist wesentlicher Bestandteil der Arbeit von hauswirtschaftlichen Fachkräften (s. S. 30 f., 408). Durch die Zusammenarbeit im Team kann eine umfassende Betreuung gewährleistet werden, die sowohl die physischen als auch die emotionalen und sozialen Bedürfnisse berücksichtigt. In bestimmten Arbeitsumgebungen kann die Teamarbeit auch regelmäßige Dienstbesprechungen sowie eine gemeinsame Planung und Durchführung von Aktivitäten und Veranstaltungen umfassen.

Betreuungsformen von Kindern und Jugendlichen

Aktivitäten in einer Kindertagesstätte

Kindertagesstätten (Kinderkrippe und Kindergarten): Kindertagesstätte (Kita) ist ein Oberbegriff, unter dem verschiedene Kinderbetreuungsformen zusammengefasst werden. In Kinderkrippen werden Kinder von 0–3 Jahren in kleineren Gruppen betreut, da sie mehr Aufmerksamkeit benötigen. Kindergärten betreuen Kinder im Vorschulalter zwischen 3 und 7 Jahren. Die Kinder nehmen an verschiedenen pädagogischen Aktivitäten teil, bekommen Mahlzeiten und haben Ruhezeiten.

Schulen und Ganztagsschulen: In Schulen übernehmen hauswirtschaftliche Fachkräfte häufig Aufgaben in der Schulkantine, wie die Zubereitung und Ausgabe von Mahlzeiten, sowie Reinigungs- und Hygienetätigkeiten.

Verpflegung in Kita und Schule

Hortbetreuung: Horte sind Einrichtungen der Tagesbetreuung für Kinder, die diesen meist nach dem Unterricht bis zum Ende der vierten Klasse besuchen. Sie bieten Hausaufgabenhilfe, Freizeitaktivitäten und Verpflegung an.

Hauswirtschaftliche Fachkräfte sorgen in den Einrichtungen für Kinder für ein sauberes und gesundes Umfeld und kümmern sich oft um die Mahlzeitenvorbereitung.

Stationäre Heimerziehung: Heime sind Einrichtungen, in denen Kinder und Jugendliche leben, die nicht in ihrem familiären Umfeld aufwachsen können. Die Gründe für die vorübergehende oder dauerhafte Unterbringung eines Kindes oder eines Jugendlichen sind vielfältig und können zum Beispiel Kindeswohlgefährdung oder Auffälligkeiten im sozialen Verhalten des jungen Menschen sein. Die Heimerziehung umfasst neben der Betreuung auch die schulische Förderung und Freizeitgestaltung.

Betreuung und Versorgung im Jugendheim und in Jugend-WGs

Ambulant betreute Wohngemeinschaften: Betreutes Wohnen ist ein Unterstützungsangebot für Jugendliche und junge Erwachsene, die sich am Übergang zu einer eigenständigen Lebensführung befinden. Sie erfolgt oftmals im Anschluss an eine vorherige Hilfe zur Erziehung wie zum Beispiel die stationäre Heimerziehung oder das Aufwachsen in einer Pflegefamilie. Die Wohngemeinschaften sind für Jugendliche gedacht, die noch nicht vollständig selbstständig sind. Eine verbreitete Form ist die Wohngemeinschaft in einer vom Träger angemieteten Wohnung. Den Jugendlichen und jungen Erwachsenen stehen Fachkräfte beratend und begleitend zur Seite, sie sind jedoch nur zu bestimmten Tageszeiten anwesend. Hauswirtschaftliche Fachkräfte unterstützen Jugendliche zusätzlich beim Erlernen von alltäglichen Aufgaben rund um den Haushalt.

Betreuungsformen von älteren Menschen

Das Wohnen im Alter muss den sich wandelnden Wohnbedürfnissen älterer Menschen entsprechen: Immer mehr ältere Menschen möchten so lange wie möglich in ihrer vertrauten Umgebung wohnen, und trotz Hilfs- oder Pflegebedürftigkeit nicht fremdbestimmt in Heimeinrichtungen leben. Neben der Möglichkeit in der eigenen Häuslichkeit zu bleiben und ambulante Dienste in Anspruch zu nehmen, gibt es eine Reihe von neuen Wohn- und Betreuungsformen, die eine Alternative zu den traditionellen Wohnformen im Alter bieten.

Hauswirtschaftliche Fachkräfte spielen eine zentrale Rolle in der Versorgung und Betreuung älterer Menschen, unabhängig davon, ob sie in betreuten Wohnanlagen, teilstationären oder stationären Einrichtungen leben. Zusätzlich zu den klassischen Versorgungsleistungen, können hauswirtschaftliche Fachkräfte dabei unterstützen, die Unabhängigkeit der älteren Menschen zu fördern, indem sie die Menschen bei der Haushaltsführung einbinden. Darüber hinaus können sie eine wichtige Rolle bei der sozialen Betreuung spielen, indem sie Aktivitäten organisieren und dabei helfen, die sozialen Kontakte der älteren Menschen aufrechtzuerhalten.

Betreutes Wohnen

In Seniorenwohnanlagen, Seniorenresidenzen oder Wohnparks leben ältere Menschen weitgehend unabhängig und selbstbestimmt in Wohnungen oder Appartements und können Hilfe in Anspruch nehmen, wenn sie nötig ist. Einrichtungen dieser Art bieten barrierefreie Appartements an, die auf den Bedarf der Person abgestimmt sind. Es ist nicht ungewöhnlich, dass diesen Wohnanlagen vollständige Pflegebereiche angeschlossen sind, wodurch ein Umzug bei erhöhtem Pflegebedarf erleichtert wird. Zu den Vorteilen dieser Wohnform gehören:

- selbständige Lebens- und Haushaltsführung wird so lange wie möglich erhalten
- Barrierefreiheit (s. S. 442) und Notruf bei Bedarf
- unterschiedliche Veranstaltungs- und Kulturangebote in der Wohnanlage
- einige Anlagen verfügen über Schwimmbad, Sauna, Café, Restaurant und Gästezimmer
- Hauswirtschaftliche Hilfe und Pflegeleistungen können bei Bedarf in Anspruch genommen werden
- je nach Grad der Selbstständigkeit (s. S. 405 f.) und Pflegebedürftigkeit kann ein Umzug innerhalb der Wohnanlage ins Pflegeheim erfolgen

Teilstationäre Pflege- und Betreuungseinrichtungen

Tagespflege

Teilstationäre Pflege, auch bekannt als Tages- oder Nachtpflege, ist für ältere Menschen geeignet, deren Familienmitglieder während des Tages arbeiten müssen oder aus anderen Gründen zu bestimmten Zeiten nicht verfügbar sind. Eine Voraussetzung für den Besuch ist lediglich, dass die ältere Person nicht bettlägerig ist. Sie stellt eine gute Lösung dar, wenn die Vollzeitpflege für Angehörige überfordernd wird und eine Teilung der Verantwortung notwendig ist. Diese Pflege- und Betreuungsform bietet zahlreiche Vorteile:

- Flexibilität für pflegende Angehörige, Besuch kann auch nur tageweise erfolgen
- Betreuung und Pflege in der Einrichtung auf Teilzeitbasis möglich, tagsüber oder nachts
- Pflege und Betreuung können auf Krankheitsbild abgestimmt werden (z. B. Parkinson, Demenz)
- Fahrdienst, der den Transport hin und von der Einrichtung gewährleistet
- Vermeidung von Isolation, Herstellung und Aufrechterhaltung sozialer Kontakte der älteren Menschen
- Bedarfsgerechte Beschäftigung, die an die individuellen Fähigkeiten angepasst ist (z. B. Gedächtnistraining, Musikgruppen, Bewegung, Ausflüge)

Stationäre Pflege- und Betreuungseinrichtungen

Seniorenheim

Wenn der Pflege- und Betreuungsbedarf zu Hause, auch mit 24-Stunden-Betreuung oder anderen Diensten, nicht mehr ausreichend gedeckt werden kann, kann die Aufnahme in eine Pflegeeinrichtung in Betracht gezogen werden. Dieser Übergang wird oft als stressig empfunden und erfordert eine gut durchdachte Planung sowie eine professionell begleitete Eingewöhnungsphase. Die Aufnahme in ein Pflegeheim kann nur erfolgen, wenn der ältere Mensch selbst oder der gesetzliche Vertreter zustimmt.

Pflegeeinrichtungen für ältere Menschen haben sich im Laufe der Jahrzehnte verändert. Die Einrichtungen, die ab den 1980er Jahren entstanden sind, versuchten häusliches Wohnen mit Pflegebedürfnissen zu vereinbaren. Hierbei stand das Streben nach Selbstständigkeit, Aktivität, Kommunikation und Individualität der älteren Menschen im Vordergrund. In neueren Einrichtungen wird versucht, die Bettenanzahl in den Zimmern so gering wie möglich zu halten, wobei vier Betten als Maximum gelten. Bevorzugt werden jedoch Einzel- oder Zweibettzimmer.

Aktuellere Konzepte streben danach, das institutionelle Ambiente von Pflegeheimen zu minimieren, und stattdessen kleinere Wohn- und Hausgemeinschaften zu fördern. Die Personen haben sowohl private Wohn- und Schlafbereiche als auch gemeinschaftliche Wohnzimmer oder Küchen. Diese Modelle ähneln Wohngemeinschaften und orientieren sich am Leitbild „Familie“. Zu diesen institutionell betreuten Wohnformen gehören:

- Betreute Wohn- und Hausgemeinschaften: Das sind Einrichtungen, in denen Betagte leben, die aus unterschiedlichen Gründen nicht allein leben können oder möchten. Je nach Grad der Selbstständigkeit, kann eine Betreuung tagsüber oder rund um die Uhr erfolgen (z. B. bei demenzkranken Menschen).
- Generationen-Wohnen: Das Konzept des Generationen-Wohnens zielt darauf ab, eine Gemeinschaft zwischen jüngeren und älteren Menschen zu fördern, von der alle profitieren. Die Pflegebedürfnisse werden normalerweise durch mobile Dienste gedeckt, obwohl es auch möglich ist, dass diese Wohnform an größere, traditionelle Pflegeeinrichtungen angegliedert ist.

Ältere Personen können sich natürlich (wie jüngere Menschen auch) in Wohngemeinschaften zusammenfinden und diese Wohn- und Lebensform auch autonom außerhalb von institutionellen Strukturen organisieren (s. S. 227).

Betreuungsformen von Menschen mit Behinderungen

Werkstatt für Menschen mit Behinderungen

Erwachsene Menschen mit Behinderung bevorzugen Befragungen zufolge mehrheitlich nicht-institutionelle Wohnformen. Menschen mit Behinderung sollen so lange wie möglich selbstständig in ihrer eigenen Umgebung bleiben. Der Begriff der „Inklusion“ spielt dabei eine große Rolle, d. h., die vorbehaltlose Zugehörigkeit aller Menschen zur Gesellschaft, unabhängig von Behinderungen (s. S. 442). Betreute Wohnformen unterstützen erwachsene Menschen mit Behinderung dabei, ein möglichst selbstständiges Leben in der eigenen Häuslichkeit zu führen und am gesellschaftlichen Leben teilzuhaben.

Zusätzlich zu den ambulanten Diensten und dem betreuten Wohnen, gibt es institutionelle Betreuungsformen für Menschen mit Behinderungen. Diese sind vielfältig und reichen von vollstationären Einrichtungen wie Wohnheimen und Pflegeheimen bis hin zu teilstationären Angeboten wie Tagesstätten und Werkstätten für Menschen mit Behinderungen. Einige dieser Betreuungsformen ähneln denen, die auch für ältere Menschen angeboten werden. So gibt es beispielsweise vollstationäre Einrichtungen, die sowohl auf die Pflege von älteren Menschen als auch von Menschen mit Behinderungen spezialisiert sind. Auch teilstationäre Einrichtungen wie Tagespflegeeinrichtungen finden sich sowohl in der Alten- als auch in der Behindertenhilfe.

Darüber hinaus gibt es spezielle Betreuungsformen für Menschen mit Behinderungen. Dazu gehören Werkstätten für behinderte Menschen (WfbM), in denen Menschen mit Behinderungen entsprechend ihrer Fähigkeiten und Fertigkeiten gefördert werden. Auch gibt es spezielle Wohnformen wie betreutes Einzelwohnen oder Wohngruppen, die auf die spezifischen Bedürfnisse von Menschen mit Behinderungen zugeschnitten sind. Bei diesen Wohnformen wird ein hohes Maß an Selbständigkeit und Selbstbestimmung angestrebt, aber zeitgleich eine Unterstützung und Betreuung gewährleistet, die den individuellen Bedürfnissen gerecht wird.

AUFGABEN

1. Erörtern Sie die Vor- und Nachteile einer Anstellung als hauswirtschaftliche Fachkraft in privaten Haushalten im Vergleich zu institutionellen Haushalten.

2. Vergleichen Sie das Generationen-Wohnen mit traditionellen Pflegeeinrichtungen. Welche Modelle könnten für welche Personen am besten geeignet sein?

6.2 Betreuung von Kindern und Jugendlichen

6.2.1 Entwicklung von Kindern und Jugendlichen

Die Entwicklung eines Menschen von der Geburt bis zum Jugendalter ist ein komplexer Prozess, der von vielen Faktoren beeinflusst wird. Noch vor etwa 50 Jahren wurden Neugeborene als „leere Gefäße" betrachtet, die von den Eltern und den Betreuungspersonen gefüllt werden mussten. Sie wurden nach ihrer Geburt oft als eine „Ansammlung von Reflexen" bezeichnet. Heute wird jedoch davon ausgegangen, dass Kinder von Geburt an eine Reihe von Entwicklungsmöglichkeiten mit sich bringen, die bislang noch nicht genug erforscht sind.

Die Entwicklung des Individuums wird als Prozess verstanden, bei dem sowohl die Genetik, die Umwelt als auch die eigenen Erfahrungen eine Rolle spielen. Dieser Entwicklungsprozess vollzieht sich in verschiedenen Bereichen, die eng miteinander verknüpft sind und sich gegenseitig beeinflussen. Die Theorie der Entwicklungsaufgaben wurde von Robert Havighurst vorgestellt. Havighurst betonte, dass das menschliche Leben aus einer Reihe von Entwicklungsphasen besteht, in denen bestimmte Aufgaben bewältigt werden müssen. Dabei muss jedoch berücksichtigt werden, dass Kinder gleichen Alters nicht die gleichen Fähigkeiten und Bedürfnisse haben müssen. Auch Kinder sind Individuen mit einer je eigenen Geschwindigkeit in der Entwicklung.

Säuglings- und Kleinkindalter (0–2 Jahre)

In diesen ersten Lebensjahren entwickeln Kinder nicht nur grundlegende körperliche Fähigkeiten, sondern es ist auch eine Zeit, in der sie gesunde Bindungen zu ihren Eltern und anderen Bezugspersonen aufbauen. Einige der zentralen Entwicklungsaufgaben in dieser Phase sind:

- **Objektpermanenz**: In diesem Alter beginnen Kinder zu verstehen, dass Objekte weiterhin existieren, selbst wenn sie nicht mehr sichtbar sind. Das ist eine wichtige Erkenntnis, die die Grundlage für viele spätere kognitive Fähigkeiten bildet.

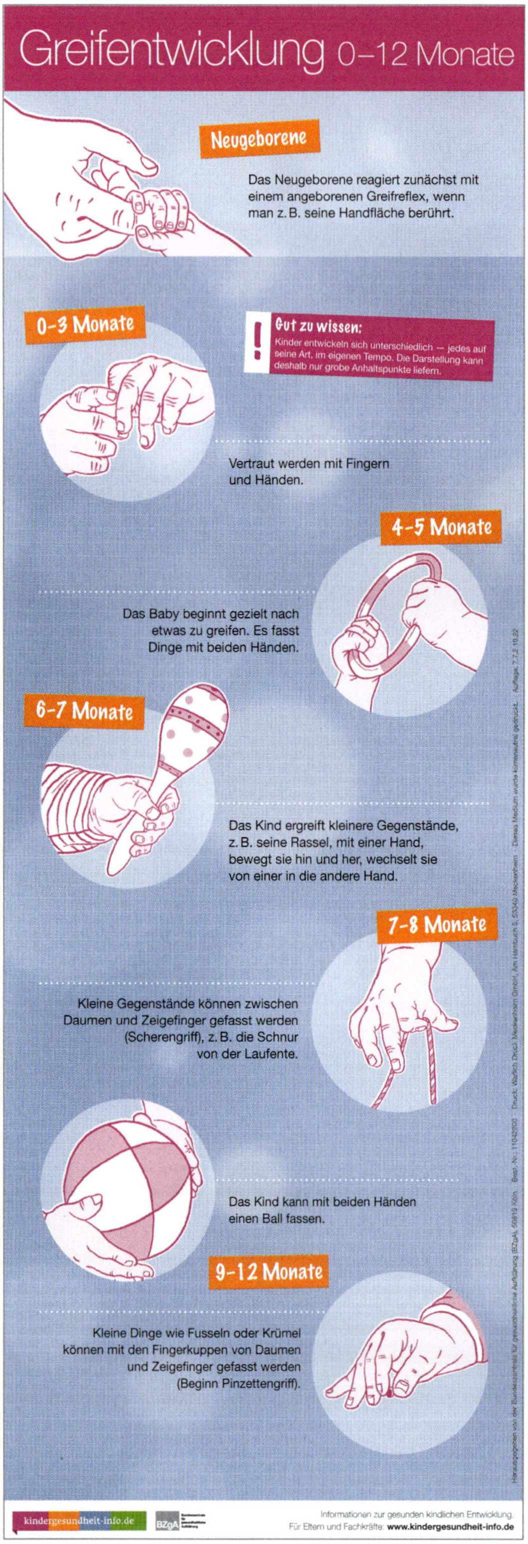

Greifentwicklung 0–12 Monate

- **Motorische Entwicklung**: Kinder lernen in dieser Phase, ihre Hände zu benutzen, um Dinge zu greifen und die Umwelt zu erkunden. In dieser Phase beginnen sie sich fortzubewegen: sie krabbeln und machen die ersten Schritte.
- **Wahrnehmung**: Kinder können jetzt Gegenstände und Personen wiedererkennen, was für die Bildung von Bindungen und das Verständnis ihrer Umwelt von Bedeutung ist.

Frühe Kindheit (2–4 Jahre)

In dieser Zeit erweitern sie die sprachlichen und kognitiven Fähigkeiten erheblich. Zudem bauen sie soziale Beziehungen auf und beginnen, grundlegende moralische Werte zu verstehen. Das ist eine entscheidende Zeit für die sozial-emotionale Entwicklung des Kindes. Einige der wichtigsten Entwicklungsaufgaben in dieser Phase sind:

- **Motorische Selbstkontrolle**: Sie bewegen sich nicht mehr so unkoordiniert und lernen beispielsweise, den Drang zur Toilette zu erkennen und darauf zu reagieren.
- **Fantasie und Spiel**: Durch das Spiel lernen sie ihre Umwelt kennen, üben soziale Interaktionen und entwickeln ihre Fantasie (s. S. 240, 243 f.).
- **Sprachentwicklung**: Sie erweitern ihren Wortschatz täglich und beginnen, ganze Sätze zu bilden und komplexere Gedanken auszudrücken. Bis zum Ende des vierten Lebensjahres haben Kinder die meisten sprachlichen Fähigkeiten erworben.
- **Starke Emotionen**: Kinder lernen, mit intensiven Gefühlen wie Wut umzugehen, und durchlaufen oft eine Trotzphase, in der sie ihre Grenzen testen und ihre Unabhängigkeit suchen.

Autonomiephase (Trotzphase)

Die Autonomiephase, auch bekannt als Trotzphase, fängt um den zweiten Geburtstag herum an und markiert einen wichtigen Entwicklungsfortschritt. In dieser Zeit beginnen Kinder, ihr eigenes „Ich" und ihren Willen zu erkennen. Dabei stoßen sie jedoch oft auf Grenzen ihrer körperlichen und geistigen Fähigkeiten.

Dies kann zu Frustration und Wutanfällen führen, bei denen Kinder trotzen, sich auf den Boden werfen und schreien.

Autonomiephase (Trotzphase)

Im Umgang mit Kindern ist es wichtig, diese Phase als vorübergehende und natürliche Entwicklung zu sehen. Wichtig ist, ruhig zu bleiben und das Kind zu beruhigen. Eltern können Wutanfällen vorbeugen, indem sie unnötige Einschränkungen vermeiden, Selbstständigkeit fördern, Wahlmöglichkeiten bieten und kleine Erfolgserlebnisse ermöglichen.

FÜR DIE PRAXIS

Verhaltenstipps:

- Ruhe bewahren, da das Erlernen der Emotionsregulierung beim Kind noch aussteht.
- Trotzverhalten nicht persönlich nehmen; es ist ein Teil des Entwicklungsprozesses beim Kind.
- Mit Wertschätzung reagieren, da Kinder in dieser Phase ihr Handeln und dessen Folgen erst lernen.
- Anzahl der Verbote begrenzen und auf die Durchsetzung wirklich wichtiger Regeln fokussieren.
- Frustrationserfahrungen zulassen, um den Umgang mit negativen Gefühlen zu lernen.

Vorschul- und frühes Schulalter (5 – 7 Jahre)

In dieser Phase beginnen Kinder, ein tieferes Verständnis für ihre Identität und ihre Rolle in der Gesellschaft zu entwickeln. Ein zentrales Thema ist die Geschlechterrollenidentifikation. Kinder erkennen nicht nur die Unterschiede zwischen den Geschlechtern, sondern beginnen auch, sich selbst einem Geschlecht zuzuordnen und entsprechende Verhaltensweisen zu übernehmen. Zudem entwickeln sie ein erstes Verständnis für Moral und Ethik. Havighurst hebt folgende Entwicklungsaufgaben in dieser Phase hervor:

- **Spiel in Gruppen**: Während Kinder in jüngeren Jahren oft alleine spielen, suchen sie jetzt vermehrt die Gesellschaft von Gleichaltrigen und spielen in Gruppen (s. S. 244).
- **Tagesplanung**: In diesem Alter beginnen Kinder, vorausschauend zu denken und können ihren Tag im Voraus planen.
- **Emotionsregulation**: Kinder lernen, ihre Emotionen besser zu verstehen, sie zu benennen und angemessen darauf zu reagieren.
- **Empathie**: Eine wichtige soziale Fähigkeit, die sich in dieser Phase entwickelt, ist die Empathie. Kinder lernen, sich in die Gefühle und Gedanken anderer hineinzuversetzen.

Einschulung

Mit der Einschulung beginnt ein neuer Lebensabschnitt für das Kind. Zuvor wird das Kind bei der Schuleingangsuntersuchung auf die körperliche Entwicklung und Belastbarkeit hin untersucht. Es wird abgeklärt, ob es an schwerwiegenden Erkrankungen leidet. Dabei werden unter anderem das Gewicht und Körpergröße festgestellt, die Hör- und Sehfähigkeit kontrolliert und die Geschicklichkeit und motorischen Fähigkeiten überprüft. Ziel dieser Untersuchung ist es, zu erfahren, ob das Kind aufgrund einer Erkrankung oder Behinderung besondere Unterstützung in der Schule braucht.

AUFGABEN

1. Erklären und reflektieren Sie, inwiefern die Genetik, die Umwelt und die eigenen Erfahrungen die kindliche Entwicklung beeinflussen können.

2. Überlegen Sie, wie man als Betreuungsperson bei diesen Trotzreaktionen angemessen reagieren sollte:
   a) Lea möchte im Supermarkt eine Packung Süßigkeiten. Als Sie ihr sagen, dass Sie heute keine Süßigkeiten kaufen werden, wirft sich Lea in den Gang, tritt mit den Füßen und weint lautstark.
   b) Max weigert sich plötzlich, sein Lieblingsgericht zu essen. Jedes Mal, wenn Sie versuchen, ihm einen Löffel in den Mund zu stecken, dreht er seinen Kopf weg und schlägt den Löffel aus Ihrer Hand.

Mittleres Schulalter (8 – 12 Jahre)

Kinder bauen auf den Fähigkeiten auf, die sie in den vorherigen Phasen erworben haben, und entwickeln neue Kompetenzen. Sie lernen, Verantwortung zu übernehmen, sowohl für sich selbst als auch in Bezug auf andere, und entwickeln eigene moralische Werte und Überzeugungen. Havighurst hebt folgende Entwicklungsaufgaben für diese Phase hervor:

- **Kulturtechniken**: Die schulische Bildung nimmt einen zentralen Stellenwert ein. Kinder lernen grundlegende Fähigkeiten wie Lesen, Schreiben und Rechnen.
- **Körperliche Geschicklichkeit**: Die motorische Entwicklung schreitet weiter voran. Kinder verbessern ihre körperlichen Fähigkeiten, sei es durch Sport, Tanz oder Musikunterricht.
- **Gruppenarbeit**: Teamarbeit und Kooperation werden immer wichtiger. Kinder lernen, in Gruppen zu arbeiten, gemeinsame Ziele zu verfolgen und Konflikte zu lösen.
- **Selbstbewusstsein**: In dieser Phase entwickeln Kinder ein stärkeres Selbstbewusstsein und ein positives Selbstbild. Sie erkennen ihre Stärken und Schwächen und lernen, sich selbst zu akzeptieren und zu schätzen.

Freizeit von Schulkindern

Freizeit spielt eine wichtige Rolle in der Entwicklung von Kindern. In diesen Momenten erkunden, entdecken und gestalten Kinder ihre Welt jenseits des schulischen Bildungsumfelds. Durch Freizeitaktivitäten wie beim Spielen mit Freunden, kreativen Hobbies, Musikunterricht oder beim Sport im Verein, stärken Kinder ihr Selbstbewusstsein und ihre sozialen Kompetenzen und erleben Momente der Selbstbestimmung. Hauswirtschaftliche Fachkräfte können im Rahmen der Betreuung eine wertvolle Unterstützung sein, und bei der Gestaltung sinnvoller Freizeitaktivitäten helfen. Sie erkennen die Bedürfnisse und Interessen der Kinder, bieten ihnen geeignete Möglichkeiten zur Beschäftigung an und fördern so eine ausgewogene Balance zwischen Lernen und Spielen.

Adoleszenz (13 – 17 Jahre)

Die Adoleszenz, oft auch als Teenagerjahre bezeichnet, ist eine Zeit des Übergangs, in der Individuen nicht mehr als Kinder, aber auch noch nicht ganz als Erwachsene betrachtet werden (s. S. 170). Diese Phase ist geprägt von der Pubertät, die sowohl körperliche als auch emotionale Veränderungen mit sich bringt. Während dieser Zeit beginnen Jugendliche, ihre gesellschaftliche Rolle zu definieren und sich in der Gemeinschaft zu positionieren. Laut Havighurst sind einige der wichtigsten Entwicklungsaufgaben in dieser Lebensphase:

- **Körperliche Reifung**: In der Adoleszenz erfahren Jugendliche körperliche Veränderungen. Sie wachsen in die Höhe, ihre Stimmen verändern sich, und sie erleben hormonelle Veränderungen, die ihre Emotionen und ihr Verhalten beeinflussen können.

- **Romantische Beziehungen**: Die Adoleszenz ist oft die Zeit, in der Jugendliche ihre ersten romantischen Beziehungen eingehen. Diese Beziehungen können ihnen helfen, ihre Identität zu formen und soziale Fähigkeiten zu entwickeln.
- **Soziale Rolle**: Während dieser Jahre suchen Jugendliche verstärkt den Kontakt zu Gleichaltrigen und beginnen, ihren eigenen Platz in der Gesellschaft zu finden.

Pubertät

Für den Jugendlichen ist diese Lebensphase oft ein wahres Gefühlschaos: Es kann von Unsicherheit über Rebellion bis hin zu dem tiefen Wunsch nach Akzeptanz und Zugehörigkeit reichen.

Eltern sehen ihre Kinder heranwachsen und sich verändern. Während Jugendliche die Grenzen ihrer Unabhängigkeit erkunden, erleben Eltern oftmals das Gefühl des „Verlusts" ihres Kindes, das einst so formbar war. Es ist nicht ungewöhnlich, dass Jugendliche ihre Eltern herausfordern, sie kritisieren und ihren Werten und Überzeugungen skeptisch gegenüberstehen. Das ist ein natürlicher Prozess des Erwachsenwerdens und der Ablösung. Konflikte über Themen wie Ausgehzeiten, Schulleistungen oder Kleidungsstil können aufkommen. Es ist nicht einfach, den schmalen Grat zwischen dem Gewähren von Freiräumen und dem Setzen von Grenzen zu finden. Eltern müssen lernen loszulassen, während sie zeitgleich Halt und Sicherheit bieten.

Parallel dazu suchen Jugendliche Trost und Verständnis bei ihrer Peergroup. Freundschaften werden in der Pubertät oft intensiver, aber auch komplizierter. Gleichaltrige sind in dieser Phase oft der wichtigste Bezugspunkt, da sie ähnliche Erfahrungen durchleben. Mit der Suche nach Zugehörigkeit können jedoch auch Risiken verbunden sein. Der Drang, dazuzugehören und von der Peergroup akzeptiert zu werden, kann manchmal dazu führen, dass Jugendliche anfällig für Trends werden, die nicht unbedingt in ihrem Interesse sind. Dazu gehören zum Beispiel der Konsum von Drogen, Nikotin, Mobbing, Alkohol oder das Verfallen in Computer- oder Spielsucht (s. S. 247).

Peergroup

FÜR DIE PRAXIS

Empfehlungen für den Umgang mit Jugendlichen in der Pubertät:

- **Zuhören und Verstehen:** Es ist wichtig, immer offen für ein Gespräch zu sein. Das Hören der Sorgen, Ängste und Träume kann den Jugendlichen helfen. Oft wollen sie nur verstanden werden, ohne sofortige Ratschläge oder Kritik zu erhalten.
- **Geduld und Verständnis:** Jugendliche wollen sich abgrenzen. Anstatt dies als persönlichen Angriff zu sehen, sollte man es als Schritt zur Selbstfindung anerkennen. Sich an die eigene Pubertät zu erinnern, kann helfen, mehr Empathie für die Situation des Jugendlichen zu entwickeln.
- **Unterstützung anbieten, aber Freiraum lassen:** Es ist ein Balanceakt, Unterstützung zu bieten und gleichzeitig den nötigen Freiraum für Selbstentfaltung zu gewähren.
- **Bei Bedarf Hilfe von Experten**: Bei ernsthaften Konflikten oder Anzeichen von gefährlichem Verhalten sollte professionelle Hilfe oder Beratung in Anspruch genommen werden.

Jugend (18–22 Jahre)

In dieser Phase beginnen viele, sich von ihren Eltern zu lösen und ein unabhängiges Leben zu führen. Es ist auch eine Zeit, in der das moralische Bewusstsein vertieft und verinnerlicht wird. Einige der zentralen Entwicklungsaufgaben dieser Phase sind:

- **Ethisches Wertesystem**: Sie beginnen, ein tiefes Verständnis für Ethik und Moral zu entwickeln. Sie formen den eigenen moralischen Kompass, der ihre Entscheidungen und Handlungen leitet.
- **Berufswahl**: Junge Erwachsene entscheiden, welchen beruflichen Weg sie einschlagen wollen. Sie können sich für eine weiterführende Ausbildung entscheiden oder direkt in die Arbeitswelt eintreten.
- **Autonomie**: Jugendliche lernen, unabhängig von ihren Eltern zu leben, eigene Entscheidungen zu treffen und die Konsequenzen ihrer Handlungen zu tragen.

Im Rahmen der hauswirtschaftlichen Betreuung können folgende Praxistipps hilfreich sein, um die Autonomie und Entwicklung Jugendlicher und junger Erwachsene zu fördern:

FÜR DIE PRAXIS

- **Haushaltsfähigkeiten erlernen**: Unterstützung beim Verwalten des Haushaltsbudgets, Einkaufsplanung, gesunde Ernährung und Grundlagen des Kochens.
- **Zeitmanagement**: Unterstützung bei der Planung des Alltags, insbesondere wenn neben der Arbeit oder Ausbildung noch andere Verpflichtungen bestehen.

AUFGABEN

3. Diskutieren Sie wie die Entwicklungsaufgaben im mittleren Schulalter die Grundlage für spätere Lebensphasen legen.

4. Wie könnten hauswirtschaftliche Fachkräfte Kindern dabei helfen, eine ausgewogene Balance zwischen Lernen und Spielen zu finden?

5. Vergleichen Sie die Entwicklungsaufgaben des mittleren Schulalters mit denen der Adoleszenz. Welche Gemeinsamkeiten und Unterschiede gibt es?

6.2.2 Erziehung von Kindern und Jugendlichen

Erziehungsstile

In der Erziehungswissenschaft wird davon ausgegangen, dass im Kindergarten, in der Schule und in der Familie drei verschiedene Arten der Erziehung praktiziert werden können. Diese verschiedenen Formen heißen Erziehungsstile. Die drei Erziehungsstile sind

- der autoritäre Stil,
- der demokratische oder partnerschaftliche Stil und
- der sogenannte Laisser-faire-Stil (franz.: gewähren lassen, treiben lassen).

Der **autoritäre Stil** ist dadurch gekennzeichnet, dass der Erzieher ein sehr dominantes, alles bestimmendes Verhalten zeigt. Kinder und Jugendliche müssen gehorchen, sich einfügen und haben wenig Möglichkeiten, ihre eigenen Bedürfnisse und Interessen einzubringen.

Der **demokratische oder partnerschaftliche Stil** versucht die Erziehung in Abstimmung mit den Kindern und Jugendlichen zu gestalten. Auch hier werden bestimmte Erziehungsziele verfolgt, aber nicht um ihrer selbst willen, sondern um die Entwicklung einer Persönlichkeit zu gestalten. Das Finden der notwendigen Kompromisse ist oftmals ein langwieriger Prozess, der Geduld und gegenseitiges Verständnis erfordert.

Der **Laisser-faire-Stil** gewährt viel Freiheit und setzt wenig oder keine Grenzen. Häufig ist dieser Stil verbunden mit einem gewissen Maß an Gleichgültigkeit den Kindern und Jugendlichen gegenüber.

Im Erziehungsalltag finden sich meistens verschiedene Kombinationen der unterschiedlichen Erziehungsstile. Zum Beispiel erziehen die meisten Eltern ihre Kinder demokratisch, sie verwenden aber auch Befehle, Strafen, Anordnungen usw., wie sie für den autoritären Stil typisch sind. Die autoritäre Erziehungsform wird oft in den ersten Jahren der Kinder neben der demokratischen Form benutzt, da Kinder dieses Alters noch keine Wertvorstellung haben. Früher, d.h. in etwa bis nach dem Zweiten Weltkrieg, wurden die Kinder fast ausschließlich autoritär erzogen.

Autoritär

Demokratisch

Laisser-faire

Die Entwicklung der verschiedenen Erziehungsziele lässt sich dadurch erklären, dass diese sehr stark von dem gesellschaftlichen Wandel und den jeweiligen Umwelteinflüssen geprägt werden.

Heutzutage versuchen Eltern meistens so zu erziehen, dass die Kinder nicht zu viele Freiheiten haben, aber auch Eigeninitiative entwickeln können. Insgesamt betrachtet setzen sich die Eltern heute mehr für ihre Kinder ein und berücksichtigen sowohl ihre körperliche als auch ihre seelische Befindlichkeit weitaus stärker als noch vor einigen Jahrzehnten. Die Entwicklung zur Kleinfamilie oder andere neuen Familienformen, z. B. Patchworkfamilie, bewirkt zum einen, dass viele Eltern den Kindern sämtliche Probleme abnehmen und diese dadurch überbehütet werden (overprotection) zum anderen aber auch dass Kinder flexibler und selbstständiger erzogen werden.

Mitwirkung an der Erziehung von Kindern und Jugendlichen

Hauswirtschaftliche Fachkräfte sind bei einem Einsatz in Haushalten, Kindertagesstätten etc. an der Erziehung der Kinder mitbeteiligt. Ihnen können Aufgaben übertragen werden wie

- Beaufsichtigung von Kindern
- Spielen mit Kindern
- Hausaufgabenbetreuung
- Anleitung zur Körperhygiene
- Anleitung zum Ordnung halten
- Anleitung zum richtigen Umgang mit Medien

Für die hauswirtschaftliche Fachkraft gilt, die von den Eltern oder der (Heim)-leitung oder im Team festgelegten Erziehungsregeln und -grundsätze im Wesentlichen einzuhalten und die gemachten Beobachtungen mitzuteilen. Es gibt jedoch einige Unterschiede grundsätzlicher Art zwischen der elterlichen Erziehung und der Erziehung durch eine hauswirtschaftliche Fachkraft.

Elterliche Erziehung: Eltern können

- den Tagesablauf individuell gestalten
- die Kinder manchmal allein lassen
- eigene Regeln aufstellen
- intuitiv erziehen
- Regeln aufstellen, ändern oder auch brechen
- ein Kind bevorzugen oder benachteiligen
- angefangene Arbeiten liegen lassen
- ihren Kindern sehr emotional begegnen
- spontan handeln

Erziehung nach Anleitung: Im Erziehungsbereich tätige hauswirtschaftliche Fachkräfte sollten

- den Tagesablauf strukturieren und einhalten
- die Aufsichtspflicht konsequent einhalten
- nach pädagogischen Prinzipien handeln
- die abgesprochenen Erziehungsziele einhalten und eigenes Verhalten überprüfen
- die von den Eltern oder Fachkräften aufgestellten Vereinbarungen (Ziele) unbedingt einhalten
- alle Kinder gleich behandeln
- angefangene Arbeiten zu Ende führen
- bei bestimmten Handlungsweisen die Eltern/Fachkräfte um Rat bitten
- eine gewisse Distanz zu den Kindern einhalten; es sind nicht »ihre« Kinder
- die getroffenen Absprachen einhalten

AUFGABEN

6. **Beschreiben Sie die drei Erziehungsstile und geben Sie jeweils ein Beispiel. Diskutieren Sie die Vor- und Nachteile jedes Erziehungsstils. Könnten rein demokratische Erziehungsansätze in jedem Kontext funktionieren? Begründen Sie Ihre Meinung.**

7. **Führen Sie die Hauptunterschiede zwischen elterlicher Erziehung und Erziehung nach Anleitung auf.**

6.2.3 Bedarf an Betreuungsleistungen

Betreuung von Säuglingen

Zu den täglichen Aufgaben gehören das Füttern, das Wechseln von Windeln, das Baden und das Spielen. Da Säuglinge ihre Bedürfnisse nur durch Unruhe und Weinen ausdrücken können, ist es wichtig, diese Signale zu entschlüsseln. Gründe für die Unzufriedenheit des Babys können Hunger, Durst, eine volle Windel, Müdigkeit, Langeweile oder Schmerzen sein.

Füttern

Es ist wichtig, die Bedürfnisse des Babys zu kennen, und zu wissen, wann und wie oft das Baby gefüttert werden sollte, sei es mit Muttermilch, Flaschennahrung oder später mit Beikost. Muttermilch ist aufgrund der Zusammensetzung an Nährstoffen und schützenden Antikörpern von unschätzbarem Wert. In den ersten 6 Monaten stellt die Muttermilch die Hauptnahrung für ein Baby dar. Sie bietet alle notwendigen Nährstoffe und schützt das Baby vor Krankheiten. Es wird empfohlen, Babys mindestens bis zum Beginn des 7. Lebensmonats zu stillen.

FÜR DIE PRAXIS

Umgang mit abgepumpter Muttermilch:
- **Verschlossen bei +4 °C ca. 3 Tage haltbar, bei –18 °C ca. 6 Monate haltbar**
- **Vor dem Füttern auf +37 °C erwärmen: Babykostwärmer, Wasserbad oder unter fließendem Wasser**
- **Milch nicht in der Mikrowelle erwärmen!**
- **Einmal erwärmte Milch und Reste nicht mehr füttern**

Die im Handel erhältlichen Säuglingsmilchnahrungen sorgen für eine verlässlich gute Ernährung des Babys und sind bei richtiger Zubereitung hygienisch einwandfrei. Bei den Anfangsmilchnahrungen werden Pre-Nahrungen und Milchnahrungen mit der Ziffer „1" unterschieden, wobei letztere sättigender sind. Folgemilch trägt die Ziffer „2" auf der Packung und ist der Muttermilch weniger angenähert als Anfangsmilch. Es ist jedoch nicht unbedingt notwendig zu wechseln, und es kann auch während des gesamten ersten Lebensjahres Pre- oder 1-Nahrung gefüttert werden. Es empfiehlt sich, mit dem Kinderarzt oder der Kinderärztin zu sprechen, wenn das Gefühl entsteht, dass das Baby nicht mehr richtig satt wird. Auch im Falle von Allergien ist ärztlicher Rat notwendig: In diesem Falle bekommen Babys oftmals spezielle HA-Säuglingsmilchnahrungen, bei denen die Eiweißbausteine der Kuhmilch hydrolysiert sind, das heißt in Teilstücke zerkleinert, sodass Babys es leichter verdauen können.

FÜR DIE PRAXIS

Säuglingsmilchnahrung zubereiten:
- **Über regionale Wasserqualität (Blei, Nitrat) informieren, bei Bedarf abgepacktes Wasser verwenden**
- **Flaschen immer unmittelbar vor der Mahlzeit zubereiten, niemals auf Vorrat**
- **Anweisungen beachten: Mengenverhältnisse von Milchpulver und Wasser genau einhalten**
- **Abgekochtes Wasser auf ca. 50 °C kühlen und mit Milchpulver in geschlossener Flasche aufschütteln**
- **Trinktemperatur (37 °C): Flasche an Wange oder Innenseite Unterarm halten, um Wärme zu spüren**
- **Geleerte Flasche und Sauger nach der Mahlzeit ausspülen und auskochen (ca. 3 Minuten)**

Die Beikost sollte spätestens ab Beginn des 7. Lebensmonats eingeführt werden, jedoch nicht vor Beginn des 5. Lebensmonats. Es ist wichtig, dem Baby Zeit zu geben, sich an die neue Nahrung zu gewöhnen. Einige Babys akzeptieren den ersten Löffel Brei sofort, während andere anfangs zögern können. Stillmahlzeiten können beibehalten werden, bis die Beikost die Milchmahlzeiten weitgehend ersetzt hat (s. S. 332).

FÜR DIE PRAXIS

Beikost einführen:
- **Mit Gemüsebrei beginnen, Gläschenkost ist auch im Angebot**
- **Ab 5.–7. Monat: Fleisch sorgt für Eisen**
- **Ab 6.–8. Monat: Milch-Getreide-Brei**
- **Ab 7.–9. Monat: Getreide-Obst-Brei**
- **keine Vollmilch pur in Flaschen (nur als Bestandteil im Brei)**
- **auf gesüßte Tees verzichten, nur ungesüßte Tees in Fläschchen reichen**

Wickeln

Für das Baby müssen Windeln drei Grundbedingungen erfüllen: Urin und Stuhl aufnehmen, auslaufsicher sein und ausreichend Bewegungsfreiheit ermöglichen. Bei der Auswahl der Windeln kann man sich für Stoffwindeln oder für Wegwerfwindeln entscheiden.

Bei Säuglingen sollte die Windel regelmäßig gewechselt werden, um Hautreizungen und Unbehagen zu vermeiden. Ein Neugeborenes kann acht bis zehn Windeln pro Tag benötigen, was einem Windelwechsel alle zwei bis drei Stunden entspricht. Es ist jedoch wichtig, die Windel nur dann zu wechseln, wenn sie tatsächlich voll ist, und nicht nach einem festen Zeitplan. Wenn das Baby seinen Stuhlgang verrichtet hat, sollte die Windel sofort gewechselt werden, um Entzündungen zu vermeiden. Mit zunehmendem Alter verringert sich die Häufigkeit des Windelwechsels, da das Kind lernt, seine Blase besser zu kontrollieren. Nachts sollte die Windel nur bei Bedarf gewechselt werden, um den Schlaf des Babys nicht zu stören.

FÜR DIE PRAXIS

Windelwechsel und Pflege des Babypopos:

- Alles **griffbereit und immer eine Hand am Kind**: Alle benötigten Gegenstände wie Windel oder Wundschutzcreme sollten in unmittelbarer Nähe des Wickeltischs sein. Stürze vom Wickeltisch gehören zu den häufigsten Unfällen bei Babys, da sie sich völlig unerwartet umdrehen können. Es ist wichtig, am Wickeltisch zu bleiben und immer eine Hand am Kind zu haben.
- **Reinigung und Pflege des Pos**: Am besten wird der Po des Babys unter fließendem handwarmem Wasser gewaschen. Alternativ kann warmes Wasser und ein Waschlappen genommen werden, der nur für den Po da ist. Reinigungstücher sollten aufgrund möglicher Hautreizungen und aus Gründen der Nachhaltigkeit nur im Notfall genommen werden. Im Anschluss wird Babyöl oder eine Wundschutzcreme dünn aufgetragen.

FÜR DIE PRAXIS

- **Besonderheiten beim Mädchen**: Scheide immer von vorne nach hinten reinigen, damit einer Infektion mit Darmbakterien vorgebeugt wird.
- **Besonderheiten beim Jungen**: Vorhaut darf nicht gegen den natürlichen Widerstand zurückgestreift werden. Bis zum zweiten oder dritten Lebensjahr ist es normal, dass diese eng und verklebt ist.

Baden

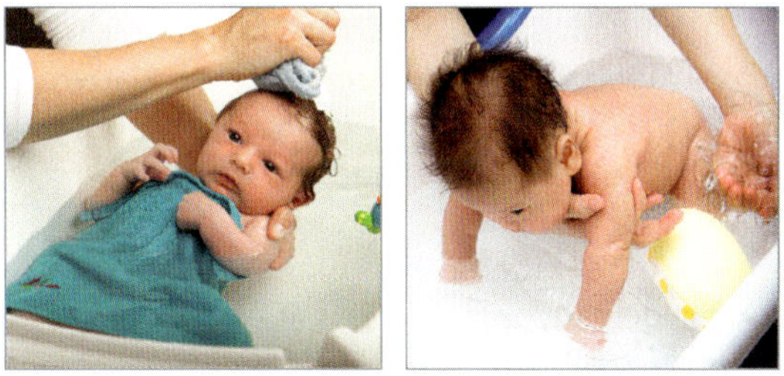

Rückenlage und Bauchlage

Die Baderoutine startet etwa 4 Wochen nach der Geburt, wenn der Nabel abgefallen und abgeheilt ist. So wird das Risiko minimiert, dass Keime in die Wunde eintreten und Infektionen verursachen. Abgesehen von der Nabelheilung hat sich zu diesem Zeitpunkt die Körpertemperatur stabilisiert. Bis dahin genügt es, wenn es 2-mal pro Woche sanft mit dem Waschlappen gesäubert wird.

Tatsächlich werden Babys außerhalb des Windelbereichs selten schmutzig, und dieser wird beim Wickeln ohnehin mehrmals täglich gesäubert. Es wird empfohlen, das Baby 2- bis 3-mal pro Woche zu baden. Badezusätze sind meistens noch nicht erforderlich. Generell gilt: Das Baby sollte gebadet werden, wenn es dreckig ist. In den ersten Lebensmonaten passiert das vor allem dann, wenn Milch verschüttet wurde oder die Windel versagt hat. Wenn das Kind anfängt zu krabbeln, wird es häufiger nötig sein, es gründlicher zu baden.

FÜR DIE PRAXIS

Das Wichtigste in Kürze:

- das Badewasser sollte körperwarm sein (36 bis 38 °C), eher etwas kühler als zu warm, Raumtemperatur sollte bei mindestens 23 °C liegen
- Baby erst in die Wanne legen, wenn das Wasser etwa bis zur Hälfte eingelaufen ist und Temperatur mit einem Thermometer geprüft wurde
- Baby niemals unbeaufsichtigt im Wasser lassen!
- Baby maximal 10 Minuten baden, bei häufigem Baden maximal 5 Minuten
- Neugeborene baden am besten in klarem Wasser, bei trockener Haut können wenige Tropfen Babyöl ins Badewasser hinzugefügt werden
- Ab dem dritten Lebensmonat können milde Babybadezusätze mit einem hautfreundlichen pH-Wert (5,5 bis 6) verwendet werden
- Halten des Babys: Baby entweder in Bauch- oder Rückenlage baden und dabei sicher mit einem Arm festhalten, Mund und Nase immer über Wasser halten und mit der anderen Hand waschen
- Nach dem Bad die Haut des Babys gut abtrocknen, indem man das Baby sanft abtupft, besonders gut zwischen den Zehen und in den Hautfalten abtrocknen
- Baby niemals unbeaufsichtigt im Wasser lassen!

AUFGABE

8. Ein Elternteil kommt zu Ihnen und ist unsicher, wann und wie er Beikost einführen soll. Geben Sie ihm basierend auf dem Text eine schrittweise Anleitung.

Beschäftigung

Babys sind glücklicher, wenn sie die Möglichkeit haben, zu spielen und sich frei zu bewegen. Nicht nur Spielzeit ist entscheidend, sondern auch der direkte Kontakt, die liebevolle Ansprache und viel Zärtlichkeit. Es fördert die Entwicklung des Babys, wenn man sich aktiv mit ihm auseinandersetzt und seine Sinne anregt. Dabei ist teures oder viel Spielzeug nicht notwendig, denn Babys sind neugierig und spielen gern mit allem, was sie in die Hand bekommen. Für eine ausgewogene Entwicklung braucht das Baby eine Balance zwischen Aktivität und Entspannung. Es liebt es, im Zentrum des Geschehens zu sein. Um Spaß am Spielen zu haben, sollte das Baby wach und satt sein. Anregungen für altersgerechtes Spielen sind:

ersten drei Monate

- Stimme und Gesicht der Betreuungsperson sind wichtiger als jedes Spielzeug
- Gesicht entdecken: zum Anfassen näher kommen
- Beim Wickeln: streicheln, Füße hin- und herbewegen, Bauch anpusten
- Mobile über Wickeltisch, Kuscheltuch oder Kuscheltier
- Kleine Spielzeuge zeigen, drehen und klingeln lassen

zwischen 4. und 6. Monat

- Babys greifen nach Spielzeugen und Gegenständen und nehmen es in den Mund, Babys Dinge erforschen lassen, die es nicht schlucken kann!
- Fingerspiele: „Vögelchen" anfliegen lassen und es in Babys Händen landen lassen
- Geräuschspiele: Papier zerknüllen, mit einem Kochlöffel auf den Topf hauen, Dinge vormachen und anschließend zum Nachmachen dem Baby geben

zwischen 6. und 9. Monat

- Gegenstände mit den eigenen Händen erforschen und mit den eigenen Füßen spielen
- Verstecktes entdecken, z. B. Spielzeug unter umgedrehter Schüssel
- Ein- und Ausräumen, z. B. Gegenstände in Becher stecken und wieder rausholen
- Töne und Geräusche auslösen, z. B. an Spieluhr ziehen lassen
- Fliegen: Baby sicher halten und rauf und runter bewegen

ab 10. Monat

- Torhüter: im Sitzen Baby den Ball zurollen, es wird versuchen es zu halten und vielleicht zurückzugeben
- etwas vorklatschen: z. B. „Backe, backe Kuchen ..." klatschen, Kind wird mitmachen
- Klettern: Baby über sich hinwegrobben und krabbeln lassen, Kletterparcours über viele Kissenberge
- Verstecken: sich ganz verstecken, z. B. unter einer Decke oder hinter dem Sessel
- Erste Malversuche mit Wasserfarben

Altersgerechte Spiele für 1–12 Monate

Unfallverhütung

Unfallschwerpunkte in den ersten 6 Monaten

Während Babys neugieriger und aktiver werden, steigt das Unfallrisiko. Dazu gehören:

- Stürze – etwa vom Wickeltisch, dem Bett oder der Couch
- Erstickungsgefahr – durch das Bettkissen oder dem Einatmen kleiner Teile (s. S. 428 f.)
- Verbrühungen – durch heiße Getränke oder Flüssigkeiten (s. S. 430)
- Es sollten keine heißen Getränke in der Nähe des Kindes getrunken werden und gefährliche Gegenstände sollten stets außerhalb der Reichweite des Babys gehalten werden.

Unfallrisiken im zweiten Lebenshalbjahr

Ab dem sechsten Monat beginnen Babys, bestimmte Dinge gezielt zu tun, um Ergebnisse zu erzielen, z. B. Rasseln schütteln oder an Schnüren ziehen. Aber sie können noch keine Gefahren erkennen und so z. B. am Kabel von Elektrogeräten ziehen. Zu den Gefahren gehören insbesondere:

- Sturzgefahr – Babywippen und Hochstühle sind Risikopunkte, besonders Lauflernhilfen, die zu schweren Treppenstürzen führen können
- Verbrühungen – wenn das Kind z. B. versucht, sich an der Tischdecke hochzuziehen
- Vergiftungen – durch unsachgemäß gelagerte Putzmittel und Medikamente

Wohnumgebung kindersicher machen

FÜR DIE PRAXIS

Wachsam sein und Gefahrenquellen minimieren:

- Offene Steckdosen sichern: Verschlusskappen gibt es im Haushaltswarengeschäft
- Keine herumliegenden Kabel: Kabel einrollen, hinter Schränke legen oder auf dem Boden fixieren
- Treppen durch Treppengitter und Fenster durch Fensterschutz sichern

FÜR DIE PRAXIS

- Putz- und Reinigungsmittel sowie Chemikalien und Medikamente kindersicher wegschließen
- Stiele von Pfanne oder Töpfe auf dem Herd nach hinten drehen, am besten Herdgitter anbringen
- Alle Wasserstellen im Haushalt abdecken: volle Wassereimer, Brunnen, Pool etc.
- Kind nicht allein mit Haustieren lassen: auf Suche nach Nähe können sie sich auf das Kind legen
- Baby nicht an Dosen, Deckeln oder sonstigen lackierten Gegenständen lutschen lassen (können giftige Schwermetalle enthalten)

AUFGABE

9. Erstellen Sie eine Broschüre mit dem Titel „Erste Schritte zur kindersicheren Wohnung“, die wichtige Tipps aus dem Text und aus eigenen weiterführenden Recherchen enthält.

Betreuung von Kindern

Jede Altersgruppe hat spezielle Bedürfnisse und Anforderungen an die Betreuungsleistungen. So ist es zum Beispiel wichtig, dass die hauswirtschaftliche Fachkraft die Aktivitäten an die jeweilige Entwicklungsstufe des Kindes anpasst. Jedes Alter ist durch bestimmte Entwicklungsphasen gekennzeichnet (s. S. 231 ff.), und nur eine altersgerechte Aktivität kann diese Entwicklungsbereiche gezielt fördern. Kinder sind zudem eher motiviert, wenn sie an Aktivitäten teilnehmen, die ihrem Entwicklungsstand entsprechen: Zu einfache Aktivitäten können sie langweilen, während komplexe Aktivitäten, die sie nicht meistern können, zu Frustration führen. Altersgerechte Aktivitäten berücksichtigen auch den sozialen Entwicklungsstand des Kindes: Zum Beispiel benötigen jüngere Kinder oft eher angeleitete Aktivitäten, während ältere Kinder von freiem Spiel und Teamaktivitäten profitieren.

Kleinkinder von 1–3 Jahren

Kleinkinder benötigen durchgehende Aufmerksamkeit und Fürsorge. Dabei geht es um die Grundversorgung wie Essen, Schlafen und Körperpflege, aber auch um die Schaffung einer kindersicheren und entwicklungsfördernden Umgebung.

Ein strukturierter Tagesablauf hilft zudem dabei, dass sie sich sicher und geborgen fühlen. Das umfasst feste Zeiten für Essen, Schlafen und Spielen.

Folgende Aspekte sollten bei der Betreuung von Kleinkindern bedacht werden:

- **Sicherheit**: Eine der Hauptaufgaben ist es, eine sichere Umgebung zu gewährleisten. Potenzielle Gefahrenquellen müssen beseitigt werden, sodass die Umgebung kinderfreundlich ist, von gesicherten Steckdosen bis hin zu kindersicheren Räumen (s. S. 241).
- **Sauberkeitserziehung**: Das Trocken- und Sauberwerden kommt in der Regel ganz von selbst im Laufe des zweiten oder dritten Lebensjahres und darf nicht erzwungen werden. Kleinkinder benötigen Unterstützung bei der Sauberkeitserziehung, sei es der Gang zur Toilette oder das Händewaschen.

Töpfchen-Training

FÜR DIE PRAXIS

Das Kind auf dem Weg zum Sauberwerden unterstützen:

- auf Hinweise des Kindes achten, dass es langsam bereit ist, sauber zu werden
- Hilfen nutzen wie Toilettenaufsatz oder Töpfchen
- spielerisch Toilettengang üben, und Schritt für Schritt zeigen, was das Kind tun muss: wie man Hose aufmacht und herunterzieht, sich richtig auf die Toilettenbrille setzt und dann Wasser lässt
- Kind für jeden Schritt auf dem Weg zum Sauberwerden loben, gelassen bleiben und nicht schimpfen, wenn etwas schief geht
- „großes Geschäft" geht in der Regel früher verlässlich ins Töpfchen, Blasenkontrolle gelingt meist erst später
- die Windel erst weglassen, wenn das Kind von sich aus keine Windel mehr will

- **Unterstützung beim An- und Ausziehen**: Das eigenständige An- und Ausziehen von Kleidung und Schuhen ist noch eine Herausforderung. Es sollte Unterstützung angeboten werden, aber gleichzeitig die Selbstständigkeit der Kinder gefördert werden. Für den Anfang sollten Kleidungsstücke gewählt werden, die sich leicht anziehen lassen.

FÜR DIE PRAXIS

- Ausziehen ist leichter als anziehen: wenn das Kind zum Beispiel Hose selbst herunterziehen kann, nur noch beim letzten Schritt helfen und Hose von den Füßen ziehen
- Mit dem letzten Schritt anfangen: meistens lernen Kinder den letzten Schritt zuerst, zum Beispiel wird das Kind die Hosen selbst hochziehen können, wenn geholfen wurde, die Füße durch die Öffnungen zu ziehen
- Weitere Tipps: Hilfestellung bieten bei zum Beispiel Knöpfen oder schweren Verschlüssen, Kleidungsstücke in Reichweite der Kinder aufbewahren

- **Körperpflege**: Sei es beim Zähneputzen, Baden oder Haare kämmen, Kinder benötigen am Anfang Unterstützung, um diese täglichen Routinen zu erlernen. Es geht nicht nur darum, das Kind schnell und gründlich sauber zu bekommen, sondern es ist auch eine Gelegenheit, um dem Kind alltägliche Pflegerituale wie Waschen und Zähneputzen beizubringen.

FÜR DIE PRAXIS

Kinder motivieren, sich eigenständig und spielerisch um die Körperhygiene zu kümmern:

- **Gewohnheit**: Körperpflege sollte fest in morgendliche und abendliche Routine integriert werden.
- **Mithilfe ermöglichen**: Ein rutschfester Hocker vor dem Spiegel sorgt dafür, dass das Kind eigenständig das Waschbecken, die Seife und die Zahnbürste erreichen kann. Ein auf Kinderhöhe angebrachter Waschlappen und ein Handtuch motivieren das Kind dazu, sich selbst zu waschen.
- **Beteiligung fördern**: das Kind sollte ermutigt werden, sich am Waschprozess

zu beteiligen. Man kann beispielsweise fragen: „Möchtest du deinen Fuß heben, sodass ich ihn sauber machen kann?" Je nach Entwicklungsstand kann es bereits einige Körperpartien selbst waschen.
- **Vorbild sein**: Wenn das Kind beispielweise beobachtet, dass man sich regelmäßig die Hände wäscht, wird es die Wichtigkeit der Körperpflege erkennen und übernehmen.

- **Spielen**: Kleinkinder sind neugierige Wesen, die alles entdecken wollen. Sie möchten verstehen, wie Dinge funktionieren und haben einen sehr großen Bewegungsdrang. Es ist entscheidend, dem Kind eine sichere Umgebung zum Spielen und Erkunden zu bieten.

FÜR DIE PRAXIS

- **Bewegung:** Dem Kind sollten viele Möglichkeiten gegeben werden, sich zu bewegen – drinnen als auch draußen. Bewegung ist gesund, und ermöglicht dem Kind, seine Fähigkeiten auszutesten.
- **Eigene Spielzeit**: Es ist nicht notwendig, dem Kind beim Spielen ständig Gesellschaft zu leisten. Wenn es alleine spielt, lernt es, sich selbst zu unterhalten und entwickelt größeres Selbstbewusstsein. Es erfordert dennoch ein wachsames Auge, denn wenn es wirklich gefährlich wird, ist ein Eingreifen in die Situation notwendig.
- **Gemeinsamkeit mit Gleichaltrigen**: Auch wenn sie noch nicht unbedingt miteinander spielen, ist es dennoch wichtig, sie regelmäßig mit anderen Kindern zusammenzubringen. Das fördert die soziale Entwicklung und das Lernen im Umgang miteinander. Spielgruppen sind hierfür ideal.
- **Entspannung**: Besonders vor dem Schlafengehen sollte es ruhig werden. Aufregende Spiele sollten durch beruhigende Aktivitäten wie Vorlesen oder Kuscheln ersetzt werden.
- **Alltägliches als Spielzeug**: Oft sind es gerade die einfachen Dinge aus dem Alltag, die Kleinkinder faszinieren.

Kostenloses Spielzeug

- Kisten zum Befüllen und Entleeren
- Küchenzubehör: Becher, Töpfe, Plastikschalen, Rührwerkzeuge
- Großer Karton als Spielhaus (mit Fenstern und Türen)
- Kleinigkeiten: Fahrradklingel, Wecker, Handtasche, Spiegel, Korken, Eierkartons
- Naturmaterialien: Wasser, Sand, Blätter, Kastanien, Holzteile, Muscheln
- handgemachte Riesenbilderbücher

Gekauftes Spielzeug

- alles, was sich ziehen, rollen oder schieben lässt: Auto mit Ladefläche zum Draufsitzen und Beladen, Auto zum Draufsetzen und Herumfahren
- großes Plüschtier zum Kuscheln und Liebhaben
- große Bauklötze in verschiedenen Farben und Formen
- Bilderbücher
- Spielzeug für den Sandkasten
- Wachsmalstifte, Fingerfarben
- Puzzlespiele mit großen Teilen

Kind beschäftigt sich alleine

- Dinge ein- und ausräumen, zusammenstecken auseinandernehmen
- Im Freien klettern, mit größeren Steinen, Sand, Schlamm, Wasser und Ästen spielen
- mit Bausteinen bauen
- Auto und Lokomotive fahren
- mit Puppen spielen
- Krach machen, trommeln
- erste Bilder malen
- Tiere und Menschen beobachten und nachmachen

Kind beschäftigt sich mit Betreuungsperson

- im Haushalt helfen
- Versteckspiele
- Herumtoben, Kissenschlachten, Papierschlachten, Fangen spielen, Ballspiele
- Vorlesen und Geschichten erzählen, vor allem kleine, alltägliche Geschichten
- Spiel mit einfachen Handpuppen oder Fingerpüppchen
- Gemeinsam etwas bauen
- Bilderbücher oder Fotos anschauen
- Singen

Altersgerechte Spiele von 1 bis 3 Jahren

4
6
11

- **Haushalt:** Kleinkinder sind voller Begeisterung dabei, wenn es um haushaltsnahe Tätigkeiten geht, wie etwa das Entsorgen von Müll, das Beseitigen von Flecken oder das Kochen. Dem Kind sollten Gelegenheiten angeboten werden, im Haushalt mitzuarbeiten. Es ist wichtig zu verstehen, dass die ersten Versuche des Kindes nicht perfekt sind und möglicherweise auch nicht immer zu Ende gebracht werden. Es geht vielmehr darum, dem Kind beizubringen, das Helfen zu einer Gewohnheit zu machen.

FÜR DIE PRAXIS

So können sich Kinder im Haushalt beschäftigen und helfen:
- Blumen und Pflanzen gießen
- Tisch decken
- Besteck aus der Spülmaschine sortieren und wegräumen
- Haustiere füttern
- Abfälle trennen und entsorgen, leichtere Säcke in die Außentonne bringen
- Eier pellen oder weiche Lebensmittel, z. B. Bananen oder Avocados, schneiden
- Wäsche sortieren und von der Waschmaschine in den Trockner legen

Kindergartenkinder von 3–6 Jahren

Kindergartenkinder sind in einer Phase, in der sie anfangen, Unabhängigkeit zu entwickeln. Ihre kognitiven, motorischen und sozialen Fähigkeiten nehmen rapide zu. Bei der Betreuung von Kindern in diesem Alter ist es wichtig, eine Umgebung zu schaffen, in der sie diese Fähigkeiten ausbauen können. Folgende Aspekte sollten bei der Betreuung von Kindergartenkindern beachtet werden:

- **Routinen**: Ein strukturierter Tagesablauf mit festen Zeiten für Mahlzeiten, Ruhepausen und Spielzeiten bleibt wichtig, um Kindern zu helfen, sich sicher zu fühlen.
- **Sicherheit**: Auch wenn Kindergartenkinder unabhängiger sind, sollten potenzielle Gefahrenquellen weiterhin entfernt oder gesichert werden. Diese Altersgruppe ist immer noch neugierig und begibt sich möglicherweise in gefährliche Situationen.
- **Selbstständigkeit**: Kinder sollten ermuntert werden, Dinge selbst zu tun, von der Auswahl der Kleidung bis hin zum Aufräumen der Spielsachen. Das fördert das Selbstbewusstsein und ihre Unabhängigkeit.
- **Alltägliche Aufgaben**: Auch Kindergartenkinder helfen gerne bei alltäglichen Aufgaben im Haushalt. Je älter sie werden, können ihnen andere Aufgaben übertragen werden.

Kind spielt allein oder mit Gleichaltrigen

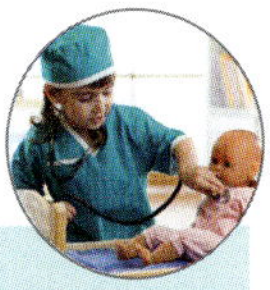

- Puzzles mit mehr und kleineren Teilen
- Wasserfarben mit dickem Pinsel, Wachsmalkreiden
- Puppen mit Zubehör, Puppentheater
- „Verkleidungskiste" mit alten Kleidern, Schuhen etc.
- Requisiten für Rollenspiele: altes Telefon, Geschirr etc.
- Bilderbücher mit Texten
- Kassetten oder CDs für Kinder
- Dreirad, Laufrad, Roller, Kinderfahrrad
- Rutsche, Klettergerüst

Kind spielt mit Erwachsenen

- Gesellschaftsspiele: zunächst einfache Spiele wie Memory oder Domino, später schwierigere Spiele wie „Mensch ärgere dich nicht" oder „Schwarzer Peter"
- Rollenspiele aller Art
- Turnen mit Geräten: Reifen, großer Ball, Rutsche, Schaukel, Wippe, Klettergerüst
- Zusammen singen
- Zusammen kochen und backen: z. B. Plätzchen oder einen Kuchen backen
- Ausflüge: Spielplatz, Schwimmbad, Zoo

Teamspiele für Gruppen

- Dreibeinlauf: Zwei Kinder bilden ein Team. Das rechte Bein des einen und das linke des anderen werden zusammengebunden. Sie versuchen so schnell wie möglich die Ziellinie zu überqueren, ohne zu stürzen
- Schubkarre: Zwei Kinder sind ein Team. Das eine Kind steht hinten und greift die Beine des vorderen Kindes. Als Schubkarre setzen sie sich in Bewegung und versuchen die Ziellinie zu erreichen

Bewegungsspiel

- Luftballon-Tennis: Die Kinder bekommen jeweils einen kleinen Schläger oder einen Pappteller und versuchen, einen Luftballon damit in der Luft zu halten
- Hüpfsäcke: Ein altbekanntes Spiel, bei dem die Kinder in Säcken (oder großen Kissenbezügen) um die Wette hüpfen
- Seilspringen: Ein einfaches Seil oder zwei lange Seilen werden geschwungen, während die Kinder versuchen einzeln durchlaufen

Altersgerechte Spiele von 3 bis 6 Jahren

BEISPIELE:
- *Zimmer aufräumen und Spielsachen sortieren*
- *beim Kochen helfen, z. B. Gemüse waschen oder Teig rühren*
- *Wäsche aufhängen oder zusammenfalten.*
- *einfache Reinigungsaufgaben, wie Staubwischen oder das Bett machen*
- *beim Einkaufen helfen und einfache Entscheidungen, wie die Auswahl von Früchten, treffen*

- **Lernumgebung**: In diesem Alter sind Kinder besonders wissbegierig. Es sollte eine Umgebung geschaffen werden, in der sie Neues entdecken und lernen können. Lernspielzeuge, Bücher und andere Materialien sollten leicht zugänglich sein.
- **Vorschulbildung**: Einfache Bildungsaktivitäten, wie das Erlernen von Zahlen oder Buchstaben, sollten in den Tagesablauf integriert werden.
- **Soziale Interaktion**: Kinder in diesem Alter entwickeln soziale Fähigkeiten und lernen, mit Gleichaltrigen zu interagieren. Spielgruppen, Teamaktivitäten und Kinderfeste können ihnen helfen, diese Fähigkeiten zu entwickeln.

Schulkinder ab 6 Jahren

Mit dem Eintritt in die Grundschule entstehen neue Herausforderungen und Verantwortlichkeiten für das Kind. Diese Phase des Kindeslebens ist entscheidend für die Bildung von Gewohnheiten, die das Kind in die Adoleszenz und ins Erwachsenenalter begleiten werden. Mit der richtigen Unterstützung können die Grundsteine für ein erfolgreiches Leben gelegt werden. Folgende Aspekte sollten bei der Betreuung von Schulkindern berücksichtigt werden:

- **Alltägliche Routine**: Ein fester Tagesablauf ist wichtig, besonders wenn es darum geht, Schulaufgaben und Freizeitaktivitäten zu koordinieren.
- **Hausaufgaben**: Kinder sollten ermutigt werden, ihre Aufgaben selbstständig zu erledigen, wobei Hilfe angeboten wird, wenn sie wirklich benötigt wird.
- **Aktivitäten nach der Schule**: Ob es sich um Sport, Kunst oder Musik handelt, Schulkinder sollten ermutigt werden, an Aktivitäten teilzunehmen, die ihre Interessen und Talente fördern.
- **Freundschaften**: In diesem Alter bilden sich oft feste Freundeskreise. Kinder sollten lernen, mit Konflikten umzugehen, Beziehungen zu pflegen und soziale Fähigkeiten wie Teamarbeit zu entwickeln.
- **Sicherheit**: Auch wenn sie älter sind, sind sie immer noch anfällig für Gefahren, besonders im Internet. Eltern und Betreuungspersonen sollten über Online-Sicherheit sprechen und sicherstellen, dass die Kinder sich der Risiken bewusst sind. Auch Mobbing oder Cybermobbing können bereits im Kindesalter eine Rolle spielen (vgl. LF6, S. x)
- **Förderung der Selbstständigkeit**: Kinder lernen, mehr Verantwortung für ihr eigenes Leben zu übernehmen. Das kann durch die Ermutigung zur Selbstorganisation und die Übernahme von Verantwortlichkeiten im Haushalt geschehen.

BEISPIELE:
- *Zimmer reinigen*
- *einfache Kochaufgaben übernehmen*
- *mit dem Hund Gassi gehen*
- *Einkaufsliste erstellen und beim Einkaufen helfen*

AUFGABEN

10. Planen Sie einen typischen Tagesablauf für ein Kind im Alter von 2 Jahren und ein weiteres im Alter von 5 Jahren. Beachten Sie dabei die Bedürfnisse beider Altersgruppen.

11. Erstellen Sie eine Liste mit je zehn Spielen oder Aktivitäten für: 1) Kinder von 1–3 Jahren, 2) Kinder von 3–6 Jahren und 3) Grundschulkinder. Erklären Sie, wie diese Aktivität zu den beschriebenen Entwicklungsstadien passt.

Betreuung von Jugendlichen

Während Kinder primär eine sichere und anregende Umgebung benötigen, erfordert die Betreuung von Jugendlichen eine andere Herangehensweise. Jugendliche haben einen geringeren Betreuungsbedarf, da sie vieles bereits selbstständig erledigen können. Sollte es sich dabei um Jugendliche handeln, die kurz davor sind auszuziehen oder bereits im eigenen Haushalt leben, kann es notwendig sein, dass die hauswirtschaftliche Fachkraft Tipps und Unterstützung rund um die Haushaltsführung bereitstellt. Sie kann den Jugendlichen Anleitungen zum gesunden Kochen geben, ihnen zeigen, wie man ein Budget für den Haushalt erstellt oder wie man nachhaltige Kaufentscheidungen trifft.

4
6
11

Auch bei der Freizeitgestaltung können hauswirtschaftliche Fachkräfte helfen, sofern das vom Jugendlichen erwünscht ist. Dazu können zum einen sportliche Aktivitäten gehören wie zum Beispiel Joggen, Schwimmen, Radfahren oder auch Mannschaftssportarten wie Fußball und Basketball. Zum anderen können Unterhaltungsangebote gemacht werden wie Kino-, Theater- oder Museumsbesuche. Kreative Workshops, wie Töpferkurse, Mal- oder Schreibwerkstätten können ebenfalls interessante Optionen für Jugendliche sein. Musikalisch Interessierte könnten in Bands, Chören oder Musikschulen gefördert werden. Des Weiteren können hauswirtschaftliche Fachkräfte bei der Organisation von Treffen mit Freunden helfen, etwa beim Planen eines gemeinsamen Kochabends oder einer Gartenparty.

Es ist wichtig, dass die Fachkraft nicht nur als helfende Hand, sondern auch als Vertrauensperson wahrgenommen wird. Insbesondere in der Jugendphase sind viele Heranwachsende empfindlich für Gefahren wie Essstörungen, Suchtverhalten und Mobbing. In solchen sensiblen Situationen ist es von entscheidender Bedeutung, dass die Signale rechtzeitig erkannt werden. Wenn die hauswirtschaftliche Fachkraft als Vertrauensperson wahrgenommen wird, ist die Wahrscheinlichkeit größer, dass sich der Jugendliche öffnet und über seine Probleme spricht. Ein offener Dialog ist die Basis für Hilfestellung, bevor die Situation eskalieren kann.

Essstörungen

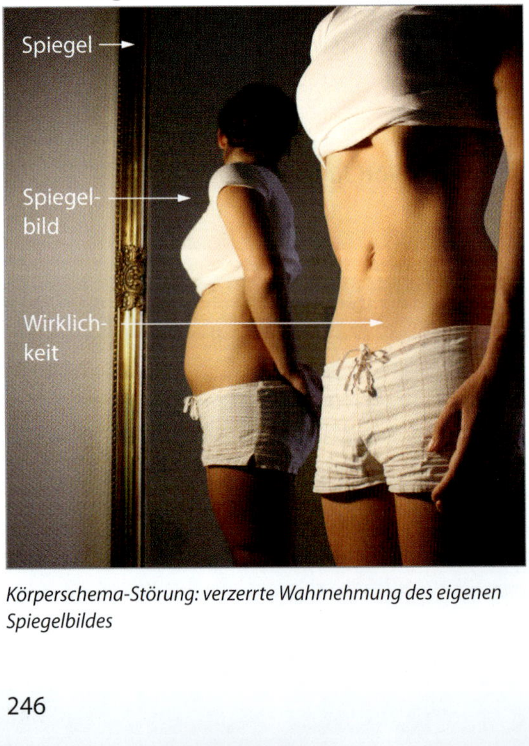

Körperschema-Störung: verzerrte Wahrnehmung des eigenen Spiegelbildes

Störungen im Essverhalten wie Magersucht (Anorexie), Essbrechsucht (Bulimie) und Esssucht (Binge Eating) gehören zu den verbreitetsten Beschwerden. Sie kommen hauptsächlich bei jungen Frauen vor, obwohl auch immer mehr Männer davon betroffen sind. Es ist oft schwierig, den Übergang von normalem zu krankhaftem Essverhalten zu erkennen, was ein frühzeitiges Eingreifen erschwert. Gelegentliche Unstimmigkeiten im Essverhalten sind nicht unbedingt ein Anzeichen einer Störung. Viele ändern ihr Essmuster in stressigen Phasen, was nicht gleichbedeutend mit einer Essstörung ist. Die Situation ändert sich jedoch, wenn Essen zur Besessenheit wird, ständig darüber nachgedacht wird und das Verhalten nicht mehr gesteuert werden kann.

Typische Warnsignale sind:

- **Magersucht:** Die Person zeigt eine intensive Beschäftigung mit Nahrung. Zu den Warnzeichen gehören das ständige Zählen von Kalorien und die fast zwanghafte Einteilung von Lebensmitteln in „gesund“ und „ungesund“. Sie sucht oft nach Ausflüchten, um nicht an Gruppenmahlzeiten teilzunehmen oder kocht auffällig oft für andere, ohne selbst zu speisen.
- **Esssucht** und Essbrechsucht: Schnelles Verschwinden großer Essensmengen, der übermäßige Verzehr von Süßwaren oder das Horten von Lebensmitteln können Anzeichen für Bulimie oder Binge Eating sein. Hinweise sind auch häufige Toilettengänge und sichtbare Verunreinigungen oder ein Geruch nach Erbrochenem.

Es kann für den Jugendlichen schmerzhaft sein, nur auf die Essgewohnheiten und das Gewicht reduziert zu werden. Ein einfühlsames Gespräch ist daher entscheidend. Dabei sollte man aus der Ich-Perspektive sprechen (s. S. 181): „Mir scheint, es geht dir nicht gut ...“. Das verhindert, dass sich der Jugendliche angegriffen fühlt und erhöht die Wahrscheinlichkeit einer offenen Antwort. Wenn Widerstand auftritt, sollte das Gespräch zu einem späteren Zeitpunkt fortgesetzt werden. Es ist ratsam, den Jugendlichen immer wieder zu ermutigen, sich Hilfe zu suchen.

Suchtverhalten

Suchtabhängigkeit kann sowohl durch Substanzen wie Alkohol, Nikotin oder Drogen entstehen als auch durch Verhaltensweisen wie zum Beispiel Spielsucht, Internetsucht oder übermäßigem Konsum. Was sich letzten Endes als Sucht herausstellt, beginnt oft schleichend: Einmal raucht man Marihuana, ein anderes Mal wird einem eine Ecstasy-Pille angeboten. Ohne es zu bemerken, kann das zur Abhängigkeit führen.

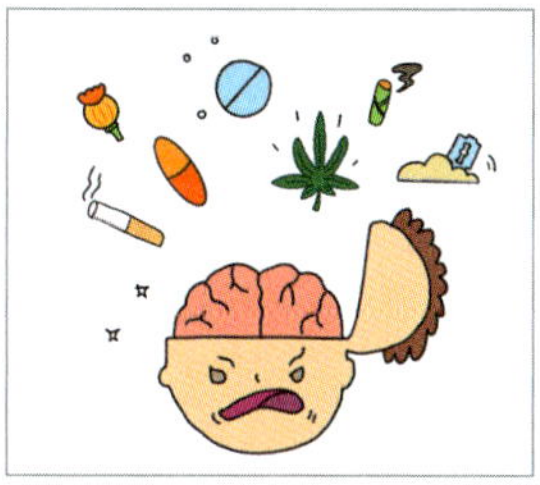

Sucht ist eine psychische Erkrankung

Laut der Weltgesundheitsorganisation (WHO) gibt es sechs Anzeichen für ein Suchtverhalten:

- Ein intensiver Drang, eine bestimmte Substanz zu konsumieren.
- Jugendliche können Beginn, Dauer und Menge ihres Konsums nicht steuern.
- Fehlt die gewohnte Dosis, treten Entzugssymptome auf, wie Unruhe, Gereiztheit, Schlafprobleme, Konzentrationsschwierigkeiten und Niedergeschlagenheit.
- Mit der Zeit benötigt man immer höhere Dosen, um denselben Effekt zu erzielen.
- Die Droge nimmt einen zentralen Platz im Leben ein, wobei das Beschaffen mehr Zeit in Anspruch nimmt und andere Interessen vernachlässigt werden.
- Trotz des Bewusstseins über negative Auswirkungen ist es schwer, den Konsum zu beenden.

Sucht ist ein komplexes Thema, und es gibt keine einheitliche Lösung für alle Situationen. Das Wichtigste ist, dass hauswirtschaftliche Fachkräfte aufmerksam und bereit sind, zu unterstützen, wenn der Verdacht besteht, dass der Jugendliche Hilfe benötigt. Es ist wichtig, eine nicht verurteilende Haltung einzunehmen, denn es ist nicht hilfreich, den Jugendlichen mit Vorwürfen zu konfrontieren.

Mobbing und Cybermobbing

Mobbing bezeichnet wiederholte, schädigende Handlungen wie Ausgrenzung, Beleidigung oder physische Gewalt gegenüber jemand durch eine Person oder durch eine Gruppe von Personen. Es kann überall auftreten: in der Schule, am Arbeitsplatz oder im Sportverein. Ein Phänomen des digitalen Zeitalters ist Cybermobbing, bei dem das Internet oder andere digitale Kommunikationswege wie zum Beispiel WhatsApp genutzt werden, um eine Person zu schikanieren, zu belästigen oder bloßzustellen.

Die Unterscheidung, wo Mobbing beginnt, und was noch als harmloser Scherz gesehen werden kann, kann schwerfallen. Ein humorvoll gemeinter Kommentar kann schnell zum Konflikt werden, wenn er nicht als solcher verstanden wird. Umgekehrt können manche Beleidigungen als harmlos abgetan werden, wenn sie im jeweiligen Kontext gesehen werden.

Traditionelles Mobbing zeigt oft ein Machtgefälle zwischen Täter und Opfer. Beim Cybermobbing ist das jedoch nicht immer der Fall. Die Entfernung und das Gefühl der Anonymität im Internet können zu einem Schutzschild werden.

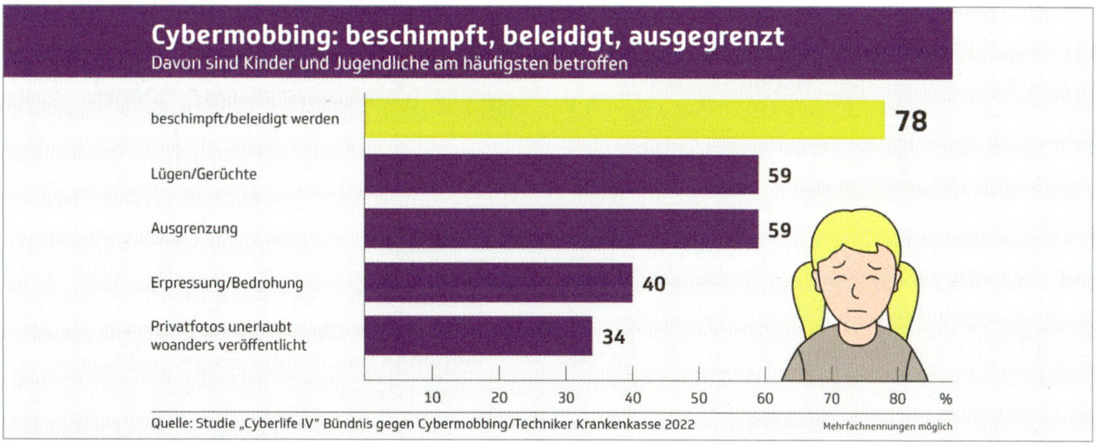

Cybermobbing hat viele Gesichter

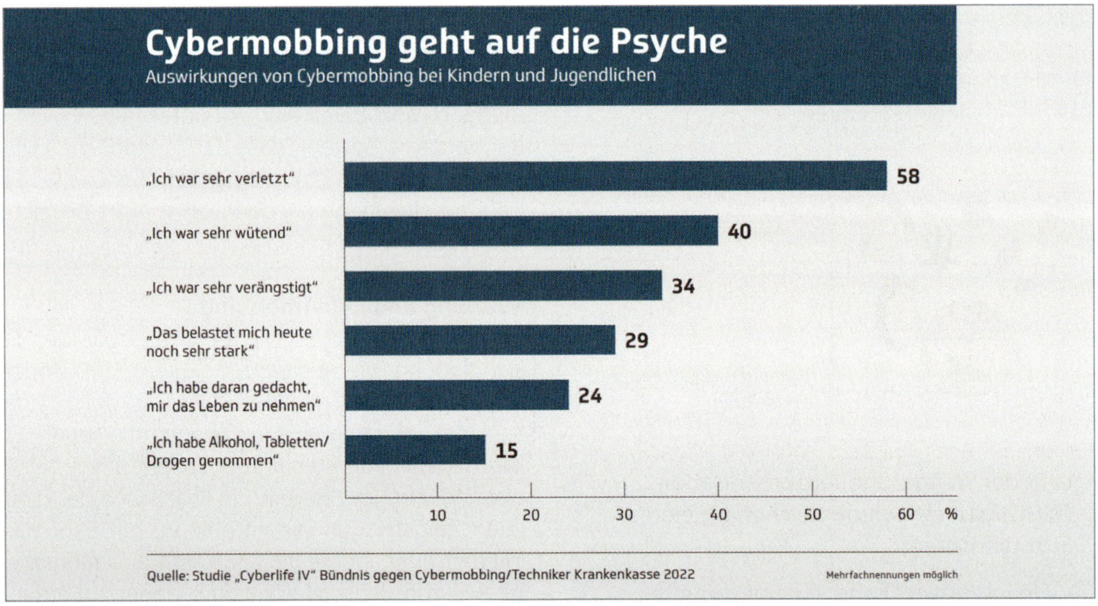

Folgen von Cybermobbing für das Opfer

Sogar diejenigen, die sonst eher zurückhaltend sind, können dazu ermutigt werden, negative Kommentare zu verfassen. Ein weiterer Unterschied zu Mobbing ist, dass Cybermobbing überall und jederzeit passieren kann und sich ins Privatleben erstreckt. Opfer haben oft das Gefühl, keinen sicheren Ort mehr zu haben. Zudem können online geteilte Inhalte schnell ein breites Publikum erreichen und sind schwer zu entfernen. Einmal im Netz, sind beleidigende Botschaften oder Bilder schwer zu löschen.

Die Auswirkungen auf die psychische Gesundheit des Jugendlichen können schwerwiegend sein. Zu den Warnzeichen gehören:

FÜR DIE PRAXIS

- Rückzug von sozialen Aktivitäten und Isolation
- Auffälliges Vermeiden bestimmter Personen oder Orte
- Plötzliche Veränderungen im Verhalten oder in der Stimmung
- Körperliche Anzeichen wie Schlaflosigkeit, Kopfschmerzen oder Appetitlosigkeit
- Cybermobbing: Vermehrte Nervosität oder Angstzustände beim Erhalten von Nachrichten

Es ist wichtig, den Jugendlichen zu unterstützen und nicht als „Opfer" zu stigmatisieren. Bei Anzeichen von Mobbing oder Cybermobbing sollten Betroffene ermutigt werden, über ihre Erfahrungen zu sprechen. In schweren Fällen von Mobbing oder Cybermobbing sollten hauswirtschaftliche Fachkräfte die Eltern oder andere erziehungsberechtigte Personen informieren. Diese werden dann darüber entscheiden, ob es notwendig ist weitere Personen oder sogar die Polizei hinzuzuziehen.

Sowohl bei Essstörungen, bei Suchtverhalten als auch bei Mobbing bzw. Cybermobbing ist es wichtig, dass hauswirtschaftliche Fachkräfte sensibel sind und die Situation richtig wahrnehmen und beurteilen.
In kritischen Situationen müssen die Eltern oder andere erziehungsberechtigte Personen informiert werden, die dann weitere Maßnahmen ergreifen können.

AUFGABE

12. Stellen Sie eine Liste von lokalen und online Beratungsstellen und Informationsquellen zusammen, die sich auf die Unterstützung von Jugendlichen mit Essstörungen, Suchtverhalten und Mobbing/Cybermobbing spezialisieren.

6.2.4 Kinderkrankheiten und Entwicklungsstörungen

Infektionskrankheiten mit Impfschutz

Flächendeckende Impfprogramme haben in Deutschland Krankheiten wie Diphtherie und Kinderlähmung stark reduziert. Trotzdem bleibt der Impfschutz wegen des weltweiten Vorkommens dieser Krankheiten wichtig. Rechtzeitige Impfungen schützen vor schweren Erkrankungen durch Masern, Pneumokokken, Rotaviren oder Tetanus. Der Impfstatus von Kindern wird bei den Früherkennungsuntersuchungen geprüft. Infektionskrankheiten können zu ernsten Folgeerkrankungen führen. Bei einer Impfrate von mindestens 95 Prozent in der Bevölkerung wird eine Ausbreitung verhindert, was zum Gemeinschaftsschutz beiträgt.

Bei der Grundimmunisierung von Säuglingen kommt normalerweise ein Kombinationsimpfstoff zum Einsatz, der neben Diphtherie auch Schutz gegen Tetanus, Pertussis, Polio, Hib und Hepatitis B bietet. Die Folgeimpfungen zur Auffrischung des Schutzes gegen Diphtherie, Tetanus und Keuchhusten, und bei Bedarf auch Polio, erfolgen ebenfalls in kombinierter Form. Seit April 2024 ist zusätzlich zu den hier aufgeführten Impfempfehlungen eine RSV-Prophylaxe zum Schutz der Atemwege vorgesehen.

Weitere Informationen unter *www.dgk.de*

Impfungen bieten Schutz vor diesen Krankheiten und reduzieren das Risiko von schweren Verläufen und Komplikationen erheblich. Es ist wichtig, den empfohlenen Impfkalender zu befolgen, um einen umfassenden Schutz zu gewährleisten. Einige Beispiele für Komplikationen sind:

- Bei Babys unter sechs Monaten kann Keuchhusten zu Lungenentzündung und Atemstillständen führen.
- Mumps kann Schwerhörigkeit oder den Verlust eines Hodens verursachen.
- Masern sind hochansteckend und können zu Mittelohr- und Lungenentzündungen führen. Eine gefürchtete Komplikation ist zudem die Gehirnentzündung mit möglichen dauerhaften Schäden.

Infektionskrankheiten ohne Impfschutz

Zu den häufigen Infektionserkrankungen bei Kindern, gegen die noch keine Impfung vorhanden ist, zählen:

- Die **Hand-Fuß-Mund-Krankheit** wird durch Viren verursacht und äußert sich in Ausschlägen im Mund, an Händen, Füßen und gelegentlich am Gesäß. Sie betrifft vor allem Kinder unter zehn Jahren und wird hauptsächlich durch direkten Kontakt, Körperflüssigkeiten und die Luft

IMPFKALENDER Nach den Empfehlungen der Ständigen Impfkommission (STIKO) 2024 (Stand 25.01.2024)

Impfung gegen / Empfohlener Impfzeitpunkt	Alter in Monaten						Alter in Jahren					
	2	3	4	11*	12	15	2–4	5–6	7–8	9–14	15–16	17
	U4			U6			U7a/U8	U9	U10	U11/J1		J2
Rotaviren[a]	G1 ab 6 Wochen	G2	(G3)									
Wundstarrkrampf (Tetanus)[b]	G1		G2	G3[c]				A1		A2		
Diphtherie[b]	G1		G2	G3[c]				A1		A2		
Keuchhusten (Pertussis)[b]	G1		G2	G3[c]				A1		A2		
Kinderlähmung (Poliomyelitis)[b]	G1		G2	G3[c]						A1		
Hepatitis B[b]	G1		G2	G3[c]								
Hib[b] (*Haemophilus influenzae* Typ b)	G1		G2	G3[c]								
Pneumokokken[b]	G1		G2	G3[c]								
Meningokokken B	G1		G2		G3[d]							
Meningokokken C					G1							
Masern, Mumps, Röteln (MMR)				G1		G2						
Windpocken (Varizellen)				G1		G2						
HPV (Humane Papillomviren)										G1[e] G2[e]		

G Grundimmunisierung · A Auffrischimpfung · Nachholimpfungen (sind im angegebenen Zeitraum jederzeit möglich)

* Impfungen können auf mehrere Termine verteilt werden

a ab 6 Lebenswochen; 1. Dosis spätestens mit 12 Lebenswochen, je nach Impfstoff 2 oder 3 Impfungen
b Frühgeborene: zusätzliche Impfdosis im Alter von 3 Monaten (insgesamt 4 Impfungen)
c Mindestabstand zur vorangegangenen Dosis: 6 Monate
d 3 Impfungen bei Impfung im Alter von 2 - 23 Monaten, 2 Impfungen ab dem Alter von 2 Jahren
e Für Mädchen und Jungen von 9 bis 14 Jahre (2 Impfungen im Mindestabstand von 5 Monaten), Nachholimpfungen bis 17 Jahre (3 Impfungen)

Ziel muss sein, möglichst frühzeitig einen vollständigen Impfschutz zu erreichen. Abweichungen sind möglich und ggf. notwendig.

Empfohlene Impfungen im Kindes- und Jugendalter

übertragen. Symptome beginnen mit Fieber, Appetitlosigkeit und Halsschmerzen, gefolgt von roten Flecken und Bläschen. Die Erkrankung verläuft meist mild, und Genesung erfolgt oft ohne ärztliche Behandlung innerhalb einer Woche. Bei Erkrankung ist auf gute Händehygiene und Abstandhalten zu achten. Erkrankte Kinder sollten Gemeinschaftseinrichtungen meiden, bis die Bläschen abgeheilt sind. Es gibt keine spezifische Behandlung, nur symptomatische Linderung.

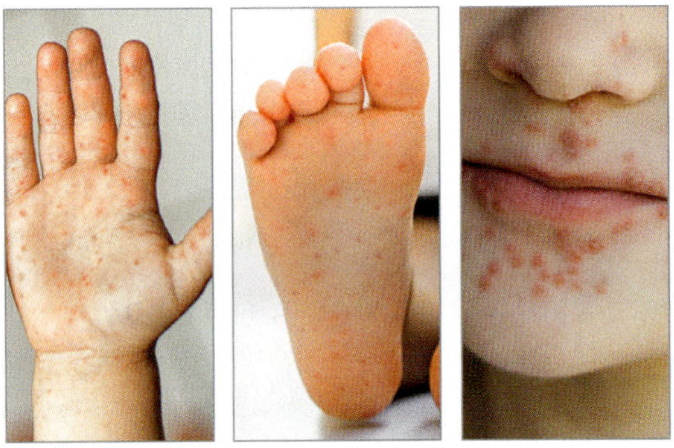

Typische Merkmale der Hand-Fuß-Mund-Krankheit

- **Noroviren** sind weltweit verbreitete Erreger von Magen-Darm-Erkrankungen. Sie werden hauptsächlich über Schmierinfektionen von Mensch zu Mensch sowie durch kontaminierte Gegenstände und Lebensmittel übertragen. Symptome sind plötzlich einsetzender Durchfall, Übelkeit und Erbrechen, die meist nach wenigen Tagen abklingen. Erkrankte sind hoch ansteckend, besonders beim Auftreten der Symptome bis etwa 48 Stunden nach deren Ende. Vor allem Kinder und Senioren sind gefährdet. Bei Erkrankung sind körperliche Schonung, Flüssigkeitszufuhr und gute Hygiene wichtig. Infizierte sollten den Kontakt zu anderen meiden und auf Hygienemaßnahmen wie Händewaschen und die Reinigung von Kontaktoberflächen achten.
- **Ringelröteln** sind eine durch Viren verursachte Infektion, die zu den fünf kindertypischen Ausschlagkrankheiten zählt, jedoch nicht mit Röteln verwandt ist. Die Übertragung erfolgt hauptsächlich von Mensch zu Mensch durch Tröpfchen beim Niesen, Husten oder Sprechen. Schwangere können das Virus auf das Ungeborene übertragen, was besonders gefährlich ist. Symptome variieren von unscheinbar bis hin zu grippalen Beschwerden und einem charakteristischen Hautausschlag. Die Ansteckungsgefahr besteht vor allem vor dem Sichtbarwerden des Ausschlags. Einmal überstanden, bietet die Krankheit lebenslangen Schutz vor einer erneuten Infektion.

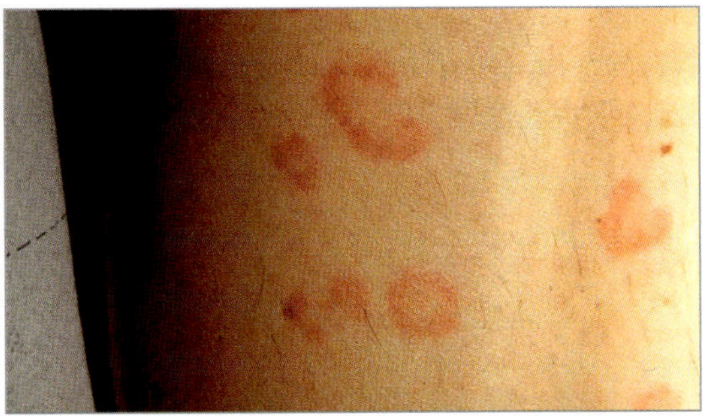

Hautausschlag bei Ringelröteln

- **Scharlach**, eine häufige bakterielle Infektion bei Kindern, wird durch A-Streptokokken verursacht, die Halsentzündungen und Hautausschläge hervorrufen. Trotz Immunität gegen spezifische Toxine nach einer Erkrankung, ermöglicht die Vielfalt der Bakterientoxine Mehrfachinfektionen. Die Übertragung erfolgt vorwiegend von Mensch zu Mensch durch Speicheltröpfchen oder, selten, über kontaminierte Gegenstände. Symptome umfassen Kopf- und Halsschmerzen, Fieber, Schüttelfrost, einen charakteristischen Hautausschlag und die „Himbeerzunge“. Unbehandelt kann Scharlach zu schweren Komplikationen führen. Die Ansteckungsgefahr endet 24 Stunden nach Antibiotikabeginn oder dauert ohne Behandlung bis zu drei Wochen. Kinder oder Jugendliche, die an Scharlach erkrankt sind oder bei denen der Verdacht auf eine Scharlach-Erkrankung besteht, dürfen Gemeinschaftseinrichtungen wie Schulen oder Kindergärten nicht besuchen. Auffällig sind ein blasses Munddreieck und eine Himbeerzunge.

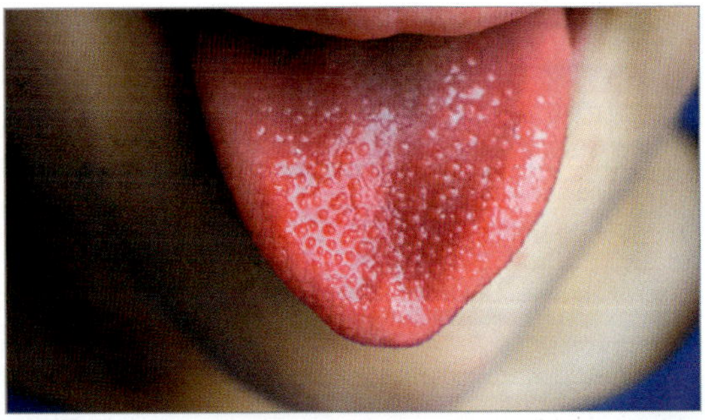

Himbeerzunge bei Scharlach

Entwicklungsstörungen bei Kindern

Entwicklungsstörungen der Sprache und des Sprechens

Unter den Sprachstörungen sind Artikulationsstörungen am weitesten verbreitet. Sie umfassen den falschen Gebrauch, das Fehlen oder Ersetzen von Lauten. **Expressive Sprachstörungen** beeinträchtigen die Fähigkeit, sich altersentsprechend auszudrücken, während das Sprachverständnis selbst normal bleibt. Bei **rezeptiven Störungen** ist das Verständnis beeinträchtigt. **Stottern,** eine weitere Störung des Sprechens mit Wiederholungen oder Dehnungen von Lauten, betrifft rund 5 % der 5-jährigen Jungen und 2 % der Mädchen.

Entwicklungsstörungen schulischer Fertigkeiten

Die Häufigkeit der Lese-Rechtschreibschwäche liegt bei 4 bis 7 %, während Rechenprobleme bis zu 6 % der Kinder betreffen.

Legasthenie zeigt sich in Schwierigkeiten beim Lesen und Schreiben, wie Buchstabenverwechslungen oder langsames Lesen. Auch ist das Leseverständnis bei den Kindern gestört, was bedeutet, dass sie oftmals keine Schlüsse aus dem Gelesenen ziehen können. Im Erwachsenenalter können Probleme mit der Rechtschreibung bestehen bleiben, wobei sich das Lesen in der Regel normalisiert. **Dyskalkulie** umfasst Probleme mit grundlegenden Rechenfertigkeiten, und man nimmt an, dass bei betroffenen Kindern die räumliche Vorstellungskraft unterdurchschnittlich ausgeprägt ist.

Beide Teilleistungsstörungen führen oft zu schulischen und emotionalen Problemen. Die Maßnahmen umfassen Förderunterricht, die Beratung der Eltern, und je nach Bundesland schulrechtliche Anpassungen wie ein Nachteilsausgleich.

Aufmerksamkeitsdefizit-/Hyperaktivitätsstörung (ADHS)

ADHS zeigt sich in Konzentrationsproblemen, kurzer Aufmerksamkeitsspanne, übermäßiger Aktivität und altersunangemessener Impulsivität, die die Leistung beeinträchtigen. Diese angeborene oder frühkindlich erworbene Hirnfunktionsstörung variiert zwischen Konzentrationsschwierigkeiten und Hyperaktivität bzw. Impulsivität, wobei einige Kinder beides zeigen. Die Behandlung umfasst meist Medikamente, strukturierte Umgebungen, schulische und verhaltenstherapeutische Maßnahmen. Schon im Vorschulalter können Kinder Schwierigkeiten in der Kommunikation und im sozialen Umgang zeigen. Im Schulalter fallen sie durch Unaufmerksamkeit, Zappeligkeit und voreilige Antworten auf. Später zappeln sie oft mit Händen und Beinen, reden unüberlegt, sind vergesslich und unorganisiert, jedoch meist nicht aggressiv. Viele haben Lernschwierigkeiten, vor allem beim Lesen, Rechnen und Schreiben, was zu schulischen Problemen führt. Sie arbeiten unordentlich, sind leicht ablenkbar und neigen dazu, Aufgaben nicht zu beenden.

Tiefgreifende Entwicklungsstörungen

Beim **Autismus**, der sich vor dem 3. Lebensjahr zeigt, fallen Kinder durch ihre Unfähigkeit auf, soziale Hinweise zu verstehen und angemessen darauf zu reagieren. Ihre Sprachentwicklung ist verzögert, und ihre Sprachnutzung bleibt eingeschränkt. Sie neigen zu wiederholenden Verhaltensmustern, wie dem ständigen Berühren oder Riechen von Objekten und einer Vorliebe für wiederholende Muster. Autistische Kinder zeigen auch Verhaltensauffälligkeiten wie Ängste, Selbstverletzung und Schlaf- sowie Essstörungen. Beim Asperger-Syndrom, einer milderen Form, bestehen ebenfalls kommunikative Schwierigkeiten, allerdings liegen keine Verzögerungen in der Sprachentwicklung oder der intellektuellen Leistung vor.

Das **Rett-Syndrom** tritt ausschließlich bei Mädchen auf und beginnt zwischen dem 7. und 24. Lebensmonat. Es führt zum teilweisen oder kompletten Rückgang bereits entwickelter motorischer und sprachlicher Fähigkeiten. Charakteristisch für das Syndrom sind wiederkehrende, windende Bewegungen der Hände. Im weiteren Verlauf treten auch körperliche Entwicklungsstörungen auf, darunter langsames Kopfwachstum und epileptische Anfälle. Der Verlauf der Krankheit lässt sich medizinisch aktuell nicht beeinflussen.

AUFGABE

13. Gestalten Sie Lernstationen für Kinder im Vorschulalter, an denen sie spielerisch die Bedeutung von Händewaschen, Hustenetikette und anderen Hygienemaßnahmen zur Verhinderung von Infektionskrankheiten erlernen. Beschreiben Sie die einzelnen Stationen und dessen Lernziele.

6.3 Teamarbeit in der hauswirtschaftlichen Betreuung

Hauswirtschaftliche Dienstleistungen sind in der multiprofessionellen Betreuung und Versorgung von Menschen aller Altersgruppen wichtig, um eine ganzheitliche und bedürfnisorientierte Versorgung und Betreuung sicherzustellen. Multiprofessionelle Teams setzen sich typischerweise je nach Arbeitsumfeld aus Fachkräften unterschiedlicher Disziplinen zusammen. Bei der hauswirtschaftlichen Versorgung und Betreuung von Kindern und Jugendlichen (s. S. 241), von Senioren und kranken Menschen (s. S. 404 ff.) sowie von Menschen mit Behinderungen (s. S. 438 ff.) bedeutet das eine enge Zusammenarbeit mit jeweils anderen Berufsgruppen, von der jede spezifische Kompetenzen einbringt. Die Zusammenarbeit erfordert ein hohes Maß an Absprachen und Kommunikation (s. S. 179) sowie an Konfliktlösungsstrategien, wenn es zu Unstimmigkeiten kommt (s. S. 258).

Das Berufsspektrum, das im Kontext der Versorgung und Betreuung von Menschen typischerweise zusammenarbeitet, umfasst Berufe aus den Bereichen der Sozialen Arbeit, der Hauswirtschaft, des Gesundheitswesens und der Erziehung. Je nach Arbeitsumfeld können jedoch auch weitere spezialisierte Berufe gefragt sein, die auf die individuellen Bedürfnisse der betreuten Personen eingehen können.

Hauswirtschaft
Auswahl der gesunden Speisen und Vermittlung von Fertigkeiten wie Gemüse waschen oder schneiden

+

Pädagogisches Personal
entwickeln Konzepte, die das Verständnis für ausgewogene Ernährung fördern, und reflektieren diese

=

Ergebnis
„Gesundes Frühstück" wird den Kindern praktisch vermittelt und die Bedeutung wird reflektiert

Gesundes Frühstück in der Kita

6.3.1 Zusammenarbeit in einer Kindertagesstätte

Die Betreuung von Kindern und Jugendlichen in Einrichtungen wie Kindertagesstätten, Schulen oder Wohngruppen für Jugendliche erfordert eine Zusammenarbeit zwischen hauswirtschaftlichen Fachkräften und pädagogischem Personal wie Erzieher und Erzieherinnen, Lehrerinnen und Lehrern sowie Sozialarbeitern und Sozialarbeiterinnen. In Kindertagesstätten und Schulen übernimmt die hauswirtschaftliche Fachkraft typischerweise die Versorgung: Durch die Bereitstellung ausgewogener Mahlzeiten wird eine Grundlage für gesundes Wachstum und Lernen gelegt. Darüber hinaus kann die hauswirtschaftliche Fachkraft Betreuungsleistungen übernehmen, indem sie die Einbeziehung der Kinder in einfache hauswirtschaftliche Tätigkeiten anregt: Durch Tätigkeiten wie das Tischdecken, das Schneiden von weichem Gemüse oder Obst unter Aufsicht oder die Zubereitung kleiner Snacks, wird ihre Selbstständigkeit und Alltagskompetenz gefördert.

*Ein **BEISPIEL** für Teamarbeit ist die gemeinsame Planung und Durchführung eines gesunden Frühstücks, bei dem das pädagogische Personal und die hauswirtschaftlichen Fachkräfte zusammenarbeiten. Den Kindern wird dadurch die Bedeutung einer ausgewogenen Ernährung nähergebracht.*

Trotz der gemeinsamen Planung und Durchführung ist es wichtig, dass jede Fachkraft sich mit ihren eigenen Kompetenzen einbringen kann, denn nur so wird ein ganzheitliches Ergebnis erzielt. Hauswirtschaftliche Fachkräfte verfügen über Wissen in Ernährungslehre und über Erfahrungen in der Zubereitung gesunder Mahlzeiten sowie in der Gestaltung einer hygienischen und einladenden Essatmosphäre. Erzieherinnen und Erzieher verfügen hingegen über Fähigkeiten, Lerninhalte altersgerecht zu vermitteln und fördern gezielt die soziale, emotionale und kognitive Entwicklung der Kinder durch geeignete Aktivitäten.

6.3.2 Zusammenarbeit in einem Senioren- und Pflegeheim

Die Betreuung älterer oder pflegebedürftiger Menschen in Senioren- und Pflegeheimen erfordert die enge Kooperation zwischen hauswirtschaftlichen Fachkräften und dem medizinischen Personal wie

Pflegefachkräfte, Ärztinnen und Ärzten, oder Personal aus den Bereichen der Ergo- und Physiotherapie. Die hauswirtschaftlichen Fachkräfte tragen wesentlich zur Entlastung des medizinischen Personals bei: Sie sorgen durch die Zubereitung ausgewogener Mahlzeiten, der Reinigung der Zimmer, der Wäschepflege und der Gestaltung einer angenehmen Wohnumgebung für das körperliche Wohlbefinden der Bewohnerinnen und Bewohner. Betreuungsleistungen werden in dem Umfang erbracht, in dem es möglich ist, die Bewohnerinnen und Bewohner in alltägliche Aufgaben rund um die Haushaltsführung einzubinden, und ihnen dadurch mehr Selbstbestimmung zu ermöglichen.

*Ein **BEISPIEL** für die Zusammenarbeit, ist das gemeinsame Anlegen und Pflegen eines Kräutergartens. Diese Aktivität bringt die hauswirtschaftlichen Fachkräfte, das Pflegepersonal sowie die Bewohnerinnen und Bewohner selbst zusammen und fördert neben der motorischen und kognitiven Stimulation auch das soziale Miteinander.*

Auch in diesem Kontext ist es wichtig, dass jede Fachkraft sich mit ihren eigenen Kompetenzen einbringen kann. Hauswirtschaftliche Fachkräfte übernehmen die Planung und Organisation des Gartens, wählen geeignete Kräuter aus und leiten bei der Pflege und Ernte an. Das medizinische Personal stellt hingegen sicher, dass die Gartenarbeit den gesundheitlichen Bedingungen der Bewohnerinnen und Bewohner entspricht. Sie helfen beispielsweise beim Transfer von weniger mobilen Menschen in den Garten oder passen bei Bedarf (z. B. bei dementen Menschen) die Aktivitäten individuell an (s. S. 434).

Hauswirtschaft
Planung und Organisation des Gartens, Auswahl der Kräuter, Anleitung bei Pflege und Ernte

+

Medizinisches Personal
Mobilisieren hilfsbedürftige Menschen, passen Aktivitäten den Bedürfnissen der Menschen an

=

Ergebnis
Menschen erleben ein sinnstiftendes Miteinander und werden in alltägliche Aktivitäten eingebunden

Kräutergarten im Seniorenheim

6.3.3 Zusammenarbeit im Wohnheim für Menschen mit Behinderung

Die Betreuung in Wohnheimen für Menschen mit Behinderung erfordert eine individuell abgestimmte und spezialisierte Unterstützung, die nur durch die enge Zusammenarbeit verschiedener Berufsgruppen realisiert werden kann. Die hauswirtschaftliche Versorgung spielt auch hier eine wichtige Rolle und wird ergänzt durch die Expertise aus den Bereichen der Sozialarbeit, Ergo- und Physiotherapie sowie spezieller Betreuungsfachkräfte aus der Heilerziehungspflege oder der Heilpädagogik. Dieser multidisziplinäre Ansatz ermöglicht es, den Bewohnerinnen und Bewohnern ein Höchstmaß an Selbstständigkeit und Lebensqualität bieten zu können. Aufgrund der Vielfalt an möglichen Behinderungen, die mit je spezifischen Bedürfnissen einhergehen (s. S. 438), muss das Erbringen von hauswirtschaftlichen Betreuungsleistungen in diesem Umfeld in enger Absprache mit den weiteren dort beteiligten Fachkräften erfolgen.

*Ein **BEISPIEL** ist die Durchführung eines Wäsche-Workshops für Menschen mit einer geistigen Behinderung. Hauswirtschaftliche Fachkräfte leiten an, wie man Kleidung sortiert, wäscht, trocknet, faltet und verstaut. Eine enge Zusammenarbeit mit dem Team ist unerlässlich, um den Bewohnerinnen und Bewohner ein positives Lernerlebnis zu bieten und deren Alltagskompetenzen zu fördern.*
Ein weiteres Beispiel für eine Zusammenarbeit ist die Gestaltung der Wohnräume und der persönlichen Lebensbereiche. Dabei ist auf die Förderung der Selbstständigkeit und auf die persönlichen Wünsche der Bewohnerinnen und Bewohner zu

Hauswirtschaft
Anleitung zur Wäschepflege, Vermittlung von Fachkenntnissen in einfacher Sprache

+

Heilpädagogik und Soziale Arbeit
unterstützen bei der Umsetzung, erstellen ggf. Checklisten zur Wäschepflege in einfacher Sprache

=

Ergebnis
Menschen erlernen Kenntnisse für eine selbstbestimmte Lebensführung

Anleitung zur Wäschepflege

achten. Bei bestehenden körperlichen Behinderungen ist zudem auf die Gewährleistung von Barrierefreiheit zu achten.

Jede Fachkraft bringt ihre speziellen Kenntnisse und Fähigkeiten ein, um ein optimales Wohnumfeld zu schaffen und die Lebensqualität der Bewohnerinnen und Bewohner zu erhöhen. Das erfordert regelmäßige Absprachen, um die Koordination zu verbessern und um sicherzustellen, dass alle Beteiligten über die individuellen Bedürfnisse der Bewohnerinnen und Bewohner informiert sind.

6.3.4 Zusammenarbeit mit weiteren Berufsgruppen

In der Vielfalt der Berufsfelder, die im Rahmen der hauswirtschaftlichen Betreuung und Versorgung aufeinandertreffen, spielen neben den bereits erwähnten Berufsgruppen auch weitere spezialisierte Fachkräfte eine Rolle. Diese Spezialisierungen tragen dazu bei, die Qualität der Betreuung zu erhöhen und den Bedürfnissen der betreuten Personen umfassend gerecht zu werden. Zu diesen zusätzlichen Berufsgruppen gehören unter anderem Betreuungskräfte nach § 53c SGB XI, die sich auf die soziale Betreuung und Freizeitgestaltung von Pflegebedürftigen konzentrieren, sowie rechtliche Betreuer nach § 1896 BGB, die die Interessen von Personen vertreten, die ihre Angelegenheiten nicht selbst regeln können.

Betreuungskraft nach §53c SGB XI

Die Qualifizierung umfasst mindestens 160 Stunden theoretischen Unterricht als auch praktische Abschnitte und es handelt sich dabei nicht um eine Berufsausbildung im klassischen Sinne. Betreuungskräfte arbeiten sowohl in stationären Pflegeeinrichtungen als auch bei ambulanten Pflegediensten. Die Hauptaufgabe besteht darin, die Lebensqualität von pflegebedürftigen Menschen durch verschiedene Aktivitäten wie Malen, Basteln, Spiele oder Ausflüge positiv zu beeinflussen. Gemäß den Richtlinien dürfen Betreuungskräfte nicht regelmäßig in grundpflegerische oder hauswirtschaftliche Tätigkeiten eingebunden werden. Behandlungspflege bleibt qualifizierten Pflegekräften vorbehalten, um die spezifische Rolle der Betreuungskraft in der Unterstützung und Aktivierung der Pflegebedürftigen zu schützen.

Die genaue Umsetzung wird den Bundesländern übertragen und weist Unterschiede auf. Mittlerweile ermöglichen jedoch zunehmend mehr Bundesländer den Zugang auch für selbständige Erwerbstätige, indem sie diese gemäß landesrechtlichen Vorschriften genehmigen. Häufig ist in diesem Zusammenhang eine Überwachung durch Fachkräfte notwendig, ebenso wie eine obligatorische Weiterbildung, die acht Unterrichtsstunden pro Jahr umfasst.

Rechtliche Betreuung nach § 1814 BGB

Die rechtliche Betreuung ist ein Instrument, das darauf abzielt, Personen, die aufgrund von psychischen Krankheiten, körperlichen, geistigen oder seelischen Behinderungen nicht in der Lage sind, ihre Angelegenheiten selbst zu regeln, Unterstützung zu bieten. Es handelt sich um eine rechtliche Vertretung, die das Selbstbestimmungsrecht der Betroffenen respektieren soll und subsidiär, also nachrangig zu anderen Hilfsangeboten, angewandt wird.

Ein Betreuer wird vom Betreuungsgericht bestellt und ist in der Regel eine Person, die dem Betroffenen nahesteht und zu der ein Vertrauensverhältnis besteht. In Ausnahmefällen kann die Betreuung auch von einem Mitglied eines Betreuungsvereins, einer ehrenamtlich tätigen Person oder einem Berufsbetreuer übernommen werden. Die konkreten Pflichten des Betreuers werden durch sogenannte Aufgabenkreise definiert, die das Gericht festlegt und können beispielsweise die Vermögenssorge, die Gesundheitsfürsorge oder das Aufenthaltsbestimmungsrecht umfassen.

Eine Vorsorgevollmacht kann die Notwendigkeit einer gerichtlich angeordneten Betreuung umgehen, indem sie einer vertrauten Person die Wahrnehmung einzelner oder aller Angelegenheiten für den Fall der Betreuungsbedürftigkeit überträgt (s. S. 447).

6.3.5 Bedeutung der multiprofessionellen Teamarbeit

Die multiprofessionelle Teamarbeit ist ein wesentlicher Faktor für die Erreichung einer qualitativ hochwertigen, ganzheitlichen und bedürfnisorientierten Versorgung und Betreuung von Menschen aller Altersgruppen. Diese Form der Zusammenarbeit ermöglicht den Austausch verschiedener Fachkennt-

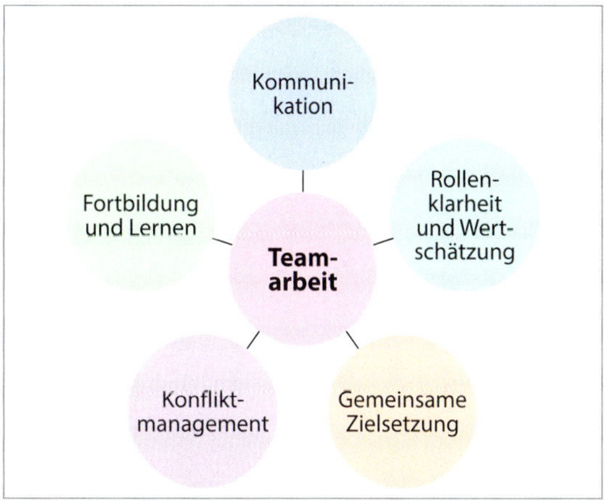

Multiprofessionelle Teamarbeit

nisse und Erfahrungen, wodurch die Betreuung optimal auf die individuellen Bedürfnisse der Personen abgestimmt werden kann. Zentrale Aspekte der multiprofessionellen Teamarbeit umfassen:

- **Kommunikation**: Regelmäßiger Austausch und gute Kommunikation zwischen den Teammitgliedern sind wichtig, um Informationen über die Bedürfnisse und den Zustand der betreuten Personen zu teilen. Auch wenn die Rollen klar verteilt sein sollten, lassen sich Schnittstellen nicht immer ganz vermeiden (s. S. 410). Es ist wichtig, die Berührungspunkte zu identifizieren und Absprachen über die Aufgabenverteilung zu klären.
- **Rollenklarheit und Wertschätzung**: Ein klares Verständnis der Rollen und der Verantwortlichkeiten jedes Teammitglieds fördern die Zusammenarbeit. Die Abgrenzung der Zuständigkeitsbereiche vermeidet Überschneidungen und fördert die Effizienz. Die Anerkennung und Wertschätzung der unterschiedlichen Kompetenzen stärken das Teamgefühl.
- **Gemeinsame Zielsetzung**: Es ist wichtig, ein gemeinsames Ziel für die Versorgung und Betreuung der Person zu entwickeln und sich über die Maßnahmen für die Erreichung dieses Ziels abzustimmen.
- **Konfliktmanagement:** Die Abgrenzung der Zuständigkeiten, unterschiedliche Fachsprachen und Arbeitskulturen können die Kommunikation und Kooperation erschweren. Sollten Konflikte im Team auftreten, ist es wichtig, Strategien zur konstruktiven Lösung von Meinungsverschiedenheiten anzuwenden (s. S. 258).
- **Fortbildung und Lernen**: Die Weiterbildung der Teammitglieder, um aktuelles Fachwissen in die Praxis einzubringen und die Qualität der Betreuung kontinuierlich zu verbessern, sind wichtige Bestandteile einer guten multiprofessionellen Teamarbeit.

Die Zusammenarbeit in einem multiprofessionellen Team erfordert nicht nur ein hohes Maß an Fachwissen in der eigenen Disziplin, sondern auch die Fähigkeit zur Kommunikation und Kooperation mit anderen Berufsgruppen. Die verschiedenen Berufsgruppen ergänzen sich in ihren Kompetenzen und bieten so eine umfassende Betreuung, die sowohl die physischen als auch die psychischen und sozialen Bedürfnisse der Betreuten berücksichtigt. Die enge Zusammenarbeit fördert zudem den Austausch von Wissen und Erfahrungen und trägt zu einer kontinuierlichen Verbesserung der Betreuungsqualität bei. Letztlich profitieren die Betreuten von einer höheren Lebensqualität.

6.3.6 Grenzen der hauswirtschaftlichen Betreuungsarbeit

Die hauswirtschaftliche Arbeit trägt maßgeblich dazu bei, die Lebensqualität der betreuten Personen durch die Bereitstellung von Nahrung, der Schaffung einer sauberen und sicheren Wohnumgebung sowie durch die Unterstützung bei der Alltagsbewältigung zu verbessern. Trotz der vielen Vorteile und der wichtigen Rolle, die hauswirtschaftliche Dienstleistungen spielen, gibt es auch Grenzen, die beachtet werden müssen:

- **Keine medizinische Ausbildung**: Die hauswirtschaftliche Betreuung konzentriert sich vorrangig auf die Versorgung und Unterstützung im Alltagsleben der betreuten Personen. Dabei ist sie in ihren Möglichkeiten begrenzt, wenn es um spezifische medizinische Bedürfnisse geht. Die fachliche Zuständigkeit von hauswirtschaftlichem Personal umfasst nicht die Durchführung von medizinischen Behandlungen (s. S. 408).
- **Keine Kenntnisse in psychologischer Behandlung**: Obwohl hauswirtschaftliche Betreuungskräfte eine unterstützende Rolle bei der Förderung der sozialen Integration und der psychosozialen Betreuung spielen können, sind ihre Möglichkeiten in diesem Bereich begrenzt. Die Bewältigung von psychischen Erkrankungen oder schweren emotionalen Krisen erfordern das Eingreifen von ausgebildeten Fachkräften.

- **Standardisierung versus Individualisierung**: Obwohl eine individualisierte Betreuung das Ziel ist, kann es in der Praxis, besonders in größeren Einrichtungen oder bei Betreuungsdiensten mit einer hohen Anzahl von betreuten Personen, zu einer Standardisierung von Dienstleistungen kommen. Diese Standardisierung kann die Möglichkeiten einschränken, auf individuelle Bedürfnisse und Vorlieben der betreuten Personen einzugehen.

AUFGABE

1. Im Kindergarten "Häschennest" sollen Backaktivitäten in der Vorweihnachtszeit die Akzeptanz zwischen den Kindern stärken. Der Kindergarten legt großen Wert auf Inklusion, daher sollen alle Kinder, unabhängig von ihren Fähigkeiten, an den Aktivitäten teilnehmen können. An der Planung sind hauswirtschaftliche Fachkräfte, Erzieherinnen und Erzieher und Heilpädagoginnen und Heilpädagogen beteiligt.
   a) Beschreiben Sie, welche Rolle die hauswirtschaftlichen Fachkräfte, die Erzieherinnen und Erzieher sowie die Heilpädagoginnen und Heilpädagogen haben. Listen Sie die Aufgaben auf, die jede Fachkraft übernimmt, um eine erfolgreiche Backaktivität zu gewährleisten.
   b) Identifizieren Sie mögliche Herausforderungen, die während der Backaktivitäten auftreten können, z. B. im Umgang mit unterschiedlichen Bedürfnissen und Fähigkeiten der Kinder.

6.4 Konflikte und Konfliktlösung

Das Wort Konflikt kommt aus dem Lateinischen und bedeutet so viel wie Zusammenstoß, zusammenschlagen, -prallen. Auch heute ist diese Wortherkunft in der Bedeutung zu finden: Ein Konflikt ist eine schwierige Situation, entstanden durch das Aufeinanderprallen gegensätzlicher Auffassungen, Interessen, Ziele, Bedürfnisse oder Meinungen. Ein Konflikt kann zu einem Streit führen. Wenn Konflikte gelöst werden, können sie sogar positiv – wie ein reinigendes Gewitter – wirken.

6.4.1 Arten und Ursachen von Konflikten

Konfliktursachen:
Gründe für Probleme. Diese ergeben sich z. B. durch unterschiedliche Zielvorstellungen, Interessen, Bedürfnisse, Meinungen.

Konfliktfähigkeit:
In der Lage sein, Konflikte zu erkennen, die Auseinandersetzung damit kritisch und fair durchführen zu können, sowie bereit sein, einen Kompromiss zu suchen und zu akzeptieren.

Konflikte haben unterschiedliche Ursachen, sie reichen von mangelnder Kommunikation, unterschiedlichen Persönlichkeitsstrukturen und Wahrnehmungen und negativen Gefühlen bis hin zu Schuldzuweisungen.

Im Beruf kommen strukturelle Faktoren dazu, welche die Konfliktursachen weiter anheizen:

- unklare Organisation und Kompetenzregeln z. B. Funktionsbeschreibungen – Wer hat welche Aufgaben, Befugnisse und Verantwortlichkeiten?

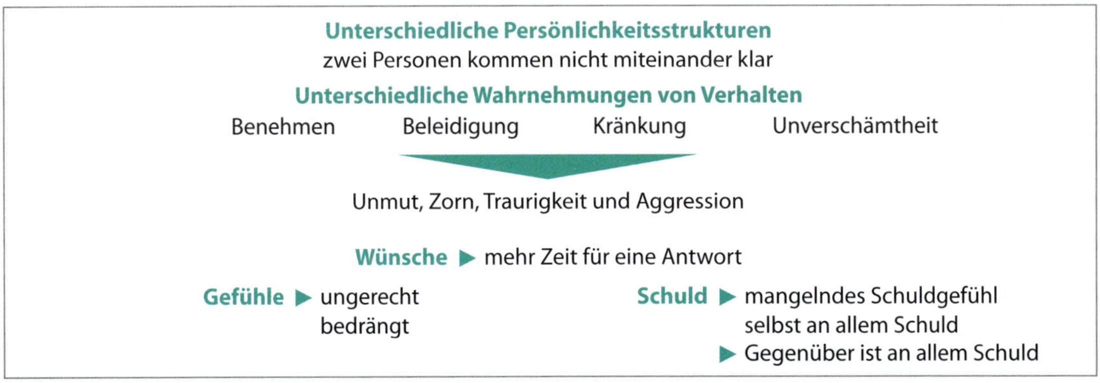

Konfliktursachen

- ungenaue Vorschriften und Anweisungen z. B. uneinheitliche Kommunikationsstrukturen
- knappe Güter z. B. Konkurrenzkampf um eine Position, Büroräume, Budget, Stellen, Mitarbeitende oder Güter.

Bei einem **verdeckten Konflikt** ist es den Beteiligten nicht bewusst, dass ein Konfliktgrund vorliegt. Ist beiden Parteien offensichtlich klar, dass ein Konflikt vorliegt, wird dieser zu einem **offenen Konflikt.** Von einem **Stellvertreterkonflikt** ist die Sprache, wenn ein Konflikt über ein vorgeschobenes Thema ausgetragen wird. Dieser „Stellvertreter" wird indirekt von einer oder beiden Konfliktparteien gesteuert. Ein **heißer** (emotional spürbarer) **Konflikt** wird offen und sichtbar, spürbar oder hörbar ausgetragen. Ein **kalter Konflikt** hingegen wird nicht direkt ausgetragen, obwohl der Konfliktgrund bekannt ist.

Neben den Erscheinungsarten können Konflikte auch nach ihrer sozialen Ebene unterteilt werden:

äußerer Konflikt

zwischen Personen (interpersonal) oder zwischen Gruppen (Inter-Gruppen-Konflikt)

Zwischen der Pflegeabteilung und der Hauswirtschaft gab es eine Auseinandersetzung darüber, wie das Abendessen angerichtet sein soll – und wer für die Zerkleinerung der Schnitten in mundgerechte Würfel zuständig ist.

innerer Konflikt

eine Person ist zwiegespalten – verschiedene „Kräfte" wirken auf eine Person ein oder ziehen an ihr

Die Auszubildende im dritten Ausbildungsjahr hat ein Übernahmeangebot bekommen. Sie fühlt sich im Betrieb wohl und die Tätigkeit macht ihr großen Spaß. Sie hat außerdem die Zusage für einen Schulplatz für die Weiterbildung zur staatlich geprüften hauswirtschaftlichen Betriebsleiterin. Sie kann sich nicht entscheiden, welchen Weg sie einschlagen soll.

Konflikte sind ein natürlicher Bestandteil jeder Arbeitsumgebung, insbesondere in Bereichen, in denen Teams aus verschiedenen Berufsgruppen zusammenarbeiten, wie es in Seniorenheimen oder Kindertagesstätten der Fall ist. Diese Zusammenarbeit kann jedoch auch zu Missverständnissen und Spannungen führen. Um Konflikte effektiv zu bewältigen, ist es wichtig, ihre verschiedenen Arten zu verstehen und geeignete Lösungsansätze zu finden.

Bei einem **Zielkonflikt** stehen sich unterschiedliche Ziele gegenüber, die nicht gleichzeitig erreicht werden können. Es geht darum, zu entscheiden, welches Ziel Vorrang hat.

Ein **Beurteilungskonflikt** entsteht, wenn Uneinigkeit darüber herrscht, wie ein gemeinsames Ziel am besten erreicht werden kann.

Bei einem **Verteilungskonflikt** geht es um die Frage, wie knappe Ressourcen (wie Zeit, Geld oder andere Ressourcen) verteilt werden. Konflikte entstehen, wenn die Beteiligten unterschiedliche Ansichten darüber haben, wer was erhalten soll.

BEISPIEL: In einem Pflegeheim entsteht ein Konflikt über die Verteilung des Budgets zwischen der Anschaffung neuer Möbel für den Speisesaal und der Verbesserung der Pflegeausrüstung. Die hauswirtschaftlichen Fachkräfte und das Pflegepersonal haben unterschiedliche Ansichten darüber, welche Anschaffungen die Lebensqualität der Bewohnerinnen und Bewohner am meisten verbessern würden.

Ein **Beziehungskonflikt** bezieht sich auf persönliche Differenzen, Missverständnisse oder Antipathien zwischen Personen.

BEISPIEL: Zwischen dem Hauswirtschafter Leon und der Erzieherin Katharina entstehen persönliche Spannungen, nachdem Missverständnisse über die Sauberkeit in den Spielbereichen nicht geklärt wurden. Die angespannte Beziehung beeinträchtigt die Zusammenarbeit und das Arbeitsklima.

Strukturelle Konflikte entstehen durch Unklarheiten in der Organisationsstruktur, z. B. bei Zuständigkeiten und Entscheidungsbefugnissen.

BEISPIEL: In einem Pflegeheim ist unklar, ob die hauswirtschaftliche Leitung oder die Pflegedienstleitung für die Bestellung von Reinigungsmitteln verantwortlich ist. Diese Unklarheit führt zu Verzögerungen und Missverständnissen.

Ein **Rollenkonflikt** tritt auf, wenn eine Person widersprüchliche Erwartungen an ihre Rolle hat, sei es innerhalb derselben Rolle oder zwischen verschiedenen Rollen.

BEISPIEL: Die Hauswirtschafterin Julia ist in einem Krankenhaus sowohl für die Essensverteilung in den Stationen als auch für die Schulung neuer Angestellter zuständig. Die Doppelbelastung führt zu Konflikten, da beide Aufgaben voller Einsatz erfordern, was zeitlich schwer zu vereinbaren ist.

Das Verständnis dieser Konfliktarten und die Entwicklung von Strategien zu ihrer Bewältigung sind entscheidend für eine erfolgreiche, harmonische Zusammenarbeit innerhalb multiprofessioneller Teams.

6.4.2 Lösung von Konflikten

Es gibt unterschiedliche Konfliktlösungsstile:
- Vermeidung: Nicht empfehlenswert – beide Konfliktseiten verlieren.
- Durchsetzen oder Nachgeben: Eine Partei bekommt alles, die andere bekommt nichts.
- Kompromiss: Beide Parteien gewinnen und verlieren ein wenig.
- Kooperation: Beide Seiten gewinnen.

> ***Konfliktlösung:*** *Ergebnis der gemeinsamen Erarbeitung einer Lösung für ein Problem. Eine Kompromisslösung ist gefunden, wenn die Lösung von Jedem ohne Gesichtsverlust angenommen werden kann.*

FÜR DIE PRAXIS

Um einen Konflikt zu lösen, ist es ratsam, eine konstruktive Grundhaltung einzunehmen: Ich bin ok – Du bist ok.

Zur Lösung eines Konflikts können folgende fünf Punkte helfen:

1. Ziele statt Schuld	Ziele blicken in die Zukunft, Schuldzuweisungen blicken in die Vergangenheit und tragen nicht zur Lösung bei.
2. Wie statt warum	Wie ist das gekommen? Warum- Fragen können als Vorwurf gewertet werden.
3. Feedback statt Scheitern	Durch Ich-Botschaften geäußertes Feedback gibt die Möglichkeit, aus der Situation zu lernen. Scheitern führt zur Demotivation.
4. Möglichkeit statt Begrenzung	Sich nicht auf die Defizite (kann ich nicht) konzentrieren, sondern das Positive sehen (ich kann das und das).
5. Fragen statt Vermuten	Neugierde erlauben, dadurch wird Offenheit geschaffen. Vermutungen sind oft negativ und schränken ein.

AUFGABEN

1. Bilden Sie Kleingruppen und führen Sie ein Rollenspiel durch, in dem der Zielkonflikt im Fallbeispiel simuliert wird. Diskutieren Sie anschließend, wie Sie zu einem Kompromiss gekommen sind.
   Fallbeispiel: Im Seniorenheim „Am Park" möchte das hauswirtschaftliche Personal, angeführt von Küchenchef Moussa Akir, das Budget für biologische Produkte nutzen, um die Qualität der Mahlzeiten zu steigern. Pflegeleiterin Franka Schmidt sieht jedoch Bedarf, stattdessen in einen professionellen Mixer für pürierte Mahlzeiten der Bewohnerinnen und Bewohner mit Schluckbeschwerden zu investieren.
2. Reflektieren Sie einen von Ihnen selbst erlebten Rollenkonflikt. Beschreiben Sie, welche konkurrierenden Erwartungen an Sie gestellt wurden und wie Sie versucht habt, diese zu balancieren.

6.5 Rechtsgrundlagen

Kinder- und Jugendschutz bedeutet, dass Kinder und Jugendliche sicher und ohne Gewalt aufwachsen sollen. Die Hauptverantwortung liegt bei den Eltern, aber auch Institutionen wie Jugendämter, Schulen und Kitas tragen eine wesentliche Verantwortung. Es geht darum, die körperliche, seelische und geistige Gesundheit der Kinder und Jugendlichen zu schützen, weil sie besonders schutzbedürftig sind und nicht vollständig für ihre Rechte eintreten können.

Das beinhaltet zum Beispiel Maßnahmen, um sie vor Gefahren zu bewahren, Eltern bei der Erziehung zu unterstützen und Angebote zu machen, die das Wohl der Kinder und Jugendlichen sichern. Es gibt verschiedene Schutzbereiche, darunter der Schutz vor sexuellem Missbrauch, körperlicher und häuslicher Gewalt, Vernachlässigung oder Ausbeutung. Rechtliche Grundlagen bilden u.a.:

- das Grundgesetz
- das Bundeskinderschutzgesetz (BKiSchG)
- das Kinder- und Jugendstärkungsgesetz (KJSG)
- das Jugendschutzgesetz (JuSchG)
- sowie das Jugendarbeitsschutzgesetz (JArbSchG)

Lehrkräfte, Erzieherinnen und Erzieher und weitere Fachkräfte, die an der Betreuung von Kindern und Jugendlichen mitwirken, können oft früh erkennen, wenn ein Kind in Gefahr ist. Hinweise darauf können regelmäßiges Fehlen, anhaltende Müdigkeit oder sichtbare Verletzungen sein. Bestätigt sich der Verdacht auf eine Gefährdung, ist man dazu verpflichtet, die Eltern über Unterstützungsangebote zu informieren und gegebenenfalls das Jugendamt einzuschalten.

Aufsichtspflicht

Eltern sind hauptsächlich verantwortlich für die Pflege, Erziehung und Aufsicht ihrer Kinder, wie es das Gesetz vorsieht (§ 1631 BGB). Diese Aufsichtspflicht kann jedoch auf Dritte übertragen werden. So geht zum Beispiel bei der Aufnahme eines Kindes in eine Tageseinrichtung die Aufsichtspflicht vom Erziehungsberechtigten auf den Einrichtungsträger über, der sie dann an sein Personal weitergibt. Das pädagogische Fachpersonal der Einrichtung kann die Aufsichtspflicht mit Zustimmung auf andere, wie Praktikanten oder hauswirtschaftliche Fachkräfte, übertragen. Wichtig dabei ist:

- Zuverlässigkeit der Person
- Kenntnis der Gruppe und Einschätzung des Verhaltens der Kinder
- Bereitschaft zur Kooperation mit den pädagogischen Fachkräften
- Vorhandene Erfahrungen im Umgang mit Kindern

Aber auch zum **Schutz von Eltern** gibt es in Deutschland mehrere gesetzliche Grundlagen, um deren Rechte am Arbeitsplatz, während der Schwangerschaft und nach der Geburt eines Kindes zu wahren. Im Folgenden einige der wichtigsten Regelungen:

- Mutterschutzgesetz (MuSchG): schützt schwangere und stillende Frauen im Arbeitsleben, Mutterschutzfristen vor und nach der Geburt sowie Kündigungsschutz während der Schwangerschaft und nach der Entbindung
- Elterngeld und Elternzeitgesetz (BEEG): ermöglicht es Eltern, sich nach der Geburt eines Kindes Zeit für die Betreuung zu nehmen, regelt Ansprüche auf Elterngeld und Elternzeit
- Bürgerliches Gesetzbuch (BGB): Regelungen zum Sorgerecht und Umgangsrecht, Rechte und Pflichten von Eltern gegenüber ihren Kindern und umgekehrt
- Sozialgesetzbuch (SGB): z.B. Leistungen der Krankenversicherung während der Schwangerschaft und Mutterschaft (SGB V) oder Leistungen der Kinder- und Jugendhilfe (SGB VIII).

Diese Gesetze bilden ein Schutz für Mütter und Väter, indem sie deren Rechte im Arbeitsleben stärken, finanzielle Unterstützung nach der Geburt eines Kindes bieten und die Vereinbarkeit von Familie und Beruf fördern. Sie tragen dazu bei, dass Eltern ohne Angst vor finanziellen Einbußen oder beruflichen Nachteilen die Geburt und Betreuung ihrer Kinder planen können.

AUFGABE

1. Erstellen Sie eine Checkliste mit möglichen Aufgaben einer hauswirtschaftlichen Fachkraft im Rahmen der Aufsichtspflicht.

Weitere Informationen zur Verletzung der Sorgfaltspflicht unter: www.focus.de.

4

6

11

Die integrative Kindertagesstätte „Häschennest" plant ein Sommerfest, zu dem auch die Eltern der Kinder eingeladen werden. Das Fest soll nicht nur eine Gelegenheit für Spiel und Spaß bieten, sondern auch das Bewusstsein für gesunde Ernährung und Nachhaltigkeit fördern. Um dieses Ziel zu erreichen, werden verschiedene Stationen rund um das Thema Ernährungsbildung aufgebaut, die spielerisch Wissen vermitteln. Sie arbeiten mit den Erzieherinnen und Erziehern in einem Team und sollen eigene Ideen zu den folgenden Stationen einbringen:

- Station 1: Nachhaltigkeit kindgerecht vermitteln
- Station 2: Die Welt der Gemüse und Früchte entdecken
- Station 3: Bedeutung von Trinkwasser
- Station 4: Spaß am gemeinsamen Kochen
- Station 5: Der Kreislauf des Lebens im Garten
- Station 6: Ernährungspyramide spielerisch entdecken

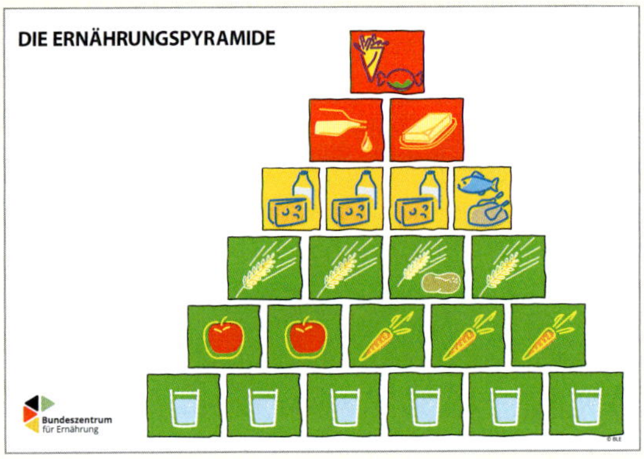

Ernährungspyramide des Bundeszentrums für Ernährung (BZfE)

Aufgabe 1

a) Bereiten Sie sich auf die Teambesprechung vor, indem Sie sich für jede Station geeignete Möglichkeiten einer kindgerechten Umsetzung überlegen. Konzentrieren Sie sich auf interaktive und kreative Ansätze, die das Interesse und die Neugier der Kinder wecken. Berücksichtigen Sie auch, wie Sie die Eltern in die Aktivitäten einbinden können, um das gemeinsame Lernen zu fördern.

b) Erstellen Sie mit den Eltern und Kindern Orientierungswerte für eine gesunde und nachhaltige Ernährung, die jeden Tag gelebt werden kann.

c) Planen Sie, wie Sie das Feedback von Kindern, Eltern und Mitarbeitenden nach dem Sommerfest sammeln und dokumentieren können. Das soll helfen, die Wirksamkeit der Stationen zu bewerten und Verbesserungsmöglichkeiten für zukünftige Veranstaltungen zu identifizieren.

Aufgabe 2

Sie unterstützen als hauswirtschaftliche Fachkraft die Famile Kovačević. Die Eltern sind erwerbstätig und haben Sie eingestellt, um im Haushalt und bei der Betreuung ihrer Kinder (Ivano 11 Monate, Mia 4 Jahre) zu unterstützen. Sie bringen Mia um 08:30 Uhr in den Kindergarten und holen sie um 13:30 Uhr zum Mittagessen wieder ab. Am Vormittag betreuen Sie Ivano und kümmern sich um den Haushalt. Am Nachmittag haben sie mehr Zeit, um mit den Kindern zu spielen.

a) Ihnen ist aufgefallen, dass die Wohnung nicht ausreichend kindersicher ist. Erstellen Sie eine Checkliste, um die Wohnung kindersicher zu machen. Berücksichtigen Sie alle relevanten Bereiche des Haushalts.

b) Erarbeiten Sie einen detaillierten Ernährungsplan für eine Woche für Ivano, der auf sein Alter von 11 Monaten abgestimmt ist. Berücksichtigen Sie dabei die aktuellen Empfehlungen zur Babyernährung, die Einführung von Beikost und den Übergang zu fester Nahrung.

c) Eines Morgens will Mia unbedingt ein Sommerkleid anziehen, obwohl das Wetter kühl und regnerisch ist. Wie verhalten Sie sich in dieser Situation? Nennen Sie mögliche Lösungen.

d) Entwickeln Sie einen Plan für Aktivitäten, die speziell darauf abzielen, die motorischen Fähigkeiten sowie die sensorischen Wahrnehmungen von Ivano zu stimulieren und zu fördern.

e) Gestalten Sie ein Nachmittagsprogramm für Mia, das sowohl unterhaltsam als auch bildend ist. Ihr Ziel ist es, Mia mit Aktivitäten zu beschäftigen, die ihre Kreativität, ihr soziales Verständnis und ihre kognitiven Fähigkeiten fördern.

Seasons

Seasons Memory Game

Make pairs of cards with seasonal images or words in English and play a memory matching game.

flower	swimming	leaves	fall	tree	snow

Simple Sentences

Flowers start to bloom in spring.	Blumen beginnen im Frühling zu blühen.
We go swimming in the summer.	Wir gehen im Sommer schwimmen.
Leaves fall from the trees in autumn.	Blätter fallen von den Bäumen im Herbst.
It often snows in the winter.	Im Winter schneit es oft.

FÜR DIE PRAXIS

Use everyday moments to talk about seasons, like when you see leaves or snow. Encourage kids to repeat new words and praise them for trying to speak English. Do fun activities to help remember what they learned, like singing songs about seasons or making crafts. This way works with other topics too, like colours, animals, or numbers.

Activities and Games

- **Weather Report:**
  Do a „weather report" with the kids, describing the upcoming weather in English.
- **Seasons Collage:**
  Create a collage for each season together, and label the pictures with the correct English terms.
- **Four Corners Seasons:**
  Label each corner of the room with a season and call out weather conditions or activities (e.g., building a snowman, going swimming). Kids run to the corner that matches.

Digitale Spiel- und Lernwelten

Digitale Spiel- und Lernwelten haben sich fest in das Leben von Kindern und Jugendlichen integriert, was durch die Verbreitung von Smartphones, Tablets und Spielkonsolen in den meisten Haushalten begünstigt wird. Die Bedeutung des Spielens für die kindliche Entwicklung ist unbestritten, wobei sowohl klassische als auch digitale Spiele zur Erfahrungswelt der Kinder beitragen. Die Auswahl an digitalen Spielen ist groß und kann auf die individuellen Vorlieben und Entwicklungsstufen der Kinder abgestimmt werden.

Medienkompetenz

Die Eltern oder das Betreuungspersonal spielen eine wichtige Rolle bei der Auswahl geeigneter Inhalte. Kinder unter drei Jahren sollten noch nicht mit digitalen Spielen in Berührung kommen, um sicherzustellen, dass ihre Entwicklung durch direkte Erfahrungen und Interaktionen mit der Umwelt nicht beeinträchtigt wird. Es ist wichtig, altersgerechte Spiele auszuwählen und die Spielzeiten angemessen zu begrenzen, um ein gesundes Gleichgewicht zu wahren. Eine tägliche Begrenzung auf 30 Minuten für 4- bis 6-Jährige, 45 Minuten für 7- bis 10-Jährige und 60 Minuten für 11- bis 13-Jährige wird empfohlen. Während vor allem jüngere Kinder in besonderem Maße schutzbedürftig sind, sollten Jugendliche sich der Gefahren bewusst sein und lernen wie man eigenverantwortlich mit dem eigenen Medienkonsum umgeht.

FÜR DIE PRAXIS

Auf Alterskennzeichnung achten: Die gesetzlichen Alterskennzeichen (freigegeben ab 0, 6, 12, 16 oder 18 Jahren) können bei der Unterhaltungssoftware Selbstkontrolle (USK, www.usk.de) abgerufen werden. Man sollte jedoch beachten, dass es sich nicht um pädagogische Empfehlungen im Sinne einer Eignung handelt. Im Zweifel wird empfohlen, ergänzende Angebote wie www.internet-abc.de/eltern zu nutzen, um genauere Informationen zur Zielgruppe, den Risiken oder den Kostenfallen zu bekommen.

Auswahl altersgerechter Spiele

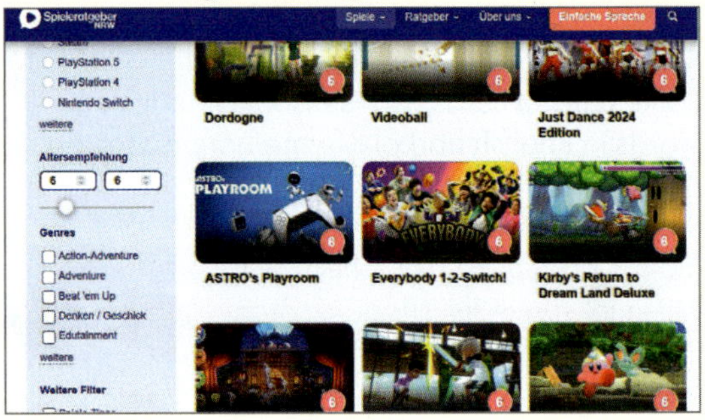

Der Spieleratgeber-NRW ist eine Online-Plattform, die sich mit Videospielen, Konsolenspielen und Apps befasst. Sie ergänzt die offiziellen Altersfreigaben der USK und kann den Eltern oder dem Betreuungspersonal wertvolle Hinweise für die Auswahl von geeigneten digitalen Spielen geben. Über eine Suche in der Datenbank lassen sich geeignete Spiele finden, indem man diese nach dem Alter des Kindes, dem Genre oder nach dem Medium filtert, auf dem das Spiel installiert werden soll. Weitere Informationen unter ***www.spieleratgeber-nrw.de***

Über Risiken aufklären

Während digitale Spiele Chancen für das Lernen und die Entwicklung bieten, bergen sie auch Risiken, insbesondere wenn sie nicht altersgerecht sind oder zu wenig Raum für andere wichtige Aktivitäten lassen. Insbesondere Online-Spiele stellen durch die Möglichkeit, weltweit mit anderen zu interagieren, eine zusätzliche Herausforderung dar, da sie neben den eigentlichen Spielinhalten auch Fragen der Internet-Sicherheit, Kosten und potenzielle Übernutzung aufwerfen.

Es ist wichtig, Kinder und Jugendliche nicht nur in der Auswahl von Spielen zu unterstützen, sondern sie auch über die potenziellen Risiken und Gefahren der digitalen Spielwelten aufzuklären. Dazu gehört die Sensibilisierung für Datenschutz und Privatsphäre, das Bewusstsein über die Möglichkeiten von In-App-Käufen und die Gefahr von Cybergrooming und Cybermobbing. Die Eltern und das Betreuungspersonal sollten proaktive Gespräche über diese Themen führen, um ein sicheres und verantwortungsbewusstes Verhalten zu fördern.

Dreisatz – Prozentrechnen

Aufgabe 1

Sie möchten für ein acht Monate altes Kind Babynahrung aus Karotten, Huhn und Reis vorbereiten. Für eine Mahlzeit benötigen Sie 80 g Karotten, 40 g Hühnerbrust und 30 g Reis. Wie viel von jeder Zutat benötigen Sie, um eine Portion für heute und morgen herzustellen und um weitere acht Portionen einfrieren zu können?

Aufgabe 2

Für eine Mahlzeit verrühren Sie 120 g gekochtes Gemüse (Karotten und Erbsen) mit 60 g gekochtem Fisch. Das Gemüse enthält 1,5 g Protein und 0 g Fett pro 100 g, während der Fisch 22 g Protein und 6 g Fett pro 100g enthält. Berechnen Sie den Gesamtprotein- und Fettgehalt für diese Mahlzeit.

Aufgabe 3

Die Packungsbeilage der Babymilch empfiehlt, 1 Messlöffel Pulver (entspricht 4,6 g) mit 30 ml Wasser zu mischen, um die Milchnahrung herzustellen. In der untenstehenden Tabelle werden die empfohlenen Trinkmengen je nach Alter des Säuglings genannt. Wie viele Messlöffel Pulver benötigen Sie jeweils, um die gewünschte Menge herzustellen?

Aufgabe 4

Ein Baby wird mit einem Gewicht von 3,5 kg geboren. In den ersten Lebenstagen verliert es normalerweise zwischen 5 bis 8 Prozent seines Geburtsgewichts, bevor es dieses Gewicht bis zum Ende der 2. Lebenswoche wieder erreicht. In den ersten beiden Lebensmonaten nimmt das Baby dann ungefähr 30 Gramm pro Tag zu. Danach legt es etwa ein Pfund pro Monat zu.

a) Ermitteln Sie das Gewicht des Babys am Ende des ersten und zweiten Lebensmonats.

b) Wieviel wird das Baby am Ende des 1. Lebensjahres ungefähr wiegen?

c) Anna wurde mit einer Körpergröße von 50 cm geboren. Unter Verwendung der gegebenen Informationen über die drei prägnanten Wachstumsphasen:

d) Berechnen Sie Annas Körpergröße am Ende des dritten Lebensjahres. Berücksichtigen Sie dabei die durchschnittlichen Wachstumswerte für jedes Jahr: 24 cm im ersten, 11 cm im zweiten und 8 cm im dritten Lebensjahr.

e) Ermitteln Sie Annas Körpergröße vom dritten Lebensjahr bis kurz vor dem Beginn der Pubertät. Nehmen Sie an, dass Anna jedes Jahr durchschnittlich 5,5 cm wächst. Bestimmen Sie ihre Körpergröße im Alter von 10 Jahren.

Schauen Sie sich diese Berechnungen zum Dreisatz an:

Berechnungen bei direkter Proportionalität sehen Sie hier:

Alter	Anzahl der täglichen Milchmahlzeiten	Trinkfertige Menge (ml)	Wasser (ml)	Messlöffel
1. Woche	5–7	70	60	
2. Woche	6	100	90	
3.–4. Woche	5–6	130	120	
5.–8. Woche	5	170	150	
3.–4. Monat	4–5	200	180	
5. Monat	4	230	210	

Windelalternativen

Die Leiterin der Kindertagesstätte "Häschennest" möchte die Umweltauswirkungen der Einrichtung reduzieren und hat das hauswirtschaftliche und pädagogische Team damit beauftragt, Alternativen zu herkömmlichen Wegwerfwindeln zu recherchieren. Insbesondere interessiert sie sich für nachhaltigere Windelalternativen und möchte wissen, ob sich diese in den Alltag der Kinderpflege integrieren lassen.

Wegwerf-/Einmalwindeln

Stoffwindeln

Ökowindeln

Für welche Windelart sollten sich Eltern und Kindereinrichtungen entscheiden, wenn sie etwas für die Umwelt tun wollen?

Die schlechte Nachricht vorweg: So richtig gut ist leider kein Windelsystem für die Umwelt. In einer Windelzeit von 2,5 Jahren – so lange dauert es durchschnittlich, bis die Kleinen trocken sind – entstehen zahlreiche Umweltschäden. Deshalb keine Kinder zu bekommen, ist keine Lösung. Welches Windelsystem am besten für die Umwelt ist, hängt von verschiedenen Faktoren ab: Welche Rohstoffe werden verwendet? Wie werden die Windeln hergestellt? Und wie werden sie entsorgt beziehungsweise gewaschen? Und versaut das viele Waschen bei Stoffwindeln nicht die Ökobilanz? Zeit für einen Systemcheck. Im Gegensatz zu herkömmlichen Einwegwindeln erzeugen Stoffwindeln deutlich weniger Müll. Den 5000 bis 6000 Einwegwindeln pro Kind stehen zwischen 24 bis 28 Stoffwindeln gegenüber. Der Vorteil: Sie können je nach Qualität sogar an bis zu vier Kinder weitergegeben werden. Einige Modelle sollen sogar kompostierbar sein. Haben Stoffwindeln deshalb die bessere Ökobilanz? Ganz so einfach ist es dann doch nicht. Denn: „Die Umweltprobleme der Stoffwindeln entstehen hauptsächlich bei den Energie- und Wasserverbräuchen während des Waschens“, sagt die Windelexpertin Susanne Hoffmann. Das bedeutet: Reinigt man sie ineffizient, also bei hohen Temperaturen über 60 Grad Celsius, schneiden sie in ihrer Ökobilanz schlechter ab als Wegwerfwindeln.

Textquelle: https://www.quarks.de/umwelt/muell/welche-windeln-sind-am-besten-fuer-die-umwelt/

···Aufgabe 1

Recherchieren Sie nach folgenden Kriterien, ob sich die Umstellung von herkömmlichen Wegwerfwindeln auf eine andere Windelart lohnt.

a) Umweltauswirkungen von Wegwerfwindeln, Stoffwindeln und Öko-Windeln (kompostierbare Windeln)
b) Langfristige Kostenanalyse der verschiedenen Windelarten
c) Erfahrungen anderer Kindertagesstätten mit der Umstellung

···Aufgabe 2

Erstellen Sie nach dem unten stehenden Muster auf einem Extrablatt eine Liste der zu bedenkenden Aspekte bei der Auswahl. Sortieren Sie dabei die Aspekte nach den drei Dimensionen der Nachhaltigkeit.

···Aufgabe 3

Auf Grundlage der recherchierten Informationen und der erstellten Liste der Aspekte bei der Auswahl von Windeln, nimmt das Team eine Bewertung vor. Die Auswertung berücksichtigt nicht nur die direkten ökologischen, ökonomischen und sozialen Aspekte, sondern auch die praktische Umsetzbarkeit in der Kindertagesstätte „Häschennest“. Zu welcher Entscheidung kommen Sie? Begründen Sie Ihre Wahl.

Ökologische Aspekte	Ökonomische Aspekte	Soziales (inkl. Gesundheit)
...	...	...

Textilien einsetzen, reinigen und pflegen

Lernsituation

Als angehende/-r Hauswirtschafter/-in arbeiten Sie in der SANAKUR-Klinik für Menschen mit Allergien und Atemwegserkrankungen. Für den stationären Aufenthalt bietet die Reha-Klinik 160 Einzelzimmer an. Die Patientinnen und Patienten verweilen durchschnittlich 4-5 Wochen in der Rehaeinrichtung. In dieser Zeit fällt täglich Schmutzwäsche an, die in der hauseigenen Wäscherei gereinigt und gepflegt wird. Ihr Ausbilder Herr Schmidt hat Sie gestern nach Dienstschluss darüber informiert, dass die Textilpflege in den nächsten Wochen Ihr Ausbildungsschwerpunkt sein wird.

Herr Schmidt begleitet Sie am ersten Tag zur Wäscherei, welche mit modernen Waschmaschinen, Trocknern und Bügelstationen ausgestattet ist. Er erklärt Ihnen, dass die fachgerechte Textilpflege großen Einfluss auf die Gesundheit und das Wohlbefinden der Patientinnen und Patienten hat und weshalb betriebliche Standards strikt einzuhalten sind. Herr Schmidt bittet Sie, sich zunächst einen Überblick über die verschiedenen Faser- und Textilarten sowie deren Veredlung und Kennzeichnung zu verschaffen. Anschließend wird Ihnen die Kollegin Anne den Wäschekreislauf und die Arbeitsmittel zur Textilreinigung und -pflege unter Berücksichtigung des Umwelt-, Gesundheits- und Arbeitsschutzes erläutern. Die einzelnen Arbeitsschritte werden Sie anschließend den Auszubildenden im ersten Ausbildungsjahr digital präsentieren.

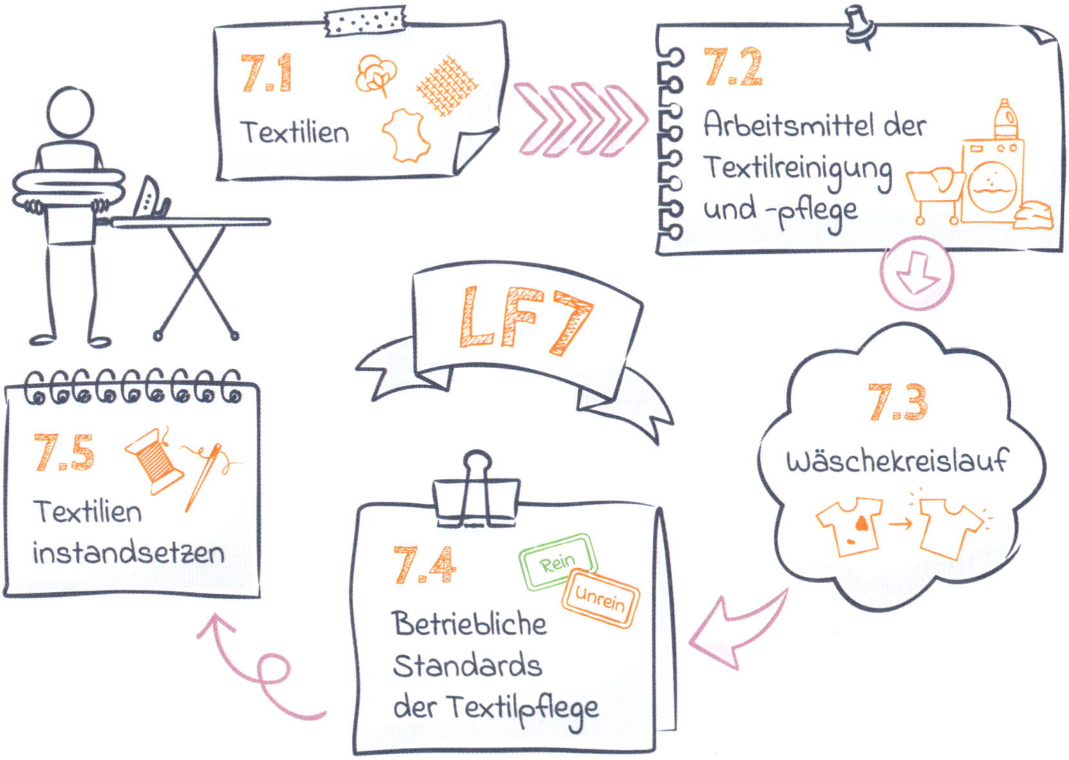

7.1 Textilien

Textilien sind sehr vielfältig: Unterhemden, Bettlaken, T-Shirts, Pullover, Kissenbezüge, Gardinen und vieles mehr gehört dazu. Grundsätzlich können Textilien in drei Kategorien eingeteilt werden:

Die drei Textilkategorien und dazugehörige Beispiele

Wäsche	Kleidung	Raumtextilien
• Bettwäsche • Tischwäsche • Leibwäsche (wie Unter- und Nachtwäsche)	• Berufsbekleidung • Oberbekleidung • Sportbekleidung	• Gardinen • Polsterbezüge • Matratzen • Teppiche

Textilien

Saubere Textilien sind hygienisch, steigern das Wohlbefinden und verbessern das optische Erscheinungsbild.

Das Reinigen und Pflegen von Textilien ist eine personenbetreuende Dienstleistung. Dabei müssen individuelle Wünsche und Bedürfnisse sowie die Vorgaben betrieblicher Abläufe gleichermaßen erfüllt werden. Das erfordert eine gute Organisation. So sind beispielsweise alle Arbeiten aufeinander abzustimmen und eventuell auch Tourenpläne für Hol- und Bringdienste zu erstellen. Ebenfalls ist die Auslastung der Maschinen zu beachten und gesetzliche Vorschriften zu Hygiene, Umweltschutz und Arbeitssicherheit einzuhalten.

7.1.1 Faserarten

Textilien können aus unterschiedlichen Fasern bestehen. Je nach Herkunft werden Fasern wie folgt eingeteilt:

Naturfasern

Pflanzliche Naturfasern

Baumwolle stammt von Baumwollsträuchern. Es handelt sich um die Samenhaare der Fruchtkapseln. Baumwollfasern haben korkenzieherartige Windungen, sodass kleine Hohlräume im Faserinneren entstehen. Dadurch besitzen die Fasern eine hohe Saugfähigkeit und können viel Feuchtigkeit aufnehmen. Baumwolle ist außerdem reißfest und strapazierfähig. Sie knittert jedoch sehr leicht und kann beim Waschen einlaufen. Baumwolle wird für die Produktion von T-Shirts, Pullovern und Berufsbekleidung verwendet.

Baumwolle

Wolle

Leinen wird aus den Stängeln der Flachspflanze gewonnen. Die Leinenfaser ist kochfest und sehr strapazierfähig. Zudem ist sie aufgrund ihrer glatten Oberfläche schmutzabweisend. Unregelmäßige Verdickungen lassen die Faser viel Feuchtigkeit aufnehmen. Leinen knittert leicht und ist vergleichsweise schlecht zu bügeln. Es wird zur Herstellung von Kleidern, Blusen, Hemden, Hosen und Bettwäsche genutzt. Je nach Leinenanteil wird zwischen zwei Leinenarten unterschieden:

- **Reinleinen** besteht zu 100 % aus Leinenfasern.
- **Halbleinen** ist eine Mischung aus Leinen und Baumwolle, wobei der Leinenanteil mindestens 40 % beträgt.

Hanf stammt aus den Stängeln der Hanfpflanze. Die Fasern sind länger als bei Leinen und besonders abriebfest und feuchtigkeitsbeständig. Hanf kann für die Fertigung von Schuhen, Jeans, T-Shirts und Pullovern eingesetzt werden.

Naturfasern		Chemiefasern	
pflanzlich	tierisch	auf Cellulose-Basis	auf synthetischer Basis
Baumwolle, Leinen, Hanf	Wolle, Seide, Kaschmir	Viskose, Modal, Acetat, Triacetat	Polyester, Polyamid, Polyacryl, Mikrofaser

Überblick über die verschiedenen Fasern entsprechend ihrer Herkunft

Tierische Naturfasern

Wolle wird aus dem Fell von Schafen gewonnen. Je nach Schafart sind die Fasern unterschiedlich lang und verschieden stark gekräuselt. Sie haben eine schuppenförmige Oberfläche. Diese ermöglicht die Aufnahme von viel Luft und Feuchtigkeit. Wolle ist elastisch und knitterarm. Bei starker Reibung und Hitze kann sie filzen und dadurch an Elastizität verlieren. Wolle wird häufig zu Socken, Mützen und Pullovern verarbeitet.

Seide wird aus den Kokons Seide spinnender Raupen gewonnen. Die Fasern von Seide sind weich, leicht, elastisch und glatt. Auffällig ist der besondere Glanz und der feine Griff. Die sehr dünnen Seidenfäden werden oft für die Herstellung von Blusen, Schals und eleganter Wäsche genutzt.

Kaschmir stammt von der Kaschmirziege und wird durch das Auskämmen der Unterhaare gewonnen. Da Kaschmir sehr leicht, weich, seidig glänzend und geschmeidig ist, wird es oft als Edelwolle bezeichnet. Zudem weist es eine gute Wärmerückhaltung auf und ist bei entsprechender Pflege sehr langlebig. Kaschmir ist eine beliebte Faser für teure Schals, Pullover und Kleider.

Chemiefasern

Chemiefasern werden mithilfe chemischer Verfahren aus Cellulose oder Erdöl und Kohle hergestellt. Sie sind allesamt knitterarm sowie reiß- und scheuerfest. Zudem nehmen sie wenig Feuchtigkeit auf und trocknen schnell. Sie laden sich elektrostatisch auf, weshalb sie Schmutz anziehen und entsprechend oft zu waschen sind. Durch starke Reibung können an den Faserenden kleine Knötchen entstehen.

Chemiefasern auf Cellulose-Basis

Chemiefasern auf Cellulose-Basis werden aus Cellulose, zum Beispiel aus Baumwollabfällen oder Fichtenholz, gewonnen. Sie werden deshalb auch als regenerierte Fasern bezeichnet. Durch entsprechendes Kräuseln können die Fasern zum Typ Wolle oder Baumwolle verarbeitet werden. Die bekanntesten Chemiefasern auf Cellulose-Basis sind:

Viskose kommt in ihren Eigenschaften denen der Baumwolle sehr nahe. Sie ist allerdings weniger strapazierfähig. Besonders häufig wird sie für die Herstellung von Kleidungsstücken, Bettwäsche und Reinigungstüchern genutzt.

Seidenschal

T-Shirt aus Viskose

Modal ist der Viskose ähnlich, jedoch wesentlich strapazierfähiger. Textilien wie Unterwäsche oder Strumpfhosen sind oft aus Modal gefertigt.

Acetat und **Triacetat** nehmen nur wenig Feuchtigkeit auf und sind kaum strapazierfähig. Beide Faserarten werden zur Herstellung von Oberbekleidung, Futterstoffen oder Unterwäsche verwendet.

Chemiefasern auf synthetischer Basis

Chemiefasern auf synthetischer Basis bestehen aus Kohle und Erdöl. Dazu werden die Rohstoffe in kleinste Moleküle zerlegt und anschließend zu verschiedenen Molekülketten verarbeitet. So entstehen unterschiedliche Fasern mit vielfältigen Eigenschaften.

Polyester (PES) ist kaum dehnbar, sehr fein und scheuerfest. Zudem ist es pflegeleicht und nimmt kaum Wasser auf. Polyester wird vor allem für die Herstellung von Ober- und Sportbekleidung sowie Berufswäsche genutzt. Auch als Füllmaterial für Bettwaren wird es oft verwendet.

Polyamid (PA) ist besonders reiß- und scheuerfest, da es aus festen Fasern besteht. Trotzdem ist es elastisch und dehnbar. Polyamid nimmt wenig Feuchtigkeit auf und ist daher schnell trocknend. Es wird häufig zu Strümpfen oder Unterwäsche verarbeitet und unter den Markennamen Perlon oder Nylon verkauft.

Polyacryl (PAC) ist eine bauschige, voluminöse Faser, die besonders weich und wärmend wirkt. Sie ist knitterarm und sehr elastisch. Polyacryl wird meist zu Maschenwaren verarbeitet und zur Herstellung von T-Shirts, Socken und Pullovern eingesetzt.

Mikrofaser (bestehend aus PA, PES und PAC) ist formbeständig und extrem dünn. Aufgrund ihrer Feinheit hat sie eine weiche Struktur und wird oft zur Herstellung von Bettwäsche und Reinigungstextilien verwendet. Auch für strapazierfähige Kleidungsstücke wird die Mikrofaser gerne eingesetzt.

Fasermischungen

Durch das Mischen von Fasern können deren unterschiedliche Eigenschaften miteinander kombiniert werden. Das verbessert die Gebrauchseigenschaften der Textilien. Es führt zum Beispiel zu einer höheren Luftdurchlässigkeit, einer verbesserten Feuchtigkeitsaufnahme oder weniger Falten.

Die gängigsten Fasermischungen, die im Handel angeboten werden, sind:

- Baumwolle + Leinen + Polyester für Tischdecken
- Baumwolle + Modal für Oberbekleidung
- Wolle + Polyacryl für Strümpfe

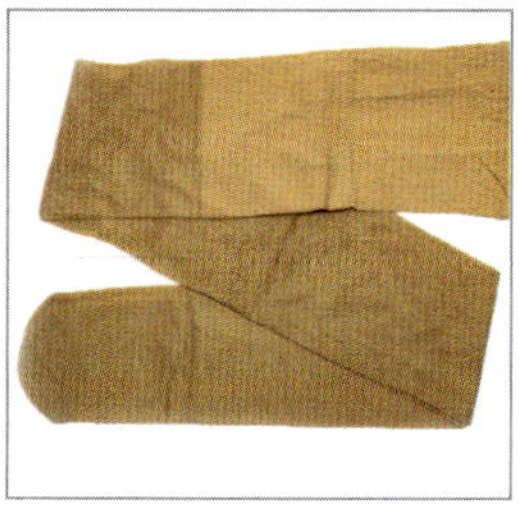

Polyamidfeinstrumpfhose

Strümpfe aus einer Fasermischung

7.1.2 Textile Flächen

Zur Herstellung textiler Flächen müssen zunächst Fasern oder Filamente (Endlosfäden der Chemiefasern) zu Garn versponnen werden. In weiteren Schritten können die Garne zu textilen Flächen verarbeitet werden. Diese werden auch als Stoffe bezeichnet.

Webwaren entstehen durch das Verkreuzen von mindestens zwei, im rechten Winkel zueinanderstehenden Fadensystemen. Diese werden auch als Kette und Schuss bezeichnet. Das Verkreuzen bewirkt, dass das für den Stoff typische Aussehen entsteht. Gleichzeitig macht es die Webwaren formbeständig und unelastisch.

Webware

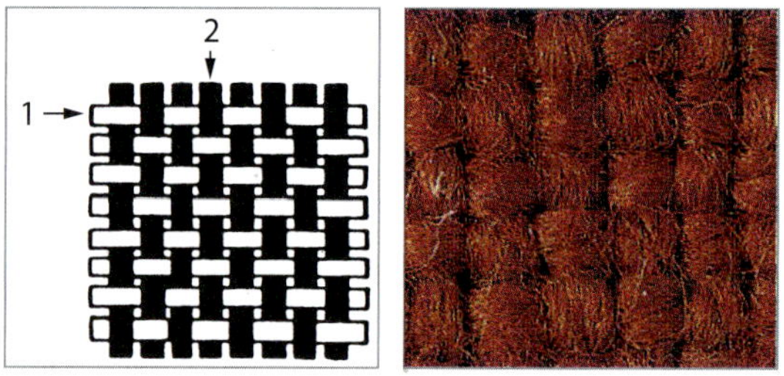

1 Kette / 2 Schuss

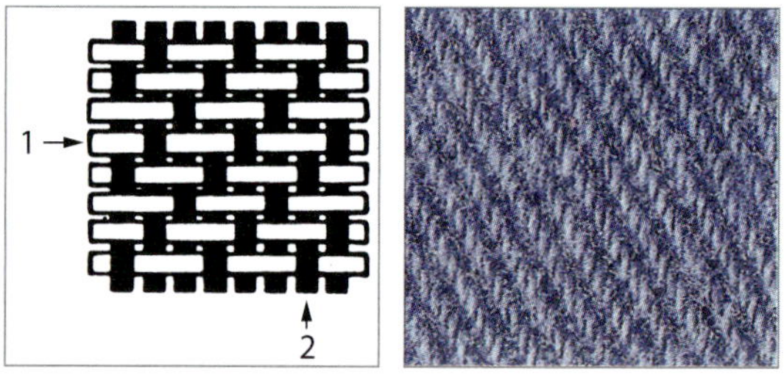

Leinwand- und Köperbindung

Florgewebe sind Garnschlingen, welche fest in ein Grundgewebe eingearbeitet sind. Florgewebe wird auch als Schling- oder Schlaufenware bezeichnet.

Maschenwaren entstehen durch Schleifenbildung. Dabei wird der Faden mit Hilfe einer Nadel durch eine Reihe bereits gebildeter Schleifen hindurchgeführt. So entsteht eine neue Maschenreihe, an die weitere Reihen angeknüpft werden können. Maschenwaren sind sehr elastisch sowie knitter- und bügelarm.

Maschenware

Textilverbundwaren entstehen durch das Vernadeln, Übernähen oder Verschweißen von Garnen. Sie werden als Einmalwäsche, Veloursledererimitate und Putztücher eingesetzt. Die bekannteste Textilverbundware ist Vlies. Es wird aus Natur- und Chemiefasern hergestellt und weist je nach Zusammensetzung unterschiedliche Gebrauchseigenschaften auf.

Funktionstextilien entstehen durch hochtechnisierte Prozesse und haben verschiedenste Gebrauchseigenschaften. Häufig verwendete Materialien für Freizeitkleidung sind:

- **Fleece** besteht aus Chemiefasern, die zu hochfloriger Maschenware verarbeitet werden. So ergibt sich eine besonders flauschige Oberflächenstruktur.
- **Softshell** besteht aus mindestens zwei dünnen Textillagen. Die äußere Lage ist abriebfest sowie wind- und wasserabweisend. Die innere Lage hingegen saugt mögliche Körperausdünstungen auf.

7.1.3 Textilveredlung

Das Veredeln oder Ausrüsten verbessert die Gebrauchseigenschaften textiler Fasern und Flächen. Im Hinblick auf das Waschen und Pflegen von Textilien sind folgende Veredlungsmaßnahmen von Bedeutung:

Färben sorgt für ein abwechslungsreiches und ansprechendes Aussehen der Textilien. Dazu werden die Fasern oder Garne in Farbe gegeben. Je nach Einwirkzeit ergeben sich unterschiedliche Farbintensitäten.

Bleichen bewirkt einen höheren Weißanteil in Textilien. Durch die Behandlung mit hochwirksamen Bleichmitteln werden Fasern oder Garne entfärbt und sehen dadurch heller aus.

Eingefärbte Baumwolle

Rauen ist ein mechanisches Verfahren, welches auf flauschigen Oberflächen angewendet wird. Es sorgt für einen weicheren Griff der Textilien und erhöht deren Wärmerückhaltevermögen.

Mercerisieren ist die Behandlung mit einer 20 %- bis 30 %-igen Natronlauge. Das Verfahren wird bei Baumwolle genutzt, um einen schönen Glanz und einen weicheren Griff zu erzielen. Gleichzeitig erhöht es die Reißfestigkeit und verbessert die Haltbarkeit der Textilien.

Pflegeleichtausrüstung (= Hochveredlung) verhindert starkes Einlaufen und verringert die Knitteranfälligkeit. Dazu werden Kunstharze in die Hohlräume der Faserfeinstruktur eingearbeitet.

Sanforisieren ist das Bearbeiten von Baumwolle mit Wasser, Wärme und Druck, um sie formbeständiger zu machen. Während der Behandlung läuft die Naturfaser ein, nicht aber beim Waschen danach.

Filzfreiausrüstung wird zur Veredlung von Wolle verwendet. Hierbei werden die Fasern zunächst mit Chlor behandelt und anschließend mit einem dünnen Kunstharzfilm überzogen. Das verhindert, dass die Faser beim Waschen verfilzt.

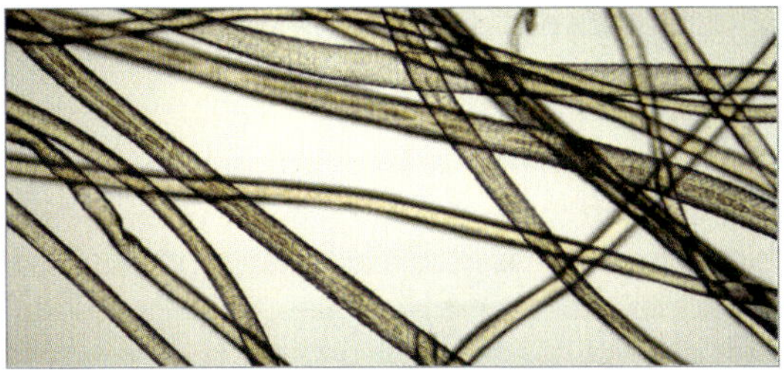

Filzfreiausrüstung: behandelte glatte Wollfaser

7

Anti-Schmutz-Ausrüstung verzögert das Verschmutzen synthetischer Chemiefasern. Durch eine Imprägnierung mit flourhaltigen Substanzen kann wässriger und fettiger Schmutz nicht so schnell in das Gewebe eindringen.

Antistatische Ausrüstung verhindert die elektrostatische Aufladung und schnelle Verschmutzung synthetischer Fasern. Möglich macht dies ein tensidhaltiger Überzug, welcher die elektrische Leitfähigkeit der Fasern erhöht.

Antimikrobielle Ausrüstung ist eine Textilbehandlung mit Substanzen, die das Wachstum von Bakterien, Pilzen und Viren hemmt. Dazu werden die Fasern mit Silber-Ionen oder bakteriziden Stoffen versetzt.

Imprägnieren macht Textilien durch das Auftragen wasserabweisender Materialien wetterfest und schmutzabweisend. Ein großer Vorteil für Schuhe, Jacken, Regenbekleidung und Zelte.

Imprägnierte Textilien

Einige Verfahren stellen durch die eingesetzten Farbstoffe und Chemikalien eine Belastung für Umwelt und Gesundheit dar. Sie verunreinigen das Wasser, verseuchen die Böden und können die Haut reizen.

7.1.4 Textilkennzeichnung

Alle Textilien, die in Verkehr gebracht werden, unterliegen der Kennzeichnungspflicht. Gesetzlich vorgeschrieben ist die Materialkennzeichnung, also die Angabe über das verwendete Material. Sie informiert über die Eigenschaften und den Gebrauch der Textilien. Mit der Materialkennzeichnung wird vorausgesetzt, dass der Verbraucher weiß, wie die einzelnen Materialien zu reinigen und pflegen sind. Trotzdem geben viele Hersteller zusätzliche Angaben zum Waschen und Pflegen der Textilien sowie das Herkunftsland (Made in- Kennzeichnung) an.

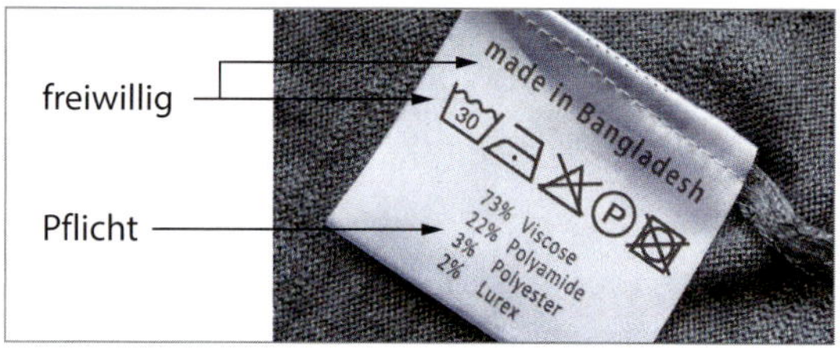

Textilkennzeichnung

Pflicht: Textile Faser (Rohstoff), Prozentangabe
freiwillig: Herkunftsland (Made in- Kennzeichnung), Pflegehinweise, Labels

Textilkennzeichnungsverordnung

Für die Materialkennzeichnung gilt seit dem Jahr 2011 die Europäische Textilkennzeichnungsverordnung (TextilKVO). Diese wird in Deutschland durch das nationale Textilkennzeichnungsgesetz (TextilKennG) ergänzt. Die Verordnungen geben vor, wie die Faserarten und prozentualen Anteile der Rohstoffe von Textilien anzugeben sind:

- Alle textilen Rohstoffe müssen mit ihren Gewichtsprozenten angegeben werden.
- Ein Erzeugnis, das aus nur einer einzigen Faserart besteht, kann mit der Bezeichnung „100 %" oder „rein" gekennzeichnet werden.
- Bei Textilien, die aus mehreren Faserarten bestehen, ist der Anteil der Fasern in absteigender Reihenfolge anzugeben.
- Beträgt der Gewichtsanteil einer Faserart 85 % oder mehr, reicht es aus, nur diese Faser zu benennen.
- Faserarten mit einem Anteil unter 10 % können als „sonstige Fasern" zusammengefasst werden.

Alle Artikel, die zu mindestens 80 % aus textilen Rohstoffen bestehen, sind grundsätzlich kennzeichnungspflichtig. Dazu gehören etwa Kleidungsstücke, Tischdecken oder Möbelbezugsstoffe. Gleiches gilt für das Futtermaterial in Schuhen und Hauptfutterstoffe mit einem Gewichtsanteil von über 30 % in Bezug auf das Gesamttextil.

Die Kennzeichnung muss dauerhaft, leicht lesbar und gut sichtbar sein. Daher ist sie meist eingewebt, eingenäht, angeheftet, aufgedruckt oder auf der Verpackung angegeben.

Etikett nach Textilkennzeichnungsverordnung

Ergänzend zur gesetzlich vorgeschriebenen Materialkennzeichnung existieren zahlreiche Öko-Labels. Dazu gehören zum Beispiel das Bio-Siegel, der Blaue Engel, der Grüne Knopf, Oeko-Tex oder das EU Ecolabel. Sie stehen für Umweltschutz und einen nachhaltigen Lebensstil und sind eine freiwillige Angabe. Problematisch ist jedoch, dass zur Vergabe dieser Siegel unterschiedliche Kriterien genutzt werden, sodass sie nur schwer miteinander vergleichbar sind. Einige Labels gelten zudem nur für einzelne Textilien.

OEKO-TEX – Made in Green

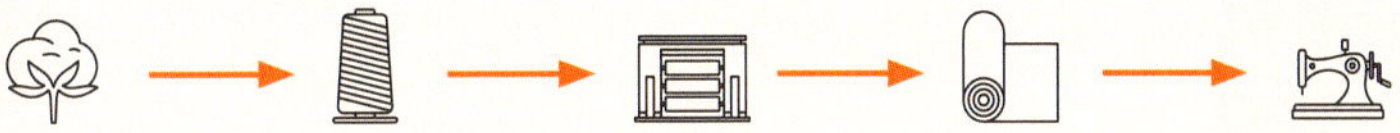

Gilt als eines der strengsten Öko-Standards. Voraussetzung für die Vergabe des Labels ist das Einhalten von Kernarbeitsnormen und weiteren sozialen Kriterien sowie ein strenges Umweltmanagement. Darüber hinaus wird jedes gelabelte Produkt auf mögliche Schadstoffe überprüft. Das Label bezieht sich nicht nur auf Naturfasern, sondern kann für Textilien aus allen Materialien sowie Lederprodukte ausgestellt werden.

Fairtrade Cotton

Die Textilien, die mit dieser Kennzeichnung versehen sind, bestehen zu 100 % aus Bio Baumwolle. Das Label zertifiziert den Anbau der Bio-Baumwolle, garantiert den Baumwollbauern einen Mindestpreis und sorgt für deren soziale Absicherung. Das Label begrenzt zudem den Einsatz von Chemikalien beim Anbau von Baumwolle.

Global Organic Textile Standard (GOTS)

GOTS ist der weltweit führende Textilverarbeitungsstandard für ökologische Fasern. Als Verarbeitungsstandard beginnt die Kontrolle beim ersten Verarbeitungsschritt der biologischen Textilfaser. Voraussetzung ist die Kontrolle des Rohstoffes nach den Kriterien des ökologischen Landbaus.
Ein GOTS-Produkt hat einen Anteil von mindestens 70 % Naturfasern und wird in der Produktion auf die Einhaltung strenger Umwelt- und Sozialkriterien überprüft.

Grüner Knopf

Der Grüne Knopf ist ein staatliches Siegel für nachhaltige Textilien.
Das Besondere: Es prüft systematisch, ob das gesamte Unternehmen Verantwortung für die Einhaltung von Menschenrechten und Umweltstandards in ihren textilen Lieferketten übernimmt. Zusätzlich muss durch anerkannte Siegel nachgewiesen werden, dass das jeweilige Produkt nachhaltig hergestellt wurde. Unabhängige Prüfstellen kontrollieren die Einhaltung der Kriterien.

Warenzeichen

Warenzeichen sind Markenzeichen oder Logos, die auf Kleidungsstücken oder anderen Textilprodukten angebracht sind. Sie kennzeichnen die Produkte einer bestimmten Marke in Form von Worten, Icons oder deren Kombination. Warenzeichen tragen dazu bei, das Vertrauen der Verbraucher in die Qualität der Produkte zu stärken. Außerdem erleichtern sie die Erkennung gefälschter oder kopierter Produkte.

Warenzeichen verschiedener Marken

Um ein Warenzeichen zu erhalten, durchläuft der Markeninhaber ein Anmeldungsverfahren und erwirbt das Markenrecht. Das gibt dem Inhaber das exklusive Recht, seine Produkte mit dem Warenzeichen zu versehen.

Weitere Informationen unter:
www.Nachhaltiges Mode-shopping

Internationale Pflegekennzeichnung

Die internationale Pflegekennzeichnung ist eine freiwillige Angabe des Herstellers. Sie beschreibt mit Symbolen die Wasch- und Pflegeeigenschaften des Textils. Das ist wichtig, denn falsche Pflege kann das Textil beschädigen oder unbrauchbar machen.

Die Pflegesymbole sind weltweit standardisiert und von der Internationalen Organisation für Normung (ISO) festgelegt. Sie sind in der Regel schwarz auf weißem Grund und zusammen mit der Materialkennzeichnung eingewebt, eingenäht, angeheftet oder aufgedruckt. Manchmal werden die Symbole auch durch Text ergänzt.

Hinweis: Die Buchstaben im Kreis informieren Fachkräfte der chemischen Reinigung über das zu verwendende Lösemittel. Mögliche Balken unter dem Waschbottich geben an, wie empfindlich das Textil gegenüber mechanischer Beanspruchung ist.

7.1.5 Personalisierte Textilkennzeichnung

In Großhaushalten fällt jeden Tag viel Wäsche an. Dabei ist zwischen allgemeiner und persönlicher Wäsche zu unterscheiden. Zur Allgemeinwäsche gehören zum Beispiel Tischdecken, Bettbezüge oder Trockentücher. Kleidung hingegen zählt zu den persönlichen Wäschestücken. Damit alle Textilien nach der Reinigung wieder dem jeweiligen Betrieb bzw. der jeweiligen Person zugeordnet werden können, sind sie zu kennzeichnen. Dies geschieht vor dem ersten Waschen. Mithilfe einer Näh- oder Patchmaschine wird ein Etikett an einer unauffälligen Textilstelle mit dem Bewohnernamen und der Einrichtung angebracht.

Größere Betriebe, wie etwa Alten- und Pflegeheime, lassen die Textilreinigung meist extern durchführen. Damit die Zuordnung aller Wäschestücke nach der Reinigung schnell und korrekt erfolgen kann, werden sie mit einem Bar-Code, QR-Code oder dem RFID-System (= Radio-Frequency Identification) versehen.

Personalisierte Textilkennzeichnung plus
Barcode *RFID*

Dies ermöglicht weitere Informationen zum Textilbesitzer zu hinterlegen, etwa den Namen und die Adresse der Einrichtung sowie die Stations- und Zimmernummer.

Internationale Pflegekennzeichnung: die wichtigsten Symbole und ihre Bedeutung

Waschen (Waschbottich)	95 Normalwaschgang	40 Schonwaschgang	30 Spezialschonwaschgang	Handwäsche	Nicht waschen

Hinweis: Die Zahl im Waschbottich gibt die maximale Waschtemperatur an (30, 40, 50, 60, 70, 95). Balken unter dem Waschbottich geben an, wie empfindlich das Textil gegenüber mechanischer Beanspruchung ist.

Bleichen (Dreieck)	Bleichen möglich	CL Bleichen mit Chlor möglich	Bleichenw mit Sauerstoff möglich	Nicht bleichen	
Trocknen	Trocknen im Trockner bei niedriger Temperatur	Trocknen im Trockner bei normaler Temperatur	Nicht im Trockner trocknen	Trocknen auf der Wäscheleine	Liegend im Schatten an der Luft trocken
Bügeln (Bügeleisen)	Nicht heiß bügeln (auf Stufe 1)	Mäßig heiß bügeln (auf Stufe 2)	Heiß bügeln (auf Stufe 3)	Nicht bügeln	Bügeln ohne Dampf
Professionelle Reinigung (Kreis)	P Chemische Reinigung mit Perchlorethylen möglich	F Chemische Reinigung mit Kohlenwasserstoff-Lösemitteln möglich	A Chemische Reinigung mit allen Lösungsmitteln möglich (veraltet)	W Professionelle Nassreinigung möglich	Nicht chemisch reinigen

7

7.1.6 Textile Kette

Nachhaltiges Handeln nimmt im Alltag und im Beruf einen immer größeren Stellenwert ein. Am Beispiel der Textilen Kette zeigt sich, dass Nachhaltigkeit und Textilien eng miteinander verbunden sind.

Die Textile Kette bezieht sich auf den gesamten Produktionsprozess von Textilien. Sie reicht von der Rohstoffgewinnung bis hin zur Entsorgung des fertigen, abgenutzten Textils. Dazwischen berücksichtigt sie alle Stationen, die ein Textil durchläuft. Dazu gehören zum Beispiel die Faserherstellung, die Textil- und Kleidungproduktion, der Vertrieb und Verkauf sowie die Entsorgung und mögliche Wiederverwertung.

In den letzten Jahren entwickelte sich ein wachsendes Bewusstsein für die negativen Auswirkungen der Textilindustrie. Die Textilindustrie ist einer der größten Verursacher von Umweltverschmutzungen, Abgasen und Müll. Außerdem sind die Arbeitsbedingungen in den Ländern, in denen Textilien hergestellt werden, oft sehr schlecht und ausbeuterisch.

Aus diesem Grund steigt das Interesse an einer nachhaltigeren und ethisch vertretbaren Textilproduktion. Dazu müssen beispielsweise umweltfreundlichere Materialien verwendet und bessere Arbeitsbedingungen geschaffen werden. Recycling und Upcycling, also die Wiederverwendung bzw. Aufwertung von Textilien, spielen dabei ebenfalls eine immer größere Rolle.

Hauswirtschaftliche Betriebe sollten sich stets bewusst sein, dass sie mit ihren Kaufentscheidungen sowie der Reinigung und Pflege von Textilien großen Einfluss auf die Textile Kette nehmen.

7

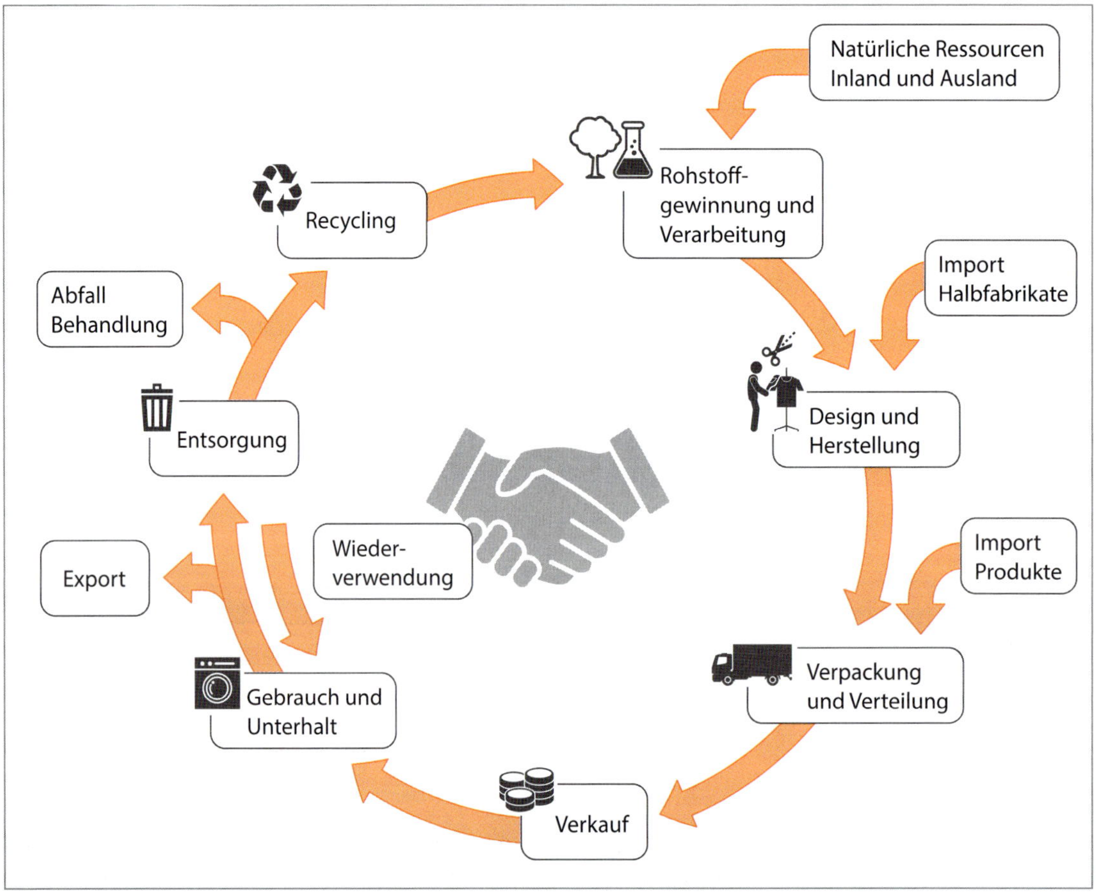

Stationen der Textilen Kette

7.2 Arbeitsmittel der Textilreinigung und -pflege

7.2.1 Wasch- und Nachbehandlungsmittel

Der Einsatz von Wasch- und Nachbehandlungsmitteln wirkt sich entscheidend auf das Reinigungsergebnis und die Lebensdauer der Textilien aus. Die richtige Auswahl ist daher von großer Bedeutung.

Waschmittel

Waschmittel bestehen aus vielen verschiedenen Inhaltsstoffen. Auskunft darüber gibt die Liste der Inhaltsstoffe auf der Verpackung. Hauswirtschafterinnen und Hauswirtschafter kennen die gängigsten Inhaltsstoffe und deren Aufgaben und wissen somit, für welches Textil das jeweilige Waschmittel geeignet ist.

Inhaltsstoffe von Waschmitteln

Tenside sind waschaktive Substanzen, die Schmutz und Fette lösen. Sie setzen die Oberflächenspannung des Wassers herab, sodass es leichter in die Textilfaser eindringen kann. Tenside können ionisch oder nichtionisch sein. Sie bestehen aus einem wasserliebenden (= hydrophilen) und einem wasserabstoßenden (= hydrophoben) Teil. Der wasserliebende Teil des Tensids bleibt während des Waschvorgangs in wässriger Lösung. Der wasserabstoßende Teil heftet sich hingegen an den Schmutz, löst diesen und bindet ihn an sich. Das hält den gelösten Schmutz in Schwebe und verhindert ein erneutes Anheften (s. a. S. 137).

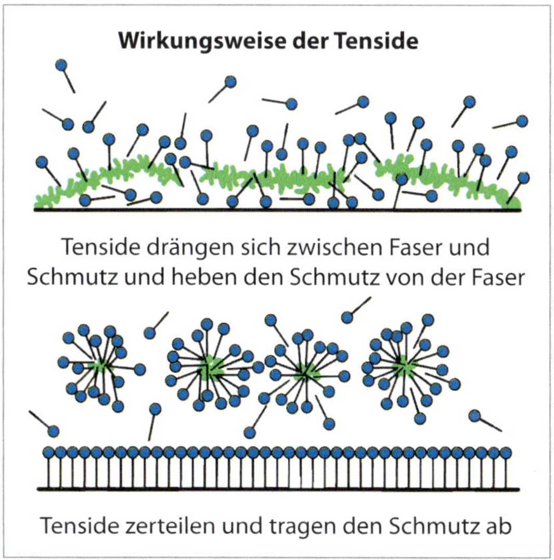

Wirkungsweise der Tenside

Enthärter/Komplexbildner enthärten Wasser, indem sie darin befindliche Ionen an sich binden. Das verbessert die Reinigungswirkung der Tenside und schützt zugleich die Waschmaschine vor Kalkablagerungen und somit vor Korrosion.

Bleichmittel entfärben unerwünschte Farbpigmente, wie zum Beispiel Flecken durch Obst, Gemüse oder Tee. Sie zerstören die Struktur der Pigmente und lösen sie aus der Faser. Gleichzeitig entfernen sie Gerüche und wirken desinfizierend. Bleichmittel können auf Sauerstoff- oder Chlorbasis sein. Für ein optimales Reinigungsergebnis benötigen sie eine Wassertemperatur von 60 bis 70 °C.

Bleichmittelaktivatoren bewirken, dass Bleichmittel bereits bei niedrigeren Temperaturen hartnäckige Verfärbungen entfernen können.

Enzyme spalten eiweiß-, fett- und stärkehaltige Verbindungen und ermöglichen so deren Entfernung. Da jedes Enzym nur eine ganz spezifische Struktur spaltet, finden sich verschiedene Enzyme im Waschmittel. Proteasen entfernen Eiweißflecken, Lipasen Fettflecken und Amylasen stärkehaltige Flecken. Alle Enzyme sind temperaturempfindlich, das heißt sie wirken nur bei niedrigen Wassertemperaturen.

Optische Aufheller lassen Textilien weißer erscheinen, indem sie unsichtbare, ultraviolette Strahlen absorbieren und als blaues Licht wieder abgeben. Dieses lässt weiße Textilien weißer und pastellfarbige Textilien heller wirken.

Verfärbungsinhibitoren, auch Farbübertragungsinhibitoren genannt, verhindern die Verfärbung von Textilien. Sie blockieren die Übertragung von Farben aus färbenden Textilien auf andere Stoffe.

Schaumregulatoren verhindern, dass das Waschmittel im Falle einer Überdosierung in der Waschmaschine überschäumt und austritt. Sie unterstützen zudem die Waschleistung des Waschmittels, denn zu viel Schaum wirkt sich negativ auf das Reinigungsergebnis aus.

Duftstoffe vermitteln ein Gefühl von Sauberkeit und Frische, haben aber keinen Einfluss auf das Reinigungsergebnis. Für Allergiker kann der Zusatz von Duftstoffen im Waschmittel problematisch sein.

7

Waschmittel und ihre Einsatzbereiche
Hersteller bieten eine große Palette unterschiedlicher Waschmittel an. Je nach Zusammensetzung der Inhaltsstoffe ergeben sich unterschiedliche Einsatzbereiche.

Waschmittelauswahl

Universalwaschmittel, auch Vollwaschmittel genannt, ist für alle Textilen einsetzbar. Aufgrund der enthaltenen Tenside, Bleichmittel und optischen Aufhellern ist es das leistungsstärkste Waschmittel und ideal für stark verschmutzte oder weiße Wäsche. Das Universalwaschmittel kann bei allen Waschtemperaturen, also von 30 bis 95 °C, eingesetzt werden.

FÜR DIE PRAXIS

Achtung: Universalwaschmittel nicht zur Reinigung von Textilien aus Wolle und Seide verwenden!

Colorwaschmittel, auch Buntwaschmittel genannt, wird zur Reinigung bunter Textilien verwendet. Es enthält Tenside und Verfärbungsinhibitoren, die Schmutz entfernen und Farben bestmöglich erhalten.

Feinwaschmittel ist speziell auf die Reinigung empfindlicher Fasern abgestimmt. Es enthält vor allem milde Tenside und Enzyme, welche Wäschestücke aus Seide oder andere feine Textilien schonend reinigen.

Wollwaschmittel enthalten milde Tenside, natürliche Seifen und ausgewählte Enzyme. Diese befreien Wollfasern besonders schonend von Schmutz, glätten sie und beugen Knötchen (Pilling) vor.

Baukastenwaschmittel ist ein Basiswaschmittel, das je nach Wasserhärte und Verschmutzungsgrad angepasst wird. Das heißt, der Anwender fügt je nach Bedarf Enthärter und Bleichmittel hinzu.

FÜR DIE PRAXIS

Durch Baukastenwaschmittel können Chemikalien eingespart und die Umwelt geschont werden.

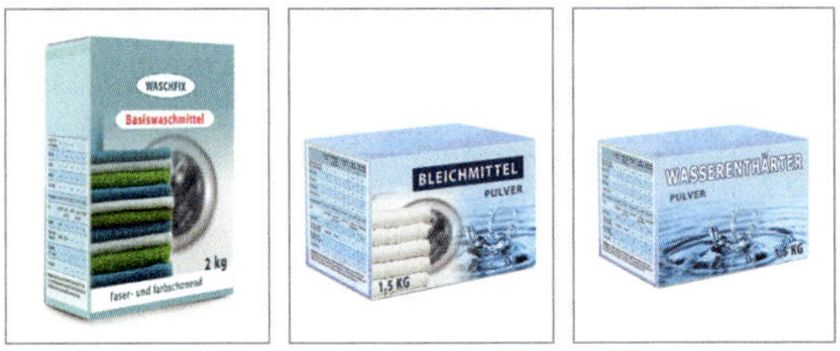

Elemente des Baukastenwaschmittels

Waschmittel werden im Handel in verschiedenen Formen angeboten. Neben dem vom Nutzer zu dosierenden Waschmittelpulver und Flüssigwaschmittel gibt es auch bereits vorportionierte Tabs und Pods.

Verschiedene Waschmittelformen: als Pulver, flüssig, in Tablettenform oder als Pod

Waschmittel in Form von Tabs oder Pods lassen sich nicht passgenau dosieren.

Nachbehandlungsmittel

Viele Waschmittelhersteller bieten zusätzliche Pflegemittel an, die beispielsweise das Aussehen der Textilien verbessern oder eine schnelle Wiederverschmutzung verhindern. Diese Mittel werden in der Regel nach dem Waschen angewandt und daher auch als Nachbehandlungsmittel bezeichnet.

Inhaltsstoffe von Nachbehandlungsmitteln
Kation-Tenside sind positiv geladene Tenside. Sie wirken antistatisch und machen die Wäsche weich, indem sie die Trockenstarre verhindern. Zudem erleichtern sie die Bügelarbeit.

Avivagemittel wirken gegen Verfärbungen, Grauschleier und Vergilbungen. Sie geben Textilien ihre ursprüngliche Farbe oder Helligkeit zurück und sorgen darüber hinaus für einen weicheren Griff.

Duftstoffe verändern den Duft der Textilien nach dem Waschen. Es kann ein Gefühl von Reinheit und Hygiene entstehen, für Allergiker und die Umwelt sind Duftstoffe jedoch problematisch.

Synthetische Steifemittel festigen das Gewebe und machen es formbeständig. Das erleichtert das Bügeln und verbessert zudem den Sitz von Kleidungsstücken.

Kunstharze legen sich wie ein Schutzfilm um die Fasern und schützen somit das textile Gewebe vor Verschleiß. Darüber hinaus verleihen sie den Textilien eine waschbeständige, elastische Steife.

Stärke verbessert den Griff von Textilien, festigt sie und schützt deren Oberfläche. Sie kann aus Kartoffeln, Reis oder Mais gewonnen werden und natürlich oder modifiziert sein.

Aktiver Sauerstoff zerstört die Struktur von Farbpigmenten, entfärbt sie und wirkt dadurch bleichend. So verschwinden farbige Flecken, hartnäckige Grauschleier und Gelbstiche. Die am häufigsten von Herstellern genutzten Verbindungen von aktivem Sauerstoff sind Percarbonat und Wasserstoffperoxid.

Optische Aufheller verbessern das Erscheinungsbild weißer Textilien. Sie hellen vergilbte Wäschestücke auf und lassen Gelbstiche verschwinden.

Nachbehandlungsmittel und ihre Einsatzbereiche

Nur wenige Textilien benötigen ein Nachbehandlungsmittel. Die Frage, ob und welches es sein soll, schärft den Blick auf Umweltschutz und Nachhaltigkeit. Jeder Einsatz setzt die Frage nach der Notwendigkeit voraus.

Stärkeprodukte verleihen den Wäschestücken eine gewisse Steife und eine glatte Oberfläche. Das macht die Textilien schmutzabweisend und verhindert deren rasche Wiederverschmutzung. Je nach Textilart werden verschiedene Stärkeprodukte genutzt. Diese sind entweder aus natürlicher bzw. modifizierter Stärke oder sie enthalten synthetischen Steifemittel.

- **Stärke** als Nachbehandlungsprodukt enthält ausschließlich natürliche Kartoffel- oder Reisstärke. Sie wird zum Steifen von Tischwäsche, Oberhemden und Küchenkleidung genutzt. Dazu wird die Stärke entweder in kaltem Wasser angerührt (= Rohstärkeverfahren) oder unter Rühren mit heißem Wasser aufgegossen (= Kochstärkeverfahren). Je nach Dosierung führt es zu einer leichten bis brettartigen Steife. Einige Hersteller bieten Stärke gebrauchsfertig in Sprühflaschen an. So kann sie punktuell auf die zu bügelnden Textilien aufgesprüht werden. Im Handel wird sie unter dem Begriff Bügelhilfe oder Sprühstärke angeboten.
- **Appretur** ist ein Produkt aus modifizierter Stärke, welches zum Steifen von Oberbekleidung, also Blusen und Hemden, genutzt wird. Es wird beim Waschen in das letzte Spülbad gegeben und verleiht den behandelten Textilien eine leicht elastische Stabilität.
- **Formspüler** besteht aus Kunstharzen oder anderen synthetischen Steifemitteln, die beim Bügeln schmelzen und sich schützend um die Fasern legen. Das verlängert die Lebensdauer des behandelten Textils und führt zu einer leichten Festigung des Gewebes. Formspüler wird vor allem bei Hemden und Blusen eingesetzt.

Beispiele für Nachbehandlungsmittel

Bleichmittel verleihen Gardinen, Tischdecken und weißen Textilien aus synthetischen Fasern ein strahlendes Weiß. Zur Behandlung von hartnäckigen Vergilbungen oder zur Entfernung von Grauschleiern werden die Textilien in einer Lösung mit hoch wirksamen Bleichmitteln oder Aufhellern eingeweicht. Der Vorgang wird auch als Weißbad bezeichnet. Anschließend werden die Textilien mit klarem Wasser ausgespült. Da Bleichmittel sehr aggressiv und ätzend sind, sollten sie nicht häufig eingesetzt werden.

Schutzhandschuhe sind zu tragen. Eine gute Belüftung schützt vor einer Reizung der Atemwege.

FÜR DIE PRAXIS

Eine Überdosierung oder zu lange Einwirkzeit von Bleichmittel kann Fasern brüchig machen.

Weichspüler gibt den Textilien einen weichen Griff sowie frischen Wäscheduft und erleichtert die Bügelarbeit. Beim Trocknen an der Luft werden besonders Frotteewaren wie Handtücher etwas härter im Griff, trocknen jedoch besser ab, da ihre Saugfähigkeit erhalten bleibt. Im Weichspüler enthaltene Kation-Tenside und Avivagemittel verhindern die elektrostatische Aufladung synthetischer Textilien. Im Privathaushalt sind Weichspüler nicht einzusetzen, sie belasten unnötig die Umwelt.

Weichspüler nicht/ möglichst wenig verwenden.

Den Anspruch an die Weichheit von Handtüchern in Hotels und Tagungshäusern sollte jede Einrichtung und jeder Gast den negativen Folgen von Weichspülereinsatz gegenüber abwägen und überdenken.

FÜR DIE PRAXIS

Weichspüler hat keinen Einfluss auf die Waschhygiene, wirkt sich aber negativ auf Umwelt und Gesundheit aus. Zudem wird die Saugfähigkeit der Textilien herabgesetzt, Handtücher trocknen schlechter ab. Ein Verzicht auf Weichspüler wird empfohlen.

Detergenzienverordnung

Die Detergenzienverordnung ist eine EU-Verordnung, welche die Kennzeichnung und den Verkauf von Wasch- und Reinigungsmitteln regelt. Sie legt sämtliche Anforderungen für die Herstellung, die Zusammensetzung sowie die Verpackung und Kennzeichnung von Inhaltsstoffen fest. Nur Wasch- und Reinigungsmittel, die diese Anforderungen erfüllen, dürfen in der EU in Verkehr gebracht werden. Die Verordnung gewährleistet, dass Waschmittel, Fleckentferner sowie alle weiteren Reinigungsmittel wirksam, sicher und umweltverträglich sind. Sie dient dem Schutz von Mensch und Natur.

Für die Praxis bedeutet dies, dass alle Inhaltsstoffe für den Verbraucher gut leserlich auf der Verpackung aufgelistet sein müssen. Sämtliche Gefahren, die vom Produkt ausgehen können, sind mithilfe von Gefahrensymbolen zu kennzeichnen. Zudem ist eine Dosierempfehlung für das Produkt anzugeben.

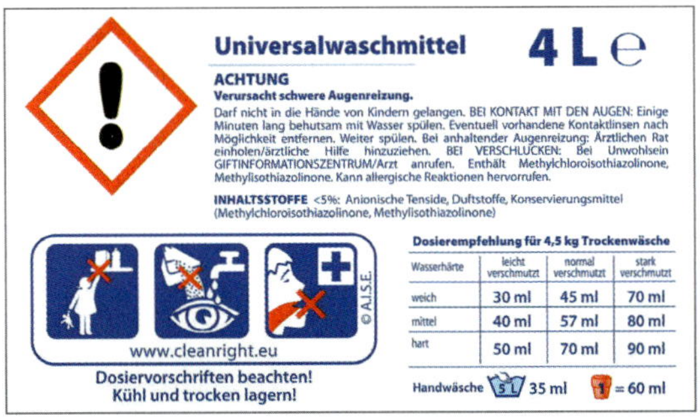

Detergenzienverordnung

Ergänzend zur Detergenzienverordnung gilt in Deutschland das Wasch- und Reinigungsmittelgesetz (WRMG). Dieses schränkt das Inverkehrbringen von Wasch- und Reinigungsmitteln weiter ein. Es verbietet zum Beispiel bestimmte Inhaltstoffe und schreibt eine Höchstmenge, also maximal zugelassene Menge, bei Phosphaten vor. Das Gesetz verpflichtet Hersteller zudem dazu, Dosierempfehlungen für verschiedene Wasserhärtebereiche anzugeben.

AUFGABEN

1. **Erläutern Sie Ihrer Ausbilderin wie diese Textilien zu reinigen und zu pflegen sind:**
   a) **Tischdecke aus Leinen**
   b) **Kissenbezug aus Viskose**

   Beschreiben Sie, welche Informationen Ihnen die internationale Pflegekennzeichnung zur Reinigung und Pflege der beiden Textilien liefert.

Etikett einer Leinentischdecke

Etikett eines Kissenbezugs

2. **Erläutern Sie die Bedeutung der internationalen Pflegekennzeichnung von Textilien.**

7.2.2 Geräte und Maschinen

Bei der Textilpflege kommt eine Vielzahl elektrischer Geräte und Maschinen zum Einsatz. Sie erleichtern die kraft- und zeitintensiven Arbeiten.

Waschmaschine

Aufbau der Waschmaschine (Waschvollautomat)

Waschmaschinenvollautomaten sind standardmäßig wie folgt aufgebaut:

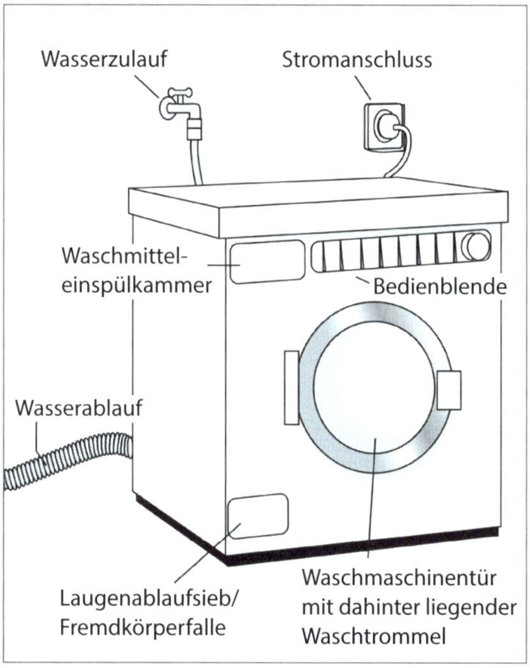

Waschmaschinenbestandteile

Frischwasserzulauf: Über einen Schlauch ist die Maschine mit der kalten Trinkwasserleitung verbunden. Um Wasserschäden durch unerwünschten Wasseraustritt vorzubeugen, ist am wandseitigen Schlauchende meist ein Aqua-Stopp-System angebracht. Dieses kontrolliert die Wassermenge und die Durchflussgeschwindigkeit. Fließt zu viel Wasser durch den Schlauch oder leckt die Maschine, blockiert das Aqua-Stopp-System die Wasserzufuhr.

Waschmitteleinspülkasten: Der Einspülkasten besteht aus drei unterschiedlich großen Kammern. Jede Kammer ist mit einem Symbol (I, II oder ✿) gekennzeichnet.

- **Kammer „I"** \I/ ist die Kammer mit mittlerer Größe. In diese Kammer wird bei Bedarf das Waschmittelpulver für die Vorwäsche hineingegeben.
- **Kammer „II"** \II/ ist die größte Kammer. Hier ist das Waschmittelpulver für den Hauptwaschgang einzufüllen.
- **Kammer** \✿/ ist die kleinste Kammer. In diese Kammer wird bei Bedarf das Pflegemittel zur Nachbehandlung der Wäsche hineingegeben.

FÜR DIE PRAXIS

Die Anordnung der Kammern im Waschmitteleinspülkasten variiert je nach Hersteller und Modell.

Der Waschmitteleinspülkasten wird oft auch als Waschmittelschublade bezeichnet.

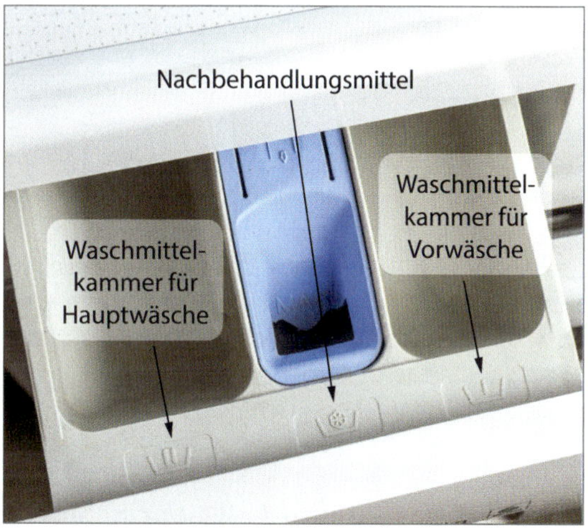

Waschmitteleinspülkasten

Waschmaschinentür: Sobald ein Wasch- oder Zusatzprogramm startet, wird die Tür automatisch verriegelt. Eine Gummidichtung im Inneren verhindert, dass Wasser austreten kann. Eine Notöffnung der Tür ist nur möglich, wenn noch kein bzw. erst wenig Wasser in die Maschine eingelaufen ist.

Laugenbehälter, Heizung, Motor und Laugenpumpe: Während des Waschvorgangs fließt kaltes Wasser in die Maschine. Je nach Programmauswahl wird das Wasser in die entsprechende Waschmittelkammer (Kammer I, II oder „Blümchen") gelenkt. Dort spült es das Waschmittel aus und Waschlauge (Gemisch aus Wasser und Waschmittel) entsteht. Diese sammelt sich im Laugenbehälter und gelangt durch die Löcher der Waschtrommel zur Schmutzwäsche. Integrierte Heizstäbe erwärmen das Wasser bzw. die Waschlauge (je nach Programm auf 30 bis 95 °C). Der Motor treibt die

Waschtrommel an und bewirkt die mechanische Bearbeitung der Wäsche. Gegen Ende des Waschvorgangs pumpt die Laugenpumpe die Lauge ab. Das klare Wasser der anschließenden Spülgänge wird ebenfalls mit der Laugenpumpe aus der Maschine gepumpt. Gleiches gilt für das Wasser aus den Schleudergängen.

Waschtrommel: Die Trommel ist aus Edelstahl und befindet sich im Laugenbehälter. Sie ist mit zahlreichen Löchern versehen, sodass die Waschlauge bzw. das Klarwasser in die Trommel gelangen kann. In regelmäßigen Abständen ist die Trommel mit symmetrischen oder asymmetrischen Rippen, sogenannten Mitnehmern, ausgestattet. Durch sie wird die Wäsche bis zu einer gewissen Höhe im Trommelinneren mitgenommen und dann auf die Waschlauge fallen gelassen. Auch die Mitnehmer sind gelocht und befeuchten die Wäschestücke zusätzlich von oben.

Bedienfeld: Das Bedienfeld ist, je nach Hersteller und Modell, mit Berührungssensoren, Dreh-, Druck- oder Tipptaster ausgestattet. Darüber lassen sich verschiedene Wasch- und Zusatzprogramme auswählen, die sich in der Wassertemperatur, der Maschinenlaufzeit sowie der Rotationsgeschwindigkeit der Trommel unterscheiden.

Laugenablaufsieb/Fremdkörperfalle: Gelöste Flusen und Fasern gehen in die Lauge über und werden mit dem Laugenablaufsieb zurückgehalten. Auch andere Fremdkörper, wie zum Beispiel mitgewaschene Büroklammern oder Münzen, werden von dem Sieb aufgefangen. Das Sieb bzw. die Fremdkörperfalle verhindert, dass die Waschmaschine beschädigt wird.

Wasserablauf: Über den Wasserablauf werden die mit der Laugenpumpe abgepumpten Flüssigkeiten dem Abwasser zugeführt.

Reinigung und Pflege der Waschmaschine
Waschmaschinen sollten regelmäßig gereinigt und gewartet werden. Das erhält ihre Funktionsfähigkeit und verzögert mögliche Neuanschaffungen. Standardmäßig fallen folgende Arbeiten an:

➜ **Vorbereiten:**
- Arbeitsmittel bereitstellen (Bürste, Spülbürste, Allzweckreiniger, Eimer, Allzwecktuch, Trockentuch)
- Netzstecker ziehen, Wasserhahn zudrehen

➜ **Durchführen:**
- Frischwasserzulauf abdrehen und das darin befindliche Sieb mit der Bürste reinigen, gegebenenfalls in einer Lösung aus Allzweckreiniger einweichen

Übersicht zu den drei Arten der Waschmaschinenprogramme

	Normalprogramm (Koch-/Buntwäsche)	Pflegeleichtprogramm	Schonprogamm
Temperaturbereiche	20–95 °C	kalt –60 °C	kalt –40 °C
Spülen	3- bis 4-mal, meist mit Zwischenschleudern	3- bis 4-mal, ohne Zwischenschleudern, evtl. mit Spülstopp	3- bis 4-mal, ohne Zwischenschleudern, evtl. mit Spülstopp
Entwässern	Schleudern mit zunehmender Umdrehung bis zur höchsten Umdrehungszahl, z. B. 1200 oder 1600 oder mehr	Abpumpen oder verkürztes Schleudern	Abpumpen oder spezielles Schleudern
Füllmenge	volle Beladung z. B.: 4,5 oder 7 kg	halbe Beladung	geringe Beladung, etwa 25 %
Wasserstand	niedrig	mittel	hoch
Trommelbewegung	stark	vermindert	gering, mit zeitweiligem Stillstand

Laugenablaufsieb/Fremdkörperfalle

- Waschmitteleinspülkasten entnehmen und darin befindliche Rückstände entfernen
- Dichtungsringe auf Fremdkörper überprüfen, gründlich reinigen und trocknen
- Laugenablaufsieb und Fremdkörperfalle kontrollieren und regelmäßig reinigen
- Gehäuse, Bedienfeld und Oberseite der Waschmaschine feucht abwischen und trockenreiben

➜ **Nachbereiten:**

- Waschmitteleinspülkasten und Tür offenstehen lassen
- Arbeitsmittel reinigen und wegräumen.

In regelmäßigen Abständen sollte das Innere der Waschmaschine mit einem Waschmaschinen-Hygiene-Reiniger behandelt werden. Dabei sind die Angaben des Maschinenherstellers unbedingt zu beachten.

In einigen Einrichtungen wird lediglich die Buntwäsche 0–30 °C in den hauseigenen Maschinen gewaschen. Damit entfallen die Waschgänge von 60–90 °C, da diese Wäsche (z. B. Bettwäsche) vergeben wird. Hier besteht die Gefahr einer Keimbildung.

FÜR DIE PRAXIS

Aus Umwelt- und Energiespargründen wird Wäsche häufig bei 30 °C gewaschen. Das begünstigt die Keimbildung. Es empfiehlt sich daher mindestens 1–2mal monatlich 60 °C-Wäsche zu waschen.

Außerdem ist die Laugenpumpe im Rahmen der Gerätewartung jährlich zu reinigen.

Waschmaschinentypen

Privathaushalte und Betriebe, deren Schmutzwäsche nicht extern gereinigt wird, verfügen in der Regel über Haushaltswaschmaschinen. Dies sind Waschvollautomaten, die je nach Modell 4 bis 9 kg Schmutzwäsche fassen.

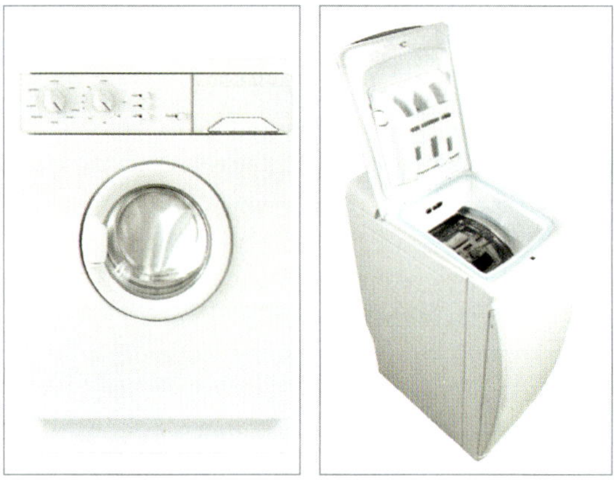

Frontlader und Toplader

Bei den Haushaltswaschmaschinen werden zwei Bautypen unterschieden:

Frontlader sind Waschmaschinen, deren Öffnung sich an der Frontseite (= Stirnseite, vorne) befindet. Sie sind aufgrund der Türposition leicht zu bestücken und flexibel aufstellbar. Sie können beispielsweise in Schränke integriert oder unter eine Arbeitsplatte gestellt werden. Die Maschinen haben in der Regel eine Breite von 60 cm und ein Fassungsvermögen zwischen 6 und 9 kg. Der Handel bietet eine große Auswahl unterschiedlicher Modelle an. Diese sind mit zahlreichen Programmen und Zusatzfunktionen ausgestattet.

Toplader sind Waschmaschinen, deren Öffnung sich auf der Maschinenoberseite (oben englisch = top) befindet. Sie können daher nicht in Schränke integriert oder unter eine Arbeitsplatte gestellt werden. Das Fassungsvermögen der Trommel liegt bei Topladern meist zwischen 4 und 6 kg. Die Umwucht der Maschine beim Schleudern ist geringer. Die Technik von Topladern ist so verbaut, dass sie möglichst wenig Platz einnimmt. Das macht die Herstellung der Maschinen teuer und etwaige Reparaturen kompliziert. Dafür sind sie sehr schmal (Standardbreite 40 cm und mehr) und passen gut in kleine Nischen. Viele Hersteller statten ihre Toplader mit Rollen aus. So können die Maschinen im Raum leicht bewegt werden.

In Großhaushalten und Wäschereien werden Industriemaschinen eingesetzt. Diese verfügen über ein sehr großes Fassungsvermögen und eine besonders große Türöffnung. Das ermöglicht eine Bestückung mit sehr großen Textilien oder ganzen Wäschesäcken. Außerdem verfügen die Maschinen meist über integrierte, elektronische Wiegesysteme mit zahlreichen Sensoren. Diese ermitteln das Wäschegewicht, die optimale Wassermenge sowie die benötigte Waschmittelmenge und Waschzeit. So kann das Fassungsvermögen bestmöglich genutzt sowie Wasser, Waschmittel und Energie genau dosiert werden. Die gängigsten Waschmaschinen im gewerblichen Bereich sind:

Trommelmaschinen sind meist in Form von Doppeltrommeln konstruiert. In der äußeren Trommel ist eine gelöcherte Innentrommel mit Mitnehmerrippen untergebracht, die sich nach zwei Richtungen drehen kann. Beide Trommeln haben fest verschließbare Klappen, durch die die Wäsche eingefüllt und entnommen wird. Zum Entwässern muss die Wäsche in eine Schleuder oder Zentrifuge umgeladen werden.

Waschschleudermaschinen ähneln im Aussehen sehr den Haushaltsmaschinen. Im Gegensatz zu den Trommelwaschmaschinen kann in ihnen die Wäsche auch entwässert werden. Sie sind so konstruiert, dass die Schleudervibrationen möglichst aufgefangen werden. Sie werden sowohl zur Bestückung von vorne (Frontlader) als auch von oben (Toplader) angeboten.

Durchlademaschinen ermöglichen die Trennung von „reiner" und „nicht reiner" Seite. Die Schmutzwäsche von einer Seite einfüllen und die saubere Wäsche aus der anderen Tür entnehmen. Dies erleichtert die Einhaltung gesetzlich vorgeschriebener Hygienemaßnahmen beim Waschen von infektiöser und infektionsverdächtiger Wäsche.

Waschstraßen oder Taktwaschanlagen eignen sich vor allem zum Waschen von großen Mengen gleichartiger Wäscheposten und lassen sich deshalb vorwiegend in großen gewerblichen Wäschereien finden. In der Waschstraße wird jeder Abschnitt des Waschprozesses in einer eigenen Kammer ausgeführt. Die Wäsche wird von Kammer zu Kammer transportiert. Wenn ein Wäscheposten die letzte Kammer verlässt, wird der ersten Kammer neue Schmutzwäsche zugeführt. Am Ende einer Waschstraße befindet sich zur Entwässerung meistens eine Wäschepresse, die mit großem Druck Wasser aus der Wäsche drückt und eine Restfeuchte von 55 bis 65 % erreichen kann.

Zum Be- und Entladen der Maschinen sowie dem Transport großer Wäschemengen werden Hebehilfen, Ansaugvorrichtungen, Förderbänder sowie Abwurfanlagen eingesetzt.

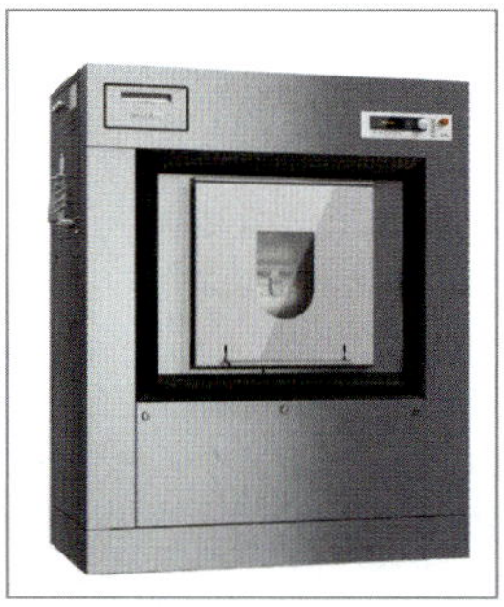

Durchlademaschine

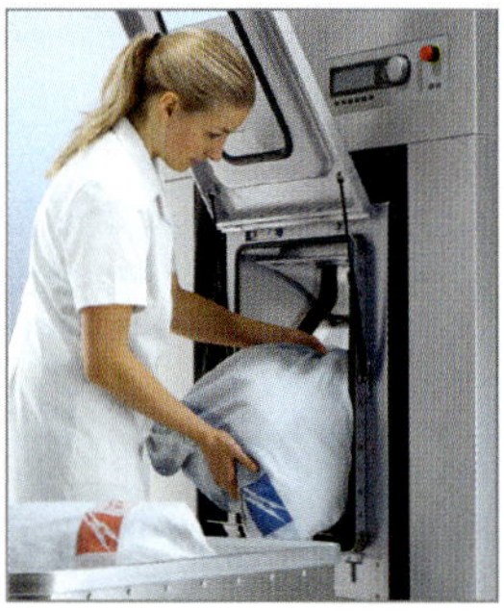

Waschstraße

Wäschetrockner

Wäschetrockner ermöglichen es, nasse Wäschestücke schnell und wetterunabhängig zu trocknen. Das Fassungsvermögen haushaltsüblicher Wäschetrockner entspricht einer Waschmaschinenladung (etwa 5 bis 7 kg). Industriemaschinen sind baulich entsprechend größer. So können auch große Mengen (bis zu 90 kg) effizient getrocknet werden.

Aufbau des Wäschetrockners

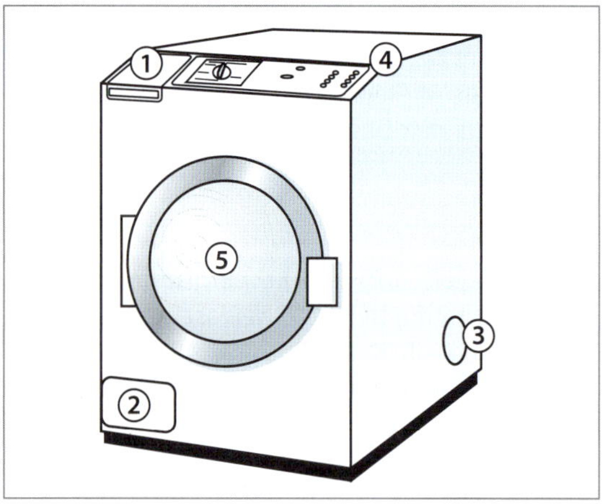

Wäschetrocknerbestandteile

1.Wassersammelbehälter / 2. Öffnung zur Reinigung des Kondensators / 3. Vorrichtung für Abluftschlauch / 4. Bedienfeld / 5. Wäschetrocknertür mit Flusensieb, dahinterliegend die Trommel

Temperaturbereiche des Wäschetrockners

Temperatur	Pflegesymbol	Bedeutung	Eignung
Maximal 60 °C		„Schontrocknen", Trocknen bei reduzierter thermischer Belastung	Für empfindliche Fasern, wie z. B. Chemiefasern auf synthetischer Basis
Über 60 °C		„Normal trocknen", Trocknen bei normaler thermischer Belastung	Für weniger empfindliche Fasern, wie z. B. Chemiefasern auf Cellulose-Basis oder pflanzliche Naturfasern

Die im Trockner verbaute Heizung erzeugt Wärme zum Trocknen der Wäsche. Die warme Luft wird mithilfe eines Gebläses zur feuchten Wäsche in die Trommel geleitet.

Entwässerung: Das Wasser aus der zuvor feuchten Wäsche verlässt über die Entwässerungsvorrichtung den Trockner. Je nach Trocknertyp handelt es sich um feuchte Luft oder Wasser. Letzteres kann, je nach Modell, abgepumpt ins Abwasser gegeben (3) oder im Wassersammelbehälter (1) aufgefangen werden. Der Sammelbehälter ist nach jedem Trocknungsvorgang zu leeren.

Wäschetrocknertür mit Flusensieb (5): Durch die Gummidichtung an der Türinnenseite verschließt die Tür luftdicht. Dies verhindert, dass warme Luft verloren geht. Auf der Türinnenseite befindet sich zudem das Flusensieb. In ihm sammeln sich Fasern, die beim Trocknungsvorgang aus den Textilien gelöst wurden. Das Flusensieb ist nach jeder Nutzung zu reinigen.

Bedienfeld (4): Über das Bedienfeld erfolgt die Programmauswahl. Je nach Programm ergeben sich unterschiedliche Temperaturen zum Trocknen der Wäsche sowie ein bestimmter Trocknungsgrad.

Trommel: Die Trommel in Wäschetrocknern ist etwas größer als die Trommel in Waschmaschinen. Das ermöglicht eine lockere Bewegung der Wäschestücke und eine hohe Luftdurchlässigkeit. Während die Trommel im Trocknerbetrieb rotiert, gelangt die erwärmte Luft an alle Wäschestücke. Dies entzieht den Wäschestücken die Feuchtigkeit und führt zur gewünschten Trocknung.

Trocknungsgrade des Wäschetrockners im Überblick

Bezeichnung	Restfeuchte	Verwendungszweck
Schranktrocken	0–2 %	Wäsche, die sofort gelegt und weggeräumt wird
Bügeltrocken	3–9 %	Wäsche, die danach ohne Einsprengen von Hand geglättet wird
Mangeltrocken	10–30 %	Wäsche, die danach mit der Maschine geglättet wird

Reinigung und Pflege des Wäschetrockners

Für gute Trocknungsergebnisse und zur Erhaltung des Wäschetrockners sollte dieser regelmäßig gereinigt und gepflegt werden. Dabei ist wie folgt vorzugehen:

→ **Vorbereiten:**
- Arbeitsmittel bereitstellen (Allzweckreiniger, Essigreiniger oder Entkalker, Eimer, Schwamm, Bürste, Allzwecktuch, Trockentuch)
- Netzstecker ziehen

→ **Durchführen:**
- Trommel mit Schwamm und etwas Essigreiniger oder Entkalker reinigen und trockenreiben
- Flusensieb entleeren und gründlich reinigen

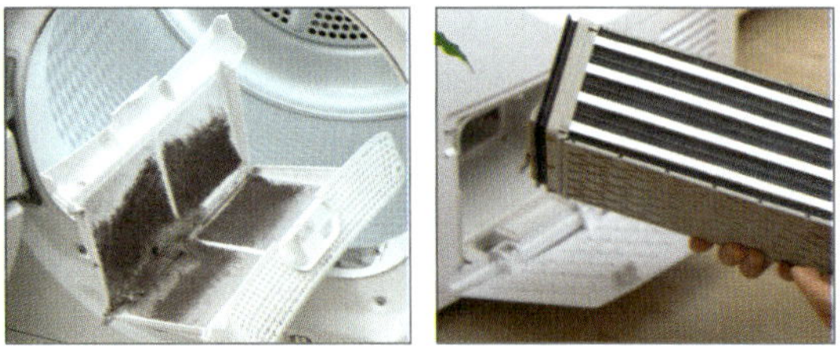

Flusensieb und Wärmetauscherfilter

- Filter der verbauten Heizung und des Wärmetauschers vorsichtig mit einer Bürste reinigen, falls möglich herausnehmen und unter fließendem Wasser reinigen und danach trocknen lassen
- Gehäuse und Bedienfeld feucht abwischen und trockenreiben

➜ **Nachbereiten:**
- Tür zum vollständigen Trocknen geöffnet lassen
- Arbeitsmittel reinigen und wegräumen.

Wäschetrocknertypen

Hersteller bieten drei verschiedene Wäschetrocknertypen an: den Ablufttrockner, den Kondensationstrockner und den Wärmepumpentrockner. Diese sind grundsätzlich gleich aufgebaut (s. S. 282) und funktionieren nach demselben Prinzip: erwärmte Luft wird mithilfe eines Gebläses in die Trocknertrommel geleitet und trocknet die Wäsche.

Entwässerung beim Abluft- und beim Kondensationstrockner

Ablufttrockner leiten die beim Trocknungsvorgang entstandene feuchte Warmluft über einen Abluftschlauch aus dem Gerät heraus. Damit sich diese nicht im Raum staut, sollte der Ablufttrockner in Fensternähe stehen und der Schlauch nach außen ins Freie führen. Das verhindert, dass Feuchtigkeit im Raum Schimmel verursacht. Aufgrund der einfachen Bauweise sind Ablufttrockner günstig beim Kauf und leicht zu reparieren.

Kondensationstrockner leiten die warme, feuchte Luft zu einer Kondensationsplatte. An ihr kühlt die Luft ab, sodass sie kondensiert und sich Wasser bildet. Dieses wird abgepumpt und über einen Schlauch in ein Überlaufbecken bzw. einen Bodenablauf geleitet. Alternativ kann es auch in einem Wassersammelbehälter (in Form einer Schublade) aufgefangen werden. Der Sammelbehälter ist nach jedem Trocknungsvorgang mit Wasser gefüllt und muss geleert werden. Kondensationstrockner sind im Vergleich zu Ablufttrocknern teurer. Dafür können sie aber in jedem Raum aufgestellt werden.

Wärmepumpentrockner leiten, genau wie Kondensationstrockner, die feuchte, warme Luft zu einer Kondensationsplatte. An ihr kühlt sie ab und Kondenswasser entsteht. Die entzogene Wärme wird mit Hilfe eines Kühlmittels gespeichert. Das Kondenswasser wird, je nach Modell, in einem Wassersammelbehälter aufgefangen oder abgepumpt. Die im Kühlmittel gespeicherte Wärme wird erneut zum Trocknen in der Trommel genutzt. Dieser Vorgang, die Wärmerückgewinnung, wird so lange wiederholt, bis die Wäsche getrocknet ist. Wärmepumpentrockner sparen dadurch Energie und rechnen sich somit auf lange Sicht trotz höherem Kaufpreis.

Wärmepumpentrockner

Waschtrockner

Der Waschtrockner ist ein platzsparendes Kombigerät. Es handelt sich hierbei um einen Waschvollautomaten, in den zusätzlich ein Trockner integriert ist. Dadurch ist keine Verladung der Textilien zwischen dem Wasch- und dem Trockenvorgang nötig. Gegenüber einer normalen Waschmaschine verbraucht der Waschtrockner jedoch mehr Strom und Wasser. Zudem können pro Vorgang nur etwa halb so viele Wäschestücke wie in einem Trockner getrocknet werden.

FÜR DIE PRAXIS

Für größere Mengen Schmutzwäsche ist der Waschtrockner ungeeignet.

Bügelgeräte und -maschinen

Zum Glätten der Wäsche steht eine große Auswahl verschiedener Geräte und Maschinen zur Verfügung. Einige können die Arbeitszeit verkürzen oder einzelne Arbeitsschritte erleichtern. Die gängigsten Geräte und Maschinen zum Glätten von Textilien sind:

- Bügeleisen (mit Bügelbrett)
- Bügelpresse
- Bügelmaschine / Heißmangel
- Finishanlage

FÜR DIE PRAXIS

Alle Bügelgeräte und -maschinen erzeugen Hitze. Um Schäden am Textil vorzubeugen, sind dessen Faserarten sowie die Pflegesymbole zu beachten!

Bügeleisen

Bügeleisen können mit oder ohne Dampf betrieben werden.

Herkömmliche Bügeleisen glätten Textilien ohne Wasserdampf. Daher müssen die Textilien vor dem Glättvorgang mit Wasser besprüht werden oder sie dürfen nicht vollständig getrocknet sein.

Dampfbügeleisen stellen Wasserdampf in ihrem Inneren selbst her und geben ihn per Knopfdruck an die Textilien ab.

Egal ob herkömmliches Bügeleisen oder Dampfbügeleisen, der Aufbau ist grundsätzlich gleich.

Beheizbare Sohle: die Sohle besteht aus Edelstahl, Aluminium oder einer speziellen Kunststoffbeschichtung. Im Gegensatz zum herkömmlichen Bügeleisen ist die Sohle des Dampfbügeleisens mit Löchern versehen.

Temperaturregler: mithilfe des Temperaturreglers kann die gewünschte Bügeltemperatur eingestellt werden. Diese ist an das jeweils zu glättende Textil anzupassen. Hierzu sollte die Faserart bzw. das Pflegesymbol beachtet werden.

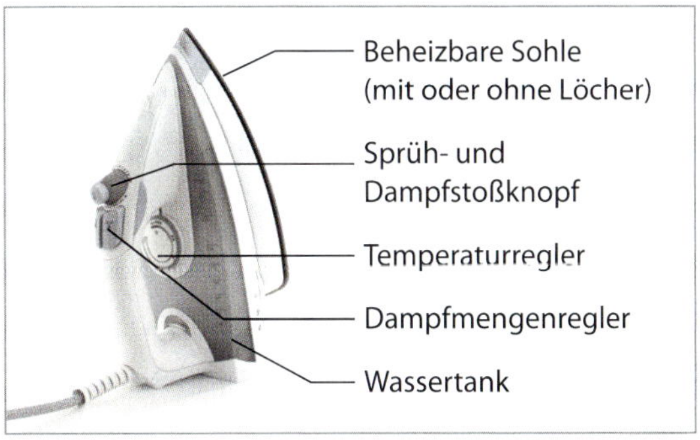

Dampfbügeleisen

Faserarten und empfohlene Bügeltemperaturen

Pflege-symbol	Bügel-temperatur	Faserart
	80–105 °C	Acetat, Polyamid, Polyacryl
	110–165 °C	Wolle, Seide, Polyester, Viskose
	170–220 °C	Baumwolle, Leinen, Hanf

Tragen Textilien dieses Pflegesymbol, so ist ein Bügeln mit Dampf nicht zu empfehlen.

Wassertank: Um das Dampfbügeleisen mit Dampf betreiben zu können, ist Wasser in den Tank zu füllen. Dieser kann fest verbaut, abnehmbar oder extern sein. Letzterer ist eine Wasserstation (= Dampfbügelstation), welche über einen Schlauch mit dem Bügeleisen verbunden ist.

FÜR DIE PRAXIS

Um Verkalkungen vorzubeugen, sollte destilliertes Wasser verwendet werden.

Dampfmengenregler: Mit dem Einstellrad kann die gewünschte Menge des abzugebenden Wasserdampfes angepasst werden.

Sprüh- und Dampfstoßknopf: Durch das Drücken des Sprühknopfes wird Wasser über eine feine Drüse abgegeben. So kann das Textil gezielt gesprengt werden. Mit dem Dampfstoßknopf kann kurzfristig eine sehr große Menge Wasserdampf abgegeben werden.

Bügeleisen sollten in regelmäßigen Abständen gründlich gereinigt und gepflegt werden. Das erhält ihren Wert und gewährleistet ein gutes Bügelergebnis.

Standardablauf Reinigung des Bügeleisens

➜ **Vorbereiten:**
- Arbeitsmittel bereitstellen (Allzweckreiniger, Allzwecktuch, Eimer, Schwamm, Trockentuch, gegebenenfalls Entkalker und Zahnstocher zur Reinigung der Löcher beim Dampfbügeleisen)

➜ **Durchführen:**
- Löcher des Dampfbügeleisens mit einem Zahnstocher vorreinigen
- Entkalker entsprechend Herstellerangaben dosieren und in die Wasserstation bzw. den Wassertank füllen
- Bügeleisen einschalten und auf niedrigster Temperaturstufe aufheizen lassen
- Sprüh- und Dampfstoßknopf so lange betätigen, bis der Wassertank vollständig entleert ist
- Bügeleisen abkühlen lassen
- Sohle mit Allzweckreiniger und einem Schwamm reinigen und trockenreiben
- Gehäuse und gegebenenfalls Wasserstation mit einem feuchten Tuch abwischen und trockenreiben

➜ **Nachbereiten:**
- Arbeitsmittel reinigen und wegräumen.

Zum Glätten der Textilien mit einem Bügeleisen ist ein fester, hitzebeständiger Untergrund notwendig. Der Handel bietet eine große Auswahl unterschiedlicher Bügelbretter an.

Beim Kauf ist darauf zu achten, dass das Brett eine breite Bügelfläche hat, Kniefreiheit bietet und individuell höhenverstellbar ist. Auch eine hitzebeständige Abstellfläche für das heiße Bügeleisen, eine Netzstruktur zum Entweichen der Feuchtigkeit und eine Halterung für das Kabel sind von Vorteil.

FÜR DIE PRAXIS

Zum Bügeln von Kleidungsstücken empfiehlt sich ein Bügelbrett mit angeschrägtem Ende. Hier können die Schulterteile von Hemden oder die Rückenteile von Blusen übergezogen werden.

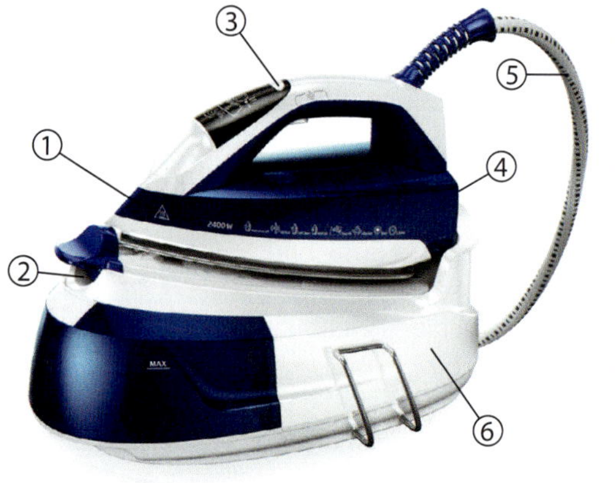

① Bügeleisen
② Einfüllöffnung für Wasser
③ Dampftaste
④ Temperaturwähler
⑤ Dampfverbindungskabel
⑥ Dampferzeuger

Bügeleisen mit Dampferzeuger (Dampfgenerator)

Bügelpresse

Bügelpressen gibt es für den Privathaushalt in klein, sowie als größere Modelle für den gewerblichen Gebrauch. Die Maschinen bestehen grundsätzlich aus einem feststehenden Bügelbrett und einer beweglichen Bügelsohle, welche beheizbar ist. Zum Glätten werden die Wäschestücke auf das Bügelbrett gelegt und die Bügelsohle mit Hilfe eines Hebels nach unten auf das Textil gedrückt. Je nach Größe der Bügelpresse und der Wäschestücke sind diese während des Glättens mehrmals umzulegen.

Bügelpresse

Die Reinigung und Wartung der Bügelpresse ist entsprechend den Herstellerangaben durchzuführen.

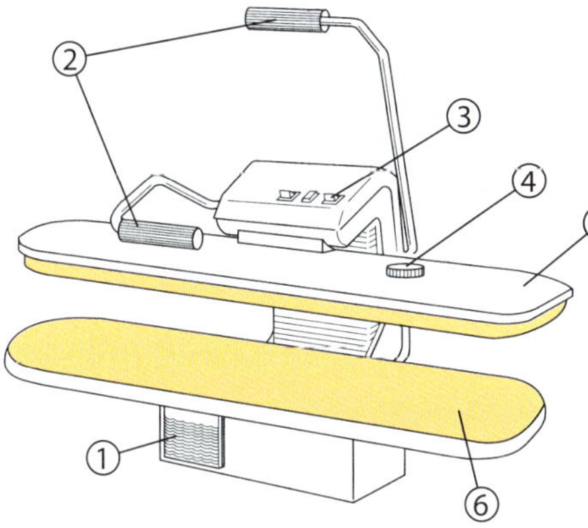

1 Wassertank
2 Doppelter Handgriff für Bügeldruckautomatik
3 Ein-/Ausschalter
4 Temperatur/ Programmwähler
5 Bügelsohle
6 Bügelbrett

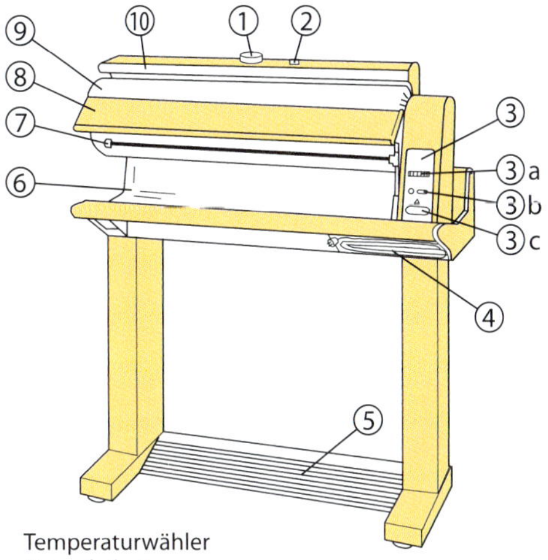

1 Temperaturwähler
2 Dampfschalter
3 Bedienblende mit
3a Wähler für Walzengeschwindigkeit
3b Hauptschalter
3c Notauslösung
4 Anschlusskabel
5 Fußschalter
6 Auffangtisch
7 Wäschestange
8 Anlegebrett
9 Bügelwalze mit Motor
10 Bügelmulde mit Fingerschutz

Bügelmaschine/Heißmangel

Bügelmaschinen, auch Heißmangeln genannt, gibt es mit unterschiedlich breiten Bügelwalzen für den Privathaushalt sowie für gewerbliche Zwecke. Zum Glätten wird die Wäsche von einer rotierenden, gepolsterten Walze transportiert und dabei gegen eine beheizte Mulde gepresst. Die Temperaturregelung erfolgt wie beim Bügeleisen. Die mit Heizelementen ausgestattete Bügelmulde, auch Bügelwange genannt, wird von oben mit kräftigem Druck an die Bügelwalze gepresst. Die Bügelwalze hat eine elastische Bewicklung, sie kann ein- oder beidseitig gelagert sein. Bei manchen Geräten ist die Drehzahl der Walze konstant, bei anderen stufenlos einstellbar. Das bedeutet, dass dicke und feuchte Wäsche langsamer transportiert werden kann. Bei elektronischer Steuerung wird die Walzendrehgeschwindigkeit vom Feuchtigkeitsgrad der Wäsche bestimmt.

Bügelmaschinen werden auch als Dampfbügelmaschinen angeboten.

Zum Einlegen der Wäsche wird die Bügelmulde durch Betätigen eines Arm- oder Fußhebels von der Walze gehoben. Nach dem Einlegen der Wäsche wird diese wieder abgesenkt. Während des Bügelns führt die sich drehende Bügelwalze die Wäsche an der angepressten Bügelwange vorbei und gleitet auf den Auffangtisch unterhalb der Walze.

Bügelmaschine

FÜR DIE PRAXIS

Sicherheitseinrichtungen, wie Fingerschutz, Nothebel und Abschaltautomatik verhindern Quetschungen und Verbrennungen.

Die Reinigung und Wartung kleinerer Bügelmaschinen erfolgt entsprechend der Gebrauchsanweisung. Gewerblich genutzte Großmaschinen werden von geschultem Fachpersonal gereinigt und gepflegt.

Finishgeräte
In großen Wäschereien erfolgt das Glätten der Wäschestücke mithilfe von Finishgeräten. Dazu werden meist Form- oder Tunnelfinisher eingesetzt.

Formfinisher werden vor allem zum Glätten von Blusen, Hemden oder Kitteln genutzt. Die Wäschestücke werden dazu nach dem Schleudergang, also noch feucht, über eine aufblasbare Körperform gezogen. Durch Heißluft und Druck, welche die Körperform von Innen aufblähen, werden die Textilien geglättet. Temperatur und Druckstärke sind dabei stets an das aufgezogene Material anzupassen. Danach müssen die geglätteten Textilien vollständig trocknen.

Tunnelfinisher werden insbesondere zum Glätten chemisch gereinigter Textilien verwendet. Dazu werden die Wäschestücke auf spezielle Bügel gehängt und mit einer beweglichen Schiene durch einen Tunnel transportiert. Im ersten Tunnelabschnitt werden die zu glättenden Textilien mit Wasserdampf behandelt. Im zweiten Tunnelabschnitt befindet sich ein Umluftgebläse. Dieses bläst von oben kräftig Luft auf die Textilien, sodass sie nach unten gedrückt und dadurch geglättet werden. Bevor die Wäschestücke gelegt oder auf normale Kleiderbügel gehängt werden, sollten sie vollständig trocken und ausgekühlt sein.

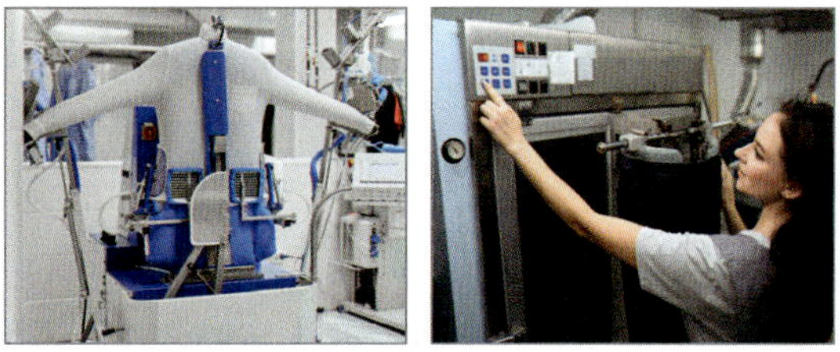

Formfinisher (Hemdenfinisher/Hosenfinisher)

FÜR DIE PRAXIS

Für den Privathaushalt werden kleinere Finishgeräte, wie etwa der „Hemdenfinisher", angeboten.

Faltmaschine

Für das Legen von Flachwäsche, Hosen, T-Shirts und Hemden werden in gewerblichen Wäschereien oft Faltmaschinen eingesetzt. Diese legen die Textilien innerhalb weniger Sekunden auf das gewünschte Format zusammen. Je nach Modellgröße können ein oder mehrere Wäschestücke in die Maschine eingelegt werden. Über das Bedienfeld wird das zu faltende Textil sowie dessen gewünschte Faltgröße ausgewählt. Einige Maschinen sind bereits mit Sensoren ausgestattet, sodass das zu faltende Textil automatisch erkannt wird und Vorschläge zum Faltformat angeboten werden. Sobald die Maschine startet, zieht sie die Textilien ein, faltet sie und gibt sie fein säuberlich gelegt in einen Sammelbehälter hinein.

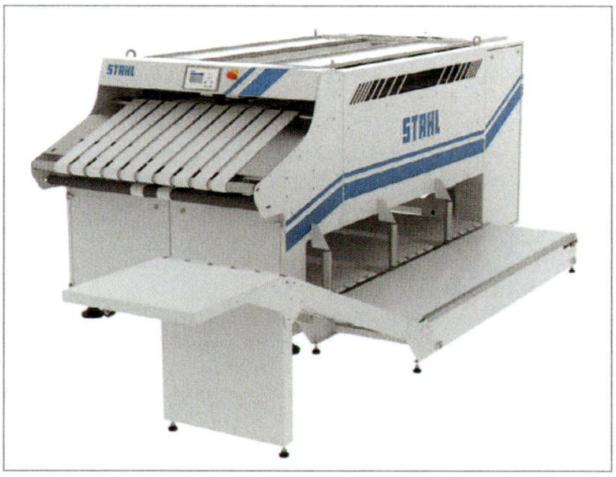

Faltmaschine

Aufgrund ihrer Komplexität sollten Faltmaschinen nur von geschultem Personal gereinigt und gewartet werden.

Nähmaschine

Nähmaschinen finden sich sowohl in Privat- und Großhaushalten als auch in Wäschereien. Mit ihrer Hilfe kann das Leben vieler Wäschestücke verlängert werden. Nähmaschinen werden meist für Instandsetzungsarbeiten genutzt. Sie kommen zum Beispiel zum Einsatz, wenn offene Nähte verschlossen, defekte Reißverschlüsse ausgetauscht oder Löcher geflickt werden müssen.

Aufbau der Nähmaschine
Einstellrad Stichlänge (12): Mithilfe dieses Rades kann die Stichlänge des Ober- und Unterfadens eingestellt werden.
Einstellrad Stichart (11): Über dieses Rad sind verschiedene Sticharten, wie zum Beispiel der Zick-Zack-Stich, einstellbar. Je nach Stichart ergibt sich daraus eine bestimmte Stichbreite.
Fadenspannung (10): Mit diesem Rad kann die Zugspannung des Oberfadens eingestellt werden. Sie ist dem zu vernähenden Material anzupassen.

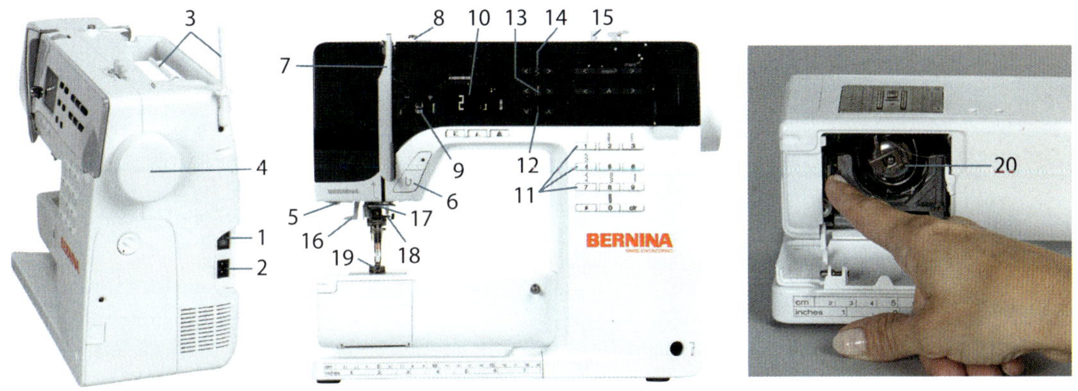

1. Hauptschalter Ein/Aus
2. Anschluss für Netzkabel
3. Garnrollenhalter
4. Handrad
5. Nählicht
6. Rückwärtstaste
7. Fadenhebel
8. Spulervorspannung
9. Geschwindigkeitsregler
10. Ober-/Unterfadenspannung
11. Stichwahltasten
12. Stichlängentaste
13. Nadelpositionstaste
14. Stichbreitentaste
15. Spulereinrichtung
16. Nadeleinfädler
17. Fadenführung
18. Nadelhalter
19. Nähfuß
20. Spulenkapsel mit Unterfaden

Nähmaschine

Pedal: Mit dem Pedal wird die Geschwindigkeit der Nadel bestimmt. Es ist über ein Kabel mit der Nähmaschine verbunden und wird mit dem Fuß betätigt. Bei schwachem Druck auf das Pedal bewegt sich die Nadel langsam auf und ab, bei stärkeren Druck entsprechend schneller.

Handrad (4): Mit dem Rad kann die Nadel manuell auf und ab bewegt werden. Das ermöglicht eine sehr präzise und kontrollierte Nadelführung.

Fadengeber/Fadenführung (7): Die Garnrolle wird oben auf den dafür vorgesehenen Garnhalter aufgesteckt. Der Faden wird entsprechend dem auf der Maschine abgebildeten Schema durch Ösen und Kanäle zur Nadel geführt. Dabei kommt er auch am Fadenspanner vorbei.

Spule (20): Die Spule mit Spulenkapsel befindet sich unterhalb des Nähbereichs. Der darin befindliche Faden (= Unterfaden) bildet zusammen mit dem Oberfaden die Naht.

Rückwärtstaste (6): Wird der Hebel umgelegt, näht die Maschine im Rückwärtsgang. Das erleichtert das Vernähen der Naht an deren Anfang und Ende.

Reinigung und Pflege der Nähmaschine

Nähmaschinen sind regelmäßig zu reinigen und zu pflegen. Folgende Arbeitsschritte sind durchzuführen:

➜ **Vorbereiten:**

- Arbeitsmittel bereitstellen (Allzweckreiniger, Eimer, Allzwecktücher, Nadel, Pinsel, Nähmaschinenöl)
- Netzstecker ziehen

➜ **Durchführen:**

- abnehmbare Teile der Nähmaschine entfernen (Nadel, Spule mit Unterfaden, Oberfaden)
- Spulenbereich mit Nadel von Flusen und Stoffresten befreien
- Fussel und Stoffreste vorsichtig mit dem Pinsel aus der Maschine entfernen
- Gehäuse mit feuchtem Tuch abwischen und trockenreiben
- Bewegliche Teile der Maschine mit Nähmaschinenöl entsprechend den Herstellerangaben ölen

➜ **Nachbereiten:**

- gegebenenfalls abgenommene Teile (Nadel, Spule mit Unterfaden, Oberfaden) wieder einsetzen
- Arbeitsmittel reinigen und wegräumen.

Patchmaschine

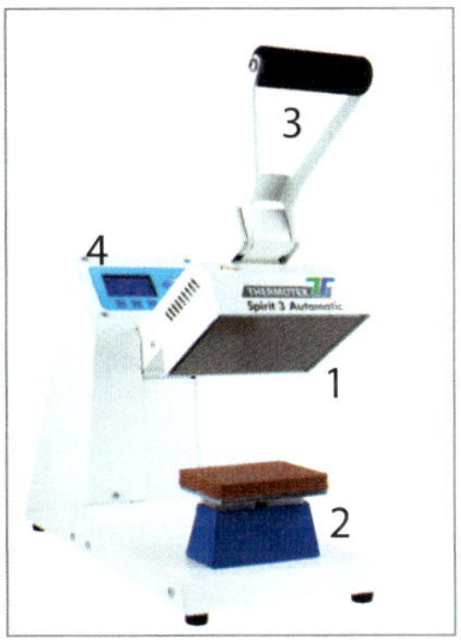

Patchmaschine

Patchmaschinen sind zur Kennzeichnung persönlicher Wäschestücke vor allem in Großhaushalten beliebt. Darüber hinaus eignen sie sich hervorragend zum Ausbessern größerer Löcher.

7

Aufbau der Patchmaschine

1. **beheizbare Patchplatte:** Die Patchplatte ist die obere Platte der Maschine. Sie ist beweglich und kann mit Hilfe des integrierten Heizelementes erhitzt werden.
2. **Unterschuh:** Der Unterschuh ist die untere Platte der Patchmaschine. Er ist unbeweglich und der Ablegeplatz für das zu patchende Textil.
3. **Hebel:** Mit Hilfe des Hebels wird die beheizte Patchplatte nach oben und unten bewegt.
4. **Bedienfeld:** Über das Bedienfeld kann die gewünschte Temperatur eingestellt werden. Viele Maschinen sind mit Zusatzfunktionen ausgestattet, die ebenfalls über das Feld auszuwählen sind.

Große Patchmaschinen werden nicht von Hand bedient. Bei ihnen wird die Patchplatte per Knopfdruck oder integriertem Timer auf und ab bewegt.

Reinigung und Pflege der Patchmaschine

Patchmaschinen sind regelmäßig zu reinigen und zu pflegen. Folgende Arbeitsschritte sind standardmäßig durchzuführen:

→ **Vorbereiten:**
- Arbeitsmittel bereitstellen (Allzweckreiniger, Eimer, Schwamm, Allzwecktuch, Trockentuch)
- Maschine abkühlen lassen

→ **Durchführen:**
- Patchplatte und Auflagefläche mit feuchtem Schwamm reinigen und trockenreiben
- Gehäuse der Maschine mit feuchtem Tuch abwischen und trockenreiben

→ **Nachbereiten:**
- Arbeitsmittel reinigen und wegräumen.

Größere Maschinen sollten entsprechend den Herstellerangaben gereinigt und von geschultem Fachpersonal gewartet werden.

Aspekte des Gesundheits-, Arbeits- und Umweltschutzes

Beim Kauf und der Nutzung von Arbeitsmitteln entscheidet nicht allein das Reinigungsergebnis. Auch der **Schutz von Mensch und Natur** spielt eine große Rolle.

Im Hinblick auf den **Gesundheitsschutz** gilt es, Wasch- und Nachbehandlungsmittel mit möglichst gesundheitsschonenden Inhaltstoffen auszuwählen. Substanzen, welche Haut und Schleimhäute reizen, sollten idealerweise gemieden werden. Falsch angewandte Wasch- und Nachbehandlungsmittel können außerdem die Gesundheit des Personals und der Kunden gefährden. Eine zu hohe Dosierung führt zum Beispiel zu einer überhöhten Menge an Gefahrstoffen. Eine zu geringe Dosierung hingegen führt zu mangelnder Hygiene. Gegebenenfalls können sich dadurch Infektionskrankheiten betriebsintern sowie extern ausbreiten.

Fehler beim Umgang mit den elektrischen Maschinen können zu teils schweren Unfällen führen. Eine entsprechende Schulung vor der ersten Nutzung wird daher dringendst empfohlen. Es gilt zudem die Gebrauchsanweisung sowie mögliche Gefahrensymbole zu beachten. Das schützt vor Fehlbedienungen, Quetschungen und Verbrennungen. Reparaturen sollten grundsätzlich nur vom Fachmann durchgeführt werden.

Auch das **Arbeitsschutz**gesetz hilft dabei, die Gesundheit vor kurz- und langfristigen Schäden zu bewahren. § 12 des Arbeitsschutzgesetzes (ArbSchG) verpflichtet Arbeitgeber dazu, alle „Beschäftigen über Sicherheit und Gesundheitsschutz bei der Arbeit während ihrer Arbeitszeit ausreichend und angemessen zu unterweisen". Das bedeutet, dass das Personal in jedes neue Aufgabengebiet oder Arbeitsmittel einzuführen ist. Regelmäßige Nachschulungen sind gegebenenfalls durchzuführen.

Im Hinblick auf den **Umweltschutz** gilt es, sowohl die Wasch- und Nachbehandlungsmittel als auch die Arbeitsgeräte und Maschinen fachgerecht und mit Bedacht auszuwählen.

So sollten die eingesetzten Wasch- und Nachbehandlungsmittel aus möglichst umweltfreundlichen Inhaltsstoffen bestehen. Für die Praxis bedeutet dies, dass zum Beispiel auf Kunstharze und Weichspüler verzichtet und Bleichmittel so sparsam wie möglich genutzt werden sollten.

Eine exakt auf den Verschmutzungsgrad abgestimmte Waschmitteldosierung spart Chemikalien ein, schützt die Umwelt und fördert somit nachhaltiges Handeln.

Im Hinblick auf Nachhaltigkeit und Kostenreduktion empfiehlt es sich zudem, Wäschestücke ausschließlich mit dem dafür vorgesehenen Waschmittel zu reinigen. Ein nicht der Faserart angepasstes Waschmittel kann durch „falsche“ Inhaltsstoffe Fasern beschädigen. Dadurch wird das Wäschestück schneller unansehnlich und muss ausgetauscht werden. Gleiches gilt für farbige Textilien, die mit bleichmittelhaltigem Waschmittel, also Vollwaschmittel, gereinigt werden. Sie verlieren mit jedem Waschgang an Farbe, sodass sie früher ersetzt werden. Das ist schlecht für die Umwelt und den Geldbeutel. Durch den Verzicht auf die Vorwäsche können Waschmittel und Wasser eingespart werden. Gleiches gilt für die Ausnutzung der maximalen Füllmenge der Waschmaschine.

Um Energie zu sparen, sollte die Wassertemperatur beim Waschvorgang möglichst niedrig gewählt werden und Wäschestücke an der Luft trocknen. Aus hygienischen und zeitlichen Gründen ist dies in Wäschereien jedoch nur bedingt umsetzbar. Hier helfen neue Technologien und energiesparende Geräte und Maschinen beim Stromsparen. Das Energielabel informiert über den Stromverbrauch sowie weitere umweltrelevante Daten, wie etwa den Wasserverbrauch oder die Lautstärke einer Maschine.

FÜR DIE PRAXIS

Seit dem Jahr 2021 gilt das neue EU-Energielabel! Die Energieeffizienz-Klassen A (hohe Effizienz) bis G (niedrige Effizienz) lösen die vorhergien Klassen A+ bis A+++ ab.

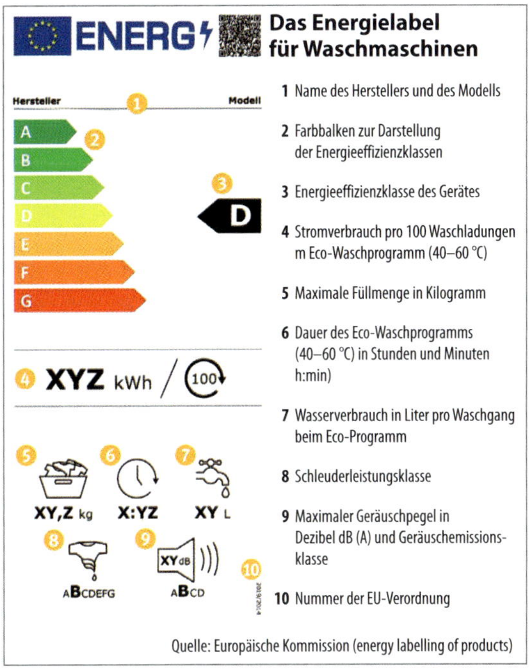

Energielabel einer Waschmaschine

Ein weiterer Aspekt des Umweltschutzes ist die Vermeidung und Einsparung von Abfällen. Mithilfe von Groß- oder Nachfüllverpackungen sowie hochkonzentrierten Wasch- und Nachbehandlungsmitteln kann die Abfallmenge reduziert werden. Anfallende Verpackungen sind korrekt zu trennen und dem jeweils passenden Recyclingsystem zuzuführen.

Defekte Geräte und Maschinen, die nicht mehr zu repariert werden können, sind fachgerecht zu entsorgen.

AUFGABEN

3. Erstellen Sie eine Liste mit allen Arbeitsmitteln, die in Ihrem Ausbildungsbetrieb zur Reinigung und Pflege von Textilien genutzt werden.

4. Ihr Ausbilder bittet Sie, das passende Waschmittel für folgende Textilien auszuwählen:
a) weiße Baumwolltischdecke
b) roter Wollpullover
c) gelbes Arbeitsshirt aus Viskose
Geben Sie an, welches Waschmittel jeweils zu verwenden ist und begründen Sie Ihre Entscheidung.

5. In Ihrem Ausbildungsbetrieb gibt es zahlreiche Geräte und Maschinen zur Reinigung und Pflege von Textilien. Gestalten Sie für zwei Geräte oder Maschinen Ihrer Wahl eine digitale Collage. Beschreiben Sie dabei detailliert die durchzuführenden Reinigungs- und Pflegearbeiten. Fotografieren Sie dazu auch einzelne Bestandteile, wie etwa Siebe und Filter, und fügen Sie diese der Collage hinzu.

7.3 Wäschekreislauf

Die Arbeitsabläufe zur Wäschepflege sind zeit- und arbeitsintensiv. Sie erfordern viele Handgriffe und umfassen folgende Schritte:

- Schmutzwäsche sammeln und gegebenenfalls zur Wäscherei transportieren
- Schmutzwäsche sortieren und möglicherweise zum Waschen vorbereiten
- Wäsche mit der Waschmaschine oder von Hand waschen
- Wäsche mittels Wäschetrockner oder an der Luft trocknen
- Wäsche mit dem Bügeleisen oder einer anderen Bügelmaschine glätten
- Wäsche legen oder aufhängen
- Wäsche aufbewahren und zu gegebener Zeit ausgeben.

Bei der Arbeitsorganisation sind verschiedene Faktoren zu berücksichtigen. So sind etwa die Pflegeeigenschaften und der Verschmutzungsgrad der Textilien zu beachten oder bestimmte Zeitvorgaben einzuhalten. Auch Qualitätskriterien, wie Sauberkeit oder Nachhaltigkeit, spielen eine wichtige Rolle.

7.3.1 Schmutzwäsche sammeln

Schmutzige Wäsche ist zeitnah einzusammeln. Das Sammeln der Wäsche erfolgt meist in fahrbaren Wäschewagen oder -containern. Diese sind mit farblich codierten Wäschesäcken bestückt.

Wäschewagen mit Wäschesäcken

Infektionsverdächtige Wäsche wird separat gesammelt und verschlossen bis zur Reinigung in einem abgetrennten Bereich gelagert. Dazu zählt zum Beispiel Wäsche mit Blut, Kot, Urin oder Eiter. Berufsgenossenschaftliche Regeln, wie etwa die BGR250, regeln den Umgang mit diesen Wäschestücken. Im Hinblick auf Sicherheit und Gesundheit am Arbeitsplatz darf es nicht zum Hautkontakt mit infektiöser oder infektionsverdächtiger Wäsche kommen. In Krankenhäusern und Pflegeheimen wird daher die Wäsche mit den Sammelsäcken in die Waschmaschine gegeben. Die Säcke werden lediglich geöffnet. So kann die Wäsche durch die Rotation in die Maschinentrommel gelangen.

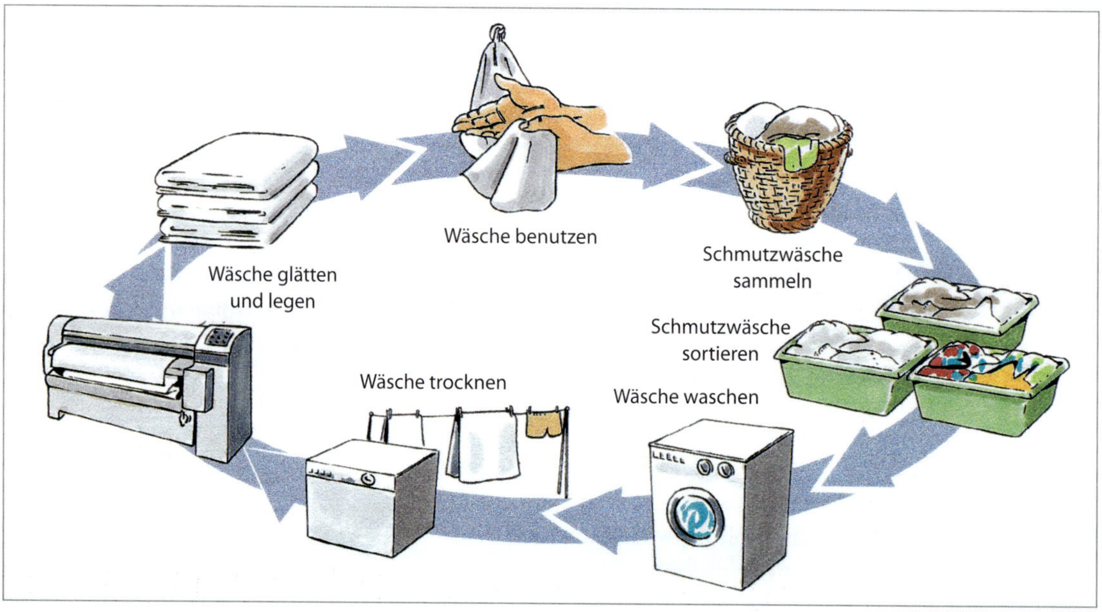

Wäschekreislauf

7.3.2 Transport zur Wäscherei

Wäsche, die nicht betriebsintern gewaschen wird, gelangt in eine externe Wäscherei. Dies geschieht durch den wäschereieigenen Abholservice oder einen externen Kurierdienst. Während des Transports befinden sich die Textilien in Säcken aus robustem Polyester. Das erleichtert ihren Transport und schützt sie vor Beschädigungen oder weiteren Verschmutzungen. Damit die Wäsche nicht herausfällt, sind die Säcke mit einer Kordel oder einem Reißverschluss verschlossen. Sowohl die Säcke als auch die Wäschecontainer sind regelmäßig zu reinigen und zu desinfizieren. Bei der Wäscherei angekommen, gelangt die Wäsche zunächst in den unreinen Bereich (s. S. 303).

7.3.3 Schmutzwäsche sortieren

Das Sortieren der Wäsche verhindert, dass die nachfolgenden Arbeitsabläufe falsch durchgeführt werden und es zu Wäscheschäden wie Verfärben, Einlaufen oder Verfilzen kommt.

Die Wäschestücke werden dabei nach den folgenden Kriterien sortiert:

Nach Farben sortieren

Das Sortieren nach Farben verhindert, dass helle Textilien durch die Farbpigmente dunkler Textilien verfärbt werden. Denn Farbpigmente können übertragen werden und zu unschönen Verfärbungen führen. Grundsätzlich werden Wäschestücke in drei Farbkategorien eingeteilt: hell, dunkel und bunt.

Helle und weiße Textilien werden separat von anderen Farben gewaschen. Das beugt Verfärbungen vor.

Dunkle Farben wie Schwarz, Braun, Dunkelblau oder Dunkelgrün werden nicht mit hellen oder bunten Farben gewaschen. Die dunklen Farben können stärker ausbleichen.

Bunte Wäschestücke, die mehrere Farben enthalten, werden separat gewaschen. Das verhindert ein Vermischen oder Verblassen der Farben.

FÜR DIE PRAXIS

Farbige Textilien können insbesondere beim ersten Waschen ausfärben. Sie sollten daher beim ersten Waschvorgang separat gewaschen werden.

Nach Verschmutzungsgraden sortieren

Das Sortieren nach dem Verschmutzungsgrad ermöglicht eine gründliche Textilreinigung, ohne zu viel Energie und Ressourcen zu verbrauchen. Das ist umweltfreundlich, besonders effizient und spart Geld. Grundsätzlich werden drei Verschmutzungsgrade unterschieden:

Leichter Verschmutzungsgrad bezeichnet Textilien, die keine Flecken aufweisen oder nur kurze Zeit genutzt wurden, z. B. ein nur wenige Stunden getragenes T-Shirt oder Hemd.

Mittlerer Verschmutzungsgrad umfasst Textilien mit leichten Flecken, mehrfach getragene Oberbekleidung, einmal getragene Leibwäsche sowie Handtücher und Bettwäsche.

Starker Verschmutzungsgrad bezeichnet Textilien mit starken und hartnäckigen Flecken. Dazu gehören zum Beispiel Geschirrtücher, Stoffservietten, Babylätzchen sowie Kinder- und Fußballkleidung.

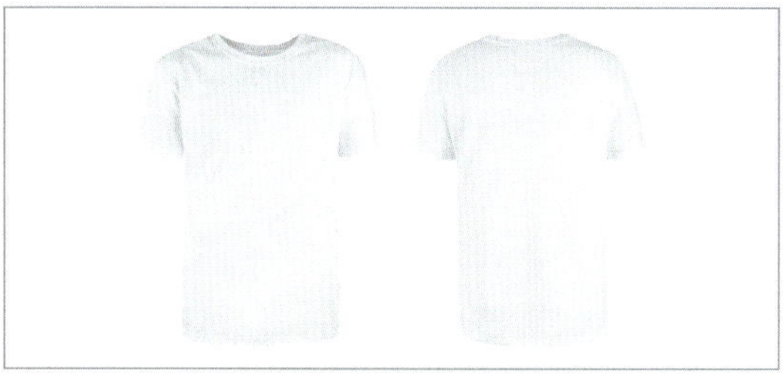

Leicht verschmutztes T-Shirt

und stark verschmutzte Textilien

Bei leichten Verschmutzungen reichen meist eine kurze Waschzeit und eine niedrige Waschtemperatur aus. Stark verschmutzte Wäschestücke benötigen hingegen eine längere Waschzeit und möglicherweise auch höhere Temperaturen. Werden also Textilien unterschiedlicher Verschmutzungsgrade zusammen gewaschen, wird ein Teil zu stark und der andere Teil nicht gründlich genug behandelt.

Nach Waschtemperaturen sortieren

Damit Wäsche gründlich gereinigt, aber nicht beschädigt wird, muss sie nach verschiedenen Waschtemperaturen sortiert werden. Manche Faserarten, zum Beispiel Wolle und Seide, sind sehr empfindlich und dürfen nicht zu heiß gewaschen werden. Durch Hitze würden die Textilien schrumpfen, an Form verlieren und Wolle darüber hinaus verfilzen. Andere Faserarten, wie etwa Baumwolle und Leinen, sind unempfindlicher gegenüber Hitze und dürfen auch bei höheren Temperaturen gewaschen werden.

Es ist außerdem zu beachten, dass bestimmte Farben empfindlich auf hohe Temperaturen reagieren. Sie können ausbleichen oder abfärben. Aus diesem Grund sollten dunkle oder kräftige Farben nur bei niedrigen Temperaturen gewaschen werden.

Folgende Waschtemperaturen werden in der Regel unterschieden:

- **20 °C-Wäsche**, auch Kaltwäsche genannt, umfasst sehr empfindliche Textilien aus tierischen Natur- sowie Chemiefasern. Dazu gehören Wäschestücke mit Pailletten, feine Unterwäsche aus Seide, Polyamid, Modal, Acetat und Triacatat oder BHs. Erkennbar sind solche Textilien anhand des Pflegesymbols „Handwäsche" oder „20 °C Spezialschonwaschgang".
- **30 °C-Wäsche** umfasst Textilien aus tierischen Naturfasern, wie zum Beispiel Wolle, Seide und Kaschmir, sowie farbige Textilien aus Baumwolle, Chemiefasern oder Fasermischungen.
- **40 °C-Wäsche** meint dunkelbunte und nicht kochfeste Textilien aus Baumwolle oder Leinen sowie Chemiefasern und Fasermischungen.
- **60 °C-Wäsche** beinhaltet weiße oder helle, nicht kochfeste Textilien aus Baumwolle oder Leinen. Auch leicht verschmutzte, kochechte Wäsche sowie Chemiefasern und Fasermischungen werden bei 60 °C gewaschen.
- **90 °C- oder 95 °C-Wäsche** umfasst kochfeste Baumwolltextilien, wie zum Beispiel Hand- und Geschirrtücher oder Leib- und Bettwäsche.

30 °C-Wäsche

60 °C-Wäsche

95 °C-Wäsche

Die freiwillige Textilkennzeichnung mithilfe von Pflegesymbolen sieht zusätzlich die **50 °C-Wäsche** und die **70 °C-Wäsche** vor. In der Praxis kommt dies nur selten vor.

Nach Faserarten sortieren

Verschiedene Fasern benötigen unterschiedliche Waschmethoden: Empfindliche Fasern sind schonend zu waschen. Das bedeutet, dass die Reibung bei der Handwäsche oder die Trommelbewegung der Maschine nur gering sein darf. Robustere Fasern können stärker gerieben bzw. bewegt werden. Darüber hinaus bestimmt die Faserart das Waschmittel. Folgende Faserarten werden zum Waschen sortiert:

- **Baumwolle** wird separat gewaschen, da sie unempfindlich ist und daraus Handtücher, Unter- und Bettwäsche hergestellt wird. Für eine hygienische Reinigung werden Baumwolltextilien heiß und mit starken Trommelbewegungen gewaschen. Als Waschmittel eignet sich für weiße Baumwolltextilien ein Universal- oder Vollwaschmittel. Zur Reinigung farbiger Wäsche wird hingegen ist ein Colorwaschmittel empfohlen.
- **Wolle** ist mit kaltem Wasser und geringer Trommelbewegung zu waschen. Das verhindert, dass die Textilien schrumpfen beziehungsweise verfilzen. Die Verwendung eines speziellen Wollwaschmittels wird empfohlen.
- **Seide** wird bei niedrigen Temperaturen gewaschen, da sie sehr empfindlich ist. Es empfiehlt sich, die einzelnen Textilien durch Wäschenetze zu schützen und die Trommelbewegungen möglichst gering zu halten. Das passende Waschmittel für Seide ist ein Feinwaschmittel.
- **Chemiefasern** sollten bei niedrigen Wassertemperaturen und wenig Trommelbewegung gewaschen werden. Das schützt sie vor Einlaufen und sorgt dafür, dass die daraus hergestellten Textilien ihre Form behalten. Zur Reinigung chemischer Fasern sollte ein Feinwaschmittel genutzt werden.

7.3.4 Vorbereiten der Schmutzwäsche

Nicht immer können Textilien nach dem Sortieren sofort in die Waschmaschine gegeben werden. Manche Wäschestücke sind noch vorzubereiten. Folgende Tätigkeiten sollten vorab erledigt werden:

- Reißverschlüsse schließen
- Bettbezüge nach links wenden, evtl. Knöpfe oder Reißverschlüsse an Bettbezügen schließen
- Faserabrieb an Nähten und Aufschlägen abbürsten
- Schürzenbänder und Träger lose miteinander verschlingen
- Taschen leeren und ausbürsten
- offenflorige Stoffe und Textilien mit Druck nach links wenden
- nicht waschbare Knöpfe und Broschen abtrennen
- Gürtel entfernen
- starke Verschmutzungen oder Flecken mit Waschmittel vorbehandeln, einweichen lassen

Durch die gezielte Vorbehandlung von Flecken kann Waschmittel eingespart werden.

In Wäschereien werden vereinzelte Flecken nicht vorbehandelt, sondern meistens erst nach dem Waschgang einer gezielten Behandlung unterzogen.

Eine Vorbehandlung ist jedoch effektiver und daher vorzuziehen.

7.3.5 Wäsche waschen

Waschen befreit benutzte Textilien von Schmutz, Flecken, Gerüchen und Krankheitserregern. Es verbessert somit deren Aussehen, verleiht ihnen einen frischen Duft und sorgt hygienisch einwandfreie Wäschestücke.

Wasser

Ohne Wasser läuft nichts. Wasser ist für die Säuberung der Wäsche unentbehrlich, denn es:

- durchflutet das zu reinigende Gewebe
- löst das Waschmittel auf
- ist das übertragende Medium der Wärme
- transportiert den gelösten Schmutz ab
- entfernt das Waschmittel aus den Textilien.

Waschfaktoren

Die von Herbert Sinner erkannten Waschfaktoren (Temperatur, Zeit, Mechanik und Chemie) spielen auch beim Wäschewaschen eine wichtige Rolle (s. a. S. 110)

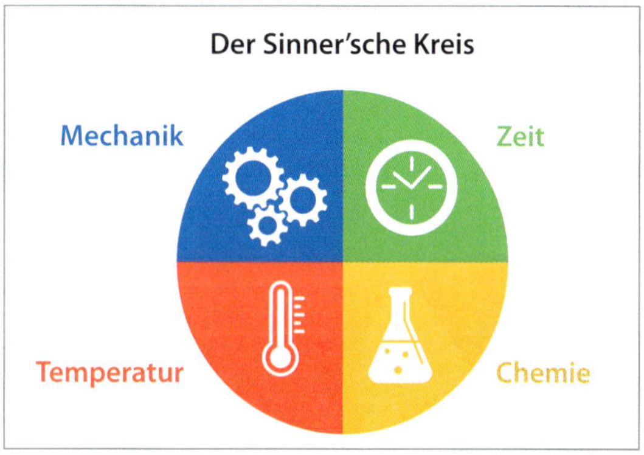

Waschfaktoren

Die Höhe der **Temperatur** kann bei der Textilpflege das Abtöten und Entfernen von Krankheitserregern beeinflussen. Aus Gründen des Umweltschutzes und um Energie einzusparen, sollte jedoch möglichst mit niedriger Temperatur gewaschen werden. Zudem sind hohe Waschtemperaturen nicht für alle Faserarten geeignet.

Typische Flecken und ihre fachgerechte Vorbehandlung

Fleckenart	Behandlung
farbhaltige Flecken	in Fleckensalzlösung einweichen
fetthaltige Flecken z. B. an Kragen und Manschetten	Vorbehandlungsmittel, nach Gebrauchsanweisung des Herstellers
Stearinwachsflecken	Verkrustungen mit dem Messer abheben, Wachsreste durch Bügeln zwischen zwei Lagen saugfähigem Papier entfernen, verbleibende Fett- und Farbflecken entsprechend behandeln

Die **Zeit** des Waschvorgangs beeinflusst, wie gründlich Textilien gereinigt werden. Kurze Waschzeiten eignen sich für leicht verschmutzte Wäschestücke, lange Waschzeiten für stark verschmutzte Wäsche.

Die **Mechanik** ermöglicht das Lösen von Verschmutzungen, kann aber auch zu Schäden am Textil führen. Bei der Waschmaschine ergibt sich die Mechanik durch das Drehen der Trommel, bei der Handwäsche durch die manuelle Reibung.

Durch den Einsatz von **Chemie** in Form des richtigen Waschmittels wird die gewünschte Textilreinigung erreicht. Um das Material nicht zu beschädigen, muss das Waschmittel auf das Textil abgestimmt sein. Aus Energiespargründen sind viele Waschmittel so aufgebaut, dass sie bereits bei niedriger Temperatur gut reinigen und bei 60 °C hygienisch einwandfrei waschen. Eine Waschtemperatur von 90 °C ist nur noch in besonderen Fällen nötig. Weil die Chemie jedoch negative Auswirkungen auf die Umwelt haben kann, sollten Waschmittel nicht überdosiert werden.

Sinner'scher Kreis:
bei Handwäsche mit mäßiger Temperatur *bei Maschinenwäsche mit hoher Temperatur*

Wäsche waschen von Hand

Textilien, die zu empfindlich für das Waschen in der Waschmaschine sind, werden von Hand gewaschen. Das ist sehr zeit- und arbeitsintensiv, schont aber die Fasern. Wäschestücke, die von Hand zu waschen sind, tragen das Pflegesymbol „Handwäsche". Sie sind empfindlich gegenüber hohen Temperaturen und zu viel Trommelbewegung.

Pflegesymbole „Handwäsche" und „schonende Handwäsche"

Standardablauf Handwäsche

→ **Vorbereiten:**
- Arbeitsmittel bereitstellen (10 Liter Wasser auf 1 kg Trockenwäsche, zwei Eimer, lauwarmes Wasser und Waschmittel, eventuell Spezialwaschmittel für die Handwäsche sowie Essig zur Farbauffrischung)
- im ersten Eimer Waschmittel entsprechend den Herstellerangaben dosieren
- den zweiten Eimer mit klarem Wasser füllen

→ **Durchführen:**
- zu reinigende Handwäschestücke einzeln in den Eimer mit der Reinigungsflotte geben, dabei von hell nach dunkel arbeiten
- Textilien aus Wolle vorsichtig drücken, nicht reiben
- Wäschestück im Eimer mit klarem Wasser ausspülen
- Textil abschließend so lange spülen, bis das Waschmittel entfernt und das Wasser klar ist
- Bei farbiger Wäsche dem letzten Spülgang etwas Essig zugeben. Synthetikfasern erhalten durch die Zugabe von etwas Weichspüler beim letzten Spülgang zwar einen weicheren Griff, die Umwelt wird jedoch stark belastet.
- Textil vorsichtig zum Entwässern drücken (nicht auswringen!), eventuell mit sehr niedriger Drehzahl in der Waschmaschine nachschleudern (Schleuderprogramm für Feinwäsche)
- sehr empfindliche Textilien in ein Frottiertuch einrollen und die Feuchtigkeit herausdrücken
- Maschenware, wie Wollpullover, flach auf einem Frottiertuch auslegen und in passgerechte Form bringen
- Blusen und Hemden auf einen Kleiderbügel hängen
- Sonstige Wäschestücke wie gewohnt aufhängen

→ **Nachbereiten:**
- Arbeitsplatz aufräumen
- Arbeitsmittel reinigen und wegräumen

Dank technischer Fortschritte sind heute viele Waschmaschinen mit speziellen Handwaschprogrammen ausgestattet. Diese sind schonender als die Wäsche von Hand und verbrauchen zudem weniger Wasser.

FÜR DIE PRAXIS

In Einrichtungen wird meist kein Handwaschprogramm eingesetzt. Dies kann zu Beschädigungen an den entsprechenden Kleidungsstücken führen und damit zwangsläufig zu Reklamationen. Bewohnerinnen und Bewohner sind im Vorfeld darüber zu informieren.

Wäsche mit der Waschmaschine waschen

Der größte Teil der Schmutzwäsche kann maschinell in der Waschmaschine gewaschen werden.

Standardablauf Wäsche waschen mit der Waschmaschine

→ **Vorbereiten:**
- Wäschestücke entsprechend dem Fassungsvermögen der Maschine abzählen oder wiegen

→ **Durchführen:**
- Textilien in die Waschmaschine geben und die maximale Füllmenge kontrollieren
- Waschmittel entsprechend Faserart und Farbe wählen und gemäß den Herstellerangaben dosieren
- Tür schließen und Waschmaschine einschalten, gegebenenfalls Wasserzufuhr aufdrehen
- Waschprogramm entsprechend den zu reinigenden Textilien auswählen und starten
- bei Bedarf unempfindliche Wäschestücke nach Programmende nachschleudern
- Tür öffnen und Waschmaschine ausschalten, gegebenenfalls Wasserzulauf abdrehen
- Wäschestücke entnehmen

→ **Nachbereiten:**
- Tür feucht abwischen (Gummidichtungen und Bullauge)
- Schublade mit Einspülkammern auf Waschmittelreste kontrollieren, gegebenenfalls reinigen
- Waschmaschinentür und Schublade zum Trocknen offenlassen

Nachbehandeln

Manche Textilausrüstungen verlieren durch das Waschen ihre Wirksamkeit. Eine Behandlung mit entsprechenden Pflegemitteln frischt die Ausrüstungen auf und verbessert die Gebrauchseigenschaften der Textilien. Dazu gehört das Stärken von Tischdecken und Stoffservietten sowie das Imprägnieren von Regenbekleidung. Die Zugabe von Weichspüler zählt ebenfalls zur Nachbehandlung, ist jedoch nicht zu empfehlen, um die Umwelt nicht unnötig zu belasten.

Wenn es eine Nachbehandlung gibt, erfolgt diese in der Regel unmittelbar nach dem Waschen, meist beim letzten Spülgang. Je nach Faserart und Textilmenge erfolgt die Behandlung von Hand oder in der Waschmaschine. Werden einzelne oder empfindliche Textilien von Hand nachbehandelt, ist das Pflegemittel entsprechend der Dosierempfehlung in einem Eimer vorbereiten. Das Textil wird darin eingetaucht, geknetet oder durchgewalkt und bei Bedarf in der Maschine nachgeschleudert. Größere Mengen unempfindlicher Textilien können in der Waschmaschine nachbehandelt werden. Dazu wird das Nachbehandlungsmittel vor dem Waschen in die dafür vorgesehene Einspülkammer (s. S. 279) gegeben. Von dort gelangt es beim letzten Spülgang zu den Textilien.

7.3.6 Wäsche trocknen

Wäsche kann mit dem Wäschetrockner oder an der Luft getrocknet werden. Dabei verdunstet die Restfeuchte, welche nach dem Wasch- und Schleudervorgang noch im Textil verblieben ist. Beide Verfahren unterscheiden sich vor allem in dem damit verbundenen Aufwand an Arbeit und dem dabei entstehenden Energieverbrauch.

Wäsche trocknen an der Luft

Einzelne Wäschestücke sowie sehr empfindliche Textilien werden an der Luft getrocknet. Dazu werden die Wäschestücke auf einem Wäscheständer, einer Wäscheleine oder einer Wäschespinne aufgehängt.

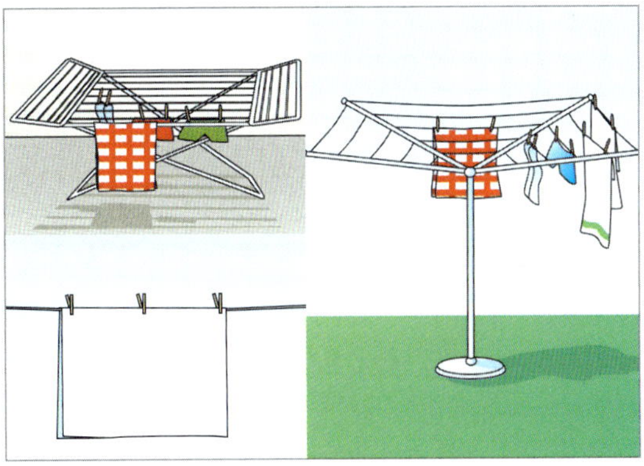

Wäscheständer, Wäscheleine, Wäschespinne

Trocknungsvorrichtungen können beweglich, fest an der Wand montiert oder im Boden verankert sein. Das Trocknen an der Luft ist sehr preisgünstig, denn die Kosten für die Anschaffung elektrischer Geräte sowie für Energie entfallen.

Beim Trocknen an der Luft sind folgende **Regeln** zu beachten:

➜ **Im Freien:**
- Fest installierte Trocknungsvorrichtungen im Freien vor jeder Benutzung feucht abwischen
- Textilen aus tierischen Naturfasern nicht in der prallen Sonne trocken
- Bunte oder dunkle Wäschestücke im Schatten oder auf links gedreht trocknen lassen

➜ **Im Raum:**
- auf eine gute Durchlüftung achten

➜ **allgemein:**
- Wäschekorb mit ausklappbaren Beinen benutzen oder auf einen Stuhl stellen
- Wäschestücke gleicher Art nebeneinander aufhängen
- Große Teile mit etwas Überschlag über die Leine hängen und mit Klammern fixieren
- Hemden und Blusen am Saum anklammern, alternativ auf einen Kleiderbügel hängen
- Hosen, Röcke und Schürzen am Bund aufhängen
- Textilien aus elastischen Fasern nicht straff, sondern nur locker gespannt aufhängen
- Bettwäsche mit geöffneter Knopfleiste oder geöffnetem Reißverschluss zur Seite aufhängen
- Wäschestücke dürfen den Boden aus hygienischen Gründen nicht berühren
- Socken paarweise aufhängen

Wäsche trocknen auf der Leine

Wäsche mit dem Wäschetrockner trocknen

Mit dem Wäschetrockner kann die Wäsche innerhalb kurzer Zeit und unabhängig vom Wetter getrocknet werden. Der Aufwand beim Glätten wird verringert und die Arbeitszeit verkürzt. Dem gegenüber stehen höhere Geräteanschaffungs- und -wartungskosten sowie die aufzuwendende Energie.

Standardablauf Wäsche trocknen mit dem Wäschetrockner

➜ **Vorbereiten:**
- Wäschestücke auf ihre Eignung zum Trocknen im Wäschetrockner kontrollieren

Trocknen mit normaler Temperatur

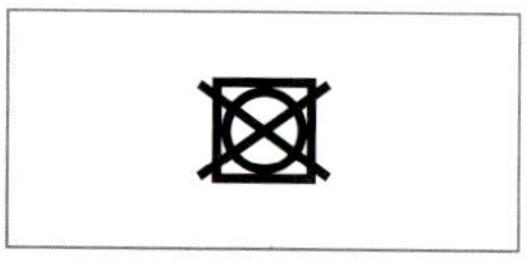

keine Trocknung im Trockner möglich

- Wäschestücke entsprechend der Gerätemaximalbeladung abzählen oder abwiegen

➜ **Durchführen:**
- Wäschestücke in den Wäschetrockner geben
- Trockner einschalten und Tür schließen
- Programm gemäß der Textilkennzeichnung und dem gewünschten Trocknungsgrad auswählen und starten
- Nach Programmende zeitnah die Tür öffnen und die Wäschestücke entnehmen
- Wäsche legen oder aufhängen. Das beugt Knitter vor.

➜ **Nachbereiten:**
- Flusensieb säubern
- Gegebenenfalls Wassersammelbehälter entleeren
- Gummidichtungen an der Tür feucht abwischen und Tür offen stehenlassen

7.3.7 Wäsche glätten

Beim Glätten spielen verschiedene Faktoren eine Rolle:
- **Temperatur** des Bügelgerätes, wobei die Hitzebeständigkeit der Fasern zu beachten ist
- **Druck**, der auf das zu glättende Textil ausgeübt wird
- **Kontaktzeit** zwischen dem Bügelgerät und dem zu glättenden Textil
- **Feuchtigkeit**, welche die Fasern aufquellen lässt und so das Glätten erleichtert

Glättfaktoren

Die Faktoren müssen optimal zusammenwirken und die Arbeit sorgfältig durchgeführt werden. Nur so ist ein perfektes Bügelergebnis zu erzielen.

Unabhängig des verwendeten Bügelgerätes gelten folgende **Regeln**:

- Arbeitsplatz entsprechend den Abläufen einrichten, das heißt Rechtshänder arbeiten von rechts nach links und Linkshänder von links nach rechts

Bügelarbeitsplatz für Rechtshänder

FÜR DIE PRAXIS

- Arbeitsplatz für Linkshänder entsprechend spiegelverkehrt aufbauen.
- Für längere Arbeitsphasen eine Stehhilfe oder einen Drehstuhl bereitstellen
- Arbeitshöhe entsprechend der Körpergröße einstellen (Bügelbrett oder Arbeitsfläche der verwendeten Glättmaschine sollten sich auf Hüfthöhe befinden)
- Textilien nie trocken glätten: im Anschluss an das Wäschetrocknerprogramm „Bügeltrocken" glätten, einsprengen oder mithilfe des Dampfbügeleisens befeuchten

***Einsprengen**: trockene Wäschestücke werden zur Bügelvorbereitung mit lauwarmem Wasser bespritzt.*

Weitere Informationen unter:
Youtube-Channel Handwerk und Technik

FÜR DIE PRAXIS

Das Einsprengen von Seide führt zu Wasserflecken. Das empfindliche Textil darf daher nur trocken und auf niedrigster Bügelstufe geglättet werden. Ein Bügeltuch zwischen Bügeleisen und Textil ist empfehlenswert.

- Wäschestücke entsprechend der Bügeltemperatur sortieren: Wäschestücke, die mit hoher Bügeltemperatur geglättet werden, sollten im Wäschekorb unten liegen. Wäschestücke, die mit einer niedrigen Temperatur geglättet werden, liegen hingegen oben
- Wäschekorb auf Griffhöhe stellen (zum Beispiel auf einen Hocker, das vermeidet unnötiges Bücken)
- Arbeit mit den temperaturempfindlichsten Textilien beginnen, sie liegen im Wäschekorb ganz oben
- erst wenn alle Textilien der Bügelstufe 1 fertig geglättet sind, wird die Bügeltemperatur erhöht und temperaturunempfindlichere Textilien geglättet (diese befinden sich im Wäschekorb weiter unten)
- Textilien gleicher Art nacheinander glätten
- Kleine, glatte Wäschestücke, wie Stoffservietten oder Geschirrhandtücher, ziehharmonikaartig legen
- Bei Kleidungsstücken zunächst Kleinteile (wie Kragen oder Ärmel) glätten, danach die größeren Flächen (zum Beispiel das Rückenteil)
- Grundsätzlich alle Textilien auf rechts glätten, außer sie sind bedruckt oder beflockt (bedruckte oder beflockte Stellen auf links glätten, damit sie nicht an der heißen Bügelfläche haften bleiben)
- Stellen mit doppelter Stofflage, wie zum Beispiel Manschetten, Kragen, Taschen oder Knopfleisten, zuerst von links und dann von rechts glätten
- Bügelarbeit langsam und konzentriert durchführen
- Geglättete Textilien zum Trocknen faltenfrei aufhängen oder auf dem Wäscheständer ablegen

7

Glätten mit dem Bügeleisen

Standardablauf Glätten von Hand mit einem Bügel- oder Dampfbügeleisen

→ **Vorbereiten:**
- Arbeitsmittel bereitstellen (Wäschekorb mit Bügelwäsche, Bügeleisen, Wäscheeinsprenger, eventuell destilliertes Wasser für das Dampfbügeleisen, Bügelbrett, Kleiderbügel, Wäscheständer)
- Bügelarbeitsplatz einrichten (siehe Abbildung oben)
- Verzogene Wäscheteile durch vorsichtiges Ziehen in Form bringen
- Netzstecker einstecken und am Temperaturregler die gewünschte Temperatur einstellen

→ **Durchführen:**
- Textil auf das Bügelbrett legen und mit den Händen glattstreichen
- Bügeleisen mit einer Hand langsam und waagerecht am Körper vorbeiführen, die andere Hand zieht das Wäschestück vorsichtig straff
- Bügeleisen so selten wie möglich vom Textil abheben und so vom Weiten zum Engen bügeln
- Bei der Nutzung eines Dampfbügeleisens regelmäßig per Knopfdruck Dampf auf das Textil geben
- Fertig gebügelte Bereiche über das Bügelbrett nach hinten schieben und herunterhängen lassen
- Bügelergebnis kontrollieren, gegebenenfalls nachbessern
- Wäschestück zum Auskühlen und Trocknen aufhängen

→ **Nachbereiten:**
- Bügeleisen ausschalten, Netzstecker ziehen und abkühlen lassen, evtl. Restwasser entfernen
- Arbeitsmittel wegräumen

7

Glätten mit der Bügelmaschine

Das Glätten mit einer Bügelmaschine, wie etwa der Bügelpresse oder der Heißmangel, erfolgt entsprechend der Herstellerangaben. Sicherheitshinweise und Gefahrensymbole sind zur Vorbeugung von Verbrennungen und Quetschungen unbedingt zu beachten. Je nach Art und Größe der Maschine empfiehlt sich die Bedienung durch zwei Personen.

Bedienung einer großen Heißmangel

Standardablauf Glätten mit einer Bügelmaschine

→ **Vorbereiten:**
- Arbeitsmittel bereitstellen (Wäschekorb mit der zu glättenden Wäsche, Kleiderbügel, Wäscheständer, maschinenspezifische Arbeitsmittel)
- Maschine anschalten und gemäß der Gebrauchsanleitung das gewünschte Programm einstellen

→ **Durchführen:**
- Bügelpresse: Textil faltenfrei auf das Bügelbrett legen und die Bügelsohle auf das Textil pressen
- Bügelmaschine/Heißmangel: Textil faltenfrei auf das Eingabebrett legen und zur Walze vorschieben
- Formfinisher: Textil über die aufblasbare Körperform ziehen
- Tunnelfinisher: Textil auf den zur Maschine gehörigen Kleiderbügel hängen und in die dafür vorgesehene Schiene der Maschine einhängen
- Glätten erfolgt je nach Maschine automatisch oder händisch entsprechend der Gebrauchsanleitung
- Glättergebnis kontrollieren, gegebenenfalls nachbessern
- Wäschestück zum Auskühlen und Trocknen aufhängen

→ **Nachbereiten:**
- Maschine ausschalten und abkühlen lassen
- Arbeitsmittel wegräumen

Weitere Informationen unter:
Youtube-Channel Handwerk und Technik

7.3.8 Wäsche legen

Durch das Legen von Wäsche bzw. Falten werden Textilien in ein Format gebracht, mit dem sie leichter transportiert und gelagert werden können. Die Maße der Faltung sind meist von den betrieblichen Gegebenheiten der Wäscherei abhängig. Bietet die Wäscherei verschiedene Faltformate an, erfolgt die Legung dem Kundenwunsch entsprechend. Beim Legen von Textilien gelten grundsätzlich folgende Regeln:

- die zu legende Wäsche muss vollständig getrocknet sein
- Wäscheteile so legen, dass die rechte Stoffseite nach außen zeigt
- Schrankgröße oder Regalbreite beachten
- Textilien so legen, dass möglichst wenig Falten entstehen
- Textilien erst der Länge nach falten, danach in Querrichtung

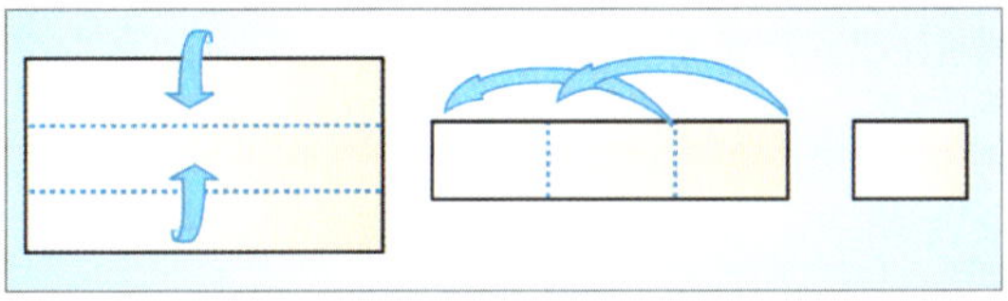

1. Längsfaltung, 2. Querfaltung

- gleichartige Wäschestücke immer auf das gleiche Faltformat bringen und mit der nach vorne sichtbaren, geschlossenen Bruchkante aufeinanderstapeln

Geschlossene Kanten übereinander und faltenfrei legen

Von Hand legen

Standardablauf Legen von Flachwäsche wie Bettbezüge, Tischwäsche oder Handtücher

- Wäschestück im Längsfadenlauf zweimal halbieren
- für die Querfaltung eine Hand auf die gewünschte Umbruchstelle legen, mit der anderen Hand das freie Ende aufnehmen und darüberlegen
- die im Umbruch entstandenen Falten ausstreichen
- Wäschestück in gleicher Weise nochmals halbieren und glattstreichen.

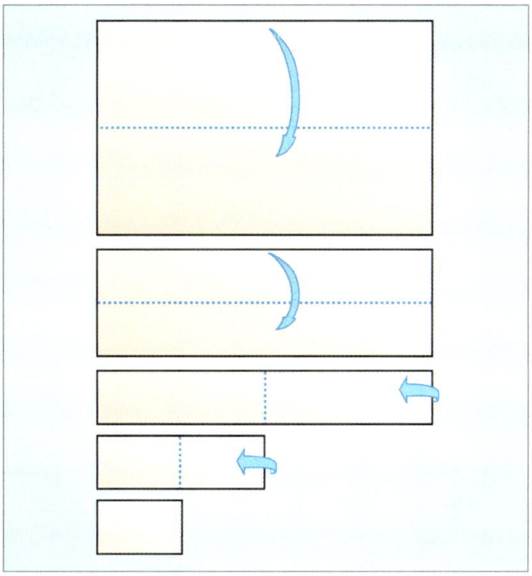

Flachwäsche legen

Weitere Informationen unter: *Youtube-Channel Handwerk und Technik*

Legen von Schürzen

Latz- und Trägerschürzen werden wie folgt gelegt:

- Schürze der Länge nach ein- bis zweimal falten
- Latz und Träger auf das Rockteil der Schürze legen
- die beiden Seitenteile mit den Bindebändern glatt auf das Rockteil legen
- Rockteil der Schürze in Querrichtung mittig falten und glattstreichen

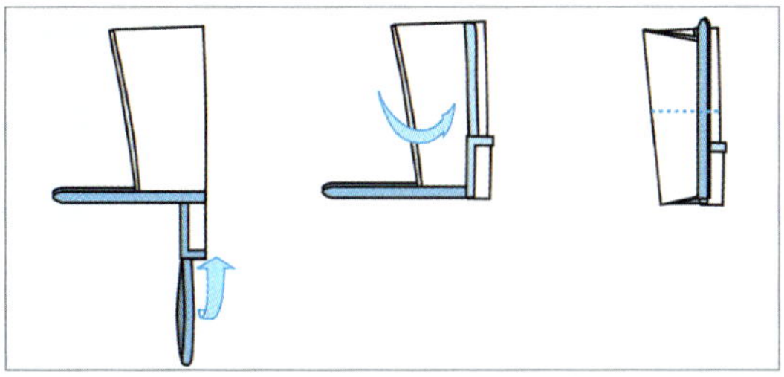

Schürze legen

Standardablauf Legen von Hemden und Blusen
- Kleidungsstück zuknöpfen und auf die Vorderseite legen
- in Längsrichtung von beiden Seiten gleichermaßen einschlagen
- Ärmel in Längsrichtung glatt auf die eingeschlagenen Seitenteile legen
- je nach Länge ein- bis zweimal in Querrichtung falten

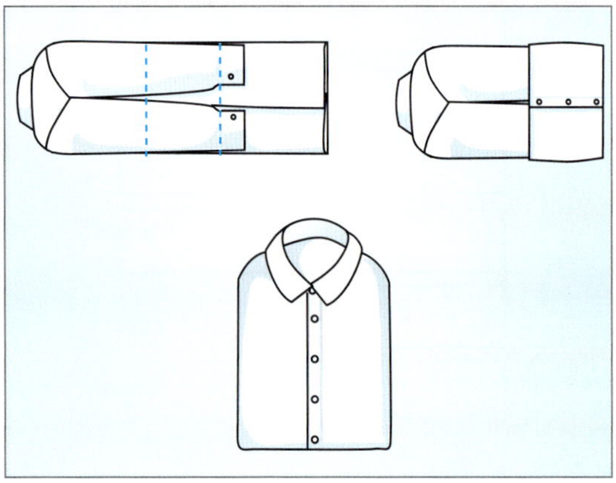

Hemd oder Bluse legen

FÜR DIE PRAXIS

Das Legen von Hemden und Blusen bedarf einiger Übung.

Legen mit der Maschine

Standardablauf Wäsche legen mit einer Faltmaschine

➜ **Vorbereiten:**
- Netzstecker der Faltmaschine einstecken und Maschine anschalten
- gewünschtes Faltformat über das Bedienfeld auswählen

➜ **Durchführen:**
- Textil gemäß der Bedienungsanleitung in die Faltmaschine einlegen
- Gefaltetes Textil aus der Maschine entnehmen

➜ **Nachbereiten:**
- Maschine ausschalten und Netzstecker ziehen

7.3.9 Wäsche lagern

Von der Wäscherei zurück sind die sauberen Textilien bis zu ihrem erneuten Gebrauch zu lagern. Die Aufbewahrung der gereinigten Wäschestücke erfolgt entsprechend den betrieblichen Gegebenheiten. Einige Betriebe nutzen ein großes, zentrales Wäschelager, andere Betriebe hingegen lagern die Wäsche dezentral. Das kann etwa etagen- oder stationsweise in kleineren Lagern oder in Wäscheschränken sein. Das spart Zeit und Wege, benötigt aber mehr Platz und ist nicht immer umsetzbar.

Dezentrales Wäschelager
Station C: Wäschelager/ Reinlager

7.3.10 Wäsche ausgeben

In Großhaushalten, wie zum Beispiel einem Pflegeheim, wird die saubere Wäsche entweder nach dem Waschen oder zum benötigten Zeitpunkt ausgegeben. Persönliche Wäschestücke werden in der Regel sofort ausgehändigt. Allgemeinwäsche hingegen wird punktuell zum jeweiligen Gebrauch übergeben.

Bei der Wäscheausgabe treten hauswirtschaftliche Fachkräfte und Wäschenutzer miteinander in Kontakt.

Dabei gelten die allgemein gültigen **Kommunikationsregeln:**
- Wird Wäsche auf das Zimmer gebracht, ist vor dem Eintreten anzuklopfen
- Im Zimmer anzutreffende Person/en freundlich und gegebenenfalls mit Namen begrüßen
- Blickkontakt halten und um Entschuldigung für die Störung bitten
- Grund der Störung nennen und dabei die Wäsche gut sichtbar präsentieren
- Wäsche ordentlich in den Schrank räumen
- Verabschieden und die Tür nach Verlassen des Raumes wieder schließen

Wäscheübergabe

AUFGABEN

1. Informieren Sie sich in Ihrem Ausbildungsbetrieb über die Möglichkeiten der Wäschelagerung.

2. Führen Sie eine Exkursion zu einer Großwäscherei in Ihrer Region durch. Erstellen Sie Fotos mit Genehmigung nach vorheriger Absprache und halten alle dort durchgeführten Arbeiten fest. Gestaltung Sie einen Arbeitsablaufplan mit der entsprechenden Bebilderung.

3. Wäschestücke können an der Luft oder mit dem Wäschetrockner getrocknet werden. Erstellen Sie eine Tabelle und halten Sie darin die jeweiligen Vor- und Nachteile schriftlich fest.

4. Erläutern Sie den Wäschekreislauf anhand eines Wäschestückes, das typisch für Ihren Ausbildungsbetrieb ist.

7.4 Betriebliche Standards der Textilpflege

Großhaushalte sind dazu verpflichtet, die Gesundheit und das Wohlbefinden ihrer Bewohner, Patienten und Kunden bestmöglich zu erhalten und zu schützen. Die fachgerechte Reinigung und Pflege von Textilien trägt einen großen Teil dazu bei. Unabhängig davon, ob sie hausintern oder extern ausgeführt wird, muss sie bestimmte Kriterien und Standards erfüllen. Nur so kann ein Höchstmaß an Hygiene und Qualität erzielt werden.

7.4.1 Reiner und unreiner Bereich

Aus hygienischen Gründen sind reine und unreine Bereiche strikt zu trennen. Hierfür sind die Eingabe- und die Ausgabeseiten der Wäscherei sowohl baulich als auch organisatorisch voneinander zu separieren.

> ***Unreiner Bereich:*** *hier werden alle Tätigkeiten mit schmutziger Wäsche durchgeführt. Zum Beispiel die Lagerung, das Sortieren sowie das Vorbereiten der Schmutzwäsche.*
> ***Reiner Bereich:*** *hier werden alle Tätigkeiten mit gereinigter Wäsche durchgeführt. Zum Beispiel Trocknen, Glätten oder Legen der Wäschestücke.*

Arbeitskräfte, die sich im **unreinen Bereich** aufhalten, müssen entsprechende Hygienepläne beachten und extra Schürzen tragen. Beim Vorbereiten und Verladen der Schmutzwäsche sind zudem Handschuhe und Mundschutz zu tragen. Wer den unreinen Bereich verlässt, muss eine „Schleuse" passieren. Dabei handelt es sich um einen separaten Raum, der mit Waschbecken und Desinfektionsmitteln ausgestattet ist. Hier sind die Arbeitskleider zu wechseln und Hände sowie Schuhe zu desinfizieren.

Mitarbeitende, die sich im **reinen Bereich** aufhalten, müssen ihre Hände regelmäßig waschen bzw. desinfizieren sowie die Arbeitskleidung täglich wechseln.

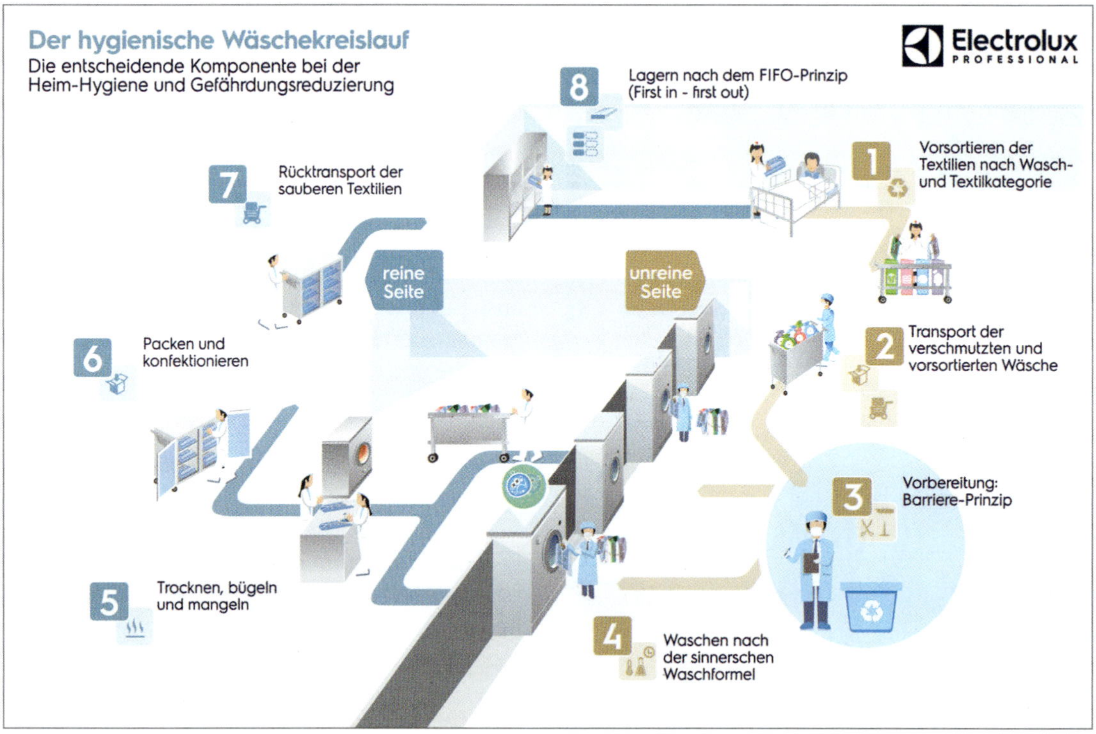

Unreine und reine Bereiche der Wäscherei im Wäschekreislauf

7.4.2 Dokumentation und Kontrolle

Zu den betrieblichen Standards gehört auch die detaillierte Dokumentation aller durchgeführten Arbeiten sowie eingesetzter Wasch- und Nachbehandlungsmittel. Das schafft Transparenz und ermöglicht eine genaue Kontrolle. Standardmäßig werden Datum und Uhrzeit festgehalten von:

- der Textilanlieferung
- des Reinigungsbeginns
- der Fertigstellung
- der Auslieferung

Die Einhaltung der Zeitvorgaben kann so kontrolliert werden.

Weiterhin protokolliert werden:

- die angewandte Reinigungsmethode
- das verwandte Waschmittel
- mögliche Fleckenentferner oder Nachbehandlungsmittel

Manchmal müssen zu einzelnen Textilien weitere Details erfasst werden. Zum Beispiel, wenn eine professionelle Reinigung oder Instandsetzung durchgeführt wurde.

7.4.3 Umgang mit infektiösen Wäschestücken

Beim Umgang mit infektiösen Textilien ist besondere Vorsicht geboten. Das Infektionsschutzgesetz verpflichtet Großhaushalte, betroffene oder verdächtige Textilien nach dem Sammeln in keim- und feuchtigkeitsdichten sowie reißfesten Säcken zu lagern. Das umfasst sämtliche Textilien, die mit Stuhl, Urin oder Blut verunreinigt sein könnten.

Geschlossene keim- und feuchtigkeitsdichte Wäschesäcke

Ebenso ist die Wäsche von erkrankten Personen, wie zum Beispiel den Trägern von MRSA- oder Noroviren, gesondert zu behandeln. Sie ist zu desinfizieren und zu waschen. Infektionsverdächtige Textilien sind einem desinfizierenden Waschverfahren zu unterziehen (s. S. 120).

7.4.4 RAL Gütezeichen

Das RAL Gütezeichen (RAL-GZ 992) legt die hohen Anforderungen an Qualität, Sicherheit und Umweltverträglich bei der sachgemäßen Wäschepflege fest. Es steht seit 1953 für eine fachgerechte Wäschepflege und die Einhaltung strenger Hygienevorgaben. Die RAL Gütegemeinschaft vergibt das Gütezeichen an Unternehmen, die sich stetigen Eigen- und regelmäßigen Fremdkontrollen unterziehen müssen. Dabei werden u. a. die Qualifikationen der Mitarbeitenden, die Prozessabläufe sowie die Umweltverträglichkeit der Textilpflege überprüft.

7.4.5 Kundenwünsche

Betriebliche Standards berücksichtigen neben Hygiene und objektiver Sauberkeit auch die Wünsche der Kunden. Zu den gängigsten Kundenwünschen gehören:

- **Sauberkeit**: Kunden erwarten, dass Flecken entfernt und Textilien hygienisch sauber werden.
- **Frischer Wäscheduft**: Viele Kunden wünschen sich einen angenehm frischen Wäscheduft. Für Allergiker ist jedoch wichtig, dass ihre Wäsche frei von Duftstoffen ist. Das bedeutet, dass Wasch- und Nachbehandlungsmittel keine Duftstoffe enthalten dürfen. Auch steht dem frischen Duft die Nachhaltigkeit gegenüber. Der Anspruch von Kunden und Gästen ist zu überdenken.
- **Schonende Behandlung:** Kunden erwarten, dass ihre Textilien nicht eingehen, verzogen oder beschädigt werden. Zudem sollen die Farben bestmöglich erhalten bleiben und sich nicht verfärben.
- **Reparatur beschädigter Textilien**: Defekte Stellen sollten vor der Rückgabe ausgebessert werden.
- **Schnelligkeit**: Kunden erwarten eine kurze Bearbeitungszeit und schnelle Rückgabe ihrer Textilien. Sofern ein bestimmter Rückgabezeitpunkt festgelegt wurde, ist dieser einzuhalten.
- **Umweltfreundlichkeit**: Kunden wünschen im Hinblick auf Nachhaltigkeit und Umweltschutz den Einsatz umweltfreundlicher Waschmittel sowie wasser- und energiesparender Geräte.
- **Schrankfertige Textilien**: Wäsche sollte so zurückgekommen, dass sie sofort in den Schrank geräumt werden kann. Das bedeutet, dass gleichartige Wäschestücke auf das gleiche Maß gelegt und Hemden, Blusen sowie Kleider auf einen Kleiderbügel zu hängen sind.
- **Sortierung persönlicher Textilien**: Betriebe wünschen, dass bei der Rückgabe die persönlichen Textilien der Bewohner oder Patienten namentlich sortiert sind. Das erleichtert die spätere Verteilung auf die jeweils passende Wohngruppe, Station oder Person.

Kundenwünsche

AUFGABE

5. Informieren Sie sich in Ihrem Ausbildungsbetrieb über die dort anfallende, infektiöse Schmutzwäsche.
   a) Erfassen Sie in einer Liste die entsprechenden Wäschestücke.
   b) Beschreiben Sie, wie in Ihrem Betrieb mit den infektiösen Textilien umgegangen wird.

7.5 Textilien instandsetzen

Die Instandsetzung von Textilien umfasst Ausbesserungs- und Änderungsarbeiten. Das erhält den Gebrauchswert bzw. verbessert die Passgenauigkeit von Kleidungsstücken. Sie können so länger getragen oder genutzt und wertvolle Ressourcen eingespart werden (Hinweis. Textile Kette, s. S. 274).

7.5.1 Arbeitsmittel zur Instandsetzung von Textilien

Die wichtigsten Arbeitsmittel zur Instandsetzung im Überblick

Verwendungszweck	Arbeitsmittel
Schneiden	Stoffschere, Trennmesser
Markieren	Kreide, Anzeichenstift
Nähen	Nähmaschine, Nähnadeln unterschiedlicher Längen und Stärken, Einfädler, Stecknadeln und -klammern, Nähgarn unterschiedlicher Farben und Stärken, Nahttrenner
Flicken aufsetzen	Nähmaschine oder Patchmaschine, Applikation oder Flicken unterschiedlicher Größen und Farben

FÜR DIE PRAXIS

Garnfarbe sowie Garn- und Nadelstärke sind entsprechend dem zu bearbeitenden Stoff auszuwählen.

Typische Arbeitsmittel zur Instandsetzung von Textilien

7.5.2. Instandsetzung von Hand

Kleine Ausbesserungsarbeiten und Textilien, die nicht unter die Nähmaschine passen, werden von Hand bearbeitet. Dazu gehört etwa das Annähen eines Knopfes oder das Schließen von Nähten über eine kurze Strecke (s. u.). Reparaturen an schwer zugänglichen Stellen werden ebenfalls von Hand durchgeführt.

Instandsetzung von Hand

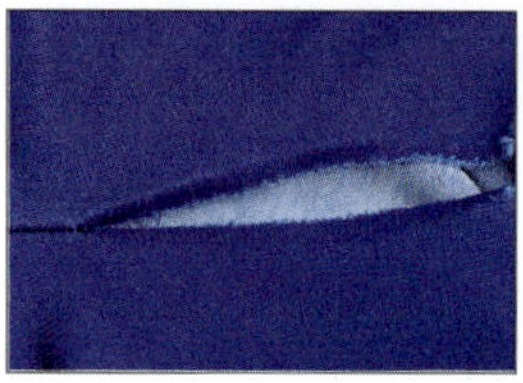

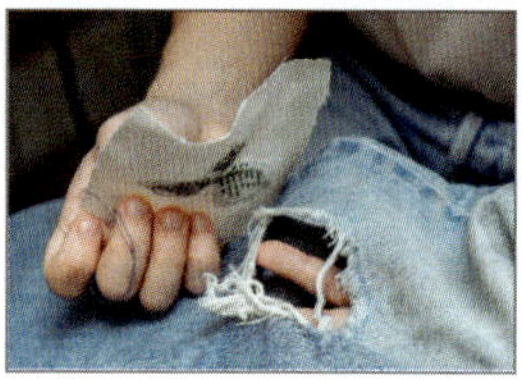

oder mit der Nähmaschine

Bevor von Hand oder mit der Nähmaschine gearbeitet werden kann, ist der Faden in das Nadelöhr einzufädeln. Am einfachsten funktioniert dies mit einem Einfädler, auch Einfädelhilfe, genannt.

Einfädeln mithilfe eines Einfädlers

Der Einfädler wird durch das Nadelöhr geschoben und der Faden durch die Schlinge des Einfädlers geführt. Durch das anschließende Zurückziehen des Einfädlers wird der Faden automatisch durch das Nadelöhr gezogen. Der Einfädler kann auch zum Einfädeln bei der Nähmaschine verwendet werden. Bei einigen Nähmaschinen erfolgt dies allerdings automatisch.

Naht schließen

Das Ausbessern geöffneter Nähte kann von Hand oder mit der Nähmaschine erfolgen. Vor allem kleine Nähte oder Nähte an schwer zugänglichen Stellen werden **von Hand** geschlossen.

Faden am Nahtbeginn mittels Befestigungsstich fixieren:

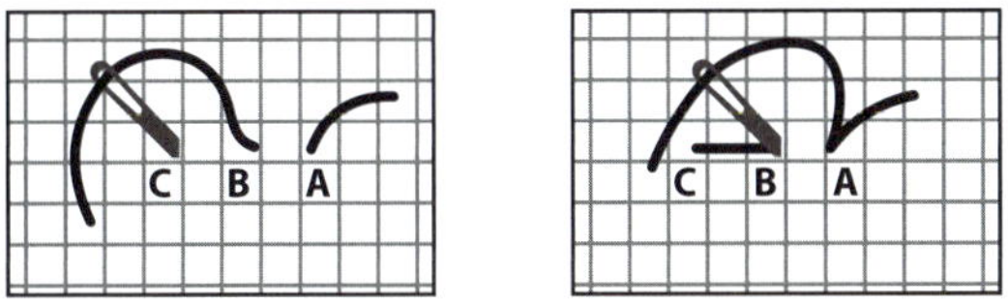

Befestigungsstich

- Faden an Stelle A einstechen, an Stelle B ausstechen und an Stelle C wieder einstechen
- an Stelle A ausstechen, an Stelle B einstechen und fest anziehen
- Rechtshänder nähen über die gewünschte Länge von rechts nach links, Linkshänder arbeiten entsprechend von links nach rechts
- den Faden am Nahtende mittels Festigungsstich fixieren
- Arbeitsergebnis überprüfen und gegebenenfalls nachbessern

Knopf annähen

Durchführung zum Annähen von Knöpfen:

- Stelle, an der der Knopf angenäht werden soll, mit Kreide oder Anzeichenstift kennzeichnen
- Nähfaden doppelt nehmen und am Ende mit einem Knoten sichern
- von der Stoffunterseite kommend durch den Stoff und ein Knopfloch stechen

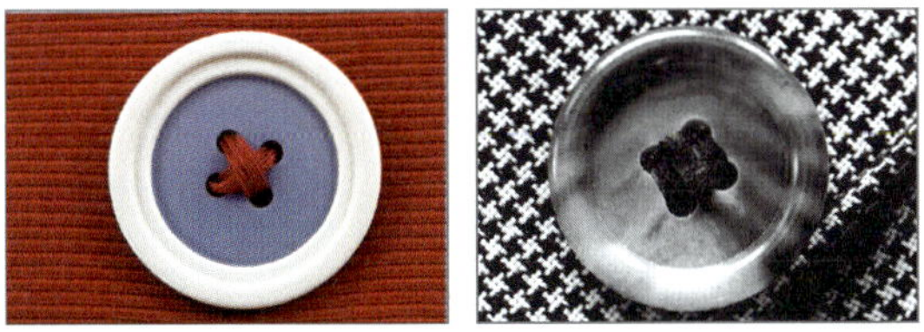

Kreuz- oder Quadratstich

- Von oben kommend in ein anderes Knopfloch und durch den Stoff stechen
- Faden auf der Oberseite so ziehen, dass der Knopf etwas Abstand zum Stoff hat (= Stiel)
- von der Unterseite kommend durch den Stoff und ein noch nicht durchstochenes Knopfloch stechen
- auf der Oberseite in das noch „leere" Knopfloch und durch den Stoff stechen
- Faden auf Oberseite erneut so ziehen, dass der Knopf Abstand zum Stoff hat (= Stiel)
- Stichführung durch alle vier Knopflöcher drei- bis viermal wiederholen
- zwischen Stoff und Knopf ausstechen und den Faden viermal um vernähten Faden (= Stiel) wickeln
- am Stiel verknoten und Faden abschneiden

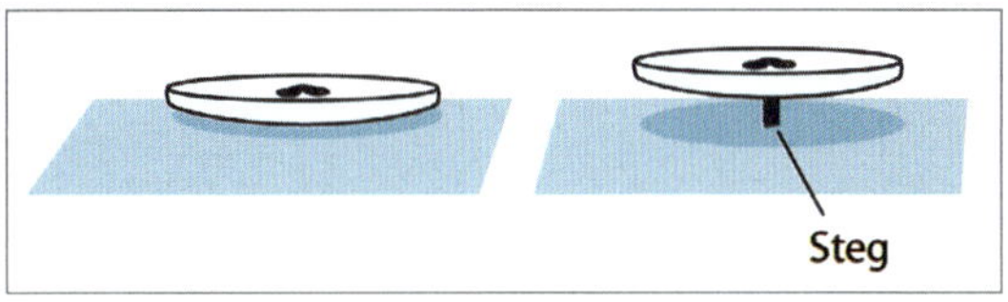

Stiel

7.5.3 Instandsetzung mit der Maschine

Größere Ausbesserungsarbeiten werden in der Regel mit der Nähmaschine durchgeführt. Dazu gehört das Befestigen von Flicken auf temperaturempfindlichen Textilien oder das Stopfen oder Schließen von Nähten über eine größere Strecke. Durch den Einsatz der Nähmaschine ergibt sich ein gleichmäßiges und sauberes Nahtbild.

Bevor die Instandsetzung mit der Nähmaschine beginnen kann, bedarf es einiger Vorbereitung. Gemäß der Betriebsanleitung ist der Oberfaden einzufädeln und die Spule mit Unterfaden einzulegen. Zudem sind über die Einstellräder Stichlänge und Stichart auszuwählen sowie die Fadenspannung einzustellen.

Schließen größerer, gut zugänglicher Nähte:

- Stoff rechts auf rechts legen, sodass die Stoffkanten aufeinanderliegen und bei Bedarf mit Stecknadeln quer zur Nahtlinie fixieren
- Stoff unter der Nähmaschine platzieren, sodass die offenen Kanten zur Maschineninnenseite liegen

Stoffpositionierung unter dem Nähmaschinenfuß

- Etwa 3 cm oberhalb der zu verschließenden Naht ansetzen (= Nahtzugabe)
- 4 bis 5 Stiche rückwärts und vorwärts zum Befestigung der Naht nähen
- Naht entsprechend der gewünschten Länge nähen
- Nähvorgang etwa 3 cm unterhalb der geschlossenen Naht durch 4 bis 5 Stiche rückwärts und vorwärts beenden (= Nahtzugabe)
- Arbeitsergebnis überprüfen und gegebenenfalls nachbessern

Flicken aufsetzen

Mithilfe von Flicken können größere Löcher in Textilien ausgebessert werden. Die Flicken können aufgebügelt, gepatcht oder aufgenäht werden.

Zum **Aufbügeln** bietet der Handel eine große Auswahl speziell beschichteter Flicken oder Applikationen an. Es ist die einfachste Möglichkeit der Ausbesserung hitzestabiler Textilien. Das Aufbringen des Flickens mithilfe des Bügeleisens sollte entsprechend der Gebrauchsanleitung des Herstellers erfolgen.

Hitzebeständige Flicken

Beim **Patchen** werden speziell beschichtete Flicken oder Applikationen verwendet. Diese werden mit der Patchmaschine (s. S. 289) auf der schadhaften Stelle aufgebracht. Daher muss das zu reparierende Textil hitzebeständig sein. Der Arbeitsablauf erfolgt entsprechend der Gebrauchsanweisung des Flickenherstellers.

Zum **Aufnähen** von Flicken/oder Applikationen wird die Nähmaschine eingesetzt. Das Aufnähen ermöglicht es, auch Löcher hitzeempfindlicher Textilien auszubessern.

Durchführung zum Flicken aufsetzen:

- beschädigte Stelle markieren und entlang des Fadenverlaufs ausschneiden
- an den Ecken etwa 5 mm einschneiden
- Textil auf links drehen und Einschnitte umbügeln, sodass glatte Stoffbrüche (= Kanten) entstehen
- Flicken zuschneiden, sodass er an allen Seiten die beschädigte Stelle um 2–3 cm überlappt
- Flicken von links unter die beschädigte Stelle schieben und mit Stecknadeln fixieren
- auf der rechten Seite nahe der Stoffbrüche (= Kanten) und dem Flicken entlang nähen
- auf links wenden und den überschüssigen Flickenstoff auf 1 cm zurückschneiden
- Arbeitsergebnis kontrollieren und bei Bedarf nachbessern

AUFGABEN

1. **Die Naht an Frau Müllers Hose ist auf einer Länge von 20 Zentimeter geöffnet.**
   a) **Geben Sie an, welches Instandsetzungsverfahren Sie durchführen würden.**
   b) **Begründen Sie Ihre Entscheidung.**

2. **Ihre Ausbilderin wird die Naht von Frau Müllers Hose schließen. Dazu hat sie sich einen passenden Arbeitsplatz eingerichtet. Beschreiben Sie den Aufbau des Näharbeitsplatzes mihilfe des Fotos.**

Näharbeitsplatz

Aufgabe 1

Emma hat ihre Ausbildung zur Hauswirtschafterin vor zwei Monaten erfolgreich abgeschlossen. Seit drei Wochen arbeitet sie in einem Wohnheim für Menschen mit und ohne Behinderung. Heute ist sie zum ersten Mal allein für die Wäschepflege der Bewohnerinnen und Bewohner verantwortlich.

a) Geben Sie an, nach welchen Kriterien Emma die Wäschestücke sortieren sollte.
b) Begründen Sie Ihre Entscheidung.

Aufgabe 2

Emma findet in der Schmutzwäsche folgende Wäschestücke.

- Jeanshose mit Gürtel
- Gelbes T-Shirt mit Aufdruck
- Feiner Seidenblazer mit Ansteckbrosche
- Bettbezug mit Kaffeeflecken

Beschreiben Sie die vorbereitenden Maßnahmen, die Emma bei den Wäschestücken durchführen sollte.

Aufgabe 3

Bei näherem Betrachten entdeckt Emma einen Blutfleck auf dem gelben T-Shirt. Erläutern Sie den korrekten Umgang mit dem Wäschestück.

Aufgabe 4

Bei dem Seidenblazer ist sich Emma unsicher. Sie möchte bei der Reinigung und Pflege des Textils nichts falsch machen und schaut sich daher die Pflegesymbole auf dem eingenähten Etikett an.

Erläutern Sie den korrekten Umgang mit dem Seidenblazer.

Aufgabe 5

Emma ist aufgefallen, dass es in der Wohngruppe keinen Wäschetrockner gibt. Erläutern Sie die Vor- und Nachteile eines Wäschetrockners gegenüber dem Trocknen an der Luft.

Aufgabe 6

Beurteilen Sie die Nutzung eines Wärmepumpentrockners. Vergleichen Sie dazu dessen Vor- und Nachteile mit denen eines Abluft- sowie eines Kondensationstrockners.

Aufgabe 7

Stellen Sie mit einem Mitschüler oder einer Mitschülerin die Wäscheübergabe zwischen Emma und einer Bewohnerin der Wohngruppe als Rollenspiel dar. Beachten Sie dazu die Kommunikationsregeln.

Aufgabe 8

Bei der Wäscheausgabe ist Emma aufgefallen, dass viele Bewohnerinnen und Bewohner gar nicht wissen, wie viel Arbeit die Reinigung und Pflege der Wäsche ist. Das möchte sie ändern. Emma beschließt, die Bewohnerinnen und Bewohner über die Komplexität der Wäschepflege informieren. Unterstützen Sie Emma. Erstellen Sie ein Flussdiagramm mit allen Stationen des Wäschekreislaufs am Beispiel des Bettbezuges.

A
Wäsche sortieren

▼

B
Erkunden der korrekten Ausführung

▼

C
Ausführung

▼

D
Wäscheübergabe

Textil care

Textile care is a crucial aspect of our daily routine, significantly influencing our health, our well-being and the lifespan of the textiles. The right textile care depends on the type of fiber the textile is made of. It's essential to follow the care instructions on the labels and treat stains promptly. With the right care, you can extend the lifespan of the textiles and keep them in excellent condition. If a textile is damaged, (for example a button is lost) it can often be repaired.

Faser	fiber	Baumwolle	cotton	Wasch-maschine	washing machine	Waschmittel	detergent
Kleidung	clothing	Leinen	linen	Wäsche-trockner	dryer	Weichspüler	fabric softener
Handtuch	towel	Wolle	wool	Bügeleisen	iron	Stärke-produkt	starch product
Bettwäsche	bedding	Seide	silk	Näh-maschine	sewing machine	Bleichmittel	bleach

Aufgabe 1

Write down on a sperate paper ten textiles that you clean regularly at work.

Aufgabe 2

The laundry cycle starts with the collection of dirty laundry and ends with the storage or distribution of clean laundry. Form a sentence for each step of the laundry cycle.

collecting, sorting, preparing, washing, drying, ironing, hanging up or folding, storing or dispensing

Aufgabe 3

Present Simple, Present Continuous, Past Simple or Future Simple: use the verbs in the correct tense.

a) Normally, I (wash) my clothes on Sundays.
b) Right now, I (iron) my favorite shirt.
c) Last night, I (fold) the laundry while watching TV.
d) Tomorrow, I (dry) the clothes outside if the weather is fine.
e) She usually (hang) her towels in the bathroom.
f) Next week, we (buy) a new washing machine.

Aufgabe 4

Practice conversation with a partner: You should hand over the cleaned laundry to a resident of a retirement home. What could you say?

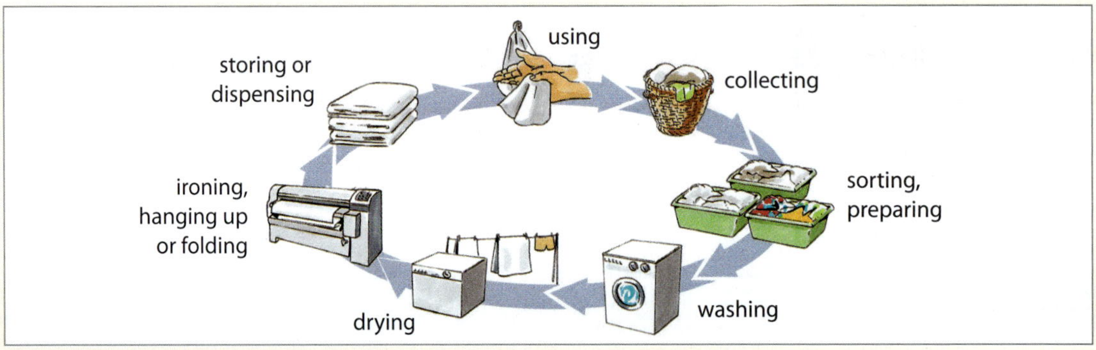

The laundry cyrcle/Wäschekreislauf

Textilpflege

Wie in fast allen Lebensbereichen hat die Digitalisierung auch Einzug in die Textilpflege gehalten. Was zunächst mit digitalen Waagen und WLAN-fähigen Waschmaschinen begann, durchzieht heute den gesamten Prozess der Textilpflege. Dies vereinfacht die Reinigungs- und Pflegeprozesse und gestaltet die Arbeitsabläufe für Mensch und Umwelt sicherer. Zudem verbessert es die Hygienestandards und senkt gleichzeitig die Betriebskosten. Denn dank Digitalisierung und Automatisierung werden Fehler und Personalbedarf minimiert sowie die Zeit für anfallende Arbeiten reduziert. Das bedeutet höheren Komfort und niedrigere Kosten für die Nutzer der Textilien.

Digitalisierung beginnt bereits bei der Planung neu einzurichtender Wäschereien. Mithilfe von 3D-Raumplanern sind die zukünftigen Wäschereien schon vor deren tatsächlichen Entstehen virtuell begehbar. Dadurch können Arbeitsabläufe genauestens simuliert werden. So kann eine detaillierte Berechnung aller Kosten durchgeführt werden.

Bei der Anschaffung neuer Maschinen rücken insbesondere „smarte", sprich „mitdenkende" Wäschereimaschinen in den Vordergrund. Diese lassen sich mit Apps steuern und individuell anpassen. So können etwa Betriebszeiten, Temperaturen (für Waschen, Trocknen und Glätten der Textilien) sowie Spül- und Schleudergänge flexibel eingestellt werden.

Smarter Wäschetrockner

In smarten Waschmaschinen und Wäschetrocknern sind digitale Waagen integriert, die vor jedem Wasch- oder Trocknungsgang die exakte Textilmenge ermitteln. So können sie ihre Laufzeit der jeweiligen Textilmenge anpassen und ihren Stromverbrauch optimieren. Bei Waschmaschinen verändert sich zudem der Wasser- und Waschmittelverbrauch. Das kann erhebliche Kosten einsparen und gleichzeitig die Umwelt schützen. Smarte Waschmaschinen verfügen darüber hinaus über automatische Dosiersysteme, sodass dem Verschmutzungsgrad entsprechend die jeweils benötigte Menge Waschmittel abgegeben wird. Das reduziert den Waschmittelverbrauch, was letztlich auch Wasser einspart und schützt. Smarte Wäschetrockner verfügen zusätzlich über Sensoren, welche die aktuelle Restfeuchte der Textilien messen. Das ermöglicht eine punktgenaue Trocknung und vereinfacht das anschließende Glätten. Gleichzeitig schützt es vor unnötigem Stromverbrauch und den damit verbundenen Kosten.

Auch im Bereich der Wäschekennzeichnung schreitet die Digitalisierung weiter voran. Die in oder auf Textilien angebrachten Bar-Codes, QR-Codes oder das RFID-System informieren über immer mehr Details. Während sie lange Zeit nur für die Besitzerzuordnung genutzt wurden, liefern sie heute auch Angaben zu Farbe, Faserart, Trocknung und vielem mehr.

Smarte Textilkennzeichnung

Durch smarte Textilkennzeichnung kann zum Beispiel die Sortierung der Schmutzwäsche maschinell erfolgen. Je nach Farbe und Faserart werden Textilien schnell und fehlerfrei ähnlichen Textilien zugeordnet und mit dem passenden Waschmittel sowie Waschprogramm gereinigt. Das wirkt sich positiv auf die Lebensdauer der Textilien aus , spart Zeit und Fachpersonal. Gleiches gilt für das anschließende Trocknen: Dank Bar-Code, QR-Code oder RFID wird jedes Textil zuverlässig der jeweils geeigneten Trocknungstemperatur zugewiesen.

Die technische Ausstattung der Maschinen und die smarte Textilkennzeichnung ermöglicht eine permanente Datenauswertung. Das macht den gesamten Prozess der Textilpflege transparenter und wirkt sich gleichermaßen positiv auf Wirtschaftlichkeit sowie Qualität aus.

Dreisatz / Verhältnisrechnen

	Anzahl der Pakete	Preis in €	
:15	15	411,75	:15
	1*	27,45	
·4	4	109,80	·4

*hier steht immer „1"

··· Aufgabe 1

15 Pakete Vollwaschmittel kosten 411,75 €.

a) Berechnen Sie, wie viel 4 Pakete kosten.

	15	Pakete	≙ kosten	411,75 €
: 15	Geteilt durch 15			
	1*	Paket	≙	27,45 €
· X	mit x malnehmen			
	x · X	Paket	≙	Einzelpreis

* hier steht immer „1"

b) Ihre Kollegin Anna bittet Sie, die Kosten für die aktuelle Wäschereibestellung zu berechnen. Folgende Ware wurde bestellt:

Aktuelle Bestellung Wäscherei
Ihr Warenkorb enthält
12 Großpakete Feinwaschmittel
23 Großpakete Vollwaschmittel
2 Großpakete Colorwaschmittel
32 Großpakete Bügelhilfe
11 Großpakete Bleichmittel

Als Preisgrundlage erhalten Sie von Anna die Rechnung der letzten Warenbestellung:

RECHNUNG

7	Großpakete Feinwaschmittel	160,65 €
18	Großpakete Vollwaschmittel	359,82 €
10	Großpakete Colorwaschmittel	215,00 €
11	Großpakete Bügelhilfe	329,45 €
15	Großpakete Bleichmittel	411,75 €

Ermitteln Sie mithilfe der vorliegenden Rechnung den jeweiligen Preis der fünf Einzelpositionen sowie die Gesamtsumme.

··· Aufgabe 2

Das Pflegeheim „Abendrot" möchte eine Patchmaschine sowie einen Formfinisher anschaffen.
In der näheren Auswahl stehen eine Patchmaschine für 149,00 € und ein Formfinisher 279,95 €. Zum Tag der Hauswirtschaft werden beide Maschinen 20 % günstiger angeboten.

a) Berechnen Sie für die Patchmaschine und den Formfinisher die Preisdifferenz zwischen regulärem und rabattiertem Preis.

b) Ermitteln Sie den Aktionspreis für die Patchmaschine sowie den Formfinisher.

··· Aufgabe 3

Aluna hat den Auftrag, Kochwäsche waschen. Das Fassungsvermögen der Waschmaschine beträgt 8 Kilogramm (kg).

a) Ermitteln Sie, wie viel Kilogramm die folgenden Wäschestücke zusammen wiegen.

10 Unterhosen à 25 g	9 Kissenbezüge à 300 g	9 Spannlaken à 250 g
8 Unterhemden à 40 g	7 Leintücher à 75 g	10 Reinigungstücher à 30 g
20 Taschentücher à 20 g	12 Bettbezüge à 700 g	8 Trockentücher à 50 g

b) Geben Sie an, ob alle Wäschestücke in nur einer Waschladung gereinigt werden können.

··· Aufgabe 4

Ihre Kollegin Anna möchte einen neuen Fleckenentferner verwenden. Laut Herstellerangaben ist der Fleckenentferner vor dem Gebrauch mit Leitungswasser zu verdünnen. Das Mischverhältnis von Fleckenentferner und Wasser soll 1:5 betragen.
Berechnen Sie die benötigte Menge Fleckenentferner und Wasser, um 1 Liter gebrauchsfertige Fleckentfernerlösung zu erhalten.
Runden Sie auf drei Nachkommastellen auf.

Nachhaltiges Waschmittel

Ihr Ausbildungsbetrieb, die Reha-Klinik SANAKUR, ist auf Menschen mit Allergien und Atemwegserkrankungen spezialisiert. Daher achtet die hauseigene Wäscherei insbesondere auf allergikerfreundliche Inhaltstoffe bei den Wasch- und Nachbehandlungsmitteln. Darüber hinaus möchte die Klinikleitung zukünftig auf mehr Nachhaltigkeit bei der Textilpflege achten. Als angehende/-r Hauswirtschafter/-in der SANAKUR-Klinik sollen Sie Ihren Ausbilder, Herrn Schmidt, bei der Recherche zu nachhaltigen Waschmitteln unterstützen. Dieser hat vorab drei Wachmittel ausgewählt und bittet Sie um Ihre Einschätzung.

Vollwaschmittel Sensitiv- Gel

sensitiv Vollwaschmittel

	Leicht ver-schmutzt	Normal ver-schmutzt	Stark ver-schmutzt
weich	25 g	30 g	40 g
Mittel	30 g	40 g	50 g
hart	40 g	55 g	75 g

Vollwaschmittel ultra sensitiv

	Leicht ver-schmutzt	Normal ver-schmutzt	Stark ver-schmutzt
weich	45 g	65 g	105 g
Mittel	60 g	85 g	120 g
hart	75 g	95 g	130 g

Aufgabe 1

Vergleichen Sie die drei von Herrn Müller ausgewählten Vollwaschmittel.

a) Gehen Sie dazu auf Herstellungsort, Inhalts- und Zusatzstoffe, Preis pro Waschladung und die Art der Verpackung ein.

b) Welches Waschmittel würden Sie Herrn Schmidt empfehlen? Begründen Sie Ihre Auswahl anhand von drei Argumenten.

Aufgabe 2

Erstellen Sie eine Tabelle mit den zu bedenkenden Aspekten beim Einkauf von Waschmitteln. Sortieren Sie diese nach den drei Dimensionen der Nachhaltigkeit. Nutzen Sie folgendes Tabellenmuster und setzen Sie Ihr neu erworbenes Wissen aus Kapitel 7 ein. Weitere Informationen aus dem Internet können hilfreich sein.

Ökologische Aspekte	Ökonomische Aspekte	Soziales (inkl. Gesundheit)
…	…	…

Das richtige Waschmittel

- Pulver oder flüssig, bio oder konventionell: Welches Waschmittel ist das richtige und wie lässt sich die Umwelt beim Waschen schützen?
- Der jährliche Pro-Kopf-Verbrauch von Waschmitteln liegt in Deutschland bei fast acht Kilogramm. Das sind umgerechnet circa 630.000 Tonnen im Jahr. Nimmt man Zusätze wie Weichspüler und Pflegemittel mit dazu, steigt der jährliche Gesamtverbrauch auf ganze 850.000 Tonnen (Umweltbundesamt, 2019). Bei jeder Wäsche gelangen mit dem Waschmittel umweltschädliche Stoffe in Abwässer und Gewässer, die biologisch nur schwer oder nicht vollständig abbaubar sind. Umso wichtiger ist es, Waschmittel schonend zu verwenden.
- Waschmittel bewusst auswählen
- Wirklich umweltschonende Waschmittel gibt es nicht. Verbraucherinnen und Verbraucher können aber einige Faustregeln beachten, um die Umweltbilanz beim Waschen zu verbessern.
- Flüssigwaschmittel belasten das Klärwerk am meisten, bevorzugen Sie also die Pulvervariante – und greifen Sie so oft wie möglich zu Nachfüllpacks. Für farbige Wäschestücke nehmen Sie am besten Color- und keine Vollwaschmittel. So bleiben Hosen, Shirts und Co. länger farbig und werden länger getragen.
- Sogenannte Baukastensysteme schneiden bei der Umweltbilanz am besten ab. Die einzelnen Bestandteile (Basiswaschmittel, Bleichmittel und Wasserenthärter) können nach Bedarf kombiniert und sparsam dosiert werden. Auch die (Ab-)Wasserbelastung sowie der Transport- und Verpackungsaufwand sind geringer als bei herkömmlichen Mitteln.
- Achten Sie beim Kauf auf nachhaltige Produktsiegel wie Europäisches Umweltzeichen oder Blauer Engel.
- Waschmittel richtig dosieren
- Die richtige Dosierung des Waschmittels hängt vom Verschmutzungsgrad der Wäsche und vom Härtegrad des Wassers ab, den Sie bei Ihrem Wasserwerk erfragen können. Eine Überdosierung bringt kein besseres Waschergebnis, sondern verursacht nur höhere Kosten und eine stärkere Umweltbelastung. Befolgen Sie daher am besten die Herstellerangaben zur Dosierung auf der Verpackung.
- Sind Bio-Waschmittel besser?
- Sowohl Bio-Waschmittel als auch moderne Baukastensysteme sind eine gute Wahl. Ausschlaggebend für die Umweltverträglichkeit von Waschmitteln sind vor allem die richtige Dosierung und Ihre eigene Sorgfalt beim Waschen.

https://www.nachhaltiger-warenkorb.de/themen/das-richtige-waschmittel/ abgerufen am: 04.11.2023

Aufgabe 3

Sie haben nun die drei Dimensionen der Nachhaltigkeit in Bezug auf Vollwaschmittel recherchiert. Decken sich die Ergebnisse mit dem von Ihnen empfohlenen Vollwaschmittel (Aufgabe 1 b)?

Aufgabe 4

An welchen Stellen der Textilpflege könnte die SANAKUR-Klinik noch nachhaltiger handeln? Nennen Sie zu jeder der drei Nachhaltigkeitsdimensionen mindestens zwei konkrete Bereiche oder Tätigkeiten.

Aufgabe 4

Beschreiben Sie konkrete Maßnahmen für Ihren eigenen Ausbildungsbetrieb, mit denen Sie bezüglich der Textilpflege noch nachhaltiger handeln könnten.

8 Verpflegung von Personengruppen planen

Lernsituation

Im zweiten Ausbildungsjahr arbeiten Sie in der zentralen Großküche Ihres Ausbildungsbetriebes, des Hauses Lindenhof, einer Senioreneinrichtung. Die Einrichtung versorgt ca. 80 Bewohner und Bewohnerinnen. Zudem beliefert die Küche mehrere ortsansässige Kindertagesstätten bzw. Grundschulen. Im Schichtdienst sind Sie hauptsächlich für die Zubereitung und Ausgabe der unterschiedlichen Mahlzeiten eingesetzt.

Sie haben von Ihrer Ausbilderin die Aufgabe bekommen, für eine Woche im Herbst einen Wochenspeiseplan (Vollkost) für die Mittagsmahlzeit der Senioreneinrichtung zu erstellen und diesen für die Kitas anzupassen.

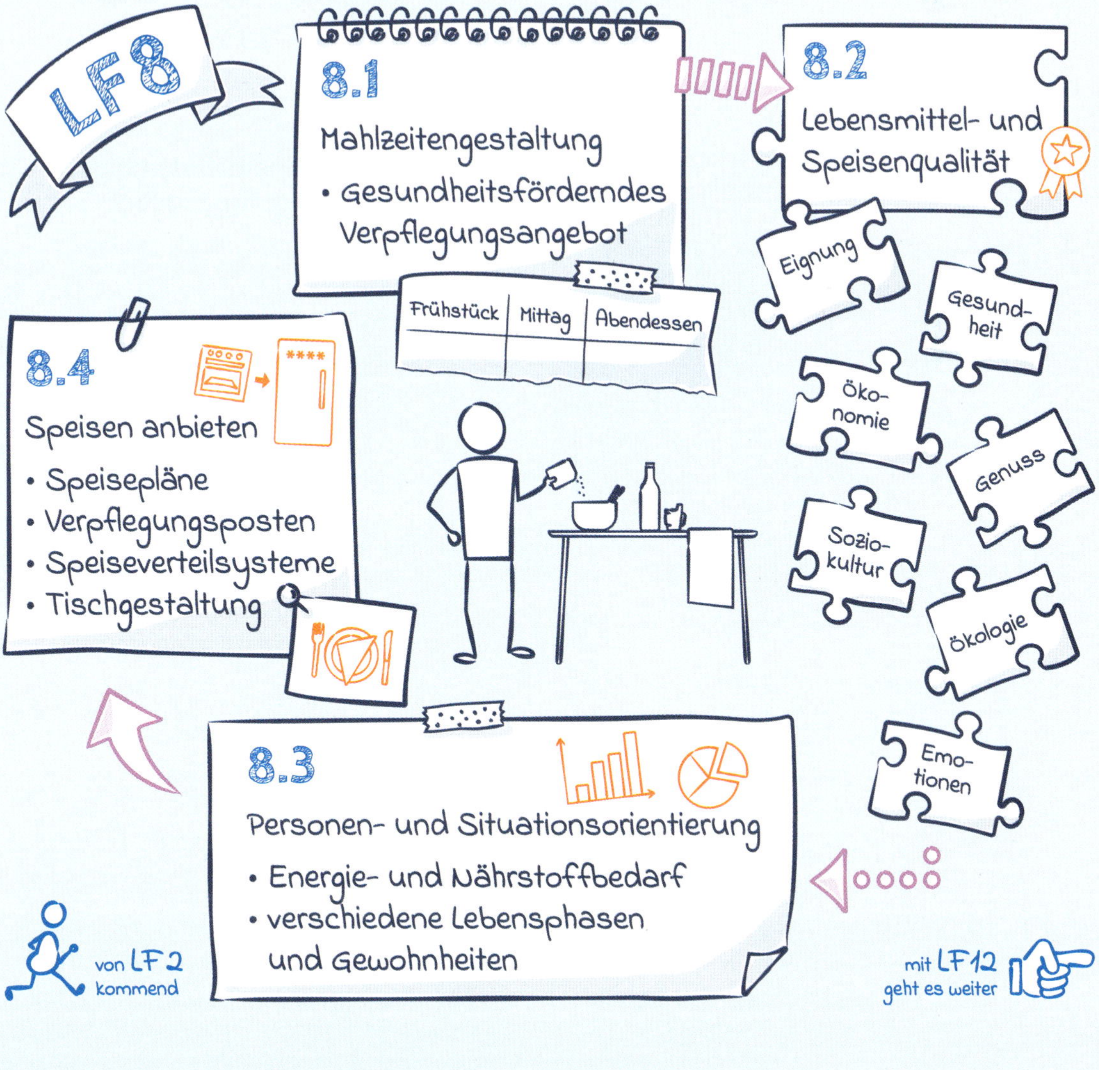

2

8

12

8.1 Mahlzeitengestaltung

Die Anzahl, Situation und Lebensmittelauswahl der Mahlzeiten hat neben weiteren Faktoren (z. B. soziale Kontakte) großen Einfluss auf die Leistungsfähigkeit und das Wohlbefinden der verschiedenen Zielgruppen hauswirtschaftlicher Betriebe. Zudem sind Mahlzeiten ein wichtiger Beitrag zur Gesunderhaltung des Einzelnen. Die Mahlzeiten sollten in angenehmer Atmosphäre und Ruhe eingenommen werden und zudem Erholung zu ermöglichen.

Von Seiten der Deutschen Gesellschaft für Ernährung (DGE) gibt es keine allgemeingültige Empfehlung zur Anzahl der Mahlzeiten. Jeder Mensch hat seinen persönlichen Rhythmus, der durch Tradition, Gewohnheit, Beruf, Freizeitaktivität und viele andere Faktoren geprägt ist. In Gemeinschaftseinrichtungen werden meist fünf Mahlzeiten (drei Hauptmahlzeiten, zwei Zwischenmahlzeiten) angeboten.

Energieaufteilung bei fünf Mahlzeiten

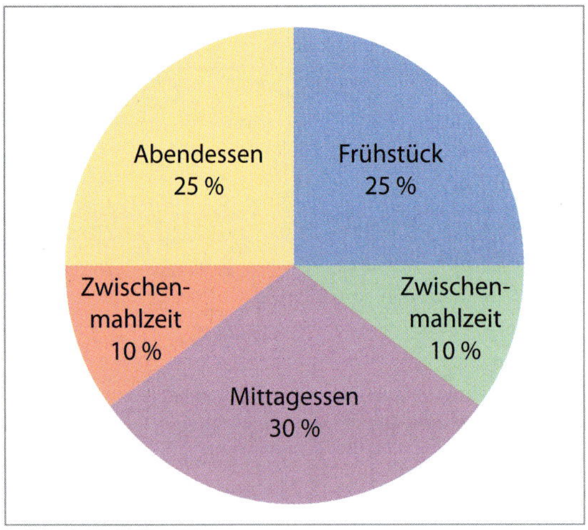

Die Speisenplanung in hauswirtschaftlichen Betrieben muss vielen Anforderungen gerecht werden. Im Vordergrund sollten dabei die ernährungsphysiologische Qualität der Speisen (gesundheitsfördernde Verpflegung) und die Nachhaltigkeit des Verpflegungsangebots stehen.

Weitere zu beachtende Regeln sind:

- **Abwechslung**: Speisen bzw. Lebensmittel, Zubereitungs- und Garverfahren sowie die Farbgestaltung abwechslungsreich auswählen
- **Berücksichtigung kultureller, sozialer oder politischer Essgewohnheiten**: Vorlieben, Trends, religiöse Gründe oder andere Ernährungsüberzeugungen müssen berücksichtigt werden. Ovo-lacto-vegetarische Gerichte sowie vegane Lebensmittel sollten angeboten werden

Negative und positive Zusammenstellung in Bezug auf die Farbgestaltung

8.1.1 Gesundheitsförderndes Verpflegungsangebot

Ein gesundheitsförderndes Verpflegungsangebot orientiert sich an den Empfehlungen der vollwertigen Ernährung der DGE (s. S. 67). Hier sind diese lebensmittelbezogenen Empfehlungen dargestellt:

- Ernährungskreis der DGE (s. S. 65)
- Dreidimensionale Ernährungspyramide der DGE (bzw. Ernährungspyramiden anderer Fachgesellschaften)
- Regeln der vollwertigen Ernährung

Sie stellen eine ausreichende Energie- und Nährstoffzufuhr sicher und vermeiden sowohl eine Mangel- als auch eine Überernährung.

Für Gemeinschaftseinrichtungen hat die DGE Qualitätsstandards für verschiedene Lebenswelten herausgegeben, die den Verantwortlichen Orientierung zur Umsetzung einer gesundheitsfördernden und nachhaltigen Verpflegung geben. Ausgehend von den sieben Lebensmittelgruppen gibt es Empfehlungen für die Häufigkeiten und Qualitäten der Lebensmittel. Minimal- und Maximalanforderungen zeigen, was besonders empfehlenswerte bzw. nicht empfehlenswerte Lebensmittel sind.

Lebensmittelqualitäten und -häufigkeiten an sieben Verpflegungstagen
Beispiel: Lebensmittelgruppe Getreide, Getreideprodukte, Kartoffeln

Lebensmittelgruppe	Lebensmittelqualitäten – Die optimale Auswahl	Lebensmittelhäufigkeiten über sieben Verpflegungstage
Getreide, Getreideprodukte, Kartoffeln  *Vollkorn ist die beste Wahl (Empfehlung Nummer 4 der DGE)*	• Vollkornprodukte • Pseudogetreide • Müsli ohne Zucker und Süßungsmittel	21 x (3 x täglich) davon mindestens 14 x Vollkornprodukte
	• Kartoffeln roh oder vorgegart • Parboiled Reis oder Naturreis	maximal 2x Kartoffelerzeugnisse

besonders empfehlenswerte Lebensmittel

weniger empfehlenswerte Lebensmittel

Lebensmittel, die hier nicht aufgeführt sind, wie z. B. Cerealien gehören nicht zur optimalen Auswahl. Cerealien sind meist stark gesüßt. Ein Einsatz ist trotzdem möglich.

Weitere Informationen zur dreidimensionalen Ernährungspyramide unter: www.dge.de

Die Zusammenstellung eines Speiseplans kann einen wichtigen Beitrag zur Gesundheitsförderung leisten, wenn zudem folgende Aspekte berücksichtigt werden:

- Zucker wird sparsam verwendet
- Jodsalz wird verwendet, es wird sparsam gesalzen
- Kräuter und Gewürze werden vielfältig eingesetzt
- Nährstofferhaltende Garverfahren werden eingesetzt

AUFGABEN

1. Entwickeln Sie für den Aushang in den Wohnküchen ein Plakat oder einen Informationszettel, auf dem Sie die Grundlagen eines gesundheitsfördernden Verpflegungsangebotes beschreiben.
2. Begründen Sie die Zuordnung der Vollkornprodukte zu den besonders empfehlenswerten Lebensmitteln und der Kartoffelerzeugnisse zu den weniger empfehlenswerten Lebensmitteln.
3. Checklisten ermöglichen eine Überprüfung der Zusammenstellung eines Speiseplans. Prüfen Sie einen aktuellen Speiseplan anhand der Checkliste der Kriterien für ein gesundheitsförderndes Verpflegungsangebot.
4. Diskutieren Sie die Akzeptanz der Auswahlkriterien bei Ihren Bewohnern.

2
8
12

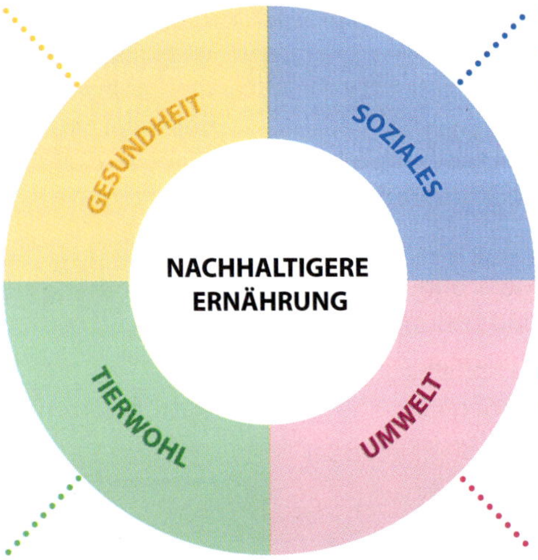

Die vier zentralen Ziele (Big Four) einer nachhaltigeren Ernährung

8.1.2 Nachhaltiges Verpflegungsangebot

Essen und Trinken ist mehr als nur die Aufnahme von Energie und Nährstoffen. Unsere Ernährung hat Einfluss auf das Wohl heutiger und zukünftiger Generationen. Die DGE-Qualitätsstandards orientieren sich an vier zentralen Zielen einer nachhaltigeren Ernährung (siehe Darstellung oben).

Die Zusammenstellung eines Speiseplans kann einen wichtigen Beitrag zum Klimaschutz leisten, wenn folgende Aspekte berücksichtig werden:

- Überwiegend pflanzliche Lebensmittel wählen
- Einheimische, insbesondere regionale Lebensmittel auswählen
- Saisonale Lebensmittel bevorzugen
- Unverarbeitete oder wenig verarbeitete Produkte bevorzugt einsetzen
- Lebensmittel aus ökologischer Erzeugung einsetzen
- Tierische Lebensmittel, insbesondere von Wiederkäuern, maßvoll in den Speiseplan einsetzen
- Beim Fischeinkauf nachhaltige Produkte bevorzugen
- Auf die Verwendung von Kokosfett und Palmöl möglichst verzichten
- Lebensmittel mit umweltfreundlichen Verpackungen bevorzugen

> *Eine* ***Wertschöpfungskette*** *benennt die verschiedenen Produktionsschritte bzw. Tätigkeiten, die zur Herstellung eines Produkts notwendig sind.*

AUFGABEN

5. Ein Apfel aus der Region hat im Herbst einen CO_2-Fußabdruck von 0,3 (kg CO_2-Äq./kg Lebensmittel), ein Pfirsich aus der Dose dagegen einen Fußabdruck von 1,6 (kg CO_2-Äq./kg Lebensmittel). Erklären Sie den wesentlich höheren Wert. Führen Sie falls notwendig eine Internetrecherche durch.

6. Der durchschnittliche CO_2-Fußabdruck liegt bei Schweinefleisch bei 4,6, bei Rindfleisch bei 13,6 und bei Hähnchen bei 5,5 kg CO_2-Äq./kg Lebensmittel. Diskutieren Sie die Forderung nach einer Reduzierung des Fleischkonsums.

8.1.3 Frühstück und Zwischenverpflegung

Das erste Frühstück wird üblicherweise im Familienhaushalt eingenommen. Auch in Großverpflegungseinrichtungen (z. B. Krankenhäusern, Alten- und Pflegeeinrichtungen, Tagungshäuser) und Beherbergungsbetrieben wird ein Frühstück angeboten. Ein vollwertiges Frühstück ist vor allem für Kinder eine gute Grundlage, um den Leistungsanforderungen in der Schule gerecht zu werden. Die Zwischenverpflegung ergänzt die Hauptmahlzeiten und verhindert ein Absinken der Leistungsfähigkeit (s. S. 43). Für Erwachsene gibt es keine allgemein geltende Empfehlung, da die Essgewohnheiten in Bezug auf ein erstes Frühstück sehr unterschiedlich sind.

Folgende Lebensmittelgruppen sollten täglicher Bestandteil des Frühstückangebotes und der Zwischenverpflegung sein:

- Getreide und Getreideprodukte: Vollkornprodukte, Pseudogetreide, Müsli ohne Zuckerzusatz
- Gemüse und Salat: Gemüse frisch oder tiefgekühlt, Hulsenfrüchte, Salat
- Obst: frisches oder tiefgekühltes Obst ohne Zuckerzusatz, Nüsse oder Ölsaaten
- Milch und Milchprodukte: Milch, Naturjoghurt, Buttermilch, Dickmilch, Kefir: max. 3,8 % Fett absolut, Speisequark: max. 5 % Fett absolut, alles jeweils ohne Zucker und Süßungsmittel, Käse: max. 30 % Fett absolut
- veganer Brotaufstrich und Brotbelag
- Getränke: Leitungs- und Mineralwässer, Früchte- und Kräutertees, leichte Saftschorlen. Koffeinhaltige Getränke wie ungezuckerter schwarzer oder grüner Tee sowie Kaffee sind kalorienfreie Getränke, die zur Flüssigkeitsbilanz hinzugezählt werden. Sie gehören aufgrund ihres Koffeingehalts aber nicht zur optimalen Auswahl.

Meist erwünscht, aber nicht den Empfehlungen entsprechend als tägliches Angebot:

- Fleisch, Wurst, Fisch und Eier: Fleisch- und Wurstwaren als Belag: max. 20 % Fett

Weitere Ergänzungen sind auf Grundlage der Ernährungspyramide bzw. des Ernährungskreises möglich.

Lebensmittel Frühstück und Zwischenmahlzeit	Portionsgrößen Energie 7.8 MJ (1 800 kcal)	 Energie 10,2 MJ (2 300 kcal)
Brot	100 g	150 g
(oder: Hafer- oder andere Getreideflocken)	(60 g)	(60 g)
Butter/Margarne	10 g	15 g
Konftüre/Hong	20 g	20 g
Käse/Wurst/Schinken	30 g	30 g
Milch/Joghurt (bevorzugt fettarm)	150 ml	150 ml
Obst	150 g	150 g
Kaffee/Tee	300 ml	300 ml
Mineralwasser	300 ml	300 ml

Bei Kindern ist auf die optische Gestaltung und Abwechslung beim Frühstücksangebot zu achten.

Quarkgesicht

Quark und Joghurt mit Banane, Haferflocken, Leinsamen und Cornflakes

Zutaten pro Portion: 212 g
Zutatenmenge für 10 Portionen: 2,12 kg

Menge	Zutat
600 g	Quark 20 % Fett i.Tr.
700 g	Joghurt 3,5 % Fett
900 g	Banane, geschält
200 g	Haferflocken
40 g	Leinsamen, geschrotet
30 g	Cornflakes

Nachmittags hat vor allem für Seniorinnen und Senioren Kaffee und Kuchen als Zwischenverpflegung eine große Tradition. Im Rahmen einer vollwertigen Ernährung ist Kuchen gelegentlich in den Wochenspeisplan integrierbar. Es sollten eher zucker- und fettarme Rezepte mit möglichst vollwertigen Zutaten ausgewählt werden. Obst und Nüsse sind gesundheitsfördernde Zutaten.

AUFGABEN

7. Vergleichen Sie die Zutatenliste zweier verschiedener Müsli und bewerten Sie anschließend die Eignung des Müslis als vollwertiges Lebensmittel.

8.1.4 Mittagessen

Das Mittagessen ist die mengenmäßig wichtigste Mahlzeit des Tages. In der Gemeinschaftsverpflegung besteht sie meist aus zwei bis drei Gängen (Vorspeise, Hauptgang und Nachspeise), die aufeinander abzustimmen sind. Der Menüzyklus sollte sich frühestens nach vier bis sechs Wochen wiederholen.

FÜR DIE PRAXIS

Ein Salatbüfett erfreut sich großer Beliebtheit und wertet den Gesundheitswert der Mahlzeit auf.

2

Zusätzlich zu den vorgestellten Kriterien ist die Zielgruppe bei der Speiseplangestaltung verstärkt zu berücksichtigen, z. B.:

- Kinder bevorzugen kindgerechte Gerichtegern vielfältig bunt.
- Patienten im Krankenhaus oder in der Reha benötigen eine Auswahl verschiedener Menüs, z. B. Normalkost, angepasste Vollkost bei unspezifischen Unverträglichkeiten und gastrointestinalen Erkrankungen (leichte Vollkost), energiereduzierte Kost oder konsistenzangepasste Kost.
- Bei älteren Menschen sollte auf Lebensmittel, die eine mögliche Belastung an Krankheitserregern haben könnten, verzichtet werden. Zudem ist eine Konsistenzanpassung zu beachten. Auch motorische Einschränkungen müssen berücksichtigt werden.
- Vegetarier oder Veganer verzichten auf tierische Lebensmittelgruppen.

Grundsätzlich sollten die Wünsche der zu Verpflegenden wie Kundenwünsche soweit möglich berücksichtigt werden. Dadurch werden die Speisen besser angenommen.

8

FÜR DIE PRAXIS

Bei der Zusammenstellung von Gerichten und Menüs wird das Hauptgericht zuerst festgelegt. Beim Hauptgericht, das meist aus mehreren Komponenten besteht (Gemüse, sättigende Beilage, Fleisch/Fisch/Ei/Ersatzprodukt) sollten sich diese ergänzen. Zu soßenhaltigen Gerichten passen z. B. sättigende Beilagen, die Soße aufnehmen (s. S. 461).

AUFGABE

12

8. Ihr Betrieb bezieht das Obst und Gemüse per Abokisten von landwirtschaftlichen Betrieben der Region. Die Kiste der KW 42 enthält folgendes Obst und Gemüse: Äpfel, Birnen, Wurzeln, Porree, Hokkaido Kürbis, Staudensellerie und Spitzkohl. Stellen Sie dazu passend einen Speiseplan (Mittagessen) für fünf Tage auf.

8.1.5 Abendessen

Der Wochenplan eines vollwertigen Abendessens setzt sich aus verschiedenen Brotsorten, verschiedenen Käsesorten (täglich) und Wurstsorten (gelegentlich) und weiteren Brotaufstrichen und Gemüse bzw. Salat als Basis zusammen. Als Streichfett wird Margarine angeboten. Ein ergänzendes Angebot an leichten warmen Gerichten ist möglich. Auch Fisch als seltene Ergänzung ist empfehlenswert.

Abendessen
Vollkornbrot, Margarine, Emmentaler, ger. Forellenfilet, Eisbergsalat mit Gurken
Vollkornbrot, Margarine, Tisiter, Hüttenkäse, Paprikasalat mit Honig-Senf-Dressing
Vollkornbrot, Margarine, Chester, Bierschinken, Rote Beete-Apfel-Salat
Vollkornbrot, Margarine, Appenzeller, vegetarische Pastete, Gebratener Zucchinisalat
Vollkornbrot, Margarine, Frischkäse, Edamer, Radieschen, Gurkensalat mit Joghurtdressing
Vollkornbrot, Margarine, roher Schinken, Esrom, Wachsbohnensalat
Vollkornbrot, Margarine, Camembert, Butterkäse, Tomatensalat mit Basilikum
Täglich Tee – gegebenenfalls leicht gesüßt – im Angebot

Auszug aus einem Vierwochenspeiseplan von STATION ERNÄHRUNG – Vollwertige Ernährung in Krankenhäusern und Rehakliniken

FÜR DIE PRAXIS

Tee kann sehr gut auch ungesüßt gereicht werden und ist ein guter Durstlöscher. In Senioreneinrichtungen sind auch Quarkspeisen zum Abendessen beliebt und eine gute Ergänzung. Sie bessern den Calciumhaushalt auf und stellen eine gute Weiterverwertung der „Reste" des Mittagsdesserts dar.

AUFGABE

9. Ermitteln Sie für den abgebildeten Plan eine Einkaufsliste mit Mengenangaben für 35 zu versorgende gesunde Erwachsene.

8.2 Lebensmittel- und Speisenqualität

8.2.1 Begriffsklärungen

Das Grundsatzziel professionellen hauswirtschaftlichen Handelns ist eine hohe Lebensqualität der Bewohner/-innen hauswirtschaftlicher Dienstleistungsbetriebe bzw. der Nutzer/-innen hauswirtschaftlicher Leistungen. Mitentscheidend für eine erfolgreiche Umsetzung dieses Ziels ist eine hohe Lebensmittel- und Speisenqualität.

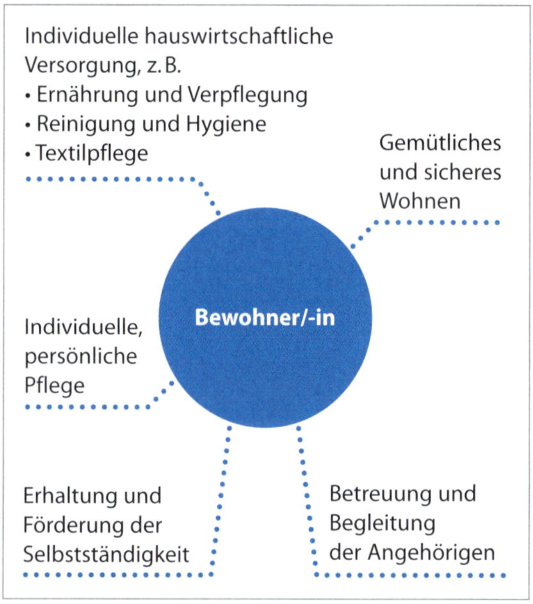

Hohe Lebensqualität einer Bewohnerin oder eines Bewohners einer Seniorenwohnanlage

Der Qualitätsbegriff wird nicht einheitlich verwendet. Qualität ist immer vom Bezugsobjekt abhängig. So unterscheiden sich die Kriterien zur Bewertung der Qualität eines Lebensmittels von denen zur Bewertung eines Küchengerätes. Die Einschätzung der Qualität wird aber auch erheblich von subjektiven Vorstellungen beeinflusst. Junge Menschen bevorzugen z. B. eher Lebensmittel, die ihrem Lifestyle entsprechen. Der Qualitätsbegriff unterliegt zudem einem zeitlichen Wandel. So gewinnt die Nachhaltigkeit in heutiger Zeit eine immer größere Bedeutung.

Qualität *wird laut der Norm DIN EN ISO 9000 : 2015-11 (der gültigen Norm zum Qualitätsmanagement) als „Grad, in dem ein Satz inhärenter Merkmale eines Objekts Anforderungen erfüllt" definiert. Die Qualität gibt damit an, in welchem Maße ein Produkt (Ware oder Dienstleistung) den bestehenden Anforderungen entspricht. Die Benennung der Qualität kann zusammen mit Adjektiven wie schlecht, gut oder ausgezeichnet verwendet werden.*

Inhärent *bedeutet im Gegensatz zu „zugeordnet"* ***einer Einheit innewohnend,*** *insbesondere als ständiges Merkmal. Damit sind objektiv messbare Merkmale wie z. B. Länge, Breite, Gewicht, Materialspezifikationen gemeint (Definition nach: https://de.wikipedia.org).*

Bei der Lebensmittelqualität sind folglich viele Eigenschaften zu bewerten.

Eine Einstufung in gute oder schlechte Qualität ergibt sich daraus, inwiefern ein Erzeugnis diesen Anforderungen entspricht:
- gesetzliche Vorgaben zum Verbraucherschutz
- objektive Produktmerkmale
- verschiedene Konsumvorlieben

BEISPIEL: *Die Bewohnerin einer Seniorenwohnanlage hat am Nachmittag Besuch einer Freundin und wünscht sich zum Kaffee Schwarzwälder Kirschtorte. Für besondere Anlässe hält die Küche ein entsprechendes Tiefkühlangebot bereit. Kuchen und insbesondere Torten haben zum Kaffeetrinken am Nachmittag einen hohen Stellenwert und tragen damit zur Lebensqualität beitragen. Die Torte trägt dazu bei, den Tag zu einem besonderen Ereignis zu machen. Eine Tiefkühltorte erfüllt bei sachgemäßer Lagerung alle gesetzlichen Vorgaben zum Verbraucherschutz (z. B. durch die Kennzeichnung). Die Bewohnerin hat bestimmte Vorstellungen von einer Schwarzwälder Kirschtorte, die sich vor allem auf Geschmack und Aussehen beziehen. So besteht die Torte aus Schokoladenbiskuit, die Füllung basiert auf Sahne und Kirschen. Diese Erwartungen hinsichtlich der Zutaten zählen zu den objektiven Produktmerkmalen. Aber auch die Nährwerte sind ein objektives Qualitätsmerkmal, wie im Beispiel die Einstufung des Nutriscores* *(s. a. S. 207 und 323)* *zeigt.*

AUFGABEN

1. Bestimmen Sie Kriterien, die den Bewohner/-innen bzw. Nutzer/-innen Ihres Ausbildungsbetriebs eine hohe Lebensqualität ermöglichen.

2. Beschreiben Sie, inwiefern die hauswirtschaftlichen Tätigkeiten dieses Ziel der hohen Lebensqualität unterstützen.

8.2.2 Gesetzliche Lebensmittelqualität

Die durch Gesetze und Verordnungen vorgeschriebene gesetzliche Qualität ist vorrangig der Produktqualität zuzuordnen. Ein wichtiges Gesetz zur Sicherung der Produktqualität ist das Lebensmittel- und Futtermittelgesetzbuch, dessen oberster Zweck die Lebensmittelsicherheit ist. Der Hersteller, Händler oder Inverkehrbringer hat die einwandfreie Qualität der Lebensmittel sicherzustellen. Auf allen Verarbeitungsstufen ist die **Rückverfolgbarkeit** der Produkte zu gewährleisten.

Anforderungen an die Hygiene beim Herstellen, Behandeln und Inverkehrbringen von Lebensmitteln regelt die **Lebensmittelhygiene-Verordnung (LMHV)**. Der Schutz der Gesundheit des Verbrauchers steht hier im Vordergrund.

Zusätze zu Lebensmitteln wie Zusatzstoffe, aber auch Nährstoffe werden durch verschiedene Verordnungen geregelt. Der zugelassene Gehalt an Schadstoffen, Rückständen und weiterer Kontaminanten ist ebenfalls in verschiedenen Verordnungen festgelegt.

> ***Kontaminanten*** *sind Stoffe, die als Folge der Gewinnung, Zubereitung, Fertigung, Lagerung, Verarbeitung, Beförderung, Behandlung, Aufmachung, Verpackung oder infolge einer Verunreinigung in einem Lebensmittel enthalten ist. Kontaminanten werden Lebensmitteln nicht absichtlich zugesetzt.*

Weitere Informationen unter: *www.bmel.de*

Die Lebensmittelinformations-Verordnung (LMIV) sorgt für die notwendige Transparenz des Verbrauchers durch die Festlegung der Lebensmittelkennzeichnung. Zur Bestimmung der Lebensmittelqualität sind auch die Vermarktungsnormen, die es z. B. für Fleisch, Fisch und Eier sowie Obst und Gemüse gibt, heranzuziehen. Zu unterscheiden sind fakultative Handelsklassen, deren Verwendung freiwillig ist, und obligatorische Handelsklassen. Obligatorische Handelsklassen führen zum Ausschluss derjenigen Produkte vom Verkehr, die nicht die Mindestanforderungen der untersten Klasse erfüllen.

Für Äpfel gibt es z. B. drei Handelsklassen: Extra bedeutet von höchster Qualität, I steht für gute Qualität und II gehören Äpfel an, die den Mindestanforderungen entsprechen.

Grundsätzlich muss Obst und Gemüse, das vermarktet werden soll, folgende Mindesteigenschaften aufweisen:
- Ganz, gesund und sauber
- Praktisch frei von Schädlingen und frei von Beschädigungen durch Schädlinge
- Frei von fremdem Geruch und Geschmack

Weitere Informationen unter: *www.lebensmittelverband.de*

Darüber hinaus existieren für eine Reihe von Lebensmitteln produktspezifische Bestimmungen. Für Wasser als Lebensmittel gibt es die Mineral- und Tafelwasserverordnung, die die Anforderungen für die verschiedenen Bezeichnungen festlegt:

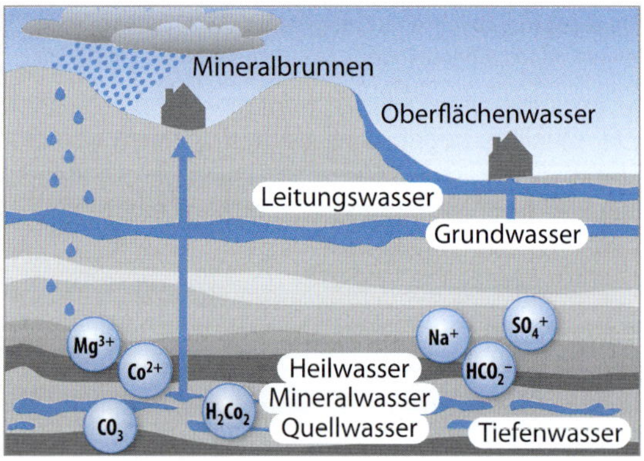

Herkunft der Wasserarten

Heilwasser, Mineralwasser und Quellwasser entstammen Tiefenwasser. Heil- und Mineralwasser weisen einen natürlichen Gehalt an Mineralstoffen auf. **Leitungswasser** ist dagegen oft eine Mischung von Oberflächen- und Grundwasser.

AUFGABE

3. Ermitteln Sie die rechtlichen Vorgaben für die Verwendung des Begriffs ‚Butterkuchen' für ein Gebäck.

8.2.3 Der BZfE-Qualitätsfächer

Das Bundeszentrum für Ernährung (BZfE) hat einen Qualitätsfächer zur Beurteilung von Lebensmitteln herausgegeben. Dieser zeigt, dass sich die Frage „Was ist ein gutes Produkt?" aus verschiedenen Blickwinkeln beantworten lässt. Insgesamt gibt es acht Beurteilungskriterien, die sogenannten Qualitätswerte. Zu jedem Qualitätswert gehören mindestens drei Prüfpunkte, anhand derer die Lebensmittel kritisch hinterfragt werden können.

Gesundheitswert

Anhand der Lebensmittelkennzeichnung, insbesondere der Nährwertkennzeichnung, der Zutatenliste und des Nutri-Scores, kann eine Einschätzung des individuellen Gesundheitswertes des Lebensmittels erfolgen. Vor allem der ernährungsphysiologische Wert, der über die Summe der wertgebenden und wertmindernden Inhaltsstoffe bestimmt wird, ist hier entscheidend. Bewertungsmaßstäbe sind z. B. die BZfE-Ernährungspyramide (s. S. 260), Nährstoffempfehlungen der DGE (s. S. 328 ff.), die Energie- und Nährstoffdichte (s. S. 345). Ergänzend sollte, wenn möglich, hinterfragt werden, ob das Produkt Schadstoffe enthält und/oder gesundheitsschädlich verpackt ist.

*Der **Nutri-Score** ist ein System zur Nährwertkennzeichnung von Lebensmitteln. Eine fünfstufige Farb- und Buchstabenskala (s. S. 207) soll einen Überblick über die Nährwertbewertung eines Produktes liefern. Ziel des Systems ist es, eine Orientierung beim Kauf von Lebensmitteln zu geben und dadurch das Bewusstsein hinsichtlich einer ausgewogenen Ernährung zu steigern (nach: Wikipedia).*

Eignungswert

Beim Eignungswert geht es um praktische Aspekte:

- Haltbarkeit und Lagerung
- Zeitaufwand für Einkauf und Zubereitung
- Küchentechnische Eigenschaften und Verwendungsmöglichkeiten

Der BZfE-Qualitätsfächer für Lebensmittel

Genusswert

Der Genusswert mit den Prüfkriterien Aussehen, Geruch, Geschmack, Mundgefühl und Konsistenz ist zum einen ein subjektiver Wert. Wie gefällt mir das Lebensmittel bzw. die Speise? Sensorische Tests ermöglichen aber auch eine objektive Überprüfung der Erwartungen an ein Produkt.

Aufbackbrötchen

BEISPIEL:

Aussehen: *gleichmäßig geformt, leicht glänzende, goldbraune leicht aufgesprungene Kruste, nicht gerissen, feine bis mittelfeine Porung*
Geruch: *nach Röstaromen*
Mundgefühl: *knackige Kruste, weiche Krume*

Ökonomischer Wert

Für den Verbraucher ist der Preis beim Einkauf ein wichtiges Entscheidungskriterium, da es meist eine Budgetbegrenzung gibt. Zur Orientierung kann eine Betrachtung der Zusammensetzung der Preise herangezogen werden.

Sozialer Wert

Bei diesem Qualitätswert geht es um die von den Produktions- und Verarbeitungsbedingungen betroffenen Menschen. Prüfkriterien sind u. a. der Lohn und die Arbeitsbedingungen dieser Menschen. Sogenannte Fairness-Siegel geben dem Verbraucher eine Orientierung (s. S. 205).Die Herkunft der Lebensmittel kann für das soziale Zusammenleben eine Rolle spielen. Die dörfliche Struktur z. B. verändert sich zunehmend durch das Sterben der kleinbäuerlichen Landwirtschaft.

Ökologischer Wert

Die Erde erwärmt sich immer mehr, weil die Menschen durch Verkehr, Heizung sowie Wohnen, Konsum und Essen immer mehr Treibhausgase erzeugen. Die Umweltbelastung eines Lebensmittels durch Produktion, Verarbeitung, Handel und Transport ist daher eine wichtige Qualitätsdimension. Hauswirtschaftliche Grundregeln wie saisonaler und regionaler Einkauf sind hier anzuwenden. Weiterhin ist der Ressourcenverbrauch von Wasser und Energie zu überprüfen, ebenso wie der CO_2-Fußabdruck. Orientierung bieten hier Kennzeichnungselemente wie die verschiedenen Bio-Siegel (s. S. 205 f.). Verpackungen verschlingen ebenfalls Unmengen an Ressourcen und belasten die Umwelt und sollten hinsichtlich der Notwendigkeit und des Materials überprüft werden.

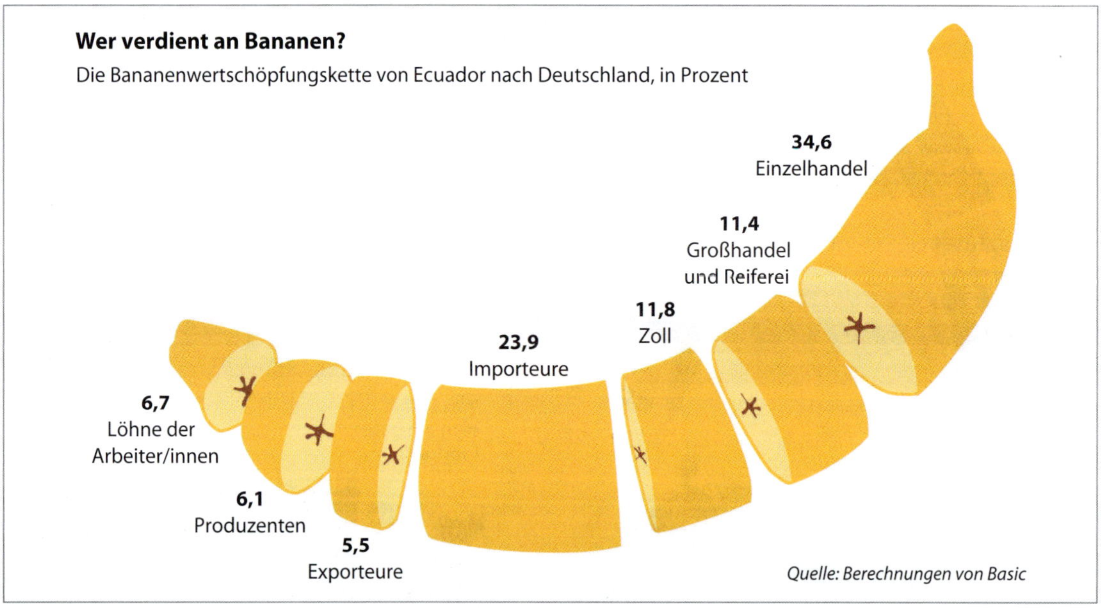

Wer verdient an Bananen?

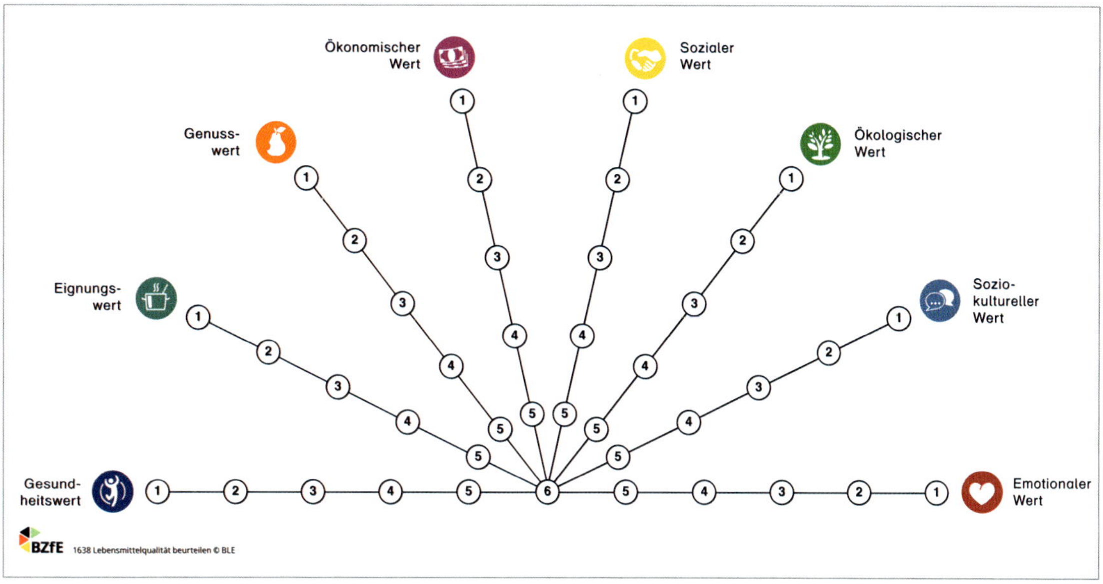

Der Qualitätsfächer für Lebensmittel

Soziokultureller Wert

Speisen sind in Esskulturen eingebettet und erfahren daher unterschiedliche Bewertungen, die z.B. auf religiösen Tabus beruhen. Schweinefleisch ist z.B. bei Muslimen verboten. Zudem spielt die Umgebung und die Lebenssituation eine Rolle bei einer Bewertung eines Lebensmittels. Für Senioren hat das Kaffeetrinken am Nachmittag, möglichst mit einem Stück Kuchen, einen hohen Wert.

Emotionaler Wert

Hierbei handelt es sich um einen sehr subjektiven Qualitätswert. Prüfkriterien sind hier z.B. das Gefallen des Verpackungsdesigns und der Werbung. Des Weiteren ist die Beliebtheit des Lebensmittels, bei jungen Menschen auch in der Peergroup auch ein wichtiges Kriterium. Manchmal tragen auch Assoziationen oder Erinnerungen zu einer positiven oder negativen Bewertung eines Lebensmittels bei.

> ***Wertgebende Inhaltsstoffe:*** *essentielle Nährstoffe, insbesondere Vitamine, Mineralstoffe, essentielle Aminosäuren u. Fettsäuren; gesundheitsfördernde Inhaltsstoffe wie Ballaststoffe u. sekundäre Pflanzenstoffe*
>
> ***wertmindernde Inhaltsstoffe:*** *Fremd- bzw. Schadstoffe, pathogene Keime*

AUFGABEN

4. Bewerten Sie das Lebensmittel **Banane aus fairem Handel** anhand des Fächers mit Noten:

5. Beurteilen Sie den Gesundheitswert folgender Lebensmittel: ein Apfel Elstar, ein Schokoriegel ca. 50 g. Nutzen Sie dafür eine Nährwerttabelle.

6. Nennen Sie Adjektive, um den Genusswert eines Lebensmittels zu beschreiben.

8.2.4 Qualitätsstandards für die Verpflegung

Verpflegung in Form von verschiedenen Mahlzeiten Tag für Tag in gleichbleibend hoher Qualität anzubieten, stellt die Betriebe vor eine komplexe Aufgabe. Um diese zu bewältigen, bedarf es der Zusammenarbeit aller beteiligten Akteure/Akteurinnen.

Die DGE-Qualitätsstandards, die es für die verschiedenen Einrichtungstypen gibt, sollen die für die Verpflegung Verantwortlichen unterstützen, eine gesundheitsförderliche und nachhaltige Verpflegung in ihren Betrieben zu gestalten.

Als erstes sollte im Betrieb ein Verpflegungskonzept erstellt werden, das die internen und externen Faktoren berücksichtigt. Zu den internen Faktoren zählen z. B. die Ausstattung der Küchen, die Anzahl der Mitarbeitenden und das zur Verfügung stehende Budget. Zu den externen Faktoren zählen z. B. die Lieferanten. Eine gute Betriebsverpflegung ist als Gemeinschaftsaufgabe zu sehen, an der verschiedene Berufs- und Personengruppen mitwirken. Ein Schnittstellenmanagement ist daher auch empfehlenswert. Eine Schnittstelle ist der Punkt, an dem eine Person bzw. eine Personengruppe (z. B. Küchenteam) ihr Arbeitsergebnis an eine weitere Person bzw. Personengruppe (z. B. Service- bzw. Ausgabeteam) weiterleitet.

> Qualitätsstandards lassen sich entlang der Prozesskette mit den fünf Schritten Planung, Einkauf, Zubereitung, Ausgabe sowie Reinigung und Entsorgung darstellen.

Planung:
- Anzahl der Mahlzeiten und Menüs
- Länge des Mahlzeitenzyklus
- Häufigkeiten und Qualitäten von Lebensmitteln
- Ergänzende Angebote für Vegetarier und kulturspezifische Ernährungsgewohnheiten
- Einsatz von Convenience-Produkten
- Bereitstellung eines informativen, den rechtlichen Vorgaben entsprechenden Speiseplans

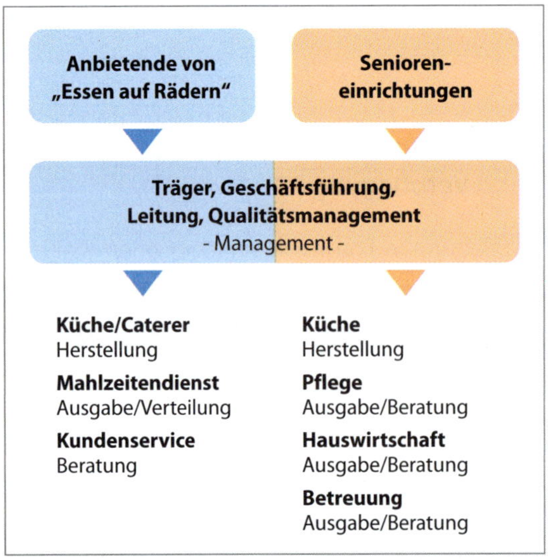

An der Verpflegung älterer Menschen beteiligte Bereiche bei Anbietenden von „Essen auf Rädern" und in Senioreneinrichtungen

Einkauf:
- Ökologisch erzeugte Lebensmittel und Produkte aus fairem Handel werden eingesetzt
- Fisch wird aus bestandserhaltender Fischerei bezogen
- Fleisch aus artgerechter Tierhaltung ist im Angebot

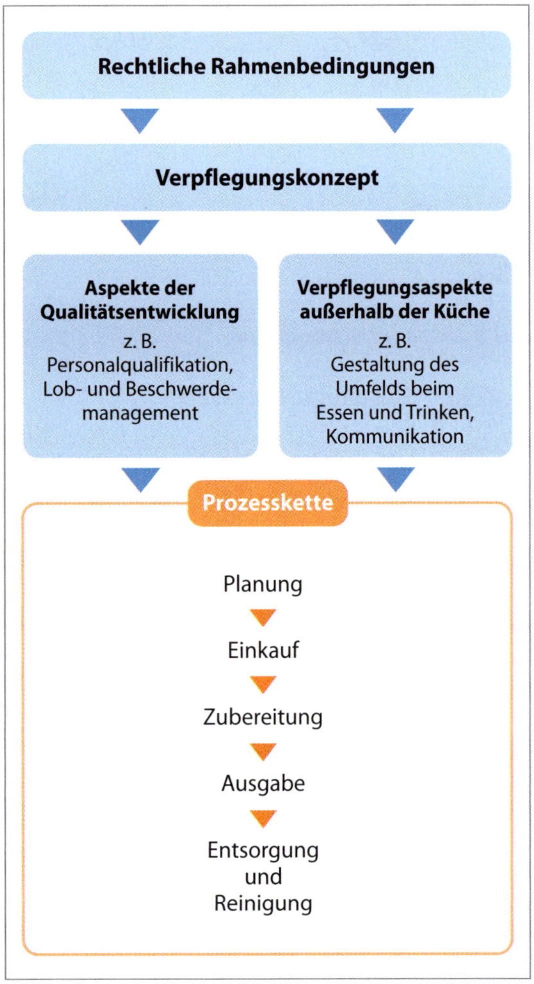

Aspekte einer gesundheitsfördernden und nachhaltigen Verpflegung

Zubereitung:
- Rezepte werden verwendet
- Fett und Zucker wird bewusst bzw. sparsam verwendet
- Nährstofferhaltende und fettarme Garmethoden werden angewendet
- Gartemperaturen und –zeiten werden einhalten
- Warmhaltezeiten dauern nicht länger als drei Stunden bei mindestens 65 °C
- Kalte Speisen werden bei max. 7 °C gelagert

Ausgabe:
- Zeitliche Abstimmung zwischen Küche und Ausgabe erfolgt
- Ausgabe ist detailliert informiert über Speisen und beantwortet Fragen
- Tischgäste haben Einfluss auf die Portionsgrößen

Reinigung und Entsorgung:
- Die verschiedenen Rückläufe (Abfälle, Speisen) werden erfasst und für die zukünftige Planung berücksichtigt
- Unvermeidbare Abfälle werden sinnvoll weiterverwertet bzw. entsorgt
- Reinigung und Desinfektion erfolgen unter Berücksichtigung der Hygieneanforderungen und der Umweltfreundlichkeit

AUFGABEN

7. Die Akzeptanz der Verpflegung durch die Konsumenten kann durch sogenanntes Nudging (s. S. 333) unterstützt werden. Erklären Sie diese Aussage, indem Sie den Begriff per Recherche definieren und passende Beispiele (Nudges) ableiten.

8. Entwickeln Sie eine Checkliste, die zur Überprüfung der Einhaltung der Qualitätsstandards des Schrittes „Zubereitung" genutzt werden kann.

Lebensmittelabfälle vermeiden

- Eine fachgerechte Lagerung mit laufender Überprüfung verhindert ein Verderben der Lebensmittel.
- Eine flexible Menüplanung auf Basis der Lagerbestände reduziert Lebensmittelabfälle.
- Die Verwendung standardisierter Rezepte reduziert Zubereitungsfehler.
- Nicht ausgegebene Speisen können für eine spätere Verwendung unter Beachtung der Hygieneregeln eingelagert werden.
- Die Portionsgrößen sollten an die Zielgruppen angepasst werden.
- Kleinere Behälter und Nachfüllen bei Bedarf verringern Lebensmittelabfälle beim Büfett
- Die Gäste sollten Einfluss auf die Portionsgröße haben.
- Kleinere Suppentassen, Salat- und Dessertschalen für die Selbstbedienung reduzieren Tellerreste.

*Das **Mindesthaltbarkeitsdatum** (MHD) gibt per Definition den Zeitpunkt an, bis zu dem der Hersteller garantiert, dass das ungeöffnete Lebensmittel bei durchgehend richtiger Lagerung seine spezifischen Eigenschaften, wie Geruch, Geschmack und Nährwert behält.*
*Ein **Verbrauchsdatum** ist für besonders schnell verderbliche und empfindliche Lebensmittel vorgeschrieben – zum Beispiel bei Hackfleisch oder frischem Fisch, vorgeschnittenen Salaten oder vorzerkleinertes Obst.*

Abgepackte, leicht verderbliche Lebensmittel mit der ausdrücklichen Kennzeichnung „zu verbrauchen bis" dürfen nach Überschreitung des angegebenen Datums nicht mehr verkauft werden.

Weitere Informationen unter:
www.lebensmittelklarheit.de

Beim Mindesthaltbarkeitsdatum geht es um die Lebensmittelqualität. Nach Ablauf kritisch prüfen (sehen, schmecken, riechen). Beim Verbrauchsdatum geht es um die Lebensmittelsicherheit. Nach Ablauf nicht mehr verzehren.

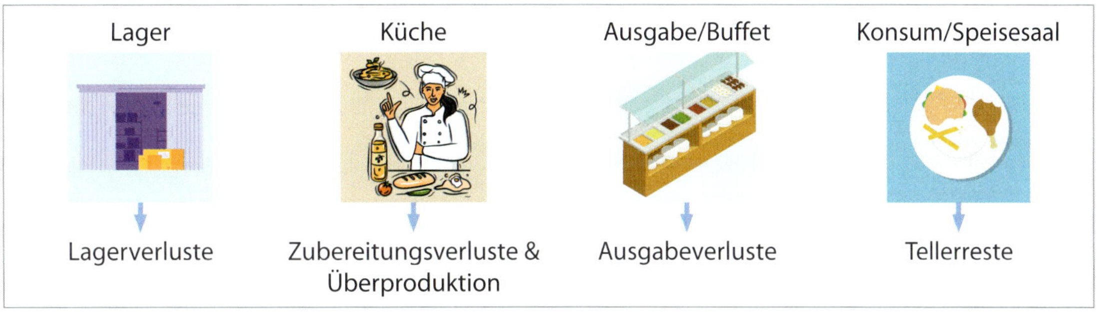

Hier entstehen Lebensmittelabfälle

2
8
12

8.3 Personen- und Situationsorientierung

Die Verpflegung von Personen und Personengruppen findet in verschiedenen privaten Haushalten und hauswirtschaftlichen Dienstleistungsbetrieben statt. Die Verpflegung soll die Gesundheit und das Wohlbefinden der Nutzer und Nutzerinnen stärken. Dieses Ziel wird durch professionelles hauswirtschaftliches Handeln erreicht, das in diesem Zusammenhang eine Personen- und Situationsorientierung erfordert.

8.3.1 Energie- und Nährstoffbedarfe von Personen und Personengruppen

Die Menge und Häufigkeit der auszuwählenden Lebensmittel bzw. Speisen wird maßgeblich von dem Alter, dem Geschlecht, dem Gewicht und dem Bewegungsverhalten der Nutzer und Nutzerinnen bestimmt. Die Ernährungspyramide (s. S. 260) berücksichtigt dies durch die Portionsgrößenbestimmung anhand der Hand bzw. Hände der Zielperson. Die Portionsgrößen dienen als Orientierung, da bekanntlich die individuelle Situation großen Einfluss auf den Energie- und Nährstoffbedarf hat.

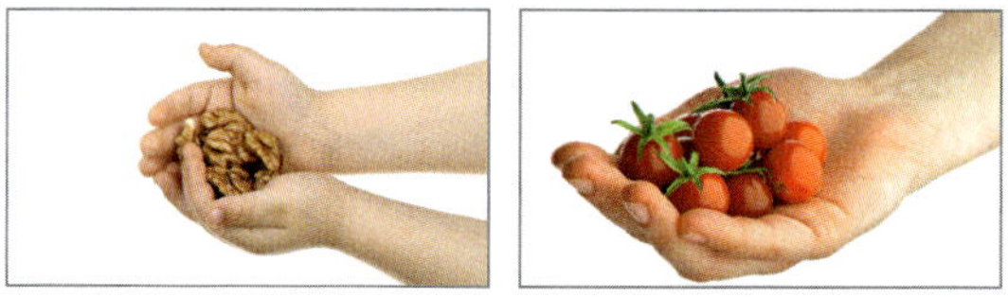

Die Größe der Hand bestimmt die Portionsgröße

Weitere Informationen unter: www.bzfe.de

Für die Kalkulation von Verzehrsmengen sind allerdings Angaben in Gramm pro Portion hilfreich, die z. B. in den DGE-Qualitätsstandards für die jeweilige Zielgruppe zu finden sind.

Richtwerte für die Energiezufuhr in kcal/Tag							
Bewegungsverhalten		PAL-Wert 1,4		PAL-Wert 1,6		PAL-Wert 1,8	
Geschlecht		m	w	m	w	m	w
Alter	Kinder und Jugendliche						
	1 bis unter 4 Jahre	1 200	1 100	1 300	1 200	–	–
	4 bis unter 7 Jahre	1 400	1 300	1 600	1 500	1 800	1 700
	7 bis unter 10 Jahre	1 700	1 500	1 900	1 800	2 100	2 000
	10 bis unter 13 Jahre	1 900	1 700	2 200	2 000	2 300	2 200
	13 bis unter 15 Jahre	2 300	1 900	2 600	2 400	2 900	2 500
	15 bis unter 19 Jahre	2 600	2 000	3 000	2 200	3 400	2 600

In einer **Referenzwerttabelle** Tabelle finden Sie die auf Ihre Filtersuche angepassten Daten.

Weitere Informationen unter:
www.dge.de/wissenschaft/referenzwerte.de

Energiebedarf

Der Energiebedarf unterscheidet sich von Tag zu Tag und von Mensch zu Mensch. Er setzt sich zusammen aus dem Ruheenergieverbrauch und dem Energieverbrauch für körperliche Aktivität (PAL-Wert). Energie wird in den Einheiten Joule (J) und Kalorie (kcal) angegeben (1 kJ = 0,239 kcal und 1 kcal = 4,184 kJ).

Der Ruheenergieverbrauch ist abhängig von verschiedenen Faktoren wie z. B. Geschlecht, Alter, Körpergröße und -gewicht, Stress, Hormonen, Gesundheitszustand und Klima.

Für Wachstum, Schwangerschaft und Stillzeit, aber auch Sport ist zusätzliche Energie notwendig.

Eine individuell genaue Bedarfsermittlung erfolgt anhand der Referenzwerte der DGE. Mithilfe von Tabellen (digital oder als Ringbuch verfügbar) oder einem Referenzwerte Tool unter *www.dge.de* sind die benötigten Werte zu ermitteln.

Weitere Informationen unter *www.dge.de*

Makronährstoffbedarf

Der empfohlene Bedarf für die energieliefernden Nährstoffe berücksichtigt die individuelle Energiezufuhr. Kohlenhydrate und Fette sind die wichtigsten Energielieferanten und sollten ca. 80–85 % des Energiebedarfs decken. In den ersten Lebensjahren liegt der Fettbedarf relativ hoch, was durch den hohen Energiebedarf begründet ist.

Die Richtwerte für den Proteinbedarf werden in Gramm pro kg Körpergewicht ausgesprochen.

Beim Eiweißbedarf besteht ein deutlicher Zusammenhang mit dem Lebensalter. Während des Wachstums ist der Bedarf hoch. Für Senioren wird in den neusten Angaben der Bedarf wieder höher eingeschätzt, um die Gesunderhaltung zu unterstützen.

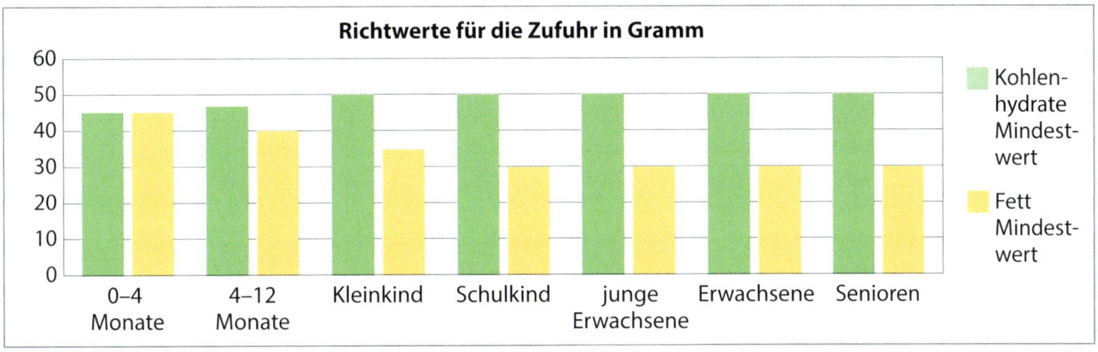

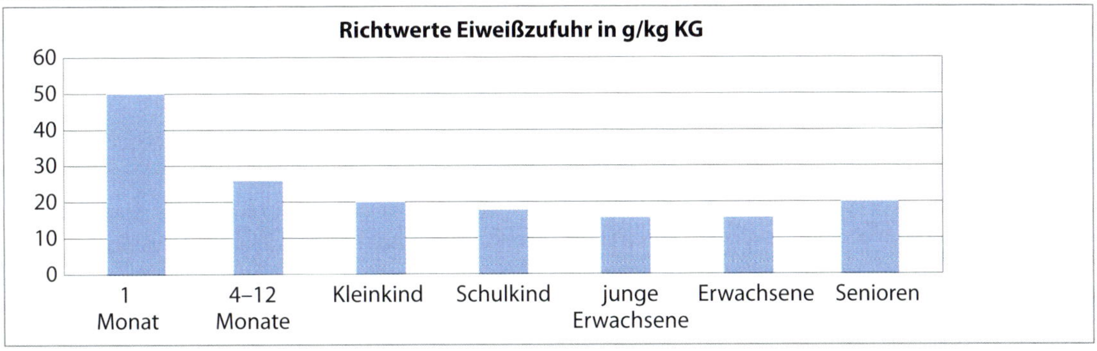

Vitaminbedarf / Zufuhrempfehlungen

Pro Tag	Säuglinge	Kleinkind	Schulkind	Jugend	Erwachsene	Senioren
Vitamin A (µg)	500–400	300	450	700 – 950	700 – 850	700
Vitamin E (mg)	3 – 4	5 – 6	9 – 10	11 – 14	12 – 15	11 – 12
Vitamin B1 (mg)	0,2 – 0,4	0,6 – 07	0,8 – 1,0	1,0 – 1,4	1,0 – 1,3	1,0 – 1,1
Vitamin B2 (mg)	0,3 – 0,4	0,7– 0,8	0,9 – 1,0	1,0 – 1,6	1,0 – 1,3	1,0 – 1,3
Vitamin B6 (mg)	0,1 – 0,3	0,6 – 0,7	1,0 – 1,2	1,4 – 1,6	1,4 – 1,6	1,4 – 1,6
Vitamin B 12 (mg)	0,5 – 1,4	1,5 – 2,0	2,5	4,0	4,0	4,0
Vitamin C (mg)	20	20 – 30	45 – 65	65 – 85	95 – 110	95 – 110
Folat (µg)	60 – 80	120 – 140	180 – 240	240 –300	300	300

Mikronährstoffbedarf (Vitamine und Mineralstoffe)

Die Angaben zum Vitaminbedarf sind stets abhängig von der Zielperson und müssen u. a. das Alter, das Geschlecht, den Gesundheitszustand und den Versorgungsstatus berücksichtigen. In der Praxis wird daher mit Durchschnittswerten gearbeitet, die eine Sicherheitsspanne enthalten. Die Tabellen zeigen einen Auszug der Empfehlungen der DGE.

Die fettlöslichen Vitamine (gelb unterlegt) werden bei einem Überschuss vom menschlichen Organismus gespeichert, bei den wasserlöslichen Vitaminen (blau unterlegt) werden Überschüsse über die Niere ausgeschieden.

Auch der Mineralstoffbedarf ist vom jeweiligen Organismus (Alter, Lebensphase, Versorgungszustand, Gesundheit) abhängig. Eine Unterversorgung kann zu gravierenden Beeinträchtigungen des Gesundheitszustandes führen. Aber auch eine Überversorgung kann bei einzelnen Mineralstoffen gesundheitliche Probleme verursachen.

Die Mengenelemente (Bestand im Körper > 50 mg) sind orange unterlegt, die Spurenelemente (Bestand im Körper < 50 mg) sind grau unterlegt. Bei den Mineralstoffen liegt der Bedarf beim männlichen Geschlecht meist etwas höher. Eine Ausnahme ist Eisen, wo Frauen einen höheren Bedarf haben.

AUFGABEN

1. Berechnen Sie den Kohlenhydrat- und Fettbedarf in Gramm einer Seniorin mit einem täglichen Energiebedarf von 7800 kJ/ 1850 kcal.
2. Ermitteln Sie Lebensmittel, die den Tagesbedarf der Vitamine B1 oder Folat decken.
3. Leiten Sie vom Tagesbedarf (Calcium = 1000 mg bei Erwachsenen) Beispiele für calciumreiche Lebensmittel ab. Begründen Sie Ihre Auswahl.

Mineralstoffbedarf / Zufuhrempfehlungen

Pro Tag	Säuglinge	Kleinkind	Schulkind	Jugend	Erwachsene	Senioren
Natrium (mg)	130 – 200	400 – 500	750 – 1100	1400 – 1500	1500	1500
Chlorid (mg)	300 – 450	600 – 750	1150 – 1700	1700 – 2300	2300	2300
Kalium (mg)	400 – 600	1100 – 1300	1300 – 2900	2900 –4000	4000	4000
Calcium (mg)	220 – 330	600 – 750	750 – 1100	1100 – 1200	1000	1000
Magnesium (mg)	24 – 80	170 – 190	1240 – 260	260 – 330	300 – 350	300 – 350
Eisen (mg)	0,3 – 11	7	10 – 14	11 (m)/14 – 16 (w)	11 (m)/14 – 16 (w)	11 (m)/14 – 16 (w)
Jod (µg)	40 – 80	90 – 120	120 – 180	150 – 200	150 – 200	150 – 180
Phosphor (mg)	120 – 180	330 – 500	610	660	550	550
Flourid (mg)	0,25 – 0,4	0,7 – 1,5	2,1 – 2,7 (m)/2,8 (w)	3,5 (m)/3,0 (w)	3,5 (m)/3,0 (w)	3,5 (m)/3,0 (w)

8.3.2 Empfehlungen für verschiedene Lebensphasen

Schwangerschaft

Während der Schwangerschaft ist eine vollwertige Ernährung, die sich an der Ernährungspyramide orientiert, besonders wichtig. ‚Besser essen' ist das Motto. Vitamin- und Mineralstoffreiche Lebensmittel wie Gemüse, Salate, Obst, Vollkornprodukte und Kartoffeln werden täglich auf dem Speiseplan empfohlen. Folsäure und Jod sollten zusätzlich eingenommen werden. Erst in den letzten Monaten der Schwangerschaft ist ein Zuschlag von ca. 250 kcal empfohlen:

So viel sind 250 kcal

Bei der Mahlzeitengestaltung sollten fünf Mahlzeiten eingeplant werden. Die drei Hauptmahlzeiten bestehen aus einem großen Teller mit drei Lebensmittelgruppen und einem Getränk, bei Zwischenmahlzeiten reicht ein kleiner Teller mit zwei Lebensmittelgruppen und einem Getränk. Zu beachten ist weiterhin:

- abwechslungsreich essen
- 1 Portion fettreicher Meeresfisch pro Woche
- Alkohol und Zigaretten sind tabu
- Keine rohen Lebensmittel vom Tier anbieten
- Sorgfältige Hygiene
- Koffeinzufuhr nur in geringen Mengen
- bei Süßhunger statt snacken einen Nachtisch verzehren
- Verzicht auf Energydrinks

Frühstück

- Frisches Obst der Saison
- Müsli/Getreideflocken (Vollkorn)
- Milch/Milchersatz/Joghurt

Oder:
- Vollkornbrot, Frischkäse, Fruchtaufstrich
- Brötchen, eine Scheibe Käse, Obstsalat

Mittagessen

- Spinat
- Gebratenes Seelachsfilet
- Kartoffelpüree

Oder:
- Vollkornspaghetti mit Tomatensoße und Salat
- Gemüsereis mit Hähnchenbrust

Abendbrot

- Tomaten-Gartensalat
- Vollkornbrot
- Kräuterquark

Oder:
- Tortellinisalat mit Paprika, Möhre und Käsewürfel

Stillzeit/Säuglinge

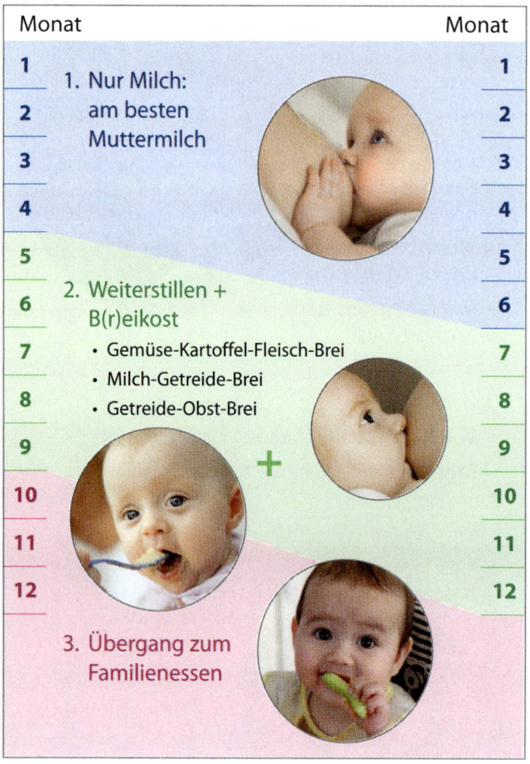

In den ersten sechs Lebensmonaten ist das Stillen für alle Säuglinge zu empfehlen. Die Mutter sollte sich weiterhin ausgewogen, abwechslungsreich und regelmäßig ernähren. Seefisch wird zweimal wöchentlich empfohlen. Der Flüssigkeitsbedarf ist erhöht. Alkohol ist weiterhin zu meiden. Diäten oder Reduktionskost sind in dieser Phase nicht geeignet. Falls nicht oder nicht voll gestillt wird, ist industriell hergestellte Säuglingsmilchnahrung die Alternative. Je nach Bedarf des Säuglings kann zwischen Säuglingsanfangsnahrung ‚Pre' und ‚1' ausgewählt werden.

Bei der Zubereitung sind folgende Regeln zu beachten:

- Immer frisch zubereiten
- Reste immer entsorgen
- Frisches Trinkwasser verwenden
- Flaschen und Sauger sorgfältig reinigen

Mit Beginn des fünften Monats kann Beikost eingeführt werden. Beikost kann fertig gekauft werden oder selbst gekocht werden. Dies ist unter Einbeziehung der familiären Gesamtsituation zu entscheiden.

Grundsätzlich gilt:

- Wenige Hauptzutaten reichen
- Neue Geschmäcker langsam einführen
- Abwechslung beim Gemüse anbieten
- Kein Zusatz von Salz, Zucker oder Aromen
- Evtl. Wasser als zusätzliches Getränk

Weiterführende Informationen und Rezepte unter *www.ble-medienservice.de*.

Kleinkind/Schulkind

Gemeinsame Mahlzeit in der Kita

Die Empfehlungen für die Lebensmittelauswahl für Kleinkinder und Kinder orientieren sich an der Ernährungspyramide bzw. an den Qualitätsstandards der DGE für die entsprechende Zielgruppe.

Bei Kleinkindern sind folgende Besonderheiten zu beachten:

- Sparsames Würzen und Salzen
- Verzicht kleiner, harter Lebensmittel
- Berücksichtigung des Zahnstatus, evtl. Lebensmittel zerkleinern bzw. zerdrücken
- Verzicht auf stark blähende Lebensmittel
- Fleisch mit zarter Konsistenz anbieten
- Rohe tierische Lebensmittel meiden
- Verzehr aus Schüsseln als Alternative zu Tellern ermöglichen

Da in den ersten Lebensjahren die Grundlagen für die Ernährungsgewohnheiten gelegt werden, sollten gemeinsame, feste Mahlzeiten eingeführt werden. Die Regeln bei Tisch werden ebenfalls eingeführt. Die begleitenden Erwachsenen sind wichtige Vorbilder. Das Kind darf auswählen, was und wieviel es von den angebotenen Komponenten essen möchte. Spezielle Kinderlebensmittel sind nicht notwendig. Sie sind häufig stark gesüßt und zudem mit viel Verpackungsmaterial ausgestattet.

Weiterführende Informationen unter
www.fitkid-aktion.de

Kinder benötigen für ihre körperliche und geistige Entwicklung, Konzentrations- und Leistungsfähigkeit und für die Stärkung der Immunabwehr ein vielseitiges und abwechslungsreiches Angebot an vollwertigen Lebensmitteln. Studienergebnisse zeigen immer wieder einen zu niedrigen Gemüseverzehr.

Folgende Tipps können helfen:

FÜR DIE PRAXIS

- Mundgerechte Stücke anbieten
- Häufig rohes Gemüse anbieten
- Gemüsesticks mit Dip anbieten
- Gemüse in geraspelter oder pürierter Form in anderen Speisen ‚verstecken'
- Kinder selbst ‚schnippeln' lassen
- Salate mit Obst versüßen

Süßigkeiten und gesüßte Getränke werden dagegen in zu großen Mengen konsumiert. Angesichts des verbreiteten Übergewichts bei Kindern ist dies kritisch zu sehen.

- Folgende Regeln sollten daher beachtet werden:
- Süßigkeiten sind grundsätzlich kein Bestandteil von Frühstück und Zwischenmahlzeiten
- Dessert gibt es nur an ausgewählten Tagen oder es wird stattdessen Obst gereicht
- Süßigkeiten gibt es nur zu definierten Zeiten und besonderen Anlässen (z. B. Geburtstag)
- Süßigkeiten werden nicht zur Belohnung eingesetzt

Weitere Informationen unter:
www.gesund-ins-leben.de

Jugendliche

Jugendliche bilden ihren eigenen Essstil aus, der sich zunehmend an Einflussfaktoren außerhalb der Familie orientiert. Die Peergroup spielt dabei meist eine große Rolle. Jugendliche bevorzugen schnelles und unkompliziertes Essen und greifen daher häufig zu weniger empfehlenswerten Speisen. Eine gezielte Platzierung und optische Hervorhebung können helfen, Jugendliche zu einer ausgewogenen Speisenauswahl zu lenken. Solche ‚Nudging'-Maßnahmen (to nudge = stupsen) sind mit wenig Kosten und Aufwand umzusetzen.

Obst vorne in Sicht- und Greifhöhe möglichst mit einem niedrigeren Preis als Süßigkeiten

Kinder und Jugendliche werden zudem auf vielfältige Weise von der Lebensmittelindustrie beworben. Sogenannte ‚Junkfluencer' z. B. preisen nicht bzw. wenig empfehlenswerte Lebensmittel an. Das sogenannte ‚Junkfood' steht in deutlichem Kontrast zu einer gesundheitsfördernden und nachhaltigen Ernährung.

***Junkfood** bedeutet ungesunde, minderwertige Nahrung. Es handelt sich um energiereiche Nahrung mit einem sehr hohen Anteil an Fett, Salz oder Zucker. Die Lebensmittel werden als „ungesund" eingestuft.*

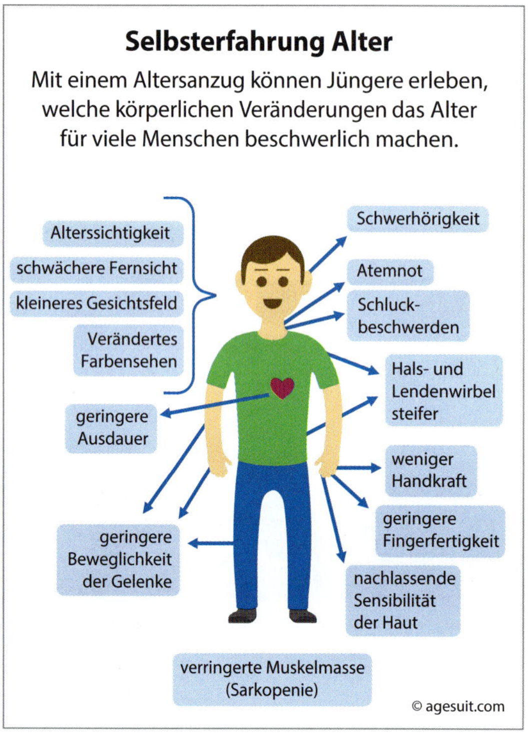

Selbsterfahrung Alter

Senioren und Seniorinnen

Im Alter kommt es zu physiologischen und evtl. krankheitsbedingten Veränderungen, die in der Ernährung berücksichtigt werden sollten. So verändern sich Geschmack und Geruch und das Durstgefühl nimmt ab. Zudem nehmen die Verdauungsleistung und die Nährstoffaufnahme ab. Eine ausgewogene Ernährung ist daher ein wichtiger Faktor zum Erhalt der Lebensqualität. Das Alter gibt jedoch nicht immer Auskunft über die Gesundheit oder die körperliche Fitness, daher sind Zielpersonen individuell zu betrachten. Die Erfassung einer Essbiographie kann Probleme im Essverhalten lösen.

Grundsätzlich gilt:

- Energieärmere Kost (sinkender Energiebedarf). Dies kann durch kleinere Portionsgrößen und oder durch die Auswahl ballaststoffreicher, wenig verarbeiteter und damit gut sättigender Lebensmittel erreicht werden. Bei Milchprodukten sollten fettarme Varianten ausgewählt werden.
- Nährstoffreiche Kost (konstanter Vitamin- und Mineralstoffbedarf, geringere Nährstoffaufnahme). Gemüse, Hülsenfrüchte und Obst bunt und vielfältig angeboten sind bestens geeignet.
- Fünf bis sechs kleinere Mahlzeiten anbieten
- Mahlzeiten mit abwechslungsreichen Obst- und Gemüseprodukten (z.B. frisch gepresste Säfte, Smoothies, Früchtepürees, Gemüsesticks) anbieten
- Kräuter und Gewürze verwenden
- Wunschbasierte Verpflegung ermöglichen
- Gängige Rezepte nährstoffwertvoller umgestalten
- Getränke zu allen Mahlzeiten und an Trinkstationen anbieten
- Appetitsteigerung ermöglichen, da dieser durch erhöhte Medikamenteneinnahme oft verringert ist

Je nach vorliegender Beeinträchtigung oder Krankheit kann jedoch eine Anpassung der Speisen und Getränke bspw. in Bezug auf deren Konsistenz, die Art und Weise der Darreichung und / oder den Energie- und Nährstoffgehalt angezeigt sein.

Bei Betagten liegt häufiger eine Unter- als eine Überernährung vor. Dementsprechend Rezepte nährstoffvoller umgestalten (Nährstoffdichte beachten, s. S. 345). Das Wenige, was gegessen wird, muss entsprechend alles Notwendige beinhalten.

FÜR DIE PRAXIS

Pro Tag ein Stück Obst, einmal Gemüse, eine Portion Joghurt, Käse oder Quark sowie stärkehaltige Beilagen anbieten. Zum Milchreis passt auch frisches geriebenes Obst.

AUFGABEN

4. Beschreiben Sie die Zubereitung eines Getreide-Obst-Breis anhand eines geeigneten Rezeptes.

5. Entwickeln Sie zwei Vorschläge (Rezept und optische Gestaltung) für Gemüsemuffel im Kleinkindalter.

6. Sie verpflegen Senioren und Seniorinnen mit Kauproblemen. Leiten Sie mahlzeitenbezogene Hinweise für die Auswahl und Zubereitung der Speisen ab.

8.3.3 Gewohnheiten berücksichtigen

Hauswirtschaftliches Handeln erfolgt im Kontext der verschiedenen Lebenswelten der Nutzerinnen und Nutzer. Das persönliche Umfeld ist z. B. von der familiären Situation, dem sozialen Umfeld, den vorhandenen Ressourcen und Kompetenzen geprägt. Zudem ist die kulturelle Prägung durch z. B. verschiedene Religionen, Sitten und Gebräuche zu berücksichtigen.

Religionen

In den Religionen gibt es unterschiedliche Ernährungsweisen bzw. Speisevorschriften.

Sitten und Gebräuche

Verschiedene Esskulturen unterscheiden sich in den Tischsitten, der Tischdekoration, den Ritualen und Zeremonien und den Speisen. Jeder Einzelne erlebt die Esskultur zunächst in der Familie als eine Alltagskultur. Wiederkehrende Abläufe und Routinen kennzeichnen den Alltag. Aber auch festgelegte Zeremonien und Rituale bei Festen und Feiern sind für unterschiedliche Kulturen zu berücksichtigen.

typisch deutsche Weihnachtsdekoration

AUFGABEN

7. Entwickeln Sie einen Vorschlag für die Osterdekoration der Esstische in Ihrem Ausbildungsbetrieb.

8. Nennen Sie wichtige Feste im Islam und im Judentum.

Weltreligion	Gebote	Verbote	Regeln bei der Zubereitung
Buddhismus	• Mitgefühl mit allem Lebendigen	• Bestimmte Fleischarten (z. B. Pferd, Hund) • Stark riechende Pflanzen wie Lauch, Zwiebeln, Knoblauch, Ingwer	• keine
Christentum	• Speiseempfehlungen für Fastentage	• Keine strengen Verbote • Verzicht von Fleisch an Freitagen	• keine
Hinduismus	• Lebensmittel sollten möglichst rein sein, z. B. die Produkte der Kuh • Verehrung vieler Tiere, überwiegend vegetarische Ernährung	• Rindfleisch	• Personen in der Lebensmittelzubereitung sollten rein sein
Islam	• Lebensmittel müssen **rein** sein (**halal**)	• Lebensmittel, die **unrein** sind (**haram**), z. B. – Schweinefleisch – Nicht-geschächtetes Fleisch – Alkohol	• Spezielle Schlachtmethode einhalten
Judentum	• Lebensmittel müssen **koscher** (**rein**) sein • Trennung der Lebensmittel in fleischig, milchig und neutral	• Lebensmittel, die **nicht koscher** (**trefe**) sind, z. B. – Schweinefleisch – Einige Fische und Meeresfrüchte – Verbot des Blutgenusses	• Räumliche und zeitliche Trennung von Fleisch- und Milchprodukten • Spezielle Schlachtmethode einhalten

8.4 Speisen anbieten

8.4.1 Speisepläne

Der Speiseplan ist das Aushängeschild der Küche. Die Tischgäste überprüfen, ob das Angebot die eigenen Wünsche und Erwartungen erfüllt, z. B. in Form bevorzugter Gerichte. Aber auch die Beachtung kultureller bzw. religiöser Gebote ist für die Tischgäste von Bedeutung. Das Leistungsziel eines Speiseplans aus Sicht des Betriebes ist die bedarfsgerechte Ernährung zur Erhaltung und Förderung der Gesundheit sowie des Wohlbefindens der Tischgäste. Bei der Erstellung sind jedoch auch die internen Bedingungen des Betriebes zu berücksichtigen. Die Unternehmensleitung oder der Träger der Einrichtung gibt einen Entscheidungsrahmen vor, der sich aus u. a. folgenden Bedingungen ergibt:

- Finanzielle Mittel (Budget)
- Personelle Ausstattung, z. B. Anzahl Mitarbeiter bzw. Mitarbeiterinnen
- Ausstattung und Einrichtung der Betriebsräume

Weitere Einflussfaktoren auf den Speiseplan sind die externen Bedingungen, wie z. B. Ernährungstrends und das sich stetig verändernde Lebensmittelangebot. Aber auch rechtliche Vorgaben z. B. zur Lebensmittelsicherheit und zum Umweltschutz oder Empfehlungen u. a. zur Nachhaltigkeit beeinflussen den Speiseplan.

Bei der Gestaltung und Veröffentlichung eines Speiseplans ist Folgendes zu beachten:

- Frühzeitige und barrierefreie Veröffentlichung
- Zielgruppengerechte Gestaltung
- Eindeutige Bezeichnung der Speisen
- Benennung der Tierart
- Deklaration der Zusatzstoffe und Allergene durch Abkürzungen (Buchstaben, Zahlen mit Legende) oder Symbole, s. S. 456

Eindeutige Bezeichnung der Speisen → Karotten-Lauch-Salat mit Weintrauben
Benennung der Tierart → Pichelsteiner Eintopf *(Rindfleisch)* mit Vollkornbrot

Mineralwasser
Karotten-Lauch-Salat mit Weintrauben
Pichelsteiner Eintopf *(Rindfleisch)* mit Vollkornbrot
Vanilleflammeri mit Fruchtschaum

Auszug aus einer korrekten Speisekarte

Weitere Informationen und Speisepläne unter: *www.fitimalter-dge.de*

Die Speisenplanung sollte sich an den Empfehlungen der DGE orientieren. Die Qualitätsstandards für verschiedene Bedarfsgruppen bieten durch die beschriebenen Lebensmittelquantitäten und -qualitäten (s. S. 323 ff.) und weitere beschriebene Kriterien wissenschaftlich begründete Auswahlkriterien. Die Qualitätsstandards können als PDF heruntergeladen werden und finden sich unter: *www.dge.de*

Die DGE bietet zudem einen Online-Speiseplancheck für die Mittagsverpflegung an.

Weiterführende Informationen unter: *www.fitkid-aktion.de*

Ein Menüzyklus sollte mindestens vier Wochen betragen. Zu jeder Mahlzeit ist ein ovo-lacto-vegtarisches Gericht anzubieten.

> *Das Wort „Ovo" steht für Eier, „Lacto" für Milchprodukte. Das bedeutet:* ***Ovo-Lacto-Vegetarier*** *essen kein Fleisch, Fisch und Meerestiere, dafür stehen neben pflanzlichen Lebensmitteln noch Milchprodukte und Eier auf ihrem Speiseplan.*

Rückmeldungen dienen der regelmäßigen Überprüfung der Speisepläne
Die Tischgäste sollten die Möglichkeit bekommen, Wünsche und Anregungen zu äußern. Dies kann durch Gespräche, schriftliche Befragungen oder digitale Tools (s. S. 342) erfolgen. Auch Essensreste und Beobachtungen des Servicepersonals geben Auskunft über die Akzeptanz von Speisen.

AUFGABEN

1. In Ihrer Einrichtung leben Personen mit verschiedenen Beeinträchtigungen. Einige sitzen im Rollstuhl, bei anderen ist das Sehvermögen eingeschränkt. Leiten Sie ab, wie für diese Zielgruppen eine barrierefreie Veröffentlichung gewährleistet werden kann.

2. Überprüfen Sie einen Speiseplan eines Anbieters für Mittagsmenüs (z. B. www.meyer-menue.de) anhand der Kriterien für die Gestaltung und anhand der Qualitätsstandards.

Cook & Serve
- Wareneingang
- Lagern
- Vorbereiten
- Garen
- Ausgeben

Cook & Hold
- Wareneingang
- Lagern
- Vorbereiten
- Garen
- Warmhalten
- Ausgeben

Cook & Chill
- Wareneingang
- Lagern
- Vorbereiten
- Garen
- Schockkühlen
- Kühllagern
- Regenerieren
- Ausgeben

Cook & Freeze
- Wareneingang
- Lagern
- Vorbereiten
- Garen
- Schockgefrieren
- Tiefkühllagern
- Regenerieren
- Ausgeben

Quelle: BVLK

Verfahrensschritte nach DIN 10506 für die Gemeinschaftsverpflegung

8.4.2 Verpflegungssysteme

In der Gemeinschaftsverpflegung als eine Form der Außer-Haus-Verpflegung muss ein qualitativ hochwertiges Menü gleichzeitig an eine Vielzahl von Personen ausgegeben werden. Die Menüs sollen hygienisch einwandfrei sein und zudem den sensorischen Erwartungen der Tischgäste entsprechen. Den Einrichtungen stehen vier verschiedene Systeme zur Auswahl, um die Verpflegung insbesondere der Mittagsmahlzeit zu gewährleisten. Die Systeme unterscheiden sich zum einen hinsichtlich der Ansprüche an das Küchensystem und zum anderen hinsichtlich der Prozessschritte von der Zubereitung der Speisen bis zu deren Ausgabe. Bei den meisten Systemen findet eine zeitliche und räumliche Trennung von Zubereitung und Ausgabe statt.

Cook & Serve (Kochen und Servieren)

Bei diesem traditionell bewährten Verfahren besonders in Heimküchen erfolgt die Zubereitung und Ausgabe der Speisen räumlich und zeitlich aufeinander. Dabei beträgt die maximale Warmhaltezeit 30 Minuten.

> ***Heimküche** (Einzelküche): Speisen werden vor- und zubereitet und in der eigenen Einrichtung ausgegeben.*

Cook & Hold (Kochen und Warmhalten)

Verfügt eine Einrichtung über keine eigene Küche, findet meist die Warmverpflegung Anwendung. Transportwagen ermöglichen, dass trotz der räumlichen Entkoppelung die Gäste ein warmes Essen bekommen. Die Warmhaltezeit sollte maximal drei Stunden bei einer Temperatur von 65 °C betragen.

> ***Zentralküche** mit Verteilerküche vor Ort: Speisen werden in der Zentralküche vor- und zubereitet, dann in Thermophoren zur Verteilerküche bzw. Ausgabeküche transportiert und dort ausgegeben.*

Cook & Chill (Kochen und Kühlen)

Bei diesem Verfahren werden die Speisen in einer Zentralküche zubereitet und anschließend innerhalb von 90 Minuten auf +3 °C heruntergekühlt. Die Schockkühlung kann vor oder nach der Portionierung stattfinden. Die Speisen sind für einige Tage gekühlt lagerfähig. Das Aufwärmen der Speisen erfolgt dann vor Ort z. B. im Kombidämpfer.

> ***Verteilerküche**: aus einer Zentralküche kalt angelieferte Speisen werden erwärmt ggf. noch durch frische Komponenten wie Salate ergänzt.*

Cook & Freeze (Kochen und Gefrieren)

Auch bei diesem Verfahren werden die Speisen in einer Zentralküche zubereitet und portioniert. Danach werden sie bei etwa –40 °C schockgefrostet auf eine Kerntemperatur von –18 °C. Bei dieser Temperatur sind sie für einige Monate lagerfähig. Vor Ort müssen die Speisen regeneriert werden.

> ***Regenerierküche:** Kühl- oder Gefrierkost wird angeliefert und erwärmt.*

AUFGABEN

3. Beschreiben Sie die Küchengeräte, die zur Grundausstattung einer Heimküche gehören.

4. Bei dem Verfahren Cook & Chill sind die hygienischen Anforderungen besonders hoch. Bestimmen Sie Kontrollmaßnahmen, die nach der Schockkühlung bis zur Ausgabe der Speisen durchgeführt werden müssen.

5. Begründen Sie die nur mittelmäßig eingeschätzte ernährungsphysiologische Qualität der Speisen im Verfahren Cook & Hold.

Bewertung

Die Auswahl eines Verpflegungssystems hängt von den Rahmenbedingungen vor Ort ab. Ein für alle Beteiligten perfektes System gibt es nicht. Folgende Aspekte können u.a. zur Bewertung herangezogen werden:

	Aus Sicht der Tischgäste	Aus Sicht der Einrichtung
Cook & Serve	+ ernährungsphysiologische Qualität + sensorische Qualität + Erfüllung von Wünschen möglich	+ positives Marketinginstrument – hoher Raum-, Geräte- und Personalbedarf
Cook & Hold	o ernährungsphysiologische und sensorische Qualität meist nur mittelmäßig	+ geringer Raum-, Geräte- und Personalaufwand
Cook & Chill 	+ gleichbleibende Qualität – eingeschränktes Speisenangebot – individuelle Wünsche werden nicht berücksichtigt	+ geringer Raum-, Geräte- und Personalaufwand – höhere Energiekosten – hohe hygienische Anforderungen
Cook & Freeze 	+ gleichbleibende Qualität – eingeschränktes Speisenangebot – individuelle Wünsche werden nicht berücksichtigt	+ geringer Raum-, Geräte- und Personalaufwand – hohe Energiekosten

 die regenerierten Komponenten sollten durch frische Salate, rohes Gemüse, Obst und Obstsäfte ergänzt werden.

8.4.3 Speisenverteilsysteme

Speisenverteil- oder Speisenausgabesysteme sind die Art und Weise, wie die Portionierung und der Weg zum Tischgast organisiert werden. Es handelt sich damit um die Schnittstelle zwischen Speisenbereitstellung und Tischgast. Bei der Portionierung unterscheidet man die Einzelportionierung, wie z.B. beim Tablettsystem und die Mehrfachportionierung, wie beim Wärmewagensystem. Des Weiteren gibt es Systeme, die auf dem Prinzip der Selbstbedienung beruhen. Bei anderen erfolgt die Speisenausgabe über Servicepersonal. Im Folgenden werden die für die Gemeinschaftsverpflegung gängigen Systeme vorgestellt:

Tablettsystem

Tablettsystem

Die Speisen werden in der Zentralküche portioniert und am Band auf Tabletts verteilt. Zum Warmhalten werden entweder das ganze Tablett oder einzelne Geschirrbestandteile abgedeckt. Dieses System ist vor allem für Verpflegungsteilnehmer und -teilnehmerinnen mit eingeschränkter Mobilität geeignet. Von Vorteil ist die individuelle Bestückung der Tabletts. Allerdings entsteht Aufwand für das Erfassen der Speisenwünsche.

Cafeteria Line

Cafeteria Line

Die Speisen werden an einer durchgehenden Ausgabetheke in Selbstbedienung und durch Ausgabepersonal angeboten. Mithilfe eines Tablett nehmen sich die Verpflegungsteilnehmer und -teilnehmerinnen die gewünschten Speisen.

Eine individuelle Auswahl der Portionsgröße und der Komponenten ist möglich. Allerdings ist die Speisenauswahl begrenzt.

Free Flow

Free Flow

Bei diesem System handelt es sich um eine Kombination aus Büfett und Cafeteria Line. Die Verpflegungsteilnehmer und -teilnehmerinnen können verschiedene Verpflegungsinseln ansteuern, an denen sie sich selbst bedienen. Die Ausgabe von warmen Menüs erfolgt meist an einer Ausgabetheke mit Personal. Eine individuelle Zusammenstellung des Essens ist gut möglich. Allerdings benötigt dies System eine große Fläche und die Verweildauer der Gäste ist relativ lang, da sie sich erst orientieren müssen.

Büfett

Büfett

Das gesamte Speisenangebot wird an einem Ausgabebereich als Selbstbedienung angeboten. Die Verpflegungsteilnehmer und -teilnehmerinnen können eine individuelle Mahlzeit hinsichtlich Menge und Auswahl zusammenstellen. Im Seniorenbereich ist allerdings oft Unterstützung durch Personal nötig. Alternativ kann ein rollendes Büfett an die Tische herangefahren werden.

Tischgemeinschaft

Tischgemeinschaft

Die Speisen werden in Schüsseln oder auf Platten (Mehrfachportionierung) auf die Tische verteilt. Die Essensteilnehmer und -teilnehmerinnen sitzen in kleinen Gruppen am Tisch und können die Portionsgröße der Speisen selbst auswählen (Schüsselprinzip). Diese Ausgabevariante kommt der Mahlzeiteneinnahme in der Familie am nächsten.

Alternativ werden bereits auf Tellern vorportionierte Speisen eingesetzt (Tellerprinzip). Diese Variante entspricht eher der Ausgabeform eines Restaurants.

AUFGABEN

6. **In der Mensa einer Gesamtschule werden die Speisen aus einer Zentralküche warm angeliefert. Ermitteln Sie zwei passende Speiseverteilsysteme.**

7. **Unter den Verpflegungsteilnehmern und -teilnehmerinnen Ihrer Einrichtung sind Personen mit Typ-1-Diabetes und mit Gicht. Nehmen Sie Stellung, wie bei der Verteilung der Speisen sichergestellt werden kann, dass diese Personen eine für sie geeignete Verpflegung erhalten.**

8.4.4 Tischgestaltung

Ein schön gedeckter Tisch beeinflusst die Atmosphäre und ist als Teil des Essumfeldes ein wichtiger Aspekt des Verpflegungskonzeptes. In einer entspannten Umgebung mit einem wertschätzend gestalteten Tisch können Mahlzeiten zum Höhepunkt des Tages werden. Je nach Anlass, Personen und Esssituation sollte der Essplatz ansprechend gestaltet werden. Entsprechende Vorüberlegungen, die auch die räumlichen Gegebenheiten berücksichtigen, sind daher notwendig:

- Anlass, z. B. Geburtstag, Feiertag, Jubiläum, Alltag
- Personen, z. B. Altersgruppe
- Esssituation, z. B. Kleinkinder, Personen mit eingeschränkten funktionellen oder kognitiven Kompetenzen
- Raumgröße, Tischformen

Zum Eindecken des Tisches gehören die Auswahl und das Legen der Tischwäsche, das Einsetzen der Tischdekoration und abschließend das Auflegen des Geschirrs, des Bestecks, der Gläser und der Mundservietten.

Tischwäsche

Tischwäsche wird in verschiedenen Faserarten, Bindungen und Farben angeboten. Im Alltag wird hochwertige Tischwäsche bevorzugt, die strapazierfähig, wertbeständig und langlebig ist. Tischdecken sollten makellos auf dem Tisch liegen. Zweckmäßig sind abwaschbare und fleckgeschützte Tischdecken. Mitteldecken, Tischläufer oder Deckservietten haben eine dekorative Funktion, zudem schonen sie die Tischdecke. Tischsets an jedem Platz haben sich im Alltag bewährt. Sie sind auch in verschiedenen Materialien und Farben erhältlich. Für den festlich gedeckten Tisch wird meist ausgewählte Tischwäsche verwendet.

Weiterführende Informationen unter:
www.handwerk-technik.de
www.youtube.de

Tischdekoration

Die Tischdekoration wird nach Anlass, Zielgruppe und Jahreszeit ausgewählt. Arbeitsaufwand und Kosten sind dabei zu berücksichtigen. Zur klassischen Tischdekoration zählen Blumen bzw. Blumengestecke (s. S. 359 f.) und Kerzen. Heutzutage sind der Fantasie hinsichtlich möglicher Dekorationsartikel kaum Grenzen gesetzt. Allerdings darf von der Dekoration kein Risiko ausgehen, z. B. kleine Gegenstände wie Streudekorationen können von Kleinkindern verschluckt werden. Zudem müssen hygienische Aspekte beachtet werden.

Tischkarten sind notwendig, wenn eine feste Sitzordnung gewünscht wird. Menükarten (s. S. 463) informieren den Gast bei einem Menü über die Speisenfolge.

Menagen (Würzbehälter) sind ggf. einzusetzen, (s. S. 477).

Festlich gedeckter Tisch

Weitere Informationen unter
www.handwerk-technik.de
www.youtube.de

Tafelgeschirr, Besteck und Gläser

Geschirr und Besteck sind Bedarfsgegenstände, die bestimmte hygienische, funktionelle und ästhetische Anforderungen erfüllen müssen:

Bestecke werden meist aus Edelstahl hergestellt, Geschirr meistens aus Porzellan. Bei Bestecken unterscheidet man Grundbestecke, Zusatz- bzw. Spezialbestecke und Servier- bzw. Vorlegebestecke.

Messer *Esslöffel* *Gabel* *Dessert-/Kaffeelöffel* *Kuchengabel*

Geschirr		Besteck		Gläser	
Einrichtung	• Haltbarkeit • Stapelbarkeit • Pflegeleicht • Spülmaschinenfest • Nachkaufmöglichkeit 10 Jahre	**Einrichtung**	• Pflegeleicht • Spülmaschinenfest • keine Oxidation • Nachkaufmöglichkeit 10 Jahre	**Einrichtung**	• Standfestigkeit • Unempfindlichkeit • Pflegeleicht • Spülmaschinenfest • Nachkaufmöglichkeit 10 Jahre
Tischgast	• Sauberkeit • Glanz • keine Beschädigungen • ästhetische Formen	**Tischgast**	• Sauberkeit • Glanz • keine Beschädigungen • bequeme Handhabung • ästhetische Formen	**Tischgast**	• Sauberkeit • Glanz • keine Beschädigungen • ästhetische Formen **Achtung:** Gläser vor der Verwendung auf Sauberkeit kontrollieren. Beschädigte Gläser aussortieren!

Beim Geschirr unterscheidet man im Wesentlichen Teller, Tassen, Platten, Formen, Schüsseln, Kannen und Kännchen. Ausgewählt wird in Abhängigkeit von der Mahlzeit und den Speisen.

Erweitertes Grundgedeck

Hinweis: Grund- und Frühstücksgedeck s. S. 98, Menügedeck s. S. 477

Gläser unterscheiden sich nach Form, Größe und Materialqualität. Für unterschiedliche Getränkearten werden jeweils die passenden Gläser ausgewählt.

Achtung: Gläser vor der Verwendung auf Sauberkeit kontrollieren. Beschädigte Gläser aussortieren!

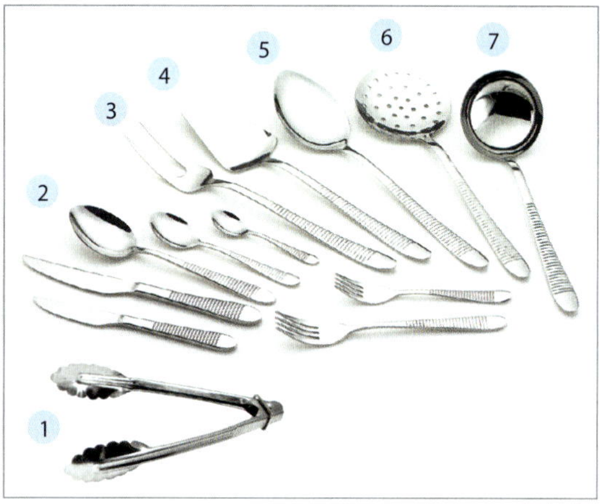

Vorlegebesteck: 1 Zange / 2 Essbesteck / 3 Beileggabel / 4 Tortenheber / 5 Soßenlöffel / 6 Schöpflöffel / 7 Suppenlöffel / Salatbesteck (nicht im Bild)

AUFGABEN

8. Für die Tischgestaltung kann auch ein Motto ausgewählt werden. Nennen Sie fünf Beispiele.

9. Erstellen Sie jeweils eine Liste des Geschirrs und der bereitzustellenden Gläser für

a) Kaffeetafel zum 80sten Geburtstag für 10 Personen

b) Drei-Gang-Menü für den ersten Weihnachtstag für 15 Personen

1 Teeglas,
2 Wasserglas,
3 Rot- und Weißweinglas,
4 Sektglas
5 Aperitif (Hugo, Lillet)

2
8
12

Die Grundschule „Am Buchenwald" will zukünftig eine Ganztagsbetreuung anbieten. Die zuständige Kommune hat verschiedene Anbieter einer Mittagsverpflegung angeschrieben und um ein entsprechendes Angebot gebeten. Die Grundschule verfügt über keine eigene Küche. Es ist mit ca. 250 Essenteilnehmern zu rechnen. Die Kommune plant den Anbau eines Speisesaals mit Menüausgabe.
Ihre Ausbilderin gibt Ihnen folgende Arbeitsaufträge:

Aufgabe 1

Skizzieren Sie den möglichen Grundriss der Mensa und beschreiben Sie stichwortartig die benötigten Geräte.

Aufgabe 2

Entwickeln Sie einen Vorschlag für das Verpflegungssystem und die Speisenausgabe.

Aufgabe 3

Stellen Sie einen Vorschlag für einen Wochenspeiseplan auf, der die Qualtätsstandards der DGE mit beinhaltet. Ebenso sollen mögliche Allergien oder Unverträglichkeiten einzelner Schüler/-innen sowie eine vegetarische Ernährungsform berücksichtigt werden.

Aufgabe 4

Begründen Sie die Auswahl der Speisen.

Aufgabe 5

Erläutern Sie, wie die Bestellmöglichkeit und das Abrechnungssystem aussehen kann.
Recherchieren Sie zwei verschiedene Modelle.

Aufgabe 6

Entwickeln Sie einen Feedbackbogen, der die Meinung der Kinder und der Eltern wiedergibt.

Aufgabe 7

Nehmen Sie nach der Auswertung des Feedbacks gegebenfalls Veränderungen vor. Begründen Sie auch, wenn es keine weiteren Anpassungen gibt, obwohl im Feedbackbogen anderes gewünscht wird.

Hat Ihnen die Menüauswahl zugesagt?			
Wie zufrieden waren Sie mit der Bestellmöglichkeit?			
Wie haben Ihnen die Portionsgrößen gefallen?			
Waren die Gerichte geschmacklich attraktiv?			
Haben Sie Verbesserungsvorschläge?			

Das Bewertungssystem basiert auf den Ampelfarben

Schnelles Feedback mit Smileys

Eat and drink well – recommendations of the German Nutrition Society (DGE)-Part 1

You should explain some English speaking visitors German rules for a healthy diet. You use the 10 guidelines of the German nutrition society (DGE) for a wholesome diet to describe main points.

Recommendations

of the German Nutrition Society (DGE for a wholesome diet)

Weitere Informationen unter
www.dge/

Make water your beverage of choice.

Drink about 1,5 litres water per day. Water and other calorie-free beverages are the best choice.
Sugar-sweetened and alcoholic beverages are not recommendable.

··· Aufgabe 1

Here is a list of drinks. Which of them are recommendable and which are not recommendable: coffee, green tea, soft drink, lemonade, orange juice, ice tea, hot chocolate, mineral water, tomato juice, energy drink?

Eat plenty of colourful fruit and vegetables.

Vegetables and fruit supply you with a plenty of nutrients and fibre. They lower the risk of cardiovascular and other diseases. Enjoy at least five potions of fruit and vegetables daily.

··· Aufgabe 2

Make a list of vegetables and fruit for each month of the year. Respect the seasonality.

Fruits

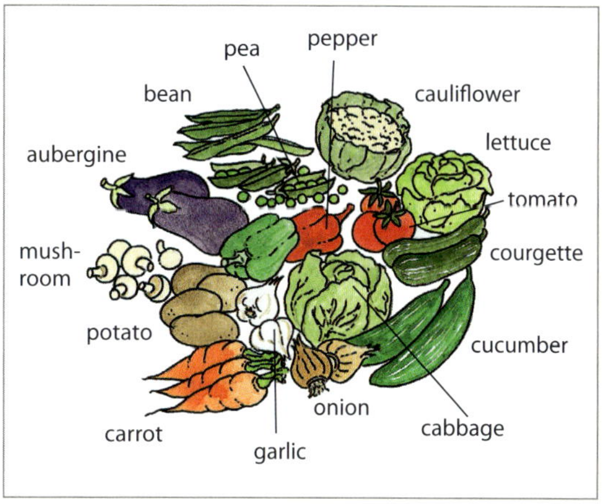

Vegetables

Consume legumes and nuts regularly.

Legumes, such as peas, beans and lentils, are rich in proteins, vitamins, minerals, diet fibres and phytochemicals. Nuts provide you with fatty acids. Eat legumes at least once a week and a small handful of nuts every day.

Favour whole-grain foods – the whole grain varieties of cereal products like bread, pasta, rice and flour are the best choice for your health.

Whole-grain foods will keep you satiated longer and contain more nutrients than white flour products. Whole-grain dietary fibres reduce the risk of diseases like type 2 diabetes mellitus.

Cereals

··· Aufgabe 3

Write down products with a high amount of fibres and those with a lower amount of fibres. Work in pairs now and discuss with your classroom neighbour advantages and disadvantages of those products.

Software für Großküchen: Speiseplanung

Das Erstellen von Speiseplänen kann heutzutage schnell und einfach mit entsprechender Software bzw. App durchgeführt werden.

Weitere Informationen unter:
www.gastro-smart.com

Nach Auswahl eines Datumsbereichs kann über Filter- bzw. Auswahlmenüs eine Menülinie erstellt werden:

- Auswahl der Menüart, z. B. Standard oder vegetarisch
- Gericht auswählen nach Schlagworten wie Eintopf, Auflauf, Nudel

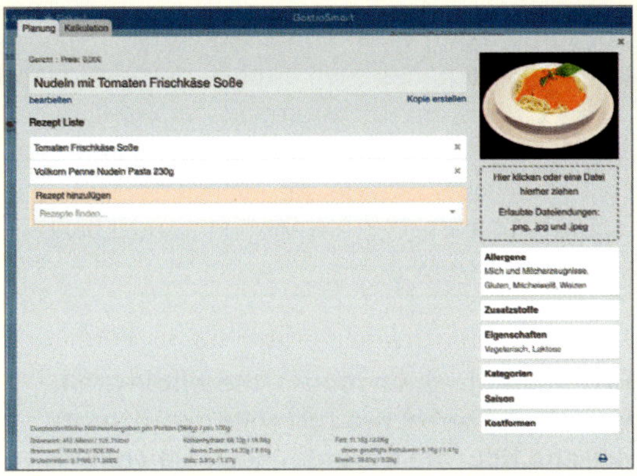

- Wenn gewünscht Rezepte ergänzen oder verändern

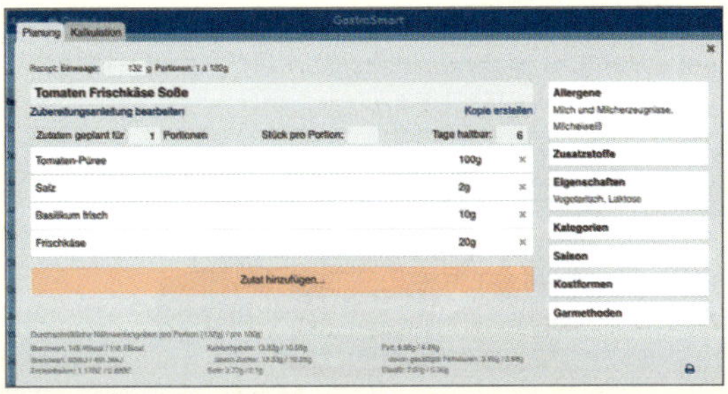

- Plan als PDF gestalten und erstellen

Nach dem Erstellen eines Speiseplans errechnet die Software basierend auf der angegebenen Portionsanzahl den exakten Warenbedarf. Je nach hinterlegten Lieferanten werden das günstigste Angebot und die günstigste Bestellmenge ausgewählt und entsprechende Bestelllisten generiert bzw. die Bestellung wird über die Online-Bestellschnittstelle übermittelt.

Wie in der Nährwertkennzeichnung bei abgepackten Lebensmitteln können für hinterlegte Rezepte einige *Nährwerte und der Energiegehalt der Gerichte* berechnet werden.

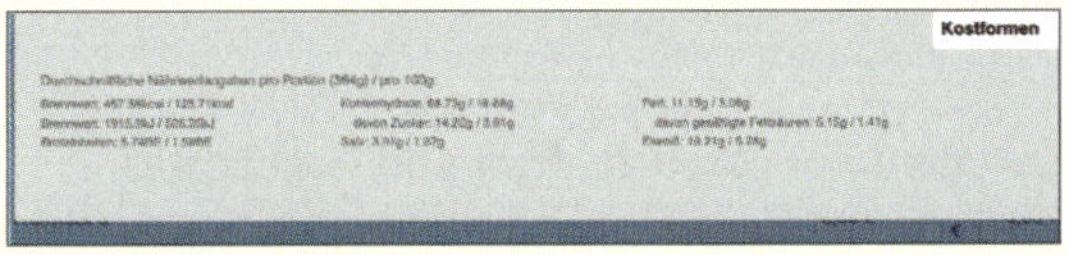

Aufgabe 1

Beschreiben Sie Anwendung digitaler Tools in der Küche Ihres Ausbildungsbetriebs.

Aufgabe 2

Nennen Sie Prozesse der Großküche, die ausschließlich analog durchgeführt werden.

Aufgabe 3

Fassen Sie die Vorteile des Einsatzes einer Software zur Erstellung von Speisplänen in einer Auflistung zusammen.

Aufgabe 4

Nehmen Sie Stellung, ob sich die Anschaffung einer entsprechenden Software für Einrichtungen mit Voll- oder Teilverpflegung lohnt. Erörtern Sie dabei auch mögliche Nachteile einer solchen Anschaffung.

Aufgabe 1

Berechnen Sie den Energie- und Nährstoffbedarf einer Bewohnerin (83 Jahre alt, Grundumsatz 1200 kcal, PAL-Wert 1,4).

- Zur Berechnung des Gesamtenergiebedarfs wird der Grundumsatz mit dem PAL-Wert multipliziert.

Optimale Nährwertverteilung nach DGE

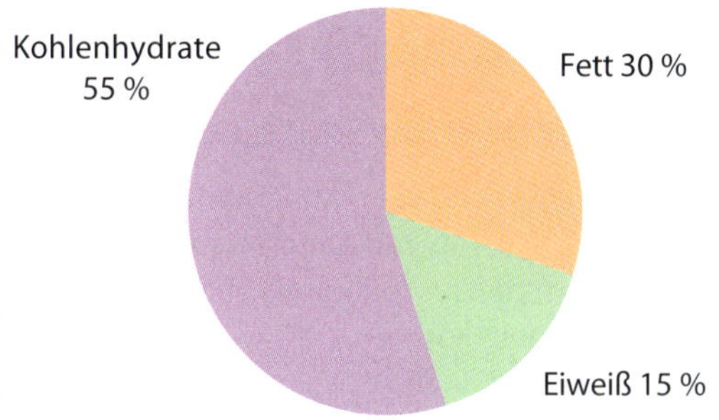

Beispiel: Berechnung Kohlenhydratbedarf ausgehend von einem Gesamtenergiebedarf von 2150 kcal:

100 % ≙ 2150 kcal
55 % ≙ X kcal

$$X = \frac{2150\ \text{kcal} \cdot 55\,\%}{100\,\%}$$

X = 1182,5 kcal

1 g Kohlenhydrate liefert 4 kcal.

$$\frac{1182{,}5}{4} = 295{,}6$$

Der Kohlenhydratbedarf 296 g.

a) Berechnen Sie den Gesamtenergiebedarf der Bewohnerin.
b) Berechnen Sie den Kohlenhydratbedarf nach dem Beispiel.
c) Der Fett- und der Eiweißbedarf werden nach gleichem Vorgehen ermittelt. Der prozentuale Anteil ist der Abbildung zu entnehmen.
1 g Protein liefert ebenfalls 4 kcal,
1 g Fett dagegen 9 kcal.
Berechnen Sie den Fett- und Eiweißbedarf der Bewohnerin.

Aufgabe 2

Berechnen Sie anhand der Nährstoffzufuhr einer Beispielperson (Energiezufuhr 9800 kJ) die prozentuale Nährwertverteilung.

Nährstoffzufuhr pro Tag in Gramm

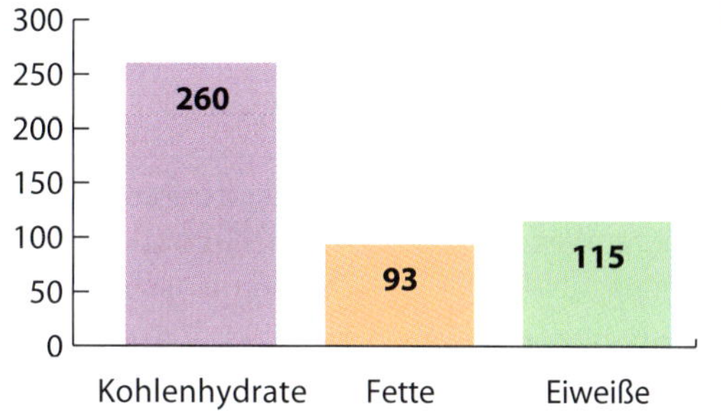

Aufgabe 3

Berechnen Sie den prozentualen Anteil der Fette und Eiweiße an der Nährwertverteilung.

Aufgabe 4

Die Nährstoffdichte bezeichnet das Verhältnis der Nährstoffe in einem Lebensmittel zu seinem Gesamtenergiegehalt. Sie beschreibt also die Nährstoffmenge eines einzelnen Nährstoffes (in g/kcal) bezogen auf 100 g Lebensmittel.

BEISPIEL: *100 g getr. Belugalinsen:*

$$\frac{24\ \text{g Eiweiß}}{306\ \text{kcal}} = 0{,}078\ \text{g/kcal}$$

Die Nährstoffdichte in Bezug auf Eiweiß beträgt bei Belugalinsen 0,078 g/kcal.

Berechnen Sie die Nährstoffdichte von
a) Naturjoghurt in Bezug auf Eiweiß
b) Avocado in Bezug auf Vit. E.
Nutzen Sie eine Nährwerttabelle.

Nachhaltig planen – der Wochenspeiseplan

Ihre Ausbilderin beauftragt Sie, nach der Erstellung des Wochenspeiseplans für eine Woche im Herbst der Senioreneinrichtung ‚Haus Lindenhof' diesen in Hinblick auf die Nachhaltigkeitskriterien der DGE zu überprüfen. Dabei sollen auch alle weiteren Schritte der Prozesskette überprüft bzw. geplant werden.

Aufgabe 1

Die DGE-Sektion Schleswig-Holstein bietet auf ihrer Website umfassende Informationen zur einer nachhaltig gestalteten Gemeinschaftsverpflegung (Nachhaltigkeit in der Verpflegung – Deutsche Gesellschaft für Ernährung e.V. SH (*dge-sh.de*)). Nennen Sie die dort aufgezählten acht Leitsätze und wenden Sie die Checkliste zur „Bewahrung der natürlichen Ressourcen" auf einen Beispielbetrieb an.

Aufgabe 2

Erstellen Sie nach dem nebenstehenden Muster eine Liste. Untersuchen Sie dazu die Checkliste zum Leitsatz ‚Verantwortung in der Wertschöpfungskette' und die Prozesskette auf S. 326. Sortieren Sie diese Aspekte aus der Prozesskette nach den drei Dimensionen der Nachhaltigkeit.

Aufgabe 3

Erörtern Sie mögliche Probleme der Umsetzung aufgrund betrieblicher Einschränkungen.

Aufgabe 4

Wo kann der Bereich Hauswirtschaft der Senioreneinrichtung Lindenhof außerdem noch nachhaltig handeln? Nennen Sie zu jeder der drei Dimensionen der Nachhaltigkeit mindestens zwei konkrete Bereiche oder Tätigkeiten, bei denen die Hauswirtschafterin auf Nachhaltigkeit achten kann.

Aufgabe 5

Beschreiben Sie konkrete Maßnahmen für Ihren Ausbildungsbetrieb, mit denen Sie in Bezug auf die Gemeinschaftsverpflegung noch nachhaltiger handeln können.

Ökologische Aspekte	Ökonomische Aspekte	Soziales (inkl. Gesundheit)
…	…	…
…	…	…

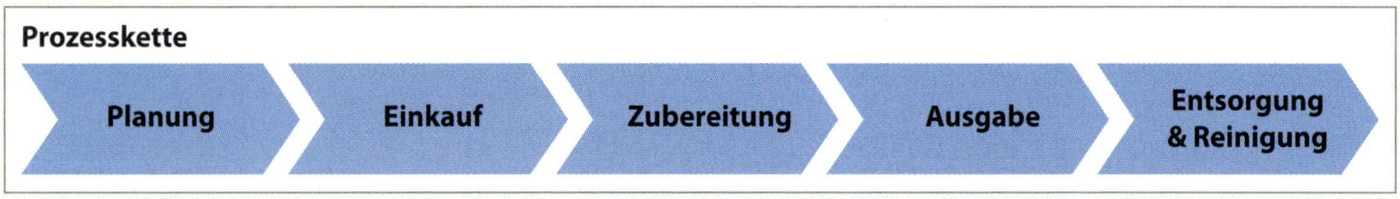

Weitere Informationen unter: *DGE-Qualitaetsstandard_Essen_auf_Raedern_Senioreneinrichtungen_aktualisiert.pdf (fitimalter-dge.de)*

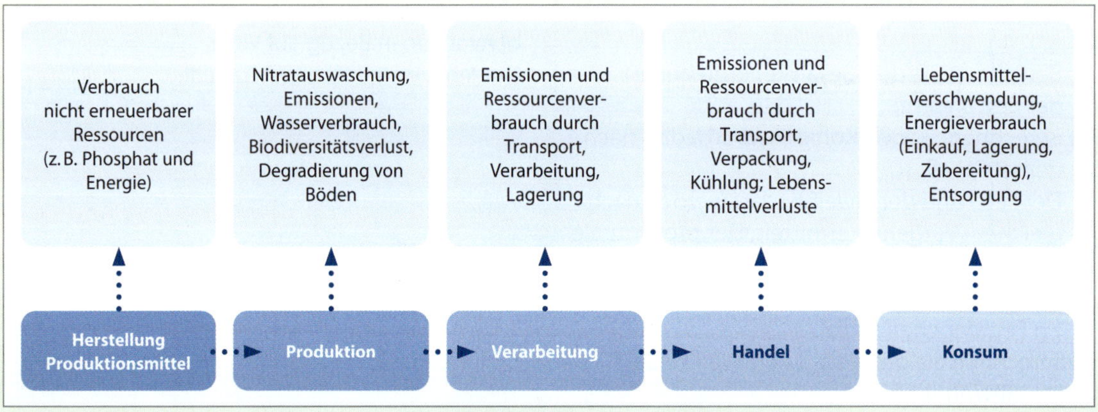

Zentrale Umweltbelastungen und Verantwortung in der Wertschöpfungskette (s. S. 318)

9

Räume und Wohnumfeld gestalten

Lernsituation

Sie arbeiten als angehende Hauswirtschafterin bzw. angehender Hauswirtschafter in einem Haus mit mehreren betreuten Wohngruppen für Jugendliche mit Behinderung. Hier wohnen Jugendliche im Alter von 12 bis 21 Jahren mit unterschiedlichen Einschränkungen.
Neben der Versorgung und Betreuung der Jugendlichen in ihrem Alltag sind Sie auch für die Gestaltung der Räume in der Wohngruppe sowie den Garten des Hauses verantwortlich.

Ihnen ist es besonders wichtig, Jugendlichen, die neu in die Wohngruppe einziehen, den Übergang aus der gewohnten familiären Wohnumgebung zu erleichtern. Sie wissen nur zu gut, dass Jugendliche gerade bei Farbauswahl und Einrichtung der Räume ihren ganz eigenen Geschmack haben, daher versuchen Sie diese immer wieder bei der Gestaltung einzubeziehen. Außerdem wollen Sie das Haus und seine Bewohnerschaft im Quartier präsenter machen. Sie überlegen daher, den selten genutzten Aufenthaltsraum im Keller (ca. 25 qm groß) der Nachbarschaft für Gruppentreffen anzubieten und auch selbst mithilfe der Jugendlichen eine Pflanzentauschbörse durchzuführen.

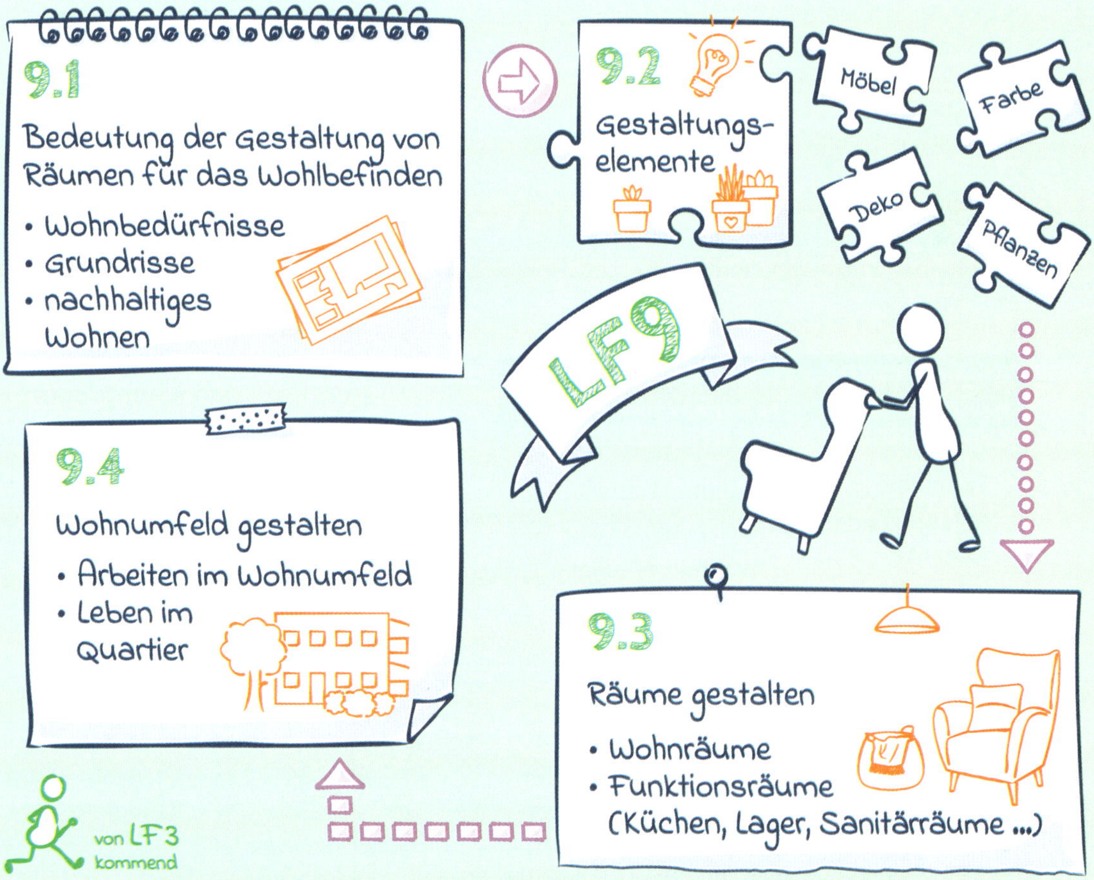

3

9.1 Bedeutung der Gestaltung von Räumen und Wohnumfeld für das Wohlbefinden

Wohnen ist Teil des alltäglichen Lebens und wird häufig mit einem Ort in Verbindung gebracht. Gesellschaftlich spielt dabei das Wohnen selbst meist keine Rolle, sondern daraus abgeleitete Themen wie Finanzierung oder gestalterische und technische Aspekte. Hauswirtschaftliche Fachkräfte sind (mit-)verantwortlich für die Gestaltung und Pflege dieses Ortes.

9.1.1 Wohnbedürfnisse

Wohnen soll für die Menschen so gestaltet sein, dass sie sich in den von ihnen bewohnten Räumen „zu Hause fühlen". Wohnen ist ein Prozess, die Vorstellungen und Erwartungen verändern sich im Laufe eines Lebens. Diese hängen von persönlichen Vorlieben, äußeren Faktoren und dem individuellen Stellenwert des Wohnens ab. Kinder benötigen genügend Platz, um sich altersgerecht entwickeln zu können, für ältere Menschen sind Möglichkeiten zu schaffen, damit sie möglichst lange selbstständig und unabhängig leben können.

9

Bedürfnisse lassen sich unabhängig von der Lebenssituation einer Person bezüglich des Wohnens in Grundbedürfnisse und individuelle Bedürfnisse einteilen.

Grundbedürfnisse beim Wohnen	Individuelle Bedürfnisse beim Wohnen
• Schutz und Sicherheit • Nahrung und Getränke • Schlaf und Körperpflege • Bewegung und Betätigung	• Privatsphäre • Kommunikation • Freizeitgestaltung • Wohngestaltungsmöglichkeiten

Die Wahl des Wohnortes versucht dabei möglichst viele dieser Bedürfnisse zu erfüllen. Entscheidende Faktoren sind etwa Größe und Zusammensetzung der einziehenden Personengruppe, aber auch deren Interessen, Lebensgewohnheiten und Gesundheitszustand. Ausschlaggebend sind aber häufig die finanziellen Möglichkeiten.

Sich zuhause fühlen

Wohnen beeinflusst Wohlbefinden und Gesundheit.

Soziales Wohlbefinden ist u.a. abhängig von den menschlichen Kontakten, die durch die Wohnsituation ermöglicht oder verhindert werden.

Seelisches (psychisches) Wohlbefinden wird beeinflusst durch angenehme Wohneindrücke.

Körperliches (physisches) Wohlbefinden kann durch Lärmschutz, Tagesbelichtung, Besonnung, Vermeidung von schädlichen Substanzen bei der Einrichtung und Ausstattung und ergonomisch günstiges Mobiliar erreicht werden.

9.1.2 Grundrisse und Raumproportionen

Die Bewertung einer Wohnung erfolgt auf Grundlage von
- Größe und Aufteilung der Räume in der Wohnung
- Wohnlage innerhalb des Hauses
- Entfernung zum Arbeitsplatz, zur Schule und zu Betreuungseinrichtungen
- Freizeitangebote im Umfeld
- Möglichkeiten der Versorgung (Geschäfte, medizinische Versorgung)
- Möglichkeiten für soziale Interaktion (Verwandtschaft, Nachbarschaft, freundschaftliche Beziehungen)

Grundrisse bewerten

Ein Grundriss ist ein Bauplan, der maßstabsgetreu darüber informiert, wie viele Räume eine Wohnung hat und wie diese angeordnet sind. Außerdem zeigt er an, wo Türen und Fenster liegen, in welche Richtung sie sich öffnen und in welche Himmelsrichtung die verschiedenen Räume ausgerichtet sind.

Neben einer ausreichenden Grundfläche ist der Aufteilung und Zuordnung von Räumen besondere Beachtung zu schenken. Eine zweckmäßige Lage der Räume zueinander ist eine Voraussetzung für ein harmonisches Zusammenleben, einen rationellen Ablauf der Haushaltsführung und eine Verknüpfung einzelner Funktionen. Räume mit gleichen oder ähnlichen Funktionen werden zu Raumgruppen zusammengefasst. Bei einigen Räumen trägt die Lage zur Himmelsrichtung und damit die Möglichkeit, den Sonneneinfall zu nutzen, zur Wohnqualität bei.

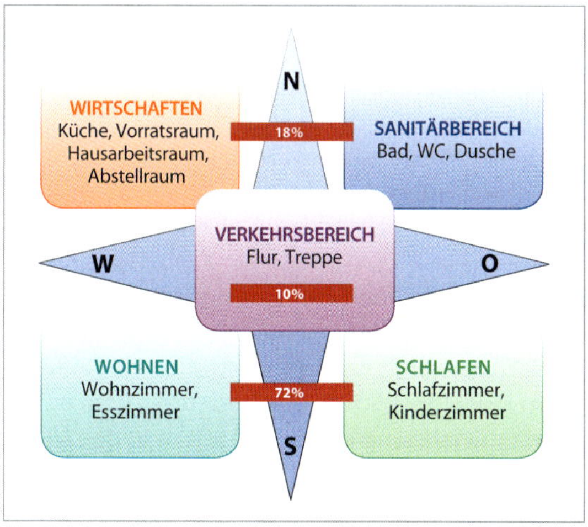

Günstige Wohnflächenverteilung in Prozent (%), Lage der Raumgruppen zueinander und zur Himmelsrichtung

FÜR DIE PRAXIS

Schlafzimmer liegen im besten Fall gen Osten, so kann mit aufgehender Sonne aufgestanden werden und der Raum wird im Sommer nicht überwärmt.

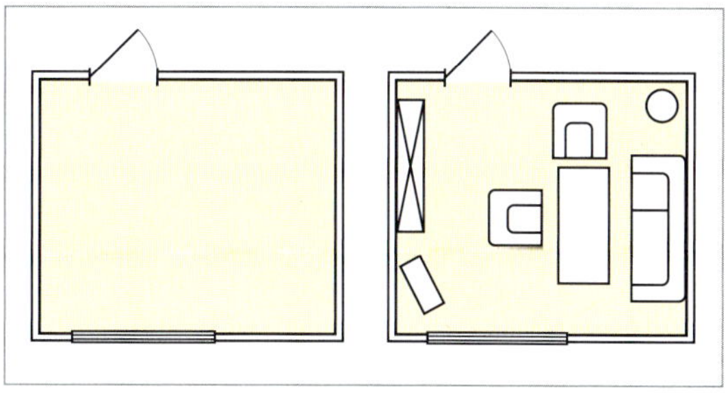

Grundrisszeichnung mit Einrichtungsgegenständen

Das Lesen von Grundrissen erleichtert die Planung und Beurteilung von Einrichtungsvorschlägen. Einen Blick dafür erhält man durch eigenes Erstellen von Grundrisszeichnungen. Grundrisse werden in verkleinertem Maßstab angefertigt. Für die einzelnen Installationselemente, Elektrogeräte und Einrichtungsgegenstände gibt es Symbole, die in DIN-Normen festgelegt sind.

Neben der zweckmäßigen und harmonischen Anordnung der Möbel im Raum ist darauf zu achten, dass diese zugänglich sind und dass dazwischen ausreichend Raum für Bewegungen bleibt.

Bewegungsflächen sind notwendig, z.B.

- zum Öffnen von Schranktüren, zum Ausziehen von Tischplatten,
- für uneingeschränkte Bewegungen, z.B. beim Hinsetzen und Aufstehen,
- beim Bücken oder beim Aneinander vorbeigehen.

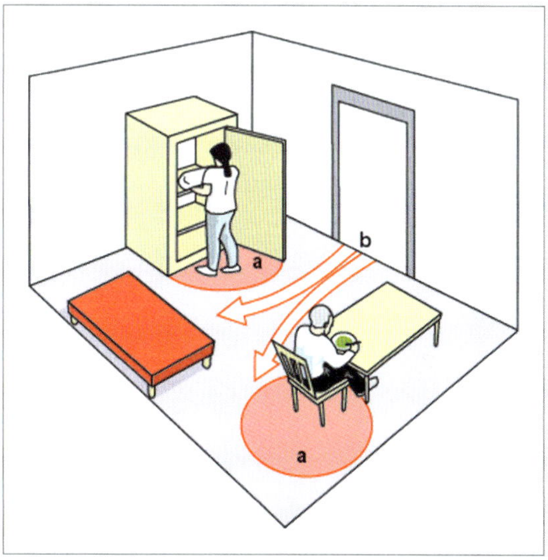

Bewegungsflächen: a) Funktionsfläche / b) Verkehrsflächen

Ausreichende Bewegungsflächen sind für barrierefreies Wohnen besonders wichtig, damit ein Wohnen ohne Hindernisse und daher ohne fremde Hilfe möglich ist. Menschen im Rollstuhl oder mit eingeschränkter Mobilität benötigen ausreichend Fläche zur Bewegung ihres Rollstuhls oder Gehhilfen. Verbindliche Maßangaben sind in der DIN 18040 (Anforderungen an barrierefreie Gestaltung) festgelegt.

Der Platz zum Aufstellen der Möbel ist die Stellfläche.

FÜR DIE PRAXIS

Eine Aufteilung der Räume, die unterschiedliche Möglichkeiten der Nutzung bietet, ist besonders günstig. Beispielsweise kann ein Kinderzimmer zum Arbeitszimmer werden, wenn das Kind auszieht.

Wohnen und nachhaltiges Handeln

Die Schaffung von Wohnraum durch Hausbau, Anlegen von Straßen und Grünanlagen, das Bewohnen und Nutzen desselben verursacht zunehmend einschneidende Umweltbelastungen. Daher ist es notwendig, zu versuchen, ein Gleichgewicht zu schaffen zwischen Wohnbedürfnissen und Ansprüchen an Lebensstandard sowie den Ressourcen, die uns die Natur zur Verfügung stellt und die sie mit den ihr eigenen Systemen erneuern kann, etwa im Hinblick auf Wasserverbrauch, Holzeinschlag und Stromgewinnung. Mittlerweile wird ansatzweise darauf geachtet, dass durch die Verwendung von baubiologisch empfehlenswerten Materialien gesundheitliche Risiken ausgeschaltet werden. Insgesamt ist es jedoch zwingend erforderlich, sich mit ganz unterschiedlichen Gesichtspunkten der ökologischen Auswirkungen des Wohnens auseinanderzusetzen.

Neben den Prozessen der Rohstoffgewinnung und Errichtung der Wohngebäude ist auch der Rückbau von Gebäuden ein wichtiges Kriterium beim nachhaltigen Bauen und Wohnen. Ebenso bedeutsam wird die Gesundheit der Bewohnenden dank verbesserter Innenluft-Qualität z. B. in „Green Buildings".

Green Building bedeutet nachhaltiges Bauen. Dabei fließen alle drei Dimensionen der Nachhaltigkeit in die Betrachtung ein.

Ökologie: ressourcen- und umweltschonendes Bauen, niedriger Energiebedarf

BEISPIEL: grüne Umgebung, Anbindung an öffentliche Verkehrsmittel, Fuß- und Radwege

Ökonomie: Wirtschaftlichkeit im gesamten Lebenszyklus eines Gebäudes

Beispiel: geringe Bau- und Betriebskosten

Soziales: Nutzen, Lebensqualität, Barrierefreiheit

Beispiel: gute Luftqualität in den Innenräumen, viel natürliches Licht

AUFGABEN

1. Im Laufe des Lebens verändern sich die individuellen Wohnbedürfnisse. Notieren Sie, welche Bedürfnisse sich wie ändern. Begründen Sie, wie sich das an der Wohnsituation erkennen lässt.

2. Beim „Green Building" geht es darum, Gebäude unter dem Leitgedanken des Nachhaltigen Bauens zu entwickeln. Recherchieren Sie, was unter „Nachhaltigem Bauen" zu verstehen ist. Listen Sie die Vorteile auf.

3. Fertigen Sie den Grundriss des selten genutzten Aufenthaltsraums im Keller der Nachbarschaft für Gruppentreffen im Quartier im Maßstab 1:50 an. Das bedeutet, 1 cm auf Ihrer Zeichnung entspricht 50 cm in der Wirklichkeit. Zeichnen Sie geplante Einrichtungsgegenstände maßstabsgetreu ein.

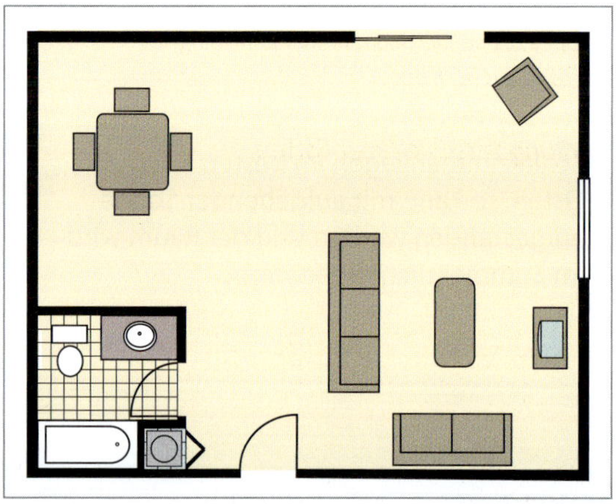

9.2 Gestaltungselemente

Gestaltung beinhaltet z. B.:
- ➜ Auswahl von Farben
- ➜ Anordnung von Möbeln und Beleuchtung
- ➜ Wand- und Bodengestaltung
- ➜ Aufstellen und Pflegen von Topfpflanzen und Blumen
- ➜ Dekoration zu verschiedenen Anlässen
- ➜ Hervorhebung einer Individuellen Note

9.2.1 Farbe

Die drei Grundfarben Gelb – Rot – Blau können durch Mischen zu gleichen Anteilen mit einer anderen Farbe zu Mischfarben 1. Ordnung: Orange – Violett – Grün werden. Werden die Grundfarben in einem ungleichen Verhältnis gemischt, erhält man die Farben Gelborange, Rotorange, Rotviolett, Blauviolett, Blaugrün und Gelbgrün.

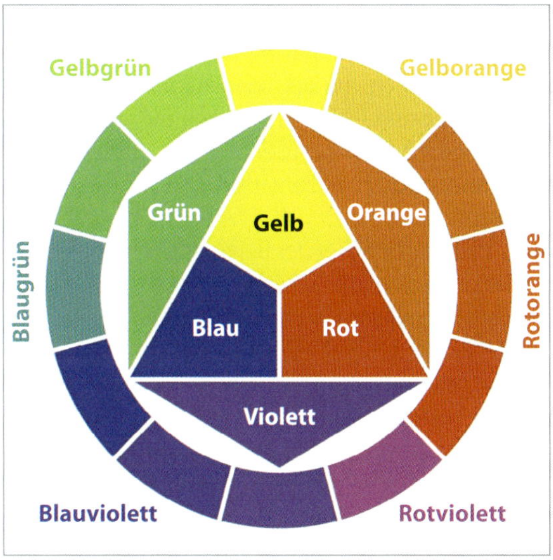

Der Farbkreis nach Itten

Farbkontraste sind Unterschiede zwischen den einzelnen Farben. Sie können mit ganz verschiedenen Akzenten ausgewählt werden, z. B.:
- Hell-Dunkel-Kontrast durch Gelb und Violett
- Komplementärkontrast durch Zusammenstellung der Farben, die sich im Farbkreis gegenüberliegen, z. B. Rot und Grün
- Mengenkontrast bezieht sich auf das optische Mengenverhältnis von zwei oder mehreren Farben, z. B. wenig Gelborange und viel Blauviolett

Die Wirkung der Farben kann mit der Aufteilung „kalt" und „warm" charakterisiert werden, da jeder Mensch beim Anblick bestimmter Farben ein Temperaturempfinden hat. Orangerot, Rot, Rotbraun, Rotviolett gelten als warme Farben, alle Blautöne wirken kühl. Gleichzeitig beeinflussen Farben die Wahrnehmung von Raumgrößen.

Bei der Gestaltung durch Farben darauf achten, dass
- innerhalb eines Raumes miteinander harmonisierende Farben verwendet werden. Dies können verschiedene Töne einer Farbe sein oder sogenannte Komplementärfarben, z. B. Gelb und Violett, Blau und Orange, Grün und Rot;
- zu starke Farbkontraste vermieden werden;
- persönliche Farbvorlieben berücksichtigt werden.

Bei der Verwendung der sogenannten unbunten Farben Schwarz und Weiß wird vor allem deren optische Wirkung genutzt. Schwarz steigert die Leuchtkraft von bunten, hellen Farben, andererseits lässt es Flächen und Körper kleiner erscheinen. Weiß verringert die Leuchtkraft von bunten Farben, lässt dunkle Farben noch dunkler erscheinen, kann zwischen zwei farbigen Flächen neutralisierend wirken und lässt Körper und Flächen größer erscheinen.

Wirkung verschiedener Farben

	Psychologische Wirkung	Optischer Eindruck
Gelbtöne	anregend, heiter, freundlich, sonnig	erweitert, vergrößert
Orangetöne	belebend, aktivierend	lässt Formen nah erscheinen
Rottöne	anregend, eventuell aggressiv	lässt Formen nah erscheinen
Blautöne	kalt	lässt Formen fern erscheinen
Grüntöne	ausgleichend, beruhigend	vergrößert die Entfernung
Violetttöne	zurückhaltend, feierlich	verkleinert

Durch die Verwendung von Mustern oder Streifen als Gestaltungselement können weitere Effekte erzielt werden.

Es gibt unterschiedlichste Musterarten: klein gemustert oder großflächige Muster, senkrechte und waagerechte Streifen, symmetrische oder asymmetrische, grafische oder florale Muster. Durch helle Farben kann der Eindruck schwerer, dunkler Möbel gemildert werden. Bunte Muster lockern die Wirkung einer sachlichen Einrichtung auf. Kleine Räume verlangen helle Farben mit dezenten Mustern, während große Räume auch auffallende Muster und dunklere Farben vertragen.

Entscheidend ist die Zusammenstellung der Farben, Muster, Stilrichtungen und deren Abstimmung auf die übrige Gestaltung und den Raum.

Fensterdekorationen erfüllen verschiedene Aufgaben. Am Tag bieten sie Lichtschutz gegen direkte Sonneneinstrahlung und Sichtschutz nach draußen. Dichte Vorhänge können schalldämmend wirken und einen Beitrag zum Einsparen von Heizkosten leisten.

9.2.2 Beleuchtung

Tageslicht, das durch die Fenster die Räume beleuchtet, bietet nicht immer ausreichend Helligkeit. Die natürliche Belichtung muss durch künstliche Beleuchtung ergänzt werden. Tätigkeiten wie Lesen und feinmotorische Arbeiten stellen hohe Sehanforderungen und benötigen eine gute Beleuchtung für ein müheloses Sehen. Darüber hinaus kann durch Art und Anbringung der Beleuchtung die Behaglichkeit der Räume gefördert werden, einzelne Einrichtungsgegenstände, z. B. Bilder, können besonders zur Wirkung gebracht werden.

Leuchten

Zu jeder Leuchte gehören ein Schirm, eine Fassung zur Befestigung der Glühlampe als eigentlicher Lichtquelle und eine Stromzuleitung. Unterschiedliche Materialien für Leuchten wie Glas, Metall, Naturmaterialien oder Stoff ermöglichen eine individuelle Abstimmung der Beleuchtung auf den zu gestaltenden Raum und den persönlichen Geschmack. Die Form des Schirmes und das Material bestimmen die Lichtverteilung und die Lichtrichtung. Die Größe der Leuchte wird der Beleuchtungsfunktion angepasst.

Beim Anbringen von Leuchten in den einzelnen Bereichen einer Wohnung ist u. a. zu beachten:

- Essbereich: Der Abstand zwischen Oberkante Esstisch und Leuchte soll 60 cm betragen.
- Wohnbereich: Neben der Allgemeinbeleuchtung können Lichtinseln durch einzelne Leuchten geschaffen werden. Bilder und Pflanzen können durch Akzentbeleuchtung besonders betont werden.
- Arbeitsbereich: Bei der Beleuchtung des Arbeitsplatzes sollte das Licht von links einfallen (bei Rechtshändern) und blendfrei sein.
- Schlafbereich: Neben der allgemeinen Raumbeleuchtung sollten über dem Bett bewegliche Leuchten zur direkten Beleuchtung angebracht werden.

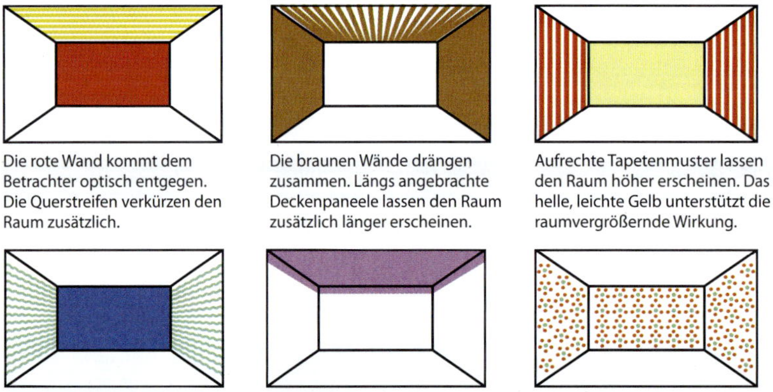

Die rote Wand kommt dem Betrachter optisch entgegen. Die Querstreifen verkürzen den Raum zusätzlich.

Die braunen Wände drängen zusammen. Längs angebrachte Deckenpaneele lassen den Raum zusätzlich länger erscheinen.

Aufrechte Tapetenmuster lassen den Raum höher erscheinen. Das helle, leichte Gelb unterstützt die raumvergrößernde Wirkung.

Die blaue Wand wirkt fern. Das horizontale Muster verstärkt die optische Raumerweiterung.

Die violette Decke, zusätzlich als oberer Wandrand, lässt den Raum niedriger wirken.

Stark gemusterte bunte Tapeten wirken unruhig und aufdringlich.

Fensterdekorationen erfüllen verschiedene Aufgaben. Am Tag bieten sie Lichtschutz gegen direkte Sonneneinstrahlung und Sichtschutz nach draußen. Dichte Vorhänge können schalldämmend wirken und einen Beitrag zum Einsparen von Heizkosten leisten.

Die Lichtverteilung und Lichtrichtung von Leuchten lassen sich wie folgt unterscheiden:

Lichtverteilung und Lichtrichtung

FÜR DIE PRAXIS

Bei der Planung der Beleuchtung müssen sowohl eine allgemeine Raumbeleuchtung als auch Einzelbeleuchtung von Arbeitsplätzen oder Objekten aufeinander abgestimmt werden.

Leuchtmittel

Lampen sind das eigentlich Helligkeit spendende Element im Beleuchtungssystem. Wichtige Produktinformationen beim Einkauf von Lampen sind:

- Qualität, z. B. Nutzungsdauer in Verhältnis zum Preis
- Leistungsaufnahme, z. B. 60 W
- Schraubsockelgröße, z. B. E 27

Das EU-Energielabel (s. S. 206) hilft bei der Wahl der energieeffizientesten Lichtquelle.

FÜR DIE PRAXIS

Energiesparlampen und Leuchtstoffröhren müssen als Sondermüll z. B. auf dem Wertstoffhof entsorgt werden. Viele Verkaufsstellen bieten aber auch Sammelbehälter an.

Zu den Lichtquellen gehören:

	Leuchtmittel		Nutzbrenndauer
Energiesparlampe	um 80 % niedrigeren Stromverbrauch – im Verhältnis zur Glühlampe – daher als Sparlampe bezeichnet.		ca. 5 000 bis 6 000 Stunden
LED-Lampe	hat den geringsten Energieverbrauch aller Leuchtmittel. Die Gesamtenergiebilanz, die die Herstellung und die Nutzung der Lampen berücksichtigt, ist für die LED-Lampen günstiger als für Energiesparlampen. Die hohen Anschaffungskosten werden durch die lange Lebensdauer und den geringen Energieverbrauch ausgeglichen.		ca. 50 000 bis 100 000 Stunden
Leuchtstofflampe	bestehen aus einer Glasröhre in Stabform in der sich ein Gas (z. B. Quecksilberdampf) befindet. Zwischen zwei Elektroden findet elektrische Entladung statt, durch die schwaches, bläuliches Licht und sichtbare Ultraviolettstrahlung erzeugt werden. Letztere regt einen an der Innenseite der Röhre befindlichen weißen oder farbigen Stoff zum Leuchten an.	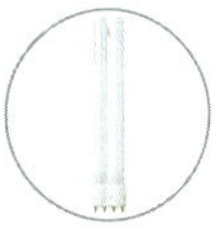	ca. 7 000 Stunden
Halogenglühlampe	sind kompakte lichtstarke Lampen, die mit Halogengas betrieben werden. Halogenlampen müssen so angebracht werden, dass man nicht direkt in sie schauen kann. Seit dem 1. September 2018 dürfen nur noch Restbestände von Halogenlampen verkauft werden.	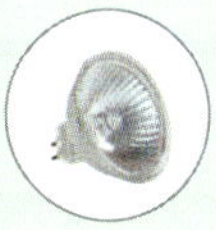	ca. 2 000 Stunden
Glühlampe	geben ein gelbrot getöntes Licht, das als angenehm empfunden wird. Seit dem 1. September 2012 dürfen keine Glühlampen mehr in den Handel gebracht werden.		ca. 400 bis 800 Stunden

9.2.3 Wandgestaltung

Die Wände und ihre Gestaltung haben eine beachtliche Wirkung auf den Eindruck eines Raumes. Positive Veränderungen beim Wärme- und Schallschutz können damit auch bedingt erreicht werden. Zur Ausstattung von Wohnräumen wird am häufigsten unter folgenden Wandbelägen ausgewählt:

Anstrich mit Farben und mit verschiedenen Materialien 	haben verschiedene Eigenschaften wie Festigkeit, Atmungsfähigkeit, Rauigkeit, Feuchtigkeitsbeständigkeit usw. Sie werden nach Nutzung des Raumes und die sich daraus ergebenden Anforderungen an Wand und Decke ausgewählt z. B. dessen Reinigungseigenschaften. Die Deckkraft der Anstriche ist u. a. vom Untergrund abhängig (farbig oder neutral, behandelt oder unbehandelt)
Tapete 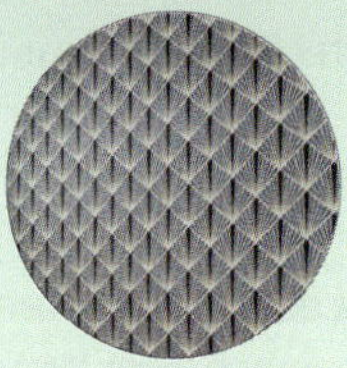	können durch Muster und Farben den Charakter eines Raumes bestimmen. Sie bestehen aus verschiedenen Materialien wie Papier, Textilien, Vinyl, Naturwerkstoffen wie Kork oder Stroh oder Glasfasern. Raufasertapeten gibt es aus wiederaufgearbeiteten Materialien als „Recyclingtapete", sie können mehrmals überstrichen werden. Tapeten enthalten keine FCKW, keine gesundheits- und umwelschädigenden Lösemittel und keine leichtflüchtigen Weichmacher, keine Schwermetalle und keine giftigen Farbpigmente. Der Formaldehydgehalt liegt weit unter den gesetzlichen Grenzwerten.
Wandbespannung 	ist das Be- oder Verkleiden einer Wand mit Stoffen. Der Stoff wird mit einer Unterbespannung aus Vlies oder Molton als Wärmedämmung bzw. Schallschutz in Kunst-stoffleisten eingeklemmt oder eingehängt. Wandbespannung hat den Vorteil, dass die Vorbereitung des Untergrunds für die Wandgestaltung entfallen kann. Außerdem wird ihr eine erschwerte Flammbarkeit und eine positive Wirkung auf die Raumluft zugeschrieben.
Fliesen 	Finden sich meist in Küchen und in Sanitärräumen als Wandgestaltung. Sie werden aus verschiedenen Materialien wie (Natur-)Stein, Keramik und selten Zement hergestellt. Fliesen haben den Vorteil, dass sie sehr hygienisch, leicht zu reinigen, rutschsicher und bruchfest sind.

9.2.4 Bodenbeläge

Nicht textile Bodenbeläge werden nach dem Material, aus dem sie hergestellt werden, unterschieden. Bei textilen Bodenbelägen ist die Art der Herstellung entscheidend.

Bei der Auswahl eines geeigneten Fußbodenbelags sollten die folgenden Kriterien berücksichtigt werden:

- ➜ Trittschall
- ➜ Rutschhemmend
- ➜ Fußwärme
- ➜ Reinigungs- und Pflegeaufwand
- ➜ Optischer Eindruck

Bodenbeläge und ihre Eigenschaften

Material	Beispiele	Eigenschaften	Geeignet für...
Stein 	• Marmor, • Fliesen, • Terrazzo	fußkalt, zum Teil rutschhemmend	Nassbereiche wie Küche und Sanitärräume, mit Fußbodenheizung auch in Wohnräumen
Holz 	• Parkett, • Dielen, • Laminat und Kork	Schalldämmend, fußwarm, behaglich, empfindlich gegen Kratzer und Feuchtigkeit, bei versiegelter Oberfläche und guter Pflege jedoch langlebig	Alle Bereiche außer Feuchträume und Eingangsbereich. Parkett hat hohen Pflegeaufwand, daher eher im privaten Bereich
Nichttextile elastische Bodenbeläge 	• PVC (Polyvinylchlorid-Belag), • Linoleum, • Elastomerbeläge	Strapazierfähig, pflegeleicht, glatte oder genoppte Oberfläche, trittschalldämmend, rutschhemmend, recycelbar	Je nach Herstellung auch für Feuchträume. Allerdings nicht, wenn mit Fugen verlegt. Besonders gut für Bereiche mit hohen Hygieneanforderungen
Textile Bodenbeläge 	• Teppichboden, • Teppich	Guter Laufkomfort, Schall- und Wärmedämmend, Bindung von Staub und Keimen, behaglich, Einzelteppiche sind Rutschbremse auf glatten Fußbodenbelägen	Wohn-, Schlaf- und Büroräume

Eine nachhaltige Auswahl bezieht sich auf die Strapazierfähigkeit des Belags, die Lebensdauer und die Entsorgung.

FÜR DIE PRAXIS

Das Gütezeichen „Teppichboden schadstoffgeprüft" gibt Sicherheit, dass die Produkte auf Formaldehyd, PCP, Pestizide und Azofarbstoffe untersucht worden sind.

Außerdem ist zu berücksichtigen, dass der Fußboden unter umwelt- und sozialverträglichen Gesichtspunkten hergestellt wurde. Bei Teppichen weisen Siegel beispielsweise nach, dass diese ohne Kinderarbeit und unter menschenwürdigen Arbeitsbedingungen hergestellt worden sind. Fußboden aus Holz sollte aus ökologischer Waldwirtschaft stammen.

Wenn es um nachhaltige Bodenbeläge geht, gibt es Optionen, die umweltfreundlich und wohngesund sind.

BEISPIEL: *Werden zum Beispiel Hölzer mit dem internationalen FSC®-Siegel, das nachhaltige Waldwirtschaft auszeichnet, gewählt, so trägt dies zum Erhalt der Wälder bei.*

FSC

AUFGABEN

1. Im Wohnzimmer einer der Wohngruppen soll ein neuer Boden verlegt werden. Die Jugendlichen haben in der Schule etwas über Kinderarbeit bei der Teppichherstellung gelernt. Deshalb ist es ihnen wichtig, dass der Boden unter nachhaltigen Bedingungen produziert wurde.
   a) Recherchieren Sie, welche Siegel es für die verschiedene Bodenbeläge gibt. Finden Sie dabei heraus, welche Anforderungen von den Siegeln an die Produkte gestellt werden und wie die Einhaltung dieser Kriterien überprüft wird.
   b) Neben den Siegeln für eine nachhaltige Produktion können Bodenbeläge auch mit anderen Symbolen gekennzeichnet werden. Recherchieren Sie diese und fertigen Sie eine Übersicht an.

9.2.5 Einrichtung

Möbel

Die Einrichtung von Räumen durch Auswahl der Möbel und deren Anordnung sind wichtige Aufgaben für hauswirtschaftliche Fachkräfte. Dabei werden folgende Gesichtspunkte bei der Auswahl herangezogen:

- Aussehen/Stilrichtung
- Verarbeitungsqualität
- Gebrauchsmöglichkeiten
- Reinigungs- und Pflegeeigenschaften
- Wartungsmöglichkeit
- Kosten

Bei der Auswahl müssen verschiedene Interessen miteinander abgestimmt werden. Bewohnende möchten sich in den Räumen wohlfühlen und ihre Ansprüche an eine ästhetische Raumgestaltung umsetzen können. Aber auch die Reinigungseigenschaften und Wartungsfreundlichkeit sind wichtig. Nicht zuletzt sind die Kosten, die für die Anschaffung und Nutzung der Einrichtungsgegenstände anfallen, zu berücksichtigen.

Schon beim Kauf von Möbelstücken sollte darauf geachtet werden, dass diese möglichst robust und damit langlebig hergestellt sind. Ebenso ist die Wahl eines zeitlosen Designs und die Möglichkeit, das Möbelstück vielseitig einzusetzen für eine nachhaltige Kaufentscheidung relevant.

FÜR DIE PRAXIS

Second Hand- Möbel vom Flohmarkt, aus Online-Kleinanzeigen oder vom Sperrmüll sind nicht nur nachhaltig, sondern auch preisgünstig und oft auch einzigartig.

Langlebige, wieder aufgearbeitete Möbel

Stühle sollen stabil, körpergerecht geformt und pflegeleicht sein. Empfohlen werden für die Sitzhöhe 40 bis 46 cm und die Sitztiefe: 40 bis 45 cm.

Bei **Schränken** soll darauf geachtet werden, dass die Inneneinteilung variabel und so gestaltet ist, dass die Dinge gut untergebracht werden können. Stabile Schränke und Regale haben eine angeschraubte oder in eine Nut versenkte Rückwand aus einer festen Trägerplatte

FÜR DIE PRAXIS

Pro Person werden ca. 120 cm Schrankbreite benötigt.

Tische müssen vor allen Dingen standfest und stabil sein. Ihre Oberfläche muss unempfindlich gegen Flüssigkeiten aller Art, Kratzer und Hitze sein.

- Esstische sollten pro Person 60 cm Platz an der Längsseite bieten und durch ausziehbare Platten verlängerbar sein.
- Schreibtische sollten eine Arbeitsfläche mit mindestens 100 cm Breite haben.
- Couchtische haben eine Höhe zwischen 35 bis 55 cm und werden auf die Sitzhöhe der Polstermöbel abgestimmt.

Polstermöbel tragen wesentlich zur gemütlichen Atmosphäre in einem Raum bei. Der Sitzkomfort ist abhängig von der Sitzhöhe und Sitztiefe, der Gestaltung der Rückenlehne und der Festigkeit des Polsters.

Geeignete Polstermöbel zeichnen sich aus durch
- Sitzhöhe von 45 bis 50 cm
- hohe Rückenlehnen zum Abstützen des Nackens
- stabile Armlehnen zum Aufstützen beim Aufstehen
- feste Polster

Betten bestehen aus Bettgestell, Lattenrost und Matratze. Nützlich ist es, wenn Kopf- und Fußende des Bettenbodens verstellbar sind.

Pflanzen richtig auswählen und aufstellen

Pflanzen tragen durch Farben, Formen und Düfte zum Wohlbefinden bei. Daher ist die Arbeit mit Pflanzen auch ein Teil der Betreuungsleistungen von hauswirtschaftlichen Fachkräften.

Lebensbedingungen	Möglichkeiten zu deren Schaffung für Zimmerpflanzen
Licht	Pflanzen an den für sie geeigneten Standorten aufstellen, z. B. hell ohne Sonneneinstrahlung oder sonnig oder weniger hell
Wärme	Unterbringen in Räumen mit Temperaturen, die für die jeweiligen Wachstumsphasen geeignet sind, z. B. kühlere Räume während der Ruhephase der Pflanzen im Winter, wärmere Räume für die Wachstumszeit
Luft	Erde lockern, Räume regelmäßig lüften, Zigarettenrauch vermeiden
Nährstoffe	ausreichend große Erdmenge zur Versorgung der Wurzeln, für die einzelnen Pflanzen geeignete Substrate (Erdmischungen), regelmäßiges Düngen

FÜR DIE PRAXIS

Haushaltsmitglieder können sich entsprechend ihrer Fähigkeiten und Interessen an der Pflege der Pflanzen beteiligen oder dazu angeleitet werden.

Alle Pflanzen benötigen für ihr Wachstum Licht, Wärme, Wasser, Luft und Nährstoffe als Lebensbedingungen. Durch richtige Pflege, sachgerechte Behandlung und die Wahl eines Standortes, der den individuellen Lichtansprüchen der Pflanze entspricht, können die Lebensbedingungen erfüllt werden.

Hydrokultur für Pflanzen bedeutet, dass diese nicht in Erde wachsen, sondern in einem Kultursubstrat wie Blähton. Dieser dient als Wasserspeicher sowie Wasserleiter und ermöglicht gleichzeitig einen Luftaustausch. Die Versorgung der Pflanze mit Nährstoffen erfolgt über spezielle Dünger.

Räume mit Zimmerpflanzen gestalten

Die Auswahl der Pflanzen richtet sich nach dem vorgesehenen Standort und den Wachstumsbedingungen, die er bietet.
- Kleine Pflanzen in Augenhöhe aufstellen, nicht einzeln auf große Möbelstücke stellen.
- Große Pflanzen nicht auf kleine Möbel stellen und auf Raumgröße abstimmen. Sie können als Blickfang in großen Räumen oder im Eingang dienen.
- Dekorationsartikel wie Steine, Figuren, Krüge können die Anordnung einzelner Pflanzen ergänzen.
- Jede Pflanze benötigt Zeit, bis sie sich an ihren Standort gewöhnt hat, deshalb beeinträchtigt häufiges Umstellen das Wachstum.
- Fensterbänke bieten viel Sonne für Blatt- und Blühpflanzen. Direkten Sonneneinstrahlung und aufsteigende Wärme vom Heizkörper können aber auch zu Schädigungen und Trockenheit führen.

Einteilung von Zimmerpflanzen

Zimmerpflanze	Eigenschaften
Blattpflanzen	wirken sich günstig auf das Raumklima aus, da sie Schadstoffe aus der Luft aufnehmen und abbauen. Sie sind widerstandsfähig gegen Krankheiten und Schädlinge. Sie stammen ursprünglich aus feuchtwarmen Gebieten und benötigen dadurch eine hohe Luftfeuchtigkeit.
Blütenpflanzen	werden vor allem wegen der Blüten und deren Farbenpracht aufgestellt. Viele von ihnen haben auch sehr dekorative Blätter. Sie benötigen im Allgemeinen einen hellen Standort ohne direkte Sonneneinstrahlung.
Zwiebel- und Knollenpflanzen	bilden schöne Blüten aus. Sie benötigen nach der Blüte kühle, feuchtigkeitsarme Phasen. Da sie Wasser speichern können, überstehen sie diese Perioden gut und bilden in dieser Zeit Knollen oder Zwiebeln weiter aus.
Sukkulenten	haben sich an extreme Wasserarmut angepasst. Sie setzen die Verdunstung herab, indem sie die Blätter bis hin zu Dornen verkleinern, die sie wie den Stamm oder die Blätter als Wasserspeicher nutzen.

Tagungsraum mit Zimmerpflanzen

Pflegearbeiten für Zimmerpflanzen

Gießen: vor dem Gießen die Erde auf ihre Feuchtigkeit hin überprüfen. Gibt die Erde nicht nach und bleiben keine Krümel am Finger kleben, ist Gießen notwendig. Zu viel Wasser kann zu Staunässe und damit zu Fäulnis der Pflanzen führen.

FÜR DIE PRAXIS

Zum Gießen nach Möglichkeit kalkarmes Wasser mit Zimmertemperatur verwenden.

Düngen: durch Düngestäbchen oder Flüssigdünger. Die Dosierung richtet sich immer nach den Herstellerangaben. Im Allgemeinen hält eine Düngung drei Monate vor.

Umtopfen: die Notwendigkeit für das Umtopfen lässt sich daran erkennen, dass die Wurzeln aus dem Blumentopf drängen, die Erde verbraucht ist oder das Größenverhältnis zwischen Topf und Pflanze nicht mehr stimmt.

Weitere Pflegearbeiten sind beispielweise das Entfernen trockener und fauler Blätter und Blüten oder das regelmäßige Drehen der Pflanzen zum Licht.

9.2.6 Dekoration

Dekorationen verschönern das Wohnumfeld. Ein Wohnraum mit Bildern und Blumen wirkt wohnlicher als ein Raum mit kahlen Wänden. Ein geschickt aufgehängter Spiegel kann einen Raum ganz anders wirken lassen. Dabei sind Aspekte des Aussehens und der Ästhetik häufig wichtiger als Funktionalität oder Langlebigkeit. Dekorationen können auch Orientierungshilfen sein, etwa durch Anbringen bestimmter Symbole oder Bilder in Wohngruppen.

Fensterdekoration

Fensterdekorationen erfüllen verschiedene Aufgaben. In erster Linie bieten sie am Tag Lichtschutz gegen direkte Sonneneinstrahlung und Sichtschutz nach draußen, wenn die Räume erleuchtet sind. Dichte Vorhänge können schalldämmend wirken und einen Beitrag zum Einsparen von Heizkosten leisten. Dekotextilien in hellen, warmen Farben lassen die Räume subjektiv wärmer wirken.

Mithilfe von Vorhängen können die Proportionen von Fenstern optisch korrigiert werden. Für Großhaushalte schreiben die geltenden Sicherheitsvorschriften die Anbringung von schwer entflammbaren Gardinen vor.

Es werden folgende Fensterdekorationen unterschieden:

- Vorhänge werden meist aus schweren Stoffen hergestellt und können sowohl als Raumteiler, z. B. bei Bühnen, als auch an Fenstern angebracht werden.
- Gardinen sind aus leichteren, manchmal durchsichtigen Stoffqualitäten und werden ausschließlich an Fenstern angebracht.
- Stores sind nicht dicht gewebt, lassen das Tageslicht durchscheinen, aber verwehren den Einblick von draußen in einen Raum.
- Jalousien, Rollos und Lamellenvorhänge bieten vor allem Schutz gegen Sonneneinstrahlung.

FÜR DIE PRAXIS

Gardinen sollten die Heizkörper nicht verdecken, damit die Wärme ungehindert in den Raum strahlen kann.

Dekorieren mit Blumen

Blumen spielen bei der Dekoration eine wesentliche Rolle. Das reichhaltige Angebot an Blumen, Pflanzenmaterial und Dekorationsartikeln ermöglicht es, abwechslungsreiche Sträuße oder Gestecke herzustellen.

Grundsätzlich sollte darauf geachtet werden, dass Raumfarbe und -ausstattung des Raumes, in dem die Blumendekoration aufgestellt wird, berücksichtigt werden. Ebenso sollten beispielsweise die Farbe des Geschirrs und bei einem Fest dessen Motto in der Dekoration aufgegriffen werden.

Sträuße aus Schnittblumen

Frische Schnittblumen können als Sträuße in Gefäße eingestellt werden. Große Blumensträuße in Bodenvasen können zur Dekoration großer Räume, Podien und Eingangshallen beitragen. In Sitzecken, Wohnräumen und auf Tischen finden kleinere Sträuße ihren Platz und tragen immer zu einem gepflegten oder festlichen Aussehen bei.

Blumendekoration zum Empfang

FÜR DIE PRAXIS

**In das Blumengefäß wird 20 °C warmes Wasser eingefüllt, als Frischhaltemittel evtl. etwas Zucker oder Essig zugeben.
Beim Aufstellen der Sträuße darauf achten, dass sie nicht in der prallen Sonne, in Zugluft oder direkt an der Heizung stehen. Täglich frisches Wasser nachgießen oder das Wasser wechseln.**

Es ist möglich, beim Kauf von Schnittblumen auf deren nachhaltige Produktionsbedingungen zu achten. Dazu gehört beispielsweise das Fairtrade Siegel. Aber auch industrieeigene Initiativen fördern die Produktion nachhaltig gezüchteter Blumen und Pflanzen. Dabei soll auf die Einhaltung des Arbeitsschutzes und die Arbeitssicherheit geachtet werden. Außerdem liegen strenge Umweltkriterien zu Grunde und es werden existenzsichernde Löhne ausgezahlt.

Gestecke aus Schnittblumen

Blumengestecke bieten vielseitige Verwendung zur Dekoration von Esstischen und festlichen Tafeln, aber auch als Einzelstücke zur Ausgestaltung von Sitzecken, Wohnräumen, Schreibtischen und Tagungsräumen.

Zur Herstellung von Gestecken werden flache oder halbhohe Schalen verwendet. Das Material wird auf die Blumen und den Anlass abgestimmt. Hilfsmittel zum Stecken ist meistens eine Kunststoffsteckmasse, die bei Bedarf mit Kieselsteinen, Moos oder Blättern abgedeckt werden kann. Tischgestecke sollten so hoch sein, dass ein Blickkontakt zu den anderen Tischgästen möglich ist.

FÜR DIE PRAXIS

Dekorationen können auch gemeinsam mit Familienmitgliedern oder der Bewohnerschaft eines Heimes zur Freizeitgestaltung oder als Beschäftigungsangebot hergestellt werden.

Steckhilfen

Symmetrisches und asymmetrisches Gesteck

Weitere Informationen unter: Youtube-Channel *Handwerk und Technik/ Tischgesteck herstellen*

Anlassbezogen dekorieren

Dekoration kann, je nach Anlass oder Jahreszeit, für Atmosphäre im Raum sorgen und so bei den darin lebenden Menschen eine besondere Stimmung hervorrufen. Bei der Wahl des passenden Raumschmucks kann sich durch Materialien und passende Farben am Anlass orientiert werden. So werden bei einer Hochzeit meist viele Herzen und Schleifen, Rot und Weißtöne sowie viele Blumen verwendet, während bei einem Kindergeburtstag eher mit Papiergirlanden, Luftballons und Konfetti geschmückt wird. Eine andere Möglichkeit bietet die entsprechende Jahreszeit als Inspiration zur Dekoration zu wählen. Pflanzen und Früchte können die jeweilige Jahreszeit symbolisieren. Außerdem sind sie zur passenden Zeit frisch und preisgünstig erhältlich.

Saisonale und anlassbezogene Dekoration zu Ostern

AUFGABEN

2. Ola will Ihnen bei der Arbeit mit den Pflanzen zur Hand gehen. Nennen Sie die verschiedenen Möglichkeiten, wie Ola Sie bei der Arbeit unterstützen kann. Notieren Sie sich zusätzlich, welche Erklärungen vorher Ihrerseits notwendig sind.

3. Um noch mehr Verantwortung für die Pflanzen zu übernehmen, soll Ola die schnell wachsende Monstera allein umtopfen. Ola hat Ihnen bisher dabei lediglich einmal zugesehen. Erstellen Sie ein Arbeitsablaufschema zum Umtopfen einer Pflanze, damit die Aufgabe auf jeden Fall erfolgreich durchgeführt werden kann.

4. Für das Sommerfest sollen kleine Blumensträuße hergestellt werden. Damit Ihnen die Jugendlichen zur Hand gehen können, erstellen Sie eine Ablaufbeschreibung, wie Blumen in ein Gefäß eingestellt werden.

5. Fertigen Sie eine Übersicht mit den zwölf Monaten des Jahres an und ordnen Sie jedem Monat zwei Ideen für eine zur Jahreszeit passende Dekoration zu.

6. Bei der Dekoration von Räumen, besonders wenn Kinder oder ältere Menschen anwesend sind, besteht immer Unfallgefahr. Nennen Sie mögliche Gefahren und beschreiben Sie jeweils mit welchen Maßnahmen Sie die Unfallgefahr verringern können.

9.3 Räume gestalten

9.3.1 Wohnräume

Sitzbereich

Meistens wird im größten, schönsten und sonnigsten Raum ein Sitzbereich eingerichtet. Hier verbringen die Haushaltsmitglieder ihre gemeinsame Zeit, um sich aufzuhalten, Gäste zu empfangen und zu bewirten, Gespräche zu führen, fernzusehen, Musik zu hören, zu lesen, sich zu entspannen, manche Hobbys zu pflegen. Dieser Bereich sollte einerseits kommunikationsfreundlich gestaltet werden und andererseits Voraussetzungen zum Sitzen und Ausruhen schaffen. Eine Sitzgruppe, bestehend aus Einzel- oder Mehrfachpolsterelementen, Sofa oder Sesseln, mit niedrigeren Tischen zum Ablegen und Abstellen werden hier angeordnet, wobei genügend Bewegungsflächen vorzusehen sind. Sinnvoll ist es, zusätzlich Schrankelemente oder Regale für die Unterbringung von Büchern, Kerzen, Geschirr und anderen persönlichen Gegenständen aufzustellen. Geräte der Unterhaltungselektronik ergänzen die Ausstattung des Sitzbereiches.

Essbereich

Ein eigener Essplatz bietet gute Voraussetzungen zur Einnahme von Mahlzeiten in freundlicher Atmosphäre und bequemer Körperhaltung.

Bewusstes Essen, begleitet von Gesprächen, unterstützt die Bekömmlichkeit der Mahlzeiten und deren Erholungswert. Ein ausreichend großer Esstisch und körpergerechte Stühle gehören hier zur Grundausstattung, ergänzt durch Möbel zur Unterbringung von Gläsern, Geschirr, Besteck und Tischwäsche. Der Essbereich sollte nahe zur Küche liegen.

Schlafbereich

Neben den Betten werden hier Schränke aufgestellt zur Unterbringung von Kleidung und Wäsche. Zweckmäßig ist es, neben den Betten kleine Möbel wie Nachttische als Ablagemöglichkeit vorzusehen.

Beim Schlafbereich sollte darauf geachtet werden, dass dieser gut zu lüften, ruhig gelegen ist und sich verdunkeln lässt.

Kinder-/Jugendbereich

Dieser Wohnbereich erfährt innerhalb weniger Jahre eine große Wandlung, weshalb er immer wieder neu an die sich verändernden Bedürfnisse angepasst werden muss.

Jedes Kind sollte seinen eigenen Bereich haben. Hier sollen Kinder ungestört spielen, bauen und basteln können. Jugendliche brauchen räumliche Voraussetzungen, um ungestört zu lernen, sich mit Freunden zu unterhalten, Computer zu nutzen, Musik zu hören. Zum Ordnunghalten eignen sich Regale und kleine, mobile Container. Die Möbel sollten der Körpergröße der Kinder und Jugendlichen angepasst werden und entsprechend ihrem Alter verändert werden können.

Einige Sicherheitsmaßnahmen sollten für kleine Kinder vorhanden sein, wie beispielsweise

- → Steckdosen abdecken
- → Möbel mit abgerundeten Ecken aufstellen
- → Schubladen und Fenster mit Arretierungen versehen
- → Treppen sichern

Arbeitsbereich

In diesem Bereich steht häufig ein Schreibtisch mit entsprechendem Arbeitsstuhl, ggf. Laptop und Regalen zur Unterbringung sämtlicher Arbeitsunterlagen. Die Größe und Einrichtung dieses Bereiches in einem Raum hängen von der Häufigkeit und dem Umfang der Arbeiten in der Wohnung ab und von der Personenzahl, die diesen Bereich nutzt.

In den letzten Jahren sind immer mehr Arbeitnehmende im Home-Office und alternierenden Telearbeit zu finden. Diese flexible Arbeitsform ermöglicht es ganz oder teilweise von Zuhause aus zu arbeiten. Gerade dann ist es wichtig, darauf zu achten, dass der Arbeitsplatz so eingerichtet ist, dass keine gesundheitlichen Beeinträchtigungen entstehen können. Vor allem sollten die Grundsätze der Ergonomie, wie beispielsweise der richtige Abstand und Blickwinkel zum Monitor und ein guter Arbeitsstuhl mit hohem Sitzkomfort, berücksichtigt werden. Ein in der Höhe verstellbarer Schreibtisch beugt Haltungsschäden und Rückenbeschwerden vor.

AUFGABE

1. **Erstellen Sie eine Checkliste mit den Anforderungen an Raum und Mobiliar für einen Arbeitsplatz im Home-Office. Beziehen Sie die Grundzüge der Ergonomie mit ein.**

9.3.2 Funktionsräume

Küche

Da in Küchen Lebensmittel verarbeitet werden, müssen bei ihrer Einrichtung vor allem hygienische, aber auch sicherheitstechnische und ergonomische Aspekte beachtet werden.
Je nachdem, ob Küchen in Groß- oder Privathaushalten eingerichtet werden, können die Arbeitszentren einzeln, miteinander kombiniert oder sogar in verschiedenen Räumen angeordnet werden.

Küchen für Gemeinschaftsverpflegung

Die Einrichtung der Küchen und die Ausstattung der Arbeitszentren hängt davon ab, ob es sich um eine Produktions- oder Aufbereitungsküche handelt.

In der Produktionsküche werden die Speisen komplett zubereitet. Vom Umfang der Lebensmittelverarbeitung hängt der Bedarf an Geräteausstattung, Raumkapazitäten und Mitarbeitenden ab. Für den Bereich zur Vorbereitung werden beispielsweise Becken zum Waschen und Arbeitsplätze zur Durchführung von Putzarbeiten benötigt. Im Bereich Garen wiederum finden sich Geräte wie Herd, Kochkessel und Kippbratpfanne sowie ausreichen Ablagefläche für die benötigten Arbeitsgeräte.

In der Aufbereitungsküche oder auch Regenerierküche werden die fertig zubereiteten Speisen durch Erwärmen in Konvektomaten regeneriert, evtl. durch die Herstellung einzelner Komponenten wie Frischkost, Dessert und Salat ergänzt. Dadurch verringert sich der Platzbedarf.

Eine strikte Trennung in „nichtreine" und „reine Bereiche" muss bereits bei der Planung einer Küche erfolgen, denn Hygienerisiken fallen vor allem in den „nichtreinen" Bereichen an.

Bei der Einrichtung einer Küche im Großhaushalt gelten u.a. Bestimmungen der:
- ➜ Arbeitsstättenverordnung,
- ➜ Vorschriften der Berufsgenossenschaften,
- ➜ Hygieneverordnungen,
- ➜ Energiespargesetze.

Im Spülbereich werden alle genutzten Arbeitsgeräte und verschmutzten Geschirre, Gläser und Bestecke gereinigt und für die Wiederverwendung bereitgestellt. In größeren Küchen geschieht dies meistens an räumlich abgetrennten Arbeitsplätzen, etwa in der Nähe der Speiseräume oder in der Küche. Es werden ausreichend Abstellflächen für das Geschirr und bei Nutzung einer Geschirrspülanlage für deren Einschubkörbe benötigt.

Bei der Einrichtung der Spülanlagen ist auf angepasste Arbeitshöhen, ausreichend breite Bewegungsflächen, gute Beleuchtung und ein gutes Raumklima zu achten.

Küchen in Privathaushalten

In Privathaushalten und Wohngruppen ist die Küche oft der Mittelpunkt einer Wohnung oder des Familienlebens. Neben der Herstellung von Mahlzeiten finden hier persönliche Betreuung und Kommunikation statt.

Arbeitszentren und dort ausgeführte Tätigkeiten in Küchen

Vorbereiten	Zubereiten	Garen
z. B.: • Gemüse und Obst waschen, schälen, putzen	z. B.: • Gemüse und Obst zerkleinern • Salate mischen • Desserts zubereiten • Gebäck herstellen	z. B.: • Durchführung verschiedener Garverfahren unter Einsatz unterschiedlicher Geräte • Regenerieren von Speisen
Anrichten	**Spülen**	**Entsorgen**
z. B.: • Speisen portionieren • Speisen anrichten • Speisen garnieren • Speisen ausgeben	z. B.: • Reinigen von Geschirr und Arbeitsgeräten	z. B.: • Sammeln und Sortieren von Abfällen, die bei der Verarbeitung von Lebensmitteln anfallen

Der Nutzwert einer Küche hängt von der Raumgröße, dem Schnitt, der Anordnung der Fenster, Türen und Installationszeilen ab.

Daraus ergeben sich unterschiedliche Möglichkeiten, die Arbeitszentren mit den drei Bereichen
- Vorbereiten und Zubereiten
- Garen und Anrichten
- Spülen und Entsorgen

zu kombinieren und um den Bereich Vorratshaltung zu ergänzen. Für die Vorratshaltung muss genügend Platz für die Unterbringung von Trocken-, Frisch-, Kühl- und Gefriervorräten vorgesehen werden. Ist kein Vorratsraum vorhanden, müssen in der Küche ein 60 cm breiter Hochschrank, ein Kühlschrank und bei Bedarf ein Gefriergerät untergebracht werden.

Für das Garen und Anrichten werden ein Herd mit Backofen oder eine Einbaukochmulde mit Einbaubackofen benötigt. Ober- und Unterschänke (im Abstand von 50 cm montiert) dienen zur Unterbringung von Kochgeschirr, Gewürzen u.a. Für einen schnellen Abzug von Küchendünsten und Gerüchen kann eine Dunstabzugshaube sorgen.

Das Arbeitszentrum „Spülen" schließt sich an den Bereich der Nahrungszubereitung an. Die Abtropffläche einer 1-Becken-Spüle sollte 60 cm breit sein, wenn eine Geschirrspülmaschine untergebaut werden soll. Der Spülenunterschrank bietet Platz für Abfallsammelsysteme.

FÜR DIE PRAXIS

Für rückenschonendes Arbeiten sind richtige Arbeitshöhen notwendig: Empfohlene Maße sind, z.B.: beim Steharbeitsplatz 95 cm und beim Sitzarbeitsplatz 72 cm.

Je nach der Anordnung der Arbeitsbereiche in Abhängigkeit vom Grundriss des Raumes entstehen unterschiedliche Küchenformen.
- Einzeilige Küche: ist für schmale Räume geeignet, die nur zwischen 1,50 und 2,00 m breit sind, aber eine gewisse Länge haben.
- Zweizeilige Küche: eignet sich für Räume, in denen Tür- und Fensteröffnung sich an den Schmalseiten gegenüberliegen.
- U-förmige Küche: eignet sich für große quadratische Räume. Arbeitsflächen und Schrankraum sind ausreichend vorhanden.
- L-förmige Küche: bei schmalen langen Räumen kann die Einrichtung über einen Querschenkel verlängert werden.
- Inselformen: in einem ausreichend großen Raum kann das Gar- oder Vorbereitungszentrum als Insel gestaltet werden. Manchmal kann eine Seite der Insel als Essplatz genutzt werden.

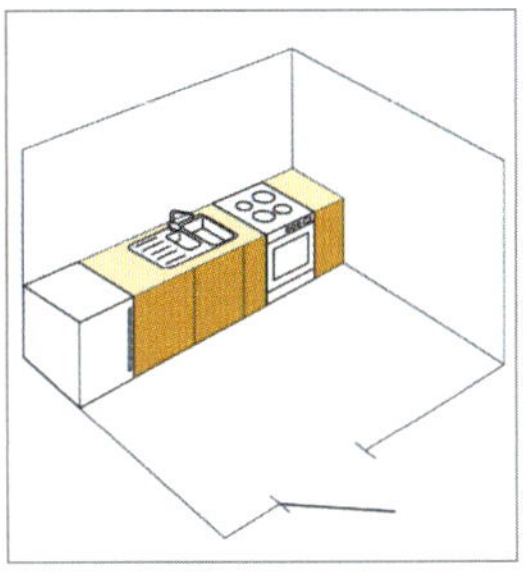
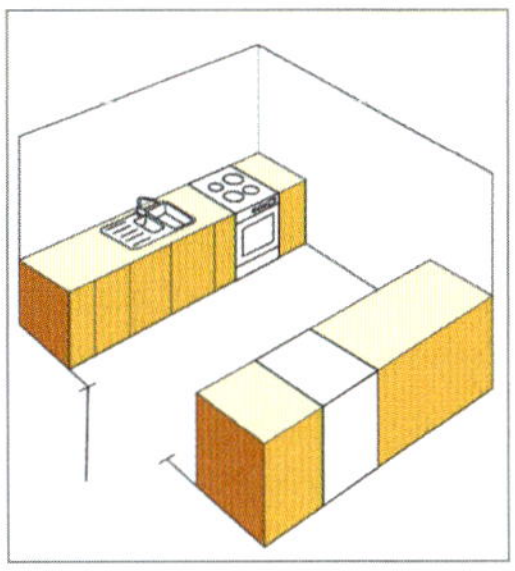

Ein- und zweizeilige Küche

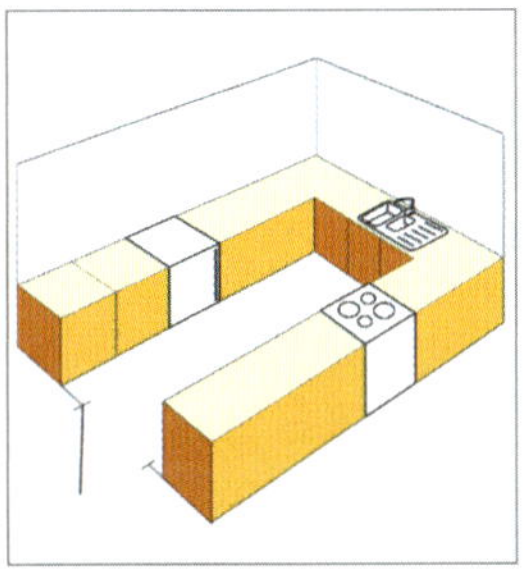
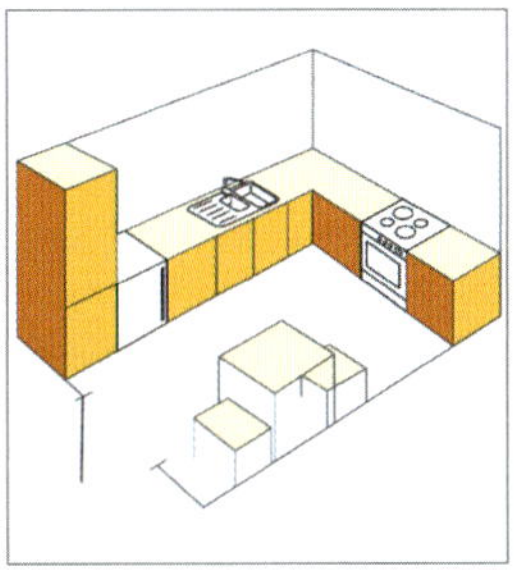

U-förmige Küche und L-förmige Küche

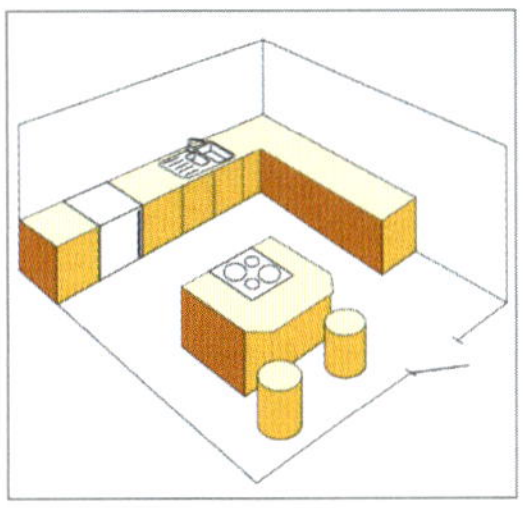

Inselformen

Sanitärräume

Bad und WC werden als Sanitärräume bezeichnet. Hier werden neben Körperpflege auch andere Versorgungsleistungen z.B. Wäschewaschen oder Betreuungsleistungen wie Unterstützung bei der Haarpflege durchgeführt.

Sanitärräume im Großhaushalt

Toiletten, Etagenbäder sowie Nasszellen, die den Wohn- oder Schlafräumen direkt zugeordnet sind, gehören zu den in Großhaushalten üblichen Sanitärräumen. Häufig sind Nasszellen fensterlos und mit einem Belüftungssystem ausgestattet.

Zu ihrer Grundausstattung gehören Toilettenbecken, Waschtisch, Duschwanne oder Badewanne. In Einrichtungen, in denen längerfristig gewohnt wird, z.B. Altenwohnheime, ergänzen kleine Regale und Ordnungseinrichtungen sowie eine Sitzgelegenheit die Grundausstattung der Nasszellen. So können die Bewohnenden die Körperpflege möglichst lange selbstständig durchführen.

In Sanitärräumen, die gemeinschaftlich genutzt werden, sind mehrere abschließbare Dusch- oder Toilettenkabinen nebeneinander angeordnet.

Behinderten- und altengerechte Ausstattung von Sanitärräumen erfordert
- Haltegriffe an Toilettenbecken, Dusch- und Badewannen, Wandlauf
- Notrufanlage
- Toilettensitzhöhe auf 55 cm erhöht
- Sitzhilfe für Dusche oder Badewanne
- bodengleiche Dusche mit schräg nach unten laufendem Fußboden und Ablauf
- Einstieghilfen für Badewanne

Sanitärraum- barrierefrei

Sanitärräume im Privathaushalt
Idealerweise ist das WC vom Flur aus zugänglich. Grundsätzlich ist eine Trennung von Bad und WC die beste Lösung, da dadurch das Bad vielseitiger genutzt werden kann, meist ist dies jedoch nur in größeren Wohnungen gegeben.

Die Größe des Bades sollte genügend Stellfläche für Schränke oder Regale und Bewegungsfläche bieten. Ausstattung und Mobiliar sollten im Hinblick auf die Benutzung zweckmäßig und reinigungsfreundlich sein.

Zur Ausstattung gehören Waschtisch, Dusch- und/oder Badewanne, Toilette, evtl. Bidet. Außerdem Ablagemöglichkeiten für Kleider, genügend Haken für Handtücher und Waschlappen, Abstellmöglichkeiten für Pflegemittel und Platz zur Unterbringung der Pflegeutensilien und Handtücher

Tagungsräume
Seminarräume und Sitzungszimmer sind Räume, deren zweckmäßige Einrichtung eine dem jeweiligen Anlass entsprechende sachliche Atmosphäre zum Arbeiten in kleineren oder größeren Gruppen ermöglichen soll.

Besonders wichtig ist das richtige Aufstellen der Sitzmöglichkeiten. Monitore und Leinwände sollten so angeordnet werden, dass für alle eine gute Sicht ermöglicht wird. Außerdem muss genügend Abstand zu Wänden und zwischen den Tischen bleiben, damit Gäste ungehindert aufstehen können. Die Tische werden häufig in U-Form oder in Reihen hintereinander oder im Kreis aufgebaut.

Raumdekorationen durch Blumen, drapierte Stoffe, die auf die Veranstaltung abgestimmt sind, ergänzen die funktionale Gestaltung der Tagungsräume.

Für die Versorgung mit Speisen und Getränken können vor oder an einer geeigneten Stelle im Tagungsraum Tische als Büfett vorbereitet werden.

AUFGABEN

2. **Es wird ein neuer Bewohner in die Wohngruppe einziehen. Da Toni mit 20 Quadratmetern das größte Zimmer hat, soll er sich dieses in Zukunft mit dem neuen Bewohner teilen. Machen Sie Vorschläge, wie das Zimmer optisch in zwei Bereiche geteilt werden kann.**

3. **Für einen optimalen Arbeitsablauf in der Küche ist eine geschickte Anordnung der Küchenarbeitsbereiche nötig. Fertigen Sie einen maßstabsgetreuen Grundriss der Küche Ihres Ausbildungsbetriebes an. Markieren Sie die einzelnen Arbeitsbereiche in unterschiedlichen Farben. Beurteilen Sie deren Anordnung hinsichtlich der Funktionalität.**

4. **Damit die Wohngruppe als rollstuhlgerechte Einrichtung gelten kann, müssen einige Vorgaben erfüllt werden. Erstellen Sie eine Liste der Dinge, die hierfür zu beachten sind.**

9.4 Wohnumfeld gestalten

Neben der Gestaltung und Einrichtung des Wohnortes, kommen die vielfältigen Fähigkeiten der hauswirtschaftlichen Fachkraft auch im direkten Umfeld des Hauses, also Balkon, Terrasse, Garten und Hof, sowie im weiteren Umfeld, dem Quartier, zum Einsatz.

9.4.1 Arbeiten im Wohnumfeld

Die Arbeiten der hauswirtschaftlichen Fachkraft im direkten Umfeld um den Wohnort werden durch die verschiedenen Jahreszeiten gekennzeichnet. Dabei werden die Aufgaben von der Fachkraft selbst übernommen oder an Mitarbeitende oder Dienstleistungsunternehmen weitergegeben.

Arbeiten ums Haus

Jahreszeiten	Zu erledigende Arbeiten
Frühling	Veranlassung von Dachrinnenreinigung, Rasen mähen, Überprüfung von Rasen, Zäunen und Wegen auf Winterschäden
Sommer	Rasen mähen, Beete pflegen, Terrasse/Balkon reinigen, Garten bewässern, Außenmobiliar pflegen
Herbst	Laubfegen, Beete pflegen, Bäume beschneiden
Winter	Schnee schippen, Streumittel ausbringen, Sträucher beschneiden

Bepflanzung des Außenbereichs
Blumen an Balkonen oder äußeren Fenstersimsen sind zur Verschönerung von Häuserfronten gut geeignet. Kübelpflanzen sind Pflanzen, die über mehrere Jahre hinweg in großen Töpfen wachsen. Während des Sommers stehen sie im Freien an ihrem Standort, im Winter müssen sie zum Überwintern häufig ins Haus geholt werden. Sie verschönern hauptsächlich Hauseingänge, Wintergärten und Terrassen.

Bei richtiger Planung stehen während des ganzen Jahres bepflanzte Balkonkästen zur Außendekoration zur Verfügung: im Frühjahr blühen die Blumenzwiebeln, die im Herbst gelegt worden sind. Nach dem Verblühen werden andere Frühblüher eingepflanzt. Für eine Sommerbepflanzung bieten sich die eigentlichen Balkonpflanzen an. Im Herbst finden niedrige Astern-, Chrysanthemen- und Heidesorten Verwendung zur Bepflanzung. Im Winter können winterharte, niedrige immergrüne Pflanzen ausgewählt werden. Zur Pflege der Pflanzen gehören neben regelmäßigem Gießen und Düngen auch das Ausputzen, also die Entfernung welker Blüten und Blätter, sowie das Zurückschneiden nach dem Überwintern.

Besonders bei den Kübelpflanzen ist das richtige Überwintern wichtig, damit sie im kommenden Jahr wieder in voller Blüte stehen. Dazu werden die Pflanzen im Herbst in gut belüftete Räume mit Licht und passenden Temperaturbedingungen gestellt. Das Überwintern draußen ist ebenfalls möglich. Dazu wird die Erde mit Laub abgedeckt, der Topf mit Vlies eingepackt und die Pflanze nah an eine Hauswand gestellt.

Die Arbeit im Garten und auf dem Balkon bietet vielfältige Möglichkeiten, nachhaltig zu handeln:

- Wasser zum Gießen sammeln und verantwortungsbewusst nutzen, d.h. morgens und nicht in der Mittagshitze gießen, wenn alles schnell verdunstet. Neben Regenwasser lässt sich auch Kochwasser oder das Wasser vom Salatwaschen wiederverwenden
- Verzicht auf chemischen Pflanzenschutz
- Nutzung heimischer, an den Standort angepasster Pflanzen
- Kompost anlegen und torffreie Erde verwenden
- Tieren Unterschlupf bieten: Stein- oder Laubhaufen bieten Igeln, Hummeln und Bienen Unterschlupf besonders in der kalten Jahreszeit, Nistkästen aufhängen
- Blühstreifen für Bienen und Insekten beim Mähen stehen lassen
- Anlegen von (Wild-)Staudenbeeten: bieten Insekten Nahrung und ein Teil der Blüten lässt sich für die Dekoration des Wohnbereichs nutzen

Nachhaltige Bepflanzung

9.4.2 Das Quartier mitgestalten

Das Quartier ist der unmittelbare Lebensraum von Menschen innerhalb eines Stadtteiles. Es ist durch gut erreichbare Einkaufsmöglichkeiten, Betreuungs- und Pflegeeinrichtungen, Parks und Freizeitanlagen, Kultur- und Bildungsstätten gekennzeichnet. Außerdem beinhaltet das Quartier Räume, die den im Quartier lebenden Menschen die Möglichkeit zur Begegnung bieten. Das können Gemeindezentren, Mehrgenerationenhäuser oder auch extra als Quartierstreffpunkt eingerichtete Räume sein.

Durch das Quartier wird der private Lebensraum erweitert, in dem sich Menschen selbst versorgen oder gegebenenfalls betreut werden. Im Quartier können sie soziale Kontakte pflegen und sich am gemeinschaftlichen Leben des Quartiers beteiligen. Herausforderung der Quartiersarbeit ist die Koordination der Angebote und die Zusammenarbeit zwischen Ehrenamtlichen und Hauptamtlichen. Dies ist der Ansatzpunkt der hauswirtschaftlichen Fachkraft, das Quartier mitzugestalten. Sie hilft dabei, Lebensräume zu gestalten und Personen verschiedener Lebenssituationen zusammenzubringen.

Das Angebot in Quartierstreffpunkten kann dazu genutzt werden, die Menschen des Quartiers in hauswirtschaftlichen Tätigkeiten zu unterstützen. Die hauswirtschaftliche Fachkraft plant und delegiert das ehrenamtliche Angebot im Quartier und vermittelt bei Bedarf Kontakte.

Einsatzmöglichkeiten hauswirtschaftlicher Fachkräfte im Quartier

- Begegnungsräume schaffen: die hauswirtschaftliche Fachkraft ist in allen Bereichen eingesetzt (z.B.: Kita, Krankenhaus, Mehrgenerationenhaus, Pflegeeinrichtung) und kann so Zugang zu Begegnungsräumen ermöglichen
- Versorgung sicher anbieten bzw. begleiten: die hauswirtschaftliche Fachkraft ist Koryphäe im Bereich der Hygiene und kann so dafür sorgen, dass hygienisch einwandfreie Versorgungsleistungen angeboten werden bzw. dabei unterstützen diese anzubieten
- Dienstleistungen vermitteln und erbringen
- Qualifizierung der Ehrenamtlichen: praxisorientiert anleiten und qualifizieren, Vermittlung von Alltagskompetenzen
- Bedarfsgerechte Betreuungsangebote für verschiedene Zielgruppen machen

Wohncafés sind ein Beispiel für Treffpunkte einer aktiven Gemeindearbeit. Typische Angebote sind Krabbelgruppen, Eltern-Kind-Treff, Hausaufgabenbetreuung und Mittagstisch, aber auch Vorträge und Filmvorführungen. Außerdem bieten sie die Möglichkeit der niedrigschwelligen Vermittlung gelegentlicher Unterstützung gerade für ältere oder eingeschränkte Menschen.

Treffpunkte in der Gemeinde/im Quartier

AUFGABEN

1. Sie arbeiten als hauswirtschaftliche Fachkraft in einer Kindertagesstätte. Nächste Woche werden Sie für drei Wochen in den Urlaub fahren. Ihre Kollegin ist unsicher, welche Aufgaben sie während Ihrer Abwesenheit im Außenbereich zu erledigen hat und bittet Sie daher, eine Checkliste anzufertigen. Erstellen Sie für Ihre Kollegin eine Checkliste, welche sämtliche Arbeiten auflistet, die zur aktuellen Jahreszeit im Außenbereich durchzuführen sind.

2. Informieren Sie sich über das Quartier, in dem Ihr Ausbildungsbetrieb liegt. Notieren Sie, welche Begegnungsstätten und Dienstleistungen darin angeboten werden. Entwickeln Sie mindestens zwei Ideen, wie Sie sich und den Ausbildungsbetrieb im Quartier einbringen könnten.

Die Gartensaison steht vor der Tür! Im vergangenen Gartenjahr haben Sie bereits mit den Jugendlichen sehr erfolgreich ein paar Gurken und Tomaten, verschiedene Beeren sowie ein paar Blühpflanzen herangezogen. Für dieses Jahr haben Sie von den Pflanzen einige Samen gewonnen. Außerdem liefern die zahlreichen Zimmerpflanzen der Wohngruppe so regelmäßig neue Ableger und Stecklinge, dass Sie gar nicht mehr wissen, wo Sie die unterbringen sollen.

Daher kam Ihnen die Idee im neu gestalten Aufenthaltsraum im Keller, eine Pflanzen- und Samentauschbörse für das Quartier zu veranstalten. Um die Nachbarschaft auf die Veranstaltung aufmerksam zu machen, sollen die Jugendlichen Flyer verteilen und in den Einrichtungen des Quartiers auslegen.

Aufgabe 1

Sie wollen für die Pflanzentauschbörse einen Flyer erstellen. Ziel des Flyers sollte es sein, auf die geplante Veranstaltung aufmerksam zu machen und das Interesse der Nachbarschaft zu wecken. Gehen Sie folgendermaßen vor:

a) Erstellen Sie eine Liste aller benötigten Informationen, die unbedingt auf dem Flyer festgehalten werden sollten. Welche Altersgruppe werden Sie mit diesem Flyer ansprechen? Begründen Sie Ihre Wahl schlüssig und berücksichtigen Sie diese bei der Gestaltung.

b) Fertigen Sie eine Skizze des Flyers an und planen Sie, wie Sie alle Informationen sinnvoll anordnen können. Für eine ansprechende Gestaltung ist außerdem die Auswahl passender Bilder und Grafiken sehr wichtig.

c) Erstellen Sie den Flyer am PC.

Aufgabe 2

Die Flyer kamen sehr gut an und viele Menschen aus dem Quartier wollen vorbeikommen. Damit die Pflanzentauschbörse ein voller Erfolg wird, beginnen Sie schon frühzeitig mit der Planung. Erstellen Sie eine Übersicht mit allen Materialien, die Sie für die Veranstaltung benötigen. Fertigen Sie einen Plan für den Ablauf der Veranstaltung an. Bedenken Sie dabei auch, wie viele Personen Sie am Tag der Tauschbörse unterstützen sollen.

Aufgabe 3

Auf der Pflanzentauschbörse begegnen Ihnen die folgenden Begriffe:

- einjährige Pflanzen
- mehrjährige Pflanzen
- winterhart
- Balkonpflanze
- Staude

Recherchieren Sie die Bedeutung dieser Begriffe. Erläutern Sie, welche Pflanzen aus der Sicht der Nachhaltigkeit zu bevorzugen sind.

Halloween decoration

Halloween is not a holiday but a fun event on October 31st. Everybody dresses up in more or less scary costumes as monsters, ghosts, wizards and witches or zombies.

On Halloween evening children go through the neighbourhood from door to door. They are shouting "Trick or treat" so that the people give them sweets and treats. But adults and young people also celebrate Halloween. They dress up and go to costume-parties.

Many people like to decorate their house for this special event. It is very traditional to make a lantern out of a pumpkin. For this the inside of a pumpkin must be carved out, a scary or funny face is cut into its skin and a candle is put inside. Besides these jack-o'-lanterns people like to use fake spiders and webs, ghosts and skeletons for their decoration.

Aufgabe 1

Form a sentence with each word/verb from the table above.
For example: On Halloween I like to dress up as a Vampire.
Ask your classmates if they've ever dressed up for Halloween. How many of them are going to dress up? Which is the most interesting costume and why?

Aufgabe 2

You're supposed to decorate the living room for the Halloween party in the residential group. Give at least five examples of suitable spooky decorations. Name options you have, if you don't want to spend too much money.

Aufgabe 3

Write a step-by-step instruction for the residents on how to make a jack-o'-lantern.

Good to know:

to dress up	sich verkleiden		pumpkin	Kürbis	
ghost	Geist/ Gespenst		candle	Kerze	
wizard	Zauberer		spiderweb	Spinnennetz	
witch	Hexe		skeleton	Skelett	
zombie	Zombie		sweets	Süßigkeiten	
Trick or treat!	„Süßes oder Saures" (Spruch an Halloween)		lantern	Laterne	

Smarthome

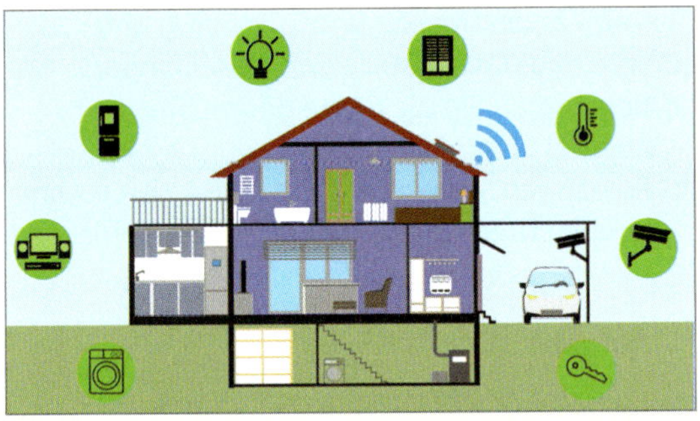

Ein Smarthome ist ein Haushalt, in dem verschiedene Geräte miteinander in Verbindung stehen und fernsteuerbar sind. Das können zum Beispiel fernsteuerbare Lampen und Heizkörper, aber auch Rollläden, Waschmaschine und Küchengeräte wie Spül- oder Kaffeemaschine sein. Das Smarthome dient dazu die Lebens- und Wohnqualität zu verbessern und für Komfort und Sicherheit im Haushalt zu sorgen. Darüber hinaus helfen gerade fernsteuerbare Geräte dabei, den Energieverbrauch zu senken.

Ein funktionierendes Smarthome besteht aus mehreren Elementen:

Endgeräte: können Informationen senden und empfangen. Es gibt eine große Auswahl an Geräten vom Smart-TV über den Staubsaugerroboter bis zu programmierbaren Lampen, mit deren Hilfe mit einem Knopfdruck für die passende Stimmung gesorgt werden kann.

Eingabegerät: Bedienung der Geräte über Fernbedingung oder Endgeräte wie Tablets oder Smartphone. Außerdem ist eine Bedienung mittels Sprachassistenz möglich.

Verbindungen: stellen die Weiterleitung der Befehle von den Eingabegeräten zu den Endgeräten her. Die Verbindungen des Smarthome können über Kabel oder Funkt wie WLAN, Bluetooth oder DECT ULE (ein Funkstandard, der den Austausch ohne Internet ermöglicht) erfolgen. Welche Verbindung genutzt wird, hängt von den Voraussetzungen des Gebäudes, den Anforderungen der Geräte sowie persönlichen Vorlieben ab. Um die passendste Verbindung auszuwählen, sollten Reichweite, Energieverbrauch und die Anzahl der vernetzten Geräte berücksichtigt werden.

Sensoren: messen beispielsweise die Raumtemperatur und können so feststellen, ob Türen oder Fenster geöffnet sind, Personen im Raum sind und wie hell es ist.

Zentrale Steuerungseinheit (auch Gateway): sammelt alle Sensordaten und sendet Befehle an die Endgeräte. Das Gateway ermöglicht auch die Kommunikation der Geräte untereinander und kann durch den Menschen über die Eingabegeräte gesteuert werden.

Durch die Nutzung von Smarthome-Geräten werden verschiedene personenbezogene Daten erhoben und weiterverarbeitet. Die ständige Verbindung mit dem Internet und die Speicherung sensibler Nutzungsdaten wie Videos aus der Wohnung und Standortdaten in Cloudsystemen, bieten möglicherweise Dritten Einblicke in den Alltag und die Gewohnheiten der Bewohnenden.

Aufgabe 1

Recherchieren Sie, wie alte Menschen mithilfe der Technik des Smarthome unterstützt werden können und so möglichst lange in ihrem eigenen Zuhause verbleiben können.
Machen Sie Vorschläge für eine passende Smarthome-Ausstattung.

Aufgabe 2

In den Augen einiger Privatpersonen stellt der zunehmende Einsatz von Smarthome-Geräten Herausforderungen bezüglich des Datenschutzes dar. Sie sorgen sich, dass die Geräte zu viele Daten sammeln, so dass Rückschlüsse auf ihre Person gezogen werden können. Diese Daten könnten beispielsweise Firmen nutzen, um ihre Kundschaft und deren Bedürfnisse besser zu kennen.
Diskutieren Sie mit Rücksicht auf diese Bedenken des Datenschutzes den Nutzen von Smarthome.

Flächen- und Umfangsberechnung

Ein Quadrat ist ein Viereck, bei dem alle Seiten gleich lang und alle Winkel gleiche groß (nämlich 90°) sind. Bei einem Rechteck sind ebenfalls alle Winkel 90° groß, aber nur die jeweils gegenüberliegenden Seiten sind gleich lang.

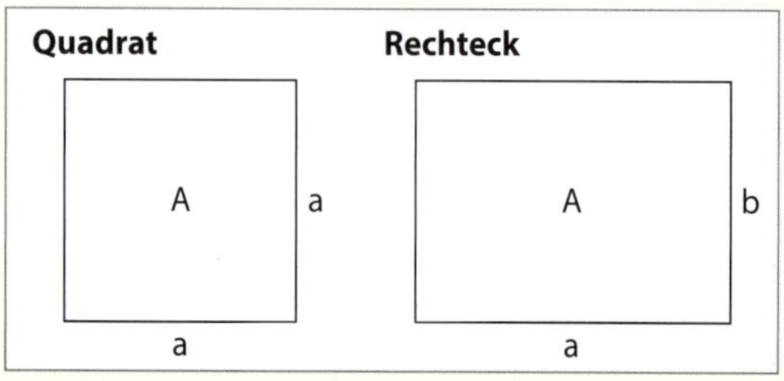

a und b: Seitenlängen   U: Umfang   A: Flächeninhalt

Für das Quadrat gilt:

$U = a + a + a + a = 4a$

$A = a \cdot a = a^2$

Für das Rechteck gilt:

$U = a + b + a + b = 2a + 2b$

$A = a \cdot b$

Der Flächeninhalt wird in den Flächenmaßen, also beispielsweise Quadratzentimeter (cm²⁾ oder Quadratmeter (m²⁾ angegeben.

···Aufgabe 1

Damit der Weg zur Arbeit nicht so weit ist, haben Sie für die Ausbildung ein Zimmer bei einer alten Dame aus dem Quartier angemietet. Das Zimmer ist 5,8 m lang und 4,3 m breit. Berechnen Sie die Höhe der monatlichen Miete für das Zimmer, wenn Sie pro Quadratmeter 10,70 € bezahlen müssen. Runden Sie auf den Betrag mit 00 (zwei Nullen) hinter dem Komma auf.

···Aufgabe 2

Sie legen im Garten zwei Gemüsebeete an. Das eine ist rechteckig und 1,6 m lang und das andere quadratisch mit 1,2 m Seitenlänge.

a) Bestimmen Sie die Breite des rechteckigen Beetes.

b) Berechnen Sie, welches der beiden Beete eine längere Umrandung hat und wie lang diese ist.

···Aufgabe 3

In einer der Wohngruppen gibt es den abgebildeten Essplatz.

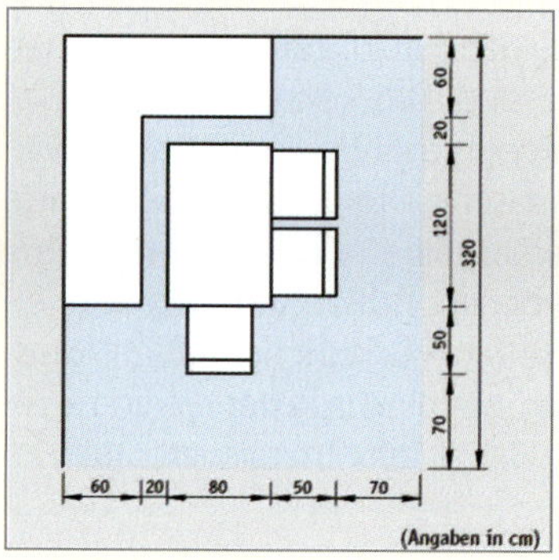

Berechnen Sie die Stellfläche, die für den abgebildeten Essplatz benötigt wird in m².

···Aufgabe 4

Recherchieren Sie die Vorgaben aus der DIN Norm 18040-2 für Flächen und Platzbedarf im barrierefreien Bauen. Beurteilen Sie, ob der abgebildete Essplatz der Norm entspricht und machen Sie gegebenenfalls Vorschläge, wie dieser auch mit Rollstuhl genutzt werden könnte.

···Aufgabe 5

Berechnen Sie die fehlenden Werte und ergänzen Sie die Tabelle.

Art des Vierecks	Seite *a*	Seite *b*	Flächeninhalt *A*	Umfang *U*
Quadrat	115 m	115 m		
Rechteck	6,07 cm	3,82 cm		
Quadrat				50,8 cm
Rechteck		12,95 m	316,63 m²	
Quadrat			650,25 cm²	
Rechteck	7,32 cm			33,84 cm

Nachhaltig stehen

Ein neuer Fußboden soll her! In der Wohngruppe im ersten Stock sollen neue Bodenbeläge verlegt werden und als erstes ist der Gemeinschaftsraum dran. Ihre Aufgabe ist es, einen ökologischen und langlebigen Fußboden zu finden, der allen Anforderungen gerecht wird.

Worauf wir richtig stehen

Ein neuer Fußboden muss her, und damit beginnt für alle, die sich auf dem unbegrenzten Markt der Möglichkeiten umsehen […], die Qual der Wahl. […]
Schnell gefällt ist das Urteil allein im Fall von Vinylboden, der den Massenmarkt beherrscht. Dieser Bodenbelag macht optisch oft auf Parkett oder Holzdiele, ist aber nichts anderes als das altbekannte Polyvinylchlorid (PVC), also ein Kunststoff. In Kombination mit jeder Menge Weichmachern fällt er unter Nachhaltigkeitskriterien durch. [...]
Denn zu den entscheidenden Kriterien zählt der Lebenszyklus. „Den darf man nie ausblenden", sagt Johannes Schmidt, Messtechniker am Institut für Baubiologie + Nachhaltigkeit IBN in Rosenheim. Für den Bodenbelag wie für jedes andere Produkt heißt das: Wie und unter welchen Umständen wird es produziert, wie langlebig ist es, und was passiert, wenn es ausgedient hat? Vinylböden punkten im Handel mit vergleichsweise günstigem Preis und Unverwüstlichkeit, sind aber in der Gesamtbetrachtung alles andere als nachhaltig. Stichwort: Entsorgung.
Doch auch wer zu Holz greift, hat damit nicht per se einen besonders nachhaltigen Boden unter den Füßen. Der IBN-Fachmann weist auf den Unterschied zwischen Dielen und Parkett aus Vollholz und Mehrschichtparkett hin. Erstere bestehen ausschließlich aus Holz, die Oberflächenbehandlung aus Leinöl und Bienenwachs ist unbedenklich. Beim Mehrschichtparkett ist nur die Oberfläche aus geöltem oder lackiertem Echtholz, die Trägerschichten aus günstigem Nadelholz oder Multiplexhölzern. Für den Zusammenhalt sorgt Kleber. „Die verklebte Parkettvariante besteht zwar aus Holz, lässt sich aber wie Laminat im Grunde nicht recyceln", gibt IBN-Experte Schmidt zu bedenken. […]
Kleber ist nicht nur beim Schichtholzelement im Einsatz, sondern kommt oft auch beim Verlegen ins Spiel, wenn der Bodenbelag mit dem Untergrund verleimt wird. Fertigparkett wird […] nach dem Prinzip Nut und Feder zusammengesteckt, manchmal aber wie Vollholzparkett auch verklebt. Das kann sich vorteilhaft auf den Trittschall auswirken und macht den Boden belastbarer. Unter ökologischen Aspekten ist es jedoch besser, auf Kleber zu verzichten […].
Außerdem spielen die Wahl des Holzes und seine Herkunft eine Rolle. Sind es heimische Arten aus nachhaltiger Forstwirtschaft, oder handelt es sich um Tropenholz, das nicht nur einen weiten Transportweg hat, sondern Ergebnis ist von Raubbau und Abholzung?
Diese Frage muss sich auch stellen, wer zu Natursteinfliesen greift. Deren Image ist positiv: echt, hochwertig und verklebt mit einem mineralischen Fliesenkleber, sind sie wegen ihrer Langlebigkeit eine gute Wahl. Vorausgesetzt, sie entfalten keine potentiell gesundheitsschädliche Wirkung. Das verblüfft, aber „es gibt Gesteine, die sind radioaktiv auffällig", erinnert Umwelt-Messtechniker Schmidt. Dazu gehört zum Beispiel der beliebte Granit. […]
Zur Nachhaltigkeitsbilanz von Naturstein zählt aber auch, ob er einen möglichst kurzen Transportweg hat und nicht in einer Gegend der Welt abgebaut wird, wo die Steinbrüche die Umwelt zerstören, vielleicht auch Kinder im Einsatz waren.
Ganz anders steht Linoleum da, sofern es nicht beschichtet ist. Die Auslegware ist zwar nicht sortenrein, besteht aber zu 100 Prozent aus organischen und mineralischen, zu 80 Prozent aus nachwachsenden Rohstoffen. Bestandteile sind Kreide, Holzmehl, Jute, Kalkstein, Naturharz, Farbpigmente und das namensgebende Leinöl.

Lange Zeit wahlweise als Oma-Boden oder Krankenhaus-Boden geschmäht, zieht der Baustoff seit einiger Zeit wieder in die Häuser ein. [...] Der grundsätzliche Nachteil des Materials: Dieser Boden riecht intensiv nach Leinöl und wird seine charakteristische Note nur schwer los. Auch wenn die Ausdünstungen an sich harmlos sind, kann das empfindliche Nasen stark stören. Wenn möglich, sollte man daher das Produkt zu Hause testen.

Anders als Holzböden lassen sich Korkplatten mit einem „schwachen" Naturleim verkleben. Als reines Naturprodukt ist Kork zudem kompostierbar, allerdings nur, wenn er keinen Schichtaufbau hat, der von Polyurethan-Kleber zusammengehalten wird. [...]

Und textile Böden? Sofern sie aus natürlichen Materialien wie Sisal, Seegras oder Wolle gefertigt sind, an der Unterseite ohne bedenkliche Beschichtung auskommen und möglichst nicht verklebt werden, spricht nichts gegen sie. Im Kinderzimmer beliebt sind Böden aus weicher Schafwolle. Wer sich für das Tierwohl interessiert, sollte sich einen Anbieter suchen, der transparent darlegt, woher er die Wolle bezieht. Ein Blick auf die Homepage oder Qualitätssiegel können hier Auskunft geben.

Doch Gütekennzeichnungen haben ihre Tücken. Im Fall der Wollteppiche kann ein Mottenschutz als Qualitätsmerkmal gelten. Dafür kommen aber als Nervengifte wirkende Insektizide zum Einsatz. Wer aufgrund des Siegels denkt, er wählt ein qualitativ besonders wertvolles Produkt, liegt diesbezüglich daneben.

Quelle: https://www.faz.net/aktuell/wirtschaft/wohnen/nachhaltige-fussboeden-welcher-bodenbelag-der-beste-ist-17944878.html?service=printPreview (zuletzt 13.3.2024), gekürzt

Aufgabe 1

Informieren Sie sich zu verschiedenen Bodenbelägen mithilfe des Zeitungsartikels.. Suchen Sie online nach weiteren Informationen und sammeln Sie Vor- und Nachteile zu den verschiedenen Bodenbelägen.

Aufgabe 2

Erstellen Sie nach dem unten stehenden Muster eine Liste der von Ihnen zu bedenkenden Aspekten bei der Wahl eines neuen Bodenbelags für den Gemeinschaftsraum. Sortieren Sie diese Aspekte nach den drei Dimensionen der Nachhaltigkeit.

Aufgabe 3

Stellen Sie Ihre Ergebnisse gegenüber. Für welchen Bodenbelag, der den Anforderungen eines Gemeinschaftraumes gerecht wird und dabei nachhaltig und langlebig ist, sollten Sie sich entscheiden?

Aufgabe 4

Wo können Sie in den Wohngruppen außerdem noch nachhaltig handeln? Nennen Sie zu jeder der drei Dimensionen der Nachhaltigkeit mindestens zwei konkrete Bereiche oder Tätigkeiten, bei denen das hauswirtschaftliche Fachpersonal auf Nachhaltigkeit achten kann.

Aufgabe 5

Beschreiben Sie konkrete Maßnahmen für Ihren Ausbildungsbetrieb, mit denen Sie in Bezug auf die Gestaltung der Räume und des Wohnumfeldes noch nachhaltiger handeln können.

Ökologische Aspekte	Ökonomische Aspekte	Soziales (inkl. Gesundheit)
...	...	...

Produkte und Dienstleistungen anbieten

Lernsituation

Sie arbeiten als angehende/-r Hauswirtschafter/-in in einer Einrichtung für Menschen mit Behinderungen. Zu der Einrichtung gehören verschiedene Werkstätten, in denen die Beschäftigten mit körperlicher und geistiger Behinderung unter anderem Kerzen, Nudeln, Nistkästen und Gebäck produzieren. In einem kleinen Café mit angegliedertem Laden werden die verschiedenen Produkte verkauft. Einmal im Jahr findet ein großer Bazar mit erweitertem Sortiment statt. Im Rahmen des Bazars können auch externe Unternehmen einen Stand mieten. Im Vorfeld des Bazars hat Ihnen Ihre Ausbilderin den Auftrag gegeben, sich mit den Grundsätzen des Verkaufs und des Anbietens von Dienstleistungen vertraut zu machen. Es sind für die Produkte Preise zu ermitteln und Absatzwege zu beurteilen. Außerdem wird das praktische Verkaufen mit allen Auszubildenden und Beschäftigten intensiv eingeübt. Im Nachgang zum Bazar wird der Verkaufserfolg bewertet. Es sind auch Überlegungen anzustellen, wo und wie mögliche Reste angeboten werden können.

10.1 Grundlagen Marketing

Marketing umfasst mehr als Werbung. Zum Marketingmix gehören die vier „P"s.

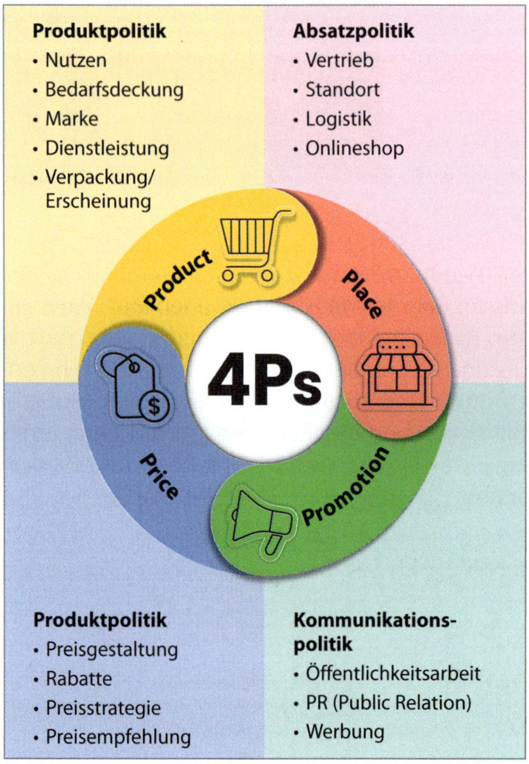

Der Marketingmix umfasst die vier P's

- Produktpolitik (Product)
  ➜ Welchen Nutzen hat das Angebot (Produkt oder Dienstleistung) für Kunden?
- Preispolitik (Price)
  ➜ Zu welchem Preis soll das Produkt oder Dienstleistung angeboten werden?
- Kommunikationspolitik (Promotion)
  ➜ Wie erfahren Kunden von dem Produkt bzw. der Dienstleistung?
- Absatzpolitik (Place)
  ➜ Wie kommt das Produkt zu den einzelnen Kundinnen und Kunden?

Mit dem Absatz ist die Preis- und Produktgestaltung verbunden. Diese bildet die Grundlage für eine umfassende Vermarktung von Produkten und Dienstleistungen. Notwendig werden zunächst Markt-, Standard- und Zielgruppenanalyse.

10.1.1 Marktanalyse

Ziel der Marktanalyse ist es herauszufinden, ob eine Produkt- oder Dienstleistungsidee am Markt bestehen kann. Die Analyse prüft, ob aus der Idee ein Angebot entsteht, das sich von der Konkurrenz abhebt und von der Zielgruppe angenommen wird. Eine dauerhafte Marktbeobachtung ist notwendig, auch wenn sich das Unternehmen anfänglich in einer Marktlücke befindet. Vielleicht machen sich weitere Wettbewerber schon auf den Weg, die gleiche Marktlücke zu erschließen.

Hier ist die **Trendanalyse**, in der Entwicklungstendenzen deutlich werden, wichtig. Gibt es neue Produkte oder Dienstleistungen am Markt (zum Beispiel neue Food-Trends aus einem anderen Land)? Wie entwickelt sich die Gesamtwirtschaft (zum Beispiel, wenn sich die Wirtschaft in einer Rezession oder gar in einer Krise befindet, werden weniger Luxusprodukte nachgefragt). Gibt es bereits ähnliche Unternehmen an diesem Standort?

Marktanalyse

***BEISPIEL:** Unverpackt ist im Trend – Ein Hofladen möchte nach Rückfragen von Kunden ein Unverpacktregal einrichten. Kurz darauf eröffnet ein Unverpacktladen mit umfassendem Sortiment im Nachbarort.*

> *Die Abkürzung **USP** steht für „Unique Selling Proposition" oder „Unique Selling Point" und bedeutet „einzigartiges Verkaufsversprechen". Dieser Marketingbegriff beschreibt das besondere Merkmal eines Produkts oder einer Dienstleistung, das es von anderen Angeboten abhebt und den Kunden einen besonderen Vorteil bietet.*

Ein gut formulierter und klar kommunizierter USP hilft dabei, dass Kunden das Angebot unter vielen anderen erkennen und sich gezielt dafür entscheiden. Im besten Fall wird der USP auch im Erscheinungsbild des Unternehmens sichtbar, zum Beispiel im Logo, im Design der Website und auf anderen Werbemitteln.

Standortanalyse

Bei der Standortanalyse wird entweder ein vorhandener Geschäftsstandort bewertet (Hofstelle geeignet für einen Hofladen) oder ein geeigneter Standort für ein neues Geschäft gesucht (Büro mit Besprechungs- und Lagerräumen für ein Reinigungsdienstleister).

Mögliche Fragen innerhalb der Standortanalyse:

- Wie groß ist das Einzugsgebiet und die daraus abzuleitende Kundenzahl?
- Wie ist der Standort zu beurteilen? Wie ist die Kundennähe und die Nähe zu Wettbewerbern?
- Sind Anbindung und Infrastruktur ausreichend gegeben?

In manchen Fällen kann ein eigentlicher Standortnachteil auch ein Vorteil sein.

Eine alleinstehende Hütte auf einem Berg: Gerade die eingeschränkte Erreichbarkeit macht den Ort zu etwas Besonderem. Touristinnen und Touristen wollen ihn besuchen.

Das Matrashaus ist so abgelegen, dass es mit dem Hubschrauber beliefert werden muss

10.1.2 Kunden- Zielgruppenanalyse

Soll ein Produkt oder eine Produktauswahl angeboten werden, ist es erforderlich, zunächst die Zielgruppe zu erkennen. Manchmal sind auch nicht die Kundinnen und Kunden die Personen, welche das Produkt ansprechen sollen. Es muss also bestimmt werden, wer das Produkt braucht, aber auch, wer es kauft.

Produkte für Kinder werden oft von Erwachsenen (Eltern) für das Kind gekauft.

BEISPIEL: *Für stark dementiell erkrankte Seniorinnen und Senioren wählen die Angehörigen die Altenpflegeeinrichtung aus.*

Bei Dienstleistungen können dabei unterschiedliche Zielgruppen nach ihren Bedürfnissen und Bedarfen (s. S. 168) unterschieden werden. Bei der Speisenversorgung oder auch der Reinigung von Räumen ist es entscheidend, ob dies für eine gesunde Zielgruppe (Gäste in einem Tagungshaus) oder für eine spezielle zum Beispiel immungeschwächte Zielgruppe (Patienten in einem Krankenhaus) bestimmt ist.

Folgende Fragen werden bei der Analyse gestellt:

- Soziodemografische Daten der Kundschaft:
  - Alter der Kundschaft?
  - Geschlecht?
  - Bildungsstand?
  - Beruf- und Einkommensschicht?
- Welche Einstellungen, Ansprüche und Erwartungen haben die Kundinnen und Kunden?
  - Qualitätsbewusstsein oder Preisbewusstsein?
  - Ist ihnen Umweltschutz, Klimaschutz oder ein möglichst geringer Preis wichtig?
- Welche Personen sollen angesprochen werden?

5

10

13

Soziodemografische Daten *sind Informationen, die mittels Forschung über die Bevölkerung und die Verteilung von Merkmalen in der Bevölkerung erhoben werden.*
Demografische Daten umfassen Alter, Geschlecht, Bildungsstand, Familienstand, Religion, Migrationshintergrund und ethnische Zugehörigkeit, Beruf und Einkommen.

BEISPIEL, ***warum die Frage nach dem Beruf eine wichtige Bedeutung haben kann:***
Die Zielgruppe der Handwerker/-innen oder Monteur/-innen benötigt mittelfristige Wohnmöglichkeiten für die Dauer der Baustelle. Auch preiswerte Angebote für einen Mittagsimbiss sollten in der Nähe sein.

10.1.3 Absatzwege/Vertriebswege

Eng mit der Zielgruppe verknüpft ist die Entscheidung für oder gegen bestimmte Absatzwege. Ältere Kundinnen und Kunden kaufen häufiger vor Ort und mit Bargeld ein. Jüngeren wird ein Hang zum Online-Einkauf und bargeldlosem Zahlen nachgesagt. Generell kann zwischen direktem Absatz (über eigene Läden) und indirektem Absatz (über Groß- oder Einzelhandel) unterschieden werden.

In der ländlich-agrarischen Hauswirtschaft spielt **Direktvermarktung** eine wichtige Rolle. Diese kann ein Standbein des landwirtschaftlichen Unternehmerhaushalts sein. Der Standort ist oft ausschlaggebend für die Wahl der Absatzwege.

BEISPIEL: ***Wenn zum Beispiel der Betrieb schlecht erreichbar ist und das Baurecht nur eingeschränkte Möglichkeiten zulässt, bietet sich eine Direktvermarktung auf dem Wochenmarkt oder über Abokisten an. Ist der Hof schön gelegen und nicht zu weit vom Ort entfernt, eignet sich ein Hofladen.***

Manche landwirtschaftlichen Betriebe oder Gärtnereien vermarkten ihre Produkte direkt an Einrichtungen mit Großküchen. Dann ist es jedoch eine Vermarktung von einem Betrieb zu einem anderen Betrieb (Business to Business = B2B) und nicht direkt an den Endverbraucher/-innen (Business to Consumer = B2C).

Hofladen im Herbst

Die meisten hauswirtschaftlichen Großbetriebe kaufen im Großhandel ein, verarbeiten die Produkte weiter oder geben die Produkte an den Endkunden, z. B. Gast oder Bewohnerschaft ab.

Die Läden der Mehrwertstätten sind eine Mischform von zugekauften, weiterverarbeiteten und selbst hergestellten Produkten (s. Betriebsbeschreibungen).

AUFGABEN

1. Recherchieren Sie zu folgenden Fragestellungen:
   a) Gibt es Hofläden in Ihrer Region?
   b) Gibt es einen Wochenmarkt in Ihrem Wohnort/Stadtteil?
   c) Gibt es die Möglichkeit bei einem Betrieb Ihrer Region eine Abokisten zu bestellen?
   d) Gibt es einen Selbstbedienungsladen/stand oder einen Verkaufsautomaten für Obst, Gemüse, Eier oder Wurst in Ihrer Region?
2. Was bedeutet der Begriff solidarische Landwirtschaft oder Lebensmittelkooperative?
3. Informieren Sie sich über den möglichen Inhalt einer Abokiste im Februar/September für einen Betrieb (nicht Privathaushalt). Was ist zu beachten, bevor ein solches Abo abgeschlossen wird?
4. Erkunden Sie Ihre Region bezüglich eines Selbstbedienungsstandes oder Verkaufsautomaten. Erstellen Sie eine Liste mit den zu angebotenen Produkten.

10.2 Angebot

10.2.1 Sortimentsgestaltung

> *Das **Sortiment** umfasst das gesamte Warenangebot, also die Gesamtheit von Waren, die in einem Geschäft zur Verfügung stehen.*

Sortimentspyramide

Je nach Kundenstruktur können unterschiedliche Produkte das Sortiment bilden.

Sortiment	
Sortimentsbreite	Sortimentstiefe

Gibt die Anzahl an verschiedenen Produkten aus unterschiedlichen Kategorien an.	Gibt die Anzahl an verschiedenen Varianten eines gleichartigen Produkts aus einer oder wenigen Produktkategorien an (unterschiedliche Apfelsorten)..
Auf dem Bazar werden Lebensmittel, Dekorationsartikel, Kleidung und Spielzeug angeboten.	Am Stand eines kooperierenden Obstbaubetriebs werden allein 15 verschiedene Sorten an Fruchtaufstrichen und über zehn verschiedene Obstsäfte angeboten.
 Warenhaus, Supermarkt	 Spezialgeschäft, Hofladen

Bei einem breiten Sortiment bekommt man viele unterschiedliche Waren und Warengruppen. Ein tiefes Sortiment enthält weniger unterschiedliche Warengruppen, dafür mehr Waren aus einer speziellen Gruppe. Je nach Strategie kann sich für eins der beiden entschieden werden.

BEISPIEL: *Sortimentsbreite: Supermarkt mit Obst einschließlich Äpfel*
Sortimentstiefe: Äpfel der Sorten Elstar, Boskop, Ingrid Marie etc.

Bei kleineren spezialisierten Geschäften wie z. B. Hofläden werden meist nur wenige Waren angeboten, die aufeinander abgestimmt sind und so den Nachfragenden einen größeren Nutzen bieten.

BEISPIEL: ***Dies können die Nudeln aus der Werkstatt der Mehrwertstätten und dazu passende Pastasoßen sein, welche von der Hauswirtschaft aus Tomaten der Mehrwertstätten-Gärtnerei produziert und in Mehrwegflaschen abgefüllt werden.***

10.2.2 Produktauswahl

Die übergeordneten Fragen sind: Welche Bedürfnisse haben die Kundinnen und Kunden? Wie können diese durch das Angebot abgedeckt werden, so dass eine Nachfrage und ein Bedarf entsteht? Zur Präzisierung sollten vor der Festlegung auf die Produkte und Leistungen folgende Fragen beantwortet werden:

- Wie wird das Angebot entwickelt, dass die Kundinnen und Kunden einen Nutzen davon haben?
  → z. B. Pastasoße aus der Flasche: Erleichterung beim alltäglichen Kochen
- Durch welche Merkmale unterscheidet sich das Angebot von der Konkurrenz?
  → Z. B. besonders hohe Qualität: regional und saisonal hergestellte Pastasoße von Menschen mit Behinderungen
- Wie soll das Produkt aussehen? Oder welche Merkmale soll die Dienstleistung aufweisen?
  → Besonderes Image: Nachhaltigkeit durch Verpackung in Mehrwegflasche
- Welchen zusätzlichen Service wünscht die Kundschaft zum Abheben von der Konkurrenz?
  → Vielleicht auch zusätzliche Beratung oder Information zum Produkt: Woher kommen die Tomaten, wie wird die Soße hergestellt? Wie sind die Bestell- und Lieferoptionen?

10.3 Kostenermittlung

Damit der Preis für ein Produkt festgelegt werden kann, werden zunächst die Kosten ermittelt.

FÜR DIE PRAXIS

Um die Kosten herauszufinden, hilft folgende Fragestellung: Welche Kosten sind mit der Herstellung und dem Verkauf des Produkts oder der Dienstleistung verbunden?

Kosten = *In Geld bewerteter Einsatz von Mitteln, wie Mitarbeitende, Arbeitsmittel und Rohstoffe, die zur Erstellung eines Produkts oder einer Dienstleistung benötigt werden.*

Damit ein Betrieb eine Leistung erstellen kann, muss dieser andere Güter einsetzen und bezahlen.

BEISPIEL: *Für einen Kuchen werden benötigt:*

- *Rohstoffe (Mehl, Butter Eier, Zucker)*
- *Werkzeuge (Backformen)*
- *Maschinen (Küchenmaschine, Backofen)*
- *Arbeitskräfte oder Dienstleistungen (Fachkraft und Reinigungsunternehmen)*

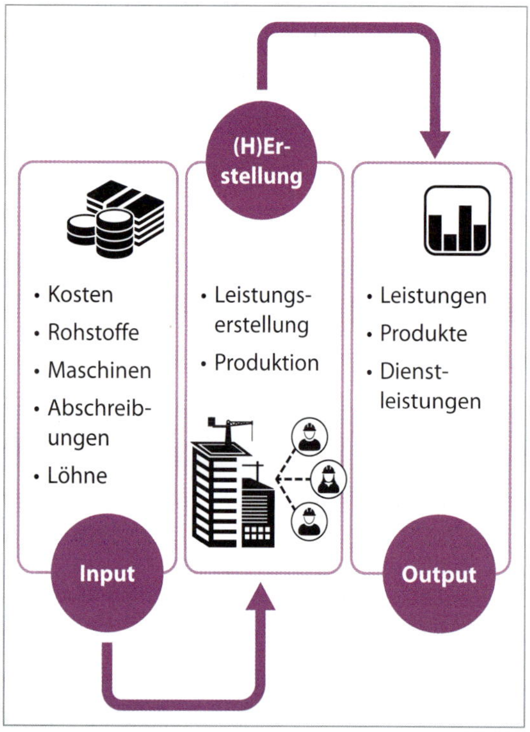

Im Betrieb einzusetzende Güter

Das Ziel ist, möglichst kostengünstig die Leistung zu erstellen, um einen möglichst hohen Gewinn zu erzielen oder zumindest kostendeckend zu wirtschaften.

Die genaue Kostenermittlung ist sehr wichtig, sie bildet die Basis der Preisermittlung (Kalkulation). Diese dient unter anderem der Entscheidung, ob ein Produkt oder eine Dienstleistung realisiert wird.

***In der Kostenrechnung werden die Kosten ermittelt und berechnet*, die bei der Erstellung eines Produktes oder einer Leistung entstehen. Sie wird im Großhaushalt eingesetzt zur Erfassung der anfallenden Kosten für Erzeugnisse (z. B. Kosten für Speisen) und Dienstleistungen, zur Berechnung der Preise und zur Ermittlung von Einsparmöglichkeiten im Betriebsablauf.**

Folgende Kostenarten werden unterschieden :

Einzelkosten = *Kosten, die sich einem bestimmten Kostenträger direkt und vollständig zuordnen lassen (z. B. Lebensmittel, Warenkosten).*

Gemeinkosten = *Kosten, die allgemein anfallen und sich nicht direkt einem bestimmten Kostenträger zuordnen lassen. Sie werden nach einem Verwendungsschlüssel berechnet und zugeordnet (z. B. Verwaltungskosten).*

Kostenträger = *im Betrieb hergestellte Produkte oder Dienstleistungen. Es kann ermittelt werden, welches Produkt welche Kosten trägt.*

BEISPIELE:

Für die Herstellung von Kuchen für den Bazar fallen Einzelkosten an wie zum Beispiel die Warenkosten für die Rohstoffe. Werden mehr Kuchen gebacken, fallen höhere Kosten an als bei einem Kuchen (variable Kosten). Je nachdem wie oft der Backofen genutzt wird, fallen höhere Stromkosten (Betriebskosten) an. Für den Kauf des Backofens fielen Kapitalkosten an.

Die Mehrwertstätten haben auch eine Verwaltungsabteilung, die für alle Werkstätten zum Beispiel die Personalangelegenheiten übernehmen, diese Kosten sind Gemeinkosten.

Für den Bazar werden Verkaufshütten von der Stadt angemietet, diese haben einen festen Preis – egal wie viel Produkte beim Bazar verkauft werden (fixe Kosten).

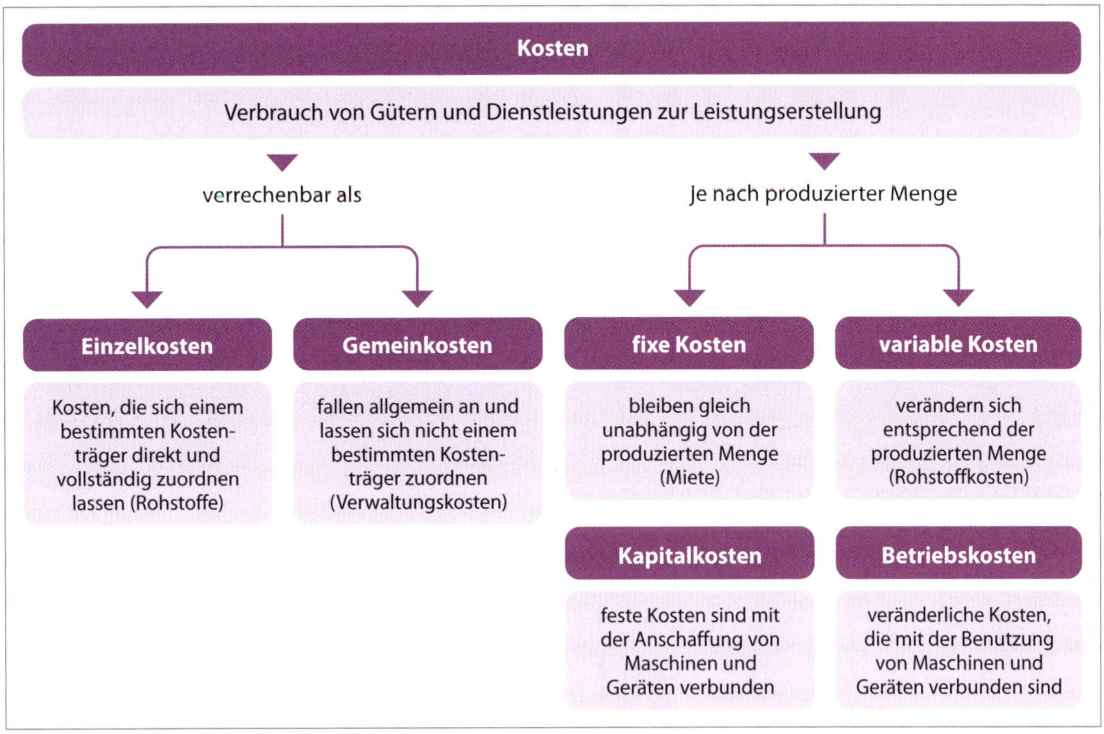

Unterscheidung der Kostenarten

Kostenrechung	**Kostenartenrechnung**	1. Stufe:	Gliederung nach Kostenarten	Die Berechnung ermittelt, welche Kosten entstanden sind. Im Großhaushalt können das sein: • Personalkosten (z. B. Löhne, Sozialabgaben) Sachkosten • Materialkosten (z. B. Lebensmittel) • Energiekosten (z. B. Strom) • Raumkosten (z. B. Miete)
	Kostenstellenrechnung	2. Stufe:	Zuordnung der Kostenarten zu Orten der Entstehung	Die Berechnung ermittelt, wo Kosten entstanden sind. Im Großhaushalt können das sein: • Küche • Wäscherei • Hausreinigung
	Kostenträgerrechnung	3. Stufe:	Zuordnung der Kosten zu den erzeugten Produkten oder erbrachten Leistungen	Die Berechnung ermittelt, wofür Kosten entstanden sind. Im Großhaushalt können das sein: • Speisen • Unterkunft

Unterteilung der Kostenrechnung in drei Stufen

10.4 Preise ermitteln

10.4.1 Definition und Funktion von Preisen

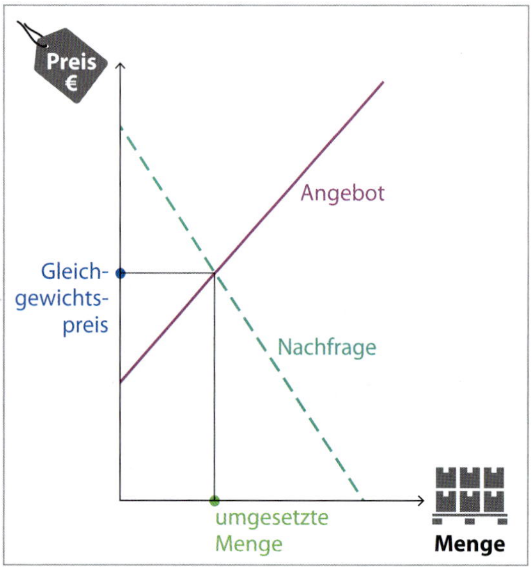

Gleichgewichtspreis und umgesetzte Menge

Je umfassender das Angebot von Produkten und Dienstleistungen auf einem Markt, desto niedriger sind die Preise. Je größer die Nachfrage, desto höhere Preise können auf dem Markt erzielt werden.

*Der **Marktpreis** ist der Preis, der von der Kundschaft angenommen wird und der sich auf dem freien Markt im Zusammenspiel von Angebot und Nachfrage gebildet hat.*

FÜR DIE PRAXIS

Bei der Preisgestaltung im Marketing steht diese Frage im Mittelpunkt: Welcher Preis wird von den Kundinnen und Kunden angenommen?

Präzisiert werden können die Überlegungen durch folgende Teilfragen:

- Ist ein Einführungspreis (zu Beginn günstig, dann teurer) förderlich?
- Soll der Preis an der Konkurrenz ausgerichtet werden?
- Soll der Preis psychologisch an die Kundengruppen angepasst werden?
  - ➜ Preisschwellen: „0,99 € -Preise“
  - ➜ Snob-Preise: hohe Preise für Angebote, die sich nur einkommensstarke Kundengruppen leisten können
- Gibt es sinnvolle Preisdifferenzierungen?
  - ➜ Günstigere Preise für Mitarbeitende, Studierende oder sonstige Kundengruppen?
- Zu welchen Konditionen werden die Produkte/ Dienstleistungen angeboten?
  - ➜ Rabatte beim Kauf von mehreren Produkten oder Produktpakete sinnvoll?

Weitere Anwendungsbeispiele zu Kostenkalkulationen s. S. 463.

10.4.2 Kalkulationsarten

*Die **Preiskalkulation** dient der Ermittlung des Bruttopreises als Verkaufspreis. Zu den Selbstkosten kommen Zuschläge für Gewinn und Steuern.*

Der Gewinn kann als Entschädigung des Unternehmers/ der Unternehmerin für die Investitionen und die Mitarbeit angesehen werden.

BEISPIEL: Auf die Selbstkosten kann zum Beispiel ein Gewinnanteil von 20 % aufgeschlagen werden.

***Selbstkosten** = Kosten, die einem Unternehmen bei der Erstellung einer Leistung entstehen. Sie setzen sich aus den Kosten für den Wareneinsatz und den Gemeinkosten zusammen.*

Es gibt auch vereinfachte Kalkulationen.

BEISPIEL: Zum Beispiel kann in der Gastronomie der Wert der eingesetzten Waren mal drei genommen werden. Diese Überschlagskalkulation bietet sich bei Speisen oder Produkten an, die nur in einem geringen Umfang produziert werden und nicht dauerhaft auf der Karte oder im Sortiment angeboten werden. Solch eine schnelle Kalkulation ist oft ungenau und Kostenvorteile aus Einkaufsrabatten etc. bleiben ungenutzt. Wird der Aufwand unterschätzt, kann dies zu Verlusten führen.

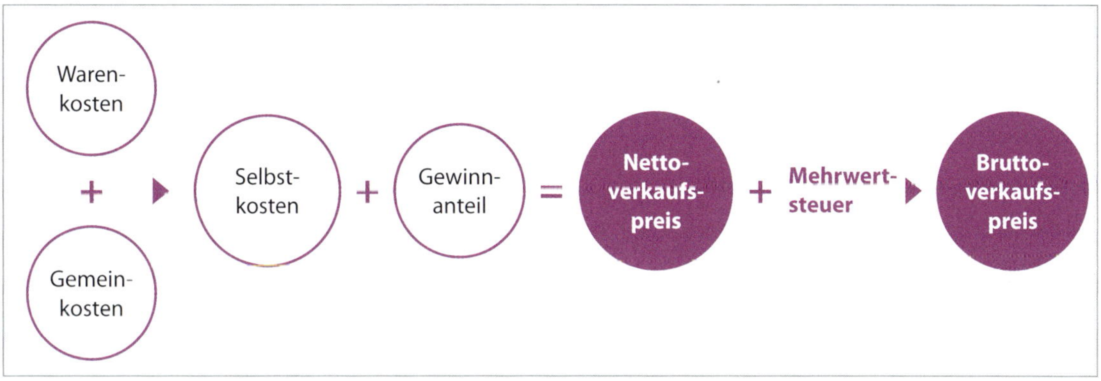

Von den Kosten zum Verkaufspreis

Divisionskalkulation

Diese Kalkulation wird in Betrieben, die nur ein Produkt oder eine Dienstleistung herstellen, angewendet.

Zunächst werden die Gesamtkosten ermittelt, indem die fixen und variablen Kosten addiert werden.

Je höher die Stückzahl, desto geringer sind die Stückkosten und damit die Stückpreise.

BEISPIEL: *Die Flaschen für die Pastasoße werden von einer spezialisierten Flaschenfabrik gefertigt und geliefert. Je mehr Flaschen bestellt werden desto günstiger werden diese.*

Produzierte Menge	*Fixe Kosten*	*Variable Kosten*	*Gesamtkosten*	*Stückkosten*	*Stückpreis zum Verkauf*
(Stück)	*(€)*	*(€)*	*(€)*	*(€)*	*(€)*
0	*5*				
10	*5*	*3,37*	*8,37*	*0,84*	*0,89*
50	*5*	*29,78*	*34,78*	*0,70*	*0,74*
100	*5*	*57,04*	*62,04*	*0,62*	*0,66*
500	*5*	*220,60*	*225,60*	*0,45*	*0,48*
1000	*5*	*380,40*	*385,40*	*0,39*	*0,41*
3500	*5*	*1080,70*	*1085,70*	*0,31*	*0,33*

Gesamtkosten

Geteilt durch die Produktionsmenge

= Selbstkosten je Stück

Die Gesamtkosten der Flaschenproduktion

Gesamtkosten 385,40 €

Produktionsmenge 1000 Stück

= Selbstkosten je Stück 0,39 €

Einfache Zuschlagskalkulation

Bei dieser Kalkulation werden die Gemeinkosten als Summe erfasst und auf die Löhne bezogen. Es ist zu überprüfen, ob die Gemeinkosten wirklich im Verhältnis zu den Löhnen steigen.

Material

+ Löhne

+ Gemeinkosten

= Selbstkosten

BEISPIEL: *Das Reinigungsunternehmen, das die Fremdreinigung im Café der Mehrwertstätten übernimmt, hat seinen Auftrag zur Grundreinigung abgeschlossen. Material wurde in einer Höhe von 50,75 € verbraucht. Ein Reinigungsmitarbeiter hat 8,5 Stunden dafür gebraucht. Er erhält 16,50 € Stundenlohn. Das kleine Reinigungsunternehmen hatte letztes Jahr Gemeinkosten von 445350 € und Lohnkosten von 360121 €. Durch die folgende Kalkulation hat der Reinigungsdienstleister die Selbstkosten ermittelt:*

Ermittlung der Selbstkosten

Material • Reinigungsmittel • Pads • Gebrauch von Tüchern und Wischbezügen	50,75 €
+ Fertigungslöhne	8,5 h · 16,50 € = 140,25 €
+ Gemeinkostenzuschlag in %	Gemeinkosten pro Jahr · 100 % : Lohnkosten pro Jahr = 445 350 € · 100 % : 360 121 = 124 %
= Selbstkosten	236,84 €

5

10

13

Marktpreis-Recherche

Die durch die Kalkulation ermittelten Preise sorgen für einen passenden Gewinn. Ob diese kostengerechten Preise zu realisieren sind, entscheiden Angebot, Nachfrage und die Kundschaft. Doch was ist, wenn die Kundinnen und Kunden den kalkulierten Preis nicht bezahlen wollen oder können? Am besten ist es, vorher in Erfahrung zu bringen, welcher Preis akzeptabel (marktgerecht) ist. Das hängt unter anderem auch vom Preis der Wettbewerber für vergleichbare Angebote ab.

Ansatzpunkte bietet die Marktpreis-Recherche.

Zur Bewertung, ob ein Preis marktgerecht ist, können folgende Marktfaktoren herangezogen werden:

- Kundenstruktur: Befragung von potenziellen Kundinnen und Kunden sowie Auftraggebern
- Mitbewerber und deren Preispolitik und Werbeverhalten: Recherche im Internet (Onlineshops etc.), aber auch in Katalogen oder Schaufenstern
- Fachmessen besuchen
- Standort (Dorf, Stadt, Anbindung)
- Sortimentsumfang und Qualität
- ggf. bei Kammern oder Verbänden anfragen

Wenn deutlich wird, dass der kalkulierte Bruttoverkaufspreis nicht erzielt werden kann, sollte entweder das Produkt nicht ins Sortiment aufgenommen werden. Es kann jedoch auch an anderen Stellschrauben gedreht werden: Zum Beispiel können Rezepturen, Abläufe oder Verpackungsgrößen verändert werden. Ergebnis der Recherche kann auch sein, dass ein deutlich höherer Verkaufspreis bezahlt werden würde. In diesem Fall sollte das Produkt auf jeden Fall zu einem höheren Preis ins Sortiment aufgenommen werden.

10.4.3 Preis vs. Wert

Der Preis eines Produkts oder einer Dienstleistung spiegelt nicht immer den Wert wider. Ganz neben dem materiellen Wert oder dem Warenwert geht es beim Konsum oft um den ideellen Wert, den ein Produkt hat. Dieses können Dinge sein, die Prestige darstellen oder einen sentimentalen Wert haben. Manche Kundinnen und Kunden sind auch bereit, mehr für etwas zu bezahlen in dem Wissen, dass sie einen guten Zweck damit unterstützen.

> „Heutzutage kennen die Leute von allem den Preis und von nichts den Wert."
>
> *Oscar Wilde*

***BEISPIEL:** Ein Prestige wäre der Besitz eines seltenen Exemplars. Das Hochzeitskleid der Großmutter hat einen hohen ideellen Wert.*

Beispiel für einen Preis mit Wertschätzung

Der Preis kann auch die Wertschätzung für etwas wiedergeben.

> *Der **Warenwert** ist der Wert der vorhandenen Mengen bzw. Einzelpreis mit und ohne Mehrwertsteuer und eine wichtige Angabe zur Kostenkontrolle.*

Die Qualität einer Dienstleistung oder eines Produkts wird stets individuell von der nutzenden Person – zum Beispiel des Gastes- bewertet.

> ***Qualität** ist die Gebrauchstauglichkeit in den Augen des Kunden/der Kundin.*

Umgangssprachlich kann dies in folgendem Zitat ausgedrückt werden:

„Qualität ist, wenn der Kunde zurückkommt und nicht das Produkt." Hermann Tietz

Qualität liegt in den Augen des Betrachters

10.4.4 Preisauszeichnung

Die Preisauszeichnung (Preisangabe) ist in Deutschland in der **Preisangabenverordnung** (PAngV) geregelt. Darin ist festgelegt, dass Produkte oder Dienstleistungen, die direkt an Endverbraucher verkauft werden, mit dem sogenannten Endpreis ausgezeichnet sein müssen. Der Endpreis enthält die Mehrwertsteuer (MwSt.) – auch übergeordnet Umsatzsteuer (USt.) genannt – und alle eventuell zusätzlich anfallenden Preisbestandteile.

Nicht zum Endpreis zählt Pfand, es ist aber zusätzlich zum Endpreis anzugeben.

> *Die **Preisangabenverordnung** regelt, dass für angebotene Waren der Endpreis und der Grundpreis angegeben werden müssen. Der Grundpreis ist der Preis je Mengeneinheit (z. B. 1 kg, 1 l, 1 m) einschließlich Umsatzsteuer. Der Preisvergleich von Waren in unterschiedlichen Verpackungsgrößen wird dadurch erleichtert.*

> ***Preisetiketten** sind Aufkleber auf dem Produkt mit Preisangaben gemäß Verordnung.*

Preisschilder und -etiketten

> ***Preisschilder** sind Aufsteller mit gut lesbaren Angaben gemäß Verordnung, wie viel ein Produkt kostet.*

Bei Dienstleistungen werden Preise im Preisverzeichnis angegeben. Darin sind die wichtigsten Leistungen mit Preisen aufgelistet. Gegebenenfalls werden auch Stunden-, Kilometer- oder andere Verrechnungssätze einschließlich der Umsatzsteuer angegeben. Auch Materialkosten können in die Verrechnungssätze einbezogen werden.

10.5 Verkauf

10.5.1 Verkaufsformen

Bei den Verkaufsarten wird unterschieden, wo die Produkte den Kundinnen und Kunden angeboten werden:

Platzverkauf: Stationär in einem Laden, Kundschaft kommt zur/m Verkäufer/-in

Feldverkauf: „mobiler", Verkäufer/-in wird tätig und sucht die Kundschaft auf bzw. nimmt Kontakt auf

Verkaufsformen oder auch Anbieterformen unterscheiden sich im Großen darin, wie die Produkte angeboten werden:
- Bedienung
- Vorauswahlsystem
- Selbstbedienung
- Automatenkauf
- Tele- und Onlineshopping

Dienstleistungen können auch über Onlineplattformen oder in Verkaufsgesprächen mit Beratung angeboten werden.

10.5.2 Verkaufsgespräch

Besonders beim Angebot von Dienstleistungen spielen Verkaufsgespräche eine wichtige Rolle.

Die Qualität der Dienstleistung kann schwer im Voraus beurteilt werden. Kundinnen und Kunden müssen dem Dienstleistungsunternehmen vertrauen. Haushaltsnahe Dienstleistungen sind ein Beispiel, bei dem das Erstgespräch entscheidend sein kann, ob der Dienstleistungsbetrieb gewählt wird oder nicht. Eine Person, die unsympathisch und unseriös wirkt, wird niemand in seine vier Wände lassen. Bei mangelnden Sprachkenntnissen oder Ausdrucksfähigkeit ist das Verkaufsgespräch ebenso gestört. Es können Missverständnisse entstehen und dadurch wird der Verkauf be- oder sogar verhindert.

*Ein **Verkaufsgespräch** ist ein beratendes Gespräch zwischen Verkäufer und Kunde.*

Verkaufsgespräch

Auch in anderen hauswirtschaftlichen Bereichen finden Verkaufsgespräche statt. Auf dem Wochenmarkt, im Hofladen, in der Kantine, in einem Tagungshaus zur Vorbesprechung einer Veranstaltung oder am Stand eines Bazars.

Verkaufsformen				
		Ansprache	Stationärer Verkauf (Platzverkauf)	Besuchsverkauf (Feldverkauf)
Kontaktarten	Persönlicher Verkauf	Face-to-face (persönlich)	Ladenverkauf Wochenmarkt Messe oder Ausstellung	Haustürverkauf Fahrverkauf Außendienst
		Voice-to-voice (persönlich über Telekommunikationsmedien)	Teleshopping Videokonferenz	Videokonferenz
	Indirekt persönlicher Verkauf	Kanal-Verkauf (ohne direkten Kontenkontakt)	Selbstbedienungsladen	Vertriebspartner Makler
	Unpersönlicher Verkauf	Verkauf über Medien (unpersönlich, indirekt, medial)	E-Commerce (Onlineshop) Internet-Marktplätze Internet-Auktionen	Automatenverkauf Versandhandel E-Mail-Verkauf

Verkaufsformen

Ablauf eines typischen Verkaufsgesprächs:

Schritt	Phase	Inhalt und Funktion	Tipps und Beispiele
1	Gesprächs-eröffnung	Freundliche und aufgeschlossene Begrüßung (wenn bekannt mit Namensansprache) und Hilfsangebot. Willkommensatmosphäre schaffen.	Blickkontakt aufnehmen, wenn möglich etwas entgegenkommen. Es eignen sich offene W-Fragen, um ins Gespräch zu kommen. „Guten Tag, was kann ich für Sie tun?" Fragetechniken s. S. 180
2	Bedarfs-ermittlung	Wünsche abfragen. Bedürfnisse des Kunden/der Kundin stehen im Mittelpunkt. Schafft Vertrauen und angenehmes Gesprächsklima. Möglichst offene Fragen stellen.	Ausreden lassen und aktiv zuhören. Mit Körpersprache Aufmerksamkeit deutlich machen.
3	Beratung und Information 	Verkaufsperson gibt konkrete Empfehlungen oder unterbreitet ein passendes Angebot aus dem Sortiment. In manchen Situationen ist ausführliche Beratung und Information angebracht. Durch Fragen wird das Gespräch gesteuert, ohne die vorher abgefragten Wünsche außer Acht zu lassen. Zur Präzisierung oder Wiederholung können- auch um Zeit zu sparen- geschlossene Fragen gestellt werden.	Wenn es schon konkrete Vorstellungen gibt oder etwas Bestimmtes gesucht wird, kann diese Phase verkürzt ausfallen. Konkrete Empfehlungen geben: „Möchten Sie gerne noch ein Brot zur Vorspeise?"
4	Alternativen oder Einwände	Wenn es verschiedene Möglichkeiten gibt, können die Vorlieben mit Alternativfragen schnell erfasst werden. Werden Einwände ausgesprochen diese nicht persönlich nehmen, sondern nutzen, um die Wünsche der Kundschaft besser in Erfahrung bringen. Wenn Wünsche nicht erfüllt werden können, ist eine Alternative aufzuzeigen.	„Möchten Sie gerne Service am Tisch für Ihr Fest oder lieber ein Büfett?" „Es tut mir sehr leid, dass es Ihnen nicht geschmeckt hat. Darf ich Ihnen ein Getränk auf Kosten des Hauses anbieten?"
5	Verkaufs-abschluss	Eine Kaufentscheidung wurde getroffen, ohne, dass sich das Gegenüber gedrängt fühlt. Die Verkaufsperson fasst die Bestellung/ Buchung nochmal zusammen.	
6	Verabschiedung	Dank für das Interesse oder den Einkauf – freundliche Verabschiedung.	„Herzlichen Dank, wir freuen uns, Sie bald wieder in unserem Haus begrüßen zu dürfen."

Offene Fragen *= laden das Gegenüber zu differenzierten Antworten ein. Sie werden auch W-Fragen genannt. Im Gegenteil dazu können* ***geschlossene Fragen*** *mit einem Wort – wie ja oder nein – beantwortet werden.*

Verkaufsgespräch mit Beratung

Es gilt generell: Der erste Eindruck zählt, der letzte Eindruck bleibt!

Daher sollten diese Fehler unbedingt vermieden werden:

- Befehlston und Verallgemeinerungen
- Zeichen von Desinteresse senden
- Aufdringlich sein und unbedingt etwas verkaufen wollen
- Reden ohne Pause

Blicken statt Klicken: Zuerst schauen, ob ein Gast sich suchend umschaut oder den Blickkontakt zur Servicekraft sucht, beispielsweise wenn ein potentieller Kunde oder eine Kundin in den Laden kommt oder die Servicekraft in den Speisesaal tritt. Absolut unangebracht sind Servicekräfte, die ununterbrochen auf ihr eigenes Smartphone schauen oder sich hinter dem PC am Schalter verstecken.

Fragen statt Sagen: Durch geschickte Fragetechniken und offene Fragen kann ein Gespräch gelenkt werden. Dadurch werden nicht nur kostbare Informationen gesammelt, sondern auch dem Gast signalisiert: „Wir interessieren uns für Sie." Bestätigungsfragen helfen die Gesprächsstrategie anzupassen und Einwände zu reduzieren.

Fragetechniken s. S. 180.

Danken statt Wanken: Wenn ein Gast Feedback gibt, dieses dankbar annehmen, auch wenn es sich um negative Kritik handelt. Feedback ist ein Geschenk, denn es eröffnet die Möglichkeit, Fehler zu erkennen und beim nächsten Mal zu vermeiden.

Kundentypen

Im Laufe der Zeit wachsen die Kenntnisse und Erfahrungen im Umgang mit der Kundschaft. Obwohl jede Kundin und jeder Kunde anders ist und individuell behandelt werden muss, lassen sich Kundeninnen und Kunden in Typen einteilen. Das Erkennen bestimmter Verhaltensmuster macht den Umgang leichter und das Verkaufsgespräch erfolgreicher.

Die Einteilung der Kundentypen sollte nicht verallgemeinert werden.

Kundentyp	Merkmale/ Beschreibung	Praxistipps zum Umgang
Entschlossene und sachkundige Kunden 	• Haben gute Kenntnisse über das Angebot. • Treten entschlossen und selbstbewusst auf. • Erwarten klare Informationen zu Waren und Dienstleistungen. • Haben genaue Vorstellungen und nennen Wünsche eindeutig.	Wenn gewünscht klare und sachliche Informationen anbieten. Zügig bedienen und auf ausführliche Beratung verzichten.

Kundentyp	Merkmale/ Beschreibung	Praxistipps zum Umgang
Unsichere Kunden 	• Haben keine genauen Vorstellungen, was sie wollen. • Wirken unsicher und sind eher zurückhaltend. • Äußern, dass sie sich nicht entscheiden können. • Sind oft schwer zum Sprechen zu bringen. • Treten oft unbeholfen auf.	Zeit nehmen und durch Beratung und einen ruhigen Ton das Vertrauen dieser Personen gewinnen. Das Angebot in Ruhe präsentieren und beschreiben. Klare Antworten auf Fragen geben. Nur wenige Produkte besonders hervorheben, um die Kaufentscheidung zu erleichtern und die Personen nicht weiter zu verwirren. Zeit zum Überlegen einräumen.
Vielredner Kunden 	• Sind sehr redefreudig. • Haben meist nur unklare Kaufwünsche. • Schweifen oft vom Verkaufsgespräch ab.	Höflich ausreden lassen. Dann versuchen, den Fokus auf das Angebot zu lenken. Während des Gesprächs weiter bedienen.
Schweigsame Kunden 	• Sind schweigsam und reden nur das Nötigste, kurz und knapp und nicht spontan. • Wirken eher zurückhaltend und unentschlossen.	Kurze Fragen stellen, auf die das Gegenüber einfach antworten kann. Das Angebot präsentieren und beschreiben und dabei die Reaktion (Mimik und Gestik) des Gegenübers beobachten und darauf reagieren.
Skeptische Kunden 	• Sind unentschlossen und stellen Fragen. • Lassen sich nicht schnell überzeugen. • Sind wenig entscheidungsfreudig.	Geduld und eine ausführliche, fachkundige Beratung sowie Feingefühl sind angebracht, um die Person zu überzeugen, ohne sie zum Kauf zu drängen. Kostproben oder Erproben können die Kaufentscheidung vereinfachen.
Anspruchsvolle Kunden 	• Wünschen hochwertige Produkte und guten Service. • Schauen nicht zuerst auf den Preis. • Zeichnen sich oft durch eine gehobene Ausdrucksweise und Eleganz aus. • Kennen sich häufig gut aus und wollen Details zum Angebot erfahren.	Diese Kunden sachlich beraten. Hochwertige Produkte und Service mit den entsprechenden Verkaufsargumenten anbieten (auch höhere Preisklassen). Sich dabei klar ausdrücken und sich selbst zurückhalten.

Kundentyp	Merkmale/ Beschreibung	Praxistipps zum Umgang
Besser-wisserische Kunden 	• Treten selbstbewusst auf. • Haben schon die passenden Antworten parat. • Sind manchmal unhöflich. • Unterbrechen Andere und lassen sie nicht ausreden.	Ruhig und geduldig bleiben. Ein sachliches Gespräch auf Augenhöhe führen. Nicht belehren oder widersprechen, sondern eher einen Austausch über Wissen anregen und Fragen stellen.
Eilige Kunden 	• Sind ungeduldig und wirken dabei hektisch und nervös. • Schauen ernst und sprechen schnell. • Nutzen Gelegenheiten, sich vorzudrängeln. • Rufen vorher an und wollen sofort informiert werden.	So schnell wie möglich bedienen. Auf längere Beratung verzichten.
Sparsame Kunden 	• Fragen direkt nach dem Preis. • Kennen auch das Angebot der Mitbewerber. • Versuchen zu handeln.	Günstige Waren anbieten oder den teureren Preis begründen. Konkrete Erklärung des Produkts und des Angebots formulieren.

10.5.3 Kassenführung und Dokumentation

*Bei einem **Barverkauf** ist der Kaufpreis vor, bei oder nach der Lieferung sowie beim Erwerb von Waren in Geld (Banknoten, Münzen) zu bezahlen, z. B. Bezahlung an der Kasse.*

Alle Bareinnahmen müssen für die interne Buchhaltung als auch als Beleg für das Finanzamt dokumentiert werden. Dazu gehört neben dem Datum und dem Vorgang auch die Umsatzsteuer.

Quittungsbeleg

In vielen Betrieben werden halbautomatische Registrierkassen oder besondere Software eingesetzt. Geeignete Kassensysteme erkennt man an dem GobD-Zertifikat (Grundsätze der ordnungsgemäßen Führung und Aufbewahrung von Büchern und Aufzeichnungen und Unterlagen in elektronischer Form sowie zum Datenzugriff). Mit einem solchen System ist gewährleistet, dass die Daten nicht veränderbar sind oder Tagesendsummen manipuliert werden können. Außerdem muss das Finanzamt bei der Betriebsprüfung die Daten auslesen können.

Seit dem 1. Januar 2020 gilt die KassenSichV (Kassensicherungsverordnung).

BEISPIEL: Relevant ist diese Verordnung für alle, die in ihrem Betrieb viele Bargeldumsätze haben, also zum Beispiel für Restaurants, Hotels, Bäckereien oder Friseure. Für jedes Geldgeschäft muss ein Beleg erstellt und der Kundschaft ausgegeben werden (Belegausgabepflicht).

Kassenbuch					
Einrichtung: *Mehrwertcafé*				Zeitraum: *1. – 31. Januar 2025*	
		Alle Angaben in Euro			S. *1*
Anfangsbestand			*150,–*	(Übertragen aus Vormonat)	
Datum	Einnahme	Ausgabe	Bestand	Art der Einnahme/Ausgabe	Umsatzsteuer
02.01.2025	*5,75*			*Verkauf 2 Pack Spaghetti*	*7 %*
15.01.2025		*25,99*		*Barentnahme Einkauf Briefmarken*	
29.01.2025	*1,10*			*Verkauf Briefmarken*	*0 %*
29.01.2025	*3,00*			*Verkauf Postkarten*	*19 %*
Summe Einnahmen	*9,85*				
Summe Ausgaben		*25,99*			
Endbestand			*133,86*	(auf nächsten Monat übertragen)	

Alternativ kann nach Geschäftsschluss der Gesamtbetrag der Kasse durch ein Zählprotokoll erfasst werden. Der tägliche Gesamtbetrag wird in das Kassenbuch übertragen. Das Kassenbuch enthält die täglichen Aufzeichnungen der „Kasse" – Einzahlungen und Auszahlungen. Das Kassenbuch beinhaltet also die Buchungsbelege. Der sich aus einem Kassenbuch ergebende Sollbestand muss jederzeit mit dem Istbestand der Kasse übereinstimmen („Kassensturzfähigkeit").

Die Kundin oder der Kunde erhält ebenfalls eine Dokumentation über das getätigte Geschäft. Dies kann eine Quittung oder ein Kassenbon sein.

Wenn das Geschäftsmodell des Betriebes täglich viele Barumsätze vorsieht, lohnt sich die Investition in ein digitales Registrierkassen-System:

- trägt zu mehr Steuergerechtigkeit bei
- gesetzeskonforme Dokumentation
- bietet als Zusatznutzen die Speicherung aller Geschäftsvorgänge
- hilft bei der Organisation und Verwaltung von Bestellungen, Kundenbeziehungen und Mitarbeiterdaten

10.5.4 Verkaufserfolg bewerten

Um den Verkaufserfolg zu bewerten, können verschiedene Methoden herangezogen werden.

Zum einen kann der **quantitative** Verkaufserfolg gemessen werden.

FÜR DIE PRAXIS

Um den quantitativen Verkaufserfolg zu messen, helfen diese gezielten Fragen: Wie viele der Produkte wurden verkauft? Wurde das gesteckte Verkaufsziel erreicht? Wie viele Personen haben den Stand besucht? Wie viele Besucher/-innen haben etwas eingekauft?

Zum anderen ist es auch entscheidend, die Kundenmeinungen zu erfassen und auszuwerten. Es gibt sowohl positive als auch negative Stellungnahmen.

FÜR DIE PRAXIS

Welche Informationen konnten bei Verkaufsgesprächen gesammelt werden? Welches Feedback hat die Kundschaft gegeben? Vielleicht wurde das Kundenfeedback auch systematisch erfasst – zum Beispiel durch einen Fragebogen, eine Bewertungsplattform oder App?

Maßnahmen, um Kundenmeinungen zu erfassen, können Feedbackbögen, Kummerkasten, Aushänge sein.

Auf diese Weise entsteht eine **qualitative** Bewertung des Verkaufserfolgs.

Kundenbeschwerden und Umgang mit Reklamationen- Qualität sichern

Beim Auftreten von Kundenbeschwerden gilt:

- Annahme der Beschwerde
- Bearbeitung der Beschwerde
- entsprechende Reaktion auf die Beschwerde
- Auswertung der Beschwerde

Eine Sonderform des Kritikgesprächs ist der Umgang mit aufgebrachten Personen, die sich beschweren. Dabei hilft die **HAIFA**-Formel. Es handelt sich um eine innere Haltung der Kundin oder dem Kunden gegenüber.

Daher gilt bei Beschwerden:

- ernst nehmen
- rasch bearbeiten und sich kümmern
- entschuldigen
- Ersatz oder Lösung anbieten

Das Beschwerdemanagement ist ein wichtiger Teil des Qualitätsmanagements. Die Beschwerden können wichtige Informationen zur Qualität geben und zeigen, wo der Betrieb sich verbessern kann. Gehen die Mitarbeitenden gut mit Beschwerden um und bearbeiten diese zur Zufriedenheit der Kundschaft, kann dies dazu führen, dass sich der Kunde oder die Kundin gut betreut und aufgehoben fühlt.

Weitere Informationen zum Beschwerdemanagement s. S. 483 f.

H	**alt**	• Tief Luft holen und sich nicht von der Aufregung anstecken lassen. Der Ärger der Person bezieht sich nicht auf das Verkaufspersonal.
A	**nerkennung**	• Verärgerung ernst nehmen und anerkennen, auch wenn diese für unberechtigt gehalten wird, denn Ärger ist subjektiv immer richtig. • Ausreden lassen – auch gerne öfter wiederholen lassen, denn beschwichtigen oder rechtfertigen reizt meist noch mehr. • Statt „Ich kann nichts dafür." lieber: „Klar, dass Sie sauer sind.". • Dem Gegenüber etwas Anerkennendes, Positives sagen und danken, dass er/sie versucht, das Problem zu lösen: • Aussagen treffen wie „Herzlichen Dank, dass Sie uns darauf hinweisen!".
I	**nteresse**	• Den Fall oder das Problem schildern lassen. Einsatzwille zeigen. • Dem Gegenüber/bzw. dem angeschnittenen Thema deutliches Interesse ausdrücken und zeigen, dass gemeinsam eine gute Lösung gefunden werden soll. • „Ich schaue direkt, was ich für Sie tun kann."
F	**ehler**	• Gemeinsam auf Fehlersuche gehen. Liegt der Fehler im Betrieb: Sachverhalt klarstellen und entschuldigen. • Aussagen treffen wie „Es tut mir sehr leid, dass das Produkt nicht in Ordnung war." oder „Kein Problem, das kann Jedem mal passieren. Gut, dass wir der Sache auf den Grund gegangen sind." • Liegt der Fehler bei der Kundin/dem Kunden: dafür sorgen, dass diese Person nicht das Gesicht verliert.
A	**ngebot**	• Überlegungen anstellen, was für den Kunden/die Kundin getan werden kann. • Angebote machen wie „Darf ich Ihnen eine Entschädigung anbieten? Wie wäre es mit einem Kaffee?".

10.6 Gesetzliche Grundlagen auf einen Blick

In Deutschland gibt es kein Verbraucherschutzgesetz, sondern es sind verschiedene Gesetze und Verordnungen zu berücksichtigen. Es kommt darauf an, welche Produkte (zum Beispiel Lebensmittel) vertrieben werden oder auch über welchen Vertriebsweg die Produkte an die Endverbraucher/-innen gelangen (Versandhandel/Onlineshops).

Gesetz	Inhalt: Was ist darin geregelt?	Bestandteile	Fundstelle/ Link
Lebensmittel-informations-Verordnung (LMIV) (EU) Nr. 1169/2011	Mindestanforderungen darüber, wie Lebensmittel EU-weit einheitlich zu kennzeichnen sind.	• Lesbarkeit • Bezeichnung des Lebensmittels • Zutatenverzeichnis • Allergenkennzeichnung • Nettofüllmenge • Mindesthaltbarkeitsdatum • Firmenanschrift • Herkunftskennzeichnung • Nährwert (Big 7)	Weitere Informationen unter: *www.lebensmittelklarheit.de*
Allergen-kennzeichnungs-verordnung Anhang II der so genannten Lebensmittel-Informationsverordnung (LMIV) Verordnung (EU) Nr. 1169/2011 und nationalen Lebensmittel-informations-Durchführungsverordnung (LMID)	Angabe der 14 häufigsten Auslöser von Allergien und Unverträglichkeiten (s. S. 456)	• Glutenhaltiges Getreide (namentlich) • Krebstiere • Eier • Fische • Erdnüsse • Soja • Milch • Schalenfrüchte (namentlich) • Sellerie • Senf • Sesamsamen • Schwefeldioxide und Sulfide • Lupinen • Weichtiere	Weitere Informationen unter: *www.bmel.de*
Lebens-mittelhygiene-verordnung (LMHV)	regelt spezielle Fragen zur Lebensmittelhygiene. Rechtsverordnung auf Grundlage des Lebensmittel- und Futtermittelgesetzbuchs (LFGB)	Allgemeine Hygieneanforderung: • Lebensmittel dürfen nur hergestellt und in Verkehr gebracht werden, wenn sie „der Gefahr einer nachteiligen Beeinflussung nicht ausgesetzt sind". • Jeder Betrieb, der Lebensmittel herstellt, verarbeitet oder in Verkehr bringt, muss ein HACCP-Konzept haben.	Weitere Informationen unter: *www.gesetze-im-internet.de*

Gesetz	Inhalt: Was ist darin geregelt?	Bestandteile	Fundstelle/ Link
Lebensmittel- und Futtermittelgesetzbuch (LFGB)	stellt Lebensmittel, Bedarfsgegenstände und Futtermittel sowie Kosmetika sicher	• umfasst alle Produktions- und Verarbeitungsstufen • Hersteller und Händler müssen einwandfreie Qualität der Ware sicherzustellen • Rückverfolgbarkeit der Produkte	Weitere Informationen unter: *www.gesetze-im-internet.de*
Produkthaftungsgesetz (ProdHaftG) basiert auf europäischer Produkthaftungsrichtlinie	regelt die Haftung und den Schadenersatz, wenn ein fehlerhaftes Produkt hergestellt wurde, das einen Menschen töten oder verletzen kann oder eine Sache dadurch beschädigt werden kann	• Haftung (wer haftet): • Herstellende des fehlerhaften Produkts und muss der geschädigten Person den Schaden ersetzen. • Definitionen der wichtigen Begriffe im Sinne des Gesetzes • Produkt • Produktfehler • Beweispflicht	Weitere Informationen unter: *www.gesetze-im-internet.de*
Preisabgabeverordnung (PAngV)	verpflichtet insbesondere zur Angabe des Gesamt- und Grundpreises	• Regelung der Art und Weise der Preisauszeichnung u. a. im Handel, für Dienstleistungen, im Internet, in Gaststätten und an Tankstellen. • Bestimmung der Pflicht zur Angabe des effektiven Jahreszinses bei Verbraucherkrediten	Weitere Informationen unter: *www.gesetze-im-internet.de*
Gesetz gegen den unlauteren Wettbewerb (UWG)	dient dem Schutz der Mitbewerber/-innen, der Verbraucher/-innen und der Allgemeinheit vor unlauteren geschäftlichen Handlungen und ermöglicht unverfälschten Wettbewerb	• Verbot von irreführender Werbung • Verbot, wichtige Informationen vorzuenthalten • Verbot vergleichender Werbung	Weitere Informationen unter: *www.gesetze-im-internet.de*
Regelungen zu **Allgemeine Geschäftsbedingungen** (AGBs) (§ 305 ff. BGB)	vorformulierte Vertragsbedingungen, die im BGB gesetzlich geregelt sind	• Individuelle Vertragsabreden haben Vorrang vor Allgemeinen Geschäftsbedingungen	Weitere Informationen unter: *www.juraforum.de*

Gesetz	Inhalt: Was ist darin geregelt?	Bestandteile	Fundstelle/ Link
Fertigpackungs-verordnung (FpackV)	regelt Kennzeichnung von Fertigpackungen (Behältnisse und Verkaufseinheiten) insbesondere nach Größen Gewicht, Volumen, Länge, Fläche oder Stückzahl	• Überprüfung des Inhalts und Dokumentation der Prüfung • Füllmengenanforderung: Kennzeichnung nach Gewicht oder Volumen und zulässige Abweichungen. • Kennzeichnungsvorschriften der Lebensmittelinformations-verordnung für Lebensmittel in Fertigpackungen • **Fertigpackung** (=Verpackung beliebiger Art, in die in Abwesenheit des Käufers Erzeugnisse abgepackt und die in Abwesenheit des Käufers verschlossen wurden)	Weitere Informationen unter: *www.gesetze-im-internet.de*
Mess- und Eichgesetz	regelt die Vorgaben zu Messgeräten (Waagen etc.) und Einrichtungen zum Verkauf sowie zu Fertigverpackungen und anderen Verkaufs-einheiten		Weitere Informationen unter: *www.gesetze-im-internet.de*
Regelungen zu **Haustür-geschäften** und ähnlichem § 312 und § 312a ff. BGB und § 356ff. BGB	regelt die Informations-pflichten des Unternehmens zum Schutz von Verbraucherinnen und Verbrauchern bei Verträgen, die an der Haustür, unterwegs oder bei sogenannten Kaffeefahrten geschlossen werden	• Definition von außerhalb von Geschäftsräumen geschlossene Verträge • Informationspflicht • Widerrufsrecht und Rechtsfolgen von dieser Art Verbraucherverträgen	Weitere Informationen unter: *www.juraforum.de*
Regelungen zum Fernabsatz §§ 312b ff. BGB § 356ff. BGB	regelt die Rechte und Pflichten von Verbraucherinnen und Verbrauchern bei Verträgen, die nicht in einem Laden oder persönlich, sondern über Fern-kommunikationsmittel wie Mails, Internet, Kataloge, Brief oder Telefon geschlossen wurden	• Definition von Fernabsatz-verträgen • Informationspflicht • Widerrufsrecht und Rechtsfolgen von Fernabsatzverträgen	Weitere Informationen unter: *www.juraforum.de*

Gesetz	Inhalt: Was ist darin geregelt?	Bestandteile	Fundstelle/ Link
Gesetz gegen Wettbewerbsbeschränkungen (GWB)	dient dem Schutz der Verbraucherinnen und Verbraucher z. B. vor Preisabsprachen	• Verbot wettbewerbsbeschränkender Vereinbarungen (Kartelle) • Regelungen zu marktbeherrschenden Unternehmen	Weitere Informationen unter: *www.gesetze-im-internet.de*
„Health-Claims-Verordnung" Verordnung (EG) Nr. 1924/2006 (Health Claims)	dient dem Gesundheitsschutz von Verbraucherinnen und Verbrauchern und regelt die Verwendung gesundheitsbezogener (Werbe-)Aussagen zu Produkten	• Eine Werbung mit gesundheits- und nährwertbezogenen Angaben ist nur zulässig, wenn die Angaben von der Europäischen Union in einem vorgegebenen, wissenschaftlichen Verfahren anerkannt wurden. Die Europäische Behörde für Lebensmittelsicherheit (EFSA) ist zuständig.	Weitere Informationen unter: *www.bmel.de*
Verbraucherinformationsgesetz	dient dazu, Verbraucherinnen und Verbrauchern freien Zugang zu den bei informationspflichtigen Stellen vorliegenden Informationen zu gewährleisten und ermöglicht dadurch Markttransparenz und Verbraucherschutz	• Schutz der Verbraucherinnen und Verbraucher vor gesundheitsschädlichen oder sonst unsicheren Erzeugnissen (z. B. Lebensmitteln) und Verbraucherprodukten sowie vor Täuschung beim Umgang mit Erzeugnissen und Verbraucherprodukten.	Weitere Informationen unter: *www.gesetze-im-internet.de*
EU-Vermarktungsnormen	Regeln verschiedene Verordnungen: Vermarktungsnormen und Kontrollvorschriften für Obst und Gemüse gemäß der Verordnung (EU) Nr. 1308/2013 gemeinsame Marktorganisation für landwirtschaftliche Erzeugnisse und der Verordnung (EU) Nr. 543/2011	• Definitionen der gesetzlichen Vermarktungsnormen: Anforderungen an die Qualität, Sortierung und Kennzeichnung z. B. von Obst und Gemüse sowie die Kontrollvorschriften auf allen Handelsstufen	Weitere Informationen unter: *www.ble.de*

Sie betreuen beim oder während des Bazars einen Stand mit hauswirtschaftlichen Produkten der Mehrwertstätten (s. Betriebsbeschreibung).

Aufgabe 1

Geben Sie an, um welche Verkaufsform es sich handelt.

Aufgabe 2

Erstellen Sie eine Liste mit Ihren Produkten, die Sie anbieten werden (Nutzen Sie die Betriebsbeschreibung und die Lernsituation S. 373).

Aufgabe 3

Erstellen Sie eine Mindmap zu möglichen Kundenkreisen und Mitbewerber/-innen.

Aufgabe 4

Sie haben den Vorteil, dass Sie sich den Standort des Stands aussuchen können.
Welche Grundsätze berücksichtigen Sie bei der Standortwahl auf dem Bazar? Zählen Sie die Grundsätze auf.

Aufgabe 5

Fertigen Sie eine Beispielkalkulation für ein Produkt aus der Liste an (nutzen Sie ggf. eine Vorlage).

a) Beurteilen Sie den Preis.
b) Würden Sie das Produkt für diesen Preis kaufen? Begründen Sie Ihre Entscheidung.

Aufgabe 6

Sie erhalten den Auftrag, die Waren für den Bazar auszuzeichnen. Für welche Art der Auszeichnung entscheiden Sie sich? Begründen Sie Ihre Auswahl.

Aufgabe 7

Den Mehrwertstätten liegt Abfallvermeidung am Herzen. Daher sind so viele Produkte wie möglich in Mehrwegverpackungen verpackt. Fertigen Sie eine Skizze für ein Preisschild für die Pastasoße in der Mehrwegflasche an.

Aufgabe 8

Erstellen Sie in einem Rollenspiel in der Klasse einen Verkaufsdialog mit Beratung an Ihrem Stand nach.

Aufgabe 9

Ein Kunde verlangt eine Quittung für drei Pastasoßen in der Flasche, die er am Verkaufsstand erstanden hat. Stellen Sie eine Quittung aus.

Aufgabe 10

Ein weiteres Team hat an einem Stand Spielzeug und Kerzen verkauft. Bewerten Sie den Verkaufserfolg anhand des Kassenbuchs und der Dokumentation des Stands.

Kassenbuch

Einrichtung: Werkstattstand (Holzspielzeug und Kerzen) — Alle Angaben in Euro — Zeitraum: Bazar 2025 — S. 1

Anfangsbestand			100,–	(Wechselgeld)	
Datum: 15.03.2025	Einnahme	Ausgabe	Bestand	Art der Einnahme/Ausgabe	Umsatzsteuer
" Quittung 1	10,00		110,00	10 Schwimmkerzen	19%
" Quittung 2	19,90		129,90	1 Holzläufer	19%
" Quittung 3		6,90€	123,00	Mittagsimbiss für Standhelfer	
" Quittung 4	49,00		172	1 Traktor und 1 Kippanhänger	19%
" Quittung 5	22,00		194	2 Rolltiere (klein)	19%
Summe Einnahmen	100,90				
Summe Ausgaben		6,90			
Endbestand			194,00		

Kassenbuch des Stands Holzspielzeug und Kerzen

Aufgabe 11

Recherchieren Sie – was bedeutet der Begriff Unique Selling Point (USP)? Begründen Sie was der USP für den Bazar sein könnte.

Aufgabe 12

Beurteilen Sie folgendes Zitat:

> Schwache Marken machen Kundenwerbung, für starke Marken machen Kunden Werbung.
>
> *Karsten Kilian, Markenexperte*

Aufgabe 11

Grenzen Sie den Begriff Marketing und Werbung voneinander ab.

Serving Foods and Selling Goods

Im Café der Mehrwertstätten ist eine Gruppe internationaler Studierenden zu Gast, die sich später den Betrieb anschauen wollen.

- You can ask customers what they would like to have.
- You can tell customers how much they have to pay.

Aufgabe 1

In many situations with international customers, you will need to ask basic questions for selling and serving food and drinks and sometimes also to sell products from your own in-house workshop. Therefore, you will need a basic and easy-to-learn set of questions and phrases. At the end you will practice how to ask these questions in role plays.

Dialogue at the Counter

A customer (C) approaches an employee (E) at the cash desk of a café and wants to order coffee and some cake. Additionally the customer wants buy some chocolate from your workshop as gifts for their families at home. Read (or listen to) the following situation:

E: "Good morning/afternoon/Hello. What would you like to have?"
C: "Good morning/afternoon/Hello. I'd like to have two cups of coffee, two pieces of Black Forrest Cake and one bar of chocolate.
E: "Would you like to drink and eat the coffee and the cake here or would you like them for takeaway?"
C: "Oh thanks for asking. The coffee and the cake to eat here and the bar of chocolate for takeaway please."
E: "Alright. That's 9,85 € for the coffee and the cake and 2,95 € for the bar of chocolate, so 12,80 € in total. Here you go."
C: "Thank you – looks delicious. Goodbye."
E: "You're welcome. Have a nice day."

Aufgabe 2

VOCABULARY Task: The following words need explanation or translation. Write in your notebook: Explain or find synonyms: customer; in-house; workshop; gift Translate into German: to eat-in; for takeaway; bar of chocolate; piece of cake; you're welcome; sell; serve food (or drinks)

FÜR DIE PRAXIS

False friends: Manche Wörter ähneln auf Englisch deutschen Wörtern. Allerdings lohnt sich ein zweiter Blick z. B. bei: „gifts" (= Geschenke) und „you're welcome" (= bitte schön, gern geschehen).

Aufgabe 3

Read the dialogues in roles together with a partner. Switch roles and read again. Pay attention to the pronunciation of the words from the vocabulary list.

Aufgabe 4

GRAMMAR Task: You already learned about open and closed questions. Try to remember the difference between open and closed questions and find one example of each in the dialogue. Now what is the difference? Explain in your own words (and in English).

Aufgabe 5

Practice selling dialogues in class. One dialogue partner is part of an international study group, the other one is an employee working in the café.

FÜR DIE PRAXIS

Therefore, you'll have to:

- Think of products you want to order or which you would like to sell. Use the extract of the product range from the additional material (Betriebsbeschreibung).
- Start your dialogues with a welcoming phrase like "Good afternoon …"
- If you want customers to choose from a closed set of options (coffee or tea), use closed questions. Do you want them to choose from a product range, use open questions.

E-Commerce

Der Online-Handel in Deutschland boomt: Der Anteil des Onlineumsatzes am gesamten Einzelhandelsvolumen wächst kontinuierlich. Laut Bundeswirtschaftsministerium shoppen 93 % aller Internetnutzer/-innen auch online. Der einfachste und günstigste Weg einen Onlineshop zu erstellen ist über Shop-Baukästen. Mit Shop-Baukästen lässt sich ein Onlineshop erstellen, ohne Programmierkenntnisse zu brauchen. Für eine monatliche Gebühr, die je nach Funktionen der Seite etwa zwischen 10 und 70 Euro liegt, meldet man sich bei einem Baukasten-Homepage-Anbieter an. Es müssen nur Einstellungen wie beispielsweise das Design, die Auswahl an Zahlungsmitteln und Versandmethoden festgelegt werden. Danach werden Produktbilder hochgeladen, Artikelbeschreibungen und -preise hinterlegt. Solche Baukästen eignen sich für kleine Unternehmen, Startups oder Hofläden mit wenig Kapital, einer niedrigen Produktanzahl und wenig technischem Know-How. Wer keinen eigenen Onlineshop eröffnen will, da dies zu aufwendig ist, kann auch Plattformen oder Online-Marktplätze nutzen. 159 Millionen Kundinnen und Kunden nutzen weltweit den ältesten und größten online-Marktplatz eBay.

Weitere Informationen zum Onlinehandel in Deutschland unter: www.iwd.de

Kassensysteme

Lohnen sich teure mobile Kassensysteme für hauswirtschaftliche Betriebe?

Mobile Kassensysteme sind W-Lan-fähig und bringen einige Vorteile mit sich. Durch die Mobilität sind die Servicekräfte häufiger näher am Gast. Außerdem können die gesammelten Daten mithilfe eines Dashboards direkt ausgewertet werden. Sie werden in Kennzahlen und Grafiken dargestellt. Zudem rechnet sich die Zeitersparnis, denn die Bestellungen werden automatisch in die Küche und an das Bon-System gesendet. Dadurch werden nicht nur Personalkosten gesenkt, sondern auch die Kräfte des Servicepersonals geschont – eine Investition in den nachhaltigen Gesundheitsschutz der Mitarbeitenden.

Einkaufsroboter

Shoproboter und Co

Den selbstfahrenden Einkaufswagen WiiGo muss man nicht schieben. Er identifiziert seine Kundinnen und Kunden per Gesichts-Scanner und begleitet diese. Der Erfinder von WiiGo ist Rollstuhlfahrer. Charly, ein vom Mittelstand 4.0-Kompetenzzentrum Usability entwickelter Serviceroboter. Für den Verkauf unterhält er sich mit der Kundschaft und beantwortet auch Fragen zu Produkten. Durch einen Remote-Modus kann auch Verkaufspersonal aus dem Homeoffice mit Kunden im Geschäft in Kontakt treten. Auch sonst wird sich Einkaufen zukünftig verändern. Wie wird wohl der Supermarkt der Zukunft aussehen?

Aufgabe

Recherchieren Sie im Internet und notieren Sie, welche Entwicklungen in Bezug auf das Einkaufen für die Inklusion von Menschen mit Behinderungen besonders hilfreich wären. Erstellen Sie eine Liste mit den Erleichterungen, die es in naher Zukunft geben soll.

Weitere Informationen unter: www.welt.de
oder unter: www.businessinsider.de

5 10 13

Stückpreis und Bruttoverkaufspreis berechnen

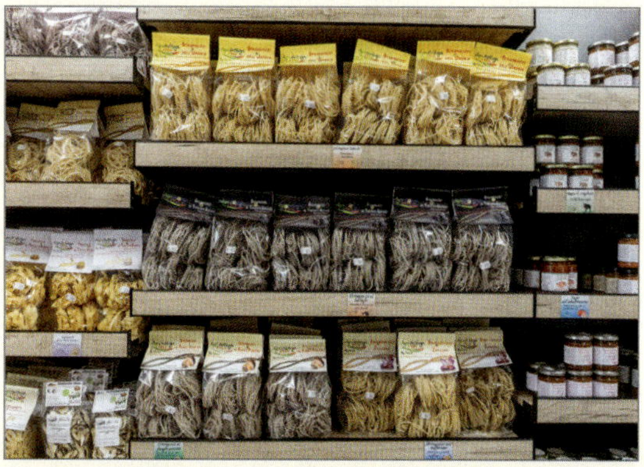

Nudeln und Pastasoße im Angebot des Hofladens

5

Aufgabe 1

Berechnen Sie die Selbstkosten für eine Flasche Pastasoße.

Für die Zubereitung und Verpackung von 50 Flaschen Pastasoße werden folgende Personen und Zeiten benötigt:

a) Ausbilder/-in: 2 Stunden, Auszubildende/r: 1 Stunde, Beschäftigte der Werkstätten: 3 Stunden.
   - Personalkosten/Stunde Ausbilder/-in: 41,00 €
   - Personalkosten/Stunde Auszubildende/r: 13,50 €
   - Personalkosten/Stunde Beschäftigte: 11,80 €

b) Materialkosten: Tomaten, Zwiebeln und Kräuter aus dem eigenen Gewächshaus und Garten im Wert von 106,50 €

c) Verpackung Mehrwegglas: Kosten 0,66 € / Flasche ca. 10-mal nutzbar → 6,6 Cent/ Verkauf, 0,30 € / Deckel ca. 5-mal nutzbar 6 Cent/ Verkauf

d) Gemeinkostenzuschlag von 115 % der Lohnkosten.

10

Aufgabe 2

13

Berechnen Sie den Bruttoverkaufspreis Pastasoße und geben Sie an, wie viel Geld eine Kundin oder ein Kunde im Laden bezahlen muss.
Die Umsatzsteuer beträgt für Lebensmittel 7 %.
Pfand: 0,15 €

Zuschlagskalkulation berechnen

Aufgabe 3

Im Rahmen einer Kostenstellenrechnung für das Café werden Materialkosten für die Speisen von 29.355 € für ein Jahr ermittelt. Im gleichen Jahr fallen 95.581 € Gemeinkosten an. Ermitteln Sie einen Gemeinkostenzuschlag für die einfache Zuschlagskalkulation.

Aufgabe 4

Geben Sie an, mit welchem Faktor Sie die Materialkosten multiplizieren, um die Selbstkosten zu erhalten. Berechnen Sie die Selbstkosten und den für den Mittagsimbiss Panini (Materialkosten 0,71 €) zum Mitnehmen.

Aufgabe 5

Berechnen Sie den Nettoverkaufspreis mit einem Gewinnzuschlag von 12 %.

Aufgabe 6

Berechnen Sie den Bruttoverkaufspreis.

Aufgabe 7

Beim Café handelt es sich um ein Selbstbedienungscafé. In der Innenstadt soll ein Bistro mit Service eröffnet werden. Wie viel teurer ist der Bruttoverkaufspreis eines Paninis in der Innenstadt, wenn Bedienungsgeld von 15 % und Umsatzsteuer von 19 % inkludiert sind.

Rabatt berechnen

Aufgabe 8

Das Café gewährt allen Mitarbeitenden einen Rabatt von 6 %. Eine Tasse Kaffee kostet 2,50 € und ein Stück Torte 3,80 €. Wie viel bezahlen Mitarbeitende für Kaffee und Kuchen?

Nachhaltig verpacken

Glasflaschen Mehrweg	keine Beeinflussung der Inhaltstoffe oder des Geschmacks, bis zu 50-mal wiederbefüllbar, lange Haltbarkeit	etwa 100 g CO_2/L, sehr energieintensiv Herstellung
PET-Mehrweg	Leicht und bruchsicher und mehrfach verwendbar ca. 75 g CO_2/L	es wird vermutet, dass durch das Plastik Weichmacher in das Wasser gelangen können,
PET-Einweg	sehr leicht und bruchsicher	ca. 280 g CO_2/L, Flasche wird nur ein Mal befüllt und danach entsorgt oder recycelt Kurze Haltbarkeit, Weichmacher im Plastik

Das Thema nachhaltige Verpackungen beschäftigt die Mehrwertstätten auf ganz unterschiedliche Art und Weise. Dies betrifft den Einkauf der Waren, die benötigt werden, als auch die Verpackung und den Versand der Produkte, die angeboten werden.

Wasser wird in unterschiedlichen Verpackungen zum Verkauf angeboten. Jede Verpackung besitzt Vor- und Nachteile für die Gesundheit oder die Umwelt:
Am günstigsten für die Umwelt und den Geldbeutel ist es, das Wasser direkt abgefüllt aus der Leitung zu trinken. Dabei fällt für das Wasser nur 0,37 g CO_2/L bei einem Preis von 0,002 €/L an.

Weitere Informationen unter: *www.test.de*

Apfelsaft in einer Bag-in Box und Glasflaschen

Saftverpackungen

Das Umweltbundesamt hat die Ökobilanz von Ein- und Mehrwegsystemen untersucht und kommt zum Ergebnis, dass das Schlauchbeutel- Verpackungssystem gegenüber dem Mehrwegflasche-Verpackungssystem als ökologisch mindestens gleichwertig einzustufen ist. Die Verpackung besteht aus ca. 75 % Karton und 25 % aus Kunststoff. Der Karton kann wiederverwendet werden und das Material wird über die Wertstoffverwertung (Altpapier und Verpackung) wieder in den Verwertungskreislauf zurückgeführt. Der Folienschlauch gelangt als Verpackung in das Duale System bzw. in das jeweils aktuell geltende System zur Wiederverwertung.

Weitere Informationen unter:
www.landwirtschaftskammer.de

Einwegbecher landen oft auf der Straße

Kaffee für unterwegs ist beliebt. Sind Coffee-to-go-Einwegbecher ein ökologisches Problem?
Etwa 2,8 Milliarden Heißgetränkebecher werden pro Jahr in Deutschland verbraucht, etwa die Hälfte davon „to go", also auf der Straße. Ist der Becher leer, möchten ihn Konsumenten entsorgen. Oft ist aber kein Mülleimer in der Nähe. So werden diese Einwegbecher oft in der Umwelt entsorgt. Das ist ein deutliches Problem. […] *Ab wann lohnt es sich für die Umwelt, Mehrwegbecher zu nutzen?*
Wer täglich unterwegs Kaffee konsumiert, sollte einen eigenen Mehrwegbecher nutzen. Ab einer Wiederverwendungshäufigkeit von über 50 fallen die Aufwendungen für Herstellung und Entsorgung des Bechers kaum ins Gewicht. In der Umweltbilanz sehen wir dann nur noch die Reinigung. Und die ist sehr abhängig vom Energiebedarf der Spülmaschine. Generell reinigen Spülmaschinen energieeffizienter, als wir das von Hand können.

https://www.test.de/Bambusbecher-im-Test-Die-meisten-setzen-hohe-Mengen-an-Schadstoffen-frei-5496265-5496273/

Aufgabe 1

Informieren Sie sich über die Möglichkeiten von Mehrwegbechern für Kaffee to go. Notieren Sie auch, auf was bei von der Kundschaft mitgebrachten Bechern zu beachten ist.

Aufgabe 2

Stellen Sie die Vor- und Nachteile von zwei verschiedenen Saftverpackungen (z. B. Mehrwegglasflaschen und Bag-in-Boxen) gegenüber.

Aufgabe 3

Erstellen Sie nach dem untenstehenden Muster eine Liste zu verschiedenen Verpackungen und den drei Dimensionen der Nachhaltigkeit. Hinweis: In der Liste sollten sich unter jeder Dimension drei Aspekte wiederfinden. Sollten Ihnen noch welche fehlen, recherchieren Sie hierzu erneut.

Aufgabe 4

Stellen Sie nun Ihre Ergebnisse gegenüber. Für welche Verpackungsart sollen sich die Mehrwertstätten beim Einkauf von Säften und Getränken sowie beim Verkauf von Kaffee to go und Pastasoßen entscheiden?

Aufgabe 5

Recherchieren Sie, welche Verpackungsarten in Ihrem Ausbildungsbetrieb vorkommen. Auf welche Dimensionen werden bei der Auswahl von Verpackungen im Einkauf und Verkauf in Ihrem Ausbildungsbetrieb besonders geachtet?

Soziale Nachhaltigkeit und Inklusion

Aufgabe 6

Recherchieren Sie: Was hat soziale Nachhaltigkeit mit Inklusion zu tun?

„Der Hashtag **#ihrbeutetunsaus** hat Schlagzeilen gemacht. Viele halten das System der Werkstätten für Menschen mit Behinderung für überholt. Selten schafften es Menschen aus der Rehamaßnahme in den ersten Arbeitsmarkt, so die Kritik."

https://www.deutschlandfunkkultur.de/werkstaetten-fuer-menschen-mit-behinderung-ausbeutung-chance-100.html

Aufgabe 7

Sammeln Sie Pro- und Contra-Argumente für die Beschäftigung von Personen mit Behinderung in Werkstätten. Bilden Sie eine Pro- und eine Contra-Gruppen und diskutieren Sie die Argumente in der Klasse.

Link Tipps:

- *https://www.mdr.de/religion/thema-behindertenwerkstaetten-wie-weiter-pro-contra-100.html*
- *https://taz.de/Pro-und-Contra/!6009437/*
- *https://www.aktion-mensch.de/inklusion/arbeit/zahlen-daten-fakten*
- *https://www.deutschlandfunkkultur.de/werkstaetten-fuer-menschen-mit-behinderung-ausbeutung-)chance-100.html*

Ökologische Aspekte	Ökonomische Aspekte	Soziales inkl. Gesundheit
…	…	…
…	…	…
…	…	…

Personen in besonderen Lebenssituationen aktivieren, fördern und betreuen

Lernsituation

Im Senioren- und Pflegeheim „Lebensfreude" leben Menschen mit verschiedenen Betreuungs- und Pflegebedarfen Seite an Seite. Ein multiprofessionelles Team bestehend aus medizinischem Personal sowie hauswirtschaftlichen und sozialpädagogischen Fachkräften kümmert sich um die Bedürfnisse der Menschen. Sie alle arbeiten Hand in Hand, um diesen Menschen ein möglichst angenehmes und erfülltes Leben zu ermöglichen.

Laila Taleb (83) ist eine lebenslustige Dame, die an Alzheimer-Demenz im frühen Stadium leidet. Sie kann sich oft nicht an neue Informationen erinnern und benötigt Unterstützung im Alltag.

José Sanchez (68) leidet an einer schweren körperlichen Behinderung infolge eines Schlaganfalls. Er ist auf einen Rollstuhl angewiesen und hat Schwierigkeiten, seine linke Körperhälfte zu bewegen. Trotz seiner Behinderung hat er einen scharfen Verstand und einen starken Willen.

Anna Klein (75) ist weitestgehend selbstständig, leidet jedoch an altersbedingter Makuladegeneration, die ihr Sehvermögen einschränkt. Sie ist bei vielen alltäglichen Aufgaben auf Unterstützung angewiesen.

Franz Bayer (80) ist ein ehemaliger Physikprofessor, der an Parkinson leidet. Sein Zustand beeinträchtigt seine Beweglichkeit und verursacht gelegentlich Tremor, beeinträchtigt aber nicht seine geistige Klarheit. Er hat auch Schwierigkeiten beim Schlucken und beim Sprechen.

4

6

11

11.1 Biographiearbeit im Rahmen der hauswirtschaftlichen Betreuung

Bedeutung der Biographiearbeit

Die hauswirtschaftliche Betreuung konzentriert sich auf Menschen mit Hilfsbedarf oder Entwicklungs- und Förderbedarf. Dabei kann es sich zum Beispiel um Menschen mit einem Unterstützungsbedarf im eigenen Haushalt, in einer stationären Einrichtung oder in ambulant betreuten Wohngruppen handeln. Bei der Arbeit stehen die Bedürfnisse der einzelnen Personen oder Gruppen im Mittelpunkt. Ziel ist es, die Fähigkeit zur selbstbestimmten Alltags- und Lebensgestaltung sowie zur eigenständigen Verrichtung hauswirtschaftlicher Tätigkeiten zu stärken und die gesellschaftliche Teilhabe zu fördern.

> ***Biographiearbeit*** *ist eine Methode, bei der man die Lebensgeschichte einer Person betrachtet, indem man sich auf die Erzählung und Interpretation des Lebens dieser Person konzentriert. Ziel ist ein besseres Verständnis für die Vergangenheit und die Gegenwart der Person, um deren Bedürfnisse und Gewohnheiten besser zu deuten. Es werden Maßnahmen abgeleitet, um das Leben positiv zu beeinflussen und besser zu gestalten.*

Bei der Biographiearbeit steht die Beantwortung folgender Fragen im Vordergrund:

Verstehen des Menschen:
- Wie ist der Mensch so geworden?
- Warum verhält sich der Mensch so?

Gestaltung der hauswirtschaftlichen Betreuungsdienstleistung:
- Was ist der Person wichtig?
- Was gibt der Person Orientierung? Was sind die Gewohnheiten der Person?

BEISPIELE:

Wenn man weiß, dass Frau Hornauer während des Zweiten Weltkriegs schlimme Hungerszeiten erlebt hat, versteht man ihr Horten von Lebensmitteln.

Herr Mohameds Erschrecken über die Sirene bei einem Feuerprobealarm ist leichter einzuordnen, wenn bekannt ist, dass er als kleines Kind einen Hausbrand miterlebt hat.

Jeder Mensch hat im Laufe seines Lebens Erfahrungen gemacht, die ihn in seinen Entscheidungen, Handlungen und Vorlieben prägen. Die Biographiearbeit ermöglicht es, den Menschen in den Mittelpunkt zu stellen und seine Erfahrungen und Erlebnisse hervorzuheben. Sie lebt vom Erzählen und Zuhören und erfordert die Fähigkeit, von sich und seinen Gefühlen zu sprechen. Der Zuhörende sollte auf das Erzählte eingehen und z. B. durch aktives Zuhören oder gezielten Fragen den Erzählenden unterstützen (s. S. 179, 180).

Biographiearbeit in der Hauswirtschaft und in der Pflege

Die hauswirtschaftliche Betreuung versteht sich als eine Form der **Förderung und Aktivierung**, die Aufgaben der **täglich notwendigen Versorgungsleistungen** integriert. Dieser Schwerpunkt ist ein wichtiges Alleinstellungsmerkmal der hauswirtschaftlichen Betreuung. Bei hauswirtschaftlichen Dienstleistungen geht es also darum, die Alltagskompetenzen der Menschen (wie zum Beispiel Aufräumen und Reinigen, Wäschepflege oder Blumenpflege) zu aktivieren, zu erhalten und zu fördern.

In der Pflege geht es bei der Biographiearbeit darum, die individuellen Bedürfnisse und Vorlieben einer Person zu kennen, um eine bessere Pflege zu gewährleisten. Ärztlich verordnete Betreuung und Pflege gehört nicht in den Bereich der Hauswirtschaft. Bei der hauswirtschaftlichen Betreuung geht es vorrangig darum, die individuellen **Bedürfnisse und Vorlieben einer Person in Bezug auf den Alltag und Haushalt** zu verstehen, um eine bessere Unterstützung und Entlastung zu bieten. Im Alter, bei Krankheit oder einer Behinderung benötigen Menschen Unterstützung, und es ist für die Betreuenden wichtig, den Menschen den bis dahin gewohnten Alltag bieten zu können. Obwohl sich die Schwerpunkte von Pflege und Hauswirtschaft unterscheiden, ist eine Zusammenarbeit sinnvoll, um eine bessere Unterstützung zu ermöglichen.

Biographiearbeit im beruflichen Alltag

In der Regel beginnt die Biographiearbeit mit einer ausführlichen Befragung des Menschen und seiner Angehörigen. Es werden Fragen zu seiner Vergangenheit, seinen Interessen und Hobbys, seinen Wünschen und Bedürfnissen sowie seinen körperlichen und geistigen Fähigkeiten gestellt. Es ist sinnvoll, diese Informationen in einem Dokument festzuhalten, welches als Grundlage für die weitere Betreuung dient. Zusätzlich werden durch eher beiläufige Gespräche weitere Details über die Person und hilfreiche Informationen für die Gestaltung des Alltags geliefert.

Ziel eines biographischen Interviews oder eines Fragebogens können sein:

- **Lebensverhältnisse:** z.B. Familienangehörige, Freunde, Partner …
- **Wohnumgebung:** Stadt, Land, Haus, Wohnung, Garten …
- **Soziale Kontakte:** Freunde, Bekannte, Vereinsleben …
- **Gewohnheiten und Rituale:** jahreszeitliche Rituale, Tagesstruktur, familiäre und religiöse Feste …
- **Kulturelle Identität:** kulturelle Werte und Überzeugungen, kulturspezifische Gewohnheiten …
- **Wohnen:** Raumgestaltung, Einrichtung, Heimtextilien …
- **Reinigung:** Durchführung, Anspruchsniveau, Reinigungsgewohnheiten …
- **Wäsche:** Kleidungsstil, Wäschereinigung, Wäschepflege …
- **Essen und Trinken:** Häufigkeit der Mahlzeiten, Tisch- und Esskultur, Essgewohnheiten …

Diese Informationen sind eine wichtige Grundlage für Entscheidungen rund um die Gestaltung der hauswirtschaftlichen Versorgung und Betreuung. Insgesamt trägt die Biographiearbeit dazu bei, dass hauswirtschaftliche Dienstleistungen individueller und damit auch qualitativ hochwertiger werden. Sie ermöglicht eine individuellere Betreuung und trägt zu einer höheren Lebensqualität bei.

Die Gestaltung einer **biographieorientierten Aktivierung** ist stark von dem abhängig, was man über den Menschen weiß und lässt sich nicht verallgemeinern.

BEISPIELE: ***Erstellung einer Erinnerungswand***
Mit einer Person, die aufgrund einer Erkrankung an Vergesslichkeit leidet, aber viel Wert auf die Dekoration der eigenen vier Wände legt, kann gemeinsam eine Erinnerungswand angelegt werden. Dafür werden Fotos und Erinnerungsstücke gesammelt und aufgehängt oder aufgestellt. Dies kann dazu beitragen, die Erinnerungen und die Identität der Person zu bewahren und zu stärken.

Beim Kochen helfen:
Ein Mensch, der früher gerne gekocht hat, kann zum Beispiel an der Planung und Zubereitung eines Menüs beteiligt werden. Auch wenn die Person vielleicht selbst nicht mehr in der Lage ist, alles allein zu planen und zuzubereiten, so kann man sie dennoch an der Rezeptauswahl und bei kleineren Tätigkeiten beteiligen.

Gemüse- und Kräutergarten anlegen:
Mit Personen, die in früheren Jahren gern im eigenen Garten gewerkelt haben, bietet sich ein kleines Urban Gardening-Projekt an. Ein Balkon oder Innenhof einer Einrichtung reicht, um auf kleinem Raum Gemüse und Kräuter auszusäen. Im Rahmen ihrer Möglichkeiten können einzelne Personen Tätigkeiten wie z.B. Pflanzen gießen, Kräuter pflücken oder Tomaten ernten übernehmen.

11.2 Betreuung von älteren und hochbetagten Menschen

Der demografische Wandel und die zunehmende Lebenserwartung stellen unsere Gesellschaft vor neue Herausforderungen. Eine dieser Herausforderungen ist die Versorgung und Betreuung älterer und hochbetagter Menschen, die aufgrund ihrer körperlichen oder geistigen Einschränkungen Unterstützung im Alltag benötigen. Hauswirtschaftliche Betreuungsleistungen bieten hier eine wichtige Unterstützung, indem sie den individuellen Bedürfnissen und Ressourcen der Personen Rechnung tragen.

11.2.1 Grundlegende Kenntnisse

Altern als Veränderungsprozess

Das Altern ist ein natürlicher Prozess, der im Laufe des Lebens vielfältige Veränderungen mit sich bringt. Dabei sind die Veränderungen sowohl körperlicher als auch geistiger oder emotionaler Natur:

- **Körperliche Veränderungen** umfassen unter anderem den Abbau von Muskelmasse, den Verlust von Knochendichte und die Verminderung der Elastizität von Haut und Bindegewebe. Des Weiteren können Veränderungen im Stoffwechsel und im Hormonhaushalt auftreten, die sich auf das Körpergewicht und die Energieversorgung auswirken.
- Im **kognitiven Bereich** zeigt sich der Alterungsprozess oft durch eine verlangsamte Informationsverarbeitung und eine reduzierte geistige Flexibilität. Jedoch bleiben viele Aspekte der geistigen Leistungsfähigkeit, wie etwa das Wissen und die Fähigkeit, komplexe Zusammenhänge zu erfassen, lange erhalten.
- **Emotionale und soziale Veränderungen** sind zu beobachten, wie etwa der Übergang in den Ruhestand, der Verlust von Angehörigen oder Freunden und die Anpassung an neue Lebensumstände. Diese Veränderungen können zu neuen Herausforderungen in der sozialen Interaktion und der Aufrechterhaltung von sozialen Kontakten führen.
- **Krankheiten** können den Alterungsprozess in vielerlei Hinsicht beeinflussen, indem sie zum Beispiel die körperliche oder geistige Leistungsfähigkeit einer Person vermindern. Erkrankungen wie Diabetes mellitus oder Herz-Kreislauf-Erkrankungen beeinträchtigen die körperliche Gesundheit im Alter und reduzieren somit den Grad der Selbstständigkeit. Neurodegenerative Erkrankungen wie Alzheimer oder Parkinson können die kognitiven Fähigkeiten und die Lebensqualität von älteren Menschen erheblich einschränken. Dadurch wird der individuelle Alterungsprozess beschleunigt (s. S. 431).

Der Alterungsprozess verläuft allerdings individuell. Einige Menschen altern langsamer oder schneller als andere und zeigen unterschiedliche Ausprägungen der Veränderungen. Daher ist es wichtig, den Alterungsprozess als einen individuellen Veränderungsprozess zu betrachten und auf die spezifischen Bedürfnisse und Ressourcen einzugehen, um die Lebensqualität zu erhalten und zu fördern.

Hauswirtschaftlicher Betreuungsplan

Um eine optimale Versorgung und Betreuung zu gewährleisten, ist es notwendig, die individuellen Voraussetzungen (s. S. 402 f.) und Ressourcen jeder Person bei der Erstellung eines hauswirtschaftlichen Betreuungsplans zu berücksichtigen. Dazu gehört eine umfassende Erhebung der körperlichen, geistigen, emotionalen und sozialen Fähigkeiten sowie der Lebensumstände und Bedürfnisse der betroffenen Person.

Das Ziel eines hauswirtschaftlichen Betreuungsplans besteht darin, eine angenehme, saubere, sichere und gut organisierte Wohnumgebung für zu betreuende Personen zu schaffen. Ein hauswirtschaftlicher Betreuungsplan kann unter anderem Folgendes beinhalten:

- **Sauberkeit und Hygiene**: Sicherstellung einer sauberen und hygienischen Umgebung durch regelmäßige Reinigungsarbeiten und ordnungsgemäße Abfallentsorgung.
- **Wäschepflege**: Sorge für frische und saubere Kleidung und Wäsche durch sachgerechte und damit auch nachhaltige Wäschepflege.
- **Mahlzeitenzubereitung**: Ausgewogene, schmackhafte und auf die individuellen Bedürfnisse und Vorlieben der betreuten Person abgestimmte Mahlzeiten.
- **Einkaufsplanung und -organisation**: Planung und Durchführung von Einkäufen für Nahrung,

Inhalte eines hauswirtschaftlichen Betreuungsplans

Haushaltsartikel und persönliche Bedarfsartikel unter Berücksichtigung von Budget, Qualität und Nachhaltigkeit.

- **Sicherheit**: Gewährleistung der Sicherheit in der Wohnumgebung durch Identifizierung und Beseitigung von potenziellen Risiken sowie durch die Umsetzung von Sicherheitsmaßnahmen wie Rauchmelder, rutschfeste Matten und gute Beleuchtung.
- **Raumgestaltung und Instandhaltung**: Schaffung einer angenehmen und funktionellen Wohnatmosphäre, die den Bedürfnissen und Vorlieben der betreuten Person entspricht, sowie die Durchführung kleinerer Instandhaltungsarbeiten oder die Organisation von Reparaturen bei Bedarf.
- **Zeitmanagement und Organisation**: Effektive Planung und Priorisierung von Hauswirtschaftsaufgaben, um einen reibungslosen Ablauf des Alltags zu gewährleisten und den Stress für die zu betreuende Person zu reduzieren.
- **Kommunikation und Zusammenarbeit**: Aufbau einer vertrauensvollen Beziehung zur betreuten Person, regelmäßige Kommunikation über ihre Bedürfnisse und Wünsche sowie Zusammenarbeit mit anderen Fachleuten aus Pflege und Therapie um eine umfassende Betreuung zu gewährleisten.
- **Förderung der sozialen Interaktion**: Ermutigung zur Pflege sozialer Kontakte und Freizeitaktivitäten, da diese das emotionale Wohlbefinden fördern und verbessern.

Grad der Selbstständigkeit

Ein zentraler Aspekt bei der Erstellung eines Betreuungsplans ist der Grad der Selbstständigkeit. Hierbei kann es große Unterschiede geben: Während einige ältere Menschen lediglich Unterstützung bei der Haushaltsführung benötigen, sind andere auf umfassendere Betreuungsleistungen angewiesen. Diese machen oftmals die Zusammenarbeit von Hauswirtschaft und Pflege erforderlich (s. S. 404). Der **Grad der Selbstständigkeit** liegt bei der Erstellung des **maßgeschneiderten Betreuungsplans** zugrunde. Dieser nutzt die vorhandenen Ressourcen optimal und fördert die Fähigkeiten der betroffenen Person.

Für die Bestimmung des Grades der Selbstständigkeit wird ermittelt, inwieweit die Person in der Lage ist, ihre täglichen Aktivitäten und Bedürfnisse **ohne externe Hilfe** zu bewältigen. Dies wirkt sich direkt auf die Art und den Umfang der benötigten Unterstützung aus. Zudem können ältere Personen je nach Einschränkung **unterschiedliche Grade der Selbstständigkeit** aufweisen, was zu individuellen Bedarfen führt.

Vier Grade der Selbstständigkeit:

Person mit geringem Bedarf

Grad der Selbstständigkeit: Hoch

Individuelle Bedarfe: Die Person ist in der Lage, alle täglichen Aktivitäten selbstständig durchzuführen wie z. B. Körperpflege, Kochen, Einkaufen, Reinigen und Medikamenteneinnahme. Sie kann die eigene Mobilität aufrechterhalten und benötigt keine spezielle Unterstützung bei der Kommunikation oder den kognitiven Fähigkeiten. In diesem Fall wären die benötigten hauswirtschaftlichen Versorgungs- und Betreuungsleistungen minimal (gelegentliche oder vorübergehende Hilfe).

Person mit kognitiven Beeinträchtigungen (z. B. beginnende Demenz)

Grad der Selbstständigkeit: Mittel

Individuelle Bedarfe: Die Person benötigt Unterstützung bei der Erinnerung an die Einnahme von Medikamenten, Arzttermine oder alltägliche Aufgaben. Eine Betreuungsperson oder Pflegekraft kann helfen, eine Struktur im Tagesablauf aufrechtzuerhalten, Medikamente zu verwalten und die Person bei Bedarf emotional zu unterstützen. Die hauswirtschaftliche Fachkraft kann die Person bei den notwendigen Versorgungsaufgaben einbinden und die vorhandenen Ressourcen fördern.

Person mit eingeschränkter Mobilität (z. B. nach einem Schlaganfall)

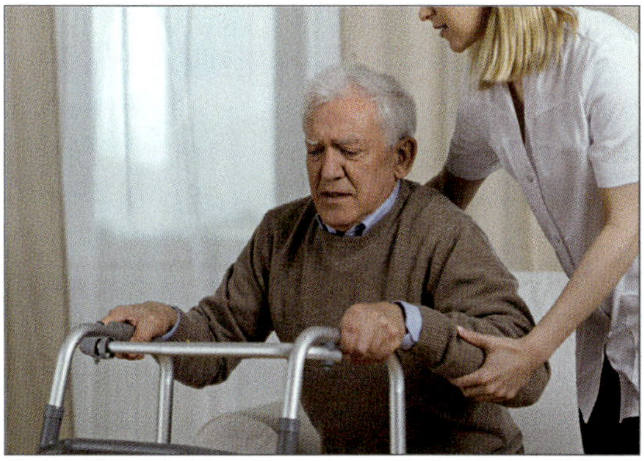

Grad der Selbstständigkeit: Niedrig

Individuelle Bedarfe: Die Person benötigt Hilfe bei der Mobilität, der Körperpflege und möglicherweise bei der Nahrungsaufnahme. Hier ist eine umfassende Pflege und Betreuung durch professionelle Pflegekräfte erforderlich, die die fachlichen Qualifikationen aufweisen, um die Person umfassend unterstützen zu können. Als hauswirtschaftliche Fachkraft kann man die Pflegekräfte unterstützen, indem man sich um die Versorgung (z. B. Speisenzubereitung, Wäschepflege) oder Beschäftigung (z. B. Spiele, Bastelarbeiten) kümmert und somit die Pflegefachkräfte entlastet.

Person mit fortgeschrittener Demenz

Individuelle Bedarfe: Die Person benötigt rund um die Uhr Betreuung und Unterstützung bei allen täglichen Aktivitäten, einschließlich Körperpflege, Mobilität, Kommunikation und Nahrungsaufnahme. In diesem Fall wäre eine umfassende häusliche Pflege oder sogar ein Umzug in eine spezialisierte Pflegeeinrichtung notwendig, um die Bedürfnisse der Person angemessen zu decken. Auch in solch einem Fall würden hauswirtschaftliche Fachkräfte und Pflegekräfte im Team arbeiten, wobei Pflegefachkräfte Aufgaben übernehmen, die medizinisch ausgebildetes Personal erfordern.

Grad der Selbstständigkeit: Sehr niedrig

Als hauswirtschaftliche Fachkraft sollten die zu betreuenden Personen so gut es ihnen möglich ist in die alltäglichen Tätigkeiten eingebunden werden. Den Grad der Selbstständigkeit durch die Nutzung vorhandener Fähigkeiten zu fördern, trägt dazu bei, die Lebensqualität, das Wohlbefinden und die Unabhängigkeit zu erhalten oder sogar zu verbessern.

Auf die Wünsche und Vorstellungen der betroffenen Personen eingehen und ihnen so weit wie möglich Entscheidungsfreiheit und Selbstbestimmung ermöglichen.

Eine vertrauensvolle und empathische Beziehung ist bedeutsam, um ein positives Miteinander und eine erfolgreiche Betreuung zu gewährleisten.

AUFGABEN

1. Stellen Sie sich einen Menschen vor, mit dem Sie im Rahmen Ihrer Ausbildung Kontakt hatten und Gespräche geführt haben (z. B. einen älteren oder körperlich eingeschränkten Menschen). Alternativ können Sie sich einen Menschen vorstellen, der auf Unterstützung angewiesen ist, und den sie aus ihrem privaten Umfeld gut kennen. Beantworten Sie die folgenden Fragen in Bezug auf diese Person:
   a) Welche biografischen Informationen sind Ihnen über diese Person bekannt?
   b) Was ist dieser Person besonders wichtig?
   c) Durch welche hauswirtschaftlichen Tätigkeiten lässt sich diese Person aktivieren und fördern?

2. Erstellen Sie einen hauswirtschaftlichen Betreuungsplan für die zwei Fallbeispiele. Analysieren Sie die jeweilige Situation. Schlagen Sie geeignete hauswirtschaftliche Betreuungsmaßnahmen vor, um den Bedürfnissen und Ressourcen der betroffenen Personen gerecht zu werden. Gehen Sie auch auf mögliche Herausforderungen ein und erklären Sie, wie Sie diese bewältigen würden.

   Fallbeispiel 1:
   Eingeschränkte Mobilität
   Herr Aykut ist 76 Jahre alt und lebt allein in seiner Wohnung. Aufgrund von Arthrose und einer kürzlich erfolgten Hüftoperation hat er Schwierigkeiten, sich zu bewegen und benötigt einen Rollator. Herr Aykut ist geistig fit und kümmert sich selbstständig um seine täglichen Bedürfnisse, allerdings benötigt er Unterstützung bei der Haushaltsführung.

   Fallbeispiel 2:
   Soziale Isolation
   Frau Schmidt ist 89 Jahre alt und lebt in ihrem Einfamilienhaus. Nach dem Tod ihres Partners hat sie den Kontakt zu Freunden und Bekannten weitgehend verloren. Sie ist körperlich und geistig noch recht fit, fühlt sich jedoch zunehmend einsam und isoliert. Frau Schmidt benötigt Unterstützung bei der Pflege sozialer Kontakte und bei der Haushaltsführung.

11.2.2 Schnittstellen und Abgrenzung von Hauswirtschaft und Pflege

Die **multiprofessionelle Zusammenarbeit** bei der Betreuung älterer Menschen ist ein wichtiger Ansatz, um eine qualitativ hochwertige Versorgung zu gewährleisten. In unserer alternden Gesellschaft nimmt die Anzahl älterer Menschen stetig zu. Somit spielt diese Zusammenarbeit eine entscheidende Rolle bei der Bewältigung der Herausforderungen, die mit dem Altern verbunden sind. In multiprofessionellen Teams arbeiten verschiedene Fachkräfte aus unterschiedlichen Bereichen wie Medizin, Pflege, Sozialarbeit, Physiotherapie, Ergotherapie, Hauswirtschaft und weiteren Bereichen zusammen, um den individuellen Bedürfnissen und Anforderungen der älteren Menschen gerecht zu werden.

Hauswirtschaft und Pflege sind zwei sich ergänzende Berufsgruppen, die in vielen Bereichen eng miteinander verknüpft sind. Die Zusammenarbeit kann in verschiedenen Formen der Betreuung von unterstützungsbedürftigen Menschen erforderlich sein wie zum Beispiel in Krankenhäusern, in stationären Pflegeeinrichtungen, in ambulant betreuten Wohngemeinschaften sowie in der häuslichen Krankenpflege oder Pflegehilfe. Sowohl hauswirtschaftliche Fachkräfte als auch examinierte Pflegefachkräfte sind gefragte Fachleute, die **je nach Qualifikation unterschiedliche Aufgaben** übernehmen. Es gibt jedoch auch viele **Schnittstellen zwischen Hauswirtschaft und Pflege**.

Pflegekräfte und hauswirtschaftliche Fachkräfte haben unterschiedliche Verantwortlichkeiten. Pflegekräfte sind medizinisch ausgebildetes Personal und verfügen über Fachkenntnisse in der Gesundheits- und Krankenpflege.

Hauswirtschaftliche Tätigkeiten umfassen unter anderem:

- Reinigung von Wohn- und Schlafräumen
- Wäschepflege (Waschen, Trocknen, Bügeln)
- Raumgestaltung und Pflanzenpflege
- Einkaufen und Vorratshaltung
- Zubereitung von Mahlzeiten
- Planung und Durchführung von Freizeitaktivitäten
- Organisation und Koordination von Terminen
- Haushaltsbudgetverwaltung
- Hausinstandhaltung
- Gartenarbeit und saisonale Hausarbeiten

Schnittstellen sind unter anderem:

- Erste Hilfe
- Psychosoziale Betreuung (z. B. Gespräche, Zuhören, Anregung von Kommunikation)
- Organisation und Durchführung von Freizeitaktivitäten
- Einfache Wundversorgung
- Beaufsichtigung und Begleitung bei Spaziergängen oder Arztbesuchen
- Begleitung und Unterstützung von Personen mit eingeschränkter Mobilität (z. B. Rollstuhl, Gehhilfen)
- Unterstützung bei der Körperpflege (z.B. Waschen, Ankleiden, Kämmen)
- Hilfe bei der Nahrungsaufnahme (z. B. Anreichen von Mahlzeiten, Unterstützung beim Essen)

Pflegerische Tätigkeiten umfassen unter anderem:

- Medikamentengabe und -überwachung
- ärztlich verordnete Maßnahmen (z. B. Injektionen, Infusionen)
- Überwachung von Vitalparametern (z. B. Blutdruck, Puls, Atmung)
- Anwendung von speziellen Pflegetechniken (z. B. Dekubitusprophylaxe, Mobilisation, Lagerung)
- Fachgerechte Wundversorgung
- Stomaversorgung
- Anlegen und Wechsel von Katheter und Magensonden

Grundpflegerische Tätigkeiten:

Grenze zwischen helfender Unterstützung einer hauswirtschaftlichen Fachkraft und professioneller Pflege: Pflegerische Handlungen dürfen in dem Umfang vorgenommen werden, in dem die gepflegte Person diese selbst ausführen würde, wenn sie könnte.

Vorbehaltsaufgaben der Pflege:

1) Erhebung und Feststellung des Pflegebedarfs
2) Organisation, Gestaltung und Steuerung des Pflegeprozesses
3) Analyse, Evaluation, Sicherung und Entwicklung der Qualität der Pflege

Schnittstellen und Abgrenzung von Hauswirtschaft und Pflege

	Aufgaben der Pflege unter anderem:	Aufgaben der Hauswirtschaft unter anderem:	Schnittstellen unter anderem:
Krankenhäuser	vorbehaltene Tätigkeiten, Pflege, medizinische Versorgung, Sterbebegleitung	Versorgung: Speisen, Wäsche, Reinigung, Bettenaufbereitung	Hygiene, Ernährung bei bestimmten Krankheitsbildern
Stationäre Pflegeeinrichtungen	vorbehaltene Tätigkeiten, Pflege, medizinische Versorgung, Sterbebegleitung	Versorgung und Betreuung im Sinne einer alltags-integrierten Förderung und Aktivierung	Ernährung, Eingewöhnung, Alltagsmanagement, Kommunikation mit Angehörigen
Ambulant betreute Wohngemeinschaften	vorbehaltene Tätigkeiten, Pflege, medizinische Versorgung, Sterbebegleitung	Versorgung, aktivierende Alltagsbegleitung, soziale Betreuung, Grundpflege	Engverzahnte Zusammenarbeit: Alltagsbegleitung, grundpflegerische Aufgaben
Häusliche Pflegehilfe § 36 und Entlastungsleistungen § 45a SGB XI	vorbehaltene Tätigkeiten, Pflege, medizinische Versorgung, Sterbebegleitung	Versorgung, aktivierende Alltagsbegleitung, Einkäufe, Grundpflege	Engverzahnte Zusammenarbeit möglich sofern beide im Pflegedienst verankert sind

Schnittstellen von Hauswirtschaft und Pflege in Abhängigkeit vom Einsatzgebiet

Zu den **Tätigkeiten, die nur von Pflegekräften durchgeführt werden dürfen**, gehören unter anderem

- die Verabreichung von Medikamenten
- die Wundversorgung und Vorbeugung von Infektionen
- die medizinische Überwachung der Vitalzeichen wie Blutdruck, Puls, Temperatur oder Atmung
- die Verabreichung von Injektionen
- die Katheterisierung
- die Ernährung über Sonden

Zudem gibt es übergeordnete **Vorbehaltsaufgaben**, zu denen unter anderem die Feststellung des Pflegebedarfs, die Steuerung des Pflegeprozesses und die Sicherung der Qualität der Pflege gehören.

Professionelle hauswirtschaftliche Arbeit beinhaltet hingegen

- die Sicherung der Daseinsvorsorge des Menschen in seinen Wohn- und Lebensräumen im Hinblick auf Ernährung und Gesundheit,
- die Reinigung und Hygiene,
- die Versorgung mit Wäsche und Bekleidung im Alltag sowie
- die Versorgung bei Festen und Feiern.

Diese hauswirtschaftlichen Leistungen werden als **Versorgungsleistungen** (hauswirtschaftliche Versorgung) und als **alltagsintegrierte Angebote der sozialen Betreuung mit Angeboten der Förderung und Aktivierung** (hauswirtschaftliche Betreuung) erbracht.

Schnittstellen zwischen Hauswirtschaft und Pflege zeigen sich in den Arbeitsbereichen, bei denen beide Berufsgruppen Überschneidungen aufweisen oder eng zusammenarbeiten. Dies liegt zum Beispiel in der Sicherstellung einer guten Versorgung und Betreuung von Menschen mit Unterstützungsbedarf wie ältere Menschen, Menschen mit Beeinträchtigungen oder von kranken Menschen (s. S. 411, 413) vor. Die Schnittstellen und die Anforderungen an die hauswirtschaftlichen Leistungen können sich dabei je nach Einsatzgebiet bzw. Arbeitsort unterscheiden (siehe Abbildung). Während die pflegerischen Leistungen fest geregelt sind und einer Systematik folgen, verändern sich die Anforderungen an hauswirtschaftliche Leistungen. Das Leistungsangebot der Hauswirtschaft weitet sich aus, je weniger feste Strukturen vorhanden sind. Vor allem in ambulant betreuten Wohngemeinschaften und in der häuslichen Pflegehilfe können hauswirtschaftliche Fachkräfte auch **grundpflegerische Aufgaben** übernehmen, die in stationären Pflegeeinrichtungen oder in Krankenhäusern von Pflegekräften übernommen werden.

Grundpflegerische Aufgaben umfassen eine Vielzahl von Tätigkeiten, die zur Unterstützung und Förderung des Wohlbefindens der zu betreuenden Person beitragen. Sie umfasst alle grundlegenden Tätigkeiten in Bezug auf den Menschen, die nicht medizinischer Natur sind.

Die Grenze zur Pflege durch eine Pflegefachkraft verläuft dort, wo medizinische oder spezialisierte Kenntnisse und Fähigkeiten erforderlich sind, um die Gesundheit und Sicherheit der gepflegten Person zu gewährleisten.

FÜR DIE PRAXIS

Ein Vergleich mit der Pflege durch Angehörige hilft, um über die Grenze zwischen Grundpflege und Behandlungspflege zu entscheiden. Wo liebevolle Pflege und Unterstützung im Alltag allein nicht reicht und Fachkenntnisse und -fähigkeiten notwendig werden, sind medizinische Fachkräfte hinzuziehen.

Zu den grundpflegerischen Leistungen zählen unter anderem:

- **Körperpflege**: Unterstützung bei der täglichen Körperhygiene, wie Waschen, Baden oder Duschen, Zähneputzen und Mundpflege, Haarpflege, Rasur und Nagelpflege (s. S. 420 f.).
- **An- und Auskleiden**: Hilfe beim An- und Auskleiden, insbesondere bei eingeschränkter Mobilität oder körperlichen Beeinträchtigungen (s. S. 422)
- **Ernährung**: Zubereitung von Mahlzeiten, Anreichen von Speisen und Getränken bei Bedarf (wenn keine Probleme wie Schluckbeschwerden vorliegen), gegebenenfalls auch Fütterung bei eingeschränkter Selbstständigkeit
- **Mobilität**: Unterstützung beim Aufstehen, Hinsetzen, Gehen, Treppensteigen oder bei der Benutzung von Hilfsmitteln wie Rollstuhl oder Rollator (s. S. 418)
- **Kommunikation und soziale Betreuung**: Gesprächsführung, Zuhören, Begleitung bei Freizeitaktivitäten, Unterstützung im Alltag und bei sozialen Kontakten

Hauswirtschaftliche Fachkräfte tragen maßgeblich dazu bei, dass die betreuten Personen so lange wie möglich in ihrem gewohnten Umfeld bleiben können. Die hauswirtschaftliche Fachkraft sollte im Alltag stets die pflegebedürftige Person beobachten und Veränderungen im Zustand oder in den Bedürfnissen der Person **dokumentieren**. Diese Informationen sind wertvoll für das Pflegeteam, um bei Bedarf die Pflegemaßnahmen anzupassen.

Es ist wichtig, die **Grenzen der eigenen Zuständigkeit** zu erkennen und einzuhalten. Bei Bedarf auf die Unterstützung von Pflegefachkräften zurückgreifen.

AUFGABEN

3. In diesem Arbeitsauftrag sollen Sie die Rolle von hauswirtschaftlichen Fachkräften in verschiedenen Arbeitsumfeldern kennenlernen.
   a) Recherche und Fragebogenentwicklung: Teilen Sie sich in Gruppen auf, sodass jede Gruppe sich auf einen Arbeitsbereich konzentrieren kann (Krankenhaus, betreutes Wohnen, ambulante Betreuung). Recherchieren Sie nach einem geeigneten Betrieb und entwickeln Sie einen Fragebogen für das Interview. Beim Interview geht es darum, die Tätigkeiten von hauswirtschaftlichen Fachkräften kennenzulernen und die Zusammenarbeit mit Pflegekräften und anderen Berufsgruppen zu beleuchten.
   b) Interviews: Führen Sie die Interviews mit hauswirtschaftlichen Fachkräften und evtl. weiteren Fachkräften durch. Nutzen Sie den Fragebogen, um gezielte Fragen zum Arbeitsalltag, den hauswirtschaftlichen Leistungen und der Zusammenarbeit mit anderen Berufsgruppen zu stellen.
   c) Präsentationen: Stellen Sie Ihre Erkenntnisse aus den Interviews vor. Diskutieren Sie nach den Präsentationen gemeinsam, welche Gemeinsamkeiten und Unterschiede es in den verschiedenen Arbeitsumfeldern gibt und welche Fähigkeiten für hauswirtschaftliche Fachkräfte in den verschiedenen Bereichen besonders wichtig sind.

11.2.3 Haushaltsführung

Menschen mit Unterstützungsbedarf begegnen im Alltag häufig Herausforderungen. Alltägliche Aufgaben wie Einkauf, Speisenzubereitung (s. S. 413), Reinigung oder Wäschepflege können schwierig sein. Hauswirtschaftliche Fachkräfte bieten individuell angepasste Betreuungsleistungen an, um die Lebensqualität dieser Personen zu verbessern. Sie sollten stets darauf bedacht sein, die unterstützungsbedürftigen Menschen in alltägliche Abläufe einzubinden, um ihre Selbstständigkeit zu fördern und ein Gefühl des Erfolgs zu ermöglichen. Dabei müssen die individuellen Fähigkeiten und Grenzen respektiert werden, um Überforderung zu vermeiden und ein positives Erlebnis zu gewährleisten.

Unterstützung bei der Haushaltsführung

Die **Reinigung und Pflege** der Wohnung ist eine zentrale Aufgabe. Durch das Sauberhalten von Küche, Bad und Wohnräumen sorgt man für ein hygienisches Wohnambiente. Dabei kann man je nach individuellem Bedarf auch auf besondere Anforderungen eingehen, wie beispielsweise die Reinigung von schwer zugänglichen Bereichen.

Zusätzlich zur Sauberkeit und Ordnung ist auch eine ansprechende Gestaltung der Räumlichkeiten wichtig. Durch Pflanzen, ansprechenden Farben und persönlichen Gegenständen wird eine **gute Wohnatmosphäre** geschaffen. In einem behaglichen und einladenden Zuhause können sich unterstützungsbedürftige Person rundum wohlfühlen.

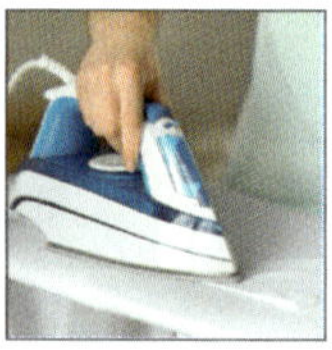

Die **Wäschepflege** gehört ebenfalls zu den grundlegenden Aufgaben. Durch das Waschen, Trocknen und Bügeln der Kleidung und Bettwäsche sorgt man dafür, dass die unterstützungsbedürftige Person stets saubere und gepflegte Textilien zur Verfügung hat. Auch die regelmäßige Reinigung und Pflege von Heimtextilien ist erforderlich.

Ein wichtiger Aspekt der hauswirtschaftlichen Unterstützung ist die Einkaufshilfe bei der Versorgung mit Lebensmitteln oder anderen notwendigen Alltagsprodukten. Ist das selbstständige **Einkaufen** erschwert, so können Fachkräfte die Person beim Einkaufen begleiten und unterstützen. Bei Bedarf übernehmen sie diese Aufgabe komplett.

Behördengänge und das Ausfüllen von Formularen, Arzttermine oder Friseurbesuche können für Menschen mit Unterstützungsbedarf eine große Herausforderung darstellen. Hauswirtschaftliche Fachkräfte **begleiten bei Terminen**, helfen bei der Zusammenstellung benötigter Unterlagen und unterstützen beim Ausfüllen von Anträgen und Formularen.

Hauswirtschaftliche Fachkräfte können bei der **Instandhaltung** im Haushalt helfen, kleine Reparaturen durchführen oder Gardinen reinigen und aufhängen. Dadurch wird der Alltag der Person zusätzlich erleichtert und die Sicherheit im Haushalt erhöht.

Ein weiteres Beispiel ist die Unterstützung bei der **Haustierbetreuung**. Viele besitzen Haustiere, die ihnen emotionale Stabilität und Gesellschaft bieten. Hauswirtschaftliche Fachkräfte können helfen, die Tiere zu füttern, sie auszuführen oder bei Tierarztbesuchen unterstützen.

> ***Aktivierung****: etwas in Gang bringen, zu einer verstärkten Tätigkeit bewegen, die Wirkung von etwas verstärken, einer Sache zu größerer Wirksamkeit verhelfen*

Eine Person so weit zu aktivieren bzw. zu reaktivieren, dass sie wieder selbstständig leben kann, ist eine der wichtigsten Aufgaben der Betreuungspersonen. Auch wenn dies nicht gänzlich möglich ist, kann die Person im Rahmen ihrer Möglichkeiten bei der Haushaltsführung eingebunden werden. Dabei gilt die Regel:

> Man muss sich von dem Gedanken lösen, dass man einem kranken oder alten Menschen alles abnehmen muss, um zu helfen. Das bedeutet, dass alles, was die Person selbst durchführen kann, nicht von der Betreuungsperson übernommen werden darf. Auch dann nicht, wenn es „besser" oder „schneller" ginge!

Dabei ist das Vermitteln positiver Erfolgserlebnisse zur Stärkung des Selbstwertgefühls der zu betreuenden Person sehr wichtig, um die nötige Motivation und Ausdauer aufzubringen. Die Zusammenarbeit zwischen der Person und der hauswirtschaftlichen Fachkraft ist ein wichtiger Faktor für den Erfolg der Betreuungsleistungen. Offene Kommunikation und ein respektvoller Umgang sind dabei unerlässlich. Die hauswirtschaftliche Fachkraft muss in der Lage sein, auf die individuellen Bedürfnisse und Wünsche einzugehen und ihre Unterstützung entsprechend anzupassen. Insgesamt tragen hauswirtschaftliche Fachkräfte maßgeblich zur Entlastung und Verbesserung der Lebensqualität von Menschen mit Unterstützungsbedarf bei. Durch individuell angepasste Betreuungsleistungen unterstützen sie die Person im Alltag und sorgen für ein selbstbestimmtes Leben.

AUFGABE

4. Erstellen Sie einen individuell angepassten Betreuungsplan für Frau Bakir. Begründen Sie Ihre Entscheidungen und gehen Sie auf die Möglichkeiten ein, wie Frau Bakir in den verschiedenen Aufgabenbereichen einbezogen und gefördert werden kann.

Frau Bakir ist eine 72-jährige Rentnerin, die nach einem Schlaganfall in ihrer Mobilität eingeschränkt und auf einen Rollstuhl angewiesen ist. Sie lebt allein mit ihrer Hündin in einer barrierefreien Wohnung, hat jedoch Schwierigkeiten, ihren Alltag selbstständig zu bewältigen. Sie hat zwei erwachsene Kinder, die sie ab und zu besuchen und unterstützen, aber aufgrund ihrer eigenen Verpflichtungen nicht regelmäßig für sie sorgen können.

11.2.4 Ernährung

Zu den Aufgaben einer hauswirtschaftlichen Fachkraft gehört die Beratung bei der Planung von Mahlzeiten, die auf die individuellen Bedürfnisse und Vorlieben der älteren Person abgestimmt sind. Dabei ist es ratsam, gemeinsam einen Speiseplan für die Woche zu erstellen und auf eine ausgewogene Ernährung zu achten (s. S. 334). Bei der Zubereitung der Speisen sollte die Fachkraft die zu betreuende Person nach ihren Fähigkeiten und Bedürfnissen einbinden. So können beispielsweise einfache Tätigkeiten selbstständig durchgeführt werden, während komplexere oder körperlich anstrengende Arbeitsschritte von der hauswirtschaftlichen Fachkraft übernommen werden.

Zubereiten und Anbieten von seniorengerechter Nahrung

Für viele alte Menschen ist das Essen ein Höhepunkt im eintönigen Tagesverlauf. Bei der Planung und Zubereitung der Speisen sind oftmals wenige Veränderungen oder kleine Handgriffe genug Hilfestellung, um das selbstständige und genussvolle Essen zu ermöglichen.

Bei der Zubereitung seniorengerechter Nahrung sowie deren Anbietung sind diese Tipps hilfreich:

FÜR DIE PRAXIS

- **Brotrinde abschneiden**
- **Fleisch klein schneiden**
- **Gemüse passieren**
- **Nahrung weich kochen**
- **Möhren fein raspeln**

Seniorengerechte Nahrung

- leicht verdauliche Zutaten und schonende Garmethoden verwenden
- persönliche Geschmacksvorlieben und Essgewohnheiten der älteren Menschen in die Speisenplanung und -zubereitung einbeziehen
- auf Diätvorschriften oder Lebensmittelunverträglichkeiten achten und die Zubereitung und Anbietung der Speisen entsprechend anpassen
- Speisen mit Kräutern und Gewürzen etwas kräftiger würzen, um den veränderten Geschmackssinn älterer Menschen zu berücksichtigen
- ältere Menschen, die Schwierigkeiten mit Besteck haben, profitieren von leicht zu greifenden Snacks und Fingerfood
- Mahlzeiten optisch ansprechend gestalten, um den Appetit anzuregen
- mehrere kleine Mahlzeiten über den Tag verteilt anbieten, um die Verdauung zu entlasten und den Appetit zu fördern

Unterstützung zur selbstständigen Nahrungsaufnahme

Mit einer ansprechenden und farbenfrohen Tischdekoration sowie dem Führen von angenehmen Gesprächen kann die Fachkraft eine wohlige Atmosphäre schaffen. Hilfsmittel wie spezielle Bestecke oder rutschfeste Teller können das Essen erleichtern (s. S. 414). Eine ruhige und entspannte Umgebung fördert das Wohlbefinden und die Nahrungsaufnahme. Wenn die Person Unterstützung bei der Nahrungsaufnahme benötigt, kann die hauswirtschaftliche Fachkraft helfend zur Seite stehen.

FÜR DIE PRAXIS

- **Person rechtzeitig an den Zeitpunkt des Essens erinnern**
- **Hilfestellungen anbieten (z. B. beim Händewaschen, Begleitung zum Tisch)**
- **Serviette bereitlegen und bei Bedarf umbinden**
- **verordnete Medikamente je nach Anordnung vor, während oder nach Essen bereitstellen**
- **Teller immer in das Blickfeld der Person stellen**
- **erst das Menü vorstellen, dann bei Bedarf unterstützen (z. B. in mundgerechte Stücke schneiden, nicht essbare Bestandteile wie Knochen oder Gräten entfernen)**
- **Hilfsmittel zur Verfügung stellen (z. B. spezielle Bestecke, Teller mit Schieberand)**
- **nach dem Essen bei Bedarf bei der Zahnpflege behilflich sein**
- **kontrollieren, ob genug gegessen wurde und bei Bedarf dokumentieren (s. S. 191 f.)**

Esshilfen:

rutschfester Teller mit Randerhöhung | *rutschfester Teller mit farbigem Rand* | *Besteck mit verdicktem Griff* | *Antirutschmatte* | *rutschfestes Essbrettchen mit Zubereitungshilfe*

Trinkhilfen

Trinkbecher mit Griff | *Trinkbecher mit zwei Griffen und Aufsatz* | *Trinkbecher mit isoliertem dickeren Rand* | *Aufsatz für Schnabelbecher* | *Trinkhalmhalter*

Ess- und Trinkhilfen

Jedem Menschen sollte das selbstständige Essen so lange wie es geht ermöglicht werden. Dies fördert nicht nur die Selbstständigkeit, sondern trägt auch zum Erhalt der Lebensqualität und Würde bei. Eine einfühlsame und kompetente Unterstützung durch die hauswirtschaftliche Fachkraft kann hierbei maßgeblich dazu beitragen, dass die zu betreuende Person sich weiterhin aktiv am Alltagsgeschehen beteiligt und ein erfülltes Leben führen kann.

Probleme beim Essen und Trinken: Kau- und Schluckbeschwerden

Essen und Trinken sind normalerweise mit Genuss und Wohlbefinden verbunden. Bei Menschen mit Kaubeschwerden oder Schluckstörungen sieht das jedoch anders aus. Aufgrund von motorischen oder neurologischen Problemen ist ihre Nahrungsaufnahme erheblich eingeschränkt. Die Angst vor dem Verschlucken und möglichen Schmerzen kann zu geringer Nahrungsaufnahme oder Trinkmenge führen und somit das Risiko einer Mangelernährung oder einer Dehydratation erhöhen).

Kaubeschwerden können durch falsch sitzende Zahnprothesen, mangelhafte Mundhygiene oder Mundtrockenheit entstehen. Um diesen Schwierigkeiten entgegenzuwirken, sollte die Beschaffenheit der Nahrung angepasst werden. Menschen mit Kaubeschwerden bevorzugen Speisen mit einer weichen Konsistenz wie Suppen, Pürees oder Eintöpfe.

Schluckbeschwerden, auch Dysphagie genannt, treten häufig nach einem Schlaganfall, bei Parkinson, Multipler Sklerose, Demenz oder Hirntumoren auf. Menschen mit Schluckbeschwerden können breiige Speisen und dickflüssige Getränke in der Regel besser schlucken als feste Speisen und dünnflüssige Getränke. Um das Risiko des Verschluckens zu minimieren, ist es notwendig, die Konsistenz der Speisen und Getränke entsprechend anzupassen.

Bei solchen Beschwerden kann die hauswirtschaftliche Fachkraft individuell für einzelne Personen geeignete Mahlzeiten zubereiten. Es wird zwischen zerkleinerter, kombinierter, weicher, pürierter und passierter Kost unterschieden (siehe Übersicht S. 415). Idealerweise sind die Stufen „püriert" und „passiert" nur vorübergehend erforderlich, weil sich die Person von den Beschwerden erholt. Pürierte Kost sollte cremig sein, ohne stückige Komponenten, während passierte Kost zusätzliche Verarbeitung benötigt, um eine cremige und faserfreie Konsistenz zu erreichen. Diese muss zunächst klümpchenfrei püriert und im Anschluss durch ein feines Haarsieb passiert werden, um die letzten Faseranteile zu entfernen.

Wenn ausgeprägte Kau- oder Schluckbeschwerden vorhanden sind, ist eine enge Zusammenarbeit mit dem Pflegepersonal entscheidend. Während die Aufgabe der hauswirtschaftlichen Fachkräfte vorrangig darin besteht, geeignete Mahlzeiten zuzubereiten, sind Pflegefachkräfte dafür zuständig, den Schweregrad der Beschwerden zu beurteilen und bei Bedarf weitere Maßnahmen zu veranlassen.

Weitere Informationen unter:
www.Schluckstörung:8TIPPS fürs ESSEN

Kaubeschwerden	Art der Anpassung	Beispiele
Leichtere Kaubeschwerden	Zerkleinerte Kost: Anpassung einzelner Bestandteile der Mahlzeit	• Fleischstück in kleinere Teile schneiden • Gekochte Salate wie Salat aus gekochten Karotten, Linsensalat, Bohnensalat • Obst in Stücke schneiden, Obstsalat, Kompott
Mittelschwere Kaubeschwerden	Anteile aus der weichen Kost werden mit mit pürierten oder flüssigen Bestandteilen kombiniert, die beim Schlucken als Gleitmittel wirken	Speisen, die weich und püriert/flüssig kombinieren wie: • Leberkäse (weich) mit Kartoffelpüree (püriert) • Knödel (weich) mit Pilzsoße (halbflüssig) • Palatschinken (weich) mit Marillenmarmelade (püriert)
Schwere Kaubeschwerden	Weiche Kost: Anpassung aller Mahlzeitkomponenten	• Fleisch: faschieren und Soße dazu servieren • Beilagen: nur weiche Beilagen wie z. B. Salzkartoffeln • Gemüse: kein Gemüse mit hohem Faseranteil, Gemüse weich dünsten, evtl. ein Teil pürieren damit man es leichter schlucken kann

Schluckbeschwerden	Art der Anpassung	Beispiele
Leichtere Schluckbeschwerden	Pürierte Kost: Speisen werden püriert und zur optischen Verbesserung mit Gelatine oder ähnlichen Verdickungsmitteln in appetitliche Form gebracht	• Fleisch: Faschiertes Fleisch pürieren und mit Löffel in Nockerlform bringen • Beilagen: Kartoffelpüree, evtl. mischen mit Sellerie- oder Karottenpüree • Gemüse: diverse Gemüsesorten in pürierter Form anbieten • Obstmus mit pürierten Früchten (kleine Kerne durch Haarsieb streichen!)
Schwerere Schluckbeschwerden	Passierte Kost (dickflüssig bzw. breiig): klümpchenfrei pürieren und durch feines Haarsieb streichen, damit Faseranteile entfernt werden	• Pudding in diversen Geschmacksrichtungen • passierte Topfen oder Reiscreme mit Geschmacksvariationen • Karottencremesuppe mit Sauerrahm • passierter Putenbraten mit Kartoffelschnee und Erbsenpüree • Lachsflan mit Karottenmus, Apfelmus, Bananenmus

Zubereitung von Mahlzeiten für Menschen mit Kau- oder Schluckbeschwerden

AUFGABEN

5. Erstellen Sie einen abwechslungsreichen Speiseplan für drei Tage, der
   a) auf die Bedürfnisse von Menschen mit Kaubeschwerden
   b) auf die Bedürfnisse von Menschen mit Schluckbeschwerden abgestimmt ist.

Schauen Sie sich dazu auch das Video *„Schluckstörung: 8 TIPPS fürs ESSEN, geeignete Nahrungsmittel + Hilfsmittel"* an.

11.2.5 Motivation und Aktivierung

Bei der Auswahl und Planung von Aktivitäten für ältere Menschen ist das Betreuungsumfeld mit zu berücksichtigen. Die Art und der Umfang der Aktivitäten können variieren, je nachdem, ob die Person im häuslichen Umfeld, im betreuten Wohnen oder in einem Pflegeheim betreut wird. Im häuslichen Umfeld können Aktivitäten stärker auf die individuellen Bedürfnisse und Interessen zugeschnitten und das familiäre Umfeld einbezogen werden. Im betreuten Wohnen werden häufig gemeinschaftliche Angebote organisiert, die das soziale Miteinander erleichtern. In Pflegeheimen gibt es oftmals ein breites Spektrum an Aktivitäten, die vom Personal organisiert werden.

Motivation älterer Personen fördern

Im Laufe des Alterns können physische und kognitive Fähigkeiten nachlassen, was nicht nur zu einer Abnahme der Selbstständigkeit, sondern auch zu einer **erhöhten Anfälligkeit für Isolation** führen kann. Daher ist es wichtig, ältere Personen bei der Gestaltung ihres Alltags zu unterstützen und zur Teilnahme an sozialen Aktivitäten zu motivieren. Ebenso ist die Motivation älterer Menschen zu mehr Bewegung, Hobbys oder das Pflegen von Kontakten zu Familie oder Freunden von großer Bedeutung. In der Gesamtheit trägt dies entscheidend zur **Aufrechterhaltung der körperlichen, geistigen und emotionalen Gesundheit** bei.

BEISPIELE:

- ***Regelmäßige Bewegung** fördert die körperliche Fitness, verbessert die Mobilität und verringert das Risiko von Stürzen und gesundheitlichen Problemen.*
- ***Hobbys und Interessen** bieten geistige Anregung, fördern Kreativität und Selbstvertrauen, und helfen, kognitive Fähigkeiten zu erhalten.*
- ***Soziale Interaktion** trägt zur emotionalen Gesundheit bei, indem Einsamkeit vermieden wird und das Gefühl von Zugehörigkeit und Unterstützung entsteht.*

Insgesamt verbessert die aktive Teilnahme an diesen Aktivitäten die Lebensqualität älterer Menschen und ermöglicht ihnen, ein erfülltes und zufriedenes Leben zu führen.

FÜR DIE PRAXIS

In der Praxis sollten
- individuelle Fähigkeiten und Interessen der zu betreuenden Person berücksichtigt (s. S. 402 f.) und gemeinsam erreichbare Ziele gesetzt werden,
- eine tägliche Routine entwickelt werden, die genügend Zeit für Aktivitäten und Pausen vorsieht,
- Anstrengungen und Erfolge gelobt werden, um Selbstwirksamkeit und Motivation zu steigern,
- Kontakte zu Familie, Freunden oder Gleichaltrigen gefördert werden, um ein unterstützendes Umfeld zu schaffen, das die Motivation weiter erhöht.

Freizeitaktivitäten für ältere Personen

Es gibt eine Vielzahl von Freizeitaktivitäten, die auf die Bedürfnisse und Fähigkeiten älterer Menschen zugeschnitten sind. Zu den beliebtesten zählen Gymnastik, Spaziergänge, kreatives Gestalten wie Malen oder Handarbeiten, Gesellschaftsspiele, Besuche kultureller Veranstaltungen oder ehrenamtliche Tätigkeiten. Durch die Teilnahme an Aktivitäten, die unter Berücksichtigung ihrer persönlichen Biografie und Vorlieben (s. S. 402 f.) ausgewählt wurden, können ältere Menschen ihre körperliche und geistige Gesundheit fördern, soziale Kontakte pflegen und ein erfülltes Leben führen.

Freude durch Aktivität im Garten

Hobbys und Interessen herausfinden und Unterstützung anbieten, um diese zu fördern oder neue zu entdecken. Beispiele sind Stricken, Fotografie oder Gartenarbeit.

BEISPIELE:

- ***Gruppenaktivitäten** wie Gymnastik, Kochen, Tanzkurse oder Kartenspielrunden bieten Möglichkeiten zur sozialen Interaktion und zur Stärkung von Freundschaften.*
- *Viele ältere Menschen möchten gerne einen Beitrag zur Gesellschaft leisten. Es kommen **ehrenamtliche Tätigkeiten** z. B. in Tierheimen oder sozialen Einrichtungen in Frage.*
- ***Bildungsangebote** wie Sprachkurse oder Computerkurse können für ältere Menschen interessant sein. Diese werden unter anderem an Volkshochschulen angeboten.*
- *Die **Teilnahme an Feiern und Festen** von Familie und Freunden unterstützt ältere Menschen dabei den Kontakt zu halten und stärkt das Zusammengehörigkeitsgefühl.*
- ***Ausflüge, kulturelle Veranstaltungen oder Reisen** bringen willkommene Abwechslung und fördern die körperliche als auch die geistige Gesundheit.*
- ***Individuell** jetzt wieder zu entdecken: Stricken, Fotografie oder Gartenarbeit*

Feiern mit Familie und Freunden

Individuelle Vorlieben und Ressourcen berücksichtigen

Die Betreuung älterer Menschen erfordert ein umfassendes Verständnis ihrer individuellen Bedürfnisse. Dabei spielen sowohl die Anpassung von Freizeitaktivitäten an körperliche und kognitive Fähigkeiten (s. S. 431 ff.) als auch die Berücksichtigung persönlicher Vorlieben eine entscheidende Rolle (s. S. 402 f.). Ebenso ist die Kommunikation mit den zu betreuenden Personen wichtig, um sie motivieren und aktivieren zu können.

FÜR DIE PRAXIS

- **Aktivierung:** tägliches Befinden der Person berücksichtigen und die geplanten Aktivitäten bei Bedarf anzupassen oder aufzuschieben (nicht jeder Tag ist gleich). Nicht die Person dazu drängen, etwas zu unternehmen. Das ist insbesondere bei Menschen mit psychischen Störungen wie zum Beispiel eine Depression von großer Bedeutung (s. S. 433)
- **Mobilität und körperliche Einschränkungen**: Aktivitäten sollten an die individuellen Fähigkeiten und Bedürfnisse angepasst werden. Bei eingeschränkter Mobilität können Aktivitäten wie Sitzgymnastik oder Handarbeit angeboten werden.
- **Kognitive Fähigkeiten**: Bei kognitiven Einschränkungen, wie zum Beispiel Demenz (s. S. 430 f.), können Aktivitäten wie Malen, Basteln oder Vorlesen hilfreich sein.
- **Kommunikation und Zusammenarbeit:** auf verbale und nonverbale Hinweise achten, um die Bedürfnisse und Wünsche der älteren Person besser zu verstehen (s. S. 174)
- **Empathie**: Verständnis für die Gefühle und Bedenken der zu betreuenden Person zeigen. Das hilft, eine vertrauensvolle Beziehung aufzubauen und sie bei der Teilnahme an Aktivitäten zu ermutigen.

AUFGABEN

6. Beschreiben Sie die Unterschiede in der Organisation von Freizeitaktivitäten für ältere Menschen in verschiedenen Betreuungsumgebungen (häusliches Umfeld, betreutes Wohnen, Pflegeheim).

7. Entwickeln Sie ein Konzept für den Besuch einer kulturellen Veranstaltung, der für ältere Menschen in einer Einrichtung angeboten werden kann. Stellen Sie eine Liste von Praxistipps zusammen, die bei der Planung und Durchführung berücksichtigt werden sollten.

11.2.6 Förderung der Mobilität

Im Laufe des Alterungsprozesses kann es zu einer verminderten Beweglichkeit und Mobilität kommen, die den Alltag der zu betreuenden Personen zunehmend erschwert. Eine Einschränkung der Mobilität im Alter kann durch verschiedene Faktoren verursacht werden. Zu den häufigsten Ursachen zählen:

- Muskelabbau: Mit zunehmendem Alter verlieren Menschen oft an Muskelmasse und -kraft. Dieser Prozess, auch als Sarkopenie bekannt, kann das Gehen oder das Treppensteigen erschweren.
- Gelenkverschleiß: Arthrose ist eine häufige Erkrankung bei älteren Menschen, bei der der Knorpel in den Gelenken abgenutzt ist. Dies kann zu Schmerzen, Steifheit und eingeschränkter Beweglichkeit führen.
- Gleichgewichtsprobleme: Gleichgewichtsstörungen können im Alter zunehmen, was die Mobilität beeinträchtigen kann. Ursachen hierfür können neurologische Erkrankungen wie zum Beispiel Parkinson sein.
- Osteoporose: Die Erkrankung führt zu einer Verringerung der Knochendichte und erhöht das Risiko von Knochenbrüchen. Betroffene sind aus Angst vor Verletzungen oder aufgrund von Schmerzen möglicherweise weniger aktiv.
- Chronische Schmerzen: Ältere Menschen können unter chronischen Schmerzen leiden, die durch verschiedene Faktoren verursacht werden, wie z. B. Arthritis, Nervenschäden oder Verletzungen z. B. durch Unfälle.
- Die verschiedenen Bewegungs- und Gehhilfen können je nach Schwere der Mobilitätseinschränkung und den individuellen Bedürfnissen der betroffenen Personen variieren.

Bewegungs- und Gehhilfen

Ein **Gehstock** bietet leichte Unterstützung und verbessert das Gleichgewicht bei geringfügigen Mobilitätseinschränkungen. Er kann in verschiedenen Formen und Materialien erhältlich sein, z. B. als klassischer Holzstock oder als faltbarer Metallstock.

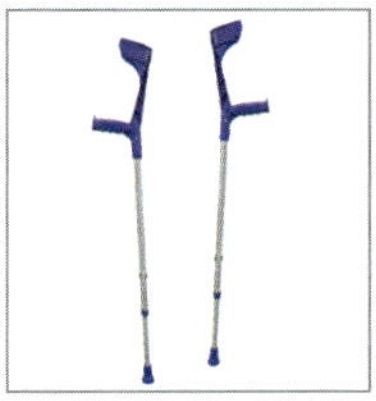

Unterarmgehstützen (umgangssprachlich: Krücken) sind Hilfsmittel, die bei vorübergehenden Mobilitätseinschränkungen, beispielsweise nach einer Verletzung oder Operation, verwendet werden. Sie werden paarweise genutzt und bieten mehr Stabilität als ein Gehstock.

Eine **Vierfußgehilfe** hat vier kleine Füße an der Basis und bietet mehr Stabilität als ein einfacher Gehstock. Sie wird häufig bei Personen eingesetzt, die unter Gleichgewichtsproblemen oder Muskelschwäche leiden.

Ein **Rollator** ist ein vierrädriges Gehhilfsmittel, das älteren Menschen Stabilität und Sicherheit beim Gehen bietet. Es verfügt über Handbremsen und eine Sitzfläche, die bei Bedarf zum Ausruhen genutzt werden kann. Rollatoren sind besonders geeignet für Personen, die längere Strecken zurücklegen möchten, aber auf zusätzliche Unterstützung angewiesen sind.

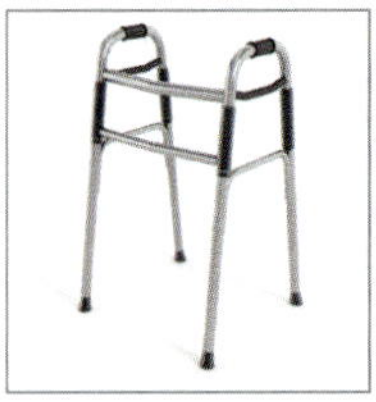

Ein **Gehgestell** hat einen leicht zu bedienenden Handrahmen mit Beinen für die Bewegung. Er hilft diejenigen, die zwar gehen können, aber nicht in der Lage sind, Gewicht auf beiden Beinen zu tragen. Gehhilfen werden hauptsächlich in Innenräumen verwendet.

Ein **Elektromobil** (Scooter) ist ein motorisiertes Fortbewegungsmittel, das speziell für Menschen mit eingeschränkter Mobilität entwickelt wurde. Sie bieten eine umfassende Hilfe für Personen, die Schwierigkeiten beim Gehen haben und längere Strecken zurücklegen möchten.

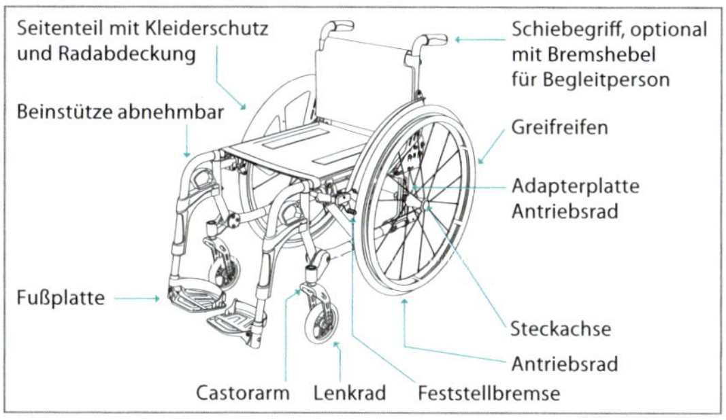

Ein **Rollstuhl** ist für Menschen entwickelt worden, die in ihrer Mobilität stark eingeschränkt sind. Sie können manuell durch die Person selbst oder durch eine Begleitperson angetrieben werden. Es gibt aber auch elektrisch angetriebene Rollstühle, die zum Einsatz kommen, wenn zusätzlich zu einer eingeschränkten Lauffähigkeit auch die Hand- oder Armbeweglichkeit eingeschränkt ist. Rollstühle bieten Unterstützung an, wenn längere Strecken zurückgelegt werden müssen und/oder Gehhilfen nicht in Frage kommen.

Es gibt eine Vielzahl weiterer Hilfsmittel, die die Mobilität im Alter in den eigenen vier Wänden unterstützen. Dazu zählen beispielsweise Greifhilfen, Treppenlifte oder Aufstehhilfen. Bei der Auswahl der passenden Hilfsmittel sollte stets der individuelle Bedarf der zu betreuenden Person berücksichtigt werden.

Die Einbindung von Personen mit Bewegungseinschränkungen in alltägliche Aufgaben und die Förderung zur Teilnahme an Freizeitbeschäftigungen und dem sozialen Leben sind von großer Bedeutung (s. S. 438). Durch die aktive Teilnahme am sozialen Leben können sie ihre Fähigkeiten erhalten oder sogar verbessern, was wiederum ihre Unabhängigkeit und Selbstständigkeit fördert. Darüber hinaus wirken sich soziale Interaktionen und das Erlernen neuer Fähigkeiten positiv auf die geistige Gesundheit aus und können Isolation und Einsamkeit entgegenwirken.

Die Möglichkeiten der Einbindung in alltägliche Aufgaben der Haushaltsführung hängen stark davon ab, welche Art von Bewegungseinschränkung vorliegt. Sofern keine grundlegende Einschränkung der Beweglichkeit der Hände vorliegt, können die Personen bei Tätigkeiten eingebunden werden, die man sitzend ausführen kann wie z. B. Kochen und Backen oder Wäschepflege.

Auch die Möglichkeiten zur Teilnahme am sozialen Leben und die Gestaltung der Freizeit hängen von der Art und dem Ausmaß der Bewegungseinschränkung ab (s. S. 438).

BEISPIELE:

- *Bewegung: Sitzgymnastik, Wassergymnastik, angepasstes Yoga oder therapeutisches Reiten*
- *Entspannung: Atemübungen, progressive Muskelentspannung, Meditation, kreative Aktivitäten wie Malen und Zeichnen, Töpfern*
- *Soziale Interaktion: Teilnahme an Selbsthilfegruppen, Vereinsleben, gemeinsame Hobbys im Freundeskreis wie z. B. Spielenachmittage*
- *Gedächtnistraining: Gedächtnisspiele, Rätsel, Sudoku, Kreuzworträtsel oder das Erlernen einer neuen Fähigkeit wie einer Fremdsprache oder eines Instruments*

Bei Menschen mit eingeschränkter Mobilität besteht ein erhöhtes Sturzrisiko. Dadurch können selbst einfache Aktivitäten, wie das Aufstehen aus dem Bett oder der Gang zur Toilette, gefährlich werden. Beim Aufstehen aus dem Bett oder aus einem Stuhl braucht es oft nur ein wenig Nachhilfe, damit sich die Person selbstständig weiterbewegen kann. Die Hilfestellung bei solchen Transfers (s. Hinweis auf Video S. 437) sollte vorher mit einem gesunden Menschen geübt werden. Informationen und Anleitungen bieten Pflegefachkräfte.

Weitere Informationen unter:
10 Dinge die du wissen solltest, wenn du jemanden im Rollstuhl schiebst von Challenge Accepted

AUFGABE

8. Sehen Sie sich das Video „10 Dinge, die du wissen solltest, wenn du jemanden im Rollstuhl schiebst" auf „YouTube" an. Erstellen Sie anschließend eine Checkliste, die die wichtigsten Punkte zusammenfasst, auf die man achten sollte, wenn eine Person im Rollstuhl geschoben wird. Die Checkliste sollte sowohl technische Aspekte (z. B. wie man den Rollstuhl richtig bedient) als auch soziale und kommunikative Aspekte (z. B. wie man respektvoll und einfühlsam mit der Person im Rollstuhl interagiert) abdecken.

11.2.7 Unterstützung bei der Körperpflege

Vor allem in ambulant betreuten Wohngemeinschaften, wo eine enge Zusammenarbeit zwischen Pflege und Hauswirtschaft besteht, ist die **Übernahme von grundpflegerischen Aufgaben** durch hauswirtschaftliche Fachkräfte möglich. Möglich ist die Einbindung in die pflegerische Morgen- und Abendroutine sowie die Übernahme weiterer grundpflegerischer Aufgaben im Tagesverlauf. Wichtig ist dabei, dass die hauswirtschaftlichen Fachkräfte **geschult und angeleitet** werden, und sich **sicher fühlen**, diese Aufgaben auszuführen.

Die Körperhygiene trägt zum Wohlgefühl einer Person bei, indem sie ein sauberes und gepflegtes Erscheinungsbild fördert. Dies beinhaltet das Duschen und Baden, das Waschen am Waschbecken oder am Bettrand mit einer Waschschüssel, die Pflege von Gesicht, Augen, Ohren, Nase und Mund, die Säuberung von Haaren, Nägeln, Zähnen und die Intimhygiene. Zusätzlich zur Reinigung mit Wasser gehören das Eincremen oder Einölen der Haut sowie die Verwendung eines Deodorants zur Pflege. Die Körperhygiene kann als **Ganzkörperpflege oder als Teilkörperpflege**, wie zum Beispiel ein Hand- oder Fußbad, durchgeführt werden.

Jeder hilfsbedürftige Mensch benötigt individuell **angepasste Hilfe und Unterstützung**. Man darf den Menschen **nicht von Aufgaben entbinden**, die er noch selbst erledigen kann:

- Person ermutigen, bestimmte Teile der Körperpflege eigenständig durchzuführen
- Selbstständigkeit unterstützen, indem man nur bei den Tätigkeiten hilft, die der Mensch nicht allein bewältigen kann
- darauf achten, die individuellen Gewohnheiten und die Reihenfolge möglichst beizubehalten
- vertrauter Ablauf bietet Sicherheit und ermöglicht es, die Notwendigkeit von Hilfe besser zu akzeptieren

Die aktivierende Körperpflege holt die zu betreuende Person dort ab, wo sie steht, und begleitet sie zur größtmöglichen Selbstständigkeit. Es ist wichtig, der Person nicht alles abzunehmen, weil es dann z.B. schneller geht, sondern sie immer wieder zur Selbsthilfe zu motivieren. Die Hilfe zur Selbsthilfe ist deutlich zeitaufwändiger als die alles abnehmende Körperpflege.

Geduld ist gefragt, um z.B. die Person zu ermuntern, sich das Gesicht selbst zu waschen oder die Schuhe zuzubinden, obwohl das unter Umständen sehr lange dauern kann.

Waschen

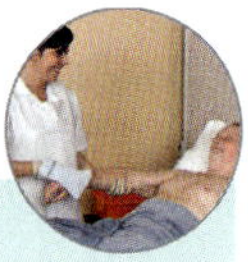

- Hilfe beim Waschen des Gesichts, der Hände und anderer Körperteile
- Hilfe erfolgt wenn möglich am Waschbecken (sitzend oder stehend)
- Nur falls erforderlich, erfolgt die Waschung im Bett

Mundpflege

- Oft genügt es schon, Hilfestellung zu leisten indem man alle benötigten Utensilien bereitlegt
- Falls nötig auch Unterstützung beim Zähneputzen oder bei der Reinigung von Zahnprothesen

Haarpflege

- Bildet meist den Abschluss der Körperpflege
- Falls nötig bei der Haarwäsche unterstützen
- Falls nötig beim Kämmen oder Bürsten helfen sowie evtl. beim Haare zubinden

Duschen

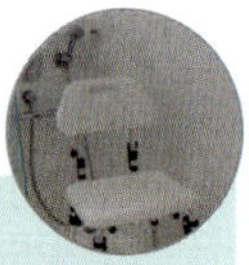

- Utensilien bereitlegen und für Privatsphäre sorgen
- bei Bedarf beim Auskleiden helfen
- Bei Bedarf spezielle Duschstühle nutzen und für Sicherheit sorgen (z.B. Antirutschmatten)

Bartpflege und Rasur

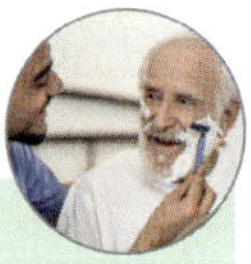

- Vorlieben berücksichtigen: Nass- oder Trockenrasur
- Haut spannen, um nicht in Hautfalten zu schneiden
- Bartträger brauchen regelmäßige Pflege des Barts (bei Bedarf kürzen)

Nagel- und Fußpflege

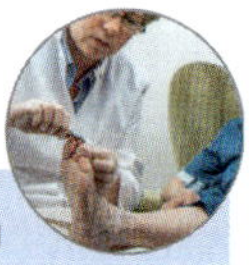

- Fingernägel regelmäßig kürzen und säubern
- 1–2 x pro Woche sollte man ein Fußbad einlassen
- Entfernung von Hornhaut, Zehennägel immer gerade schneiden, nie rund

Unterstützung bei grundpflegerischen Aufgaben der Körperpflege

Unterstützung bei der Körperpflege nach Plan
Vorbereitungen:
- Informationen über die Person einholen
- mit ihr den Zeitpunkt besprechen und Wünsche erfragen

Körperpflege ist eine sehr intime Sache:
- weitere anwesende Personen aus dem Zimmer schicken
- dafür sorgen, dass keine Störungen auftreten (Hinweisschild an der Tür anbringen)
- bedecken der Körperteile (außer Kopf), die gerade nicht gewaschen werden

Kommunikation:
- Waschen ruhig und konzentriert durchführen
- mit Person sprechen und über jeden Schritt informieren
- Wünsche erfragen (Creme, Temperatur etc.)
- sich erkundigen, ob alles in Ordnung ist
- auf nonverbale Kommunikationssignale achten

Bei Diabetikern, Menschen mit Polyneuropathien oder schweren Durchblutungsstörungen sollte die Fußpflege von einer professionellen Fachkraft erfolgen, da bereits kleinste Verletzungen ein hohes Infektionsrisiko bergen.

Eine hauswirtschaftliche Fachkraft kann die Sinne einer Person, die Unterstützung bei der Körperpflege benötigt, auf vielfältige Weise stimulieren. Dabei spielen das gezielte Einsetzen von belebenden oder beruhigenden Körperpflegemaßnahmen eine zentrale Rolle.

Am Morgen ist es wichtig, eine anregende und belebende Wirkung bei der Körperpflege zu erzielen, um die Person für den Tag zu aktivieren. Dies kann durch das Waschen gegen die Haarwuchsrichtung erreicht werden, da es die Durchblutung der Haut fördert und so für eine belebende Wirkung sorgt. Die etwas kühlere Wassertemperatur erfrischt den Körper zusätzlich.

FÜR DIE PRAXIS

Belebende Zusätze im Waschwasser, wie zum Beispiel Zitrone, tragen ebenfalls zur Aktivierung der Sinne bei, indem sie den Geruchssinn stimulieren.

Am Abend hingegen steht die **Entspannung** im Vordergrund, um die Person auf eine erholsame Nacht vorzubereiten. Das Waschen in Haarwuchsrichtung wirkt beruhigend und trägt dazu bei, den Körper zu entspannen. Die Wassertemperatur sollte hierbei etwas höher gewählt werden (ca. 37 °C), um eine wärmende und beruhigende Wirkung zu erzielen.

FÜR DIE PRAXIS

Beruhigende Zusätze im Waschwasser, wie Fichtennadel oder Melisse, wirken entspannend auf den Geruchssinn und unterstützen die Entspannung des Körpers.

AUFGABEN

9. Schauen Sie sich das Video „Pfiffs – Anleitung zur Körperpflege bei Pflegebedürftigen" unter *www.Pfiff.Anleitung.de*

10. Achten Sie auf die verschiedenen Schritte und Techniken, die bei der Körperpflege angewendet werden.
  a) Erstellen Sie eine Liste der im Video gezeigten Schritte und Techniken zur Unterstützung der zu betreuenden Person in der Körperpflege.
  b) Üben Sie die im Video gezeigten Techniken unter Anleitung in einem simulierten Umfeld (z. B. mit einer Puppe oder Azubi als „Pflegebedürftigen"). Achten Sie auf Hygiene, Kommunikation und den richtigen Umgang mit den benötigten Hilfsmitteln.

11. Reflektieren Sie Ihre Erfahrungen. Was hat gut funktioniert? Was können Sie noch verbessern?

11.2.8 Unterstützung beim An- und Auskleiden

Jeder Mensch sollte selbstbestimmt seine Kleidung wählen, nur bei Bedarf steht eine Betreuungskraft unterstützend zur Seite. Die Kleidung kann dem Anlass entsprechend angepasst werden: elegante Kleidung und Schmuck für besondere Anlässe, praktische Kleidung für alltägliche Aufgaben. Zudem sollten die Jahreszeit und körperliche Einschränkungen bei der Auswahl berücksichtigt werden.

FÜR DIE PRAXIS

Da ältere Menschen schneller frieren, bevorzugen sie mehrere Schichten an Kleidung übereinander.

Grundsätzlich hängt das Maß der Unterstützung beim An- und Ausziehen von der Hilfsbedürftigkeit der Person ab.

Häufige Hilfestellungen sind:

- Das Bereitstellen von Wäsche und Kleidung.
- Hilfe beim An- oder Ausziehen einzelner Kleidungsstücke.
- Das Schließen von Knöpfen, Reißverschlüssen, Gürtelschnallen etc.
- Das Bereitstellen von Anziehhilfen.

Anziehhilfen, die das An- und Ausziehen erleichtern können, sind z. B.:

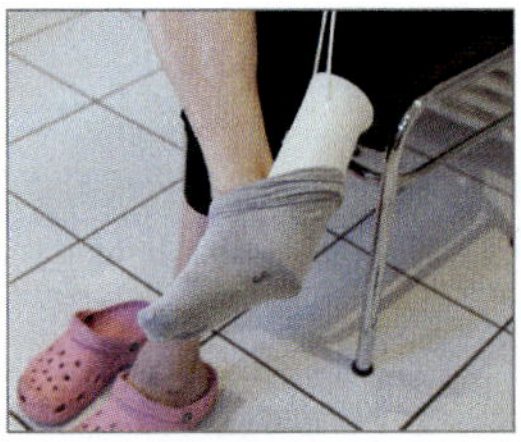

Strumpfanziehhilfe

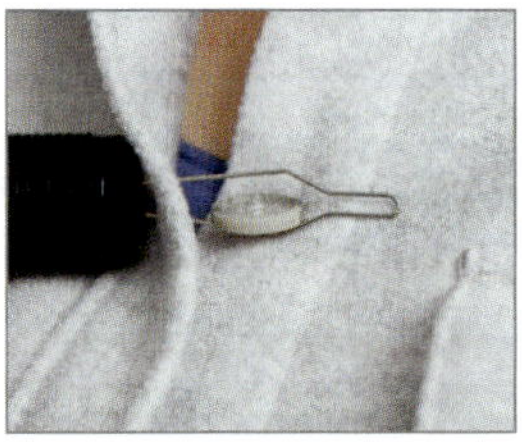

Knöpfhilfe

Reißverschlusshilfe

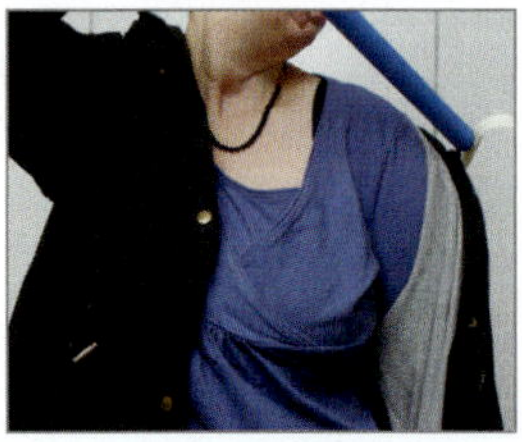

Ankleidehilfe

Anziehhilfen

11.3 Betreuung von kranken Menschen

Die Betreuung von kranken Menschen stellt eine anspruchsvolle Aufgabe dar, die sowohl fachliches Wissen als auch Empathie und Fürsorge erfordert. Es ist wichtig, sich mit den verschiedenen Aspekten der Betreuung von kranken Menschen auseinandersetzen: Neben Grundlagenwissen in Bereichen wie Krankheitsbilder oder Erster Hilfe, ist auch die Bedeutung von effektiver Kommunikation und emotionaler Unterstützung hervorzuheben. Ziel ist dabei, die Lebensqualität und Genesung von kranken Menschen bestmöglich zu fördern.

11.3.1 Umgang mit kranken Menschen

Der Umgang mit kranken Menschen erfordert Feingefühl, Verständnis und eine auf die jeweilige Situation abgestimmte Herangehensweise. Grundsätzlich lassen sich Erkrankungen in zwei Kategorien einteilen: **kurzzeitige Erkrankungen** und **längerfristige Erkrankungen,** die evtl. mit einer langfristigen Bettlägerigkeit einhergehen (s. S. 437). Beide erfordern unterschiedliche Betreuungsansätze, um den Betroffenen bestmöglich zu unterstützen.

Kurzzeitige und vorübergehende Erkrankungen

Zu den kurzzeitigen und vorübergehenden Erkrankungen gehören eine Vielzahl von Krankheitsbildern wie zum Beispiel Erkältungen (s. S. 249), Grippe oder leichte Verletzungen wie Prellungen. Die Betreuung und Unterstützung ist zeitlich begrenzt und fokussiert sich darauf, dem Menschen bei der Genesung zu helfen und seinen Alltag zu erleichtern.

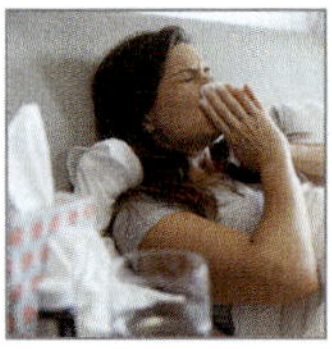

Grippaler Infekt (Erkältung), Dauer der Heilung 7 bis 10 Tage
Eine virale Infektion der oberen Atemwege, die meistens (im Gegensatz zur Influenza) mit Halsschmerzen, Schnupfen und Husten anfängt und eher langsam startet. Auch steigt die Körpertemperatur hier nur leicht und eher langsam an.

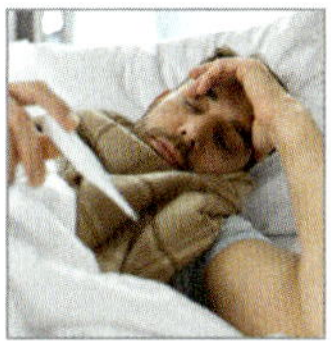

Grippe (Influenza), Dauer der Heilung 1 bis 2 Wochen
Eine virale Infektion, die typischerweise (und im Gegensatz zur Erkältung) plötzlich beginnt. Symptome sind hohes Fieber (bis zu 41 °C), Abgeschlagenheit, Schüttelfrost, Schweißausbrüche, Kopfschmerzen, Halsschmerzen und Hustenreiz.

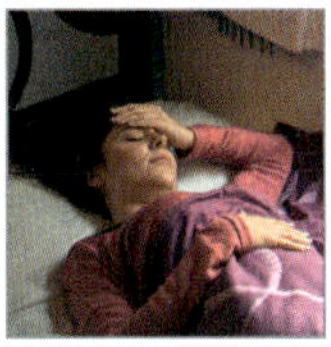

Coronavirus-Infektion (Covid-19), Dauer der Heilung 2 bis 4 Wochen
Eine virale Infektion, bei der die Symptome anderen Atemwegserkrankungen ähneln. Neben den Atmungsorganen können auch andere Organsysteme wie das Herz-Kreislauf-System, oder das Nervensystem betroffen sein. Die Krankheitsverläufe können stark variieren.

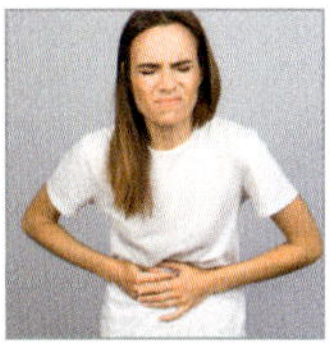

Virale Gastroenteritis („Magen-Darm-Grippe"), Dauer der Heilung 1 bis 2 Wochen
Eine virale Infektion, bei der zu Beginn die Betroffenen meist unter Übelkeit und Erbrechen leiden. Oft kommen wässriger Durchfall, Bauchschmerzen und -krämpfe hinzu. Die betroffene Person fühlt sich schlapp und gelegentlich kommt Fieber hinzu.

FÜR DIE PRAXIS

Hier ist zu beachten:
- Ansteckungsgefahr für sich selbst und anderen Familienmitgliedern so gering wie möglich halten: Händewaschen, Desinfizieren von Oberflächen und Türklinken, Tragen einer Schutzmaske.
- Darauf achten, dass die Person ausreichend Flüssigkeit zu sich nimmt und leicht verdauliche Nahrung anbieten. Bei Appetitlosigkeit sollte die Person dazu ermutigt werden, kleine Mengen zu essen.
- Dafür sorgen, dass sich die zu betreuende Person ausruhen kann: Tür schließen, störende Geräusche vermeiden, anfallende Hausarbeiten und Verpflichtungen übernehmen.
- Bei Bedarf Medikamente besorgen: Es ist wichtig, die Medikamente nach Anweisung des Arztes oder der Packungsbeilage einzunehmen.
- Erkrankte Person regelmäßig auf ihren Zustand hin beobachten. Bei Verschlechterung des Zustands eine/n Arzt/Ärztin kontaktieren.

Insgesamt trägt eine hauswirtschaftliche Fachkraft durch ihre Unterstützung und Fürsorge wesentlich zur schnelleren Genesung bei. Dabei steht das Wohl der zu betreuenden Person im Mittelpunkt. Ihre individuellen Bedürfnisse und Wünsche sind zu berücksichtigen.

Krankenbeobachtung

Die Beobachtung eines kranken Menschen ist wichtig, um den körperlichen und seelischen Gesamtzustand erkennen zu können. Durch gezielte Beobachtung von Verhalten und Körperfunktionen können Veränderungen des Krankheitszustandes frühzeitig entdeckt werden. Hierbei helfen unsere Sinne (s. Abbildung). Es gibt subjektive Krankheitszeichen, die nur von der Person selbst wahrgenommen werden können und bei denen die Betreuungsperson auf die Aussagen des Kranken

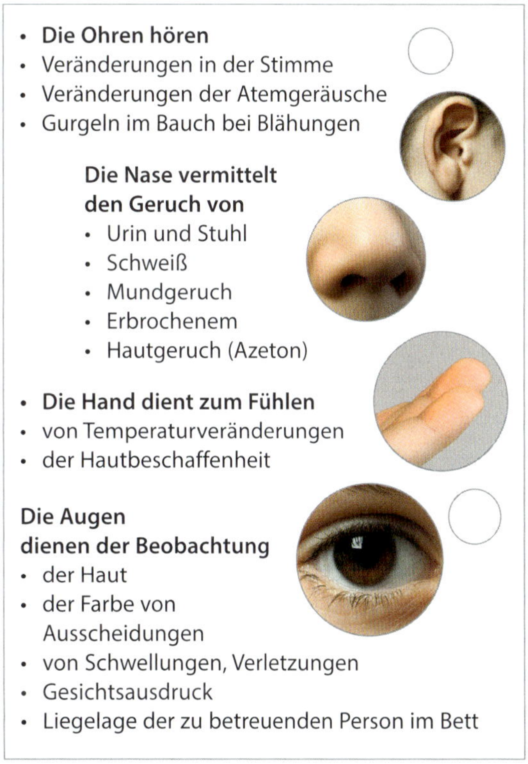

Krankenbeobachtung ist Wahrnehmen mit allen Sinnen

angewiesen ist. Objektive Krankheitszeichen wie Hautverfärbungen oder Fieber können hingegen festgestellt und überprüft werden.

Vorsicht: Werden Veränderungen im Verhalten oder im körperlichen Befinden bemerkt, die man nicht kennt oder die einen beunruhigen, sollte dies (sofort) einem Arzt/einer Ärztin oder einer Pflegekraft mitgeteilt werden.

Haut

Die Haut stellt die äußere, schützende Schicht unseres Körpers dar. Eine gesunde Haut ist rosa, elastisch und hat eine gute Durchblutung.

Hautverfärbungen und -erkrankungen

Bei einigen Erkrankungen verändert sich die Oberfläche der Haut:

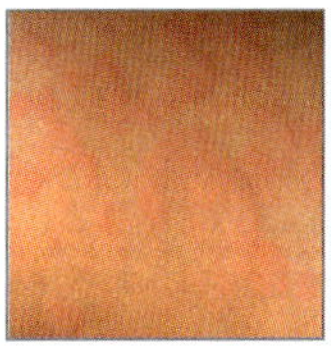

Rötungen
Im Krankheitsfall deutet die Rötung auf Fieber, Bluthochdruck, Allergien, Ekzeme, Druckgeschwüre (s. S. 437), Hautausschläge oder Entzündungen hin.

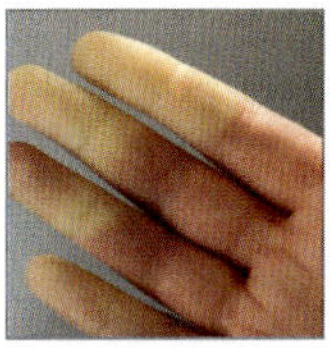

Blässe
Eine blasse Hautfarbe kann unter anderem aufgrund von Blutarmut (Eisenmangel), Kreislaufschwäche, Durchblutungsstörungen und Nierenproblemen auftreten.

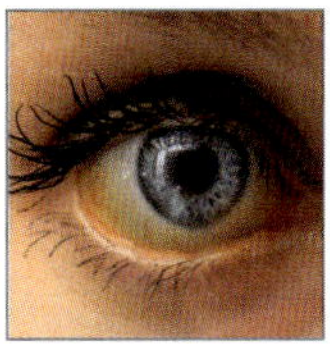

Gelbliche Verfärbung
Tritt z. B. bei Leber- und Gallenerkrankungen auf. Zunächst wird die Gelbfärbung an der Bindehaut des Auges sichtbar, was immer ein Warnsignal ist.

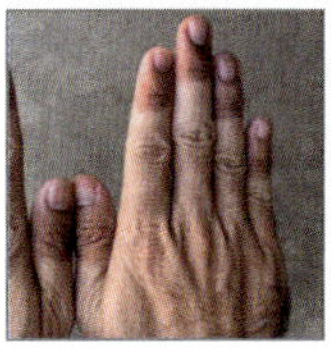

Blaue Verfärbung
Eine blaue Verfärbung entsteht durch Sauerstoffmangel im Blut. Diese Verfärbung ist besonders gut an den Lippen, Fingerspitzen und Ohrläppchen erkennbar.

Geruch

Der Geruch spielt eine wichtige Rolle, da er Hinweise auf bestimmte gesundheitliche Probleme oder Veränderungen liefern kann.

Folgende Gerüche sind besonders zu beachten:

- **Mundgeruch** kann unter anderem auf Infektionen im Mundraum oder im Rachen, Zahnprobleme oder auf bestimmte Erkrankungen wie Diabetes mellitus oder Magen-Darm-Probleme hindeuten.
- Der **Geruch von Azeton** (ähnlich dem Geruch von Nagellackentferner) kann auf verschiedene gesundheitliche Probleme hindeuten. Bei Diabetikern ist das ein Warnsignal für einen sehr hohen Blutzuckerspiegel und für einen potenziell lebensbedrohlichen Zustand.

Atmung

Atmen ist eine Voraussetzung zum Leben und eines der wichtigsten Bedürfnisse des Menschen. Die Atmung gehört neben Puls, Blutdruck und Körpertemperatur zu den sogenannten **Vitalzeichen**. Die gesunde, normale Atmung ist regelmäßig und gleichmäßig tief. Es ist wichtig, dass man eine veränderte Atmung erkennt und entsprechend reagiert.

Mögliche Störungen der Atmung sind:

- **Dyspnoe:** Schwierigkeiten beim Atmen oder das Gefühl, nicht genug Luft zu bekommen
- **Tachypnoe:** erhöhte Atemfrequenz (Häufigkeit der Atemzüge pro Minute)
- **Bradypnoe:** Atmung ist verlangsamt
- **Hyperventilation:** übermäßig schnelle und tiefe Atmung
- **Stridor:** pfeifendes oder keuchendes Geräusch beim Einatmen

Störungen der Atmung können auch aufgrund des Verschluckens von Fremdkörpern oder Erbrochenem auftreten (s. S. 428).

Körpertemperatur

Die Körpertemperatur des Menschen bleibt trotz äußerer Schwankungen weitgehend konstant: Sie liegt im Körperkern bei etwa 37,0 °C und an der Körperoberfläche bei bis zu 36,0 °C. Veränderungen können durch Infektionen, Flüssigkeitsmangel oder Unterkühlung entstehen.

Die Temperaturmessung kann je nach Art des Thermometers, z. B. im Ohr (tympanal), im Mund (sublingual), unter der Achsel (axiliar) oder bei Säuglingen mitunter auch im Mastdarm (rektal) erfolgen.

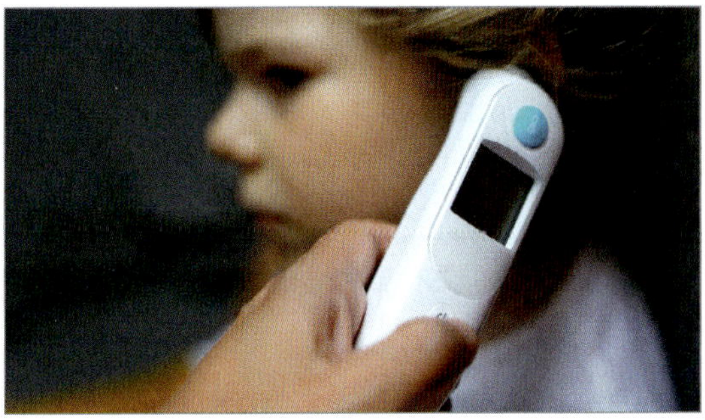

tympanale Messung im Ohr

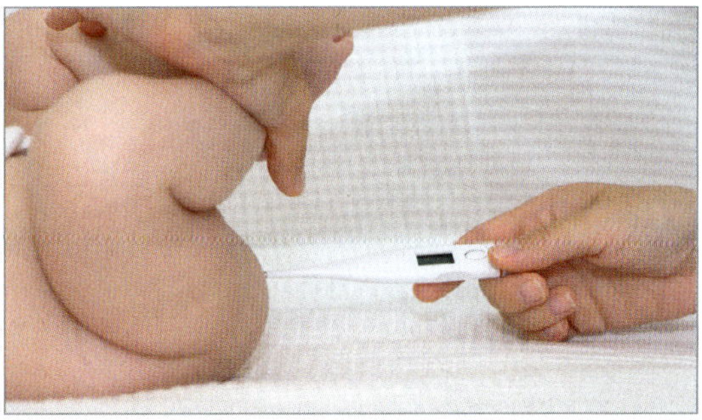

rektale Messung

sublinguale Messung

Untertemperatur kann bei unangepasster Kleidung oder im Schlaf auftreten. Ältere Menschen und Säuglinge sind besonders anfällig für Unterkühlung.

Erhöhte Temperatur, meistens **Fieber**, wird oft durch bakterielle oder virale Infektionskrankheiten verursacht. Andere Ursachen können Sonnenstich, Hitzeschlag oder Flüssigkeitsmangel sein.

Fieber verläuft in drei Stadien: **Fieberanstieg, Fieberhöhe und Fieberabfall.**

Fieberphase	Symptome	Das sollte man tun:
Fieberanstieg	• Person friert und hat Schüttelfrost • Puls und Atmung erhöht • **Vorsicht: Bei Kindern kann es zu einem Fieberkrampf kommen!**	Die kranke Person muss gewärmt werden: • zusätzliche Decken und Wärmflasche • heiße Getränke • Zugluft vermeiden
Fieberhöhe	• Haut trocken, heiß und gerötet • Augen glänzen, Lichtempfindlichkeit • starkes Hitzeempfinden • Puls und Atmung erhöht • Durstgefühl • **Vorsicht: Gefahr des Flüssigkeitsmangels!**	• Wärmespender sollten entfernt werden • Umgebungstemperatur sollte 17–19 °C betragen • Raum lüften und leicht abdunkeln, jedoch Zugluft vermeiden • nach Absprache mit medizinischem Personal fiebersenkende Wadenwickel und Körperwaschungen • meist wird Arzt fiebersenkendes Medikament verordnen • mehrere kleine, salzhaltige Mahlzeiten und Früchte anbieten • 2–3 Liter trinken: salzreiches Mineralwasser, Lindenblütentee, Holunderbeersaft
Fieberabfall	• Körpertemperatur sinkt • vermehrte Hautblutung (Rötung, Hitze) • Kranke Person schwitzt • Durstgefühl • Ängste, Unruhe • **Vorsicht: Kreislaufkollaps bei zu schnellem Absinken der Temperatur!**	• Engmaschige Beobachtung der Vitalzeichen (Atmung, Puls, Blutdruck, Körpertemperatur) • nach Absprache mit medizinischem Personal Waschungen bzw. Wickel mit lauwarmen Wasser • Kleidung und Bettwäsche wechseln (evtl. mehrmals täglich) • leichte, fettarme Wunschkost und mind. 2 Liter Flüssigkeit
Kritische Marke:	• Sollte das Fieber schnell auf die kritische Marke von 40 °C ansteigen, ist das sofort einem Arzt zu melden. • Bei Babys, Kleinkindern und älteren Menschen sollten die Alarmglocken bereits früher läuten!	
Beobachtung von:	• Puls- und Temperaturkontrolle, Bewusstseinskontrolle • Einfuhr (Menge der Getränke) und bei Bedarf Ausfuhr (Menge der Ausscheidungen) notieren • Häufige Beobachtung des Zustandes des kranken Menschen	

Fieberphasen

Um den Fieberverlauf besser kontrollieren zu können, sollte die Körpertemperatur immer an derselben Körperstelle, mit derselben Methode (z. B. sublingual) und zur selben Tageszeit messen. Die Körpertemperatur schwankt im Tagesverlauf und ist nachts niedriger als tagsüber.

Die gemessenen Temperaturwerte werden dokumentiert und bei Bedarf dem Arzt oder der Pflegefachkraft mitgeteilt.

Blutdruck

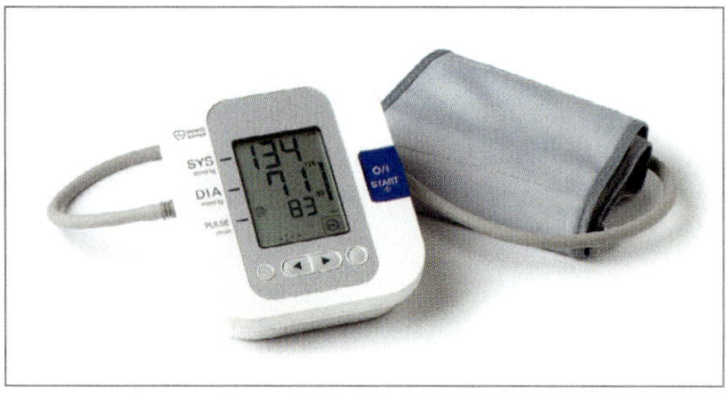

Blutdruckmessgerät

In Ruhe liegt der normale systolische Blutdruck bei 100–130 mmHg und der diastolische Wert bei 60–85 mmHg.

Bluthochdruck (Hypertonie) ist gekennzeichnet durch dauerhaft erhöhte Werte von über 140 mmHg (systolisch) und über 90 mmHg (diastolisch).

Das medizinische Personal muss kontaktiert werden, wenn folgende Warnzeichen festgestellt werden:
- **plötzliche, starke Erhöhung oder Verringerung des Blutdrucks und Beschwerden wie starker Kopfschmerz, Schwindel, Ohnmacht, Brustschmerzen, Atemnot (hypertensiver Notfall)**
- **der Blutdruck nicht im Zielbereich bleibt und eine Verschlechterung des Allgemeinzustands trotz regelmäßiger Medikamenteneinnahme und ohne Lebensstiländerungen zu sehen ist**

Risikofaktoren sind unter anderem Übergewicht, Bewegungsmangel und hoher Salzkonsum. Krankheiten wie Herzerkrankungen sowie Diabetes mellitus können ebenfalls erhöhten Blutdruck verursachen. Für Menschen mit Blutdruckproblemen ist es sinnvoll, den Blutdruck regelmäßig zu messen. Vollautomatische Geräte erleichtern die Messung bei dieser Unterstützungsmaßnahme.

Puls

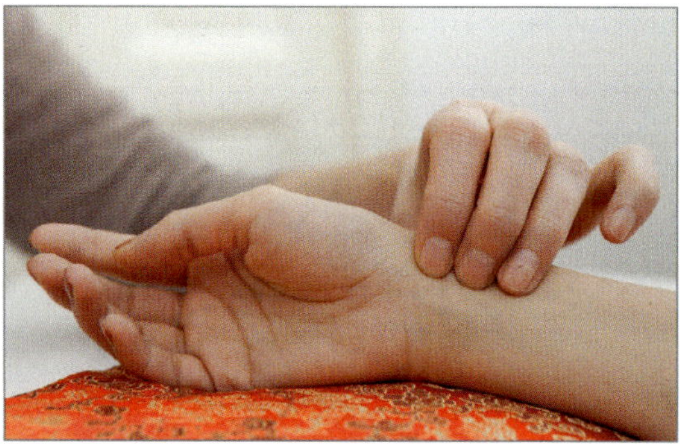

Pulsmessung am Handgelenk

Ein gesundes Herz schlägt in Ruhe etwa 60–80-mal pro Minute.

Der Pulsrhythmus sollte regelmäßig sein, bei Unregelmäßigkeiten können Herzrhythmusstörungen vorliegen. Tachykardie (über 100 Schläge pro Minute) und Bradykardie (unter 60 Schläge pro Minute) können auf verschiedene Erkrankungen hinweisen.

Um den Puls zu messen, kann ein vollautomatisches Blutdruckmessgerät verwendet werden, das gleichzeitig den Pulswert anzeigt. Alternativ kann der Puls manuell an einer Stelle gefühlt werden, an der eine Arterie dicht unter der Haut verläuft, wie zum Beispiel am Handgelenk.

Hausapotheke und Heilkräfte der Natur

Hausapotheke

Arztverschriebene Medikamente und solche, die regelmäßig eingenommen werden müssen, gehören in die Hausapotheke. Sie sollte an einem **kühlen, licht- und feuchtigkeitsgeschützten Ort** aufbewahrt werden. Zudem schützt eine abschließbare Hausapotheke vor unbefugtem Zugriff zum Beispiel durch Kinder. Die Hausapotheke sollte den Bedürfnissen der im Haushalt lebenden Personen angepasst sein.

Folgendes gehört in die Hausapotheke:

- **Allgemeine Arzneimittel:** z. B. Schmerzmittel, Behandlungsmittel bei Fieber und Husten, Gel für Insektenstiche oder leichte Verbrennungen, Salbe zur Versorgung von Wunden, Desinfektionsspray
- **Individuelle Arzneimittel:** sämtliche Medikamente, die die Haushaltsmitglieder auf ärztliche Verordnung einnehmen müssen
- **Artikel für Erste Hilfe**: z. B. Erste-Hilfe-Anleitung, Erste-Hilfe-Kasten, Verbandmaterial wie Kompressen und Mullbinden, Wundpflaster und Instrumente wie Verbandschere und Klemmen
- **Zusätzliche Hilfsmittel**: z. B. Einmalhandschuhe, Fieberthermometer, Kühlkompressen (im Kühlschrank aufbewahren)

Die Lagerung von Medikamenten erfolgt:

- in Originalverpackung inklusive Beipackzettel
- unter Angabe des Öffnungsdatums bei Säften und Tropfen
- unter Beachtung der vom Hersteller angegebenen Aufbewahrungs- und Haltbarkeitshinweise, insbesondere hinsichtlich der Lagertemperatur

Heilkräfte der Natur

Die Natur hat eine Fülle von pflanzlichen Heilmitteln wie Obst, Gemüse und Kräuter, um eine Vielzahl von Beschwerden zu behandeln. **Obst und Gemüse** enthalten sekundäre Pflanzenstoffe (s. S. 89), die nachweislich positive Auswirkungen auf die Gesundheit haben, wie etwa die Stärkung des Immunsystems, Senkung des Cholesterinspiegels und entzündungshemmende sowie blutzuckerregulierende Wirkungen. Zudem wurden die Wirksamkeit und Verträglichkeit vieler traditionell genutzter **Kräuter und Heilpflanzen** durch die moderne Forschung bestätigt. Diese Anwendungen wie zum Beispiel Tinkturen oder Kräutertees sind wirkungsvoll und bekömmlich.

BEISPIELE: ***Heilkräfte der Natur***

Zwiebel: *Hustensaft*
schleimlösend, eine Zwiebel klein schneiden, mit 3 EL Honig mischen, in geschlossenem Glas 24 h ziehen lassen, dann den Saft teelöffelweise einnehmen

Apfel: *Brei bei akuten Durchfällen*
nimmt im Darm Flüssigkeit auf und macht den Stuhl etwas fester, geriebenen Apfel (mit Kerngehäuse) zu sich nehmen

Fenchel: *bei Blähungen*
Als Rohkost oder Fenchel als Tee einnehmen, dazu ein Teelöffel Fenchelsamen mit heißem, aber nicht mehr kochendem Wasser überbrühen

Pfefferminze: *Aufguss zur Anregung der Verdauung einen EL (1,5 g) Blätter mit einer Tasse kochendem Wasser übergießen, abgedeckt 10 min ziehen lassen.*

Kamille: *Kamillendampfinhalation bei Halsschmerzen einen gehäuften EL Kamille mit 1 l kochendem Wasser übergießen, unter dem Handtuch 10 min inhalieren.*

Thymian: *Teeaufguss bei Erkrankungen der Luftwege dafür einen TL Kraut mit 250 ml kochendem Wasser übergießen, 10 min ziehen lassen.*

Auch altbewährte Hausmittel können Nebenwirkungen haben. Bei falscher Anwendung können sie sogar schädlich sein. Deshalb sollten Regeln bei der Selbstmedikation oder Verabreichung befolgt werden:

- Kräuter eignen sich zur Behandlung leichter Beschwerden.
- Nur bekannte und als harmlos eingestufte Symptome (z. B. Erkältungen) selbst behandeln.
- Dauern Beschwerden länger als drei Tage oder verschlimmern sich, sollte ein/e Arzt/Ärztin aufgesucht werden.
- Einige Kräuter können bei Dauergebrauch erhebliche Nebenwirkungen verursachen (z. B. Schafgarbentee), daher sollten sie nur kurzfristig angewendet werden.
- Bei bestimmten Erkrankungen dürfen einige Kräuter nicht verwendet werden.

FÜR DIE PRAXIS

- Bei Magengeschwüren keinen Pfefferminztee geben.
- Bei Ödemen im Bein keinen Brennnesseltee verabreichen.
- Schwangeren, Stillenden und Kindern unter vier Jahren nach neuesten Untersuchungen keinen Fenchel verabreichen, da die Leber geschädigt werden kann.

In jeder Situation sind unterschiedliche Erste-Hilfe-Maßnahmen erforderlich.

Person ist bei Bewusstsein und atmet

- **Beispiel:**
  Eine Person stürzt, hat Schmerzen und kann sich nicht mehr bewegen.
- **Reaktion:**
  1) Person ansprechen
  2) 112 anrufen bzw. medizinisches Personal, eine exakte Diagnose ist nicht notwendig
  3) Bei der Person bleiben, sie beruhigen bis Hilfe da ist und die Person bei Bedarf wärmen

Person ist bewusstlos aber atmet

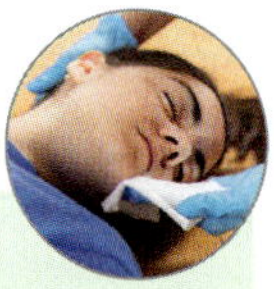

- **Beispiel:**
  Eine Person bricht plötzlich zusammen und liegt regungslos am Boden.
- **Reaktion:**
  1) Bewusstsein überprüfen
  2) Falls bewusstlos, Atmung überprüfen
  3) Falls Person atmet, 112 bzw. medizinisches Personal anrufen
  4) Person in die stabile Seitenlage bringen, auf Hilfe warten und Person bei Bedarf wärmen

Person ist bewusstlos und atmet nicht

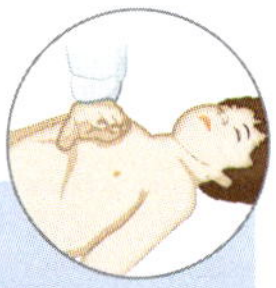

- **Beispiel:**
  Sie finden eine Person vor, die am Boden liegt und sich nicht regt
- **Reaktion:**
  1) Bewusstsein überprüfen
  2) Falls bewusstlos, Atmungüberprüfen
  3) Falls Person nicht atmet, umgehend 112 bzw. medizinisches Personal anrufen
  4) Wiederbelebung per Herzdruckmassage starten

Erste Hilfe leisten bei unterschiedlichen Notfällen

11.3.2 Erste Hilfe und häusliche Unfälle

Notfallsituationen und häusliche Unfälle sind im Betreuungsalltag leider keine Seltenheit. Eine gute Vorbereitung auf solche Situationen ist wichtig, um angemessen reagieren zu können.

Im Bereich der Ersten Hilfe in Notfallsituationen geht es darum, die Überlebenschancen der Person zu erhöhen, indem man lebenserhaltende Maßnahmen durchführt.

Das Absetzen eines Notrufes kann notwendig sein.

Bei häuslichen Unfällen wie Schnittverletzungen oder Verbrühungen steht die angemessene Versorgung der Wunden im Vordergrund.

Erste Hilfe in Notfallsituationen leisten

Notfallsituationen können in verschiedenen Formen auftreten und überall geschehen. Sie können durch lebensbedrohliche Verletzungen als Folge von Unfällen, akut auftretende Erkrankungen wie z. B. ein Schlaganfall sowie aufgrund von Vergiftungen/Allergien verursacht werden. Atem- und Kreislaufstörungen können in kurzer Zeit zu kritischen Zuständen führen, weil der menschliche Körper nur über begrenzte Sauerstoffreserven verfügt. Man unterscheidet drei Kategorien von Notfällen (siehe Übersicht oben).

Das Wissen über die richtige Vorgehensweise in jeder Situation hilft, schnell zu reagieren und wichtige Zeit zu gewinnen. Man sollte jedoch stets auf die eigene Sicherheit achten, um nicht selbst in Gefahr zu geraten.

Wenn jemand einen Fremdkörper verschluckt und dieser die Atemwege blockiert, versucht der Körper reflexartig, es durch Husten und Würgen zu entfernen. Erste Hilfe ist erforderlich. **Kann die Person noch atmen und husten**, sollte man beobachten, ob der Gegenstand hochgehustet wird und es aus dem Mund entfernen (Schritt 1). Verbleibt der Fremdkörper in den Atemwegen, schlägt man kräftig auf den Rücken (Schritt 2) und beobachtet, ob sich der Fremdkörper löst. Löst sich der Gegensand nicht, muss der Rettungsdienst gerufen werden (Schritt 3) und die Person bis zum Eintreffen beruhigt werden. Droht unterdessen Erstickungsgefahr, wird der Heimlich-Griff (Schritt 4) angewendet. Weitere Maßnahmen der Ersten Hilfe sind erforderlich, wenn die Person bewusstlos wird, bevor der Rettungsdienst eintrifft:

1. Zum Husten auffordern

- Betroffene Person auffordern kräftig zu husten
- Beobachten, ob die Person den Fremdkörper aushusten kann

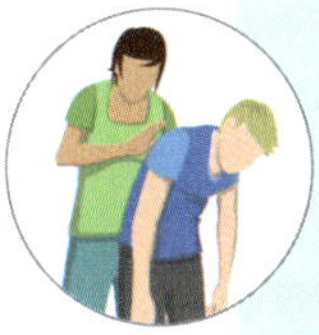

2. Auf den Rücken schlagen

- Gelingt das nicht, bis zu 5x kräftig mit der Hand zwischen die Schulterblätter schlagen
- Zwischen jedem Schlag überprüfen, ob sich der Fremdkörper gelöst hat

3. Rettungsdienst rufen

- Bleibt das ohne Erfolg, umgehend 112 wählen
- Person beruhigen und Zustand beobachten bis zum Eintreffen des Rettungsdienstes

4. Heimlich-Griff anwenden

- Bei Erstickungsgefahr Heimlich-Griff anwenden
- Bis zu 5x kräftig nach hinten oben ziehen
- Im Wechsel 5x auf den Rücken schlagen und Heimlich-Griff anwenden

Erste Hilfe bei Erstickungsgefahr

Bei Bewusstseinsverlust oder Atemstillstand umgehend weitere Erste-Hilfe-Maßnahmen einleiten: 1) Atemwege mit dem lebensrettenden Handgriff (Kopf leicht nach hinten überstrecken) öffnen, 2) setzt Atmung danach nicht ein, Wiederbelebung einleiten!
Beim Heimlich-Griff kann es zu Rippenbrüchen oder inneren Verletzungen kommen (z.B. Milzriss). Deshalb darf es bei Kindern unter 12 Monaten nicht angewendet werden. Ebenfalls darf der Kopf nicht nach hinten überstreckt werden (siehe lebensrettende Hinweise im Video).

Weitere Informationen zum Verschlucken beim Baby und Kleinkind sind bei Youtube zu finden. *https://www.youtube.com*

Jeder Mensch ist zur Ersten Hilfe verpflichtet und muss helfen – egal welcher Berufsgruppe sie angehört.

AUFGABEN

1. Die hauswirtschaftliche Fachkraft sollte in der Lage sein, einen Fieberkrampf und einen Kreislaufkollaps bei einer zu betreuenden Person zu erkennen und angemessen darauf zu reagieren. Erstellen Sie eine Liste der Symptome, anhand derer Sie einen Fieberkrampf und einen Kreislaufkollaps erkennen. Beschreiben Sie, welche Erste-Hilfe-Maßnahmen ergriffen werden sollten, wenn bei einer zu betreuenden Person ein Fieberkrampf oder ein Kreislaufkollaps vermutet wird.

2. Entwerfen Sie ein Infoblatt mit weiteren Beispielen über die Heilkräfte der Natur und deren Verwendung. Geben Sie auch Hinweise zur richtigen Anwendung und den möglichen Nebenwirkungen.

3. Erstellen Sie zwei Checklisten zu den Themen Herzdruckmassage und stabile Seitenlage. Recherchieren Sie und üben Sie die Erste-Hilfe-Maßnahmen, indem sie die Handgriffe an einer Puppe (Herzdruckmassage) oder an einer anderen Person (stabile Seitenlage) anwenden.
   Präsentieren Sie Ihre Ergebnisse und tauschen sie sich über Erfahrungen und Schwierigkeiten bei der Durchführung der Erste-Hilfe-Maßwnahmen aus.

Bei häuslichen Unfällen richtig reagieren

In Deutschland ereignen sich jedes Jahr etwa drei Millionen Unfälle im häuslichen Bereich, wobei die meisten Verletzungen zum Glück harmlos enden. **Stürze** im Haushalt, etwa durch Stolpern über Gegenstände oder Ausrutschen auf glatten Böden, sind eine verbreitete Unfallursache und die Hauptursache für tödliche Haushaltsunfälle. Zum Glück sind solche Unfälle meist harmlos und haben lediglich eine Verletzung der Gelenke oder der Weichteile zur Folge. Auch die Gefahr von spitzen und scharfen Gegenständen wird oft unterschätzt, was zu zahlreichen **Schnitt- und Stichverletzungen** führen kann. Dennoch erfordert selbst eine vermeintlich unbedenkliche Schnittwunde, wie sie oft bei Küchenarbeiten entsteht, eine angemessene Versorgung. Hitze und Feuer wie bei verschüttetem kochendem Wasser oder heißem Fett, können ebenfalls schwere **Verbrennungen** verursachen.

FÜR DIE PRAXIS

Brennendes Öl niemals mit Wasser behandeln, da dies zu einer Verpuffung führt. Stattdessen die Flammen mit einem feuchten Handtuch ersticken.

Bei Kindern sind zudem Unfälle durch **Vergiftungen** (z. B. durch Reinigungsmittel) und Elektrounfälle häufig. Der Umgang mit Reinigungsmitteln birgt Risiken, da viele dieser Produkte brennbar, reizend, ätzend oder sogar giftig sein können. Man sollte stets die Gebrauchsanweisung beachten und für ausreichende Belüftung sorgen. Niemals Umfüllen in andere Behälter, damit es nicht zu Verwechslungen kommt. Reinigungsmittel müssen immer an einem Ort aufbewahrt werden, zu dem Kinder keinen Zugriff haben.

Kinder sind oft von Steckdosen, Stromkabeln und Elektrogeräten fasziniert, was zu **Elektrounfällen** führen kann. Die Gefährdung ist besonders hoch, wenn Kinder unbeaufsichtigt spielen oder Steckdosen ungesichert sind. Solche Unfälle können zu schweren, lebensbedrohlichen Stromschlägen und Verbrennungen führen, die sowohl äußerlich als auch an inneren Organen und Geweben auftreten können. Dabei lassen äußerlich kleine Verbrennungen nicht auf das Ausmaß der inneren Schäden schließen.

AUFGABEN

4. Recherchieren Sie, welche Risiken großflächige Verbrennungen bergen und beschreiben Sie die verschiedenen Verbrennungsgrade und deren Merkmale. Informieren sie sich über die Erste-Hilfe-Maßnahmen bei großflächigen Verbrennungen bis zum Eintreffen des Rettungsdienstes, der dann übernimmt.
Weitere Informationen unter: *www.malteser.de*

5. Recherchieren Sie, welche Erste-Hilfe-Maßnahmen im Falle eines Elektrounfalls zu ergreifen sind. Erörtern Sie, wie man Elektrounfälle vermeiden kann und welche Präventionsmaßnahmen sinnvoll sind.

Gelenkverletzungen

Erkennen:
unmittelbar eintretende Schmerzen, Bewegungseinschränkungen oder Bewegungsunfähigkeit, Schwellungen

Erste Hilfe:
PECH-Formel
Pause (Ruhe und Schonung)
Eis (Kühlung)
Compression (Druckverband)
Hochlagerung

Ein Arztbesuch oder Notruf kann erforderlich sein. Man sollte die verletzte Person beruhigen und beobachten, bis Hilfe eintrifft.

Verbrennungen und Verbrühungen

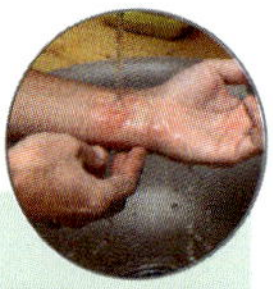

Erkennen:
Rötung, starke Schmerzen, Blasenbildung

Erste Hilfe:
ggf. Kleiderbrände sofort löschen, verbrühte Kleidung rasch und vorsichtig entfernen, ggf. Feuer löschen, Notruf bei Bedarf wählen, kleinflä-
chige Verbrennungen und Verbrühungen (nicht größer als Handfläche) sofort mit fließen dem Wasser kühlen, Wunden locker und keimfrei bedecken (z. B. mit einem Verbandtuch), evtl. Schockbekämpfung

Schnittverletzungen

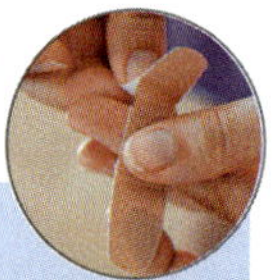

Erkennen:
schwache Blutung bei kleinen Wunden, stärkere Blutung bei großen Wunden

Erste Hilfe:
kleine und schwach blutende Wunden ein wenig ausbluten lassen, Wunde nicht berühren, verschmutzte Wunden vorsichtig unter kaltes Wasser halten und mit Schnellverband abdecken

Tiefe und stark blutende Wunden mit anhaltenden Schmerzen sowie verletzte Nerven oder Sehnen müssen vom Arzt versorgt werden.

Häusliche Unfälle

11.3.3 Typische Erkrankungen

Mit zunehmendem Alter steigt das Risiko für bestimmte Erkrankungen, sowohl physische (körperliche) als auch psychische (geistige) Erkrankungen. Eine gute Kenntnis dieser Krankheiten, ihrer Ursachen und Symptome sowie das Ausmaß an Beeinträchtigung der betroffenen Personen ist unerlässlich, um Menschen die bestmögliche Unterstützung und Betreuung im Alltag bieten zu können.

Physische Erkrankungen

Arthrose und Arthritis

Beide sind Krankheiten der Gelenke: Bei der Arthrose handelt es sich um den Abbau des Knorpels, wohingegen es sich bei der Arthritis um einen entzündlichen Prozess handelt, der unabhängig vom Zustand des Knorpels auftreten kann. Aus einer Arthrose kann, muss aber keine Arthritis entstehen.

Ursachen: Gelenkverschleiß, Übergewicht, Verletzungen, genetische Faktoren, Infektionen

Symptome: Schmerzen, Steifheit, Schwellungen, eingeschränkte Beweglichkeit

Beeinträchtigung im Alltag: Schwierigkeiten bei alltäglichen Aktivitäten, Mobilitätseinschränkungen

Unterstützung durch hauswirtschaftliche Fachkräfte: entlastende Hilfsmittel bereitstellen, Unterstützung bei der Mobilität, schwerere und kompliziertere Aufgaben (z. B. Fingerfertigkeit) übernehmen.

Osteoporose

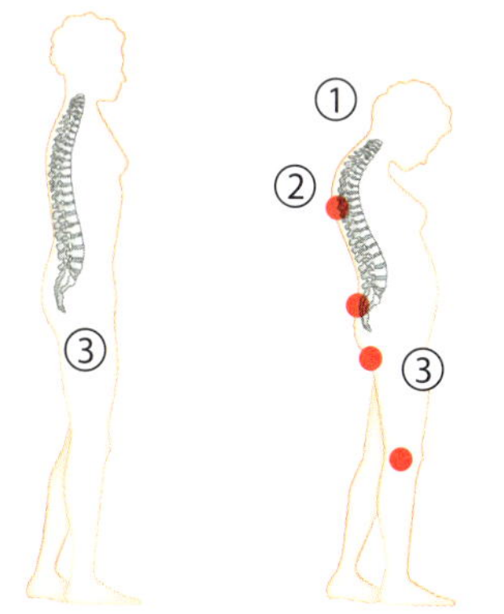

Typische Körperhaltung bei Osteoporose

Ursachen: Verlust an Knochenmasse und -dichte, Hormonveränderungen, Mangel an Calcium und Vitamin D

Symptome: Schmerzen, Anfälligkeit für Knochenbrüche, Haltungsschwierigkeiten, Abnahme der Körpergröße

Beeinträchtigung im Alltag: eingeschränkte Mobilität, Sturzgefahr, Unabhängigkeitsverlust

Unterstützung durch hauswirtschaftliche Fachkräfte: ausgewogene und gesunde Ernährung fördern, Sturzprävention, Hilfestellung bei Mobilität und Aktivitäten des täglichen Lebens.

> Menschen mit Osteoporose haben ein erhöhtes Risiko für Knochenbrüche. Bei (hoch)betagten Menschen mit Osteoporose muss dafür Sorge getragen werden, dass die Sturzgefahr gemindert wird (s. S. 436).

Bluthochdruck

Ursachen: Übergewicht, Arteriosklerose, Lebensstil (Rauchen, hoher Alkohol- und Salzkonsum), Stress

Symptome: oft keine, jedoch mögliche Kopfschmerzen, Schwindel, Nasenbluten

Beeinträchtigung im Alltag: erhöhtes Risiko für Herzinfarkt, Schlaganfall, Nierenversagen

Unterstützung durch hauswirtschaftliche Fachkräfte: gesunde und salzarme Ernährung, regelmäßige Bewegung, Stressbewältigung, bei Bedarf Unterstützung bei der regelmäßigen Messung der Blutdruckwerte (s. S. 426)

Diabetes mellitus

Diabetes mellitus ist eine Stoffwechselerkrankung, die durch erhöhte Blutzuckerwerte gekennzeichnet ist. Es gibt zwei Typen von Diabetes: Typ-1 und Typ-2. Bei Typ-1-Diabetes, auch als jugendlicher oder insulinabhängiger Diabetes bezeichnet, ist die Insulintherapie unerlässlich, da der Körper kein eigenes Insulin mehr produziert. Betroffene müssen sich täglich Insulin injizieren, um einen normalen Blutzuckerspiegel aufrechtzuerhalten. Bei Typ-2-Diabetes, häufiger als Alters- oder nicht-insulinabhängiger Diabetes bezeichnet, ist die Insulintherapie möglicherweise nicht immer notwendig, da der Körper noch Insulin produziert, jedoch möglicherweise in unzureichenden Mengen. Beide Typen erfordern unterschiedliche Behandlungsmethoden und können bei unzureichender Kontrolle des Blutzuckers zu schwerwiegenden Komplikationen führen. Bei beiden Typen spielen Lebensstiländerungen eine wichtige Rolle. Bei Typ-2-Diabetes sind diese Änderungen besonders wichtig, um den Blutzuckerspiegel zu kontrollieren und die Insulinsensitivität zu verbessern. Dazu gehören regelmäßige körperliche Aktivität, gesunde Ernährung, falls nötig Gewichtsreduktion und Rauchverzicht.

Ursachen: Insulinresistenz, genetische Faktoren, Übergewicht, Bewegungsmangel

Symptome einer Hyperglykämie (Überzuckerung): häufiges Wasserlassen, starker Durst, Müdigkeit, trockene Haut und verschwommenes Sehen

Symptome einer Hypoglykämie (Unterzuckerung): Zittern, Schwindel, Schwitzen, Verwirrtheit und schneller Herzschlag

Beeinträchtigung im Alltag: Blutzuckerkontrolle, Ernährungsumstellung, ggf. Medikamenteneinnahme

Unterstützung durch hauswirtschaftliche Fachkräfte: Ernährungsplanung, Bewegungsförderung

Weitere Informationen unter: *www.youtube.com/Diabetes und senioren*

Parkinson

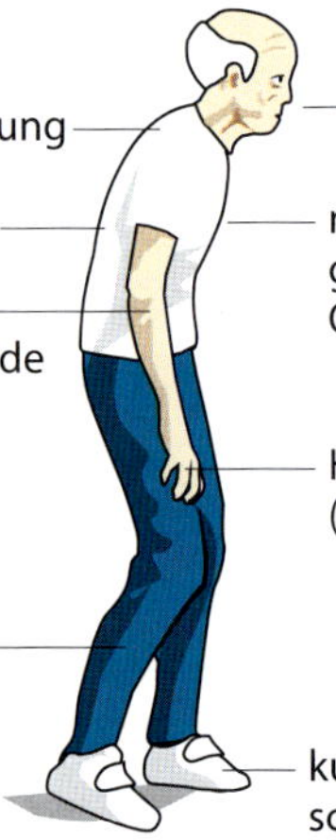

Typische Symptome von Parkinson

Bei Parkinson handelt es sich um eine langsam fortschreitende Erkrankung des Nervensystems, die die Bewegungsfähigkeit und Koordination einer Person beeinträchtigt. Die ersten Symptome von Parkinson können sehr leicht sein, wie z. B. das leichte Zittern einer Hand oder ein Gefühl von Steifheit in den Gliedmaßen. Im Laufe der Zeit können die Symptome stärker werden und sich auf beide Seiten des Körpers ausbreiten. Die betroffene Person bewegt sich langsamer, hat Gleichgewichtsprobleme und unter Umständen Schwierigkeiten beim Sprechen oder Schlucken. Mit zunehmender Erkrankung verliert die Person die Fähigkeit, allein zu laufen oder sich um tägliche Aufgaben zu kümmern.

Ursachen: Verlust von Dopamin-produzierenden Gehirnzellen, genetische Faktoren, Umweltfaktoren

Symptome: vielfältige Symptome, wie u. a. Zittern, Muskelsteifheit, langsame Bewegungen, Gleichgewichtsprobleme, Sprachschwierigkeiten, Abnahme der geistigen Flexibilität

Beeinträchtigung im Alltag: mit fortschreitender Erkrankung zunehmend Schwierigkeiten bei alltäglichen Aktivitäten, Kommunikationsprobleme, Mobilitätseinschränkungen

Unterstützung durch hauswirtschaftliche Fachkräfte: Hilfestellung bei Mobilität, Anpassung der häuslichen Umgebung, Unterstützung bei der Kommunikation, Medikamentenmanagement, im späteren Stadium braucht die betroffene Person umfassende Betreuung und Pflege im Alltag

Eine hauswirtschaftliche Fachkraft unterstützt bei den Aufgaben der Haushaltsführung, der Beschaffung von Medikamenten und Arztterminen sowie die Unterstützung bei täglichen Aktivitäten wie Ankleiden, Körperpflege und Speisenzubereitung. Sie kann dazu beitragen, ein sicheres Zuhause zu schaffen, indem sie Sturzgefahren beseitigt und Anpassungen vornimmt, um die Mobilität der betroffenen Person zu verbessern.

Psychische Erkrankungen

Demenz und Depression zählen zu den verbreitetsten psychischen Erkrankungen im fortgeschrittenen Alter. Es kann herausfordernd sein, natürliche Alterungsprozesse, körperliche Krankheiten und behandlungsbedürftige psychische Störungen voneinander zu unterscheiden. Oft stehen körperliche Symptome im Vordergrund. Ältere Personen tun sich häufig schwer damit, emotionale Probleme anzusprechen, zu beschreiben und sogar als krankhaft einzustufen. Dadurch besteht die Gefahr, dass ältere Menschen erst spät in Behandlung kommen und psychische Erkrankungen bereits bestehende körperliche Leiden verstärken. Damit eine frühzeitige Behandlung erfolgen kann, ist es wichtig, dass hauswirtschaftliche Fachkräfte die Person sensibel beobachten, Veränderungen wahrnehmen und bei Bedarf Angehörige oder medizinisches Personal in die Betreuung der Person einbeziehen. Durch das Verständnis der Ursachen und Symptome dieser Erkrankungen können hauswirtschaftliche Fachkräfte besser auf die individuellen Bedürfnisse eingehen.

Depression

Ursachen: u.a. chemisches Ungleichgewicht im Gehirn, genetische Veranlagung, Umweltfaktoren wie Stress oder Einsamkeit und belastende Lebensereignisse wie Tod eines geliebten Menschen

Symptome: Traurigkeit, Antriebslosigkeit, Schlafstörungen, Appetitlosigkeit, Konzentrationsprobleme

Beeinträchtigung im Alltag: sozialer Rückzug, Unfähigkeit alltäglichen Aktivitäten nachzugehen, Vernachlässigung der Selbstpflege

Unterstützung durch hauswirtschaftliche Fachkräfte: Strukturierung des Tagesablaufs, Motivation zur Selbstpflege und zu Freizeitaktivitäten, emotionale Unterstützung, Aktivierung sozialer Kontakte

BEISPIEL: *Eine Person ermutigen, sich an Aktivitäten zu beteiligen, die sie gerne macht. Den Menschen dabei unter keinen Umständen überfordern.*

FÜR DIE PRAXIS

Ältere Menschen mit Depression können Schwierigkeiten bei der Kommunikation haben oder sich zurückziehen. Eine Fachkraft zeigt Verständnis, ist empathisch und zeigt sich geduldig.

Demenz

Ursachen: Degeneration und Tod von Gehirnzellen, genetische Faktoren, Umweltfaktoren

Symptome: Gedächtnisverlust, Orientierungsprobleme, Sprachschwierigkeiten, Verhaltensänderungen

Beeinträchtigung im Alltag: Unabhängigkeitsverlust, Kommunikationsprobleme, zunehmende Schwierigkeiten bei allen alltäglichen Aktivitäten

Unterstützung durch hauswirtschaftliche Fachkräfte: Tagesablauf strukturieren, Mahlzeiten und Ernährung, Sauberkeit, Körperpflege, Anpassung der Wohnung, Aktivierung und Beschäftigung

Aufgrund der steigenden Lebenserwartung nimmt die Anzahl der Demenzerkrankungen zu, wobei Alzheimer die häufigste Form einer dementiellen Erkrankung ist. Demenz führt zu einem fortschreitenden Verlust der Denkfähigkeit: Es beginnt mit Vergesslichkeit, später kommen Orientierungslosigkeit, Persönlichkeitsveränderungen und der Verlust der Urteilskraft und des Gedächtnisses hinzu. Die Lebenserwartung nach Beginn einer Demenzerkrankung kann drei bis acht und mehr Jahre betragen. Zum Ende hin kommt es zu Bettlägerigkeit (s. S. 437) und die Übernahme aller Aktivitäten des täglichen Lebens durch die betreuenden Fachkräfte ist erforderlich. Damit die Versorgung und Betreuung einer demenzkranken Person gelingen können, sind Einfühlungsvermögen und viel Geduld erforderlich.

Frühes Stadium

Hauptmerkmal:
Vergesslichkeit durch Störungen des Kurzzeitgedächtnisses

Das kann man u.a. beobachten:

- Gespräche werden schon nach kurzer Zeit vergessen
- Handlungen werden nicht zu Ende ausgeführt (z.B. Wasser wird aufgesetzt, aber Herd wird nicht eingeschaltet)
- Sprache wird ungenauer, Worte werden nicht erinnert
- Anspruchsvolle Tätigkeiten können nicht mehr ausgeführt werden
- Erkrankte entwickeln Strategien (z.B. Merkzettel), versuchen es vor anderen zu verbergen

Mittleres Stadium

Hauptmerkmal:
selbstständige Lebensführung ist fast unmöglich geworden

Das kann man u.a. beobachten:

- Betroffene gefährden sich und ihre Umwelt (z.B. vergessene Herdplatte)
- Legen Gegenstände an völlig unangebrachte Orte (z.B. Geldbeutel in den Kühlschrank)
- Gefühl für Zeit (z.B. Datum) und Raum (z.B. finden Heimweg nicht) geht verloren
- Vergessen zu essen und zu trinken
- Fehlende Urteilsfähigkeit
- Stimmungsschwankungen ohne erkennbaren Grund

Schwere Demenz

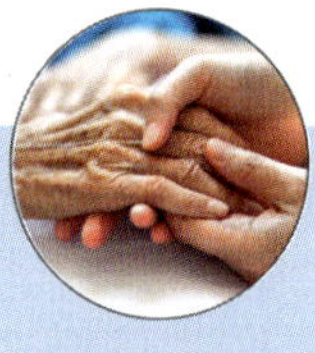

Hauptmerkmal:
Betroffene sind auf ständige Pflege und Betreuung angewiesen

Das kann man beobachten:

- Betroffene können Situationen nicht mehr einordnen (z.B. Angehörige werden als Einbrecher verkannt)
- Alltägliche Gegenstände können nicht mehr genutzt werden (z.B. Besteck, Zahnbürste)
- Eigener Name wird nicht erinnert, eigenes Spiegelbild nicht erkannt
- Aktivitäten ergeben für Umwelt keinen Sinn mehr
- Apathisches Verhalten

Stadien der Demenzerkrankung

Ziel ist es, der erkrankten Person so lange wie möglich ein gewisses Maß an Selbstständigkeit zu ermöglichen.

FÜR DIE PRAXIS

Praktische Tipps für die Kommunikation mit Demenzkranken:

- Frühes Stadium: W-Fragen (Wer, Was, Wie oft, Wann, Wie) regen an, das Gespräch fortzusetzen und die Menschen fühlen sich ernst genommen. „Warum" kann hingegen meist nicht mehr beantwortet werden, deshalb sind Warum-Fragen nicht geeignet.
- Berührungen sind in der Regel nicht erwünscht.
- Mittleres Stadium: Wenn die sprachlichen Fähigkeiten nachlassen, sollte man geschlossene Fragen stellen, auf die der Betroffene gut mit „Ja" oder „Nein" antworten kann. Berührung und Blickkontakt als Formen der nonverbalen Kommunikation gewinnen an Bedeutung und bewirken, dass der Mensch mit seiner Umwelt besser in Kontakt treten kann. Berührungen dürfen aber niemals unangekündigt stattfinden, andernfalls kann die betroffene Person ängstlich oder aggressiv reagieren.
- Schwere Demenz: Im letzten Stadium der Erkrankung können Worte weder formuliert noch verstanden werden. Lediglich der emotionale Ausdruck hilft noch zu verstehen, was im jeweils anderen vor sich geht. Nonverbale Kommunikation und taktile Reize gewinnen zum Schluss an Bedeutung.

Taktil *bedeutet „den Tastsinn betreffend" bzw. „mithilfe des Tastsinns"*

Eine Beleidigung durch einen dementiell erkrankten Menschen sollte immer mit einer professionellen Distanz betrachtet werden und darf nicht persönlich genommen werden. Die richtige Reaktionsweise ist das Ignorieren und Ablenken.

Bei der Versorgung und Betreuung von dementiell erkrankten Menschen ist es wichtig, die vorhandenen Ressourcen zu nutzen. Werden die noch vorhandenen Fähigkeiten nicht genutzt, gehen diese noch schneller verloren.

Diese Leitfragen helfen der hauswirtschaftlichen Fachkraft bei der Unterstützung:
- Was kann der Mensch noch selbständig erledigen?
- Was macht der Person am meisten Spaß?
- Wie kann man die Person unterstützen, damit die Fähigkeiten noch lange erhalten bleiben?

Zu den unterstützenden Maßnahmen, die eine hauswirtschaftliche Fachkraft bieten kann, gehören z. B. die Anpassung der Wohnung an die Bedürfnisse, die Orientierung im Alltag oder die Strukturierung des Tagesablaufs (vgl. Abbildung unten).

Bei Menschen mit Demenz ist es wichtig, die Beschäftigungsmöglichkeiten anzupassen. Die Schwere der Erkrankung muss berücksichtigt werden und die Angebote an den individuellen Fähigkeiten orientiert werden.

Ziel der Beschäftigung ist vor allem das Wohlbefinden der betroffenen Person.

FÜR DIE PRAXIS

Bei schwerer Demenz kann die 10-Minuten-Aktivierung eingesetzt werden, bei der z. B. Materialien zu verschiedenen Themenbereichen angeboten werden.

BEISPIELE ***Aktivitäten:***
- *Spiele, z. B. Gesellschaftsspiele, Kartenspiele*
- *altes Spielzeug, z. B. Kreisel, Murmeln, alte Puppen*
- *basteln, malen, zeichnen, Collagen erstellen*
- *vorlesen, z. B. Zeitung, Märchen, Kurzgeschichten*
- *gemeinsam singen, Musik von früher hören*
- *Gedichte aufsagen, Sprichwörter vervollständigen*
- *Konzentrationsspiele, Rätsel, Gedächtnisspiele*
- *Biographieorientierte Beschäftigungen (beziehen sich z. B. auf frühere Berufstätigkeiten oder Hobbys)*
- *Alltagstraining (Einbindung z. B. beim Kochen, Putzen)*
- *Computerspiele und Filme für demente Menschen*

Klar strukturierter Tagesablauf

- Einfache Regeln und feste Gewohnheiten: z. B. feste Essens- und Ruhezeiten, feste Besuchszeiten
- Vertraute Verhaltensmuster: z. B. gleicher Platz am Esstisch, gleiche Radiosendung hören

Deutlich kommunizieren, klare Sprache

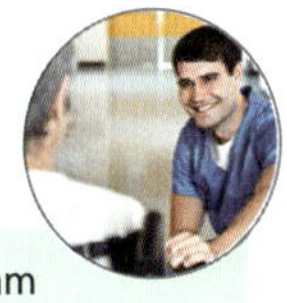

- Deutlich und langsam sprechen und viel Zeit für eine Antwort lassen, nonverbale Kommunikation beachten
- Geschlossene Fragen stellen, bei der die Person mit „Ja" oder „Nein" antworten kann

Orientierung im Alltag bieten

- Orientierungshilfen: z. B. gut lesbare Uhren und Kalender, Piktogramme an den Türen wie z. B. Toilette
- Vertraute Möbel und Gegenstände: z. B. möglichst nicht umräumen, altes Bett so lange wie möglich behalten

Wohnung an Bedürfnisse anpassen

alle Gefahrenquellen beseitigen: z. B. Herd, Heißwasser, Stolperfallen, scharfe Kanten, rutschige Böden, Medikamente, Haushaltschemikalien, Kleinmöbel umstellen oder entfernen, keine losen Kabel

Akzeptierende, ruhige/gelassene Grundhaltung einnehmen

- Sinnlose Diskussionen vermeiden und nicht auf eigene Meinung bestehen, kranke Person lieber ablenken
- Anschuldigungen und Vorwürfe überhören und dennoch verständnisvoll bleiben

Über- und Unterforderung vermeiden

- Vorhandene Fähigkeiten trainieren: z. B. bei einfachen Tätigkeiten im Haushalt einbinden
- Von früher vertraute Gesellschaftsspiele spielen, Langzeitgedächtnis bleibt lange erhalten

Tipps für die Betreuung von Demenzkranken

BEISPIELE ***10-Minuten-Aktivierung:***
Der Person werden verschiedene Gegenstände gegeben (optische Reize), die er betrachten und anfassen kann wie z.B. Fotoalben, Bilder oder auch Gegenstände wie Murmeln oder Muscheln. Zu den akustischen Reizen, die der Reizverarmung entgegenwirken, zählt jede Art von Musik oder Gesang. Auch das Vorlesen und Gespräche sind akustische Reize, die bei der dementiell erkrankten Person eine vorübergehende Beruhigung bewirken können. Weitere Beispiele sind Berührungsreize sowie Geschmacks- und Geruchsreize. Berührungen tragen oft zur Beruhigung bei wohingegen Geschmacks- und Geruchsreize häufig Erinnerungen an vergangene Erlebnisse wecken das Wohlbefinden fördern.

AUFGABEN

6. Erstellen Sie eine Liste mit speziellen Menüs für Diabetiker unter Berücksichtigung gesunder Kohlenhydratquellen, ausgewogener Vollwerternährung und dem Vermeiden von Lebensmitteln mit hohem Zuckergehalt.

7. Beschreiben Sie die notwendigen Erste-Hilfe-Maßnahmen, um im Falle einer Hypoglykämie den Blutzuckerspiegel zu stabilisieren.

8. Auch wenn die Zahl der Demenzerkrankungen mit dem Alter steigt, gibt es auch Menschen, die bereits deutlich vor dem 65. Lebensjahr an einer Demenz erkranken. Schauen Sie gemeinsam den Dokumentarfilm „Sein Leben mit dem Vergessen: Diagnose Demenz und noch mittendrin“ an. Vorgestellt wird Bernhard, der bereits mit 55 Jahren erkrankte.
   a) Beschreiben Sie anschließend die unterschiedlichen Perspektiven, die im Film dargestellt werden, einschließlich derjenigen des Betroffenen, Familienmitgliedern, Freunden und Arbeitskollegen.
   b) Tauschen Sie sich in der Gruppe darüber aus wie die Doku *„37° Sein Leben mit dem Vergessen“* Ihre Sichtweise auf die Erkrankung und die Betroffenen verändert hat.

11.3.4 Sturzprävention bei eingeschränkter Mobilität

Diele, Flur, Treppenhaus
- Handläufe an den Wänden
- Stufenkanten mit Antirutschprofil versehen und/oder farbig markieren
- Sitzgelegenheit zum Ausruhen auf dem Treppenabsatz

Bad
- Haltegriffe an Dusche, Badewanne und Toilette
- Badewannenlifter
- Duschklappsitz oder Duschhocker
- Höhenverstellbares Waschbecken
- Rutschfeste Unterlagen (Dusche, Badewanne)
- Toilettensitzerhöhung

Bodenbelag
- Lose Teppiche entfernen oder Kanten verkleben
- Kabel verlegen (an der Wand entlang) oder verkleben
- Rutschfeste Bodenbeläge verwenden

Beleuchtung
- Licht im Hausflur mit längerer Schaltphase
- Lichtschalter in erreichbarer Höhe mit Kipp- statt Drehschalter
- Zusätzliche Beleuchtung für ausreichendes Licht

Türen und Schwellen
- Türrahmenverbreiterung (für den Rollstuhl)
- Türschwellen überbrücken oder entfernen
- Vom Türblatt farblich abgesetzte Türklinken
- Badezimmertür nach außen öffnen lassen

Bewegungsräume
- Kleinmöbel umstellen oder ausräumen

Schlafzimmer
- bei Bedarf höhenverstellbares Bett, um Aufstehen zu erleichtern

Weitere Maßnahmen
- Socken mit Noppen tragen, z.B. bei nächtlichen Toilettengängen
- bedarfsgerechter Einsatz von Gehhilfen, wie z.B. Rollator, Gehstock (s.S.418)
- Schuhe mit Klettverschluss und als Hilfsmittel ein langer Schuhlöffel
- ausreichend trinken und bei Bedarf Kontrolle der Flüssigkeitsaufnahme
- Körperliche Fitness und Beweglichkeit durch regelmäßige Bewegung und gezieltes Training erhalten oder verbessern
- Sehhilfen regelmäßig überprüfen und bei Bedarf anpassen

Prophylaktische Maßnahmen bei Sturzgefahr

Die Prävention von Stürzen ist ein wichtiger Aspekt der Pflege und Betreuung von Personen, die in ihrer Bewegungsfähigkeit eingeschränkt sind. Mobilitätseinschränkungen können vielfältige Ursachen wie Gleichgewichtsstörungen, Medikamentennebenwirkungen oder Sehstörungen haben. Aber auch Faktoren wie nasse Böden, falsches Schuhwerk oder Stolperfallen können das Sturzrisiko erhöhen. Die Folgen von Stürzen insbesondere für ältere oder gebrechliche Menschen können gravierend sein. Deshalb zielt die Sturzprophylaxe darauf, die Risiken zu minimieren und Schutzmaßnahmen zu ergreifen, ohne die Mobilität und Autonomie der Person einzuschränken.

11.3.5 Bettlägerigkeit

Für Personen, die den Großteil des Tages im Bett verbringen müssen, wird das häusliche Pflegezimmer zum zentralen Lebensbereich. Dieser Raum sollte sowohl für die zu pflegende Person als auch für die Betreuenden angenehm und praktisch gestaltet sein. Wenn möglich, sollten die Wünsche der zu betreuenden Person bei der Einrichtung des Krankenzimmers mit einbezogen werden.

Einrichten eines Krankenzimmers:

- Raum sollte nicht abgeschieden sein und in der Nähe von Bad und Toilette liegen
- Bett so platzieren, dass die Person eine gute Sicht auf das Fenster und die Zimmertür hat
- Raum sollte hell, geräuschfrei und mit einer konstanten Raumtemperatur (etwa 21–23 °C) sein
- Sessel und bei Bedarf Rollstuhl bereitstellen, wenn die Person noch eine Weile aufstehen kann
- höhenverstellbarer Beistelltisch neben dem Bett, um persönliche Gegenstände griffbereit zu haben
- persönliche Erinnerungsstücke (Fotos, Bilder, liebgewonnene Objekte) aufstellen
- gut sichtbare Uhr und ein Kalender unterstützen die zeitliche und tageszeitliche Orientierung
- Radio oder Fernseher vermitteln das Gefühl, mit der Außenwelt verbunden zu sein
- Person sollte sich bemerkbar machen können (z. B. Klingel, Glocke, Babyphone)

Das Pflegebett bietet sowohl für die zu pflegende Person als auch für die Betreuenden Vorteile. Dank der zweigeteilten Liegefläche und elektrischer Verstellbarkeit kann die zu bettreuende Person beim Waschen, Essen oder anderen Aktivitäten mit aufrechtem Oberkörper sitzen. Zusätzlich erleichtert der dazugehörige Bettbügel das Aufrichten im Bett und ermöglicht das Anbringen von Halterungen für Hilfsmittel wie Gehhilfen. Viele alltägliche Aktivitäten erfordern eine Positionsänderung der Person, wie zum Beispiel das Wechseln des Bettlakens, das Wechseln der Kleidung oder das Aufstehen aus dem Bett.

Zudem ist es aus pflegerischer Sicht wichtig, die Liegeposition von Personen, die überwiegend im Bett liegen, regelmäßig zu ändern, um verschiedene gesundheitliche Komplikationen zu vermeiden oder zu reduzieren. Dazu gehören unter anderem Druckgeschwüre (Dekubitus) durch anhaltenden Druck auf bestimmte Körperstellen, Gelenkversteifungen (Kontrakturen), mögliche Lungenentzündungen (Pneumonie) sowie Gefäßverschlüsse (Thrombosen). Durch regelmäßiges Wechseln der Liegeposition wird die Durchblutung gefördert, der Druck auf die Haut und das darunterliegende Gewebe verteilt und die Beweglichkeit der Gelenke erhalten. Eine enge Absprache mit dem medizinischen Personal ist in diesen Fällen unerlässlich.

Weitere Informationen unter *Youtube/Grundsätze der Mobilisation* und *Youtube/Mobilisation auf einen Stuhl im Stehen*

AUFGABEN

9. Erstellen Sie ein Informationsplakat, das die wichtigsten Grundsätze der Mobilisation ansprechend erläutert. Integrieren Sie in Ihr Plakat hilfreiche Abbildungen oder Grafiken, die die Grundsätze und Techniken veranschaulichen und die Verständlichkeit erhöhen.

10. Erstellen Sie eine schrittweise Anleitung zur Mobilisation auf einen Stuhl im Stehen basierend auf dem Video. Üben Sie unter Anleitung die Mobilisation einer Person aus dem Bett auf einen Stuhl.

11.4 Betreuungsleistungen für Menschen mit Behinderungen

Die Betreuung von Menschen mit Behinderungen ist ein facettenreiches Thema, das verschiedene Aspekte beinhaltet, um diesen Personenkreis bestmöglich zu unterstützen. Ein zentraler Aspekt bei der Betreuung von Menschen mit Behinderungen ist die Ermittlung des individuellen Bedarfs an Betreuungsleistungen. Dieser variiert aufgrund der verschiedenen Formen von Behinderungen und Beeinträchtigungen stark. Barrierefreiheit und barrierefreies Wohnen sind in diesem Zusammenhang wichtige Themen. Insgesamt tragen **hauswirtschaftliche Betreuungsleistungen** dazu bei, die Lebensqualität dieser Menschen zu verbessern und ihre Integration in die Gesellschaft zu fördern.

Die Begriffe „**Behinderung**“ und „**Beeinträchtigung**“ werden oft gleich verwendet, obwohl sie nicht das Gleiche sind. Bei einer Beeinträchtigung liegt der Fokus auf körperliche Probleme, wie zum Beispiel einen fehlenden Arm, eine Krankheit oder schlechtes Sehen. Eine Behinderung ist hingegen etwas anderes: Laut der UN haben Menschen mit einer Behinderung eine langfristige körperliche, seelische, geistige Beeinträchtigung oder eine Sinnesbeeinträchtigung, die sie nicht nur körperlich beeinträchtigen, sondern zudem an der **gleichberechtigten Teilhabe** an der Gesellschaft hindern. Der Begriff „Behinderung“ bezieht sich also auf die Barrieren, die aus der Gesellschaft kommen, und nicht nur auf die körperlichen Probleme der Person.

Hauswirtschaftliche Fachkräfte können im Rahmen von Betreuungsleistungen dazu beitragen, dass Menschen mit Behinderungen gleichberechtigt am gesellschaftlichen Leben teilnehmen, indem sie bei folgenden Maßnahmen unterstützen:

- **Barrierefreie Umgebung schaffen:** Wohn- und Arbeitsumgebung barrierefrei gestalten, um Menschen mit Behinderungen den Zugang zu erleichtern (s. S. 443)
- **Individuelle Bedürfnisse berücksichtigen:** sich über das Ausmaß der Einschränkungen informieren, individuelle Bedürfnisse der Person berücksichtigen und angemessene Unterstützung leisten
- **Förderung von Selbständigkeit:** Menschen dabei unterstützen, Selbständigkeit zu entwickeln und zu erhalten (z. B. Begleitung bei der Erledigung von Alltagsaufgaben)
- **Integration in die Gemeinschaft:** dazu beitragen, dass sie Teil der Gemeinschaft werden und bleiben (z. B. Organisation von gemeinsamen Aktivitäten und Veranstaltungen)

Indem hauswirtschaftliche Fachkräfte diese Maßnahmen ergreifen, tragen sie dazu bei, dass eine gleichberechtigte Teilnahme am gesellschaftlichen Leben ermöglicht wird.

Die Formen der Behinderungen sind so vielfältig wie die Menschen selbst. Man unterscheidet u. a.:

- **körperliche Behinderungen**
- **Sinnesbehinderungen**
- **psychische (seelische) Behinderungen**
- **geistige Behinderungen**

Die Ursachen für Behinderungen sind ebenso vielfältig: So können Behinderungen angeboren sein oder erst im Laufe des Lebens aufgrund einer Erkrankung oder eines Unfalls entstehen. Zudem lassen sich die verschiedenen Formen einer Behinderung nicht immer deutlich voneinander trennen, insbesondere dann nicht, wenn eine Person an einer Mehrfachbehinderung leidet.

11.4.1 Betreuung von Personen mit körperlichen Behinderungen

Körperliche Behinderungen können vielfältige Ursachen haben und sich in unterschiedlichen Formen äußern. Sie können durch Unfälle, angeborene Fehlbildungen oder chronische Krankheiten entstehen. Beispiele dafür sind Wirbelsäulenverletzungen, spastische Lähmungen, Kinderlähmung, Multiple Sklerose, fehlende Gliedmaßen, Glasknochenkrankheit oder Arthrose. Die Auswirkungen auf den Alltag und die Folgen für Menschen selbst sind vielfältig und können sowohl physische als auch psychische Herausforderungen umfassen. Körperlich behinderte Menschen können in ihrer Beweglichkeit, Koordination und Kraft eingeschränkt sein. Dies kann die Verrichtung alltäglicher Aufgaben erschweren und zu einem erhöhten Bedarf an Unterstützung führen.

Hauswirtschaftliche Betreuungsleistungen tragen dazu bei, den Alltag für Menschen mit körperlichen Behinderungen zu erleichtern und die Integration in die Gesellschaft zu fördern. Eine hauswirtschaftliche Fachkraft kann verschiedene Aufgaben übernehmen, um den Menschen ein selbstbestimmtes Leben zu ermöglichen. Dazu gehören:

- **Haushaltsführung:** Unterstützung beim Einkaufen, Kochen, Waschen und Reinigen, um die Grundversorgung der zu betreuenden Person zu gewährleisten
- **Mobilität:** Unterstützung bei der Fortbewegung, zum Beispiel beim Transfer vom Bett in den Rollstuhl (s. Hinweis auf Video S. 437)
- **Körperpflege:** Unterstützung bei der Körperpflege, wie beim An- und Auskleiden, Waschen oder der Zahnpflege (s. S. 420 f.)
- **Soziale Integration:** Unterstützung bei der Teilnahme an sozialen Aktivitäten und Veranstaltungen, Isolation verhindern und Selbstwertgefühl stärken

Hilfsmittel für Menschen mit körperlichen Behinderungen, wie z. B. Prothesen, Orthesen, Rollstühle oder Gehhilfen, erhöhen die Mobilität und Selbstständigkeit der Person (s. S. 418). Diese Hilfsmittel sind auf die individuellen Bedürfnisse der betroffenen Person abgestimmt und können je nach Art und Schwere der Behinderung variieren.

Prothesen

Prothesen sind künstliche Körperteile, die fehlende Gliedmaßen (z. B. Arme, Beine, Hände, Füße, Finger) oder Gelenke (z. B. Knieprothese, Hüftprothese) ersetzen.

Sie bestehen aus unterschiedlichen Materialien und haben verschiedene Funktionen, nach einer Beratung werden diese je nach individuellen Bedürfnissen angefertigt.

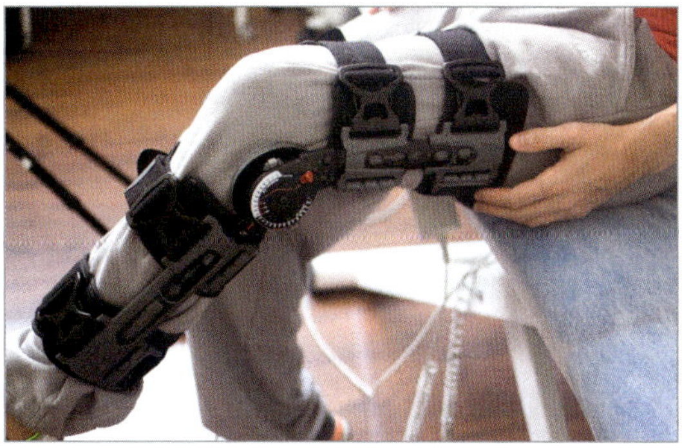

Orthesen

Während eine Prothese fehlende Gliedmaßen ersetzt, unterstützt die Orthese die vorhandenen und sorgt für eine bessere Mobilität. Orthesen kommen nach Unfällen, Verletzungen oder als Unterstützung der Mobilität zum Einsatz (z. B. den Fuß besser heben können bei Multipler Sklerose).

Orthese und Prothese können auch kombiniert werden (z. B. bei verkürztem Bein).

11.4.2 Betreuung von Personen mit Sinnesbehinderungen

Sinnesbehinderungen betreffen die Wahrnehmungsfähigkeiten einer Person, insbesondere das Sehen und Hören. Es gibt verschiedene Arten von Sinnesbehinderungen, wie Sehbehinderung, Blindheit, Schwerhörigkeit, Gehörlosigkeit und Taubblindheit.

Sehbehinderung und Blindheit: Menschen mit einer Sehbehinderung haben eingeschränkte Sehfähigkeiten, während Blinde kein oder nur sehr geringes Sehvermögen besitzen. Das kann die Mobilität, Orientierung und Unabhängigkeit im Alltag beeinträchtigen. Die hauswirtschaftliche Fachkraft kann bei der Orientierung im häuslichen Umfeld sowie bei der Hausführung unterstützen und die Sicherheitsrisiken minimieren.

Schwerhörigkeit und Gehörlosigkeit: Schwerhörige Menschen haben Schwierigkeiten, Geräusche und Sprache wahrzunehmen, während Gehörlose keine akustischen Signale verarbeiten können. Das kann die Kommunikationsfähigkeit und soziale Interaktion beeinträchtigen. Eine hauswirtschaftliche Fachkraft kann bei der Haushaltsführung unterstützen und das häusliche Umfeld anpassen.

Betreuungsleistungen für Menschen mit Seh- oder Hörbehinderung

	Kommunikation	Hilfsmittel
Sehbehinderung und Blindheit 	• immer von vorne ansprechen und nicht unvorbereitet berühren, um Erschrecken zu vermeiden • Hilfe anbieten, aber Autonomie der Person respektieren, manche blinde Menschen sind sehr selbstständig und benötigen möglicherweise keine Unterstützung • darauf achten, dass Person nonverbale Signale nicht sehen kann, in normaler Lautstärke sprechen • vage Begriffe wie „hier" oder „da" vermeiden und durch konkrete Beschreibungen ersetzen	• Zeitschriften und Bücher in Blindenschrift (Braille), Lesegeräte mit Vergrößerungsfunktion • Telefone mit großen Tasten, sprechende Uhren und Blindenstöcke • akustische Orientierungshilfen, Navigationsgeräte mit Sprachausgabe und spezielle Apps für Smartphones • Blindenführhund, der im täglichen Leben Unterstützung bietet • Zeitschriften und Bücher in Blindenschrift (Braille), Lesegeräte mit Vergrößerungsfunktion
Schwerhörigkeit und Gehörlosigkeit 	• Um die Aufmerksamkeit der Person zu erregen, kann man leicht auf den Tisch klopfen, winken oder, falls angemessen, die Person vorsichtig berühren • immer Blickkontakt halten, in kurzen Sätzen, deutlich und in einem normalen Tempo und Laustärke sprechen, da viele Menschen von den Lippen ablesen können • Informationen schriftlich austauschen und falls nötig Gebärdensprachedolmetscher einsetzen	• Hörgeräte, Cochlea-Implantate • Lichtsignalanlagen (z. B. blinkende Lichter, die auf Ereignisse wie Telefonanrufe, Türklingeln oder Rauchmelder hinweisen) und Vibrationswecker • FM-Systeme (Ergänzung zu Hörsystemen bei Hintergrundgeräuschen), TTY/TDD (Texttelefon), Videotelefonie, spezielle Apps für das Smartphone

FÜR DIE PRAXIS

Alltagsbegleitung:

- Möbel an ihrem gewohnten Platz belassen, falls Umstellung erforderlich ist, müssen die Veränderungen der Person erläutert und gezeigt werden
- Schranktüren immer geschlossen halten und Stolperfallen (z. B. Kabel, lose Teppiche) entfernen
- Speisen beim Anrichten beschreiben und auf dem Teller immer gleich anordnen (z. B. Fleisch auf 6 Uhr, Gemüse auf 2 Uhr), Gläser und Besteck sollten am selben Ort und leicht erreichbar sein

11.4.3 Betreuung von Personen mit psychischen Behinderungen

Psychische Erkrankungen und Behinderungen können vielfältig sein. Einige Beispiele sind Depressionen, Angststörungen, bipolare Störungen, Schizophrenie, Zwangsstörungen oder posttraumatische Belastungsstörungen. Zu den Symptomen gehören je nach Erkrankung zum Beispiel starke emotionale Veränderungen, Antriebslosigkeit, Kraft- und Energiemangel sowie der Wunsch, den Kontakt zu anderen Menschen zu vermeiden.

Nicht alle psychischen Erkrankungen resultieren in einer psychischen Behinderung. Eine psychische Erkrankung wird dann als Behinderung betrachtet, wenn sie länger als sechs Monate anhält.

Im Alltag kann eine psychische Behinderung dazu führen, dass die betroffene Person Schwierigkeiten hat, am gesellschaftlichen Leben teilzunehmen. Die Selbstversorgung kann zur Herausforderung werden; manchmal ist es sogar unmöglich. Die Motivation, zur Schule oder zur Arbeit zu gehen, kann abnehmen, und der soziale Kontakt kann eingeschränkt werden. Im schlimmsten Fall kann es zum Verlust von Arbeitsplatz, Wohnung oder Freundschaften führen.

Eine psychische Erkrankung muss von medizinischen Fachkräften diagnostiziert und behandelt werden. Die Aufgabe von hauswirtschaftlichen Fachkräften besteht darin, die Menschen bei der Verrichtung der Alltagsaufgaben zu unterstützen und die Motivation zur Teilnahme am sozialen Leben zu fördern. Dabei müssen die Wünsche der betroffenen Person respektiert werden und man darf die Person nicht drängen.

11.4.4 Betreuung von Personen mit geistigen Behinderungen

Die Gruppe der Menschen mit geistigen Behinderungen ist sehr heterogen und individuell unterschiedlich in ihren Fähigkeiten sowie dem sozialen und emotionalen Verhalten. Einige geistig behinderte Menschen können alltägliche Aufgaben selbstständig bewältigen, während andere umfangreiche Hilfe benötigen. Eine geistige Behinderung ist durch stark beeinträchtigtes Lernverhalten gekennzeichnet und geht oftmals mit einer Mehrfachbehinderung wie zum Beispiel mit einer körperlichen Behinderung einher. Die Intelligenz ist oft deutlich verringert (IQ unter 70), was zu Schwierigkeiten in verschiedenen Lebensbereichen führen kann.

Menschen mit Down-Syndrom

Geistige Behinderungen können genetische Ursachen haben oder auf Hirnschädigungen zurückzuführen sein. Die häufigste genetische Ursache für eine geistige Behinderung ist das Down-Syndrom.

Eine hauswirtschaftliche Fachkraft kann im Rahmen der Unterstützung und Betreuung einer Person mit einer geistigen Behinderung vielfältige Aufgaben übernehmen, um deren Alltag zu erleichtern und ihre Selbstständigkeit zu fördern. Es gelten dieselben Prinzipien wie bei anderen Menschen auch: Hilfe zur Selbsthilfe anbieten und keine Aufgaben übernehmen, die die Person selbst erledigen kann. Auch wenn dies deutlich länger dauern kann.

Menschen mit geistigen Behinderungen sollten so normal wie möglich angesprochen und so akzeptiert werden wie sie sind.

FÜR DIE PRAXIS

Es empfiehlt sich, kurze Sätze und einfache Worte zu verwenden, um Missverständnisse zu vermeiden.

Ansonsten gelten die gleichen Regeln für eine gelingende Kommunikation wie bei anderen Menschen auch.

Man sollte Menschen mit geistigen Behinderungen bei der Erledigung der Haushaltsführung und in den Berufsalltag einbinden. Dabei gelten die Regeln:

- Lieber vormachen als erklären.
- Neues wiederholen, auch mehrmals.
- Jeweils nur **eine** klare Anweisung geben.
- Aufgaben in überschaubare Teilaufgaben gliedern.

Oftmals ziehen sich Menschen mit geistigen Behinderungen aus Angst vor bestimmten Situationen zurück. Deshalb sind Hilfen bei der Teilnahme an Beschäftigungsangeboten notwendig. Diese sollten auf ihre Interessen ausgerichtet sein und ihre Fähigkeiten fördern.

11.4.5 Barrierefreiheit

Inklusion bedeutet, dass alle Menschen am gesellschaftlichen und beruflichen Leben teilnehmen können. Barrierefreiheit ist dabei ein zentraler Aspekt, der weit über bauliche Maßnahmen hinausgeht. Es umfasst z.B. auch das Verfassen von Dokumenten in leichter Sprache oder den einfacheren Zugang zu digitalen Angeboten, um alle Menschen unabhängig von ihren Fähigkeiten zu erreichen.

Barrierefreiheit bedeutet demnach, das Umfeld so zu gestalten, dass es für jeden zugänglich ist. Dazu gehören Aspekte wie:
- die Bauweise von öffentlichen Gebäuden und Räumen,
- die Einrichtung von Arbeitsplätzen,
- die Bauweise und Gestaltung von Häusern und Wohnungen (s. S. 443 f.),
- die Zugänglichkeit zu öffentlichen Verkehrsmitteln
- sowie die Zugänglichkeit zu Dienstleistungen und Freizeitmöglichkeiten.

All diese Elemente sollten so gestaltet sein, dass sie ohne externe Hilfe für alle Menschen erreichbar sind. Es ist ebenso bedeutend zu verstehen, dass Barrierefreiheit nicht ausschließlich Menschen mit Behinderungen unterstützt, sondern ebenso älteren Menschen, Kindern und Personen mit vorübergehenden Mobilitätseinschränkungen zugutekommt.

BEISPIEL: *Zum Beispiel profitieren von einem Aufzug in einer Arztpraxis nicht nur Eltern mit Kinderwagen, sondern auch ältere Menschen oder Personen, die aufgrund einer Verletzung Probleme beim Treppensteigen haben.*
Ein weiteres Beispiel für Barrierefreiheit ist der Einsatz von Rampen anstelle oder zusätzlich zu Treppen in öffentlichen Gebäuden. Von diesen profitieren nicht nur Menschen, die auf Rollstühle oder Gehhilfen angewiesen sind, sondern auch Personen, die schwere Lasten tragen, wie Lieferanten oder Eltern mit Kinderwagen. Rampen erleichtern den Zugang für eine Vielzahl von Menschen und tragen somit zur Inklusion bei.

Auf dem Weg zur Barrierefreiheit

Öffentliche Verkehrsmittel: Barrierefreie Verkehrsmittel wie Niederflurbusse, Straßenbahnen und Züge erleichtern das Ein- und Aussteigen. Aufzüge, Rampen und taktile Leitsysteme an Bahnhöfen und Haltestellen unterstützen zudem Menschen mit Mobilitätseinschränkungen. Visuelle und akustische Haltestellenansagen helfen seh- oder hörgeschädigten Menschen.

Information und Kommunikation: Websites, Apps und Software, die gemäß den Richtlinien für Barrierefreiheit gestaltet sind, ermöglichen eine bessere Nutzung für Menschen mit verschiedenen Einschränkungen. Fernsehprogramme mit Untertiteln oder Gebärdensprachübersetzung sowie Bücher in Brailleschrift oder in leichter Sprache tragen ebenfalls zur Barrierefreiheit bei.

Öffentliche Einrichtungen und Freizeitangebote: Barrierefreie Zugänge zu Museen, Kinos, Restaurants, Parks und anderen öffentlichen Gebäuden und Plätzen ermöglichen die Teilhabe am öffentlichen Leben. In Kinos und Theatern können beispielsweise induktive Höranlagen für Menschen mit Hörbehinderung eingesetzt werden. Museen können Führungen in Gebärdensprache anbieten.

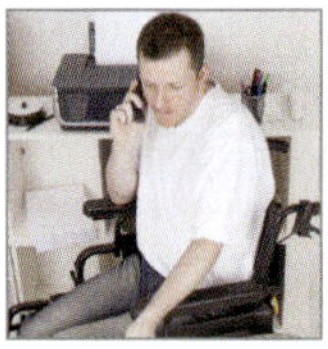

Arbeitsplatz: Ein barrierefreier Arbeitsplatz kann durch die Verwendung von spezieller Hard- und Software, höhenverstellbaren Tischen sowie durch ausreichenden Bewegungsraum, gute Beleuchtung und Lärmreduzierung erreicht werden.

Dienstleistungen: Barrierefreie Bankautomaten und Ticketautomaten, die zum Beispiel über Audioschnittstellen und leicht lesbare Displays verfügen, erleichtern die Nutzung für alle Menschen. Speisekarten in Restaurants in Brailleschrift oder leichter Sprache sind weitere Beispiele für barrierefreie Dienstleistungen.

11.4.6 Barrierefreies Wohnen

Viele Menschen denken erst mit dem Älterwerden an das Thema „Barrierefreiheit" in den eigenen vier Wänden. Wenn man Probleme mit dem Gehen, Sehen oder dem Gleichgewicht bekommt, ändern sich die Bedürfnisse an das eigene Zuhause.

***BEISPIEL:** Fragen, die entstehen:*
Gelangt man mit einem Rollator oder Rollstuhl in alle Räume und Etagen? Gibt es genug Platz, um sich in den Räumen umzudrehen? Gibt es irgendwo Stolperfallen? Sind Lichtschalter, Steckdosen und Fenstergriffe gut ereichbar?

Als hauswirtschaftliche Fachkraft, die bei der Gestaltung einer barrierefreien Wohnung mithelfen kann, gibt es mehrere Faktoren, die bei der Beurteilung und möglichen Anpassung einer bestehenden Wohnung zu berücksichtigen ist:

- **Bewegungsfreiheit**: Es ist sicher zu stellen, dass alle Stufen und Schwellen mithilfe einer Rollstuhlrampe oder eines Treppenlifts überwindbar sind. Innerhalb der Wohnung muss genug Platz sein, damit sich die Person mit einem Rollator, Rollstuhl oder Elektromobil problemlos bewegen und drehen kann. Dazu gehört auch, dass die Türen breit genug sind.
- **Hauseingang ohne Barrieren**: Bei der Gestaltung des Eingangsbereichs ist darauf zu achten, dass dieser für Menschen mit Rollstuhl oder Rollator leicht zugänglich ist und keine hohen Schwellen hat. Eine gute Beleuchtung installieren und sicherstellen, dass der Briefkasten und die Klingel in einer gut erreichbaren Höhe angebracht sind.
- **Badezimmer ohne Barrieren**: Zu einer barrierefreien Gestaltung des Badezimmers gehört der einfache und sichere Zugang zu den sanitären Einrichtungen. Waschbecken und Dusche müssen auch nutzbar sein, wenn die Person im Rollstuhl sitzt oder in ihrer Bewegung eingeschränkt ist. Deshalb könnte es nötig sein, die Badewanne in eine bodengleiche Dusche umzubauen oder einen Badewannenlift zu installieren.
- **Küche ohne Barrieren**: In einer barrierefreien Küche können alle täglichen Aktivitäten von Menschen mit Behinderungen ohne Einschränkungen erledigt werden. Dazu gehören das Zubereiten und Kochen von Mahlzeiten und das Abwaschen von Geschirr. Ausreichend Platz für die Bewegung des Rollstuhls und der Einbau von unterfahrbaren Herdplatten und Arbeitsflächen sind hierbei wichtige zu berücksichtigende Aspekte beim Küchenumbau.

Oft hört man Begriffe wie „seniorengerecht", „altersgerecht" oder „barrierearm" bei der Beschreibung von Wohnimmobilien. Diese Begriffe lassen vermuten, dass das Haus oder die Wohnung für ältere oder körperlich eingeschränkte Menschen gut geeignet ist. Die Begriffe „seniorengerecht" und „altersgerecht" haben jedoch keine genaue Definition im Gesetz. Daher könnte sogar eine Wohnung, die nur Haltegriffe im Bad hat, als „seniorengerecht" bezeichnet werden. Manchmal ist eine Wohnung, die als „seniorengerecht" oder „altersgerecht" angeboten wird, einfach eine normale Wohnung. Im besten Fall gibt es in der Nähe der „seniorengerechten" Wohnung gute Einrichtungen wie Einkaufsmöglichkeiten, Ärzte oder Apotheken.

Nur die Begriffe „barrierefrei" und „rollstuhlgerecht" sind im Gesetz klar definiert. Alle anderen Begriffe können unterschiedlich interpretiert werden. Die Begriffe „barrierefrei" und „rollstuhlgerecht" garantieren bestimmte Merkmale in einer Wohnung oder einem Haus. Die DIN 18040 gilt sowohl für öffentliche Gebäude als auch für Wohngebäude. Bei Wohngebäuden gibt es Unterschiede zwischen dem öffentlichen Bereich des Gebäudes und den Wohnungen selbst:

- **Öffentlicher Bereich von Wohngebäuden:** Hier bedeutet „barrierefrei" auch immer „rollstuhlgerecht". Es geht um Zufahrtswege, Garagen, Flure und den Bereich bis zur Wohnungstür.
  - → Gehwege: Mindestens 1,20 Meter breit, schwellenlos, gut befahrbar, gut beleuchtet, mit Orientierungshilfen
  - → Rampen: Mindestens 1,20 Meter breit, mit beidseitigem Handlauf und Radabweiser, maximal 6 Prozent Steigung
  - → Treppen: Geradläufig mit Kantenmarkierung, beidseitiger Handlauf
  - → Aufzüge: Mindestens 1,10 x 1,40 Meter mit taktil erfassbaren Befehlsgebern und akustischen Signalen und Ansagen, Sitzgelegenheit und Spiegel
- **Privater Wohnbereich:** Hier gibt es zwei Standards. Es gibt barrierefreie Wohnungen und Wohnungen, die vollständig rollstuhlgerecht sind.

Bereiche des Wohnens	barrierefrei	rollstuhlgerecht
Bewegungsflächen 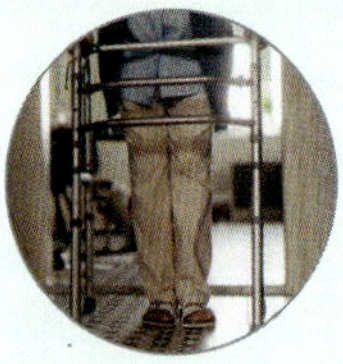	in Fluren und Wohnung 1,20 × 1,20 Meter	In einer rollstuhlgerechten Wohnung wird mehr Platz gebraucht: 150 × 150 Zentimeter
Bodenbeläge 	Bodenbeläge fest verlegt, rutschhemmend, kontrastierend gestaltet, nicht spiegelnd oder blendend	Für Duschräume zusätzlich: niveaugleiche Gestaltung des Bodenbereichs
Türmaße 	0,80 Meter breit und 2,05 Meter hoch, Türdrücker auf 85 Zentimeter Höhe, Bewegungsfläche vor und hinter den Türen	Rollstuhlfahrer/-innen benötigen mindestens 90 Zentimeter.
Bedienelemente 	50 Zentimeter Abstand vor Raumecken, Bedienelemente mit taktilen Informationen auf 85 Zentimeter Höhe	Zusätzlich müssen sich die Bedienelemente mit nur geringen Kraftaufwand betätigen lassen
Türen und Fenster 	leicht zu öffnen und schließen, Fenster in Aufenthaltsräumen auf 60 Zentimeter Höhe, Glastüren mit Sicherheitsmarkierungen auf Augenhöhe	
Bad mit Dusche 	WC 70 cm tief und 46 bis 48 cm hoch, mit barrierefreier Vorwandinstallation für Stützklappgriffe und Rückenlehne, unterfahrbarer Waschtisch mit gut greifbarer Armatur	Möglichkeit für einen Dusch-Klappsitz und hochklappbare Stützgriffe

Bereiche des Wohnens	barrierefrei	rollstuhlgerecht
Wohn- und Schlafräume 	Bewegungsflächen von mindestens 1,20 Meter auf einer und 0,90 Meter auf der anderen Seite, unterfahrbarer Fußbereich mit 30 Zentimeter Höhe	
Küche 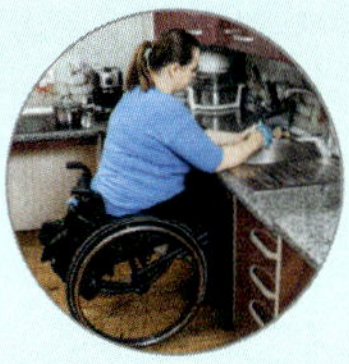	Küchengeräte sollten auch im Sitzen gut erreichbar sein, unterfahrbare Arbeitsflächen, Oberschränke vertikal verschiebbar, Schranklift, gute Beleuchtung	Zusätzlich müssen Herd und Spüle ebenfalls unterfahrbar sein
Balkon 	schwellenlos erreichbar mit Bewegungsflächen, Brüstung ab 60 Zentimeter teilweise durchsichtig	
Beleuchtung und Sicht 	gute Sichtverhältnisse durch Tageslicht, Farben, Kontraste und Beleuchtung, Lichtschaltung durch Bewegungsmelder mit ausreichend langen Beleuchtungsintervallen	

Barrierefreies Wohnen

Eine rollstuhlgerechte Wohnung erfüllt alle Anforderungen einer barrierefreien Wohnung, aber erfordert darüber hinaus weitere bauliche Maßnahmen.

Ein barrierefreies Wohnumfeld hat nicht nur für die zu betreuende Person Vorteile. Auch den Betreuungs- und Pflegekräften werden dadurch viele Handlungen erleichtert. Mit den Fachkenntnissen von betreuenden hauswirtschaftlichen Kräften lässt sich eine Wohnung barrierefrei gestalten. So wird der zu betreuenden Person ermöglicht, länger in ihrer gewohnten Umgebung zu bleiben. Die Notwendigkeit eines Umzugs in eine Pflegeeinrichtung kann durch eine solche Anpassung der Wohnung verzögert oder unter Umständen sogar gänzlich vermieden werden.

AUFGABEN

1. Analysieren Sie, wie unterschiedliche Formen von Behinderungen die Bedürfnisse der betroffenen Personen in Bezug auf Betreuungsleistungen beeinflussen können. Nutzen Sie dazu die im Text genannten Beispiele und erweitern Sie diese durch eigene Recherche.

2. Sie sind eine hauswirtschaftliche Fachkraft, die bei der Gestaltung einer barrierefreien Wohnung hilft. Welche Fragen stellen Sie, um die Bedürfnisse und Anforderungen der Person zu ermitteln?

11.5 Recht in der Betreuung und Pflege

Die Wörter „Pflege" und „Betreuung" werden oft gleichbedeutend verwendet. Beide bedeuten, dass sich um Jemanden gekümmert wird, der Hilfe oder Pflege braucht. Rechtlich gibt es jedoch einen Unterschied zwischen den Begriffen. Kann die Person nicht selbst Entscheidungen treffen, bekommt sie eine rechtliche Betreuungsfachkraft (s. S. 253). Diese hilft bei Geldangelegenheiten und Entscheidungen, wie zum Beispiel wo man wohnt oder welchen Pflegedienst man wählt. Die Betreuungsfachkraft kümmert sich um die Organisation, damit die pflegebedürftige Person die beste Versorgung erhält. Das Ausführen der genehmigten Pflegeleistungen ist dagegen Aufgabe der Pflegefachkräfte. Hauswirtschaftliche Fachkräfte kümmern sich hauptsächlich um die Versorgung der Person und unterstützen im Rahmen ihrer erworbenen Qualifikation bei der Betreuung der Person oder der Erbringung von grundpflegerischen Leistungen (s. S. 410).

Die Pflege-Charta

In der „Pflege-Charta" werden die Würde, Selbstbestimmung und Bedürfnisse pflegebedürftiger Menschen hervorgehoben. Sie umfasst die Rechte der hilfe- und pflegebedürftigen Menschen und dient als Leitfaden für qualitativ hochwertige Pflege und Betreuung.

Die Charta besteht aus acht Artikeln, die verschiedene Rechte und Ansprüche umfassen:

1. **Hilfe zur Selbsthilfe und Selbstbestimmung**: Pflegebedürftige haben das Recht auf Unterstützung, um so lange wie möglich selbstständig und selbstbestimmt zu leben. Ihre Wünsche und Entscheidungen müssen respektiert werden.
2. **Körperliche und seelische Unversehrtheit, Freiheit und Sicherheit**: Schutz vor Gewalt, Vernachlässigung und freiheitseinschränkenden Maßnahmen ist gewährleistet.
3. **Privatheit:** Das Recht auf Privatsphäre umfasst den Schutz persönlicher Daten und des Privatbereichs.
4. **Pflege, Betreuung und Behandlung**: Anspruch auf individuelle, gesundheitsfördernde und bedürfnisgerechte Pflege.
5. **Information, Beratung und Aufklärung:** Recht auf umfassende Informationen zu Pflegeoptionen, Kosten und Leistungen.
6. **Kommunikation, Wertschätzung und Teilhabe an der Gemeinschaft**: Förderung der gesellschaftlichen Teilhabe und respektvoller Umgang.
7. **Rücksicht auf Religion, Kultur und Weltanschauung**: Kultursensible Pflege und Respekt vor individuellen Überzeugungen.
8. **Palliative Begleitung, Sterben und Tod**: Recht auf würdevolle Sterbebegleitung und Selbstbestimmung am Lebensende.

Der Anspruch auf Pflegeleistungen

Seit dem Inkrafttreten des Pflegestärkungsgesetzes II (PSG II) haben folgende Personen Anspruch auf Pflegeleistungen:

- Menschen mit körperlichen Einschränkungen
- Menschen mit psychischen Beeinträchtigungen
- Personen, die an Demenz oder Depressionen leiden

Um Pflegeleistungen zu erhalten, müssen bestimmte Bedingungen erfüllt sein:

1. Der Bedarf an Unterstützung muss für voraussichtlich mindestens 6 Monate bestehen.
2. Die Person muss in einen der Pflegegrade 1 bis 5 eingestuft sein. Die Einteilung in die fünf Pflegegrade erfolgt nach Ausmaß der Beeinträchtigung: Es reicht von leichten Einschränkungen der Selbstständigkeit (Pflegegrad 1) bis hin zu schweren Beeinträchtigungen, die spezielle Anforderungen an die Pflege stellen (Pflegegrad 5). Um den Pflegegrad zu ermitteln, werden sechs Lebensbereiche untersucht (s. S. 447): 1) Mobilität (z. B. Bewegungsfähigkeit), 2) Geistige und kommunikative Fähigkeiten (z. B. Orientierung, Gesprächsführung), 3) Verhalten und psychische Problemlagen (z. B. Unruhe, Ängste), 4) Selbstversorgung (z. B. Körperpflege, Essen und Trinken), 5) Umgang mit Krankheit und Therapie (z. B. Medikamenteneinnahme, Hilfsmittelgebrauch), 6) Gestaltung des Alltags und soziale Kontakte (z. B. Tagesablauf, soziale Interaktion).

Verfügungen und Vollmachten

Um sicherzustellen, dass im Interesse einer pflegebedürftigen Person, die selbst nicht entscheiden kann, gehandelt wird, gibt es zwei rechtliche Werkzeuge: Die Patientenverfügung und die Vorsorgevollmacht.

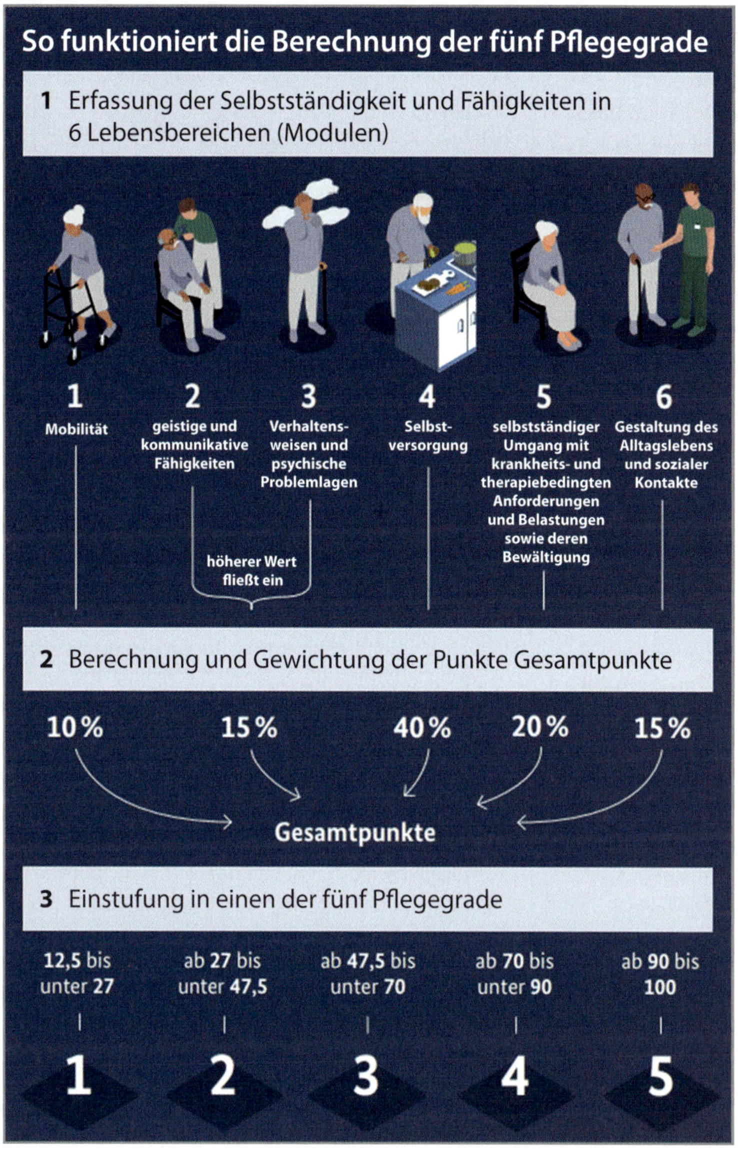

Berechnung der Pflegegrade

- Patientenverfügung
  Wenn in einer Familie ein Pflegefall auftritt, stehen Angehörige vor vielen Entscheidungen. Eine Patientenverfügung ermöglicht es, im Voraus festzulegen, welche medizinischen Maßnahmen ergriffen werden sollen, falls man selbst nicht mehr entscheidungsfähig ist. Jede volljährige Person, die einwilligungsfähig ist, kann eine Patientenverfügung verfassen und auch jederzeit ändern oder aufheben. Medizinisches Personal sowie Betreuungsfachkräfte und andere bevollmächtigte Personen sind an die in der Patientenverfügung festgelegten Anweisungen gebunden, sobald die beschriebene Situation eintritt.
- Vorsorgevollmacht
  Die Vorsorgevollmacht räumt einer Person die Erlaubnis ein, in bestimmten oder allen Angelegenheiten für jemanden zu handeln, der selbst nicht mehr entscheidungsfähig ist. Es ist wichtig, die bevollmächtigte Person vorab zu informieren und die individuellen Wünsche zu besprechen. Die Vollmacht ist gültig, wenn die bevollmächtigte Person das Originaldokument besitzt und vorlegen kann. Zu beachten ist, dass Ehepartner und Kinder nicht automatisch bevollmächtigt sind, sondern explizit in einer Vorsorgevollmacht benannt werden müssen.

Aufgabe 1

Planen Sie eine Freizeitaktivität für alle Menschen, die im Pflegeheim „Lebensfreude" wohnen. Die Aktivität sollte so gestaltet sein, dass alle – unabhängig von ihren Einschränkungen – teilnehmen können. Wie können hauswirtschaftliche Fachkräfte diese Aktivität organisieren und durchführen? Erstellen Sie einen detaillierten Ablaufplan für die Veranstaltung und beschreiben Sie, wie sie auf die Bedürfnisse jeder einzelnen Person eingehen würden.

Aufgabe 2

Erstellen Sie basierend auf den Interessen und Vorlieben von Frau Taleb ein strukturiertes Tagesprogramm, das geeignete Aktivitäten und Hauswirtschaftsaufgaben enthält. Wie kann die Biographiearbeit dazu beitragen, Aufgaben zu identifizieren, die Frau Taleb gerne übernehmen würde? Wenn Sie zum Beispiel früher gerne im Garten gearbeitet hat, wie kann man das in ihren aktuellen Alltag einbauen?

Aufgabe 3

Erarbeiten Sie für Herrn Sanchez einen detaillierten Plan zur Umgestaltung seines Zimmers. Erklären Sie, welche spezifischen Änderungen vorgenommen werden sollten und warum.

Schlafzimmer:

- Normalbreites Bett mit einer Höhe von etwa 45 Zentimetern
- Schrank mit hohen Regalen und Schubladen
- Ein kleiner Schreibtisch mit einem Stuhl
- Nachttisch mit Lampe und Telefon
- Teppichboden
- Fenster mit Vorhängen, die manuell zu öffnen und zu schließen sind

Badezimmer:

- Badewanne mit Duschvorhang
- Waschbecken und Spiegel in Standardhöhe
- Toilette ohne Haltegriffe
- Keine rutschfesten Matten auf dem Boden
- Handtücher und Toilettenartikel sind in hohen Schränken gelagert

Aufgabe 4

Entwickeln Sie für Herrn Bayer einen individuellen Pflege- und Ernährungsplan. Berücksichtigen Sie dabei seine Parkinson-Symptome sowie die Schluckbeschwerden (Dysphagie). Schlagen Sie eine Liste von geeigneten Mahlzeiten und Snacks vor, die einfacher zu schlucken sind und trotzdem ausgewogen und nahrhaft sind.

Aufgabe 5

Entwickeln Sie für Frau Papadopoulos einen detaillierten Plan für die Diabeteskontrolle und Ernährungsberatung, der speziell auf ihre Bedürfnisse zugeschnitten ist. Beschreiben Sie, wie hauswirtschaftliche Fachkräfte ihre Diät verwalten können.

Offering support

Offering support is important because it helps people with daily tasks and improves their quality of life. It gives emotional comfort and reduces feelings of loneliness. Also, it helps manage health conditions and promotes faster recovery from illnesses or injuries.

Darf ich Ihnen helfen, Ihr Zimmer aufzuräumen?	Can I help to tidy up your room?
Darf ich Ihnen bei Ihrer Körperpflege helfen?“	May I assist you with your personal hygiene routine?
Ich kann bei der Zubereitung der Mahlzeiten helfen. Haben Sie spezielle Wünsche?	I can help with meal preparation. Any specific requests?
Möchten Sie Hilfe bei der Wäsche?	Would you like some assistance with your laundry?
Darf ich Sie bei Ihrem Spaziergang begleiten?“	Can I accompany you on your walk?
Möchten Sie, dass ich Ihnen vorlese?	Would you like me to read to you?
Darf ich Ihnen Tee oder Kaffee anbieten?	Can I offer you some tea or coffee?
Lassen Sie uns eine schöne Freizeitbeschäftigung finden.	Let‘s find a nice activity for your leisure time.
Kann ich Ihnen helfen, sich auf Ihren Arzttermin vorzubereiten?	Can I help you get ready for your doctor‘s appointment?
Ich kann Ihnen beim Einkaufen helfen.	I can assist you with shopping.

Read the dialogue together with a partner.

Housekeeping Assistant: Good morning, Mr. Müller. I hope you‘re feeling well today. Can I help to tidy up your room a bit?

Mr. Müller: Oh, good morning. That would be nice, thank you.

Housekeeping Assistant: My pleasure, Mr. Müller. Once I‘m done here, may I assist you with your personal hygiene routine?

Mr. Müller: Yes, I would appreciate that.

[After a while…] Housekeeping Assistant: Now that we‘re done with that, I can help with meal preparation. Any specific requests for today?

Mr. Müller: Could we have pasta for lunch?

Housekeeping Assistant: Of course, I‘ll prepare that for you. In the meantime, would you like some assistance with your laundry?

Mr. Müller: That would be helpful, thank you.

Housekeeping Assistant: Great, I‘ll handle that. How about a short walk after lunch? I can accompany you if you‘d like.

Mr. Müller: I‘d love that. It‘s such a nice day out.

4

6

11

Online-Buchung von Arztterminen

Früher wurden Arzttermine üblicherweise telefonisch vereinbart, doch heutzutage ermöglichen Jameda, Doctolib und weitere Unternehmen sowie viele Praxen auf ihren Websites die Online-Terminbuchung. Dies bietet den Vorteil, jederzeit einfach Termine buchen zu können. Jedoch bringt die Umstellung auf digitale Buchungssysteme auch Herausforderungen mit sich. Einige Personen tun sich schwer mit dieser Neuerung oder haben Bedenken hinsichtlich des Datenschutzes. Ein weiteres Problem ist die mögliche Benachteiligung von gesetzlich Versicherten (vgl. Verbraucherzentrale Bundesverband 2023). Erfahrungen zeigen, dass gesetzlich Versicherte Schwierigkeiten haben können, kurzfristige Termine zu finden, während dies für privat Versicherte leichter ist. Zudem verfügt nicht jede Person über die technischen digitalen Voraussetzungen für eine Online-Buchung.

Digitaler Arztbesuch

Insbesondere bei weiten Anfahrten, nach chirurgischen Eingriffen oder bei infektiösen Erkrankungen erweist sich die Videosprechstunde als äußerst hilfreich. Seit 2024 ermöglicht das „Gesetz zur Beschleunigung der Digitalisierung des Gesundheitswesens" medizinischem Personal, unbegrenzt Videosprechstunden abzurechnen. Nun können uneingeschränkt Videosprechstunden angeboten werden, unter der Bedingung, dass die Patientin oder der Patient bereits durch eine laufende Behandlung in der Praxis bekannt ist.

Elektronische Arbeitsunfähigkeitsbescheinigung (eAU)

Seit dem 1. Januar 2023 ist die elektronische Arbeitsunfähigkeitsbescheinigung (eAU) anstelle der drei „gelben Scheine" Standard. Arbeitgeber erhalten die Krankschreibung elektronisch von der Krankenkasse, wodurch gesetzlich Versicherte nicht mehr selbst die Bescheinigungen weiterleiten müssen. Für privat Versicherte gibt es derzeit keine eAU. Versicherte können eine Krankschreibung auch über eine Videosprechstunde erhalten, wenn die Praxis diesen Service anbietet und keine persönliche Untersuchung nötig ist. Neue Patienten können so für bis zu drei Tage, bekannte Patienten für bis zu sieben Tage krankgeschrieben werden. Zusätzlich ist eine telefonische Krankschreibung möglich, jedoch nicht für schwere Erkrankungen. Diese Option steht nur Patienten offen, die innerhalb der letzten zwei Jahre mindestens einmal in der Praxis waren. Eine telefonische Krankschreibung ist auf maximal fünf Tage beschränkt.

Elektronisches Rezept (E-Rezept)

Einlösung von E-Rezepten

Seit 2024 ist es verpflichtend, Rezepte elektronisch auszustellen. Es gibt zwei Methoden, wie diese E-Rezepte in Apotheken eingelöst werden können: Gesetzlich Versicherte können ihre E-Rezepte entweder über eine App einlösen oder auch mittels ihrer elektronischen Gesundheitskarte (eGK). Patienten und Patientinnen erhalten einen Papierausdruck des Rezepts nur noch auf expliziten Wunsch. Aktuell können nur gesetzlich Versicherte das E-Rezept nutzen.

Elektronische Patientenakte (ePA)

Ab 2025 wird für alle gesetzlich Versicherten eine elektronische Patientenakte (ePA) eingerichtet. Die Nutzung der ePA ist freiwillig, und wer sie nicht möchte, kann dies ablehnen. Die ePA bietet Versicherten eine umfassende, weitgehend automatisch generierte digitale Übersicht über Medikationen. Sie umfasst sämtliche Befunde, Röntgenbilder, Allergien und aktuelle Medikamente, alles an einem zentralen digitalen Ort gespeichert. Die Kontrolle über die Daten bleibt bei den Nutzern, der Zugriff durch die Praxis ist nur mit deren Zustimmung möglich.

Mit Skalen arbeiten

Fallbeispiel 1: **Analyse einer Fieberkurve bei häuslicher Betreuung**

Herr Müller ist 76 Jahre alt und insgesamt noch fit. Da er jedoch eine Operation am Kniegelenk hatte und seine Bewegungsfähigkeit vorübergehend eingeschränkt ist, wird er von einem mobilen Pflegedienst betreut: Eine hauswirtschaftliche Fachkraft kümmert sich um den Haushalt und eine Pflegefachkraft versorgt seine Wunde. Eines Tages bemerkt Ihre Kollegin, dass Herr Müller krank wirkt und über Schüttelfrost und Halsschmerzen klagt. Sie beschließen, die Körpertemperatur in den kommenden Tagen zu messen, um bei Bedarf den Arzt zu informieren. Die Fieberkurve zeigt folgende Entwicklung innerhalb einer Woche an:

Tag 1: Beginn der Grippe: Herr Müller entwickelt plötzlich hohes Fieber, das am Abend auf 38,8 °C. ansteigt. Herr Müller zeigt typische Grippesymptome wie Gliederschmerzen und Müdigkeit. Die hauswirtschaftliche Fachkraft sorgt für ausreichende Flüssigkeitszufuhr und Ruhe.

Tag 2: Höhepunkt des Fiebers: Das Fieber steigt auf den Höhepunkt von 39,5 °C. Der Anstieg signalisiert die Aktivität des Immunsystems. Ein Arzt wird hinzugezogen, der eine Grippe diagnostiziert und fiebersenkende Mittel verschreibt.

Tag 3–4: Stabilisierung: Das Fieber beginnt leicht zu sinken (38,5 °C). Der Rückgang des Fiebers deutet darauf hin, dass die Grippe den Höhepunkt überschritten hat und Herr Müller auf dem Weg der Besserung ist.

Tag 5–7: Rückgang des Fiebers und Genesung: Das Fieber sinkt weiter und erreicht am siebten Tag normale Werte (37,3 °C). Herr Müller fühlt sich zunehmend besser und beginnt sich von der Grippe zu erholen.

Fallbeispiel 2: **Frau Weber**

Frau Weber, eine 78-jährige Dame, entwickelt eine bakterielle Infektion, die sich durch Fieber manifestiert. Sie wird von ihrem Hausarzt behandelt, der empfiehlt, ihr Fieber über eine Woche zweimal täglich zu messen. Die Fieberwerte sind wie folgt:

- ***Tag 1:** Morgens 38,2 °C, Abends 38,7 °C*
- ***Tag 2:** Morgens 38,5 °C, Abends 39,0 °C*
- ***Tag 3:** Morgens 38,8 °C, Abends 39,3 °C*
- ***Tag 4:** Morgens 39,1 °C, Abends 39,4 °C (Beginn der Antibiotikatherapie)*
- ***Tag 5:** Morgens 38,9 °C, Abends 38,4 °C*
- ***Tag 6:** Morgens 38,3 °C, Abends 37,9 °C*
- ***Tag 7:** Morgens 37,5 °C, Abends 37,2 °C*

Aufgabe

Erstellen Sie eine Fieberkurve und analysieren Sie diese. Ziel ist es, die Entwicklung des Fiebers infolge der bakteriellen Infektion und den Effekt der Antibiotikabehandlung zu visualisieren.

Anleitung:

1. Erstellen sie ein Koordinatensystem mit der x-Achse, die die Tage (1 bis 7) darstellt, und der y-Achse für die Fieberwerte in Grad Celsius (37 bis 40 Grad). Jeder Tag wird in zwei Abschnitte unterteilt, um die morgendlichen und abendlichen Messungen darzustellen.
2. Tragen Sie die Fieberwerte für jeden Tag auf der y-Achse ein, markieren morgendliche und abendliche Werte und verbinden diese Punkte mit Linien, um den Verlauf des Fiebers zu zeigen.

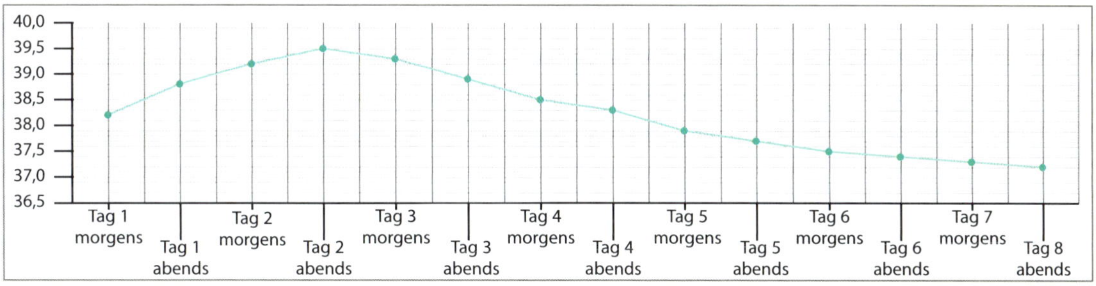

Nachhaltig handeln im Senioren- und Pflegeheim

Das Hauswirtschaftsteam des Senioren- und Pflegeheims „Lebensfreude" plant, ein Programm zu entwickeln, bei dem die Bewohnerinnen und Bewohner aktiv in hauswirtschaftliche Tätigkeiten eingebunden werden. Ziel ist es, die Selbstständigkeit zu fördern und gleichzeitig einen Beitrag zur Nachhaltigkeit zu leisten. Folgende Aktivitäten stehen im Fokus: gemeinsames Kochen und Backen, Textilpflege und Gartenarbeit. Als Teil des Hauswirtschaftsteams machen sie sich Gedanken, wie man die Bewohnerinnen und Bewohner für das Thema Nachhaltigkeit in der Hauswirtschaft sensibilisieren kann.

Aufgabe 1

Recherche: Recherchieren Sie nach weiteren Möglichkeiten, wie man die Bewohnerinnen und Bewohner in hauswirtschaftliche Tätigkeiten einbinden kann, die einen Beitrag zur Nachhaltigkeit leisten. Überlegen Sie dabei, wie diese Tätigkeiten in den Alltag integriert werden können.

Aufgabe 2

Erstellen Sie nach dem unten stehenden Muster eine Liste der zu bedenkenden Aspekte. Sortieren Sie die Aspekte nach den drei Dimensionen der Nachhaltigkeit.

Aufgabe 3

Auswertung: Überlegen Sie, wie Sie die Ergebnisse Ihrer Recherche und die erstellte Aspekteliste nutzen können, um den Blick auf den Betrieb ‚Lebensfreude' und Ihren eigenen Ausbildungsbetrieb zu schärfen. Welche Maßnahmen könnten umgesetzt werden?

Beispiel für nachhaltiges Handeln in einem Senioren- und Pflegeheim

Ökologische Aspekte	Ökonomische Aspekte	Soziales (inkl. Gesundheit)
Kompostierung organischer Abfälle	Energieeffiziente Waschmaschine	Gesundheitsförderung durch Bewegung und Aktivität
…	…	…

Verpflegung als Dienstleistung zu besonderen Anlässen planen und durchführen

Lernsituation

Im dritten Ausbildungsjahr arbeiten Sie u.a. in der zentralen Großküche Ihres Ausbildungsbetriebes, des Hauses Lindenhof, einer Senioreneinrichtung. Die professionelle Zentralküche führt neben der Vollverpflegung für die Bewohner und Bewohnerinnen der Einrichtung einen Catering- und Veranstaltungsservice, der Kulinarisches zu besonderen Anlässen anbietet. Der Catering-Service bietet alle Leistungen für Feste jeder Art, z.B. kalt-warme Büfetts oder Menüs, Getränke und Geschirr. Gemeinsam mit Ihrer Ausbilderin sind Sie für die Planung und Durchführung zweier größerer Feiern zuständig. Es handelt sich dabei um ein Betriebsfest und die Weihnachtsfeier einer Schule.

12.1 Der Tischgast

Der Tischgast ist derjenige, für den Speisen und Getränke zubereitet und im Rahmen einer Mahlzeit bereitgestellt bzw. serviert werden. Ziel ist es, mit den Mahlzeiten eine bedarfsgerechte Ernährung unter Berücksichtigung der Ernährungsempfehlungen anerkannter Institutionen sicherzustellen (s. S. 67, 330 f.). Zudem führen Mahlzeiten Menschen zusammen. Insbesondere bei Festen und Feiern werden viele Menschen in Kontakt gebracht. Mahlzeiten haben auch soziale und kulturelle Dimensionen und eine ganzheitliche Betrachtung einer Mahlzeitensituation trägt zu einem guten Verpflegungsangebot bei.

12.1.1 Merkmale des Tischgastes

Tischgäste unterscheiden sich durch ihre soziodemografischen und individuellen Merkmale:

In der Regel sind die soziodemografischen Merkmale durch die Art des Verpflegungsbetriebes festgelegt. Kinder bis zum Grundschulalter werden z. B. in Kindertagesstätten verpflegt. Bei den individuellen Voraussetzungen sind die gesundheitlichen Anforderungen wie z. B. durch Allergien, Unverträglichkeiten oder Erkrankungen eine große Herausforderung für das Verpflegungsangebot. Aber auch unterschiedliche kognitive Voraussetzungen, die sich durch Einschränkungen im Sprachverstehen oder auch durch das Nichtverstehen der deutschen Sprache äußern können, müssen Berücksichtigung finden. In Einrichtungen, die Einzelpersonen über einen längeren Zeitraum verpflegen, werden die individuellen Daten zentral erfasst und der Küche und dem Service zur Verfügung gestellt.

Des Weiteren bringt der Tischgast ein im Laufe des Lebens erworbenes Ernährungsverhalten mit, das sich u. a. auf die Speisenauswahl auswirkt. Kenntnisse über den kulturellen Hintergrund und die Essbiographie des Einzelnen ermöglichen eine passende Gestaltung der Mahlzeitensituation. Für alte Menschen mit Unterstützungsbedarf können die gewohnten Rituale einer Mahlzeit, wie z. B. die Uhrzeit und das Gedeck, wichtig sein, um eine Mahlzeit als angenehm zu empfinden.

Personenbezogene Daten *sind all jene Informationen, die sich auf eine natürliche Person beziehen oder zumindest beziehbar sind und so Rückschlüsse auf deren Persönlichkeit erlauben. Dies sind z. B. Informationen über die ethnische und kulturelle Herkunft, politische, religiöse und philosophische Überzeugungen, Gesundheit, Sexualität und Gewerkschaftszugehörigkeit. Sie sind besonders schützenswert.*
Betroffene haben das Recht auf informationelle Selbstbestimmung. Laut Datenschutzgrundverordnung dürfen diese Daten nur mit Zustimmung erhoben werden und die Verarbeitung darf nur erfolgen, wenn eine Notwendigkeit besteht.

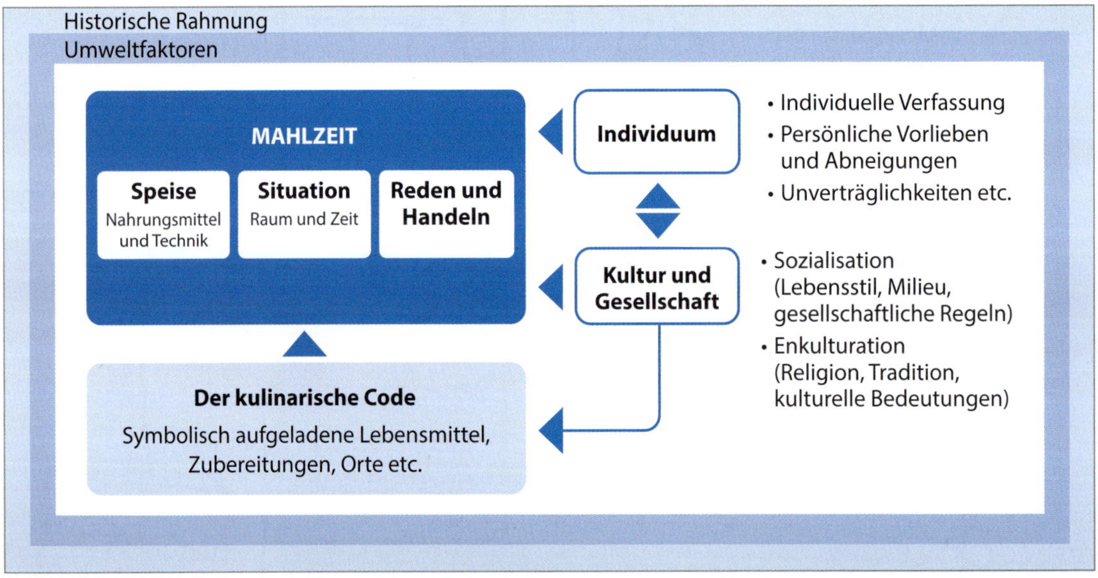

Mahlzeitenmodell

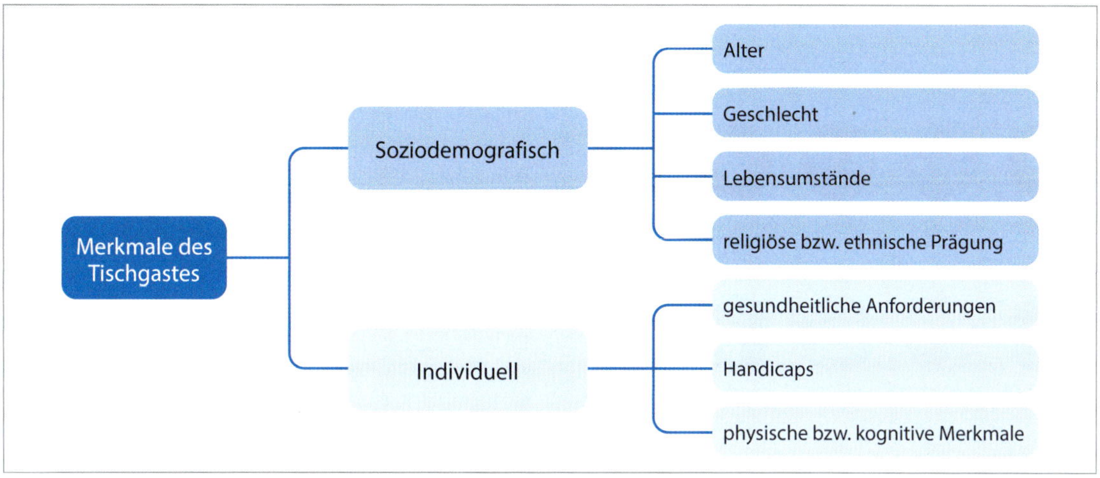

Merkmale des Tischgastes

AUFGABEN

1. Beschreiben Sie die soziodemografischen Merkmale der Tischgäste Ihres Ausbildungsbetriebs.
2. Nennen Sie verschiedene religiöse bzw. ethnische Prägungen.
3. Bei älteren Menschen kann die Handkraft eingeschränkt sein. Leiten Sie ab, welche Unterstützung bzw. Hilfsmittel betroffene Tischgäste erhalten sollten.

Nahrungsmittelallergien

Bei einer Allergie reagiert das Immunsystem überempfindlich auf eigentlich harmlose körperfremde Substanzen (Allergene) wie zum Beispiel Pflanzenpollen oder bestimmte Nahrungsmittel. Die Symptome einer Nahrungsmittelallergie zeigen sich in der Regel schon bei kleinen Mengen des betreffenden Lebensmittels, z. B.:

- Magen-Darm- Trakt (Bauchschmerzen, Übelkeit, Erbrechen, Durchfall)
- Haut (Juckreiz, Nesselsucht)
- Atemwege (Niesreiz, Husten, Atemnot)
- Sonstiges (Fieber, Kopfschmerzen, tränende Augen)

Bei der in Deutschland üblichen Ernährungsweise verursachen die folgenden Lebensmittelgruppen eine Allergieproblematik:

Pflanzliche Lebensmittel	Tierische Lebensmittel
• Nüsse (besonders Erd-, Hasel- und Walnüsse) • Gemüse (besonders Sellerie, Karotten, Soja, Paprika) • Obst • Kräuter • Gewürze • Getreide	• Milch • Milchprodukte • Hühnereier • Fisch

Bei einer diagnostizierten Nahrungsmittelallergie wird in der Therapie das allergieauslösende Lebensmittel gemieden. Bei Verpflegungsangeboten müssen die Gäste über allergene Zutaten informiert werden. Ein Allergenmanagement sollte in den jeweiligen Betrieben eingeführt sein.

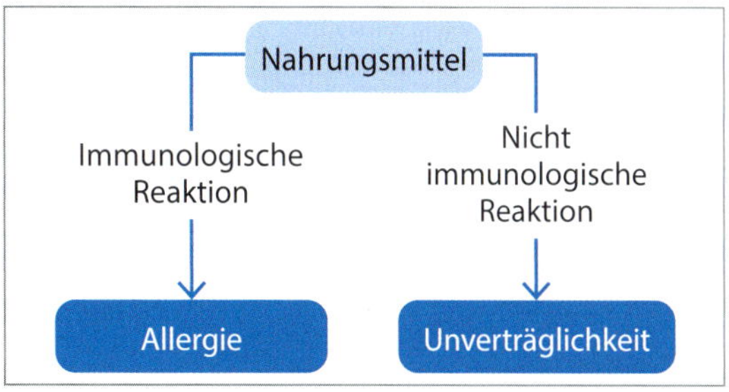

In Deutschland kennzeichnungspflichtige Allergene sind:

Kennzeichnungspflichtige Allergene in Deutschland

Weitere Informationen unter: www lgl.bayern.de

AUFGABEN

4. Beschreiben Sie die Möglichkeiten der Kennzeichnung von Allergenen in der Gemeinschaftsverpflegung.

5. Diskutieren Sie, ob eine Einbindung der „allergenen" Gefahr in das HACCP-Konzept von Gemeinschaftseinrichtungen sinnvoll wäre.

Nahrungsmittelintoleranzen

Bei Nahrungsmittelintoleranzen reagiert der menschliche Körper abnorm auf die Zufuhr eines Lebensmittels ohne Einfluss des Immunsystems. Es kann beispielsweise ein Enzymmangel vorliegen, was bedeutet, dass Bestandteile eines Lebensmittels nicht verdaut werden können. Die Symptome sind Übelkeit, Bauchschmerzen und Durchfall.

Hinweise der Tischgäste auf Nahrungsmittelintoleranzen sind ernst zu nehmen und in der Essbiographie festzuhalten. Alternativen für häufig auftretende Intoleranzen, wie z.B. Milchalternativen bei Lactoseintoleranz, sind bereitzuhalten.

glutenfrei

lactosefrei

Die deutsche Zöliakie-Gesellschaft DZG e.V. führt das Glutenfrei-Symbol als eingetragenes Warenzeichen und vergibt es im Rahmen eines Lizenzvertrages an nationale Hersteller und Vertriebe glutenfreier Lebensmittel. Dieses Lizenzierungsverfahren ist europaweit einheitlich und basiert auf dem Standard des AOECS (= Association of European Coeliac Societies).

Lactoseintoleranz

- Milchzucker wird mangelhaft verdaut
- als unmittelbare Folge tritt u. a. Durchfall auf
- Verzehr lactosefreier bzw. lactosearmer Lebensmitte

Fructosemalabsorption

- Fruchtzucker verbleibt im Darm
- als unmittelbare Folge tritt u. a. Durchfall auf
- Verzehr lactosefreier bzw. lactosearmer Lebensmittel
- Haushaltszucker ersetzen

Glutenunverträglichkeit

- Gluten schädigt die Dünndarmschleimhaut
- als unmittelbare Folge tritt Durchfall auf
- längerfristige Folgen sind u. a. Müdigkeit und Mangelerscheinungen
- glutenhaltige Lebensmittel müssen strikt gemieden werden

Lactoseintoleranz, Fructosemalabsorption, Glutenunverträglichkeit

Liegt eine Unverträglichkeit Gluten gegenüber vor, sind glutenfreie Lebensmittel zu wählen.

Glutenunverträglichkeit ist keine Allergie, sondern eine Überempfindlichkeit gegen Bestandteile von Gluten- dem Klebereiweiß von bestimmten Getreidesorten.

FÜR DIE PRAXIS

Glutenfrei sind: Mais, Reis, Amaranth, Quinoa, Hirse.
Ebenso können Kartoffeln, Soja, Gemüse und Eier bei einer glutenfreien Ernährung eingesetzt werden.

AUFGABEN

6. Nennen Sie lactosereiche Lebensmittel und geben Sie passende lactosefreie Ersatzlebensmittel an.

7. Stellen Sie Rezepte für ein glutenfreies Kuchenbüfett zusammen.

12.1.2 Tischgäste als Gruppe

Das gemeinsame „An einem Tisch sitzen" schafft einen gewissen Gruppencharakter, insbesondere wenn sich Gespräche zwischen den Anwesenden der Tischgemeinschaft ergeben. Das Aufteilen und gemeinsame Einnehmen von Speisen ist ein gruppenbildendes Erlebnis, das die Anwesenden für einen bestimmten Zeitraum vereint.

Tischgruppen entstehen zufällig, wenn sich z.B. in einer Schulverpflegung jeder sich sein Essen holt und mit anderen Schülern und Schülerinnen an einem Tisch Platz nimmt. Stabilere Tischgruppen sind häufig in Gemeinschaftseinrichtungen vorzufinden, wenn sich die Bewohner und Bewohnerinnen regelmäßig zu den Mahlzeiten zusammenfinden.

In einer Tischgastgruppe treffen meist unterschiedliche Ernährungsgewohnheiten aufeinander. Der einzelne Tischgast erwartet aber trotzdem ein Speisenangebot, das seinen Vorstellungen entspricht. Da das Verpflegungssystem sich an Gruppen richtet, können nicht alle Varianten des Ernährungsverhaltens berücksichtigt werden. Es müssen Kompromisse eingegangen werden. Heutzutage werden Menüs für z.B. unterschiedliche Kulturkreise oder Ernährungsstile nebeneinander angeboten. Tischgäste mit Einschränkungen müssen Unterstützung erfahren.

Gemischte Tischgemeinschaft

12.1.3 Situationsorientierung

Neben der Personenorientierung sollte das Erbringen der Dienstleistung auch situationsorientiert erfolgen. Es macht einen Unterschied, ob das Mittagessen im normalen Wochenalltag oder als Mahlzeit für einen besonderen Anlass, wie z.B. einen runden Geburtstag oder einen Feiertag, angeboten wird. Das Speisenangebot, die Tisch- und Raumgestaltung, die Zeit und der Service werden spezifisch auf die Situation hin ausgerichtet.

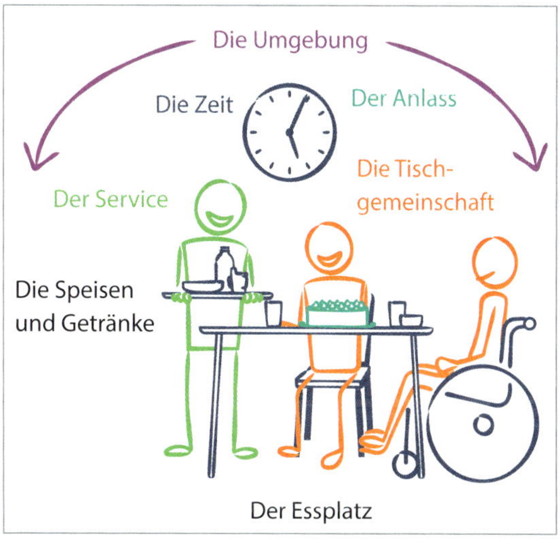

Situationsorientierung bei dem hauswirtschaftlichen Verpflegungsangebot

2
8
12

Zeit
Mahlzeiten gliedern den Tag in Zeitabschnitte und geben ihm eine Tagesstruktur. Mahlzeiten unterbrechen die Arbeitszeit. Mahlzeiten werden in Haupt- und Zwischenmahlzeiten eingeteilt. Das Zeitfenster und die Zeitspanne, die für ein „Mahl" bereitgestellt werden, sind daher gut zu planen. Dabei ist zum einen der individuelle Zeitbedarf des Tischgastes zu berücksichtigen. Ein älterer Mensch in einer Senioreneinrichtung benötigt zum Einnehmen einer Mahlzeit mehr Zeit als ein Jugendlicher, der in der Pause in die Schulkantine stürmt. Des Weiteren ist der soziale Zeitbedarf für z. B. Kommunikation und Begegnungen zu beachten. Gerade bei feierlichen Anlässen wird eine längere Essensdauer mit Pausen zwischen den einzelnen Gängen gewünscht. Der Zeitbedarf der Servicekräfte ist dementsprechend anzupassen. Auch sie sollten soziale Zeit für z. B. eine Begrüßung und ggf. Betreuung während des Essens zur Verfügung haben.

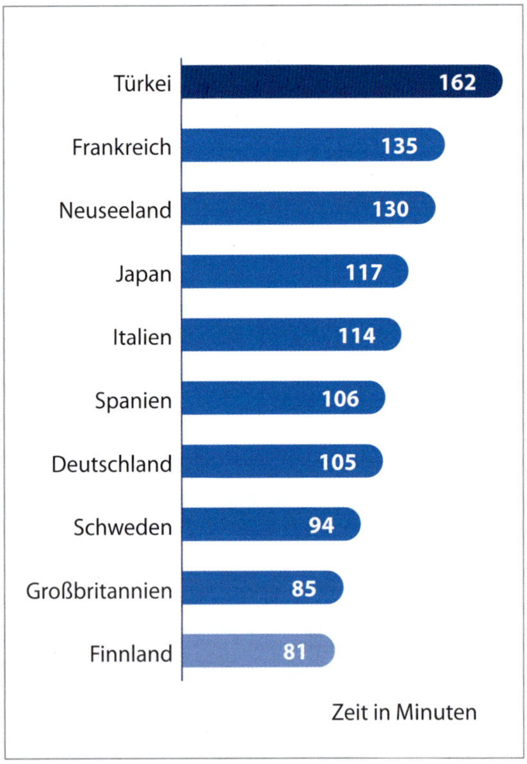

Durchschnittliche Zeit, die am Tag mit Essen und Trinken verbracht wird

Umgebung
Mahlzeiten werden in Räumen eingenommen. Die räumlichen Bedingungen beeinflussen die Zufriedenheit der Tischgäste maßgeblich.

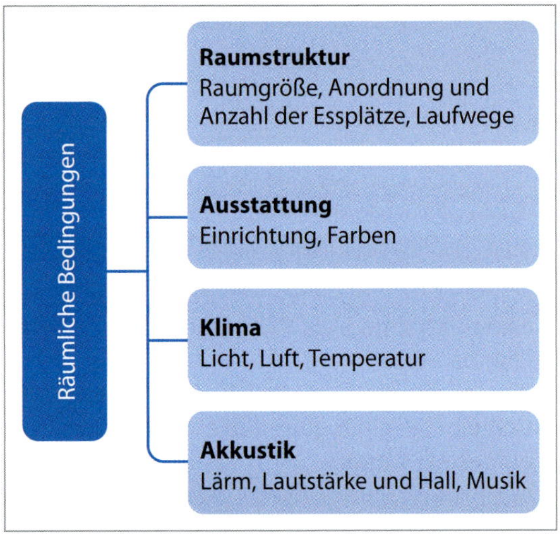

Die Anordnung der Essplätze richtet sich nach den Räumlichkeiten, der Anzahl der Verpflegungsteilnehmer, dem Anlass und der Art der Bewirtung. Bestuhlung, Tisch- und Tafelformen sollten bei Auftragsannahme mit den Gästen abgesprochen werden. Jede Person sollte eine Tischbreite von 70 bis 80 cm zur Verfügung haben. Runde Tische sind für kleine Gruppen bis zu zehn Personen geeignet. Mit Einlegplatten können sie zu ovalen Tischen erweitert werden. Quadratische oder rechteckige Tische sind für kleinere Räume und größere Personenzahlen besser geeignet. Für größere Gesellschaften können sie als lange Tafel, Block oder in U-, T- oder E-Form zusammengestellt werden. Beim Stellen der Tische muss ausreichend Platz für den Durchgang gelassen werden. In Pflegeeinrichtungen muss zusätzlich Platz für Rollstühle oder Gehwagen eingeplant werden.

Die Tischanordnung trägt wesentlich zur Gestaltung des Raumes bei.

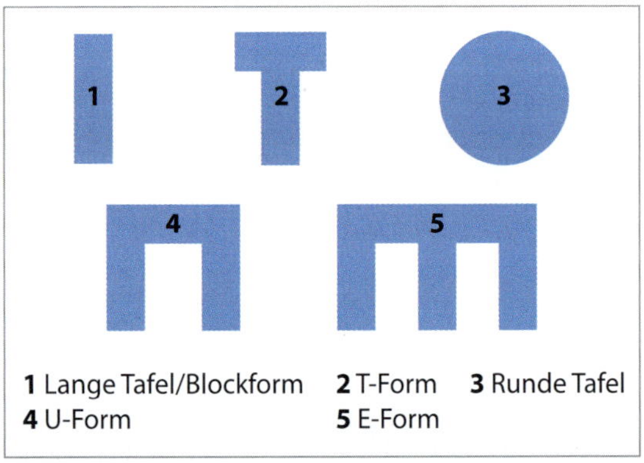

Tischanordnung

Raumkontrolle mit Blick für die Situation schafft Sicherheit und trägt zur Zufriedenheit aller Beteiligten mit dem Verpflegungsangebot bei.

Essplatz
Bei besonderen Anlässen kommt der Gestaltung des Essplatzes eine besondere Bedeutung zu, da sie sich vom gewohnten Standard in der Alltagsgestaltung unterscheiden sollte. Neben den Grundinformationen über die Tischgäste und ihre Mahlzeiten ist der Anlass besonders zu berücksichtigen. Das Eindecken, das Gedeck und die Dekoration sind abzustimmen. Die Wünsche des bzw. der Tischgäste und Kunden sollten berücksichtigt werden.

Festlich gedeckter Tisch

AUFGABEN

8. Nennen Sie Anlässe, zu denen eine besondere Verpflegung in hauswirtschaftlichen Betrieben angeboten wird.

9. Vergleichen Sie Zeitspannen, die für verschiedene Mahlzeiten eingeplant werden.

10. Entwickeln Sie einen Vorschlag für die Gestaltung des Essplatzes eines Tischgastes zum 80. Geburtstag.

12.1.4 Kommunikation

In einem Vorgespräch mit dem/der Gastgeber/-in oder den Kunden werden die Wünsche und Vorstellungen erfragt und gemeinsam der Rahmen der Veranstaltung abgestimmt.

Gibt es einen Anlass oder ein Motto, so bestimmt dies die Tischgestaltung, Tafelform, Menüauswahl und Dekoration.

Die Gästezahl und Information über die Tischgäste (z. B. Alter, Nationalität) sind wichtig, um die Veranstaltung optimal planen zu können. Das Rahmenprogramm (z. B. Reden, musikalische Beiträge) muss abgeklärt werden, damit der Service richtig geplant werden kann. Eine fachkompetente Beratung in Bezug auf die Menüauswahl, den zeitlichen Ablauf und den Kostenrahmen bieten dem Kunden einen guten Überblick und liefern wichtige Planungsdaten für die Organisation der Veranstaltung.

Der oder die anspruchsvolle Kunde/ Kundin erwartet eine kompetente Beratung und ein »Dienstleistungsangebot«, das die Erwartungen erfüllt. Die Durchführung von Sonderveranstaltungen, Empfängen, Tagungen etc. verlangt daher von den Mitarbeitenden besondere persönliche Eigenschaften und fachliche Kompetenzen.

- Fachliche Kompetenz: z. B. Zusammenstellen von Menüs, Planung und Organisation, Fachsprache, Kommunikation
- Persönliche Kompetenz: Höflichkeit, zuhören können, die Fähigkeit, Wünsche der Kunden richtig zu erkennen, Überzeugungskraft.

Im Anschluss an das Vorgespräch startet die Planungsphase, in der eine konkrete zeitliche Planung aller anstehenden Arbeiten erfolgt.

- Langfristige Arbeiten, z. B. Tafelform festlegen, Bestand an Geschirr, Besteck, Gläsern, Tischwäsche u. a. prüfen
- Mittelfristige Arbeiten, z. B. Menüauswahl, Planung der Raum- und Tischdekoration, Besteck/ Geschirr kontrollieren, Einkaufslisten erstellen
- Kurzfristige Arbeiten: z. B. Einkauf, Tische eindecken, Mitarbeitereinsatz

Checkliste für das Gespräch bei der Auftragsannahme:

- Name, Anschrift, Telefonnummern und E-Mail-Anschrift des Auftraggebers
- Termin der Veranstaltung, Anlass
- Anzahl der Personen, Alter
- Tafelform
- Ausstattung, Dekoration, Motto
- Angebot an Speisen (Vegetarier, Allergiker, Intoleranzen)
- Angebot an Getränken: vor dem Essen/zum Essen/nach dem Essen
- Service
- zeitlicher/organisatorischer Ablauf
- Kostenrahmen

12.2 Besondere Speisenangebote

Serviceorientierte Dienstleistungen im Bereich Verpflegung werden personen- und situationsorientiert erbracht. Es macht einen Unterschied, ob ein Mittagessen im Rahmen des Regelangebots serviert wird, oder ob es ein Festmahl z. B. anlässlich eines Feiertages ist. Neben Feiertagen bieten Feste (z. B. Geburtstage, Jubiläen) und Veranstaltungen (z. B. Tag der offenen Tür, externe Gäste) Anlass für ein besonderes Speisenangebot.

12.2.1 Das Menü

Ein Menü ist eine Speisenfolge von mindestens drei Gängen, die in einer harmonischen Reihenfolge verzehrt werden.

Entsprechend der Auswahl der Speisen und dem Anlass werden unterschieden:

- Grundmenü (einfaches Menü) mit drei Gängen,
- erweitertes Menü mit vier bis fünf Gängen für besondere Anlässe,
- Festmenü mit sechs oder mehr Gängen zu Feierlichkeiten.

Grundmenü	Erweitertes Menü
• Suppe • Hauptgericht • Dessert	• kalte Vorspeise vor der Suppe • Suppe, warme Vorspeise oder Fischgericht • Hauptgericht • Käsegericht • Dessert

Kalte und warme Vorspeisen werden sowohl als kleine appetitanregende Speise in einem mehrgängigen Menü vor der Suppe, zum Sektfrühstück, bei kleinen Festlichkeiten als auch bei Imbissen und Stehempfängen angeboten. Die Portionsgröße muss angemessen sein.

Kalte Vorspeisen sind kleine Gerichte, die das Menü eröffnen. Sie werden aus hochwertigen, pikanten und leicht verdaulichen Rohstoffen hergestellt. Sie sollen appetitanregend und nicht zu scharf gewürzt, geschmackvoll angerichtet und ansprechend garniert sein. Kalte Vorspeisen werden gekühlt (3 bis 5 °C) serviert. Meistens werden Butter, Baguette oder Toast dazu gereicht. Warme Vorspeisen sind kleine, pikante Gerichte, die nach der Suppe als Übergang zum Hauptgericht angeboten werden. Sie bestehen aus Fleisch, Gemüse, Reis und Teigwaren, lassen sich gut vorbereiten und zügig anrichten und servieren.

Menüregeln

Bei der Planung eines Menüs wird das Hauptgericht zuerst festgelegt, Vorspeisen, Beilagen und Dessert werden darauf abgestimmt.

Aspekte der Arbeitsorganisation müssen stets bei der Menüplanung einbezogen werden, ebenso sind die Wareneinsatzkosten generell zu berücksichtigen.

Folgende Regeln gelten für die Menüplanung:

1. **Ernährungsbedarf:** Menüs sollten in ihrem Gehalt an Nährstoffen, Vitaminen und Mineralstoffen sowie in ihrem Energiegehalt an den Bedarf der Essensteilnehmer angepasst sein.

FÜR DIE PRAXIS

Die Portionsgrößen sollten je nach Anzahl der Gänge und dem Bedarf der Zielpersonen kleiner gehalten werden. Eine abwechslungsreiche Lebensmittelauswahl sorgt für eine gute Nährstoffversorgung.

Weitere Informationen unter:
www.kuechengoetter.de

2. **Sättigungswert:** Bei mehr als drei Gängen sollten die einzelnen Gänge keinen zu hohen Sättigungswert haben.

FÜR DIE PRAXIS

Mit Sahne oder mit Mehlschwitze gebundene Speisen haben einen hohen Sättigungswert, ebenso wie mit Käse überbackene Speisen.

3. **Marktangebot und Saison:** Regionale und saisonale Lebensmittel sollten bevorzugt werden. Sie sind sowohl frisch als auch hochwertig in Bezug auf Geschmack, Nähr- und Wirkstoffe und werden preisgünstig angeboten.

FÜR DIE PRAXIS

Menüpläne sollten saisonale Lebensmittel, insbesondere bei der Gemüse- und Obstauswahl, bevorzugen. Lieferanten der Region bieten hochwertige Lebensmittel an.

4. Je nach **Jahreszeit** werden von den Tischgästen verschiedene Speisenangebote erwartet:
   - In der kalten Jahreszeit werden kräftige und energiereichere Speisen bevorzugt, z. B. Schweinebraten, Rotkohl, Kartoffelklöße.
   - In der warmen Jahreszeit werden lieber leichte, frische Speisen verzehrt, z. B. Omeletts, Gemüseaufläufe, Spargel, Salate.

5. **Abwechslung und Harmonie:** Unterschiedliche Farben fördern den Appetit und Genuss beim Verzehr. Nach einer hellen Speise sollte eine dunkle oder farblich hervorgehobene Speise folgen. Nach einer heißen Suppe sollte allerdings keine kalte Speise folgen.

FÜR DIE PRAXIS

Kräuter und verschiedene Techniken zum Garnieren und Verzieren erhöhen zudem den optischen Wert der Speisen.

Garnierte Speisen

6. **Keine Wiederholungen:** Sie machen ein Menü eintönig und beeinträchtigen den Genuss der Speisen. Dies betrifft die
   - Auswahl der Rohstoffe, z. B. Champignoncremesuppe, Lendchen in Pilzrahmsoße (2-mal Pilze)
   - Gartechnik, z. B. überbackene Zwiebelsuppe, Lasagne, Apfelpfannkuchen (3-mal gebacken)
   - Art der Bindung, z. B. Spargelcremesuppe, Fisch in Weinsoße, Flammeri
   - Geschmacksrichtung, z. B. Schinken in Portwein, Weinschaumcreme

FÜR DIE PRAXIS

Eine Checkliste mit entsprechenden Kriterien hilft bei der perfekten Menüplanung.

7. **Ergänzung der Mahlzeitenbestandteile:** Zu kurz gebratenen Fleischgerichten passen Beilagen wie Kartoffelkroketten oder Gratinkartoffeln. Zu soßenhaltigen Fleischgerichten eignen sich Beilagen wie Salzkartoffeln, Nudeln und Klöße, die Soße aufnehmen.

8. **Nachhaltigkeit:** Durch die Auswahl der Lebensmittel, den Einkauf, die Herstellung und eine gute Planung können die Betriebe ihren Beitrag zu einer nachhaltigen Ernährung, die gesundheitsfördernd, sozial, klimaschonend und das Tierwohl berücksichtigt, leisten.

FÜR DIE PRAXIS

Speisen mit einem großen Anteil pflanzlicher Lebensmittel schonen das Klima. Beim Einkauf sollten ökologische und fair gehandelte Lebensmittel berücksichtigt werden. Die Zubereitung sollte unter Beachtung der Hygieneregeln ressourcenschonend erfolgen.

Bei Herden und Backöfen sind Geräte der Energieeffizienzklassen A+, A++ oder A+++ die sparsamsten im Energieverbrauch (s. S. 64). Die Nutzung von Gas ist dabei sehr effizient. Die Ausstattung mit hochwertigen Töpfen mit glatten Böden und passenden Deckeln, die auf dem entsprechenden Kochfeld genutzt werden, ist ebenfalls ressourcenschonend. Das Einhalten von Garzeiten und die Nutzung von Restwärme sind weitere Maßnahmen um den Energieverbrauch zu reduzieren. Backöfen müssen grundsätzlich nicht vorgeheizt werden bei dem zu bevorzugenden Heiß- und Umluftbetrieb.

AUFGABEN

1. Recherchieren und erstellen Sie eine Liste mit Mengenangaben für eine Portion.
2. Nennen Sie je fünf Beispiele für kalte und warme Vorspeisen und beschreiben Sie deren Zubereitung.
3. Entwickeln Sie eine Einteilung für Suppen nach den Zutaten bzw. Herstellungsverfahren und geben Sie je Gruppe drei Beispiele.
4. Fleischgerichte unterscheiden sich durch das verwendete Schlachttier und das verwendete Portionsstück. Erklären Sie diese Aussage.
5. Vergleichen Sie die Fische Forelle, Seelachs, Hering, Scholle anhand der folgenden Kriterien: Herkunft, Fettgehalt, Körperform, Zubereitung, Nährstoffgehalt.
6. Beurteilen und verbessern Sie folgende Menüs:
   - **Menü 1** (Tagungshaus): Pilzrahmsuppe – Seelachsfilet in Weißwein, junge Möhren, Kartoffelpüree – Mandelcreme
   - **Menü 2** Sommermenü (Senioreneinrichtung): klare Ochsenschwanzsuppe – Schweinesteak, Kräuterbutter, Krautsalat, Kartoffelkroketten – Birne Hélène mit heißer Schokoladensoße
7. Stellen Sie ein festliches 3-Gänge-Menü anlässlich eines sechzigsten Geburtstages (im Juni) für 20 Personen zusammen. Die Gastgeberin wünscht ein leichtes Essen und hat Gäste eingeladen, die dem Islam und dem Judentum angehören. Begründen Sie Ihre Auswahl der Speisen.

Menükalkulation

Die Preiskalkulation eines Menüs muss kostendeckend und konkurrenzfähig erfolgen. Kostengünstiger Einkauf der Rohware, fachkundige Auswahl und Berechnung der Rezepte inclusive Kalkulation der Verluste durch Vor- und Zubereitung sowie ein effizienter Einsatz des Personals und der Ressourcen ermöglichen ein betriebswirtschaftlich akzeptables Ergebnis.

Berechnung der Rezepturen

Rezepturen lassen sich digital durch Eingabe der gewünschten Personenzahl auf die benötigten Lebensmittelmengen einstellen. Analog können Rezepte durch Umrechnungsfaktor auf die gewünschte Personenzahl eingestellt werden:

BEISPIEL: *Das Rezept für Quarkspeise für vier Personen lässt sich für 70 Personen umrechnen:*
500 g: 4 = 125 g 125 g · 70 = 8 750 g Quark
100 ml: 4 = 25 ml 25 ml · 70 = 1 750 ml Milch
80 g: 4 = 20 g 20 g · 70 = 1 400 g Zucker

Berechnung von Vor- und Zubereitungsverlusten

Bei vielen Lebensmitteln treten bei der Vor- und Zubereitung Mengenverluste auf. Dies sind z. B. Schäl- und Putzverluste. Der Schälverlust bei Kartoffeln beträgt ca. 20 Prozent. Für eine Kartoffelsuppe werden 3,5 kg geschälte Kartoffeln benötigt. Es müssen 4,375 kg Kartoffeln eingekauft werden.

80 % ≙ 3,5 kg
100 % ≙ x kg

$$x = \frac{3{,}5\ \text{kg} \cdot 100\ \%}{80\ \%} = 4{,}375\ \text{kg}$$

Berechnung mithilfe des Dreisatzes s. S. 164:

	80	% Prozent	≙ entsprechen	3,5 kg
: 80	= gewünschte Kartoffelmenge nach dem Schälen			
	1*	%	≙	0,04375 kg
· 100	mit x malnehmen			
	100	%	≙	4,375 kg
	= Kartoffelmenge vor dem Schälen			

500 g Quark	Berechnung des Umrechnungsfaktors:	500 g · 17,5 = 8750 g Quark
100 ml Milch	$\frac{\text{Portionen } 70}{\text{Rezeptmenge } 4} = 17{,}5$	100 ml · 17,5 = 1750 ml Milch
80 g Zucker		80 g · 17,5 = 1400 g Zucker

Zutat	Benötigte Menge	Preis	Berechnung	Kosten
Quark	8,75 kg	1 kg = 2,98 €	2,98 · 8,75 = 26,075	26,10 €
Milch	1,75 l	1 l = 1,09 €	1,09 · 1,75 = 1,9075	1,91 €
Zucker	1,4 kg	1 kg = 2,24 €	2,24 · 1,4 = 3,136	3,10 €

Kostenkalkulation eines Menüs in Form der Aufschlagskalkulation

Anhand der Rezepte werden zunächst die Material- bzw. Wareneinsatzkosten berechnet.

Gesamtkosten für 70 Personen: 31,11 €
Kosten pro Portion (31,11 € : 70): 0,44 €

Als nächstes werden die Gemein-/Betriebskosten (s. S. 379) addiert. Die Berechnung erfolgt meist durch das Addieren eines bestimmten Prozentwertes, der vom Betrieb festgelegt wird.

Berechnung der Gemeinkosten in Höhe von 155 %:

100 % = 0,44 €
155 % = x €

$$x = \frac{0{,}44 \cdot 155}{100} = 0{,}682$$

Die Gemeinkosten in Höhe von 0,68 € werden addiert: 0,44 € + 0,68 € = 1,12 €. Dies sind nun die Selbstkosten.

Soll ein Gewinn erzielt werden, wird ein weiterer Prozentwert addiert. Üblich sind z. B. die Berechnung mit 20 %:

Selbstkosten	1,12 €
+ 20 % Gewinn	0,22 €
= Nettoverkaufspreis	1,34 €

Wenn man nun noch die Mehrwertsteuer (19 %) addiert, erhält man den Verkaufspreis (Bruttoverkaufspreis):

Nettoverkaufspreis	1,34 €
Mehrwertsteuer	0,25 €
= Verkaufspreis	1,59 €

Für die Gastronomie werden verschiedene Programme zur Kalkulation von Speisen angeboten.

FÜR DIE PRAXIS

- Tabellenkalkulationsprogramme wie Excel eignen sich zur professionellen Speisenkalkulation.
- Auch mobile Lösungen in Form von Apps sind einfache Berechnungstools.

BEISPIEL: *Mit dem Restaurantkompass (https://restaurantkompass.com/online-preisrechner-zur-kalkulation-in-der-gastronomie/) sind einfache Aufschlagkalkulationen blitzschnell durchzuführen.*

AUFGABE

8. Der Quarkspeise sollen frische Orangen (ca. 2 Früchte pro kg Quark) hinzugefügt werden. Berechnen und kalkulieren Sie den Preis pro Portion. Berechnen Sie auch den Schälverlust und beziehen diesen mit ein.

Menükarten

Menükarten gibt es als reine Speisekarten für Tagesmenüs, Mittagsmenüs oder Abendmenüs. Bei Wahlmenüs können die Gäste aus mehreren angebotenen Speisen oder Gängen eine individuelle Auswahl zusammenstellen. Oft sind Menükarten kombinierte Karten, die Speisen in der Reihenfolge der Gänge und Getränke enthalten.

Für besondere Anlässe und Veranstaltungen sollten die Karten personalisiert werden, da sie im Voraus mit dem Gastgeber bzw. der Gastgeberin abgestimmt wurden. Preise werden meist nicht angegeben. Die Menükarten werden gewöhnlich auf den Tischen als Aufsteller, Klappkarte oder im Bilderrahmen sichtbar positioniert. Im Internet oder durch spezielle Programme sind verschiedene Vorlagen für Speise- bzw. Menükarten einfach für spezielle Anlässe zu gestalten.

2
8
12

Beispiel einer Menükarte

Regeln für die Gestaltung

- Menükartenpapier (Material, Stärke) dem Anlass und der Zielgruppe entsprechend auswählen
- Die Farbgestaltung sollte zur Dekoration und dem Anlass passen
- Die äußere Form der Karte darf originell sein, sollte auch dem Anlass entsprechen
- Die Schriftart sollte gut lesbar und ohne Serifen gewählt werden
- Die Schriftgröße sollte für alle Gäste gut lesbar sein
- Anlass, Ort, Datum deutlich machen
- Die Reihenfolge der Gänge sollte dem klassischen Menü entsprechen
- Jeder Gang sollte in einer Hauptzeile benannt werden, in einer Nebenzeile können gegebenenfalls Hinweise zu den Zutaten und Zubereitungen erfolgen

Menükarte am Monitor gestalten

FÜR DIE PRAXIS

Bei einer Klappkarte stehen links die Vorspeisen und rechts die Hauptgerichte.

12.2.2 Büfetts

Büfetts sind Angebotsformen von überwiegend vorportionierten kalten und warmen Speisen, die dem Gast als Sortiment zur Selbstbedienung präsentiert werden. Sie bieten dem Gast die Möglichkeit, sich selbst nach persönlichem Geschmack und Appetit zu bedienen und die Dauer des Essens selbst zu bestimmen. Eine große Anzahl an Gästen kann so zu einer bestimmten Zeit zügig verköstigt werden. Auch kann durch die Selbstbedienung Personal im Service eingespart werden.

Dafür sind u.a. folgende Aufgaben im Büfett-Service zu beachten:

- Büfett zwischendurch ordnen und mit neuen Speisen ergänzen
- Büfett in einem appetitlichen Zustand erhalten
- Platten neu arrangieren
- gebrauchtes Geschirr/Besteck abräumen, sauberes bereitstellen
- Abfälle entfernen
- Gäste bei der Auswahl von Speisen und Getränken beraten
- Speisen portionieren und vorlegen
- Getränke anbieten und ausgeben

Nach dem Anlass werden verschiedene Büfetts unterschieden, z. B.:

- **Frühstücksbüfett,**
- **Brunchbüfett,**
- **Salatbüfett,**
- **kaltes Büfett,**
- **Festbüfett,**
- **Kuchenbüfett.**

Aufbau des Büfetts

Das Büfett soll im Blickfeld der Gäste liegen, gut zugänglich sein und in einem kühlen Bereich des Raumes stehen. Alle Speisen sind für die Gäste bequem erreichbar. Daher sollte das Büfett bei einer großen Gästezahl doppelschenkelig (symmetrisch) angelegt werden. Kleinere Büfetts werden asymmetrisch aufgebaut.

Regeln für den Büfettaufbau

- Das Büfett kann terrassenförmig aufgebaut werden. So bietet es eine größere Stellfläche und betont besonders schöne Platten.
- Die Tische werden mit Tafeltüchern oder Skirtings eingedeckt, die bis zum Boden reichen. Als Tisch-

deckenersatz können Papiertischdecken oder gestärkte weiße Bettlaken verwendet werden.
- Dekorationsmaterial, wie z.B. farblich abgestimmte bunte Tücher und Servietten, sollen dezent und anlassbezogen eingesetzt werden – der Büfettaufbau soll durch das Speisenangebot an sich wirken.
- Blumengestecke und Kerzen verleihen dem Büfett eine festliche Note.
- Geschirr wird jeweils am Anfang und Bestecke (s. S. 466) und Servietten werden am Ende des Büfetts oder gesondert auf einem Beistelltisch aufgestellt. Dessertteller werden neben den entsprechenden Speisen platziert.
- Die Anordnung der Speisen auf dem Büfett entspricht der Menüfolge. Griffe von Saucieren und Vorlegebestecke müssen den Gästen zugewandt sein.
- Die Platten können mit umgedrehten Tellern, Holzstückchen oder flachen Kartons unterbaut werden und kommen dadurch besser zur Wirkung.
- Die angebotenen Speisen werden durch Kärtchen gekennzeichnet.
- Für gebrauchtes Geschirr muss ein Servierwagen oder Beistelltisch als Ablage bereitstehen, ebenso ein Bestecktablett sowie ein Behältnis für Abfälle.
- Ein Blickfang kann zusätzlich durch eine Schauplatte, eine Schautorte oder durch einen repräsentativen Obstkorb gestaltet werden.

Aufbau der Speisen

Alle garnierten und angerichteten Speisen müssen bis kurz vor Beginn des Essens abgedeckt in einem kühlen (und dunklen) Raum kaltgestellt werden. Die Abdeckungen (Frischhaltefolien) werden erst unmittelbar vor Eröffnung des Büfetts entfernt. Da die Speisen bei längerem Stehen unansehnlich werden, empfiehlt es sich, frische Ware in kleineren Mengen anzubieten und öfter aufzufüllen.

Die Reihenfolge der Speisen entspricht der Menüfolge:
- Vorspeisen am Anfang des Büfetts
- Hauptgang und sonstige Fisch- oder Fleischplatten und die dazu passenden Soßen im Zentrum
- es folgen Beilagen und Gemüseplatten
- Soßen und Salate werden bei den zugehörigen Speisen platziert
- Süßspeisen, Käse und Obst stehen an den Seiten
- Brot und Kleingebäck am Büfettende
- Teller stehen am Anfang, Servietten und Besteck am Büfettende.

Je nach betrieblichen Gegebenheiten ist auch ein Abweichen von diesen Angaben möglich.

FÜR DIE PRAXIS

Suppen werden häufig in der Praxis auch getrennt von den Vorspeisen mit separatem Zugang angeboten.

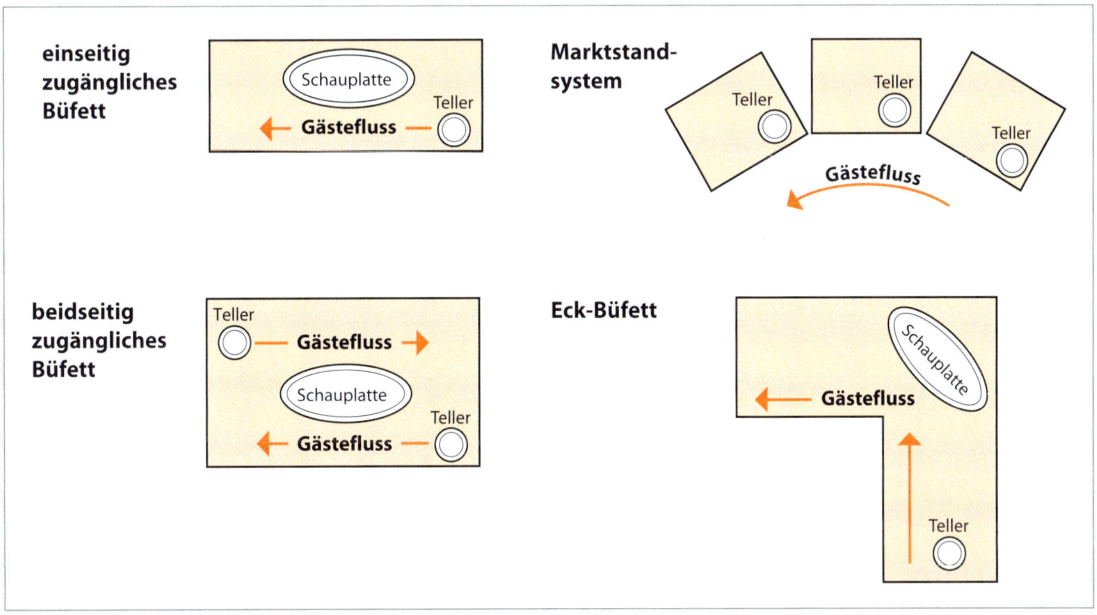

Aufbau von Büfetts

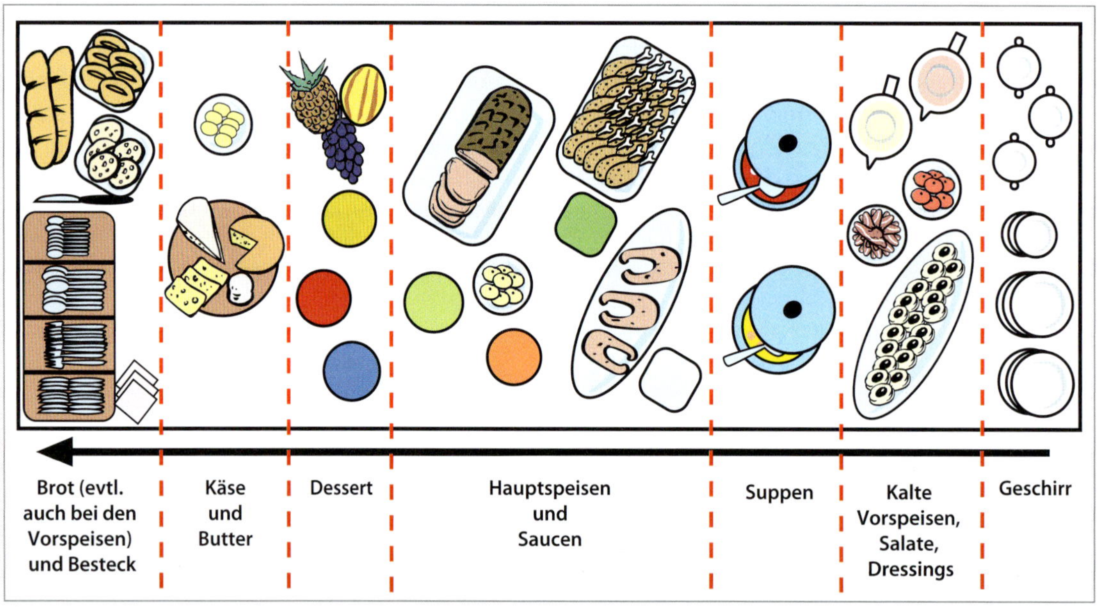

Büfettaufbau

Warmhalteplatten oder sogenannte Chafing-Dishes halten die warmen Speisen bei mindestens 60 °C. Zum Kühlen von Speisen werden Kühlbehälter oder Kühlplatten eingesetzt.

Bei mehr als 30 Personen sollte das Büfett von der Mitte symmetrisch nach beiden Seiten eingerichtet werden. Der Brottisch wird in der Mitte platziert. Die Gäste kommen beidseitig von außen zum Büfett, bedienen sich und gehen zur Mitte hin ab.

BEISPIELE:

Checkliste Ausstattungsmaterialien für Büfetts:

Anrichtematerialien, z. B.

- *Edelstahlplatten*
- *Baumscheiben mit lebensmittelfestem Lack überzogen*
- *Kuchenplatten aus Keramik, Glas oder Porzellan*
- *Backbretter*
- *Backbleche mit Alufolie überzogen*
- *Steinplatten, Marmorplatten – große Kacheln*

Serviergeräte, z. B.

- *Rechauds*
- *Kasserollen*
- *Pfannen*
- *Platten*
- *transportable Kühl- und Wärmgeräte*
- *Schüsseln u. a. Behältnisse*
- *Vorlegebestecke*

Schüsseln, z. B.

- *Schüsseln aus Steingut, Glas, Porzellan, Holz*
- *Pfannen aus Kupfer/Messing*
- *Dessertschalen*

Vorlegebestecke, z. B.

- *Salatbestecke*
- *Fleischgabeln*
- *Fleisch- und Gebäckzangen*
- *große Löffel und Soßenlöffel*
- *Tortenheber*

Behältnisse für Brot/Gebäck, z. B.

- *Körbe*
- *Tabletts*

Aus der Sicht des betrieblichen Gesundheitsmanagements sollten Lebensmittel, die bevorzugt gegessen werden sollten, vorn liegen. Weniger empfehlenswerte Speisen sind weiter hinten zu platzieren. Am Gemüse der Hinweis „Greifen Sie ruhig zweimal zu" kann bei der Auswahl helfen.

AUFGABEN

9. Berichten und skizzieren Sie, wie Sie in Ihrem Betrieb beim Aufbau eines Büfetts vorgehen.

10. Erarbeiten Sie ein Rollenspiel, in dem Sie ein Kundengespräch zur Büfettgestaltung führen.

Hygienevorschriften für Selbstbedienungsbüfetts:

- Die Angebotsmenge muss dem Bedarf angepasst werden. Die Speisen werden im Kühlschrank aufbewahrt und nachgelegt.
- Empfehlenswerte Bereitstellung der Speisen von max. 2 Stunden.
- Übrig gebliebene Speisen dürfen am nächsten Tag nicht mehr angeboten werden.
- Aufbau eines Husten/Spuckschutzes aus Glas/Plexiglas bei regelmäßigem Büfettangebot.
- Platten und Gerätschaften aus Holz sind ungeeignet, da sie sich nicht einwandfrei reinigen lassen.

Büfettarten

Frühstücksbüfett

Das Frühstücksbüfett bietet dem Gast morgens ein sehr reichhaltiges Angebot an Speisen zur Auswahl an. Es kommt damit den unterschiedlichen Verzehrgewohnheiten der Gäste entgegen, da sie selbst die Auswahl und Menge bestimmen können. Der Service wird entlastet – er hat nur noch für die Bereitstellung warmer Getränke und für das Auffüllen des Büfetts zu sorgen.

Frühstücksangebot

Speisenangebot/Speisenaufbau eines Frühstücksbüfetts, z.B.

- Milch und Milcherzeugnisse (Joghurt, Quark)
- Obst, Obstsalat
- Müsli, Cornflakes, Nüsse und Kerne
- Butter, Margarine
- Konfitüren, Fruchtaufstriche, Honig
- Frischobst, Gemüse (Tomaten, Gurken, Paprika)
- Eierspeisen (gekochte Eier, Rührei, Spiegelei/mit Schinken)
- Schinken, Wurstwaren, Käse
- verschiedene Sorten Brot und Kleingebäck
- Kaffee, Tee, Kräutertee, Schokolade, Frucht- und Gemüsesäfte

Weitere sinnvolle Ergänzungen sind u.a.:

- vegane Brotaufstriche
- Käseersatzprodukte
- lactosefreie Milch und Getreidedrinks
- glutenfreies Brot und Brötchen

Getränkeangebot am Frühstücksbüfett

Brunchbüfett

Der Brunch ist eine Kombination von Frühstück (Breakfast) und Mittagessen (Lunch). Das Speisenangebot des Frühstücks wird hierfür mit Suppen, kleinen warmen Gerichten, Gemüse, Fisch, Braten, Salaten und Süßspeisen ergänzt. Brunch wird vor allem an Wochenenden in der Zeit von 11 bis 14 Uhr angeboten. Ein bestimmter Anlass kann die Gestaltung vorgeben, z.B. Osterbrunch, Frühlingsbrunch usw. Die Speisen werden auf einem Büfett aufgebaut, der Gast bedient sich selbst.

Salatbüfett

Viele Gemeinschaftseinrichtungen oder Tagungshäuser bieten Salat an einem Salatbüfett in Selbstbedienung an. Hierbei wird eine Auswahl an verschiedenen Salaten und Dressings im Speiseraum für die Gäste gut erreichbar aufgebaut. Eine schriftliche Kennzeichnung der verschiedenen Salate und Salatsoßen erleichtert den Gästen die Auswahl am Büfett.

Bei regelmäßig aufgebauten Büfetts (z.B. Frühstücksbüfett, Salatbüfett) ist die Hygiene besonders zu beachten, z.B.

- Kühlung
- Spuckschutz
- Speisen nach Bedarf bereithalten (ca. 2 Stunden im Gastbereich)

2

8

12

AUFGABEN

11. In einer Jugendherberge/Tagungsstätte soll ein Salatbüfett eingerichtet werden. Erarbeiten Sie in Gruppen eine Checkliste für die Planung, Bestückung und Kontrolle. Vergleichen Sie Ihre Ergebnisse.

12. Welche Salatauswahl würden Sie jeweils anbieten
a) im Juli bis September,
b) im Dezember bis Februar?

13. Erläutern Sie einer/einem Praktikantin/Praktikanten, welche Hygieneregeln und Maßnahmen zur Nährwerterhaltung bei der Herstellung von Salaten beachtet werden müssen.

Kaltes Büfett

Hierbei werden verschiedene überwiegend kalte Speisen über einen längeren Zeitraum angeboten – die Gäste können zeitunabhängig essen. Das kalte Büfett besteht aus drei Gestaltungselementen:

- Schauplatten – sie dienen als Blickfang und werden mit ausgewählten Speisen und Feinkostartikeln aufwändig gefertigt, z. B. Fisch-, Lachs-, Gemüseplatten
- einfache Platten – z. B. Käse-, Aufschnittplatten
- Schüsseln mit Salaten und Süßspeisen

Bei einem kalten Büfett wird von einer Gesamtspeisemenge von 300 bis 400 g pro Person ausgegangen, das wird in folgende Portionsgrößen aufgeteilt:

- Fleisch, Wurst, Schinken ca. 150 bis 170 g
- verschiedene Salate ca. 80 bis 100 g
- Fischspeisen ca. 50 g
- Brot, Gebäck ca. 50 bis 70 g
- Dessert ca. 100 g

Auch ein kaltes Büfett wird nach den Regeln von Seite 466 aufgebaut und orientiert sich somit an den Vorgaben des klassischen Menüaufbaus.

Anrichten von Platten

Eine Platte sollte schon auf den ersten Blick beeindrucken, daher gilt:

- nur frische und hochwertige Ware verwenden
- alle Zutaten exakt legen und sauber verarbeitet anrichten
- nur artverwandtes und zusammenpassendes Material gemeinsam anrichten (nicht Hausmacherwurst und Roastbeef)
- Platte vor dem Belegen einteilen
- Scheiben exakt portionieren und in exakten Linien gleichmäßig anrichten
- gleichmäßiger Abstand von Scheibe zu Scheibe und von Reihe zu Reihe
- Käsescheiben, Fleisch- und Wurstscheiben sowie Alternativprodukte legen, dass das Gesamtbild der Platte beim Wegnehmen noch wirkt
- Kontraste durch wechselnde Farben
- Ränder der Platte nicht belegen
- große Platten wirken besser als kleine überladene

Für eine optisch schöne Darstellung empfehlen sich Raster.

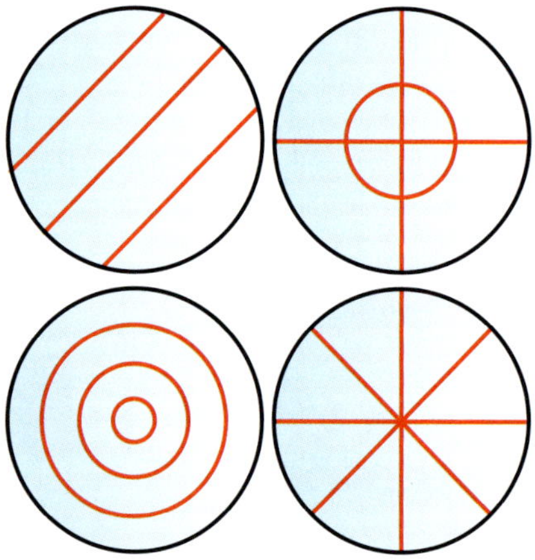

Raster für die Einteilung der Platten

Durch warme Vorspeisen und Kurzgerichte wie z. B. Gulaschsuppe oder herzhaftes warmes Gebäck sowie heiße Hauptgerichte kann das kalte Büfett zu einem **kalt-warmen Büfett** erweitert werden. Dabei ist besonders darauf zu achten, dass der vegetarische Anteil am Büfett ausreichend und ausgewogen ist.

Generell wird dem Gast durch das Eindecken von Besteck am Platz sowie eine Brotauswahl mit Butter auf den Tischen die Bestückung erleichtert.

BEISPIELE: *Geeignete Platten sind:*
versilberte Platten, Chromstahlplatten, Glasplatten, Porzellanplatten, mit Alufolie belegte Bleche (Auswahl nicht empfehlenswert)

Belegen von kalten Platten

- Ware gut kühlen
- Messer schärfen
- Platten, Garniermaterial bereitstellen
- Käse/Wurst/vegane Alternativprodukte aufschneiden

➜ weiche Wurstsorten > 5 mm
➜ feste Wurstsorten 1 bis 2 mm
➜ Salami < 1 mm
➜ roher Schinken < 1 mm
➜ Fleischscheiben verschiedene Stärken
➜ Käse 2 mm

- zu kaltem, gebratenem Fleisch kalte Soßen wie Remouladensoße oder Cumberlandsoße reichen
- Garnitur wählen

Gestaltung von Platten

Benutztes Geschirr und Besteck kann vom Gast selbst in dafür vorgesehene Abstellmöglichkeiten gegeben werden oder wird durch Servicepersonal fachgerecht am Tisch ausgehoben und regelmäßig abgeräumt. Sauberes Geschirr und Besteck müssen immer wieder ergänzt werden – pro Tischgast werden zwei Garnituren veranschlagt.

Bei der Auswahl des Speisenangebots für ein Büfett sind auch die Ernährungsgewohnheiten von Gästen aus anderen Kulturen mit zu berücksichtigen.

AUFGABEN

14. Informieren Sie sich über wichtige Hygienevorschriften für das Speisenangebot in Selbstbedienungsbüfetts. Stellen Sie diese anschaulich dar.

15. Welche Vorteile bietet ein kaltes Büfett/warmes Büfett
a) dem Betrieb? **b)** dem Gast?

16. Ihr Betrieb soll ein kaltes Büfett für ein Begegnungsfest der Kulturen liefern. Erstellen Sie ein Speisenangebot mit den entsprechenden Rezepten.

17. Sie wollen ein in einem Tagungshaus ein rustikales Büfett für 25 Personen herstellen.
a) Machen Sie einen Vorschlag für das Speisenangebot.
b) Überlegen Sie einen Ablaufplanung (z. B. Einkauf, lang-, und kurzfristige Vor- und Zubereitungsarbeiten, Zeitplan, Büfettaufbau).
c) Wie gestalten Sie die Dekoration des Büfetts (Motto, Farbwahl etc.)?

Kuchenbüfett

Kuchenbüfetts werden insbesondere bei Familienfeiern und festlichen Veranstaltungen angeboten.

Ausgewählte Sorten an Kuchen und Torten werden meistens zur Selbstbedienung auf einer Tafel als Büfett aufgebaut. Die angebotenen Gebäcke werden auf Platten angerichtet und durch Kärtchen gekennzeichnet.

Bei Torten und Kuchen sind die Portionen meistens markiert, z. B. 12er, 16er oder 18er-Portionen. Die Kuchen müssen exakt portioniert und geschnitten werden – nur glatte, saubere Schnittflächen sehen appetitlich aus.

Die Tortenheber müssen sauber aussehen. Fast leere Kuchen- oder Tortenplatten entfernen und einzelne Kuchenstücke auf einer Platte arrangieren. Sahne gekühlt (ideale Temperatur beim Aufschlagen ca. 4 °C) anbieten.

In der Cafeteria und Kantine wird dem Gast oft in einer Kühlvitrine eine Auswahl an verschiedenen

Kuchen und Torten präsentiert. Dafür den Kuchen portionieren und auf Tellern angerichtet den Essensteilnehmern zur Selbstbedienung anbieten.

Die Zusammenstellung des Kuchenbüfetts sollte eine Kombination aus Sahnestücken, Cremetorten, Obstkuchen (aus Mürbe- oder Hefeteig), Käsekuchen, aber auch trockene Kuchen (aus Rührmasse) und Kleingebäcke enthalten.
Das Angebot wird von den betrieblichen Gegebenheiten bestimmt.

FÜR DIE PRAXIS

Schneiden von Creme- und Sahnetorten:
Tortenmesser in heißes Wasser tauchen und abstreifen. Das Wasser regelmäßig wechseln.

- Messerspitze in der Tortenmitte senkrecht ansetzen und vorsichtig (nicht quetschen) Tortenstücke durchschneiden.
- Tortenstücke mit einem Tortenheber »stehend« auf dem Teller anrichten.

AUFGABEN

18. Sie sollen gemeinsam mit einer neuen Auszubildenden eine Sahnetorte herstellen. Planen Sie das gemeinsame Arbeiten und stellen Sie Ihr Vorgehen in der Klasse vor.

19. Erarbeiten Sie in Partnerarbeit wesentliche Kriterien für die Zusammenstellung, Mengen und Aufbau eines Kuchenbüfetts. Informieren Sie sich dazu auch in Ihrem Betrieb. Stellen Sie Ihre Ergebnisse in der Klasse vor.

20. Sie sollen kurzfristig eine Kaffeetafel für 30 Personen herstellen. Es ist zu entscheiden, ob/wie Convenience-Produkte sinnvoll eingesetzt werden können. Schreiben Sie Ihren Planungsansatz auf und vergleichen Sie Ihre Ergebnisse in der Klasse.

12.2.3 Ernährungstrends

Essen ist mehr als die Deckung des Grundbedürfnisses auf Nahrung. Essen ist moralisch, emotional, politisch und religiös. Essen ist von großem wirtschaftlichem Interesse. Unser Ernährungsverhalten wird wie z. B. die Mode durch Trends (Richtung einer Entwicklung) beeinflusst. Sogenannte Ernährungsgurus verbreiten bevorzugt über die sozialen Medien Informationen über die Auswahl, die Zubereitung und den Verzehr bestimmter Lebensmittel. Es gibt heutzutage sehr viele unterschiedliche Ernährungsstile, von denen manche aus wissenschaftlicher Sicht kritisch gesehen werden, da sie zu Mangelerscheinungen oder Essstörungen führen können. Eine sorgfältige Betrachtung von Neuheiten vor der Übernahme in das Speisenangebot ist ratsam.

Food-Videos auf sozialen Medien werden immer beliebter. Durch die digitale Nähe kommen viele verschiedene Esskulturen zusammen und sogenanntes **Fusion Food** entsteht. Es geht bei den Videos oft um Inspiration und Innovation und die Rezepte können verbreitet (geteilt), verändert und wieder verbreitet (geteilt) werden. Der Einfluss der sozialen Medien auf das Essverhalten wächst stetig.

Fingerfood

Fingerfood (Essen mit den Fingern statt mit Besteck) eignet sich sehr gut, wenn viele Menschen zusammenkommen, wie z. B. bei Veranstaltungen. Fingerfood sollte optisch ansprechend angerichtet werden. Dies geht u. a. auf Tellern, Platten oder Etageren. Da mit Fingern gegessen wird, dürfen Servietten nicht fehlen. Hilfreich sind zudem kleine Kärtchen, auf denen die notwendigen Informationen zur Speise zu finden sind. Es gibt eine sehr große Vielfalt an Rezepten.

Fingerfood mit Brot

Klassisch als Fingerfood sind Häppchen und/oder Canape's. Canapes sind mundgerecht geschnittene Appetithäppchen, die aus der französischen

Fingerfood

Küche stammen. Kleine viereckige oder rund ausgestochene Brotscheiben werden dünn mit Butter oder Gewürzbutter bestrichen und anschließend dünn mit Käse, Fisch, gebratenem Fleisch oder diversen Aufstrichen belegt. Wichtig ist die Garnitur, die Geschmack und Aussehen des Häppchens abrunden soll. Kleine Spieße geben dem Häppchen den notwendigen Halt, wenn nötig.

Viele internationale Spezialitäten mit Brot, wie z.B. Tomaten-Bruschetta, Tramezzini mit Thunfisch, Käse-Crostinis, Miniburger sind ebenfalls beliebte Fingerfoodvarianten.

Spieße

Spieße sind eine einfache Art, kleine Snacks zuzubereiten. Viele verschiedene Zutaten aus den Lebensmittelgruppen Käse, Obst, Gemüse, Fleisch und vegane Produkte können farbenfroh in rohem oder zubereitetem Zustand kombiniert werden.

Angebot nach Jahreszeit

Variationen aus Blätterteig

Aus Blätterteig lassen sich verschiedene Fingerfood-Varianten herstellen, z.B. Rollen, kleine Taschen oder Schnecken. Ein Klassiker sind Lachs/Spinat-Frischkäse-Blätterteigtaschen:

FÜR DIE PRAXIS

- Blätterteig in ein Rechteck schneiden
- die Mitte mit Frischkäse bestreichen
- auf den Frischkäse gewürzten Lachs und Spinat legen
- die Seiten des Teigs zu einer Tasche zusammenklappen
- die Blätterteigtasche im Ofen goldgelb backen

Süßes Fingerfood

Desserts und kleine Kuchen sind Leckerbissen, die ein Fingerfood-Büfett abrunden. Der Handel bietet mittlerweile entsprechende Formen für die verschiedenen Kuchen und Gläser für Desserts an. Aber auch Obstspieße sind eine gesunde Ergänzung.

Süßes Fingerfood

Essen-to-go

Essen-to-go deutsch Essen zum Mitnehmen ist in eine Verkaufsform, bei der Speisen und Getränke mitgenommen und außerhalb der Lokalität verzehrt werden. Seit den Corona-Kontaktbeschränkungen, während der Speisen und Getränke nur zum Liefern oder Abholen angeboten wurden, hat sich dieser Trend etabliert. Neben gastronomischen To-go-Gerichten ist auch selbst gemachtes Essen für unterwegs beliebt. Gefragt sind einfache Gerichte, die sich auslaufsicher verpacken lassen.

Essen to-go

Meal Prep ist die die Abkürzung für Meal Preparation, übersetzt „Vorbereitung von Essen". Mahlzeiten werden für mehrere Tage im Voraus geplant und vorgekocht. Dann können sie je nach Lust und Laune zusammengestellt werden. Proteinquellen (Milchprodukte, Hülsenfrüchte, Fleisch, Fisch usw.), Gemüse (möglichst saisonal) und stärkehaltige Beilagen (Kartoffeln, Nudeln, Reis usw.) sind beispielhafte Lebensmittelgruppen, aus denen sich ausgewogene Mahlzeiten zusammenstellen lassen.

Frühstück zum Mitnehmen

Als Frühstück-to-go eignen sich fast alle Speisen, die man auch am eigenen Frühstückstisch essen würde. Als Trend hat sich allerdings Müsli-to-go entwickelt. Geschichtet in Glas- oder Müslibehältern können verschiedene Zutaten nach Wunsch zusammengestellt werden. Die Milch bzw. die Milchalternative sollte getrennt aufbewahrt werden und erst kurz vorm Verzehr hinzugefügt werden. Auch Breie wie Porridge und Bircher Müsli und Zutaten wie Chiasamen erfreuen sich großer Beliebtheit. Für Frühstücksmuffel sind Smoothies eine Alternative. Früchte, Kräuter und saftige Gemüse sind nach Geschmack zu kombinieren und schnell zubereitet zu einem Smoothie-to-go.

Mittagessen zum Mitnehmen

Bei To-go-Gerichten fürs Mittagessen sind kalte Varianten gefragt. Ein Klassiker ist der Salat im Glas, bei dem einzelne Salatzutaten im Glas geschichtet werden.

FÜR DIE PRAXIS

Wenn das Dressing als erstes unten in ein verschließbares Glas gegeben wird, kann vor dem Essen das Glas gedreht und dadurch die Zutaten gemischt werden.

Im Trend sind auch sogenannte **Bowls**. Bowls bestehen aus verschiedenen rohen oder gekochten Komponenten, die hübsch in einer Schale (Bowl) angerichtet werden (s. S. 100). Bei der Auswahl der Zutaten ist Kreativität gefragt. Mögliche Komponenten für eine Bowl sind:

- Sättigungsgrundlage, z. B. Bulgur, Quinoa, Dinkel, Hirse, gebratene Kartoffeln
- vegetarische Eiweißlieferanten, z. B. Kichererbsen, Falafel, marinierter Tofu
- Gemüse, z. B. geraspelte Möhren, Zuckerschoten, Cocktailtomaten, gegrillte Paprika
- geschnittenes Obst
- Fleisch und Fisch, z. B. gebratene Putenstreifen, geräucherter Lachs
- Dressings und Dips, z. B. Avocado-Creme
- Toppings, z. B. gerösteter Sesam, Chia-Samen, gehackte Nüsse, Goji-Beeren

Selbst gemachtes Fit-Food-to-go: gesunde Snacks zum Mitnehmen sind z. B. Müsliriegel und Energy Balls. Mit Getreideflocken, Nüssen, Kernen, Trockenobst als Hauptzutaten und Zuckeralternativen wie Honig und Datteln gesüßt, sind sie insbesondere für Kinder eine gesunde Lösung.

Beispielrezept für Fit-Food-to-go:
Energy Balls

Geeignete wiederverwendbare Gefäße für den Transport dieser Mitnehm-Mahlzeiten hält der Handel bereit.

Nachhaltige und klimafreundliche Ernährung

Viele sogenannte Food-Trends stehen im Zeichen der Nachhaltigkeit. Der Lebensmittelhandel, der sich in den letzten Jahrzehnten zunehmend global orientiert hatte, konzentriert sich wieder auf regionale Lieferstrukturen der Landwirtschaft, kürzere Transportwege und transparente Lieferketten.

Des Weiteren ist der **Flexitarismus**, d. h. eine pflanzenbetonte Ernährung, für große Teile der Gesellschaft eine zukunftsfähige Ernährung. Der Flexitarismus lässt gelegentlichen Fleischkonsum zu, macht ihn jedoch nicht zum Mittelpunkt. Diese Ernährungsform richtet sich gegen die Massentierhaltung. Das Angebot an Fleischersatzprodukten wächst stetig und traditionelle fleischlastige Gerichte werden vegan neu interpretiert.

> *Der **Flexitarier** steht vereinfacht erklärt zwischen einem Fleischesser und einem Vegetarier. Er wird häufig auch Teilzeitvegetarier genannt. Er isst Fleisch, aber nur gelegentlich und bevorzugt solches aus artgerechter Tierhaltung.*

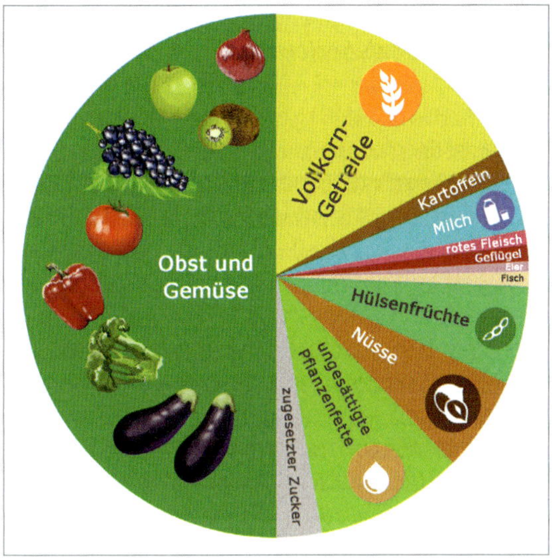

Planetary health diet – der Speiseplan für die Zukunft

Die **planet health diet (PHD)** wurde von einer Gruppe internationaler Wissenschaftler entwickelt. Er ist ein Vorschlag auf die Frage, wie im Jahr 2050 10 Milliarden Menschen gesund und nachhaltig ernährt werden können. Die Empfehlungen gehen von einem täglichen Energiebedarf von 2500 kcal aus. Es handelt sich um eine sehr allgemeine Empfehlung, die jeweils an die Esskultur und die Bedürfnisse des Einzelnen angepasst werden müsste. Die vorgeschlagene Ernährungsweise ist pflanzenbetont und damit perfekt für Flexitarier. Zudem empfiehlt die Gruppe eine verbesserte Lebensmittelproduktion und eine stark reduzierte Menge an Lebensmittelabfällen. Ziele dieser Ernährungsempfehlung sind eine Reduktion der Treibhausgasemissionen, des Landverbrauchs, des Süßwasserverbrauchs und der Stickstoff- und Phosphatdüngung. Auch der Verlust an Biodiversität soll begrenzt werden.

AUFGABEN

21. Planen Sie für einen Kindergeburtstag Fingerfood für zehn Kinder im Grundschulalter.

22. Entwickeln Sie Vorschläge, wie ein Schulkiosk auf Einweggeschirr verzichten kann.

Die genannten Trends berücksichtigen im weitesten Sinn die zentralen Ziele (Big Four) einer nachhaltigeren Ernährung: Gesundheit, Soziales, Umwelt und Tierwohl (s. S. 318).

Diese beinhaltet überwiegend pflanzliche Produkte, regional angebaute Nahrungsmittel, Produkte der Saison, gering verarbeitete Lebensmittel, weniger Lebensmittelabfälle nachhaltige (oder keine) Verpackung, fair produzierte Lebensmittel, Nahrungsmittel, deren Produktion einen geringen CO_2-Ausstoß hat und wenig Wasser verbraucht sowie eine energiesparende Zubereitung.

12.2.4 Ernährungsformen

Alternative Ernährungsformen sind Kostformen, die von der in Deutschland üblichen Mischkost abweichen und die langfristig angewendet werden. Die Gründe für besondere Kostformen sind vielfältig, neben religiösen, sozialen, ethischen und gesundheitlichen Gründen, steht bei vielen der Wunsch des Gewichtsverlusts im Vordergrund. Jedoch sind sie nicht mit Diäten zu verwechseln. Die meisten alternativen Ernährungsformen weisen Gemeinsamkeiten auf:

- Bevorzugung pflanzlicher Lebensmittel
- Bevorzugung ökologisch produzierter Lebensmittel
- Bevorzugung regionaler und saisonaler Lebensmittel
- Ablehnung stark verarbeiteter Lebensmittel

Nicht alle alternativen Ernährungsformen entsprechen in der Lebensmittelzusammenstellung den Empfehlungen der DGE.

BEISPIEL: *Bei der veganen Ernährung werden alle Lebensmittel tierischer Herkunft gemieden. Dies kann zu einer Unterversorgung einiger Nährstoffe, wie z. B. Vit. B_{12}, Vit. D, Calcium, Eisen und Jod führen.*

Die versprochenen positiven Effekte sind nicht in jedem Fall wissenschaftlich belegbar. Einseitige Kostformen können zu Nährstoffdefiziten führen.

Einige Ernährungsformen, die in Deutschland angewendet werden, haben ihren Ursprung in den altasiatischen Kulturen. Dazu gehören z. B. die Ernährung im Ayurveda, die Makrobiotik und die Fünf-Elemente-Ernährung. Aus den USA stammen u. a. die Hay'sche Trennkost und in jüngerer Zeit die Paleo-Ernährung (s. S. 475). Auch in Deutschland entwickelten sich Ernährungskonzepte, wie die anthroposophische Ernährung, die aus der Reformbewegung des Rudolf Steiner stammt. Bekannt sind auch die Konzepte einer Vollwerternährung bzw. Vollwertkost.

Der Begriff „Vollwerternährung" ist nicht zu verwechseln mit dem Begriff „Vollwertige Ernährung" (s. S. 65, 67) Die Vollwerternährung wurde in den 1970er Jahren von den Ernährungswissenschaftlern Prof. Claus Leitzmann, Dr. Karl von Koerber und Thomas Männle geprägt, die vollwertige Ernährung von der Deutschen Gesellschaft für Ernährung (DGE).

Die Vollwerternährung berücksichtigt auch ökologische Aspekte wie naturgemäße Tierhaltung und biologisch ausgerichtete Landwirtschaft (Umwelt des Menschen), während die vollwertige Ernährung ausschließlich auf die Gesundheit des Menschen schaut.

Bei der Vollwerternährung sollte etwa die Hälfte der Nahrung roh verzehrt werden. Die Lebensmittel werden nach dem Grad der Bearbeitung bewertet (s. S. 67).

Die Lebensmittel einer Vollwerternährung sind möglichst nachhaltig, ökologisch und regional produziert, saisonal passend eingekauft, umweltverträglich verpackt und fair gehandelt.

Generell ist die Vollwerternährung für alle Menschen (außer Säuglingen) geeignet, da sie eine gute Basis für die Gesundheit bietet und ein Nährstoffmangel fast ausgeschlossen ist.

Bei der Umstellung auf eine vollwertige Mischkost ist es möglich, dass Sie zunächst leichte Verdauungsprobleme bekommen, da sich Magen und Darm erst an die noch ungewohnte Menge an Frischkost und Ballaststoffen gewöhnen müssen.

Vegetarische Ernährungsformen

Es gibt verschiedene Formen des Vegetarismus:

Je nach Form des Vegetarismus werden ausgewählte tierische Lebensmittel (z. B. Eier, Milch) verzehrt oder tierische Lebensmittel und Zusatzstoffe sowie Lebensmittel, bei deren Herstellungsprozessen tierische Bestandteile verwendet werden, komplett gemieden. Vegane Ernährung ist eine sehr strenge Form der vegetarischen Ernährung. Veganer verzehren ausschließlich pflanzliche Lebensmittel, sie lehnen alle tierischen Lebensmittel ab, teilweise auch Honig und zusätzlich Gebrauchsgegenstände aus Tierkörperteilen wie Fell und Leder. Für die gesunde erwachsene Allgemeinbevölkerung kann eine vegane Ernährung, unter der Voraussetzung der Einnahme eines Vitamin-B_{12}-Präparats (ggf. auch durch weitere Nährstoffpräparate), einer ausgewogenen, gut geplanten Lebensmittelauswahl eine gesundheitsfördernde Ernährung darstellen.

Vegetarier, Veganer und Pescetarier

Als vegetarische Ernährung wird in der Regel der Verzicht auf Fisch und Fleisch bezeichnet, es gibt jedoch unterschiedliche Ausprägungen:

✗ Verzicht
○ gelegentlich
✓ erlaubt

	Fleisch	Fisch	Eier	Milch/ Milchprodukte	Honig
Flexitarier	○	○	✓	✓	✓
Pescetarier	✗	✓	✓	✓	✓
Ovo-Lakto-Vegetarier	✗	✗	✓	✓	✓
Ovo-Vegetarier	✗	✗	✓	✗	✓
Lakto-Vegetarier	✗	✗	✗	✓	✓
Veganer*	✗	✗	✗	✗	✗

*ausschließlich pflanzliche Ernährung; viele verzichten auch auf Bekleidung aus Leder und Tierwolle

dpa•30795 Quelle: ProVeg Deutschland e. V., Dt. Gesellschaft für Ernährung

Formen von Vegetarismus

Eine vegane Ernährung ist als äußerst umweltfreundlich anzusehen, sie stellt eine empfehlenswerte Maßnahme zur Verringerung der Umweltbelastungen des Ernährungssystems dar. Unter Berücksichtigung sowohl gesundheits- als auch umweltrelevanter Aspekte ist eine Ernährungsweise mit einer deutlichen Reduktion tierischer Lebensmittel zu empfehlen.

Bewertung alternativer Ernährungsformen

Die Eignung einer alternativen Ernährungsform als Dauerkost ist anhand folgender Kriterien festzustellen:

- deckt die Ernährungsform die Empfehlungen zur Nährstoffzufuhr der DGE?
- ist die Lebensmittelauswahl abwechslungsreich?
- macht die Ernährung satt und schmeckt?
- berücksichtigt sie persönliche Vorlieben und Abneigungen?
- sind die Lebensmittelkosten vergleichbar mit der üblichen Mischkost?

Heutzutage sollte jede Ernährungsform zudem auf ihre Nachhaltigkeit überprüft werden.

BEISPIELE für Leitfragen dazu:

- *Ist die Lebensmittelauswahl überwiegend pflanzlich, regional und saisonal?*
- *Werden überwiegend frische Lebensmittel bzw. selbst zubereitete Speisen empfohlen?*

AUFGABEN

23. Eine flexitarische Ernährungsweise bejaht den Fleischverzehr, aber bevorzugt einen ganz bewussten Fleischverzehr. Erläutern Sie den Begriff des bewussten Fleischverzehrs. Diskutieren Sie anschließend, ob Fleisch ein empfehlenswertes Lebensmittel ist.

24. Vergleichen Sie die Paleo Ernährungspyramide mit der Ernährungspyramide des Bundeszentrums für Ernährung.

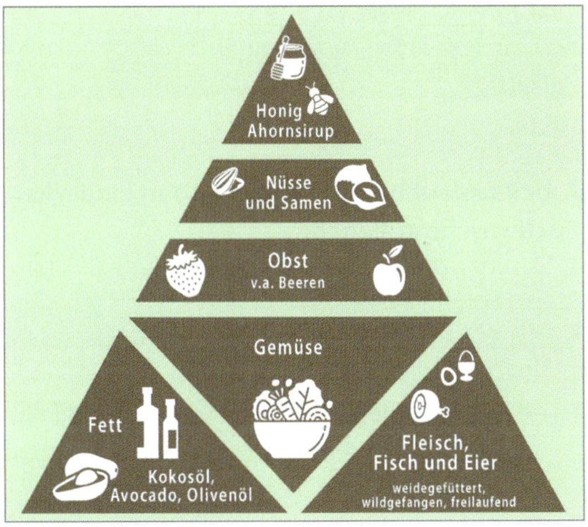

Paleo-Ernährungspyramide

12.3 Arbeit im Service

12.3.1 Servicekräfte

Die Servicekräfte sind in besonderem Maß für den Ruf eines Betriebes bedeutsam. Sie sind die direkten Ansprechpartner der Kunden und Gäste und haben daher großen Einfluss darauf, ob diese sich wohlfühlen oder nicht.

Diese Eigenschaften und Fähigkeiten stellen eine gute Voraussetzung dar, um als Servicekraft verkaufsfördernd und dienstleistungsorientiert zu arbeiten:

Servicekräfte und ihre notwendigen Eigenschaften und Fähigkeiten

Gepflegtes äußeres Erscheinungsbild und Belastbarkeit

Das Erscheinungsbild und die Berufskleidung haben für jeden Betrieb einen hohen Identifikationswert. Im Rahmen der Corporate Identity (s. S. 498) trägt eine ansprechende, individuelle Berufskleidung zum guten Image des Betriebes und zur Mitarbeiterzufriedenheit bei. Die persönliche Hygiene, insbesondere gepflegte Hände und Fingernägel sowie Haare, sind unerlässlich.

Die Arbeit zu unterschiedlichen Tageszeiten mit Kontakt zu vielen Menschen verlangt eine hohe körperliche und psychische Belastbarkeit.

Gepflegtes Erscheinungsbild

Redegewandtheit und höfliche Umgangsformen
Professionelle Kommunikation ist Voraussetzung für die Beratung der Gäste.

Die wichtigsten kommunikativen Kompetenzen sind:
- Zuhören und sich merken können
- gezielte Fragen stellen
- beraten
- Beschwerden entgegennehmen
- kein aufdringliches Verhalten zeigen
- Umgangsformen den gesellschaftlichen Konventionen entsprechend beherrschen

Teamfähigkeit
Im Service ist die reibungslose Zusammenarbeit mit Arbeitskräften anderer Abteilungen (z.B. der Küche) Grundvoraussetzung für erfolgreiches Arbeiten. Aber auch in der eigenen Abteilung ist eine gut organisierte Teamstruktur entscheidend für erfolgreiches Arbeiten.

Teamspirit

Fachkenntnisse
Speisen- und Getränkekunde sind eine wichtige Voraussetzung für eine gute Kommunikation mit den Gästen. Die Servicekräfte kennen die Inhaltsstoffe und die Zubereitung der Speisen und können entsprechende Fragen dazu beantworten.

AUFGABE

1. **Führen Sie Rollenspiele (Gast, Servicekraft) zu folgenden Situationen durch: Begrüßung, Getränkebestellung, Bestellung Dessert, Abservieren, Verabschiedung).**

12.3.2. Vorbereitende Arbeiten

Die Veranstaltungsräume werden vor der Durchführung von Feierlichkeiten, Tagungen und ähnlichen Veranstaltungen nach vorhandenen Reinigungsplänen gereinigt und gelüftet. Die Technik (z.B. Licht, Präsentationstechniken) muss überprüft werden. Dies gilt auch für die Nebenräume und das Inventar. Auf Basis eines Stellplans findet dann das sogenannte Setup statt, d.h. die Tische und Stühle werden gestellt, (Tafelformen s.S.458) ausgerichtet und stabilisiert.

Skirting

Husse

Arbeitsablauf beim anschließenden Eindecken

Tischwäsche auflegen:
- Skirtings sind vorbereitete Stoffe zum Umspannen von Büfetttischen
- Hussen sind Bezüge aus Stoff oder auch Vlies für Tische, Stühle und Bänke
- Tischtücher sind der Größe der Tische angepasst

FÜR DIE PRAXIS

Moltontücher als Tischauflage verhindern ein Verrutschen des Tischtuches und verhindern bei wasserundurchlässigem Material eine mögliche Beschädigung des Tisches.

Barrierefreiheit: *das Restaurant und die sanitären Einrichtungen sind so gestaltet, dass sie von jeder Person, unabhängig von einer eventuellen Beeinträchtigung, uneingeschränkt und ohne fremde Hilfe genutzt werden können.*

Weitere Informationen unter: *YouTube Handwerk und Technik*

Der Tischschmuck (z. B. Blumen und Kerzen) wird anschließend platziert.

Blumenschmuck mit Erde darf aus hygienischen Gründen nicht verwendet werden.

Der Tischschmuck darf nicht höher als 30 cm sein. Gegebenenfalls sind Menagen einzudecken.

Menagen *sind Würzbehälter, die der Gast zur Selbstbedienung am Tisch erhält, z. B. Salz- und Pfefferstreuer.*

Regeln zum Eindecken des Bestecks:

- Besteck aus hygienischen Gründen mit Handschuhen oder Serviette anfassen
- Besteckteile haben 1 cm Abstand zum Tischrand
- Besteckteile von innen nach außen an der Grundlinie eindecken
- Besteckteile dürfen sich nicht berühren
- Rechts des Tellers maximal vier Besteckteile, links höchstens drei
- Dessertbesteck liegt oberhalb des Tellers

Einfaches Grundgedeck und Frühstücksgedeck s. S. 98, erweitertes Grundgedeck s. S. 341 .

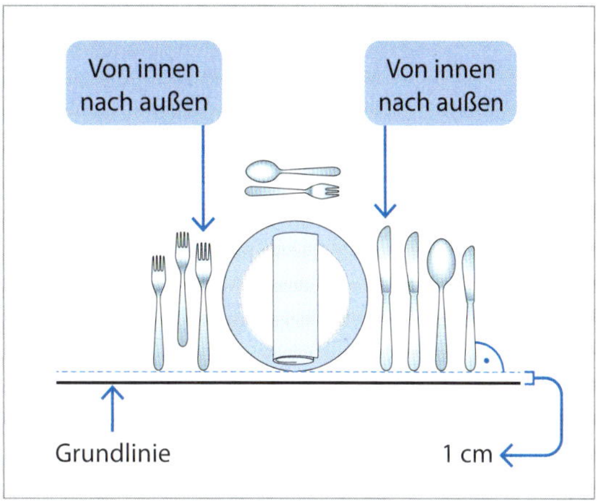

Menügedeck

Zum Menügedeck gehören

- die Platzmarkierung (Platzteller, Deckteller, Serviette)
- das Besteck (in Abhängigkeit von der Speisenfolge)
- die Gläser (in Abhängigkeit von der Speisenfolge)
- die Serviette (wenn nicht mit ihr der Platz markiert wurde)

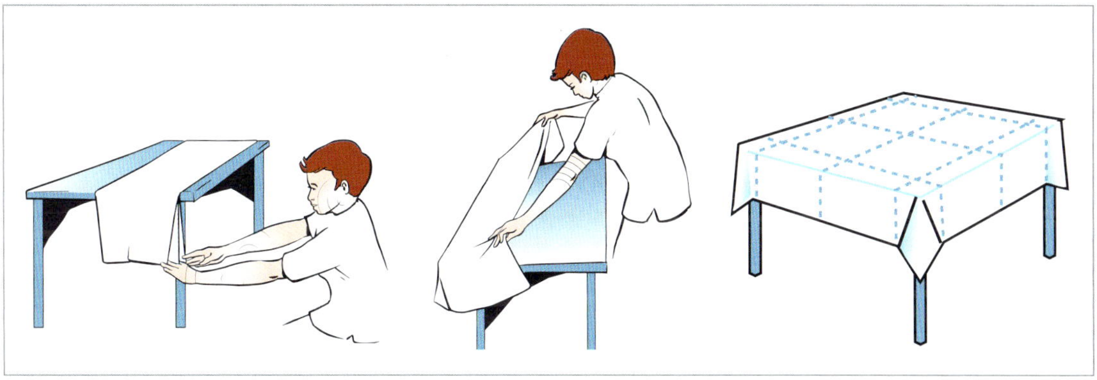

Auflegen von Tischwäsche

Die Gläser werden in Abstimmung mit dem Menü eingedeckt. Das Richtglas (Getränk zum Hauptgang) steht über dem Messer des Grundbestecks im Schnittpunkt zum Dessertbesteck. Üblicherweise werden ein Wasserglas und höchstens zwei Weingläser eingedeckt.

Gläserpositionen

Tragen einer Handserviette

Servietten sind ein Gebrauchsgegenstand und ein Gestaltungselement. Es gibt zwei Arten von Servietten, die Mund- und die Handserviette. Die gefalteten Mundservietten werden aus hygienischen Gründen zuletzt in der Gedeckmitte platziert. Das Falten erfolgt nicht am Gästetisch. Falttechniken sind ein Gestaltungselement, das im Rahmen der Tischdekoration einzuplanen ist.

AUFGABEN

2. Erstellen Sie einen Fächer und einen doppelten Tafelspitz nach der Anleitung.

3. Skizzieren Sie das Gedeck für folgendes Menü: Kraftbrühe mit Gemüsestreifen; Schweinefilet überbacken mit Spinat, Kartoffelkrapfen; Birne Helene.

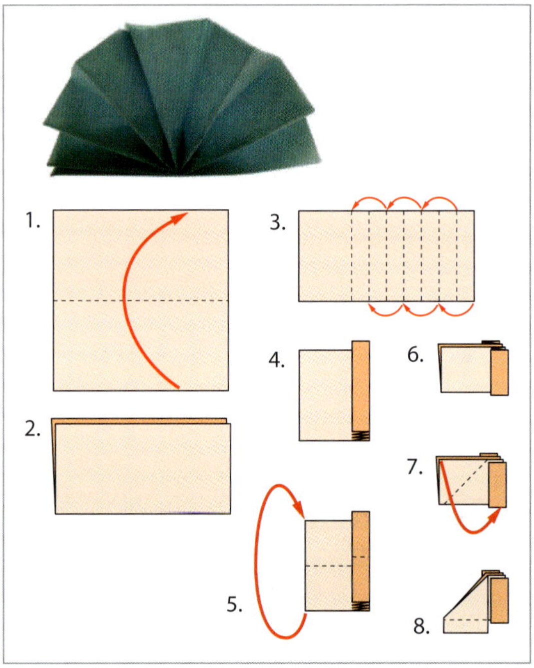

Serviette falten: Fächer

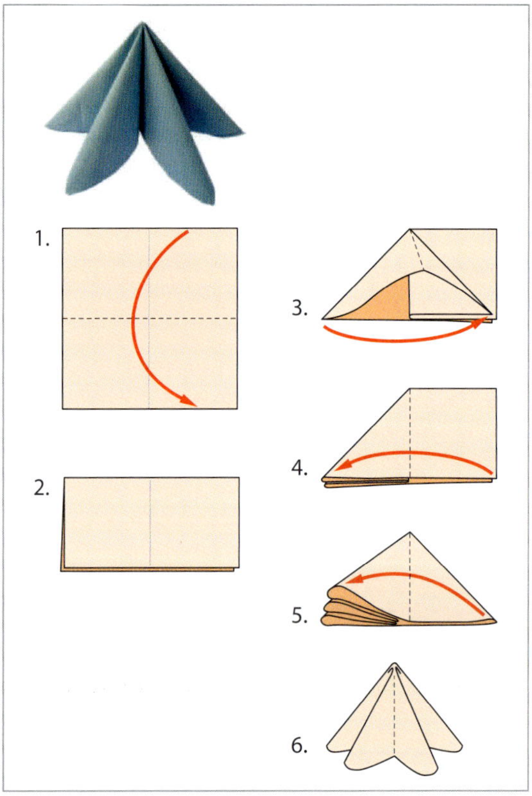

Serviette falten: doppelter Tafelspitz

12.3.3 Das Servieren von Speisen

Der Service am Tisch setzt Fachkenntnisse über z. B. das Einsetzen und Abdecken und spezielle Fähigkeiten, wie z. B. Tragetechniken voraus. Grundsätzlich wird beim Einsetzen im Uhrzeigersinn um den Tisch gegangen. Von rechts werden alle Speisen und Getränke eingesetzt, die vor dem Gast oder rechts von ihm stehen, und alle Bestecke, die auf der rechten Seite des Gedecks liegen. Von links werden Speisen, Getränke, Geschirr und Bestecke eingesetzt, die sich links vom Gast befinden. Beim Abservieren sollte der Gast möglichst wenig gestört werden. Ausgehoben werden das Geschirr und Besteck von der gleichen Seite, wie es eingesetzt wurde.

Servicemethoden

Es gibt verschiedene Servicemethoden, die in Abhängigkeit von den Gästewünschen und der Qualifikation des Servicepersonals Anwendung finden.

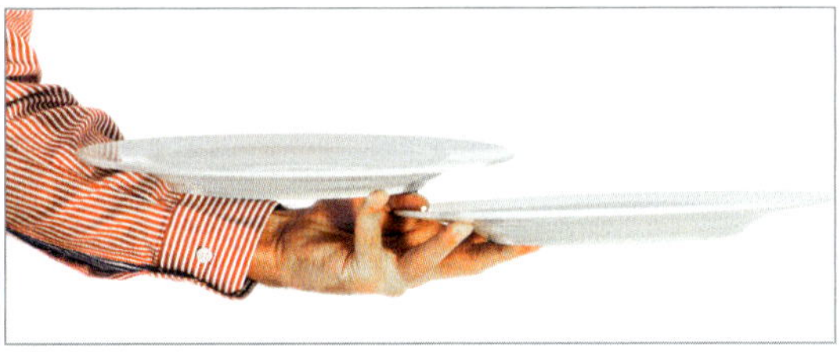

Obergriff mit zwei Tellern

Untergriff mit zwei Tellern

Plattenservice (deutscher, französischer Service)

Die Speisen werden auf Platten und in Schüsseln angerichtet. Man unterscheidet verschiedene Varianten des Plattenservice:

- Deutscher Service: Platten und Schüsseln werden auf dem Tisch eingesetzt.
- Französischer Service: Speisen werden auf den Platten präsentiert und auf den Hauptteller des Gastes eingelegt

Deutscher und französischer Service

Tellerservice (amerikanischer Service)

Alle Speisen werden auf Tellern in der Küche angerichtet und von der rechten Seite serviert.

Amerikanischer und englischer Service

Einsetzen und Präsentieren am Tisch

2

Service vom Wagen bzw. Beistelltisch
Die Servicefachkraft übernimmt die Rolle des Gastgebers und richtet vor den Augen des Gastes die Speisen an. Dazu gehören z. B. Tätigkeiten wie tranchieren und filetieren.

In der Praxis werden auch Mischformen des Servierens angewandt.

Grundsätzlich beachten:
Angerichtete Teller von rechts servieren.
Schüsseln und Platten von links reichen, wenn der Gast sich selbst davon nimmt.
Salat- und Brotteller, die links vom Gast platziert werden, auch von links reichen.

Zum Service gehört auch das **Abservieren** bei besonderen Anlässen.

Das Abservieren erfolgt immer von der rechten Seite. Lediglich Salat- und Brotteller werden von links abserviert.

8

Die Fachkraft der Hauswirtschaft bewegt sich beim Abservieren immer im Uhrzeigersinn um den Tisch. Zunächst werden Teller und Besteck abserviert, erst danach Schüsseln und Platten.

AUFGABEN

4. Nennen Sie Vor- und Nachteile der verschiedenen Serviermethoden.

5. Üben Sie das Servieren und Abservieren in Partnerarbeit: Jeweils eine Person ist Gast, die andere serviert und räumt ab.

12

12.3.4 Das Servieren von Getränken

Getränke gehören zu den wichtigsten Lebensmitteln, da der Mensch ohne regelmäßige Flüssigkeitsaufnahme nicht leben kann. Zu einer vollwertigen Mahlzeit gehören daher immer die Getränke. Sie können aber auch Genussmittel sein, wie z. B. koffeinhaltige oder alkoholhaltige Getränke.

Wässer
Wasser ist ein neutraler Begleiter zu allen Speisen. Zudem ist Wasser der optimale Durstlöscher. Wasser ist für Reduktionsdiäten und Schonkost geeignet, da es energiefrei ist. In vielen Ländern ist es üblich, Trinkwasser in einer Karaffe oder einem Krug kostenlos zu den Mahlzeiten anzubieten.

> ***Trinkwasser*** *ist das Wasser, das zum Trinken geeignet ist. Es muss frei von Krankheitserregern und schädlichen Stoffen, frei von Fremdgeruch und -geschmack, klar und farblos sein. D. h. diese Lebensmittelqualität muss das Wasser aufweisen.*

Mineralische Wässer sind in drei Wasserarten zu unterscheiden (s. S. 322). Um Verbraucherwünsche zu berücksichtigen, sollten mineralische Wässer mit unterschiedlichem Mineralstoffgehalt angeboten werden. Zudem sollte der Kohlensäuregehalt (classic, medium, still) wählbar sein.

Frucht- und Gemüsesäfte
Frucht- und Gemüsesäfte sind reine Presssäfte, die frisch oder haltbar gemacht durch Pasteurisierung oder Kälte angeboten werden. Sie enthalten viele Vitamine und Mineralstoffe, sind aber auch energiereich. Das Angebot ist sehr vielseitig (s. S. 69). Die Säfte werden leicht gekühlt serviert. Eine ansprechende Dekoration/Garnierung mit z. B. Obst, Obstspießen oder Obstspiralen erhöht den Genusswert.

Gemüsesaft/Fruchtsaft/Fruchtnektar/Fruchtsaftgetränk

Erfrischungsgetränke
Erfrischungsgetränke sind extrem beliebt und häufig sehr süß. Es gibt sie mit oder ohne Kohlensäure, teilweise mit Koffein und in vielen Geschmacksvarianten.

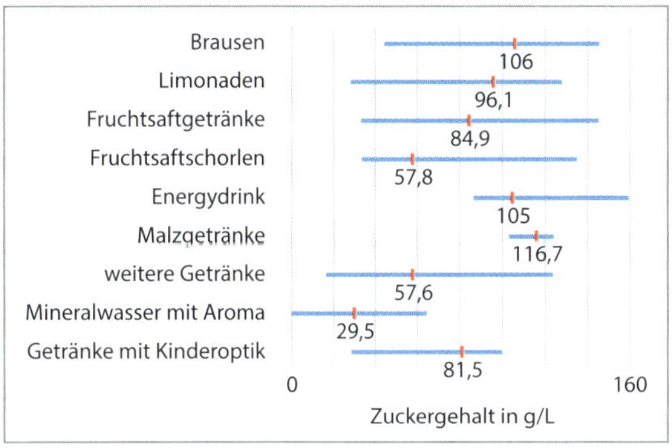

Zuckergehalt von Erfrischungsgetränken

Die Leitsätze für Erfrischungsgetränke umschreiben verschiedene Qualitäten.

Weitere Informationen unter: *https://www.deutsche-lebensmittelbuch-kommission.de*

Near-Water-Getränke enthalten neben der Hauptzutat Mineral- oder Tafelwasser einen Hauch von Frucht, Kräuterauszügen oder Aromenzusätzen.

Near-water-Getränke

Koffeinhaltige Erfrischungsgetränke wie Energydrinks und Cola dürfen laut Verordnung höchstens 320 mg Koffein pro Liter enthalten.

FÜR DIE PRAXIS

Erfrischungsgetränke sollten bei 8 – 10 °C serviert werden. Auf Wunsch ist die Zugabe von Eiswürfeln möglich.

Getränke aus Flaschen von rechts eingießen. Das Glas wird dabei nicht angehoben.

Kaffee und Kaffeespezialitäten

Kaffee ist das meist konsumierte Heißgetränk Deutschlands und damit ein Modegetränk. Kaffeeröster bringen ständig neue Produkte auf den Markt. Kaffeevollautomaten ermöglichen es den Betrieben, ein vielfältiges Angebot zu haben.

Kaffeespezialitäten: Cappuccino und Latte Macchiato

Für heiße Kaffeegetränke wird grundsätzlich vorgewärmtes Geschirr verwendet. Kaffee wird in Tasse mit Untertasse auf einem Tablett mit Zucker und Sahne bzw. Milch serviert. Für Kaffeespezialitäten werden besondere Tassen und Gläser verwendet. Folgende Spezialitäten werden u.a. üblicherweise angeboten:

Espresso: dunkel geröstetes Kaffeepulver im Dampfdruckverfahren hergestellt

Cappuccino: Espresso mit heißer Milch und Milchschaum

Latte Macchiato: Espresso in die Milch und den festen Milchschaum geben, so dass drei Schichten entstehen.

Tee und Teespezialitäten

Tee ist ein Aufgussgetränk aus den Blättern, Blattknospen oder zarten Stielen des Teestrauches. Angeboten werden üblicherweise verschiedene Teesorten, wie z.B. schwarzer Tee, grüner Tee, weißer Tee oder aromatisierte Tees sowie teeähnliche Getränke, die aus Früchten, Blüten, Blättern und Wurzeln verschiedener Pflanzen hergestellt werden.

Die richtige Zubereitung ist für den Genusswert eines Tees entscheidend. Frisches Wasser ist eine Voraussetzung, die Wassertemperatur und die Ziehdauer variiert je Teesorte:

Teesorte	Ziehdauer	Wasser-temperatur
Schwarzer Tee	3–5 Minuten	ca. 100 °C
Weißer Tee	5–7 Minuten	60–80 °C
Grüner Tee	2–3 Minuten	60–80 °C
Früchte- und Kräutertee	5–10 Minuten	ca. 100 °C

Tee wird stets auf einem Tablett serviert. Das Teeglas oder die zarte Teetasse steht auf einem Unterteller. Der Teelöffel liegt rechts. Eine Ablageschale für den Teebeutel oder das Sieb befindet sich ebenfalls auf dem Tablett. Zum Süßen eignet sich Kandis, Rohrzucker, oder auch Honig. Nach Wunsch werden Zitrone oder Milch/Sahne gereicht. Am Frühstücksbüfett bedient sich der Gast meist selbst.

Tee im Service

Kakao

Der klassische Kakao wird zubereitet, indem das Kakaopulver mit kaltem Wasser angerührt (mit oder ohne Zucker) und anschließend mit heißer Milch aufgegossen oder aufgekocht wird. Anschließend wird er mit geschlagener Sahne garniert. Auch Kakaospezialitäten erfreuen sich großer Beliebtheit:

- ➜ Eisschokolade: Vanilleeis mit kalter Trinkschokolade
- ➜ Schokoladenkaffee: Milchschokolade mit heißem Kaffee

FÜR DIE PRAXIS

Für Gäste mit Lactoseintoleranz sollte das Produkt mit lactosefreier Milch oder mit Milchersatz (s. S. 98) herstellbar sein.

Kaffee, Tee und Kakao von rechts servieren.

AUFGABEN

6. Beschreiben Sie das mögliche Getränkeangebot des Frühstücksbüfetts einer Tagungsstätte.

7. Vergleichen Sie verschiedene Erfrischungsgetränke anhand des Gesundheits- (s. S. 323 f.) und Genusswertes.

8. Energydrinks sind bei Jugendlichen beliebt. Recherchieren Sie, welche Auswirkungen Koffein und Taurin auf den menschlichen Organismus haben.

Alkoholfreie Getränke werden in Flaschen, Gläsern oder Krügen serviert. Beim glasweisen Ausschank ist der Füllstrich erforderlich. Gläser werden meist mit einem Tablett an den Tisch des Gastes getragen und dort von rechts eingesetzt und auch wieder ausgehoben. Das Glasinnere sollte niemals berührt werden. Beim Ausschank in Flaschen können Gläser ohne Füllstrich verwendet werden. Beim Eingießen hält die Servicekraft die Flasche in der rechten Hand. Flasche und Glas dürfen sich nicht berühren.

Gläserauswahl für alkoholische Getränke

1. Biertulpe / 2. Bierkrug / 3. Wasserglas / 4. Weißbierglas / 5. Weißweinglas / 6. Rotweinglas / 7. Sektschale / 8. Sektglas / 9. Cocktailglas / 10. Schnapsglas

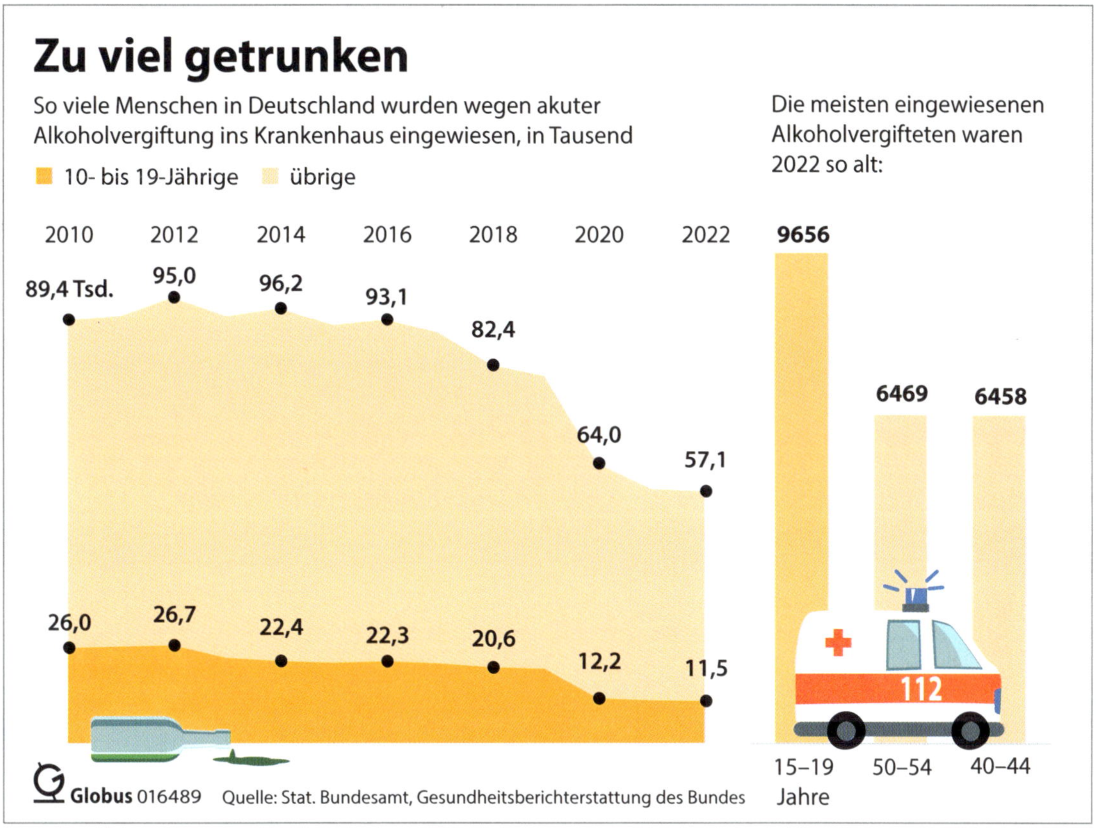

Alkoholkonsum bei Jugendlichen

Die Abgabe alkoholischer Getränke wird durch das Jugendschutzgesetz eingeschränkt:

- Jugendliche unter 16 Jahre dürfen weder Alkohol kaufen noch ihn in der Öffentlichkeit konsumieren. Der Konsum von Alkohol in der Öffentlichkeit ist ihnen ab 14 Jahren gestattet, wenn sie in Begleitung eines Personensorgeberechtigten, z. B. Vater oder Mutter sind.
- Jugendliche ab 16 Jahren dürfen Wein, Sekt und Bier kaufen und in der Öffentlichkeit trinken. Hochprozentige alkoholische Getränke dürfen sie nicht kaufen und nicht konsumieren.

Das Gaststättengesetz schreibt vor, unter welchen Umständen Alkohol verkauft werden darf:

- Neben Alkohol müssen auch alkoholfreie Getränke angeboten werden.
- Ein alkoholfreies Getränk ist das günstigste Getränk.
- Offensichtlich Betrunkene erhalten keinen Alkohol.
- Hochprozentiger Alkohol wird nicht per Automat ausgegeben.

Alkohol schädigt die Entwicklung eines Babys – es kann zu Fehlbildungen und Entwicklungsstörungen kommen. Deshalb sollte während der Schwangerschaft komplett auf Alkohol verzichtet werden.

Keinen Alkohol während der Schwangerschaft konsumieren

Beobachten lässt sich ein "No oder Low Alcohol"-Trend. Dabei handelt es sich um zwei Trends in einem. Zum einen werden Bioweine immer beliebter. Zum anderen wächst vorwiegend bei jungen, ernährungsbewussten Konsumenten die Nachfrage nach alkoholfreien Produkten. Dafür werden z. B. fertigem Wein oder Aperitif der Alkohol entzogen. Zurück bleiben die Aromen und erfrischende, allerdings oft recht süße Getränke.

12.4 Beschwerdemanagement

12.4.1 Kundenzufriedenheit

__Kundenzufriedenheit__ ist der Grad der Zufriedenheit eines Kunden mit dem erworbenen Produkt oder der bestellten Dienstleistung.

Als Anbieter von Produkten oder Dienstleistungen sollen die Bedürfnisse und auch die Erwartungen der Kunden bestmöglich erfüllt werden. Dabei werden alle Interaktionen, die dem Kauf zuzuordnen sind, einbezogen.

Bei dem Kauf von Produkten sind dies z. B. neben dem eigentlichen Produkt die Produktpräsentation, das Verkaufsgespräch (bei stationärem Verkauf) und eventuelle Serviceleistungen.

Bei Dienstleistungen steht die Serviceleistung im Vordergrund. Beim Beispiel der Verpflegung müssen zudem die Speisen der erwarteten Qualität entsprechen.

Kundenzufriedenheit

Der Kunde bzw. der Tischgast vergleicht nach dem Kauf eines Produktes bzw. dem Gebrauch einer Dienstleistung seine subjektive Erfahrung mit seinen Erwartungen. Übertrifft die Leistung die Erwartungen, ist der Kunde sehr zufrieden. Entspricht die Leistung den Erwartungen, ist er zufrieden. Werden die Erwartungen nicht erfüllt, ist er unzufrieden.

Die Kundenzufriedenheit ist sehr wichtig, um Kunden zu binden oder um neue Kunden zu gewinnen. Sie ist eine wichtige Messgröße im Qualitätsmanagement und im Marketing.

AUFGABEN

1. Zählen Sie negative Erfahrungen auf, die Sie beim Kauf von Käse an der Frischetheke gemacht haben.
2. Zählen Sie positive Erfahrungen auf, die Sie beim Besuch von Restaurants gemacht haben.
3. Diskutieren Sie in einer kleineren Gruppe die Bedeutung von Kundenbewertungen für Ihre Kaufentscheidung bei Onlinekäufen.

12.4.2 Kundenbeschwerden

Kundenbeschwerden sind ein Feedback, das entsteht, wenn die Kunden das Gefühl haben, dass ihre Erwartungen nicht erfüllt wurden. Auch bei größter Anstrengung sind unzufriedene Kunden nicht zu vermeiden. Beschwerden können eine Chance sein, Produkte oder Dienstleistungen zu verbessern.

Eine __Beschwerde__ ist eine mündliche oder schriftliche Äußerung einer Unzufriedenheit. Die erwartete Leistung und die wahrgenommene Leistung stimmen nicht überein.

Im Bereich der Verpflegung sind folgende Kundenbeschwerden denkbar:

Küche
- zu lange Wartezeit
- falsche Speise bzw. falsches Getränk wurde bereitgestellt
- Menge oder Qualität entspricht nicht den Erwartungen
- Speisen haben nicht die richtige Verzehrtemperatur

Bei überlangen Wartezeiten (mehr als 1,5 Stunden) kann der Gast die Rechnung kürzen.
Angaben auf einer Speisekarte sind rechtlich nicht verbindlich. Sollten bei einer Bestellung Speisen nicht verfügbar sein, muss der Gast dies akzeptieren.

Service

- Das Servicepersonal ist unaufmerksam, langsam oder unhöflich
- Lange Wartezeiten
- Gedecke sind hygienisch nicht einwandfrei oder unvollständig
- andere Gäste werden bevorzugt bedient
- Gastrechnung ist nicht korrekt
- Zugluft an der Terrassentür oder am Fenster

Beim Umgang mit Beschwerden ist es wichtig zu wissen, um welche Art der Beschwerde es sich handelt:

Welche Arten von Beschwerden gibt es?

Bei unberechtigten Beschwerden reicht häufig die fachkundige Erklärung (Es gibt klaren und naturtrüben Apfelsaft. Naturtrüber Apfelsaft ist gesünder, da er einen höheren Anteil an sekundären Pflanzenstoffen hat.).

AUFGABEN

4. Nennen Sie mögliche Beschwerden, die bei einem Frühstücksbüfett einer Tagungseinrichtung geäußert werden könnten.

5. Untersuchen Sie im Klassenteam Ihre Erfahrungen mit Beschwerden, insbesondere mit Beschwerden, die Sie als unberechtigt empfunden haben.

12.4.3 Umgang mit Kundenbeschwerden

Die alte Regel –Der Gast ist König- ist als Grundsatz bis heute gültig. Folgende Regeln helfen daher im Umgang mit unzufriedenen Kunden und Kundinnen:

- ruhig und freundlich bleiben
- sich entschuldigen
- sofort reagieren
- Verständnis zeigen
- zuhören und den Gast ausreden lassen
- Beschwerden nicht persönlich nehmen
- Lösung finden

Der Gast ist König/-in

In der Praxis ist die Umsetzung der Regeln nicht immer einfach. Einige Beschwerden lassen sich durch Begründungen entschärfen. Bei langen Wartezeiten, die durch Erkrankung des Personals entstehen, haben die Gäste bei Kenntnis des Grundes meist Verständnis.

FÜR DIE PRAXIS

Im Fall von persönlichen Beleidigungen oder Diskriminierungen gelten diese Regeln nicht. Meist ist es dann sinnvoll, Unterstützung durch eine Kollegin oder einen Kollegen zu holen.

Heutzutage werden Beschwerden nicht immer direkt kommuniziert, sondern in den sozialen Medien gepostet. Dies ist vor allem beim Erwerb von Produkten der Fall, aber auch im Bereich der Dienstleistungen ist diese Art des Beschwerens verbreitet. Die Reichweite der Beschwerden ist damit wesentlich vergrößert. Eine Reaktion des Betriebes setzt voraus, dass sich jemand Zeit für die sozialen Konten (z. B. die Facebook-Seite) nimmt und zudem eine Suchmaschinen-Suche durchgeführt wird. Blogs und Foren könnten ebenfalls relevant sein. In den sozialen Medien ist eine schnelle Reaktion erforderlich. Bei diesen Medien können folgende Regeln hilfreich sein:

- Fragen beantworten
- auf Beschwerden eingehen und versuchen, Lösungen zu finden
- sich für Feedback bedanken und auf Vorschläge eingehen
- häufige Fragen in den FAQs beantworten

AUFGABEN

6. **Das gewünschte Menü des Wochenspeiseplans ist nicht mehr verfügbar. Protokollieren Sie Ihre Reaktion als Servicekraft.**

7. **Der Gast ist unzufrieden, da er den Salat ohne Vinaigrette bestellt hatte. Beschreiben Sie, wie Sie als Servicekraft reagieren.**

12.4.4 Beschwerdemanagement

Damit alle Beschwerden und Reklamationen erfasst und ausgewertet werden, ist ein Beschwerdemanagement ratsam. Prozesse, mit denen alle Kundenbeschwerden schnell und wirtschaftlich gelöst werden können, sollten sorgfältig geplant werden. Hier mögliche Phasen der Bearbeitung einer Beschwerde für den Verpflegungsbereich:

Annahme der Beschwerde	Ein guter erster Eindruck des Servicepersonals bei der Annahme der Beschwerde ist entscheidenden für den weiteren Verlauf des Gesprächs. In den ersten Sekunden mus der Gast auf der menschlichen Seite für sich gewonnen werden.
Verstandnis signalisieren	Jetzt muss es dem Servicepersonal gelingen, vom Gast als kompetenter Gesprächspartner akzeptiert zu werden. Dem Gast wird signalisiert, dass sein Problem verstanden wurde.
Sachverhalt konkretisieren	Nach der Phase des Zuhörens übernimmt das Servicepersonal die Gesprächsführung und fasst das Problem zusammen bzw. erfragt offene Aspekte.
Losungen anbieten	Im diesem Schritt werden dem Gast Lösungen angeboten. Im Rahmen eines Beschwerdemanagements sollte das Servicepersonal über Lösungsmöglichkeiten für die wesentlichen Beschwerden informiert sein. Die Servicekraft wägt die Situation ab und entscheidet.
Entschuldigung	Der Gast erhält eine Entschuldigung, die ihm das Gefühl gibt, das seine Beschwerde ernst genommen wurde.
Dank für die Reklamation	Beschwerden sind Chancen für die Qualitätsverbesserung. Dies sollte dem Gast deutlich gemacht werden.

Nachbearbeitung im Betrieb

Beschwerde auswerten/ Leistungsverbesserung	Beschwerden müssen dokumentiert, analysiert und ihre Ursachen dauerhaft ausgeschaltet werden.
Follow-up-Gespräche	Wenn eine Beschwerde vollständig bearbeitet wurde, ist noch nicht sichergestellt, dass der Gast den Ärger verarbeitet hat. Ein zeitnahes Nachfragen hilft, die Kundenbindung zu sichern.

Weitere Informationen zu Kundenbeschwerden sowie die HAIFA-Formel s. S. 390.

Der Catering- und Veranstaltungsservice Ihrer Einrichtung erhält den Auftrag, die Verpflegung für einen fünfzigsten Geburtstag durchzuführen.

Der Kunde möchte eine Motto-Party mit 30 Gästen feiern. Das Motto lautet 'Black and White'.

Beginnen soll die Party am Nachmittag mit einem Kuchenbüfett. Am Abend soll es eine Suppe und Fingerfood geben.

Black-and-White-Party

Aufgabe 1

Planen Sie für das Vorgespräch mit dem Kunden einen Fragebogen mit zu klärenden Punkten.

Aufgabe 2

Fassen Sie für den Kunden die Kuchenvielfalt in einer Übersicht zusammen.

Aufgabe 3

Der Kunde wünscht zwei Torten und weitere kleine Kuchenstücke wie Blechkuchen und Muffins. Planen Sie eine passende Auswahl (Rezepte und benötigte Mengen).

Aufgabe 4

Nennen Sie das benötigte Geschirr, Besteck und Servietten.

Aufgabe 5

Die Kuchen sollen beschriftet werden. Entwickeln Sie für einen Kuchen ein ansprechendes Schild mit den erforderlichen Informationen auch für Allergiker.

Aufgabe 6

Skizzieren Sie den Aufbau des Kuchenbüfetts.

Aufgabe 7

Entwickeln Sie Kriterien, die bei der Zusammenstellung eines Fingerfood-Büfetts berücksichtigt werden sollten.

Aufgabe 8

Planen Sie das Fingerfood-Büfetts.

Aufgabe 9

Ermitteln Sie die Materialkosten für das Fingerfood-Büfett und führen Sie dann die Aufschlagskalkulation durch.

2

8

12

2
8
12

Eat and drink well – recommendations of the German Nutrition Society (DGE) Part 2

You should explain some English speaking visitors German rules for a healthy diet. You use the recommendations of the German nutrition society (DGE) for a wholesome diet to describe more main points (look at page 343).

Have some milk and dairy products daily

Consume milk and dairy products such as yogurt and cheese daily. They supply protein, calcium, vitamin B_2, and iodine and support your bone health.

··· Aufgabe 1

Explain why the different animal-based foods are healthy. Find out why we should only eat 300–600 g meat during the week.

Choose vegetable oils

Prefer vegetable oils, because they are rich in fatty acids and vitamin E.

Avoid sweet, salty and fatty foods

Sugar-sweetened foods should be avoided whenever possible. Sugar should only be consumed in small amounts. Limit the consumption of salt and high-salt foods. Be creative in flavoring with herbs and spices. Fats are often invisible present in processed food like sausages and fast food. High intake of these increases the risk of overweight, hypertension, cardiovascular diseases and type 2 diabetes.

··· Aufgabe 2

Write down a profile of a spice and a herb.

··· Aufgabe 3

Give examples for sweets with a high amount of hidden fats.

Aim for one or two portions of fish every week

Fatty fish provide valuable omega-3-fatty acids. Saltwater fish also contain iodine.

Limit meat and sausage intake: less is more

Meat contains readily available iron, as well as other important nutrients. Too much meat however increases the risk of colon cancer and cardiovascular diseases. The production of meat and sausages has a much higher environmental effect than plant-based foods.

Enjoy your meals

Take your time for eating and take a break. Eating in company is good. Carefully cooked dishes help to enjoy meals.

Cook food as long as necessary but as short as possible, using little amount of water and fat. Avoid burning the food during roasting, grilling, baking and frying (last line in picture).

Stay active and watch your weight

Nutrition and physical activity promote your bone health and lower the risk of overweight and many other diseases.

Die digitale Speisekarte

Digitale Speisekarten gibt es grundsätzlich in drei Ausführungen: als App, als PDF zum Download oder als Text oder Bild auf der eigenen Website.

App

Ähnlich wie ein Online-Shop kann eine App als digitale Speisekarte eingesetzt werden. Dafür muss der Gast zuvor die App aus dem jeweiligen Store für IOS oder Android downloaden. Das ist nicht für jeden Gast geeignet. Alternativ können die Gästetische mit Tablets mit vorinstallierter App ausgestattet sein.

Eine App ist interaktiv, übersichtlich und kann sogar mit einer Bestellfunktion ausgestattet sein. Eine App kann allerdings auch abschreckend, insbesondere auf ältere Kunden, wirken. Außerdem wird bei einem Restaurantbesuch meist ein persönlicher Service erwartet.

Digitale Speisekarte in einer App

PDF zum Download

Speisekarten können als PDF z. B. auf der eigenen Website hinterlegt werden, auf die die Kunden über einen QR-Code zugreifen können. Diese Variante ist günstig und als Einstieg gut geeignet. Allerdings kann die Ladezeit zu lange dauern. Eine PDF ist nicht interaktiv und auf einem kleineren Bildschirm unübersichtlich.

Hier geht's zum Download

Text oder Bild auf der eigenen Website

Die einfachste Möglichkeit der Online-Veröffentlichung einer Speisekarte ist über die entsprechende Website. Die Veröffentlichung sollte als Text und nicht als Bild erfolgen, damit die Speisen von Suchmaschinen gefunden werden. Auch diese Variante kann über einen QR-Code abgerufen werden, ist übersichtlich und kostengünstig.

Vorteile einer digitalen Speisekarte

Eine digitale Speisekarte kann mit Bildern, Text und anderen multimedia-Elementen den Gast optimal über das Speisenangebot informieren. Bilder sind zudem sprachübergreifend verständlich und durch ein barrierefreies Design ist die Zugänglichkeit für Menschen mit Beeinträchtigungen besser. Im Restaurant können Wartezeiten reduziert werden, da das Servicepersonal weniger beratend tätig sein muss. Die Aktualisierung ist einfach und kurzfristig möglich.

Hybride Systeme

Trotz zahlreicher Vorteile der digitalen Speisekarten schätzen einige Gäste das traditionelle Erlebnis beim Restaurantbesuch. Auch Datenschutz- und Sicherheitsbedenken bei einem System mit Bestellfunktion sind nicht von der Hand zu weisen. Ein System mit gedruckten und digitalen Speisekarten kombiniert die Vorteile beider Systeme und lässt den Gast entscheiden, welche Variante er bevorzugt.

Aufgabe 1

Beschreiben Sie, auf welche Art und Weise in ihrem Ausbildungsbetrieb Speisekarten bzw. Speisepläne veröffentlicht werden.

Aufgabe 2

Stellen Sie im Team eine Übersicht dar, welche digitalen Speisekarten Ihnen bekannt sind.

Aufgabe 3

Nennen Sie die Arbeitsschritte zur Generierung eines QR-Codes.

Aufgabe 4

Diskutieren Sie im Team, welches System für das Catering-Angebot der Großküche der Senioreneinrichtung ‚Haus Lindenhof' geeignet wäre.

2

8

12

Maßeinheiten für das Volumen von Getränken anwenden

Rechnen mit Flüssigkeiten/ Hohlmaßen

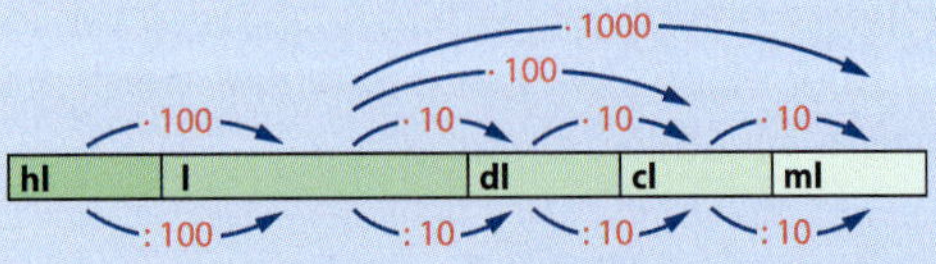

Das Volumen von Flüssigkeiten wird mit Hohlmaßen gemessen. Die dabei am häufigsten genutzte Maßeinheit ist Liter:

- 1 Liter (l) entspricht 10 Dezilitern (dl)
- 1 Deziliter entspricht 10 Centilitern (cl)
- 1 Centiliter entspricht 10 Millilitern (ml)
- 100 Liter ergeben einen Hektoliter (hl)
- 1 Liter = 1000 ml
- 0,1 Liter = 100 ml
- 0,5 Liter = 500 ml = ½ Liter
- 0,25 Liter = 250 ml = ¼ Liter

··· Aufgabe 1

Ergänzen Sie die folgende Tabelle, indem Sie umrechnen:

l	dl	cl	ml	Beispiel
1				
	100			
		2		
			250	

*Auf manchen Messbechern sind Striche eingezeichnet, die unterschiedliche Volumen angeben. Diese ‚Striche' mit den dazugehörigen Größen nennt man **Skala.***

··· Aufgabe 2

Ordnen Sie die Flüssigkeiten den Messbechern zu:

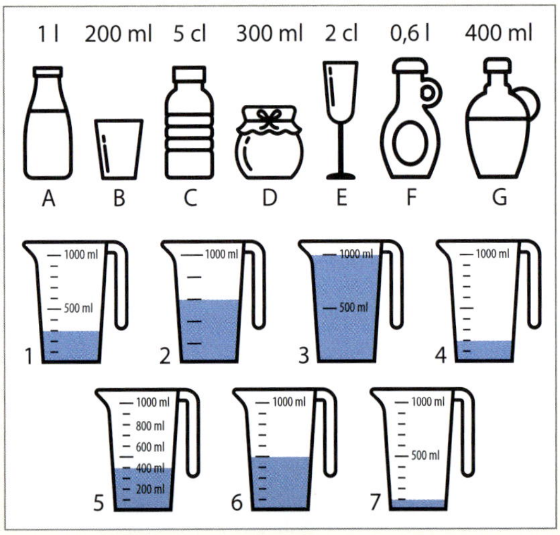

··· Aufgabe 3

Vervollständigen Sie die unten stehende Tabelle. Rechnen Sie dazu in die jeweils gewünschte Einheit um.

··· Aufgabe 4

Lesen Sie das Balkendiagramm und errechnen Sie die Größen.
Wieviel Gramm Omega-3-Fettsäure enthält:

a) 50 g Distelöl
b) 50 g Rapsöl
c) 10 g Hanföl
d) 100 g Leinöl?

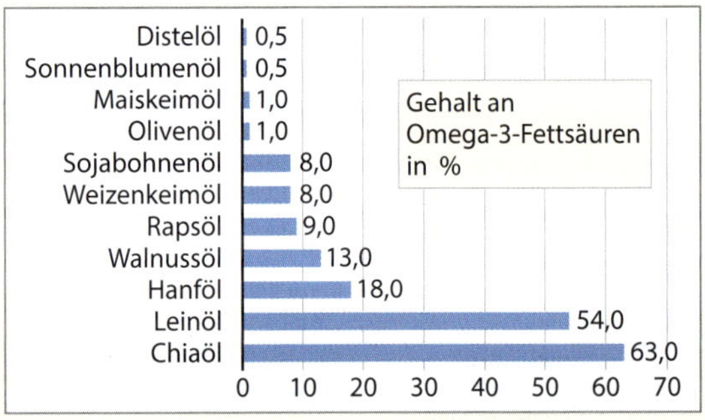

Gehalt an Omega-3-Fettsäuren in Prozent bezogen auf 100 g

125 Milliliter	=	Liter
47 Milliliter	=	Liter
90 Gramm	=	Kilogramm
2398 Gramm	=	Kilogramm

1,82 Liter	=	Milliliter
0,365 Liter	=	Milliliter
14,755 Kilogramm	=	Gramm
0,711 Kilogramm	=	Gramm

Nachhaltig Veranstaltungen planen und durchführen

Der Veranstaltungsservice der Großküche ihres Ausbildungsbetriebes (Senioreneinrichtung Haus Lindenhof) hat den Auftrag erhalten, für einen mittelständischen Betrieb mit 100 Beschäftigten das Catering für ein Betriebsfest im Oktober durchzuführen. Dem Betrieb ist es wichtig, ein nachhaltiges Fest zu feiern. Ihre Ausbilderin hat Ihnen zur Vorbereitung den Leitfaden für die nachhaltige Organisation von Veranstaltungen zur Verfügung gestellt. Weitere Informationen zum nachhaltigen Veranstaltungsmanagement unter:
www.nachhaltigkeitsrat.de

Hier ein Auszug:

Maßnahmen zur Produktauswahl

- Produkte aus ökologischem Landbau und Produkte aus Fairem Handel (z. B. Kaffee, Tee, Säfte) anbieten
- Verwendung von saisonalen und umweltgerecht transportierten Lebensmitteln, insbesondere Verzicht auf Ware aus beheizten Treibhäusern und Verzicht auf Flugware
- Grundsätzlich veganes und vegetarisches Catering
- Falls in Ausnahmen, z. B. aus Gründen der Gastfreundschaft bei internationalen Veranstaltungen, auch Fleisch und / oder Fisch im Verpflegungsangebot enthalten sein soll:
  - Es sind Fleischprodukte auszuwählen, die aus ökologischer Haltung stammen und hohe Tierwohlstandards erfüllen
  - Bei der Auswahl und der Zusammenstellung von Fisch und Fischprodukten ist darauf zu achten, keine Produkte ausgefährdeten Beständen ins Sortiment zunehmen. Vielmehr sollten bei der Beschaffung Kriterien für zertifizierten Fischgenutzt werden (z. B. des unabhängigen MSC-Siegels oder des Naturland-Siegels)
- Bereitstellung von leitungsgebundenem Trinkwasser in Karaffen (hierbei sind die ständige frische Befüllung der Karaffen sowie das zeitgerechte Abräumen und Spülen der Karaffen [Glas] sicherzustellen); im Falle der Bereitstellung weiterer Kaltgetränke Verwendung von Mehrwegflaschen
- Einsatz umweltfreundlicher Papierprodukte (z. B. Produkte mit dem Blauen Engel DE-UZ 65 „Ungebleichte Koch- und Heißfilterpapiere“ und Servietten und Küchenrollen mit dem Blauen Engel DE-UZ 5 „Hygiene-Papiere aus Altpapier“)

Vermeidung von Lebensmittelabfällen

- Auf das Angebot bedarfsgerechter Mengen von Speisen achten
- Beschriftung der Speisen am Büfett (Vermeidung von „Fehlgriffen“)

- Sensibilisierung des Ausgabepersonals, z. B. Ausgabe kleinerer Mengen, gezieltes Nachlegen von Speisen

- Verteilung von übrig gebliebenen Speisen an gemeinnützige Organisationen, z. B. an Tafeln, soweit die geltenden Hygienevorschriften das zulassen

Abfallvermeidung

- Verwendung von Mehrweggeschirr, Mehrwegbesteck und Gläsern
- Verpackungsabfälle minimieren, z. B. durch den Einsatz von Mehrwegverpackungen und Bestellung in Großgebinden, sofern der Inhalt aufgebraucht wird
- Rücknahmesysteme und Wiederverwendung, z. B. für Namensschilder
- Einsatz von recyclingfähigen Produkten und Verpackungen aus Recyclingmaterial, z. B. Recyclingkarton bei Kartonverpackungen

Abfalltrennung

- Getrennte Sammlung von Küchenabfällen
- Getrennte Sammlung von altem Speiseöl aus Fritteusen
- Aufstellen von Abfallinseln für getrennte Abfallsammlung, vor allem für die Fraktionen Papier, Biomüll, Glas und Leichtverpackungen sowie deutliche Beschriftung (insbesondere bei inter-nationalen Veranstaltungen

Weitere Informationen unter: www.bmu.de

Aufgabe 1

Nennen Sie Maßnahmen zur nachhaltigen Gestaltung eines Catering-Angebotes anderer Anbieter (Internetrecherche).

Aufgabe 2

Sortieren Sie diese Maßnahmen und die im Text genannten Maßnahmen nach den drei Dimensionen der Nachhaltigkeit:

Aufgabe 3

Prüfen Sie, welche dieser Maßnahmen bei der Planung und Durchführung des oben beschriebenen Betriebsfestes (s. S. 453) Berücksichtigung finden könnten.

Aufgabe 4

Wo können Auszubildende der Hauswirtschaft in der Senioreneinrichtung Haus Lindenhof im Arbeitsalltag außerdem noch nachhaltig handeln? Nennen Sie zu jeder der drei Dimensionen der Nachhaltigkeit nach dem Muster der untenstehenden Tabelle mindestens zwei konkrete Bereiche oder Tätigkeiten, bei denen die Hauswirtschafterin auf Nachhaltigkeit achten kann.

Aufgabe 5

Beschreiben Sie konkrete Maßnahmen für Ihren Ausbildungsbetrieb, mit denen Sie in Bezug auf Produktauswahl, Vermeidung von Lebensmittelabfällen, Abfallvermeidung, Abfalltrennung noch nachhaltiger handeln können.

Ökologische Aspekte	Ökonomische Aspekte	Soziales ((inkl. Gesundheit))
...	...	...
...	...	...
...	...	...

Produkte und Dienstleistungen vermarkten

Lernsituation

Zur Vorbereitung auf den betrieblichen Auftrag in der Abschlussprüfung haben sich drei Ausbildungsbetriebe zusammengeschlossen. Jeder Betrieb bereitet dabei ein Projekt für die eigenen und die anderen Auszubildenden vor. Beim Koboldhof dürfen die drei Auszubildenden das Hoffest um Ostern gemeinsam in einem Projekt vorbereiten. Sie können sich frei entscheiden, welche Produkte oder Dienstleistungen im Rahmen des Festes angeboten werden, solange diese einen ländlich-agrarischen Bezug aufweisen.

In der Alten- und Pflegeeinrichtung „Lebensfreude" wünschen sich die Mitarbeitenden einen Wäscheservice für ihre private Wäsche. Die drei Auszubildenden sollen in einem Projekt mit dem Schwerpunkt serviceorientierte Dienstleistungen einen Wasch- und Bügelservice umsetzen und vermarkten. Damit lässt sich testen, wie das Angebot angenommen wird.

Bei den Mehrwert-Werkstätten wird im Rahmen der Stadtranderholung ein Betreuungsangebot für Kinder und Jugendliche zwischen 10 und 14 Jahren angeboten (personenbetreuender Schwerpunkt). An einem Tag soll hierbei auch ein hauswirtschaftliches Projekt angeboten, d.h. beworben und umgesetzt werden. Nach der Durchführung sind für jedes Projekt eine Dokumentation und eine Präsentation anzufertigen.

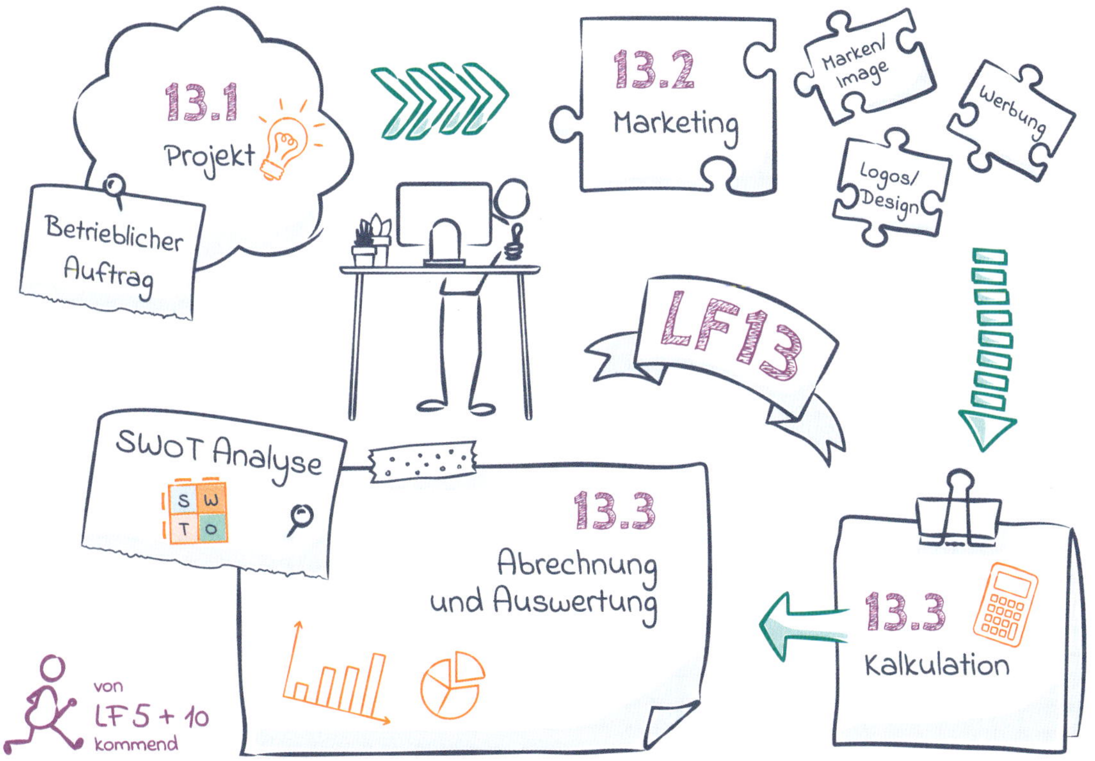

13.1 Projekt

In der Ausbildungsverordnung zum staatlich anerkannten Ausbildungsberuf Hauswirtschafter bzw. Hauswirtschafterin werden ab der zweiten Ausbildungshälfte die bereits erworbenen Kompetenzen bezogen auf den jeweiligen Schwerpunkt projektförmig vertieft. Das bedeutet, die Auszubildenden haben die Chance, ihr Wissen und Können in Projekten zwar selbstverantwortlich anzuwenden und umzusetzen, jedoch können sie jederzeit auf Hilfestellungen im Betrieb und auf die Ausbildungsperson zurückgreifen.

Projektarbeit in der Ausbildung ist laut des BIBB (Bundesinstitut für Berufsbildung) das selbstständige Bearbeiten einer Aufgabe oder eines Problems durch eine Gruppe von der Planung über die Durchführung bis zur Präsentation des Ergebnisses. Gemäß der Aufgabenstellung ist ggf. im Team ein Produkt zu entwickeln, eine Veranstaltung zu organisieren oder eine Dienstleistung zu verbessern. Es sind alle für die Umsetzung nötigen Arbeitsschritte selbstständig zu planen, auszuführen und zu dokumentieren. So lässt sich die Ausbildung gestalten.

Ausbildungspersonen moderieren das Projekt. Das heißt, sie führen in die Thematik ein, organisieren den Prozess und bewerten das Ergebnis mit den Auszubildenden. Projekte sind eine gute Vorbereitung auf die Prüfung und fördern auch die Schlüsselqualifikationen:

- Umgang mit komplexen Aufgaben und herausfordernden Situationen
- Selbstorganisation
- Selbstreflexion
- methodische und soziale Kompetenzen

> *Ein **Projekt** ist ein befristetes, zielgerichtetes, einmaliges Vorhaben. Es besteht aus verschiedenen Tätigkeiten, die aufeinander abgestimmt werden müssen und unter Berücksichtigung der Vorgaben zu Ressourcen (z. B. Zeit, Budget, Personal und Betriebsmittel) und Qualität durchgeführt werden, um ein Ziel zu einem bestimmten Datum zu erreichen.*

13.1.1 Projektmanagement

Zum Projektmanagement gehört ein Projektstrukturplan und ein Projektzeitplan.

Der Projektstrukturplan (abgekürzt: PSP) definiert, WAS an Aufgaben und Aktivitäten zu leisten ist, um ein Projekt durchzuführen. Er beschreibt Hauptaufgaben, Teilaufgaben und so genannte Arbeitspakete als kleinste Einheit. Diese Pakete werden über die Frage „Was ist alles zu tun in unserem Projekt?" ermittelt. Die anfallende Arbeit wird schrittweise immer weiter aufgegliedert. Das geschieht bis zu dem Punkt, wo eine weitere Aufteilung keinen Mehrwert mehr für z. B. die Planbarkeit und Möglichkeit der Fortschrittskontrolle bringt.

> *Der **Projektstrukturplan** gibt einen umfassenden Überblick über eine komplexe Projektaufgabe und bietet die Basis für Ablauf-, Zeit-, Personal- und Kostenplanung.*

FÜR DIE PRAXIS

Für den PSP gibt es verschiedene Darstellungsformen. Zum einen lässt sich der Plan in reiner Textform als Tabelle darstellen oder auch als halbgrafische Auflistung. Zum anderen gibt es die Möglichkeit der grafischen Darstellung entsprechend einem Baumdiagramm.

Die Erarbeitung eines detaillierten Strukturplans führt dazu, einen Überblick über alle zu erbringenden Leistungen und Aktivitäten zu erhalten.

FÜR DIE PRAXIS

Beim Projektstrukturplan ist Folgendes zu beachten:

- Für jedes Arbeitspaket einen Zettel schreiben, dies erleichtert die Zuordnung.
- Unterschiedliche Farben für unterschiedliche Hierarchiestufen verwenden, dies verbessert die Übersichtlichkeit.
- Strikt beim WAS bleiben! Das ist komplex genug.
- An alle Tätigkeiten denken, die Zeit kosten.
- Immer ein Hauptwort und ein aussagekräftiges, eindeutiges Verb verwenden, z. B. Einladungskarten verschicken, Boden nass reinigen, Lebensmittel bestellen, …

NICHT: tun, machen, erarbeiten, … diese Verben sind zu ungenau.

Vorgehensweise beim Projektstrukturplan:

Schritt 1:	Mithilfe von Brainstorming sammeln WAS zu machen ist. Die Arbeiten auf den Kärtchen gut leserlich notieren. Hängen Sie die kleine Zettel auf die große vorbereitete Fläche. So lange weiter machen, bis Ihnen nichts mehr einfällt (nach vereinbarter max. Zeitvorgabe)	• Was ist unser Ziel? • Welche Aufgaben wollen wir verwirklichen? • Welche Ergebnisse streben wir an?
Schritt 2:	Ordnen Sie Ihre Sammlung von Aktivitäten hierarchisch in: Hauptaufgaben Teilaufgaben Arbeitspakete	• Was nimmt viel Zeit in Anspruch? • Wo wird viel Personal benötigt?
Schritt 3:	Ergänzen Sie den PSP um notwendige Maßnahmen	• Was fehlt noch? • An was wurde noch nicht gedacht?
Schritt 4:	Prüfen Sie den Plan auf Ver- ständlichkeit und Vollständigkeit	• Führt die Durchführung aller Tätigkeiten zur Erfüllung aller Aufgaben?

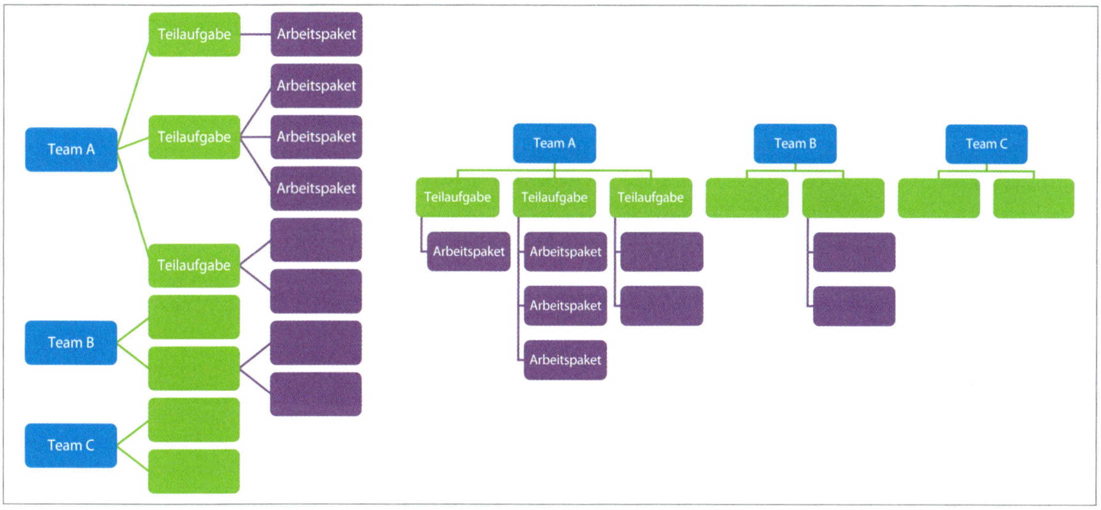

Projektstrukturplan

Der nächste Planungsabschnitt ist die Zeitschiene. Im Team wird überlegt, wie lange die einzelnen Arbeitspakete, die im PSP festgelegt wurden, dauern. Mit farbigen Balken wird markiert, in welcher Woche das Arbeitspaket erledigt wird (immer eine ganze Woche). So entsteht der Projektzeitplan.

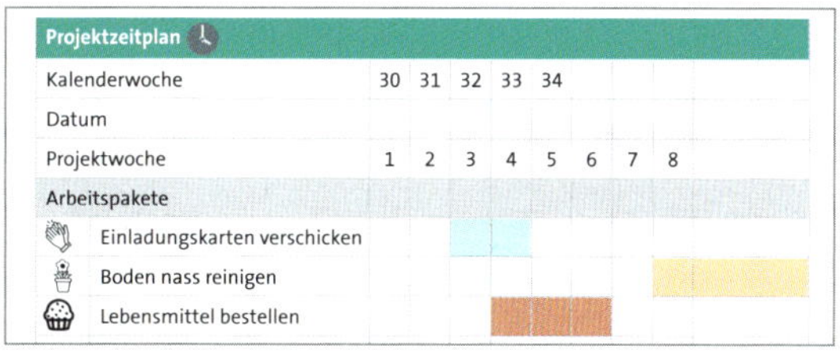

Projektzeitplan

FÜR DIE PRAXIS

In der ersten Spalte werden die Arbeitspakete eingetragen. In den darauffolgenden Spalten werden die dafür benötigten Projektwochen farblich markiert. Für ein besseres Zeitgefühl werden die laufenden Kalenderwochen ebenfalls angegeben.

BEISPIEL: *Blankoformular für einen Projektzeitplan siehe hier: handwerk-technik.de/links/4236*

Projektzeitpläne können digital, in Schreib- oder Tabellenprogrammen, Kalenderprogrammen oder Online-Meeting- und Planerprogrammen, aber auch handschriftlich angelegt und geführt werden.

FÜR DIE PRAXIS

Projektmanagement-Apps: für alle Projektmanagement-Aufgaben gibt es mittlerweile das passende Tool, egal ob To-do-Liste, Zeit-, Ressourcen- oder Meilensteinplanung. Viele davon sind kostenlos (z. B. die Arbeit mit trello oder mit einem padlet).

13.1.2 Der betriebliche Auftrag

Hauswirtschaftliche Produkte und Dienstleistungen erstellen und vermarkten wird bei der Abschlussprüfung mit dem sogenannten betrieblichen Auftrag abgeprüft.

Ein betrieblicher Auftrag ist oftmals praxisnah, da es sich um einen im Betrieb tatsächlich anfallenden Arbeitsauftrag („Projekt") handelt. Er beinhaltet genau solch eine Aufgabe, die nach Ende der Ausbildung selbstständig bewältigt werden muss.

Dieser Auftrag/dieses Projekt wird vom Betrieb und dem/der Auszubildenden vorgeschlagen und ist nach Genehmigung durch den Prüfungsausschuss im Betrieb oder bei der Kundschaft durchzuführen. Dies ist mit praxisbezogenen Unterlagen zu dokumentieren und abzugeben. Es folgt eine Präsentation vor dem Prüfungsausschuss und die dazugehörige Erörterung in einem Fachgespräch. Durch Dokumentation, Präsentation und Fachgespräch wird das Projekt „indirekt" bewertet und fließt zu 30 % in die Abschlussnote ein. Bewertet wird die Arbeits- und Vorgehensweise; auch das Arbeitsergebnis kann in die Bewertung mit einbezogen werden. Für die Abwicklung der Prüfung von der Einreichung des Erstantrages zur Genehmigung bis zur Abgabe der Dokumentation sind Zeitfenster vorgesehen. Dies ermöglicht eine flexible Projektbearbeitung.

Beantragen durch Ausbildungsbetrieb und Auszubildende/-n, Prüfen und Genehmigen durch zuständige Stelle/Prüfungsausschuss.

▼

Durchführen des betrieblichen Auftrags im Ausbildungsbetrieb und Aufsicht des Ausbilders/der Ausbilderin.

Dokumentieren mit praxisbezogenen Unterlagen

▼

Fachgespräch mit dem Prüfungsausschuss auf Grundlage der Dokumentation, höchstens 30 Minuten.

Ablauf einen betrieblichen Auftrags

Durchführen eines betrieblichen Auftrags:
- Eine Art Projekt bezogen auf den im Betrieb angesetzten Schwerpunkt auswählen
- Planung, Durchführung, Dokumentation und Präsentation erstellen (24 Arbeitsstunden, frei einteilbar)
- Dokumentieren mit praxisbezogenen Unterlagen (ca. 4–6 Seiten und dem dafür notwendigen Anhang)
- Planung, Verlauf und Ergebnisse präsentieren (10 Minuten Präsentationsdauer)
- ein auftragsbezogenes Fachgespräch (20 Minuten) führen

AUFGABEN

1. Erstellen Sie eine Ich-kann-Liste und tragen Sie dort Ihre Selbsteinschätzung ein.

2. Projekt Wäscheservice
   a) Erstellen Sie eine Gliederung für die Dokumentation zum Projekt Wäscheservice mithilfe eines Textverarbeitungsprogramms.
   b) Erstellen Sie ein automatisch generiertes Inhaltsverzeichnis eines Textes mit einem Textverarbeitungsprogramm.
   c) Entwickeln Sie einen Projektplan dafür.
   d) Listen Sie die Punkte auf, die ein Merkblatt für die Prüfung enthalten muss. Recherchieren Sie dazu auf der Internetseite Ihrer Zuständigen Stelle nach den Zeiträumen für die Anmeldung des betrieblichen Auftrags und der Durchführung sowie der Abgabe. Informieren Sie sich über die notwendigen Formulare. Fassen Sie die Gestaltungsregeln und Formalitäten zusammen.

5
10
13

Ich-kann-Liste Vermarktungsprojekt (angelehnt an die Prüfung nach §13 HaWiAusbV)

Nr.	Ich kann...	Selbst-einschätzung 0 + ++	Wo zeige ich dieses „Können" und in welchem Umfang?			Bemerkungen / Hinweise
			Dokumen-tation	Präsenta-tion	Fach-gespräch	
1.	hauswirtschaftliche Bedarfe personen-, zielgruppen- und situationsorientiert ermitteln		+	+		Marktanalyse, Fragebogen, Kundenauftrag, Gesprächsprotokolle
2.	hauswirtschaftliche Angebote erarbeiten		++	+		Angebot, Leistungsverzeichnis
3.	geplante Maßnahmen abstimmen (Erkennen wo Hilfe benötigt wird oder andere Berufsgruppen hinzugezogen werden sollten)		++	+	++	Gesprächsprotokolle; begründen können, wann und warum auf Hilfe zurückgegriffen wurde,
4.	Arbeitsprozesse strukturieren und passende Arbeitsmittel auswählen		+	x		Ablaufpläne, Projektplan etc.
5.	Kosten ermitteln und Preise kalkulieren		++	+	+	Exceltabelle zur Kalkulation (oder anderes Tabellenkalkulationsprogramm); erklären können, wie der Preis entstanden ist
6.a	Produkte herstellen oder		++	++	+	Fotos, Prototyp mitbringen, Verkostung …
6 b	Dienstleistungen erbringen		++	++	+	Leistungsverzeichnis erstellen, Fotodokumentation der Leistung (Vorher-Nachher …)
7.	Kunden und Kundinnen über hauswirtschaftliche Leistungsangebote informieren (Bewerbung der Produkte oder Dienstleistungen) sowie Produkte und Dienstleistungen vermarkten (Marketing anwenden und „Verkaufen")		++	++	+	Marketingstrategie beschreiben, Werbemittel und -wege Verkaufsdokumentation und -auswertung
8.	Kommunikationsprozesse personen-, zielgruppen- und situationsorientiert gestalten		+	++		
9.	Maßnahmen zur Hygiene- und Qualitätssicherung, zur Wirtschaftlichkeit und Nachhaltigkeit sowie zur Sicherheit und zum Gesundheitsschutz bei der Arbeit umsetzen		+	+	+	
10.	Arbeitsabläufe und Ergebnisse bewerten, dokumentieren und präsentieren		+	++	++	Begründen können!
11.	die wesentlichen fachlichen Zusammenhänge aufzeigen, die eigene Vorgehensweise begründen					In der Präsentation mit den Ausbilderinnen und Ausbildern

13.2 Marketing

Aufgabe des Marketings ist es, Maßnahmen zu entwickeln, die zu einer erfolgreichen Vermarktung eines Produkts oder einer Dienstleistung führen.

Produkte und Dienstleistungen werden mithilfe des Marketings „vermarktet". Neben dem beschriebenen „Marketingmix" (s. S. 374) sind auch Kenntnisse zur Markenbildung und Werbung wichtig.

13.2.1 Marken und Image

Das Leitbild (s. S. 10) ist ein wichtiges Instrument im Qualitätsmanagement und zur Imagebildung.

Corporate Design und Identity Unternehmensidentität (CI/CD) und Design Identität und Erscheinung

Auf dem Leitbild eines Unternehmens basiert die Corporate Identity (CI) und macht das Unternehmen unverwechselbar. Es entsteht durch das Verhalten des Unternehmens und der Mitarbeiterinnen und Mitarbeiter sowie durch die Kommunikationen und das Erscheinungsbild nach innen und außen. Ziel ist es, sich von der Konkurrenz zu unterscheiden. Es ist eine Identität mit den Mitarbeitenden gegenüber der Kundschaft, der Gesellschaft und auch den Lieferanten aufzubauen. Ebenso sind die Unternehmensführung und die Planung an dieser Identität auszurichten. Jede Einrichtung erstellt damit ein Selbstbild und hebt seine besonderen Merkmale hervor.

> ***Corporate Identity*** *= einheitliches Auftreten und Erscheinungsbild eines Unternehmens.*

Corporate Social Responsibility s. S. 510

Logo

Bilder beeinflussen die Wahrnehmung u. a. durch Gefühle. Sie können zum Beispiel Inhalt der Botschaft unterstreichen und die Wiedererkennbarkeit erhöhen. Bei warmen Farben (Gelb, Orange, Rot) ist das Aktivierungspotential am höchsten. Blau und Grün stehen für Ruhe. Schwarz, Grau und Weiß wirken seriös. Vorsicht: Ein zu hoher Anteil von dunklen Farben kann den Erinnerungswert negativ beeinflussen.

BEISPIEL *für Logos*

HT Medien für Schule und Beruf www.handwerk-technik.de

IFHE INTERNATIONAL FEDERATION FOR HOME ECONOMICS

Koordinierungs- und Vernetzungsstelle Hauswirtschaft Baden-Württemberg

Logos von HT-Medien, KV Hauswirtschaft und IFHE

> *Ein* ***Logo*** *ist ein grafisches Zeichen (Signet), das ein bestimmtes Subjekt wie ein Unternehmen, eine Organisation, eine Privatperson oder ein Produkt repräsentiert. Es kann als reine Bildmarke, Wortmarke oder Wort-Bild-Marke gestaltet sein und ist der wesentliche Bestandteil des visuellen Erscheinungsbildes (Corporate Design).*

Slogan

Im Marketing handelt es sich bei einem Slogan um einen Werbespruch, also einen einprägsamen Satz oder Ausdruck der langfristig für den Betrieb oder das Produkt sowie sein Leitbild oder seine Ziele steht. Slogans werden auf Dauer eingesetzt, um einen hohen Wiedererkennungswert zu schaffen. Ziel von Slogans ist es, sowohl neue als auch bestehende Kundinnen und Kunden zu erreichen und dafür zu sorgen, dass die Marke nicht in Vergessenheit gerät. Ein einprägsamer Slogan kann dabei helfen, Personen zum Kauf zu bewegen. Er wird gerne geteilt oder lässt an ein bestimmtes Bedürfnis denken, das durch ein Produkt befriedigt wird. Ein Slogan sollte immer zum restlichen Marketingmaterial und der Werbestrategie passen und gut damit zusammenwirken.

Zum Beispiel bieten sich zu dem Slogan „Bunt und vielfältig wie das Leben" auch bunte Give-aways (Werbegeschenke, Produktproben usw. s. S. 501) an.

Wundertüte Hauswirtschaft – Da steckt mehr drin als gedacht

Diese Elemente der CI müssen aufeinander abgestimmt sein:

Element	Beschreibung	Beispiel
Corporate Design (CD)	Beschreibt und legt das sichtbare Erscheinungsbild des Unternehmens fest: Das Logo (s. S. 498) und die Unternehmensfarben sowie die typische Schriftart, die in Gestaltungsrichtlinien festgelegt werden. Sie sind Vorlagen für Briefe, Flyer, Visitenkarten, (Stellen-)Anzeigen, Arbeitskleidung, besondere Produktverpackungen oder sogar für Mobiliar oder Gebäude enthalten.	Alle Häuser der Supermarktkette sehen gleich aus und sind gleich eingerichtet. Die Mitarbeitenden erkennt die Kundschaft einfach an den typischen Poloshirts. Das Logo prangt nicht nur über jedem Eingang, sondern ist auch auf Flyern, Plakaten und den Briefen der Kette zu sehen und an den Farben des Unternehmens gut zu erkennen.
Corporate Communication	Die Unternehmenskommunikation umfasst jede Kommunikation des Unternehmens nach innen und außen. Es geht um einheitliche Botschaften, unabhängig von der Zielgruppe. Damit wird die Glaubwürdigkeit gestärkt und auch durch die Corporate Language (siehe unten) ergänzt.	Ein Sporthersteller wirbt mit Diversität in seinem Werbespot. Die interne Kommunikation, die Werbung und Öffentlichkeitsarbeit mit PR-Maßnahmen müssen aufeinander abgestimmt sein: Wenn sich das Unternehmen zum Beispiel für Inklusion einsetzt und dies in seiner Werbung oder durch Sponsoring von Paralympics-Sportler/-innen hervorhebt, sollte auch intern klar kommuniziert sein, dass alle Mitarbeitende Menschen mit Behinderungen offen begegnen. Das Unternehmen sollte auch bei seiner Stellenbesetzung auf Inklusion achten und die Homepage und Einrichtungen des Unternehmens sollten barrierefrei gestaltet sein. Ansonsten wäre die Aussage unglaubwürdig.
Corporate Behaviour	Das Verhalten ist auch eine Art der Kommunikation. Mit einem einheitlichen Verhalten auf allen Ebenen des Unternehmens wird	
Corporate Culture und Corporate Philosophy	Unternehmenskultur Werte, Normen, Selbstverständnis	

Darüber hinaus gibt es noch andere wie:

Element	Beschreibung	Beispiel
Corporate Sound/ Audio-Branding	akustische Identität	Beim Öffnen der Verpackung entsteht ein bestimmter unverwechselbarer Klang (Ploppen einer Chipspackung). Oder eine bestimmte Tonabfolge steht unverwechselbar für eine Marke (Da-da-da-di-daa eines Telefonanbieters).
Corporate Smell	Geruchsidentität	Bei Betreten einer Filiale gibt es einen typischen Geruch.
Corporate Language	Sprachregelungen	Kunden in der Café-Filiale werden geduzt und mit dem Vornamen angesprochen.

Mit diesen Fragestellungen lassen sich Logos checken:

- Ist der Slogan originell und einprägsam?
- Ist er einfach zu verstehen?
- Gibt es eine eindeutige Verbindung zwischen der Marke und dem Slogan?
- Weckt der Spruch (positive) Emotionen und Erinnerungen?
- Passt der Slogan zum Logo und dem Werbematerial?

> ***Slogan*** *(Werbespruch) = besonders in Werbung und Politik verwendete Redensart, einprägsame, wirkungsvoll formulierte Redewendung, leitet sich vom Kampfruf ab.*

AUFGABE

1. **Bringen Sie die Logos Ihrer Ausbildungsbetriebe mit und stellen Sie sich diese in Kleingruppen gegenseitig vor. Nutzen Sie dabei folgende Fragestellungen: Was ist an dem Logo zu sehen? Was stellt es dar? Wurde ein Bild und eine Schrift kombiniert: wenn ja, warum? Welche Farben wurden gewählt und was symbolisieren diese bzw. warum? Hat das Logo einen Wiedererkennungswert? Wie gefällt den anderen Gruppenmitgliedern das Logo: spricht es Sie an oder eher nicht und warum? Ist das Logo passend?**

13.2.2 Werbung

Durch Werbung sollen Verbraucherinnen und Verbraucher zum Kauf eines bestimmten Produkts oder zu der Inanspruchnahme einer Dienstleistung angeregt werden. Weiterhin kann auch eine positive Einstellung zum Unternehmen, der Marke oder den Produkten eine Zielsetzung sein. Im Groben lässt sich Werbung unterteilen in die klassische Absatzwerbung und Öffentlichkeitsarbeit (PR = public relations).

> ***Werbung*** *= Wichtiges Instrument zur Verkaufsförderung und Öffentlichkeitsarbeit innerhalb des Marketings, um den Bekanntheitsgrad eines Betriebes, einer Ware, oder Dienstleistung zu steigern, mit dem Ziel, den Absatz und Gewinn zu vergrößern.*

Ziele von Werbung:

- Anreize schaffen für einen Kaufimpuls
- Neugewinnung von Kundinnen und Kunden
- Stammkundinnen und Stammkunden halten oder erweitern
- Information für Verbraucherinnen und Verbrauchern
- Imageaufbau

Für eine erfolgreiche Kommunikationspolitik zur Werbung sollten die

- affektive (Gefühlsebene)
- kognitive (Gedankenebene)
- konative (Handlungsebene = Konkrete Handlung)

einbezogen werden.

Dies lässt sich mithilfe der **AIDA**-Formel erreichen.

Attention	Aufmerksamkeit erzeugen
Intrest	Interesse wecken
Desire	Wünsche wecken, Bedürfnisse bewusst machen
Action	Handeln – einen Kaufentschluss fassen und umsetzen.

Werbeplan

Werbemaßnahmen müssen geplant und abgestimmt sein, damit sie erfolgsversprechend verlaufen und auch die Kosten und Nutzen in einem angemessenen Verhältnis zueinanderstehen. Daher sollte zu Beginn ein Plan entworfen werden.

Inhalte eines Werbeplans

Ziel	Wofür wird geworben?
Zielgruppe	Wer soll mit der Werbung erreicht werden?
Budget	Wie viel Budget (finanzielle Mittel/Geld) steht für Werbemaßnahmen zur Verfügung?
Zeit	Wann und wie lange wird geworben? Wird die Werbung saisonal geschalten?
Gebiet	Wo wird geworben? Wird örtlich begrenzt geworben?
Botschaft	Welche Aussage soll für das Ziel werben?
Werbemittel und Werbeträger	Worüber und womit wird geworben?

Wie jede Tätigkeit wird auch Werbung nach dem Modell der vollständigen Handlung (s. S. 27) umgesetzt und zum Schluss kontrolliert wie erfolgreich die Werbemaßnahme war.

Werbemittel

Werbemittel und -träger sind verbunden. Das Werbemittel ist das „Material", auf dem die Botschaft transportiert wird.

***BEISPIEL:** Das Radio ist zum Beispiel der Werbeträger für einen Radiospot.*

Werbebotschaft

Wird visuell oder akustisch umgesetzt

Werbemittel
Anzeigen, Spots im Hörfunk, Fernsehen, Film, Videos, Plakate, Werbebriefe, …

Werden massenmedial verbreitet durch

Werbeträger
Printmedien (Zeitungen, Zeitschriften), Rundfunk- und Fernsehanstalten, Webseiten, Plakatwände, …

Von der Werbebotschaft über Werbemittel zum Werbeträger

> ***Werbemittel:** Mittel, die eine Werbebotschaft an Zielgruppen übermitteln.*

Werbemittel nach Sinnen geordnet

Akustisch (hören)	Visuell (sehen)	Haptisch (anfassen)
Radiospot/ Jingle	Text	Give-Aways
Durchsagen	Bild, Banner	Auslage
„Marktschreier"	Leuchtschrift	Stoffbeschaffenheit von Kleidung
Telefonwerbung	Trikotwerbung	
Video		Ware als Werbung – Verpackung
Werbe-/Imagefilm		
Werbespot		Messen

5
10
13

Haptisch/ Klassisch	• Flyer, Plakate, Anzeigen, Broschüren, Kataloge • Give-Aways (Werbegeschenke, Produktproben, Streuartikel) • Sponsoring (Trikotwerbung) • Autoaufkleber
Digital	• Werbespots (Radio/TV/Internet) • Bannerwerbung • Newsletter/Mailings • Pop-Ups • In-Game-Advertising • Telefonwerbung

Give-Aways wirken länger. Sie zählen zu den haptischen Werbemitteln (Hapticals). Durch das Berühren und das „mit nach Hause nehmen" sprechen diese mehrere Sinne an und lösen dadurch Emotionen aus. Da die Give-Aways in das alltägliche Leben mitgenommen werden, wird die Person zu Hause nochmal an den Betrieb oder das Produkt erinnert.

Werbeträger

Werbeträger sind Medien, durch die Werbemittel an die Zielgruppe transportiert werden.

- Elektronische Medien
  - ➜ Displays
  - ➜ Internet
  - ➜ Video- und Streaming-Plattformen
  - ➜ Virtuell/Augmented Reality
  - ➜ Apps
- Massenmedien
  - ➜ Internet
    - – Web 1.0 (www)
    - – Web 2.0 (Social Media)
    - – Videoplattformen/-kanäle
    - – Podcasts
    - – Web 3.0 (Einsatz von KI)
  - ➜ Rundfunk
    - – Fernsehen
    - – Radio und Digitalradio
  - ➜ Printmedien
    - – Zeitschriften
    - – Zeitungen
    - – Wurfsendungen/Briefe
    - – Außenwerbung (im öffentlichen Raum)
  - ➜ Plakatwände
  - ➜ Leuchtreklame

> ***Werbeträger*** *= Medium, auf dem sich die Werbebotschaft befindet.*

Flyergestaltung

Ein Flyer enthält die wesentlichen Informationen zum Thema in einem kleinen ansprechenden Format. Damit kann ein Produkt, eine Dienstleistung, eine Kampagne oder auch ein Event beworben werden. Traditionell werden Flyer gedruckt und durch Faltung auf ein handliches Format zum Einstecken, Mitnehmen oder Versenden gebracht. So kann sich jede Person auch zu einem späteren Zeitpunkt genauer damit auseinander.

In den Zeiten von Social Media und dem Trend zu Abfallvermeidung werden immer weniger Papierflyer gedruckt und elektronische Flyer eingesetzt. Dadurch wurden auch neue Trends für Formate geschaffen. Quadratische Bildformate mit wenig Text eignen sich zum Wischen (Swipen) auf Social Media. Oft besteht auch die Möglichkeit, einen Flyer über einen QR-Code abzurufen.

FOODSTIVAL Flyerset:
- A 4 Flyer
- Instagram Story
- Instagram Post

Ein Design für alle Formate

Egal ob klassischer Papierflyer oder digitales Format – ein Flyer sollte ansprechen und originell sowie auffällig gestaltet sein. Dazu gehört eine zum Produkt oder dem Corporate Design (s. S. 499) passende Farbe, um Adressaten neugierig zu machen oder auch einen Wiedererkennungseffekt zu erzielen.

Besonders geeignet sind Postkartenformate, diese können geteilt, aber auch verteilt werden und benötigen keine Faltung. Infografiken sind auch eine beliebte Dartstellungsform. Auf Onlineportalen, wie Canva, Flyeralarm usw. können Vorlagen einfach genutzt, angepasst und im Anschluss heruntergeladen oder gedruckt werden.

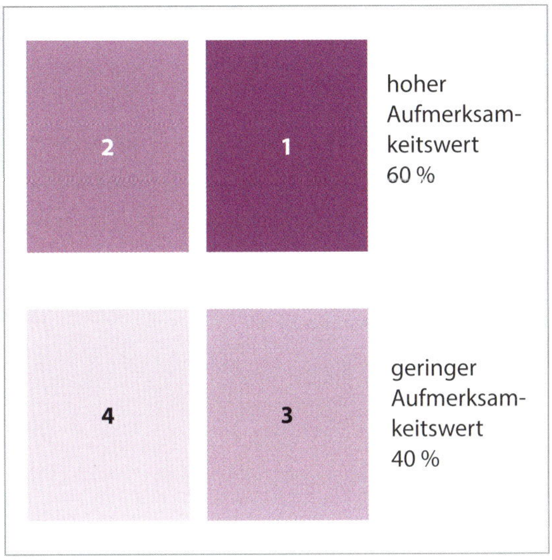

Beispiel einer Vorlage

Plakatgestaltung und Werbetafeln

Plakate werden wieder beliebter und interessant. Sie können einfach mit dem Smartphone abfotografiert werden oder bieten die Möglichkeit, QR-Codes abzudrucken. Darüber können interessierte Personen unkompliziert und schnell weiterführende Informationen abrufen. Gleichzeitig können Plakate aufgrund ihres Designs auch gut als Anzeigen oder Posts in Sozialen Medien verwendet werden.

Ziel: Die Betrachtenden sollen eine Veranstaltung besuchen, über ein Produkt oder eine Dienstleistung informiert werden sowie zu einer Handlung oder Beteiligung an einer Kampagne angeregt werden (Kontaktaufnahme, Kauf, Bewerbung).

Fakten: Was, Wer, Wann, Wo, Wie viel? Diese Fragen sollten auf einem Plakat beantwortet werden.

Aufbau: Verschiedene Bereiche von Plakaten haben unterschiedliche Aufmerksamkeitswerte (siehe Abbildung – je dunkler die Farbe, desto höher der Aufmerksamkeitswert).

Platzierung des Plakats: Es ist nicht nur entscheidend, an welcher Stelle auf dem Plakat die unterschiedlichen Blöcke und Informationen angeordnet sind. Wichtig ist auch, wo das Plakat an sich platziert wird. In öffentlichen Räumen (Straßen, Gehwege, Aushänge an Schulen etc.) bedarf es einer Genehmigung. Ansonsten empfehlen sich gut besuchte Orte und Orte, an denen Personen Zeit für die Betrachtung haben (Wartebereiche, U-Bahn-Waggons, Aufzüge, Toilettentür). Sie sollten immer auf Augenhöhe aufgehängt werden. Werden die Plakate außen angebracht, sollten diese wetterfest (witterungsbeständig) sein.

Lesbare Schrift und nicht zu viele Schriftarten verwenden.
Nicht zu viele Farben einsetzen. Farben sollen zum Inhalt (z. B. Hellgrün und Gelb zum Thema Frühlingsfest, Rot zum Thema Erdbeerkuchen, kühles Blau und Weiß zum Thema Winterzauber) und dem Unternehmen passen.

Im Trend ist Chalkboard-Art- also originell gestaltete Kreidetafeln und -schilder sowie Kundenstopper, die mit besonderen Kreidestiften beschriftet und bemalt werden können. Auch hier gelten die Gestaltungstipps zu Plakaten.

Kundenstopper

Anzeigengestaltung im Internet

Für die Anzeigengestaltung gelten die Grundregeln der Werbung. Es geht darum, das Produkt oder die Dienstleistung zu bewerben.

Eine Anzeige besteht in der Regel aus drei bis vier Teilen:

1. Headline/Überschrift/Schlagzeile
2. Überschrift: Die Überschrift gibt den ersten Eindruck wieder, den potenzielle Kunden von der Anzeige haben. Die Überschrift soll klar und prägnant sein und das Interesse der Leser wecken.
3. Blickfang: Grafik, Bild, Foto oder Farbmuster oder Signalfarben
4. Text/Copy Schlagwort oder Slogan: Um was geht es?
5. Logo

***Anzeigen**: Werbemaßnahme mit knappen, informativen und aussagekräftigen Formulierungen und eventuell mit Abbildungen; oft in Zeitschriften und Zeitungen.*

Wie bei jeder Werbemaßnahme gilt es zunächst, die Zielgruppe zu bestimmen. Die dafür relevanten Schlüsselwörter und entsprechende Bilder sind auszuwählen, um die Anzeige ansprechend und auffällig zu gestalten. Das Recht am Bild dabei immer beachten (s. S. 509).

Zu beachten ist:

- Anzeigen werden nicht gelesen, sondern angeschaut.
- Das Layout muss so gestaltet sein, dass der Blick in kurzer Zeit auf die relevanten Bereiche der Anzeige geführt wird.
- Anzeige auf das Wichtigste reduzieren und nicht Fall überfrachten. Wichtig kann zum Beispiel eine Webseite, eine Telefonnummer oder bei Online-Flyern ein Call-to-Action (Klickbutton) sein.
- Bild und Text sollten zusammen passen und mit geeigneten Farben abgestimmt sein. Die Gestaltung hängt von der Produktart und dem Unternehmen ab.

So lassen sich Werbeanzeigen gestalten:

➜ **Bilder nutzen:** Ideal sind Bilder, die direkt mit dem Produkt oder der Marke in Zusammenhang gebracht werden. Gesichter wirken besonders stark.

➜ **Headlines platzieren**: Entweder ins Bild einbetten oder rechts in der Anzeige oder unterhalb des Bildes.

➜ **Leserichtung beachten**: Von links nach rechts und von oben nach unten. Deshalb wirken Texte, die rechts oder unterhalb eines Bildes stehen am besten. Entsprechend wird die obere Hälfte einer Anzeige am stärksten beachtet, die untere Hälfte wird später und seltener fixiert.

➜ **Blick und Bewegungsrichtung beachten**: Der Blick des Betrachtenden folgt in der Regel der Blickrichtung der abgebildeten Person oder auch zum Mund, also Slogans in der Nähe des Mundes. Das heißt: Wird z. B. ein Auto in Fahrtrichtung von links nach rechts abgebildet, wird der Blick auch dieser Richtung folgen.

➜ **Hervorhebungen und Gestaltungsgesetz einsetzen**: Wichtiges oben oder in der Mitte. Wichtiges größer und in den Vordergrund. Bereiche der Anzeige gut und klar strukturiert z. B. durch: Form- und Farbgebung oder den Einsatz von Rahmen: Ein Rahmen um einen Text oder eine Text-Bild-Kommunikation stellt sicher, dass die Bereiche zusammen betrachtet werden.

AUFGABEN

2. Gestalten Sie mithilfe von Canva, Flyeralarm o. Ä. einen Flyer zum Tag der offenen Tür in den Mehrwertstätten.

3. Entwerfen Sie eine Werbetafel nach der Chalkboard-Art.

Weitere Informationen unter:
www.schriftundkunst.de

Bildrechte

Wenn fremdes Bildmaterial im Internet oder z. B. in einer Broschüre veröffentlicht werden soll, muss grundsätzlich der Urheber (bei Fotos wäre das der Fotograf oder die Bildagentur, die den Fotografen vertritt) kontaktiert bzw. eine Lizenz dafür erworben werden. Der Bildgeber muss zustimmen, wenn sein Werk veröffentlicht werden soll und er hat Anspruch auf eine angemessene Vergütung. Er allein entscheidet damit über Nutzung, Veröffentlichung und Vervielfältigung.

FÜR DIE PRAXIS

Bei der erweiterten Bildersuche gibt es die Möglichkeit, nach Nutzungsrechten zu filtern.

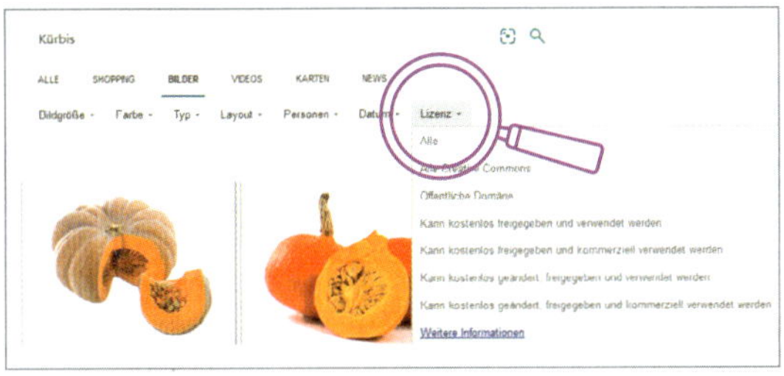

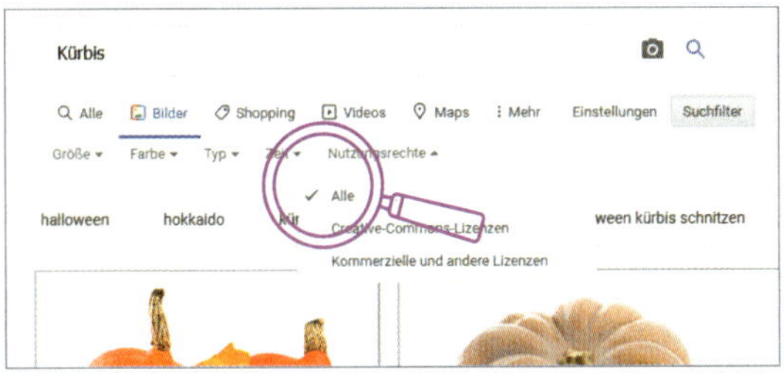

Bei der Bildersuche mit Google sieht man in der Detailansicht der Bilder zudem weitere Informationen zur Lizenzierung. Ähnlich wie: Vorsicht: nicht diese Bilder!

Nach deutschem Urheberrecht hat der Urheber immer Anspruch auf Namensnennung. Die Urheberbezeichnung bei Bildern aus dem Internet beispielsweise sollte den Urhebernamen, den Link zur ursprünglichen Quelle und den Link zur Unterseite, auf der das Bild verwendet wird, enthalten. Der Bildnachweis sollte direkt am Bild erfolgen (oft wird der Copyright-Vermerk auch rechts am Bild platziert z. B. in Magazinen). Gegebenenfalls kann der Nachweis im Impressum, im Bildquellenverzeichnis (Bücher) oder am Ende der Seite bzw. des Artikels erfolgen.

Dies alles ist geregelt in § 13 Satz 1 Urheberrechtsgesetz.

Den Urheber bzw. die Ansprechpartner für eine Rechteanfrage findet man im Impressum bzw. unter „Kontakte". Da Einzelverhandlungen über Bildrechte sehr aufwändig sein können, bieten entsprechende Stockfoto-Plattformen wie shutterstock oder Adobe stock vereinfachte Möglichkeiten des Rechteerwerbs (s. S. 506).

AUFGABE

4. Für eine Ausarbeitung zu Ihrem Ausbildungsnachweis (Berichtsheft) benötigen Sie ein Bild von einem Büfett. Wenden Sie die Bildersuche (Fotos zur Wiederverwendung gekennzeichnet) über eine Suchmaschine an und erstellen Sie eine passende Urheberbezeichnung.

Nutzungs- und Lizenzrechte

Zur Nutzung eines fremden Bildes auf z. B. der Website oder einem Flyer benötigt man das Nutzungsrecht des jeweiligen Bildes. Dieses Nutzungsrecht vergibt der Urheber des Bildes oder dessen Rechteverwerter (z. B. Bildagenturen).

Der Umfang eines Nutzungsrechtes wird grundsätzlich in zwei Arten unterteilt, das einfache und das ausschließliche Nutzungsrecht. Das einfache Nutzungsrecht findet in Bilddatenbanken Verwendung. Die dort erworbenen Fotos dürfen von vielen Personen genutzt werden. Beim ausschließlichen Nutzungsrecht darf nur der Erwerber das Bild nutzen.

Die Nutzung von Bildern unterliegt weiteren Beschränkungen, die in einer Nutzungsrechtevereinbarung abgeklärt sein müssen:

- Wie lange darf das Bild genutzt werden (Zeitlicher Rahmen)?
- Darf das Bild auch bearbeitet werden?
- Darf das Bild in verschiedenen Medien genutzt werden (Website; Flyer, social media)?
- Ist die Nutzung auf bestimmte Länder beschränkt?
- Wie soll die Nennung des Urhebers erfolgen?
- Ist der Zweck der Nutzung kommerziell (Werbung)?

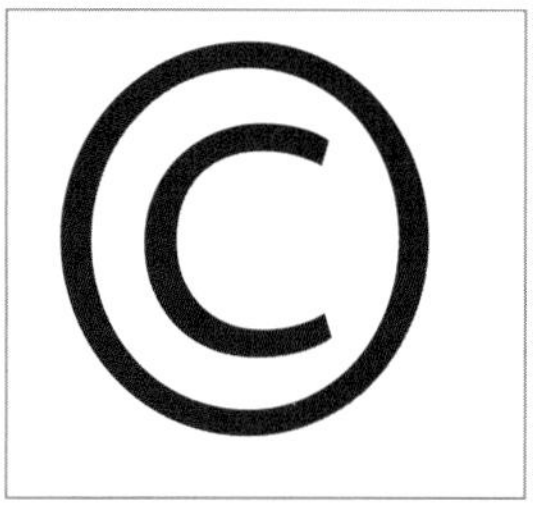

©-Symbol

Das © Symbol macht die Rechte an geistigem Eigentum deutlich. Es ist ökonomisch ausgerichtet, d. h. es geht um die Rechte am Vervielfältigen eines Werkes.

Die Nutzungsrechte werden durch Lizenzen geregelt. Eine Lizenz vergibt ein Nutzungsrecht, oft im Tausch gegen ein entsprechendes Honorar.

In den Bilddatenbanken im Internet werden Bilder unterschieden in **lizenzpflichtige Bilder** (RM-Rights Managed Lizenzen), **kostenfreie lizenzfreie Bilder** (RF-rights free Lizenzen) und **lizenzfreie bzw. gemeinfreie Bilder**.

Die kosten- bzw. lizenzpflichtigen Bilder werden käuflich erworben und dürfen nur nach bestimmten Vorgaben verwendet werden. Die Lizenz ist projektgebunden. Das angebotene Bildmaterial ist meist von sehr guter Qualität.

FÜR DIE PRAXIS

Kosten- und lizenzfreie Bilder können wesentlich freier genutzt werden.

Die Lizenz ist benutzergebunden. Allerdings muss ebenfalls eine Gebühr gezahlt werden. Der Erwerb der RF-Lizenz erfolgt zum Pauschalpreis. Führende Agenturen bieten umfangreiches Material ebenfalls in hochklassiger Qualität an.

Bei Bildern mit freier Lizenz fallen nur Gebühren an, keine Honorare. Das so erhältliche Bildmaterial ist für eine kommerzielle Verwendung nicht immer geeignet.

Bilddatenbanken im Überblick

Bilddatenbanken (Stockagenturen)	**Größe der Bilddatenbank (Anzahl Bilder und Grafiken, Videos)**	**Nutzungsbedingungen**
Pixabay	ca. 1,7 Mio.	kostenlose (gemeinfreie) Bilder, keine Registrierung notwendig
Pixelio	ca. 500 000	kostenlose Bilder mit Bedingungen, Verweis auf Quelle notwendig, Registrierung erforderlich
Flickr	riesig	verschiedene Bildlizenzen erhältlich, Quellenangaben notwendig, Registrierung erforderlich
shutterstock	ca. 240 Mio.	Premiumdatenbank mit Monatsabos, Standardlizenz bei Kauf eines Bildes

FÜR DIE PRAXIS

Die Preise sind sehr unterschiedlich, können sich auch nach einem eventuell abgeschlossenen Vertrag (Abo) richten und von der Bildgröße (Auflösung) abhängen. Dies ist im Vorfeld abzuklären.

Wichtige Unterscheidung: Für Präsentationen, die nicht allgemein verfügbar sind, sondern nur einer begrenzten Personengruppe zur Verfügung gestellt werden, können Bilder und kurze Textpassagen auch ohne den Erwerb der Rechte genutzt werden. Zum Beispiel bei einem Referat in der Berufsschule, das nicht online gestellt wird. Dies gilt für Werke geringen Umfangs – also einzelne Bilder und kurze Textpassagen.

AUFGABE

5. Für die Erstellung einer Präsentation benötigen Sie ein Bild von Erdbeeren. Prüfen Sie das Angebot verschiedener Bilddatenbanken und speichern Sie ein lizenzfreies Foto.

Kundendatei

Eine Kundendatei ist eine Datenbank, in der die Kundinnen und Kunden eines Unternehmens abgespeichert sind. Die Datei funktioniert ähnlich wie eine Karteikarte in einer Karteikartenbox. Mithilfe dieser Datenbank können Briefe, E-Mails oder Rechnungen einfach generiert und gedruckt werden. Es können daraus Versandetiketten und Serienbriefe erstellt werden. Durch die Kundendatei wird das Kundenbeziehungs-Managements erleichtert.

> ***Kundenbeziehungs-Managements*** = *Customer Relationship Management (CRM) beschreibt die Ausrichtung eines Unternehmens auf seine Kunden.*

FÜR DIE PRAXIS

Durch erweiterte Kundenbeziehungs-Managements-Systeme und spezielle Software dafür können Daten ausgewertet und der Kundenservice passgenau angeboten werden.

Durch einen Serienbrief kann ein Brief mit demselben Text personalisiert und an beliebig viele Menschen versandt werden. Es wird dadurch sehr viel Zeit gespart. Außerdem wird dadurch das Risiko von Schreibfehlern im Namen oder der Adresse minimiert. Einmal richtig in der Kundendatei angelegt, spart der Datensatz viel Zeit und Geld. Je disziplinierter die Datenbank gepflegt wird, desto effektiver lässt sich damit arbeiten. In Tagungshäusern und Hotels können zusätzlich besondere Wünsche oder Anforderungen des Gastes angelegt werden, so dass bei der nächsten Buchung direkt darauf eingegangen werden kann (benötigt rollstuhlgerechtes Zimmer, immer ein extra Kopfkissen bereitlegen, Raucherzimmer mit Balkon …).

Bei Seniorinnen und Senioren in einer Pflegeeinrichtung können in die Datenbank auch wichtige Informationen zur Ernährung und Biografie sowie zu Vorlieben und Angehörigen aufgenommen werden. So können Küche und Betreuung darauf eingehen.

Kundendaten gelten als personenbezogene Daten, die nur unter bestimmten Bedingungen gespeichert werden, siehe dazu DSGVO.

Eingabemaske

AUFGABE

6. Erstellen Sie mithilfe eines Textverarbeitungsprogramms einen Serienbrief zur Einladung des Hofmarktes des Koboldhofs. Nutzen Sie dabei Videos zu Ihrem Textverarbeitungsprogramm im Internet. Als Kundendaten können Sie die aus Ihrem Ausbildungsbetrieb entnehmen oder eigene erstellen.

5

10

13

FÜR DIE PRAXIS

So lässt sich eine Kundendatei anlegen:

1. EDV-Programm auswählen
   - Das Programm sollte auch mit der Abrechnungssoftware des Betriebs, dem Warenwirtschaftsprogramm und dem E-Mail-Programm kompatibel und datensicher sein.
2. Stammdaten festlegen
   - Anrede, Nachname. Vorname, Anschrift, Telefon/Mobil, E-Mail-Adresse, Bankverbindung
3. Spezielle Daten, die für den Betrieb relevant sein könnten:
   - Geburtstag, Beruf/Ausbildung, Hobbies/Gewohnheiten, Lebensmittelunverträglichkeiten/Allergien, Familie/Angehörige, …
4. Kundenhistorie
   - Erfolgte Kontakte ggf. mit Kurzprotokollen, Einwilligung und Kundenwünsche
5. Karteileichen regelmäßig aussortieren
   - Fehlerhafte Datensätze, Personen, die Ihre Einwilligung widerrufen und alte Datensätze

Datenschutz

Die DS-GVO (Datenschutzgrundverordnung)

Die DS-GVO regelt den Umgang mit personenbezogenen Daten durch private und öffentliche Datenverarbeiter EU-weit. Datenverarbeiter sind bspw. Anbieter von Onlinediensten, wie WhatsApp, Instagram oder You-Tube aber auch Firmen, Behörden und Institutionen im Internet.

***Personenbezogene Daten**: Alle Informationen, die sich auf eine identifizierte oder identifizierbare natürliche Person beziehen.*

Alle Informationen dürfen nur noch mit Zustimmung der betreffenden Person gesammelt werden, wobei diese jederzeit widerrufen werden kann. Die Datenverarbeiter sind zur Transparenz und Information über die Sammlung und Nutzung von persönlichen Daten verpflichtet.

Folgende Hinweise sind u.a. zur Umsetzung zu beachten:

- Umsetzung der erweiterten Informationspflichten
- Prüfung, ob ein Datenschutzbeauftragter bestellt werden muss
- Dokumentationspflichten organisieren
- Datensicherheit gewährleisten
- Benachrichtigungspflicht bei Datenpannen organisieren
- Mitarbeiter schulen und sensibilisieren
- Prozesse zur Umsetzung der Betroffenenrechte (z.B. Auskunft) implementieren

Das Recht am eigenen Bild

Fotos und Videos sind heute schnell mit dem eigenen Smartphone aufgenommen und mit ein paar Klicks möglicherweise weltweit abrufbar.

Die Verbreitung bzw. Veröffentlichung auch von eigenen Bildaufnahmen ist aber nur bei Einhaltung rechtlicher Vorschriften zulässig. Eine Verbreitung von Fotos z.B. liegt vor, wenn sie auf einem Träger wie Zeitschriften, Werbeplakaten, Flyern, Büchern usw. wiedergegeben werden.

personenbezogene Daten

Eine Veröffentlichung liegt vor, wenn Dritte die Bilder wahrnehmen können z.B. auf Websites. Aber auch das Teilen bei Facebook, WhatsApp oder weiteren Social-media-Kanälen können als Veröffentlichung gelten.

Sind Personen auf den Bildern zu sehen, ist eine Veröffentlichung laut Gesetz grundsätzlich nur mit Einwilligung der/des Abgebildeten zulässig.

Entscheidend ist hierbei, ob die Person erkennbar, d.h. anhand von Merkmalen (z.B. Gesicht, typische Kleidung, Tattoos, Frisur) eindeutig identifizierbar ist. Eine Einwilligung kann schriftlich erfolgen oder sich durch Verhalten ergeben (Teilnahme an einem Gruppenfoto auf einer öffentlichen Veranstaltung). Folgende Fragen sollten bei der Einwilligung geklärt werden:

- Wer erhält Zugriff auf das Foto?
- Wofür wird das Foto aufgenommen?
- Warum, wo und wie lange wird das Foto gespeichert?
  - ➜ Bei unter 13-Jährigen muss die Einwilligung der Eltern vorliegen.
  - ➜ Bei 13- bis 16-Jährigen benötigt der Minderjährige eine zusätzliche Einwilligung der Eltern.
  - ➜ Bei über 16-Jährigen reicht es, wenn der Minderjährige ohne zusätzliche Einwilligung der Eltern zustimmt.
  - ➜ Unmündige Personen werden bei den Bildrechten durch ihren Vormund vertreten (z.B. Senioren mit gesetzlichem Betreuer).

§ 22 KunstUrhG
Bildnisse dürfen nur mit Einwilligung des Abgebildeten verbreitet oder öffentlich zur Schau gestellt werden. Die Einwilligung gilt im Zweifel als erteilt, wenn der Abgebildete dafür, dass er sich abbilden ließ, eine Entlohnung erhielt. […].

Sollen Fotos oder Filme von Minderjährigen erstellt werden, müssen die Erziehungsberechtigten um Erlaubnis gefragt werden. Allerdings muss hier beachtet werden, dass bereits das Fotografieren von Kindern ohne Einwilligung verboten ist. Bei Fotos von Erwachsenen ist „nur" das Veröffentlichen der Fotos rechtswidrig.

Allerdings gibt es einige Ausnahmen bei der Einwilligungspflicht:

- Bildnisse der Zeitgeschichte
- Prominente in der Öffentlichkeit
- Menschen in einer Menschenmenge (mehr als sieben Personen)
- Menschen als Beiwerk bei Aufnahmen einer Landschaft oder eines Bauwerks
- Menschen, die für die Bilder Geld bekommen
- Rechtspflege und öffentliche Sicherheit

Aufgrund der Panoramafreiheit (Straßenbildfreiheit) dürfen Gebäude, Brunnen, Denkmäler usw., die für jedermann frei zugänglich sind und nicht in privater Nutzung sind, erlaubnisfrei fotografiert werden. Nicht möglich ist dies bei Innenräumen.

Erlaubt
bei Zustimmung der Leitung
Betriebsgelände und Gebäude von außen, Innenräume ohne Personen, Speisenangebot

Nicht erlaubt
bzw. nur mit Einwilligung
Besucher- oder Kindergruppe, Gäste/Beschäftigte, Bewohner oder private Zimmer (Bewohnerzimmer)

Erlaubte und nicht erlaubte Bilddarstellungen für eine Veröffentlichung

AUFGABEN

7. Für die Website Ihres Ausbildungsbetriebes sollen Fotos zur Vorstellung der Verpflegung des Betriebes gemacht werden. Da Sie Hobbyfotografin sind, werden Sie gebeten, diese zu erstellen. Beschreiben Sie welche Rechte Sie als Fotograf oder Fotografin haben?

8. Nennen Sie fünf Beispiele für rechtssichere Fotos.

PR-Maßnahmen

Public Relations umfasst alle Maßnahmen, die der Öffentlichkeitsarbeit dienen und das Ansehen des Unternehmens oder des Ausbildungsbetriebs in der Gesellschaft steigern:

- Zeitungsartikel
- Sponsoring
- Ausstellungen
- Besuchertag / Betriebsführungen / Tag der offenen Tür
- Soziales Engagement

BEISPIEL: *Der Koboldhof veranstaltet einmal im Jahr einen Tag des offenen Hofes. Dieser beginnt mit einem ökumenischen Gottesdienst und umfasst neben den beliebten Hofführungen auch verschiedene Spiel- und Spaß-Angebote für die ganze Familie. In enger Kooperation mit dem zuständigen Landwirtschaftsamt wird das Angebot abgestimmt, beworben und durchgeführt.*

EMAS
GEPRÜFTES UMWELTMANAGEMENT

Corporate Social Responsibility (CSR)

Corporate Social Responsibility (gesellschaftliche Unternehmensverantwortung) ist wichtig im Qualitätsmanagement eines Unternehmens und auch im Bereich der PR. Manche hauswirtschaftlichen Betriebe sind daher EMAS-zertifiziert und weisen dadurch ihre Verantwortung für nachhaltiges Handeln insbesondere für Umwelt und Klima nach.

> **EMAS** = *Eco-Management and Audit Scheme, EU-Öko-Audit. Es wurde von der Europäischen Union entwickelt und ist ein Gemeinschaftssystem aus Umweltmanagement und Umweltbetriebsprüfung für Organisationen, die ihre Umweltleistung verbessern wollen.*

Weitere Informationen unter:
www.emas.de

BEISPIEL: *Zwischen Ökomarketing und Greenwashing: „Wie Verbraucher nachhaltige Firmen erkennen und Greenwashing aufdecken können", beschreibt die Süddeutsche Zeitung in ihrer Pfingstausgabe vom 4./5./6. Juni 2022*

Reines Gewissen ist gut, Kontrolle ist besser

Viele Unternehmen geben sich sozial, ethisch korrekt und umweltbewusst. Doch sind sie es auch tatsächlich? Wie Verbraucher nachhaltige Firmen erkennen und Greenwashing aufdecken können.

Von Marcel Grzanna

Nachhaltigkeit ist für Teile der Industrie zu einem Attribut geworden, das sich vor allem gut vermarkten lässt. Keinem Unternehmen ist es verboten, sein eigenes Wirtschaften nach außen als nachhaltig darzustellen, sei es noch so abwegig. Für Konsumenten, denen bei Kaufentscheidungen nur ein gutes Gewissen wichtig ist, mag das ausreichen. Doch Verbraucher, die auf Nachhaltigkeit wirklich Wert legen, müssen bereit sein, Mehraufwand zu betreiben. Nur dann kann man sich sicher sein, nicht auf Greenwashing hereinzufallen.

Bei Greenwashing werden Produkte, deren Fertigung oder Beschaffung als umweltfreundlich, sozial verträglich oder fair etikettiert, auch wenn sie es gar nicht sind. So kommt es, dass umweltbewusste Kunden im Einzelhandel versehentlich zu Lebensmitteln greifen, deren Import hohe Emissionen verursachen, oder zu vermeintlicher Kleidung aus Meeresplastik, die gar kein Meeresplastik enthält. Beliebte Strategie des Marketings ist es, nachhaltige Aspekte des eigenen Unternehmens so aufzublasen, dass sie Defizite überschatten. Weil Einkäufe im Alltag nicht selten unter Zeitdruck getroffen werden, fallen viele Konsumenten darauf herein. Die gute Nachricht: Es gibt simple, wenn auch teils etwas zeitaufwändige Mittel wie Kunden die Täuschung durchschauen können.

https://www.sueddeutsche.de/kolumne/nachhaltigkeit-oekolabels-greenwashing-1.5595977?reduced=true

Bei jeder PR-Maßnahme sollten
- Zertifikate wie EU- oder staatliche Siegel beachtet werden,
- firmeneigene Siegel kritisch betrachtet werden,
- konkrete Nachfragen stattfinden, zum Beispiel in Fachgeschäften,
- Nachhaltigkeitsberichte, die bei EU-Unternehmen bereits ab 250 Mitarbeitenden Pflicht sind, eingesehen werden und
- Kriterien geprüft werden, beispielsweise mit dem Report des Instituts für ökologische Wirtschaftsförderung und Future e.V.

13.2.3 Verpackungsgestaltung

Die Produktverpackung kombiniert verschiedene wichtige Funktionen für den Verkauf eines Produkts:
- Schutz und Aufbewahrung des Produkts
- Qualitätssicherung und ggf. Lebensmittelsicherheit
- Informationsfunktion
  ➜ gesetzlich vorgeschriebene Informationen
- Werbung und Aufmerksamkeit erwecken
- Wiedererkennung
  ➜ Form, Größe, Farben, Schriftart(en), Material, Einsatz von Bildern etc.

FÜR DIE PRAXIS

Wie die Verpackung ansprechen kann:
- visuell (Farben, Formen, Glanz oder Matt, ansprechender Kontrast)
- verbal (lesbare Beschriftung)
- haptisch (Tast- und Bewegungssinn)
  ➜ Liegt das Produkt gut in der Hand bzw. Ist es gut tragbar, besitzt es eine schöne griffige Form oder eine angenehme Oberfläche?
- akustisch (Überraschungstüte/Ei, Knistern)
- olfaktorisch (Geruchssinn) – zum Beispiel Kaffeeverpackungen, die etwas vom Kaffeeduft nach außen abgeben – nachhaltig (wiederverwendbar oder kompostierbar)

AUFGABEN

9. Erstellen Sie eine Skizze für einen Flyer oder ein Plakat und berücksichtigen Sie dabei die relevanten Informationen.

10. Lesen Sie den Artikel auf der Vorseite. Erläutern Sie den Unterschied zwischen Greenmarketing/ Ökomarketing und Greenwashing.

kompostierbare Verpackung

Kennzeichnung

In der Lebensmittelkennzeichnung gibt es verpflichtende und freiwillige Angaben (s. S. 205 ff.). Zur Kennzeichnung eines verpackten Lebensmittelprodukts ist u.a. vorgesehen:
- Produktbeschreibung
- Zutaten/ Inhaltsstoffe
- Nährwertangaben
- Zubereitungshinweise
- Hinweise zur Lagerung und Haltbarkeit

Verbraucherschutz

Zum Schutz des Verbrauchers bzw. der Verbraucherin gibt es einige Regeln hinsichtlich Werbung und Verkauf.

Folgende Werbemethoden sind verboten:
- irreführende Werbung
- vergleichende Werbung
- Werbung, die gegen die guten Sittenverstößt
- Werbung mit unangebrachten Preisen
- Werbung mit gesundheitsbezogenen Aussagen

Health-Claims *= nährwert- und gesundheitsbezogene Angaben zu Lebensmitteln. Die Voraussetzungen für die Verwendung von Health Claims werden in einer EU-Verordnung geregelt (s. S. 394).*

Das ist erlaubt:
BEISPIELE für gesundheitsbezogene Health Claims:
- *„Calcium wird für die Erhaltung normaler Knochen benötigt"*
- *„Biotin trägt zum Erhalt normaler Haut und Haare bei"*
- *Beispiele für nährwertbezogene Health Claims:*
- *Ist der Energiebrennwert um mindestens 30 Prozent verringert, so ist die Bezeichnung „energiereduziert" mit Angabe der Reduzierungsmaßnahme gültig.*
- *Ein Lebensmittel kann als „zuckerfrei" gekennzeichnet werden, wenn das Produkt nicht mehr als 0,5 Gramm Zucker pro 100 Gramm bzw. 100 Milliliter enthält.*

Double-Opt-In = *Ein ausdrückliches Zustimmungsverfahren aus dem Marketing, bei dem der Endverbraucher Werbekontaktaufnahmen – meist per E-Mail, Telefon oder SMS – vorher explizit schriftlich gestatten muss. In einem zweiten Schritt muss zudem der Eintrag in der Abonnentenliste bestätigt werden.*

BEISPIEL: Die Zustimmung zum Erhalt eines Newsletters muss zusätzlich in einem zweiten Schritt bestätigen werden.

AUFGABEN

11. Recherchieren Sie die Verpackung des Jahres aus dem Vorjahr unter https://www.verpackungsmuseum.de/. Beschreiben Sie, warum diese Verpackung ausgezeichnet wurde.

12. Der Koboldhof sowie die Mehrwertstätten möchten keine Fehler in ihren Werbeaussagen zu den gesunden Produkten machen. Sammeln Sie mithilfe des Internets Beispiele für verbotene Health-Claims, mit denen nicht geworben werden darf.

13.3 Kalkulation

In Kapitel 10 wurden bereits vereinfachte Methoden zur Preisermittlung aufgezeigt und insbesondere die Sachkosten in Form der Betriebskosten und Wareneinsatzkosten beleuchtet (s. S. 378 ff.).

Für eine genaue Preisberechnung ist zudem eine Kalkulation notwendig. Dabei werden insbesondere die Kosten, welche bei der Herstellung oder bei der Leistungserbringung entstehen, kalkuliert. Ohne eine angemessene Kalkulation kann ein Produkt oder eine Geschäftsidee scheitern, wenn der Preis zu hoch (niemand ist bereit, den Preis zu bezahlen) oder zu niedrig (der Preis deckt nicht die Kosten) angesetzt wird (s. S. 380 f.).

Einzelne Kostenpositionen können genauer beschrieben werden. Es lässt sich aufzeigen, wie zum Beispiel durch die Wahl der Finanzierung die Kosten beeinflusst werden können.

13.3.1 Kapitalkosten

Bei den Kapitalkosten handelt es sich um Kosten, die mit der Anschaffung von Maschinen und Geräten verbunden sind, also mit der Finanzierung. Daher werden im folgenden verschiedene Arten der Finanzierung dargestellt.

Finanzierung

Um Anschaffungen zu tätigen und Investitionen vorzunehmen, wird Kapital benötigt. Bei jeder Anschaffung und bei jedem neuen Produkt oder Unternehmenszweig ist zunächst zu klären:
- Wie hoch ist der Kapitalbedarf?
- Wie kann dieser Kapitalbedarf finanziert werden?

Die Finanzierung kann durch Eigen- oder Fremdkapital erfolgen.

Der Erfolg des Produkts, des Unternehmenszweigs und des gesamten Unternehmens ist von einer beständigen Finanzierung abhängig:
- genügend Eigenkapital
- rechtzeitige Verhandlungen mit der Bank
- geringe Schulden (z. B. bei Lieferanten)
- Ermittlung und Planung des Kapitalbedarfs
- überschaubare Anzahl und Umfang von Krediten
- ggf. Einbeziehung und Beantragung von öffentlichen Finanzierungshilfen

***Eigenkapital**: das eigene Geld des Unternehmens oder des Gründers, welches durch Rücklagenbildung (sparen) geschaffen wurde.*

Je mehr Eigenkapital eingebracht werden kann, desto sicherer ist die Finanzierung und desto flexibler ist das Unternehmen bei Engpässen. Mit einer höheren Sicherheit ist es einfacher, einen Kredit bei einer Bank zu bekommen (Kreditwürdigkeit).

***Fremdkapital**: Geldmittel von dritten, wie Kredite von Banken, Sparkassen, Förderbanken.*

FÜR DIE PRAXIS

- So kann eine gute Finanzierung aussehen:
- 20 % des benötigten Gesamtkapitals sollten aus Eigenmitteln (Eigenkapital) gedeckt sein
- Anlagevermögen (Gebäude, Maschinen, Fahrzeuge) sind langfristige Investitionen und sollten zu einem hohen Anteil aus Eigenkapital und langfristige, sichere Kredite (niedrige ggf. feste Zinsen) finanziert werden
- Umlaufvermögen (Rohstoffe, Betriebsmittel) können auch durch kurzfristiges Fremdkapital gedeckt werden

Zum Preisvergleich verschiedener Kreditangebote und -institute sollte der Effektivzinssatz herangezogen werden. Der Effektivzins zeigt die tatsächlich zu zahlenden Zinsen mit allen Gebühren und sonstigen Kosten auf.

Kredite

Insbesondere bei neuen Unternehmen (Existenzgründungen/start-ups) sollten Kredite z. B. durch die drei folgenden Kreditsicherungen abgesichert werden:

- Verpfändung: Das Pfandobjekt geht in den Besitz der Bank über.
- Grundschuld oder Hypothek: Es wird ein Pfandrecht auf ein Grundstück oder ein Gebäude beim Grundbuchamt eingetragen.
- Bürgschaft: Es verpflichten dich andere Personen gegenüber der Bank das Darlehn zurückzuzahlen, falls der Kreditnehmer den Kredit nicht mehr zurückzahlen kann.
- Sicherheitsübereignung: Der Kreditnehmer kann die Sache (z. B. ein Auto) weiterhin nutzen (= Besitzer), während das Eigentum an der Sache (z. B. Fahrzeugbrief des Autos) auf den Kreditgeber übergeht (= Eigentümer).

Kreditarten im Vergleich

Kreditart	Kontokorrentkredit (Überziehungskredit)	Lieferantenkredit (Warenschulden)	Darlehen
Beschreibung	= wenn das Geschäftskonto des Unternehmens auf Grundlage einer vertraglichen Einigung mit der Bank überzogen wird, um laufende Zahlungen zu tätigen	= das Unternehmen nutzt das Zahlungsziel (Zahlungsfrist in einer Rechnung) komplett aus und verzichtet dadurch auf Skonto	= ein Kreditvertrag mit festgelegter Auszahlungssumme, die z. B. in Raten während einer festgelegten Laufzeit zurückgezahlt wird
Dauer	kurzfristig	kurzfristig z. B. 14–30 Tage	Langfristig z. B. Monate oder Jahre
Bewertung	Kredite sind mit 12–15 % pro Jahr teuer sehr teuer: Die Höhe der Überziehung ist meist bis zu einem gewissen Betrag gedeckelt	Zu prüfen ist, ob es nicht günstiger ist, das Skonto zu nutzen und ggf. sogar eher einen kurzzeitigen Kredit bei einer Bank aufzunehmen	

Innovative Finanzierungsarten: Crowdfunding und Business Angels und Co.

> ***Crowdfunding** bedeutet, dass sich viele Geldgeberinnen und Geldgeber (die „Crowd", also die Menschenmenge) mit relativ kleinen Beträgen an einem Unternehmen beteiligen oder dem Unternehmen Geld leihen.*
> *Das Wort Crowdfunding setzt sich aus den englischen Begriffen Crowd (Menschenmenge) und Funding (Finanzierung) zusammen. In Deutschland ist diese Art der Finanzierung auch unter dem Begriff Schwarmfinanzierung bekannt.*

Damit lassen sich verschiedene Dinge und Vorhaben finanzieren: private Projekte, innovative Produkte, Immobilien, Startups, etablierte Unternehmen.

Die Besonderheit ist, dass viele verschiedene Menschen ein bestimmtes Projekt finanziell unterstützen und dieses dadurch ermöglichen und umsetzen. Dazu ist es notwendig, dass die Projektinitiatoren sich direkt an die Öffentlichkeit wenden, um so möglichst viele Interessenten für eine gemeinschaftliche Finanzierung zu gewinnen. Ob ein Projekt realisiert wird und eine Finanzierung zustande kommt, wird nicht durch eine Bank oder Förderinstitution, sondern durch die Crowd entschieden. Ob und was die Crowd als Gegenleistung für ihr Kapital erhält, hängt vom Crowdfunding-Modell ab. Meistens sind es Sachgüter (z. B. Vorverkauf eines Buchs) oder Privilegien (Gutscheine für eine Dienstleistung oder Einladung zu einem Event). Es geht nicht um die Rendite.

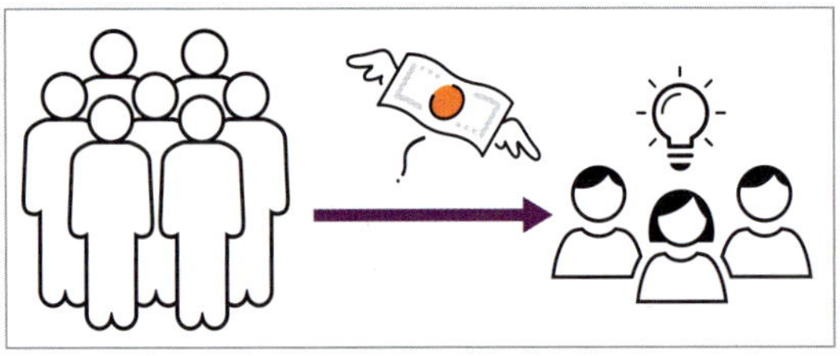

Crowdfunding

Eine andere Form ist das **Crowdinvesting**. Hierbei erwarten die Anlegerinnen und Anleger, dass sie das Geld zurückbekommen und ggf. auch eine Rendite zu erhalten. Crowdinvesting ist eine Geldanlageform, bei der die Geldgeber auf Risiko setzen. Es wird nichts zurückgezahlt, wenn die Idee scheitert.

Business-Angels sind Privatinvestoren, die ein Projekt oder eine Unternehmensgründung mit Eigenkapital und Knowhow unterstützen. Business Angels sind häufig ehemalige Unternehmerinnen und Unternehmer, die durch ihre Erfahrung und finanzielle Kraft Gründerinnen und Gründern helfen. Der Angel erhält im Gegenzug Unternehmensanteile. Somit profitiert dieser aktiv vom Erfolg des jeweiligen Unternehmens, indem er an Gewinnen beteiligt wird und/oder nach einer gewissen Zeit die Unternehmensanteile gewinnbringend verkauft.

Leasing

Beim Leasing zahlt ein Leasingnehmer einem Leasinggeber einen bestimmten Betrag (Leasingrate) und erhält dafür eine Sache (Maschine, Fahrzeug, EDV-Ausstattung oder Wäsche) zum langfristigen Gebrauch. Dies ähnelt einem Mietvertrag. Am Ende der vereinbarten Leasingzeit wird die Sache dem Leasinggeber zurückgegeben oder kann ggf. gekauft werden.

Die Leasingzeit für Wirtschaftsgüter beträgt in der Regel zwischen drei und sechs Jahren. Bei Gebäuden kann auch eine längere Dauer von bis zu 30 Jahren im Vertrag vereinbart werden.

Leasing hat in den letzten Jahren als besondere Finanzierungsart immer weiter an Bedeutung gewonnen unter anderem wegen der Vorteile:

- Anlagen und Maschinen können durch kurze Laufzeit immer auf dem modernsten Stand gehalten werden.
- Betreuung und Beratung ggf. sogar einen Kundendienst durch den erfahrenen Leasinggeber (z. B. bei Spülmaschinen) wird angeboten.
- Geringerer Kapitalbedarf durch Kredite und ähnliches, da die Maschinen und Anlagen nicht gekauft werden müssen.
- Vereinfachte Kostenabschätzung durch feste Leasingraten.
- Leasinggut kann zunächst getestet werden. Wenn es sich bewährt, wird später gekauft.
- Je nach Leasingvertrag liegen ggf. steuerliche Vorteile vor.

Der Nachteil von Leasing liegt darin, dass ein Vergleich zum Bar- oder Ratenkauf nur schwer möglich ist, da die Leasingangebote sehr breit, individuell und vielfältig sind. Beim Leasing wird die Wertminderung in die Rate eingepreist, wird also in der Ratenhöhe berücksichtigt.

Barkauf	Kreditfinanzierung	Leasing
30.000 €	6.000 € Anzahlung, 24.000 € Tilgung	6.000 € Anzahlung, 6.000 € Tilgung, 18.000 € Wert nach Vertragsende
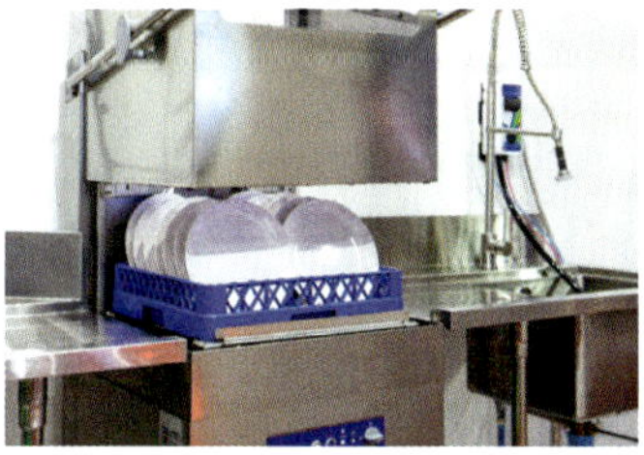		
Der volle Kaufpreis wird sofort fällig: gegebenenfalls können Rabatte erzielt werden.	Der volle Kaufpreis wird fällig: zum Teil durch eine Anzahlung, zum Teil durch einen Kredit, der mit monatlichen Raten getilgt wird. Zusätzlich werden Zinsen fällig.	Durch monatliche Leasingraten und eine Sonderzahlung beim Abschluss des Leasingvertrags wird der Wertverlust der Maschine während der Laufzeit bezahlt.

Vergleich Barkauf, Kredit und Leasing

13.3.2 Abschreibungskosten

Werden Investitionen getätigt, fallen zu den eventuellen Kosten für eine Fremdfinanzierung auch Kosten in Form von Abschreibungskosten an. **Abschreibungen** gehören zusammen mit den Zinskosten zu den Kapitalkosten.

Abschreibungskosten kennzeichnen den Wertverlust für betriebseigenes Vermögen, wie Gebäude oder Geräte. Durch die Abschreibungen werden zum einen theoretische Rücklagen für eine Neu- oder Ersatzanschaffung gebildet. Zum anderen werden diese Kosten für die Kostenkalkulation benötigt und können von der Steuer abgesetzt werden. In die Abschreibungskosten werden auch die Wertverluste mit eingepreist, die durch die Herstellung mit einem Gerät oder durch die in dem Gebäude erbrachte Leistung in ein Produkt oder für eine Dienstleistung entstanden sind.

Die Abschreibungskosten werden durch den Anschaffungspreis und die erwartete Nutzungsdauer des angeschafften Gegenstands errechnet. Diese Kosten können dann auf die Betriebsstunden oder ein Produkt umgelegt werden.

> ***Betriebsstunde*** *= Zeiteinheit für die Messung der Dauer, in der eine Maschine oder ein System genutzt wurde.*

BEISPIEL: Das Seniorenzentrum schafft für den Wäscheservice einen günstigen Hemdenfinischer an, um Personalkosten zu sparen. Der Hemdenfinisher kostet 839,00 € und soll 10 Jahre genutzt werden. Pro Tag (1-mal /Woche ist Wäscheservice-Tag) wird er 1,5 Stunden genutzt, pro Hemd oder Bluse ca. 3 Minuten.

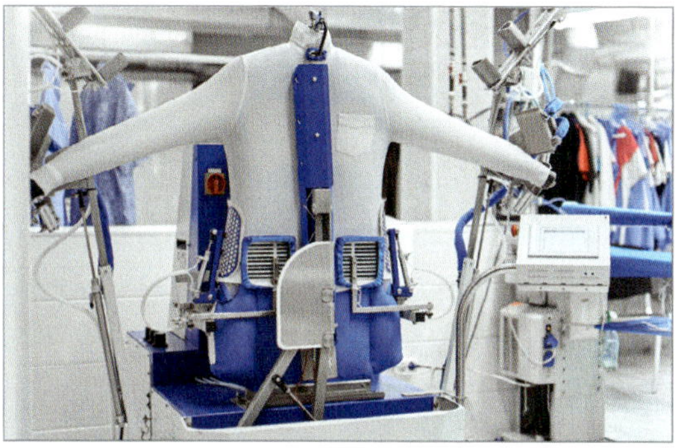

Ausgewählter Hemdenfinisher

- *Jährliche Abschreibung*
  839,00 €: 10 Jahre = 83,90 € /Jahr
- *Abschreibungskosten je Wäscheservice-Tag:*
  83,90 € / Jahr: 52 Wochen/Jahr = 1,61 € / Woche und Tag
- *Abschreibungskosten je Hemd*
  90 Minuten / Tag: 3 Minuten/Hemd = 30 Hemden / Tag
  1,61 € / Tag: 30 Hemden/Tag = 0,054 € / Hemd

13.3.3 Personalkosten

Personalkosten sind eine Kostenart, die den Einzelkosten zugerechnet werden können, wenn bekannt ist, wie viele Stunden das Personal für den entsprechenden Kostenträger (das Produkt oder die Dienstleistung) aufgewendet hat. Die Personalkosten machen einen großen Teil der Gesamtkosten eines Produkts und insbesondere einer Dienstleistung aus. Sie werden aus der aufgewendeten Zeit und dem Bruttolohn mit den Lohnnebenkosten (Lohnzusatzkosten) berechnet.

Lohnnebenkosten = Lohnzusatzkosten = Personalzusatzkosten: Sie setzen sich zusammen aus:

- Arbeitgeberanteile zu den Sozialversicherungen (Unfallversicherung zu 100 %; Kranken-, Renten-, Pflege- und Arbeitslosenversicherung zu 50 %)
- Entgeltfortzahlungen (Urlaub, Krankheit, Feiertage)
- Sonderzahlungen (Weihnachts- oder Urlaubsgeld, 13. Monatsgehalt)
- Vermögenswirksame Leistungen

Darüber hinaus können weitere Personalkosten wie freiwillige Sozialleistungen (Kinderzuschlag, Kosten für Aus-, Fort- und Weiterbildung oder erfolgsabhängige variable Gehaltsbestandteile wie z. B. Prämien) anfallen.

Weitere Informationen zum Pflegeversicherungs-Beitrag unter: www.tk.de

Beispiel zur Berechnung der Personalkosten/Stunde

Rechenschritt	Summe	Einheit
Nettolohn pro Monat	1920	Euro
x 12 Monate	12	Monate
= Nettolohn pro Jahr	23 040	Euro/Jahr
+ Sozialversicherung (ca. 19,6 % des Nettolohns) davon:	4 515,84 €	Euro/Jahr
Krankenversicherung	7,3	%
Pflegeversicherung (0,95 – 2,3 % je nach Wohnort und Kindern)	1,7	%
Rentenversicherung	9,3	%
Arbeitslosenversicherung	1,3	%
+ Steuern (37,4 %)	8 616,96	Euro/Jahr
= Bruttolohn (Arbeitnehmerbrutto)	31 656,96	Euro/Jahr
+ AG Anteil Sozialversicherung (21,2 % des Nettolohns)	4 884,48	Euro/Jahr
Krankenversicherung	7,3	%
Pflegeversicherung	1,7*	%
Rentenversicherung	9,3	%
Arbeitslosenversicherung	1,3	%
Unfallversicherung	1,6	%
+ Umlagen für Fortzahlung (Krankenkasse U1 1,6 % + U 2 Mutterschaftsumlage 0,33 % + Insolvenzgeld 0,06 %)	458,50	Euro/Jahr
+ Sonderzahlung	1920	Euro/Jahr
= Arbeitgeberbrutto pro Jahr	38 919,94	Euro/Jahr
: durchschnittliche Arbeitsstunden pro Jahr	1720	Stunden/Jahr
= Personalkosten pro Stunde	22,63	Euro/Stunde

* *Arbeitgeberanteil Pflegeversicherung Sachsen liegt bei 1,2 %*

13.3.4 Kostenvoranschlag und Angebote

Im hauswirtschaftlichen Betrieb können Angebote angefordert werden, um die Konditionen und Leistungen verschiedener Anbieter zu vergleichen und eine Auswahl zu treffen. Angebote sind verbindlich und stellen eine Willenserklärung dar (s. S. 209).

Kostenvoranschläge sind nicht verbindlich. Es handelt sich dabei um eine vorläufige Berechnung, was der Auftrag kosten könnte. Aber auch potenzielle Kunden können bei hauswirtschaftlichen Betrieben ein Angebot oder einen Kostenvoranschlag anfragen. Wenn der Betrieb ein Angebot erstellt, sind folgende Angaben zu machen:

- Art der Ware
- Beschaffenheit und Güte
- Menge
- Preis
- Übergabekosten
- Verpackungskosten
- Transportkosten
- Lieferzeit
- Zahlungsbedingungen
- Erfüllungsort
- Gerichtsstand

AUFGABEN

1. Listen Sie die verbindlichen Inhalte auf, die ein Angebot aufweisen muss.
2. Erstellen Sie eine Tabelle, in der Sie eine Unterscheidung zwischen Kostenvoranschlag und Angebot vornehmen. Benennen Sie Beispiele, wann welche Art zum Einsatz kommt.

MehrWertstätten
Mehrwert für alle: Leben – Wohnen – Gemeinschaft – Arbeiten

Grasweg 6, 12345 Neudorf
Tel.: (+49) 12345/987654
mail@mehrwertstaetten.de

Angebot Nr. 151
Angebot erstellt durch: Zara Tonga
Angebotsdatum: 12.02.2025
Ablaufdatum: 12.03.2025

Stadtverwaltung Neudorf
Stadtranderholung
Kevin Kalva
Marktplatz 1
12345 Neudorf

ANGEBOT

Wir bedanken uns für Ihre Anfrage und übersenden Ihnen folgendes Angebot:

Kunde/Kundin: Stadtverwaltung Neudorf
Lieferanschrift: Am Sportplatz 10, 12345 Neudorf
Lieferdatum: 01. August 2025
Anlieferungs-Uhrzeit: 17:30 Uhr
Abholungs-Uhrzeit: 19:30 Uhr
Anlass: Ferienabschlussfest für Kids im Quartier
Personenanzahl: 50 Kinder (7–14 Jahre) und 10 Betreuerinnen und Betreuer

Position	Beschreibung	Menge	Einzel (€)	Gesamt (€)
1	Tomatensoße, vegan, lactose- und glutenfrei	3 l	5,50	16,50
2	Bolognese-Soße (mit Rindfleisch)	6 l	10,50	63,00
3	Spaghetti	3 kg	13,50	40,50
4	Linsen-Penne	1 kg	14,40	14,40
5	Schokokuchen	6 Stück	10,00	60,00
6	Äpfel	40	0,35	14,00
7	Liefer- und Abholungspauschale in Neudorf	1	25	25
		Zwischensumme		233,40
		Umsatzsteuer		44,35
		Gesamtbetrag		**277,75**

Wir würden uns sehr freuen, wenn unser Angebot Zustimmung findet.

Mit freundlichen Grüßen
Alina Jahl

Mehrwertstätten e. V.
Löwentor 23
74613 Neustadt
Ust-IdNr.: DE123456789

Tel.: (+49) 1234/98 67 45
Fax: (+49) 1234/98 67 5
E-Mail: info@mehrwertstätten.de
Web: www.mehrwertstätten.de

Volksbank Neustadt
IBAN: DE34233004333401
BIC: GENODE61FR1
Kto. Inh.: Mehrwertstätten

13.4 Abrechnung und Auswertung

Bei der Abrechnung werden die Forderungen und Leistungen, die innerhalb des Abrechnungszeitraums entstanden sind, gegenübergestellt. Es ist eine abschließende Rechnung, mit der der abzurechnende Sachverhalt für alle Vertragspartner in vollem Umfang abgeschlossen ist.

In einer korrekten Abrechnung werden exakt die entsprechenden Abrechnungszeiträume und die genaue Besteuerung dargestellt. Sämtliche erbrachte Leistungen und Gegenleistungen müssen in der Abrechnung aufgeschlüsselt und dokumentiert werden.

***BEISPIELE** für Abrechnungen: Abrechnung für Unterbringung in Altenpflegeeinrichtung oder Tagungshaus, Gehaltsabrechnung, Provisionsabrechnung, Abrechnung für Lieferung von Mahlzeiten, Reisekostenabrechnung*

13.4.1 Rechnung

Nach erbrachter Leistung wird diese dem Kunden oder der Kundin in Rechnung gestellt. Rechnungen sind wichtige Dokumente, die z. B. als Belege für das Finanzamt gelten.

Rechnungen müssen immer den Nettobetrag für ein Produkt oder eine Dienstleistung ausweisen. Diesem wird dann die jeweilige Umsatzsteuer hinzugerechnet.

Abrechnungssysteme

Abrechnungssysteme helfen dabei, Abrechnungen zu erstellen. Bei einem möglichen Onlineshop des Hofladens wären zum Beispiel klassische Abrechnungssysteme wie: Auf Rechnung, per Lastschrift oder Vorkasse möglich oder auch digitale vereinfachte und schnellere Varianten wie Online-Bezahldienste, Zahlungsanbieter (z. B. Klarna oder Paypal) oder Sofortüberweisungen. Durch das System kann automatisch eine Rechnung generiert und versendet sowie der Zahlungseingang überwacht und bestätigt werden. Das System trägt die Daten der Abrechnung in eine Übersicht über eine Schnittstelle zu Buchhaltungs- oder Finanzsystemen ein. Damit können vereinfacht Angaben zum Umsatz ausgewertet und für die Steuer ausgelesen werden.

Elektronische Abrechnungssysteme können das Zahlungsverfahren, das Zahlungsmedium und auch sonstige Informationen (wie Rabatte etc.) speichern und anwenden.

So können zum Beispiel im Café der Mehrwertstätten Mitarbeitende vergünstigt essen, in dem die Kosten für die Mahlzeiten der Beschäftigten direkt mit dem Rabatt abgerechnet werden. Die Zahlung erfolgt einfach über eine Chipkarte. Mitarbeitende erhalten einmal im Monat eine Rechnung, die direkt mit dem Gehalt verrechnet oder überwiesen werden kann. Stammgäste können eine Gästekarte erwerben und eine Lastschrift einrichten.

Das gekoppelte Bezahl- und Abrechnungssystem verringert die Fehler an der Kasse und bei der Abrechnung.

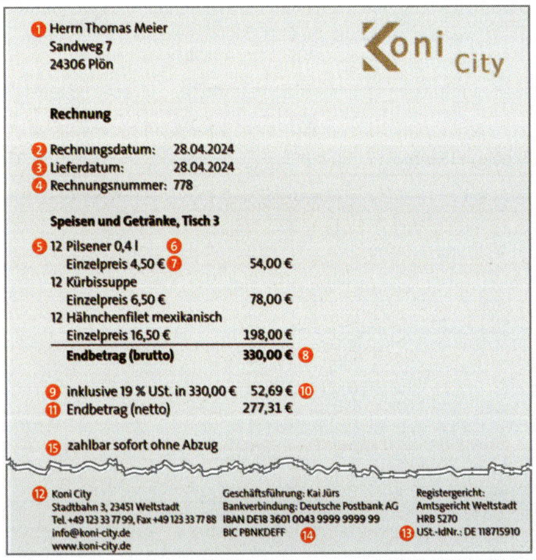

(1) Herrn Thomas Meier
Sandweg 7
24306 Plön

Koni City

Rechnung

(2) Rechnungsdatum: 28.04.2024
(3) Lieferdatum: 28.04.2024
(4) Rechnungsnummer: 778

Speisen und Getränke, Tisch 3

(5) 12 Pilsener 0,4 l (6)	
Einzelpreis 4,50 € (7)	54,00 €
12 Kürbissuppe	
Einzelpreis 6,50 €	78,00 €
12 Hähnchenfilet mexikanisch	
Einzelpreis 16,50 €	198,00 €
Endbetrag (brutto)	**330,00 €** (8)
(9) inklusive 19 % USt. in 330,00 €	52,69 € (10)
(11) Endbetrag (netto)	277,31 €

(15) zahlbar sofort ohne Abzug

(12) Koni City
Stadtbahn 3, 23451 Weltstadt
Tel. +49 123 33 77 99, Fax +49 123 33 77 88
info@koni-city.de
www.koni-city.de

Geschäftsführung: Kai Jürs
Bankverbindung: Deutsche Postbank AG
IBAN DE18 3601 0043 9999 9999 99
BIC PBNKDEFF (14)

Registergericht:
Amtsgericht Weltstadt
HRB 5270
(13) USt.-IdNr.: DE 118715910

1 Name und Anschrift der Kundin/des Kunden
2 Ausstellungsdatum
3 Lieferdatum
4 Rechnungsnummer
5 Anzahl
6 Menge
7 Einzelpreise
8 Endbetrag (brutto)
9 Umsatzsteuersatz
10 Umsatzsteuerbetrag
11 Endbetrag (netto)
12 Name und Anschrift des Unternehmens
13 Umsatzsteueridentifikationsnummer
14 Bankverbindung
15 Zahlungsbedingungen

Vorgeschriebene Inhalte einer Rechnung

13.4.2 SWOT-Analyse

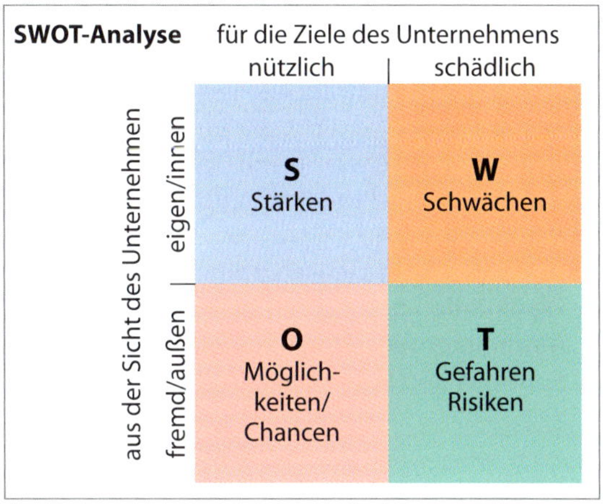

SWOT-Matrix

Bei der SWOT-Analyse werden zunächst unternehmensinterne Stärken und Schwächen und externe Chancen und Risiken, die durch das Umfeld entstehen, gesammelt. Es folgt die Auswertung, um für das Unternehmen, für ein neues Produkt oder für eine neue Dienstleistung eine fundierte Entscheidung zu treffen. Auch Erfolge oder Misserfolge lassen sich damit analysieren.

***BEISPIEL:** Risiken externer Faktoren sind zum Beispiel die demografische Entwicklung oder Wettbewerber auf dem Arbeitsmarkt.*

*Die **SWOT-Analyse** steht für Strengths (= Stärken), Weakness (= Schwächen), Opportunities (= Chancen) und threats (Gefahren/Risiken); die Stärken-Schwächen-Chancen-Risiken-Analyse stellt eine Positionierungsanalyse der eigenen Aktivitäten gegenüber dem Wettbewerb dar.*

Folgende Fragestellungen können für die SWOT-Analyse hilfreich sein:

- Stärken: Welche Dinge und Prozesse funktionierten intern im Betrieb zurzeit sehr gut?
  → z.B. Kommunikation und kollegiales Verhalten
- Schwächen: Welche Dinge laufen intern im Betrieb zurzeit nicht gut?
  → z.B. Einführung neuer Ideen und Techniken
- Chancen: Welche Dinge werden zukünftige Möglichkeiten, die sich aus unserem Umfeld ergeben?
  → z.B. Neubau von Infrastruktur in der Umgebung, die benötigt wird (Straßen, Radwege, Anbindung an öffentliche Verkehrsmittel, öffentliche Einrichtungen etc. in der Umgebung)
- Risiken: Welche Dinge könnten in der Zukunft schiefgehen?
  → z.B. Fachkräftemangel durch den demografischen Wandel

FÜR DIE PRAXIS

Die SWOT-Analyse kann eine Hilfestellung bei einer eventuellen Existenzgründung hervorbringen.

AUFGABE

3. Übertragen Sie die unten stehende SWOT-Matrix in Ihr Heft.
Vervollständigen Sie diese dann nach den Angaben aus der Betriebsbeschreibung des Koboldhofs und dem dortigen Hofcafé.

Vorlage SWOT-Matrix Koboldhof

SWOT-Matrix	Chancen durch das Umfeld	Risiken durch das Umfeld
Stärken des Unternehmens	Ausbauen:	Absichern: Der Koboldhof hat für seine besten Früchte (Stärke) eine Hagelschutzversicherung abgeschlossen, um die Risiken eines Ernteausfalls abzusichern.
Schwächen des Unternehmens	Aufholen:	Meiden:

Die drei Ausbildungsbetriebe, Mehrwert-Werkstätten, Seniorenheim Lebensfreude und Koboldhof richten dieses Jahr gemeinsam den Ostermarkt auf dem Koboldhof aus. Dazu ergeht folgender Projektauftrag an die Auszubildenden:

Aufgabe

Bereiten Sie selbstständig zusammen das Kaffee- und Kuchenangebot am Ostermarkt vor und setzen Sie dieses um.

a) Fertigen Sie eine Vorlage in einem Textverarbeitungsprogramm für die Protokolle zum Austausch zwischen den Betrieben und den Auszubildenden.

b) Beschreiben Sie Ihre grobe Vorgehensweise für die Umsetzung des betrieblichen Auftrags anhand des Modells der vollständigen Handlung.

c) Erstellen Sie einen Meilensteinplan für den Ostermarkt Ende März.

d) Erstellen Sie eine Checkliste für den Kuchenverkauf.

e) Füllen Sie exemplarisch das Anmeldeformular für den betrieblichen Auftrag aus Ihrer zuständigen Stelle aus (Informationen dazu auf den Internetseiten der zuständigen Stellen).

f) Erstellen Sie mit einem Textverarbeitungsprogramm eine Vorlage für die Dokumentation des betrieblichen Auftrags.

g) Erstellen Sie eine Gliederung für die Dokumentation und ein automatisch generiertes Inhaltsverzeichnis für die Dokumentation.

h) Erstellen Sie für den Tag des Ostermarkts einen groben Arbeitszeitplan für den Kuchenverkauf.

i) Stecken Sie sich (Verkaufs-)ziele für den betrieblichen Auftrag „Kuchenverkauf auf dem Ostermarkt“.

j) Beschreiben Sie wie Sie mit nachhaltigem Handeln für Ihr Produkt/Dienstleistung werben können.

k) Erstellen Sie eine Präsentationsvorlage für die Präsentation des Projekts mit folgenden Abschnitten: Vorbereitung, Durchführung, Kontrolle und Bewertung.

Anmeldeformular Ostermarkt

Vorname	Nachname	Anschrift

Telefon	Telefon (mobil)

Was biete ich an?	Was benötige ich?	MENGE
______	☐ Hütte	Hütte
______	☐ Pavillon	Pavillon
______	☐ Tische	Tische
______	☐ Stühle	Stühle
______	☐ Strom	Strom
______	☐ Wasser	Wasser
______	☐ Waschbecken	Waschbecken
______	☐ Sonstiges	
______	______	
______	______	

Aufbau	Abbau	Sonstiges/Fragen?
Sonntagvormittag ab 8:00 Uhr	Nach Ende des Marktes	

Bei Fragen melden Sie sich gern beim:

Koboldhof
Forstweg 18
12345 Neudorf
Tel.: (+49) 12354/ 8765432

Oder kommen Sie einfach bei uns im Koboldhof vorbei.

Anmeldeformular für den Ostermarkt

Aufgabe

Based on the text, conduct a SWOT analysis in a Matrix for the Hofcafé of Koboldhof using the introductory text on the homepage below.

What Is a SWOT Analysis? SWOT stands for Strengths, Weaknesses, Opportunities and Threats, and so a SWOT analysis is a technique for assessing these four aspects of your business. SWOT Analysis is a tool that can help you to analyze what your company does best now, and to devise a successful strategy for the future.

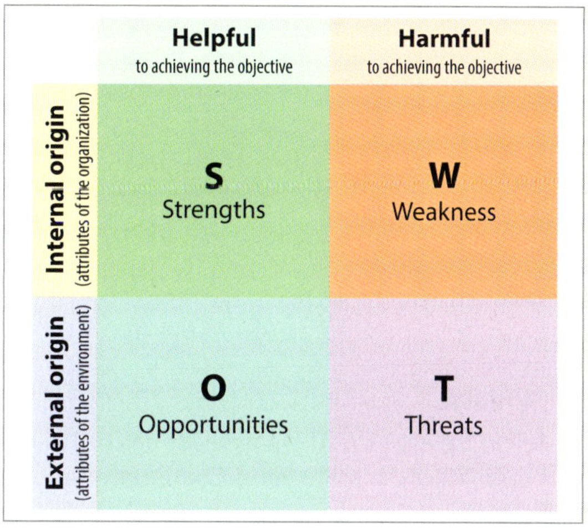

SWOT-Analyse

Koboldhof | Home | About | Products | Shop

Welcome to Koboldhof!

We are a family-run farm specializing in mother cow breeding, fruit growing, and egg production. Our farm is located directly on a bike path just a few kilometers away from Neustadt, a city with 25000 inhabitants.

Michael and Petra jointly run the farm, which they took over from Michael's parents, Oma Heidi and Opa Werner. Petra is a trained master of household economics and trains housekeepers on the farm. Michael's sister Anja is an experienced hotel manager in charge of the farm cafe. Together, we are an experienced and passionate team that wants to offer our guests a unique experience on Koboldhof. Our fruit growing operation produces a variety of fruits such as berries, apples, and pears. We process our fruits into delicious juices and jams that you can buy directly from our farm shop. On the last Friday of each month, you can also purchase meat packages at our farm shop. Our chickens live in a mobile coop that is moved around on our pastures to offer them fresh grass to eat. We sell the highest quality eggs, which are also used for the cakes in our farm cafe. In our farm cafe, you can enjoy our homemade cakes and pies, which are also available for vegans. The cafe can also be rented as an event location for private parties or corporate events. We are open from Friday to Sunday and look forward to welcoming you to Koboldhof!

Vocabulary

Deutsch	Britisch
Tag der offenen Tür	open day
Gesellschaftliche Unternehmensverantwortung	Corporate Social Responsibility
Slogan	Slogan
Stärken	Strengths
Schwächen	Weaknesses
Chancen	Oppertunities
Gefahren/ Risiken	Threats
interner Ursprung	internal origin
nachteilig / schädlich	harmful

Die Verwendung von Künstlicher Intelligenz (KI) wie Chatbots kann u. a. für die Erstellung von Websites verwendet werden. Chatbots sind textbasierte Dialogsysteme wie zum Beispiel Chat-GPT. So kann KI bei verschiedenen Aufgaben im Rahmen der Website-Erstellung helfen und damit Zeit und Freiraum für andere wichtige Aufgaben wie Marketing und Kundenkontakt schaffen. Wichtig ist, dass die Inhalte und Texte von Menschen geprüft werden.

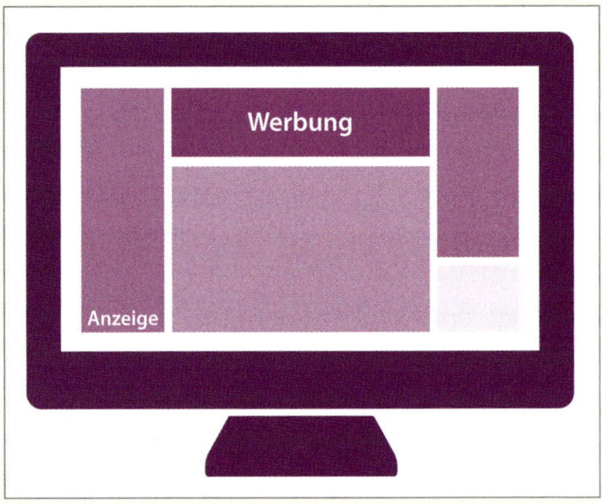

Aufgabe 1

Erstellen Sie eine SWOT-Analyse für das Hofcafé des Koboldhofs mithilfe eines ChatBots.

5

Aufgabe 2

Bewerten Sie die Analyse der KI, indem Sie diese mit Ihrer eigenen Analyse vergleichen. Ist diese SWOT-Analyse zutreffend? Fehlt noch etwas? Zu welcher Einschätzung kommen Sie?

Die Betriebsbeschreibung zum Koboldhof finden Sie hier

Suchmaschinen Add und Adwords

Bei der Eingabe eines Suchbegriffes in eine Suchmaschine erhält der Suchende neben den natürlichen Suchergebnissen (organische Treffer) auch sogenannte Adwords- Anzeigen. Dies kann der Betrieb nutzen, um für sich und sein Produkt zu werben. Dieses Angebot ist jedoch kostenpflichtig. Um bei Suchmaschinen gefunden zu werden und nicht zusätzlich dafür zu zahlen, ist es erforderlich, seine Internetseite entsprechend aufzubauen. Wichtig ist dabei die Verwendung der richtigen Wörter in den Überschriften der Homepage. Dadurch erreicht die Internetpräsenz eine gute Suchmaschinenverfügbarkeit.

10

FÜR DIE PRAXIS

Um ohne weitere Kosten in Suchmaschinen gefunden zu werden hilft es, die Schlüsselwörter des Betriebs, der Dienstleistung oder des Produkts häufig in den Überschriften der einzelnen Seiten der Internetpräsenz zu verwenden.

13

Aufgabe 3

Erstellen Sie einen Podcast, in dem die Vorzüge des Koboldhofes beschrieben werden. Lassen Sie sich die Werbetexte dafür mit einer KI vorformulieren. Listen Sie auf, welche prompts eingegeben werden sollten.

Aufgabe 4

Das Hofcafé auf dem Koboldhof wird immer beliebter. Recherchieren Sie Möglichkeiten, die Speisekarte auf der Internetseite hochzuladen. So können sich Gäste schon vorab über das Angebot informieren.

Aufgabe 5

Die Bestellannahme und Abrechnung im Hofcafé soll zukünftig digital erfolgen. Informieren Sie sich über entsprechende Systeme.

Prozent- und Zinsrechnen

Finanzierung und Leasing berechnen

Familie Kobold kauft einen Lieferwagen zum Listenpreis von 27 000 €. Bei Barzahlung gewährt das das Autohaus einen Preisnachlass von 5 %. Familie Kobold hat 7 550 € angespart.

Es bieten sich zwei Finanzierungsmöglichkeiten an:

- Die Restsumme kann in 12 gleichen Monatsraten abgezahlt werden. Dafür ist ein monatlicher Zuschlag von 8,8 % von der gesamten Ratensumme zu zahlen.
- Die Reststumme kann durch einen Kredit für die Laufzeit von 12 Monaten über die Bank finanziert werden. Der Jahreszins beträgt 7,5 %.

Aufgabe 1

Wie viel kostet der Lieferwagen

a) Bei Sofortzahlung,
b) bei Ratenzahlung
c) wenn ein Bankkredit für 12 Monate in Anspruch genommen wird?
d) Wie groß ist die Ersparnis in Euro beim günstigeren Kauf.

Leasing

Aufgabe 2

Berechnen Sie die monatliche Leasingrate, wenn Familie Kobold dafür einen Lieferwagen mit dem Kaufpreis von 27 000 € für 48 Monate leasen würde zu einem monatlichen Zinssatz von 4 % und einem angegebenen Restwert von 11 000 €. Familie Kobold findet dazu folgende Rechenformel im Internet:

$$\text{Leasingrate} = \left(\frac{\text{Kaufpreis} - \text{Restwert}}{\text{Laufzeit}}\right) + \left(\frac{\text{Kaufpreis} + \text{Restwert}}{2}\right) \cdot \left(\frac{\text{monatlicher Zinssatz}}{12}\right)$$

Aufgabe 3

Es fällt Familie Kobold schwer, das Angebot zu bewerten. Im Internet stoßen Sie auf eine Formel zum Leasingfaktor und der Bewertung – desto keiner der Leasingfaktor umso besser das Angebot. Ein Leasingfaktor unter 1 ist gut und ein Leasingfaktor unter 0,7 sehr gut.
Berechnen und bewerten Sie den Leasingfaktor mit folgender Formel:

$$\text{Leasingfaktor} = \frac{\text{monatliche Leasingrate}}{\text{Kaufpreis}} \cdot 100$$

Zinsrechnung

Aufgabe 4

Der Koboldhof will eine seiner Solaranlagen reparieren lassen, dazu wird ein Darlehen in Höhe von 7 000 € aufgenommen, das mit 7 % zu verzinsen ist.
Berechnen Sie die monatliche Zinszahlung.

Aufgabe 5

Der Koboldhof hat versäumt, die Rechnung für die Reparatur zu bezahlen. Nun soll er für die Zeit vom 14.02. bis 08.08. 8 % Zinsen zahlen.

a) Für wie viele Tage kann der Gläubiger Zinsen verlangen? Berechnen Sie die Dauer in Tagen.
b) Berechnen Sie den Verzugszins, den Familie Kobold nun zahlen muss (Tipp Tageszins).

Finanzieren

Der Koboldhof legt großen Wert auf Nachhaltigkeit. Auch in den Bankgeschäften und der Finanzierung möchten die Kobolds ganzheitlich nachhaltig handeln und entscheiden. Sie wollen in eine neue Großküche für ein Hofcafé investieren. Sie überlegen nun, wie sie diese finanzieren sollen. In einem Podcast haben sie etwas zu Crowdfunding gehört und möchten mehr dazu wissen. Hören Sie rein: Podcast *Ungeschönt – der Gründungs-Podcast der KfW Bankengruppe*

Hörempfehlung: Mehr als nur altes Brot: nachhaltiger Knödelkult

- „Wir haben Crowdfunding genutzt, um zu schauen, ob andere Leute unsere Idee auch so witzig, lecker und gut finden, wie wir selbst.“ Das sagte Janine Trappe, die Mitgründerin der Kultimativ GmbH bei „Ungeschönt – dem Gründungspodcast der KfW Bankengruppe. Sie und ihr Partner Felix Pfeffer setzen sich dafür ein, sinnloses Brotsterben zu beenden – und sie ermöglichen dem Brötchen ein zweites Leben als Knödel. Ihren Unternehmens-Start konnten sie mit der Crowdfunding-Kampagne jedoch nicht finanzieren, denn das Geld floss direkt zurück in die Danksagungen an die Geldgeber*innen. Aber: Sie erhielten Presseaufmerksamkeit und kamen mit Investor*innen in Kontakt.
- Zum Reinhören: *https://www.spotify.com/*

Warum zu einer nachhaltigen Bank wechseln?

Banken sind aus unserem modernen Leben nicht wegzudenken.

Doch was passiert eigentlich mit dem Geld, das auf deinem Bankkonto liegt? Ganz einfach: Die Bank vergibt damit Kredite – und zwar zu einem höheren Zinssatz als sie ihrer Kundschaft gewährt. Die Differenz streicht die Bank als Gewinn ein. Das Problem: Viele Banken finanzieren kontroverse Branchen, etwa in dem sie Unternehmen Kredite geben, die mit fossilen Energien, Waffenproduktion oder Kinderarbeit ihr Geld verdienen.

Während das Geld also scheinbar regungslos auf dem eigenen Konto liegt, trägt es im schlimmsten Fall zu Umweltzerstörung, Kriegen und Menschenrechtsverletzungen bei.

Nachhaltige Banken (auch als grüne Banken, ethische Banken oder Öko-Banken bekannt) bieten ein sozial faires und ökologisch verantwortungsbewusstes Gegenmodell zu konventionellen Kreditinstituten. *Hier mehr dazu.*

Aufgabe 1

Informieren Sie sich über die Möglichkeiten, durch Crowdfunding nachhaltige Ideen zu unterstützen.

Aufgabe 2

Informieren Sie sich über nachhaltige Banken und sammeln Sie Vor- und Nachteile, wenn Familie Kobold bei einer nachhaltigen Bank ihr Unternehmenskonto anlegen würde.

Aufgabe 3

Erstellen Sie nach dem Muster eine Liste mit den drei Dimensionen der Nachhaltigkeit. Unter jeder Dimension sollten sich drei Aspekte wiederfinden. Sollten Ihnen noch welche fehlen, recherchieren Sie hierzu erneut.

Aufgabe 4

Stellen Sie die Ergebnisse gegenüber. Für welche Finanzierungsart sollen sich die Kobolds entscheiden?

Aufgabe 5

Recherchieren Sie wie Finanzierungen in Ihrem Ausbildungsbetrieb ablaufen. Auf welche Aspekt wird dabei besonders geachtet?

Ökologische Aspekte	Ökonomische Aspekte	Soziales (inkl. Gesundheit)
…	…	…

5 10 13

Personen anleiten

Lernsituation

Der SOS-Kinderdorf e.V. setzt sich dafür ein, die Lebensbedingungen von sozial benachteiligten Kindern, Jugendlichen und ihren Familien zu verbessern – als Jugendhilfeträger und Hilfsorganisation in Deutschland und weltweit.

Als Hauswirtschaftskraft bei SOS Kinderdorf Ammersee am Lech erledigen Sie die Hauspflege des ansprechenden und sauberen Aussehens des Mehrgenerationenhauses sowie die Pflege der Hauswäsche. Zusammen mit den Ausbildern/-innen und weiteren Kollegen/-innen bereiten Sie täglich 40 – 50 Mittagessen zu. Für die Nachmittagsangebote im offenen Café des Familientreffs backen Sie Kuchen und sind ein Teil des Serviceteams.

Sie stehen am Ende Ihrer Ausbildungszeit und bekommen zwei Praktikanten (Fatima und Leon) für die nächsten 14 Tage zugewiesen. Diese beiden sind in die Abläufe und kleine hauswirtschaftliche Tätigkeiten von Ihnen einzuweisen. Die Ausbildung der Hauswirtschaft ist von Ihnen vorzustellen.

14.1 Arbeitsplanung

Die Arbeitsplanung ist ein Teil der Arbeitsvorbereitung und beim Arbeiten ein grundsätzlicher Bestandteil. Zur Planung gehört die Gestaltung der Arbeitsverfahren oder die Bereitstellung von Personal und Betriebsmitteln. Aber auch die zeitliche Gliederung ist ein wesentlicher und wichtiger Bestandteil. Die Arbeitsplanung legt fest, was, wann, wie und mit welchen Mitteln gefertigt wird. Mithilfe der Arbeitsplanung wird die Arbeit durch **Strukturierung der Aufgaben**, Arbeitsvorbereitung und Arbeitsverteilung organisiert. Egal ob es sich hierbei um ein kleines oder ein großes Projekt, sowie die tägliche Arbeit handelt.

Das Ziel der Arbeitsplanung ist es, die Arbeitsleistungen innerhalb eines Zeitrahmens zu koordinieren und die **Arbeitsabläufe zielgerichtet zu definieren**. Instrumente, die hierbei hilfreich sind, werden in diesem Kapitel genauer vorgestellt. Dabei wird in den nachfolgenden Beispielen Bezug auf die Lernsituation „Generationenzentrum Hohenberg" genommen.

14.1.1 Kommunikationsplan und Delegieren

Kommunikationsplan

Ein Kommunikationsplan dient der hausinternen Kommunikation. Er gibt einen Überblick über die Organisation der geplanten Abstimmungsgespräche zwischen den Mitarbeiterinnen und Mitarbeitern innerhalb einer Abteilung und auch abteilungsübergreifend. Ziel ist es, im Betrieb immer alle rechtzeitig über Veränderungen zu informieren. Die Gespräche sind dabei zeitlich so gelegt, dass sic den betrieblichen Alltag möglichst wenig unterbrechen und Pausenzeiten respektiert werden.

Wird festgestellt, dass doch häufig Informationen verloren gehen oder falsch weitergegeben werden, dann sollte ein Kommunikationsplan und eine Schnittstellenmatrix nach dem folgenden Schema erarbeitet werden:

- Wann finden Besprechungen statt?
- Wie lange sollten die Besprechungen dauern?
- Wo wird die Besprechung geführt?
- Welche Personen oder Abteilungen sollten anwesend sein?

> *Der Kommunikationsplan gibt einen Überblick über die hausinternen Kommunikation zwischen den Mitarbeiterinnen und Mitarbeitern innerhalb einer Abteilung und auch abteilungsübergreifend.*

Delegieren von Verantwortung

Für jedes Arbeitspaket wird eine verantwortliche Person bestimmt. Das ist in aller Regel nicht die Projektleitung, sondern die Verantwortung wird an andere Teammitglieder delegiert = abgegeben. Dies schließt jedoch nicht aus, dass auch die Projektleitung ein Arbeitspaket übernehmen kann.

Delegieren von Verantwortung bedeutet:
- Gemeinsam den Auftrag klären.
- Die Projektteammitglieder bearbeiten selbstständig den Auftrag / das Arbeitspaket.
- Die Projektleitung steht als Kontakt bereit.
- Die Projektleitung beobachtet den Verlauf.
- Die Projektleitung greift koordinierend ein, wenn sich abzeichnet, dass das Ziel nicht erreicht wird.

Wann?	Wie lange?	Was / Wo?	Wer?
Täglich	30 Minuten	Morgenbesprechung in der Aula	Einrichtungsleitung, Küchenleitung HW-Leitung, Pflegedienstleitung, Hausmeister
Wöchentlich	120 Minuten	„Steuerungskreis"	alle leitenden Funktionsstellen
Wöchentlich	90 Minuten	Wohnbereichsküche, Zentralküche	Küchenleitung, Mitarbeitende, Einrichtungsleitung
Monatlich	60 Minuten	Dienstbesprechung Küche im Speisesaal	Küchenleitung, Mitarbeitende der Küche
...	...	...	...

Beispiel für einen Kommunikationsplan

14.1.2 Personalausstattung

Maßgeblich für die Erbringung hauswirtschaftlicher Dienstleitungen ist die personelle Ausstattung des Bereichs. Dabei spielt nicht nur die reine Kopf- bzw. Stellenzahl eine entscheidende Rolle, sondern auch die Qualifikation der Mitarbeitenden. Qualifizierte Fachkräfte benötigen weniger Anleitung, Aufsicht und Kontrolle als angelernte Arbeitskräfte. Dies wirkt sich erheblich auf den Arbeitsaufwand für die hauswirtschaftliche Leitungskraft und auf die Organisation der Arbeitsabläufe aus.

Die Aufteilung der Stellen beeinflusst schließlich die Dienstplangestaltung: fällt eine Teilzeitkraft aus, lässt sich dies wesentlich leichter überbrücken als wenn eine Vollzeitkraft fehlt.

Neben der reinen Aufzählung der Namen und Aufgabengebiete der Kolleginnen und Kollegen, sollte im Hauswirtschaftskonzept daher auch die Qualifikation und die Anzahl der Arbeitsstunden pro Woche angegeben werden.

AUFGABEN

1. Erarbeiten Sie mithilfe des Organigramms Ihres Betriebes einen Kommunikationsplan. Stellen Sie diesen in der Klasse vor.

2. Erstellen Sie eine Übersicht zur Personalausstattung in Ihrem Betrieb und stellen Sie diese dem Klassenteam vor.

3. Für die Nachmittagsangebote im offenen Café des Familientreffs helfen Fatima und Leon auch mit. Erstellen Sie eine Übersicht, welche Tätigkeiten von beiden übernommen werden können. Ihnen stehen dafür 3 Stunden täglich zur Verfügung. Benennen Sie die Tätigkeiten, bei denen die beiden Praktikanten angeleitet werden müssen.

Personaleinsatzplan

Der Personaleinsatzplan dient der Durchführung. Er umfasst alle Überlegungen des quantitativen (wie viele) und qualitativen (wer) Einsatzes von Mitarbeitenden im Projekt. Im Personaleinsatzplan werden Aufgabe, Person und Zeitpunkt des Arbeitseinsatzes festgelegt.

Personaleinsatzplan

Projekt:

Datum:

WER?	WANN?	WAS?	WO?	Verantwortliche

Beispiel eines Personaleinsatzplans

Voraussetzung für die Erstellung eines Personaleinsatzplans sind Kenntnisse zur Pausenregelung und zum Leistungswert.

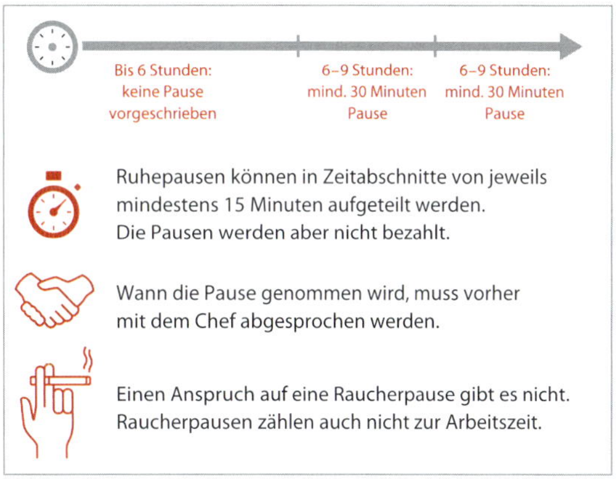

Vereinfachte Übersicht der Pausenregelung nach §4 des Arbeitszeitgesetz

Der Leistungswert sagt zum Beispiel aus, wie viel Quadratmeter Fußbodenfläche eine Reinigungskraft in einer Stunde reinigen muss, um die individuellen Leistungsanforderungen des Leistungsverzeichnisses abzuarbeiten (s. S. 154). Dieser Wert wird in m^2 pro Stunde Leistung ausgedrückt.

Name	Qualifikation	Aufgabengebiet	Wochenstunden
Müller, Mirko	Hauswirtschaft Auszubildender, 1. Lehrjahr	Rahmenprogramm und Betreuung	39,5
Schmitt, Silke	Altenpflege Schülern, 3. Jahr	Betreuung und Musik	39,5
...			

Beispiel zur Personalausstattung

14.1.3 Zeitmanagement

Die 80/20-Regel nach Pareto

Nach Vilfredo Pareto (19. Jhd.) zeigt ein typisches Verhaltensmuster, dass 80 % der Ergebnisse unserer Aufgaben auf 20 % der Anstrengungen zurück gehen.

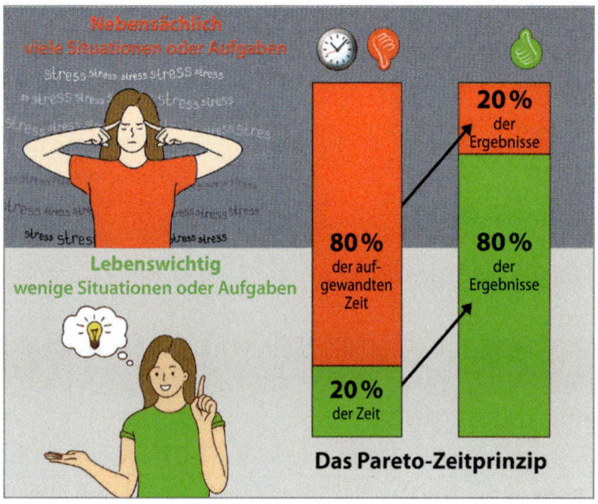

Das Pareto-Prinzip zeigt: 80 % der Ergebnisse erzielen wir oft mit nur 20 % unserer Zeit

Prioritäten richtig setzen – Das Eisenhower-Prinzip

Prioritäten beinhalten das lateinische Wort „prio" (vor).
Prioritäten zu setzen bedeutet, täglich aufs Neue zu entscheiden, was und in welcher Reihenfolge erledigt werden muss. Damit gesteckte Ziele möglichst schnell und effizient erreicht werden können.

Das Eisenhower-Prinzip hilft dabei, Arbeiten systematisch nach Prioritäten zu ordnen. Sind die anliegenden Themen wichtig oder dringend?

Laut Pareto sind 20 % unserer Aufgaben in aller Regel die Wichtigsten. 80 % sind eher nebensächlich.

Die Erreichung der Ziele erfolgt über die Erledigung der wichtigen Aufgaben. Dringende Aktivitäten erfordern oder binden unmittelbare Aufmerksamkeit, ohne dabei großen Einfluss auf die Ziele zu haben. Die Arbeiten mit der größten Wichtigkeit, also dem größten Einfluss auf das Erreichen der Ziele, dürfen niemals aufgeschoben werden.

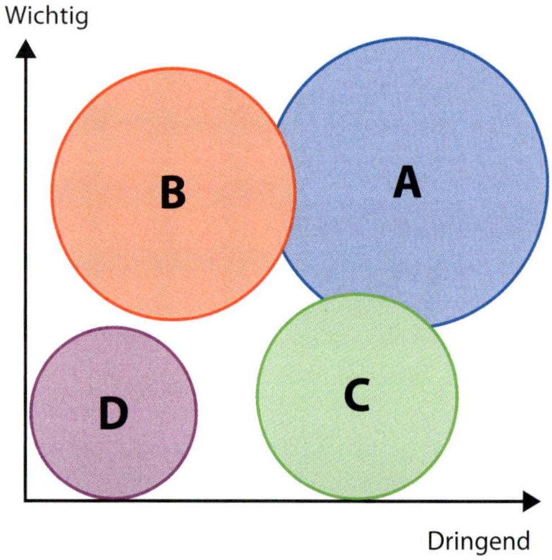

A = wichtig und dringend
40 % der Zeit werden dieser Aufgabe gewidmet.

B = wichtig
30 % der Zeit bekommt die Aufgabe mit Priorität 2.

C = dringend
20 % der Zeit gehört der Aufgabe mit Priorität 3.

D = weder noch
10 % der Zeit werden den restlichen Aufgaben gewidmet.

Das Eisenhower-Prinzip hilft, Prioritäten richtig zu setzen

Zeitbedarf und Zeitbudget ermitteln

Ein bestimmter Teil der Arbeitszeit, erfahrungsgemäß ca. 60 %, werden verplant. Die anderen 40 % werden für Unerwartetes, vor allem Störungen und Zeitfresser, freigehalten. Damit der Rest der Planung nicht aus dem Lot gerät, wenn eine Aktivität mal etwas länger dauert als geplant.

FÜR DIE PRAXIS

Gleichartige Arbeiten bündeln, anstatt die Arbeiten so zu erledigen, wie sie gerade anfallen.

Dies bezeichnet man auch als rationelles Arbeiten.

> ***Rationelles Arbeiten*** *ist das durchdachte, effektive und schnelle Ausführen von Tätigkeiten. Die zu erledigende Arbeit wird in einzelne Arbeitsschritte eingeteilt.*

14

14.2 Anleiten von Personen

Auszubildende und neue Mitarbeitende sowie Praktikantinnen und Praktikanten werden von Fachkräften vor Ort im Betrieb praktisch angeleitet. Aber auch BewohnerInnen und Bewohner oder Kinder werden regelmäßig von hauswirtschaftlichen Fachkräften im Rahmen der hauswirtschaftlichen Betreuung angeleitet.

14.2.1 Einführung zum Anleiten

Anleiten darf nicht mit Anweisen verwechselt werden. Anleiten bedeutet nicht, Befehle zu erteilen, sondern Personen fachliche, gedankliche oder soziale Hilfestellung zu geben. Anleiten wird häufig nur im Zusammenhang mit Ausbildung gesehen, also Ausbildungspersonal als Anleiterinnen und Anleiter. Dabei geht es beim Anleiten um mehr. Es geht darum, Personen in ihrem Lernprozess individuell zu unterstützen. Nicht nur die fertige Lösung soll aufgezeigt werden. Viel mehr wird die anzuleitende Person angeregt, eigene Lösungswege zu entwickeln. Eine Person, die anleitet, motiviert also. Erst wenn sich bei der Aufgabenbearbeitung abzeichnet, dass Unterstützung gebraucht wird, gibt die anleitende Person Hilfestellungen. Durch Fragen wird deutlich, ob korrigierend und unterstützend eingegriffen wird, um gewünschte Ergebnisse und Lernprozesse zu erzielen. Eine solche Unterstützung/Coaching/Training brauchen nicht nur Auszubildende, sondern auch andere Arbeitskräfte – immer dann:

- wenn sie neue Aufgaben übernehmen,
- wenn sie in neue Prozesse eingeführt werden, mit denen noch keine Erfahrungen vorliegen,
- wenn ihre Arbeit für das Unternehmen von großer Bedeutung ist
  oder
- Zeiten produktiv eingeteilt werden müssen.

FÜR DIE PRAXIS

Störungsfreie Zeiten als eine Art „stille Stunde" planen. Dies bringt einen enormen Produktivitätsgewinn. In dieser Zeit kann konzentrierter an einer wichtigen B-Aufgabe gearbeitet werden, ohne andauernd den Faden zu verlieren. „Stille Stunden" sollten ebenso wie eine Besprechung oder ein Kundenbesuch in den eigenen Kalender eingetragen werden.

Nicht zuletzt sollte eine Fachkraft auch im Sinne der vollständigen Handlung (s. S. 27) am Ende bewerten können, ob die Ziele erreicht wurden.

Mögliche Fragen in den einzelnen Handlungsschritten:

- Wie würden Sie diese Aufgabe angehen?
- Wie sieht Ihr Zwischenstand aus?
- Welche Herausforderungen haben oder hatten Sie zu bewältigen?
- Wie beurteilen Sie das Ergebnis?

14.2.2 Zielgruppen

Hauswirtschaftliche Fachkräfte arbeiten in Betrieben mit vielen unterschiedlichen Personen zusammen. Eine Fachkraft kann eine anleitende Funktion innehaben, sie weist neue Mitarbeitende ein oder begleitet an- und ungelernte Kräfte. Als Fachkraft ist sie auch zusammen mit der Ausbilderin oder dem Ausbilder für Auszubildende, Personen im Praktikum oder Freiwilligendienst mitverantwortlich. Besondere Anleitung findet auch mit der Klientel statt: Kinder in der Kita lernen, den Tisch zu decken, Bewohnerinnen und Bewohner helfen bei hauswirtschaftlichen Tätigkeiten in der Betreuung, Jugendliche oder Menschen mit Behinderung produzieren unter Anleitung der hauswirtschaftlichen Fachkräfte Produkte für einen Basar. Alle diese Bereiche erfordern bei Hauswirtschafterinnen und Hauswirtschaftern die Kompetenz, Andere anzuleiten, zu motivieren und gemeinsam Ergebnisse zu beurteilen.

14.2.3 Motivation und Förderung

Ein wichtiger Begriff im Zusammenhang mit der Anleitung (Lernen und Mitarbeiten) ist die Motivation. Jeder Mensch hat eigene Motivationsstrukturen. Die wichtigste Voraussetzung, eine Person zu motivieren ist daher, diese persönlich zu kennen. Als hauswirtschaftliche Fachkraft geht es häufig darum, unterschiedliche zu betreuende Personen und Personengruppen zum Beispiel Bewohnerinnen und Bewohner oder Kinder zum Mitmachen zu motivieren. Die Bedürfnisse der Personen spielen für ihre Motivation eine zentrale Rolle. Außerdem ist die eigene Motivation der Fachkraft entscheidend.

Es wird zwischen innerer und äußerer Motivation unterschieden. Im besten Fall ergänzen sich die innere und äußere Motivation.

Innere (intrinsische) Motivation	Äußere (extrinsische) Motivation
Motivation innerhalb einer Person, bestimmte Dinge zu tun.	Äußere Gründe regen eine Person zu einem bestimmten Verhalten an.
Zum Beispiel: Spaß, Überzeugung, Ehrgeiz, Sinnhaftigkeit	Zum Beispiel: Belohnungen wie Anerkennung, Geld und Karriereaufstieg (positive Verstärkung), oder auch Bestrafung (negative Verstärkung)

BEISPIEL: *Sie möchten eine Weiterbildung in der Hauswirtschaft machen und bekommen eine Einstellung im SOS-Kinderdorf in einer höheren Gehaltsstufe zugesichert.*

Ist eine Person motiviert und hat dann Erfolg, wirkt sich dies positiv auf die Persönlichkeit und damit auf die weitere Motivation aus. Misserfolge werden besser bewältigt, wenn Erfolgserlebnisse nicht ausbleiben.

Voraussetzungen für erfolgreiches Lernen:

- Person verfügt über die erforderlichen Kompetenzen.
- Person kennt die Erfolgskriterien (woran Erfolg messbar ist und wann das Ziel erreicht sein sollte).
- Person hat genug Zeit, das Ziel zu erreichen (realistisch).

Erwarten Personen einen Misserfolg oder eine Blamage, besteht kaum eine Chance auf Erfolg. Dieser Effekt wird self-fulfilling prophecy genannt.

Erfolgserlebnisse sind wichtig!

Ein sogenannter Flow-Effekt entsteht dann, wenn eine Person mit einer Aufgabe oder Situation optimal gefördert – also weder über- noch unterfordert wird. Der Flow-Zustand vermittelt der Person ein Glücksgefühl, sie geht in der Aufgabe förmlich auf. Es handelt sich um eine Herausforderung, die zu bewältigen ist. Die Person kann sich voll und ganz auf das eigene Tun konzentrieren und verfolgt ein eindeutiges Ziel. Die Arbeit geht mühelos von der Hand, das Zeitgefühl geht auf eine positive Art verloren und das Gefühl der Kontrollierbarkeit der Situation stellt sich ein.

FÜR DIE PRAXIS

Eine gute Lernatmosphäre ist wichtig für die Motivation und den Lernerfolg.

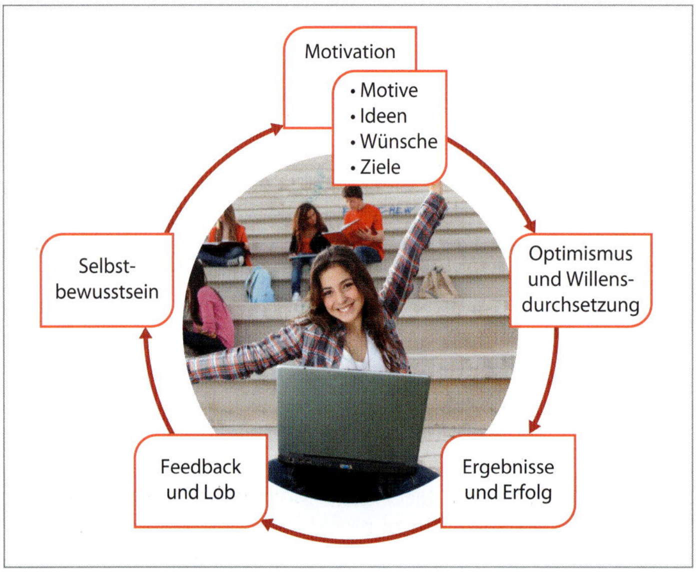

Die Motivationsspirale

Voraussetzungen und Tipps, wie es der anleitenden Person gelingen kann, eine positive Atmosphäre zu schaffen:

- freundlicher Empfang der Lernenden
- Bedeutung und Wichtigkeit der Aufgabe deutlich machen
- Vorkenntnisse abfragen
- nach erfolgreich erledigten Arbeitsschritten loben
- Fragen statt Sagen – Fragen stellen und beantworten
- den Lernenden selbstständiges Üben ermöglichen
- konstruktive Kritik mit Erklärung üben
- Teamgeist und Wir-Gefühl der Lernenden fördern (Gruppenarbeit)
- Gesamterfolg feiern und anerkennen
- gelegentliche Belohnung zur weiteren Motivation

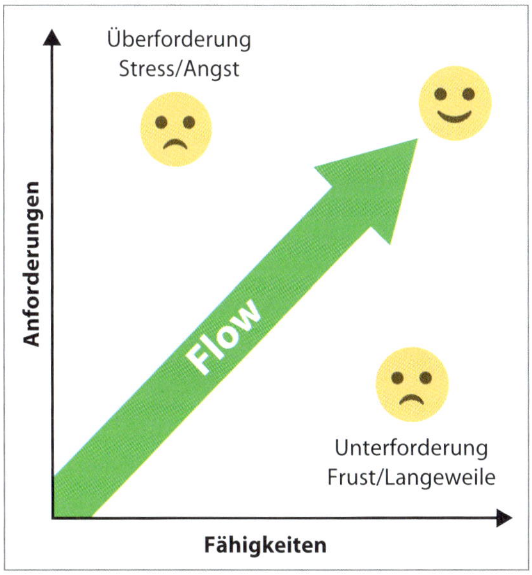

Flowzustand – optimale Herausforderung

Individuelle Förderung mit der Leistungsformel

Auch die Leistung von Mitarbeitenden kann von inneren Faktoren (aus der Person: Ziele, Erwartungen und Bedürfnisse) und äußeren Faktoren (Umgebung: Betriebsklima, Arbeitsatmosphäre und -bedingungen) beeinflusst werden. Die Leistungsfähigkeit schwankt dabei je nach Tageszeit, Wochentag, Jahresablauf und auch bezogen auf das Arbeitsleben. Leistung setzt sich zusammen aus Leistungsbereitschaft (Wollen), Leistungsfähigkeit (Können) und Leistungsmöglichkeit (Dürfen).

Schon das alte Sprichwort „Wo ein Wille ist, da ist auch ein Weg." bringt zum Ausdruck, dass es zum Erreichen eines Ziels mehr braucht als Können und Dürfen oder gar Müssen.

Leistungsformel

AUFGABEN

1. Leiten Sie ab, welche Bedürfnisse bei Ihnen, durch das Anleiten von Fatima und Leon (Übertragung von Verantwortung) entstehen und welche Sie damit befriedigen können.
2. Beschreiben Sie innere und äußere Motivationsfaktoren, die bei Personen im Praktikum vorliegen.
3. Für das Nachmittagsprogramm im Café sollen auch Kinder des Mehrgenerationenhauses eingebunden werden, z. B. beim gemeinsamen Kuchen backen. Eines der Kinder weigert sich, mitzumachen. Beschreiben Sie Ihr Vorgehen in dieser Situation.
4. „Angst ist kein guter Motivator." Nehmen Sie Stellung zu dieser Aussage.

14.2.4 Methoden

Es gibt verschiedene Methoden, mit denen Lernenden neue Inhalte beigebracht werden können bzw. wie sie sich neue Kompetenzen aneignen können. Die Methoden müssen zur Aufgabe/Arbeit, zum Lerninhalt und den Lernzielen sowie zum Lernort und der lernenden Person passen. Folgende Prinzipien sind zu beachten:

Prinzip der Einfachheit
- vom Bekannten zum Unbekannten
  Welches Vorwissen ist vorhanden?
- vom Leichten zum Schweren
  Was soll zuerst gelernt werden?
- vom Einfachen zum Komplexen
  Welche Teilschritte/Aufgaben gibt es?
- vom Allgemeinen zum Speziellen
  Welche allgemeinen Erfahrungen lassen Sie auf die Situation übertragen?
- vom Konkreten zum Abstrakten
  Wie lässt sich das Wissen in einen Gesamtzusammenhang einbinden?
- vom Nahen zum Entfernten
  Was ist im Umfeld üblich und wie ist es woanders?

Prinzip der Zielklarheit
- *Was soll gelernt werden?*

Prinzip der Praxisnähe
- *Wozu soll es gelernt werden, was bringt es?*

Prinzip der Anschaulichkeit
- *Welche Umsetzungs-Beispiele können aufgezeigt werden?*

Prinzip des selbstständigen Handelns
- *Was selbst durchgeführt wurde, kann sich besser gemerkt werden.*

Prinzip der Erfolgssicherung
- *Wurde das Ziel erreicht?*

Lernen bei der Arbeit – Einarbeitungsmethode
Die Fachkraft überträgt der lernenden Person eine Arbeitsaufgabe mit bereitgestellten Informationsmedien. Bei Fragen und Schwierigkeiten wird durch die Anleitungsperson beraten. Lernende bearbeiten den Arbeitsauftrag selbstständig, stellen ihr Ergebnis der Fachkraft vor und besprechen ihre Erfahrungen.

Orientierung: Das Ziel der Arbeitsaufgabe, das erwartete Ergebnis, der zeitliche Umfang, die einzusetzenden Arbeitsmittel sowie die bevorzugte Arbeitsmethode werden erörtert. Die lernende Person sollte zum Fragen angeregt werden.

Hilfestellung geben: Die Fachkraft greift nur ein, wenn die lernende Person auf Herausforderungen stößt, die sie nicht selbstständig lösen kann. Gegebenenfalls können Arbeitsblätter eingesetzt werden.

Kontrolle: Das Ergebnis wird mit der Fachkraft erläutert. Loben und wenn notwendig Hinweise zur Verbesserung geben.

Zunächst sind geeignete Arbeitsaufgaben zu erkennen (welche die lernende Person bereits selbstständig erledigen kann), auszuwählen und in eine sinnvolle, aufbauende Reihenfolge zu bringen. Die Fachkraft bereitet die Arbeitsaufgaben/Aufträge vor und formuliert die Aufgabenstellung. Während der Durchführung begleitet, kontrolliert und unterstützt die Fachkraft lediglich bei Bedarf.

FÜR DIE PRAXIS

Diese Methode kann bei einfachen und klaren Arbeitsaufträgen angewandt werden. Bei komplexeren Arbeitsaufgaben z. B. Reinigung eines Bewohnerzimmers sollte besser auf die Einarbeitungsmethode zurückgegriffen werden.

Lern- und Arbeitsaufgaben …

… entwickeln:	… einsetzen:	… begleiten und kontrollieren:
• Identifizierung von Arbeitsaufgaben • Auswahl von Arbeitsaufgaben • Reihenfolge von Lern- und Arbeitsaufgaben	• Vorbereitung von Lern- und Arbeitsaufgaben • Formulierung der Aufgabenstellung • Diskussion der Aufgabenstellung	• Moderation von Lern- und Arbeitsaufgaben • Abschlusspräsentation der Ergebnisse • Evaluation von Lern- und Arbeitsaufgaben

Ausbildung mit Lern- und Arbeitsaufgaben

Anzuleitende Person	Fachkraft
Legen gemeinsam (Lern-)Ziele und Aufgaben fest	
Plant Aufgaben	Unterstützt bei Bedarf
Führt Arbeitsaufgaben durch	Beobachtet Durchführung
Reflektiert ihr Ergebnis	Beschreibt Handlungen und gibt Feedback
Selbst- und Fremdeinschätzung angleichen → Kompetenz- und Erkenntniszuwachs	

Übertragung einer Arbeitsaufgabe mit bereitgestellten Informationsmedien

Einarbeitungsmethode

Mit dieser Methode sollen die Lernenden Stück für Stück mehr Kompetenzen aufbauen, so dass sie die Aufgabe am Ende der Anleitung selbstständig erfüllen können. Mit der Einarbeitungsmethode können Personen unter der Mitwirkung einer Fachkraft, an einem Arbeitsplatz eingearbeitet werden. Die Lernenden informieren sich währenddessen über die anfallenden/notwendigen Tätigkeiten. Sie beobachten und notieren sich Stichpunkte beispielsweise zum Ablauf, stellen Fragen an die Fachkraft und übernehmen Hilfstätigkeiten. Im Anschluss können die Lernenden über die Erfahrungen und Aufgaben berichten.

Die Fachkraft bereitet den Arbeitsplatz vor – die lernende Person schaut zu

- *Reinigungswagen wird mithilfe der Checkliste bestückt.*

Hilfstätigkeiten/Zuarbeit und Beobachten

- *Die Fachkraft reinigt ein Zimmer, die lernende Person arbeitet zu, indem sie vorpräparierte Moppbezüge vom Reinigungswagen holt oder Wäsche aus dem Zimmer in den Sammelbehälter bringt.*

Die lernende Person übernimmt Vor- und Nacharbeiten

- *Die lernende Person rüstet den Reinigungswagen selbst auf und ab.*

Übernahme von Teilaufgaben durch die lernende Person

- *Die lernende Person übernimmt Teile der Reinigung (z. B. Bett überziehen oder Bodenreinigung) selbstständig.*

Selbstständige Aufgabenerfüllung

- *Die lernende Person kann ein Zimmer selbstständig und komplett reinigen.*

Besprechung/Feedback

- *Gemeinsam mit der Fachkraft werden das Ergebnis und die neuen Erkenntnisse besprochen.*

Arbeitsblätter und Schritt für Schritt Anleitungen

Praktische Anleitung mithilfe von Arbeitsblättern kann in unterschiedlicher Form erfolgen. Arbeitsblätter können unterschiedlich gestaltet sein: Aufbau- oder Bedienungsanleitungen, Reinigungspläne, Checklisten, Flussdiagramme oder auch Schritt-für-Schritt-Anleitungen.

Für eine Schritt-für-Schritt-Anleitung ist es empfehlenswert, eine Tabelle anzulegen, in der die Arbeitsschritte der Aufgabe nummeriert, beschrieben und bebildert sind. Häufig werden diese Anleitungen beim Arbeiten mit Kindern, Menschen mit Einschränkungen oder Demenz oder Personen mit sprachlichen Hürden eingesetzt. Diese Anleitungen können digital, als Poster oder als klassische Arbeitsblätter eingesetzt werden.

Das sind die Vorteile von Anleitungen mit Arbeitsblättern:

- Standardisierte Prozesse werden so einheitlich erlernt und sind besser überprüfbar.
- Das Arbeitsblatt wird einmal erstellt und kann für alle neuen Mitarbeitenden verwendet werden.
- Die Anleitung kann gegebenenfalls delegiert werden.
- Die lernende Person kann anhand des Arbeitsblatts selbstständig arbeiten und sich selbst kontrollieren.
- Wiederholung und Nachschlagen der Inhalte zu einem späteren Zeitpunkt sind möglich.

Kurzvorträge, Demonstrationen und Tutorials

Bei einem **Kurzvortrag** steht die vortragende Fachkraft im Mittelpunkt des Geschehens. Es werden aktuelle Informationen in zusammengefasster Form (5–10 Minuten) mithilfe von gesprochener Sprache kurz vorgestellt. So lassen sich wesentliche Inhalte und ein Überblick schnell vermitteln. Blickkontakt, rhetorische Fähigkeiten und nonverbale Kommunikation sind für die Aufmerksamkeit der Zuhörenden erforderlich.

Bikini-Regel: Ein guter Vortrag ist kurz und knapp, aber das wesentliche ist abgedeckt.

Aufbau eines Kurzvortrags:

- Einleitung und Einführung
- Ausführung
- Zusammenfassung

BEISPIEL: *Beispiele für Teaser: Rezensionen zu Büchern und Filmen in Form eines Teasers oder im betrieblichen Bereich Animationen für Unterweisungen (Arbeitsschutz, Hygiene).*

Bei der **Demonstrationsmethode** steht ebenfalls die Anleitungsperson im Zentrum der Aufmerksamkeit. Die Anleitungsperson führt etwas zur Veranschaulichung vor und verdeutlicht damit Arbeitsprozesse oder Zusammenhänge (Lerngegenstand).

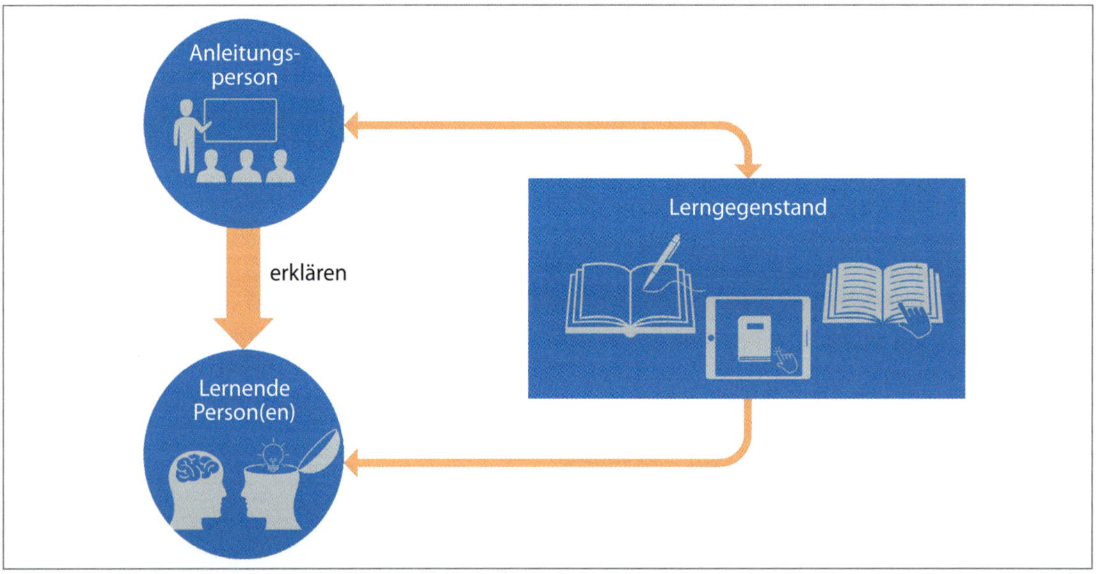

Bestandteile einer Demonstration

14

Neben der Erklärung können daher auch Werkstücke, Modelle, Plakate, Schaubilder oder -tafeln oder eben auch Filme eingesetzt werden. Der Unterschied zu einem Kurzvortrag ist, dass mindestens zwei Sinne (hören und sehen) direkt angesprochen werden. Damit eine Demonstration erfolgsversprechend ist, braucht es demnach zwei Zutaten: Ansprechende Visualisierung und fachlich korrekte und verständliche Erklärungen der kompetenten Fachkraft. Sie eignet sich sowohl für Kleingruppen als auch einzelne Personen.

BEISPIELE: ***Vorstellung neuer Reinigungsmaschinen oder -techniken, Demonstration von Schneidetechniken, können auch mittels einer Dokumentenkamera auf die Wand projiziert werden, sodass mehrere Personen einen guten Blick auf die Tätigkeit haben.***

Eine besondere Form der Demonstration sind **Video-Tutorials**. Diese erfreuen sich durch Videoplattformen im Internet wachsender Beliebtheit. Ähnlich wie bei den Arbeitsblättern hat ein Video-Tutorial den Vorteil, dass dieses einmal aufgezeichnet wird und dann beliebig oft und vielen Lernenden zur Anleitung vorgeführt werden kann. Nachteil ist, dass Rückfragen bei der Entkopplung von Demonstration und Anwendung nicht ohne weiteres möglich sind. Dafür kann das Video wiederholend geschaut werden oder Zuschauerinnen und Zuschauer können Pausen einlegen oder zurückspulen, wenn ihnen etwas zu schnell ging. Tutorials können einzeln angeschaut werden oder in der Gruppe via Bildschirm oder Beamer. Der Informationsgehalt hat einen hohen Stellenwert bei diesen Videos. Auch vor dem Hintergrund von Online-Lernen spielt diese Methode eine immer größere Rolle.

Im Gegensatz zu Tutorials zeigen Erklärvideos größere Zusammenhänge und Hintergründe. Die Sachverhalte eines Themas werden mit einfachen Grafiken und einer Geschichte (meist mit einer Hauptfigur) dargestellt.

Inhaltlicher Aufbau von Video-Tutorials:

- Einleitung und Aufzeigen des Ziels
- Vorführen und Erklären bzw. Zuschauen und Zuhören
- Erkenntnisse
- Zusammenfassung

BEISPIELE: *Tutorials zum Umgang mit dem Spritzbeutel für Modetorten, zu kreativen Näharbeiten sowie zu Life Hack oder zu Tipps für Ordnung im Alltag.*

14.2.5 Medien und Hilfsmittel

In der vorangegangenen Einführung zu unterschiedlichen Methoden wurde deutlich, dass Medien und Hilfsmittel bedeutend sind für eine anschauliche und damit nachhaltige Anleitung.

Medien bei der Anleitung sind Kommunikationsmittel, die den Lernprozess unterstützen. Medien können unterschiedlich eingeteilt werden,

z. B. wie sie wahrnehmbar sind:

- visuell – sehen 
- auditiv – hören 
- audio-visuell – hören und sehen 
- haptisch – fühlen 

Gesprochener oder geschriebener Text reicht in den wenigsten Fällen aus, praktische Inhalte so darzustellen, dass die lernende Person sich ein ausreichendes Bild davon machen kann. Die Vorstellungskraft erstreckt sich meist auf Inhalte oder Tätigkeiten, zu denen sie schon Erfahrung gesammelt hat. Gänzlich neue Inhalte müssen visuell unterstützt, also sichtbar gemacht werden. Dies kann in Form von Abbildungen und über unterschiedliche Medien und Hilfsmittel (Bücher, Arbeitsblätter, Präsentationen mit Bildschirmen oder über den Beamer, Poster, Plakate, Schautafeln) erfolgen (siehe Übersichtstabelle). Farben haben eine unterstützende Symbolwirkung. Das bekannteste Beispiel sind die Ampelfarben. Grün bedeutet daher meistens: gut, erlaubt, erwünscht. Rot steht für Vorsicht, Gefahr, Verbot oder Achtung.

	Beschreibung und Eignung	Beispiel(e)
Visuell (Sehen)		
Texte (geschrieben)	Dienen der Information oder auch der Anleitung von Inhalten, die über geschriebene Sprache vermittelt werden können. Einschränkung: Person muss die Schrift und Sprache lesen und verstehen können. Aufmerksamkeit kann bei langen Texten stark zurückgehen.	Kochrezepte oder Kochbücher, Bedienungsanleitung eines Geräts, Aufbauanleitung von Möbeln 
Listen	Dienen dem schnellen Nachschlagen von vereinfachten Inhalten. Oft in Tabellenform oder mit Nummerierungen versehen.	Umrechnungstabelle für Lebensmittel, Checkliste zur Reinigung 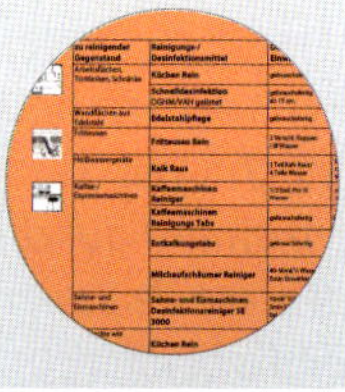
Poster/Plakate	Zur Veranschaulichung in Räumen und bei einer mittleren Gruppengröße. Insbesondere für Inhalte geeignet, die über einen längeren Zeitraum sichtbar sein sollen.	Plakate bei einer Ausstellung im Flur zur Geschichte des Generationenzentrums. Plakate zur Händehygiene am Handwaschbecken. Poster zu den Garmethoden in der Küche. 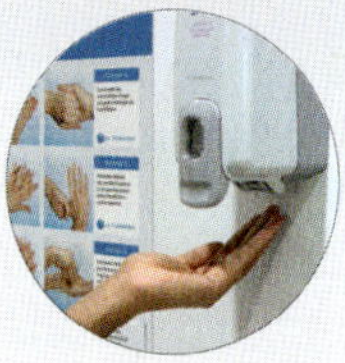
Fotos	Dienen der Veranschaulichung oder auch der Dokumentation. Regen über die Aktivierung des Sehsinns Denkprozesse an.	Fotos von einer Torte zum Rezept, sodass die angeleitete Person sich das Ergebnis besser vorstellen kann. 
Grafiken	Stellen Zahlen, Zusammenhänge oder Verhältnisse visuell dar. Sind meist gezeichnet.	Diagramme (Nährstoffzusammensetzung des Mittagessens), Flussdiagramme (Ablauf einer Unterhaltsreinigung im Speisesaal), Mindmap zum Sommerfest. 
Symbole	Inhalte, Warnungen oder Funktionen werden kurz und knapp dargestellt und können schnell erfasst werden. Auch von Personen, die Schwierigkeiten mit der Sprache oder dem Lesen haben.	Gefahrenkennzeichen oder Straßenschilder, internationales Symbol für den Powerschalter Aus- (0) und Anschalten (I) kombiniert 
Symbolfarben	Erhöhen die Aufmerksamkeit, heben hervor, vereinfachen Aussagen.	Vier-Farben-System bei Reinigungstüchern 

	Beschreibung und Eignung	Beispiel(e)
Visuell und haptisch		
Werkstücke und Modelle	Zeigen Ergebnisse handwerklichen Könnens. Durch die Möglichkeit des Berührens und Fühlens (also durch Haptik) kann ein weiterer Lerntyp angesprochen werden. Auch Stoffproben oder Gegenstände (beispielsweise in Fühlboxen) können zum Lernen über den Tastsinn beitragen.	Ausformungsvarianten für Hefeteig aus Salzteig hergestellt zum Anschauen und Anfassen Modell eines Verdauungstraktes für Ernährungslehre. 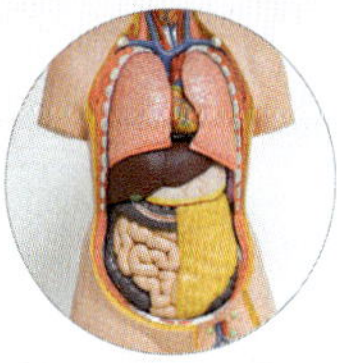 Stoffproben für die Auswahl geeigneter Textilien.
Audio (Ton)		
Hörspiele/ audio Podcasts (mehrere Folgen)	Sind Tonaufnahmen von Geschichten, Diskussionen, Interviews oder Reportagen. Eignet sich für Personen, die dem auditiven Lerntyp angehören oder ungern Lesen und zum selbst- ständigen Lernen. Als kreative Eigenproduktionen kann auch die Erstellung eines Podcast im Betrieb helfen, Strukturen und betriebliche Informationen zu verdeutlichen.	Azubi-Podcasts, Podcasts von Gebäudereinigungsinnung, zum Thema Nachhaltigkeit oder Ernährungsthemen. 
Audiovisuell		
Sprachnachrichten	Können der vereinfachten und schnellen Kommunikation oder auch der Dokumentation von Aufgaben dienen.	Arbeitsaufträge via Messenger, Bestätigung der erledigten Aufträge durch Sprachnachrichten 
Filme	Erweitern das Medium Bild/Foto um Bewegung und Ton. Somit eignen sie sich besonders gut für Inhalte, die in Bewegung vermittelt werden. Das Ansprechen mehrerer Sinne und ggf. auch der Emotionen verbessert die Merkleistung.	Imagefilm des Unternehmens für neue Mitarbeitende, Erklärfilm zur Hygieneschulung, Video- Tutorial zum Thema Desserts verzieren. 

*Das Wort **Medium** kommt aus dem lateinischen und leitet sich von Mitte oder in der Mitte befindlich ab. Es handelt sich demnach um ein vermittelndes Element.*

BEISPIEL: *Zum Beispiel transportieren Garmedien Wärme an das zu garende Lebensmittel, ein Kommunikationsmedium übermittelt die Botschaft von einer sendenden zu einer empfangenden Person. Massenmedien (z. B. Fernsehen, Rundfunk) sind technische oder organisatorische Einrichtungen für die Vermittlung von Meinungen, Informationen, Kultur.*

Hilfsmittel

Die Unterscheidung von Medien zu Hilfsmitteln ist nicht trennscharf. So kann das Medium Podcast auf unterschiedlichen „Hilfsmitteln" gespeichert und abgespielt werden. Für den Lernerfolg ist es jedoch nicht von Bedeutung, ob wie der Podcast abgespielt wird. Ähnlich wie bei einem Text. Im Normalfall ist es für die lernende Person unerheblich, ob der Text in einem Buch oder auf einem Tablet gelesen wird. Persönliche Vorlieben und Gewöhnung sind hier entscheidender. Vorteile von digitalen Medien sind, dass diese oft einfacher an den Nutzer angepasst werden können. Zum Beispiel können für Personen mit einer Seheinschränkung die Schriftgröße erhöht oder Texte von einer Computerstimme vorgelesen werden. Das Praktische bei mobilen Endgeräten ist, dass diese multimedial geeignet sind und sowohl zur Kommunikation (Versenden und Empfangen von Nachrichten, Anrufen und Dateien), Information (Recherche im Internet oder Nachschlagen von Fachbegriffen in Apps), als auch zur Speicherung und Dokumentation (Fotografieren des Endprodukts, des gereinigten Zimmers oder des Defekts an einer Maschine, Abspeichern von Dateien) genutzt werden können.

FÜR DIE PRAXIS

Ein Smartphone kann außer Telefonieren viele weitere Funktionen erfüllen wie Taschenrechner, PC, Kalender (mit Erinnerungsfunktion), Lexikon, Videokamera, Fotokamera, To-do-Liste, Wecker, Stoppuhr, Timer, Uhr, Bildschirm, Buch, Radio, Fernsehgerät und vieles mehr.

In der Anleitung im praktischen Arbeiten sind auch Werkzeuge (Küchengeräte, Reinigungsgeräte und -tücher) Betriebsmittel und gleichzeitig Hilfsmittel für die Anleitung. Besonders beliebt sind Verfahrensvergleiche (Reinigung von Hand oder mit der Maschine, Trockenreinigung vs. Nassreinigung), die durch das selbstständige Ausprobieren und Erfassen von Daten einen langanhaltenden Lerneffekt bewirken.

AUFGABEN

5. Erstellen Sie eine Tabelle, in der Sie durch Ankreuzen erfassen, welche Methoden Sie wählen würden, um Leon in den hauswirtschaftlichen Bereichen in Mehrgenerationenhaus zu folgenden Themen/Aufgaben anzuleiten:

Nachmittagscafé / Service:

a) Recherchieren Sie im Internet zum Thema Kurzvortrag.

b) Bereiten Sie einen Kurzvortrag zum Thema Ausbildung in der Hauswirtschaft vor, der im Nachmittagscafé gehalten werden soll.

c) Wählen Sie geeignete Medien und Zitate für Ihren Vortrag aus. Stellen Sie Ihre Ergebnisse im Team vor.

Speisenversorgung / Küche:

a) Recherchieren Sie im Internet zum Thema Schritt-für-Schritt-Anleitung.

b) Wählen Sie eine Anleitung aus, die Ihnen besonders zusagt. Analysieren Sie anschließend die Vorteile der Anleitung.

c) Fertigen Sie eine Schritt-für-Schritt-Anleitung mit Fotos für ein Dessertrezept Ihrer Wahl an.

Haus- und Wäschepflege:

a) Recherchieren Sie im Internet zum Thema Video-Tutorials.

b) Wählen Sie nach Belieben eine Anleitung aus. Analysieren Sie dessen Vorteile.

c) Fertigen Sie ein Tutorial zum Thema Sichtreinigung einer Glasfläche (Eingangstür zum Mehrgenerationenhaus) an.

14.3 Miteinander Arbeiten

Wenn Menschen gemeinsam an einer Aufgabe arbeiten, können sie sich gegenseitig unterstützen und ergänzen. Im besten Fall kommt es sogar zu Synergieeffekten.

Teil eines Teams zu sein, fördert das Selbstwertgefühl und die Motivation der Teammitglieder, was sich nicht zuletzt positiv auf die Erledigung der Aufgabe ausübt. Daher ist in den meisten Fällen das gemeinsame Lösen einer Aufgabe als Team erfolgreicher, als sich als allein durchzuschlagen. Wer im Team arbeitet, baut neben den fachlichen auch soziale Kompetenzen auf.

FÜR DIE PRAXIS

Ein Team sollte aus drei bis sechs Personen bestehen, damit es erfolgreich zusammenarbeiten kann.

14.3.1 Definition Team

*Ein **Team** ist der Zusammenschluss von zwei oder mehr Personen, die in direktem Kontakt zueinanderstehen. In Unternehmen sind Teams Gruppen, die zu einem bestimmten Zweck zusammenarbeiten, wie in einem Projektteam.*

Teams entstehen formell oder informell. Ein formell zusammengestelltes Team wird von der Leitung zusammengestellt. Vorteil ist, dass die Gruppe für eine Aufgabe gezielt zusammengesetzt werden kann. Dadurch können sich die Mitglieder gegenseitig unterstützen und bereichern. Im Gegensatz dazu finden sich informelle Teams selbst durch gemeinsame Interessen oder Ziele zusammen.

Wird ein Team neu zusammengestellt, muss zuerst bedacht werden, ob es erfolgreicher als einheitliche oder als gemischte Gruppe arbeiten kann. Einheitliche Teams haben zwar weniger Auseinandersetzungen, gleichzeitig ist ihre fehlende Vielseitigkeit ein Nachteil. Diesen Nachteil hat ein gemischtes Team nicht, dafür ist es häufig instabiler und neigt eher zu Konflikten. Außerdem muss bei der Teamzusammenstellung darauf geachtet werden, dass nicht zu viele Menschen zusammenarbeiten. Ist die Gruppe so groß, dass nicht mehr jede Person mit jeder kommunizieren kann, sind zu viele Menschen beteiligt. Dann besteht die Gefahr, dass sich Untergruppen bilden, was die Zusammenarbeit aller erschwert. Die ideale Teamgröße liegt deshalb bei drei bis sechs Personen. Während der Arbeitsphasen sollte darauf geachtet werden, dass jedes Teammitglied aktiv an den Aufgaben mitarbeitet, damit bei Einzelnen kein Frust entsteht. Starke Teamer können schwächere zwar mitziehen. Es ist jedoch wichtig darauf zu achten, dass auch die schwachen Mitglieder aktiviert werden. Nur so können sie dazulernen und werden vom gesamten Team respektiert.

Fünf Phasen der Teambildung:		
Orientierungsphase	Die Mitglieder des Teams kommen zusammen und lernen sich kennen. Das Team entsteht und jedes Mitglied versucht seinen Platz in der Gruppe zu finden. In dieser Phase kommt der Teamführung eine wichtige Rolle zu, da sie Ankerpunkt in dieser noch unsicheren Phase für jedes Gruppenmitglied ist.	
Konfliktphase	Jedes Teammitglied versucht sich zu behaupten und seinen Platz in der Gruppe zu erkämpfen/einzunehmen. Diese Phase ist entscheidend für die Zukunft des Teams. Können Konflikte nicht gelöst werden, wird das Team sich wieder auflösen.	
Kooperationsphase	Sie wird erreicht, wenn jedes Teammitglied eine für sich zufriedenstellende Position innerhalb des Teams eingenommen hat. Das Team wächst zusammen und strebt ab jetzt ein möglichst langfristiges Bestehen der Gruppe an. Daher behauptet sich das Team nun gegenüber anderen als Einheit nach außen.	
Wachstumsphase	Das Team arbeitet gut zusammen und kann immer herausfordernde Aufgaben gemeinsam lösen. Die Teamführung gibt nur noch Impulse und Visionen an die Gruppe weiter.	
Trennungs- oder Auflösungsphase	Bei der Bearbeitung der komplexen Aufgaben treffen verschiedene Teams aufeinander, dabei werden Erfahrungen ausgetauscht und einzelne Mitglieder wechseln eventuell ihr Team. Das alte/ursprüngliche Team zerfällt und neue entstehen.	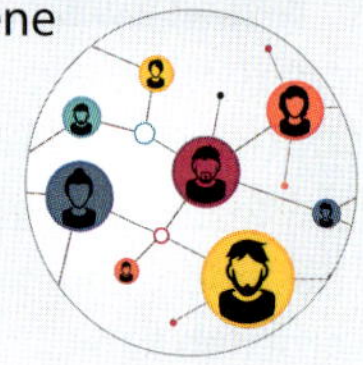

14.3.2 Rollen im Team

Es ist natürlich, dass in einem Team jedes Mitglied eine Rolle einnimmt. Die Rollen sind durch Eigenschaften, die für das Team relevant sind, charakterisiert. In Anlehnung an den Forscher Belbin gibt es insgesamt neun verschiedene Rollen, die sich in drei Gruppen einteilen lassen.

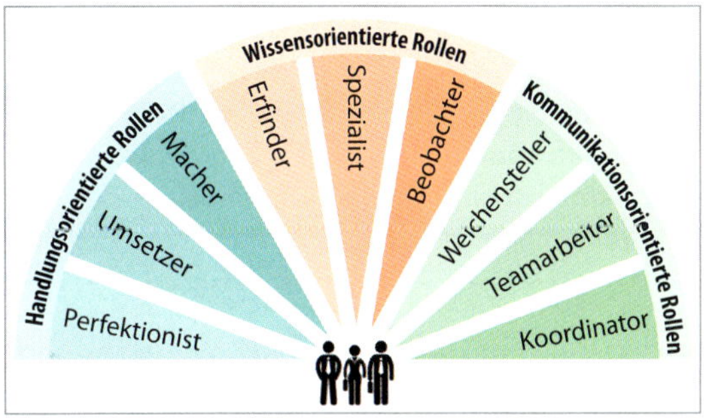

Die neun Teamrollen nach Belbin

Handlungsorientierte Rollen

Perfektionist/Completer:
- gewissenhaft, pünktlich
- vermeidet Fehler, strebt optimale Ergebnisse an
- überängstlich, übernimmt ungern die Führung
- kontrolliert lieber alles, statt zu delegieren, verliert dadurch den Überblick
- verhindert Oberflächlichkeit und Unpünktlichkeit

Umsetzer/Implementer:
- zuverlässig
- diszipliniert
- effektiv
- zielorientiert, jedoch unflexibel gegenüber Plänen anderer
- eignet sich besonders für die Strukturierung der Vorgehensweise im Team.

Macher/Shaper:
- mutig
- überwindet leicht Hindernisse
- Konzentration auf das Kernproblem
- übernimmt Verantwortung und Aufgaben
- trifft schnelle Entscheidungen
- arbeitet gut unter Druck, ist aber gegenüber Teammitgliedern herausfordernd
- eignet sich gut für Teams mit Gleichgesinnten, aber für eine Führungsposition eher ungeeignet, da ihm Selbstdisziplin fehlt.

Wissensorientierte Rollen

Erfinder/Plant:
- hat neue Ideen und alternative Lösungsstrategien besonders für schwierige Problemstellungen
- wirkt oft gedankenverloren
- neigt dazu, Details zu ignorieren und Flüchtigkeitsfehler zu machen.

Spezialist/Specialist:
- liefert Fachwissen und Informationen
- verliert es sich in technischen Details.

Beobachter/Monitor evaluator:
- strategisch, kritisch, nüchtern
- untersucht Vorschläge auf ihre Machbarkeit
- manchmal taktlos und herablassend
- motiviert das Team
- verfügt gleichzeitig über ein gutes Urteilsvermögen und berücksichtigt alle relevanten Möglichkeiten.

Kommunikationsorientierte Rollen

Weichensteller/Resource investigator:
- extrovertiert
- kommunikativ
- hat nützliche Kontakte
- findet neue Lösungsansätze und Möglichkeiten
- kann als zu optimistisch empfunden werden
- verliert schnell das Interesse und schweift ab.

Teamarbeiter/Teamworker:
- sympathisch, diplomatisch
- kommunikativ, sorgt für Harmonie
- in kritischen Situationen oft unentschlossen, eher eine Hilfe im Hintergrund.

Koordinator/Integrator:
- selbstsicher
- vertrauensvoll
- treibt Entscheidungsprozesse voran
- koordiniert und setzt Prioritäten, achtet auf Einhaltung von Zielvorgaben und Zeitplänen
- wirkt manipulierend, eignet sich dennoch gut Teamleitung.

FÜR DIE PRAXIS

Wichtig ist, dass die Rollen nicht in Stein gemeißelt sind, sondern immer wieder wechseln können je nach Aufgabe, Gruppenzusammenstellung oder Stimmungslage der einzelnen Mitglieder.

Das Wissen über die beschriebenen Rollen hilft dabei, die eigene Kommunikation besser auf die gegenüberliegende Person abzustimmen. In Konflikten werden so die anderen Teammitglieder besser verstanden und Konflikte lassen sich leichter auflösen. Für ein gut funktionierendes Team ist es nicht wichtig, dass jede Rolle vertreten ist. Wobei Teammitglieder je nach Situation oder Aufgabe auch mehrere Rollen übernehmen können (s. S.).

AUFGABEN

1. Im Team überlegen Sie, welche Angebote es speziell für Kinder beim Nachmittagscafé im Mehrgenerationenhaus geben soll. Stellen Sie dabei in Kleingruppen die Teambesprechung als Rollenspiel nach. Gehen Sie dabei folgendermaßen vor:
   a) Besprechen Sie gemeinsam, welche Angebote gemacht werden sollen (ganz kurz, da dies nicht der wichtige Teil der Aufgabe ist).
   b) Jede Kleingruppe übernimmt dabei die Rollen von dem Azubi und den beiden Praktikanten. Welche der beschriebenen Rollen passt am besten zu „Ihrer" Person? Erarbeiten Sie gemeinsam Verhaltensweisen und Charakterzüge.
   c) Aus jeder Gruppe nimmt ein Mitglied stellvertretend an der Besprechung teil. Versuchen Sie in Ihrer Rolle zu bleiben. Der Rest beobachtet und versucht herauszufinden, wer welche Rolle im Team übernommen hat.

14.3.3 Gesprächsführung

Vier-Augen-Gespräche

Bei Konflikten, die noch nicht komplett verhärtet sind, hilft oft schon ein Vier-Augen-Gespräch. Wenn die Konfliktspirale schon vorangeschritten ist und die Fronten absolut festgefahren sind, sollte ein unbeteiligter Schlichter, ein sogenannter Supervisor oder Mediator hinzugezogen werden. Bevor ein Gespräch stattfindet, bietet es sich an, eine Konfliktanalyse durchzuführen. Dies dient der Feststellung, ob tatsächlich ein Konfliktgespräch geführt werden sollte und zur Vorbereitung auf das Gespräch.

Bei einem Konfliktgespräch bietet sich die Sandwichmethode an. Richtig angewandt und ernst gemeint hilft die Methode dem Gegenüber, die Kritik besser anzunehmen. Die negative Kritik wird dabei zwischen positive Inhalte gepackt, wie die Füllung eines Sandwiches zwischen zwei Brotscheiben.

- Start: positiver und freundlicher Start
- Rückmeldung: negative Nachricht
- Ende: positives Lob, Dank und Anerkennung

Sandwichmethode

FÜR DIE PRAXIS

Während eines Konfliktgesprächs helfen verschiedene Kommunikationstechniken: Feedbackregeln, Ich-Botschaften, aktives Zuhören und Paraphrasieren (mit anderen Wörtern umschreiben).

Gesprächsleitfaden für ein Vier-Augen-Gespräch

- Begrüßung – eine gute Gesprächsatmosphäre schaffen.
- Darstellung des Gesprächsanlasses: Gesprächsziele, vorgesehener Zeitrahmen.
- Sichtweise des Gegenübers darstellen lassen. Aktiv zuhören und beobachten. Dabei Notizen machen!
- Eigene Sichtweise darlegen und Feedback an das Gegenüber geben.
- Die verschiedenen Interessen, Positionen und Verhaltensweisen benennen, jedoch keine Wertung vornehmen. Dabei ist es hilfreich, das Problem aus einem anderen, übergeordneten Blickwinkel zu betrachten.
- Gegenüber um Lösungsvorschläge bitten.
- Gemeinsamkeiten festhalten und um eigene Lösungsvorschläge erweitern.
- Gesprächsabschluss: Wichtige Punkte kurz zusammenfassen und sich gegenseitig bestätigen. Gemeinsam Ziele vereinbaren, Aufgaben verteilen und Termine setzen. Wichtig ist es, zuletzt die Ergebnisse und Vereinbarungen schriftlich festzuhalten. Wenn keine Lösung gefunden werden konnte, sollte eine Bedenkzeit und auch ein zweites Gespräch angeboten werden.

Leitfragen für ein Konfliktgespräch

Schritte	Fragen
1. Konflikt benennen • Thema des Konflikts • Konfliktparteien, Zeugen • Rahmenbedingungen • Aussagen, Verhalten • Regelbruch • Verantwortungsübernahme/-frage	• Worum geht es? • Wer war dabei? • Gab es eine Vorgeschichte? • Was haben die Parteien getan oder gesagt? • Wurden aus der eigenen Sicht Regeln gebrochen? • Wer oder was hätte den Konflikt verhindern können?
2. Anteil erkennen und benennen	• Was hat welche Partei zum Konflikt beigetragen?
3. Unterscheiden zwischen Position und Bedürfnis • Bedürfnisse der Positionen	• Was soll mit der eigenen Position erreicht werden? • Was möchte die andere Partei mit ihrer Position erreichen?
4. Lösungsorientierung • Erkennungszeichen der Lösung	• Wenn über Nacht ein Wunder geschähe…? • Woran lässt sich Fortschritt erkennen?
5. Eigene Ressourcen erkennen	• Mit welchen der eigenen persönlichen Ressourcen (Kenntnisse, Fertigkeiten etc.) kann zur Konfliktlösung beigetragen werden? • Welche Ressourcen werden gewünscht, um den Konflikt lösen zu können?
6. Ressourcen des Gegenübers erkennen	• Welche Ressourcen besitzt die andere Partei, um den Konflikt bewältigen zu können? • Welche Fähigkeiten sind der anderen Partei zu wünschen?
7. Lösungen suchen • Lösungsschritte • Termine • Konkrete Absprachen und Bedingungen	• Gibt es einen Lösungsweg, der der anderen Partei vorzuschlagen ist?

AUFGABEN

2. Beschreiben Sie einen Dialog nach der Sandwichmethode (s. S. 542) für eines der folgenden Szenarien.
   a) Bei den monatlichen Teambesprechungen in der Hauswirtschaft kam Toni jedes Mal 15 Minuten zu spät, worüber sich der Rest des Teams sehr geärgert hat.
   b) In den monatlichen Teambesprechungen wird immer gemeinsam überlegt wie die entsprechende Dekoration im Eingangsbereich, Speisesaal und Café aussehen könnte. Dagmar diskutiert bei jedem Vorschlag im Brainstorming zur Dekoration und argumentiert, warum das nicht geht. Sie wollen jedoch erst einmal alle Ideen sammeln, und dass jedes Teammitglied sich einbringen kann.

3. Formulieren Sie, welche Gefahren die Sandwichmethode haben kann.

4. Führen Sie die Vor- und Nachteile der Sandwichmethode auf.

Teambesprechungen

Ein wichtiger Bestandteil ist die Organisation von regelmäßigen Teambesprechungen. Um die Zeit aller Teammitglieder möglichst gut zu nutzen, sind die Besprechung gut vorzubereiten und zu planen. Dazu gehört es, vorher Ort, Zeitpunkt und Dauer sowie die Tagesordnung bekannt zu geben.

FÜR DIE PRAXIS

Mithilfe der Tagesordnungspunkte (TOP) und dem Versenden an die Teilnehmenden wird neben einer guten Vorbereitung auch eine effiziente Besprechung ermöglicht. Außerdem kann leichter ein gut strukturiertes Ergebnisprotokoll angefertigt werden.

Durch die klare Struktur können sich alle Beteiligten auf die Besprechung einstellen, Informationen vorab einholen und der Ablauf wird flüssiger. Außerdem ist gewährleistet, dass die Besprechungsdauer eingehalten werden kann.

FÜR DIE PRAXIS

Die Teamregeln sind genau zu beachten und die Rollen in der Besprechung (Moderation, Zeitwache, Protokollführung) zu verteilen. Die Besprechungsdauer einhalten.

14.3.4 Umgang mit Vielfalt

In der globalisierten Welt treffen verschiedenste Kulturen aufeinander und Menschen unterschiedlicher Herkunft haben Kontakt. Nicht nur auf Reisen sind interkulturelle Kompetenzen gefragt, auch in der Arbeitswelt spielen sie eine große Rolle. Teams in hauswirtschaftlichen Betrieben sind bunt und vielfältig wie das Leben. Einwanderung aus verschiedenen Ländern führt auch dazu, dass Kundinnen und Kunden aus unterschiedlichen Kulturen nun gemeinsam in hauswirtschaftlichen Einrichtungen wohnen, leben oder zu Gast sind. Umgang mit Vielfalt umfasst dabei mehr als die geographische Herkunft.

Es lassen sich sieben **Kerndimensionen der Vielfalt** definieren:
- Alter
- Ethnische Herkunft und Nationalität
- Geschlecht und geschlechtliche Identität
- Körperliche und geistige Fähigkeiten
- Religion und Weltanschauung
- sexuelle Orientierung
- soziale Herkunft

Hohe interkulturelle Kompetenz zeichnet sich aus durch:

Offenheit:	Vorurteilsfreiheit:	Empathie und Verständnis:	Respekt und Toleranz:
Gegenüber Neuem aufgeschlossen und neugierig. Vielfalt wird als Bereicherung begriffen.	Interesse gegenüber neuen Personen, sein eigenes Urteil bilden. Die Person in ihrer Individualität sehen.	Sich in die Situation von anderen einfühlen können oder es zumindest versuchen.	Sich gegenseitig kennenlernen und in der Unterschiedlichkeit wertschätzen und niemanden ausgrenzen.

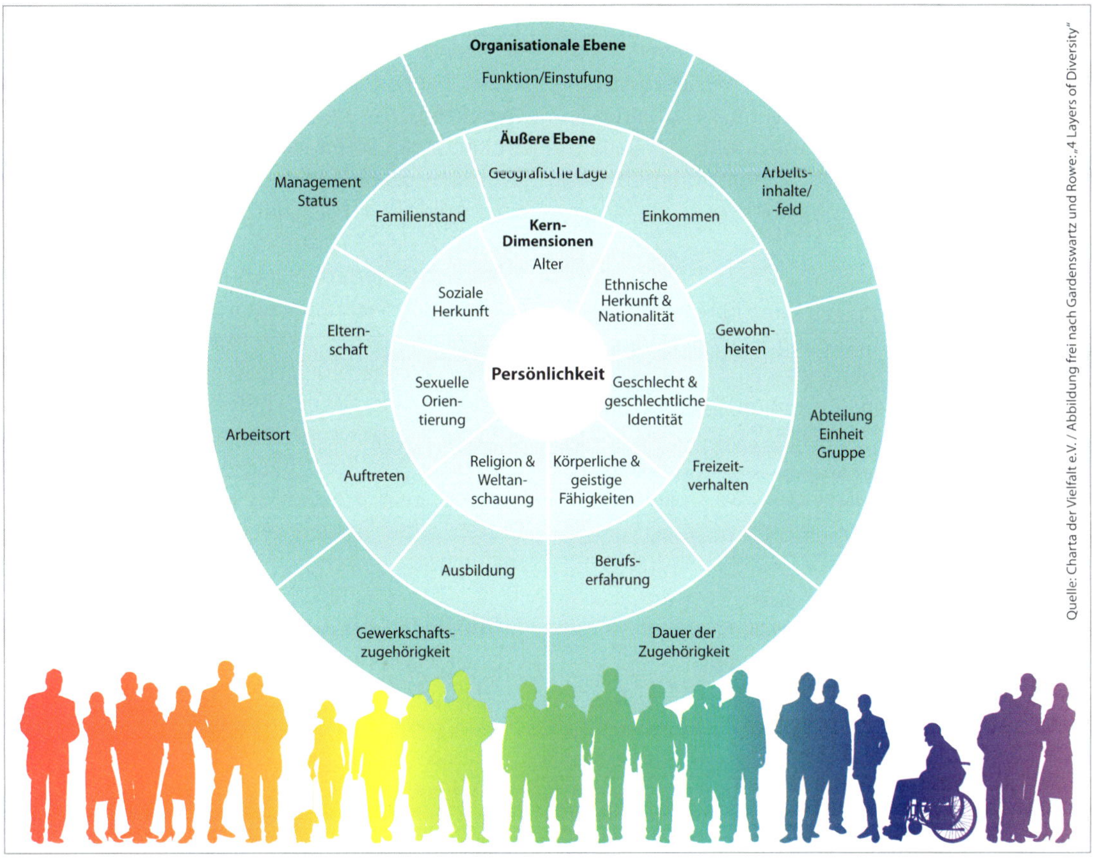

Dimensionen der Vielfalt

Woran können Kulturen erkannt werden?

Symbole, Mode und Kleidervorschriften: Nicht nur wenn Personen aus anderen Ländern kommen, sind Unterschiede im Kleidungsstil erkennbar.

Religion und Weltanschauung: In hauswirtschaftlichen Betrieben existiert eine Vielzahl religiöser Praktiken und Überzeugungen nebeneinander.

Denkweisen und Einstellungen: Die Bedeutung der Familie und Geschlechterrollen sind stark kulturell geprägt.

Essgewohnheiten: Auch ohne weite Reise werden Unterschiede im Essen sichtbar. In unterschiedlichen Bundesländern gibt es verschiedene Gerichte oder in jeder Familie eigene Rezepte.

Interkulturelle Kompetenzen sind Teil von Personal- und Sozialkompetenz.

Jeder Kultur ist zunächst Respekt und Empathie entgegenzubringen.

> ***Respekt*** *bezeichnet die Form der Wertschätzung und bedeutet das Gegenteil von Missachtung.*
> ***Empathie*** *umfasst Einfühlungsvermögen und das Vermögen, sich in die Einstellung anderer Mencheneinzufühlen.*

Regenbogen-Pride-Fahne als internationales Symbol der LGBTQ+-Gemeinschaft

14

Durch Unkenntnis über andere Kulturen und deren Gepflogenheiten oder Vorurteile entstehen Missverständnisse. Sprachliche Hürden spielen dabei eine untergeordnete Rolle. Wenn Mitarbeitende große sprachliche Defizite haben, kann der Betrieb Sprachkurse oder geeignete Ausbildungen mit integrierter Sprachförderung anbieten.

FÜR DIE PRAXIS

Zur Sprachförderung im Betrieb können alle mithelfen durch Anwendung folgender Tipps:
- Sprechen Sie in vollständigen und „normalen" Sätzen und konjungieren Sie die Verben (ich gehe, du gehst …).
- Sprechen Sie in der angepassten Lautstärke (oft wird dazu tendiert, wenn jemand etwas nicht verstanden hat, dasselbe nochmal zu sagen nur lauter).
- Sprechen Sie in kurzen Sätzen.
- Versuchen Sie extremen Dialekt oder komplizierte Wörter zu vermeiden.
- Gesten und Mimik können helfen (s. S. 174).

Pro und Contra von Stereotypen

Wenn wir neue Menschen kennenlernen, denken wir in **Stereotypen**. Ein Stereotyp vereinfacht und ermöglicht schnellere Entscheidungen. An sich sind Stereotype nicht unbedingt etwas Schlechtes. Oft kommt noch eine Bewertungen oder eine extreme Verallgemeinerung hinzu: „Brasilieaner sind immer unpünktlich, alle Deutschen lieben Sauerkraut und Frauen reden viel." Wenn so aus einem Stereotyp ein Vorurteil wird, kann das negative Folgen wie Ausgrenzung, unfaire Behandlung oder Beleidigung haben.

FÜR DIE PRAXIS

Jeder Mensch sollte Denkmuster und Sterotypen immer wieder hinterfragen.

Vielfalt für das Team nutzen

Ein vielfältiges Team bietet in der Zusammenarbeit viele Chancen. In einem Team mit unterschiedlicher Religionszugehörigkeit können sich die Mitarbeiterinnen und Mitarbeiter mit dem Dienst an unterschiedliche Feiertage abwechseln. Zum Beispiel arbeiten christliche geprägte Mitarbeitende während des Ramadans und Muslime an den Weihnachtsfeiertagen. Aktionswochen und Tage führen zu Abwechslung auf dem Speiseplan, Freizeitveranstaltungen mit landestypischen Beiträgen sind ein Zeichen für gegenseitiges Interesse und Wertschätzung. Mitarbeitende die verschiedenen Sprachen sprechen, helfen bei Beziehungen zu Partnerstädten, Kundinnen und Kunden aus dem Ausland, und können auch Sprachhürden bei Gästen oder Bewohnerinnen und Bewohnern überwinden.

FÜR DIE PRAXIS

Durch Vielfalt sichert sich der Betrieb einen Erfahrungsschatz!

AUFGABEN

5. Das Speisenangebot im Mehrgenerationenhaushalt soll erweitert / verändert werden. Das Team ist auf der Suche nach einem neuen Kartoffelsalatrezept. Sammeln Sie Familienrezepte für Kartoffelsalat.
   a) Wie unterscheiden sich diese?
   b) Welche Schlussfolgerung können Sie aus den unterschiedlichen Rezepten ziehen?

6. Im offenen Café des Familientreffs soll ein kleiner Stand zu den Ausbildungsberufen des SOS-Kinderdorfes aufgebaut werden, an dem Eltern und ihre Kinder sich informieren können.
   Recherchieren Sie in Kleingruppen des Klassenteams, wie Sie die Berufe zur Berufsorientierung möglichst klischeefrei darstellen können.

7. Tragen Sie Vor- und Nachteile der Aktionstage Boys'-Day und Girls'-Day zusammen. Stellen Sie diese im Team vor.

14.4 Kontrolle und Auswertung von Arbeitsergebnissen

Bei der Kontrolle und Auswertung werden Arbeitsergebnisse mit den ursprünglich angestrebten Zielen verglichen. Es wird überprüft, ob die bis zu einem bestimmten Zeitpunkt zu erledigenden Aufgaben fertiggestellt sind und ob die geplante Qualität erreicht wurde. Es ist sinnvoll, neben einer Auswertung am Ende eines Projektes oder einer Aufgabe, schon während des Erstellungsprozesses immer wieder zu kontrollieren, ob alles nach Plan läuft. Dazu sollten sich leitende Teammitglieder in regelmäßigen Abständen treffen und über den Fortschritt ihrer Aufgaben austauschen. Dies ermöglicht in Zusammenarbeit mit einer kontinuierlichen Dokumentation ein rechtzeitiges Eingreifen bei möglichen Fehlentwicklungen.

Neben der Eigenkontrolle, die beispielsweise durch Checklisten und anhand von gemeinsam festgelegten Qualitätskriterien erfolgt, kann die Kontrolle auch von außen als sogenannte Fremdkontrolle stattfinden. Die Fremdkontrolle wird von Vorgesetzten oder durch andere Abteilungen durchgeführt. Eine weitere Möglichkeit der Kontrolle von außen erfolgt indirekt durch Gespräche und Reklamationen mit der Kundschaft. Will man diese gezielter und systematischer erfassen, so dass die Kontrollergebnisse besser zur Verbesserung der Arbeitsergebnisse genutzt werden können, bietet sich die Befragung der Kundschaft an.

BEISPIEL: *Bei der Mittagsverpflegung im Mehrgenerationenhaus verteilt die Fachkraft der Hauswirtschaft Fragebögen an die Gäste. Sie erhält so Rückmeldung zur Zufriedenheit der Gäste mit dem Speisenangebot.*

AUFGABEN

1. Erarbeiten Sie in Kleingruppen verschiedene Feedbackmöglichkeiten für das offene Café des Familientreffs.
   a) Stellen Sie diese im Team vor.
   b) Diskutieren Sie dabei über Vor- und Nachteile der jeweiligen Feedbackmethode.

Waren die Erläuterungen zur Anfahrt zum Tagungshaus ausreichend?			
Wie zufrieden waren Sie mit der Tagungsverpflegung?			
Wie hat Ihnen die Ausstattung des Hauses und die Raumdekoration gefallen?			
Wie zeitaufwendig war für Sie der Ein- und Auscheckprozess?			
Wie sehr hat Ihnen der heutige Tag geholfen, sich für dieses Tagungshaus zu entscheiden?			
Haben Sie Verbesserungsvorschläge?			

Das Bewertungssystem basiert auf Ampelfarben

2. Erstellen Sie für sich selbst „Ich-kann-Listen", um Ihren Kenntnisstand in Mathe und Englisch herauszufinden.

	kann ich noch nicht / muss ich noch üben	kann ich teilweise / muss ich noch üben	kann ich gut
Ich kann Hygieneregeln nennen und beachten.			
Ich kann die Arbeitsgeräte zur Fensterreinigung nennen.			
Ich kann das Flusensieb der Waschmaschine richtig säubern.			
Ich kann den Abfall richtig trennen.			
Ich kann die Allergene in Lebensmitteln benennen.			

„Ich-kann-Liste"

Im SOS-Kinderdorf Ammersee am Lech feiert dieses Jahr 75-jähriges Jubiläum. Zu Gast sind neben den Bewohnerinnen und Bewohnern auch Familien der Kitakinder sowie die Mitarbeitende und Angehörige. Zudem sind Ehrengäste aus der Stadt eingeladen.

Team 1: Rahmenprogramm und Betreuung: Dieses Team bereitet das Rahmenprogramm und verschiedene Aktionen für die Besucher des Festes vor. Ansprechpartner des Teams ist neben der Hauswirtschaftsleitung auch Frau Andrews die Geschäftsführerin des Generationenzentrums.

Team 2: Verpflegung: Dieses Team kümmert sich um die Verpflegung zum Sommerfest. Es soll neben dem Imbissangebot und einem Nachmittagskaffee auch am Vorabend einen festlichen Empfang für die Ehrengäste und Mitarbeiter geben. Ansprechpartner des Teams ist neben der Hauswirtschaftsleitung auch der Küchenleiter Herr Bauer.

Team 3: Housekeeping: Dieses Team ist damit beauftragt die Räumlichkeiten vorzubereiten (Reinigung, Bestuhlung, Technik und Dekoration) und nach den Feierlichkeiten wieder aufzuräumen. Ansprechpartner des Teams ist neben der Hauswirtschaftsleitung auch Herr Meier, der Leiter der Haustechnik und des Gartenteams.

Ihnen und den beiden weiteren Auszubildenden (Sara und Daniel) im dritten Ausbildungsjahr wird die projektförmige Leitung der Teams übertragen. Das Projekt soll zur Vorbereitung auf die Prüfung – Betrieblicher Auftrag –dienen. Sie sind dazu angehalten, regelmäßig ihre Ideen mit dem Leitungsteams abzusprechen.

Aufgabe 1

Im Team überlegen Sie, welche Meilensteine für das Jubiläum wichtig sind. Legen Sie in der Gruppe ein Datum für die Meilensteine fest.

Aufgabe 2

Der Projektstrukturplan (abgekürzt: PSP) definiert, WAS an Aufgaben und Aktivitäten zu leisten ist, um ein Projekt durchzuführen.

a) Erarbeiten Sie in Kleingruppen (max. fünf Personen) einen PSP für das Jubiläum des SOS-Kinderdorfes Ammersee am Lech.

b) Ordnen Sie Ihre Arbeitspakete vom PSP für das Jubiläum nach dem Eisenhower-Prinzip, eine farbliche Markierung ist hilfreich.

c) Teilen Sie sich in der Klasse in die drei beschriebenen Teams auf. Fassen Sie in jedem Team die gleichartigen Aufgaben und Tätigkeiten zusammen.

Aufgabe 3

Erarbeiten Sie mithilfe des PSP einen Zeitplan, aus dem erkennbar ist, wann welches Arbeitspaket erledigt wird.

Aufgabe 4

Um zu koordinieren, was, wie, wer, bis wann, womit tut, ist als abschließende Planungsunterlage der Maßnahmenplan zu erstellen.
Frage: In welcher logischen Reihenfolge müssen Tätigkeiten und Arbeiten durchgeführt werden?

Aufgabe 5

Wo gibt es sachliche Abhängigkeiten von Aufgaben, die parallel und hintereinander ausgeführt werden müssen?

Aufgabe 6

Wie viel Zeit ist einzuplanen?

Aufgabe 7

Im Team Verpflegung gibt es bei den Teamsitzungen immer wieder Konflikte. Magda (fiktiver Name) eine langjährige Küchenmitarbeiterin lehnt immer wieder Vorschläge für das Büffet ab. Dabei fallen sogenannte Killerphrasen wie „Das geht doch so nicht!" „Wir haben das schon immer so gemacht."

a) Erstellen Sie eine Tabelle für Reaktionsmöglichkeiten auf Killerphrasen.

b) Fertigen Sie eine Liste mit Killerphrasen an, die Ihnen schon begegnet sind.

To work in a team

At the end of your training period, you now know all the areas and tasks that your job involves. In the open café of the family meeting, 10 exchange students aged 14 to 16 from America are expected.

(Tip: You can use the the sentences below. If necessary, use a dictionary for help.)

Aufgabe 1

Prepare a short presentation in English to introduce your profession to the students. Select suitable media and quotations for your presentation.

Aufgabe 2

The students are then given the opportunity to get a taste of the job of housekeeping at three stations.

Aufgabe 3

Work out a possible station with an appropriate method in English. Present them to the class team.

Example sentences:

1. I have completed a home economics course.
2. During this time i was employed in the following areas …
3. I liked best ..., because …
4. I was responsible for …
5. A difficult task was …
6. I have prepared a typical household activity for you.
7. My goals for the future are …

Deutsch	Englisch
Im Team arbeiten	To work in a team
Speisen zubereiten und servieren	Prepare and serve food
Räume und Tische dekorieren	Decorate rooms and tables
Zimmer reinigen	Clean rooms
Anleiten von Praktikanten	Guidance of interns
Wäsche waschen, bügeln und legen	Washing, ironing an laying laundry
Desserts garnieren und Kuchen backen	Garnish desserts and bake cakes
Ausbesserungsarbeiten an Textilien	Repair work on textiles
Neue Rezepte ausprobieren	Try new recipes
Geschirr spülen und aufräumen	Wash dishes and tidy up
Projekte vorbereiten und durchführen	Prepare and carry out projects
Menschen am Nachmittag im Cafe beschäftigen	Employ people at the afternoon in the café
Jahreszeitliche Dekoration	Seasonal decoration
Essen im Garten anbauen und ernten	Growing and harvesting food in the garden
Präsentationen vortragen	Give presentations

Was ist Chat GPT?

Wenn über die digitale Zukunft gesprochen wird, dürfen Chatbots nicht vergessen werden. Chatbots sind ein Programm, das Menschen Fragen beantwortet und sogar Texte schreiben kann. Speziell für diesen Zweck wurde Chat GPT (Generative Pre-trained Transformer) entwickelt, ein sehr fortgeschrittener Algorithmus. Der ChatGPT-Algorithmus wurde von OpenAI, einem Unternehmen, das sich auf künstliche Intelligenz spezialisiert hat, herausgebracht.

Chat GPT nutzt künstliche Intelligenz, um auf menschliche Texteingaben in beliebige Sprache zu reagieren und eine menschenähnliche Antwort zu generieren. Das System nutzt dabei eingegebene Schlüsselwörter, um Antworten, Texte oder ganze Artikel zu erstellen. Dabei wird eine spezielle Technologie namens Deep Learning verwendet. Diese besondere Technik ermöglicht dem Programm, dass es von selbst lernt und sich kontinuierlich verbessert. Das Ziel ist es, Antworten auf Fragen in natürlicher Sprache zu generieren, ähnlich wie bei einem Chat mit einem menschlichen Experten.

GPT-4 kann neben Texten auch Bilder oder Audio als Inputquelle verwerten, es ist ein „Multimodal Large Language Model" (MLLM).

Wozu kann man Chat GPT nutzen?

Chat GPT wird in vielen Einsatzbereichen genutzt, wie z. B. im Kundenservice von Unternehmen, in der Medizin zur Beratung von Patienten, in der Bildung für den Einsatz von Spracherkennung oder auch für personalisierte Kaufempfehlungen im Online-Handel. Auch Betriebsanweisungen lassen sich damit formulieren. Chat GPT ist ein sehr flexibles und einfaches Programm, das sich in verschiedenen Branchen und Bereichen einsetzen lässt.

Welche Vorteile bietet es und welche Schwächen sind zu bedenken?

Chat GPT hat dazu einige Vorteile gegenüber menschlichen Gesprächspartnern. Es kann rund um die Uhr verfügbar sein, ist sehr schnell und kann in vielen verschiedenen Sprachen arbeiten. Zudem können viele Anfragen gleichzeitig bearbeitet werden. Es ist in der Lage, auf Basis von Erfahrungen aus der Vergangenheit zu lernen und sich zu verbessern. Auch ist Chat GPT unabhängig von menschlichen Schwächen wie Müdigkeit und Stress.

Außerdem kann das Programm, menschliche Emotionen wie Trauer, Freude oder Ärger erkennen und darauf reagieren. Allerdings funktioniert dies noch nicht so genau wie mit einem menschlichen Gesprächspartner. So kann es sein, dass es in manchen Situationen vermutlich eher oberflächlich reagiert.

Ebenso ist es nicht perfekt, wenn es darum geht Dialekte und Umgangssprache, ironische oder sarkastische Aussagen richtig zu verstehen. Problematisch wird es, wenn der Chatbot unbeabsichtigt diskriminierende Antworten generiert, die Vorurteile und Stereotypen abbilden. Daher sollte der Einsatz von GPT sorgfältig abgewogen und überwacht werden.

Aufgabe 1

Informieren Sie sich über mögliche zukünftige Einsatzbereiche im hauswirtschaftlichen Bereich.

Aufgabe 2

Wie könnte es im Bereich des Anleitens eingesetzt werden? Erarbeiten Sie ein Beispiel mithilfe von Chat GPT und stellen Sie dieses vor.

Grundrechenarten und Dreisatz

Sie sind montags und freitags für die Reinigung im Mehrgenerationenhaus zuständig. Hierfür sind vier Stunden Zeit angesetzt. Aktuell werden Sie von der Praktikantin Fatima begleitet. In Ihrem Reinigungsplan sind folgende Räume aufgelistet:

- drei Büros insgesamt 20 m^2
- eine Personalküche 10 m^2
- zwei Aufenthaltsräume je 25 m^2
- zwei Bäder je 9 m^2
- ein Schmutzarbeitsraum 7 m^2
- zwei Flure 50 m^2 und 85 m^2

Laut Richtwert sind in einer Stunde 160–230 m^2 zu reinigen. Da eine Unterhaltsreinigung durchzuführen ist, kann der untere Wert angesetzt werden (160 m^2/h für Büros im Verwaltungsbereich). Damit werden 7:30 Minuten benötigt, um das Büro zu reinigen. Für das Umziehen sowie das Rüsten und Abrüsten des Reinigungswagen werden Ihnen vom Mehrgenerationenhaus täglich 30 Minuten gewährt.

Büro: 160 m^2/h

60 Min. = 160 m^2

1 Min. = 2,667 m^2

x Min. = 20 m^2 : 2,667 m^2 = 7,499 ≈ 7,5
= **7:30 Minuten**

*Der **Leistungswert** sagt aus, wieviel m^2 eine Reinigungskraft in einer Stunde reinigen muss, um die individuellen Leistungsanforderungen des Leistungsverzeichnisses abzuarbeiten. Dieser Wert wird in m^2 pro Stunde Leistung ausgedrückt.*

So lässt sich auch ermitteln, wie viele Personen für die Reinigung eines bestimmten Bereichs benötigt werden, wenn diese zum Beispiel drei Stunden Zeit haben.

***BEISPIEL** für Richtwerte für die Reinigung im Gesundheitswesen*

Raumart	m^2/h
Büros im Verwaltungsbereich	160–230
Arztzimmer, Behandlungszimmer	150–220
Besprechungszimmer	150–280
Toiletten, Wasch- und Duschräume, Bäder	50– 90
Personalküchen	80–150
Aufenthaltsräume	120–190
Umkleideräume, Garderoben	160–250
Aufzüge	90–150
Flure, manuelle Reinigung	250–320
Flure, maschinelle Reinigung	300–600
Eingangshallen	220–500
Treppenhäuser	130–190
Schmutzarbeitsräume, Fakalienraume / unreine Räume	130–180
Wäschelager / reine Räume	150–200
Patientenzimmer	150–220
OP-Bereich (Schlussreinigung)	25– 60
Intensivbereiche	80–160
Funktionsbereiche	80–180
Schwimmbad, Reha- und Bewegungsbecken	120–180
Bewohnerzimmer	130–220

Aufgabe 1

Berechnen Sie Ihren Zeitbedarf anhand des Beispiels für alle angegeben Räume, wenn Sie die Arbeit allein bewältigen müssen.

Aufgabe 2

Erläutern Sie, wie sich die Begleitung von Fatima auf Ihre Arbeitszeit auswirken kann.

Nachhaltig arbeiten

Das SOS Kinderdorf Ammersee am Lech denkt über die Möglichkeit einer 4-Tage-Woche für die Mitarbeitenden der Hauswirtschaft nach.

Vier-Tage-Woche: Welche Varianten gibt es?

Die Vier-Tage-Woche ist ein Arbeitszeitmodell. Ist es auch ein Zukunftsmodell? Dabei gibt es zwei Varianten. In der ersten erledigt der Arbeitnehmer sein Arbeitsvolumen an nur vier Tagen. Bei einer 40-Stunden-Woche kann sich ein Arbeitstag so von acht auf zehn Stunden verlängern.
Bei der zweiten Variante arbeitet der Arbeitnehmer einen Tag weniger, die Arbeitstage bleiben gleich lang. Es gibt Modelle, bei denen er trotz der verringerten Arbeitszeit denselben Lohn wie vorher bekommt.

WENIGER ARBEITEN: Mehr Klimaschutz?

Positiv auswirken könnte sich das Modell der Vier-Tage-Woche auch auf den Klimawandel. Den exakten Nutzen für das Klima zu messen, ist zwar schwierig, laut einer *Studie* aus dem Jahr 2012 aber führt eine Reduzierung der Arbeitsstunden um 10 Prozent bereits zu einer Senkung des individuellen CO_2-Fußabdrucks um 8,6 Prozent. Die Studienautoren sehen jedoch eine Verringerung des Bruttoinlandprodukts, und damit der Produktivität, durch Senkung der Arbeitszeit als ein noch wesentlich effektiveres Mittel an.
Dass die dazugewonnene Freizeit wiederum verstärkt für CO_2-intensive Tätigkeiten genutzt werden könnte, darf nicht außer Acht gelassen werden.

Weitere Informationen und zum Reinhören unter *www.tagesschau.de*, podcast zur 30-Stunden Woche
Und zu einem Projekt mit *100 Prozent Gehalt bei 80 Prozent Arbeitszeit und 100 Prozent Leistung:*

Aufgabe 1

Informieren Sie sich über die zwei Varianten der Vier-Tage-Woche. Erstellen Sie nach dem untenstehenden Muster eine Liste. Sortieren Sie die recherchierten Vor- und Nachteile der beiden Arbeitszeitvarianten nach den drei Dimensionen der Nachhaltigkeit.
Hinweis: In der Liste sollten sich unter jeder Dimension drei Aspekte wiederfinden. Sollten Ihnen noch welche fehlen, recherchieren Sie hierzu erneut.

Aufgabe 2

Stellen Sie nun Ihre Ergebnisse gegenüber. Welche Arbeitszeitvariante würden Sie der Hauswirtschaftsleitung des SOS Kinderdorf Ammersee am Lech empfehlen? Begründen Sie Ihre Entscheidung. Vergleichen Sie gemeinsam im Klassenteam beide Arbeitszeitvarianten mit den drei Dimensionen der Nachhaltigkeit.
Für welche Variante würden Sie sich persönlich entscheiden? Begründen Sie diese.

Aufgabe 3

Wo kann das SOS Kinderdorf Ammersee am Lech im Bereich der Hauswirtschaft außerdem noch nachhaltig handeln? Nennen Sie zu jeder der drei Dimensionen der Nachhaltigkeit mindestens zwei konkrete Bereiche oder Tätigkeiten, bei denen Sie auf Nachhaltigkeit achten können.

Aufgabe 4

Diskutieren Sie, ob das Arbeitszeitmodell auch eine Möglichkeit ist, welche in Ihrem Ausbildungsbetrieb umgesetzt werden kann. Begründen Sie Ihre Antwort mit drei Argumenten.

Ökologische Aspekte	Ökonomische Aspekte	Soziales (inkl. Gesundheit)
…	…	…
…	…	…
…	…	…

AG Hauswirtschaft der Fachkommission Langzeitpflege/DPR Deutscher Pflegerat e.V.: Stärkung der Hauswirtschaft und Entlastung der Pflege 2020
Amrhein, L./Korschetz, R./Simpfendörfer, D.: Hauswirtschaft gestalten; Hamburg 2012
Anton-Katzenbach, S.: Hygiene- und Sicherheitskleidung LMHV, HACCP, RABC, RAL-GZ, DIN EN–alles klar mit Ihrer Berufsbekleidung?, GV Kompakt 06/2011
Arbeitsgemeinschaft Pflegekennzeichen für Textilien in der Bundesrepublik Deutschland: Textilpflegesymbol www.kreussler-chemie.com (zul. aufgerufen am 25.05.2023)
Austregesilo/Weiß: Mach mit! Hauswirtschaft verstehen, erleben, gestalten, Reinigung und Textilpflege, Köln 2021
Baltes, S./Drapic-Herrmann,W./Franik, K./Katz-Raible, D./Nieland, D./Wessels, F.: Berufseinstieg Ernährung, Hamburg 2020
Baumann, K./Machunsky, G.: Hauswirtschaft+ Digitale Kompetenzen, Hamburg 2021
Berkemeier, A.: Kein Kinderkram Lernfeld 1–3, Braunschweig 2016
Bernecker, M.: Marktanalyse, Deutsches Institut für Marketing www.marketinginstitut.biz (zul. aufgerufen am 21.04.2024)
Berufsgenossenschaft der Bauwirtschaft: Informationsblatt ergonomisches und körpergerechtes Arbeiten – Feuchtwischen www.bgbau.de (zul. abgerufen am 07.04.2023)
Berufsgenossenschaft Nahrungsmittel und Gastgewerbe (BNG): Reizende und ätzende Stoffe – Arbeitssicherheitsinformation www.bgn-branchenwissen.de (zul. abgerufen am 11.05.2023)
Bettinger, A.: Stoffwindeln vs. Wegwerfwindeln im Vergleich, www.fratzhosen.de (zul. aufgerufen am 12.07.24)
Blask-Sosnowski, U./Blömers, R./Förstner, I./Körber-Kallweit, A./Ohlendorf, C.: Perspektive Hauswirtschaft – Fachkunde in Lernfeldern 11–14, Haan-Gruiten 2022
Blask-Sosnowski, U./Blömers, R./Koopmann, M./Förstner, I./Körber-Kallweit, A./Morschhäuser, G./Ohlendorf, C.: Perspektive Hauswirtschaft – Fachkunde in Lernfeldern 6–10, Haan-Gruiten 2021
Blask-Sosnowski, U./Blömers, R./Koopmann, M./Förstner, I./Körber-Kallweit, A./Morschhäuser, G./Ohlendorf, C./Dr.von Soden, F.: Perspektive Hauswirtschaft – Fachkunde in Lernfeldern 1–5, Haan-Gruiten 2020
Böhme, M./Fotschki, T./Liersch, C./Pfaller, C./Steggewentz, U.: Fachwissen Gebäudereinigung, Haan-Gruiten 2023
Böttjer, M./Bröcheler, M./Fajardo, A./Feulner, M./Hammer; P./Deutscher Pflegerat e.V. – DPR/Deutscher Hauswirtschaftsrat e.V. – DHWiR: Anforderungen, Leistungen und Qualifikationen von Hauswirtschaft und Pflege in unterschiedlichen Settings, 2020
Bröcheler M./Pflüger,S./Schukraft,U.: Hauswirtschaft im Quartier – Neue Aufgaben und Wege für die professionelle Hauswirtschaft, 2020. In: www.haushalt-wissenschaft.de
Broszinsky-Schwabe, E.: Nonverbale Kommunikation. In: Interkulturelle Kommunikation.
Bundesamt für Strahlenschutz: Desinfektion mit UV-C-Strahlung www.bfs.de (zul. abgerufen am 18.02.2023)
Bundesinstitut für Risikobewertung (BfR): Ausgewählte Fragen und Antworten zu Koch- und Bratgeschirr mit Antihaftbeschichtung und Health Claims www.bfr.bund.de (zul. abgerufen am 30.06.2024)
Bundesministerium der Finanzen: Grundsätze zur ordnungsmäßigen Führung und Aufbewahrung von Büchern, Aufzeichnungen und Unterlagen in elektronischer Form sowie zum Datenzugriff (GoBD) www.bundesfinanzministerium.de (zul. aufgerufen am 21.04.2024)
Bundeszentrale für politische Bildung: Leasing. In: Bundeszentrale für politische Bildung www.bpb.de (zul. aufgerufen am 30.06.2024)
Constructa-Neff Vertriebs-GmbH: AquaStop: Sicherheit für Waschmaschinen www.constructa.com (zul. aufgerufen am 28.02.24)
Cybermobbing – Definition und Besonderheiten in www.lmz-bw.de (zul. aufgerufen am 28.03.24)
Damm, C.: Ein Experte erklärt, wie der Supermarkt der Zukunft aussieht www.businessinsider.de (zul. aufgerufen am 21.04.2024)
Das intelligente Wäscheausgabesystem www.deister.com (zul. aufgerufen am 10.06.24)
Der Informationsdienst des Instituts der deutschen Wirtschaft: Online-Handel in Deutschland boomt www.iwd.de (zul. aufgerufen am 21.04.2024)
Deutsche Gesellschaft für Ernährung e.V: Die Nährstoffe – Bausteine für Ihre Gesundheit 2020
Deutsche Gesellschaft für Hauswirtschaft/Feulner, M.: Hauswirtschaftliche Betreuung, in: Hauswirtschaft und Wissenschaft, journal-article, 2019
Deutsche Gesellschaft für Hauswirtschaft: Management des hauswirtschaftlichen Dienstleistungsbetriebs, München 2008
Deutscher Hauswirtschaftsrat: Hauswirtschaftskonzept für Kitas www.hauswirtschaftsrat.de (zul. aufgerufen am 19.11.24)
Deutscher Pflegerat e.V. – DPR/Deutscher Hauswirtschaftsrat e.V. – DHWiR: Eine Zusammenarbeit des Deutschen Pflegerates e.V. und des Deutschen Hauswirtschaftsrates e.V., 2020
Diede, M./Fuhr, A./Maier, C./Ruhfus-Hartmann, B./Schwetje, D./Walgenbach, C.: Lernfelder Hauswirtschaft, Gesamtband Lernfelder 1–14, Braunschweig 2022
Döbele, M./Schmidt, S.: Demenzbegleiter für Betroffene und Angehörige, Heidelberg 2014
Döbele, M.: Angehörige pflegen, Ein Ratgeber für die Hauskrankenpflege Heidelberg 2008
Dr. Jacob GmbH: Dosiersysteme www.drjacob.de (zul. abgerufen am 17.02.2023)
eatsmarter.de/blogs/clean-eating/die-besten-eiweissquellen (aufgerufen am 13.05.2022)
EFA Chemie GmbH: Chemische und physikalische Desinfektionsverfahren www.efa-chemie.de (zul. abgerufen am 13.03.2024)
Faber, E./Klug, S./Machunsky, G./Simpfendörfer, D. (Hrsg.): Hauswirtschaft nach Lernfeldern- Beschaffen, Lagern und Vermarkten, Hamburg 2018
FAO und WHO: Sustainable healthy diets – Guiding principles 2019
Feulner, M./Pfannes, U./Schukraft, U./Sobotka, M./Deutsche Gesellschaft für Hauswirtschaft e.V.: Hauswirtschaftliche Betreuung 2018
Fichtinger, C./Rabl, R.: Arbeitsumfeld Hauskrankenpflege Heidelberg2014
Freese, E./Tapper, M./Toben-Voller, E./Wessels, F./Simpfendörfer, D. (Hrsg.): Hauswirtschaft nach Lernfeldern- Kommunizieren und Betreuen, Hamburg 2019
Gerchow, S./Steffens, K.: Das Koch- und Backbuch, Hamburg 2021
Glosemeyer GmbH & Co. KG: Der hygienische Wäschekreislauf www.hygienewaschen.com (zul. aufgerufen am 18.05.24)
Grzanna, M.: Nachhaltigkeit: Wie Verbraucher nachhaltige Firmen erkennen können. In: Süddeutsche Zeitung, 07.06.2022 www.sueddeutsche.de (zul. aufgerufen am 30.06.2024)
Gumprich, R./Katz-Raible, D./Schuster, B.: Hauswirtschft+Personen anleiten und miteinander kommunizieren, Hamburg 2021
Haberstroh, J./Neumeyer, K./Pantel, J.: Kommunikation bei Demenz: Ein Ratgeber für Angehörige und Pflegende, Heidelberg 2015
HACH GmbH & Co. KG: Die Wirkung haptischer Werbemittel www.hach.de (zul. aufgerufen am 30.06.2024)
Harms, M.(Hrsg.): Was ist Crowdfunding www.crowdfunding.de (zul. aufgerufen am 30.06.2024)
Hasse, J. Was bedeutet es zu wohnen? – Essay. In: www.bpb.de (zul. aufgerufen am 25.01.2024
Himmelsbach, M./Himmelsbach, C./Gämperle, R./Gläßer, H./Ring, W./Rößler, M./Ruchhöft, S.: Fachwissen Professionelle Textilpflege, Haan-Gruiten 2018
Höll-Stüber, E./Simpfendörfer, D. (Hrsg.): Hauswirtschaft nach Lernfeldern- Ernähren und Verpflegen, Hamburg 2020
http://haetten-sie-gewusst.blogspot.com/2010/09/essenszeit-wie-viel-zeit-wir-am-tag-mit.html (zul. aufgerufen am 18.06.2024)
https://eatsmarter.de/ernaehrung/ernaehrungsarten/vollwerternaehrung (zul. aufgerufen am 17.07.2024)
Infektionskrankheiten–durch Impfen vermeiden in www.kindergesundheit-info.de (zul. aufgerufen am 28.03.24)
Jedelsky, E.: Heimhilfe: Praxisleitfaden für die mobile Betreuung zuhause, Heidelberg 2015
Klein, R.: Werbemittel: Definition, Arten und Einsatzmöglichkeiten www.fuer-gruender.de (zul. aufgerufen am 30.06.2024)
klicksafe/Spieleratgeber-NRW: DIGITALE SPIELE im Familienalltag www.medienanstalt-nrw.de (zul. aufgerufen am 18.03.24)
Knoblauch, J. Prof. Dr. /Woltje, H.: Zeitmanagement; Freiburg 2008
Kompetenzzentrum Hauswirtschaft www.stmelf.bayern.de (zul. aufgerufen am 10.07.2024)
Komplett- Media: Die Öko Challenge – Bewusster leben und konsumieren,, München 2017
Krüger-Stolp, K.: Fachwissen Ernährung und Hauswirtschaft, Köln 2024
Landwirtschaftskammer Nordrhein-Westfalen: Obstsaft in Boxen. Unter Mitarbeit von Koordinierungsausschuss Obstwiesenschutz NRW www.landwirtschaftskammer.de (zul. aufgerufen am 21.04.2024)
Langer, M. (Hrsg.) Gründerplattform: Crowdfunding für Gründer*innen. Finanzierungsarten, Anbieter und Leitfaden, KfW www.gruenderplattform.de (zul. aufgerufen am 30.06.2024)
Langer, M. (Hrsg.) Gründerplattform: Die Marktanalyse und Kassensicherungsverordnung, KfW www.gruenderplattform.de (zul. aufgerufen am 21.04.2024)
Langer, M. (Hrsg.): Gründerplattform: Busines Angel, Eigenkapital und Know-how von Privatinvestoren, KfW www.gruenderplattform.de (zul. aufgerufen am 30.06.2024)
Lebensmittelbezogene Ernährungsempfehlungen in Deutschland, Deutsche Gesellschaft für Ernährung e.V., 1. Auflage 2014, Bonn
Lutz, B./Simon, M.: Hausreinigung und Textilpflege Basiswissen, Hamburg 2024

Mai, J.: Killerphrasen: So kontern Sie diese www.karrierebibel.de/killerphrasen (zul. aufgerufen am 30.06.2024)
Matolycz, E.: Pflege von alten Menschen, Heidelberg 2016
Matolycz, Esther (2009): Kommunikation in der Pflege. Wien: Springer.
Mehr Nachhaltigkeit im Alltag–Tipps für Verbraucherinnen und Verbraucher, Bundesministerium für Ernährung und Landwirtschaft (BMEL), Februar 2022
Missverstandnisse – Verstandigung; Wiesbaden 2011
Nesso, M. J. L.: Rationelle Nahrungszubereitung, Hamburg 2003
Neue Wohn- und Betreuungsformen im heimrechtlichen Kontext: in: Gutachten, 2021 www.bmfsfj.de (zul. aufgerufen am 14.05.24)
Nuding, H./Haller, J.: Wirtschaftskunde, Stuttgart 2023
Nuding, H./Haller, J.: Wirtschaftskunde, Stuttgart 2023
Ökologische Fußbodenbeläge als Alternative zum Holzfußboden. In: www.bauen.de (zul. aufgerufen am 13.06.2024)
Oswald, W./Ackermann, A.: Biographieorientierte Aktivierung mit SIMA, Heidelberg 2009.
Paaßen: Wissen rund um die Hauswirtschaft, www.hauswirtschaft.info (zul. aufgerufen am 30.06.2024)
Pfannes, U.: Wäschepflege in sozialen Einrichtungen, Freiburg 2018
Rave, A.: Ausbilden in der Hauswirtschaft; Haan-Gruiten 2021
Recht in der Pflege – wichtige Rechtsfragen im Pflegebereich: in www.ppm-online.org (zul. aufgerufen am 18.04.2024)
Richter, R.: Kreativ Ernährung entdecken, Haan-Gruiten 2018
Richter, R.: Kreativ Kochen lernen. Modul D: Reinigung, Wäschepflege und Wohnen, Haan-Gruiten 2021
Runkel, H. Speisen kalkulieren. Der Faktor macht's. In: HOF direkt (1), S. 30–33 2018
Schlieper, C.: Arbeiten in der Hauswirtschaft, Hamburg 2019
Schlieper, C.: Lernfeld Hauswirtschaft; Hamburg 2018
Schuster, B.: Projektmanagementlehrgang genutzt ab 20.02.2021
Siegel Fair Flowers Fair Plants,in: www.tdh.de/ (zul. aufgerufen am 13.06.2023)
Simpfendörfer, D. (Hrsg.), Höll-Stüber, E.: Hauswirtschaft nach Lernfeldern – Ernähren und Verpflegen, Hamburg 2019
Simpfendörfer, D./Klug, S: Haushaltsführung als Dienstleistung, Hamburg 2019
Simpfendörfer, D.: Hauswirtschaft nach Lernfeldern-Wohnen und Reinigen, Hamburg 2019
Specht-Tomann, M.: Ganzheitliche Pflege von alten Menschen, Heidelberg 2015
Statistisches Bundesamt/R. Peuckert/G. Burkart: Zusammenleben von Generationen, 2016
Steigele, W.: Bewegung, Mobilisation und Lagerung in der Pflege Heidelberg 2015
Steinel, M./Knappe, A./Schade, A): Qualitätsmanagement in Großhaushalten, Bernburg 2000.
Steinel, M./Knappe, A./Schade, A.: Outsourcing /Insourcing–Sind Fremde immer besser? Bernburg 2002
Straub, A./Pickhan, B.: Kochen & Backen – Grundkenntnisse mit Herd und Ofen, Haan-Gruiten 2008
Studyflix: Kosten- und Leistungsrechnung (KLR) www.studyflix.de/wirtschaft/kosten-und-leistungsrechnung (zul. aufgerufen am 21.04.2014)
Textile Kette www.lanius.com (zul. aufgerufen am 21.05.2023)
Textilveredlung www.fairlyfab.com (zul. aufgerufen am 13.06.2023)
Tipps um die Autonomiephase achtsam zu begleiten: in: Denk mit Kita, www.denk-mit-kita.de (zul. aufgerufen am 30.03.24)
Umweltbundesamt: Abfälle im Haushalt – Vermeiden, Trennen, Verwerten, Stand: April 2014
UmweltWissen–Wasch- und Reinigungsmittel www.lfu.bayern.de (zul. aufgerufen am 30.05.2023)
Unfallkasse Nordrhein-Westfalen: Aufsichtspflicht–sichere Kita www.sichere-kita.de (zul. aufgerufen am 28.02.24)
Verbraucherzentrale: Crowdfunding. So funktioniert die Schwarmfinanzierung www.verbraucherzentrale.de (zul. aufgerufen am 30.06.2024)
Vilgis, T./Lendner, I./Caviezel, R.: Ernährung bei Pflegebedürftigkeit und Demenz, Heidelberg 2014
Völker, U./Brückner K.: Von der Faser zum Stoff, Hamburg 2014
von Steffen, T.: Online Werbung–Anzeigen auf Webseiten und bei Suchmaschinen im Internet schalten www.thomasvonstetten.de (zul. aufgerufen am 30.06.2024)
Wehner, L/Schwinghammer, Y.: Sensorische Aktivierung: Ein ganzheitliches Förderkonzept für hochbetagte und demenziell beeinträchtigte Menschen, Heidelberg 2017
Wilde, O.: Wert www.aphorismen.de (zul. aufgerufen am 21.04.2024)
Wiora, R.: Alles im Reinen–Grundwissen Haus- und Textilpflege, Haan-Gruiten 2018
Wirsing, K.: Psychologie für die Altenpflege. Lernfeldorientiertes Lehr- und Arbeitsbuch, Weinheim 2013
Wirtschaftswissen: Werbeanzeigen gestalten: 3 Schritte zu einer erfolgreichen Anzeige www.wirtschaftswissen.de (zul. aufgerufen am 30.06.2024)
www.5amtag.ch/wissen/sekundaere-pflanzenstoffe/ (zul. aufgerufen am 05.07.2024)
www.aktionstagnachhaltiges-waschen.de (zul. aufgerufen am 13.07.2024)
www.ardalpha.de/wissen/gesundheit/gesund-leben (zul. aufgerufen am 25.08.2023)
www.baunetzwissen.de/glas/fachwissen (zul. abgerufen am 24.03.2023)
www.bmel.de/DE/themen/ernaehrung/nachhaltiger-konsum/konzept-nachhaltige-ernaehrung.html (zul. aufgerufen am 12.05.2024)
www.bmel.de/DE/themen/ernaehrung/nachhaltiger-konsum/konzept-nachhaltige-ernaehrung.html (aufgerufen am 31.08.2022)
www.bundesregierung.de/breg-de/themen/nachhaltigkeitspolitik/einwegplastik-wird-verboten-1763390 (zul. aufgerufen am 13.07.2024)
www.bwl-lexikon.de (zul. aufgerufen am 21.04.2024)
www.bzfe.de/nachhaltiger-konsum (zul. aufgerufen am 06.11.22)
www.deutschlandfunk.de/smart-home-das-intelligente-haus-setzt-sich-immer-mehr-durch (zul. aufgerufen am 30.06.2024)
www.deutschlandfunkkultur.de/vier-tage-woche-arbeitszeit-beruf-job-100.html (zul. aufgerufen am 25.07.2024)
www.deutschland-summt.de/nachhaltig-gaertnern (zul. aufgerufen am 23.05.2024)
www.dge.de/ernaehrungspraxis (zul. aufgerufen am 04.05.2024)
www.dge.de/wissenschaft/referenzwerte/tool/ (zul. aufgerufen am 13.01.24)
www.dge-ernaehrungskreis.de/lebensmittelgruppen (zul. aufgerufen am 14.05.2024)
www.dge-ernaehrungskreis.de/lebensmittelgruppen/milch-und-milchprodukte/ (Aufgerufen am 04.05.2022)
www.digitale-kueche.com/kuehlschrank-thermometer (zuletzt aufgerufen am 31.03.2024)
www.fairtrade-deutschland.de (zul. aufgerufen am 13.11.2023)
www.forumpalmoel.org (zul. aufgerufen am 15.07.2024)
www.gastroinfoportal.de (zul. aufgerufen am 30.06.2024)
www.gastronomie-kuehltechnik.de (zul. aufgerufen am 30.06.2024)
www.gastro-smart.de (zul. aufgerufen am 30.07.2024)
www.hohenstein.de (zul. aufgerufen am 15.07.2024)
www.in-form.de/wissen/nachhaltig-und-gesund-essen/ (zul. aufgerufen am 12.05.2024)
www.jugendherberge.de/lvb-hannover/ueber-uns/leitbild/ (zul. aufgerufen am 12.07.2024)
www.kinderaerzte-im-netz.at (zul. aufgerufen am 12.05.24)
www.kindergesundheit-info.de (zul. aufgerufen am 03.04.24)
www.kindergesundheit-info.de/themen/ (zul. aufgerufen am 04.04.24)
www.klima-arena.de/das-sind-wir/klimaneutral/15-grad-ziel/ (zul. aufgerufen am 15.06.2024)
www.lebensmittelklarheit.de (zul. aufgerufen am 01.09.2023)
www.lebensmittellexikon.de (zul. aufgerufen am 30.12.212)
www.lebensmittelverband.de (zul. aufgerufen am 12.05.2024)
www.nachhaltiger-warenkorb.de (zul. aufgerufen am 13.08.2023)
www.novalnet.de/payment-lexikon/abrechnungssysteme (zul. aufgerufen am 30.06.2024)
www.onpulson.de/lexikon/kundenzufriedenheit/ (zul. aufgerufen am 12.05.2024)
www.peta.de/veganleben/milchalternativen/ (zul. aufgerufen am 01.07.2024)
www.planet-wissen.de (zul. aufgerufen am 30.06.2024)
www.schau-hin.info/goldene-regeln-fuer-kinder-von-3-bis-6-jahren-games-und-onlinespiele (zul. aufgerufen am 28.05.24)
www.schuleplusessen.de/fileadmin/user_upload/medien/HACCP.pdf (zul. aufgerufen am 10.06.2024)
www.station-ernaehrung.de (zul. aufgerufen am 28.03.24)f
www.tafel.de/themen/themen/lebensmittel-retten (zul. aufgerufen am 15.07.2024)
www.test.de/Bambusbecher-im-Test (zul. aufgerufen am 17.09.2023)
www.umweltbundesamt.de/publikationen/ratgeber-abfaelle-im-haushalt (zul. aufgerufen am 20.12.21)
www.verbraucherzentrale.de (zul. aufgerufen am 01.08.2024)
www.vermop.com (zul. aufgerufen am 09.07.2024)
www.verpackungsmuseum.de (zul. aufgerufen am 21.04.2024)
www.vzbv.de/pressemitteilungen/online-buchung-von-arztterminen-verbraucheraufruf-zeigt-schwaechen-auf (zul. aufgerufen am 15.06.2024)
www.wege-zur-pflege.de/pflege-charta (zul. aufgerufen am 18.06.2024)
www.wikipedia.de (zul. aufgerufen am 28.07.24)
www.wirtschaftslexikon.gabler.de/defintion/swot-analyse (zul. aufgerufen am 30.06.2024)
www.zugutfuerdietonne.de (zul. aufgerufen am 10.07.2024)
ZDFheute: Single-Haushalte in Deutschland www.zdf.de (zul. aufgerufen am 12.05.24)

123RF GmbH, Nidderau (Олег Князев): S. 295/1b,d; 296/1a,c,2a,d; 299/3; 407 (Alexander Raths)
A.I.S.E., Brüssel, Belgien: S. 278/1; 313/1a
AFH Webshop® (www.premium-therapie.de): S. 422/1,2,4,5
Age Suit Germany GmbH, Saarbrücken: S. 334
Alamy Ltd., Oxon, Großbritannien: S. 110/1,2; 223/1 (Gregg Vignal); 398 (Gillian Pullinger)
AlexanderSolia GmbH, Remscheid: S. 48/11,11a
Alfred Kärcher SE & Co. Kommanditgesellschaft, Winnenden: S. 131/1-5; 140/1; 144/1; 147/2; 200/5
Alnatura Produktions- und Handels GmbH, Darmstadt: S. 206/1
as-illustration, Rimpar: S. 431
Atelier Dirk Behrens, Issendorf: S. 47/3,4; 48/1,4,6
Bartscher GmbH, Salzkotten: S. 57/2; 58/4; 59; 60
Baumann, Johanna, Hamburg: S. 233
BERNINA Nähmaschinen GmbH, Appenweier: S. 289/1-3
Bioland e. V., Esslingen: S. 206/2
BMZ/ Grüner Knopf, Berlin: S. 19/15; 271/6
Bundesanstalt für Landwirtschaft und Ernährung (BLE), Bonn: S. 205/6; 222/1,2; 323/1,3; 324/1,2,4,5; 325/1-3
Bundesministerium für Ernährung und Landwirtschaft (BMEL), Bonn: S. 206/10
Bundesministerium für Gesundheit, Berlin: S. 447
Bundeszentrale für gesundheitliche Aufklärung (BZgA); Köln: S. 232/1
Bundeszentrum für Ernährung (BZfE), Bonn: S. 260
Bündnis gegen Cybermobbing/Techniker Krankenkasse, Hamburg: S. 247/2; 248
BUZIL-WERK Wagner GmbH & Co. KG, Memmingen: S. 124/4
Charta der Vielfalt e. V., Berlin: S. 545/1
co2online gemeinnützige GmbH, Berlin: S. 18/2
Colourbox EU Gmbh, Berlin: S. 423/4 (Deyan Georgiev)
Cross Media Solutions GmbH, Würzburg: S. 508; 531/1,2; 533
Demeter e.V., Darmstadt: S. 206/3
Der Grüne Punkt Holding GmbH & Co. KG, Köln: S. 158/1
Detia Garda GmbH, Laudenbach: S. 215/3; 216/3
Deutsche Gesellschaft für Ernährung e. V. (DGE), Bonn: S. 65; 103; 319 (FIT KID)
Deutsche Zöliakie-Gesellschaft e.V., Stuttgart: S. 456/2
Deutscher Tierschutzbund e.V., Bonn: S. 206/11
Deutsches Grünes Kreuz e. V., Marburg: S. 249
Deutsches Jugendherbergswerk, Detmold: S. 11/1
Diamond, Brüssel, Belgien: S. 149/1
DIETZ GmbH, Hamburg: S. 419
DIN Deutsches Institut für Normung e. V., Berlin: S. 25/6-17; 126/1-6
DINEA Gastronomie GmbH, Köln: S. 339/2
dpa-Picture-Alliance GmbH, Frankfurt am Main: S. 34 (Sina Schuldt); 217/ 4 (OKAPIA KG, Germany); 228/2 (Jens Büttner/picture alliance); 360/5 (imageBROKER/picture alliance); 373/1 (Martin Schutt/Picture-Alliance); 383/5 (Süddeutsche Zeitung Photo); 397 (Maja Hitij) ; 450 (picture alliance); 474 (Infografik); 483/1 (Infografik); 492 (picture alliance /ABB); 525/1 (dpa - Report)
Dr. Carsten Schwarting, © Zehes, Berlin: S. 185
DR.SCHNELL GmbH & Co. KGaA, München: S. 124/3
El Puente GmbH, Nordstemmen: S. 205/4
Electrolux Professional GmbH, Tübingen: S. 304/1
epd-bild, Frankfurt am Main: S. 228/3 (Stefan Weltgen)
Europäische Kommission, Brüssel, Belgien: S. 64/1,2; 205/5; 206/12; 291
Ewers, Ute, Hamburg: S. 479/3,6
F1online digitale Bildagentur GmbH, Frankfurt am Main: S. 10/1 (Michael Peuckert)
Fachstelle für Jugendmedienkultur, c/o ComputerProjekt Köln e.V., Köln: S. 262
Fairtrade Deutschland e.V., Köln: S. 19/14; 205/2; 271/4
FSC® Deutschland - Gutes Holz Service GmbH, Freiburg im Breisgau: S. 355/5
Gäa e.V. -Vereinigung ökologischer Landbau, Dresden: S. 206/6
Galas, Elisabeth, Bad Breisig: S. 100/3; 152/1; 341/3; 477/1; 478/2a-h; 478/2e,3,4,7a-f
GastroSmart, Berlin: S. 344
GEPA - The Fair Trade Company, Wuppertal: S. 205/3
GermanFashion Modeverband Deutschland e.V. GINTEX GERMANY, Köln: S. 273
Global Standard gemeinnützige GmbH, Stuttgart: S. 271/5
Gottlob STAHL Wäschereimaschinenbau GmbH, Sindelfingen: S. 288/1
Grafische Produktion Neumann, Rimpar: S. 428/3
HEA - Fachgemeinschaft für effiziente Energieanwendung e. V., Berlin: S. 64/3; 287/1,2
Hummel, Michael, Brieselang: S. 45/5
International Federation for Home Economics (IFHE), Bonn: S. 498/2
iStockphoto, Berlin: S. 10/ 9 (SilviaJansen); 16/1 (alvarez); 19/2 (Media Raw Stock); 31/10 (alvarez); 54/1 (MediaProduction); 63/1 (stocknroll); 70/5 (Maria Ferencova); 70/6 (Evgeny Karandaev); 96/3 (mchudo); 96/11 (rimglow) ; 96/17 (Ever); 96/26 (Yasonya); 143/2 (Daniel Pintaric); 147/1 (Andrey Sayfutdinov); 149/2 (MediaProduction); 150 (FroggyFrogg); 161 (kazuma seki); 162/7 (Floortje); 167/1 (M_Agency); 169/2,12 (asiseeit); 189 (yaoinlove); 200/4 (Hispanolistic); 250/3 (Tatiana Dyuvbanova); 253/2 (FOTOGRAFIA INC.); 269/4 (Nancy Nehring); 284/2 (SERSOL); 300/1 (Hispanolistic); 306/4 (Chatri Attanatwong); 308/1 (Laboko); 309/2 (Tarzhanova); 310/1 (Kagenmi); 311/2 (M_a_y_a); 327/2 (komunitestock); 332/4 (damircudic); 339/3 (Pgiam); 342/3 (Christian Horz); 359 (phototropic); 364 (Dominik Pabis); 375 (wallix); 377/2 d-f (pop_jop); 386/1 (sturti); 403/2 (FredFroese); 405/8 (shironosov); 418/4 (adventtr); 420/2 (FredFroese); 423/3 (Deagreez); 434/3 (Jasper Chamber); 435/2 (shapecharge); 435/5 (KatarzynaBialasiewicz); 439/1 (edwardolive); 439/2 (filrom); 442/3 (SolStock) ; 444/6 (Dominik Pabis); 456/5 (dcdr); 469/1 (Joao Manita); 482/1 (Isabel Dobbs); 488/16 (trevorb687); 509/2 (MarcusPhoto1); 509/5 (YinYang); 540/1 (z_wei); 540/3 (vladwel)
Jürgen Weller Fotografie, Schwäbisch Hall: S. 156/1; 285/2 (Dmitry Galilo)
KAISER+KRAFT EUROPA GmbH, Stuttgart: S. 129/1
KESSEL AG, Lenting: S. 159/3
König, Lena, Hamburg: S. 130/3
Koordinierungs- und Vernetzungsstelle Hauswirtschaft Diakonisches Werk der evangelischen Kirche in Württemberg e.V., Stuttgart: S. 498/3
Köpp, Conni, Hamburg/ „Mein Nachmittag" (NDR): S. 145/ 2,3
Krausen, Scott, Mönchengladbach: S. 55/1,3,5; 61/4,5; 62/1,4,5,7; 68/3; 74; 78; 92/1-3; 100/1,2; 113/4,7,9,10,12; 116/2; 139/1; 140/2,4; 142/1; 143/3; 144/2,3; 145/1; 237/1-3; 275; 279/1; 282/3; 292/2; 297/1-3; 298; 299/6; 301/1,2,4-6; 302/1; 307/2; 308/3; 310/3; 349/3; 363/1-5; 432; 466; 477/3-5
Lotz Lagertechnik GmbH, Laubach: S. 42/2
LPV GmbH, Lebensmittel Praxis, Muenster: S. 324/6
LUSINI Solutions GmbH, Wertingen: S. 340/5-8; 341/4
Malteser Hilfsdienst e.V., Köln: S. 429/1-4
Marine Stewardship Council (MSC), Berlin: S. 206/7
mauritius images GmbH, Mittenwald: S. 47/1 (Karayo); 48/9 (Dorling Kindersley ltd/Alamy); 376 (Dr. Wilfried Bahnmüller/imageBROKER); 399/1 (Alamy Stock Photos/Arletta Cwalina)
MEIKO Maschinenbau GmbH & Co. KG, Offenburg: S. 152/3
Michael Hüter, Bochum: S. 186/1
Miele + Cie. KG, Gütersloh: S. 282/1,2
Naturland Verband für ökologischen Landbau e.V., Gräfelfing: S. 206/5
NÖ Energie- und Umweltagentur GmbH, St. Pölten, Österreich (http://www.umweltbildung.enu.at/unterrichtsmaterialien-leistungskurve) S. 43
OEKO-TEX® Service GmbH, Zürich, Switzerland: S. 271/2
OL Schwarzbach, Berlin: S. 383/3
Ornamin-Kunststoffwerke GmbH & Co. KG, Minden: S. 414/1-12
Procter & Gamble Service GmbH, Schwalbach am Taunus: S. 128/2
RAL gemeinnützige GmbH, Bonn: S. 205/1; 305/1
RATIONAL Aktiengesellschaft, Landsberg am Lech: S. 58/2,3
Regionalfenster e.V., Friedberg: S. 206/13
REWE Markt GmbH, Köln: S. 206/4
Robert Bosch Hausgeräte GmbH, München: S. 52/1,2
S&F- Gruppe Modernes Verpflegungsmanagement, Pfaffenhofen: S. 212/2
Schauerte, Bernd, Hamburg: S. 83/4
Schmalz Distributions-Systeme AG, Nidau, Schweiz: S. 199/2
Schülke & Mayr GmbH, Norderstedt: S. 125
Schuster, Bianca, Gunzenhausen: S. 31/1
seasons.agency - Ein Unternehmensbereich der StockFood GmbH, München: S. 50 (Image Professionals/Gräfe & Unzer Verlag/Rynio, Jörn)
Seilnacht Verlag & Atelier, Gwatt (Thun), Schweiz: S. 117
Shutterstock Images LLC, New York, USA: S. 9/1 (SeventyFour); 10/4 (fizkes); 10/5 (Larisa Rudenko); 10/6 (THINK A); 10/7 (RossHelen); 10/8 (Damiano Buffo); 15/1 (Monkey Business Images); 15/3 (shulers); 15/4 (PR Image Factory); 16/2 (Kzenon); 16/3 (Damiano Buffo); 19/2, 4, 6, 8, 12 (Ruslan Ivantsov); 19/10 (Vector Tradition); 22/1 (Piter Kidanchuk); 22/2 (slalomp); 22/3 (valeriya kozoriz); 22/4 (r2dpr); 22/5 (Michael Beetlov); 24 (Studio Romantic); 25/1 (New Africa); 25/2 (Africa Studio); 25/3 (Rashid Valitov); 25/4 (ArtCookStudio); 25/5 (Viktoria Kytt); 26/1 (stockyimages); 26/2 (ALPA PROD); 29 (banderlog); 30 (Pixel-Shot); 31/2 (View Apart); 31/8 (VH-studio); 31/3 (Krakenimages.com); 31/7 (fizkes); 31/9 (guvendemir); 31/11 (Drazen Zigic); 32/2 (Drawnhy); 32/3 (hvostik); 35/1 (M_Agency); 36/1 (Mushakesa); 36/2 (vIncomible); 38/1 (Lin Xiu Xiu); 38/2-6 (Charles B. Ming Onn); 39/1 (andreonegin); 39/2 (MikroKon); 39/3,4 (seeshooteatrepeat); 39/5 (Sergey Zhukov); 42/3 (Real Vector); 44/1 (Claudio Divizia); 44/2 (Benson HE); 45/3 (Ieva Vincer); 45/4 (MrTrush); 46/1 (leonori); 46/2 (MarinaP); 46/3 (Lithiumphoto); 46/4 (Tatiana_Pink); 46/5 (leonori); 46/7 (Hrynevich Yury); 47/5 (Ga_Na); 47/6 (NatalyaBond); 47/7 (Africa Studio); 48/2 (Nemeziya); 48/3 (Mikhail Turov); 48/7 (Kittibowornphatnon); 48/8 (MJTH); 48/12 (Happy Together); 49/1

(M. Unal Ozmen); 49/2 (Africa Studio); 49/3 (Quinn Martin); 52/3-6 (mollyw); 53/1 (PERLA BERANT WILDER); 54/2 (Elena Muzykova); 54/3 (Zern Liew); 55/2,4,6 (lanastace); 58/1 (Venus Angel); 61/2 (Samirullah Samir); 61/3 (MANISH B MAKWANA); 62/2 (Mike Richter); 62/6 (Martin Sahlqvist); 63/2 (pidjoe); 63/4 (stocknroll); 63/5 (Africa Studio); 68/1 (Alter-ego); 70/1 (plachy); 70/2 (Maria Ferencova); 70/3 (Gtranquillity) ; 70/4 (krolya25); 72/1 (Murikov Egor); 72/2 (Viktor1); 72/3 (New Africa); 72/4 (Lepas); 72/6 (Dmitry_T); 72/7 (Picsfive); 76 (Silberkorn); 79/1 (Yulia Furman); 79/2 (luigi giordano); 80 (Tatjana Baibakova); 81 (Evgeny Karandaev); 83/3 (Pixel-Shot); 83/5 (milan noga); 85/1,7 (Park Ji Sun); 85/2,3 (bioraven); 85/4 (M-vector); 85/5 (Vlad Klok); 85/6,8 (A-spring); 86 (Alexander Raths); 88/1 (monticello); 88/2 (Ivaschenko Roman); 88/3 (BravissimoS); 88/4 (Africa Studio); 88/5 (monticello); 88/6 (Maliflower73); 96/1 (Seroff); 96/4 (Multiart); 96/5 (Tim UR); 96/8 (Nattika); 96/9 (Anton Starikov); 96/10 (Murikov Egor); 96/12 (New Africa); 96/13 (Inga Nielsen); 96/14 (Anna_Pustynnikova); 96/15 (Elena Schweitzer); 96/16 (Hue Ta); 96/23 (Seroff); 96/27 (Stuart Monk); 96/30 (Oleg Krugliak); 96/31 (Anton Starikov); 97/1 (Thanawat Naksawas); 97/2 (Lydia Vero); 97/3 (amasterphotographer); 97/3a (juefraphoto); 99/1 (naito29); 99/2 (Evan Lorne); 99/3 (DMegias); 99/4 (Olga Popova); 99/5 (Joyce Mar); 99/6 (pukao); 101/1 (7th Son Studio); 102/2 (Wolf-photography); 102/4 (frikota); 104 (foto_diego); 105/1 (Claire Fraser Photography); 105/2 (Vangelis_Vassalakis); 106/1 (klyaksun); 106/2 (Realstockvector); 106/3 (klyaksun); 109/1 (Africa Studio); 109/2 (Yuliya Alekseeva); 111/1 (oxinoxi); 111/2 (linear_design); 111/3 (Grommik); 111/4 (wordspotrayal); 112/6 (a Sk); 112/1 (a Sk); 112/2 (Helen-HD); 112/3 (Cosmic_Design); 112/4 (linear_design); 112/5 (klerik78); 112/7 (sunnyws); 112/8 (Prokopenko Oleg); 112/9 (ALTOP MEDIA); 113/1-3 (a Sk); 116/1 (magnetix); 118/1 (Svetolk); 120/1 (piotr szczepanek); 120/1a (Alena Ohneva); 120/2 (baibaz); 120/2a (Alena Ohneva); 120/3 (baibaz); 120/3a (Art studio G); 120/4 (piotr szczepanek); 120/4a (Flas); 122/1 (donatas1205); 122/2 (DONGSEON KIM); 123 (piotr szczepanek); 124/1 (ThamKC); 124/2 (Viktoriia Ablohina); 124/5 (OB production); 124/6 (keko64); 126/7 (Dragon Claws); 127/1 (Africa Studio); 127/1a (Dstarky); 133/2 (Stokkete); 133/3 (gillmar); 136/1 (FabrikaSimf); 136/2 (Ari N); 136/3 (Maryia_K); 136/4 (VictorH11); 136/5 (ffolas); 136/6 (mama_mia); 136/7 (StudioSmart); 136/8 (angelo gilardelli); 137 (Rawpixel.com); 138 (littleartvector); 139/2 (studiovin); 140/3 (Andrey_Popov); 142/2 (Quang Vinh Tran); 143/ 1 (Clement Chopard Lallier); 146/1 (Tatiana Popova); 146/3 (piotr szczepanek); 146/3a (Art studio G); 149/3 (PERLA BERANT WILDER); 152/2 (Surasak_Photo); 156/2 (TheCorgi); 156/3 (zoff); 158/10 (Sanit Fuangnakhon); 158/11-13 (kongsky); 158/2 (matkub2499); 158/3 (mr.kriangsak kitisak); 158/4 (Janet Faye Hastings); 158/5 (Mariyana M); 158/8 (Pixel-Shot); 158/9 (addkm); 159/2 (J Davidson); 162/1 (Mega Pixel); 162/2 (Gemenacom); 162/3 (New Africa); 162/4 (Africa Studio); 162/5 (didesign021); 162/6 (Andrey_Popov); 162/8 (ajt); 162/9 (Syda Productions); 163/2 (cluckva); 162/11 (Red Umbrella and Donkey); 162/12 (Studio Peace); 163/3 (iconim); 165 (al7); 168 (sunnyws); 169/4 (Denis Kuvaev); 169/5 (Ground Picture); 169/6 (Robert Kneschke); 169/7 (Sussi Hj); 169/8 (Ground Picture); 169/9 (BearFotos); 171/3 (Denis Kuvaev); 171/4 (Robert Kneschke); 171/5 (Ground Picture); 173/2 (Ground Picture); 173/3 (Sussi Hj); 173/4 (BearFotos); 174 (Cosmic squirrel); 175/1 (Irina Bg); 175/2 (leungchopan); 175/3 (FXQuadro); 175/4 (Josep Curto); 176/1 (Natalia Golovina); 176/3 (Gorodenkoff); 176/4 (Antonio Guillem); 176/5 (Halfpoint); 176/6 (Rido); 177 (Jemastock); 178/2 (Lipik Stock Media); 180 (fizkes); 181 (SH-Vector); 182/1-3 (Leremy); 182/4 (Oasis World); 183/2 (Anastasia Gepp); 184 (ShutterDivision); 186/2 (plazas i subiros); 186/3 (Matteo Galimberti); 190/1 (Kzenon); 190/2 (ucchie79); 194/1 (RaulAlmu); 194/2 (vectortatu); 195 (Nadiinko); 196 (Viktoriia Hnatiuk); 199/1 (Mark Halding); 200/1 (Daisy-Daisy); 200/2 (ULKASTUDIO); 200/3 (New Africa); 200/6 (rangizzz); 200/7 (Unai Huizi Photography); 206/8 (Avector); 207/2 (Nevada31); 212/1 (Patrick Hatt); 214 (Tim Belyk); 215/1 (Eric Isselee); 215/2 (Vitalii Hulai); 215/6 (irin-k); 216/1 (gstalker); 216/2 (Jurik Peter); 217/1 (e_rik); 217/2 (Vasylchenko); 217/3 (Tomas Vynikal); 217/5 (Rattiya Thongdumhyu); 217/6 (ArtCookStudio); 217/7 (Mariyana M); 218/1 (Andrey_Popov); 218/2 (Avector); 218/3 (Sandra Chia); 219/1 (Rudmer Zwerver); 219/2 (Pavel L Photo and Video); 219/3 (Damiano Buffo); 220/1 (MKor); 220/2 (Brovko Serhii); 220/3 (Dilok Klaisataporn); 220/4 (Dilok Klaisataporn); 225/1 (Evgeny Atamanenko); 225/2 (Monkey Business Images); 226 (Dmytro Zinkevych); 227 (DGLimages); 228/1 (Nattakorn_Maneerat); 228/4 (Monkey Business Images); 229 (Halfpoint); 230/2 (David Herraez Calzada); 234 (Sergey Novikov); 235 (Pressmaster); 239/1 (Jandrie Lombard); 239/2 (leo_photo); 240/1 (mayakova); 240/2 (Oksana Kuzmina); 241/1 (Zhuravlev Andrey); 241/2 (ronstik); 242 (Ventura); 243/4 (Ilike); 243/1 (PeopleImages.com); 243/2 (Max Topchii); 243/3 (Juliya Shangarey); 244/1 (Oksana Kuzmina); 244/3 (oliveromg); 244/4 (Robert Kneschke); 247/1 (Mathinee srichomthong); 250/2 (kipgodi); 250/4 (pavodam); 250/5 (KingaPhoto); 252 (Oksana Kuzmina); 257/1 (Rufat Khamed); 261/1 (Ira Che); 261/2 (Colorfuel Studio); 261/3 (tutti_frutti); 261/5 (vlncomible); 261/6 (SofiaV); 261/7 (Munis_scot); 264/1 (4 baibaz); 264/2 (Igisheva Maria; 264/3 (Ralf Liebhold); 265/1 (RossHelen); 266/1 (Jerry Horbert); 266/2 (jaruwan); 267/1 (jaruwan); 267/2 (Elena11); 268/2 (DmitrM); 268/3 (BigTunaOnline); 268/8 (Anakumka); 269/1 (vitaliy_73/); 270/1 (Tarzhanova); 270/2 (CoolPhotoGirl); 270/3 (aperturesound); 271/1 (Tarzhanova); 271/3 ff (Anatolir); 272/1 (1take1shot); 272/2 (sylv1rob1); 272/3 (Popescu); 272/4 (Jokue-photography); 272/6 (Tatchaphol); 274/1 (filip robert); 274/2 (HN Works); 274/3 (filip robert); 274/4 (Pavlo S); 274/5 (HN Works); 274/6 (Art studio G); 274/7 (Martial Red); 274/8 (Puckung); 274/9 (filip robert); 276/1 (New Africa); 276/2 (Irich22); 276/2a (tostphoto); 276/3 (Irich22); 276/3a (Africa Studio); 276/4 (IgorAleks); 276/5 (Nuttapong); 276/6 (IgorAleks); 276/6a (Serghei Velusceac); 276/7 (DK_2020); 277/1 (Irich22); 277/2 (Lightkite); 277/3 (Lightkite; 277/3a (straga); 278/2 (Nataliya Turpitko); 281/1 (voffka23); 281/3 (ppart) ; 284/1 (Wendy lucid2711); 284/3 (Qcon); 285/1 (Lipowski Milan; 286/1 (CoolPhotoGirl); 286/2 (YAKOBCHUK VIACHESLAV); 287/3 (ivan_kislitsin); 288/2 (amixstudio); 288/3 (YAKOBCHUK VIACHESLAV); 292/1 (cinichka); 293/1 (Alexey Kabanov); 293/2 (Zholobov Vadim); 293/3 (Pixel-Shot); 295/1a (Puckung); 295/1b,d (Олег Князев); 295/1c (lukmanhakim); 296/1a,c (Олег Князев); 296/1b (lukmanhakim); 296/1d (Puckung); 296/2a,d (Олег Князев); 296/2b (lukmanhakim); 296/2c (Puckung); 299/1 (lukmanhakim); 299/2 (Kanate); 299/3,4 (Олег Князев); 302/2 (Patrick Hatt); 303 (Phovoir); 304/2 (Baloncici); 305/2 (Marish); 306/1 (Anwarul Kabir Photo); 306/2 (Butus); 306/3 (Tatiana Buzmakova); 306/5 (Jerome. Romme); 307/3 (ben44); 307/4 (Lane V. Erickson); 308/2 (Vladimir Prusakov); 310/2 (Africa Studio); 311/1 (Monika Wisniewska); 311/3 (cluckva); 312/2 (baibaz); 312/2a (Africa Studio); 315 (Monkey Business Images); 316/1 (DredTorgal); 316/2 (Natalia Lisovskaya); 316/3 (bigacis); 316/4 (sarsmis); 317 (sarsmis); 321/3 (Nevada31); 323/2 (ESB Professional); 324/3 (Boris Franz); 327/1 (Aleksandr Merg); 327/3 (Macrovector); 327/4 (Jsulee); 328/1 (Nadya_Art); 328/2 (s_oleg); 328/3 (nikkytok); 331/1 (Marian Weyo); 331/2 (Nataliya Arzamasova); 331/3 (Alena Haurylik); 331/4 (Nattika); 331/5 (Africa Studio); 331/6 (photocrew1); 332/1 (UvGroup); 332/5 (Onjira Leibe); 333/ 2 (margouillat photo); 333/1 (Robert Kneschke); 333/3 (eurobanks); 335 (Pixel-Shot); 338/ 5 (Roman Zaiets); 338/1-3 (Olly Molly); 338/4 (CandyBox Images); 339/1 (wavebreakmedia); 340/1 (nadtochiy); 341/2a (sevenke) ; 341/2b (nito); 341/4 (gresei); 341/5 (Africa Studio); 341/6,7 (gresei); 341/8 (Africa Studio); 341/9 (Quayside); 341/10 (Dima Sobko); 342/1 (Juan Garcia Hinojosa); 343/4 (Monkey Business Images); 347/1 (stocker1970); 348 (fizkes); 350 (northmelody); 353/2 (Roman Samokhin); 353/3 (Somchai Som); 353/4,5 (Triff); 353/6 (Somchai Som); 354/1 (sima); 354/2 (Fio Creative); 354/3 (Stefan Holm); 354/4 (Dariusz Jarzabek); 355/1 (Kitthanes); 355/2 (robert paul van beets); 355/3 (Alex Verrone); 355/4 (All About Space); 356 (Followtheflow); 357 (New Africa); 358 (Mangostar); 360/3 (tramper79); 365 (imacoconut); 366 (Usoltsev Kirill); 368/1,2,6,8-10 (Cube29); 368/3 (Vip_Icon); 368/4 (nufortytwo); 368/5 (VectorPlotnikoff); 368/7 (Anna_Bo); 368/11 (Sevilaa); 369 (Fehmiu Roffytavare); 371 (Alex Verrone); 374/1 (Whale Design); 377/2c (Nadiinko); 377/3 (Pixelz Studio); 377/4 (VoodooDot); 377/5 (VoodooDot); 378/3a (phipatbig); 378/3b (TukTuk Design); 380/2 (1494); 382 (Ramcreative); 383/1 (defotoberg); 383/4 (Ralf Liebhold); 384 (Jack Frog); 386/2 (kotikoti); 387/1 (Genko Mono); 387/2 (Stranger Man); 387/3 (Net Vector); 387/4 (Illusart); 387/5 (Tatiana Arestova); 388/1 (Nicoleta Ionescu); 388/2 (© Visual Generation Inc.); 388/3 (chekart); 396 (2017 wavebreakmedia); 399/2 (nullplus); 401/1 (Monkey Business Images); 403/1 (Mia Karlsvard); 403/3 (Hannamariah); 405/2 (Pond Thananat); 405/3 (Ground Picture); 405/4 (Ingo Bartussek); 405/5 (Krasula); 405/6 (Bohbeh); 405/7 (NicoElNino); 405/9 (Andrey_Popov); 406/1 (Evgeniy Zhukov); 406/2 (Ground Picture); 406/3 (pikselstock); 411/1 (Stock-Asso); 411/2 (CLICKMANIS); 411/3 (Africa Studio); 412/1 (Chinnapong); 412/2 (aijiro); 412/3 (Olena Yakobchuk); 412/4 (Ground Picture); 413 (Olaf Speier); 416 (Bobex-73); 417 (Ground Picture); 418/2 (tristan tan); 418/5 (Petr Salinger); 418/6 (omers); 420/1 (Lisa S.); 420/5 (Dmytro Zinkevych); 420/6 (Alexander Raths); 422/3 (Monkey Business Images); 423/1 (Ground Picture); 423/2 (Jose Carlos Serrano); 424/1 (Levent Konuk); 424/2 (Amanda Uhlin); 424/3 (sruilk); 424/4 (Zay Nyi Nyi); 425/1 (Irina Wilhauk); 425/2 (ArtShotPhoto); 425/3 (ChameleonsEye); 426/1 (F. Schmidt); 426/2 (Marek Mnich); 428/1 (Ground Picture); 428/2 (Microgen); 430/1 (AstroStar); 430/2 (Madhourse); 430/3 (Ekaterina_ Minaeva); 434/2 (Augenstern); 435/1 (HomeStudio); 435/4 (Naritsara angthong); 435/6 (triocean); 440/1 (WH_Pics); 440/4 (fizkes); 441 (Olesia Bilkei); 442/1 (Roman Zaiets); 442/4 (Dirk Ott); 442/5 (Zamrznuti tonovi); 444/1 (Halfpoint); 444/2 (shigemi okano); 444/3 (oksdigital); 444/5 (Ground Picture); 445/1 (polkadot_photo); 445/2 (Andrewshots); 445/3 (pu_kibun); 445/4 (Gerain0812); 448/3 (NurseToBeMartin); 449/1 (Andrey_Popov); 449/2 (Monkey Business Images); 449/3 (itsmejust); 452/1 (D-Krab); 452/2 (IZO); 453/1 (Guy Shapira); 456/1 (insemar.vector.

art); 456/3 (Lia Li); 456/6 (monticello); 457/1 (WBMUL); 459 (Ruslan Iefremov); 461 (Karimov Ruslan Nonsky); 464/1 (Leonardo Izar); 464/2 (Slavenko); 467/1 (Studio concept); 467/2 (Ekkaphop); 467/3 (Krayushkin Ruslan); 467/4 (Javier Ballester); 470 (ugurv); 471/1 (Sebastian 22); 471/2 (Andrzej Rostek); 471/3 (Oksana Mizina); 471/4 (Azra H); 473/1 (Inspiring); 473/2 (h3c7or); 475/1 (CandyBox Images); 475/2 (V.studio); 475/2a (Happy Art); 475/2 b (Milta); 475/2 c (Hein Nouwens); 475/2 d (Liara Studio); 476/1 (monkeybusinessimages); 476/2 (Edvard Nalbantjan); 476/3 (Andrey Nastasenko); 476/4 (Andrey_Popov); 479/7 (Max Maier); 480/1 (Zerbor); 481/2 (Studio concept); 481/3 (YKTR); 481/4 (Jack Jelly); 481/5 (plachy); 482/6-9 (Andrey Arkusha); 483/2 (Stefanina Hill); 484 (Marco Ohmer); 485 (hedgehog94); 487/1 (Look Studio) 488/1-3 (spiral media); 488/4,5 (bioraven); 488/6 (Bernd Juergens); 488/8 (AlexDonin); 488/9 (gresei); 488/10 (Africa Studio); 488/11 (der-teppi.de); 488/12 (IVASHstudio); 488/13 (RGtimeline); 488/14 (Kravtzov); 488/15 (Robert Wolkaniec); 488/17 (spiral media); 488/17a (browndogstudios); 488/18 (wiesdie); 488/19 (Picsfive); 488/20 (Viktor1); 488/21 (Richard M Lee); 488/22 (Madlen); 488/23 (Dmitry_T); 489/1 (Rawpixel.com); 489/2 (Fran Rodriguez Fotografia); 490/2 (lukpedclub); 490/3 (Nadiinko); 490/4 (A-spring); 490/5 (nubenamo); 490/6 (bioraven); 490/7 (tarubumi); 491/1 (Pakhnyushchy); 491/2 (Goode Imaging); 491/3 (Diyana Dimitrova); 491/4 (BlueOrange Studio); 491/5 (withGod); 493/1 (Tean); 493/2 (pambudi); 493/3 (Palau); 498/4 (BlueDesign); 500 (Prostock-studio); 502/1 (frikota); 502/2,3 (sokolfly); 503/2 (Mariusz Sienko); 504/1 (Tean); 504/2 (pambudi); 504/3 (Palau); 509/1 (Mariusz Szczygiel); 509/6 (Sergey Novikov); 509/7 (Jacob Lund); 511 (Yulia Furman); 514/1 (Andy Dune); 514/2 (KatoSaori); 515/1-3 (Surasak_Photo); 515/4 (amixstudio); 518 (SmartMark); 521/2 (AlexandrMusuc); 527/2 (Vector Icon); 527/3 (davooda); 527/4 (bsd); 528/2,b (Vectorium); 530 (MANDY GODBEHEAR); 534 (graficriver_icons_logo); 535/1 (hvostik); 536/1 (sabrisy); 536/3 (J-THE PHOTOHOLIC); 536/4 (Bochkarev Photography); 536/5 (Prostock-studio); 536/6 (Neutron Desig); 536/7 (Africa Studio; 537/1 (Teeradej); 537/2 (Joeahead); 537/3 (McLittle Stock); 539 (Monkey Business Images); 540/5 (GorSo); 540/2 (jesadaphorn); 540/4 (Travel and Learn); 541 (Leremy); 542 (AnirutKhattirat); 545/3 (lazyllama); 549 (Monkey Business Images); 550 (Tada Images)

SPRiNTUS GmbH, Welzheim: S. 128/3

stock.adobe.com: S. 10/2 (lisalucia); 10/3 (Dron); 19/13 (Trueffelpix); 26/3 (Lucky Dragon); 39/2 (Sharon Barnes Photography); 45/1 (WavebreakmediaMicro); 45/6 (foodinaire); 48/5 (Dar1930); 48/10 (VRD); 61/1 (foodinaire); 68/2 (Kitty); 72/5 (Africa Studio); 72/8 (Andreas Berheide); 83/6 (Comugnero Silvana); 83/7 (Comugnero Silvana); 96/2 (kornienko); 96/6 (womue); 96/7 (womue); 96/18 (Giuseppe Porzani); 96/19 (womue); 96/20 (Giuseppe Porzani); 96/21 (arnowssr); 96/22 (motorlka); 96/24,25 (Giuseppe Porzani); 96/28 (fine in art); 96/29 (ExQuisine); 97/4 (termis1983); 100/4 (iMarzi); 102/1 (Jürgen Nicke); 102/3 (pusteflower9024); 118/2 (Giuseppe Porzani); 133/1 (violetkaipa); 133/4 (fotohanse); 134 (Paul Maguire); 146/2 (euthymia); 149/4 (Pixelot); 158/6 (rdnzl); 158/7 (jufo); 158/14 (leestat); 159/1 (eyetronic); 162/10 (Giuseppe Porzani); 169/1 (detailblick); 169/3 (Ingo Bartussek); 169/10 (fotomek); 169/11 (detailblick); 169/13 (Ingo Bartussek); 171/2 (fotomek); 173/1 (fotomek); 176/2 (iceteastock); 178/1 (goodluz); 183/1 (LaCatrina); 212/3 (Lucky Dragon); 215/4 (Ayupov Evgeniy); 215/5 (Bogdan Dumitru); 224 (W. Heiber Fotostudio); 230/1 (Petair); 233/2 (Racle Fotodesign); 240/4 (Кирилл Рыжов); 244/2 (Kzenon); 246 (Xenia-Luise); 253/1 (focus finder); 257/2 (DigiClack); 261/4 (eringo); 268/1 (Ichiro117); 269/2 (nys); 269/3 (Pernelle); 274/10 (Serj Siz`kov); 276/1a (Serghei Velusceac); 276/5a (Serghei Velusceac); 276/8 (rdnzl); 277/1a (Serghei Velusceac); 277/2a (Africa Studio); 278/3 (womue); 279/2 (Valeryi); 281/2 (gradt); 283/1 (bluejeansw); 283/2 (detry26); 309/1 (Alla); 332/3 (id-foto.de); 332/2 (Oksana Kuzmina); 360/1 (UMA); 360/2 (Claudia Marx); 377/2a,b (Hein Nouwens); 378/1 (Serj Siz`kov); 385 (contrastwerkstatt); 405/1 (deanm1974); 411/4 (Peter Maszlen); 418/1 (Dmitry Vereshchagin); 418/3 (Birgit Reitz-Hofmann); 420/3 (Miriam Dörr); 420/4 (Stephen); 434/1 (Dan Race); 435/3 (Maxi_2015); 440/2 (WH_Pics); 440/3 (Alexander Raths); 442/2 (momius); 444/4 (#CNF); 456/4 (baibaz); 469/2 (IckeT); 478/5 (Springfield Gallery); 482/2-5,10 (stockphoto-graf); 482/11 (Cpro); 487/2 (FoodLovers/Rees, Peter); 488/7 (Andrey Armyagov); 505/1,3 (womue); 505/2 (zergkind); 507 (Maksim Pasko); 509/3 (Fotowerk); 509/4,8 (kartoxjm); 514/3 (redkoala); 535/2-5 (panptys)

StockFood - Ein Unternehmensbereich der Image Professionals GmbH , München: S. 45/2 (Sonntag, Linda); 62/3 (Are Media)

Testo SE & Co. KGaA, Titisee-Neustadt: S. 210/1

THERMOTEX NAGEL GmbH, Schutterwald: S. 289/4

Timm, Gabriele, Berlin: S. 479/1,2,4,5

Umweltgutachterausschuss (UGA), Berlin: S. 510

Unger Germany GmbH, Solingen: S. 128/1; 129/2

Ungerer, O., Prof. Dr., Kirchheim: S. 114/1,2

United Nations Economic Commission for Europe, www.unece.com: S. 25/18-20

Verband Lebensmittel ohne Gentechnik e.V. (VLOG), Berlin: S. 206/9

Verlag Handwerk und Technik GmbH, Hamburg: S. 15/2; 32/1; 40; 46/6; 47/2; 51/1,2; 63/3; 84/1-9; 101/2; 130/1,2; 207/1; 208; 240/3; 272/5; 299/5; 300/2; 301/3; 321/2; 340/2,3; 360/4; 383/2; 440/5; 477/2; 478/1,6; 480/2; 498/1; 537/4

VERMOP GmbH, Gilching: S. 132/1-3

Visionclean, Peter Hennig, Riedenburg: S. 107/1; 146/4; 163/1

Wero-Medical GmbH & Co. KG, Taunusstein: S. 39/3

WESCO AG, Schweiz: S. 149/5; 149/6

Wetrok GmbH, Leverkusen: S. 129/3

wikipedia.org: S. 171/1

yourphototoday, Ducke & Willmann GbR, Ottobrunn: S. 250/1 (PHANIE)

SACHWORTVERZEICHNIS